"내 피로 세우는 새 언약이니"

(눅 22:20)

윌리엄 퍼킨스 전집

윌리엄 퍼킨스 전집

초판 1쇄 발행 2024년 12월 30일

편집자 | 스티븐 율
총괄 편집자 | 조엘 비키 & 데렉 토머스
옮긴이 | 박태현

발행인 | 정대운
발행처 | 도서출판 새언약
기 획 | 김선권
편집 및 교정 | 김균필
등 록 | 제 2021-000022호
주 소 | 경기도 고양시 덕양구 동세로 138 삼송제일교회 1층(원흥동)
전 화 | 010-2553-7512
이메일 | covenantbookss@naver.com

ISBN | 979-11-986084-4-4 (03230)

디자인 | 참디자인

윌리엄 퍼킨스 전집

전집

❖❖❖

VOLUME 1

스티븐 율(J. Stephen Yuille) 편집

총괄 편집자

조엘 비키(Joel R. Beeke) & 데렉 토머스(Derek W. H. Thomas)

박태현 옮김

새언약
THE PURITAN HERITAGE

이 책이 나오기까지 번역비로 섬겨주신
이구철 집사님(삼손인테크)께
감사의 마음을 전합니다.

"획기적인 개척자 윌리엄 퍼킨스의 넓은 어깨 위에는 17세기 청교도 목회자들과 성직자들 전체가 서 있었지만, 청교도 복간 산업은 꾸준히 그를 무시해 왔습니다. 그러나 이제 그는 훌륭하게 편집되어 다시 나타나기 시작하여 마침내 이 커다란 공백이 메워지고 있습니다. 출판사에 대한 깊은 감사와 하나님께 대한 진심 어린 찬양을 드려야 할 때가 되었습니다."

J. I. Packer _ 브리티쉬 콜롬비아 밴쿠버 리전트 칼리지, 거버너스 이사회 신학교수

"의심의 여지 없이 청교도들은 신학적 거인들이었습니다. 청교도 신학 전통은 진공 상태에서 생겨난 것이 아니었습니다. 청교도 신학 전통은 그 운동의 궤적을 설정하고 헌신했던 지도자들과 신학자들에 의해 형성되었습니다. 윌리엄 퍼킨스도 그 중 한 사람이었습니다. 청교도 신학에 대한 퍼킨스의 공헌은 헤아릴 수 없을 만큼 크며, 그의 전집을 새롭게 복간한 이 작품은 오직 예수 그리스도 안에서 발견되는 하나님 중심적 은혜에 헌신했던 청교도들에 의해 형성되고 여전히 영향을 받고 있는 모든 사람들이 기다려온 것입니다. 지금도 모든 참된 복음 사역자들은 퍼킨스에게 빚을 지고 있으며, 그의 그늘 아래 서 있습니다."

R. Albert Mohler Jr _ 남침례신학교 교장

"윌리엄 퍼킨스의 사역에 영향을 받은 사람들의 목록은 청교도 형제 단과 그 너머의 진정한 인명사전을 방불케 합니다. 따라서 소수를 제외하고는 오랫동안 구할 수 없었던 그의 저작을 재출간하는 것은 매우 중요한 출판 사건입니다."

Sinclair B. Ferguson _ 달라스 리디머 신학교 조직신학 교수

"엘리자베스 청교도주의의 아버지인 퍼킨스는 신앙의 왕조를 이끌었습니다. 그의 작품 범위는 넓지만, 그가 다루는 모든 주제에서 박식함과 깊은 성찰을 발견할 수 있습니다. 그는 케임브리지 대학교 본교회의 놀라운 목회자들의 계보를 잇는 첫 번째 목사였습니다. 목회자들의 목회자였던 그는 상담에 관해 베스트셀러를 저술했으며, 개혁주의 정통성을 발전시키는 데 중요한 역할을 한 인물이자 영국 교회 내에서 신중한 개혁가였습니다. 퍼킨스의 작품이 다시금 많은 독자들에게 제공되어 기쁘게 생각합니다."

Michael Horton _ 캘리포니아 웨스트민스터 신학교 J. 그레샴 메이천 신학 및 변증학 교수

"윌리엄 퍼킨스는 가장 주목할 만한 그리스도인이었습니다. 비교적 짧은 생애 동안 그는 위대한 설교자이자 목회자, 신학자였습니다. 그의 수많은 저작들은 영국 청교도 전체의 기초가 되었으며, 자신의 시대와 국경을 넘어 지대한 영향을 미쳤습니다. 그의 작품은 희귀해졌으며, 그의 작품이 다시 출판되는 것은 모든 진지한 그리스도인들에게 참된 기쁨과 축복의 원천이 될 것입니다. 퍼킨스는 우리가 마땅히 읽어야 할 첫 번째 청교도입니다."

W. Robert Godfrey _ 캘리포니아 웨스트민스터 신학교 교장

"이 책은 윌리엄 퍼킨스의 복음으로 가득 찬 글들을 모아 놓은 환영할 만한 책입니다. 신실한 목회자이자 청교도 지도자, 다작의 작가이자 강사였던 퍼킨스는 평생 개신교 종교개혁의 교리를 옹호했습니다. 특히 '오직 그리스도'(*solus Christus*)와 '오직 성경'(*sola Scriptura*)을 강조하는 이 개혁주의 교리는, 그가 목회자로서 헤아릴 수 없는 하나님의 풍성한 진리를 담대하게, 확신 있게 설교하도록 이끌었습니다. 안타깝게도 퍼킨스는 현대 그리스도인에게는 잘 알려져 있지 않습니다. 그러나 수 세기에 걸쳐 이 청교도 선각자의 저술, 묵상, 논문은 전 세계 그리스도인들에게 영향을 미쳤습니다. 이 충실한 개혁파 저술가가 많은 사람들에게 소개되고 다시 소개되기를 바랍니다. 복음 전파를 위한 그의 열정이 새로운 세대의 성경적 설교자와 교사들을 일깨워 이 시대에 주권자이신 하나님의 영광을 선포할 수 있기를 바랍니다."

Steven J. Lawson _ 원패션(OnePassion) 미니스트리 원장이자 마스터즈 신학교 설교학 교수

"교회 역사상 시대를 뛰어넘어 영속적 가치를 지닌 유산을 남긴 사람은 비교적 드뭅니다. 퍼킨스는 분명 그 소수 그룹에 속합니다. 이 책을 시작으로 그의 『전집』 시리즈를 기획한 레포메이션 헤리티지 북스(Reformation Heritage Books)의 헌신은 찬사를 받아 마땅합니다."

Richard B. Gaffin Jr. _ 웨스트민스터 신학교 성경신학과 조직신학 은퇴 교수

"그리스도인들은 윌리엄 퍼킨스에 대해 들어본 적이 있으며, 특히 그가 케임브리지에 깊은 인상을 남긴 비범한 설교자였으며, 1602년에 겨우 44세의 나이로 세상을 떠난 후, 그 설교들은 수십 년 동안 그 도시에 여전히 영향을 미치고 있었다는 사실을 잘 알고 있습니다. 그는

종교개혁을 하나님의 영광스러운 역사로 만들었던 진리와 거룩한 삶의 부흥의 중심에 있었습니다. 그는 당대의 뛰어난 청교도 신학자였지만, 우리 대부분은 그의 작품이 희귀하기 때문에 연구할 기회가 없었습니다. 300여 년이 지난 지금, 이 무지는 앞으로 10년 동안 이 하나님의 사람에 대한 전집의 놀라운 등장으로 종식될 것입니다. 우리는 그것들의 모습을 매우 고대하고 있습니다. 각 권의 진리를 흡수하려는 진지한 시도를 위해 출판 사이에 충분한 간격이 있을 것이며, 그런 다음 우리는 퍼킨스의 가르침을 살과 피로 살아내야 하는 도전에 직면하게 될 것입니다."

Geoff Thomas _ 웨일즈 애버리스트위스 알프레드 플레이스 침례교회 목사

"윌리엄 퍼킨스 전집 1권이 레포메이션 헤리티지 북스에 의해 방금 재발행 되었고, 앞으로 몇 년 안에 그의 기념비적인 저작들이 모두 출간될 예정이라는 사실에 매우 감사할 따름입니다. 성경에 충실한 그의 신학은 잉글랜드와 뉴잉글랜드에서 칼빈주의의 표준을 세웠습니다. 그의 신학 작품은 하나님, 인간, 구원에 관한 성경의 가르침을 이해하고, 특히 하나님의 영감된 진리를 현실 세계와 그 속에서 살아가야 하는 우리의 삶에 강렬하게 실제적으로 적용하는 데 있어 최고 수준입니다. 그의 산상수훈 강해는 적대적인 세상 속에서 순례자로 살아가는 우리 그리스도인들의 삶을 비춰주고 현실적으로 진단합니다. 그는 이 설교를 성경의 나머지 부분과 충실하게 연결하여 그리스도의 가르침을 그 성경적 맥락에 맞게 설명합니다. 여러분이 퍼킨스의 논문, 『그리스도와 마귀의 전투』(*The Combat between Christ and the Devil Displayed*)를 읽으면, 여러분은 여러분 안에서 그리고 여러분 주변에서 일어나는 일에 대한 많은 통찰력을 얻게 될 것이며, 따라서 '믿음의

방패'를 더욱 손쉽게 들 수 있을 것입니다. 청교도 왕자들 중 한 사람에 대한 이러한 재출간은, 지칠 대로 지친 우리 시대에 복음주의 기독교 발전에 큰 격려가 될 것입니다. 많은 하나님의 사람들이 이 책을 읽기를 바랍니다. 그렇게 한다면, 교회는 풍성한 유익을 누릴 것입니다!"

Douglas F. Kelly _ 개혁신학교 리처드 조던 조직신학 교수

"청교도 운동의 아버지인 윌리엄 퍼킨스는 비교적 이른 나이에 사망할 때까지 잉글랜드와 뉴잉글랜드의 많은 미래 지도자들에게 영향을 미쳤고, 그의 저작들은 널리 읽혀졌으며, 후대의 청교도 문헌에서 널리 인용되었습니다. 그러므로 1635년 이후 그러한 영향력 있는 인물의 전집이 출판되지 않았다는 것은 다소 놀라운 일이며, 따라서 10권으로 계획된 편집본을 간절히 기대해야 할 것입니다. 이 제1권은 우리의 욕구를 자극하고 만족시키며, 산상수훈에 주요 관심이 집중되어 있습니다. 퍼킨스는 사역하는 동안 특히 확고한 진리를 평범한 그리스도인들에게 호소력 있고 이해하기 쉬운 방식의 가르치는 능력으로 유명했으며, 이러한 참된 단순성은 그의 글에서도 분명하게 드러납니다. 이 글들은 성령께서 우리의 지식을 풍성하게 할 뿐만 아니라 퍼킨스 자신이 그리스도의 위대한 설교에 대해 말했던 것처럼, '그를 믿는 모든 사람들이 경건하고, 거룩하고, 복된 삶을 살도록 가르치기' 위해 사용하실 것입니다. 그러므로 주님께서 오늘날에도 이 재능 있는 종의 사역을 계속 축복하시며, 영광 가운데 오래도록 함께 하시기를 기원합니다."

Edward Donnelly _ 북아일랜드 벨파스트 개혁신학대학교 은퇴교수

"레포메이션 헤리티지 북스가 퍼킨스의 작품들 가운데 제1권을 더 많은 독자들에게 제공하게 된 것은 참으로 기쁜 소식입니다. 텍스트는 잘 편집되었고, 전체 시리즈 출간에 대한 약속은 정말 기대됩니다. 위대하신 우리 하나님께서 교회를 축복하시어 이 귀중한 작품들을 읽게 하시길 빕니다!"

Richard Gamble _ 피츠버그 개혁주의 장로교신학교 조직신학 교수

"윌리엄 퍼킨스는 놀라운 사상가이자 신학자였습니다. 그러나 레포메이션 헤리티지 북스와 유능한 편집자들의 매우 인상적인 이런 작업이 없었더라면, 퍼킨스의 작품은 교회에서 다시 빛을 보지 못했을 수도 있었습니다. 이 재출간은 실현될 꿈이 아닐 수도 있지만, 머지않아 실현될 것입니다!"

Mark Jones _ 밴쿠버 믿음장로교회 목사(PCA)이자 『청교도 신학의 모든 것』 공동 저자

"윌리엄 퍼킨스는 잉글랜드의 매우 천상적 설교자들 가운데 한 명이었습니다. 케임브리지의 심오한 학자이자 깊은 영성을 지닌 설교자로서, 그는 영국 청교도주의의 아버지라는 정당한 평가를 받고 있습니다. 그의 영향력은 국제적이어서 네덜란드, 스페인, 프랑스, 그리고 헝가리까지 멀리 떨어진 곳의 신학자들의 종교적 시각을 형성했습니다. 뉴잉글랜드에서 그는 조나단 에드워즈를 비롯한 많은 사람들이 널리 읽는 표준적 저술가였습니다. 퍼킨스 『전집』의 이번 재출간은 분명코 환영할 만한 일입니다."

Maurice Roberts _ 스코틀랜드 자유교회 은퇴 목사이자 「진리의 깃발」 전임 편집장

"윌리엄 퍼킨스 저작들을 쉽게 읽을 수 있는 형식으로 재출간하는 일은 청교도 및 개혁주의 신학에 관심을 가진 사람들에게 중요한 사건입니다. 퍼킨스가 얼마나 폭넓고 창의적이며 현명하게 생각하고 글을 썼는지 이 글들을 살펴보면서 놀라움을 금할 수 없습니다."

Paul Helm _ 밴쿠버 리전트 칼리지 연구원

"윌리엄 퍼킨스는 틀림없이 잉글랜드에서 청교도 신학의 발전에 가장 중요한 인물이었습니다. 이번 판은 그의 작품을 훨씬 더 많은 독자들이 접할 수 있게 해줄 것입니다. 환영할 만한 일입니다."

Robert Letham _ 웨일즈 복음주의 신학교 조직신학과 역사신학 교수

"영국 교회 목사이자 설교자. 케임브리지 크라이스트 칼리지의 신학자. 윌리엄 퍼킨스는 이러한 각각의 역할에서 하나님의 강력한 쓰임을 받았습니다. 그의 저작들은 풍부한 성경적 가르침의 체계를 제공하는데, 이는 일반 독자와 학자에 이르기까지 도전과 축복을 줄 것입니다."

William VanDoodewaard _ 청교도 개혁신학교 교회사 부교수

"60년 전만 해도 청교도 서적은 거의 인쇄되지 않았습니다. 이제 하나님의 인자하심과 그리스도인 학자들의 부지런한 수고로 말미암아 우리는 청교도 복간의 진정한 향연을 즐기고 있습니다. 안타깝게도 영국 초기 개혁파 정통주의의 근본적 지도자인 윌리엄 퍼킨스의 전집은 379년 동안 재발행 되지 않았습니다. 조엘 비키, 레포메이션 헤리티지 북스, 그리고 여러 훌륭한 편집자 덕분에 더 이상 그런 일은 일어나지 않게 되었습니다. 그들은 퍼킨스『전집』표준판을 제작했는데, 저는 이 책이 그리스도께서 재림하실 때까지 유익하게 사용되고

향유될 것이라고 믿습니다."

Justin Taylor _ 크로스웨이 출판사 수석 부사장

"퍼킨스는 심오하면서도 단순하고, 주해적인 동시에 실천적이고, 신학적인 동시에 경건합니다. 그는 청교도 목사들의 한 세대 전체를 훈련시킨 교수이자 목사였습니다. 그는 신학적, 영적 거인들의 시대의 맨 위에 우뚝 서 있었고, 이제 새로운 세대는 왜 그러했는지 그 이유를 배울 때입니다. 퍼킨스의 성경 강해에서 발견되는 정확성, 건전한 신학, 목회적 기술의 보기 드문 조합은 목회자들에게 표준 성경 주석에서 발견할 수 없는 도움을 제공할 것입니다. 주님의 도움으로, 퍼킨스는 우리를 더 나은 사람으로 만들고, 더 나은 설교자가 되게 할 것입니다."

Ryan M. McGraw _캘리포니아 서니베일 제일정통장로교회 목사

"윌리엄 퍼킨스만큼 성경과 신학에 대해 폭넓은 개혁주의적 성찰을 제공한 엘리자베스 시대의 신학자는 거의 없으며, 그보다 더 이해하기 쉽고 교훈적인 사람은 없습니다. 레포메이션 헤리티지 북스의 또 다른 위대한 출판 결정입니다!"

Chad Van Dixhoorn _ 개혁신학교 교회사 부교수

"청교도를 읽는다는 것은 성경적 근거를 확고히 하는 것일 뿐만 아니라, 또한 우리 마음과 지성을 하나님의 진리에 연관시키는 것을 의미합니다. 그렇기 때문에 우리를 그들로부터 분리시키는 오랜 세월이 흘렀음에도 불구하고, 청교도들의 강해와 저술은 여전히 풍부하고, 보람 있고, 적실합니다. 윌리엄 퍼킨스는 사실상 16세기 청교도

운동의 선두에 서 있지만, 지금까지 청교도 신학자들 가운데 가장 접근하기 어려운 신학자 중 한 명이었습니다. 그의 저작들이 재출판 되어 이런 상황이 바뀌게 되어 얼마나 기쁜지, 이 책을 읽는 수많은 그리스도인 독자들은 이 책의 발행인과 편집자에게 얼마나 큰 빛을 지게 되었는지 모릅니다! 유익하게 읽고 신나게 배우십시오. 이것이 바로 최고의 성경적 가르침입니다."

Iain D. Campbell _ 스코틀랜드 포인트 자유교회 담임목사

"청교도 운동에서 윌리엄 퍼킨스보다 더 중요한 지도자는 없었습니다. 그의 작품들이 독자 친화적인 형식과 추가적 혜택인 최첨단 비평 장치로 다시 인쇄되는 것을 보는 것은 사실이라고 하기엔 너무 좋은 것 같습니다. 이 프로젝트는 종교개혁의 학문과 그리스도인의 영적 교화를 위한 획기적 사건입니다."

Leland Ryken _ 휘튼 칼리지 영어 교수이자 『청교도 이 세상의 성자들』 저자

"우리가 하나님 말씀에서 배워야 할 중요한 두 가지는, 하나님께서 우리에게 무엇을 알기 원하시는지, 그리고 그것을 우리 삶에서 어떻게 실천해야 하는지 배우는 것입니다. 청교도 외에는 거의 아무도 이 두 가지를 모두 수행할 수 없었는데, 이는 우리 주님이 우리에게 가르치고자 하는 바에 매우 충실한 방식이었습니다. 윌리엄 퍼킨스는 청교도 선구자로서, 과거의 수많은 사람들과 오늘날 우리에게 얼마나 마음을 다해 하나님을 기쁘시게 해드릴 수 있는지 보여 주었습니다."

D. Clair Davis _ 웨스트민스터 신학교 은퇴 교수

"윌리엄 퍼킨스『전집』의 재발행은 조직신학과 실천신학의 고전을 유통시키는데 또 다른 확고한 힘을 더해줍니다. 칼빈, 베자, 에임스, 튜레틴과 같은 고전들과 더불어 초기 성도들이 소중히 여겼던 이 고전을 다시 인쇄하는 것은 확실히 모든 서재를 넓혀줄 것입니다. 이 책은 하나의 도구적 자원으로서 환영받을 뿐만 아니라 또한 미학적으로 인쇄되어 학생, 목회자, 교사, 지도자들에게 매우 큰 가치가 있을 것입니다. 이제는 영국 청교도주의 아버지로부터 배우지 못할 이유가 더 이상 없습니다. 우리는 교회가 다시 열린 이 샘에서 깊은 물을 마시기를 희망합니다. 이 샘은 하나의 자원이자 탐낼 만한 가치가 있습니다."

David W. Hal _ 조지아 파우더 스프링스 미드웨이 장로교회 담임목사

"오랫동안 현대 독자들에게 제공되지 않았던『윌리엄 퍼킨스 전집』 (Works of William Perkins)을 이제 매력적이고 읽기 쉬운 판본으로 만나볼 수 있습니다. 이 첫 번째 책에서 퍼킨스는 성경적 강해, 건전한 신학, 사려 깊은 적용으로 구성된 풍성한 연회를 제공합니다. 특히 우리 주님의 시험과 산상수훈에 대한 강해에서 퍼킨스는 우리의 영혼을 살찌우고 그리스도를 높이는 성찬으로 안내합니다. 'Tolle, lege' – 집어 들고 읽으십시오!"

Guy Prentiss Waters _ 개혁신학교 제임스 M. 베어드 Jr. 신약학 교수

"영국 청교도주의가 엘리자베스 1세 여왕 통치시대(1558-1603)에 형성되었을 때, 윌리엄 퍼킨스보다 더 중요한 하나님의 신실한 종은 없었습니다. 역사가들은 퍼킨스의 비교적 짧은 사역이 그의 생전뿐 아니라 사후에도, 케임브리지 대학과 도시에 미친 영향을 오랫동안 인식

해 왔습니다. 그러나 청교도주의 연구자들은 17세기 이후로 전체가 단 한 번도 다시 인쇄된 적이 없는 그의 저작에 접근할 수 없다는 사실에 좌절감을 느껴왔습니다. 이제 레포메이션 헤리티지 북스가 이 중요한 작업을 수행하여 현대 독자를 위한 도움말로 가득 찬, 세심하게 편집된 훌륭한 판본으로 출간했습니다. 이 판본이 우리 세대와 다음 세대에 이 탁월한 설교자의 영향력을 널리 전파할 수 있기를 기도하며, 널리 보급될 수 있기를 바랍니다."

Robert W. Oliver _ 런던신학교 교회사 강사

"저는 윌리엄 퍼킨스의 작품을 처음 접한 이래로 그의 작품을 즐기고 유익을 얻었습니다. 이 저명한 청교도의 저술은 구하기 힘든 고대 판본 속에 너무도 오랫동안 숨겨져 왔습니다. 신선하고 매력적인 새로운 판본으로 작품들을 쉽게 구할 수 있게 되어 기쁩니다. 이 새로운 시리즈가 보여 주는 활기차고 실천적인 청교도 신학에 대한 레포메이션 헤리티지 북스의 비전과 헌신에 진심으로 축하를 보냅니다."

Robert Strivens _ 런던신학교 교장

"『윌리엄 퍼킨스 전집』은 16세기 개신교 정통주의와 개혁주의 경건의 진정한 보화입니다. 거의 400년 만에 처음으로 퍼킨스의 작품을 복간함으로써, 레포메이션 헤리티지 북스는 교회에 헤아릴 수 없는 선물을 주었으며, 이는 앞으로 수 세기 동안 계속될 것입니다!"

Jon D. Payne _ 사우스캐롤라이나, 찰스톤, 크라이스트 장로교회(PCA) 담임목사이자
　　　　　『존 오웬의 성찬론』 저자

"'새로운' 청교도 작품을 접하는 것은 언제나 흥미진진한 일입니다. 그리고 그 흥분은 작품의 희소성과 중요성에 정비례합니다. 『윌리엄 퍼킨스 전집』이 다시 한 번, 특히 새로 업데이트된 버전으로 제공된다는 것은 큰 기쁨이 아닐 수 없습니다."

Don Kistler _ 노스햄프턴 북스 발행인

"17세기 이후 처음으로 참으로 탁월하고 귀중한 이 『전집』을 재출간하려는 레포메이션 헤리티지 북스의 의도를 알고서 저는 진심으로 흥분되고 감격했습니다. 예정, 구속, 양심, 가정생활, 확신, 위로, 혹은 개신교 등 무엇이든 퍼킨스는 하나님의 값없는 은혜로 말미암아 효과적으로 가르치고, 교화하고, 확증할 수 있습니다. 이 재출판 모험이 주님의 놀라운 축복이 되기를 바랍니다. 저는 16세기에 그랬던 것처럼 21세기에도 윌리엄 퍼킨스가 우리 교회와 영혼의 유익을 위해 유능한 목회자로 입증되기를 기도하며 성공을 기원합니다."

Malcolm H. Watts _ 영국 솔즈베리 임마누엘 교회 목사

"영국 청교도 초기 설교자 중 한 명인 윌리엄 퍼킨스는 당대의 가장 영향력 있는 목사이자 교육자 중 한 사람이었습니다. 경건함으로 유명하고, 그리스도 중심적 설교로 존경 받으며, 실천적 신학 작품들로 기억되는 퍼킨스의 영향력은 잉글랜드와 유럽의 개신교 종교개혁과 북미의 기독교 발전에 기여했습니다. 퍼킨스의 출판물은 청중의 마음과 생각에 성경적 진리를 적시에 적용하려는 목사의 마음과 설교자의 열정을 보여 줍니다. 성경 본문에 대한 보다 형식적인 신학적 담론이든 강해이든, 성경의 가르침을 경건하고 풍성하며 적실한 방법으로 해설하고 적용하는 퍼킨스의 능력은, 그의 작품을 읽는 모든

사람들에게 영적 만족의 원천이 될 것입니다. 종종 잊힌 교회사 연대기 속에 수세기 동안 묻혀 있던 퍼킨스의 저술이 다시 출판됨으로써, 그리스도께서 택한 선물 중 하나가 오늘날 교회와 세상의 영적 필요에 대해 새로운 힘을 가지고, 그의 몸된 교회에 말할 수 있게 될 것입니다."

James M. Garretson _ 하버드 로스쿨, 크리스천 유니온 사역 국장

"광범위한 주제에 관한 윌리엄 퍼킨스의 방대한 저작들은 칼빈, 베자, 불링거의 작품들을 합친 것보다 더 많이 팔린 전설적인 작품입니다! 그러나 오늘날 그 저작들은 어디에 있습니까? 지난 60여 년 동안 많은 청교도 작품이 다시 인쇄되어 출판되었지만, 퍼킨스 책들 가운데 단지 몇 권만 대중들에게 제공되었습니다. 이것은 퍼킨스의 저서 대부분이 공개되지 않은 채 숨겨져 있었다는 의미입니다. 지금까지는 그랬습니다! 읽기 쉬운 스타일 덕분에 1권을 샘플링 하는 것도 즐거웠습니다. 전 10권 모두 재인쇄하는 이 기념비적 작업을 수행한 레포메이션 헤리티지 북스에 진심으로 찬사를 보냅니다!"

Cornelis Pronk _ 온타리오 브랜트포드 자유 개혁교회 은퇴목사

하나님께서는 교회사 속에서 당신이 불러 사용하신 말씀의 종들로 외치게 하신 증언들을 책으로 기록하여 참된 신앙의 정로에 놓아 두셨습니다. 그리하여 당신의 사랑하시는 택하신 성도들과 종들이 그 책들로 '영적 생수'를 마시게 하셨습니다.

　제가 1974년에 신대원에 입학하여 본격적으로 신학 수업을 시작할 때, 가장 큰 난제 중 하나는 어떤 책을 읽어야 할지를 모르는 것이었습니다. 당시 어린 생각에 '책에 길이 있다'고 여겼으나, '어느 책에 그 길이 있는지' 몰라 애탔습니다. 이런 생각에 교수님들의 강의를 청종하면서 소개되는 책들에 관심을 가졌지만, 그 책들을 구하는 것은 매우 힘들었습니다. 당시 한국교회 문서선교의 실태는 이제 막 걸음마를 연습하는 수준이었습니다. 그러는 중에 신대원 1학년 2학기 때 만난 마틴 로이드 존스(D. M. Lloyd-Jones) 목사님의 『산상설교』(문창수 역)는 제게 있어서 '영적 개안(開眼)'의 대 사건이었습니다. 그 사건이 있은 지 만 2년 후 신대원 3년에 로이드 존스 목사님의 『로마서 강해』를 만나 용감하게 번역 작업에 착수했습니다. 그 책을 번역하면서 제 마음에 '참된 신학과 신앙의 내비게이션'을 업로드 받는 것 같은 일이 일어났습니다. 그 내비게이션을 따라 가니 종교개혁자 존 칼빈의 신학적 영향을 받은 청교도 설교자들을 만났습니다. 그들 속에 역사하시는 성경의 하나님의 영광과 그 구원하시는 은혜와 능력을 만났습니다. 로이드 존스 목사님이 바로 그 청교도들에게서 배웠습니다. 로이드 존스 목사님에 의하면, 사도 시대 이후 가장 성경적인 사람들이 청교도들이었습니다. 성령께서는 그로 하여금 자기의 강단 사역과 목회의 원리와 실제를 그들에게서 배우고 실천하게 하셨습니다. 그리고 그의 사역을 통하여 성령께서 모든 복음 사역자들과 성도들의 길을 예시해 주셨습니다.

그런데 그 청교도운동(Puritanism)의 효시와 대부라 불리는 이가 윌리엄 퍼킨스라고 하니, 정말 이 책은 우리가 반드시 읽어야 하는 영적 고전의 원류 중 하나임에 분명합니다. 앞으로 이 책의 전집이 시리즈로 나온다니 참 감사한 일입니다. 그리고 이 책의 시리즈를 박태현 교수님의 번역으로 출간되니 참 의미 있고 감사하고 기쁜 일입니다. 제가 보기에, 박 교수님은 그 영성이나 신학적 실력이 이 책을 번역하기에 적합하신 분입니다. 이 책을 위해 헌신하는 새언약 출판사의 관계자 분들 모두에게 주님의 복된 격려가 넘치게 되시길 바랍니다. 감사합니다.

서문 강 목사 _ 중심교회 원로목사

이번에 박태현 박사에 의해 스티븐 율(Stephen Yuille)이 편집한 『윌리엄 퍼킨스 전집』 제1권이 우리나라 말로 번역되고, 이렇게 아름다운 한 권의 책으로 출판된 점에 대하여 환영하고 축하합니다. 윌리엄 퍼킨스는 엘리자베스 여왕 시대의 청교도운동의 지도자였고 캠브리지 대학에서 가르친 저명한 신학자였습니다. 비록 짧은 생애를 살았으나 그는 역사, 신학, 성경연구와 강해, 설교, 그리고 다양한 저술을 통해 당대와 후대에 큰 영향을 끼쳤습니다. 특히 그는 칼빈과 베자의 신학 전통을 잇는 철저한 칼빈주의자로서 경건한 삶을 살았던 교회의 교사였습니다. 그럼에도 불구하고 그가 한국교회에 소개되고 그에 대한 연구가 시도된 것은 최근의 일입니다. 그는 다양하고도 방대한 저술을 남겼지만, 그의 『황금사슬』이 번역된 것은 최근의 일입니다. 이런 현실에서 퍼킨스의 저작 전집 10권 중 첫 번째 책이 번역된 것은 경하할 일이 아닐 수 없습니다.

역자인 박태현 박사는 청교도 역사와 신학, 설교를 전공한 저명한 신학자일 뿐만 아니라, 헤르만 바빙크의 『개혁교의학』, 아브라함 카이퍼의 『칼빈주의 강연』 등을 번역한 번역가입니다. 그의 저서나 역서를 보면, 그가 얼마나 꼼꼼하고 세심한 학자인가를 보게 됩니다. 정확성과 철저성은 그의 연구 지침이라고 할 수 있습니다. 단어나 용어를 그 문맥에서 헤아리는 분변(分辨) 능력이나 의미를 전달하는 기술적(記述的) 묘미 또한 그의 오랜 학구의 여정에서 터득한 결실이라고 생각합니다. 이런 점에서 이 책은 한국교회를 위한 값진 선물이라고 생각되며, 제1권을 시작으로 퍼킨스의 저작 전집이 완역되기를 기대합니다.

이상규 교수 _ 백석대학교 석좌교수, 역사신학

튜더 왕조 시대의 초기 청교도 신학자로서 자기를 '말씀 선포자'로 말한 윌리엄 퍼킨스의 저작이 국내에 한국어로 번역되어 소개됨을 무척 자랑스럽게 생각합니다. 이 일에 수고해 주신 박태현 교수님께 깊이 감사를 드립니다.

퍼킨스는 칼빈주의 신학을 토대로 설교사역의 진수가 어떤 것인지 보여준 설교자였습니다. 그는 심령의 변화에 초점을 맞춘 설교사역을 통해 그리스도의 복음을 회중의 다양한 심령 상태에 예리하게 적용하는 탁월한 기술을 발휘한 설교자였습니다. 현대 설교자들이 그를 알든 모르든 설교학의 근간을 다져놓은 그는 케임브리지에서 44년이라는 짧은 생애를 살면서도 생존하는 기간만이 아니라 사후에도 잉글랜드 사역자들에게 깊은 영향을 끼쳤습니다. 그에게 영향을 입은 자들만 해도 윌리엄 에임스나 토머스 굿윈과 같은 걸출한 신학자와 설교자들이 있었습니다. 현대의 독자들이 퍼킨스의 작품을 읽음으로써, 그가 사랑한 그리스도와 복음, 그리고 그리스도의 신부인 교회와 영혼에 대한 그의 열정을 습득하는 기회가 됨을 의심치 않기에 본서를 적극적으로 추천합니다.

서창원 목사 _ 전 총신대학교 역사신학, 전 한국개혁주의설교연구원 원장

흔히 '청교도주의의 아버지'라고 불리는 윌리엄 퍼킨스는 16세기 잉글랜드의 대표적인 개혁파 신학자이자 목사였습니다. 퍼킨스가 '청교도주의의 아버지'라고 불리는 이유는 단순히 그의 신학뿐만 아니라 그의 경건과 실천에 있어서도 이후 청교도들에게 지대한 영향을 미쳤기 때문입니다. 케임브리지의 크라이스츠 대학(Christ's College)의 교수이자 그레이트 세인트 앤드류 교회(Great St. Andrew's Church)의 목사로서 그는 많은 후학들에게 지대한 영적 영향을 미쳤습니다. 신학적인 그의 공헌은 많은 부분에 미쳤지만, 특히 구원론에 있어서 퍼킨스가 남긴 연구와 업적은 주목할 만하며, 무엇보다 청교도 회심교리와 예정교리의 형성에 결정적으로 기여했습니다. 청교도들의 가장 중요한 특징 가운데 하나라고 할 수 있는 설교의 본질과 방법에 대한 그의 사상은 훗날 청교도운동이 융성할 수 있는 기틀을 마련했습니다. 그 외에도 인간 양심의 다양한 케이스를 구체적으로 다룬 퍼킨스의 결의론(casuistry)은 청교도 신학이 왜 신학적으로 엄할 뿐만 아니

라 그토록 강력한 실천성과 윤리성을 가졌는지를 설명하는데 빼놓을 수 없는 요소입니다. 이처럼 윌리엄 퍼킨스가 개혁교회에 끼친 영향력은 매우 지대했고, 그것은 영미계열의 장로교 신학을 받아들인 우리 한국교회에도 그대로 전달되었습니다. 한국 장로교회 신학의 큰 산이라고 할 수 있는 박형룡 박사님은 한국 장로교회의 한 축을 형성하고 있는 합동측 신학을 청교도 개혁신학이라고 정의했는데, 여기서 말하는 청교도 개혁신학이 바로 윌리엄 퍼킨스의 사상에 기초한 청교도 신학을 의미합니다. 그런 의미에서 이번에 발간된 퍼킨스 전집 시리즈의 첫 번째 작품은 한국장로교회의 신학을 다시 한 번 점검하고 우리 신앙의 선배들이 걸었던 옛길을 다시 한 번 살펴보아 우리 시대의 신학을 더욱 바른 길로 인도하는 첫 걸음이 되리라 기대합니다. 점점 신학적인 혼동이 더해지는 우리 시대에 이 책이 귀히 사용받을 것을 의심하지 않습니다. 아무쪼록 이 책이 많은 목회자들과 신학생들, 그리고 신학에 관심을 가진 성도들의 손에 들려 읽혀지기를 간절히 바랍니다.

김효남 교수 _ 총신대학교 신학대학원 역사신학

'엘리자베스 청교도주의의 아버지'라고 불리는 윌리엄 퍼킨스는 영국에서 칼빈의 종교개혁 신학을 계승하는 가장 위대한 청교도 신학자이자 성경 설교자였으며, 교회를 참되게 개혁하고자 했던 따뜻한 목회자였습니다. 윌리엄 퍼킨스는 1세대 청교도의 아버지였으며, 당시 가장 영향력 있던 청교도의 조직신학자라 불리는 윌리엄 에임스(William Ames)를 비롯해서 영혼의 의사라 불리는 리처드 십스(Richard Sibbes)와 영국의 칼빈이라 불렸던 존 코튼(John Cotton), 그리고 언약신학의 대가인 존 프레스톤(John Preston)의 스승이었습니다.

그들의 스승답게 퍼킨스는 성경강해에 능통했고, 교리적이고 논쟁적인 논문들의 저자였으며, 뿐만 아니라 양심과 회개와 부르심과 소유물 그리고 질서 있는 가정 등과 같은 실천적이며 실제적인 작품도 다수 집필했습니다. 퍼킨스가 저술한 작품들은 그의 사후인 1631년에 인쇄되어 출간되었고, 1635년까지 출간된 그의 작품들은 놀랍게도 당시 칼빈과 베자와 불링거가 출간한 것을 모두 합친 것보다 더 많이 팔렸습니다. 이는 퍼킨스의 작품이 엄청난 영향을 끼칠 만큼 대중적이었음을 시사합니다. 퍼킨스에게는 비범한 성경강해 능력이 있었고 어려운 신학적 주제들을 평범한 사람들도 이해할 만큼 쉽게 풀어 설명하는 은사가 있었습니다.

이런 퍼킨스의 전체 작품이 1635년 이후 재 인쇄된 적이 없다는 것은 놀라울 일입니다. 이렇게 1635년에 마지막 출간된 이래 재 인쇄된 적 없는 퍼킨스 전집을 오늘날의 영어권 독자들이 읽기 쉽게 10권의 전집으로 출간한 조엘 비키 박사님의 열정에 찬사를 보냅니다. 그리고 이제 퍼킨스의 전집 가운데 제1권이 도서출판 새언약의 열정과, 헤르만 바빙크(Herman Bavinck)의『개혁교의학』의 역자로 저명한 신뢰할만한 박태현 교수님의 귀한 번역으로 4백여 년 만에 우리의 언어로 번역되어 출간된다는 것은 실로 가슴 떨리는 놀라운 일이 아닐 수 없습니다.

벌써 30여 년 전 청교도 신학에 매료되어 청교도의 본 고장인 영국으로 유학을 떠나 런던신학교(London Seminary)에 입학했던 저는 이 책의 추천자 가운데 한 분인 로버트 올리버(Robert W. Oliver) 박사로부터 퍼킨스의 생애와 신학을 배울 수 있었습니다. 당시 함께 수학했던 로버트 스트리븐스(Robert Strivens)가 최근 런던신학교 학장이 되기도 했습니다. 그와 함께 퍼킨스의 이 책을 추천하게 된 것을 매우 기쁘게 생각합니다. 놀랍게도 회심하기 이전 젊은 시절의 퍼킨스는 욕설과 무모한 행동 그리고 술에 찌들어 살았던 인물로서 길거리에서 떼쓰는 아이에게 자꾸 그러면 "술주정뱅이 퍼킨스"처럼 된다며 아이를 꾸짖는 일에나 이름이 오르내렸던 조롱의 대상이었습니다. 그런 퍼킨스를 부르시고, 그에게 비범한 은사를 주셔서 하나님 말씀의 신실한 설교자로, 교회를 사랑하는 목회자로, 또한 청교도 개혁주의 신학의 아버지로 세워주신 하나님을 높이 찬양합니다.

이제 이 책을 사서 손에 들고 읽으십시오. 앞으로 계속해서 출간될 퍼킨스의 전집을 옆에 두고 수시로 펼쳐 읽으십시오. 비키 박사님의 말처럼, 이 오래된 신학자가 언제나 젊음을 잃지 않는 글을 통해 여러분을 푸른 초장 쉴만한 물가로 인도하여 안식하게 하실 것입니다. 하나님께서 이 책을 통해 그분의 백성들을 교육하시고, 조국뿐만 아니라 전 세계에 있는 한국인 신자들에게 그리스도의 복음의 정수를 맛보게 하시기를 기도합니다.

신호섭 목사 _ 올곧은교회 담임목사, 고려신학대학원 교의학 겸임교수

새언약 출판사를 통해 『윌리엄 퍼킨스의 전집 제1권』이 출간된 것을 참으로 기쁘게 생각합니다. 한국 교회가 윌리엄 퍼킨스와 그의 많은 저작을 읽는 것은 매우 유익한 일입니다. 퍼킨스의 저작을 통해 우리는 종교개혁이 어떤 모습으로 개혁주의 전통으로 계승되고 발전되었는지 볼 수 있습니다. 또한 영국의 역사적 정황에서 시작된 청교도 운동이 종교개혁의 '오직 성경' 원리에 뿌리를 내리고 있고, 신학적인 열매는 공교회의 신앙 고백적인 성격을 지니고 있음을 확인할 수 있습니다. 현대의 많은 신학자에게 퍼킨스는 여전히 흥미롭고 의미 있는 인물입니다. 체계화된 형태의 작정신학과 언약신학을 가르친 퍼

킨스는 두 신학적 주제가 서로 충돌한다고 주장하는 신정통주의자들의 편견을 무력화시킵니다. 또한 퍼킨스가 개신교 경건주의의 아버지라는 사실은 이중 예정 교리가 사변화된 신학과 메마른 신앙을 양성한다는 오해도 교정해 줍니다. 이번 학기에 필자는 학생들과 함께 퍼킨스의 전집 제6권에 포함되어 있는 『황금사슬』을 읽었습니다. 교리서의 성격이 강한 저서임에도 학생들은 깊이 있는 성경 주해와 마음에서 우러나오는 신앙고백적인 진술들에 깊은 인상을 받았습니다.

이번에 출간된 전집 제1권은 『그리스도와 마귀의 전투』와 『산상수훈』을 포함하고 있습니다. 이 저작들을 통해 독자는 성경 주해와 교훈(교리) 그리고 적용의 세 가지 요소로 구성된 청교도 설교의 특징을 맛볼 수 있을 것입니다. 아울러 당시의 역사적 정황 속에서 로마 교회의 오류를 반박하는 내용도 흥미롭게 관찰할 수 있습니다. 특히 주기도문을 주해하고 용도를 설명하는 부분에서 독자는 우리 모두를 주님께서 친히 가르쳐주신 기도로 초청하는 퍼킨스의 뜨거운 진심을 느낄 수 있습니다. 주지하다시피 퍼킨스의 시대에 이르기까지 종교개혁자들은 성경과 교리 그리고 실천이 결코 분리될 수 없고 유기적으로 통합되어 있음을 가르쳤습니다. 퍼킨스의 저작 역시 이러한 전통이 청교도에 의해 잘 계승하고 있음을 증언합니다. 본서를 통해 한국 교회가 퍼킨스가 증언하는 성경의 진리를 체계적으로 배우기를 소원합니다. 끝으로 한국 교회를 위해 꼭 필요한 작업을 해 주신 박태현 교수님의 귀한 노고에 진심으로 감사드립니다.

안상혁 교수 _ 합동신학대학원대학교 역사신학

목회자들의 목회자였던 윌리엄 퍼킨스는 청교도 신학의 아버지라고 정당하게 불린다. 그의 신학은 제자 윌리엄 에임스를 포함한 수많은 청교도에게 깊이 영향을 끼쳤을 뿐만 아니라, 네덜란드 종교개혁의 기수였던 히스베르투스 푸치우스를 통하여 대륙의 개혁신학계에도 광범위한 영향을 미쳤다. 퍼킨스의 신학은 성경과 실천이 조화를 이룬 탁월한 신학이었다. 그는 라무스주의를 선별적으로 사용하면서 정교한 개혁파 스콜라 신학을 발전시켰고, 결의론을 적절하게 이용하여 개혁파 윤리학에도 큰 족적을 남겼다. 무엇보다 탁월한 것은 그의 성경강해다. 특히 이 책에 실린 산상수훈 강해를 보라. 정말 이 정도로 엄밀하면서도 이 정도로 실천적인 성경강해가 어디에 또 있을까 싶다. 퍼킨스의 설교가 매우 깊이가 있으면서도 동시에 감동적인 것은 그가 자신이 전하는 진리를 살아내기 위해 노력했던 "경험적 개혁파 설교자"였기 때문이다. 이 책의 독자들은 퍼킨스를 통하여 성경을 깊이 있게 배우게 될 뿐만 아니라, 그 안에 담긴 기독교 핵심 교리도 배우게 될 것이다. 그리고 그 말씀을 통해 전달된 진정한 진리로 인하여 자신에게 주어진 사명을 감당하고자 하는 열망으로 불타오르게 될 것이다. 『윌리엄 퍼킨스 전집』 제1권이 신뢰할 수 있는 역자에 의해 소개된 것 역시 감사한 일이다. 이로써 우리는 청교도의 심장부로 더욱 가까이 다가가게 되었다.

우병훈 교수 _ 고신대학교 교의학, 『교리설교의 모든 것』 저자

개혁주의 신학 체계는 3단계로 구성됩니다. 고대 힙포의 아우구스티누스가 개혁주의 신학의 초석을 마련하였고, 종교개혁 당대 존 칼빈이 건축하였으며, 후기 종교개혁가인 청교도들이 이 신학적 내용에 대한 구체적 적용 및 완성을 이룩하였습니다. 개혁주의는 두 개의 렌즈를 가지고 있습니다. 첫째는 칼빈의 망원경으로서, 이는 중세 1,000년의 왜곡된 로마 가톨릭의 신학을 거시적 안목으로 새롭게 교

정하여 가장 성경적인 신학의 틀을 형성하는 시금석이 되었습니다. 둘째, 청교도의 현미경으로서, 성경에 대한 미시적 통찰력을 바탕으로 교회와 목회 현장 속에서 구체적인 적용과 대안을 제공해 주었습니다. 청교도 작품의 가장 독특한 특징은 성경의 파노라마에 대한 최신형 내비게이션을 제공한다는 점입니다. 이러한 현상은 청교도 초기 윌리엄 퍼킨스에서 시작하여 후기 청교도 존 오웬으로 이어졌습니다. 퍼킨스는 튜더 왕조의 청교도 신학의 출발자였으며, 존 오웬은 스튜어트 왕조의 청교도 신학의 완성자입니다.

이처럼 청교도 신학의 틀(Frame)을 제공한 분은 다름 아닌 윌리엄 퍼킨스입니다. 그는 종교개혁자들의 신학을 보다 구체화하고 목회적 적용을 통해 개혁주의 응용신학을 형성하였습니다. 그는 청교도 신학의 아버지이자 대들보이자 영국의 칼빈이며, 튜더 왕조가 낳은 최고의 개혁주의 신학자로서, 만일 이 분이 존재하지 않았다면 청교도 운동은 한낱 해프닝으로 일단락되었을 것입니다.

이 귀하고 방대한 퍼킨스 작품을 청교도를 가장 사랑하는 박태현 교수님께서 전집 중 제1권을 번역하여 출판하게 되었습니다. 박태현 교수님의 엄청난 수고와 노고를 통해 청교도주의의 아버지가 누렸던 은혜와 영적 풍요로움을 드디어 오늘날 한국교회가 누릴 수 있게 되었습니다. 이젠 누구나 이 작품을 통해 성경의 파노라마를 뜨끈한 최신식 내비게이션을 장착하고 편안하고 풍요로운 여행을 즐길 수 있게 됩니다. 대작을 한국교회에 소개해 주신 박태현 교수님께 진심으로 축하드리며, 부디 이 작품이 한없이 무너져가는 한국교회 회복의 초석이 되기를 간절히 기원하는 바입니다.

윤종훈 교수 _ 총신대학교 역사신학

청교도주의의 아버지 내지 황태자(prince)라 불렸고, 케임브리지 대학을 청교도 운동의 산실이자 중심으로 만들었던 윌리엄 퍼킨스의 명성에도 불구하고, 그의 저술이 국내에 소개되기 시작한 것은 21세기 들어서입니다. 그리고 그렇게 번역 소개된 책들마저도 한국 그리스도인들에게 그다지 애독되지 못하고 절판되곤 했습니다. 하지만 그간에 퍼킨스를 전문적으로 연구한 학자들도 생겨났고, 국내 신학계에서 퍼킨스에 대한 연구 분위기도 진작되고 있는 것은 고무적인 일입니다. 오웬, 굿윈, 맨턴, 백스터, 번연 등 – 더 널리 읽혀온 청교도들도 중요하지만, 퍼킨스야말로 청교도 운동과 그 신학사상의 원류였기 때문입니다.

또한 퍼킨스야말로 신학적 학식과 더불어 경건을 동시에 보여주고, 나아가서는 대학 도시의 상아탑에 머무는 사변적인 논의가 아니라 죄로 인해 고통하면서 영혼의 구원을 갈망하던 이들의 심장에 가닿았던 복음적이고 체험적인 메시지를 전하기도 했고 글로 남기기도 했던 실천적인 신학자이기 때문이기도 합니다. 영어권에서도 17세기 초반에 편집 출간된 세 권의 저작 전집 이래로 오랫동안 퍼킨스 전집이 출간되지 못하다가 RHB에 의해 총 10권의 저작 전집이 완간되기에 이르렀고, 수십 권에 달하는 박사논문이 지금껏 산출되고 있기 때문에 퍼킨스 르네상스를 기대하게 만드는 형국입니다.

이번에 새언약 출판사에서 퍼킨스 저작전집 출간을 감행하게 된 것은 실로 놀랍고 환영할만한 일입니다. 더욱이 2005년 아뽈도오른 신학대학에서 퍼킨스를 포함한 청교도 설교 연구로 박사학위를 받은 바 있는 전문가의 손에서 저작전집 첫 권이 완역 출간되게 된 것은 본서를 안심하고 읽을 수 있게 보장해 줍니다. 균형 잡힌 신앙과 경건을 추구하는 모든 그리스도인들이 본서를 들고서 진지하게 읽고,

음미하면서, 반석에서 나오는 진귀한 꿀을 만끽하시기를 바랍니다.

이상웅 교수 _ 총신대학교 신학대학원 조직신학

10여 년 전 박사과정 공부할 때 한 학기동안 윌리엄 퍼킨스에 대해서 공부하면서, 막연하게 "그의 책이 한국어로도 번역이 되면 얼마나 좋을까?"라고 생각한 적이 있었다. 그런데 그 일이 마침내 실현이 되다니! 정말로 놀랍고 감사한 일이 아닐 수 없다. "청교도의 아버지"로 불리는 퍼킨스는 16세기 후반기의 잉글랜드 개혁파 신학을 대표하는 인물이다. 따라서 칼뱅 이후의 개혁 신학을 올바로 이해하는데 있어서 필수적으로 알아야 하는 인물이다.

청교도로서 퍼킨스는 무엇보다 설교자였다. 청교도들의 설교를 연구하는 사람들에게 퍼킨스는 반드시 넘어야 할 산이다. 『윌리엄 퍼킨스 전집』 제1권은 주로 퍼킨스의 설교들을 다루고 있는데, 독자들은 이 책을 읽으면서 퍼킨스의 탁월한 성경해석, 핵심파악, 요점 정리, 치밀한 적용, 변증에 감탄을 하게 될 것이다. 물론 오늘날 현대 설교가들이 퍼킨스처럼 설교를 할 수는 없을 것이다. 하지만 그의 글을 읽으면서 하나님의 말씀으로서의 설교가 무엇인지 깊이 고민하기를 소망한다. 지나치게 피상적인 설교가 난무하는 오늘날의 강단이 퍼킨스의 깊은 성찰을 통해 조금이나마 회복되기를 바라면서, 진지한 설교를 고민하는 모든 이들에게 이 책을 기쁨으로 추천한다.

이성호 교수 _ 고려신학대학원, 교회사

유치부 때 처음 교회에 나간 후 신학교에 가기까지 목사님 설교와 장로님들 기도에서 자주 들은 용어 중 하나가 '청교도'였다. 그래서 우리 한국교회는 청교도 전통을 따르고 있다고 무심코 그리 여겼다. 하지만 신학교를 다니면서도 실제로 읽은 청교도 저술은 존 번연의 『천로역정』뿐이었던 것 같다. 언급은 많이 하면서도 청교도의 글을 직접 읽어볼 기회가 그만큼 적었다는 말이다.

영국 청교도는 유럽 대륙의 개혁신학자들과 함께 개혁교회 전통의 주류였다. 그럼에도 청교도 연구는 상대적으로 경시된 편이었다. 20세기 후반 영국과 미국에서 이루어진 청교도 저술의 출판과 보급은 영어권 독자들에게 청교도 저술을 접할 수 있는 길을 크게 열어주었다. 어느 정도 시간이 지난 후 청교도 저술이 한글로 번역되기 시작해서 이제는 한국교회 성도들도 다수의 청교도 저자들의 글을 읽을 수 있게 되었다.

청교도 저술 중 당대에 많이 출판되고 번역된 예를 손꼽는다면 윌리엄 퍼킨스의 저술이 맨 먼저일 것이다. 그럼에도 한글로 번역된 퍼킨스의 저술이 그리 많지 않음은 큰 아쉬움이었다. 따라서 이번에 퍼킨스 전집이 우리말로 출판되는 것도 반가운 일이지만, 청교도 설교 연구에 오랜 시간을 쏟은 박태현 박사님이 그 첫 권을 번역해 더욱 반갑다.

이 제1권에 실린 『신구약성경의 다이제스트 또는 하모니』는 독자들로 하여금 퍼킨스가 성경을 대하는 자세를 느끼게 하고, 『그리스도와 마귀의 전투』와 『산상수훈』 설교는 예수 그리스도의 사역과 가르침을 깨달아 알 뿐 아니라 우리 신앙과 삶에 적용해 순종하도록 도와준다.

목회자 후보생들을 교육하고 목회자들에게 성경을 가장 효과적으로 전하는 설교법을 전수하기 위해 힘쓰는 박태현 교수님이 마음을 쏟아 번역한 본서가 독자들을 퍼킨스의 믿음과 삶으로 잘 이끌어 주리라 확신한다. 목회자와 신학도들은 물론 예수 그리스도의 교회가 그 사명을 온전히 감당하기를 소망하는 모든 성도에게 본서가 유익한 지침이 되리라 믿으며 적극 추천한다.

임원택 교수 _ 백석대학교 역사신학

한국교회 내에서 윌리엄 퍼킨스(William Perkins, 1558-1602)하면 『황금사슬』(*A Golden Chaine*, 1591)이라는 괄목할 만한 작품 외에는 딱히 떠오르는 작품이 없는 것이 안타까운 현실입니다. 그 이유는 퍼킨스의 글이 한글로 거의 번역이 되어 있지 않기 때문입니다. 하지만 이제 이 안타까움은 『윌리엄 퍼킨스 전집』 제1권의 번역 출간으로 곧 아름답게 해소될 것으로 보입니다. 퍼킨스의 전집이 번역되다니 정말 놀라운 일이 아닐 수 없습니다. 제1권은 총 3편의 논문으로 구성되는데, "신구약 성경의 다이제스트 또는 하모니", "그리스도와 마귀의 전투", "그리스도의 산상수훈에 대한 경건하고 박학다식한 강해" 등입니다. 퍼킨스는 이 3편의 논문을 통해 구속사의 통일성에 근거한 성경적 연대기를 펼치고 있으며, 마태복음 4장 1-11절 강해와 더불어 산상수훈 강해를 설득력 있게 전개하고 있습니다. 퍼킨스의 최고의 미덕은 누가 뭐래도 복잡한 신학을 실천적 경건으로 아름답게 녹여낸다는 점에 있습니다. 이런 점에서 퍼킨스는 최고의 청교도 신학자입니다. 『윌리엄 퍼킨스 전집』 제1권을 통해 얼마나 퍼킨스가 치열하게 성경을 주해하고, 교리를 세우며, 설득력 있는 이유를 제시하고, 적실하게 실천적으로 고찰하는지 여실히 파악할 수 있게 될 것입니다. 내일이 정말 기대됩니다. 내일은 『윌리엄 퍼킨스 전집』의 또 다른 권이 번역될 바로 그날이 될 것이기 때문입니다!

박재은 교수 _ 총신대학교 신학과 조직신학, 교목실장

우리에게 가장 절실한 소망은 "좋은 설교를 하고 싶고 듣고 싶다"일 것입니다. 만일 그렇다면 퍼킨스를 읽으시기 바랍니다. 이번에 박태현 교수가 힘을 다해 번역하여 도서출판 새언약에서 출판하는 퍼킨스 저작 전집은 1612-13년에 3권으로 출판된 Legatt판을 '레포메이션 헤리티지 북스' 출판사(RHB)가 현대 영어로 새롭게 하여 가독성을 높여 출판한 것입니다. RHB는 이것을 출판하면서 Legatt판에 담긴 퍼킨스의 저술들을 크게 세 가지 주제로 나누었습니다. 하나는 성경 강설 또는 주석과 관련한 저술, 다른 하나는 교리와 변증에 관한 논문들, 마지막 하나는 신앙 실천과 목회 등에 관련한 저술입니다. 그리고 이 모든 것을 모두 열권에 담았습니다. 제 서가에는 퍼킨스 전집의 1권(1626, Legatt), 2권(1617, Legatt), 3권(1631, Haviland)을 우리나라에서 사진 복사 책으로 만든 것이 꽂혀 있습니다. 1990년경에 구입한 것입니다. 조엘 비키는 후에 한국을 방문하여 이 퍼킨스 전집을 복사책으로 한국에서 구비하고 있다는 사실에 감동을 표했습니다. 16, 17세기 영어이고 내용이 촘촘하여 읽는 데에 많은 시간이 걸려 결국 부분만을 참조했던 퍼킨스의 전집이 번역된다는 것은 참으로 기쁜 일입니다. 퍼킨스를 읽으면 복음의 정수를 가장 균형 있고 정확하게 배웁니다. 무엇보다도 죄인을 향한 하나님의 긍휼의 은혜를 전하는 설교와 신학 그리고 신앙 실천을 배웁니다. 어떤 이들은 하나님의 선택과 유기의 영원한 작정을 설명하는 '퍼킨스의 도표'를 떠올리면서 마치 그가 차갑고 냉정한 칼빈주의자(?)인 양 말하지만 이것은 잘못입니다. 이와 반대로 '퍼킨스의 도표'는 죄인을 구원하시는 하나님의 긍휼에 넘치는 은혜와 주권을 바르게 보여주는 신학의 요점입니다. 퍼킨스의 신학을 배운다는 것은 바로 "그리스도"를 배우는 것입니다. 모든 설교자에게 권합니다. 퍼킨스를 읽고 또 읽으시기 바랍니다. 어떻게든 이번부터 출판되는 전집을 자신의 것이 될 때까지 읽고 또 읽으시기 바랍니다. 여러분이 설교자라면 여러분의 설교는 "하늘의 양식"을 전하는 "하나님의 말씀의 수종자"(Verbum Dei Minister)로 인정을 받을 것입니다. 불과 44년의 생애를 허락하셨던 퍼킨스((1558–1602)에게 부으셨던 하나님의 크고 큰 은총이 이 책을 통해 독자 여러분에게 고스란히 전해지기를 바랍니다. 이로 인하여 우리 한국 교회의 강단이 그리스도의 은혜의 말씀으로 가득차기를 간절히 기대합니다. 저도 여러분과 함께 읽고 또 읽고자 합니다.

김병훈 교수 _ 합동신학대학원대학교 석좌교수 조직신학, 나그네교회 담임목사

『윌리엄 퍼킨스 전집』의 새로운 한국어판 서문을 쓰게 되어 매우 감사하게 생각합니다. 한국 개혁교회와 장로교회의 형제자매들은 수십 년 동안 저에게 매우 소중한 존재였습니다. 저는 한국 교회를 섬기기 위해 열 번이나 한국을 방문할 수 있는 특권을 누렸습니다. 제가 한국 교회를 섬긴 것보다 한국 교회가 저를 섬긴 것이 더 많다고 종종 느꼈습니다. 저는 특히 한국 교회 성도들의 기도하는 모습에 큰 힘을 얻었습니다. 기도하는 한국 교회는 "모든 기도와 간구를 하되 항상 성령 안에서 기도하고 이를 위하여 깨어 구하기를 항상 힘쓰며 여러 성도를 위하여 구하라"(엡 6:18)는 바울의 권고에 순종하는 모범이 되고 있습니다.

윌리엄 퍼킨스의 저서를 한국어로 만나볼 수 있게 되어 말로 표현할 수 없을 만큼 기쁩니다. 퍼킨스는 초기 청교도 운동의 아버지이자 신학, 설교, 실천적 기독교 경건의 거장이었습니다. 비록 마흔네 살의 젊은 나이에 세상을 떠났지만, 그는 국제적인 개혁주의 운동이 소중히 간직하는 방대한 저술을 남겼습니다. 최근 몇 년 동안 레포메이션 헤리티지 북스(Reformation Heritage Books)에서 출판한 전 10권의 퍼킨스 전집 영문판 편집자 중 한 명으로 일하게 된 것은 저의 특권이었습니다. 따라서 저는 천상의 도시로 가는 길에 이 땅의 광야를 지날 때 이 풍미 있는 책들을 읽는 것이 영혼에 큰 유익을 줄 수 있다는 사실을 증명할 수 있습니다.

각 권이 출간될 때마다 많은 한국 신자들이 『윌리엄 퍼킨스 전집』을 읽게 되기를 기도합니다. 독자 여러분도 저처럼 한국어로 출간되는 이 책들을 통해 많은 유익을 얻으실 것이라 믿습니다. 퍼킨스의 신학은 훌륭합니다. 저는 여러분이 지적인 자극을 위해서뿐만 아니라 영혼의 체험적인 유익을 위해서도 이 책들을 읽어서, 하나님께서 그분의 은혜로 여러분을 점점 더 "그 아들의 형상을 본받아 그로 많은 형제 중에서 맏아들이 되게"(롬 8:29) 하실 수 있기를 바랍니다.

윌리엄 퍼킨스는 (다른 많은 청교도들에 비해) 읽기 쉽고, 사상이 충실하며, 깊이 있는 경험과 실용적인 내용을 담고 있으며, 우리가 예수님을 바라보며 그리스도인의 경주를 달리는 데 도움이 되는 모든 종류의 풍요로움으로 가득 차 있습니다. Tolle lege! 책을 집어 들고 읽으십시오! 이 오래된 신학자는 언제나 젊음을 잃지 않는 글을 통해 여러분을 하나님의 말씀의 푸른 초장과 잔잔한 물가로 인도하실 것입니다(시편 23편). 이 대규모 번역 프로젝트가 한국 교회를 잘 섬기고, 무엇보다 하나님의 이름을 영화롭게 하며, 성도들을 성숙하게 하고, 잃어버린 자들을 구원할 수 있도록 기도해 주시기 바랍니다.

조엘 비키(Joel R. Beeke)

　한국 개신교는 역사적으로 16세기 유럽의 종교개혁 이후, 특히 16 - 17세기 영국 청교도에 그 뿌리를 두고 있다. 영국 청교도는 유럽 대륙의 개혁신학을 이어 받아 개인의 구원만 아니라, 가정과 교회, 사회와 국가라는 공적 영역에서 거룩한 삶의 실천으로 오직 하나님께 영광이(soli deo gloria) 돌려지기를 소원했다. 그들에 따르면, 개혁신학은 학교와 아카데미의 단순 지식에 머무는 것이 아니라, 가정과 교회, 직장과 사회의 구체적 현장에서 손과 발로 믿음을 고백하는 열매를 맺어야 했다. 그래서 청교도 목회자들과 성도들은 '거룩한 성도'라는 이름에 걸맞은 역사의 한 장을 훌륭하게 장식하였다. 청교도의 경건은 한마디로 개혁신학의 핵심(核心)과 진수(眞髓)가 거룩한 삶으로 나타난 것이었다. '오직 믿음으로'(sola fide) 의롭게 된다는 종교개혁의 기치는 '오직 성경'(sola scriptura)이라는 삶의 준거틀 안에서 거룩하고 경건한 삶으로 그 믿음을 증거했다. 과연 청교도들은 '이 세상의 성자들'이라는 말이 부끄럽지 않은 영적 거인들이었다.

　이제 이 영적 거인들을 길러낸 수많은 신학자와 목회자들 가운데 윌리엄 퍼킨스(William Perkins)는 청교도 신학과 신앙의 기초를 놓은 '청교도주의의 아버지'였다. 단지 시기적으로만 앞섰기에 아버지라 불린 것이 아니라, 그의 삶과 가르침이 적어도 약 200년 이상 후세대에 영속적 영향을 미쳤기 때문에, 그는 영적 스승이요 아버지였다. 미국 건국의 아버지라 불리는 뉴잉글랜드의 조나단 에드워즈(Jonathan Edwards, 1703-1758) 역시 퍼킨스의 책들을 소장하고 깊이 연구했으며, 유럽 대륙의 많은 나라들 역시 그의 많은 저작들을 자국어로 번역하여 영적 유익을 한껏 누렸다. 한 청교도 전문가가 말하듯이, 16세기 유럽 대륙의 개신교가 수많은 신학적 논쟁을 통해 얻은 값진 유산을 잉글랜드 교회가 값없이 거저 받았는데, 이제 이 섬나라의 퍼킨스가 그 많은 신학적 빚을 단 번에 되갚았다고 말할 정도로, 퍼킨스는 탁월한 신학자요 목회자였다.

퍼킨스는 기독교적 경건과 학문의 보기 드문 대가(大家)였다. 그는 오늘날 여러 학과로 분화된 시대의 신학자처럼 단순히 한 분야의 전문가가 아니라, 신학과 신앙의 전반적 분야를 아우르는 교회의 교사(Doctor)요 신학자였다. 그는 교부들의 신학에 정통했을 뿐만 아니라, 아리스토텔레스와 기독교 철학자인 페트루스 라무스(Petrus Ramus, 1515-1572)의 방법론을 사용하여 경험적 개혁신학을 정립하였다. 그가 다룬 주요한 신학 분야는 예정론, 구원의 확신, 설교학, 성경신학, 언약신학, 목회신학, 로마교에 대항한 논쟁 등으로, 그 깊이와 넓이는 가히 헤아리기 쉽지 않다. 무엇보다도 퍼킨스는 성경의 신학자였다. 그는 성경의 구석구석을 다 파악할 정도로 소위 '걸어다니는 성경'이었다. 게다가 퍼킨스는 마음의 신학자였다. 그는 "만물보다 거짓되고 심히 부패한"(렘 17:9) 인간 마음의 탐욕과 변명과 갖가지 술수들을 진리의 메스로 수술하여 도려내는 '영혼의 의사'였다. 퍼킨스의 탁월한 재능은 복잡하고 어려운 문제를 알기 쉽게 설명할 뿐만 아니라, 우리들로 하여금 거룩하게 살아가도록 뜨거운 열망을 가슴 깊이 불어넣는 능력이었다. 그는 과연 진정한 실천적, 경험적 설교자요 목회자요 신학자였다.

퍼킨스가 비록 엘리자베스 1세의 45년 치세(1558-1603)보다 짧은 44세(1558-1602)의 생애를 살았을지라도, 그의 경건한 삶의 모범과 건전한 가르침은 여전히 후세대에게 그리스도의 복음을 증거했다. "그가 죽었으나 그 믿음으로써 지금도 말하느니라"(히 11:4하). 그의 설교는 흔히 회자(膾炙)되듯이, '경건한 학자들이 들어도 감탄할 정도로 그렇게 평이하지 않았으며, 평범한 사람들이 들어도 이해할 정도로 그렇게 학문적인 것도 아니었다.' 토머스 굿윈(Thomas Goodwin, 1600-1680)이 13세에 케임브리지 크라이스트 칼리지에 입학했을 때, 그는 당시에 그 도시엔 퍼킨스의 능력 있는 사역에 대한 담론으로 가득 차 있었고, 대부분의 사람들의 기억 속에 여전히 생생하게 남아있었다고 증거한다.

깊은 영성과 심오한 학식을 갖춘 퍼킨스가 그의 작품을 통해 한국교회에 소개된다는 것은 대단히 기쁜 일이 아닐 수 없다. 이 기쁨은 적어도 두 가지 이유에 기초한다. 첫째, 단지 역자가 청교도 설교(윌리엄 퍼킨스, 리처드 십스, 존 플라벨, 그리고 웨스트민스터 회의)를 전공한 학자여서가 아니라, 이해할 수 없는 신비를 뚫고 16세기의 퍼킨스가 21세기 한국교회에 소개되기 때문이다. 그 신비란 다름 아닌 이것이다. 1841년 설립된 영국의 파커 출판 협회(Parker Society Publications)는 영국 종교개혁의 초기 개혁자들을 비롯한 26명의 영국 신학자들과 목회자들의 주요 저작들을 수집하여 56권의 방대한 영적 보고(寶庫)를 편집, 출판하였다. 그 가운데 대표적인 것을 꼽아 보자면, 영국의 순교자들로 잘 알려진 휴 래티머, 니콜라스 리들리, 토머스 크랜머, 그리고 캔터베리 대주교였던 에드문드 그린달, 매튜 파커, 존 휘트기프트 등 영국교회 고위 성직자들의 저술들을 포함하고 있다. 그런데 퍼킨스가 여기 이 출판물에서 알 수 없는 이유로 (순교자도 아니요 대주교와 같은 고위 성직자도 아니었기 때문일까?) 누락된 것이다. 퍼킨스 전문가인 이안 브르워드(Ian Breward)가 지적했듯이, 퍼킨스의 저술은 17세기 초 이미 영국에서 존 칼빈과 하인리히 불링거, 테오도르 베자의 저술들을 능가하여 더 많이 팔렸기 때문이다. 2절판 3권으로 된 그의 방대한 전집은 먼저 런던에서 1612-13년에 출판되었고, 그 후 수정되어 다시금 1626-31년에 발간되었다. 그 후 약 400년 가까운 오랜 세월 동안 영국과 미국을 비롯한 영어권 세계에서도 퍼킨스의 목소리는 들리지 않았다.

그런데 이제 미국의 개혁주의 청교도 출판사인 레포메이션 헤리티지 북스(Reformation Heritage Books)가 퍼킨스 전집을 전 10권(2014-2020)의 현대적 스타일로 편집·발간함으로써, 퍼킨스는 그 침묵의 장막을 열고 다시금 세상에 그리스도의 복음을 힘 있게 증거하기 시작했다. 이것이 어찌 작은 일이겠는가? 영문판 추천사를 쓴 수많은 저명한 신학자들과 목회자들의 기쁨을 생각해 보라!

둘째, 한국 개신교는 종교개혁과 청교도 전통의 유산을 갖는다고 자랑스럽게 고백한다. 특히 한국교회의 대다수를 차지하는 장로교회는 웨스트민스터 신앙고백서를 비롯한 표준문서를 고백서로 인정하며, 청교도가 장로교회의 역사적 뿌리임을 조금도 의심하지 않고, 오히려 긍지로 삼는다. 그럼에도 불구하고 '청교도주의의 아버지'인 퍼킨스의 저술을 직접 읽어보지 못했다는 것은 참으로 안타까운 일이 아닐 수 없다. 그러나 이제 퍼킨스의 제1권이 한글로 번역되어, 그 안타까움이 해소되는 길이 열렸기에 기쁜 일이 아닐 수 없다. 우리는 퍼킨스의 작품을 통해 우리가 걸어야 할 천국의 순례길을 배우고, 믿음, 소망, 사랑으로 그 길을 감사함으로 걸어갈 수 있다. 이 어찌 복된 일이 아니겠는가!

역자가 이렇게 훌륭한 '청교도주의의 아버지'인 퍼킨스를 번역하여 소개한다는 것은 큰 기쁨이자 특권이요 행복이다. 하지만 이 일이 가능하도록 번역 프로젝트를 먼저 제안했을 뿐만 아니라, 적지 않은 재정을 과감히 투자한 새언약출판사의 헌신에 감사하지 않을 수 없다. 삼송제일교회의 정대운 목사님의 청교도 신학과 신앙에 대한 확신과 열심에 감사드리며, 출판을 위해 시작부터 함께 고민하고 수고한 김균필 목사님과 김성욱 집사님께 감사를 드린다.

그리고 출판을 위해 흔쾌히 한국어판 서문을 써 주신 조엘 비키(Joel R. Beeke) 박사님과 추천사를 써 주신 존경하는 목사님들과 동역하는 교수님들께도 감사를 드린다. 그리고 역자 개인적으로 2023년 안식년을 맞아 연구하며 번역할 수 있도록 시간을 허락해 준 총신대학교에도 감사를 드린다. 그리고 한글로 번역된 제1권은, 2023년 9월에 결혼한 사랑하는 첫째 딸 한나(Hanna)와 사위 레슬리(Lesley)가 믿음 안에서 그리스도를 모신 참된 행복한 가정이 되길 바라며, 아빠의 마음과 기도를 담아 축복하며 선물로 전한다. 바라기는 앞으로 제1권을 시작으로 전 10권의 번역이 지속되기를 기도드린다. 한국교회가 퍼킨스를 통해 다시 한 번 새로워지고, 경건의 능력을 증거하는 교회가 되기를 간절히 소망한다.

오직 하나님께 영광이(*soli deo gloria*)!

주후 2023년 8월 1일
암스테르담에서
역자 박태현

목차

일러두기

1) 영문 편집자는 원문에서 본문에 기록된 성구는 ( ) 표기로, 여백에 기록된 성구는 [ ] 표기로 삽입하였다. 그리고 영문 편집자가 각주를 다는 경우, '편집자주'라는 표기 없이 참고 내용을 제시한다.

2) 역자가 성구 및 참고 내용을 첨가한 것은 { } 표기로 삽입하였다. 역자가 각주를 다는 경우, '역자주'라는 표기로 참고 내용을 제시한다.

3) 성경구절을 인용하는 경우, 퍼킨스가 제네바 성경(1560)을 인용하되, 문맥에 맞게 고쳐 쓴 것은 그대로 따라 번역하였다. 그리고 한글성경은 한글 개역개정을 기본으로 제시한다.

일반 서문

　　종종 "청교도주의의 아버지"라고 불리는 윌리엄 퍼킨스(1558-1602)는 개혁주의 경험 신학의 훌륭한 설교자이자 교사였다. 그는 영국 청교도 운동에 지울 수 없는 흔적을 남겼고, 그의 저작들은 네덜란드어, 독일어, 프랑스어, 헝가리어 및 기타 유럽 언어로 번역되었다. 오늘날 그는 예정론에 관한 저술로 가장 잘 알려져 있으나, 성경에 대한 광범위한 강해들을 포함하여 많은 교리적, 실천적 주제들에 관해서도 풍부하게 저술했다. 그의 영어 『전집』인 1631년판은 세 권으로 된 2절판으로, 2,000페이지가 넘는 작은 글씨로 가득 차 있다.

　　특히 19세기 중반과 20세기 후반에 청교도 작품이 홍수처럼 재인쇄된 것을 감안할 때, 왜 그의 전체 『전집』이 17세기 초 이후로 인쇄되지 않았는지 의문이다. 이안 브르워드(Ian Breward)는 퍼킨스 연구를 촉진하는 데 많은 기여를 했으나, 지금은 희귀해진 브르워드의 단권 편찬물인 『윌리엄 퍼킨스 작품』(Work of William Perkins, 1970)은 퍼킨스의 저작 일부만 만날 수 있었다. 이 개혁주의 신학자의 저술을 평신도, 목회자, 학자 등 대중이 다시 접할 수 있게 되는 것은 오랜 꿈이었기에, 이 공백이 메워지게 되어 매우 기쁘게 생각한다.

　　레포메이션 헤리티지 북스는 현대 미국 표준에 맞는 철자와 대문자로 새롭게 조판된 형식으로 퍼킨스의 『전집』을 출간하고 있다. 성경 인용문과 하나님에 대한 언급을 제외하고는 옛날 표기("thou dost")를 현대적 표기("you do")로 변경하였다. 구두점도 경우에 따라 현대화되어 불필요한 쉼표가 제거되고, 콜론이 완전히 끝난 것을 나타내는 경우 마침표로 변경되었다. 그러나 원래 단어는 현대적 동의어로 변경되지 않고 그대로 유지하며, 현대 구문과 다른 경우에도 원래의 어순을 그대로 유지한다. 하나님을 지칭할 때 대명사는 대문자로 표기한다. 일부 오래된 용어들과 모호한 언급들은 편집자 각주에 설명되어 있다.

당대에 일반적이었던 것처럼, 퍼킨스는 직접 인용을 간접 인용, 요약, 혹은 '바꿔 쓰기'(paraphrase)와 구별하기 위해 인용 부호를 사용하지 않았고, (그가 고유 명사를 사용할 때 그랬던 것처럼) 단순히 모든 인용을 이탤릭체로 표기했다. 우리는 그러한 이탤릭체를 제거하고, 직접적이고 정확한 인용이 아닐지라도 인용문을 인용부호로 표기하는 일반적 원칙을 따랐다. 퍼킨스는 일반적으로 제네바 성경을 인용했지만, 그의 인용문을 어느 특정 번역 성경에 맞추기보다는 그가 표현한 대로 그대로 두었다. 여백에 있던 참조 성구들은 본문 안에 가져와 대괄호([ ])로 묶었다. 일반적으로 괄호 안의 성구들은 현대 관습에 따라 (롬 8:1에서와 같이) 축약되고 구두점이 사용되었으며, 때로는 교정되고, 때로는 절(clause)의 시작 대신에 끝으로 옮겨졌다. 여백의 다른 메모는 각주에 배치하여 "여백에"라고 분류했다. 각 권의 편집자는 각 권의 서론을 통해 독자가 그 내용을 파악할 수 있도록 안내할 것이다.

『윌리엄 퍼킨스 전집』(*Works of William Perkins*) 출판 프로젝트는 네 권의 성경 강해, 세 권의 교리적이고 논쟁적인 논문들, 그리고 세 권의 윤리적이고 실천적인 글들을 포함하여 총 10권으로 구성될 예정이다. 각 권의 내용에 대한 분석은 이 책의 겉표지 안쪽에서 확인할 수 있다.

　만일 퍼킨스 신학의 중심이 무엇이냐고 질문한다면, 우리는 대답하기를 주저하는데, 왜냐하면 역사신학을 공부하는 학생들은 이것이 어떤 사람에 관해 묻는 위험한 질문이라는 것을 알고 있기 때문이다. 그러나 우리는 퍼킨스가 설교에 관한 그의 영향력 있는 매뉴얼의 결론에서 말한 것을 반복함으로써 이 서문을 마무리하는 것이 좋을 것이다. "요약 중의 요약: 그리스도를 찬양하기 위해 그리스도로 말미암아 한 분 그리스도를 설교하라."

조엘 비키(Joel R. Beeke) & 데렉 토머스(Derek W. H. Thomas)

전기적 서문

"청교도주의의 아버지", 윌리엄 퍼킨스

잉글랜드의 가장 유명한 군주 가운데 한 사람인 엘리자베스 1세 (Elizabeth I)는 헨리 8세(Henry VIII)와 앤 불린(Anne Boleyn)의 운명적 결합의 결실로 1533년에 태어났다. 개신교 신자였던 이복동생 에드워드 (Edward)가 사망하고, 로마 가톨릭 신자였던 이복언니 메리(Mary)가 사망한 후, 1558년에 그녀는 왕위에 등극했다. 그녀는 즉시 사방으로 포위되었다. 국내적으로, 그녀는 확고하게 자리 잡은 파벌을 통해 **'중도의 길'**(*via media*)을 추구함으로써 종교계와 투쟁했다. 국제적으로, 그녀는 1588년 스페인 무적함대(Armada)의 침공을 저지하는 등 수많은 원수와 싸워야 했다. 그러나 엘리자베스는 이 모든 것을 견뎌내고 1603년 죽을 때까지 영국을 최고의 개신교 강국으로 만들었다.

엘리자베스의 화려한 통치 기간과 일치하여 잉글랜드에서 가장 영향력 있는 신학자들 가운데 한 사람인 윌리엄 퍼킨스(William Perkins)의 생애가 시작되었다.[1] 학자들은 그를 "엘리자베스 청교도주의의 주

---

1 퍼킨스의 생애에 대한 간략한 설명을 위해서는 다음을 보라. *Oxford Dictionary of National Biography*, ed. H. C. G. Matthew and Brian Harrison (Oxford: Oxford University Press, 2004), 43:781–84. 또한 Joel R. Beeke and Randall Pederson, *Meet the Puritans* (Grand Rapids: Reformation Heritage Books, 2006), 469–80; Ian Breward, ed., 'introduction to *The Works of William Perkins*', Courtenay Library of Reformation Classics, no. 3 (Appleford, U.K.: Sutton

요 건축가", "튜더(Tudor) 시대의 청교도 신학자", "가장 중요한 청교
도 작가", "청교도 신학자들의 황태자", "모든 청교도 성직자들 가
운데 가장 유명한 성직자", 그리고 "청교도주의의 아버지"[2]로 묘사
했다. 어떤 사람들은 존 칼빈(John Calvin)과 테오도르 베자(Theodore
Beza)와 함께 그를 "정통주의의 삼위일체"에 포함하는 데까지 멀리

___

Courtenay, 1970), 3:3−131; Benjamin Brook, *The Lives of the Puritans* (1813; repr., Morgan,
Pa.: Soli Deo Gloria, 1996), 2:129−36; Charles Cooper and Thompson Cooper, *Athenae
Cantabrigiensis 1586-1609* (Cambridge: Deighton, Bell, and Co., 1861), 2:335−41; Thomas
Fuller, *Abel Redevivus: or, The Dead Yet Speaking. The Lives and Deaths of the Modern Divines* (London,
1651), 431−40; Thomas Fuller, *The Holy State* (Cambridge, 1642), 88−93; 그리고 Samuel
Clark, *The Marrow of Ecclesiastical History, Contained in the Lives of one hundred forty-eight Fathers,
Schoolmen, First Reformers, and Modern Divines* (London, 1654), 850−53.

2 '청교도'(*Puritan*)라는 용어의 의미를 둘러싼 상당한 혼란이 있다. 리처드 그리브스(Richard
Greaves)는 이런 혼란의 원인을 엘리자베스와 야코비언(Jacobean) 시대에 그 용어의 "의
미의 다양성"에서 찾는다. "The Puritan−Nonconformist Tradition in England, 1560−700:
Historiographical Reflections," *Albion* 17 (1985): 449. 정의를 살펴보려면, Ian Breward, "The
Abolition of Puritanism," *Journal of Religious History* 7 (1972): 20−34; Paul Christianson,
"Reformers and the Church of England under Elizabeth I and the Early Stuarts," *Journal of
Ecclesiastical History* 31 (1980): 463−82; Patrick Collinson, "A Comment: Concerning the Name
Puritan," *Journal of Ecclesiastical History* 31 (1980): 483−88; Michael Finlayson, "Puritanism and
Puritans: Labels or Libels?" *Canadian Journal of History* 8 (1973): 203−23; Basil Hall, "Puritanism:
The Problem of Definition," in *Humanists and Protestants: 1500-1900* (Edinburgh: T & T Clark,
1990), 237−54; Christopher Hill, *Society and Puritanism in Pre-Revolutionary England* (London:
Panther Books, 1969), 15−30; Martyn Lloyd−Jones, *The Puritans: Their Origins and Successors*
(Edinburgh: Banner of Truth, 2002), 237−59; John Morgan, *Godly Learning: Puritan Attitudes
Towards Reason, Learning, and Education, 1560-1640* (Cambridge: Cambridge University Press,
1986), 9−22; J. I. Packer, *A Quest for Godliness: The Puritan Vision of the Christian Life* (Wheaton,
Ill.: Crossway, 1990), 21−48; Leonard Trinterud, "The Origins of Puritanism," *Church History* 20
(1951): 37−57; and J. Stephen Yuille, *Puritan Spirituality: The Fear of God in the Affective Theology
of George Swinnock*, Studies in Christian History and Thought (Milton Keynes, U.K.: Paternoster,
2007), 5−17. 이 에세이에서 우리는 '청교도'(*Puritan*)라는 용어를 영국 국교회를 개혁하고, 개
혁주의 은혜 신학과 일치하는 경건한 삶을 증진하기를 원하는 사람들과 관련하여 사용한다. 패
커(J. I. Packer)는 다음과 같이 쓰고 있다. "청교도주의는 영적 갱신의 비전을 국가적으로 그리
고 개인적으로, 교회, 국가, 그리고 가정에서, 그리고 교육, 복음전도, 그리고 경제 분야에서,
개인적 제자도와 헌신, 그리고 목회 돌봄과 능력에서 실행하기를 추구하는 복음적 거룩 운동이
었다.…청교도주의를 이런 유형으로 확립한 사람은, 매우 구체적으로 말하자면 퍼킨스였다."
An Anglican to Remember-William Perkins: Puritan Popularizer (London: St. Antholin's Lectureship
Charity, 1996), 1−2.

나아갔다.[3]

이 짧은 에세이는 퍼킨스의 초기 생애와 교육, 그의 사역, 저작들과 유산, 그리고 그의 신학과 경건에 대한 요약을 제공한다. 앞으로 10권으로 출간될 예정인 퍼킨스 전집에는 각 권의 내용과 연관하여 퍼킨스의 신학을 심도 있게 다루는 서론적 에세이가 수록될 예정이다.

퍼킨스의 초기 생애와 교육

저명한 신학자로서의 퍼킨스의 위상은 그의 불우한 인생 출발을 감안할 때 더욱 주목할 만하다. 그는 워릭셔(Warwickshire)의 벌킹턴(Bulkington) 교구에 속한, 코번트리(Coventry) 근처의 마스턴 자벳(Marston Jabbet)이라는 마을에서 토머스(Thomas)와 한나(Hannah) 퍼킨스 사이에서 태어났다. 그가 열아홉 살에 케임브리지 크라이스트 칼리지(Christ's College)에 입학하기 전까지는 그에 대해 알려진 바가 거의 없다. 이 대학은 영국 종교개혁에 큰 영향을 미쳤다. 1511년부터 1514년까지 데시데리우스 에라스무스(Desiderius Erasmus)가 이곳에서 신약성경 번역을 준비하면서 그리스어를 강의했다. 10년 만에 윌리엄 틴데일(William Tyndale)은 에라스무스의 텍스트를 바탕으로 자신의 영어 성경 번역본을 준비했다. 1520년대까지 마틴 루터(Martin Luther)의 작품은 학자들 사이에서 회자되었다. 1534년, 케임브리지는 왕을 영국 교회의 머리로 인정하는 의회의 '수장령'(Act of Supremacy)을 수용했다. 1549년에는

3　John Eusden, *Puritans, Lawyers, and Politics* (New Haven, Conn.: Yale University Press, 1958), 11; Paul Seaver, *The Puritan Lectureships: The Politics of Religious Dissent, 1560-1662* (Palo Alto, Calif.: Stanford University Press, 1970), 114; Christopher Hill, *God's Englishman: Oliver Cromwell and the English Revolution* (New York: Harper & Row, 1970), 38; 그리고 Packer, *Anglican to Remember*, 1.

마틴 부써(Martin Bucer)에게 신학 교수직을 제공하였고, 이로써 케임브리지 개혁자들의 성공이 입증되었다.[4]

1577년, 퍼킨스는 크라이스트 칼리지에 '자비부담생'(pensioner)으로 입학함으로써 이 확고한 개신교 기관에서 평생의 연구를 시작했는데, 이는 그의 가정이 사회적으로 상류층의 경계선에 서 있었음을 암시한다.[5] 퍼킨스는 곧 자신의 이름을 알렸지만, 우리가 예상할 수 있는 이유는 아니었다. 한 전기 작가는 "그의 젊은 시절의 거친 불길이 순식간에 번지기 시작했다"라고 적고 있다.[6] 또 다른 사람은 그가 "세속적이고 방탕하며, 술에 중독되었다"라고 밝히고 있다.[7] 하지만 퍼킨스는 곧 로렌스 차더톤(Laurence Chaderton, 그의 개인 교사), 리처드 로저스(Richard Rogers), 리처드 그린햄(Richard Greenham), 그리고 다른 사람들의 경건한 영향을 받게 되었다.[8] 더욱 중요한 사실은, 하나님께서 퍼킨스의 마음속에 역사하셔서 죄에 대한 깊은 확신을 갖기 시작했다는 것이다. 벤자민 브룩(Benjamin Brook)은 하나님께서 퍼킨스가 자신의 비참함을 대면하게 하신 특히 주목할 만한 사건을 기록한다. "그가 마을 변두리를 걷고 있을 때, 한 여자가 투정부리고 고집불통인 아이에게 '입 다물어, 그렇지 않으면 내가 너를 저기 술주정뱅이 퍼

---

4 Harry Porter, *Reformation and Reaction in Tudor Cambridge* (Cambridge: Cambridge University Press, 1958), 51.

5 '자비부담생'(*pensioner*)은 '커먼즈'(commons), 즉 칼리지의 일반 경비를 지불했다. '근로 장학생'(*sizar*)은 일반 경비를 지불할 수 없어서 칼리지 생활이 지속되는 동안 일을 했다. '장학생'(*scholar*)은 일반 경비를 지불할 필요가 없었는데, 왜냐하면 칼리지가 그의 탁월한 학업 잠재력을 고려하여 그의 비용을 면제해 주었기 때문이다.

6 Fuller, *Abel Redevivus*, 432.

7 Cooper and Cooper, *Athenae Cantabrigiensis*, 2:335.

8 Joel R. Beeke, "Laurence Chaderton: An Early Puritan Vision for Church and School," in *Church and School in Early Modern Protestantism: Studies in Honor of Richard A. Muller on the Maturation of a Theological Tradition*, ed. Jordan J. Ballor, David S. Sytsma, and Jason Zuidema (Leiden: Brill, 2013), 321–37.

킨스에게 넘겨줄 거야'라고 말하는 것을 들었다."[9] 이 이야기의 정확한 세부 사항은 의심스럽지만, 퍼킨스에게 개인적 변화가 확실히 나타나게 되었다. 죄의 무게에 짓눌린 그는 죄인들의 구주께 나아갔다. 그는 자신의 사악한 행위를 내버린 후, 곧 로저스, 그린햄 등과 함께 "케임브리지 청교도주의의 교황"이라 불리는 차더톤과 합류하여 영적 형제애를 나누게 되었다.[10]

퍼킨스는 새로운 열정으로 학업에 전념하여 1581년에 학사 학위를, 1584년에 석사 학위를 받았다. 그는 부지런한 학생이었다. 토머스 풀러(Thomas Fuller)에 따르면, "[퍼킨스는] 빠른 속도로 책을 읽는 보기 드문 재능이 있었는데, 말하자면 책장을 넘기기만 해도 그 안에 담긴 모든 상당한 것들을 정확하게 설명할 수 있었다.… 그는 마치 특별히 그 구절에 집중한 것처럼 모든 구절들을 엄격하게 주목했다. 그가 책을 이처럼 빠르게 정독했기에, 사람들은 그가 아무것도 읽지 않았다고 생각할 수 있었고, 너무나 정확했기에, 사람들은 그가 모든 것을 읽었다고 생각할 수도 있었다."[11]

퍼킨스의 사역

퍼킨스는 학업 중 어느 순간부터 주일마다 케임브리지 성(城)의 죄수들을 대상으로 설교하기 시작했다. 분명히 그는 "'**빌어먹을**'(damn)이라는 단어를 강조해서 발음했는데, 한참 후에 청중들의 귀에 고통스러

---

9   Brook, *Lives of the Puritans*, 2:129; 그리고 Cooper and Cooper, *Athenae Cantabrigiensis*, 2:335.
10 Patrick Collinson, *The Elizabethan Puritan Movement* (Berkeley: University of California Press, 1967), 125. Cf. Peter Lake, *Moderate Puritans and the Elizabethan Church* (Cambridge: Cambridge University Press, 1982).
11 Fuller, *Holy State*, 91.

운 메아리로 남을 정도였다."[12] 게다가 그는 "율법의 공포를 청중의 양심에 아주 직접적으로 적용했기에, 그들의 마음은 종종 양심의 가책을 받아 가라앉곤 하였다."[13] 그의 설교는 많은 사람들을 영적 속박에서 건져내는 데 중요한 역할을 했다. 사무엘 클라크(Samuel Clark)는 퍼킨스가 "거반 죽은 것"같은 모습으로 교수대에 오르는 사형수를 만났던 이야기를 들려준다.[14] 퍼킨스가 그 사람에게 말했다. "당신에게 무슨 문제가 있는가? 죽음이 두려운가?" 그 죄수는 죽음보다는 죽음 이후 다가올 것이 더 두렵다고 고백했다. "이 사람아, 다시 내려와 보시오. 그러면 당신은 하나님의 은혜가 어떻게 당신을 굳건하게 하는지 보게 될 것이요." 죄수는 그 말을 따랐다. 퍼킨스는 그와 함께 무릎을 꿇고, "죄를 고백하는 효과적인 기도를 했고, 그 가엾은 죄수는 많은 눈물을 흘렸다." 퍼킨스는 그 죄수가 심지어 지옥의 문까지 충분히 낮아졌음을 확신하고, 그에게 복음의 자유함을 보여 주었다. 클라크는 죄수의 눈이 열려 "자신의 모든 죄의 검은 선들이 십자가에 못 박히신 구주의 보혈의 붉은 선들에 의해 어떻게 교차되고 지워지는지 보았고, 그 보혈이 그의 상한 양심에 은혜롭게 적용되어, 그가 발견한 내적 위안의 기쁨으로 인해 새로운 눈물을 펑펑 흘렸다"라고 말한다. 죄수는 기쁜 마음으로 교수대 계단을 올라가 그리스도의 피로 말미암은 구원을 증거하고, "마치 그가 이전에 두려워했던 지옥에서 자신이 구원받고, 자신의 영혼을 받아들이기 위해 하늘이 열린 것을 실제로 본 것처럼, 바라보는 자들에게 매우 큰 기쁨을 주면서" 인내로써 자신의 죽음을 맞이했다.

---

12 Clark, *Marrow of Ecclesiastical History*, 851.
13 Brook, *Lives of the Puritans*, 2:130.
14 Clark, *Marrow of Ecclesiastical History*, 852-53.

퍼킨스의 설교는 곧 그 도시와 대학의 사람들을 매료시켰다. 풀러 (Fuller)가 관찰하듯이, "그의 설교는 경건한 학자들이 감탄할 정도로 그렇게 평이하지도 않았으며, 평범한 사람들이 그것들을 이해할 정도로 그렇게 학문적인 것도 아니었다."[15] 설교자로서의 명성이 높아짐에 따라, 퍼킨스는 1584년에 크라이스트 칼리지 건너편에 위치한 성 앤드류 대교회(Great St. Andrew's Church)의 강사로 임명되었다. 이 강단에서 그는 모든 사회 계층의 사람들, 즉 "체계적이고, 학문적이며, 견실하고, 단순한" 사람들에게 다가갔다.[16] 그의 설교의 효과는 대부분 '결의론'(casuistry), 즉 자기 점검과 성경적 적용을 통해 "양심의 경우들"을 취급하는 기술에 대한 그의 성향 때문이었다.[17] 그의 각각의 설교는 "각기 다양한 사람들의 필요를 따라, 율법이 가득한 동시에 복음이 가득하며, 따뜻함이 가득한 동시에 신랄함이 가득한 것 같았다."[18] 마찬가지로 중요한 것으로서 퍼킨스의 개인적인 경건은 모든 사람에게 강력한 모범이었다. "그는 자신의 설교대로 살았고, 그의 설교가 그의 본문에 대한 하나의 주해였던 것처럼, 그의 실천은 그의 설교에 대한 하나의 주해였다."[19]

성 앤드류 대교회에 임명될 즈음에, 퍼킨스는 또한 크라이스트 칼리지의 특별 연구원으로 선출되었다. 그는 1584년부터 1595년까지 이 직책을 유지했는데, 1590년부터 1591년까지는 학장으로 역임했다. 특별 연구원들은 설교, 강의, 그리고 학생 개인지도의 책임

---

15 Fuller, *Holy State*, 89–90.

16 Packer, *Anglican to Remember*, 3.

17 Ian Breward, "William Perkins and the Origins of Puritan Casuistry," *The Evangelist Quarterly* 40 (1968): 16–22; and George L. Mosse, *The Holy Pretence: A Study in Christianity and Reason of State from William Perkins to John Winthrop* (Oxford: Blackwell, 1957), 48–67.

18 Fuller, *Abel Redevivus*, 434.

19 Fuller, *Abel Redevivus*, 436.

을 맡았고, "재정, 도덕, 그리고 예절의 수호자로서 뿐만 아니라 학업의 안내자" 역할을 수행했다.[20] 퍼킨스는 대학에서 다른 여러 직책을 갖고 봉사했다. 그는 매주 목요일 오후에 코르푸스 크리스티 칼리지(Corpus Christi College) 학생들에게 십계명을 강의하고, 그들에게 깊은 영향을 주며 교리 교육을 했다.[21] 그는 또한 주일 오후마다 영적으로 고통 받는 사람들을 상담하는 상담자로 사역했다. 이런 역할들로 퍼킨스는 리처드 십스(Richard Sibbes), 존 코튼(John Cotton), 존 프레스톤(John Preston), 그리고 윌리엄 에임스(William Ames)를 포함한 젊은 학생들의 세대에게 영향을 미쳤다. 에임스는 자신의 작품들 가운데 한 서문에서 다음과 같이 말한다. "나는 젊었을 때, 훌륭하신 마스터(Master) 퍼킨스가 대단히 많은 학생들 앞에서 진리 안에서 그들을 건전하게 가르치고, 경건을 추구하도록 효과적으로 일깨우고, 하나님 나라에 합당하도록 만들었으며, 자신의 모범으로 그들에게 참된 종교를 장려하고, 그 힘으로 하나님의 영광과 다른 사람들의 구원을 위해 그들이 주로 어떤 것을 의도해야 하는지 보여 주었던 때를 기쁘게 떠올립니다."[22]

케임브리지에 있는 동안 퍼킨스는 여러 논쟁에 연루되었다. 엘리자베스가 1558년에 왕위에 등극했을 때, 메리의 통치기 동안 대륙으로 피신했던 대부분의 영국 개신교도들이 잉글랜드로 돌아왔다. 어떤 사람들은 교회의 상태에 실망하여 로마 가톨릭주의의 모든 잔재

---

20 Mark Curtis, *Oxford and Cambridge in Transition 1558-1642* (Oxford: Oxford University Press, 1965), 80.

21 Gerald R. Bragg, *Freedom and Authority: A Study of English Thought in the Early Seventeenth Century* (Philadelphia: Westminster Press, 1975), 138.

22 William Ames, "To the Reader," in *Conscience with the Power and Cases thereof* (London, 1643), n.p.

를 제거하기 원했다. 그들 가운데 어떤 이들은 또한 장로교주의 기초 위에서 교회 정치를 개혁하기 원했다.[23] 이 사람들은 광범위한 견해를 내포했으나, 모두 잉글랜드 종교개혁의 정도에 대한 불만이라는 하나의 공통분모를 공유했다. 닐 키이블(Neil Keeble)이 가리키듯이, "1560년대에 유행되었던 '청교도'라는 용어는 1559년의 '일치령'에 의한 '엘리자베스 교회 조정안'에 불만을 지닌 개신교도에 대한 별명이다. 그들은 '잉글랜드에 있는 우리는 하나님 말씀의 규례에 비추어 볼 때, 바르게 개혁된 교회를 갖는 것과는 너무도 거리가 멀기에, 아직 그 개혁의 외적인 모습에도 이르지 못했다'는 1572년 '의회에 보내는 권고안'(the Admonition to Parliament)의 주장에 찬동했다."[24]

퍼킨스는 노골적인 장로교주의 지지자인 토머스 카트라이트(Thomas Cartwright)와 같은 사람들과 공개적으로 동맹한 적이 없다. 그는 심지어 분리주의 운동에 대한 동정심도 갖지 않았다. "그 누구도 영국 국교회 안에 있는 어떤 결핍 때문에 거기서 자신을 분리해서는 안 된다. 우리는 하나님의 축복으로 우리 가운데 전파된 그리스도에 대한 참된 교리를 갖고 있으며, 비록 우리 가운데 생활양식이 부패하고, 참으로 그들이 우리 교리에서 정당하게 흠을 찾을 수 있을지라도, 우리가 그리스도를 붙잡고 있는 한, 아무도 우리 교회에서 자신을 분리해서는 안 된다."[25] 퍼킨스는 그의 스승인 차더톤처럼 분리를 주장하는 자들에게 가담하기보다는 기성 교회를 정화하는데 힘썼다.

---

23 1572년 '의회에 보내는 권고'(the Admonition to Parliament)에 대한 개요를 살펴보려면 다음을 보라. Peter Lake, *Anglicans and Puritans? Presbyterianism and English Conformist Thought from Whitgift to Hooker* (London: Unwin Hyman, 1988).

24 Neil Keeble, "Puritan Spirituality," in *The Westminster Dictionary of Christian Spirituality*, ed. G. S. Wakefield (Philadelphia: Westminster Press, 1983), 323.

25 William Perkins, *A Godly and Learned Exposition Upon Christ's Sermon in the Mount*, in *The Works of William Perkins* (London, 1631), 3:264.

그는 교회 정치에 관심을 집중하는 대신, 교회 내의 부적절한 목회, 영적 결핍, 그리고 만연한 무지를 해결하는 데 일차적 관심을 가졌다. 그럼에도 불구하고 퍼킨스는 때때로 영국 국교회의 상태에 불만을 표명했다. 1587년 1월 19일, 그는 "미신적"이고 "반기독교적" 관행들을 비난했다고 추정되는 설교에 대해 해명하도록 케임브리지 대학 총장 앞에 소환되었다.[26] 무엇보다도 그는 주의 만찬을 받을 때 무릎을 꿇고 동쪽을 바라보는 것을 반대했다. 퍼킨스는 자신의 의견 가운데 일부를 수정하면서 일부 혐의를 부인했다. 이러한 당국과의 작은 충돌 이후, 그는 의도적으로 그런 논란을 회피한 것으로 보인다.

1590년대의 교회적 관심사는 은혜의 본질에 관한 더 중요한 신학적 질문들에 의해 무색하게 되었다.[27] 레이디 마가렛(Lady Margaret) 신학교수인 피터 바로(Peter Baro)는 하나님의 예정 사역이 개인의 믿음과 행위에 대한 그의 예지(豫知)에 기초한다고 주장했다. 퍼킨스는『황금사슬』(A Golden Chain, Armilla Aurea)로 응답했는데, 거기서 그는 바로의 입장에 공개적으로 도전했다. 퍼킨스는 다음과 같이 진술했다. "하나님의 작정은 인간에 관한 한 예정이라 일컬어진다. 이는 하나님의 작정으로, 이로써 그는 자신의 영광을 위해 모든 사람을 하나의 확실하고 영원한 상태, 즉 구원이나 저주로 정한 것이다."[28] 퍼킨스에 의하면, 하나님은 네 "단계"를 통해 자신의 작정을 시행한다. 효과적 부르심으로 "죄인은 세상과 단절되어 하나님의 가족이 된다." 칭의로 인해

---

26 Cooper and Cooper, *Athenae Cantabrigiensis*, 2:335; 그리고 Brook, *Lives of the Puritans*, 2:131.

27 이 논쟁에 관한 더 많은 정보는 다음을 보라. Mark Shaw, "William Perkins and the New Pelagians: Another Look at the Cambridge Predestination Controversy of the 1590s," *Westminster Theological Journal* 58 (1996): 267–301.

28 William Perkins, *A Golden Chain: or, the Description of Theology: Containing the Order of the Causes of Salvation and Damnation, According to God's Word*, in *The Works of William Perkins* (London, 1608), 1:16.

"신자들은 그리스도 예수의 순종을 통해 하나님 앞에서 의롭다고 여겨진다." 성화로 말미암아 "믿는 자들은 죄의 폭정에서 구원받아 거룩함과 의로움 안에서 조금씩 새로워진다." 그리고 영광으로 인해 성도들은 완전히 "하나님의 아들의 형상으로" 변화된다.[29] 퍼킨스에게 있어서, 이 황금 사슬은 하나님의 은혜에 대한 결정적인 단어가 되었다.

케임브리지에서 사역하는 동안 교사이자 작가로서의 퍼킨스의 명성은 타의 추종을 불허했다. 존 코튼(John Cotton)은 퍼킨스의 사역을 "옥스퍼드(Oxford)보다 잉글랜드의 케임브리지에서 그렇게 많은 탁월한 설교자들이 배출되었던 하나의 좋은 이유"라고 여겼다.[30] 퍼킨스 사후 만 10년이 지난 1613년 토머스 굿윈(Thomas Goodwin)이 케임브리지에 입학했을 때, 그는 "당시 그 도시는 마스터 퍼킨스의 능력 있는 사역에 대한 담론으로 가득 차 있었고, 대부분의 사람들의 기억 속에 여전히 생생하게 남아 있었다"라고 적었다.[31]

1595년 퍼킨스는 젊은 미망인 티모씨 크래독(Timothye Cradock)과 결혼하기 위해 크라이스트 칼리지의 특별 연구원직을 사임했다. 7년간의 결혼 생활을 통해 두 사람은 일곱 명의 자녀를 낳았지만, 그중 세 명은 유아기에 사망했다. 1602년 신장 결석으로 인한 합병증으로 마흔네 살의 나이로 세상을 떠날 때까지, 그는 성 앤드류 대교회에서 계속 설교했다.[32] 퍼킨스의 가장 친한 친구이자 훗날 윈체스터

---

29 Perkins, *Golden Chain*, 1:78–93.

30 Louis B. Wright, "William Perkins: Elizabethan Apostle of 'Practical Divinity'," *Huntington Library Quarterly* 3 (1940): 194.

31 Breward, ed., *Works of William Perkins*, 3:9에서 인용.

32 퍼킨스는 성 앤드류 대교회 묘지에 묻혀 있다. Everett Emerson, *English Puritanism from John Hooper to John Milton* (Durham, N.C.: Duke University Press, 1968), 159.

(Winchester)의 주교가 된 제임스 몬태규(James Montagu)는 여호수아 1장 2절의 "내 종 모세가 죽었으니"라는 본문으로 잉글랜드 전역의 많은 사람들의 정서를 드러내며 장례식 설교를 전했다.

퍼킨스의 저작들과 유산

신학자로서 퍼킨스의 영향은 그의 사후에도 지속되었다. 이것은 그의 저작물이 지닌 광범위한 인기에 크게 기인했다.[33] 거의 50권의

---

33 퍼킨스 신학의 이해에 기여하는 박사학위 논문들과 석사학위 논문들은 다음과 같다. Ian Breward, "The Life and Theology of William Perkins"(PhD diss., University of Manchester, 1963); William H. Chalker, "Calvin and Some Seventeenth Century English Calvinists"(PhD diss., Duke University, 1961); Lionel Greve, "Freedom and Discipline in the Theology of John Calvin, William Perkins, and John Wesley: An Examination of the Origin and Nature of Pietism"(PhD diss., Hartford Seminary Foundation, 1976); Robert W. A. Letham, "Saving Faith and Assurance in Reformed Theology: Zwingli to the Synod of Dort," 2 vols. (PhD diss., University of Aberdeen, 1979); R. David Lightfoot, "William Perkins' View of Sanctification"(ThM thesis, Dallas Theological Seminary, 1984); C. C. Markham, "William Perkins' Understanding of the Function of Conscience"(PhD diss., Vanderbilt University, 1967); Richard Alfred Muller, "Predestination and Christology in Sixteenth-Century Reformed Theology"(PhD diss., Duke University, 1976); Charles Robert Munson, "William Perkins: Theologian of Transition"(PhD diss., Case Western Reserve, 1971); Willem Jan op't Hof, *Engelse piëtistische geschriften in het Nederlands, 1598-1622* (Rotterdam: Lindenberg, 1987); Joseph A. Pipa Jr., "William Perkins and the Development of Puritan Preaching"(PhD diss., Westminster Theological Seminary, 1985); Victor L. Priebe, "The Covenant Theology of William Perkins"(PhD diss., Drew University, 1967); Mark R. Shaw, "The Marrow of Practical Divinity: A Study in the Theology of William Perkins"(PhD diss., Westminster Theological Seminary, 1981); Paul R. Schaefer Jr., *The Spiritual Brotherhood: Cambridge Puritans and the Nature of Christian Piety* (Grand Rapids: Reformation Heritage Books, 2011); Rosemary Sisson, "William Perkins"(MA thesis, University of Cambridge, 1952); C. J. Sommerville, "Conversion, Sacrament and Assurance in the Puritan Covenant of Grace to 1650"(MA thesis, University of Kansas, 1963); Lynn Baird Tipson Jr., "The Development of a Puritan Understanding of Conversion"(PhD diss., yale University, 1972); J. R. Tufft, "William Perkins, 1558-1602"(PhD diss., Edinburgh, 1952); Jan Jacobus van Baarsel, *William Perkins: eene bijdrage tot de Kennis der religieuse ontwikkeling in Engeland ten tijde, van Koningin Elisabeth* ('s-Gravenhage: H. P. De Swart & Zoon, 1912); William G. Wilcox, "New England Covenant Theology: Its Precursors and Early American Exponents"(PhD diss., Duke University, 1959); James Eugene Williams Jr., "An Evaluation of William Perkins' Doctrine of Predestination in the Light of John Calvin's Writings"(ThM thesis, Dallas Theological Seminary, 1986); Andrew Alexander Woolsey, *Unity and Continuity in Covenantal Thought: A Study in the Reformed Tradition to the Westminster Assembly*

책을 포함하는 11개의 사후 판들은 1635년까지 인쇄되었다.[34] 그의 작품들 가운데 최소한 50판은 독일과 스위스에서 인쇄되었다. 네덜란드어로 된 그의 개별 작품과 전집은 17세기 인쇄본으로 185개가 있는데[35], 이는 다른 어떤 청교도보다 두 배나 많은 것이다.[36] 퍼킨스와 그의 가장 영향력 있는 제자인 윌리엄 에임스(William Ames)는 수많은 '나더러 레포르마찌'(Nadere Reformatie, 네덜란드 종교개혁) 신학자들에게 영향을 미쳤다.[37] 그의 저작들은 또한 스페인어, 웨일즈어, 아일랜드어, 프랑스어, 이태리어, 헝가리어, 그리고 체코어로 번역되었다.[38]

뉴잉글랜드에서는 플리머스의 윌리엄 브루스터(William Brewster), 코네티컷의 토머스 후커(Thomas Hooker), 매사추세츠 만(灣)의 존 윈드롭(John Winthrop), 그리고 로드아일랜드의 로저 윌리암스(Roger Williams)를 포함한 100명에 가까운 케임브리지 사람들이 퍼킨스의 그늘 아래 살았다. 리처드 매더(Richard Mather)는 퍼킨스의 글을 읽으면서 회심했으며, 100여 년 후 조나단 에드워즈(Jonathan Edwards)는 퍼킨스의 저작들

(Grand Rapids: Reformation Heritage Books, 2012).

34 해리 포터(Harry Porter)는 퍼킨스가 1585년에서 1618년 사이에 케임브리지에서 인쇄된 210권 가운데 50권 이상을 저술했다고 주장한다. *Reformation and Reaction*, 260-64.

35 J. van der Haar, *From Abbadie to Young: A Bibliography of English, Mostly Puritan Works, Translated i/t Dutch Language* (Veenendaal: Kool, 1980), 1:96-108.

36 Cornelis W. Schoneveld, *Intertraffic of the Mind: Studies in Seventeenth-Century Anglo-Dutch Translation with a Checklist of Books Translated from English into Dutch, 1600-1700* (Leiden: Brill, 1983), 220-26.

37 '나더러 레포르마찌'(Nadere Reformatie)는 일차적으로 시간과 내용에 있어서 영국 청교도주의와 유사한 17-18세기 운동이었다. 히스베르투스 푸치우스(Gisbertus Voetius, 1589-1676)와 '나더러 레포르마찌'의 관계는 종종 청교도의 황태자라 불리는 존 오웬(John Owen)과 영국 청교도주의의 관계와 같다. 푸치우스는 퍼킨스를 "실천적 영국인의 호머(Homer), 즉 주요한 권위자"로 불렀다. Packer, *Anglican to Remember*, 3. Cf. Joel R. Beeke, *Gisbertus : Toward a Reformed Marriage of Knowledge and Piety* (Grand Rapids: Reformation Heritage Books, 1999), 9, 11.

38 Munson, "Theologian of Transition," 56-59; 그리고 Wright, "Elizabethan Apostle," 171.

에서 통찰력을 얻었다.[39] 사무엘 모리슨(Samuel Morison)에 따르면, "전형적인 플리머스 식민지 도서관은 크고 작은 성경, [헨리(Henry)] 아인스워쓰(Ainsworth)의 시편 번역, 그리고 가장 좋아하는 신학자인 윌리엄 퍼킨스의 작품으로 구성되었다."[40] 페리 밀러(Perry Miller)는 "초기 뉴잉글랜드의 글을 읽는 사람은 누구나 퍼킨스가 진실로 우뚝 솟은 인물이었다는 것을 알게 된다"라고 진술한다.[41]

퍼킨스의 저작들은 양심의 다양한 사례들에 대한 담론, 예배, 설교, 확신, 예정, 사도신경, 주기도문, 그리고 로마 가톨릭의 오류들에 대한 논문들, 그리고 갈라디아서 1-5장, 마태복음 5-7장, 히브리서 11장, 유다서, 그리고 요한계시록 1-3장에 대한 강해들을 포함한다. 그의 저술 방식은 다재다능했다. 중세 케임브리지의 정규 인문학 과정은 문법, 논리, 수사학의 3학(trivium), 음악, 대수학, 기하학, 천문학의 4학(quadrivium), 그리고 자연철학, 도덕철학, 형이상학의 철학들로 구성되었다.[42] 학사 및 석사 학위를 마친 학생들은 법학, 신학, 그리고 의학과 같은 고등 학부로 진학했다. 어거스틴 시대 이후로 이러한 인문학과 철학은 신학 연구에 필수적인 토대를 제공한다고 여겨졌고, 이에 대해 청교도들은 동의했다. 홀톤 데이비스(Horton Davies)는 "청교도들이 인간 이성의 성취를 신적 계시에 종속시켰기 때문에 이것을 멸시했다고 생각하는 것은 잘못이다"라고 지적한다.[43] 청교도들은 원죄가 영적 진리를 이해하는 인간의 능력을 망가뜨렸다고 주

39 Porter, *Reformation and Reaction*, 258–60.

40 Samuel Morison, *The Intellectual Life of Colonial New England*, 2nd ed. (New York: New York University Press, 1956), 134.

41 Perry Miller, *Errand into the Wilderness* (Cambridge: Belknap Press, 1956), 57–59.

42 Charles Mallett, *A History of the University of Oxford* (New York: Barnes & Noble, 1968), 1:182–83.

43 Horton Davies, *The Worship of the English Puritans* (Morgan, Pa.: Soli Deo Gloria, 1997), 6.

장하면서도, 인간에게는 자연의 신비를 꿰뚫어보는 능력이 남아 있다고 주장했다. 결과적으로 그들은 인문학과 철학을 공부하는 데 아무런 주저함이 없었다. 그들은 단순히 이런 저자들을 세심한 주의를 기울여 연구했는데, 이는 거듭난 이성이 그 저자들을 유익하게 사용할 수 있다고 믿었기 때문이다. 윤리학자들, 역사학자들, 그리고 철학자들에 대한 퍼킨스의 친숙함은 그의 저술들 전반에 걸쳐 널리 퍼져 있다.

퍼킨스의 작품은 그의 폭넓은 지식을 보여 주는 것 외에도, 명백한 학문적 틀 안에서 그의 정식 훈련 세트를 보여 준다.[44] 로렌스 차더톤(Laurence Chaderton)은 1560년대에 케임브리지 학생들에게 피터 라무스(Peter Ramus)의 '논리학'(Ars Logica)을 처음으로 소개했다.[45] 로마교에서 개종한 라무스(Ramus, 1515–1572)는 모든 학문적 주제들을 단순화하는 하나의 방법, 즉 변증법과 수사학 모두에 대한 하나의 단일 논리를 제안했다. 논리학자의 임무는 개념들을 이해하고 기억할 수 있도록 분류하는 것이었다. 이것은 주제를 질서 있게 제시하는 방법을 통해 성취되었다. '논리학'은 문법, 논리, 수사학의 인문학 교육과정을 개혁하기 위해 라무스의 방법을 사용했던 강사인 가브리엘 하비(Gabriel Harvey)를 포함한 많은 청교도들의 지지를 빠르게 얻었다. 하비의 진술은 퍼킨스에게 깊은 인상을 남겼다.[46] 자신의 글에서 퍼킨스는 라무스의 방법을 일정하게 사용했는데, 종종 이분법에 의해 주제를 점점 더 많은 항목과 제목으로 나누고, 각각의 진리를 적용하여

---

44 William T. Costello, *The Scholastic Curriculum at Early Seventeenth-Century Cambridge* (Cambridge: Harvard University Press, 1958), 146.

45 James Bass Mullinger, *The University of Cambridge* (Cambridge: Cambridge University Press, 1884), 2:404.

46 Munson, "Theologian of Transition," 12–25.

제시하는 방식이었다.[47]

퍼킨스 저작들의 여백은 단지 인문학과 철학에 대한 그의 능숙함만 아니라, 폭넓은 신학적 스펙트럼 내에서 그가 얼마나 깊이 있는 독서를 했는지 보여 준다. 당연히 어거스틴은 교부들 가운데 두드러진다. 많은 스콜라적 및 로마교 인물들은, 특히 그의 논쟁적 작품들에서 현저하게 나타난다. 하지만 가장 주목할 만한 사실은 퍼킨스가 종교개혁자들에 대해 친숙하다는 것이다. 그는 자신을 혁신가가 아니라 한 세대 앞서간 사람들로부터 전수받은 것의 옹호자로 여겼다. 그러므로 그의 저작들은 종교개혁자들에 의해 수립된 문자적, 문맥적 해석의 원칙들과 일치한다.

퍼킨스는 "고대 저자들의 말과 증언을 잘 살펴보고, 그것이 우리 신앙의 법칙과 선지자와 사도들의 글과 일치하는 한도 내에서만 받아들여야 한다"[48]고 말하며, 과거 저자들의 권위에 대한 어떠한 호소도 거부했다. 퍼킨스는 자신이 성경의 "무오한 확실성"으로 묘사한 것, 즉 "성경의 증거는 하나님 자신의 증거다"라는 의미를 수용했다.[49] 성경이 바로 하나님의 말씀이기 때문에, 퍼킨스는 성경을 하나님께서 자신을 계시하고 자기 백성에게 은혜를 베푸시는 수단으로 여겼으며, 이것은 필연적으로 오직 성경만이 반드시 그리스도인과 교회의 삶의 중심에 서야 한다는 것을 의미했다.

---

47 Donald Keith McKim, *Ramism in William Perkins's Theology* (New York: Peter Lang, 1987), iv–vi. 조셉 파이파(Joseph Pipa)는 퍼킨스가 이분법 사용에 갇히지 않았다는 점에서 라무스를 맹목적으로 따르지 않았다고 논증한다. "Development of Puritan Preaching," 161–68.

48 William Perkins, *The Forged Catholicism, or Universality of the Romish Religion*, in *The Works of William Perkins* (London, 1631), 2:487.

49 Perkins, *Christ's Sermon in the Mount*, 3:219–26.

성경의 "무오한 확실성"이라는 개념을 통해, 퍼킨스는 성경을 모든 사고의 공리와 모든 가르침의 초점으로 채택했다. 이 목적을 위해, 그는 설교와 저술에서 매우 단순한 구조를 고안했다. 강해, 교리, 이유, 그리고 용도이다.[50] 그는 이 구조가 판단을 설득하고 정서(affections)를 포용하여 정신(mind)을 성경의 의미와 중요하게 접촉하게 만드는 최선의 방법이라고 믿었기에, 이 구조에 전념했다. 퍼킨스에 의하면, 정신은 영혼이 지닌 최상의 능력이다. 이 주장을 할 때 그는 의지가 반드시 마음의 지시를 따라야 한다고 제안한 것이 아니었다. 오히려 퍼킨스는 정신을 영혼의 최상의 능력으로 언급하면서, 의지는 마음이 모르는 것을 선택할 수 없기 때문에, 하나님에 대한 지식이 언제나 정신에서 시작된다는 실재를 전달하고자 의도했다. 그의 관점은 "이해의 역할은 각각 승인하거나 승인할 가치가 없는 것처럼 보이는 대상들을 구별하는 것이며, 반면에 의지의 역할은 이해가 선하다고 선언하는 것을 선택하고 따르지만, 이해가 승인하지 않는 것은 거부하고 피하는 것이다"[51]라고 말한 존 칼빈의 관점을 반영한다. 여기서 칼빈은 영혼의 적절한 기능을 의지를 지시하는 정신으로 묘사한다. 그러나 의지가 필연적으로 정신을 따른다는 암시는 없다. 그와 반대로 그는 다음과 같이 진술한다. "마음(heart)이 또한 하나님의 성령의 능력으로 강화되고 지지되지 않는 한, 정신은 성령의 비침을 받는 것으로 충분하지 않을 것이다. 이 문제에서 학자들은 완전히 길을 잃고 있는데, 그들은 믿음을 고려할 때 믿음을 지식에서 나오는

---

50 William Perkins, *Art of Prophesying; or, A treatise concerning the sacred and only true manner and method of preaching*, in *The Works of William Perkins* (London, 1631), 2:341.

51 John Calvin, *Institutes of the Christian Religion*, ed. John T. McNeill, trans. Ford Lewis Battles (Philadelphia: Westminster Press, 1960), 1.15.7.

실속 없는 단순한 동의와 동일시하고, 마음의 신뢰와 확신은 제쳐둔다."[52] 간단히 말해서, 정신이 주도적 능력이지만, 그렇다고 해서 의지가 필연적으로 뒤따른다는 의미는 아니다. 퍼킨스는 정신의 시간적 우선순위에 대한 다음의 견해를 채택했다. "정신은 의지가 선택하거나 바랄 수 있기 전에 반드시 승인하고 동의해야 하고, 정신이 생각하거나 동의할 힘이 없을 때 의지는 바랄 힘이 없다."[53]

퍼킨스는 실제 성경 강해에서 그리스도 중심적 주해를 실천했는데, 이는 무엇보다도 그리스도를 선포하고자 하는 그의 큰 열망과 계획에서 비롯된 것이었다. 누가복음 6장 48절에 기록된 것처럼, 그리스도는 지혜로운 자를 "집을 짓되, 깊이 파고, 주추를 반석 위에 놓은" 사람으로 묘사한다. 퍼킨스는 이 진술을 참된 지혜의 원형으로 보았다.[54] 우선, 참된 지혜는 **깊게 파는 것**으로 이루어진다. 퍼킨스에게 이것은 죄에 대한 책망을 촉진하는 것이다. "마음을 샅샅이 뒤지지 않고서는" 우리가 좋은 기초를 놓을 수 없다. 둘째, 참된 지혜는 **반석을 선택하는 것**으로 이루어진다. 우리의 의로운 행위는 하나님의 심판으로부터 우리를 보호할 수 없다. 우리는 안전한 반석 위에 서야 한다. 즉, 구원을 얻기 위해 우리 자신에게서 눈을 돌려 그리스도를 바라보아야 한다. 셋째, 참된 지혜는 **기초를 놓는 것**으로 이루어진다. 퍼킨스에 따르면, "이것은 그리스도에 대한 우리의 믿음으로 이루어진다. 이는 상호간의 사랑이 한 사람을 다른 사람에게 결합시키는 것처럼, 참된 믿음은 우리를 그리스도와 하나가 되게 하기 때문

---

52 Calvin, *Institutes*, 3.2.33.

53 William Perkins, *A Reformed Catholic*, in *The Works of William Perkins* (London, 1608), 1:553.

54 Perkins, *Christ's Sermon in the Mount*, 3:256.

이다."[55]

이 연합을 통해 "그리스도는 그의 모든 유익과 함께 우리의 것이 되었다."[56] 특히 우리는 칭의의 수혜자가 된다. 퍼킨스는 "칭의의 형태는, 말하자면, 호혜적 또는 상호적 전가(轉嫁)에 의해 신자의 죄가 그리스도에게로, 그리고 다시 그리스도의 의가 신자에게로 옮겨지는 일종의 이동이다"[57]라고 진술한다. 이러한 "상호 전가"라는 개념은 퍼킨스의 언약 신학에서 직접적으로 흘러나온 것이다.[58] 하나님은 에덴동산에서 아담과 그의 후손과 더불어 행위 언약을 맺으셨다. 즉, 아담은 그의 후손을 대신하여 서 있었고, 하나님은 그에게 구체적인 계명을 주셨다. 아담이 범죄했을 때, 하나님은 그의 죄를 그의 후손의 죄로, 그의 죄책을 그의 후손의 죄책으로, 그리고 그의 형벌을 그의 후손의 형벌로 여기셨다. 이것은 또 다른 언약, 즉 은혜 언약의 필요성을 초래했다. 아담의 상대방은 마지막 아담인 그리스도이다. 아담의 "범죄"가 그의 후손에게 죽음과 정죄를 낳은 것처럼, 그리스도의 "은혜로 말미암은 선물"도 그의 후손에게 생명과 칭의를 낳았다 (롬 5:15-19). 퍼킨스에게 있어서, 우리가 믿을 때 우리는 더 이상 행위 언약 아래 아담 안에 있는 것이 아니다. 왜냐하면 우리가 은혜 언약 아래 그리스도와 연합되었고, 그가 우리를 대신하여 행위 언약을 성취하셨기 때문이다. 이것이 "상호 전가"에 대한 그의 이해의 틀이다.

---

55 Perkins, *Christ's Sermon in the Mount*, 3:256. 튜더 존스(R. Tudur Jones)는 청교도들이 퍼킨스에서 존 번연(John Bunyan)까지 "그리스도와의 연합"을 강조했다고 논증한다. 그는 "그리스도와의 연합"을 초기 개신교에서, 예를 들어 성령께서 우리를 그리스도 안에 접붙이지 않는다면 아무 유익이 없다고 주장한 칼빈의 저술들에서 발견한다. "Union with Christ: The Existential Nerve of Puritan Piety," *Tyndale Bulletin* 41 (1990): 186-208.

56 Perkins, *Golden Chain*, 1:83.

57 Perkins, *Golden Chain*, 1:82.

58 Perkins, *Golden Chain*, 1:170.

즉, 그리스도께서 자신의 능동적 순종(생명)으로 행위 언약의 요구를 충족시키고, 자신의 수동적 순종(죽음)으로 그 형벌을 치름으로써 행위 언약을 성취하셨다.[59]

---

59 영국 신학에서 두 가지 언약의 등장에 관한 요약은 다음을 보라. Michael McGiffert, "Grace and Works: The Rise and Division of Covenant Identity in Elizabethan Puritanism," *Harvard Theological Review* 75 (1982): 463–505. 언약 신학이 맨 처음부터 개혁 신학 내에 존재하는 요소들로부터 나왔다는 로버트 레탐(Robert Letham)의 논문은 다음을 보라. "The *Foedus Operum*: Some Factors Accounting for Its Development," *Sixteenth Century Journal* 14 (1983): 457–67. 어떤 학자들은 칼빈에게 언약 신학이 존재하지 않는다고 주장한다. 페리 밀러(Perry Miller)는 *The New England Mind: The Seventeenth Century* (Cambridge: Harvard University Press, 1963)에서 칼빈의 신학에서 인지된 결핍에 대한 응답으로, 실제적으로 언약 신학을 발전시킨 것은 청교도들이라는 개념을 대중화했다. 밀러는 "결핍"이라는 말로써 각 사람에게 도덕적 행위에 대한 그 어떤 동기나 개인적 확신에 대한 그 어떤 근거도 제공하지 못하는 하나님의 절대 주권에 대한 칼빈의 개념을 염두에 두고 있다(366–74). 청교도들은 인간의 의무를 강조하는 언약 신학을 만들어 이러한 결함을 해결했다. 밀러에 의하면, 칼빈은 그와 같은 그 어떤 체계도 알지 못했다. 유사한 견해에 대해서는 다음을 보라. Hill, *Society and Puritanism*, 474; 그리고 Norman Pettit, *The Heart Prepared: Grace and Conversion in Puritan Spiritual Life* (Middletown, Conn.: Wesleyan University Press, 1989). 반대 견해에 대해서는 다음을 보라. Anthony Hoekema, "The Covenant of Grace in Calvin's Teaching," *Calvin Theological Journal* 2 (1967): 133–61; Peter Lillback, *The Binding of God: Calvin's Role in the Development of Covenant Theology* (Grand Rapids: Baker, 2001), 126–58; 그리고 George Marsden, "Perry Miller's Rehabilitation of the Puritans: A Critique," in *Reckoning with the Past: Historical Essays on American Evangelicalism from the Institute for the Study of American Evangelicals*, ed. D. G. Hart (Grand Rapids: Baker, 1995). 칼빈과 웨스트민스터 신앙고백서(WCF)의 계약 신학(federal theology)의 정확한 관계에 관해서는 세 가지 주요 사상 학파가 있다. (1) 일부 학자들은 웨스트민스터 신앙고백서가 칼빈에게서 떠났다고 주장한다. 그들은 칼빈에게 있는 언약 신학의 존재를 부정하지는 않지만, 칼빈의 가르침이 상충되는 두 개의 운동 가운데 하나를 나타낸다고 확언한다. 제네바의 개혁자(칼빈)는 하나님의 주권을 강조함으로써 무조건적(혹은 편무적) 언약을 설명하는 반면, 취리히–라인란트(Zurich–Rhineland) 개혁자들은 인간의 책임을 강조함으로써 조건적, 혹은 쌍무적 언약을 설명한다. "청교도주의의 기원"(Origins of Puritanism)에서 트린터루드(Trinterud)의 논지는 청교도 계약 신학이 제네바 전통과 반대로 취리히–라인란트 전통을 따랐다는 것이다(37–57). 이 두 개의 전통 이론에 대한 더 많은 정보는 다음을 보라. Everett Emerson, "Calvin and Covenant Theology," *Church History* 25 (1956): 136–44; Michael McGiffert, "The Perkinsian Moment of Federal Theology," *Calvin Theological Journal* 29 (1994): 117–48; 그리고 Jens Moller, "The Beginnings of Puritan Covenant Theology," *Journal of Ecclesiastical History* 14 (1963): 46–67. (2) 많은 학자들은 칼빈과 취리히–라인란트 개혁자들 사이에 근본적인 합의가 있으며, 그 결과 칼빈과 청교도들 사이에 기본적인 일치가 있다고 주장함으로써 이러한 해석에 이의를 제기한다. Lyle Bierma, "Federal Theology in the Sixteenth Century: Two Traditions?" *Westminster Theological Journal* 45 (1983): 304–21; 그리고 Lyle Bierma, "The Role of Covenant Theology in Early Reformed Orthodoxy," *Sixteenth Century Journal* 21 (1990): 453–62. 약간의 차이가 있기는 하지만, 후크마(Hoekema)와 릴백(Lillback)은 이런 견해를 공유한다. 비얼마(Bierma)는 언

그러므로 퍼킨스는 우리가 믿음으로 말미암은 그리스도와의 연합의 덕택으로 구원받는다고 주장하였다. 그는 구원하는 믿음이 지적인 동의보다 훨씬 많은 것을 포함한다고 똑같이 강력하게 주장했다. 마크 쇼(Mark Shaw)에 의하면, 퍼킨스의 "언약 신학은 그가 구원의 궁극적 원인으로서 그리스도 안에 있는 하나님의 주권적 은혜를 힘있게 강조하고, 동시에 인간 반응의 필요성을 강조하는 일관된 협력(co-action)의 노선을 따를 수 있게 했다. 하나님이 창조한 인간의 영혼(psyche)은 변경할 수 없는 정죄에서 구원받기 위해 주권적 은혜가 필요하고, 동시에 하나님의 은혜를 적용하고 그 은혜에 반응해야 했다."[60] 다시 말하면, 퍼킨스는 우리가 우리 자신의 경험에 대한 어떤 자각도 없이 단순히 구원의 상태에 놓이게 된다고 믿지 않았다. 그

약에 대한 쌍무적 이해 대 편무적 이해라는 개념은 오해의 소지가 있다고 생각한다. 츠빙글리(Zwingli)와 불링거(Bullinger) 둘 다 하나님께서 자신의 은혜에 대한 언약적 반응으로서 순종을 기대하신다고 가르친다는 것은 사실이다. 그러나 이것은 하나님의 호의가 그런 응답에 기초하고 있다는 것을 의미하지 않는다. 칼빈이 언약에 관하여 하나님의 주권을 강조한다는 것 또한 사실이다. 그러나 그는 또한 믿음과 순종이라는 개인의 응답을 강조한다. 이것들은 사람이 노력한 결과가 아니라 그 안에서 역사하시는 성령의 열매이다. (3) 또 다른 학자들은 언약에 대한 접근에서 칼빈과 취리히-라인란트 개혁자들 사이의 유사점과 차이점 모두를 인정한다. *Theology and Piety in the Reformed Federal Thought of William Perkins and John Preston* (Lewiston, N.Y.: Edwin Mellin, 1998)에서 송영재(Young Jae Song)는 이것을 "통일성 안에 있는 다양성 이론"으로 언급한다(11). 그는 개혁과 언약 전통 안에 있는 다양성을 인정하지만, 이것이 하나님의 은혜와 인간의 의무 사이의 신학적 분열에서 비롯된 것임을 부인한다. 오히려 그는 다양성을 언약에 대한 논리적 접근(칼빈)과 역사적 접근(취리히-라인란트 개혁자들) 사이의 방법론적 차이에서 비롯된 것으로 본다(19). 후자는 하나님의 언약 계시에 대한 세대주의적 견해를 강조하는 반면, 전자는 언약 개념을 '구원의 서정'(*ordo salutis*)에 적용하여, 자기 백성을 다루시는 하나님의 언약에 대한 체계적 견해를 발전시킨 것이다(27). 이것들은 모순적 접근이 아니라 보완적 접근이다. 유사하게 존 폰 로어(John Von Rohr)는 *The Covenant of Grace in Puritan Thought* (Atlanta: Scholars Press, 1986), 31-32에서 칼빈주의 전통과 구별되는 계약주의 전통(federalist tradition)을 인정한다. 그러나 그는 그것들이 단지 두 가지 다른 강조점, 즉 인간의 책임과 하나님의 주권을 나타낼 뿐임을 확언하는데 주의한다. 다시금 이것들은 모순되지 않는다. 청교도들은 결코 다른 하나를 희생하여 하나를 선택하지 않았다. 그 대신 그들은 은혜 언약 안에서 그 두 가지를 결합시킨다(33). 또한 다음을 보라. John Von Rohr, "Covenant and Assurance in Early English Puritanism," *Church History* 34 (1965): 195-203.

60 Mark Shaw, "Drama in the Meeting House: The Concept of Conversion in the Theology of William Perkins," *Westminster Theological Journal* 45 (1983): 71.

대신 그는 하나님께서 단계적으로 우리와 함께 진행하시므로, 우리가 그 과정에 참여하게 된다고 확언했다.

퍼킨스는 구원에 대한 하나님의 주권적 은혜를 전심으로 고수했다.[61] 그는 "사람이란 사중적 상태, 즉 '창조된', '부패된', '새롭게 된' 그리고 '영화롭게 된' 상태로 간주되어야 한다"라고 믿었다.[62] 타락하기 전에 사람의 의지는 "선이나 악을 행할 수 있는 본성의 자유"를 소유했다. 타락 후에도 사람의 "본성의 자유"는 남아 있었고, 이는 그가 여전히 선택할 자유를 갖고 있었다는 것을 의미한다.[63] 그러나 사람의 "본성의 자유"는 이제 "죄 아래 속박되어 있기 때문에, 범죄의 필연성과 결합되어" 있다. 퍼킨스는 이러한 상태에서 어거스틴이 사람의 의지를 "속박된 자유의지"라고 적절하게 일컬었다고 생각했다.[64] 즉, 사람의 의지는 그것이 수행하는 행동에 있어서 자유롭지만, 그 행동들을 수행하는 방식에 있어서는 속박되어 있다는 것이다. 이런 상태에서 그의 마음은 죄에 사로잡혀 있어서 그 속박에서 벗어날 힘이 없다. 그렇기 때문에 그는 하나님의 주권적 은혜가 필요하다.[65] 퍼킨스는 영원부터 주권적인 하나님의 은혜와 하나님의 언약

---

61 Cf. Joel R. Beeke, "William Perkins on Predestination, Preaching, and Conversion," in Peter A. Lillback, ed., *The Practical Calvinist: An Introduction to the Presbyterian and Reformed Heritage* (Fearn, Ross-shire: Christian Focus, 2002), 183-214. 타락전 선택에 대한 퍼킨스의 확신은 5권의 서론에서 추가로 자세하게 다루어질 것이다.

62 Perkins, *Reformed Catholic*, 1:551.

63 William Perkins, *A Treatise of God's Free Grace, and Man's Free-Will,* in *The Works of William Perkins* (London, 1608), 1:709.

64 Perkins, *Treatise of God's Free Grace*, 1:703. 칼빈은 설명하기를, "속박된 의지는 결국 그 부패성으로 인해 악한 욕망의 권세 아래 사로잡혀 오로지 악한 것만을 선택할 수 있을 뿐이며, 심지어 외적 충동에 휘둘리지 않고도 자발적으로 그리고 기꺼이 그렇게 악한 것만을 선택한다." *The Bondage and Liberation of the Will*, ed. A. N. S. Lane (Grand Rapids: Baker, 1996), 69.

65 아담의 타락의 결과에 관하여, 퍼킨스는 칼빈이 진술한 어거스틴적 원리로 알려진 것을 고수한다. "사람 안에 있는 자연적 은사들은 부패되었으나 초자연적 은사는 빼앗겼다." *Institutes*, 2:2:4, 12, 14, 18. "자연적 은사들"은 영혼의 능력들(이해, 정서, 그리고 의지)을 가리키는 반

적 구원 행위에 대해 설교했지만, 특별히 그는 이 구속 과정이 어떻게 우리의 경험 속에 나타나는지 관심을 가졌다. 그는 우리가 하나님의 주권적 행위에 어떻게 반응하는지, 즉 은혜 언약이 어떻게 우리에게 영향을 미쳐서, 우리가 초기 믿음에서 완전한 확신으로 나아가는지 설명하기를 원했다.

퍼킨스의 경건

이 지점에서 퍼킨스의 경험적 경건이 전면에 부각된다.[66] **'경험적'**(experimental)이라는 용어는 "경험으로 알다"라는 라틴어 동사 "experior"에서 나온 것이다. 퍼킨스에게 있어서 은혜 언약에 대한 우리의 경험은 낮아짐으로 시작한다.[67] 하나님께서는 우리가 율법을 앎으로써 "죄를 보게" 하시고, 그분의 노여움을 앎으로써 "죄에 대한

면, "초자연적 은사들"은 지식, 의로움, 그리고 거룩을 가리킨다(엡 4:24; 골 3:10). 퍼킨스는 『윌리엄 퍼킨스의 작품』(The Works of William Perkins, London, 1608) 가운데 『성경의 취지와 정통 교부들의 동의에 따른 신조 혹은 사도신경 강해』(An Exposition of the Symbol or Creed of the Apostles, according to the Tenor of the Scriptures, and the Consent of the Orthodox Fathers of the Church), 1:153에서 자연적 은사들과 초자연적 은사들 둘 다 인간 안에 있는 하나님의 형상을 구성한다고 주장했다. 아담이 범죄했을 때, 그는 하나님의 형상을 상실했다. 이것은 아담이 그의 기능들을 상실했다는 것을 의미하지 않는다. 그와 반대로 그의 영혼은 여전히 이해, 정서, 그리고 의지로 이루어져 있었다. 오히려 퍼킨스에게 있어서 아담의 기능들은 『세 권으로 구분된 양심의 사례들에 대한 전체적인 논문』(The Whole Treatise of the Cases of Conscience, Distinguished into Three Books (London, 1632), 6에서 적고 있듯이, 더 이상 지식, 의로움, 그리고 거룩함으로 특징 지워지지 않았다는 것을 의미한다. 이러한 초자연적 은사들의 결핍은 자연적 은사들에 부정적 영향을 미쳤다. 사람의 이해는 어두워졌고, 그의 정서는 완고해졌고, 그의 의지는 노예가 되었다. 퍼킨스는 초자연적 은사가 없는 사람은 이제 하나님 보시기에 기뻐하는 그 어떤 것도 행할 수 없다고 주장했다. Reformed Catholic, 1:553.

66 이것에 대해 더 상세하게 살펴보려면 다음을 보라. Joel R. Beeke, "The Lasting Power of Reformed Experiential Preaching," in Feed My Sheep: A Passionate Plea for Preaching, ed. Don Kistler (Morgan, Pa.: Soli Deo Gloria, 2002), 94–128.

67 이것에 대해 더 상세하게 살펴보려면 다음을 보라. J. Stephen Yuille, "Ready to Receive: Humbling and Softening in William Perkins's Preparation of the Heart," Puritan Reformed Journal 5 (2013): 91–106.

근심"을 갖게 하시어 우리의 마음을 "부드럽게 하신다."[68] 퍼킨스는 이 "마음에 찌르는 것"을 사도 바울이 로마서 8장 15절[69]에서 언급한 "종의 영"과 동일시했다. 퍼킨스는 말한다. "이 근심은 **무서워하는 종의 영**이라고 불린다. 왜냐하면 성령께서 사람으로 하여금 자신의 죄를 깨닫게 하실 때, 그는 더 나아가 율법의 저주를 깨닫게 되고, 따라서 자신이 사탄, 지옥, 죽음, 그리고 저주의 속박 아래 있음을 발견하며, 이런 가장 끔찍한 광경에 그의 마음은 두려움과 떨림으로 사로잡히게 되기 때문이다."[70] 일단 이 "종의 영"이 자리를 잡으면, 그 결과는 "거룩한 절망"이다.[71] 간단히 말해서, 우리는 우리 자신의 "강함이나 선함"으로 결코 구원을 얻을 수 없다는 것을 인식한다. 이것을 인식하면서, 우리는 하나님께 칭찬받을 만한 도덕적 미덕이 없으며, 저주가 아닌 것은 무엇이든 자비라는 것을 인정한다.

이렇게 함으로써 우리의 마음을 부드럽게 하신 하나님께서 이제 믿음이 "자라게" 하신다. 퍼킨스는 하나님께서 어떻게 마음속에 믿음을 키우는지 더 잘 이해하도록 "성경에서 죄인이 종종 병자와 비교된다"라는 사실에 호소했다.[72] 그의 요점은 질병이 몸에 있다면, 죄는 영혼에 있으며, 게다가 질병의 치료법이 죄의 치료법을 가리킨다는

---

68 William Perkins, *A Treatise Tending unto a Declaration, whether a man be in the estate of damnation, or in the estate of grace*, in *The Works of William Perkins* (London, 1608), 1:363.

69 역자주, 서문의 저자들은 로마서 8장 14절로 기재하고 있다.

70 Perkins, *Tending Unto a Declaration*, 1:364. 퍼킨스는 이러한 낮아짐의 경험이 사람마다 정도와 표현이 다양하다고 주의 깊게 인정한다. 즉, 문제는 우리의 근심의 크기가 아니라 우리의 의로움이 하나님 보시기에 받아들여질 수 없다는 것을 우리가 확신하느냐의 여부이다. 퍼킨스는 다음과 같이 진술한다. "종종 곪은 상처에서 볼 수 있듯이, 넓고 예리한 칼날만 아니라 작은 핀으로 찔러도 썩은 것이 흘러나온다." *Tending Unto a Declaration*, 1:364-65.

71 Perkins, *Tending Unto a Declaration*, 1:365.

72 Perkins, *Tending Unto a Declaration*, 1:365.

것이다.[73] 우리가 질병에 걸렸다고 확신할 경우, 우리는 즉시 의사를 부른다. 의사가 도착하면, 우리는 그의 조언을 따르고, 그가 처방하는 치료법이 무엇이든 기꺼이 수용한다. 그리스도를 믿는 믿음도 마찬가지이다. 우리가 우리의 필요를 절대적으로 확신할 때, 우리는 그분의 치료에 복종한다. 하나님은 우리가 그리스도 안에서 제공된 그분의 크신 자비를 "매우 부지런히 숙고하게" 하시며, 우리에게 "그리스도가 필요함"을 인정하게 하시고, 이로써 우리가 "오, 하나님이여, 죄인된 나를 불쌍히 여기소서"라고 기도하게 하신다.[74]

이 믿음에 수반되는 것은 회개인데, 퍼킨스는 회개를 "경건한 근심에서 나온 은혜의 역사로서 사람이 자신의 모든 죄에서 하나님께 돌아와 삶을 새롭게 하기에 합당한 열매를 맺는 것"으로 정의한다. 퍼킨스에 따르면, 하나님은 "단계와 정도"에 따라 회개를 일으킨다. 참된 회개는 일곱 가지로 구성된다: (1) 하나님의 율법, 죄의 속성, 죄의 책임, 그리고 하나님의 심판에 대한 지식. (2) 종의 영에 의해 이 지식을 마음에 적용함. (3) 그에 따른 두려움과 근심. (4) 복음에 대한 지식. (5) 양자의 영에 의해 이 지식을 마음에 적용함. (6) 그에 따른 기쁨과 근심. 그리고 (7) "생각을 돌이켜 전에 했던 것처럼 더 이상 죄를 짓지 않고, 새 생명 가운데 살기로 스스로 작정하고 결심하는 것."[75]

낮아짐, 믿음, 그리고 회개로부터 은혜 언약에 대한 우리의 경험은 순종으로 옮겨간다. 퍼킨스는 율법을 행위 언약과 은혜 언약 사이의 접촉점으로 여겼는데, 이는 순종이 두 언약 모두에 근본적이기 때

---

73 Perkins, *Tending Unto a Declaration*, 1:365–66.

74 Perkins, *Tending Unto a Declaration*, 1:365.

75 William Perkins, *Two Treatises. I. Of the nature and practice of repentance. II. Of the combat of the flesh and spirit*, in *The Works of William Perkins* (London, 1608), 1:453.

문이다. 그는 또한 두 언약 사이의 초점이 우리의 순종에서 그리스도의 순종으로 이동한다고 주장했다. 이는 행위 언약이 은혜 언약 안에서 성취되었기 때문이다.[76] 그러므로 퍼킨스에게 있어서, 우리는 새 언약에 따라 율법에 자유롭게 순종할 수 있다. 마태복음 7장 21-23절에 대한 강해에서, 그는 그리스도의 이름을 고백하는 자들은 아버지의 뜻을 행하기를 추구한다고 확언한다.[77] 그는 아버지의 뜻을 성경의 두 본문으로 정의한다. 첫 번째 본문은 요한복음 6장 40절로서, 그리스도께서 다음과 같이 선언하신다. "내 아버지의 뜻은 아들을 보고 믿는 자마다 영생을 얻는 이것이니 마지막 날에 내가 이를 다시 살리리라." 두 번째 본문은 데살로니가전서 4장 3-4절로서 사도 바울이 다음과 같이 기록한다. "하나님의 뜻은 이것이니 너희의 거룩함이라 곧 음란을 버리고 각각 거룩함과 존귀함으로 자기의 아

---

76 홈즈 롤스톤(Holmes Rolston)은 청교도들이 인간과 하나님의 관계를 법적 용어로 정의함으로써, 하나님의 은혜에 대한 칼빈의 개념을 왜곡한다고 주장한다. *John Calvin versus the Westminster Confession* (Richmond: John Knox Press, 1972), 36. 또한 다음을 보라. Rolston, "Responsible Man in Reformed Theology: Calvin versus the Westminster Confession," *Scottish Journal of Theology* 23 (1970): 129-55. 유사한 입장에 대해서는 다음을 보라. McGiffert, "Perkinsian Moment of Federal Theology," 118-48. 이 저자들에 의하면, 하나님과 관계하는 법적 피조물로서의 인간에 대한 청교도들의 개념에서 도출된 '타락전'(prelapsarian) 행위 언약은 도덕적 순종의 측면에서 정의된다. 따라서 청교도 계약 신학(federal theology)은 그리스도 안에 있는 무조건적 언약보다 아담 안에 있는 조건적 언약에 초점을 맞춘다. 롤스톤(Rolston)과 맥 김퍼트(McGiffert)에게 있어서, 이 전체적인 개요는 칼빈에게 낯선 것이다. 이와 반대되는 견해에 대해서는 다음을 보라. Lillback, *Binding of God*. 데이빗 맥윌리엄스(David McWilliams)는 "The Covenant Theology of the Westminster Confession of Faith and Recent Criticism," *Westminster Theological Journal* 53 (1991): 109-24에서 롤스톤의 논지를 비판한다. 그에게 있어서, 롤스톤의 견해는 아담의 역사성에 대한 그의 부정으로 설명된다(113). 게다가, 그는 계약 사상(federalism)에 대한 롤스톤의 기본적 문제는 보편주의에 대한 그의 헌신에서 비롯된다고 주장한다. "계약사상에 대한 실존적 불만은 개혁신학, 즉 '특수주의'(*particularism*)의 근본적 요소에 대한 기본적 적대감이 빚은 결실이다"(115). 칼빈과 웨스트민스터 신앙고백서(WCF) 사이의 관계에 대한 추가 논의를 위해서는 다음을 보라. David Weir, *The Origins of the Federal Theology in Sixteenth-Century Reformation Thought* (Oxford: Oxford University Press, 1990).

77 『그리스도의 산상수훈』(*Christ's Sermon in the Mount*)에 대한 퍼킨스의 강해에 대한 하나의 분석을 보려면 다음을 보라. J. Stephen Yuille, *Living Blessedly Forever: The Sermon on the Mount and the Puritan Piety of William Perkins* (Grand Rapids: Reformation Heritage Books, 2012).

내 대할 줄을 알고." 이 구절들에 근거하여 퍼킨스는 "아버지의 뜻을 행하는 것"은 세 가지인데, 믿음, 회개, 그리고 새로운 순종이라고 주장한다.[78]

간단히 말해서, "새로운 순종"은 믿음과 회개의 열매이며, 이로써 사람은 "자신의 영혼과 몸의 모든 힘과 지체로 하나님의 모든 계명에 순종하기를 힘쓴다." 그것이 '**새롭다**'(new)고 불리는 까닭은 "사람이 창조에 의해 완전하게 행할 수 있었던 것처럼, 사람 안에 있는 그것이 갱신되었기 때문이다."[79] 퍼킨스는 정서(affections)가 특정 대상에 대한 영혼의 성향이라고 믿었다. 영혼은 좋은 것으로 인식하는 것은 무엇이든 사랑하고, 이 사랑은 대상이 없을 때 욕망으로 나타나고, 대상이 있을 때 기쁨으로 나타난다. 반대로 영혼은 악한 것으로 인식하는 것은 무엇이든 미워하며, 이 증오는 대상이 없을 때 두려움으로 나타나고, 대상이 있을 때 슬픔으로 나타난다. 아담이 에덴동산에서 타락하기 전, 사람의 사랑은 하나님께 고정되어 있었고, 따라서 그의 정서는 잘 인도되었다. 그러나 아담이 타락했을 때, 사랑의 대상이 바뀌었다. 타락한 상태에서 그의 사랑은 더 이상 하나님께 고정된 것이 아니라, 자기 자신에게 고정되었다. 중생의 상태에서, 성령은 하나님께 대한 우리의 사랑을 새롭게 하시며, 그 결과는 새로운 순종이다. 퍼킨스는 더 자세하게 설명한다. "성화된 정서는 이것으로 알 수 있는데, 선한 것에 감동되고 이끌리어 그것을 포용하고, 악한 것에 대해서는 그것을 피하지 않는 한, 일반적으로 영향을 받거나 동요되지 않는다."[80]

---

78 Perkins, *Christ's Sermon in the Mount*, 3:245. 퍼킨스는 요한복음 6장 40절에서 믿음을, 그리고 데살로니가전서 4장 3절에서 회개(즉 성화)와 새로운 순종을 본다.

79 Perkins, *Christ's Sermon in the Mount*, 3:246.

80 Perkins, *Tending Unto a Declaration*, 1:371.

퍼킨스에게 있어서, 은혜 언약에 대한 낮아짐, 믿음, 회개, 그리고 순종이라는 경험은 절대적으로 필수적이다. 우리는 "거듭난 하나님의 자녀의 은혜, 심지어 참된 믿음, 참된 회개, 그리고 새로운 순종까지 추구해야 하며, 비록 다른 은사들이 매우 탁월하다 할지라도 그것들을 의지하지 말아야 한다."[81] 그는 많은 사람들이 이 점에서 오류를 범한다고 확신했는데, 왜냐하면 그들은 "하나님의 자비에 대한 일반적인 확신"에 만족하기 때문이다.[82] 하지만 이 "일반적인 확신"은 참된 믿음과 회개와 동일한 것이 아니다. 그것이 "삶의 개혁"을 낳을 수 있지만, 결코 "새로운 순종"을 낳지는 않는다.

예상하듯이, "하나님의 자비에 대한 일반적 확신"에 대한 이러한 논의는 퍼킨스의 확신 교리에 대한 취급으로 이어진다. 확신의 문제는 16세기 후반까지 영국 교회 안에 크게 대두되었는데, 이는 많은 이들이 하나님의 구원의 은혜를 당연하게 여기는 경향이 커졌기 때문이었다. 리처드 러브레이스(Richard Lovelace)가 설명하듯이, "청교도들이 그들의 썩어가는 사회와 미지근한 교회를 바라볼 때 직면한 문제는 단순히 신자들을 죽을죄나 가벼운 죄의 구렁텅이에서 옮기는 것이 아니라, 신앙을 고백하되 실제적인 그리스도인이 아닌 자들, 세속적 안일의 함정에 빠진 자들을 근본적으로 일깨우는 것이다."[83] 특히 초기 청교도들은 죄의 심각성을 최소화시키고, 성경의 진리에 대한 단순한 동의를 구원에 충분한 것으로 여겼던 죽은 정통주의에 반발했다. 따라서 그들은 확신과 주제넘음 사이를 구별하는 것이 핵심

---

81 Perkins, *Christ's Sermon in the Mount*, 3:249.

82 Perkins, *Christ's Sermon in the Mount*, 3:247.

83 Richard C. Lovelace, "The Anatomy of Puritan Piety: English Puritan Devotional Literature, 1600–1640," in *Christian Spirituality 3*, ed. L. Dupré and D. E. Saliers (New York: Crossroad Publishing, 1989), 303.

적이었다. 특히 퍼킨스는 고백적 교회 내에 만연한 예의바름을 우려했다. 그는 말하기를, "만일 우리 백성의 일반적인 상태를 들여다보면, 종교는 고백하지만 순종하지 않고, 아니, 순종은 정확성으로 간주되어 비난받는다는 것을 알게 될 것이다."[84] 그러므로 그는 잠든 세대의 신자들이 안전하다고 생각하는 잘못을 깨우치는 일에 깊은 관심을 가졌다. 그 결과 그는 자신의 양떼를 기초가 든든한 구원의 확신으로 인도하고자 애썼다.[85]

이 목적을 위해 퍼킨스는 몇몇 작품을 저술했는데, 거기서 그는 그리스도의 구원 사역에 기초한 구원의 최소한의 증거를 얻기 위해 우리가 어떻게 양심을 살펴야 하는지 설명하고 있다.[86] 그는 이와 관련하여 자신의 노력을 신적 주권과 인간의 책임 사이에 있는 "성소의 저울"(balance in the sanctuary)을 유지하는 목회자의 근본적 임무의 일부로 여겼다.[87] 목사들은 하나님의 확고한 뜻이 어떻게 사람의 의지를 움직이고, 그것이 하나님의 언약 안에 포함되었다는 증거를 찾는 방법을 보여 주어야 했다. 그들은 또한 성도들이 자신들의 택하심을 확실하게 하는 방법에 대해서도 가르쳐야 했다.[88]

---

84 Perkins, *Christ's Sermon in the Mount*, 3:261.

85 Joel R. Beeke, *The Quest for Full Assurance: The Legacy of Calvin and His Successors* (Edinburgh: Banner of Truth, 1999), 18.

86 확신 교리에 대한 퍼킨스의 취급을 살펴보려면 다음을 보라. *Tending Unto a Declaration; Case of Conscience; A Discourse of Conscience, where is set down the nature, properties, and differences thereof, as also the way to get and keep a good conscience*; and *A Grain of Mustardseed, or, the least measure of grace that is or can be effectual to salvation*. In *The Works of William Perkins* (London, 1608), 1:353-420, 421-38, 515-54, 635-68.

87 Irvonwy Morgan, *Puritan Spirituality* (London: Epworth Press, 1973), chapter 2.

88 칼빈과 웨스트민스터 신학자들의 확신 교리의 명확성 사이의 관계를 둘러싼 상당한 논란이 있다. 켄달(R. T. Kendall)은 '웨스트민스터 신앙고백서'(WCF)가 "믿음이란 하나님께서 그리스도 안에서 이미 행하신 것을 단순히 증거하는 '지식'(*knowledge*)이며", 확신이란 "믿음의 '직접적인'(*direct*) 행동"이라는 칼빈의 믿음에서 떠났다고 주장함으로써 이 논쟁의 많은 부분에 불을 붙였다. *Calvin and English Calvinism to 1649* (Oxford: Oxford University Press, 1979), 19-

20, 25. 유사한 입장은 다음을 보라. Basil Hall, "Calvin against the Calvinists," in *John Calvin: A Collection of Distinguishing Essays*, ed. G. E. Duffield (Grand Rapids: Eerdmans, 1966), 19–37. 켄달은 이러한 결별의 주요 원인을 테오도르 베자(Theodore Beza)의 제한 속죄의 교리에서 찾는데, 왜냐하면 이 교리가 "그리스도의 죽음이 선택의 작정에서 특별하게 언급되고, 택자의 구원을 유효하게 만들기 때문이다"(*Calvin and English Calvinism*, 29). 유사하게 브라이언 암스트롱(Brian Armstrong)은 17세기에 작용하는 "두 개의 매우 다른 지적 전통", 즉 '스콜라주의'(scholasticism)와 '인문주의'(humanism)가 있음을 주장한다. 후자는 칼빈의 가르침과 일치하는 반면, 전자는 비록 칼빈주의로 알려져 있지만 실제로는 칼빈에게서 이탈했다. *Calvinism and the Amyraut Heresy: Protestant Scholasticism and Humanism in Seventeenth-Century France* (Madison: University of Wisconsin Press, 1969), xix. 암스트롱은 칼빈의 인문주의적 강조를 충실하게 표현함으로써 스콜라주의의 조류에 맞선 인물로 아미라우트(Amyraut)를 지적하는 반면, 개신교 내에서 스콜라주의를 전파하는 데 가장 큰 책임이 있는 인물로서 베자(Beza)를 지적한다(38). 리처드 멀러(Richard Muller)는 『그리스도와 작정: 칼빈에서 퍼킨스까지의 개혁 신학에서 기독론과 예정론』(*Christ and the Decree: Christology and Predestination in Reformed Theology from Calvin to Perkins*, Grand Rapids: Baker, 1986), 11에서 이 견해에 도전한다. 켄달은 『칼빈과 영국 칼빈주의』(*Calvin and English Calvinism*)에서 칼빈의 가르침에 대한 베자의 왜곡을 퍼킨스가 채택했고, 이러한 그의 유산은 웨스트민스터 회의에서 "신조로서 승인"을 받았다고 주장한다(76). 이것을 바탕으로 켄달은 웨스트민스터 신앙고백서가 "칼빈주의적이라고 일컬어질 자격이 거의 없다"라고 결론짓는다(212). 고든 케디(Gordon Keddie)도 "Unfallible Certainty of the Pardon of Sin and Life Everlasting: The Doctrine of Assurance in the Theology of William Perkins (1558–1602)," *Evangelical Quarterly* 48 (1976): 242–43에서 같은 주장을 한다. 반대 의견을 살펴보려면 다음을 보라. Richard Muller, "Perkins' *A Golden Chain*: Predestination System or Schematized Ordo Salutis," *Sixteenth Century Journal* 9 (1978): 69–81. 켄달의 논지에 대한 비평적 논평을 살펴보려면 다음을 보라. Paul Helm, "Calvin, English Calvinism and the Logic of Doctrinal Development," *Scottish Journal of Theology* 34 (1981): 179–85; Anthony Lane, "Review of R. T. Kendall's *Calvin and English Calvinism to 1649*," *Themelios* 6 (1980): 29–31; 그리고 W. Stanford Reid, "Review of R. T. Kendall's Calvin and English Calvinism to 1649," *Westminster Theological Journal* 43 (1980): 155–64. 또한 Robert Letham, "Faith and Assurance in Early Calvinism: A Model of Continuity and Diversity," in *Later Calvinism: International Perspectives*, ed. W. F. Graham (Kirksville, Mo.: Sixteenth Century Journal, 1992), 355–88. 반대자들은 크게 두 가지 비판을 가한다. 첫째, 칼빈이 보편적 속죄를 믿었다는 켄달의 주장은 결정적이지 않다. 다양한 견해들을 살펴보려면 다음을 보라. Roger Nicole, "John Calvin's View of the Extent of the Atonement," *Westminster Theological Journal* 47 (1985): 197–225; M. Charles Bell, "Calvin and the Extent of the Atonement," *Evangelical Quarterly* 55 (1983): 115–23; Hans Boersma, "Calvin and the Extent of the Atonement," *Evangelical Quarterly* 64 (1992): 333–55; W. Robert Godfrey, "Reformed Thought on the Extent of the Atonement to 1618," *Westminster Theological Journal* 37 (1975): 133–71; 그리고 Stephen Strehle, "The Extent of the Atonement and the Synod of Dort," *Westminster Theological Journal* 51 (1989): 1–23. 이 주제에 대한 광범위한 취급을 살펴보려면 다음을 보라. G. Michael Thomas, *The Extent of the Atonement: A Dilemma for Reformed Theology from Calvin to the Consensus (1536-1675)* (Bletchley, U.K.: Paternoster, 1997). 둘째, 칼빈이 믿음을 전적으로 지성의 행위로 정의한다는 켄달의 주장은 부적절하다. 레인(Lane)과 리드(Reid)는 칼빈이 믿음을 결코 지성으로 제한하지 않았고, 오히려 믿음이 지성에서 시작하여 반응을 유발하는 마음까지 나아가는 것으로 생각했다고 주

운데 하나는 은혜 언약이다. 구원의 황금 사슬(예정, 소명, 칭의, 성화, 그리고 영화)은 하나님의 은혜로운 언약에 대한 설교를 통해 우리와 연결된다. 퍼킨스는 이 언약을 확신의 근거로 지적하면서, 하나님께서 그리스도 안에서 사죄함을 약속하는 복음에 제시된 은혜로운 언약으로 말미암아 우리의 하나님이 되신다고 주장했다. "하나님이 우리의 하나님이심을 진정으로 그리고 확신 있게 말하려면 어떻게 해야 하는가?" 퍼킨스의 기본적인 답변은 다음과 같다.

> 우리는 그분과 언약을 맺어야 하는데, 이 언약에는 언약 당사자들 모두의 동의가 필요하다. 첫째, 하나님 편에서 그분은 우리의 하나님이 되실 것이다. … 우리 편에서는 동의가 요구된다. … 우리가 성례를 받을 때, … 우리의 동의에는 사람이 하나님을 자신의 하나님으로 삼는 마음의 외적 동의에 해당하는 더 높은 단계가 필요하다. 이것은 먼저 사람이 자신의 죄를 인정하고 애통할 때, … 하나님과 화해하려고 노력할 때, … 다시는 죄를 짓지 않기로 결심할 때 시작된다. 이렇게 양 당사자의 동의로 이 언약이 체결될 때, 사람은 안전하고 진실하게 하나님이 자신의 하나님이라고 말할 수 있다. 이제 우리가 이것들을 알았으므로, 우리의 의무는 안정되고 확신하기 위해 노력하는 것이다. … 우선 이 확신은 모든 참된 위로의 기초다. 하나님의 모든 약속은 여기에 근거하고, … 이 확신은 이생의 모든 위로의 기초일 뿐만 아니라 죽음 이후의

장한다. 조엘 비키(Joel Beeke)는 칼빈과 웨스트민스터 신앙고백서 사이의 관계에 대해 켄달과 전혀 다른 견해를 채택한다. "칼빈과 칼빈주의자들 사이의 차이는 실질적이고 발전적이지만, 홀(Hall)과 켄달이 주장하듯이 대조적인(antithetical) 것이 아니다." *Assurance of Faith: Calvin, English Puritanism, and the Dutch Second Reformation* (New York: Peter Lang, 1991), 20. 또한 다음을 보라. Paul Helm, *Calvin and the Calvinists* (Edinburgh: Banner of Truth, 1982), 25-26. 비록 청교도들이 칼빈보다 실제적이고 신비적인 삼단논법(syllogisms)에 더 본질적인 역할을 부여했을지라도, 그들은 지속적으로 하나님의 약속을 확신의 일차적 근거로 여겼다. 또한 그들은 믿음의 최초의 행동과 완전히 발전된 확신 사이를 구별하면서, 후자가 전자에게서 나온다고 주장했다.

모든 행복의 기초이다.··· 왜냐하면 이 언약으로 인해 우리는 죽음 후에
생명, 영광, 그리고 불멸로 다시 살아날 것이기 때문이다.[89]

퍼킨스에 의하면, 우리는 분명히 하나님과의 언약의 측면에서 능
동적이다. 그러나 그는 인간의 타락과 신적 주권과 관련된 모든 질문
들에 결코 답할 수 없기 때문에, 우리가 조건적 언약만으로는 결코
확신을 얻을 수 없다는 것을 인정했다. 퍼킨스에게 있어서 언약은 또
한 절대적 관계를 포함한다. 확신은 우리의 실행과 연관된 언약의 조
건적 성격에서 나오는 것이 아니라, 하나님의 은혜로운 존재와 약속
에 근거한 언약의 절대적 성격에서 흘러나온다. 퍼킨스는 진술한다.
"하나님께서 우리에게 말씀하셨다. 그분은 우리에게 축복을 약속하
셨다. 그분은 우리와 언약을 맺으셨다. 그리고 그분은 우리에게 맹세
하셨다. 우리가 그분에게 무엇을 더 요구할 수 있겠는가? 참된 위로
에 대해 이보다 더 좋은 근거가 [있는가]?" 그는 덧붙여 말한다. "그
약속은 일이 아니라 일꾼에게 주어진 것이며, 그 일꾼이 행한 일의
공로 때문이 아니라 그리스도의 공로 때문에 그 일꾼에게 주어진 것
이다."[90] 퍼킨스가 사람들에게 확신을 얻기 위해 노력하라고 격려했
지만, 언약 자체가 그리스도의 공로에 근거한 신적 선물임을 선언함
으로써, 그들에게 궁극적으로 하나님의 일방적인 은혜를 가리켰다.
결국 확신이란 언약적 약속에 대한 하나님의 신실하심에 달려 있으
며, 우리의 믿음의 조건이 성취되는 것조차도 하나님의 은혜로운 선
물에 의해서만 가능한 것이다.

---

89 William Perkins, *A Godly and Learned Exposition Upon the Whole Epistle of Jude*, in *The Works of William Perkins* (London, 1631), 3:520.

90 William Perkins, *A Commentary or Exposition Upon the Five First Chapters of the Epistle to the Galatians*, in *The Works of William Perkins* (London, 1631), 2:243, 393.

퍼킨스는 믿음이란 우리가 구원의 모든 약속들과 함께 그리스도를 붙드는 초자연적 은사라고 이해했다. 믿음의 대상은 오직 그리스도뿐이다. 믿음은 먼저 그리스도를 죄 사함을 위한 십자가의 희생으로 보고, 그 다음에 시험을 이기는 힘으로, 고난을 견디는 위로로, 그리고 궁극적으로 이생과 내세에서 필요한 모든 것으로 경험하는 법을 배우는 것이다. 요약하자면, 믿음은 "각 사람이 그리스도 예수 안에 있는 하나님의 자비에 관하여 성령의 효과적인 보증 외에 다른 방법으로 오지 않는 마음의 내적 확신으로, 그리스도와 그분의 공로를 특별히 자신에게 적용할" 때 나타난다.[91]

그러므로 믿음은 그리스도를 떠나서는 아무런 의미가 없다. "믿음이란… 사람이 그리스도 안에 접붙여져 그리스도와 하나가 되고, 그리스도께서 그와 하나가 되는 하나님의 주요한 은혜이다."[92] 퍼킨스가 믿음을 "도구" 또는 "손"으로 수없이 언급한 것은 이러한 맥락에서 이해되어야 한다. 믿음은 말씀 선포를 통해 그리스도께 응답하도록 우리를 움직이는 하나님의 주권적 기쁨의 선물이다. 퍼킨스가 사용하는 "도구" 또는 "손"이라는 용어는 이러한 구속적 활동에서 믿음의 수동적 역할과 능동적 역할을 동시에 전달한다. 히데오 오끼(Hideo Oki)가 진술하듯이, "'도구'는 함축적으로 활동을 의미한다. 그러나 이 활동은 결코 단순히 '능동적'인 것이 아니라, 반대로 가장 활동적일 때 자신보다 더 높은 어떤 것에 의해 움직이고 사용된다는 것을 의미한다. 따라서 활동의 한가운데에는 수동성이 있으며, 수동성의 한가운데에는 가장 효율적 활동이 있다."[93] 이것이 바로 퍼킨스

91 Perkins, *Golden Chain*, 1:79–80.

92 Perkins, *Cases of Conscience*, 45.

93 Hideo Oki, *Ethics in Seventeenth Century English Puritanism* (ThD diss., Union Theological Seminary, New York, 1960), 141.

가 의도했던 것이다. 처음에 믿음은 그리스도를 영접하도록 하나님이 죄인에게 주신 수동적 "도구" 또는 "손"이다. 하지만 그리스도를 영접하는 바로 그 순간, 믿음은 그 은혜의 선물에 응답한다. 따라서 그 응답은 자신이 영접한 분에게 전적으로 굴복했을 때 가장 활동적이다. 언약의 맥락에서 이러한 믿음에 대한 개념은 퍼킨스 신학의 천재성이다. 경건한 삶에 대한 그의 강력한 관심은, 오직 은혜로만 구원을 얻는다는 종교개혁의 원칙을 유지하려는 동등하게 강력한 그의 관심과 더불어 발생한다. 이는 우리가 구원을 얻은 것은, 우리의 믿음 때문이 아니라 믿음이라는 도구에 의한 것이기 때문이다.

결론

그가 어떤 사람이었든 간에, 퍼킨스는 낮아짐에서 확신에 이르는 하나님의 주권적 은혜에 대한 이런 경험을 선포하고, 이런 경험이 다른 사람들에게서 촉진되도록 전념했다. 근면한 학자, 투쟁적 논쟁가, 철저한 강해자, 그리고 다작의 저술가 뒤에는 회중석에 앉은 개인의 영적 상태를 깊이 우려하는 목회자가 있었다. 퍼킨스에게 있어서 사변적(관념적) 지식과 감각적(성향적) 지식 사이엔 분명한 차이가 있었다. 전자는 머리로만 아는 것인 반면, 후자는 머리와 마음으로 아는 것이다. 이러한 차이를 염두에 두고, 그는 다음과 같이 권고한다.

> 우리는 그리스도께서 우리의 구주이심을 알고, 우리 안에 있는 죄를 죽이는 그분의 죽음의 능력, 그리고 우리를 일으켜 새 생명에 이르게 하는 그분의 부활의 효력을 느끼도록 우리 자신 안에서 이러한 지식의 능력을 위해 애써야 하는데, 왜냐하면 머릿속의 지식은 영혼을 구원하지 못하기 때문이다. 종교에서 구원하는 지식은 경험적인 것이며, 진

정으로 그리스도 위에 기초를 둔 사람은 그의 죽음과 부활의 능력과 효과를 느끼며, 새로운 순종에 의해 나타나는 죄의 죽음과 은혜의 생명을 효과적으로 일으킨다.[94]

퍼킨스의 평가에 의하면, 개혁주의 은혜 신학, 즉 황금 사슬은 단순한 학문적 논쟁과 토론의 대상이 아니라 진정한 기독교 경건의 발전에 매우 중요한 주제였다. 그는 사람들이 지적인 동의를 넘어 그리스도께 대한 진심 어린 헌신으로 나아가 하나님의 주권적 은혜에 대한 정서적 전유를 경험해야 한다고 확신했다. 이 경험적 경건 덕분에 퍼킨스는 **청교도**라는 호칭을 얻게 되었다. 엄밀히 말해서 그는 교회론적 관점에서는 청교도가 아니었는데, 이는 자신을 당대의 보다 전투적인 인물들과 일치시키기를 거부했기 때문이다. 그는 또한 신학의 관점에서도 청교도가 아니었는데, 이는 청교도주의를 스튜어트(Stuart) 왕가의 통치 기간에 잉글랜드 교회 내에서 일어난 알미니안(Arminian) 신학 갱신 이전의 신학 운동으로 말하는 것은 시대착오적이기 때문이다.[95] 그러나 퍼킨스는 경건의 관점에서 청교도였다. 그는 다음과 같이 진술한다. "청결한 마음은 너무도 고려되지 않기에 그것을 추구하는 것은 하나의 통용어와 비난거리가 되었다. 선한 양심으로 마음의 청결을 얻고 지키고자 최선을 다해 노력하는 자들을 두고 **청교도와 꼼꼼한 사람들**(Precisians)이라는 비열한 말로 그토록 많이 낙인찍힌 자들이 누구인가?"[96] 그는 다시금 진술하기를, "도덕법에 대한 합당한 복종은 꼼꼼함이라는 별명이 붙었고, 그것을 고백하는 자

---

94 Perkins, *Christ's Sermon in the Mount*, 3:259–60.
95 이것에 대해 더 자세한 내용을 살펴보려면 다음을 보라. Nicholas Tyacke, *Anti-Calvinists: The Rise of English Puritanism, c. 1590-1640* (Oxford: Clarendon Press, 1987).
96 Perkins, *Christ's Sermon in the Mount*, 3:15; 강조가 덧붙여짐.

들은 오직 이 한 가지 이유, 즉 그들이 하나님의 율법에 복종하여 행하는 것을 양심으로 삼는다는 이유 때문에 **청교도**(*Puritans*)와 **꼼꼼한 사람들**(*Precisians*)이라고 불려졌다."[97]

퍼킨스는 청교도의 부정적인 의미를 감안할 때 자신을 청교도라고 묘사하지 않았을 것이지만, 청교도는 다른 사람들이 호의적이든 그렇지 않든 그의 생애와 사역 가운데 그토록 널리 퍼진 경험적 신학을 묘사하기 위해 사용했던 바로 그 용어였다. 그의 경건은 17세기 출판물에서 쏟아져 나올 문학 작품의 분위기를 조성했는데[98], 이로써 그는 청교도주의의 아버지로서 역사에 남을 수 있었다.[99]

조엘 비키(Joel R. Beeke) & 스티븐 율(J. Stephen Yuille)

---

97 Perkins, *Christ's Sermon in the Mount*, 3:195; 강조가 덧붙여짐.
98 패커(Packer)가 관찰하듯이, "우리는 성경적, 경건적, 교회적, 개혁적, 논쟁적, 그리고 문화적 관심사가 복합적으로 뒤섞인 청교도주의가 퍼킨스와 함께 중요한 발전 단계에 이르렀고, 이전에는 볼 수 없었던 전체적인 영적 비전과 성숙한 기독교적 인내를 특징적으로 나타내기 시작했다." *Anglican to Remember*, 4.
99 Richard Muller, "William Perkins and the Protestant Exegetical Tradition: Interpretation, Style, and Method," in William Perkins, *Commentary on Hebrews 11*, ed. John H. Augustine (New York: Pilgrim Press, 1991), 72.

82 윌리엄 퍼킨스 전집 _ 1권

『윌리엄 퍼킨스 전집』
제1권 서문

윌리엄 퍼킨스(1558-1602)는 많은 저작을 저술한 저자로서, 마흔네 살에 죽기 전에 광범위한 성경적, 신학적, 논쟁적, 그리고 실천적 주제들에 대해 거의 50개의 논문을 작성했다. 토머스 풀러(Thomas Fuller)는 다음과 같이 적고 있다. "그의 책들에 관해서는, 그 책들이 얼마나 두껍게 놓여 있으면서도 기독교 전체에 걸쳐 얼마나 멀리까지 퍼졌는지 상상한다는 것은 기적이다."[100] 역사가인 윌리엄 할러(William Haller)는 퍼킨스의 논문들의 인기를 다음과 같이 요약한다. "그 어떤 책도 후대 설교자들의 책꽂이에서 더 자주 발견되지 않았으며, 그 어떤 설교자의 이름도 후기 청교도 문헌에서 더 자주 등장하지 않는다고 말하는 것은 정당하다."[101]

17세기 초까지, 퍼킨스의 저술들은 인기 면에서 존 칼빈(John Calvin, 1509-1564), 하인리히 불링거(Heinrich Bullinger, 1504-1575), 그리고 테오도르 베자(Theodore Beza, 1519-1605)의 저술들을 능가했었다. 이 놀라운 추세를 설명하기 위해 이안 브르워드(Ian Breward)는 퍼킨스의 독특한 두 가지 특징을 밝히고 있다. 첫째는 "동료 학자들의 존경을 불

---

100 Thomas Fuller, *Abel Redevivus: or, The Dead yet Speaking. The Lives and Deaths of the Modern Divines* (London: by Tho. Brudenell for John Stafford, 1651), 436.

101 William Haller, *The Rise of Puritanism* (New York: Harper Torchbooks, 1957), 65.

러일으켰던 것으로서, 복잡한 신학적 문제들을 선명하게 밝히고 해설하는 능력"이고, 둘째는 "겉으로 보기에 난해한 신학적 가르침을 평범한 그리스도인들의 영적 열망에 관련시키는 은사"[102]이다. 간단히 말해서, 퍼킨스는 복잡한 신학을 실천적 경건과 결합할 수 있었다. 이것은 참으로 보기 드문 재능이었다.

본서는 퍼킨스의 논문 세 편을 포함하고 있다. 첫 번째 논문은 『신구약성경의 다이제스트 또는 하모니』(A Digest or Harmony of the Books of the Old and New Testament)이다. 1650년대에 아마(Armagh)의 대주교인 제임스 어셔(James Ussher, 1581-1656)는 하나님께서 기원전 4004년에 우주를 창조하셨다고 제안한 『신구약 연대기』(The Annals of the Old and New Testament)를 출판했다. 어셔는 또한 18세기부터 20세기까지 주석이 달린 킹 제임스 성경의 많은 판본에 포함된 성경의 사건들에 대한 상세한 연대기를 제공하였고, 따라서 그의 이름은 성경적 연대기와 동의어가 되었다. 그러나 어셔의 『연대기』(Annals)는 지구의 나이를 확립하고 성경적 역사의 개관을 제공하고자 하는 문헌 작품들의 긴 선상에서 단지 하나(중요한 것이긴 하지만)에 불과했다는 점은 주목할 가치가 있다. 어셔가 그의 유명한 책을 출판하기 반 세기 이상 전에, 퍼킨스는 "나는 여러분 앞에 거룩한 천상의 역사에 대한 하나의 태블릿(tablet) 또는 작은 요약을 제시합니다"[103]라고 진술함으로써 그의 『하모니』(Harmony)를 출간했다. 퍼킨스는 하나님의 우주 창조의 연대를 기원전 3967년으로 정했다. 이 연대를 확고히 함으로써, 그는 최후 심판에서 절정에 이

---

102 Ian Breward, "The Significance of William Perkins," *Journal of Religious History* 4, no. 2 (1966): 113.

103 William Perkins, *A Digest or Harmony of the Books of the Old and New Testament*, in *The Works of that Famous and Worthy Minister of Christ in the University of Cambridge, M. William Perkins* (London: Iohn Legatt, 1631), 2:677. 다음부터는 『전집』(*Works*, 1631)으로 인용한다.

르는 구속사에 대한 개요를 발전시켰다.

몇 가지 중요한 요인들이 퍼킨스의 연대기를 공식화하는 데 기여했다. 우선, 성경의 무오성에 대한 그의 확고한 헌신이 그의 연대 계산을 형성했다. 그는 성령께서 성경의 인간 저자들(즉, 선지자들과 사도들)을 사용하시어 기록한 것은 그들 자신의 것이 아니라 그분의 것임을 믿었다. 이러한 확신을 통해 그는 성경의 "무오한 확실성"이라고 묘사한 것을 수용했는데, 이는 "성경의 증거는 하나님 자신의 증거"라는 의미다.[104] 그 결과, 그는 오직 성경만 그리스도인의 삶과 교회의 중심에 서야 한다고 믿었다. 이런 이유로 퍼킨스는 성경을 그의 모든 생각의 공리(公理)이자 그의 모든 가르침의 초점으로 채택했다. 그러므로 당연히 그는 성경을 그의 연대기의 절대적 권위로 보았다.

또 다른 중요한 요인은, 성경이 언제나 선형적 연대표를 제공하는 것이 아니라, 세속 역사의 연대기적 사건들과 연결될 수 있는 수많은 세부사항을 제공한다는 퍼킨스의 인식이었다. 이로 인해 그는 자신의 연대기를 공식화하는 데 두 가지 주요 접근법을 사용했다. 첫째, 그는 아담부터 솔로몬까지 끊어지지 않는 남성 가계를 확립하기 위해 성경의 족보를 사용했다. 둘째, 그는 특정한 정치적, 천문학적 사건들에 관한 성경의 자료들을 바벨론, 페르시아, 그리스, 그리고 로마 자료들과 비교했다. 이것은 특히 솔로몬 통치 이후의 연대표를 확립하는 데 중요했다.

당시에 퍼킨스의 『하모니』(Harmony)는 성경적 연대기를 둘러싼 오랜 학술적 논쟁에 중요한 기여를 했다. 오늘날 그것은 구속사의 통일성을 보여 주는 중요한 증거로 남아 있다.

---

104 William Perkins, *A Godly and Learned Exposition upon Christ's Sermon in the Mount*, in *Works* (1631), 3:219–26.

본서의 두 번째 논문은 『그리스도와 마귀의 전투』(*The Combat between Christ and the Devil Displayed*)이다. 여기서 퍼킨스는 마태복음 4장 1–11절의 내용을 강해한다. 그의 강해를 형성한 것은 그리스도의 광야 시험이 세 가지 목적을 성취했다는 그의 믿음이다.[105] 첫째는 그리스도께서 마귀를 쳐부순다는 것이었다. 마귀가 시험에서 첫 번째 아담을 이겼듯이, 마찬가지로 마지막 아담이신 그리스도께서 반드시 시험에서 마귀를 이기셔야만 했다. 둘째 목적은 그리스도께서 우리에게 마귀가 교회를 어떻게 공격하는지 보여 주심으로써 우리가 마귀의 시험을 더 잘 준비하여 저항하게 하는 것이다. 세 번째 목적은 그리스도께서 시험받는 자들에게 "자비하고 신실한 대제사장"(히 2:17–18)이 되신다는 것이다. 그는 시험의 고난과 괴로움을 잘 알고 계신다. 그러므로 그는 우리를 돕고 위로하실 수 있다.

첫 번째 목적은 퍼킨스가 그리스도의 시험을 해석하는 데 기초가 되었다. 그는 그리스도의 성육신의 주된 목적이 자기 백성을 위하여 중보자로서의 자기 역할을 완수하는 것이었음을 확신했다. 그러므로 그리스도는 자신의 사역의 시작부터 세례를 받으심으로 죄 가운데 있는 자기 백성과 동일시하셨다. 퍼킨스가 설명하듯이, "그리스도는 특별한 목적을 위해 세례 받는 것을 기뻐하셨는데, 이는 그가 무죄하시기 때문에 우리처럼 죄를 벗기 위함이 아니라, 우리를 위한 중보자로 임명되어 우리의 죄를 덧입으시고, 우리 대신 그 죄짐을 지시기 위함이었다."[106] 이러한 대표적 역할은 그의 시험에서도 계속되었다. 퍼킨스는 다음과 같이 진술한다. "그러므로 그리스도께서 성령의

---

105 William Perkins, *The Combat between Christ and the Devil Displayed: Or, A Commentary upon the Temptations of Christ* (London: by Melchisedech Bradwood for E. E., 1606), 8–9.

106 Perkins, *Combat between Christ and the Devil*, 1.

인도를 받아 마귀를 대적하신 것은 중보자의 이 한 가지 사역을 수행하기 위함이었다. 즉, 시험으로 온 인류를 정복한 마귀를 그가 시험에서 정복하는 것이었다."[107]

퍼킨스는 그리스도께서 아담처럼 자기 백성의 계약의 머리 혹은 대표로서 행동하셨다는 점에서 **공적**(*public*) 개인이라고 믿었다. 에덴 동산에서 하나님은 아담과 그의 후손과 더불어 행위 언약을 맺으셨다.[108] 즉, 아담은 그의 후손들의 언약적 머리였다. 아담이 범죄했을 때, 하나님은 그의 죄를 그의 후손의 죄로, 그의 죄책을 그의 후손의 죄책으로, 그리고 그의 형벌을 그의 후손의 형벌로 간주하셨다. 그러나 첫 번째 아담의 상대방은 마지막 아담(그리스도)이었다. 아담의 "범죄"가 그의 후손에게 죽음과 정죄를 초래했던 것처럼, 마찬가지로 그리스도의 "은혜로 말미암는 선물"도 그의 후손에게 생명과 의로움을 초래했다(롬 5:15-19). 우리가 믿을 때, 우리는 더 이상 행위 언약 아래 있는 첫 번째 아담 안에 있는 것이 아니다. 왜냐하면 우리는 은혜 언약 아래 있는 마지막 아담과 연합되었기 때문이다. 이 마지막 아담은 자신의 능동적 순종(생명)으로 그 요구를 충족시키고, 그의 수동적 순종(죽음)으로 그 대가를 치름으로써 우리를 대신하여 행위 언약을 성취하셨다.

이것이 퍼킨스가 마태복음 4장 1-11절을 강해하는 신학적 틀이다. 아담은 동산에 있었고, 그리스도는 광야에 계셨다. 아담은 만족했으나 그리스도는 굶주리셨다. 아담은 길들인 동물들에게 둘러싸

---

107 Perkins, *Combat between Christ and the Devil*, 4.

108 William Perkins, *A Golden Chain: or, the Description of Theology: Containing the Order of the Causes of Salvation and Damnation, According to God's Word*, in *The Workes of that Famous and Worthy Minister of Christ, in the University of Cambridge, M. W. Perkins* (London: John Legate, 1608), 1:170. 다음부터는 『전집』(*Works*, 1608)으로 인용한다.

여 있었으나 그리스도는 야생 동물들에게 둘러싸여 계셨다. 아담은 모든 장점을 소유했으나 그리스도는 모든 단점을 소유하셨다. 아담은 하나님을 기뻐하지 않기로 선택했으나 그리스도는 하나님을 기뻐하기로 선택하셨다. 아담은 하나님의 말씀을 무시하기로 선택했으나 그리스도는 하나님의 말씀에 매달리기로 선택하셨다. 아담은 불순종했으나 그리스도는 순종하셨다. 아담은 마귀에게 굴복했으나 그리스도는 마귀를 이기셨다.

이 논문 전체에 걸쳐 퍼킨스는 해설, 교리, 이유, 그리고 용도라는 그의 표준적 구조를 사용했다.[109] 그는 이 구조에 전념했는데, 이는 이 구조가 판단을 설득하고 정서를 붙들어 정신이 성경의 의미와 생생하게 접촉하게 만드는 최선의 방법이라고 믿었기 때문이다. 그의 **강해**(exposition)는 견고하고, 그의 **교리**(doctrines)와 **이유**는 합리적이며, 그의 **용도**(uses)는 실제적이고 통찰력을 지녔다. 이로 인해 그의 『전투』(Combat)는 마귀의 책략을 이해하고, 시험 한가운데서 "자비하고 신실한 대제사장"을 바라보라는 신자의 소명을 헤아리는데 위대한 자원이 되었다.

이 책에서 세 번째이자 가장 중요한 논문은 『그리스도의 산상수훈에 대한 경건하고 박학다식한 강해』(A Godly and Learned Exposition upon Christ's Sermon in the Mount)이다. 퍼킨스는 다음과 같이 진술한다. "내가 이것을 취급하기로 선택한 까닭은 산상수훈이 매우 신성하고 학식 있는 설교이며, '성경 전체의 열쇠'라고 부당하지 않게 일컬어질 수 있기 때문이다. 여기서 그리스도는 신구약성경의 요약을 열어 펼치신다."[110]

---

109 William Perkins, *Art of Prophesying; or, A Treatise Concerning the Sacred and Only True Manner and Method of Preaching*, in *Works* (1631), 2:673.

110 Perkins, *Christ's Sermon in the Mount*, 3:1.

퍼킨스는 산상수훈을 성경 전체의 의미를 여는 열쇠로 여겼다. 이러한 관찰은 매우 중요한데, 왜냐하면 그리스도께서 마태복음 5-7장에서 선언하신 바에 대한 그의 이해가, 그의 신학 발전에 그리고 결과적으로 그의 경건에 중추적이었다는 것을 암시하기 때문이다. 퍼킨스의 생각에 대한 이 설교의 중심성을 감안할 때, 그가 이 설교에 어떻게 접근했는지 이해하는 것은 중요하다. 다시 말해, 그의 해석과 적용에 영향을 미친 요인들을 파악하는 것은 중요하다.

첫 번째 요인은 퍼킨스의 **역사적**(historical) 맥락이다. 여러 면에서 퍼킨스는 개혁자였다. 그는 로마 교회와의 치열한 전투 한가운데서 설교하고 강의했다. 그는 "두 종교(개신교와 가톨릭)의 연합은 빛과 어둠의 연합 이상으로 결코 이루어질 수 없다. … 왜냐하면 그들[가톨릭 교도]이 비록 말로는 그리스도를 공경하지만, 실제로는 거짓 그리스도와 그들 자신의 머리로 만든 우상으로 바꾸기 때문이다"[111]고 주장했다. 퍼킨스의 평가에 따르면, 로마 가톨릭은 성경의 가르침에서 너무도 벗어났기에 그리스도에 대한 참된 지식을 상실했다. 그는 아주 경멸적으로 공격했는데, 왜냐하면 그는 복음에 대한 가톨릭의 신인협력적 이해가 인간의 죄와 하나님의 은혜의 전체 범위를 최소화했다고 믿었기 때문이다. 즉, 그는 가톨릭이 궁극적으로 사람들을 그리스도에게서 멀어지게 한다고 믿었다. 이러한 확신은 그의 저술들에 스며들어 있다. 당연히 이 확신은 그의 산상수훈 강해에서도 나타나는데, 거기서 그는 로마 교회가 그리스도 당대의 서기관들과 바리새인들과 직접적으로 관련된다고 반복해서 주장한다. 서기관들과 바리

---

111 William Perkins, *A Reformed Catholic; or, A Declaration Showing How Near We May Come to the Present Church of Rome in Sundry Points of Religion, and Wherein We Must Forever Depart from Them*, in *Works* (1608), 1:549.

새인들처럼 로마 교회는 하나님의 말씀을 왜곡하고, 거짓 구원의 길을 선포하고, 끔찍한 위선을 행하며, 그리스도와 그의 제자들을 억압한다. 그러므로 그의 강해 전체에 걸쳐 나타나는 것은 로마교에 대한 끊임없는 통렬한 비판이다.

산상수훈에 대한 퍼킨스의 접근 방식을 형성한 두 번째 요인은 산상수훈의 **직접적인**(*immediate*) 맥락에 대한 그의 이해다. 그는 마태와 누가가 똑같은 설교를 기록한 것으로 믿고서, 그 맥락을 파악하기 위해 누가복음 6장 7절을 살펴본다. "서기관과 바리새인들이 예수를 고발할 증거를 찾으려 하여 안식일에 병을 고치시는가 엿보니."[112] 이어지는 구절들에 따르면, 그리스도는 실제로 안식일에 손 마른 사람을 고쳐주셨다. 서기관들과 바리새인들의 반응은 악의적이었다. "그들은 노기가 가득하여 예수를 어떻게 할까 하고 서로 의논하니라." 그들의 적대감에 대한 반응으로 그리스도는 산으로 떠나가시어 열두 제자를 선택하기 전에 기도하셨다(눅 6:11-16). 이러한 세부 사항은 산상수훈의 배경을 제공한다. 이것들은 그리스도의 가르침이 반드시 서기관과 바리새인들과의 계속되는 갈등의 맥락에서 해석되어야 함을 보여 준다. 퍼킨스의 말에 따르면, "그리스도의 의도는 유대 교사들의 거짓 해설로 왜곡된 모세와 선지자들의 진정한 의미를 밝히는 것이다."[113]

그러므로 퍼킨스는 그 설교를 점증하는 반대에 직면한 제자들의 사역 초기에 그리스도께서 그의 제자들에게 설교하신 것에 대한 정확한 설명으로 여겼다. 이것은 그리스도께서 단 하나의 목표를 갖고 계셨음을 암시하기 때문에 해석의 중요한 도구다. "그의 제자들과 그

---

112   Perkins, *Christ's Sermon in the Mount*, 3:1.
113   Perkins, *Christ's Sermon in the Mount*, 3:1.

를 믿는 모든 사람들이 경건하고, 거룩하고, 복된 삶을 살도록 가르치는 것이다."[114] 이 확신이 그 설교에 대한 퍼킨스의 접근 방식을 형성했다. 그는 그 설교를 도덕에 대한 법적 체계, 새로운 사회 확립을 위한 패러다임, 혹은 미래의 천년 왕국을 위한 윤리의 기준으로 여기지 않았다. 그와 반대로, 그는 그것을 참된 경건의 본질에 대한 결정적인 말씀으로 간주했다.

결론적으로 경건의 주제가 퍼킨스의 논문들 전체에 걸쳐 두드러지게 나타난다는 점을 관찰하는 것은 중요하다. 그는 우리가 믿음을 통한 그리스도와의 연합 덕분에 구원받는다는 사실에 대해 단호했다. 그는 구원하는 믿음이 지적 동의보다 훨씬 더 많은 것을 포함한다는 사실에 대해서도 동일하게 단호했다. "머릿속의 지식은 영혼을 구원하지 못하기 때문이다. 종교에서 구원하는 지식은 경험적인 것이며, 진정으로 그리스도 위에 기초를 둔 사람은 그의 죽음과 부활의 능력과 효과를 느끼며, 새로운 순종에 의해 나타나는 죄의 죽음과 은혜의 생명을 효과적으로 일으킨다."[115] 퍼킨스는 복음(믿음을 통한 그리스도와의 연합)이 언제나 변화시키며, 경건을 낳고, 새로운 순종을 촉진하며, 죄와 영혼이 갈라서게 하며, 과도한 애정을 절제시키고, 거룩함의 열망을 불러일으키고, 영혼이 은혜의 방편을 사용하게 하며, 종교에 열심을 갖게 한다고 확신했다.

퍼킨스의 저술들을 최대한 활용하려면, 우리는 반드시 그의 신학이 갖는 이러한 경험적 측면을 간과해서는 안 된다. 게다가 우리는 성경의 권위, 하나님의 위엄, 그리스도의 중심성, 은혜의 아름다움, 영원의 실재, 생명의 통일성, 그리고 복음의 효과에 관한 그의 근본

---

114 Perkins, *Christ's Sermon in the Mount*, 3:1.
115 Perkins, *Christ's Sermon in the Mount*, 3:259-60.

적인 관점에 민감해야 한다. 우리가 그렇게 할 때, 퍼킨스는 "영원히 복된 삶의 학문"[116]이라고 불렀던 참된 신학의 본질에 대해 도움을 주는 안내자가 될 것이다.

스티븐 율(J. Stephen Yuille)

---

116 Perkins, *Golden Chain*, 1:11.

신구약성경의 다이제스트 또는 하모니

London
Printed by John Legatt
1631

케임브리지의 크라이스트 칼리지(Christ's College)의 존귀한 협회에게,
특히 존경하는 에드먼드 바웰(Edmund Barwell) 박사와 13명의 특별 연구원에게.

이교도들은 새해가 되면 선물을 서로 보내는 풍습이 있었습니다. 수에토니우스(Suetonius)[1]는 티베리우스(Tiberius)가 이처럼 새해 선물[2]을 서로 교환(entercourse)[3]하는 풍습을 칙령으로 금지했다고 설명합니다. 교회는 이런 풍습을 불경하다고 정죄했으며, 이러한 이유로 그것을 폐지하는 것이 좋다고 생각했습니다. 터툴리안(Tertullian)은 형제들이 새턴(Saturn), 야누스(Janus), 박쿠스(Bacchus)의 축제들을 즐기고, 실없는 잡담(gossipings)[4]을 지껄이며, 선물들과 새해 선물들을 주고받으며, 시끌벅적한 연회를 즐기는 것은 사악한 일이라고 말합니다.[5] 터툴리안 이후에 알쿠이누스(Alcuinus)는 그것들을 "악마 같은 새해 선물"이라고 불렀습니다.[6] 이 두 의견에 일치하는 어떤 옛 공의회 규범은 1월 첫째 날에 "악마 같은 새해 선물"을 갖고 다니는 것을 지키는 것은 합당하지 않지만[7], 다른 날과 마찬가지로 그 날에 모두 선물할 수 있다고 말합니다. 이 새해 선물이 정죄를 받는다 할지라도, 놀랄 일은 아닙니다. 왜냐하면 그 선물은 저주받은 방식을 따라 야누스와 새턴의 이름으로 봉헌되었기 때문입니다.

---

1 로마의 역사가.

2 여백에: In Tiberio cap. 34.

3 *Entercourse*: exchange(교환)

4 *Gossiping*: 실없는 잡담. 고대 영어에서 이 용어는 대부모(godparents)를 가리키기도 한다.

5 여백에: Lib. de Idolat. c. 14.

6 여백에: Lib. de offic. divin. c. 4.

7 여백에: Council. Antisio. c. 1.

그러므로 (훌륭하신 분들이여) 제가 보내는 것은 옛 풍습을 따라 여러분에게 새해 선물을 보내는 것이 아닙니다. 지난해를 끝낸 바로 이날에 내 어린 새끼가 태어났습니다. 이제 저는 이것이 소중히 양육되도록 여러분에게 바칩니다. 그리고 저의 감사한 마음을 담은 하나의 서약으로서, 이것을 여러분의 다양한 유익을 위해 여러분께 드립니다.

그렇다면 여러분도 저에게 여러분의 새해 선물을 주셔야 합니다. 그것이 무엇이라고 말씀하시겠습니까? 진실로 여러분이 저의 이 작은 작품을 비평적 판단의 미세한 그물망의 체(sile)[8]로 거르고, 필요한 곳에 새롭게 틀을 짜고, 그것이 충족되는 한 그리스도인의 동의로 그것을 옹호하고, 저의 선의에 대한 이 작은 증언을 받아들이는 것입니다. 여러분이 이런 일들을 수행한다면, 저는 단 하나의 새해 선물이 아니라 두 배, 진실로 티베리안(Tiberian)[9], 즉 네 배, 아니 백 배로 돌려받은 것으로 생각할 것입니다. 존경하는 학장님, 그리고 존귀한 13명의 특별 연구원 여러분, 평안하시길 바랍니다. 여러분이 항상 대학을 잘 운영하도록 하나님께서 허락하시길 바랍니다. 구력 97년, 12월 마지막 날.

여러분에게 가장 헌신적인,
윌리엄 퍼킨스

---

8 *Sile*: 미세한 그물망이 있는 체.
9 여백에: Sueton. in Tiberio cap. 34.

독자에게 드리는 권고의 말씀

그리스도인 독자들이여, 저는 여러분 앞에 거룩한 천상의 역사에 대한 간략한 요약을 제시하고자 합니다. 그것을 터툴리안(Tertullian)[10]과 로마법의 본보기를 따른 다이제스트(digest)라고 부르는데, 그 이유는 전개되는 동안 이루어진 행위와 시간의 순서를 열거하기 때문입니다. 다음의 다섯 가지를 여러분 앞에 제시하려고 제 작은 힘을 다해 노력했습니다.

1. 시간의 하모니(harmony) 혹은 연대기
2. 고대 역사와 선지자들의 하모니
3. 복음의 하모니
4. 신성한 역사 전체의 요약
5. 모든 장(章)[11]의 주목할 만한 히스테로시스(hysteroses)[12]

여러분은 제가 행한 것을 보고 판단하시길 바랍니다.

또한 알려드리는 것은, 제가 쓴 것들 가운데 어떤 것들은 의심스러운 질문을 초래하는데, 이는 제가 의존할 수 있는 성경의 증언이

---

10 여백에: Lib. de Baptis. cap. 1.
11 여백에: the Proem. Col. 1. c.을 보라.
12 다음 페이지에서 퍼킨스는 히스테로시스(*hysterosis*)를 도치(inversion)로 정의한다.

부족하기 때문입니다. 예를 들어, 저는 욥의 역사를 가능한 추측에 의해 요셉과 야곱의 시대로 지정합니다. 왜냐하면 욥이 율법이 주어지기 전, 그리고 아브라함 이후에 살았다는 것을 증명할 근거들이 마련되어 있기 때문입니다. 나머지도 마찬가지로 판단할 수 있습니다.

만일 어디선가 제가 연대기에서 수용되는 일반적인 견해에서 벗어나는 것을 본다면, 그 지점에 대해 커다란 논란과 불일치가 있으며, 가장 학식 있는 몇몇 사람들이 제 편에 서 있으며, 제가 어떤 사람을 제한하거나, 명성을 손상시키거나, 비난하려는 것이 아님을 알아야 합니다. 제가 할 수 있는 한 모든 것에서 저는 적어도 진리에 근접한 것을 목표로 삼고 있습니다. 이미 너무 많은 다툼이 있지만, 지금은 다툴 때가 아니라 기도할 때입니다.

만일 이 다이제스트가 요약되지 않은 어떤 것을 제시한다면, 용서하십시오. 저는 오직 다음의 목적 때문에 그것을 출간하고자 합니다. 즉, 온화하고 진정으로 판단할 수 있고 판단하려는 사람들의 판단을 제가 시험하고, 저 자신도 지도와 경고와 교정을 받기 위함입니다.

서문(Proem)[13]

다이제스트 혹은 신성한 하모니는 명백하게 기술되고 제시된 신구약 책들의 질서와 특성이다. 모든 질서의 창조주께서 친히 그의 글에서 말씀하신 이 질서는 매우 탁월해야 하며, 모든 사람 가운데 매우 귀한 것으로 알려져야 한다.

다이제스트는 이루어진 행위의 순서와 시간의 순서, 두 가지를 제공한다.

1부: 행위의 순서

행위의 순서는 자연의 순서, 위엄의 순서, 그리고 지혜의 순서로 삼중적이다.

자연의 순서는 자연과 존재에 있어서 으뜸가는 것이 제일 먼저 제시될 때이다. 예를 들면, 창세기에서 먼저 창조가 언급되고, 그 다음에 타락, 그 후에 메시야의 약속이 계시되었다.

위엄의 순서는 비록 자연에 있어서 나중일지라도, 가장 가치 있는 것이 첫째 자리를 차지할 때이다. 그래서 노아는 "셈, 함, 그리고

---

13 Proem: 서문(preface).

야벳"을 낳았다(창 5:32). 여기서 셈은 출생으로 맏아들은 아닐지라도, 가치에 있어서 첫 번째 자리를 차지한다. 왜냐하면 노아가 500세에 자녀를 갖기 시작했기 때문이다. 하지만 셈은 2년 뒤에 태어났는데, 그의 아버지가 602세 때 그는 백 살이었다(창 11).

지혜의 순서는 사물들이 짧고, 평이하며, 연속적인 이야기 서술을 구성하는 데 가장 적합한 특성과 의존성에 따라 사물을 배치할 때이다.

이 질서는 종종 히스테로시스(hysterosis)를 인정한다. 히스테로시스는 하나의 도치 혹은 어떤 정당한 이유로 자연의 질서를 잘못 배치하는 것인데, 이것은 예상과 요점의 반복(recapitulation)으로 이중적이다.

예상이란 어떤 것이 예상에 의해 마치 이루어진 것처럼 언급되지만, 그럼에도 불구하고 언급된 시간과 순서에 이루어진 것이 아니라, 그 후에 이루어진 것이다. 혹은 예상이란 앞에서 나중 일을 이야기하는 것이다.

명칭들에 대한 예상은 추후에 사물과 장소에 주어진 명칭이 앞선 역사에서 사용된 때이다. "거기서 그들이 돌이켜 엔미스밧[심판의 샘] 곧 가데스(Kadesh)에 이르렀다"(창 14:7). 제롬(Jerome)은 이곳에서 그때가 아니라 소위 한참 후에 예상에 의해 말해졌다고 말한다. 광야에서 반석이 있는 장소는 심판의 샘[14]으로 명명되었는데, 거기서 하나님께서 백성들을 심판하셨기 때문이다.[15] 그래서 하갈이 브엘세바, 즉 맹세의 우물에서 방황하였다고 언급되지만, 이 명칭은 나중에야 그 우물에 붙여진 것이었다(창 21:14).

사물들에 대한 예상은 이사야 38장 22절과 같이 나중에 이루어진

---

14 여백에: 엔-미스바(Hen-mispa).

15 본문에: *Quast. Hebr. in Gen.*

것들이 이전 역사와 섞일 때이다. "내[히스기야]가 여호와의 전에 올라갈 징조가 무엇이냐?" 그의 말은 7절 앞에 두어져야 한다. "네가 이 징조를 가질 것이니." 그래서 그의 말은 열왕기하 20장 8절에 그와 같이 놓여있다.

요점의 반복(Recapitulation)이란 과거에 속한 어떤 것들이 마치 시간 순서대로 따랐던 것처럼 회상되는 것이다. 이런 방식으로 미가 이야기와 비느하스가 제사장이었을 때 발생한 베냐민 족속의 전쟁은 엘리와 삼손의 역사에 첨부되어 있다. 비느하스가 300년을 살지 않은 이상, 그는 오래 전에 죽었다(삿 18:20).

2부: 시간의 순서

따라서 지금까지 성경에 기록된 사물들의 순서를 살펴보았다. 이제 연대기가 밝히는 시간의 순서가 뒤따른다.

연대기는 시대의 시간에 대한 가르침이다. 이것은 성령께서 지금까지 성경에 계시하신 것으로, 하나님의 교회가 알아야 할 것이지만, 그에 대한 온전한 지식은 하나님께서 자신의 권한에 두셨다(행 1:7). 연대기는 표기법과 구성 등 두 부분이다.

요점 1: 표기법

표기법이란 세속적 시간의 부분들이 그 자체로 고려되는 한, 그 양과 척도를 결정하는 것이다. 시간의 부분들은 시간, 하루, 주(week), 달(month), 그리고 연(year) 등 다섯 가지이다.

시간(Time)

한 시간이란 하루를 나눈 특정 부분으로, 단순하거나 복합적이다. 단순한 시간은 자연적이거나 일시적이다. 자연적 한 시간은 자연적 하루의 24번째 부분이다. 일시적 한 시간은 인공적 하루의 12번째 부분이다. "낮이 열두 시간이 아니냐?"(요 11:9). 집주인의 비유에서 아침, 삼시, 육시, 구시, 그리고 십일 시가 언급되어 있다(마 20:1-9).

복합적 한 시간은 인공적 하루의 4분의 1 또는 네 번째 부분이다. 그러므로 모든 인공적 하루는 4개의 분기가 있으며, 각각의 분기는 3시간으로 구성되며, 마지막 부분에서 그 명칭을 취한다. 아침부터 제3시까지 첫 번째 분기는 제3시라고 일컬어진다. 제3시부터 제6시까지 두 번째 분기는 제6시라고 일컬어진다. 제6시부터 제9시까지 세 번째 분기는 제9시라고 일컬어진다. 제9시부터 해질 때까지 네 번째 분기는 저녁이라 일컬어진다. 이런 종류의 시간 가운데 다음 구절들이 이해될 수 있다. "때가 제삼시가 되어 십자가에 못 박으니라"(막 15:25). "이 날은 유월절의 준비일이요 때는 제육시라… 이에 그{빌라도}가 예수를 십자가에 못 박도록 그들에게 넘겨 주니라"(요 19:14). "때가 제육시쯤 되어 해가 빛을 잃고 온 땅에 어둠이 임하여"(눅 23:44). 요컨대 그리스도는 제3시와 제6시에 십자가에 못 박히셨으며, 제3시는 끝나고 지나갔으며, 제6시는 진행되고 있으나, 끝나지 않았다.

만일 누군가가 하루를 이렇게 분할하는 것이 가짜요 낯선 것이라고 말한다면, 그는 켄소리누스(Censorinus)의 책 『출생일에 대하여』(de die natali) 10장을 참고하는 것이 좋다. 어떤 이들은 낮을 네 부분으로 나누고, 마찬가지로 밤도 네 부분으로 나눈다. 그는 또한 유대인들 사이에 밤이 네 개의 시간으로 나누어졌다는 사실을 알아야 한다. "밤 사경에 예수께서 바다 위로 걸어서 제자들에게 오시니"(마 14:25).

하루(Day)

히브리 하루는 **자연적**이거나 **인공적**이다.

자연적 하루는 아침과 저녁도 포함하는 24시간으로 이루어져 있다. **아침**과 **저녁**은 매일의 경계이며, 저녁은 두 종류이다. 첫 번째 저녁은 제9시부터 해질 때까지이다. 두 번째 저녁은 해질 때부터 밤이 끝날 때까지이다. "첫째 달 열 나흘날 저녁은 여호와의 유월절이요"(레 23:5).

다양한 용도에 따른 **자연적 하루**는 **일하는 날**[16]이거나 **거룩한 날**이다. **일하는 날**은 시민으로서 우리의 일을 위해 정해진 날이며, 날은 유대인들 사이에서 해 뜰 때부터 다음 해 뜰 때까지 지속되었는데, 즉 아침에 시작했다. "어찌하여 네가 홀로 앉아 있고 백성은 아침부터 저녁까지 네 곁에 서 있느냐?"(출 18:14). "안식일이 다 지나고 안식 후 첫날이 되려는 새벽에"(마 28:1). 마태가 특히 히브리인들을 위해 그의 복음서를 썼다는 것을 고려할 때, 로마인의 방식을 따라 이런 것들을 말한 것 같지는 않다.

거룩한 날은 거룩한 용도를 위해 지정된 날이다. 거룩한 날은 오직 하나님에 의해 만들어졌으며, 오로지 그 시간을 축복하고 거룩하게 하신 하나님께만 속한 날이다.

거룩한 날은 저녁에 시작하여 다음 날 저녁에 끝난다. "그 저녁부터 이튿날 저녁까지 안식을 지킬지니라"(레 23:32). 모든 시대에 공통

---

16 여백에: Civilis aut Sacer.

인 **거룩한 날**은 안식일이며, 안식일은 도덕법에 따르면 신성한 예배를 위해 따로 구별된 특정한 일곱째 날이다. 여기서 유의할 점은 때때로 안식일이라는 단어가 한 주 전체를 가리키는 경우가 있다는 것이다. "나는 이레에 두 번씩 금식하고"(눅 18:12). "매주 첫날에"(고전 16:2).

인공적 날은 해 뜰 때부터 해 질 때까지의 시간적 개념이며(요 11:9-10), 따라서 여름에는 더 길고 겨울에는 더 짧다.

주(Week)

한 주는 7일, 때로는 7년의 개념이기도 하다. "네 백성을 위하여 일흔 이레를 기한으로 정하였나니"(단 9:24).

달(Month)

히브리 달은 **양력 월**과 **음력 월**의 두 종류이다.

양력 월(sun-month)은 홍수 때쯤 사용되었고, 30일을 포함했다(contained).[17] 왜냐하면 (모세가 창세기 8장에서 증언하듯이) 2월 17일부터 7월 17일까지 30일씩 총 5개월인 150일이 있기 때문이다.

음력 월(Moon-months)은 애굽을 떠난 이후에 주로 사용되었다. 그중 일부는 30일로 꽉 찬 달이었고, 다른 일부는 29½일로 부족한 달이었다. 이에 따라 해마다 태양의 주기를 보완하기 위한 '에팍트'(Epact)[18]는 11일이었으며, 3년마다 보완되었다. 그리고 때때로 두 번째는 엠블리메우스(Emblimeus)였는데, 이는 윤달(閏月, Veadar)이라고

---

17 역자주, 영문판은 원문과 달리 '지속되었다'(continued)라고 기록한다.

18 *Epact*: 1월 1일에 태양력에 비추어 계산된 달의 나이. 이것은 태양력(365일)과 태음력(354일)의 차이 때문에 해마다 다르다(보통 11일).

불리는 13번째 달을 갖는 것이다.

연(Year)

히브리 연은 태양이 두 열대 지역을 통과하는 시간이며, 365일 5시간 59분이다. 모세는 홍수의 역사에서 이것을 명백하게 밝힌다.

> 노아가 육백 세 되던 해, 둘째 달 열이렛날에 홍수가 나기 시작했다(창 7:11).
> 사십 주야를 비가 {땅에} 쏟아졌더라(창 7:12).[19]
> 물이 150일을 {땅에} 넘쳤다(창 7:24).
> 150일이 지나자, 방주가 일곱째 달 열이렛날에 {아라랏 산에} 머물렀다 (창 8:4).
> 물이 열째 달 초하룻날까지 점점 줄어들었다(창 8:5).[20]
> 사십 일을 지나서 {노아가} 창문을 열었다(창 8:6).
> 노아는 7일을 기다렸다(창 8:10).[21]
> 그는 또 다른 7일을 기다렸다(창 8:12).[22]
> 육백일 년 첫째 달 초하룻날에 땅 위에서 물이 걷히었다(창 8:13).[23]

이 모든 것을 고려하여 종합하면, 그 해(year)는 12[24]개월을 포함하고, 매달은 30일을 포함한다는 것이 드러나며, 이로써 또한 모세 이전에 '에팍트'(Epact)는 11일이 아니라, 단지 5일로 구성된 것임을 알

---

19 역자주, 원문과 영문판은 창 7:27로 기재하고 있다.
20 역자주, 원문과 영문판은 창 8:9로 기재하고 있다.
21 역자주, 원문은 창 8로 기록하는 반면, 영문판은 창 8:8로 기재하고 있다.
22 역자주, 원문은 창 8로 기록하는 반면, 영문판은 창 8:8로 기재하고 있다.
23 역자주, 퍼킨스는 "땅이 말랐다"(the earth was dry)고 기록하고 있지만, 땅이 마른 것은 둘째 달 스무이렛날이다(창 8:14).
24 역자주, 영문판은 원문과 달리 13(thirteen)이라고 기록한다.

수 있다.

한 해의 자연스러운 시작은 아빕월 또는 니산월인데, 그래서 세상은 가을이 아니라 봄에 창조된 것 같다. 노아는 첫째 달에 방주에 들어갔고, 한 해를 보낸 뒤 둘째 달 말에 나왔다. 하지만 이 첫 번째 달과 두 번째 달은 가을과 일치할 수 없는데, 왜냐하면 두 번째 달 이후에 이제 두 번째 수확이 지나고, 겨울이 오고 있기에[25] 노아가 다음해 내내 자신과 피조물들이 먹을 만큼 충분한 양식(victual)[26]을 제공할수 없었기 때문이다. 하지만 풀과 나무가 열매를 맺었으므로, 창조가가을에 있었다고 이의를 제기하곤 했다. 그러나 나는 하나님께서 모든 나무가 제때 열매를 맺을 권세를 주셨으나, 모든 열매(나는 부인하지 않지만, 어떤 이들은 부인하는데, 이는 그것이 매우 확실하기 때문이다)가 창조 때에익었으며, 세상이 봄이나 가을에 시작되었다는 것은 확실하지 않다고 대답할 것이다. 왜냐하면 심지어 봄도 가을처럼 익은 열매를 맺는것 같으며, 특히 유대인들과 동방 사람들은 부활절과 멀지 않은 시기에 수확했기 때문이다(출 9:31-32; 눅 6:1).

한 해의 일반적인 시작은 일곱째 달, 티스리(Thisri)[27]였다. "수장절을 지키라 이는 네가 수고하여 이룬 것을 연말에 밭에서부터 거두어저장함이니라"(출 23:16). 여기서 그들이 땅을 흥정하고, 사고, 팔며,묶고, 해방하고, 안식년과 희년의 날짜가 시작했다.

자연적인 해(year) 외에 또한 예언적 해(year)도 있었는데, 이것은360년의 개념으로 이해되어야 하며, 같은 방식으로 예언적 달(month)

---

25 본문에: *Theodoret, quast. 72. upon Exod. Ambros. libr. 1. Hexam. c. 4. Leo Serm. 9. de Passion. Bede de ratione Temporum*은 이 의견에 일치한다.

26 *Victual*: 양식.

27 역자주, 영문판은 본문에 'Thrisei', 그리고 각주에 'Tishri?' 라고 적고 있는데, 원문 자체가 적고 있듯이 Thisri가 정확하다. Thisri는 갈대아 수비학(數口學)에서 7의 가치를 갖는 수이다.

은 30년으로 구성된다(계 11장).

따라서 지금까지 우리는 시간의 표기법을 다루었고, 그 계산은 다음과 같다.

요점 2: 구성

구성은 시간과 시간의 결합에 관한 연대기의 두 번째 부분으로, 여기에는 네 가지가 속한다.

첫째, 성경은 **시간의 중복**(duplication)으로 지나간 시간의 마지막 부분을 다가올 시간의 첫 번째 부분과 섞는다. 그러므로 유다와 이스라엘의 왕들의 연도는 종종 다른 범주 안에 들어가는데, 그것은 특정한 배가(doubling)가 아니고서는 정당하게 계산될 수 없다. 그리스도는 그의 무덤에 대략 36시간 있었지만, 복음서 기자들은 "그가 사흘 만에 다시 살아나셨다" 그리고 "사흘 만에"라고 말한다. 이것이 어떻게 이루어지는가? 시간의 중간 부분을 두 배로 늘리면, 여러분이 원하는 대로 된다.

둘째, 주어진 숫자에 어떤 것을 더하거나 빼는 **시간의 '절상 혹은 절사'**(rotundation)를 통해 그 시간에 대한 설명이 말하기나 글쓰기에서 더 쉽게 만들어진다. 어거스틴이 아주 잘 말했는데, 성경은 정확한 숫자 위아래에 있는 것은 계산되지 않는 방식으로 시간을 언급하곤 했다.[28] 다음이 하나의 예시이다. "그 사십 년간 너희의 죄악을 담당할지니"(민 14:34). 이 말씀은 이스라엘 백성이 떠난 지 이년 째에 그들에게 말한 것이다. 그러므로 그들은 꽉 찬 38년, 그래서 약 40년 동안 형벌을 받았다.

---

28 본문에: *quast. 47. upon Exod.*

셋째, **시간**은 이미 지나간 시간이나 지금 소비되고 있는 시간, 그리고 아직 지나지 않은 것으로 간주된다. "내가 사흘 후에 다시 살아나리라"(마 27:63). "여로보암 왕 열여덟째 해에 아비얌이 삼 년 동안 다스리니라"(왕상 15:1). 그러나 나중에 그의 아들이 여로보암 왕 제이십년에 다스리기 시작했다고 한다.

넷째, 시간의 시작은 계산상 때로는 배타적으로, 때로는 포괄적으로 계산된다.

복합적 시간은 함께 결합되어 시대, 연, 일 또는 월로 이루어지며, 옛 세상의 시간이나 새로운 세상의 시간이다.

옛 세상의 시간은 햇수의 연속으로, 세상의 시작부터 십자가에 못박힌 그리스도까지 약 4,000년이다.

옛 세상의 안식일은 창조 후 일곱째 날로서 타락 전 낙원에서 하나님께 예배하기 위해 성별된 날이었다.

안식일 준비는 그 전날의 일부인데, 이는 주로 율법이 주어진 후에는 다가오는 안식일을 위한 양식이 마련되었기 때문이다. 그러므로 "이 날은 유월절의 준비일이요"(요 19:14)라고 말하기 때문에, 그 날은 유월절 자체가 아니라 유월절의 안식일이나 부활절을 위한 것이다.[29] "이 날은 준비일 곧 안식일 전날이므로"(막 15:42). "이 날은 준비일이요 안식일이 거의 되었더라"(눅 23:54). 다시 말하지만, 유월절 하루 전체가 거룩한 것이 아니라, 오직 어린 양을 잡는 저녁만 거룩하였다. 그 나머지는 일하는 날이었던 것으로 보인다(막 14:12-14). 그러므로 유월절은 그 전야를 제대로 갖지 못했던 것으로 드러난다.

옛 세상은 율법이 없는 때와 율법이 있는 때로 구분된다.

---

29 역자주, 원문은 "it is not for the Passover itself, but for the sabbath in the Passover, or Easter"라고 적고 있으나, 영문판은 "it is not for the Passover itself, or Easter"라고 적고 있다.

율법이 없는 시간은 태초부터 율법이 주어진 때까지이며, 세 부분이 있다.

첫 번째는 창조부터 홍수까지이며, 1,656년으로 구성된다.

두 번째는 홍수부터 아브라함과 맺은 약속까지 367년이며 그 이상은 아니다. 나는 (더 나은 판단을 제외하고) 아브라함이 데라의 130세가 아니라, 70세에 태어났다고 생각한다.

이유 1. 모세의 증언에 따르면, 데라가 70세에 "아브람, 나홀과 하란"을 낳았다(창 11:26). 이제 이 장의 목적은 아담부터 아브라함까지 그리스도의 족보를 선언하는 것이다. 그러므로 모세는 나홀이나 하란의 출생 연도가 아니라, 아브라함의 출생 연도를 가리키며, 특히 아브라함 이전의 모든 세대에서 그러했다.

이유 2. 데라가 70세일 때 아브라함이 태어났다는 것을 당연한 것으로 수용하지 않는다면, 그가 언제 태어났는지 여부는 전적으로 불확실할 것이다. 만일 아브라함이 그의 아비가 130세일 때 태어났으며, 이것이 명백하게 성경에 기록되어 있다고 누군가가 말한다면, 나는 아브라함이 데라의 131세나 132세가 아니라, 130년에 태어났다는 것을 성경 전체에서 볼 수 없다고 대답한다. 왜냐하면 모세는 어디에서도 데라가 죽은 바로 그 해에 아브라함이 곧바로 가나안으로 떠났다고 말하지 않기 때문이다. 역사의 순서 가운데 결합된 것은 시간 속에서 결합된 방식과 같지 않다.

이유 3. 아브라함은 100세 된 자신이 아들을 얻게 되리라는 것을 기적으로 여겼다. 그렇다면 그의 아버지가 130세인 때에 어떻게 그가 태어날 수 있겠는가? 따라서 데라가 나홀과 하란을 낳은 지 60년 후에 아브라함이 태어났을 가능성은 없다.

이유 4. 가나안으로 들어가라는 명령을 받은 아브라함은 명령을 받자마자 지체하지 않고 떠났으며, 아버지의 죽음을 기다리지 않고 즉각 순종했는데, 이는 그가 믿음으로 그 여행길을 떠났기 때문이다 (히 11:8-9). 그러나 그는 하란으로 가기 전, 갈대아 우르에서 그 명령과 약속을 받았다.

　　이유 5. 초대교회의 판단은 나의 의견과 일치하며, 그 판단이 거절되었다는 것이 명백하지 않은 한, 그 판단을 따라야 한다고 생각한다.[30] 모세가 데라의 사망 후 아브라함의 가나안 땅 입성 이야기를 들려주고 있다는 것을 누가 반대한다면, 나는 모세가 계속된 이야기 가운데 데라의 역사를 마무리한 '요점의 반복'(Recapitulation)이라고 대답할 것이다. 만일 누군가가 "그의 아버지가 죽으매 하나님이 그를 이 땅으로 옮기셨느니라"(행 7:4)라는 스데반의 말을 옹호한다면, 나는 아브라함의 가나안 입성이 두 번이었다고 대답할 것이다. 첫 번째는 그의 아버지가 죽기 전이었으며, 이 입성은 머무르기 위한 것보다 오히려 지나가기 위한 것인데, 모세가 이것에 대해 말하고 있다. 두 번째는 아브라함이 가나안 땅에 거처를 정하고 정착한 것인데, 스데반이 이것에 대해 말하고 있다. 왜냐하면 그가 사용한 헬라어 단어 (μετῴχισεν)는 하나님께서 그를 가나안 땅에 거하게 하셨다는 것을 의미하기 때문이다. 따라서 아브라함이 그의 아버지가 죽은 지 1, 2년이 지날 때까지 조그만 땅조차 사지 않았다는 것은 논쟁의 여지가 있을 수 있다. 그러므로 성 어거스틴은 데라의 70년에 아브라함이 태어났다는 것을 가르쳤고, 나는 그것에 반대하여 무엇을 말할 수 있을지 알지 못한다.

---

30 본문에: *Aug. de civit. Dei. l. 16. c. 15.* 존경받는 비드(Bede, 735년 사망), 또한 요세푸스 (Josephus)와 이시도루스(Isidorus, *Hispal. orig. lib. 5*)도 그[어거스틴]에게 동의한다.

세 번째는 약속부터 율법까지이며, 430년이다(갈 3:17). 이스라엘 자손들이 애굽에 거주한 기간은 430년이라고 하지만(출 12:40), 그들이 애굽에 거주한 기간은 단지 210년이었다. 왜냐하면 우르를 떠나 이삭을 낳기까지 30년이었으며, 거기서 야곱까지 60년이며, 거기서 애굽으로 내려가기까지 130년이었기 때문이다. 430에서 이 숫자{220}를 빼면, 이스라엘 백성들이 애굽에 거주한 210년이 남을 것이다. 만약 누군가가 200년 안에 60만 명의 무장한 사람들이 야곱의 족속 중에서 번식될 수 있는지 묻는다면, 그럴 수 있다고 답할 것이다. 왜냐하면 그때는 일부다처제가 시행되었고, 그 당시 그들은 20세부터 80세 이상까지 자녀들을 낳았으며, 약속된 씨의 증식이 있었기 때문이다. 만약 누군가가 아브라함은 이스라엘의 아들이 아니므로, 430년의 종살이는 아브라함 때까지 연장될 수 없다고 주장한다면, 나는 이스라엘의 자손은 야곱의 씨만 아니라, 아브라함의 모든 후손을 포함한다고 말할 것이다. 야곱이 요셉의 아들들에 대해 다음과 같이 말하였다. "이들로 내 이름과 내 조상 아브라함과 이삭의 이름으로 칭하게 하시오며"(창 48:16). 그러므로 이스라엘의 자손은 그 머리를 제외하지 않은 아브라함의 전체 민족과 가족이다.

율법이 있는 옛 세상

율법의 때는 율법의 공포로부터 십자가에 못 박힌 그리스도까지이며, 다섯 부분으로 나눌 수 있다.

1. 첫 번째는 율법으로부터 성전 건축하기까지 480년이다(왕상 6:1). 이 조각의 시작에서, 유대인들은 그 해의 참된 첫 시작을 무시했는데, 하나님께서는 그것을 새롭게 하셨다(출 12:2). 그 다음에 유월절, 오순절, 나팔절, 속죄일, 그리고 초막절 등의 절기들이 정해

졌다.

유월절에는 두 부분이 있다. 첫째, 어린 양을 잡는 것은 첫째 달 14일 저녁 해질 때이다(출 12:6). 다른 부분은 유월절 희생이 드려지는 엄숙한 축제이다. "여호와께서 자기의 이름을 두시려고 택하신 곳에서 소와 양으로 네 하나님 여호와께 유월절 제사를 드리되"(신 16:2). 역대하 35장의 예를 보라. 이 절기는 7일 동안 지속되었는데, 무교병 혹은 달콤한 빵의 날들로 일컬어졌다. 달콤한 빵의 첫째 날은 14일 해질 때 저녁에 시작했다. 그러한 이유로 이 14일은 유월절의 둘째 부분인 무교절의 첫 날(막 14:12)로 일컬어졌으나, 희생제물은 15일 전에 죽임을 당하지 않았다. 명절의 마지막 날은 여느 날과 마찬가지로 엄숙한 안식일이었고, 순서상 첫 번째 안식일 후에 두 번째 안식일로 일컬어졌다(눅 6:1).

오순절은 오로지 부활절이 끝난 후 50일째 되는 날이었는데, 왜냐하면 이스라엘 백성들이 15일에 떠났기 때문에 50일의 시작은 16일부터 계산해야 한다(레 23:16).

또한 안식년과 희년이라는 두 가지 거룩한 햇수가 지정되었다. 안식년은 매 7년째 되는 해로, 땅이 쉼을 얻었다. 희년은 이전 희년으로부터, 즉 이전 희년의 해를 제외한다면 오로지 49년이었다. 그러나 희년은 이전 희년을 포함하여 50번째 해이다(레 25:11).[31] 일반적으로 희년은 이전 희년부터 세었을 때 매 50번째 해이다. 게다가 이 조각 안에 사사들의 통치는 357년간 이루어졌는데, 이것은 계산하면 쉽게 알 수 있다. 하나님께서 그들에게 450년간 사사들을 주셨다고 언급되지만(행 13:19),[32] 실제로는 다음과 같다. 가나안 땅을 나눈 때부터

---

31 역자주, 원문과 영문판은 레 24:11로 기재하고 있다.
32 역자주, 원문과 영문판은 행 13:20로 기재하고 있다.

사무엘까지의 기간은 (내가 말한 것처럼) 357년이며, 누가는 버릴 수 있는 마지막 숫자 7을 빼고 이 연대를 결정한 것 같다. 하지만 그 후에 사사기 책을 읽은 어떤 사람이 단순한 무지로 인해 300(τριακοσίοις)을 400(τετρακοσίοις)[33]으로 대체하였다. 진실로 사사들의 햇수와 압제자들의 햇수를 뚜렷이 구분하여 따로 세어 보면, 정확히 450년이 나온다. 하지만 이 기간은 별도로 계산되어서는 안 되고, 압제자들의 햇수는 사사들의 햇수 안에 계산되어야 한다는 구성(composition)의 확실한 규칙이 고수되어야 한다.

2. 두 번째는 성전 건축으로부터 성전 파괴까지의 427년이다. 이 조각에는 다음과 같은 구성 규칙이 있다. 첫째, 유다와 이스라엘 왕들의 햇수가 온전하지 못하다는 것이 종종 드러난다. 둘째, 총독인 아들은 외국 전쟁에 분주했던 그의 아버지와 함께 통치했다. 셋째, 때때로 그들이 악하게 통치했던 햇수는 마치 없었던 것처럼 계산되지 않았다(삼상 13:1). 그리고 넷째, 아들이 통치한 햇수는 나이가 들거나 질병을 앓은 살아있는 아버지의 통치로 간주되었다.

3. 세 번째는 바벨론 포로 시대 70년이다(렘 25:11). 이 조각의 시작은 느부갓네살 19년에 성전이 불탔을 때인 것 같다. 이러한 포로 시대는 단지 백성들만 비참했던 것이 아니라, 반드시 안식해야 할 땅도 황폐하게 되었다(대하 36:22).[34] 하지만 그 땅은 이전에 항상 왕, 제사장, 시민들, 그리고 농부들이 있어서 안식할 수 없었다.

4. 네 번째는 바벨론 귀환부터 다니엘의 {70} 이레의 시작까지 약 80년이다. **이유 1.** 그는 단지 성전 재건만 아니라, 그들의 도시 거주와 수리도 허락된 명령이 내린 것에 대해 말하고 있다(단 9:25). 우리

---

33 τριακοσίοις… τετρακοσίοις: 300… 400.

34 정확한 성경 구절은 대하 36:21이다.

는 성경 전체에서 아닥사스다 롱기마누스(Artaxerxes Longimanus) 7년 전에 그러한 칙령을 읽어보지 못했다. 고레스(Cyrus)의 칙령과 다리우스 히스타스페스(Hystaspes)의 칙령 둘 다 성전 건축에 대해서만 말하고, 도시의 건축은 말하지 않기 때문이다. **이유 2.** 천체의 변환과 가림(eclipses)의 거리는 비슷한 공간을 만든다. 나보폴라살(Nabopolassar) 또는 느부갓네살(Nebuchadnezzar) 5년에 있었던 가림은 율리우스력 653년, 티베리우스(Tiberius) 19년에 발생한 것과 거리가 멀다. 그리고 프톨레미(Ptolemy)의 이 나보폴라살이 느부갓네살과 동일 인물이 아니라고 생각하는 사람이 없도록, 여기에 이 한 가지를 덧붙이자면, 캄비세스(Cambyses) 7년의 월식은 율리우스력 191년 64일, 알렉산더 왕조 11일 전에 발생한 것과 다르고, 이것은 율리우스력 363년, 티베리우스 19년에 발생한 것과 거리가 멀다. 게다가, 다리우스 히스타스페스 31년의 가림부터 다리우스 코도른(Codorn) 마지막 해 가림까지는 율리우스력 151년이다. 이것들이 그러한 것은 프톨레미의 기록이 명백하게 보여 준다. 그는 나보나살(Nabonassar)부터 나보폴라살 5년의 가림까지 애굽력 126년, 그리고 캄비세스 7년의 가림까지 224년, 그리고 알렉산더의 사망까지 424년, 그리고 아우구스투스의 통치까지 718년으로 계산한다.[35] 이것은 프러시아(Prussia)의 계산과 일치하는데, 시간의 시작과 끝에 대한 그 계산의 설명은 매우 확실하며, 다음과 같이 흘러간다.

---

35 본문에: *Almegist. lib. 3. c. 8, and 5. 14.*

나보나살부터 연대의 시작까지	율리우스력	일자
알렉산더의 사망	423[36]	260
율리우스 카이사르(Julius Caesar)	701	309
우리 주 그리스도	746	310

알렉산더의 사망부터 연대의 시작까지		
율리우스 카이사르	278[37]	50
우리 주 그리스도	323[38]	51

율리우스 카이사르부터 그리스도의 시작까지	45	1

　　이것들이 거짓이라고 생각하는 사람은 반드시 모든 기호논리학적 천문학을 완전히 뒤집어야 한다. 그리고 진실로 이것은 성경의 진리를 증명하는 주목할 만한 주장인 것 같다. 왜냐하면 거룩한 역사는 그 해설 순서에 있어 천체의 변환과 가장 정확하게 일치하기 때문이다. 그리고 다른 한편으로 이것은 이레의 시작이 고레스나 다리우스 히스타스페스의 연대에 맞춰져서는 안 된다는 하나의 증거인데, 왜냐하면 그러면 거의 모든 인간 역사와 모든 천문학적 관측이 거짓으로 부정되어야 하기 때문이다.

　　에스라, 느헤미야, 에스더, 그리고 다니엘서에 언급된[39] 모든 왕들은 대부분 이 시대에 다스렸는데, (구알터(M. Gualter)와 템포라리우스(Temporarius)의 판단을 따르는) 나는 그들을 다음과 같이 구별한다.

36　역자주, 영문판은 원문과 달리 413으로 기재하고 있다.
37　아마도 288일 것이다.
38　아마도 333일 것이다.
39　역자주, 영문판은 원문과 달리 부정어 'no'를 삽입하여 기재하고 있다.

그들은 메대 사람(Medes)이거나 페르시아 사람(Persians)이었다.

메대 사람은 둘이었다. 첫 번째는 다리우스 메두스(Medus)의 아버지, 아하수에로(Ahasuerus)였다(단 9:1). 이 사람은 인도(India)에서 아라비아의 에디오피아까지 통치를 확대했던 메대와 페르시아의 황제, 아스티아게스(Astyages)였다. 이 사람은 어떤 역사가들이 잘못 말하듯이, 페르시아의 왕 고레스에 의해 그의 왕국을 빼앗긴 적이 없었다. 그는 다리우스 히스타스페스나 크세르크세스(Xerxes)가 아니라, 아마도 에스더의 남편이었을 것이다. **이유 1.** 다리우스 히스타스페스에게는 엄숙함과 신중함이 어떤 경건과 결합되어 있었지만, 아하수에로에게는 호색과 경솔함이 있었다. **이유 2.** 고레스 원년에 마르도케우스(Mardocheus)[40]는 포로 생활이 끝나고 다시 유다 땅에 돌아왔다(스 2). 그러므로 그는 캄비세스, 다리우스 히스타스페스, 혹은 크세르크세스 통치하의 페르시아에서 살지 않았다. 그리고 하나님께 대한 참된 예배를 가장 주의했던 그가 자신의 자유의 혜택을 누릴 수 있을 때, 다시 동쪽으로 돌아왔다는 것은 믿을 수 없다. **이유 3.** 왕위에 등극한지 7년에 크세르크세스는 페르시아를 떠나 사르디스(Sardis)나 그리스(Greece)에 있다가 8년이 되어서야 집으로 돌아왔다. 또한 그의 아내 아메스트리스(Amestris)는 매우 사악한 여자였다. 수산(Shushan) 왕궁에 대한 반대는 힘이 약한데, 왜냐하면 수산궁은 (스트라보(Strabo)[41]가 *libr.* 15에서 말하듯) 고레스가 통치하는 동안 페르시아 왕들의 궁전이었지만, 메대의 왕궁은 고레스 시대 이전에 같은 장소에 있었을 수도 있기 때문이다. 스트라보는 앞서 언급된 책에서, 페르시아의 궁은 메대가 정복되기 전에 거기에 없었다고 말한다. 만일 누군가가 다르게

---

40 모르드개(Mordecai).
41 그리스 시인이자 철학자.

생각한다면, 스스로 판단하도록 내가 너그러이 허락할 것이며 이런 저런 일들에 다투지 않을 것이다.

두 번째는 다리우스 메두스(Darius Medus)이다. 그는 바벨론 약탈의 우두머리였고(사 13:17; 렘 51:11), 바벨론 제국은 1년 동안 그의 손안에 있었다(단 6:1). 이 사람이 아하수에로이다(스 4:6).

페르시아의 왕들은 다음과 같다.

1) 고레스, 30년. 그러나 고레스가 바벨론을 정복하여 7년을 다스리고, 성경은 그 이후부터 고레스의 시대를 시작한다. 그가 바벨론 사람들에 대항하여 군대를 이끌었을 때, 그는 (크세노파네스(Xenophanes)[42]가 증언하듯이) 다리우스가 메대와 페르시아의 황제임을 인정한다. 그는 다리우스 메두스와 함께 메대와 페르시아 왕국을 다스렸다(단 5:28).

2) 캄비세스, 7년. 그는 아닥사스다이다(스 4:5).

3) 다리우스 히스타스페스, 36년. 다리우스 노투스 2년에 거의 200세였던 일부 생존자가 있었다고 말하지 않는 한, 다리우스 노투스의 칙령이 아니라 이 사람의 칙령으로 성전이 건축되었다. 왜냐하면 학개[43]는 다리우스의 바로 이 해에 솔로몬 성전의 아름다움을 보고 알았던 사람들이 아직 남아 있었다는 것을 당연하게 여겼기 때문이다.

4) 크세르크세스, 21년(단 11:2).

5) 아닥사스다 롱기마누스(Artaxerxes Longimanus), 40년(스 6:14; 7:1).

6) 다리우스 노투스(Darius Nothus) 혹은 오쿠스(Ochus), 19년.

---

42 그리스 지리학자이자 철학자.

43 여백에: Cap. 2:3.

7) 아닥사스다 므네몬(Artaxerxes Mnemon), 43년.[44]

8) 다리우스 오쿠스(Darius Ochus), 23년.

9) 다리우스 아르세스(Darius Arses), 3년.

10) 다리우스 아르사미스(Darius Arsamis), 6년.

5. 다섯 번째는 다니엘의 {70}이레를 포함하고, 따라서 490년이다. 이 이레는 디도(Titus)가 성전과 도시를 최종적으로 멸망시킨 때가 아니라 그리스도의 죽음에서 끝나는 것 같다. **이유 1.** 많은 사람과 맺은 언약은 명백하게 확정되었는데, 부분적으로 그리스도를 전파함으로 그리고 부분적으로 그의 수난으로 확정되었다. 하지만 마지막 주간이 도시의 멸망까지 더 확대된다면, 그 당시에 어떤 엄숙한 동맹(league)이 또한 확정되어야 했지만, 한 주간이라기보다는 마지막 주간에 그 어떤 동맹도 확정되지 않았다. **이유 2.** 다니엘이 명백히 말한다. "네 백성과 네 거룩한 성을 위하여 일흔 이레를 기한으로 정하였나니 허물이 그치며 죄가 끝나며 죄악이 용서되며 영원한 의가 드러나며 환상과 예언이 응하며 또 지극히 거룩한 이(메시야)가 기름 부음을 받으리라"(단 9:24). 이제 만일 도시의 멸망이 그 이레를 끝냈다면, 70 이레가 아니라 65½이레가 이 일들의 마침을 위해 작정되었다. 왜냐하면 그 65이레에 죄에 대한 속죄가 이루어지고, 메시야가 기름 부음을 받기 때문이다. **이유 3.** 만일 여러분이 그 이레를 다리우스 노투스 2년부터 시작한다면, 느헤미야는 다리우스 므네몬 32년까지 다소 더 길게 지속했어야 하며, 그는 190세가 되어야 할 것이며, 또한 긴 여행에 적합해야[45] 할 것이며, 에스라 역시 훨씬 더 노년이어야

---

44 본문에: 알렉산더 시대까지 이 왕들(7-10)에 대해 성경은 아무것도 말하지 않고 요세푸스도 마찬가지이다.

45 아마도 '적합하지 않았을' 것이다.

할 것이다.

그 마지막 이레 중간에 그리스도의 사역 혹은 그의 출입이 시작됐다(행 1:21). 그의 사역의 시작은, 그가 요한에게 세례를 받고, 성령으로 기름부음을 받아 전파하러 보내심을 받은 때였고, 그가 승천하는 날까지 지속되었고, 거의 3년 반이었다.

첫 번째 해는 첫 유월절(요 2:13)부터 명절(요 5:1)까지였다. 두 번째 해는 그 명절부터 요한복음에 언급된 유월절(요 6:4)까지이다. 세 번째 해는 이 유월절부터 그리스도께서 십자가에 못 박히시는 때까지이다(요 13:1). 이 유월절은 14일 저녁에 그리스도와 유대인들이 기념했다. "무교절의 첫날 곧 유월절 양 잡는 날에 제자들이 예수께 여짜오되 우리가 어디로 가서 선생님께서 유월절 음식을 잡수시게 준비하기를 원하시나이까 하매"(막 14:12). "유월절 양을 잡을 무교절날이 이른지라"(눅 22:7). 유월절을 먹는 것은 어린 양이나 율법에 따라 희생제물의 일부로 만들어진 다른 음식을 먹는 것이었다. 어린 양을 먹는 것은 언제나 14일에 있었고, 유대인들이 그토록 명백한 율법을 감히 어기지는 않은 것 같다. 다른 음식을 먹는 것은 15일, 16일 그리고 17일에 있었고, 그 어떤 오염된 것도 아니었다. 이 후자는 요한복음 18장 28절로 이해되어야 한다. "그들은 더럽힘을 받지 아니하고 유월절 잔치를 먹고자 하여 관정에 들어가지 아니하더라."

그리스도의 세례로부터 첫 번째 유월절까지의 시간은 거의 반년이다.

새로운 세상

따라서 지금까지 옛 세상의 시대였다. 뒤따르는 새로운 세상의 시대는 그리스도의 승천부터 마지막 심판까지이다.

새로운 세상의 안식일은 그리스도의 부활의 날인데, 창조로부터 여덟 번째이다. 그래서 성경이 안식일을 주의 날로 지정하는 것 같다(고전 16:2). 주간의 첫째 날에 모이는 것은 사도적 제도이며, 따라서 이 날을 안식일로 거룩하게 하는 것도 마찬가지로 사도적 제도이다. 왜냐하면 회집은 모이는 것이 아니라, 엄숙하게 하나님을 예배하는 때였기 때문이다. 둘째, 사도 요한은 이 날을 주의 날(계 1:10), 즉 그리스도를 영화롭게 하기 위해 성별한 날로 인정한다. 그리고 나머지 사도들은 이 동일한 날을 유대인의 안식일 대신 지켰다(행 20:7). 진실로, 그리스도 자신이 그 날을 준수하셨던 것 같다(요 20:19, 26). 셋째, 할례는 신약성경에서 여덟째 날에 지키는 안식일의 성례였다는 것이 키프리안의 견해이다. "주의 날은 그리스도의 부활로 거룩하게 되었다."[46] "사도들은 주의 날을 종교적 예배로 지키도록 정했다."[47]

---

46 본문에: *l. 3. epi. 19. ad Fidum. August. de. cin. dei, 22. c. 3.*
47 본문에: *Ser. 251.*

세상의 연대[48]

---

48 퍼킨스는 사사들과 압제자들의 시대에 대한 칼럼(columns)을 포함한다. 그는 또한 이스라엘, 유다, 앗수르, 바벨론, 그리고 페르시아 왕국들의 연대에 대한 칼럼도 포함한다. 이 칼럼들은 왼쪽 칼럼으로부터 쉽게 계산될 수 있기 때문에 제외시켰다.

---

49   역자주. 영문판은 원문과 달리 한 줄을 내려 일자를 기록한다. 다음 줄의 방주로 들어가는 일 자도 마찬가지이다.

---

50 아마도 29세일 것이다.

약속의 시작

약속을 받은 지 10년

---

51 역자주, 원문과 영문판은 창 15장으로 기재하고 있다.

52 역자주, 영문판은 아직 아브람의 이름이 아브라함으로 바뀌지 않았는데, 아브라함으로 적고 있다.

약속을 받은 지 30년

---

53   역자주, 원문과 영문판은 375세라고 기재하고 있다.

약속을 받은 지 170년

약속을 받은 지 190년

---

54 역자주, 퍼킨스는 "세겜의 왕자"(the son of the king of Shechem)라고 적고 있으나, 성경은 "히위 족속 중 하몰의 아들 그 땅의 추장 세겜"이라고 기록한다(창 34:2).

55 역자주, 한글 개역개정은 온천의 발견으로 기록하고 있다(창 36:24).

---

56 역자주, 헤스론은 르우벤의 셋째 아들이며 출생 기록은 창세기 46장 9절에 나타난다. 영문판은 에그론(Egron)으로 기재하고 있다.

연도		창
	그들이 그의 몸을 향유로 처리하다	50
		출
2,313	이스라엘 사람들이 번성하고 강하여지다	1

약속을 받은 지 290년

연도		출
	새로운 바로가 그들을 심하게 억압하다	1
	은밀하게 남자 아이들을 죽이라는 왕의 명령	1
2,320	레위가 137세에 죽다	6
	그래서 그 모든 세대가 죽다	1
2,330	아므람이 태어나다	6
2,360	남자 아이들을 익사시키라는 칙령	1
2,370	아론이 태어나다	6
2,373	가핫(Cahat)[57]이 죽다	6
	모세가 아므람과 요게벳에게서 태어나다	6
2,380	그가 갈대 상자에 넣어 강에 던져지고, 바로의 딸이 건지다	2
	그가 애굽의 학술로 양육되다 (행 7)	
2,410	여호수아가 태어나다 (수 14)[58]	
2,413	모세가 애굽 사람을 죽이다	2

약속을 받은 지 390년

연도		출
	그가 바로를 두려워하여 미디안으로 도망하다	2
	그가 십보라와 결혼하다	2
2,414	갈렙이 태어나다 (수 14)	
	갓(Gath) 사람들이 약탈에 대해 에브라임 사람들을 무찌르다[59]	

---

57 고핫(Kohath).

58 역자주, 여호수아 14장에는 여호수아의 출생에 대한 기록이 나타나지 않는다.

59 알 수 없는 언급. 역자주, 갓이 아니라 길르앗 사람들이 에브라임 사람들을 무찔렀다(삿 12:4).

---

60 *Murrain*: 전염병.

61 역자주, 출애굽 후 첫 번째 장소는 라암셋이며, 두 번째 장소는 숙곳이다(출 12:37, 민 33:5).

---

62 역자주, "그들의 왕과 함께"(with their king)라는 글은 출애굽기 14장에서 발견되지 않는다.

---

63 역자주, 출애굽기 18장에서 이드로는 모세에게 천부장, 백부장, 오십부장, 십부장을 세울 것을 조언하는 반면(민 18:21), 민수기 11장에서는 여호와께서 모세에게 70명의 장로를 세울 것을 말씀하신다(민 11:16).

64 역자주, 모세가 시내산에서 40일 동안 머물렀다는 명시적인 성경 구절은 다음과 같다. 첫 번째 40일(출 24:18, 신 9:9, 11), 두 번째 40일(출 34:28, 신 9:18, 25)이다.

출애굽 2년

---

65 *Appurtenance*: 설비

출애굽 10년

출애굽 40년

---

66 역자주, 원문과 영문판은 게발(Gebal)로 기재하고 있다. 참조, 수 8:30.

---

67 역자주, 영문판은 원문과 달리 삿 1:2로 기재하고 있다.

출애굽 80년

---

68 역자주, 원문과 영문판은 요셉(Joseph)으로 기재하고 있다. 참조, 삿 1:3.
69 역자주, 영문판은 이 줄을 빠트리고 있다.

출애굽 120년

---

70 역자주, 원문과 영문판은 500명으로 기재하고 있다. 참조, 삿 21:12.
71 역자주, 여리고는 '종려나무 성읍'으로 일컬어진다(삿 3:13).

출애굽 240년

---

72 역자주, 영문판은 원문과 달리 12년으로 기재한다. 참조, 삿 10:3.

출애굽 320년

---

73 역자주, 원문과 영문판은 11장으로 기재하고 있으나, 입다가 이스라엘의 사사로 사역한 6년이
라는 명시적 구절은 사사기 12장 7절에 나온다.

74 역자주, 영문판은 원문과 달리 삿 11장으로 기재하고 있으나, 삿 12:1-6이 정확하다.

---

75 역자주, 원문과 영문판은 13장으로 기재하고 있으나, 삼손이 이스라엘의 사사로 지낸 햇수가 명시된 곳은 사사기 16장 31절이다.

---

76 역자주, 알 수 없는 언급. 아마도 블레셋 족속과의 전쟁을 가리키는 것 같다.

---

77 역자주, 원문과 영문판은 다윗이 라마 나욧으로(to) 도망한 것으로 적고 있으나, 라마 나욧에서(from) 도망하였다(삼상 20:1).

---

78 역자주. 원문과 영문판은 삼상 29장으로 기재하고 있으나, 삼상 30:1이 정확하다.

연도		왕상	대상
	르호보암이 태어나다	1	
	아비삭이 늙어 고통당하는 다윗을 시중들다	1	
	왕국을 차지하려는 아도니야의 음모	1	
	솔로몬이 다윗의 명령으로 기름 부음을 받다	1	29
	아도니야가 제단으로 도망하다	1	
	그가 용서 받고 집으로 돌아가도록 허용되다	1	
	죽음의 위기에 처한 다윗이 솔로몬에게 지시하다	2	
	그가 솔로몬에게 바르실래의 후손을 소중히 여기라고 명하다	2	
	그리고 요압과 시므이를 죽이라고 명하다	2	
2,930	요압과 아도니야가 죽임을 당하다	2	

출애굽 480년

연도		왕상	대상
	아비아달이 파면되다	2	
	솔로몬이 애굽 왕의 딸과 결혼하다	3	

연도		왕상	대하
	솔로몬이 지혜를 구하다	3	1
	두 창기에 관한 그의 심판	3	
	정돈된 왕국의 평화	4	9
	솔로몬의 지혜의 명성	4	
	히람이 그를 맞이하다	5	2
	그가 솔로몬에게 성전 건축할 나무를 보내다	5	
2,933	성전 건축을 시작하는 솔로몬	6	
	제사장들과 족장들과 백성들의 회집	8	
2,939	언약궤가 시온에서 지성소로 옮겨지다	8	7
	하나님께서 자기 현존의 표징을 주시다	8	
	솔로몬이 백성들을 축복하다	8	7

연도		왕상	대하
	그가 기도하고 희생제사를 드리다	8	
	그가 하나님의 집을 봉헌하다	8	
	그가 초막절을 지키다	8	
	하나님께서 솔로몬에게 자신의 약속을 확정하시다	9	
2,940	이제 그가 자기 집을 건축하기 시작했다	7	
2,952	솔로몬의 왕궁이 완성되다	7	9
	히람은 솔로몬이 자기에게 준 성읍들을 거절하다	9	8
	가나안 족속들이 조공을 바치는 자들이 되다	9	
	하나님께서 율법의 규정에 따라 경배를 받으실 것이다	9	
	솔로몬이 오빌로 배들을 보내다	9	8[79]
	스바의 여왕이 솔로몬을 방문하다	10	9
	그녀가 그의 지혜를 듣고 칭송하다	10	
	그녀가 선물을 주고받으며 돌아가다	10	
	솔로몬이 그의 이방 부인들에 의해 타락하다	11	
	그가 우상 숭배에 빠지다	11	

배교의 시작

연도		왕상	대하
	아히야가 왕국의 분열을 예고하다	11	
	그리고 여로보암이 열 지파의 왕이 될 것을 예고하다	11	13[80]
	솔로몬이 여로보암의 목숨을 노리다	11	
	여로보암이 솔로몬이 죽을 때까지 애굽에 거주하다	11	
	솔로몬의 글들: 잠언과 전도서		
	솔로몬이 죽다	11	9
2,970	르호보암이 자신의 대답으로 열 지파를 소외시키다	12	10

---

79 역자주, 원문과 영문판은 대하 9장으로 기록하고 있으나, 대하 8:18이 정확하다.

80 역자주, 역대하 13장은 유다 왕 아비야와 이스라엘 왕 여로보암의 전쟁을 기록한다.

---

81 역자주, 원문과 영문판은 왕상 13장으로 기재하고 있으나, 왕상 14:4-5이 정확하다.

82 역자주, 원문과 영문판은 왕상 14장으로 기재하고 있으나, 왕상 12:22-24이 정확하다.

연도		왕상	대하
2,991	나답이 바아사에 의해 죽임을 당하다	15	
			배교 20년
	이스라엘의 세 번째 왕 바아사가 24년[83]을 다스리다	15	
	선지자들이 번성하다		15
2,996	여호사밧이 태어나다		22[84]
2,999	아사가 에디오피아 왕을 정복하다		14
	아사가 참 예배를 회복하다		15
	아사랴가 번성하다		15
	바아사가 여로보암처럼 죄를 짓다	15	16[85]
	똑같은 죽음이 그에게 선포되다	16	
	그가 유다의 종교 회복을 반대하다		16
	하나니가 감옥에 갇히다		16
3,009	아사와 아람의 동맹	15	
3,012	바아사의 죽음	16	
	이스라엘의 네 번째 왕 엘라가 2년을 다스리다	16	
	그가 시므리에게 살해되다	16	
	이스라엘의 왕들 시므리, 오므리, 디브니가 12년을 다스리다	16	
	시므리가 7일 후에 분신자살하다	16	
	오므리가 홀로 왕이 되다	16	
	그가 사마리아를 건축하다	16	
3,026	이스라엘의 다섯 번째 왕 아합이 22년을 다스리다	16	
	그의 시대에 히엘이 여리고를 다시 건축하다	16	

83 역자주, 영문판은 원문과 달리 2년으로 기재하고 있다. 참조, 왕상 33장.

84 역자주, 원문과 영문판은 역대하 22장으로 기재하고 있으나, 왕상 22:41-42, 대하 20:31을 참조하라.

85 역자주, 원문과 영문판은 역대하 10장으로 기재하고 있으나, 역대하 16:1, 5-6을 참조하라.

---

86 역자주, 영문판은 원문에 없는 내용을 적고 있는데, 역대하 16장에는 엘리야 언급이 없다.

---

87 역자주, 역대하 21장에는 엘리야의 요단강을 가르는 일이 기록되어 있지 않다.

88 역자주, 원문과 영문판은 모압이 아합을 배반하였다고 기재하고 있으나, 모압은 아합이 죽은 후, 그의 아들 여호람을 배반하였다(왕하 1:1, 3:5).

89 역자주, 역대하 20장에는 여호람 관련 기사가 없다.

90 역자주, 원문과 영문판은 아합이라고 기재하고 있으나, 아합이 아니라 여호람(그리고 유다 왕 여호사밧과 에돔 왕)이다(왕하 3:18).

---

91 역자주, 영문판은 원문과 달리 아람(Syria)에 굶주림이 들었다고 기록한다. 참조, 왕하 6:25.

92 알 수 없는 참조. 역자주, 아하시야가 병든 요람을 방문하였다(왕하 8:29, 9:16).

배교 100년

---

93 역자주. 원문과 영문판은 왕하 11장으로 기록하고 있으나, 왕하 12:1을 참조하라.

94 역자주. 원문과 영문판은 왕하 11장을 기재하고 있으나, 예후가 여로보암의 죄에서 떠나지 않았음을 지적하는 성경구절은 왕하 10:31이다. 역대하 23장에는 예후에 관한 기록이 나타나지 않는다.

95 역자주. 앞의 각주를 보라.

96 역자주, 원문과 영문판은 아마샤가 에돔족속(Edomites)에 의해 정복되고 구금되었다고 기재하고 있으나, 아마샤는 이스라엘 왕 요아스에 의해 패하여 사로잡혔다(왕하 14:12, 13).

97 역자주, 원문과 영문판은 욘 3장으로 기재하고 있다.

98 역자주, 아사랴와 웃시야는 이름이 다른 동일한 사람이다.

연도		왕하	대하	사
3,180	이스라엘의 왕 스가랴가 6개월을 다스리고 죽다	15		

배교 210년

	이스라엘의 왕 살룸이 1개월을 다스리고 죽다	15		
	이스라엘의 왕 므나헴이 10년을 다스리다	15		
3,186	웃시야가 제사장직을 취하다		26	
	제사장들이 그를 저지하다		26	
	그가 나병으로 인해 군중들로부터 격리되다		26	
	포도나무 비유			5
	유대인의 기근			5

				욜
	가뭄과 기근			1
	공적 금식 명령이 내려지다			3
	그리스도를 통한 축복이 약속되다			2–3
	이스라엘의 왕 브가히야가 2년을 다스리다	15		
	이스라엘의 왕 베가가 20년을 다스리다	15		
	유다의 왕 요담이 16년을 다스리다	15	27	
	이사야가 환상 가운데 확정되다			6
	백성들의 완고함이 예고되다			6

				미
3,188	미가가 두 왕국의 멸망을 선포하다			1
	백성들의 사악함이 책망을 받다			1–4
	교회에 대한 위로			5–7
3,209	유다의 왕 아하스가 16년을 다스리다	16		

배교 240년

	유다에 대항한 아람과 이스라엘의 원정	16		7

배교 260년

---

99 역자주. 영문판은 다음 줄 역대하 칼럼에 배치하여 역대하 20장으로 오해하게 만든다.
100 역자주. 영문판은 윗줄에 사 38장을 기재하고 있다.

---

101 또한 에돔 족속.

---

102 역자주, 영문판은 원문과 달리 대하 35장으로 기재하고 있다.

103 역자주, 영문판은 원문과 달리 여호야긴(Jehoiachin)으로 기재하고 있다.

104 역자주, 영문판은 원문과 달리 렘 37장으로 기재하고 있으나, 렘 36:4이 정확하다.

연도		왕하	대하	렘
	여호야김[105]이 느부갓네살에게 조공을 바치고 죽다	24		36
	레갑 족속의 본보기		35[106]	

		단
3,343	다니엘과 그의 친구들이 바벨론으로 끌려가다	1
	그들이 갈대아인의 학문을 3년간 배우다	1
	그들이 왕의 음식을 먹지 않으려 하다	1
	다니엘과 그의 친구들이 왕 앞에 서다	1
	느부갓네살이 그의 꿈을 잊다	2
	갈대아인들이 그것을 해몽하도록 명령을 받다	2
	그들이 그것을 해몽할 수 없어 죽임을 당하다	2
	다니엘이 그 꿈을 말하고 해몽하다	2
	그가 왕에 의해 존귀하게 되다	2

연도		왕하	대하	렘
3,349	여호야김이 느부갓네살에게 잡혀가다			
	그가 결박되어 바벨론으로 끌려가다			36
	그가 여정 중에 죽고, 매장되지 못했다	22		
	여호야긴(Jehoiachin) 왕이 1개월[107]을 다스렸다			
	그들이 굴복하라고 설득하는 예레미야에게 동의하다	24		
	예레미야, 에스겔, 그리고 모르드개가 포로로 잡혀가다			
3,350	유다의 왕 시드기야가 11년을 다스리다	24		

배교 380년

예레미야가 포로들을 위로하다   29

---

105 역자주, 영문판은 원문과 달리 여호야긴(Jehoiachin)으로 기재하고 있다.

106 역자주, 영문판은 원문과 달리 대하 36장으로 기재하고 있으나, 렘 35장이 정확하다.

107 역자주, 여호야긴이 8세에 왕이 되어 예루살렘에서 석달 열흘을 다스렸다고 역대하 36장 9절
이 기록하고 있으나, 열왕기하 24장 8절은 그가 18세에 왕이 되어 석달을 다스렸다고 기록하
고 있다.

---

108 역자주, 요아김(Joachim)은 칠십인역 예레미야 52:31에서 두 차례 모두 Ιωαχιμ(요아킴)으로 옮긴 이름으로 여호야김의 아들 여호야긴을 가리킨다. 예레미야는 여호야긴의 이름을 다양하게 변용한다. 여호야긴 14회(렘 2), 여고냐 6회(렘 1), 여고니야 2회(렘 2), 그리고 고니야 3회(렘 3). 김창주, "여호야긴과 에윌므로닥—열왕기하 25:27-30의 정경적 지위와 신학적 의의", 「성경원문연구」 제 37호, (2015): 58-83.

109 역자주, 영문판은 원문과 달리 겔 3장으로 기재하고 있으나, 겔 4:1을 참조하라.

110 역자주, 타우(tau)는 히브리어 문자 가운데 마지막 22번째 문자로 표 또는 표시를 의미한다.

---

111 역자주, 원문과 영문판은 렘 39장으로 기재하고 있으나, 렘 52:29이 정확하다.

112 역자주, 원문과 영문판은 렘 42장으로 기재하고 있으나, 렘 43:5-7이 정확하다.

---

113 역자주, 원문과 영문판은 겔 39장으로 기재하고 있으나, 겔 37:17이 정확하다.

114 역자주, 원문과 영문판은 겔 26장으로 기재하고 있으나, 겔 38:2이 정확하다.

115 역자주, 아하수에로는 메대의 왕의 칭호이며, 아스티아게스는 메대 사람 다리오로서 기원전 575-540까지 35년간 다스렸다.

---

116 역자주, 현대 학자들의 연구에 의하면, 에윌므로닥(Evil-merodach)은 바벨론의 두 번째 왕으로, 기원전 562년부터 560년까지 2년간 통치하였다. 영문판은 다니엘 4장을 기록하고 있으나, 원문은 아무런 참고 구절을 언급하지 않는다.

117 역자주, 원문과 영문판은 에스더 5장으로 기재하고 있으나, 에 6:10-11이 정확하다.

118 역자주, 앞의 각주 231)을 보라.

119 역자주, 다니엘 5장과 고고학 자료에 의하면, 바벨론 왕 나보니두스는 기원전 556년부터 539년까지 17년간 그의 아들 벨사살과 함께 나라를 다스렸다. 바벨론은 기원전 539년 메대 바사에 의해 멸망하였다.

120 역자주, 원문과 영문판은 스 1장으로 기재하고 있으나, 스룹바벨의 이름이 에스라서에서 처음 등장하는 곳은 스 2:2이다.

121 역자주, 원문과 영문판은 스 3장으로 기재하고 있으나, 스 2:2, 36이 정확하다.

연도		느
	그는 유대인들 가운데 대장이다	13
	그가 안식일을 범하는 자들을 교정하다	13
	이방 여인들과의 혼인	13
3,545	다리우스 노투스가 16년을 다스리다	
3,560	서머인이 태어나다 (눅 3)	
3,563	아닥사스다 므네몬이 43년을 다스리다	
3,583	맛다디아가 태어나다 (누가복음 3)	
3,616	오쿠스가 23년을 다스리다	
3,619	마앗이 태어나다 (눅 3)	
3,639	아르세스가 3년[122]을 다스리다	
3,642	다리우스 아르사미스가 6년을 다스리다	
	알렉산더 대제가 6년을 다스리다 (단 10:20)	
3,649	낙개가 태어나다 (눅 3)	
	알렉산더 왕가에서 네 왕국, 즉 수리아, 애굽, 아시아,	
	그리고 마게도니아가 일어났다(단 11:4)	
3,663	에슬리가 태어나다 (눅 3)	
3,690	나훔이 태어나다 (눅 3)	
3,720	아모스가 태어나다 (눅 3)	
3,744	맛다디아가 태어나다 (눅 3)	
3,770	요셉이 태어나다 (눅 3)	
3,800	얀나가 태어나다 (눅 3)	
3,823	멜기가 태어나다 (눅 3)	
3,860	레위가 태어나다 (눅 3)	

122 역자주, 영문판은 원문과 달리 30년으로 기록하고 있으나, 다리우스 아르세스는 기원전 338년에서 336년까지 다스렸다.

연도

3,880   맛닷이 태어나다 (눅 3)

3,918   헬리가 태어나다 (눅 3)

3,921   원로원에서 선출된 로마의 황제 율리우스 가이사가 5년을 다스리다

3,927   황제 아우구스투스가 65년을 다스리다

3,935   유대의 왕 헤롯

3,937   이제 홀(scepter)을 빼앗겼다

		눅	마	막	요
3,947	우리 주 어머니 마리아가 태어나다	1			
3,964	세례 요한의 잉태가 계시되다	1			
	사가랴가 믿지 못하므로 말을 못하다	1			
	그리스도의 족보	3			
	마리아에게 전한 천사의 소식	1			
	예고된 그리스도의 잉태	1			
	마리아가 엘리사벳을 방문하다	1			
	그리스도의 잉태가 엘리사벳에게 알려지다	1			
	마리아가 감사하여 찬송하다	1			
	세례 요한이 태어나 할례를 받다	1			
	사가랴의 찬송	1			
	그리스도의 잉태가 요셉에게 알려지다	1			
3,967	그리스도가 처녀 마리아에게서 태어나시다		1		
	천사들이 이 소식을 어떤 유대인들에게 계시하다	2			
	천사들의 기쁨	2			
	목자들이 베들레헴으로 오다	2			
	베들레헴에서 그리스도의 할례	2			
	별의 안내를 받은 현자들이 오다	2			

연도		눅	마	막	요
	빌립의 소명				1
	빌립이 나다나엘을 부르다				1
	가나의 혼인				1
	물이 포도주로 변하다				1
	첫 번째 유월절				2
	성전 정화				2
	그리스도의 네고데모와의 대화				3[123]
	그리스도의 제자들이 유대에서 세례를 주다				4[124]
	요한이 애논에서 세례를 주다				3
	요한의 제자들의 논쟁				3
	요한의 마지막 증언				3
	요한이 감옥에 갇히다				3
	바리새인들이 그리스도를 핍박하다				3
	그가 사마리아를 거쳐 갈릴리로 출발하다				4
	그가 사마리아 여인과 대화하다				4
	그가 통치자{왕의 신하}의 아들을 고치다				4
갈릴리 회당에서의 그의 설교			4	1	4
그리스도가 자신의 고향 나사렛으로 오시다		4	4		
그가 고향 사람들에게 멸시를 받다		4	4	1	
그가 거기서 떠나 가버나움에 거주하다		4	4	1	
기적의 고기잡이		5	4	1	
네 제자들을 부르심		5	4	1	
귀신들린 자를 치유함		4			

123 역자주. 원문과 영문판은 요 2장으로 기재하고 있으나, 요 3:1-15이 정확하다.
124 역자주. 원문과 영문판은 요 2장으로 기재하고 있으나, 요 4:1-2이 정확하다.

연도	눅	마	막	요
베드로의 장모가 치료되다	4			
다양한 병자들이 치료되다	4	8		
그리스도가 광야로 들어가시다	4		1	
그가 온 갈릴리를 다니다	4	4	1	
그가 나병 환자를 깨끗하게 하다	5		1	
그가 따로 광야로 들어가다	5			
그가 중풍병자를 고치다	5	9	2	
그가 세리 마태를 부르다	5	9	2	
두 번째 유월절	6			5
절름발이가 베데스다 못에서 고침을 받다				5
유대인들이 안식일에 대해 그와 논쟁하다				5
그리스도가 예루살렘에서 설교하시다				5
그의 제자들이 두 번째 안식일에 이삭을 자르다	6	12	2	
안식일에 대한 그의 가르침	6	12	2	
손 마른 사람의 치유	6	12	3	
그리스도를 죽이려는 헤롯의 계획	6	12	3	
그가 따로 갈릴리 바다로 가다	6	12	3	
그가 산에 오르다	6		3	
그가 열두 제자를 선택하다	6		3	
그가 산에서 백성들에게 내려오다	6			
백성들에게 둘러싸여 그가 다시 산에 오르다		5		
그가 산에서 백성들에게 설교하다	6	5		
산에서 내려온 그가 나병환자를 치유하다		8		
가버나움의 백부장의 종이 고침을 받다	7	8		
과부의 아들이 나인 성문에서 살아나다	7			

연도		눅	마	막	요
	요한이 그리스도께 {제자들을} 보내다	7			
	그리스도의 설교, 그리고 요한에 대한 그의 증언	7	11		
	회심한 기생이 그리스도께 기름 붓다	7	11		
	그리스도가 설교하시는 동안 여자들이 그를 섬기다	8			
	그리스도가 가버나움으로 돌아오시다		12	3	
	그가 말씀으로 귀신들을 내쫓다		12	3	
	그들이 귀신들을 내쫓은 그리스도를 모독하다		12		
	요나의 표적이 약속되다		12		
	그리스도의 어머니와 형제들		12		
	바다로 나아간 그가 8개의 비유를 말씀하다	8	13	4	
	그가 가다라 지방으로 건너가다	8		5[125]	
	그가 바다와 바람을 꾸짖다	8		4	
	그가 귀신들린 두 사람을 치유하다	8		5	
	가다라 지방의 돼지들이 몰사하다	8	8	5	
	백성들이 거라사인의 지방[126]에서 그를 영접하다	8		5	
	그가 바닷가에서 군중들에게 가르치다			2	
	마태가 그리스도께 잔치를 베풀다	5[127]	9	2	
	혈루증 앓는 여인이 치유되다	8	9	5[128]	
	야이로의 딸이 죽었다가 살아나다	8	9	5[129]	
	두 맹인과 귀신들린 자가 치유되다		9		
	그리스도가 나사렛에서 멸시를 받으시다	4	13	6	

125 역자주, 원문과 영문판은 막 4장으로 기재하고 있으나, 막 5:1-20이 정확하다.
126 역자주, 원문과 영문판은 게네사렛으로 기재하고 있다.
127 역자주, 원문과 영문판은 눅 8장으로 기재하고 있으나, 눅 5:27-32이 정확하다.
128 역자주, 원문과 영문판은 막 2장으로 기재하고 있으나, 막 5:25-34이 정확하다.
129 역자주, 원문과 영문판은 막 2장으로 기재하고 있으나, 막 5:21-24, 35-43이 정확하다.

연도		눅	마	막	요
	그가 열두 제자를 보내어 전파하게 하다		10	6	
3,999	세례 요한의 참수	9	14		
	그리스도가 요단 저편으로 가시다	9	14	6	
	그리스도에 대한 헤롯의 견해	9	14		
	그리스도의 제자들이 그에게 돌아오다	9			
	그가 갈릴리 저편으로 가다	9			
	가버나움에서 생명의 떡에 관한 그의 설교	9[130]			
	세 번째 유월절				6
	그들이 그리스도를 죽이려고 모의하다				7
	갈릴리에서 전통에 관한 그의 설교		15	7	
	그가 두로와 시돈 지경으로 가다		15	7	
	수로보니게 여인의 딸이 치유되다		15	7	
	데가볼리로 가는 길에 그가 귀 먹고 말 더듬는 자를 고치다			7	
	많은 병자들이 산에서 치유되다			7	
	그가 떡 일곱 개로 사천 명을 먹이다		15	8	
	그가 막달라 지경으로 들어가다		15[131]	8	
	바리새인들이 표적을 구하다		15	8	
	벳새다에서 맹인이 치유되다			8	
	가이사랴에서 베드로의 고백	9	16	8	
	다볼 산에서 그리스도의 변형	9	17	9	
	미치광이의 치유	9	17	9	
	갈릴리에서 그리스도가 가르치고 치료하시다	9	17	9	

---

130 역자주, 요 6:22-59. 누가복음 9장에서 오천 명을 먹이신 사건이 등장하나, 그에 대한 그리스도의 설교는 나타나지 않는다.

131 역자주, 마가단(마 15:39)은 막달라(Magdala)의 옛 지명이다.

---

132 역자주, 알 수 없는 참조.

---

133 역자주, 원문과 영문판은 실수로 주의 날을 제정한 것으로 기재하고 있으나, 주의 만찬(Lord's Supper)의 제정(눅 22:14-20, 마 26:26-30, 막 14:22-26)이 정확하다.

---

134 역자주, 영문판은 '드러나다'(revealed)를 '회상되다'(recalled)로 잘못 적고 있다.

135 역자주, 영문판은 그가 '안부를 묻다'(saluteth)를 '비난하다'(faults)로 잘못 적고 있다.

---

136 역자주, 바울은 부활과 관련하여 에베소에서 사람의 방법으로 맹수와 싸웠다면, 무슨 유익이 있었겠느냐고 묻고 있다.

137 역자주, 원문과 영문판은 고전 2장으로 기재하고 있으나, 고전 3:3-4이 정확하다.

138 역자주, 원문과 영문판은 행 19장으로 기재하고 있으나, 행 20:1이 정확하다.

139 역자주, 영문판은 원문과 달리 행 22장으로 기재하고 있으나, 행 23:24, 31-35이 정확하다.

연도		계			
4,262	사탄이 1000년 동안 결박되다	20	295	200	200
4,362	두 증인이 붉은 베옷을 입고 설교하다	11	395	300	300
4,462	일곱 머리를 가진 짐승이 교회와 증인들을 핍박하다	13	495	400	400
4,662	다른 짐승이 첫 번째 짐승을 돕다	13	695	600	600
4,762	인봉이 풀리자 학살, 기근, 재앙 등이 일어나다	6–7	795	700	700
4,862	인류를 죽이는 말을 탄 자들	9	895	800	800
4,962	그리스도가 자신의 말씀과 행위로 교회를 변호하시다	14	995	900	900
5,062	그의 원수들에 대한 심판	15	1,095	1,000	1,000
5,162	사탄이 풀려나다[140]	20	1,195	1,100	1,100
	그 두 증인이 죽임을 당하다	11			
	짐승과 음녀가 패배하다	17			
	용과 죽음의 정복	20			
	첫 번째 부활	20			
	마지막 심판	20			
	성도들의 영광	21–22			

끝(FINIS)

---

[140] 연대표에 의하면, 사탄의 결박과 풀림 사이의 시간이 (1,000년이 아니라) 900년이다. 가능한 해결책은 연대표의 정렬이 왜곡되어 있다는 것이다. 만일 그렇다면, 퍼킨스는 사탄이 결박된 때를 4,162년부터로 잡으려는 것이다. 그러면 4,262년은 연대표에서 중복이 된다.

그리스도와 마귀의 전투
혹은
그리스도의 시험에 대한 주석

존경스럽고 사려 깊은 목사 윌리엄 퍼킨스가
케임브리지에서 설교하다.

퍼킨스의 유언 집행자들의 요청에 따라
하나님 말씀의 설교자 토머스 피어슨(Thomas Pierson)에 의한,
더 완벽한 사본에 의해 증보된 두 번째 판

"평강의 하나님께서 속히 사탄을 너희 발아래에서 상하게 하시리라"- 롬 16:20.

"너희는 나의 모든 시험 중에 항상 나와 함께 한 자들인즉
내 아버지께서 나라를 내게 맡기신 것 같이 나도 너희에게 맡겨"- 눅 22:28-29.

London
Printed by Melchizedek Bradwood for E.E. and are to be sold
in Paul's church-yard at the sign of the Swan.
1606

쏜하우(Thornhaugh)의 남작이신 영예로운 윌리엄 러셀 경(Sir William Russell)과 고결한 그의 부인에게 은총과 평화가 있기를.

"큰 군주"[단 12:1] 미가엘과 옛 뱀 사탄 사이에 하늘의 기이한 전쟁[계 12:7]에 대해 **기쁨**과 **화**를 선언하는 큰 목소리가 들렸습니다. "그러므로 하늘과 그 가운데에 거하는 자들은 즐거워하라. 왜냐하면 형제들을 참소하던 자가 거기서 쫓겨났기 때문이다"[계 12:12]. 그러나 "땅과 바다는 화 있을진저"(즉, 이 눈물 골짜기의 사람의 아들들에게), "이는 마귀가 자기의 때가 얼마 남지 않은 줄을 알므로 크게 분내어 너희에게 내려갔음이라"[계 12:12].

(영예로운 이시여) 이 음성 가운데 사탄과 관련하여 두 가지가 확인됩니다. 첫째, 그가 하늘에서 쫓겨난 것은 성도들에게 즐거운 일입니다. 둘째, 그가 땅에 내려온 것은 사람들에게 애통할 일입니다. 우리의 애통함이 성도들에게 기쁜 일입니까? 결코 그렇지 않습니다. 하지만 마귀가 가는 곳마다 악한 방문객으로 알려지도록, 하늘은 그가 떠난 것을 기뻐하고, 바다와 땅은 그가 다가옴을 슬퍼해야 할 것입니다. 그래서 그는 지옥 외에는 어느 곳에서도 환영받지 못하며, 적어도 그러해야 할 것입니다. 그리고 환영하는 사람들은 천상의 마음이 아니라, 명백히 지옥의 마음을 가지며, "내가 문 밖에 서서 두드리노니 누구든지 내 음성을 듣고 문을 열면 내가 그에게로 들어가 그와 더불어 먹고 그는 나와 더불어 먹으리라"[계 3:20]고 말씀하시는 예수 그리스도에게 행하는 것보다 어둠의 일들을 즐거이 행하여 사탄을 더 친절하게 환영하는 자신들을 잘 인식할 것입니다.

그렇다면 사탄이 내어쫓김으로 하늘은 무엇을 얻습니까? 그리고 그가 땅으로 내려감이 어떻게 사람들에게 그런 화를 입히는 것입니까? **대답**. 하늘이 얻는 유익은 형제들을 고발하는 악한 참소자가 제거된 것입니다[계 12:10]. 더 많은 것을 알고자 한다면 천국에 들어가기를 힘써야 하며, 더 필요한 것이 있다면 거기서 확실하게 알게 될 것입니다. 여기 이 땅에 사탄의 동행으로 인한 사람들의 화에 관하여, 이것을 의심하는 사람은 어두운 지성과 강퍅한 마음 가운데 치명적 해를 입히는 그를 이미 받아들였는지 자신을 의심해 봐야 할 것입니다. 이런 것들은 "안약"[계 3:18]과 "그의 영으로 기름부음"[요일 2:27]으로 치료하시는 우리 영혼의 좋은 의사이신 예수 그리스도 외에는 아무도 치료할 수 없습니다. 굶주린 짐승들이 목초지를 자주 드나들면, 양떼와 소떼에게 재앙이 아니겠습니까? 그렇다면 사탄으로 인해 사람에게 화가 있을 것입니다. 늑대에 대한 어린 양, 표범에 대한 어린아이, 사자에 대한 살진 짐승, 독사에 대한 젖먹이의 위험은, 교활함과 잔인함에서, 실제로 모든 해로운 속성에서 이 모든 것을 초월하는 이 옛 뱀에 대한 사람의 위험과는 비교할 수 없습니다. 집어삼키는 다른 짐승들은 그 활동 영역을 벗어나지 않으며, 그들의 때를 지킵니다. 그것들은 때로 곤비하지만, 항상 배고픈 것은 아닙니다. 어떤 짐승들은 어둠에 적합하지 않으며, 다른 짐승들은 빛을 무서워하기에 그들의 어리석은 먹잇감은 약간의 한숨을 돌립니다. 하지만 사탄은 "이 어둠의 세상 주관자"[엡 6:12]이며, 자신의 이익을 위해서는 "자기를 광명의 천사로 가장할"[고후 11:14] 수 있으며, 우리에게 재앙을 내리는 데에는 낮과 밤이 다르지 않습니다. 그는 항상 탐욕스럽고, 결코 지치는 법이 없기에 항상 추구합니다. 따라서 우리가 그는 시간이나 장소에 제한된다고 생각한다면, 우리 자신을 속이는 일입니다. 왜냐하면 그는 "처음부터 살인한 자"[요 8:44]였고, 더 이상 시간이 존재하지 않을 때까지 그렇게 계속할 것이기 때문입니다. 그리고 그는 "땅을 두루 돌아 여기저기 다녀왔으며"[욥 1:7], 심지어 "우는 사자 같이 두루 다니며 삼킬 자를 찾습니다"[벧전 5:8]. 다른 짐승들에게 있어서 먹잇감이 한 번 삼킨 바 되면, 재앙은 끝납니다. 그러나 사탄의 먹잇감에게는 그렇지 않습니다. 왜냐하면 그의 올가미는 끊어지지 않고, 그 먹잇감들이 이 땅의 삶에서 구출되지 않는 한, 그들의 재앙은 자연적인 죽음 이후에도 쉼 없이, 끝없이, 그리고 해결책 없이 계속되기 때문입니다.

진실로 자연인은 자신의 불행을 초래하는 사탄의 활동을 인식하지 못합니다. 그것은 그가 사탄을 배우(players)[1]나 화가의 악마, 즉 넓은 눈, 구부러진 발톱이나 갈라진 발굽을 가진 어떤 검은 뿔 달린 괴물로 알기 때문입니다. 그래서 그러한 것이 그에게 나타나기 전까지 그는 사탄이 초래하는 해로움을 결코 두려워하지 않습니다. 그는 성경에 대한 무지, 하나님의 예배를 소홀히 하는 것, 하나님의 안식일을 모독하는 것, 이 세상의 부와 화려함, 쾌락에 대한 탐욕적 애정[2]이 자신의 영혼을 거슬러 사탄을 유리하게 만든다는 사실을 거의 생각지도 않습니다. 그러므로 이생의 일들이 그의 욕망에 부응하는 한, 그는 스스로 이런 기분 좋은 노래(requiem)[3]를 부를 수 있습니다. "영혼아, 영혼아 평안히 쉬라"[눅 12:19]. 그러나 사탄으로 인해 땅의 모든 거민들에게 "하늘에서 우리의 소리는 화를 외칩니다." 왜냐하면 그들은 이 세상에 속한 자들이며, 그는 "그들의 임금"[요 14:30]이자

---

1 *Player*: 배우.

2 *Greedy affecting*: 탐욕적 애정.

3 *Requiem*: 노래.

"그들의 신"[고후 4:4]으로, 그들의 생각을 눈멀게 하여 "그들의 마음 가운데 역사함"[엡 2:2]으로써, 확실히 자기의 소유로 삼기 때문입니다. 실제로 친구처럼 보이는 그는 "모든 것이 평화롭다"[눅 11:21]고 말하지만, 압살롬이 암논에게 준 술처럼, "그의 마음이 술로 가장 즐거워할 때, 그가 전혀 의심치 않던 치명적 상처가 그에게 임하는"[삼하 13:28] 비참한 평안입니다. 모든 사람은 "본질상 진노의 자녀"[엡 2:3]이기에, 그들의 삶은 비참으로 가득 차 있습니다. 하지만 무자비한 사탄은 사람의 타락의 뿌리를 모든 범죄의 가지에 퍼지게 함으로써, 이 비참을 증대시키려 도모합니다. 참으로 그가 모든 죄의 시작은 아닙니다. 왜냐하면 많은 불경함이 사람의 타고난 불결함에서 흘러나오지만, 사탄은 어둠의 일에서 타락하는 데 너무나 확실한 친구이므로, 본성이 손을 내밀기만 하면 사탄은 팔꿈치를 쳐서 확 뻗게 만들기 때문입니다. 가인이 아벨을 미워합니까? 그러면 사탄은 이 미움을 마음에서 손으로 옮겨 가인이 아벨을 죽게 만드는 것입니다 [창 4:8]. 유다가 탐욕스럽습니까? 그러면 사탄은 그 욕망을 충족시키기 위해, "그를 배반자로 만들 것입니다"[요 13:2]. 그는 단지 작은 불꽃만 발견해도 이내 불을 붙여 활활 타오르게 하기에, 그가 다가오는 것은 모든 자연인에게 재앙입니다.

하지만 하나님의 자녀가 그의 손아귀에서 벗어납니까? 아닙니다. 전혀 그렇지 않습니다. 사탄은 그와 같은 모든 자들에게 공언된 치명적 원수이며, 그들의 "대적"[벧전 5:8]이며 "참소하는 자"[계 12:10]입니다. 그는 그들에게 주어지는 선한 것들을 방해하며, 그들에게 불행을 안겨주는 것은 무엇이든 더욱 불행하게 만들 것입니다. 만일 그들이 죄에 빠지면, 그는 그들을 절망에 빠뜨리려 하고, 그들이 선을 행하고자 노력할 때, 그는 그들로 교만하게 만듭니다. 그들이 주님께 회심하는 순간, 그는 그들을 세상으로 돌이키게 할 몇몇 엘루마를 갖고 있습니다[행 13:8]. 비록 그들이 그 공격에 대항하여 맞설지라도, 그는 외적 환난과 내적 공포로, 성난 원수들과 아첨하는 친구들로 여전히 그들을 추격할 것입니다. 따라서 그들의 육체와 그의 세상으로 이득을 얻는 사탄과 관련하여, 그들은 "다만 그들의 살이 아프고 그들의 영혼이 애곡할 뿐이니이다"[욥 14:22]라는 것이 사실임을 발견할 것입니다. 사탄은 강력한 "임금"[요 12:31]이요 "교활한 뱀"[고후 2:11]이기에, 힘이든 속임수든 그들에게 불행을 초래할 수만 있다면, 하나님의 자녀는 그의 손에서 벗어날 수 없을 것입니다. 그가 푸른 나무도 아끼지 않았는데, 마른 나무는 어떻게 하겠습니까?

그러나 사탄이 초래하는 이 모든 화에 대해 사람에게는 해결책이 없습니까? 있습니다. 우리를 그의 먹잇감으로 버려두지 아니하시고, 그의 은혜와 사랑의 지극히 풍성함을 세상에 나타내시기 위해 "독생자를 주시어"[요 3:16] 우리의 임금과 구원자가 되게 하신 우리 하나님을 찬송할지로다. 그는 "천사들이 아니라 아브라함의 자손들"[히 2:16]을 취하셨는데, 이는 "그들이 혈과 육에 속하였으매 그도 또한 같은 모양으로 혈과 육을 함께 지니심은 죽음을 통하여 죽음의 세력을 잡은 자 곧 마귀를 멸하시기 위함이었습니다"[히 2:14]. 그는 그 구원의 증거와 적용을 위해 자신의 교회에 거룩한 사역을 정하셨는데, 이 사역을 통해 자연인이 "어둠에서 빛으로, 사탄의 권세에서 하나님께로 돌아오며"[행 26:18], 그의 자녀들이 "그들의 머리이신 그리스도에게까지 자라며"[엡 4:15], "그들이 지극히 거룩한 믿음 가운데 세워짐으로써"[유 20], "구원을 얻기 위하여 하나님의 능력으로 보호하심을 받았습니다"[벧전 1:5].

하지만 우리는 이 구원을 다음과 같이 생각해야 합니다. 애굽에서 나온 이스라엘은 곧바로 가나안 땅에 정착한 것이 아니라, "불뱀"[민 21:6]을 만났던 척박하고 메마른 광야에서 40년 동안 온갖 시험을 당하였고, 약속의 땅을 가로막으려 했던 많은 강한 원수들과 마주쳤기에, 하나님의 자녀들은 그리스도에 의해 구속되었을지라도, 곧바로 부패의 속박에서 하늘에 있는 완전한 영광의 유업으로 옮겨지지는 않았습니다. 그들은 반드시 이 눈물 골짜기를 통과해야 했으며, 이 세상 광야에서 그들의 영혼을 쏘아 죽이고, 또한 그 가는 길에 많은 아말렉을 선동하여 불순종이나 불신으로 하늘의 가나안을 빼앗기 위해 그들을 함정에 빠뜨리려는[삼상 15:2] 속이는 뱀, 마귀를 만나야 했습니다.

혈과 육이 영적 권세와 싸우는 이 경기가 매우 불공평하다는 것은 사실이지만, 여기에 다음과 같은 위로가 있습니다. 우리가 우리의 대장으로 모시고 있는 그분은 가장 깊은 겸손 가운데 우리의 가장 강한 대적을 멸하시며[골 2:15; 히 2:14], 이제 "영광과 존귀로 관을 쓰시고"[히 2:7], "그의 아버지의 오른편에서 모든 능력과 주권 위에 지극히 높임을 받으시어"[엡 1:20] "모든 원수를 그 발아래에 둘 때까지 반드시 왕 노릇 하시고"[고전 15:25], 진실로 "사탄을 그의 모든 지체들의 발아래에서 상하게 하실"[롬 16:20] 것입니다. 그가 요구하시는 것은 오직 이것입니다. 즉, 우리가 "용감하고 그의 능력의 권세 안에 있는 사람들처럼 우리 자신을 포기해야 하는데"[엡 6:10], 이는 전쟁이 주님의 것이기에, 우리가 공격하기 전에 승리가 확실하다는 것을 알기 때문입니다.

이제 우리의 싸움의 방식에 대해 생각해 보겠습니다(이것은 참으로 중요한 순간의 문제인데, 왜냐하면 "다윗의 물매에서 나온 매끄러운 돌이 덩치 큰 골리앗을 땅에 엎드러지게 할 것이기"[삼상 17:49] 때문입니다). 우리는 그리스도의 마귀와의 이 전투에서 우리 앞에 놓인 매우 중요한 방향을 갖는데, 우리가 빛에 대해 고의로 눈을 감지 않는 한, 이 일에 있어서 우리는 우리의 의무에 대해 무지할 수 없습니다. "무엇이든지 전에 기록된 바는 우리의 교훈을 위하여 기록된 것이니"[롬 15:4]. 그러므로 이 전투의 기록은, 기드온이 그의 병사들에게 "나만 보고 내가 하는 대로 하되, 내가 하는 대로 너희도 그리하라"[삿 7:17]라고 말했던 것처럼, 그리스도께서 모든 그리스도인에게 하시는 말씀입니다. 그리스도는 우리로 하여금 그의 발자취를 따르도록 자신의 본보기를 남기셨는데, 그의 기적적인 금식에서가 아니라, 죄에 대한 용감한 싸움에서 본보기를 남기셨습니다.

이에 대한 견해는 이전에 신학 학사인 마스터(Master) 로버트 힐(Robert Hill)이 『우리 구주 그리스도에 의해 응답된 사탄의 궤변』(Satan's Sophistry answered by our Savior Christ)이라는 제목하에 귀하에게 제시되었습니다. 이제 나는 마스터(Master) 퍼킨스의 유언집행관들의 간청으로 그것을 다시 출간합니다. 그러나 새로운 제목으로 거의 1/3 부분이 더 커졌습니다. 저는 이 가련한 고아가 그의 형제들을 본받게 하려고 애썼는데, 그들은 그들의 행복한 아버지가 우리 가운데 함께 살았던 시대에 우리 교회에 사랑을 전한 전달자들이었습니다. 여기에 부족하거나 정당한 견책을 받을 만한 것은 제가 기꺼이 수용할 것입니다. "그것들을 행한 것은 제 자신입니다"(me me adsum qui feci).[4] 저는 제가 할 수 있었던 것을 귀하의 영예로운 보호 아래 있는 하나님의 교회에 겸손히 추천합니다. 여기서 제가 주제넘어 보인다면, 귀하가 저를 모르시기 때문에, 저는 다음과 같이 호의적으로 생각해 주시길 겸손히 갈

---

[4] *Me me adsum qui feci*: 그것들을 행한 것은 내 자신입니다. 여백에: Aenead 9.

망합니다. 저는 이 책이, 이전에 헌신으로 이 책에 대한 권리를 가진 귀하로부터 멀어지게 하는 것보다, 차라리 제 자신이 틀렸다고 생각할 것입니다. 과거에 귀하의 명예로운 직책이 우리 주권의 정당한 수호를 위해 귀하의 지혜와 용기가 필요했을 때, 저는 의심하지 않지만, 반란군에 대한 승리의 전령들만 아니라 평화의 조언자들도 언제나 귀하의 명예를 위해 환영을 받았습니다. 그렇다면 우리 영혼의 대적 사탄에 대한 그리스도를 통한 승리의 전령이자 하나님께 대한 평화의 조언자인 뒤따르는 이 제시(display)가 **하나님과 사람을 대하여 선한 양심을 지키고자 하는 사람마다 반드시 사탄과의 많은 싸움을 감내해야 한다는 것을** 오래 전에 배운 귀하에게 감사하리라는 것을, 제가 어떻게 의심할 수 있겠습니까?

이제 우리가 구하거나 생각하는 모든 것 위에 더 넘치도록 능히 행하실 수 있는 평강의 하나님이 그 자비의 풍성함을 따라 귀하에게 허락하사, 이 땅에서 믿음의 선한 싸움을 싸우고 하늘에서 영광의 면류관을 받으시길 바랍니다.

케임브리지 엠마누엘 칼리지, 1606년 6월 25일.
주님 안에서 귀하의 영예로운 명령을 받은
토머스 피어슨(Thomas Pierson)

쏜하우(Thornhaugh)의 남작이신 영예로운 윌리엄 러셀 경(Sir William Russell)과 가장 기독교적이며 명예로운 백작의 더 어린 {셋째} 아들, 베드포드(Bedford)의 백작 프란시스(Francis), 그리고 그의 부인에게 은총과 평화가 있기를.

　영예로운 이시여, 세례 요한이 광야에 있었던 것처럼, 우리 구주께서도 광야에 있었습니다[마 3:1; 4:1]. 하지만 이 두 광야가 세상에서 서로 달랐던 것처럼, 광야에서 그들의 존재 역시 일치하지 않았습니다. 요한은 어떤 사람들과 함께 있었지만, 그리스도는 홀로 계셨습니다. 요한은 거친 사람들과 함께 있었지만, 그리스도는 사나운 짐승들과 함께 계셨습니다. 요한은 설교했지만, 그리스도는 기도하셨습니다. 요한은 세례를 주었지만, 그리스도는 싸우셨습니다. 요한은 먹었지만, 그리스도는 금식하셨습니다. 요한은 육신을 입은 마귀들을 만났지만, 그리스도는 그 마귀들의 왕을 만나셨습니다. 광야에서 전파하는 요한에게서 우리는 소명의 부지런함을 배웁니다. 광야에서 시험받는 그리스도에게서 우리는 소명의 고난들을 봅니다. "의인은 고난이 많으나 여호와께서 그의 모든 고난에서 건지시는도다"[시 34:19].
　귀하가 이후에 나오는 글을 읽기 기뻐하신다면, 귀하는 일대일 전투(monomachy)[5] 혹은 그리스도와 마귀가 힘을 겨루어 싸우는 일대일 전투가 벌어지는 것을 볼 것입니다. 그리고 그리스도 예수에 관해서는, 귀하는 그가 금식하시고, 싸우시고, 정복하시는 것을 볼 것입니다. 금식하고 굶주리신 것은 그가 사람이었음을 보여 줍니다. 싸우고

5　*Monomachy*: 두 상대방 사이의 일대일 전투.

대적하시는 것은 그가 메시야이셨음을 보여 줍니다. 그리고 정복하고 승리하시는 것은 그가 하나님이셨음을 보여 줍니다. 그리고 마귀에 관해서는, 그가 이의를 제기하고, 대답하고, 떠나가는 것을 볼 것입니다. 그는 그리스도가 절망하도록 이의를 제기하며[마 4:3], 그가 주제넘게 생각하도록 대답하며[마 4:6], 자신이 이길 수 없자 떠나갑니다[마 4:11].

그리스도의 시험에서 우리는 교회가 처한 상태를 봅니다[벧전 2:21]. 사탄의 공격에서 우리는 교회에 대한 그의 악한 의도를 봅니다[벧전 5:8]. 그리스도께서 시험을 받으셨습니까? 우리가 시험에 빠진다면, 이상하게 생각하지 마십시오[요 15:20]. 머리의 슬픔은 지체의 슬픔이며[고전 12:26], 그리스도의 시험은 그리스도인들의 시험을 보여 주기 때문입니다[요 15:20]. 그리스도께서 많은 환난을 겪고 하나님의 나라에 들어가신 것은 사실입니다[행 14:22]. 우리의 대제사장은 고난을 통해 거룩하게 되시고[히 2:10], 반드시 고난을 받고 자기의 영광에 들어가셔야 했습니다[눅 24:26].

그는 세상에 태어나자마자, 헤롯에게 쫓김을 당하셨습니다[마 2:14]. 요단에서 세례를 받으시자마자, 사탄이 그를 공격했습니다[마 3:16; 4:1]. 그는 회개를 위한 설교자였으나, 서기관들이 그를 맹렬하게 비난(proscribe)[6]했습니다[요 7:1]. 그가 기적을 일으키자, 바리새인들이 그를 비방했습니다[눅 11:15]. 그가 고난을 당하자마자, 마귀가 그를 공격했으며[요 12:27], 체포되자마자, 유대인들이 그를 넘겼습니다[요 18:28]. 그가 넘겨지자마자, 헤롯이 그를 희롱했으며[눅 23:11]. 희롱을 당하자마자, 빌라도가 그를 정죄했으며[눅 23:24],

---

6 *Proscribe*: 맹렬하게 비난하다.

정죄를 당하자마자, 군병들이 그를 학대했습니다[마 27:27]. 그가 십자가에 매달리셨습니까? 백성들은 그를 불쌍히 여기려 하지 않았습니다[마 27:39]. 그가 부활하셨습니까? 대제사장들은 그에게 거짓된 인상을 주었습니다[마 28:15]. 그가 지상에 계셨습니까? 그의 인격이 시험을 당하셨습니다[눅 11:16]. 그가 하늘에 계십니까? 그는 그의 지체들 가운데서 시험을 받으셨습니다[행 9:4]. 따라서 그리스도의 삶은 지상에서 전쟁이었고, 그리스도인의 삶은 반드시 지상에서 전쟁이어야 합니다. 우리는 여기 고난의 바다 가운데 살고 있습니다. 바다는 세상이며, 파도는 재난들이며, 교회는 선박이고, 닻은 희망이며, 항해는 사랑이고, 성도들은 승객이며, 항구는 천국이며, 그리스도는 우리의 선장이십니다. 바다가 파도 없이 지속할 수 있고, 배가 요동 없이 계속 항해할 수 있으며, 승객들이 바다 위에서 병들지 않을 수 있다면, 하나님의 교회는 시련이 없을 것입니다. 그러나 우리는 태어나자마자, 이 항해를 시작하고, 죽는 날까지 계속 항해해야 합니다.

우리는 하나님의 말씀에서 여러 가지 종류의 시험을 읽습니다. **하나님**, **사탄**, **사람**, **세상**, 그리고 **육체**가 시험한다고 합니다. **하나님**은 사람의 순종을 알아보기 위해 사람을 시험하십니다. **사탄**은 사람이 불순종하도록 시험합니다. **사람**은 사람들 속에 무엇이 있는지 알아보기 위해 사람들을 시험합니다. **사람**은 하나님 속에 무엇이 있는지 알아보기 위해 하나님을 시험합니다. **세상**은 사람을 하나님에게서 멀어지게 하는 시험하는 자입니다. 그리고 **육체**는 사람을 마귀에게로 이끄는 시험하는 자입니다. 그래서 **하나님**은 아브라함에게 그의 아들을 제물로 바치라는 것으로 그를 시험하셨습니다[창 22:1]. **사탄**은 욥의 재산을 잃게 함으로써 그를 시험했습니다[욥 1:18]. {스바의} **여왕**이 솔로몬의 지혜를 시험했습니다[왕상 10:1]. **사람들**이 광야에서 불신으로 하나님을 시험했습니다[출 17:3]. **세상**은 데마를 시험하여 사도들을 버리게 했습니다[딤후 4:10]. 그리고 **육체**는 다윗을 시험하여 간음에 빠지게 했습니다[삼하 11:4]. 하나님께서 우리를 시험하십니까? 위선을 조심하십시오. 사탄이 우리를 시험합니까? 그의 간교함을 주의하십시오. 사람이 사람을 시험합니까? 가식적인 꾸밈에 주의하십시오. 사람이 하나님을 시험합니까? 요구하는 것을 조심하십시오. 세상이 사람을 시험합니까? 배교를 주의하십시오. 육체가 사람을 시험합니까? 육욕에 주의하십시오. 하지만 우리가 그렇게 조심합니까? 우리가 이런 시험하는 자들을 경계합니까? 그렇지 않습니다. 우리는 경계하지 않기에 시험에 빠집니다. 우리는 번영 중에 시험을 받아 오른쪽으로 넘어지고, 역경 중에 시험을 받아 왼쪽으로 넘어집니다. 하나의 시험에 대해 그것이 수천 명을 죽였다고 말할 수 있으며, 다른 시험에 대해 수만 명을 죽였다고 말할 수 있습니다 [삼상 18:7].

우리가 와서 성읍들이 멸절되고, 가옥들이 훼손되고, 벽들이 무너진 것을 볼 때, 우리는 "군사가 거기 있었다"고 말합니다. 그리고 우리가 부자들의 교만, 가난한 자들의 불만, 그리고 모든 자들 중에 있는 죄를 볼 때, 우리는 "시험하는 자가 거기 있었다"고 정당하게 말할 수 있습니다.

이제 다른 모든 시험들 가운데, 하나님께서는 그의 교회가 고난으로 시험받는 것을 기뻐하셨습니다. 교회는 모욕하는 말인 이스마엘의 칼[창 21:9]이나, 핍박하는 손인 에서의 칼[창 27:41]에서 결코 자유로울 수 없습니다. 고난의 잔에 참여하지 않았던 그리스도인이 발견된 적은 아직까지 없었습니다. 우리는 우리 주님께서 마셨던 동일한 잔을 마셔야 합니다[마 20:23]. "제자가 그 선생보다 높지 못하나니"[마 10:24].

그러므로 하나님께서 고난으로 우리를 찾아오시는 이유들은 다음과 같습니다. 1. 우리를 낮추시기 위해. 2. 우리의 젖을 떼시기 위해. 3. 우리를 체질하시기 위해. 4. 우리를 막으시기 위해. 5. 우리를 가르치시기 위해. 6. 우리를 깨우치시기 위해. 7. 우리를 존귀하게 만드시기 위해. 8. 우리를 치료하시기 위해. 9. 우리에게 면류관을 씌우시기 위해. 10. 우리를 위로하시기 위해. 11. 우리를 보호하시기 위해. 12. 우리를 입양하시기 위해. 그리고 마지막으로 13. 다른 사람들을 가르치고 위로하시기 위함입니다. 우리를 낮추시는 것은 우리가 교만하지 않도록 하기 위함이며[전 3:20], 우리의 젖을 떼시는 것은 우리가 이 세상을 사랑하지 않도록 하기 위함이며[시 119:67], 우리를 체질하시는 것은 우리가 겨가 아님을 알도록 하기 위함이며[눅 22:31], 우리를 막으시는 것은 우리가 범죄하지 않도록 하기 위함이며[시 119:71], 우리를 가르치시는 것은 우리가 역경 중에 인내하도록 하기 위함이며[시 39:9; 40:1], 우리를 깨우치시는 것은 우리가 우리의 잘못들을 보도록 하기 위함이며[창 42:21], 우리를 존귀하게 하시는 것은 우리의 믿음이 드러나게 하기 위함이며[약 5:11], 우리를 치료하시는 것은 우리가 안전에 대해 응석을 부리지(surfeit)[7] 않도록 하기 위함이며[신 32:15], 우리에게 면류관을 씌우시는 것은 우리가 영원히 살도록 하기 위함이며[딤후 4:8], 우리를 위로하시는 것은 그가 자신의 영(Spirit)을 보내시기 위함이며[요 16:33], 우리를 보호하시는 것은 그가 자신의 천사들로 우리를 안내하시기 위함이며

---

7 *Surfeit*: 응석을 부리다.

[행 12:7], 우리를 입양하시는 것은 우리가 그의 아들들이 되도록 하기 위함이며[히 12:7], 다른 사람들을 가르치시는 것은 죄가 우리 가운데서 어떻게 처벌되는지 그들이 보고, 그들 가운데 죄가 발견되지 않도록 하기 위함이며[벧후 2:3], 그리고 환난 가운데 있는 우리의 위로를 보고, 비슷한 시험들 속에서 낙심하지 않도록 하기 위함입니다[고후 1:6].

그러므로 그리스도인의 음식은 단 것이라기보다는 신 것이고, 그의 약은 꿀이라기보다는 알로에이며, 그의 삶은 전진이라기보다는 순례이며, 그의 죽음은 존경받기보다는 경멸을 받습니다. 만일 사람들이 이것을 먼저 생각한다면, 고통받는 룻이 보아스의 밭에 있었던 것처럼[룻 2:8], 고난은 인간의 영혼에 환영받을 것입니다. 하지만 우리는 고난이 오기 전에 그것을 찾지 않기 때문에, 고난이 왔을 때 하나님의 일하심을 생각하지 않고, 현세와 내세에서 모두 행복하기를 바랍니다. 따라서 우리가 나오미[8]라는 이름을 멀리할 수 있지만, 그 어떤 경우에도 "마라"라고 불릴 수는 없습니다[룻 1:20]. 우리는 고래가 아니라 바다를[욘 1:15], 구원이 아니라 애굽 사람을 [출 14:11], 사자의 입을 막은 그분이 아니라 사자의 입을 봅니다[단 6:16, 22]. 만일 엘리사가 그의 환난 가운데 하나님을 본 것처럼, 우리가 환난 가운데 하나님을 볼 수 있다면, 우리는 "우리와 함께 한 자가 그들과 함께 한 자보다 많으니라"[왕하 6:16]고 말할 것입니다. 그러나 우리는 그렇게 보지 못하기 때문에, 앗수르가 공격할 때마다 엘리사의 종이 말했던 것처럼, 우리는 "아아, 내 주여 우리가 어찌하리이까?"[왕하 6:15]라고 말합니다. 그리고 제자들이 말했던 것

---

8 역자주. 나오미는 '나의 즐거움'이라는 뜻이다.

처럼, 우리는 "선생님이여 우리가 죽게 된 것을 돌보지 아니하시나 이까?"[막 4:38]라고 말합니다. 하지만 우리는 고난을 받는 것이 좋습니다. "시험을 참는 자는 복이 있나니 이는 시련을 견디어 낸 자가 주께서 자기를 사랑하는 자들에게 약속하신 생명의 면류관을 얻을 것이기 때문이라"[약 1:12; 욥 5:17]. 시험은 하나님이 명령하셨고[잠 3:11], 그리스도에게 시행되었고[마 4:2], 성도들이 박해를 받았으며[딤후 3:12], 하나님의 섭리에 의해 지정되었고[시 119:71], 여러 면에서 우리에게 좋습니다. 우리는 하나님의 나무이며, 가지치기를 통해 더 잘 자랄 것입니다[시 1:3]. 우리는 하나님의 향수 공(pomander)[9]이며, 문지를수록 더 좋은 냄새가 납니다. 우리는 하나님의 향신료이며, 상처에 더 유익합니다. 그리고 우리는 하나님의 전달자이며, 우리가 달릴 때 더 좋습니다. 고난을 받읍시다. 고난은 시간의 관점에서 볼 때, 순간적입니다[고후 4:17]. 우리가 하나님의 사랑을 존중하면[빌 1:29], [그 고난은] 호의이며, 우리를 하나님 나라로 데려가는 수단입니다. 만일 고난이 우리를 삼켰다면, 우리는 그것들이 끝나기를 바랄 수도 있을 것입니다. 그러나 고난이 우리를 정화한다면, 만족하게 여깁시다. 고난은 하나님의 키(fan)이며, 우리는 하나님의 알곡입니다[행 14:22].[10] 고난은 하나님의 체(bolter)[11]이며, 우리는 하나님의 음식입니다[벧전 1:6].[12] 고난은 하나님의 화염이며, 우리는 하나님의 떨기나무입니다[출 3:7]. 고난은 하나님의 줄(cords)이

---

9 *Pomander*: 냄새를 가리기 위해 사용된, 향수로 만들어진 공.

10 역자주, 참고 성구로서 행 14:21이 제시되어 있으나, 아마도 환난을 언급하는 행 14:22이 적합한 것으로 보인다.

11 *Bolter*: 밀가루를 체질하기 위한 기구.

12 역자주, 참고 성구로서 벧전 1:5이 제시되어 있으나, 아마도 시험을 언급하는 벧전 1:6이 적합한 것으로 보인다.

며, 우리는 하나님의 희생제물입니다[창 22:9]. 고난은 하나님의 풀무불이며, 우리는 하나님의 황금입니다. 알곡은 키 없이 좋지 않을 것이며, 음식은 체 없이 좋지 않을 것이며, 떨기나무는 화염 없이 좋지 않을 것이며, 희생제물은 줄 없이 좋지 않을 것이며, 황금도 풀무불 없이는 좋지 않을 것입니다. 만일 우리가 자녀라면, 시험은 형벌이 아니라 시련입니다. 만일 우리가 종이라면, 시련이 아니라 형벌입니다. 그런므로 우리가 고난을 견디어냅시다. 고난은 끝이 날 것입니다[시 37:37]. 기쁨이 올 것입니다[시 126:5]. 고난은 우리의 약함을 우리에게 보여 줍니다[사 38:10]. 고난은 우리가 기도하게 만듭니다[호 5:15]. 고난은 우리가 천국으로 가는 길에 있음을 보여 주고[눅 24:26], 이 세상을 정죄하게 합니다[전 1:2]. 고난으로 우리는 우리의 지난 죄를 회개하고[삼하 24:17], 현재의 죄를 조심하며, 다가오는 죄를 예견하게 하는 법을 배웁니다[창 39:9]. 고난으로 우리는 하나님의 성령을 받으며[행 2:2], 그리스도를 닮아 가며[빌 3:10], 하나님의 능력을 알게 되고[단 3:17], 구원의 기쁨을 누리며[출 15:1], 번영의 유익을 알고, 고통을 더 잘 감내하며, 많은 훌륭한 미덕을 실천할 이유를 갖습니다[벧전 1:6-7]. 고난은 (누군가가 말했듯이) 우리로 하여금 하나님의 약속을 구하게 만듭니다. 그 약속은 믿음을 구하며, 믿음은 기도를 구하고, 기도는 하나님을 찾습니다. 구하라 그리하면 찾을 것이요[마 7:7], 부르라 그리하면 그가 응답하실 것이요[욥 21:27], 기다리라 그리하면 그가 오실 것입니다[합 2:3].

저는 편지를 길게 쓰지 않겠습니다. 욥의 친구들은 그렇게 빨리 오지 않았지만[욥 2:11], 욥의 고난은 우리에게 빨리 닥칠 수 있습니다. 다윗이 곰을 죽였습니까[삼상 17:37]? 그는 사자를 만나야 했습니다. 그가 사자를 죽였습니까? 그는 반드시 골리앗과 싸워야 했습니다[삼상 17:40]. 그가 골리앗을 굴복시켰습니까? 그는 블레셋을 패주시켜야[3] 했습니다. 블레셋이 정복되었습니까? 사울이 그를 공격할 것입니다[삼상 21]. 다윗의 고난을 기억하고, 우리에게 어떤 고난이 닥칠지 미리 내다보십시오. 우리가 의로울수록 우리의 고난은 더욱 많아지며, 우리가 더 나은 사람일수록 그 고난을 더 잘 견딜 수 있습니다.

그러나 우리의 고난이 많은 만큼 우리의 구원도 많습니다. 하나님은 모든 고난에서 우리를 건져내실 것입니다. 노아를 홍수에서[창 7], 롯을 소돔에서[창 19], 야곱을 에서에게서[창 33], 요셉을 보디발에게서[창 41], 모세를 바로에게서[출 9], 이스라엘을 애굽에서[출 12], 다윗을 사울에게서[삼상 19], 엘리야를 아합에게서[왕상 21], 엘리사를 아람 사람들에게서[왕하 6], 나아만을 그의 나병에서[왕하 5], 히스기야를 재앙에서[사 38], 세 청년들을 불에서[단 3], 다니엘을 사자들에게서[단 6], 요셉을 헤롯에게서[마 2], 사도들을 유대인들에게서[행 5], 그리고 그리스도를 마귀에게서 구원하신[마 4] 그분이 마찬가지로 환난에서 우리를 구원하실 것이며, 혹은 환난 가운데 우리를 위로하실 것이며, 혹은 환난이 우리에게 닥칠 때, 그 환난을 가볍게 하실 것입니다.

그는 그렇게 행할 것을 약속하셨고, 약속하신 그는 그것을 행하실 수 있습니다[롬 4:21]. 그리고 그는 이것을 때로는 아무런 수단도 없이, 때로는 작은 수단으로, 때로는 평범한 수단으로, 때로는 특별한 수단으로, 때로는 모든 수단을 거슬러 행하십니다. 아무런 수단도 없이, 그는 베데스다에서 앉은뱅이를 고치셨습니다[요 5:9]. 작은 수

---

13 *Make a ride upon*: 패주시키다.

단으로, 그는 광야에서 오천 명을 먹이셨습니다[요 6:12]. 평범한 수단으로, 그는 꼭대기에서 내려오셨습니다[마 4:7]. 특별한 수단으로, 그는 굶주림 가운데서 공급을 받으셨습니다[마 4:11]. 그리고 모든 수단을 거슬러, 그 세 청년들은 풀무불에서 보존되었습니다[단 3].

제 자신이 큰 환난에서 구원 받았기에, 저는 하나님의 은혜로운 구원을 생각할 충분한 이유가 있습니다. 악의가 방해하지 않았더라면 지속할 수 있었던 보잘것없는 저의 책임에서 부당하게 해고된 이후로, 저는 이 도시의 끝자락에서 질병과 관련하여 위험하게, 생계유지와 관련하여 가난하게, 저의 사역과 관련하여 고통스럽게 살아왔지만, 지금까지 주께서 저를 구원하셨습니다. 그리고 바울이 말한 것처럼, 주님께서 보시기에 저에게 최선이라 여기신다면, 그가 또한 저를 구원하실 것입니다[딤후 4:18].

그러므로 사람은 주 안에서 위로를 받아야 합니다[삼상 30:6]. 이틀 후에 우리를 살리시며, 셋째 날에 다시 일으키실 것입니다[호 6:2]. 저녁에는 울음이 깃들일지라도, 아침에는 기쁨이 올 것입니다[시 30:5]. 진실로 의인에게 갚음이 있습니다[시 58:11]. 진실로 하나님은 그의 진노를 오래 품지 아니하십니다[미 7:18]. 그가 세상을 이길 수 있다면, 세상의 많은 환난을 이길 수 없겠습니까? 참으로 한 메추라기가 다른 메추라기에게 노래하듯이, 한 재앙이 다른 재앙을 뒤따르게 하십시오. 하지만 독사는 바울의 손에 올라탔다가 곧바로 다시 떨어졌습니다[행 28:3]. 그래서 하나의 환난이 의인에게 닥치지만, 곧바로 다시 떠나갑니다. 그는 넘어질지라도, 다시 일어날 것입니다[시 37:24]. 의인은 영원히 버림을 받지 않을 것입니다.

그가 우리를 우리의 죄책에서 구원하셨다면, 죄악의 형벌에서 구원하실 것입니다. 그러므로 우리는 환난 가운데 인내하고, 소망 중에 지속하며, 사랑에 뿌리를 내립시다. 우리가 기다리면 그가 오실 것이요, 우리가 부르면 그가 들으실 것이며, 우리가 믿으면 그가 시행하실 것이며, 우리가 그에게 행한 악행을 회개하면 그가 우리에게 의도했던 악을 돌이키실 것입니다. 그는 자신의 섭리로 우리 위에 계시며, 자신의 천사들로 우리 주변에 계시며, 자신의 성령으로 우리 안에 계시며, 자신의 말씀으로 우리와 함께 계시며, 자신의 능력으로 우리 아래 계시며, 자신의 아들로 우리 위에 계십니다. 그분 안에 우리의 도움이 있으며, 그분에게 우리의 위로가 있으며, 그분에 의해 우리의 승리가 있으며, 그분을 위해 우리의 환난이 있습니다. "내가 주께 의지하였사오니"[시 25:2][14]라고 왕이 말합니다. "주를 의지하는 그 누가 부끄러움을 당했는가?"[욥 5]라고 한 친구가 말했습니다. 그리고 한나에게 많은 아들 대신에 엘가나가 있었던 것처럼[삼상 1:8], 그의 백성에게 많은 위로자 대신에 하나님이 계십니다. 욥이 그의 친구들에 대해 말했던 것처럼, 우리는 다른 위로자들에 대해 말할 수 있습니다. "너희는 다 어리석은(silly)[15] 위로자들이로구나"[욥 16:2]. 그들은 쥐가 폐허가 된 집을 떠나듯이, 우리를 떠날 것입니다. 하지만 주님은 (룻이 나오미에게 하듯이[룻 1:16]) 우리를 결코 떠나지도 버리지도 않으실 것입니다. 특히 위인들에게 씁쓸한 기억으로 남는 죽음의 시간에[집회서 41:1],[16] 그는 우리와 함께 계실 것이며, 그의 천사들을 명하여 우리 영혼을 돌보게 하실 것이며[눅 16:22], 땅은 우리 몸을 위한 침상과 같이 될 것입니다[사 57:2]. 그래서 한 사람은

---

14 역자주. 원문과 영문판은 시 25:1로 기재하고 있다.

15 *Silly*: 미약하고 어리석은.

16 퍼킨스는 유대인의 책인 집회서(Ecclesiasticus) 혹은 시락의 지혜서(Wisdom of Sirach)를 인용한다. 영국 개혁자들은 그런 책들을 성경의 일부로 생각지 않았으나, 여전히 도움이 되는 역사나 지혜를 담고 있는 것으로 여겼다.

영광에 들어갈 것이며, 다른 사람은 같은 영광의 소망 가운데 예비되고[눅 23:43], 언젠가 그리스도 예수의 영광스러운 몸과 같이 될 것입니다[빌 3:20-21].

그러므로 영예로운 이시여, 이스라엘이 바벨론에 있었던 것처럼, 의인이 환난 중에 있으며[시 137], 여호와께서 스룹바벨처럼 그들을 구원할 준비가 되어 있음을 귀하가 보셨습니다[슥 4:6]. 비록 환난 중에 그리스도께서 배에서 주무시는 것처럼 보일지라도[마 8:24], 구원에 있어서는 그가 잠에서 깬 사람처럼, 포도주로 생기를 되찾은 거인처럼 깨어납니다. 그는 환난과 핍박의 파도와 바람을 꾸짖으실 것이며, 그것들은 시스라가 드보라 앞에서 도망치듯[삿 7:4], 그리고 블레셋이 요나단과 그의 종 앞에서 도망치듯[삼상 14], 그분 앞에서 도망칠 것입니다. 그리고 그리스도께서 간음한 여자에게 그녀를 고발한 자에 대해 물으셨을 때, 그녀가 "아무도 없나이다"[요 8:11]라고 대답했던 것처럼, 결국 그리스도인에게 그의 환난에 대해 물어보면, 그는 "아무것도 없습니다"라고 말할 것입니다. 그는 우리 왼손의 방패이며, 우리 오른손의 칼입니다. 그는 우리 머리의 투구이며, 우리 몸의 방패입니다. 우리는 이스라엘이 애굽 사람들에게 했던 것처럼[출 14], 유대인들이 골리앗에게 했던 것처럼[삼상 17:52], 그리고 그리스인들이 헥토르(Hector)에게 했던 것처럼, 환난을 이기기 위해 환난을 바라볼 것입니다. 그리고 천사가 요셉에게 "아기의 목숨을 찾던 자들이 죽었느니라"[마 2:20]라고 말했던 것처럼, 성령께서도 괴로워하는 자들에게 "너의 목숨을 찾는 자들이 죽었다"고 말씀하실 것입니다. 구원의 날, 희년의 해가 올 것이며, 그때에는 요셉이 감옥에서 풀려날 것이며[창 41], 야곱이 노역에서 벗어날 것이며[창 31], 욥이 다시는 땅의 티끌 가운데 눕지 않을 것입니다[욥 42:12]. 이 말씀으로 우리 자신을 위로합시다[살전 4:18].

저는 편지를 넘어서서 이렇게 작은 책에 이르렀습니다. 만일 성벽이 이 도시에 비해 너무 큰 것 같다면, "주의를 많이 기울이는 것은 해가 되지 않습니다"(*abundans cautela non nocet*).[17] 학생들이 자신의 작품만 아니라, 다른 사람의 작품도, 특히 자신들이 번역자나 감독자였던 그런 작품을 위대한 인물들에게 제시하는 것은 일반적인 일입니다. 이 점을 예로 들자면, 끝이 없을 것입니다. 저는 지금 귀하의 명예를 위해 그와 같은 일을 대담하게 하려고 합니다. 이 사본이 제 손에 들어왔고, 저는 그것을 다른 사람과 상의했으며, 언론에서 보도된 내용을 정독했고, 그 설교에 대한 다양한 의견을 들었으며, 제 자신의 것은 하나도 덧붙이지 않았습니다. 그리고 저는 이 존귀한 사람이 지금 뒤에 남겨 놓은 가장 섬세한 식단으로 가득 찬 그 많은 바구니들[요 6:12] 가운데, 어느 것 하나라도 잃어버리지 않기를 바랍니다. 그런 것이 제 손에 들어온다면, 정녕 잃어버리지 않을 것입니다. 저는 그의 삶으로 많은 위로를 받았으며, 그가 죽은 후에도 그를 기리기 위해 노력할 것입니다. 저는 그를 20년 동안 알고 지냈습니다. 저는 그의 요청에 따라 그의 수고의 첫 열매를 영어로 번역했습니다.[18] 그리고 지금 저는 감히 그의 이 유작을 후원자 여러분에게 소개합니다. 귀하의 존경하는 조카, 그의 정숙한 레이디(Lady), 귀하의 존귀한 자매(sister)[19]가 지금까지 이 사람의 수고를 받아들였습니다. 만일 귀하께서 기꺼이 동일하게 수용하신다면, 저의 이 서문은 귀하께 대한 제 의무의 영원한 증거로 남게 될 것이며, 뒤따르는 책은 그에 반대

---

17 *Abundans cautela non nocet*: 주의를 많이 기울이는 것은 해가 되지 않습니다.

18 여백에: 『황금 사슬』(*The Golden Chain*).

19 여백에: 베드포드(Bedford)의 백작(Earl). 베드포드의 백작 부인. 컴벌랜드(Cumberland)의 백작 부인.

하여 말하는 모든 대적들에 맞서 완전히 무장한 책으로 남게 될 것입니다. 하늘의 하나님께서 귀하의 가장 존귀한 조상들 가운데 귀하를 존귀하게 하셨으며, 귀하의 미래 후계자들 가운데 귀하를 세 배로 존귀하게 만드실 것입니다. 악인의 이름이 썩을 때, 의인은 영원히 기념될 것입니다.

런던 세인트 마틴즈 인 더 필즈(Saint Martins in the fields),
1604년 1월 12일.
귀하의 영예로운 명령 하에 있는,
로버트 힐(Robert Hill)
케임브리지 세인트 존스 칼리지 연구원

우리 구주 그리스도와
사탄의 전투에 대한 일반적인 견해

그리스도와 사탄의 전투는 다음 내용을 담고 있다.

1. 서문 혹은 준비는 다음과 같이 구성된다.

   그리스도가 전투 장소로 나아감 (1절)

   그 장소에서 그리스도의 머무름과 대화 (2절)

2. 전투 자체는 세 가지 큰 투쟁으로 구성된다.

   첫째, 그리스도를 불신앙으로 이끄는 투쟁으로, 그것은 다음과
   같이 구성된다.

   사탄의 준비 (3절)

   시험 자체 (3절)

   그에 대한 그리스도의 격퇴 (4절)

   둘째, 그리스도를 주제넘게 만들려고 하는 투쟁으로, 다음을
   포함한다.

   사탄의 준비 (5절)

   공격 또는 시험 (6절)

   그리스도의 격퇴와 대답 (7절)

셋째, 그리스도를 우상 숭배로 이끄는 투쟁으로, 다음을 포함
한다.

사탄의 준비 (8절)

공격 또는 시험 (9절)

그리스도의 격퇴와 대답 (10절)

3. 결과는 행복하게 마무리되며 그 사건은 다음과 같이 구성된다.

사탄이 그리스도에게서 떠나감 (11절)

천사들이 그리스도를 봉사함 (11절)

"마귀를 대적하라 그리하면 너희를 피하리라 하나님을 가까이하라 그
리하면 너희를 가까이하시리라"– 야고보서 4:7–8.

믿음의 참된 은혜는 우리로 하여금 다음을 가능하게 한다.

"너희는 믿음을 굳건하게 하여 그를 대적하라"– 벧전 5:9.

"참 마음과 온전한 믿음으로 하나님께 나아가자"– 히 10:22.

그리스도와 마귀의 전투 강해

이 장의 첫 열한 구절은 그리스도의 시험에 대한 간략한 묘사를 포함하고 있다. 나는 이전에 **양심**의 교리를 다루었기 때문에, 여기서는 그리스도의 시험을 다루기로 했다. 왜냐하면 선한 양심을 얻거나 유지하려고 애쓰는 모든 사람은 무엇보다도 시험에 노출되기 때문이다. 이제 여기서 우리는 마귀의 특별한 시험을 보게 되는데, 마귀는 이 시험으로 우리 구주 그리스도를 공격했고, 우리는 그리스도의 본보기 가운데 그 시험을 피하는 가장 좋은 방법을 보게 된다. 이 묘사는 세 부분으로 뚜렷하게 구분되어 구성되는데, 첫째는 그리스도와 마귀의 전투에 대한 서문 혹은 준비(마 4:1-2)이고, 둘째는 그 전투나 투쟁 자체(마 4:3-10)이며, 셋째는 이 전투의 결과 또는 사건(마 4:11)이다.

1부: 준비

전투 준비는 두 부분으로 구성된다. 첫째, 그리스도가 전투가 벌어질 장소로 나아가는 것(마 4:1)과 둘째, 그 장소에서 그가 머물러 대화하는 것(마 4:2)이다.

준비의 첫째 부분

"그 때에 예수께서 성령에게 이끌리어 마귀에게 시험을 받으러 광야로 가사"(마 4:1).[20] 복음서 기자들은 그리스도께서 그 장소로 나아간 것에 대해 다음과 같은 다양한 환경을 제시한다. 그가 갔던 **때**, 그가 갔던 일의 **저자**, 그가 갔던 **방식**, 그가 갔던 **장소**, 그리고 그가 갔던 **목적**.

환경 1

그리스도께서 시험을 받으러 갔던 **때**는 "그 때에"라는 단어에 기록되었다. 우리는 이때가 언제였는지는 요단강에서 요한이 우리 구주 그리스도에게 세례를 베푼 것과 또한 그리스도께서 거기서 명성을 얻었던 큰 영예와 위엄이 기록된 앞 장의 말미에서 볼 수 있다. 그리스도는 특별한 목적을 위해 세례 받는 것을 기뻐하셨는데, 이는 그가 무죄하시기 때문에 우리처럼 죄를 벗기 위함이 아니라, 우리를 위한 중보자로 임명되어 우리의 죄를 덧입으시고, 우리 대신 그 죄짐을 지시기 위함이었다. 다시 말하지만, 그는 자신의 세례에서 **교회의 교사**(the Doctor[21] of His church)로 분명히 선포되셨다. 왜냐하면 곧바로 "성령이 비둘기같이 그에게 내려오셨고", 하늘에서 "이는 내 사랑하는 아들이요 내 기뻐하는 자라"는 소리가 났기 때문이다. 그러므로 이제 그리스도께서 자신의 직분에 엄숙하게 취임하시자마자, 하늘에서 하나님의 교회의 유일한 교사와 선지자로 선포되셨으며, 마찬가지로 마가가 말한 것처럼 "그 때" 즉시 조금도 지체없이 그는 내몰리셨다(막 1:12).

---

20 원본에 이 구절은 책 제목 아래 놓여있다.

21 *Doctor*: 교사.

적용. 그리스도께서 세례를 받자마자 곧 시험을 받았다는 사실에서, 우리는 참으로 세례를 받아 그리스도 안에 있는 모든 사람은 시험을 받는다는 것을 반드시 고려해야 하며, 심지어 그들의 생애 전체를 통해 마귀와의 전투를 준비해야 한다는 것을 배운다.[22] 왜냐하면 만일 사탄이 감히 대담하게 그의 세례 후 교회의 머리이신 그리스도 예수를 대적한다면, 의심의 여지 없이 그는 연약하고 죄 많은 그의 지체들 가운데 그 누구도 아끼지 않을 것이기 때문이다. 다시 말하지만, 세례를 받을 때, 사람은 자신의 이름을 하나님께 바치고, 거기서 마귀, 육체, 그리고 세상을 향한 모든 섬김을 영원히 포기하고, 그 반대로 하나님을 믿고 섬기겠다고 약속한다. 이 맹세가 이루어졌으므로, 그가 시험의 학교에서 자신의 세례를 실천하기를 배우도록 시험 받는 것은 하나님의 뜻이다. 하지만 여기서 대부분의 사람들은 자신들이 이 교리의 진리를 경험으로 결코 느끼지 못했다고 말할 것이다. 왜냐하면 그들이 수년 전에 세례를 받았지만, 자신들 가운데 그러한 전투를 인식하지 못했기 때문이다. **대답.**[23] 그런 사람들은, 그들이 누구이든 간에 참으로 외적 물세례를 받았지만, 성령의 내적 세례를 받은 적은 없다. 그들은 그리스도의 제복(livery)[24]을 입고 있으나, 아직도 사탄에게 봉사하고 있다. 비록 그들이 언약의 인에 참여하는 자가 되었으나, 여전히 어둠의 왕국에 거한다. 왜냐하면 여기서 그리스도는 성령의 내적 세례를 받아 효과적으로 죄를 벗고 주 예수를 덧입은 모든 사람들이 사탄에게 시험을 받을 것이 확실함을 자신의 본보

---

22 여백에: 모든 그리스도인은 시험 받는 것을 기대해야 한다. 역자주, 적용이란 '용도'라고도 불리는데, 16-17세기 영국 청교도 설교자들이 강해설교에서 성경의 가르침과 교훈을 청중의 삶 속에 구체적으로 연결하여 삶의 변화를 꾀하는 것이었다.

23 여백에: 결코 시험을 받아본 적이 없는 자들의 상태.

24 *Livery*: 휘장 또는 문장.

기로 가르치시기 때문이다. 그러므로 아직 스스로 이 영적 갈등을 전혀 겪어보지 못한 사람들이, 이제 자신의 삶을 개혁하고, 세례에 대한 그들의 맹세를 시행하기 시작한다면, 그들은 의심의 여지 없이 **그리스도에게 세례받은 모든 자는 마귀의 시험을 받을 것**이라는 교리의 진리를 발견할 것이다.

이스라엘 자손이 계속 바로의 속박 아래 있는 동안에는 바로의 군대의 추격을 받지 않았으나, 그들의 얼굴을 가나안 땅으로 향할 때, 마귀는 즉시 온 힘과 악의를 가지고 그들을 추격했다. 이와 같이 사람들이 죄 가운데 살고 사탄의 영적 속박에 굴복하는 동안에는, 마귀는 모든 것이 그들과 평화롭게 되도록 허용할 것이다. 하지만 일단 그들이 하늘의 가나안에 마음을 두고 진심으로 하나님을 섬기면, 그는 온 힘을 다해 그들을 뒤쫓으며, 옛 죄의 길로 다시 돌이키게 하려고 군대 같은 시험들로 그들을 추격할 것이다. 올무에 걸리거나 그물 아래 있는 동안에 어리석은 새는 전혀 해를 느끼지 않는다. 하지만 그 새가 휘젓고 떠나겠다고 발버둥을 칠 때, 고통이 시작되고, 노력하면 할수록 자신이 덫에 걸린 것을 더 알게 된다. 그래서 이것은 어리석은 사람들에게도 잘 어울리는데, 그들이 죄 가운데 편안하게 사는 동안에는 사탄의 시험에 시달리지 않는다. 하지만 그들이 악한 길에서 떠나 여호와를 섬기기로 결심할 때, 마귀는 즉시 자신의 그물을 펼쳐 그들을 올무에 걸리게 하려고 노력한다. 이것에 대한 숙고를 통해 우리는 다음과 같은 것을 배운다. "시험에 들지 않게 깨어 기도하라"[마 26:41]. 그리고 (바울이 말하듯이) "마귀의 간계를 능히 대적하기 위하여 하나님의 전신 갑주를 입으라"[엡 6:11].

둘째, 우리 구주 그리스도께서 자신의 중보직에 엄숙하게 취임하신 후, 즉시 시험을 받으러 가셨다는 점에서, 우리는 하나님께서 어떤 특별한 소명으로 구별한 사람들이 그들의 소명으로 들어가는 순간에 시험을 기대해야 한다는 것을 배운다.[25] 이 일이 머리에게 일어났기에, 그 모든 지체는 반드시 그 일을 고려해야 한다. 모세가 애굽에서 하나님의 백성을 인도하는 인도자와 지도자로 처음 부르심을 받았을 때, 그는 자신의 형제 가운데 한 사람을 지키려다 애굽 사람을 죽였으며, 이로 인해 바로의 궁정에서 미디안 땅으로 도망하지 않을 수 없었고(fain),[26] 거기서 그의 장인 이드로와 더불어 수년 동안 목자의 삶을 살았다[출 2:15]. 그리고 다윗이 하나님에 의해 하나님의 백성 이스라엘의 왕으로 임명되자마자, 사울이 그를 박해하기 시작했고, 그것은 그렇게 평생 계속되었다[삼상 18:9, 11]. 그리고 사도들을 자신의 왕국을 전파하는 직분으로 부르셨던 우리 구주 그리스도께서 곧 그들을 바다로 데려가셨고, 거기서 잠들어 그들의 배가 큰 폭풍우 속 파도에 요동치게 되었고, 그들은 현재 가라앉는 것 외에 다른 것을 찾지 못하여 다음과 같이 외쳤다. "주여 구원하소서 우리가 죽겠나이다"[마 8:23-25]. 그리고 주님은 그의 자녀들의 유익을 위해 크신 지혜로 이 일을 행하신다. 첫째, 주님은 그 어떤 사람도 하나님의 특별한 도움과 은혜 없이는 자신의 소명을 스스로 감당할 수 없다는 것을 그들에게 가르치기 위해 이 일을 행하신다. 둘째, 그가 전에 그들에게 주었던 좋은 은사와 은총을 그들에게 불러일으키기 위해 이 일을 행하신다. 즉, 그의 이름에 대한 경외, 그의 위엄에 대한 사랑, 기도와 믿음과 인내의 은사들, 그리고 그가 그들을 부르셨을 때 시도하셨고, 그 가운데서 끝까지 계속 행사하고자 하셨던 다른 많은 은사들을 불러일으키기 위해, 이 일을 행하신다.

---

25 여백에: 어떤 특별한 소명을 위해 구별된 사람들은 반드시 시험을 기대해야 한다.

26 *Fain*: 해야만 하거나 하지 않을 수 없다.

셋째, 그리스도께서 그의 교회를 가르치는 선지자적 직분을 시험으로 시작하신다는 것을 볼 때, 이것은 모든 하나님의 백성이 사탄의 시험에 대비해야 하지만, 모든 말씀의 사역자들이 다른 사람들보다 먼저 그렇게 해야 한다는 것을 배워야 한다.[27] 왜냐하면 군대가 정렬된 전장에서 원수가 주로 기수를 목표로 하듯이, 마찬가지로 사탄과 그의 졸개들도 하나님의 모든 백성 가운데 그의 홀을 들고 복음의 설교 가운데 그의 깃발을 드러내는 그리스도의 사역자들을 대항하여 가장 큰 힘을 쏟는 것을 보기 때문이다. "대제사장 여호수아는 여호와 앞에 섰고 사탄은 그를 대적하기 위해 그의 오른쪽에 서 있었다"(슥 3:1). 그리고 아합이 아람 왕을 대하여 싸우러 갔을 때, 사탄은 거짓말하는 영이 되어 사백여 선지자들의 입에 있었다(왕상 22:22). 이것은 "큰 붉은 용으로, 그의 꼬리가 하늘의 별 삼분의 일", 즉 말씀의 사역자들과 설교자들을 "땅에 던지더라"(계 12:3-4). 이것이 "제자들을 밀 까부르듯 하려는"(눅 22:31) 자이다. 그리고 아람 왕이 아합에 대해, "너희는 작은 자나 큰 자와 더불어 싸우지 말고 오직 이스라엘 왕과 싸우라"(왕상 22:31)고 그의 군사들에게 명령했다. 그래서 사탄은 다른 사람이 아닌 이스라엘의 선지자들, 교회의 사역자들과 싸운다.

넷째, 그리스도께서 전파하러 가시기 전에 시험을 받으셨다는 점에서, 우리는 하나님의 사역자들이 시험, 심지어 사탄 자신의 시험까지도 받는 것이 좋고 유익하다는 것을 배운다.[28] 거기엔 다양한 이유가 있다. 첫째, 그들은 시험이 무엇을 의미하는지 알 수 있다[고후 2:11]. 둘째, 그들이 시험받는 자들에게 더 많은 도움과 위로를 베풀 수 있다[고후 1:4]. 셋째, 그들로 하여금 하나님의 말씀을 바르게

---

27 여백에: 목사들은 특히 시험을 기대해야 한다.
28 여백에: 목사들이 시험을 받는 것은 좋은 것이다.

깨닫게 할 수 있다. 왜냐하면 성경의 많은 부분은 "그것에 대한 의혹"[행 5:24-25]처럼, 단순한 연구만으로는 잘 이해할 수 없기 때문이다. 그리고 누군가가 "독서, 묵상, 기도, 그리고 시험이 신학자를 만든다"라고 바르게 말한 것은 진리이다.[29]

환경 2

그리스도께서 나아갔던 일의 효과적 원인, 즉 "성령에 이끌리어"라는 말씀 속에 기록된 **성령**. 원어의 "이끌리다"라는 단어는 예수가 성령에 의해 따로 옮겨졌다는 많은 것을 의미한다. 이것은 엘리야가 지상에서 하늘로 옮겨진 것처럼[왕하 2:11], 혹은 빌립이 내시에게서 이끌려 아소도로 옮겨진 것처럼[행 8:39-40], 그의 몸이 강에서 광야로 옮겨지는 어떤 지역적 이동으로 이해되어서는 안 된다. 그것은 성령의 움직임으로 그리스도께서 측량할 수 없이 충만하여 그 전투에서 기꺼이 사탄과 마주하게 된 것이었다. 왜냐하면 누가의 말씀이 그러하기 때문이다. "예수께서 성령의 충만함을 입어 요단 강에서 돌아오사 광야에서 성령에게 이끌리시며"[눅 4:1]. 즉, 하나님의 성령의 내적 움직임과 본능에 의해 이끌리셨다. 마가도 말씀한다. "성령이 곧 예수를 광야로 몰아내신지라"[막 1:12]라는 말씀은 더 이해하기가 쉽다. 성령에게서 나온 그리스도 안에 있는 이 움직임은 독특한 움직임이었고, 강요되거나 제한되지 않고, 자발적이되 **매우 강력하고 효과적인 움직임**이었다.

다시 말하지만, 여기서 "성령"이란 마귀나 악한 영이 아니라, 하나님의 거룩한 영을 의미한다. 그리스도를 감동시켜 광야로 들어가

---

29 루터(Luther)의 갈라디아서 주석 서문에서.

게 한 이는 바로 그분이셨다. 그러므로 다음과 같은 의미이다. 그리스도께서 요단에서 요한에게 세례를 받으신 후, 하나님의 성령의 특별하고 강력한 본능에 의해 측량할 수 없는 충만함으로 감동되어 기꺼이 광야로 가셨다. 만일 누군가가 그리스도께서 성령을 보내시는데, 어떻게 그가 성령에 의해 "인도"될 수 있는지 묻는다면, 다음과 같이 대답할 수 있다. **대답**. 그리스도는 반드시 두 가지로 생각되어야 한다. 첫째, 종의 형체를 입은 사람으로서, 둘째, 하나님으로서, 심지어 하나님의 아들로서, 참으로 하나님 자신으로서 고려되어야하기 때문이다. 그리스도는 사람이셨기 때문에, 하나님의 섭리에 복종하였고, 그래서 성령의 인도와 안내를 받으셨다. 하지만 그는 하나님이시기 때문에, 섭리에 복종하지 않으시고, 섭리의 저자이시며, 스스로 인도되거나 보냄을 받지 않으시며, 성부와 함께 성령을 보내신다.

적용. 이러한 환경에서 우리는 첫째, 그가 하나님의 성령의 특별한 본능과 지시 없이는 한 곳에서 다른 곳으로 이동하지 않으셨다는 점에서, 그리스도의 인성의 지극히 거룩하심을 관찰할 수 있다.[30] 그러한 모범에 의해 우리는 우리가 취하는 모든 일에서, 참으로 우리의 모든 생각, 말과 행위에서 하나님의 성령의 지시와 안내를 받도록 가르침을 받는다. 왜냐하면 이것이 "영으로 인도함을 받는"(롬 8:14) 하나님의 모든 참된 자녀의 표시이기 때문이다. 여기서 {바울} 사도는 우리 구주의 시험 받음을 위한 이러한 인도에 대해 누가가 이야기하는 것과 똑같은 단어를 사용한다. 그러므로 우리는 다윗의 성품을 닮아 하나님의 모든 증거에 우리 마음이 순응하도록 힘써야 한다. 하

---

30 여백에: 그리스도의 인성의 거룩하심.

나님께서 "너희는 내 얼굴을 찾으라"고 말씀하셨을 때, 다윗의 마음은 "여호와여 내가 주의 얼굴을 찾으리이다"(시 27:8)라고 응답하였다. 따라서 그렇게 함으로써 우리는 성령의 지시와 안내를 받을 수 있다. 왜냐하면 그는 말씀으로 사람들을 가르치고 인도하시기 때문이다.

둘째, 그리스도께서 하나님의 성령에 의해 시험으로 인도되셨다는 것으로부터, 우리는 시험이란 우연히 오는 것도 아니고,[31] 또한 마귀의 뜻과 즐거움에 의해서만 오는 것도 아니라는 것을 배운다. 왜냐하면 마귀는 욥을 건드릴 수 없었고, 또한 "하나님이 그에게 허락하실 때까지"[욥 1:12] 기다려야만 했기 때문이다. 또한, 그리스도께서 "가라"[마 8:32]고 말씀하신 이후에야, 그는 돼지 떼에게로 들어갈 수 있었기 때문이다. 하지만 시험은 하나님의 특별한 섭리와 임명 없이 오는 것이 아니라, 하나님의 매우 정당한 허락에 의해 온다. 그리스도의 사탄과의 이 전투는 하나님의 영원한 경륜 가운데 특별히 임명한 하나님의 작정이었다. 그러므로 그리스도께서 성령의 인도를 받아 마귀를 대적하신 것은 중보자의 이 한 가지 사역을 수행하기 위함이었다. 즉, 시험으로 온 인류를 정복한 마귀를 그가 시험에서 정복하는 것이었다. 그리고 하나님이 우리 구주의 이 전투를 정하신 것처럼, 또한 모든 그리스도인의 시험과 그 상황도 정하셨다. 이 전투의 무대나 장소는 현재의 악한 이 세상이다. 배우들은 사탄과 모든 그리스도인들이다. 관객들은 사람들과 천사들이다(고전 4:9). 사탄을 주관하는 심판관과 재판장은 하나님 자신이시므로, 그 결과는 용감하게 싸우는 자들에게 행복과 축복이 될 수밖에 없다. 왜냐하면 "그는 강하고 담대한 자를 버리지 아니하시기"(욥 36:5) 때문이다. "그는

---

31 여백에: 시험은 우연히 오지 않는다.

{우리가} 시험 당할 즈음에 또한 피할 길을 내신다"(고전 10:13). 이것으로부터 우리는 다양한 좋은 지침들을 배운다.

첫째, 우리가 여러 가지 시험에 요동치고 시달릴 때, 이상한 것으로 여기지 말고, 오히려 "더할 나위 없이 큰 기쁨으로 여겨야 한다"(약 1:2). 왜냐하면 사탄과 모든 그리스도인이 전투와 투쟁에 들어가는 것은, 그들 가운데 있는 하나님의 은혜를 시험하기 위한 하나님의 복된 뜻이며 규례이기 때문이다.

둘째, 이로써 우리는 모든 시련과 고난을 인내로 견디며, 그것들로부터 벗어나기 위해 불법적인 수단을 사용하지 않도록 가르침을 받는다. 왜냐하면 그것들은 전능자의 특별한 섭리로 오기 때문이다.

셋째, 그리스도는 성령의 인도함을 받은 후에야 시험을 받으러 가셨다. 그러므로 그 누구도 하나님을 시험하지 않도록 하나님의 부르심 없이 고의로 자신을 위험에 빠뜨려서는 안 된다. 참으로 사람은 위험한 곳에 헌신하기 위해 비범하게 움직일 수 있다. 따라서 "바울은 성령에 매여 예루살렘으로 갔다"[행 20:22]. 즉, 그는 거기로 가도록 내적으로 강요했던 성령의 움직임을 기꺼이 따랐다. 그리고 도망하여 피할 수 있었을지라도, 기꺼이 자신들을 박해자들의 손에 넘기고, 폭력적 고통을 견디었던 많은 거룩한 순교자들에 대해서도 같은 말을 할 수 있다. 우리는 그들이 성령의 특별한 움직임에 의해 그렇게 했다고 생각해야 한다. 그렇지 않다면, 사람이 하나님의 그 어떤 보증도 없이 자신을 위험에 빠뜨리는 것은, 이곳에서의 그리스도의 관행에서 벗어나는 것이다.

넷째, 성령의 인도함을 받은 그리스도는 이 전투에서 자신을 숨기려고 하지 않으셨다. 그래서 이와 같이 사람이 하나님의 뜻에 따라 자신의 부르심을 따라 행하다가 환난과 시험에 빠지면, 자신의 의무를 소홀히 함으로써 그것들로부터 피하려고 하지 말아야 하며, 선을 행함으로 여호와의 구원을 기다리는 용기와 인내로써 그것들을 감당하도록 단련해야 한다. 여기서 이렇게 질문할 수 있다. [32] 사람이 악령이 출몰하는 것으로 확실하게 알려진 그런 장소에 합법적으로 그리고 선한 양심을 가지고 거주할 수 있는가? **대답**. 참으로 어떤 이들은 너무도 모험적이고 대담해서 아무것도 두려워하지 않는다. 하지만 사실은 그 일이 자신의 소명의 범위 내에 있지 않는 한, 또는 그렇게 하도록 성령의 참으로 비상한 움직임을 갖지 않는 한, 아무도 자신의 책임하에 그런 장소에 살거나 유숙해서는 안 된다. 그러므로 우리는 그런 위험한 장소에 우리 자신을 자진해서 밀어 넣기보다는, 차라리 그런 장소들을 피해야 한다. 만일 하나님께서 사탄에게 우상 숭배로 구별된 곳이나, 억압과 피로 더러워진 곳이나, 또는 그와 같은 가증한 일에 바쳐진 그런 장소를 차지하도록 자유를 주셨다면, 왜 우리가 하나님의 보증도 없이 우리 자신을 사탄의 손에 맡겨야 하겠는가? 이것은 또한 가장 악한 무리들과 어울리기를 결코 망설이지 (stick)[33] 않는 자신들의 강한 믿음을 그토록 자만하는 사람들을 책망하는 데 도움이 될 수 있다. 하지만 그런 사람들은 조심해야 한다. 악한 무리들의 장소는, 사탄이 그들 가운데서 권세와 자유를 갖고 있기에 위험한 장소이다. 사탄은 거기에 "권좌"(계 2:13)를 갖고 있다. 그렇다면 평소에 통제 없이 죄를 범하는 자들과 교제하는 자들이 어떻게 죄의 감염으로부터 전적으로 피하는 것이 가능한 일이겠는가? "지혜로운 자와 동행하면 지혜를 얻고 미련한 자와 사귀면 해를 받느니라"[잠 13:20]. 이 말씀은 중요하며 그가 다음과 같이 조언한다. "죄

---

32 여백에: 질문. 악령이 출몰하는 장소에 거주하는 것에 대해.

33 *Stick*: 망설이다.

인들이 우리를 꾈지라도 따르지 말며"[잠 1:10], "노를 품는 자와 사귀지 말며 울분한 자와 동행하지 말지니 그들의 행위를 본받아 우리 영혼을 올무에 빠뜨릴까 두려움이니라"[잠 22:24].

다섯째, 성령에 의한 그리스도의 이 인도에서, 우리는 더 많은 것을 배운다. 그리스도께서 사적인 사람인 한, 그는 요셉과 마리아와 함께 사적인 삶을 사셨다. 하지만 세례를 받음으로써 중보자의 직분에 취임한 그는, 자기가 태어나고 성장한 베들레헴이나 나사렛으로 돌아가지 않으시고, 성령의 감동으로 곧 광야로 인도함을 받아 거기서 사탄과 대결하셨다. 여기서 우리는 어떤 특별한 소명을 위해 하나님께서 임명하시고 따로 구별하신 모든 사람은, 그의 영으로 말미암아 다른 사람들이 된 것처럼, 어떤 모양으로든 변화되었다는 것을 알수 있다. 사울이 왕으로 기름부음을 받았을 때, 본문은 "하나님이 그에게 다른 마음을 주셨고"(삼상 10:9)라고 말씀한다. 그리고 다윗이 목동에서 왕이 되었을 때, 그의 행동이 보여 주듯, 왕의 자리를 위해 갖추어졌는데, 그것은 왕에게 어울리는 것과 같았다[시 78:71-72]. 우리 구주 그리스도의 사도들은 가난한 어부들로서 전적으로 "학문 없는"[행 4:13] 자들이었는데, 그리스도의 부르심의 은사로 말미암아 "새 언약의 능력 있는 사역자들이 되었고"[고후 3:6], 참으로 "사람을 낚는 어부"(막 1:17)가 되었다.

이것은 많은 사람들이 그랬던 것처럼, 비범한 소명을 호소하는 사람들을 반박하는 데 도움이 된다. 어떤 이들은 자기가 엘리야라고, 어떤 이들은 세례 요한이라고 말한다. 만일 이들이 그러한 사람들이었고, 그러한 비범한 소명을 받았다면, 그러한 소명에 적합한 특별한 은사들을 부여받아야 했다. 하지만 그들에게 그러한 일이 일어나지 않았다. 아니 분명한 사실은, 그들은 자신들이 가장하는 그런 사람들에게 적합한 은사와 관련하여 그 어떤 변화도 전혀 없이 이전과 똑같은 사람으로 남아 있다는 것이다. 그리고 이것을 우리 자신에게 적용한다면, 우리 모두는 본질상 진노의 자녀이며 하나님의 원수이지만, 은혜로 말미암아 우리는 왕, 제사장, 그리고 선지자가 되었다. 죄를 짓도록 촉발하는 세상과 마귀를 다스리며, 또한 우리들 안에 있는 우리 자신의 악한 정욕과 애정을 굴복시키는 왕이 되었고, 하나님이 매일 주는 축복에 대한 기도와 감사로 하나님께 영적 제사를 드리는 제사장이 되었으며, 우리의 은사와 소명을 따라 하나님의 길을 걷도록 우리 자신과 다른 사람들을 가르치는 선지자가 되었다. 이제 그렇다면 우리 모두에게 필요한 것은, 새 사람이 되어 우리의 거룩한 소명에 어울리고 합당한 새 삶을 사는 것이다. 하나님의 영광과 봉사를 위해 우리 자신을 온전히 바침으로써, 우리가 이를 위해 그의 은혜롭고 거룩한 성령으로 부르심 받았음을 보여 주는 것이다. 그래서 우리가 "주께 합당하게 행하여"[골 1:10], "우리를 부르신 이의 덕을 드러내게 하려는 것이다"(벧전 2:9).

환경 3

그리스도께서 무엇을 갖추고 이 전투 장소로 가셨는가? 복음서 기자 마태는 이것을 생략했을지라도, 누가는 명백하게 기록했다. "그가 성령의 충만함을 입어"(눅 4:1). 만일 누군가가 그리스도는 세례를 받은 후에야 성령으로 충만하게 되었다고 말한다면, 이것은 그리스도께서 자신의 생애 전반부 모두 성령의 충만함이 없었다는 것을 의미하는 것 같다. 이에 대해 나는 다음과 같이 대답한다. 이 성령의 충만함은 그리스도께서 이전에 성령의 어떤 결핍을 갖고 있었던 것은 아닐지라도, 그가 세례받은 후에 그에게 주어진 것이다. 왜냐하면 그가 세례받을 때, 이전보다 성령을 더 크게 받으셨기 때문이다. 이를 위해 우리는 그리스도께서 항상 성령으로 충만했다는 것을 알아야 한다. 어린 아기로서 그는 유아기에 어울리는 충만한 은사를 갖고 계셨으며, 여전히 그의 성장에는 더 많은 성령의 은혜를 필요로 했기에, 그 가운데서 성장하셨으며, 청소년기와 성숙기에는 그 시기 그의 형편에 적합한 충만한 은사를 가지셨다. 그리고 세례를 받아 그의 중보자직에 취임했을 때, 그는 그처럼 높은 직분에 합당한 그런 성령의 충만을 받으셨다. 이는 그가 전보다 훨씬 더 큰 것을 필요로 했기 때문이다. 그러므로 그는 이제 "성령으로 충만해졌다"고 일컬어진다. 그래서 그리스도는 항상 은혜로 충만했을지라도, 그의 형편과 소명이 요구하는 바를 따라 그 은혜 가운데 성장하셨다.

적용. 이것은 교황주의자들을 논박하는 데 도움이 된다. 그들은 그리스도께서 그의 유아기에, 심지어 그의 잉태와 출생부터 성령의 충만을 가졌으되, 단지 그가 실제로 그 은혜를 점점 더 나타낼 기회를 가졌던 경험적인 것 외에는, 은혜 안에서 전혀 성장하지 않았다고 가르친다. 하지만 누가는 "예수는 지혜와 키가 자라가며 하나님과 사람에게 더욱 사랑스러워 가시더라"(눅 2:52)고 명백하게 말한다. 다시 말하지만, 그리스도는 모든 일에 사람과 같았으나 "죄는 없으셨고"[히 4:15], 따라서 사람이 때때로 성장하듯이, 그는 은혜 안에서 성장하셨다.

더 나아가, 그리스도는 사탄과 힘을 겨루어, 마지막에 그에게 최후의 참패를 안겨줄 수 있도록 준비를 갖추어 이 전투에 임하셨다. 따라서 그는 바로에게 메시지를 전달할 사신으로 모세를[출 4:11-12], 골리앗과의 전투를 위해 다윗을[삼상 17:15], 성막을 짓기 위해 오홀리압과 브살렐을[출 35:30-31] 적합하게 갖추셨으며, 특별한 일을 위해 하나님이 채택한 모든 사람은 그 일을 위해 하나님으로부터 특별한 은사를 받고 적합하게 갖추어졌다. 이로써 우리는 각 시대마다 하나님이 누구에게 어떤 소명을 주시는지 알 수 있는데, 이는 그들이 그 임무를 수행할 합당한 자격을 갖추었기 때문이다. 그러므로 자신의 소명에 적합한 은사를 갖지 못한 채, 그 소명에 자신을 밀어넣는 자들은 하나님에 의해 그 소명을 부여받은 것이 아니다.

환경 4

그리스도께서 시험을 받기 위해 어디로 인도함을 받으셨는가? "광야"로 인도함을 받으셨다. 이곳은 이 전투를 위해 하나님께서 선택하신 장소다. 이 장소에 관해 다양한 의견들이 있다. 어떤 사람들은 이곳은 예루살렘과 여리고 사이의 작은 광야였다고 생각한다. 어떤 이들은 팔레스타인 사막이라고 생각한다. 다른 사람들은 엘리야가 사십 주야를 금식했던, 그리고 이스라엘 백성들이 사십 년 동안 방황했던 아라비아의 대(大)사막이라고 생각한다. 그러나 성령께서 이곳이 무슨 광야인지 정의하지 않으셨기에, 우리는 호기심으로 묻지 말고, 단지 광야이자 고독한 장소였다는 것만 알면 된다.[34]

오히려 그가 이 전투를 위해 광야를 택하신 이유들을 살펴보자. 그 이유들은 다양하다.[35] 첫째, 그는 죄를 지은 그 본성으로 하나님의 공의를 만족시키기 위해 비천하고 낮은 종의 상태에서조차 지극히 겸손하게 우리의 구속을 이루셔야 했기 때문이다. 그러므로 그는 조금 전에 자신의 세례에서 선포된 것처럼, 자신의 영광과 신성을 나타

---

34 원본에서 이 문단은 다음 문단과 나뉘어 있지 않다. 역자주, 영문판 편집자는 단지 이곳만 아니라 여러 곳에서 문단 구분에 대한 언급 없이 편의상 원본과 달리 문단을 나누고 있다.

35 여백에: 그리스도께서 전투를 위해 광야를 택하신 이유.

내기 위해 예루살렘으로 가지 않으시고, 모든 화려함과 영광이 없는 광야로 가셔서, 거기서 우리의 주된 대적과 대결함으로써 우리를 위한 이 위대한 사역을 시작하려 하셨다.

둘째, 그는 우리를 위해 이겨야 할 우리의 대적 사탄과 더 쉽게 마주하기 위해 이 장소를 선택하셨다. 왜냐하면 만일 그리스도께서 세례 후에 자신의 영광스러운 신성을 나타내셔야 했다면, 사탄은 감히 그를 간섭하지 않았을 것이기 때문이다. 그러므로 어부가 물고기를 유인하기 위해 낚싯바늘을 숨기고 미끼를 보이듯이, 우리 구주 그리스도는 이 비천한 형편과 고독한 장소에서, 그의 육체의 휘장으로 자신의 영광스러운 신성을 가리심으로써, 사탄이 그의 이런 낮은 단계만 알고서, 더욱 열렬히 담대하게 그를 공격할 수 있도록 하기 위함이었다.

셋째, 그리스도는 자신의 대적에게 그 장소의 이점을 기꺼이 줌으로써, 그에게 더 큰 참패를 안겨주실 수 있었다. 마귀는 광야와 황폐한 곳을 좋아하는데[막 5:5], 그는 자신의 시험을 펼치기 위해 그곳을 선택하고자 했다. 왜냐하면 그런 장소는 사람들이 사회에서 찾을 수 있는 도움과 위로를 갖지 못하기 때문이다. 솔로몬도 "홀로 있는 자에게는 화가 있으리라"[전 4:10]라고 말하였다. 진실로 하나님께서 친히 무죄한 상태의 사람에 대해 말했다. "사람이 혼자 사는 것이 좋지 아니하니"[창 2:18]. 그리고 사탄이 그러한 고독을 이용한다는 것은, 하와가 그의 남편으로부터 따로 있었을 때, 그녀를 유혹함으로써 나타났다(창 3:1).

넷째, 사탄에 대한 이런 승리의 찬양과 영예는 그리스도에게 고유한 것으로, 그 어떤 피조물에게도 주어질 수 없다. 그러므로 그리스도는 이 전투를 위해 모든 인간 사회로부터 따로 떨어진 광야를 선택하셨는데, 이는 아무도 이 영광의 어떤 부분을 자신에게 돌릴 수 없고, 당연히 전적으로 그리스도의 것이 되도록 하기 위함이었다.

다섯째, 그는 한동안 광야로 가셨는데, 그 후에 그는 자신의 선지자 직분을 수행하기 위한 더 많은 신뢰와 존경, 그리고 권위를 가지고 거기서 돌아오실 수 있었다. 왜냐하면 우리는 어떤 사람이 얼마 동안 해외에 있다가 귀국했을 때, 그가 더 많은 존경을 받는다는 것을 경험으로 알기 때문이다.

적용. 로마 교회는 이것을 자신들의 수도원 생활에 대한 근거와 보증으로 삼아, 그리스도께서 따로 이 광야에 들어가셨던 것처럼, 사람들 역시 그렇게 평범한 사회에서 자신들을 격리하여 수도원과 숲, 그리고 사막에서 수도사와 은둔자로 살아갈 수 있다고 말한다. 그러나 이런 결론(collection)[36]은 다음과 같은 이유로 터무니없는 것이다. 첫째, 그리스도는 자신이 생각한 대로 따로 가셨던 것이 아니라, 하나님의 성령의 본능과 움직임에 의해 가셨다. 그러나 교황주의자들은 하나님 말씀의 그 어떤 보증도 없이 은둔 생활과 수도원 생활을 인정하고 실행한다. 둘째, 이와 같이 그리스도는 특정 기간 단 한 번 자신을 격리하셨지만, 그들에게는 은둔 상태가 평생 일반적이고 영구적이다. 셋째, 우리 구주 그리스도는 참으로 광야에서 머무는 내내 금식하셨으나, 수도원과 은둔처에 있는 교황주의자들은 세상의 부를 아주 편안하고 자유롭게 넘치도록 즐긴다. 그러므로 당분간의 고독이 어떤 경우에는 이삭이 했던 것처럼(창 24:63), 하나님의 일이나 말씀에 대해 묵상하거나, 혹은 더욱 간절하게 기도하고 금식하기 위해서는 칭찬받을 만한 일이다. 그러나 인간 사회를 영구적으로 저버리

---

36 *Collection*: 결론.

는 은둔 생활은 하나님의 말씀으로 보증할 수도 없고, 하나님의 자녀에게 칭찬할 만하지도 않다.

환경 5

그리스도께서 광야로 가신 **목적**, 즉 마귀에게 시험을 받으러 가셨는데, 거기서 그가 **어떻게**, **무엇을 위해**, 그리고 **누구에 의해** 시험을 받으셨는지 세 가지 요점을 관찰할 수 있다.

첫째, 성경에서 **시험하는 것**은 하나님, 사람, 그리고 마귀에게 돌려진다. 하나님은 사람을 입증할 때, 그를 시험하신다. 즉, 이전에 세상에 숨겨진 죄나 은혜에 대해 그의 마음속에 무엇이 있는지 나타낼 때 시험하신다. 그러므로 하나님은 아브라함에게 그의 아들을 바치는 일로 시험하셨고(창 22:1), 그리스도는 관리를 시험하셨다(눅 18:22). 사람은 하나님이 성경에서 말하는 것처럼, 그렇게 강력하고, 의롭고, 자비로우신지 불법적 수단으로 입증할 때, 하나님을 시험한다. 따라서 이스라엘 백성들은 "그들의 탐욕대로 음식을 구하여 하나님이 광야에서 식탁을 베푸실 수 있으랴?"(시 78:18-19)라고 말했을 때, 하나님을 시험했다. 마귀는 내적 제안이나 외적 사물들로 범죄하도록 유혹할 때 시험한다. 여기서 우리는 이곳에서의 그리스도의 시험 당함을 반드시 이해해야 한다. 즉, 그리스도께서 광야로 이끌림을 받으셨던 것은 사탄이 그를 공격하여 범죄하도록, 그가 할 수 있는 모든 수단을 사용하도록 하기 위함이었다는 것을 이해해야 한다.

만일 누군가가 그런 유혹을 받는 것이 그리스도의 위엄을 너무도 깎아내리는 것이라고 생각한다면, 다음과 같이 대답할 수 있다. 만일 그리스도께서 기뻐하셨다면, 그는 자신의 입에서 나오는 가장 작은 말씀으로 마귀를 당황하게 하셨을 것이다. 왜냐하면 그가 하늘과 땅의 창조주인 것처럼, 사탄은 그를 시험할 권세가 없기 때문이다. "하나님은 악에게 시험을 받지 아니하시기 때문이다"(약 1:13). 그러나 여기서 그리스도는 (십자가에서 행하신 것처럼) 우리를 위해 사탄과 대결하심으로써, 마치 우리 자신이 시험을 받는 것처럼 우리 자리에 대신서 계셨다. 그러므로 이것은 우리를 위해 자신을 복종시킨 인성을 지닌 그리스도의 비하의 일부로 이해되어야 하는데, 그렇지 않다면, 마귀가 그를 시험할 수 없었을 것이다. **반대**. 이것은 그리스도께서 사탄에게 시험을 받은 인간이시기 때문에, 그의 거룩하심에 어긋나지 않는가? **대답**. 그는 우리의 첫 조상이 타락하기 전에 그랬던 것처럼, 죄 없이 사탄에게 시험을 받으실 수 있었다. 이것은 시험에 빠진 다른 사람들과 그리스도를 비교함으로써 분명하게 나타날 것이다.

사람이 죄를 짓도록 유혹하는 마귀는 첫째, 그의 마음속에 내적 제안이나 외적 사물들로 그가 범하기를 원하는 죄의 움직임이나 생각을 전달한다. 따라서 그는 "유다여, 너의 선생을 배반하라"[요 13:29]는 악한 생각을 그에게 주입함으로써 유다를 시험했다. 그래서 그는 이 시험에서 그리스도의 마음이나 지각에 불신, 우상 숭배, 그리고 탐욕의 불의한 생각을 전달한다. 하지만 그리스도는 그런 것들을 수용하지 않으시고, 모든 은혜의 능력으로 그것들을 물리치셨다. 둘째, 사탄이 사람들의 마음에 악한 제안들을 전달하듯이, 사람들의 마음은, 적어도 경건한 자들의 마음은 환난과 슬픔, 그리고 괴로움으로 가득 차 있다. 왜냐하면 사탄이 사람을 자신의 유혹으로 압박할 때, 전인(全人)이 동요하고, 생각과 감정이 고통받고, 마음이 괴로워지기 때문이다. 이런 고통이 그리스도 안에도 있었다. 사탄의 마지막 공격에서 그가 "사탄아 물러가라(Avant)"[37]라고 말한 데서 나타나는 것처럼, 그는 이런 시험들을 통해 슬픔과 학대를 느끼셨다. 그리스도는 이런 식으로 사람과 같이 시험을 받으셨다. 셋째, 시험에는 대개 부패한 행동이 있다. 비록 사람이 마귀의 시험을 승인하거나 기쁨으로 즐기지 않는다 할지라도, 그는 죄의 얼룩과 오염에서 자신을 거의 지키지 못할 것이다. 왜냐하면 그의 마음의 계획이 본래 악하기 때문이다{창 6:5}. 이 점에서 그리스도는 시험에 있어서 모든 사람과 다른 분이시다. 왜냐하면 인성에 있어서 완전히 거룩하신 그는, 그의 마음에 조금도 부패한 것을 받아들이지 않으시고, 은혜의 능력으로 제공된 것보다 더 강력하게 그것들을 물리치셨기 때문이다. 불쏘시개나 화약에 불붙은 성냥을 대면 즉시 불타기 시작할 것이다.[38] 하지만 그 성냥을 물에 넣으면, 그 불은 곧바로 꺼질 것이다. 이것은 시험에도 적용된다. 우리의 부패한 마음은 불쏘시개처럼 우리 안에서 불이 붙는 부패를 쉽게 용인하지만, 그리스도의 가장 거룩한 마음은 물처럼 사탄의 악한 움직임을 곧바로 끄셨다. 따라서 그리스도께서 시험을 받으시되, 어떻게 죄 없이 시험을 받으셨는지를 볼 수 있다.

적용. 따라서 우리는 참람한 생각으로 괴로워하는 자들을 위로하기 위해 좋은 지침을 관찰할 수 있다. 하나님의 교회에서 사람들에게 닥치는 다른 유혹들 가운데서, 마귀는 어떤 사람들을 강력하게 공격하는데, 그는 그들의 마음속에 성부, 성자, 그리고 성령 하나님을 모독하는 가장 두려운 생각을 주입함으로써, 그들을 크게 놀라게 하고 절망에 빠뜨린다. 따라서 그들의 밧줄과 위로의 근거는 다음과 같다. 사람의 마음에는 두 가지 종류의 악한 생각이 일어난다. 첫째, 육체,

---

37 *Avant*: 물러가라.

38 역자주, 여백에: 비유.

즉 우리의 부패한 본성에서 일어나는 것들로서, 이것들의 맨 처음 움직임은 제10계명에서 금지되었다. 둘째, 육체로부터 내적으로 일어나는 것이 아니라, 마귀에 의해 외부로부터 마음속으로 전달되는 것들이 있다. 즉, 생각만 해도 경건한 마음을 떨게 하고 전율하게 만드는 하나님을 대적하는 가장 끔찍한 신성모독과 같은 것들이다. 우리가 그것들로 공격을 받을 때, 이런 신성모독은 참으로 무거운 십자가이다. 하지만 우리가 신성모독을 어느 정도 기쁨이나 동의[39]로 수용하기까지는, 이런 것들은 전적으로 마귀의 죄이며, 따라서 다음과 같이 나타날 수 있는 것처럼, 우리의 죄가 되지 않는다. 왜냐하면 그리스도는 불신앙, 탐욕, 우상 숭배의 시험을 받으셨으나, 그의 거룩한 마음은 그것들을 수용하지 않으셨으며, 따라서 그것들은 결코 그의 죄가 되지 않았기 때문이다.

이 환경에서 고려해야 할 두 번째 요점은 왜 그리스도께서 시험을 받으셨는지이다. 왜냐하면 예수 그리스도 하나님의 아들, 진실로 성부와 동등한 참 하나님이 시험을 받으셔야 한다는 것은 이상하게 보일 수 있기 때문이다. 그가 시험을 받으신 이유는 다음과 같다.[40] 첫째, 그는 자신의 무기로 마귀를 무찌르실 수 있기 때문이다. 왜냐하면 마귀는 시험에서 첫 번째 아담을 이겼으나, 두 번째 아담 그리스도께서 시험에서 그를 이기실 것이기 때문이다. 둘째, 그는 자신의 본보기를 통해, 마귀가 교회를 공격하는 특별한 시험들에 대한 지식과 또한 그 유혹들을 저항하고 격퇴하는 방법을 우리에게 제공하실 수 있기 때문이다. 이러한 이유로 하나님의 성령은 의심의 여지 없이 이 전투를 위한 그리스도의 준비, 여러 가지 사탄의 공격들, 그리고

---

39 역자주. 원문에는 assent되어 있으나, 영문판에는 ascent로 오식(誤植, misprint)되어 있다.

40 여백에: 그리스도께서 시험 받으셨던 이유들.

그 모든 것들에 대한 그리스도의 승리를 그토록 분명하게 제시하셨다. 이것은 무지한 사람들의 통념을 노골적으로 반박하는 것인데, 그들은 마귀의 시험을 받은 사람들이 매우 혐오할 만한 사악한 사람들이어서 그들이 하나님을 버렸기에, 하나님이 그들을 버리셨다고 생각한다. 그러나 보라. 그리스도 예수는 지금까지 존재했던 가장 거룩한 사람, 심지어 "하나님의 거룩하신 자"[요 6:69]로서 사탄에게 시험을 받으셨으며, 우리가 가진 것과 동일한 환난과 괴로움을 받으셨기에, 그의 마음에 극한 아픔이 일어나 천사들이 그를 위로하러 오기까지 하였다(마 4:11). 그러므로 하나님의 가장 소중한 자녀들은 시험을 받을 수 있고, 또 시험을 받아야 한다. 왜냐하면 우리가 한때 매우 신성모독적인 것으로 생각했던 '그리스도 예수가 진노의 자녀였다'라고 말하지 않는 한, 그것은 진노의 자녀라는 표시가 아니기 때문이다. 셋째, 그리스도는 "시험 받는 자들에게 자비로운 대제사장"(히 2:17-18)이 되기 위하여 시험을 받으셨다. 왜냐하면 시험의 고통과 괴로움을 아는 그 자신이 그의 지체들이 시험받을 때, 그들의 비참에 대해 더욱 동정심 많은 동료의 느낌으로 그들을 돕고 위로하기 위해 준비되셔야 했기 때문이다.

세 번째 요점은 그리스도의 시험의 저자, 즉 **마귀**다. "마귀"라는 이름은 트집쟁이(caviler),[41] 비방자, 그리고 고발자를 의미한다. 그는 세 가지 면에서 고발자이다. 그는 하나님을 사람에게, 사람을 하나님께, 그리고 사람을 사람에게 고발한다. 첫째, 그는 하나님을 사람에게 고발한다. 그가 하와에게 그들이 그 금지된 과실을 먹을지라도 결코 죽지 아니하리라(창 3:4)고 말했을 때, 이것은 마치 그가 "하나님이

---

41 *Caviler*: 불필요하게 흠을 찾는 자.

그 위협으로 너희를 속인 것이지, 너희는 결코 죽지 않을 것이다"라고 말했던 것과 마찬가지이다. 둘째, 그는 사람들을 하나님께 고발하기에, "형제들의 고발자"[계 12:9]로 일컬어진다. "우리의 대적이 우는 사자 같이 두루 다니며"[벧전 5:8]에서 "대적"이란 단어는 우리를 상대로 탄원 또는 소송을 제기하는 자[42]를 의미한다. 따라서 그는 여호와 자신이 인정하셨던 것으로(욥 2:3) 경건한 욥을 대적했다. 셋째, 그는 한 사람에 대한 불경하고 무자비한 추측과 의심을 다른 사람에게 불러일으킴으로써, 그리고 한 사람이 다른 사람을 비방하고 해를 입게 함으로써, 사람을 사람에게 고발한다. 그리고 이러한 이유로 그는 "불순종의 아들들 가운데서 역사하는"(엡 2:2) 자라고 하며, 그들의 지혜는 "마귀적"이라고 하는데, 이는 "그들의 마음속에 독한 시기와 다툼"(약 3:14-15)이 있기 때문이다.

적용. 바로 이 명칭으로부터 우리는 두 가지 훈계를 받을 수 있다. 첫째, 거짓 고발하기, 소문 퍼뜨리기, 그리고 비방하기를 조심하는 것이다. 왜냐하면 이러한 관행에서 우리는 마귀의 이름을 덧입고, 그의 본성에 감염된 것을 보여 주기 때문이다. 바울은 디모데에게 목사는 "새로 입교한 자도 말지니 교만하여져서 마귀를 정죄하는 그 정죄에 빠질까 함이요"[딤전 3:6]라고 말하면서, 마귀의 이름으로 거짓 고발자 또는 비방자[43]를 의미하는 그런 단어를 사용하는데, 그런 자가 마귀의 화신(化身)임을 우리에게 보여 주기 위함이다. 그러나 사람들이 다른 사람에 대해 말할 때 악담하고 험담하는 것은 이 시대의 일반적인 죄이다. 둘째, 이로써 우리는 어느 때나 어떤 방식으로든 참된 종교를 포용하거나 순종하지 못하도록 누군가를 만류하는 방식

---

42 여백에: ἀντίδιχοα.

43 여백에: διαβόλοα.

에 주의하는 것을 배운다. 왜냐하면 이런 방식에서 우리는 우리 자신이 마귀의 자녀임을 보여 주기 때문이다. 마술사 엘루마가 서기오 바울이 믿지 못하게 했을 때, 바울은 그를 모든 거짓과 악행이 가득한 자요, "마귀의 자식"[행 13:10]이라고 불렀다. 이것을 살핀 까닭은, 이것이 다른 사람들을 경건의 능력에서 물러나게 하는 흔한 일이기 때문이다. 비록 노골적인 표현은 아니지만, 부분적으로 비난이며, 부분적으로 악한 생활의 본보기이다. 이제 그러한 모든 사람들은 자신의 형편을 살펴볼 필요가 있다. 왜냐하면 마귀의 자녀는 마귀와 그의 천사들과 함께 동참하여, 자신들의 몫을 갖는 것과 같기 때문이다. 이와 같이 그리스도의 시험의 저자에 대해 많이 다루었으며, 또한 이 전투에 대한 그리스도의 준비의 첫 번째 부분에 대해 많이 다루었다.

준비의 두 번째 부분

"사십 일을 밤낮으로 금식하신 후에 주리신지라"(마 4:2). 이것은 이 전투에 대한 그리스도의 준비의 두 번째 부분이다. 즉 광야에서 그가 머무르신 것은 네 가지 논증으로 우리에게 제시된다. 첫째, 이 구절 말씀에 기록된 그의 사십 일의 밤낮 금식. 둘째, 마가에 의해 기록된 그의 들짐승들과의 거주(막 1:13).[44] 셋째, 특히 그 어떤 복음서 기자도 기록하지 않았을지라도 사십 일 밤낮의 시험에 대한 그의 인내(눅 4:2). 넷째, 이 구절 마지막에 나오는 사십 일 금식 후에 그가 겪으신 굶주림. 이것을 순서대로 다룰 것이다.

---

44 역자주, 원문과 영문판은 막 1:12로 기재하고 있으나, 예수의 들짐승과의 거주는 13절에 나타난다.

사십 일 밤낮의 그리스도의 금식.[45] 일반적으로 금식에는 세 가지 종류가 있다. 첫째, **매일의 절제와 금주라는 금식**이다. 우리는 본성이 원하는 것보다 본성의 식욕에 덜 굴복하는 절제와 금욕으로 우리의 생계를 유지하기 위해 하나님의 피조물을 사용한다. 그리스도는 모든 그리스도인들에게 명령하신다. "너희는 어느 때든지 너희 마음이 방탕함과 술취함으로 둔하여지지 않도록 스스로 조심하라"[눅 21:34].

두 번째 종류의 금식은 어떤 무거운 심판을 막거나 없애기 위해 하나님께 자신들을 낮추어 기도를 증진하기 위해서, **잠시** 모든 음식과 음료를 멀리하는 하나님의 교회가 행하는 종교적 금욕이다. 따라서 유대인들은 때로는 하루[삿 20:26; 삼상 7:6], 때로는 삼 일 밤낮(에 4:16), 때로는 칠일 동안[삼상 31:13; 대상 10:12] 금식했다. 그러나 그런 다음 그들은 저녁에 약간의 음식을 먹은 것 같다. 왜냐하면 "다니엘이 세 이레 동안 금식하며, 좋은 것을 먹지 않았기"(단 10:2-3) 때문이다. 그러나 이것들 가운데 그 어느 것도 여기에서 그리스도의 금식으로 이해되어서는 안 된다.

세 번째 종류의 금식은 **기적적인 것**으로, 본성의 능력을 초월하여 음식과 음료 없이 많은 날 동안 식욕을 억제하는 하나님의 능력으로 이루어진다. 따라서 모세는 하나님의 임재를 오랫동안 즐겼던[출 34:28] 시내 산에서 사십 주야를 금식했다. 마찬가지로 엘리야는 호렙 산에서[왕상 19:8], 그리고 우리 구주 그리스도는 이 광야에서 금식하셨다. 우리는 참으로 바울이 회심할 때 "사흘 밤낮 먹지도 마시

---

45 여백에: 세 가지 종류의 금식.

지도 아니하니라"(행 9:9)라고 기록된 것을 읽는다. 유대인들도 에스더와 그의 여종들과 함께 금식했다(에 4:16). 그리고 우리의 경험상 아픈 사람은 음식이나 음료 없이 칠 일이나 구 일을 살 수 있으며, (어떤 학식을 지닌 의사가 쓰듯이) 십사 일까지도 살 수 있다고 가르친다. 로마로 가는 바울의 일행은 십사 일 동안 거의 또는 전혀 먹지 않았는데, "아무것도 먹지 못했다"[행 27:33]라고 분명하게 기록되었다. 그와 같은 것이 우리 시대의 경험에 의해 참된 것으로 밝혀졌기 때문에 그럴 수도 있다. 그리고 이것은 사람이 금식하며 살 수 있는 가장 긴 기간이다. 즉, 십사 일, 혹은 십오 일, 혹은 십칠 일이다. 어떤 사람들은 본성이 다소 연약했지만, 아주 오랜 금욕 이후에도 살았다는 기록들이 많이 있다. 그러나 건강한 사람이 일반적으로 사십 일 밤낮을 금식한다는 것은 불가능하다. 실제로 사람이 음식과 음료 없이 몇 달 동안, 일 년 내내 금식하고 살 수도 있다고 주장되어 왔다.[46] 하지만 우리는 그것이 사실이 아닐 것이라고 스스로 확신할 수 있다. (게다가) 이제 우리 구주 그리스도는 금식하는 동안 우리가 평소에 약간의 금욕에서 경험하듯이, 기절하거나 그의 몸이 약해지지 않으셨다. 그래서 그의 금식은 평범한 것이 아니라, 전적으로 기적이었다.

그리스도께서 광야에서 그렇게 오랫동안 금식한 이유들은 다음과 같을 것이다.[47] 첫째, 그가 더 많은 존경과 권위를 가지고 시작해야 했던 자신의 사역을 수행하기 위함이었다. 이러한 이유로 하나님은 모세가 두 돌판에 새겨진 율법을 백성들에게 전달하기 전에, 사십 일 사십 야를 금식하게 하셨다. 그리고 엘리야도 그의 당대에 종교를 회복하기 전에 반드시 그래야 했다. 둘째, 그는 모세와 엘리야보다

---

46 여백에: Iubart. Parad. 2. decad. 1.

47 여백에: 그리스도께서 사십 일 동안 금식하신 이유들.

조금도 열등하지 않은 것으로 보이기 위함이었다. 셋째, 그는 자신이 그들과 완전히 일치한다는 것을 보이시기 위함이었다. **질문**. 그리스도께서 모세와 엘리야보다 훨씬 탁월한데, 왜 그는 금식 기간이 육십 일, 혹은 일 년 전체로 그들을 뛰어넘지 않았는가? **대답**. 그가 더 오래 금식할 능력이 없으셔서 그렇게 하지 않으신 것이 아니라, 그가 일 년 내내 금식하셨다면, 쉽게 발생했을 수도 있는 자신의 인성의 진실성에 대해 의심할 기회를 어느 누구에게도 주지 않으려 하셨기 때문이다.

적용. 로마 교회는 이것에 기초하여 그들의 사순절 금식을 세우려 하지만, 매우 어리석은 행동이다. 왜냐하면 첫째, 그리스도는 우리가 그를 따르도록 모범을 주기 위해서가 아니라, 그의 위대한 사역을 위한 준비를 위해 금식하신 것이었기 때문이다. 둘째, 그리스도의 금식과 그들의 금식 사이에는 커다란 차이가 있기 때문이다. 그리스도는 단 한 번 금식하셨는데, 이는 성령의 본능에 의한 것이다. 그들은 해마다 금식하는데, 이는 자신들이 고안한 것이다. 그리스도의 금식은 모든 음식과 음료가 없는 참된 금식이었다. 하지만 그들의 금식은 금식을 흉내 낸 것이다. 왜냐하면 그들은 가장 좋은 생선과 다른 진미를 먹고 포도주를 마시기에, 몸에 많은 영양분을 주고 육체에 좋은 것이기 때문이다. 그들은 또한 초대교회의 관행 위에 그것을 정당하게 세울 수도 없다. 왜냐하면 그들은 (적어도 일부 지역에서는) 부활절 전에 이틀 혹은 사흘을 금식하곤 했기 때문이다.[48] 그리고 그들의 사순절 금식은 그리스도 이후 여러 해가 될 때까지 정해지지도 부과되지도 않았기에, 각 사람이 금식할 것인지 안 할 것인지 선택할 수

---

48   여백에: 부활절 이전의 금식(Ante paschale Ieiunium).

있었다.[49]

환경 2

마가는 더 나아가 광야에서의 그리스도의 거주를 묘사하는데, 그가 들짐승과 함께 계셨다고 기록한다(막 1:13). 어떤 사람들은 이것이 그리스도께서 들짐승들이 그에게 나아와 자신들의 창조주요 통치자이심에 대한 경의를 표할 수 있도록 하신 것이었다고 생각한다. 그러나 이것은 전혀 합당하지 않은 인간의 생각이다. 어쨌든 그리스도 자신은 모든 피조물의 모든 경의와 존경을 받기에 합당하셨기 때문이다. 그러나 그가 비천한 종의 지위에서 낮아지고 겸비하기 위해 들짐승들 가운데 거주하셨기 때문에, 그가 그 짐승들로부터 존경을 받기 위해 가셨을 것 같지는 않다. 오히려 참된 이유는 이것이다. 우리는 성경에서 유대인들 사이에 두 종류의 광야가 있었음을 발견한다. 하나는 부분적으로 여기저기에 도시와 마을이 있어서 사람이 거주하는 광야이다. 세례 요한은 그런 광야에서 태어나 세례를 주고 전파했다. "외치는 자의 소리여 이르되 너희는 광야에서 여호와의 길을 예비하라"[사 40:3]는 이사야의 예언이 성취될 수 있었다. 다른 하나는 사자, 곰, 호랑이, 늑대, 등과 같은 오직 들짐승들만 지속적으로 생활하는 거주지로서, 사람이 전혀 거주하지 않는 광야이다. 우리 구주 그리스도는 성령의 인도함을 받아 그와 같은 광야로 들어가 그런 들짐승들 가운데 거주하셨다. 그러므로 이런 환경은 이 전투에서 우리 구주 그리스도께서 어떤 사람이나 다른 피조물로부터 그 어떤 지원, 보호, 구호, 도움, 혹은 위로가 없었다는 것을 우리가 이해하도록 기

---

49 여백에: Zanch. de redempt. l. 1. cap. 19. in thesi de quadrag. Ieiunio.

록되었다. 왜냐하면 그와 함께 있었던 들짐승들은 본성상 그에게 도움과 위로가 되기는커녕, 오히려 그를 삼키려 했기 때문이다. 이로써 우리는 이 전투에서 승리의 찬송이 그 어떤 피조물에게도 전달될 수 없고, 오직 그리스도께만 합당하다는 것을 명백하게 본다.

적용. 광야에 있는 그리스도의 이 상태에서 우리는 그리스도의 전투적 교회의 형편을 주목할 수 있다. 즉, 이 세상에 있는 교회의 형편은 들짐승들이 사는 광야와 사막에 있는 것과 같다. 왜냐하면 그들이 이 땅에 거하는 동안, 하나님의 자녀들은 우리가 분명하게 보듯이 성령께서 은혜로 그들의 마음을 돌이키실 때까지(사 11:6-8), 기질과 정서에 있어서 늑대, 곰, 호랑이, 사자, 그리고 코카트리스(cockatrices)[50]와 같은 사람들과 함께 살기 때문이다. 이것과 관련하여 그들은 그들의 머리인 그리스도께서 그들보다 앞서 이런 형편에 처하셨다는 것을 고려함으로써, 자신들의 마음을 위로하여 다양한 공격과 괴로움에 대해 인내로 무장해야 한다.

환경 3

누가는 그리스도께서 광야에서 밤낮 사십 일을 머무는 동안, 세 가지 큰 시험이 있기 전에 마귀에게서 시험을 받으셨다고 말한다. 그 말씀은 분명하다. "사십 일 동안 마귀에게 시험을 받으시더라 날 수가 다하매 마귀가 이르되 …"[눅 4:2-3]. 이 시험들이 무엇이었는지 성령은 그 내용이나 형태를 기록하지 않으셨다. 하지만 우리는 아마도 그 시험들이 기록된 세 가지 시험들보다 더 온건하고 부드러운 시험들이었다고 생각할 수 있다. 마귀는 그 시험들을 말하자면 그의 가

---

50 *Cockatrice*: 신화적 피조물로서 일부는 파충류이고 일부는 수탉 머리이다.

장 강력하고 가장 위험한 시험의 입구로 삼았다. 왜냐하면 그의 방식은 자신의 유익을 위해 처음에는 폭력성과 극단성을 드러내지 않고, 조금씩 단계적으로 진행하여 최선의 이득을 얻을 때까지 환심을 사고, 그런 다음에 자신의 강력한 악의를 드러내기 때문이다. 이런 방식으로 그는 가인을 다루었다. 처음에 그는 가인이 그의 형제에게 분노와 악의를 품게 하는데, 그의 동생의 제사가 수용되고 자신의 제사는 거절되었기 때문이다. 가인의 마음에 증오를 품게 한 후에, 마귀는 가인이 분노하여 그의 동생을 죽이기 전에는 결코 떠나지 않는다. 하지만 그는 거기서 머물지 않고, 나중에 그가 "내 죄벌이 지기가 너무 무거우니이다"[창 4:13]라고 외칠 정도로, 하나님의 자비에 대해 절망하게 만든다. 그는 또한 이런 식으로 유다를 다루었다. 그는 먼저 "유다여, 너의 선생을 배반하라"는 악한 생각을 그의 마음에 주입한다. 그리고 그가 그렇게 배반할 생각을 품었을 때 (왜냐하면 의심의 여지 없이 유다가 첫 번째 자극에, 그렇게 악한 생각에 굴복하지 않았을 것이기 때문이다), 그 다음에 마귀는 그가 실행하게 만들었다. 그래서 마귀는 그가 두려운 절망 속에서 "목매어 죽게"[마 27:5] 만들었다. 이것이 옛 뱀의 간교함이다. 먼저 그는 사람의 마음속에 하나의 갈고리혹은 성향을 전달하고, 그 다음에 다른 것을 전달한다. 그 후에 그는 사람의 머릿속에 들어가, 마침내 그의 온몸을 꼼짝 못하게 얽어맨다. 이런 식으로 그는 그리스도를 다루려고 시도했다. 그래서 그는 하나님의 모든 자녀들을 향해 그렇게 계속할 것이다. 이것은 우리가 주 안에서 강하고, 그의 말씀 안에서 지혜로워지며, 그의 모든 공격에 맞설 수 있도록 애써야 한다는 것을 가르친다. 참으로 이것은 우리가 우리 삶의 전체 과정을 통해 죄가 틈타는 기회들에 대항하여 특별히 경계할 것을 가르친다. 우리는 유혹들을 초기에 끊어

버려야 한다. 왜냐하면 사탄의 간계는 처음부터 그의 독을 내뱉는 것이 아니라, 그가 우리 영혼의 해악과 독을 우리에게 전달하기까지 그 어떤 위험도 드러내지 않고 초기에는 그의 시험들을 달콤하게 만들기 때문이다.

그리스도의 광야 거주는 그의 **굶주림**으로 더 상세하게 묘사된다. 이 구절 마지막에 "나중에 그가 주리신지라." 즉, 그가 그의 신성의 능력으로 밤낮 사십 일을 금식하신 후에, 그는 배고파지기 시작했다. 어떤 사람들은 하나님의 아들이 굶주린다는 것은 그의 영광과 위엄에 어울리지 않는다고 말할 것이다. 왜냐하면 "진실로 그의 살은 양식이며, 진실로 그의 피는 음료"[요 6:53]이기 때문이다. **대답**. 그리스도는 자신의 영광과 위엄을 옆으로 제쳐둔 것과 죄를 제외하곤 모든 일에 우리와 같은 모양이 되었기에, 우리의 비천하고 연약한 본성을 자신에게 취하는 것에 만족하셨다. 이제 그의 이러한 비하와 겸비 가운데, 그는 단지 참된 영혼과 몸을 가지셨을 뿐만 아니라, 이해, 의지, 기억 등과 같은 그 참된 기능들을 가지고 계셨다. 그리고 그의 몸은 중풍, 통풍, 수종, 혹은 그와 같은 개인적인 질병들을 겪지 않으셨을지라도, 그는 사람의 본성에 부합하는 굶주림, 목마름, 피로 등 그러한 질병들을 겪으셨다. 참으로 그가 사람이 되시는 것만 아니라, 병약함을 지닌 사람이 되는 것은 그의 비하의 일부였다. 그러므로 그는 자기 신성의 능력으로 음식이나 음료 없이 사십 일 동안 보존하셨던 것과 마찬가지로 사십 년을 보존하실 수 있었을지라도, 자신을 가장 낮은 종의 단계로 낮출 수 있으셨고, 다음과 같은 이유로 굶주린 상태에서 자기 인간 본성의 병약함

을 겪는 것에 만족하셨다.[51]

첫째, 그의 인성의 참됨을 우리에게 확증하기 위함이었다. 왜냐하면 어떤 사람은 그가 참된 몸을 가졌던 것이 아니라, 단지 몸의 나타남과 그림자만을 가졌기 때문에, 그가 밤낮 사십 일을 금식하는 것은 쉬운 일이었다고 말할 수도 있기 때문이다. 그러므로 그가 진정한 사람이었으며, 우리가 가진 것처럼 진정한 자연적 몸을 가졌다는 것을 보여 주시기 위해, 그는 우리가 하듯이 굶주림을 겪는 것에 참으로 만족하셨다. 둘째, 이로써 그리스도는 마귀 앞에 자신을 던져, 마귀가 그의 시험에서 더 열렬하고 난폭하게 되도록, 그리고 그리스도 자신에 대한 그의 악의를 완전히 보여 주시기 위함이었다. 왜냐하면 이제 부르심을 받은 자신의 직분으로 말미암아 그리스도는 우리 공동의 원수 사탄을 마주하실 수 있었고, 그러므로 그에게 단지 장소의 이점만 아니라, 상태의 기회도 주어, 그의 육체적 굶주림의 연약함을 파악한 사탄이 이로써 담대해져 그에게 더 폭력적인 공격을 할 수 있었기 때문이다. 이상과 같이 그의 전투에 대한 그리스도의 준비의 두 번째 부분에 대해 많이 다루었다.

2부: 전투

"시험하는 자가 예수께 나아와서 이르되 네가 만일 하나님의 아들이어든 명하여 이 돌들로 떡덩이가 되게 하라"(마 4:3). 여기서 우리 구주 그리스도와 마귀 사이의 세 가지 큰 투쟁으로 구성된 이 전투가

---

51 여백에: 그리스도께서 굶주리셨던 이유들.

시작된다. 이 전투의 첫 번째는 나중에 나타나듯이, 전투들 가운데 가장 큰 전투로서, 이 구절과 다음 구절에 포함되어 있다.

첫 번째 투쟁: 마태복음 4:3-4

이 시험에서 다음 세 가지를 관찰하라. 첫째는 이 투쟁에 대한 사탄의 **준비**이고, 둘째는 그 **시험** 자체이며, 셋째는 그리스도의 **대답**과 그로 인한 격퇴이다.

요점 1

마귀의 준비는 이 말씀 안에 있다.[52] "시험하는 자가 그에게 나아와서 이르되." 여기서 네 가지를 관찰할 수 있다. 첫째, 이 시험의 저자인 사탄에게 주어진 칭호는 **시험하는 자**이다. 그래서 바울은 그를 시험하는 자로 부른다. "너희 믿음을 알기 위하여 이는 혹 시험하는 자가 무슨 일로든 너희를 시험하지 않도록"(살전 3:5). 사탄은 "시험하는 자"로 불리는데, 왜냐하면 그의 끊임없는 연구와 실천은 반드시 모든 사람을 시험하는 것이며, 그렇게 시험해 왔기 때문이다. 그는 때를 놓치지 않으며, 밤낮으로 그 어떤 고통도 아끼지 않는다. 사람을 하나님께로부터 결단코 끌어내어 멸망에 이르게 하는 것이다. 이것에 대한 숙고를 통해, 우리는 다음과 같은 의무를 실천해야 한다.

적용. 첫째, 사탄의 공격으로부터 하나님의 은혜로운 보호를 받기 위해, 사탄에 대해 모든 기도와 간구로 깨어 있어야 한다. 만일 우리 중에 누군가가 배고파서 먹잇감을 탐욕스럽게 구하는 사자나 곰, 호랑이 가운데 살고 있다면, 우리는 그들의 위험을 피할 수 있는 구조

---

52 역자주, 여백에: 사탄의 준비.

와 방어를 위한 준비 없이 결코 집 밖으로 나가지 않도록 확실히 해야 한다. 물론 우리 몸을 위태롭게 하는 그런 들짐승들이 우리에게 없을지라도, 우리 영혼은 날마다 더 치명적인 원수인 마귀의 공격을 받고 있다. 마귀의 끊임없는 연구와 실천은 시험으로 우리를 삼키는 것이다(벧전 5:8). 그러므로 우리는 그의 공격에 맞설 수 있는 하나님의 전신갑주를 입고 항상 시험에 깨어 있어야 한다.

둘째, 마귀가 항상 사람을 시험하여 하나님으로부터 끌어내리려고 힘쓰듯이, 우리는 모든 면에서 그와 달라야 하기 때문에, 모든 선한 의무를 행함에 있어서 하나님께 가까이 나아가야 한다. "마귀를 대적하라 그리하면 너희를 피하리라 하나님을 가까이하라 그리하면 너희를 가까이 하시리라"(약 4:7-8). 이 두 가지 의무의 결합은 우리가 하나님께 더 가까이 나아갈수록 우리가 사탄을 더 대적할 수 있다는 것을 보여 준다. "하나님께 나아가는 자는 반드시 믿어야"(히 11:6) 하고, 바울이 디모데에게 권고하듯이, 우리는 믿음으로 "경건에 이르도록 우리 자신을 연단"[딤전 4:7]해야 한다. 따라서 우리가 경건을 연단하려고 하지 않는 한, 우리는 결코 그의 유혹을 물리칠 수 없을 것이다.

셋째, 그러므로 우리는 다른 사람들이 종교를 사랑하거나 실천하는 데서 물러나게 하려고 애쓰거나, 사람들 안에서 믿음이 시작되고 발전하기 위한 좋은 수단을 방해하는 유혹하는 자들의 행위에 대해 조심하는 것을 배워야 한다. 왜냐하면 만일 우리가 애쓰는 행동으로나 나쁜 본보기로 그렇게 행한다면, 의심의 여지 없이 우리는 시험하는 자가 되고, 마귀의 자식들이 될 것이기 때문이다. 유혹으로 죄에 끌어들이는 것은 사탄의 속성이며, 시험으로 "사탄의 정욕"을 충족시키는 자는 반드시 "그의 자녀"(요 8:44)이어야 하기 때문이다. 그러므로 우리 구주 그리스도께서, 그의 아버지가 그를 거룩하게 하여 이 세상에 보내신 그의 사역을 베드로가 만류하려 했을 때, "사탄아 내 뒤로 물러가라"(마 16:23)고 말씀하심으로써, 그를 "사탄"이라고 부르셨다. 그리고 엘루마가 총독으로 하여금 믿음에서 떠나게 하려고 힘쓸 때, 바울은 그를 "모든 교활함(subtilty)[53]이 가득한 자요 마귀의 자식이요 모든 의의 원수"(행 13:10)라고 불렀다.

이 준비에서 두 번째는 사탄이 우리 구주 그리스도를 보다 강력하고 맹렬하게 시험하기 시작했을 **때**이다. "그 때"라는 단어에 기록된 것은, 그리스도께서 밤낮으로 사십 일을 금식하시고 굶주렸을 때였다. 마귀는 그리스도께서 광야에 단지 홀로 있는 것을 보았을 뿐만 아니라, 그가 굶주림으로 고통당하시고, 그래서 비참한 인간의 낮은 상태에 있는 더 약한 존재라는 것도 알았을 "그 때", 그는 가장 맹렬한 시험으로 그리스도를 공격할 준비를 했다.

적용. 이것은 공격하기에 가장 적합한 시간을 선택하는 사탄의 깊은 계략을 우리에게 보여 준다.[54] 사탄은 모든 사람을 언제나 시험하지도 않을 것이며, 언제나 가장 큰 시험으로 시험하지도 않을 것이다. 하지만 그는 인간이 가장 약할 때를 예견하고, 그때를 위해 자신의 가장 강력한 공격을 예비해 둔다. 대개 사람은 어떤 심한 고통을 당할 때 가장 약해지는데, 몸이나 마음 혹은 둘 다, 또는 죽음의 고통에 누워있을 때 가장 약해진다. 사탄은 이런 때를 주시하고, 그리스도께서 굶주린 이때뿐만 아니라, 특히 그의 수난에서도 그를 다룰 때 현저하게 나타나는 것처럼, 이런 때가 올 것에 대비하여 그의 가장 강력한 시험들을 준비해 둔다. 왜냐하면 성경은 십자가 위에서 "그가

---

53 *Subtilty*: 교활함.
54 여백에: 시험에서의 사탄의 계략.

통치자들과 권세들을 무력화하였다"[골 2:14-15]고 말하기 때문이다. 이로써 마귀는 그리스도께서 인간의 죄로 인한 하나님의 진노를 당하셨던 그때가 아니면, 결코 그를 물리칠 수 없다고 생각하고서, 그때 자신의 가장 큰 능력으로 그를 공격했다는 것이 명백하다. 그리고 그는 그리스도의 모든 지체들을 그렇게 다룰 것이다. 하나님께서 사탄의 능력을 억제하시지 않는 한, 그들은 가장 극한 상황에서 사탄의 가장 심한 악의를 느끼게 될 것이다. 이것은 우리로 하여금 평안하고 강건한 날에 어떤 환난이나 죽음 자체로 말미암은 연약한 날에 대비하도록 교훈을 주기에, 우리는 하나님의 은혜로 사탄의 폭력적이고 통제되지 않은 분노에 맞설 수 있게 된다. 왜냐하면 그때 그는 매우 큰 열심으로 우리를 파멸시키려 할 것이 확실하며, 우리가 미리 준비하지 않는 한, 우리는 결코 대항할 수 없을 것이기 때문이다. 이제 우리의 최선의 준비는 "그리스도의 말씀을 듣고 그 말씀을 행하기 위해" 나아가는 것이다. 왜냐하면 그때 "비가 내리고 창수가 나고 바람이 불고 비가 내리고 파도가 치고", 사탄이 그의 최악의 일을 행한다 할지라도, "반석"이신 그리스도 예수 위에 지어진 우리는 결코 무너지지 않을 것이기 때문이다(마 7:24-25).

이 준비에서 세 번째는 사탄의 출발점, 즉 이 구절을 앞 구절과 결합하면 분명하게 드러나듯이, **그리스도의 육체적 굶주림**이다. 왜냐하면 그리스도께서 굶주리셨을 때, 사탄이 그에게 와서 그를 시험했기 때문이다. 그는 그리스도의 지극히 거룩한 인성에서 유혹을 일으키기 위한 그 어떤 죄의 흠결이나 그런 성향을 발견할 수 없었다. 그러나 사탄은 그리스도께서 자기 손에서 벗어나기보다는 육체적 굶주림 가운데 있는 그의 본성의 연약함을 기회로 삼아 그가 죄를 짓도록 자극하고 유인하였다.

여기서 우리는 특별한 점을 배운다.[55] 즉, 마귀는 우리를 공격하는 시험에 대해 우리 안에 어떤 근거를 가질 것이다. 왜냐하면 그가 그리스도를 다룸에 있어서도 알 수 있듯이, 그는 단지 사람의 마음과 영혼의 경향뿐만 아니라, 몸의 상태와 구성도 살피기 때문이다. 만일 몸이나 마음이 그에게 최소한의 이점을 제공한다면, 그는 그 이점에 대해 시험할 기회를 잡을 것이 확실하다. 만일 우리가 죄의 씨와 뿌리를 본다면, 모든 사람이 자기 안에 모든 죄를 갖고 있다는 것은 사실이다. 그러나 어떤 사람에게는 부패를 막고, 어떤 사람에게는 은혜를 새롭게 하는 하나님의 사역을 통해, 각 사람은 다른 죄보다 어떤 죄에 더 자연적으로 기울어지는 경향이 있는데, 사탄은 이것을 가장 부지런히 살핀다. 성을 에워싼 적이 그 성벽을 두루 다니며, 성벽 어느 곳이 가장 약하고 침투하기에 가장 적합한지 정탐할 때, 가장 강력한 출발점이 된다는 것은 확실할 것이다. 그리고 부싯돌로 불을 붙이고자 하는 사람이 부싯돌의 어느 부분이 가장 적합한지 보기 위해 손으로 돌려 보는 것처럼, 마찬가지로 사탄도 그렇게 한다. 그는 사람 주위를 돌아다니며, 말하자면 그의 약점과 그가 무슨 죄를 짓기에 가장 적합한지 염탐하기 위해, 그를 이리저리 돌려 볼 것이다. 그리고 그는 그 점에서 그를 자주 시험하고, 가장 큰 폭력으로 공격할 것이 분명하다.

예시. 만일 어떤 사람이 가난을 참지 못한다면, 마귀는 그가 소매치기와 도둑질을 하도록 부추길 것이다. 만일 어떤 사람이 탐욕에 빠지기 쉬운 사람이라면, 마귀는 그가 사기를 치고 억압하도록 자극할 것이다. 만일 그가 야심에 기울어진 사람이라면, 사탄은 교만과 허영

---

55 여백에: 사탄의 시험은 우리 안에 있는 어떤 것에 기초한다.

으로 그를 부풀어 오르게 할 것이다. 아니, 그보다 훨씬 더 심한 것은 사탄이 그로 하여금 죄를 짓도록 그 사람 몸의 구조, 바로 그것으로부터 기회를 잡을 것이다. 만일 성마름이 그에게 우세하다면, 사탄은 그가 격노하며 성을 내며 분노하도록 부추길 것이며, 그가 할 수만 있다면 살육하고 살인하도록 부추길 것이다. 만일 어떤 사람이 낙관적인 안색을 지녔다면, 사탄은 그를 과도한 기쁨과 지나친 오락, 향락, 그리고 즐거움에 빠뜨려, 그것이 좋든 나쁘든 가능하다면 그 가운데서 압도당하게 할 것이다. 만일 어떤 사람이 우울하다면, 사탄은 때때로 그 기분을 이용하여 극도의 슬픔과 공포와 두려움으로 그를 가격할 것이다. 그리고 다른 한편으로는 이상한 환상과 망상으로 그의 두뇌를 도취시켜 스스로를 엘리야, 세례 요한, 그리스도 등으로 생각하게 만든다. 그래서 고대 신학자가 이 기분을 마귀가 갖고 노는 미끼라고 말한 것은 참된 것이다. 이것에 대한 **간질병자**[마 17:15]의 경험을 참조하면, 그의 질병은 두뇌를 억압한 우울증으로, 그 달의 특정 시간에 극도의 고통을 겪어야 했다. 사탄은 (거기에 나타나는 것처럼) 그 기분을 이용하여 그를 가장 두렵게 학대했는데, 그를 귀머거리와 벙어리로 만들었을 뿐만 아니라, 스스로 불과 물속에 빠지게 만들었다. 그러므로 우리 안에 얼마나 많은 죄와 연약함이 있는지 보라. 우리에게는 사탄이 우리를 상하게 하려고 애쓰는 수많은 화살들이 있다. 그는 우리에 대해 갖는 모든 이점의 근거나 기회를 우리에게서 취한다. 그의 시험은 불과 풀무 같고, 우리의 연약함과 부패는 나무와 연료이다.

적용. 여기서 우리는 죄로 인한 우리의 비참한 상태를 주목할 수 있다. 왜냐하면 이로써 우리는 마귀가 우리를 상하게 하는 화살들을 가지고 다닌다는 것이 드러나기 때문이다. 그리고 사탄의 간계와 악의가 우리에게 재앙을 내리기 위해 우리에게서 이점을 취하기 때문에, 우리는 우리의 자연적 성향과 경향, 참으로 우리의 육체적 연약함을 철저히 알기 위해 더욱 부지런히 애써야 한다. 왜냐하면 마귀가 우리를 살필 것이기 때문이다. 그리고 우리가 진정으로 우리의 상태를 발견했다면, 우리의 연약함과 관련하여 우리 자신의 마음을 강력하게 감시하고 경계해야 한다. 그리하여 우리는 사탄의 시험의 목을 더 잘 꺾을 수 있게 될 것이다.

이 준비에서 네 번째는 사탄이 그리스도에게 나아온 것이다. "시험하는 자가 그에게 나아와서." 확실하지는 않지만, 이 문구는 마귀가 어떤 피조물의 형태를 취하여 그리스도에게 나타났을 가능성이 있음을 보여 준다. 이런 식으로 그는 낙원에 있는 하와에게 다가왔고, 첫 번째 아담에 대한 공격을 계속하기 위해 뱀을 악용했다. 그리고 둘째 아담과의 전투에서 그는 어떤 피조물의 모양으로 다가왔던 것 같다. 그렇지 않았다면, 그는 다가와서 제대로 말할 수 없었을 것이다. 참으로 어떤 사람들은 이러한 시험들이 내적인 생각으로만, 그리고 환상으로만 이루어졌다고 생각한다. 다른 사람들은 그것들이 전적으로 눈에 보이고 실제로 시행된 것으로 생각한다. 그러나 가장 합리적인 이해는 그것들이 부분적으로는 육체적인 방식으로 실제로 시행되었고, 부분적으로는 환상으로 나타났다고 간주하는 것이다. 이상과 같이 전투에 대한 준비를 많이 다루었다.

매우 중요한 문제인 **시험 그 자체**는 참으로 모든 것 가운데 주된 시험으로, 다음의 말씀 속에 나타나 있다. "네가 만일 하나님의 아들이어든 명하여 이 돌들로 떡덩이가 되게 하라." 시간과 공간, 그리고 또한 그리스도의 육체적 굶주림으로 인한 이점을 제공받은 마귀는 여기서 교활한 궤변가(sophister)[56]처럼 우리 구주 그리스도를 공격하고, 자신의 주장을 다음과 같이 삼단논법으로 구성한다.[57] "네가 만일 하나님의 아들이라면, 너는 이 돌들을 떡으로 만들 수 있다. 그러나 너는 이 돌들을 떡으로 만들 수 없다. 따라서 너는 하나님의 아들이 아니다." 이 시험의 근거는 이것이다. 하나님의 아들이 음식이 없어 굶주려야 할 이유가 없다. 하지만 네가 이 돌들을 떡으로 만들지 못하는 한, 너는 반드시 굶주려야 한다. 그러므로 네가 그렇게 할 수 없는 한, 네가 하늘로부터 들은 "이는 내 사랑하는 아들이요 …"는 거짓 음성에 불과하다고 확신해야 한다.

이 시험에서 사탄의 목적과 계획은 두 가지이다. 첫째, 그는 그리스도의 믿음을 무너뜨리려고 애쓰는 것이다. 둘째, 그를 불신앙의 관행으로 이끄는 것이다. 첫째, 믿음이 의미하는 것은 그리스도 안에 있는 은사나 은혜이다. 그는 사람이셨기 때문에, 믿음으로 "이는 내 사랑하는 아들이요 내 기뻐하는 자라"고 말한 아버지의 말씀이 참되다는 것을 믿으셨다. 이로써 우리는 마귀가 하나님의 자녀들에 대한 시험에서 주로 무엇을 목표로 삼는지 알 수 있다. 우리 구주 그리스도에 대한 이러한 그의 공격은 우리의 교훈을 위해 기록되었다. 시험에서 사탄의 주된 계획은 우리가 하나님 말씀의 모든 부분이 참되다는 것을 믿는 우리의 믿음을 무너뜨리는 것이다.[58] 그가 하와를 시험하는 데서 이것을 보라. 첫째, 그는 하나님의 참된 경고에 대한 그녀의 믿음을 약화시키려고 애쓰고, 그렇게 한 뒤 금지된 열매를 먹게

---

56 *Sophister*: 추론하는 자.
57 여백에: 사탄의 궤변.
58 여백에: 사탄은 우리의 믿음의 파괴를 추구한다.

함으로써, 그녀를 실제로 불순종하게 만들었다. 그는 오늘날에도 동일한 과정을 밟고 있다. 먼저 그는 사람들을 무지 속에 가두어 불신앙에 빠지게 하려고 할 것이다. 만일 그가 그 일에 실패한다면, 그는 그들의 영혼을 어떤 저주받아 마땅한 오류와 이단에 빠뜨리려고 노력할 것이다. 그리고 그는 이러한 방법 중 하나로 많은 사람의 믿음을 파괴한다. 왜냐하면 사람이 무지 가운데 머무는 동안, 그는 믿음을 가질 수 없기 때문이다. 만일 그 사람이 하나님의 진리를 놓친다면, 자신의 믿음의 근거를 갖지 못할 것이다. 이제 마귀가 우리의 믿음에 대적하여 그토록 많이 애쓰는 이유는 우리가 그의 말씀을 믿지 않는 한, 하나님의 자비를 참으로 의존할 수도 없고, 그의 섭리를 의지할 수도 없고, 그의 계명에 합당한 그 어떤 순종도 할 수 없기 때문이다.

보다 더 구체적으로 우리가 주목해야 하는 것은, 마귀가 그리스도로 하여금 믿지 않도록 했던 하나님 말씀의 특별한 부분이다. 그리스도께서 조금 전에 세례를 받으실 때, 하늘에서 들었던 동일한 아버지의 음성이다. "이는 내 사랑하는 아들이요 내 기뻐하는 자라." 이것은 성령께서 하나님의 교회에 큰 지혜와 자비로 기록하신 것이다. 왜냐하면 이로써 그의 시험에서 그리스도의 지체들에 대한 사탄의 주된 계획이 드러나기 때문이다. 즉, 그들로 하여금 그들의 양자 됨을 의심케 하여, 그들이 하나님의 아들과 딸이라는 믿음을 파괴하기 위한 것이다.[59] 만일 여기서 그가 머리가 모면하도록 봐주지 않았다면, 의심의 여지 없이 그 지체들은 그의 손에서 벗어날 수 없을 것이기 때문이다. 이것은 특히 하나님이 그들의 마음이나 신체나 재산

---

59 여백에: 사탄은 우리에게서 양자됨의 확신을 빼앗으려 한다.

에 그 어떤 오랜 십자가나 고난을 지울 때, 그들에 대한 그의 일상적인 공격에서 나타난다. 따라서 마귀는 그들의 마음에 다음과 같이 제안할 것이다. 네가 만일 하나님의 자녀라면, 그가 너에게 그렇게 오랫동안, 그리고 그토록 극심한 방식으로 그의 {심판의} 손을 얹지 않을 것이다. 그 어떤 하나님의 자녀도 결코 네가 처한 이런 경우에 있었던 적은 없다. 그러나 하나님은 너에게 이렇게도 무겁게 그의 손을 얹으신다. 그러므로 너는 하나님의 자녀가 아니라는 것을 스스로 알 수 있다.

적용. 이것에 대한 숙고를 통해, 우리는 무엇보다도 우리의 양자됨의 확신을 위해 힘써야 하며, 마찬가지로 우리의 양심이 하나님의 말씀으로 말미암아, 우리가 그리스도 안에서 하나님의 아들과 딸이라고 확신하도록 힘써야 한다는 것을 배운다. 마귀의 계획은 우리 안에 있는 이 믿음을 무너뜨리는 것이기에, 우리는 우리의 마음을 이 믿음에 확정하고 정착하도록 노력해야 한다. 이것은 모든 하나님의 자녀에 대한 성령의 요구이다. "더욱 힘써 너희 부르심과 택하심을 굳게 하라"(벧후 1:10). 즉, 그것에 대한 확신을 하나님의 성령의 구원하는 은혜에 대한 평안한 결실과 실천으로 여러분의 마음에 인봉하는 것이다. "너희 믿음에 덕을, 덕에 지식을, 지식에 절제를, 절제에 인내를, 인내에 경건을, 경건에 형제 우애를, 형제 우애에 사랑을 더하라"(벧후 1:5-7). 그리고 참으로 우리가 역경이나 형통을 막론하고 모든 상태에서 참된 평화와 위로를 누리고자 한다면, 우리의 양자됨을 알기 위해 수고하자. 이것이 궁핍과 부요, 속박과 자유, 질병과 건강, 삶과 죽음 가운데서 우리의 기쁨이 될 것이다. 여기서 "우리는 결코 그리스도의 기쁨을 빼앗길 수 없다"(요 16:22). 우리가 이 확신 얻기를 소홀히 하는 것보다 마귀에게 더 큰 즐거움을 줄 수는 없다. 왜냐하면 그는 여기에서 (특히 고난의 때에) 무섭고도 위험하게 우리 영혼의 목을 부러뜨릴 기회를 잡을 것이기 때문이다. 사람들이 이 복된 확신을 갖지 못한다면, 마귀는 그들이 무엇을 고백하든, 성령에 대한 무슨 지식이나 성령의 다른 일반적 은사들을 가졌든, 별로 상관하지 않는다. 그러므로 사도 바울처럼 우리는 반드시 다른 모든 것을 우리 구주와 구속주인 "그리스도를 아는 이 탁월한 지식과 관련하여 배설물"[빌 3:8]로 여겨야 한다. 사실 많은 사람들에게 이 권면이 불필요하게 보일 것 같다. 왜냐하면 순전히 추정만 가진 무지한 사람들은 이런 믿음의 대부분을 자랑할 것이기 때문이다. 그러나 시험의 쓰라림을 느껴본 사람들은 우리를 대신해 줄 것이 무엇인지 안다. 하나님의 말씀 위에 바르게 기초한 확신만이 대신해 줄 것이다. 그러므로 우리의 무지에 대한 헛된 자만심을 버리고, 이 해답을 얻기 위해 거짓 없이 온 힘을 다해 노력하자. 만일 우리가 스스로 그것을 얻을 수 없다면, 우리는 하나님의 신실한 사역자들의 지도와 도움을 받아야 한다. 어떤 사람들이 아무리 다르게 생각하는 것을 좋아한다 할지라도, 사람이 이생에서 일반적으로 자신의 구원을 해결하고 확신할 수 있다는 것은 의심의 여지 없는 하나님의 진리이다.

이 시험에서 마귀가 노린 두 번째 목표는 그리스도를 불신앙으로 이끄는 것이었다. 즉, 떡이 없어 현재 그의 굶주림을 해소하기 위해 돌들을 떡으로 만드는 것이다.[60] 왜냐하면 마귀는 우리 구주 그리스도께서 살기 위해 반드시 떡이 있어야 한다고 그를 설득해야 했기 때문이다. 따라서 마귀는 그가 떡이 없어 돌들을 떡으로 만드는 이 불신의 길로 이끌려고 한다.

---

60 여백에: 사탄은 그리스도를 불신앙으로 이끌려고 했다.

마귀가 여기서 그리스도를 다루는 것처럼, 그의 모든 지체들에게도 그와 같이 다루려고 시도한다. 그가 그들의 마음에 불신앙을 일으키려고 애쓰는 것처럼, 그는 그들의 삶에서 불신앙을 실천하게 만들려고 추구한다. 세상의 과정에서 이것의 진리를 보라. 사람이 외적인 결핍과 궁핍으로 눌려 있는가? 마귀는 그가 반드시 살아야 한다고 말하면서, 그가 살기 위해서는 도둑질하고 훔치도록(filch)[61] 설득할 것이다. 만일 어떤 사람이 병들어서 합법적인 수단으로 즉각적인 도움을 얻지 못하거나 다소 특별한 고통을 당한다면, 마귀는 이런 경우에 세상의 모든 의사들보다 마법사나 마녀가 더 많은 선을 행할 수 있다고 이런저런 방법으로 그에게 제안함으로써 그들을 찾게 할 것이다. 이것은 가장 악한 불신앙의 행위이지만, 세상에서 너무도 흔한 일이며, 사람들은 어떤 외적인 악을 없애기 위해 자신들의 영혼을 잃어버릴 위험에도 망설이지 않는다. 그러므로 우리는 사탄의 이러한 책략에 친숙해지도록 노력해야 하며, 우리 삶 가운데서 모든 경건한 삶의 방식에서처럼, 특히 비참하고 고통스러운 시기에 우리의 고통을 완화시키기 위해 오로지 합당한 수단만을 사용하여 믿음으로 실천하여 우리 마음속에 있는 믿음의 능력을 드러내기 위해 애써야 한다.

그러나 보다 더 특히 이 시험의 말씀에 대해 살펴보자. "네가 만일 하나님의 아들이라면 이 돌들을 명하여 …." 마귀는 왜 우리 구주 그리스도를 시험하기 위해 다른 어떤 질문보다 이 질문을 선택했는지 의문을 가질 수 있다. **대답.** 그 이유는 다음과 같을 것이다. 첫째, 그는 그리스도께서 참되고 합당한 하나님의 아들이라면, 그가 참

---

61 *Filch*: 도둑질하거나 훔치는 일.

된 메시야임이 틀림없다는 것과, 그가 하나님의 그 기름부음 받은 자라면, 그가 또한 우리의 첫 조상에게 주어진 오래된 고대의 약속, 즉 "뱀의 머리를 상하게 할 것"[창 3:15]이라는 그 약속을 반드시 성취해야 할 자라는 것도 잘 알고 있었다. 다른 무엇보다도 이것이 마귀가 가장 두려워하고 듣고 싶지 않은 것이었다. 그러므로 이 질문을 제기함으로써, 그는 이 칭호의 권리를 지닌 우리 구주 그리스도를 좌절시키고, 진실로 (그가 할 수 있다면) 완전히 무너뜨리려 한다. 둘째, 타락한 이후로 마귀는 하나님 자신에 대해 형언할 수 없는 치명적 증오를 품고 있으며, 그의 본성에 따라 기회가 주어지는 대로 그 증오를 드러내지 않을 수 없다. 이제 이 질문에서 그는 하나님에 대한 악의와 앙심을 눈에 띄게 드러낸다(bewray).[62] 왜냐하면 조금 전 그리스도께서 세례를 받으실 때, 하나님이 그를 "내가 기뻐하는 자요 내 사랑하는 아들"이라고 선포하셨기 때문이다. 이로써 마귀는 정반대임을 증명하려 하고, 그만큼 하나님을 거짓말하는 자로 만들고자 애쓰기 때문인데, 이는 그의 본성에 너무도 잘 어울리기에, 이때 그가 이렇게 선택한 것이다.

적용. 첫째, 마귀의 이런 행위에서 우리는 다양한 거짓 선생들에 대해 무엇을 판단해야 하는지 배울 수 있다. 초대교회에서만 아니라 그 이후로도 에비온(Ebion), 케린투스(Cerinthus), 카르포크라테스(Carpocrates), 사모사테누스(Samosatenus), 그리고 아리우스(Arius)와 같은 지혜와 학식으로 명성이 높은 사람들이 많이 있었다. 이 사람들은 모두 마리아의 아들 예수 그리스도는 참으로 하나님의 아들, 참 하나님이 아니라, 단지 훌륭한 선지자였을 뿐이라고 증명하기 위해 여러 번

---

62 *Bewray*: 공개하거나 누설하다.

애썼다. 이제 그들에 대해 우리는 과거 하나님의 교회와 더불어 그들이 직접적으로 사탄의 발자취를 따르기 때문에, 사탄의 영에 인도된 거짓 선지자, 이단, 그리고 유혹하는 자, 참으로 공언된 그리스도의 원수들이었다고 확실하게 생각할 수 있다.

둘째, 마귀의 이런 행위에서 우리는 하나님 자신에 대한 사탄의 악하고 적대적인 태도를 관찰할 수 있다. 왜냐하면 여기서 그는 하나님 자신이 조금 전에 확증하셨음에도 불구하고, 그리스도가 하나님의 아들이 아니라고 결론지으려 애쓰기 때문이다. 이것은 오늘날까지 지속되는 그의 행위이다. 하나님이 그의 교회에서 은혜, 자비, 그리고 사랑을 선언하는 곳에, 그와 반대로 마귀는 저주, 증오, 그리고 지옥 형벌을 선언하기 때문이다. 다시 말하지만, 하나님이 그의 저주와 심판을 선포하시는 곳에, 마귀는 은혜와 은총의 자만심을 부추기기 때문이다. 만일 어떤 사람이 하나님의 자녀이며, 그런 확신에 대한 은혜의 인(seal)을 받았다면, 마귀는 이 확신을 약화시키고, 할 수만 있다면 그가 진노의 자녀라고 확신시키려 애쓸 것이다. 그리고 어떤 사람이 은혜가 없어 참으로 마귀의 자녀라면, 사탄은 그의 마음속에 주제넘은 생각을 제안하고, 그가 하나님의 자녀라고 생각하도록 만들 것이다. 그래서 그는 모든 면에서 하나님과 반대되는 자신을 드러낸다.

하지만 마귀의 말을 조금만 더 살펴보라. "네가 만일 하나님의 아들이어든 이 돌들을 명하여 등등." 즉, 단지 말만 하여 이 돌들이 떡 덩이가 되게 하라, 그리하면 이루어질 것이다. 여기 바로 이 시험의 제안에서, 우리는 사탄의 깊은 계략을 관찰할 수 있다.[63] 왜냐하

면 이 몇 마디에서 (그의 목적을 더 잘 이루기 위해) 그는 가장 참되고 주목할 만한 신성의 세 가지 요점을 표현하고 있기 때문이다. 첫째, 본성에 의해 하나님의 아들인 그는 또한 참되고 진정한 하나님이시기도 하다. 왜냐하면 여기서 그는 하나님의 아들에게 하나님 자신의 참된 특권을 부여하고 있기 때문이다. 이것은 바리새인들이 우리 구주 그리스도를 대적했던 요점이며, 그 이후로도 많은 이단들이 부정했던 요점이다. 둘째, 참 하나님은 고통이나 수고 없이, 참으로 모든 수단 없이도 자신의 뜻대로 무엇이든 하실 수 있고, 단지 자신의 말씀으로 돌들을 떡으로 만드실 수 있다. 셋째, 여기서 돌들을 떡덩이로 변하게 하는 것처럼, 스스로 기적을 행하는 것은 참 하나님인 그 혼자만의 특성이자 특권이다. 이제 마귀가 이 모든 것을 인정할 때, 사람은 여기서 마귀가 그리스도나 그의 교회에 어떤 해를 끼칠 의도를 가졌다고 생각하지 않을 것이다. 그러나 진실로 그의 계획은 하늘로부터 말씀하신 아버지의 말씀에 대한 그리스도의 믿음을 무너뜨리고, 마리아의 아들 예수 그리스도가 참 하나님이 아니었다고 증명함으로써, 교회의 기초를 전복하는 것이다.

여기서 마귀의 교활한 술책을 관찰하라.[64] 그가 하나의 진리를 말할 때, 그가 그렇게 하는 것은 그것을 사랑한다는 것을 확증하기 위해서가 아니라, 참으로 그의 의도는 그것으로 진리를 무너뜨리기 위함이다. 이로써 우리가 훈계를 받는 것은 사탄이 어떤 식으로든 우리를 시험으로 공격할 때, 우리는 결코 그를 신뢰해서는 안 되고, 아니 그가 진리를 말할 그때에도 그의 목적은 우리를 속이고 진리를 파괴하는 것이기 때문에 신뢰해서는 안 된다. 그러므로 그리스도는 더

---

64 여백에: 사탄은 다른 진리를 무너뜨리기 위해 어떤 진리를 말한다.

러운 영들이 자신을 "하나님의 거룩한 자"[막 1:24-25]로 인정했을 지라도, 그 영들이 자신을 증거하는 것을 금지하셨다. 따라서 바울도 계집종 속에 있던 더러운 영이 "그들은 지극히 높은 하나님의 종으로 서 구원의 길을 너희에게 전하는 자라"[행 16:17-18]고 증언했던 것은 그 자체로 가장 귀중한 진리였지만, 그의 증거 때문에 근심했다.

더 나아가, 우리의 복음서 기자 마태와 누가를 비교하면, 이 시험을 설명하는 데 있어서 그들 사이에 어떤 차이가 있는 것처럼 보일 수 있다. 마태복음에서 그 말씀은 다음과 같다. "이 돌들을 명하여 등 등." 그리고 누가복음에서는 다음과 같다. "이 돌을 명하여"[눅 4:3]. 그러나 이 둘은 다음과 같이 해결된다. 마태는 이 시험을 마귀가 처음에 제안했던 것처럼 기록하고, 누가는 마귀가 어떻게 그것을 촉구했는지 보여 준다. 왜냐하면 마귀가 처음에 그리스도에게 와서 그가 만일 하나님의 아들이라면, 그가 주변에서 본 모든 돌들을 명하여 떡덩이가 되게 명하라고 말한 것을 마태가 기록한 것이기 때문이다. 혹은 그것이 너무 많은 것 같다면, 돌 하나가 떡이 되게 명령하고, 그것이면 충분하다는 것을 누가가 기록한 것이기 때문이다.

적용. 복음서 기자들을 비교함으로써, 우리는 일단 마귀가 사람을 시험하기 시작했을 때, 그는 쉽게 떠나가지 않고 그것을 돋우며, 그가 사용할 수 있는 모든 수단을 써서, 가능하다면 설득할 수 있도록 그것을 강요하고 촉구한다는 것을 관찰할 수 있다. 이것은 다른 한편으로, 우리가 사탄의 시험을 가장 열렬하고 단호하게 저항해야 한다는 것을 가르친다. 그는 떠나가기 전에 약간의 이점이라도 얻고자 할 것이다. 그러므로 우리는 "틈을 주지"[엡 4:27] 말고, 한 치도 양보하지 말아야 한다. "마귀를 대적하라 그리하면 너희를 피하리라"[약 4:7]. 교회의 모든 지체가 이것을 해야 한다. 목사는 하나님 진리의 모든 부분을 마음에 건전하고 철저하게 적용함으로써 적에 대항하여 무장할 수 있다. 그리고 사람들은 그 동일한 것을 신실하게 받아들이고 순종함으로써, 또한 모든 공격에서 그의 은혜의 도우심을 위해 하나님께 간절히 기도함으로써 적에 대항하여 무장할 수 있다.

요점 3

"예수께서 대답하여 이르시되 기록되었으되 사람이 떡으로만 살 것이 아니요 하나님의 입으로부터 나오는 모든 말씀으로 살 것이라 하였느니라 하시니"(마 4:4, 신 8:3). 이 말씀은 그리스도의 은혜로운 대답을 포함하는데, 이로써 그는 마귀의 시험을 물리치셨다. 그리고 그 대답에서 우리는 세 가지 요점을 관찰할 수 있다. 첫째, 그리스도께서 대답하셨다. 둘째, 어디서 그가 그 대답을 가져오셨는가. 셋째, 그가 대답하신 바로 그 말씀이다.

첫째, 그리스도께서 대답하신 것은 성령에 의해 평이한 말로 기록되었다. "예수께서 대답하여 이르시되." 이로써 그는 광야에 계신 우리 구주 그리스도 예수가 단지 사탄과 기꺼이 대결할 준비만 아니라, 또한 그를 대적하실 수 있고, 참으로 그에게 어떤 패배도 당하지 않으시고, 사탄을 정복하실 수 있다는 것을 우리에게 깨닫게 한다. 이것은 하나님의 교회와 자녀들에게 특별한 위로가 된다. 그리스도 예수는 이런 낮고 비천한 종의 상태에서, 또한 황량한 곳에서 육체적 굶주림으로 인한 불리한 상태에서도 능력이 있으셨다. 그러한 그가 사탄과 대결하여 가장 폭력적이고 교활하게 공격하는 그를 정복하실 수 있었는가? 그렇다면 이제 자신의 죽음으로 사탄을 무력화하며, 위엄과 영광의 보좌에 나아가고, 아버지의 우편에 앉아, 모든 이름 위에 뛰어난 이름을 받은 그의 이름에 하늘에 있는 자들과 땅에 있는 자들과 땅 아래에 있는 자들로 모든 무릎을 꿇게 하신 그가 마찬가지로 자신의 모든 지체들 안에서 얼마나 더 사탄에게 패배를 안겨주실 수 있겠는가? 그러므로 이제 우리는 큰 목소리로 말할 수 있다. "이제 우리 하나님의 구원과 능력과 나라와 또 그의 그리스도의 권세가 나타났으니 우리 형제들을 참소하던 자가 쫓겨났고"[계 12:10].

여기에 기록된 두 번째 요점은 그리스도께서 어디서 그의 대답을 가져오셨는지이다. 그는 성경에서 그 대답을 가져오셨다. "기록되었으되." 하나님의 아들인 그리스도께서 그 입의 기운으로 시험하는 자를 당황하게 하시는 것이나, 거룩한 천사들의 무수한 군단에게 그를 내쫓으라고 명령하시는 것은 쉬운 일이었다. 하지만 그는 자신의 변호를 위해 기록된 말씀에 의탁한다.[65] 그는 특별히 우리의 교훈을 위해 이렇게 하셨다. 즉, 믿음의 손으로 바르게 사용되는 **하나님의 기록된 말씀**이 그의 모든 시험에서 사탄을 물리치고 정복하는 데 가장 충분한 무기라는 것을 우리가 알 수 있도록 하기 위함이다. 바울은 그것을 "성령의 검"[엡 6:17]이라고 불렀는데, 이는 단지 우리의 방어만을 위한 것이 아니라, 또한 사탄에게 상처를 입히고 도망가게 만드는 역할을 하기 때문이다.

적용. 첫째, 그리스도에 대한 이런 사실은 로마 교회의 가증스러운 행위를 드러내고 정죄한다. 로마 교회는 그들의 백성이 알지 못하는 방언으로 하나님의 말씀을 걸어 잠그고, 영적 원수들을 방어하기 위해 **성수(聖水)**, **십자가 긋기**, **십자가들** 등과 같은 자신들의 다른 장치를 그들에게 추천하는데, 그들은 그것들을 마귀를 정복하기 위한 특별한 능력과 힘의 수단으로 매우 칭찬한다. 참으로 하나님의 말씀

---

65 여백에: 기록된 말씀은 사탄에 대한 우리의 최선의 무기이다.

이 참되고 믿음직한 유일한 무기이기 때문에, 그들이 자기 백성에게서 그 무기를 빼앗는 동안, 그들은 벌거벗고 무장하지 않은 채 사탄과 대적하라고 보냄을 받은 것과 다름없다.

둘째, 여기서 또한 탐욕이나 다른 불경함으로 말미암아 기록된 하나님의 말씀을 소홀히 하거나, 정죄하는 모든 자들의 비참한 상태를 주목하라. 그들은 매우 두려운 상태이다. 왜냐하면 그들은 마귀에 대항하여 자신을 방어해주고 모든 불화살을 막을 수 있는 무기를 내버리고, 자신의 영혼을 그의 손에 넘겨주기 때문이다. 의심의 여지 없이 그 말씀을 정죄하고 무시하는 모든 자들은 그들이 받는 저주에 대해 책임이 있다. 하나님이 우리 몸이 아닌 우리 영혼에 대한 고의적 살인죄가 없도록 우리의 방어를 위해, 그리고 사탄을 당혹스럽게 만들기 위해 자신의 말씀을 주셨기 때문에, 우리는 이 천상의 무기를 무시할 수 없다.

셋째, 이로써 우리는 죄가 왜 도처에 모든 상태에서 그렇게 많이 넘치는지 그 이유를 알 수 있다. 즉 하나님의 말씀에 대한 사랑과 지식이 없기에, 대부분의 사람들이 그 말씀에 대해 무지하거나, 아니면 사탄을 저지하고 격퇴하는 이 영적 무기를 다루는 법을 알지 못하기 때문이다. 여호와께서 "속임과 저주와 살인과 도둑질과 간음이요 포악하여 피가 피를 뒤이음"(호 4:2)에 대해 불평하신다. 그 이유는 첫 번째 구절에 나와 있다. "이 땅에는 하나님을 아는 지식이 없고." 다윗은 이 사실을 잘 알고 있었기 때문에, "그가 주께 범죄하지 아니하려 하여 주의 말씀을 그의 마음에 두었나이다"(시 119:11)라고 말했다. 왜냐하면 사울의 창이 "그가 잘"[삼상 26:7] 때조차 그의 머리맡에 준비되어 있었던 것처럼, "성령의 검"인 하나님의 말씀은 우리 마음속에 항상 있어야 하기 때문이다. 말하자면, 마귀가 우리를 유혹하는 죄가 무엇이든, 우리는 우리의 방어를 위해 "기록되었으되"라고 말할 준비가 되어 있어야 한다. 이것이 부족하기 때문에, 마귀는 자기 마음대로 사람들을 모든 불경함으로 이끌어 포로로 삼는다.

　마지막으로, 이해하고, 믿고, 순종하는 말씀의 이런 탁월한 사용은 모든 무지한 자들로 하여금 이 말씀에 대한 지식을 위해 애쓰고, 거룩한 순종으로 그들의 신앙을 드러내기 위해 모든 노력을 기울여 지식의 성장을 추구하도록 만들어야 한다. 만일 우리의 죽음을 맹세하고 우리의 피를 보겠다고 서약한 원수가 우리에게 있다면, 우리의 삶에 대한 방어와 치명적인 적을 괴롭히기 위한 무기만이 아니라, 그 무기를 사용할 수 있는 지식을 얻기 위해 얼마나 주의해야 하겠는가? 오, 그렇다면 우리 영혼의 안전을 위해 우리가 하나님의 전신 갑주를 입으며, "이 성령의 검"을 바르게 사용하는 것을 배우도록 얼마나 주의해야 하겠는가? 우리가 이 비참한 세상이라는 시험의 현장에서 화해할 수 없는 우리의 원수 사탄을 만날 때, 그에게 타격을 주고 그의 머리를 상하게 할 수 있다! 무지한 자들이 무지함으로 스스로를 축복하고, 마귀를 대적한다고 말하고, 도전적으로 그에게 침을 뱉지만, 자신의 죄라는 사탄의 올무에 어떻게 얽혀 있는지 모른다는 것을 보는 일은 안타까운 일이다. 사탄은 그들의 영혼이 그의 치명적인 화살 앞에 벌거벗은 몸으로 놓여 있는 한, 그러한 반항을 거의 고려하지 않는다. 적대적인 두 사람이 만났는데, 한 사람은 무장을 갖추고, 다른 사람은 벌거벗은 몸으로 만났다고 해보자. 그 벌거벗은 사람이 거창한 말로 그의 원수를 도전하는 것이 무슨 소용이 있겠는가? 그러는 동안 그의 무장한 원수가 그의 생명을 빼앗지 않겠는가? 보라! 사탄은 이처럼 강력하게 무장한 자이며, 무지한 사람들은 불쌍하게 벌거벗은 가련한 사람들(caitiffs)[66]이며, 그들이 입으로 마귀를 대적하고 그에게 침을 뱉지만, 그동안 마귀는 그들의 영혼에 상처를 내어 죽게 한다. 그들은 그런 상처를 느끼지 않는다고 말할 것이며, 그러므로 그를 두려워하지 않는다. 그러나 그들은 그들이 덜 느낄수록, 두려워해야 할 이유가 더 많다는 것을 반드시 알아야 한다. 왜냐하면 사탄의 상처는 가장 적게 느낄 때, 가장 치명적이기 때문이다.

세 번째 요점은 그리스도의 대답 자체이다. "사람이 떡으로만 살 것이 아니요 하나님의 입으로부터 나오는 모든 말씀으로 살 것이라." 이 대답은 신명기 8장 3절에서 빌려온 것이다. 이것은 이스라엘 자손들이 굶주림으로 시달렸던 메마른 광야에서, 여호와께서 그들을 하늘의 음식으로 먹이신 후에, 모세가 그들에게 가르치고자 했던 교훈이다. 이 말씀은 어려우므로, 내가 그 의미를 보여 줄 것이다. "사람이 살지 못할 것이다." 즉, 이 세상에서 그의 일시적 생명을 보존하지 못할 것이다. 왜냐하면 영생에 관해서는 모세도 그리스도도 말하려 하지 않았기 때문이다. "떡으로만", 즉 하나님이 그의 섭리 가운데 자연적 생명을 통상적으로 보존하기 위해 지정하신 음식과 의복, 수면, 설사제 등과 같은 일반적인 수단만으로는 살지 못할 것이다. "하나님의 입으로부터 나오는 모든 말씀으로 살 것이라." "말씀"이라는 이 호칭은 성경에서 다양한 것을 보여 준다.[67] 첫째, 삼위일체 가운데 2위인 **본질적인 하나님의 말씀**이다. "태초에 말씀이 계시니라, 이 말씀은 곧 하나님이시니라"(요 1:1). 둘째, 그것은 일반적으로 신구약 책 속에 포함된 **기록된 말씀**으로 간주된다(벧전 1:25). 셋째, 그것은 때때로 하나님의 뜻과 작정으로 간주되어 그의 "기쁘신 뜻"[엡 1:9]으

---

66 *Caitiff*: 포로, 겁쟁이, 혹은 가련한 사람.
67 여백에: 성경에서 말씀은 여러 가지를 의미한다.

로 일컬어진다. 그래서 "그리스도가 그의 능력의 말씀으로 만물을 붙드시며"(히 1:3)[68], 즉 그의 뜻과 작정을 따라 그의 강력한 임명으로 만물을 붙드신다. 그리고 그의 말씀으로 태초에 만물이 만들어졌으며, 이로써 그 이후로 그것들이 지금까지 보존되었다. 그것은 얼음을 녹인 말씀이다(시 147:18). 마지막 의미로, 우리는 이 자리에 있는 "말씀"을 이해해야 한다. 즉, 사람은 이 자연적 생명을 일상적 수단으로만 아니라, 또한 하나님의 선을 위해 수단을 거룩하게 하는 그의 선하신 뜻, 의지와 작정으로 보존한다는 의미이다. 더 나아가, "모든 말씀으로"라고 언급되는 거기에 이 문장의 본질이 놓여 있음을 주목하라. 이것에 대한 이해를 위해, 강력하게 역사하시는 하나님의 말씀이, 사용된 내용에 따라 구별될 수 있다는 것을 알아야 한다.[69]

이런 식으로, 때때로 하나님은 사람들이 자연적 생명의 일상적 음식인 **떡**으로 살게 할 것이며, 이것은 그의 **평범한 말씀**이다. 때때로 그의 뜻은 이스라엘 백성이 광야에서 만나를 먹고 살았던 것처럼, 사람이 비범한 수단으로 사는 것이다. 그의 **비범한 말씀**은 이것이다. 다른 때에는 모세가 시내 산에서, 엘리야가 호렙 산에서, 그리고 우리 구주 그리스도께서 광야에서 밤낮 사십 일을 했던 것처럼, 그는 사람이 아무런 수단 없이 살도록 정하신다. 그리고 마지막으로 그는 때때로 사람이 수단과 자연의 흐름에 반하여 살도록 정하신다. 이런 식으로 다니엘은 사자굴에서, 세 친구들은 맹렬히 타는 풀무불에서 살았고, 이 마지막 둘은 하나님의 **기적적인 말씀**이라고 불릴 수 있다. 그래서 우리는 "모든"이라는 이 절의 합당한 이유를 볼 수 있다. 왜냐하면 이로써 우리는 사람이 자신의 생명을, 하나님이 지정하신

---

68 역자주, 원문과 영문판은 히 1:2로 기재하고 있다.
69 여백에: 구별된 하나님의 강력한 말씀.

평범한 수단으로만 보존하지 않으며, 마찬가지로 "하나님의 입으로부터 나오는 모든 말씀으로", 즉 일반적 수단을 초월한 **비범한** 수단이든, 아무런 수단도 없든지 혹은 자연의 흐름을 거스르는 **기적적인** 수단이든, 하나님의 모든 뜻과 작정으로 보존한다는 것을 배우기 때문이다. 우리는 이것을 알고 확신하도록 노력해야 한다. 본성은 사람이 하나님의 축복과 임명에 의해 평범한 수단으로 산다고 가르치지만, 하나님이 사람의 생명을 자신의 말씀으로, 수단을 초월하여, 수단 없이, 참으로 수단을 거슬러 보존하신다는 것을 모른다. 우리의 마음은 모세가 이스라엘 백성들에게 가르치려던 이것에 거의 굴복하려 하지 않는다. 그러므로 우리는 그것을 해결하기 위해 더 많은 노력을 기울여야 한다. 만일 누구든지 사람이 먹고 마시지 않고, 기록된 말씀으로 살 수 있다고 생각한다면, 그는 속고 있는 것이다. 왜냐하면 그리스도는, 하나님이 주신 모든 말씀이 자연적 생명을 보존하리라는 것을 의미하신 것이 아니라, 사람이 살아가는 데 평범한 수단이든 비범한 수단이든, 수단이 없든, 수단을 거스르든 간에 동일하게 사람의 보존에 유효한, 하나님이 정하신 모든 수단을 의미하시기 때문이다. 이와 같이 의미에 대해 많이 다루었다.

마귀의 시험에 이 증언을 적용하는 것은 다음과 같이 생각해야 한다. 마귀의 시험은 이것이었다. "네가 만일 하나님의 아들이라면 이 돌들을 명령하여 떡덩이가 되게 하라는 것이다. 그러나 너는 이 돌들을 떡덩이가 되게 할 수 없다. 그러므로 너는 하나님의 아들이 아니다." 이에 대해 그리스도는 이 논증의 명제나 첫 번째 부분을 부인함으로써 대답하신다. 그 논증의 근거는 (마귀가 당연한 것으로 여겼던 것인데) 사람이 굶주릴 때, 떡이 있어야만 하는데, 그렇지 않으면 그가 살 수 없다는 것이다. 우리 구주는 "사람이 떡으로만 살 것이 아니요 하나님의 입으로부터 나오는 모든 말씀으로 살 것이라"고 말함으로써 이것을 단호하게 부인하신다. 이스라엘 백성이 광야에서 사십 년 동안 훈련받고, 하늘에서 내리는 만나와 반석에서 나온 물을 먹은 교훈을 우리에게 가르친 이 적용은 매우 탁월하다. 즉, 하나님은 그의 목적에 따라 어떤 수단을 지정하더라도, 평범한 수단 없이도 그의 말씀으로 사람의 생명을 보존하실 수 있다. 그리고 우리가 이것을 배우는데 평생을 보내야 한다면, 의심의 여지 없이 그 시간은 낭비한 것이 아니다.

적용. 첫째, 이로써 우리는 고기, 음료, 의복 등과 같이 우리의 생명을 보존하는 모든 피조물에 대해 다음과 같이 바르게 생각하도록 가르침을 받았다. 피조물의 육체적 생계유지 외에 우리는 더 중요한 것, 심지어 하나님의 말씀, 작정과 임명으로부터 나오는 피조물 안에 있는 하나님의 축복까지 보기 위해 노력해야 한다. 이 축복으로 피조물은 생계를 유지할 수 있고, 자양분을 생산할 수 있도록 적합하게 된다. 성경은 이것을 "떡이라는 지팡이"[레 26:26][70]라고 부르는데, 참으로 그러하다. 왜냐하면 힘없는 노인이 지팡이를 갑자기 빼앗기면 땅바닥에 쓰러지는 것처럼, 우리가 사용하는 가장 좋은 피조물도 하나님의 축복 없이는 우리에게 무익하게 되기 때문이다. 이성이 이것을 우리에게 가르쳐 준다. 그 자체로 생명이 없는 것이 어떻게 스스로 생명을 보존하고 더 나아가 삶을 영위할 수 있겠는가? 그리고 스스로 열 자체가 없는 것이 어떻게 우리 몸에 열과 따뜻함을 줄 수 있겠는가? 그러므로 우리의 원기를 북돋우는 것은 실질적 음식이 아니고, 우리를 따뜻하게 하는 것도 우리의 의복이 아니라, 이런 목적

---

70 역자주, 한글 개역개정은 "의뢰하는 떡"이라고 의역하고 있다.

들을 위해 말씀으로 그것들을 정한 하나님의 축복임을 고백하자. 하나님께서 그의 축복을 거두어 가시면, "의뢰하며 의지하는 것이 사라지면"[사 3:1], (학개가 말하듯이) 사람이 "먹을지라도" "배부르지" 못하며, "마실지라도" "흡족하지" 못하며, "입어도" "따뜻하지" 못할 것이다[학 1:6]. 하나님의 피조물이 우리에게 유익을 주는 것은 하나님의 축복이다. 하나님이 가장 부유한 자들의 맛있는 음식처럼 가난한 자들의 간소한 음식도 축복하지 않으신다면, 겨우 옷을 입고 간소하게 음식을 먹은 가난한 사람의 자녀가 어떻게 왕자의 자녀처럼 건강하고 아름답고 사랑스러울 수 있겠는가?

둘째, 우리는 하나님의 모든 피조물을 사용함에 있어서, **금주와 절제**를 배워야 한다. 우리가 음식과 의복을 사용할 때, 하나님의 축복만이 우리에게 유익하게 된다. 말하자면, 주님은 우리가 먹는 모든 빵 조각, 우리가 마시는 모든 음료, 그리고 우리가 입는 의복에 축복하기 위해 우리 곁에 서 계신다. 그렇다면 우리가 어떻게 그것들을 방탕함과 술취함, 교만과 호색함으로 감히 낭비할 수 있겠는가? 그렇게 낭비함으로써 고기나 음료가 우리 입 안에 있을 때, 하나님의 진노가 우리에게 임하는 것을 우리가 두려워하지 않겠는가(시 78:30-31)?

셋째, 그러므로 우리는 하나님의 이름을 부름으로써, 우리의 편의를 위해 사용하는 음식이나 의복 같은 하나님의 피조물들을 거룩하게 하는 법을 배워야 한다. 왜냐하면 우리는 단순히 피조물에 의해 사는 것이 아니라, 그것들을 축복하시는 하나님의 말씀과 임명에 의해 살기 때문이다. 그러므로 우리는 하나님의 축복을 받되, 그 축복이 내려오는 하늘을 결코 쳐다보지 않는 들짐승이나, 또는 나무 열매

(mast)[71]는 모으되, 그것이 떨어지는 나무를 올려다보지 않는 돼지같이 되지 말아야 한다.

넷째, 삶의 지팡이와 밧줄을 외적 축복의 풍성함에 두는 세상 사람들의 일반적인 오류를 보는데, 그들은 가능한 한 많이 풍성한 외적 축복으로 자신을 풍요롭게 하려고 애쓴다. 이 사람들은 사람의 생명이 풍요함에 있지 않으며, 그가 떡으로 사는 것이 아니라 하나님의 축복으로 산다는 것을 거의 고려하지 않는다. 이것이 자기 영혼에게 "여러 해 쓸 물건을 많이 쌓아 두었으니 평안히 쉬고 먹고 마시고 즐거워하자"[눅 12:19]라고 말했던 "어리석은 부자"의 행위였다. 그러나 그리스도께서 사람이 떡으로만 사는 것이 아니라고 우리에게 가르치시기 때문에, 이생의 것들에 지나치게 걱정하고(cark)[72] 염려하는 것은 전적으로 불신앙의 표시이다.

다섯째, 우리는 또한 이 세상의 염려에 지나치게 얽매이지 말아야 하고, 우리 마음이 음식, 의복, 땅이나 생활에 대한 욕심으로 억눌리지 않아야 한다는 가르침을 받는다. 왜냐하면 우리의 생명과 복지는 이러한 것들에 있지 않고, 하나님이 무엇을 보내시든 다소간 하나님의 축복에 있기 때문이다. 많은 것을 추구하는 탐욕스러운(gripple)[73] 생각은 치명적인 "올무"[딤전 6:9]이며, 많은 영혼이 이 올무로 인해 **파멸과 멸망**에 얽매여 있다. 이것은 은혜의 씨가 뿌리를 내리지 못하고, 구원의 열매를 맺지 못하는 것처럼, 마음을 질식시킨다. 바울은 디모데에게 부자들을 위한 명령을 주었는데, "그들은 정함이 없는 재물이 아니라 살아계신 하나님께 소망을 두어야 한다"(딤전 6:17). 그러

---

71 *Mast*: 동물들의 먹이로 사용되는 나무 열매.

72 *Cark*: 걱정하다.

73 *Gripple*: 탐욕스러운.

므로 우리는 음식과 의복에 만족하고, 오히려 하나님의 나라와 그의 의를 구하자. 그러면 우리에게 필요한 모든 것은 합법적 수단을 적절하게 사용함으로써 우리에게 주어질 것이다. 참으로 세상적인 사람은 음식과 의복이 그의 생계이니, 그가 돌보아야 할 것이라고 변명하지만, 우리의 생명은 이런 것들에 있는 것이 아님을 기억해야 한다. 왜냐하면 죽음이 올 때, 이런 것들은 우리를 무덤에서 구원하지 못하기 때문이다. 우리가 사는 것은 하나님의 축복이며, 하나님은 수단을 초월하여, 아니 수단 없이 그리고 수단을 거슬러 우리를 보존하실 수 있다. 그러므로 우리는 하나님께 대한 불신을 나타내는 그런 생각과 염려에 빠져서는 안 된다.

여섯째, 그러므로 우리는 극심한 가난과 이생의 다른 모든 비참 가운데서 반드시 만족(contentation)[74]과 인내를 배워야 한다. 하나님이 그의 종 욥에게 한 것처럼 우리를 다루신다면, 우리의 신앙을 위해 그가 재물, 자녀와 건강, 그리고 우리가 가진 모든 것을 잃고, 우리의 친구들과 나라에서 추방당하게 하신다면, 우리는 인내의 열매를 드러내고, 우리 마음이 지나친 슬픔에 삼켜지지 않도록 애써야 한다. 왜냐하면 우리의 생명은 하나님의 말씀에 근거하며, 이러한 것들에 있지 않기 때문이다. 참으로 이러한 외적인 비참 가운데 사람이 하나님의 섭리의 위로를 빼앗긴다면, 그는 측량할 수 없는 슬픔을 느낄 것이다. 하지만 하나님을 두려워하는 모든 사람들이 가장 큰 재난 속에서도 여전히 하나님의 축복을 누리고 있음을 안다(하나님의 축복은 떡에 매이지 않으므로, 수단을 초월하여, 수단 없이도 그리고 수단을 거슬러 그들을 보존함으로 그의 권능과 선하심을 나타낼 수 있다). 그러므로 다윗이 그의 두 아내

---

74 *Contentation*: 만족.

를 잃고, 추종자들이 그를 돌로 치려는 위험에 처했던[삼상 30:6] "큰 슬픔 가운데서" 했던 것처럼, 우리는 극심한 악의 상황에서 "우리 주 하나님" 안에서 스스로를 위로해야 한다. 그리고 우리는 욥처럼 "주께서 나를 죽이실지라도 나는 그를 신뢰하리라"[욥 13:15][75]라고 말하기를 배워야 한다. 여호와께서 이 땅의 죄 때문에 의롭게 행하실 일로서, 우리 가운데 기근을 보낸다면 어떻게 하겠는가? 그러면 우리는 절망해야 하는가, 아니면 우리의 구원을 위해 불법적 수단을 사용해야 하는가? 그렇지 않다. 우리는 "사람이 떡으로만 사는 것이 아니요"라는 모세의 교훈을 배워야 하고, "가난한 과부의 병에 든 기름과 통에 담긴 가루"[왕상 17:14]를 풍족할 때까지 더하실 수 있는 그를 의지하기에 힘써야 한다.

일곱째, 이것은 우리에게 닥치는 모든 상태에서 우리 정서를 절제하는 법을 가르쳐야 한다. 건강하고 풍족할 때, 우리는 교만으로 우쭐대지 말아야 한다. 연약하고 궁핍할 때, 우리는 근심에 짓눌려서는 안 된다. 왜냐하면 사람의 생명이 이런 것들에 있지 않고, 이로써 하나님의 사랑이나 미움을 알 수 없기 때문이다. 궁핍에 처한 사람이 세상의 가장 부요한 사람처럼, 하나님의 좋은 축복을 가질 수 있다. 이런 점에서 종기로 가득 찬 굶주린 나사로는 모든 방탕으로 **탐식하는 부자**를 훨씬 초월했다[눅 16:19-20].

마지막으로, 우리의 생명이 하나님의 말씀에 달려있다는 것을 알기에, 우리는 하나님의 섭리를 인정하고, 모든 상태에서 그 섭리에 의존하는 법을 배워야 한다. (욥이 자신에 대해 말하는 것처럼) "젖으로 내 발자취를 씻으며 바위가 나를 위하여 기름 시내를 쏟아냈으며"[욥

---

75 역자주, 한글 개역개정은 "그가 나를 죽이시리니 내가 희망이 없노라"라고 번역되어 있으나, 현대인의 성경은 "비록 하나님이 나를 죽이실지라도 나는 그를 신뢰할 것이다"라고 번역한다.

29:6]라고 말한 평안한 날에, 사람들은 머지않아 그렇게 많이 말하게 될 것이다. 그러나 우리가 건강할 때나 아플 때, 풍족할 때나 궁핍할 때, 모든 형통의 절정에서나 고난의 깊음에서도, 심지어 그의 분노의 포도즙 틀을 밟을 때조차, 우리는 그의 축복의 섭리를 보고 느끼도록 힘써야 한다. "너의 행사를 여호와께 맡기라"[잠 16:3]는 것이 성령의 뜻이다. "너희 염려를 다 주께 맡겨 버리라 이는 저가 너희를 권고하심이니라"(벧전 5:7). 그들이 먹고 사는 피조물만 바라보는 것은 야만적 속성이다. 그러므로 우리의 눈과 마음은 반드시 "그를 향해 부르짖는 까마귀 새끼를 먹이시고"[욥 38:41],[76] "그의 능력의 말씀으로 만물을 붙드시는"[히 1:3] 그에게 고정되어야 한다. 우리는 이것에 대해 단순히 머리로 사색하는 것으로 만족해서는 안 되고, 우리의 마음에 그 위로를 느끼도록 애써야 하며, 우리 삶 속에서 그 능력을 드러내기 위해 힘써야 한다. 이상과 같이 첫 번째 투쟁에 대해 많이 다루었다.

두 번째 투쟁: 마태복음 4:5-7

"이에 마귀가 예수를 거룩한 성으로 데려다가 성전 꼭대기에 세우고 가로되 네가 만일 하나님의 아들이어든 뛰어내리라 기록하였으되[시 91:11-12] 저가 너를 위하여 그 사자들을 명하시리니 저희가 손으로 너를 받들어 발이 돌에 부딪히지 않게 하리로다 하였느니라. 예수께서 이르시되 또 기록되었으되[신 6:16] 주 너의 하나님을 시험치 말라 하였느니라 하신대"(마 4:5-7). 이 말씀은 우리 구주 그리스도와 사탄의 두 번째 투쟁을 보여준다. 누가는 이 투쟁을 세 번째에 놓았

---

76 역자주. 원문과 영문판은 욥 38:4로 기재하고 있다.

지만, 마태는 여기서 두 번째에 배치한다. 하지만 이것은 그들이 말하는 모든 것이 어떻게 이루어졌는지, 시간, 장소, 그리고 순서에 대한 엄격한 관찰에 매이지 않은 복음서 기자들 사이에 차이를 낳는 것은 아니다. 이 투쟁의 이야기에서 누가는 투쟁의 본질에만 관심을 갖는 반면, 마태는 그 순서도 주시한다. 이제 이 두 번째 투쟁에서 우리는 세 가지 요점을 관찰해야 한다. 첫째는 사탄의 준비, 둘째는 공격 자체, 셋째, 그리스도의 대답과 그로 인한 격퇴이다.

요점 1

이 투쟁에 대한 사탄의 준비는 5절에 포함되어 있다. 여기서 우리는 그 투쟁의 **때**와 **부분들** 모두를 주목해야 한다. **때**는 첫 번째 단어 "그 때"이다. 즉, 마귀는 그의 첫 번째 공격에서 그리스도에게 격퇴를 당하자마자, 곧이어 두 번째로 말한다.

사탄에게 있어서 하나의 시험의 끝은 다른 시험의 시작에 불과하다는 점에서, 사탄의 엄청난 악의를 보라. 그는 한 번의 공격으로 그치지 않고, 하나님의 교회의 대적이기에 끊임없이 삼킬 자를 찾는다. 그는 자신의 영혼이 위험에 처하지 않는 한, 그 어떤 조건에서도 하나님의 어떤 자녀와 결코 휴전하지 않을 것이다. 그는 자기 일에 지치지 않고, 밤낮으로 하나님의 자녀를 해치려고 음모를 꾸미거나 시행한다. 이에 대한 숙고를 통해 우리는 하나의 시험에 대해 승리하고 정복한 후에, 곧 새로운 시험에 대해 준비해야 한다는 것을 배운다. 이것이 우리의 머리이신 하나님의 아들의 상태였으며, 그의 지체들인 우리도 이와 다르지 않을 것이다. 이 눈물 골짜기에서의 우리의 삶은 우리 영혼의 원수와의 끊임없는 전쟁이다. 그러므로 우리는 여기서 안식과 편안함을 찾지 말고, 그들의 공격에 대해 항상 감시하고 경계해야 한다. 이 의무를 잘 배워 실천한다면, 그것은 많은 조바심을 예방하고, 우리 영혼에 많은 평화의 터전이 될 것이다. 인간의 본성은 슬픔이 배가 되고 새로워지는 것을 견딜 수 없다. 하나의 악이 다른 악의 목에 불을 붙일 때, 오, 그때 그는 자신의 경우에 과거에 어떤 악도 없었다고 생각한다. 그러나 여러분의 믿음의 주요 또 온전케 하시는 이인 예수를 바라보라[히 12:2]. 그는 결코 적게 견딘 것이 아니었다. 여기서 그는 여러분이 그의 발자취를 따라야 하는 모범이시다. 그러므로 여러분이 그의 제자가 되려면, "날마다" 여러분의 십자가를 지고 "그를 따를"[눅 9:23] 준비를 하라.

사탄의 준비는 두 부분이다. 첫째, 그는 그리스도를 광야에서 예루살렘으로 옮긴다. 둘째, 그는 그를 성전 꼭대기에 둔다. 첫째, "마귀가 그를 거룩한 성으로 데려다가." 즉, 누가가 설명하듯이(눅 4:9), 마귀는 그를 예루살렘으로 데려갔다. 마귀는 이것을 세 가지 방법으로 했을 것이다. 환상 가운데 그를 이끌었거나, 평범한 방식으로 이끌었거나, 혹은 공중으로 옮겼을 것이다. 첫째, 그것은 환상 가운데 일어났을 것이다. 왜냐하면 그것은 선지자들에게 일반적인 일이었기 때문이다. 그래서 예레미야는 브라트(Perath)[77] 강으로 갔으며[렘 13:4], 에스겔은 메소포타미아에서 예루살렘으로 옮겨졌다[겔 8:3]. 그러나 그리스도는 그런 식으로 옮겨지지 않았다. 왜냐하면 그리스도에게 "뛰어내리라"는 사탄의 설득은 시험이 될 수 없었기 때문이다. 둘째, 그리스도는 평범한 방식으로 광야에서 예루살렘으로 마귀에게 이끌릴 수 있었다. 그래서 그 말은 많은 것을 포함할 것이다. 그러나 그리스도는 그렇게 가신 것이 아니었다. 왜냐하면 그리스도가

---

77 유브라데(Euphrates).

마귀에게 이끌렸다면, 그것은 기꺼이 혹은 그 자신의 동의에 의한 것이든지, 혹은 마귀의 설득에 의한 것이었기 때문이다. 그러나 그는 자의로 가시지 않았을 것이다. 왜냐하면 그는 시험을 받기 위해 광야로 오셨지만, 그 시험은 아직 완전히 끝나지 않았으며, 따라서 그가 오신 사역이 끝나기 전에 그곳을 기꺼이 떠나려 하지 않으셨기 때문이다. 다시 말하지만, 그는 마귀의 설득에 의해 그 장소를 떠나지 않으셨을 것이다. 왜냐하면 그리스도는 마귀의 모든 시험에서 나타나듯이, 마귀가 그가 행하기를 원하는 만큼 결코 마귀를 만족시키지 않으실 것이기 때문이다.[78] 이것은 지켜야 할 규칙이기에, 그 자체로 합당하고 선한 것일지라도, 우리는 사탄이 그의 시험에서 우리를 설득하는 그 어떤 것도 행하지 말아야 한다. 셋째, 마귀가 하나님의 허락을 받아 그의 능력으로 우리 구주 그리스도의 몸을 공중으로 옮겼을 수도 있다. 이것이 가장 가능성이 있는 방법이며, 많은 신학자들이 그렇게 생각한다. 그리고 뒤따르는 말씀이 그것을 크게 확증한다. 왜냐하면 "마귀가 그를 성전 꼭대기에 세우고"라고 언급되고 있기 때문이다. 이제 그가 그를 거기에 세우는 능력을 지녔다면, 하나님이 그의(his)[79] 시험과 함께 이것도 정하신 것이기에, 그가 또한 왜 그를 거기로 옮기지 못하겠는가?

적용. 이것으로 우리는 모든 시대의 기록들이 보고하는 바와 같이, 사람들이 마귀에 의해 여기저기로 옮겨질 수 있음을 본다. 하지만 (일반적 견해가 무너진) 이 한 가지가 관찰되는데, 마귀는 많은 사람들이 생각하는 것처럼, 한 시간에 천 마일이나 이천 마일처럼, 짧은 시간에 그렇게 멀리까지 살아 있는 사람을 옮길 수 없다. 왜냐하면 경

---

78 여백에: 규칙. 사탄이 시험에서 여러분을 설득하는 그 어떤 것도 하지 말라.
79 역자주. 원문에는 his(마귀의)이나 영문판에는 His(하나님의)라고 오식되어 있다.

험이 가르치듯이, 그 어떤 사람도 그런 격렬한 이동을 견딜 수 없고, 살 수도 없기 때문이다. 사람이 어떤 높은 첨탑에서 떨어지면, 격렬한 이동으로 인해 그의 호흡은 사라지고, 땅에 닿기 전에 죽을 것이다. 참으로 마귀는 사람을 매우 빠르게 옮길 수 있지만, 인간 생명의 안전을 위해, 그는 해야 할 것보다 훨씬 더 자신의 시간을 늦추어야만 한다.

둘째,[80] 따라서 우리는 하나님의 허락에 의해 마귀는 참 신자들인 하나님의 자녀들의 몸에 대한 권세를 가질 수 있고, 여기저기로 옮길 수 있다는 것을 배운다. 이런 식으로 머리이신 그리스도 예수를 다루었다면, 왜 그가 그의 지체들 가운데 그 누구에게 그렇게 하지 못하겠는가? 게다가 우리는 (하나님이 그에게 허락하시어) 그가 하나님의 성도들에게 이것보다 더 많은 것을 했다는 것을 발견한다. 그가 가나안 여자의 딸에게 한 것처럼(마 15:22), 그들의 몸을 사로잡을 수 있다. 그가 아브라함의 딸의 몸을 십 팔년 동안 엄청나게 짓밟았던 것처럼(눅 13:16), 그는 그 몸을 오랫동안 괴롭힐 수 있다. 의심의 여지 없이 거룩한 사람들이었던 욥의 자녀들에게 했듯이(욥 1:19), 진실로 그는 그 몸을 죽일 수도 있다. 그러므로 그는 더더욱 그들을 여기저기로 옮길 수 있다.

여기서 참된 신자가 귀신이 들릴 수 있는가 라는 질문에 적절한 답변이 제공될 수 있다. **대답**. 그는 귀신이 들릴 수 있다. 세상에 아무리 신실하고 거룩한 사람이라 할지라도, 하나님이 허락하시면, 사탄은 그들의 몸을 지독히도 괴롭힐 수 있기에, 귀신이 들릴 수 있다. 자신의 믿음이 아주 강해서, 세상의 모든 마녀들이 자신을 해칠 수

---

80 여백에: 하나님의 허락 하에서 사람의 몸에 대한 사탄의 능력.

없다고 말하는 것은 단지 주제넘은 사람들의 공상일 뿐이다. 왜냐하면 하나님이 허락하시면, 사탄은 욥의 몸을 괴롭혔던 것처럼, 사람의 몸을 지독하게 괴롭힐 수 있고, 앞서 드러난 바와 같이 참으로 그 몸을 죽일 수도 있기 때문이다. 솔로몬이 외적인 것에 대해 말하면서, 진실로 "모든 사람에게 임하는 모든 것이 일반이라 동일한 조건이 의인과 악인에게 임한다"[전 9:2]라고 말한다. 모두가 동의하듯이, 악인도 귀신이 들릴 수 있다. 그것이 단지 외적인 악이라면, 경건한 자들 또한 왜 귀신이 들릴 수 없겠는가? 그러므로 이것은 강한 믿음에 크게 의존하는 그들의 교만을 누그러뜨려야 한다. 그리스도의 거룩한 몸에 행하는 사탄의 이 행위를 보라. 그리고 이로써 여러분의 겸손을 위해 하나님이 허락하시면, 사탄이 여러분의 몸을 크게 괴롭힐 수 있다는 것을 배우라.

더 나아가, 사탄이 우리 구주 그리스도를 옮기는 장소를 주목하라. "거룩한 성으로", 즉 "예루살렘"이다. **질문.** 예루살렘은 죄 많은 사람들이 가득한 더러운 장소인데, 왜 "거룩하다"고 불리는가? **대답.** 그것은 다음과 같은 이유들 때문에 "거룩하다"고 불린다. 첫째, 왜냐하면 이곳은 주님의 성전, 엄숙한 예배의 장소이며, 거기에는 하나님 예배를 위해 규정된 거룩한 의식과 예식들이 있었기 때문이다. 둘째, 예루살렘에는 유대의 모든 회당들에서와 마찬가지로, 모세의 의자{가르치는 자리}가 있었기 때문이다. 율법과 선지서들이 낭독되고 해설되었다. 셋째, 예루살렘은 종교와 관련하여, 모든 세상의 어머니 도시였기 때문이다. 하나님은 그의 교회가 여기에서 먼저 세워지고, 거기서부터 신앙이 다른 나라들로 전파되어야 한다고 정하셨다.

적용. 따라서 우리는 이때 예루살렘이 하나님의 참된 교회였다는 것을 관찰할 수 있다. 참으로 예루살렘의 교리와 행실에 대한 그리스도의 엄중한 책망이 명백하게 보여 주듯이(마 5:21; 23:13-14), 예루살렘은 둘 다에 있어서 매우 부패했다. 하지만 참된 교회였다. 그렇지 않았다면, 성령은 "거룩한 도시"라고 부르지 않으셨을 것이다. 이제 예루살렘이 이때 하나님의 참된 교회였다면, 우리는 하나님이 잉글랜드에 그의 참된 교회를 갖고 계신다고 말할 수 있을 것이다. 왜냐하면 우리 교회에 부패가 현존한다 할지라도, 하나님의 교회라는 특권에 있어서 예루살렘과 맞먹을 것이기 때문이다. 그들에게는 낭독되고 해설된 율법과 선지서들이 있었다. 우리도 그렇게 갖고 있으며, 사람의 구원을 위한 하나님의 능력인 복음도 갖고 있다. 그들은 율법의 성례들과 예식들을 가졌다. 그에 상응하여 우리는 복음의 성례들을 갖고 있으며, 또한 하나님을 예배하는 참되고 거룩한 형식도 갖고 있다. 그들의 예루살렘은 어머니 도시였다. 비록 우리가 그것에 대해 그렇게 많이 말할 수는 없을지라도, 우리 교회는 수년 동안 독일, 프랑스, 그 주변의 다른 곳의 이웃 교회들에게 유모(乳母)였다. 이것에 관하여 주님께서 의심의 여지 없이 우리에게 많은 축복을 부어주었다. 그러므로 비록 우리의 죄와 학대가 많고 심각할지라도, 교회의 특권에 관하여 우리는 거룩한 나라, 그리고 하나님 교회의 참된 지체라고 불릴 수 있다. 우리 구주 그리스도와 그의 제자들은 합법적 예배 가운데 유대인들의 회중과 연합하였고, 그들이 교회가 아닌 것이 될 때까지 그들을 버리지 않았다. 그런 것처럼, 우리가 그리스도에게서 분리하기까지 우리도 그러해야 하며, 아무도 우리 교회의 사역과 하나님께 대한 예배로부터 자신을 분리해서는 안 된다. 그러므로 교회 안에 있는 부패 때문에 우리 교회로부터 분리하는 자들은, 그리스도와 그의 사도들의 정신(spirit)[81]과는 거리가 먼 자들이다. 누군가는 이것이 로마 교회를 유익하게 한다고 말할 것이다. 예루살렘처럼 부패한 곳이 교회의 특권과 관련하여 거룩한 도시였다면, 로마 교회가 당시에 유대인들이 가졌던 것과 마찬가지로 종교에 대한 많은 특권을 가지고 있기 때문에, 그들은 하나님의 교회이며, 따라서 우리가 그들과 분리하는 것은 잘하는 것이 아니다. **대답.** 교황주의자들이 아닌 어떤 사람들은 실제로 로마 교회가 하나님의 교회라고 말한다. 그러나 사실은, 현재의 로마 교회는 영적 바벨론,[82] 가증한 것들의 어미[계 17:5], 그리스도의 신부가 아니라 매춘부(strumpet)[83]이다. 그러나 그들은 다음과 같은 그들의 특권을 주장한다. 첫째, 베드로에게서의 계승되었다고 하며, 둘째, 첫 번째 제정(institution)에 따른 실질적인 참된 세례라고 하며, 셋째, 사도신경을 붙들고 믿고 있다고 하며, 넷째, 선지자들과 사도들의 글 속에 있는 하나님의 말씀을 가지고 있다고 하며, 마지막으로, 모(母)교회가 그들의 것이라고 한다.

대답. 진리가 나타날 때, 이 모든 것은 아무것도 아니다. 왜냐하면 첫째, 교리의 계승이 없는 사람의 계승은 교회의 표지가 아니기 때문이다. 그들이 사도들의 교리 안에 있는 계승을 보인다면 인정할 수 있지만, 그들은 그렇지 않다.

둘째, 그들의 세례만으로는, 비록 실질적인 참된 세례라 할지라도, 그들이 참된 교회임을 증명할 수 없기 때문이다. 할례는 하나님의 교회의 성례였으나, 사마리아와 콜키스(Colchis)[84]가 그것을 시행

---

81 역자주. 원문에는 'spirit'으로 되어 있으나, 영문판에는 'Spirit'으로 오식되어 있다.
82 역자주. 여백에: 로마는 영적 바벨론이다.
83 *Strumpet*: 매춘부.
84 고대 조지아 왕국.

했을지라도, 하나님의 교회가 아니었다. 다시 말하지만, 도둑이 진실한 사람의 지갑을 보여 줄 수 있지만, 그것이 그가 진실하고 정직하다는 것을 증명하는 것은 아니다. 더 이상 세례가 로마 교회를 참된 교회로 정당화하지 않는다. 마지막으로 그들이 비록 외적 세례를 가진다 할지라도, 참으로 그들은 내적 세례인 성례의 생명, 즉 하나님의 교회에서 반드시 외적 요소와 함께 있어야 하는 전가된 의와 갱신된 거룩을 무너뜨린다. 내적 세례가 없으면 세례는 아무것도 아니다.

셋째, 그들은 말로는 사도 신경을 갖고 있지만, 행위로는 그것을 부인하기 때문이다. 왜냐하면 비록 그들이 성부 하나님과 예수 그리스도를 믿는다고 말할지라도, 사실상 하나님과 그리스도 둘 다를 부인하기 때문이다. 우리가 신조(Creed)를 다룰 때 보여 준 것처럼, 교황주의자들의 하나님은 하나의 우상인 하나님이며, 교황주의자들의 그리스도는 거짓 그리스도이기 때문이다.

넷째, 우리는 하나님의 말씀이 단순한 단어와 문자에 있는 것이 아니라, 선지자들과 사도들의 성경에 포함된 성령의 참된 의미에 있다는 것을 알아야 한다. 비록 그들이 성경책을 가지고 있다 할지라도, 그들은 종교의 다양한 주요 근거들에서 선지자들과 사도들의 터를 무너뜨린다. 다시 말하지만, 그들은 제등(提燈, lantern)이 그 자체를 위해서가 아니라 행인들을 위해 촛불을 담고 있는 것처럼, 성경을 갖고 있다. 그래서 그들에게 있는 성경은 그들의 회당을 위한 것이 아니라, 그들 가운데 하나님이 은밀하게 숨겨두신 자들을 위한 것이다. 왜냐하면 심지어 교황주의 한가운데서도 그들의 저주받은 교리를 받아들이지 않은 하나님의 택한 자들이 있었기 때문이다.

마지막으로, 모(母)교회라는 그들의 주장에 대해, 우리는 고대 로마 교회와 현재의 매춘부 사이를 구별해야 한다. 바울이 편지를 썼던 고대 로마 교회는 참되고 유명한 교회요, 어머니 교회였다. 그러나 그 교회는 현재 죽었고 장사되었다. 그리고 현재의 로마 교회는 어머니 교회, 그리스도의 신부가 아니라, 거기서 떠나라고 우리가 명령을 받은 "바벨론의 음녀", "가증한 것들의 어미"(계 18:4)이다.

둘째, 그리스도가 시험을 받기 위해 거룩한 도시 예루살렘으로 옮겨졌다는 사실에서, 우리는 지상의 그 어떤 거룩한 장소도 마귀의 시험을 막을 수 없다는 것을 배운다. 그는 그리스도를 시험하기 위해 광야에서 거룩한 도시 안에 있는, 심지어 거룩한 성전 위로 데리고 간다. 그는 여호수아가 여호와께 봉사하기 위해 여호와의 천사 앞에 서 있을지라도, "여호수아의 오른쪽에서 그를 대적할"[슥 3:1] 것이다. 그러므로 십자가 표시, 성수(聖水), 유물, 그리고 그런 미사의 주술들이, 그들의 집이나 몸을 사탄의 공격으로부터 해방시키는 힘을 갖고 있다는 교황주의자들의 생각은 지독하게도 어리석은 것이다.

마지막으로, 이로써 우리는 장소를 바꾸는 것이 괴로운 마음을 치료하는 데 어리석은 방법에 지나지 않는다는 것을 본다. 참으로 공기를 바꾸는 것이 신체적 치유를 훨씬 더 진작시킬 수 있다. 그러나 마귀와 갈등을 겪음으로 괴로운 마음이 생기는데, 마귀는 자리를 옮겨도 떠나지 않는다. 예루살렘은 광야와 마찬가지로 그의 목적에 맞는 장소이다.

이 투쟁에 대한 마귀의 준비의 두 번째 부분은 이것이다. "그를 성전 꼭대기에 세우고." "꼭대기"로 번역된 단어는 적절하게는 성전의 {부속 건물인} 동(棟, wing)을 의미한다. 어떤 사람들은 이것을 성전의 꼭대기 위에 있는 다양한 종류의 날카로운 첨탑으로 이해한다. 그러나 이것은 여기를 의미하지 않는다. 왜냐하면 그런 첨탑이 동(棟)이라고 일컬어질 수 없기 때문이다. 다른 사람들은 그것을 성전 꼭대기에 만들어진 흉벽의 일부로 여기는데, 그것은 사람들이 떨어지지 않도록 유대인들이 건축하곤 했던 평평한 것이었다. 다른 사람들은 성전 꼭대기의 어느 구석으로 여긴다. 그것이 이것들 가운데 어느 것이었는지 우리는 확실하게 정의할 수 없다. 그러나 그것은 성전의 어느 구석이나 흉벽에 있는 가파르고 위험한 곳으로서, 사람이 쉽게 뛰어내릴 수도 있다는 것을 견지해야 한다. 이로써 우리는 마귀가 자신의 시험을 더 가중시킬 수 있는 이점을 조금도 빠뜨리지 않는다는 것을 본다. 이것은 우리로 하여금 그를 대적하는 우리의 입장을 더욱 조심하게 만들 것이다.

요점 2

"가로되 네가 만일 하나님의 아들이어든 뛰어내리라 기록하였으되 저가 너를 위하여 그 사자들을 명하시리니 저희가 손으로 너를 받들어 발이 돌에 부딪히지 않게 하리로다"(마 4:6). 이 말씀은 이 투쟁의 두 번째 요점, 즉 그리스도에 대한 사탄의 공격을 담고 있다. 여기서 우리는 먼저 그의 시험을 관찰하고, 그 다음에 그가 그것을 시행하는 이유를 관찰해야 한다. 여기에서 그의 시험은 전자가 그랬던 것처럼, 다음과 같이 일종의 추론으로 구성되어 있다. "네가 만일 하나님의 아들이라면, 이 성전 꼭대기에서 뛰어내려 하나님의 아들임을 보여라. 그러나 내가 보니 네가 하나님의 아들이라고 확실히 믿고 있으니, 그러므로 네가 뛰어내려서 그것으로 하나님의 아들임을 선포하라."

이것이 전자와는 구별된 시험이라는 것을 알기에, 의심의 여지 없이 그것은 다음과 같은 결론으로 구성되어야 한다. 그것이 이전의 시험과 동일한 결론을 갖는다면, 그것은 동일한 시험이기 때문이다. 따라서 사탄의 의미는 마치 다음과 같이 말한 것과 같다. "나는 네가 하나님의 아들인지 아닌지 분명하게 알아보기 위해 시험해 보았다. 그리고 너는 틀림없이 "이는 내 사랑하는 아들이요 내 기뻐하는 자라"고 말하는 너의 아버지의 음성이 참되다고 믿는 것 같다. 이제 이것이 참으로 그러하다면, 네가 어떤 기적으로 그 사실을 확증해야 하는 것이 수월할 것이다. 네가 그것을 할 수 있는 가장 적합한 장소는 바로 이곳이다. 그러므로 네가 지체 없이 이 꼭대기에서 뛰어내리려. 하지만 떨어질 때, 전혀 다친 곳 없이 안전하게 네 자신을 보존하라."

이 시험에서 사탄의 계략은 우리 구주 그리스도로 하여금 그의 아버지의 보호하심을 신뢰한 것이 헛된 것이었으며, 사탄의 결론과 마찬가지로 참으로 합법적인 평범한 수단을 무시하면서, 그의 비범한 섭리를 의지한 것이 절대적으로 주제넘은 일이라고 생각하게 만드는 것이었다. 그리스도의 대답은 쉽게 나타날 것이다.[85] 이로써 우리는 하나님의 교회에서 일반적인 시험을 하는 사탄의 주된 계략 중 하나가 사람들을 주제넘게 만들고, 하나님의 사랑과 호의와 자비에 대해 헛된 확신에 빠지게 하는 것임을 관찰할 수 있다. 이것은 죄 안에서의 자유에 대한 이상한 추론으로 나타나는데, 많은 사람들이 이것을 자신에게 적용하고, 어떤 사람들은 입 밖에 내기를 부끄러워하지 않는다. 첫째, 하나님은 자비로우시며, 그리스도는 그들의 구속을 위해 피를 흘리셨기 때문에, 그들은 많은 사람들처럼 설교를 듣고, 말씀을 읽고 대화하는 데 그렇게 엄격하거나 정확하지 않고, 자신들의 쾌락을 취하고 이생의 이익을 추구할 것이다. 사도시대에 어떤 사람들은 이런 식으로 추론했다. "은혜를 더하게 하기 위해 죄에 거하자"[롬

---

85 여백에: 사탄은 사람을 뻔뻔스런 주제넘음으로 끌고 가려고 한다.

6:1]. 유다는 그런 자들에 대해 다음과 같이 평가한다. "그들은 하나님의 은혜를 도리어 방탕한 것으로 바꾸었다"[유 4]. 그런 사람들은 그 이후로도 항상 존재했고, 오늘날에도 어디에나 많이 있다.

둘째, 어떤 사람들은 그들이 구원을 받거나 저주를 받도록 정해졌다고 말한다. 만약 구원을 받도록 정해졌다면, 그들은 어떻게 살든 확실히 구원을 받을 것이다. 또한 저주를 받도록 정해졌다면, 아무리 거룩하게 산다 할지라도, 그것을 피할 수 없다. 왜냐하면 하나님의 작정은 불변하기 때문이다. 그러므로 그들은 쾌락을 취하고, 자신들이 원하는 대로 살 것이다.

셋째, 다른 사람들은 말하기를, 그들은 자신들에 대한 하나님의 선하심을 항상 발견했으며, 자신들이 결핍에 처하는 것을 하나님이 결코 허용하지 않으실 것이라고 확신하기에, 다른 사람들처럼 수고와 근심으로 자신을 혹사하지 않고, 기회가 주어지는 대로 자신들의 안일과 쾌락을 취할 것이다. 그래서 그들은 자신들의 책임과 소명을 소홀히 하고, 스포츠와 쾌락, 사람들과 어울리는 그런 유사한 것들에 전적으로 전념할 것이다. 참으로 이런 주제넘음의 시험으로 사탄은 더 나은 부류의 사람들을 자주 정복한다. 왜냐하면 어떤 사람이 진리를 좋아해서 어떤 종교를 알기 위해 헌신한다면, 마귀는 곧바로 그가 행하는 것이 그의 구원에 충분하다고 그를 설득하려 할 것이기 때문이다. 그래서 마귀는 그가 그의 선택, 그리고 그리스도 예수 안에서 충만한 확신(affiance)[86]에 대한 확실한 지식을 얻고, 하나님의 거룩한 사역의 목적이자 우리가 온 힘을 다해야 하는(벧후 1:10) 그리스도 안에서 온전한 사람이 되기 위해(엡 4:13) 더 이상 수단을 사용하지 못

---

86 *Affiance*: 확신.

하게 할 것이다. 이것에 대한 진리는 "등을 가지되 기름을 가지지 아니하고"[마 25:1-2], 너무도 늦게까지 그것을 전혀 염두에 두지 않은 미련한 다섯 처녀에게서 보라. 그래서 대부분의 사람들은 은혜의 때가 지나갈 때까지, 결코 은혜의 기름을 구하지 않은 채, 외적 고백의 타오르는 등불로 만족한다.

적용. 이로써 우리 모두는 특별한 방식으로 뻔뻔스러움을 조심하라고 가르침을 받는다. 이것은 많은 영혼을 얽매는 마귀의 흔한 올무이다. 그가 종종 사람들을 절망에 빠뜨림으로써 승리한다는 것은 참으로 사실이다. 천 명이 주제넘음으로 멸망한다면, 거의 한 사람만 절망으로 죽는다. 왜냐하면 절망은 혈과 육에 고통스러운 것이며, 마귀가 잘 알듯이 때때로 더 건전한 회심으로 바뀌기 때문이다. 그러나 주제넘게 행동하는 것은 육체에 달콤하고 즐거운 것이며, 사람의 타락한 본성에 가장 잘 어울린다. 이것에 관해 우리는 다윗이 "주의 종에게 고의로 죄를 짓지 말게 하사"(시 19:13)라고 기도하듯이, 모든 감사와 경계로 우리 마음을 지켜야 한다.

다시 말하지만, 이것을 전자와 비교함으로써 사탄의 시험 순서를 관찰하라. 거기서 그는 그리스도의 믿음을 무너뜨리고, 하늘에서 선포된 하나님의 말씀의 진리를 불신하게 만들려고 애썼다. 그러나 그가 그런 식으로 승리할 수 없다는 것을 깨닫고, 여기서 그는 정반대의 길을 취하여, 그가 주제넘게 행동하게 만들려고 애쓴다.

이것은 우리가 아주 교활하게 한 극단에서 다른 극단으로 변하는 마귀의 깊은 간교함과 교활함을 발견하는 데 도움을 준다.[87] 그가 여기서 머리이신 그리스도를 다루듯이, 계속해서 그의 모든 지체들을

---

87   여백에: 시험에서의 사탄의 간교함.

다루는 것을 보라. 그가 그들을 한 극단에 빠지게 할 수 없다면, 그는 다른 극단에서 열심히 시도할 것이다. 마귀가 어떤 사람을 탐욕에 빠지게 하여 재물 사랑에 가둘 수 없다면, 그는 환락과 방탕을 조심해야 한다. 어떤 사람이 쾌락과 즐거움에 빠져 있다가, 마침내 그것들을 빼앗기고 마는가? 그렇다면 그는 마귀가 고린도의 "근친상간자"에게 행하고자 했던 것처럼[고후 2:7, 11], 지나친 근심으로 마귀에게 삼킴을 당하지 않도록 조심해야 한다. 이전에 방종하게 살았던 어떤 사람이 종교를 사랑하게 되었는가? 그것이 가능하다면, 마귀는 그로 분열과 이단에 빠지게 할 것이다. 마귀는 어떤 사람이 하나님의 말씀에 따라 중용을 지키는 것을 참을 수 없다(사 30:21). 그는 우리의 첫 번째 조상이 **신**(神)이거나 아무도 아니기를 바랐다(창 3:5). 그래서 그는 여전히 사람을 어떤 극단으로 몰아가려고 노력한다. 그러므로 우리는 그리스도께서 여기서 하셨던 것처럼, 즉 한편으로 의심하지도 않으시고, 다른 한편으로 주제넘게 행동하지도 않으시고, 다만 그의 복된 마음이 이러한 공격 가운데 확고하게 자리를 잡게 만든, 그 복된 믿음을 여전히 간직하셨던 것처럼, 우리가 살아가는 동안 모든 상태에서 중용을 지키기 위해 노력해야 한다. 우리는 지금까지 사탄의 계략에 대해 많이 다루어 보았다.

이제 이 시험의 말미에 이르렀다. "네가 만일 하나님의 아들이어든 뛰어내리라." 즉, 이 기적으로 네가 하나님의 아들임을 보여라. 여기서 마귀는 그리스도로 하여금 그가 사역을 수행할 때, 가르침으로 하나님의 아들임을 나타내라고 설득하지 않고, "네가 뛰어내리는" 기적으로, 즉 참회하지 않는 모든 사람 속에 있는 자연적 기질이 매우 생생하게 볼 수 있는 이미지인, 기적으로 나타내라고 설득하는 것을 관찰하라. 그들은 그리스도의 기적에 영향을 받는 척하지만, 그의 가르침에는 관심이 없다. 헤롯은 그리스도를 보고 싶어 했기에, 빌라도가 그를 보냈을 때, "그가 오는 것을 기뻐했다"[눅 23:8]. 하지만 헤롯이 기뻐했던 것은 그의 교훈을 듣고자 함이 아니었다. 왜냐하면 그는 그것을 견딜 수가 없었기 때문이다. 그렇지 않았다면 그는 요한을 옥에 가두지 않았을 것이다. 그는 또한 요한을 죽였고, 단지 "이적 보기를 바랐을" 뿐이었다. 악한 유대인들은 표적을 구하고, 그의 가르침 때문에 그리스도를 죽였다. 하지만 "그가 십자가에서 내려온다면", 그래서 자신을 기적적으로 구원한다면, "그들이 믿을 것이다"(막 15:32)라고 말한다. 그리고 이 옛 뱀의 독은 많은 성경학자들의 마음을 독살했는데, 그들은 믿음과 회개와 같은 종교의 근본적 요점들에 자신의 기초를 두는 데 전혀 관심을 두지 않고, "박하와 운향의 십일조는 드리되 공의와 하나님께 대한 사랑은 버리는"(눅 11:42) 위선적인 바리새인들처럼, 다만 재치와 학식의 어떤 외양이 나타날 수 있는 사소한 구별(quiddities)[88]과 난제들만 놀랄 정도로 열망했다. 이것의 원인은 건전한 은혜의 결핍이다. 왜냐하면 자연적인 사람들은 참으로 하나님의 영의 일들을 맛볼 수 없으며, 십자가에 못 박힌 그리스도에 대한 지식은 그들에게 어리석게 보이기 때문이다.

둘째, 마귀는 굶주림으로 인한 그리스도의 연약함에서 이전 시험의 기회를 잡았다. 그러나 그 공격에 대한 그리스도의 은혜로운 대답으로 인해, 아버지의 말씀에 대한 그의 확실한 믿음을 깨닫고, 여기서 마귀는 그의 믿음의 고백으로부터 그리스도를 시험한다. 마귀는 마치 다음과 같이 말하는 것과 같다. "너는 네가 하나님의 아들이라는 너의 아버지의 말씀의 진리를 확신하는 것 같은데, 그것이 참으로

---

88 *Quiddities*: 머리카락을 쪼개는 구별들.

사실이라면, "네가 뛰어내리는" 이 기적으로 그것을 보여라."

여기서 사탄의 또 다른 간계를 보라. 그가 만일 우리의 연약함으로 인한 공격으로 승리할 수 없다면, 그는 우리 안에 있는 하나님의 선한 은사들과 은혜에서 이끌어낸 것으로 우리를 시험할 것이다. 사탄이 재치와 기억력의 좋은 은사를 가진 어떤 사람을 무지 속에 가둘 수 없다면, 그는 그가 지식으로 교만하게 부풀게 할 것이며, 그의 독을 하나님의 선한 은사들과 섞음으로써, 많은 사람들을 하나님의 교회에 저주(bane)[89]가 되게 만들 것이다. 그렇지 않다면, 다양한 세부 사항에서 쉽게 볼 수 있듯이, 그들은 하나님의 교회에서 탁월한 도구로 입증되었을 것이다.

셋째,[90] 여기서 사탄의 악의가 어떻게 억제되고, 그의 권세가 어떻게 제한되는지 관찰하라. 하나님의 허락에 의해 그는 그리스도를 광야에서 예루살렘으로 옮길 수 있고, 거기서 그를 성전의 {부속 건물인} 동(棟) 위의 가장 위험한 곳에 세울 수 있다. 지금 그가 원하는 것은 그를 밑으로 내던져 멸망시키는 것인데, 이것을 할 수 없기에, 그리스도께서 자신을 곤두박질치게 설득한다. 여기서 우리는 이 모든 시험 가운데 그의 원수가 가장 원하는 것을 억제하시는, 그리스도 예수에 대한 하나님의 특별한 섭리를 본다. 그리고 하나님은 모든 시험 가운데 그리스도의 지체들을 효과적으로 보존하기 위해, 여전히 동일한 섭리로 그의 교회를 계속 돌보신다. 마귀의 지치지 않는 욕망과 간계는 다툼과 소동(hurliburlies),[91] 그리고 파멸을 교회와 국가 안에 있는 모든 사회에 초래하는 것이다. 그러므로 이 모든 사회의 평화와

---

89 *Bane*: 성가시게 하거나 짜증나게 하는 것(a nuisance or irritation). 역자주, 영문판 편집자의 해설과 달리 역자는 *Bane*을 저주, 멸망, 화, 독(curse, destruction, woe, poison)으로 해설한다.

90 여백에: 억제된 사탄의 악의.

91 *Hurliburlies*: 시끄러운 혼란.

고요함은 사탄의 증오와 악의를 억제하시는 하나님의 복된 섭리의 주목할 만한 열매이며, 반드시 그렇게 인정되어야 한다. 다시 말하지만, 시험에서 사탄이 하나님의 허락을 벗어날 수 없다는 것은 분명하다. 그가 그리스도를 시험할 수 있고, 참으로 그의 몸을 옮길 수 있으며, 그를 위험한 곳에 세울 수 있는데, 왜냐하면 여기까지는 하나님이 그에게 허락하신 것이기 때문이다. 그러나 그가 성전 꼭대기에서 그리스도를 아래로 던질 수는 없다. 거기에는 하나님의 억제가 있기 때문이다. 이것은 하나님의 자녀들에게도 적용된다. 하나님은 그들 안에 있는 하나님의 은혜를 시험하고, 어떤 죄들에 대해 그들을 징계하기 위해 사탄이 그들을 반복해서 공격하도록 허용하신다. 하지만 그는 욥의 고난에서 눈에 띄게 나타나는 것처럼[욥 1:12], 하나님의 허락 없이는, 한 치도 그의 악의를 드러낼 수 없다. 우리는 가장 가혹한 공격을 당할 때, 특별한 위로를 얻기 위해 이것을 주의 깊게 기억해야 한다. 여기까지 사탄을 허락하신 하나님의 뜻은 우리로 하여금 인내하게 하며, 사탄이 더 악한 일을 하지 못하도록 억제하시는 하나님의 능력은 우리에게 위로를 준다. 우리는 지금까지 시험 자체에 대해 많이 다루었다.

사탄은 자신의 시험을 강화하기 위해 성경에서 이유를 가져온다. "기록하였으되 저가 너를 위하여 그 사자들을 명하시리니 등등." 사탄은 그리스도께서 첫 번째 공격을 방어하기 위해 성경을 인용(allege)[92]하신 것을 듣고서, 이제 그리스도께서 가지셨던 무기를 갖고 그에게 다가온다. 가능하다면, 그는 다음과 같이 그리스도를 물리치려고 했을 것이다. "너는 성경을 인용함으로써 너 자신이 교회의 교

---

92 *Allege*: 인용하다.

사라고 보여 주고, 네가 너의 행동 규칙을 만드는 것 같다. 그렇다면 네가 하나님의 아들이라면, 너는 안전하게 뛰어내릴 수 있다. 왜냐하면 "저가 너를 위하여 그 사자들을 명하시리니 저희가 손으로 너를 받들어 발이 돌에 부딪히지 않게 하리로다"라고 기록되었기 때문이다."

이러한 사탄의 유혹으로부터, 우리는 종교에 대한 하나의 견해를 수용하지 않도록 가르침을 받는다. 왜냐하면 그에 대해 성경의 증거가 제시될 수 있기 때문이다. "우리는 영들을 분별해야 한다." 즉, 사람들의 가르침이 "하나님께로부터 온 것인지 아닌지 분별해야 한다"(요일 4:1). 왜냐하면 마귀는 그리스도를 주제넘게 만들기 위해 성경을 인용할 수 있으며, 그것은 그가 사람들을 분열, 오류, 그리고 이단으로 이끌 때 사용하는 일반적인 관행이기 때문이다. 죄 가운데 살려고 마음먹은 사람을 설득하고, 이생의 짧음과 불확실성을 이유로 그 위험한 상태를 그에게 말한다면, 그는 자신이 하던 대로 하다가, 늙으면 회개할 것이라고 여러분에게 똑바로 말하지 않겠는가? 왜냐하면 "어느 때든지 만일 죄인이 그의 죄를 회개하면 내가 그의 모든 악을 기억하지 아니하리라 여호와께서 말씀하셨느니라"[겔 18:27]고 기록된 것을 증거로 삼을 것이기 때문이다. 그리고 어떤 사람들은 죽기 전 서너 마디 좋은 말이 그를 구원하는 데 도움이 될 것이라고 생각한다. 왜냐하면 십자가상의 강도는 죽기 전에 단지 "주여 당신의 나라에 임하실 때에 나를 기억하소서"[눅 23:42]라고만 말했기 때문이다. 사탄의 학교에서 훈련받은 모든 사람들은 악을 더 행하기 위해 성경을 쉽게 인용할 수도 있다.

그러나 마귀가 인용함으로써 악명 높게 남용하는 성경을 살펴보자. 그것은 시편 91편 11절에 기록되어 있다. 그것을 인용하는 데 처음에 빠뜨렸을 수도 있는 접속사 "왜냐하면"을 생략하지 않을 만큼,[93] 그는 매우 조심스럽고 정확해 보인다. 그래서 그의 추론에는 힘이 전혀 부족하지 않았다. 그러나 여기에는 나중에 그리스도로 하여금 그 어떤 거짓도 의심하지 않게 하려는 그의 계략이 들어 있다. 왜냐하면 마지막에 이르러, 그는 천사에 의해 보존된다는 약속의 근거가 되는 것, 즉 "네 모든 길에서 너를 지키게 하심이라"{시 91:11상}를 빠뜨리고 있기 때문이다. 즉, 네가 하나님을 영화롭게 하고, 다른 사람들에게 선을 행할 너의 합법적인 부르심의 모든 선한 의무에서 너를 지킬 것이다. 그 약속은 그들의 길에서 그와 같이 행하는 자에게 속하기 때문이다.

그렇다면 여기서 자신의 목적에 부합하지 않는 것은 아주 교활하게 빠뜨릴 수 있고, 성경의 진정한 의미를 그토록 왜곡할 수 있는 사탄의 놀라운 사기와 책략을 보라.[94] 그는 말씀을 대적하여 전체를 철저히 전복시킬 수 없을 때, 일부를 잘라내어 참된 의미를 왜곡하는데, 이것이 그의 일반적인 관행이다. 모든 이단자들도 이처럼 행하는데, 그들은 잘라내고 빠뜨림으로, 성경을 가지고 교묘한 속임수 (legerdemain)[95]를 펼친다. 아리우스는 성경을 하나님의 말씀으로 간주하기는 한다. 그러나 그는 그리스도의 신성을 증명하는 구절들을 현저하게 남용하고 왜곡한다. "사랑의 가족(The Family of Love)" 역시 성경을 하나님의 말씀으로 간주한다. 하지만 그들은 모든 것을 풍유로 바꿈으로써, 심지어 우리의 첫 조상의 타락과 같은 가장 참된 역사와 자연적 의미에서 종교의 주된 근거가 되는 것조차 풍유로 바꿈으로

---

93 역자주, 한글 개역개정은 접속사 "왜냐하면"(for)을 생략하고 있다.

94 여백에: 사탄이 하나님의 말씀을 깎아내리다.

95 *Legerdemain*: 마술사(an illusionist). 역자주, 영문판 편집자의 해설보다 교묘한 속임수라고 해설하는 것이 더 낫다.

써, 성경의 참된 의미를 왜곡한다. 그리고 배도자 로마 교회는 우리처럼 신구약 책들을 갖고 있다. 그러나 그들은 자기들 마음대로 넣었다 뺐다 하며, 그들의 거룩한 아버지 교황의 결정에 부합하지 않는 모든 뜻과 의미를 성경에서 뺌으로써, 하나님의 말씀을 뒤엎고, 그들의 불법의 비밀{살후 2:7}을 강력하게 유지한다.

사탄과 그의 사악한 범법자들이 이처럼 성경을 취급하는 것은 하나님의 모든 자녀들로 하여금 성경을 연구하는 데 기꺼이 힘을 쏟도록 만든다. 이것이 성경을 왜곡하는 그들의 사기(詐欺)를 드러내는 유일한 방법이기 때문이다. 이로 인해 그리스도는 당대 사람들에게 성경을 연구하여 자신을 참 메시야로 알기를 배우라고 명령하셨는데, 이는 당시 유대 교사들이 부인했던 것이었다. 이것에 관해 우리는 모세처럼 다음과 같이 말해야 한다. "오, 여호와께서 그의 영을 그의 모든 백성에게 주사 다 선지자가 되게 하시기를 원하노라!"[민 11:29] 오, 모든 사람이 하나님의 말씀을 읽고 이해할 수 있기를! 바로 이것이 목사이거나, 목사가 되고자 하는 모든 사람이 심지어 성경 본문의 온전한 지식과 판단을 얻기까지 특별히 수고해야 하는 것이다. 목사는 단지 진리를 가르칠 수 있을 뿐만 아니라, 또한 오류와 이단을 분별하고, 발견하고, 논박할 수 있어야 하는데, 이는 그가 본문 자체에 대한 충분한 이해 없이는 결코 제대로 할 수 없는 것이다. 마귀가 성경 전체를 알고 있고, 성경을 왜곡할 수 있다면, 그는 어떤 본문도 그냥 내버려 두지 않을 것이다. 그러므로 거짓의 아비인 그에게서 하나님의 진리를 건져내기 위해, 목사는 바울이 디모데에게 권고한 것처럼, 자신이 예수 그리스도의 좋은 군사임을 나타내야 하며, 모든 사람이 말씀을 통해 자신의 유익을 볼 수 있도록 말씀에 주의를 기울여야 한다[딤전 4:15-16]. 참으로 목사는 예레미야처럼 하나님의 책을 먹고 이해하여 소화하고, 그 안에서 기뻐하고, 그 말씀이 마음의 즐거움이 되도록 애써야 한다[렘 15:16]. 마귀는 진정으로 이해되고 잘 적용된 성경이 자신의 왕국을 타격하는 유일한 동력임을 알고 있다. 그러므로 심지어 처음부터, 특히 그리스도께서 오신 이후로, 그는 사람들이 성경에 대한 지식을 얻지 못하고 참된 이해를 하지 못하도록 모든 수단을 동원해 왔다. 사람들이 성경을 읽는 것에서 떠나 학자들, 교부들, 그리고 그와 같은 사람들의 글에 몰두하게 했던 것이 바로 마귀이다. 이 방법으로 그는 로마 교회에서 여러 해 동안, 심지어 오늘날까지 성경을 알 수 없는 언어로 가두어 두었다. 하나님의 교회에서조차 마귀는 성경에 대한 젊은 학자들의 애정을 훔치고, 사람들의 글에 대한 기쁨으로 그들을 매혹함으로써, 강력하게 활동한다. 그렇게 함으로써 그는 그들을 진리의 샘에서 멀어지게 하여, 스스로 오류에 빠지거나, 다른 사람의 오류를 분별하고 반박할 능력이 떨어지게 한다. 그리하여 사람들이 성경 본문을 떠나 사람들의 글에 너무 중독되어 있는 동안, 피할 수 없는 다툼과 오류가 선지자 학교에 들어온다. 그렇게 함으로써 그는 사람들의 마음에 이상한 자만심을 더욱 교활하게 전달할 수 있게 된다. 그러므로 순수함과 성실함으로 진리를 유지하고자 하는 모든 사람은 성경 본문 안에서 애써 수고해야만 한다.

둘째, 이로써 하나님의 사역자들은 성경의 어느 본문을 적합하고 타당하다고 인용할 때, 주의를 기울여야 한다. 왜냐하면 자기 마음대로 그 본문을 성령의 본뜻에서 왜곡하는 것은, 하나님의 모든 종들이 무모하게 하지 않고 멀리해야 할 사탄의 일이기 때문이다. 그것은 또한 설교의 교리 부분에서 다양한 성경을 많이 인용하는 사람들에게 좋은 지침이 될 수도 있는데, 이는 솔로몬이 말하듯이, "말이 많으면 허물을 면하기 어렵기"[잠 10:19] 때문이다. 따라서 영향을 받는 다수의 인용에서는 성경의 남용을 피하기 어렵다. 우리가 만일 어떤 사람의 증언을 전달한다면, 우리는 할 수 있는 한 정직하게, 그의 말과 그의 의미를 모두 지켜야 한다. 그렇다면 주의 증언을 인용함에 있어서 우리의 양심은 더더욱 진리의 증거를 주의깊게 존중해야 한다. 그러므로 사람들이 성경을 인용할 때, 주의 말씀을 왜곡함으로써 사탄의 추종자들이 되지 않도록, 그의 참된 의미에 한정하는 것이 매우 칭찬할 만한 일이다. 이상와 같이 사탄의 인용 방식에 대해 많이 다루었다.

이제 그 본문의 진리와 적절한 의미를 간단하게 논의할 것이다. 그 본문이 인용된 시편 91편은 어떤 심각한 전염병이나 질병이 닥쳤을 때, 하나님의 백성을 위로하기 위해 기록된 성경의 매우 천상적인 부분이다. 그것은 그 전염병에 대해, 그리고 결과적으로 하나님의 그 어떤 심판에 대해서도 주목할 만한 보전약제(保全藥劑)를 포함하고 있다. 즉, **주님께 대한 참된 신뢰와 확신**, 이것이 모든 평안한 안전의 근거이다. 거기에는 다른 많은 것들 중에서 (마귀가 여기서 인용하는) 하나님의 거룩한 천사들의 보호라는 은혜로운 약속이 있다[시 91:11]. 천사들은 언제든지 하나님의 자녀가 하나님의 길, 즉 하나님의 계명에 순종하고 자신의 합법적 부르심의 의무들을 준수한다면, 연약한 아이가 떨어져 다치지 않도록 유모가 손으로 붙들고 팔에 안듯이, 기근, 전염병, 온역 등의 일반적 재난 가운데서 하나님의 자녀들의 안전에 주의할 것이다. 참으로 "심판이 하나님의 집에서 시작하고, 의인들이 다가올 악에서 벗어나게 되리라"[벧전 4:17]는 것은 진실이다. 참으로 동일한 외적 심판이 선인과 악인에게 여러 번 임하지만, 하나님의 자녀는 일반적 재난에 대한 이러한 보호의 위로를 빼앗기지 않는다. 왜냐하면 현세적 복에 대한 모든 약속은 **십자가를 제외하고** 이해해야 하기 때문이다. 하나님이 십자가로써 그들의 과거의 죄를 징계하시거나, 어떤 죄나 다가올 더 큰 악을 예방하시거나, 그들의 믿음과 인내를 시험하시는 것이 그의 뜻이 아닌 한, 여기서와 같이 하나님의 천사들은 전염병, 기근과 온역의 때에 그의 자녀들을 지킬 것이다. 그런 경우에 있어서도 하나님의 자녀는 악인들과 크게 다르다. 왜냐하면 그리스도 안에 있는 하나님의 사랑의 열매를 통해 형벌의 악이 제거되고, 그 형벌의 외적 고통은 그의 영혼의 더 큰 유익을 위해 거룩하게 되었기 때문이다[욥 23:10; 시 119:71]. 그러나 이런 경우를 제외하고, 그들의 보호는 확실하다(출 12:23; 시 105:16-17; 겔 9:4-6).

적용. 자신의 길을 지키는 자들을 하나님의 천사들이 은혜롭게 보호한다는 생각으로 인해, 모든 사람은 일반적으로 자신의 기독교적 부르심의 의무들과 특별히 모든 선한 양심에 따라 자신의 삶의 상태 둘 다를 알고 실천하기 위해 수고해야 한다. 그렇게 함으로써 무슨 일이 닥치더라도, 그는 모든 위험 가운데서 안전할 것이다. 왜냐하면 하나님의 천사들이 그의 주위에 장막을 치고, 유모가 아기를 돌보듯 그를 돌보기 때문이다. 그러나 우리가 만약 우리의 길을 버린다면, 우리는 그들의 보호라는 위로를 잃고, 하나님의 모든 심판을 받을 것이다.

요점 3

"예수께서 그에게 이르시되 또 기록되었으되 주 너의 하나님을 시험치 말라 하였느니라"(마 4:7). 여기에 이 투쟁의 세 번째 일반적 요점이 있다. 즉, 성경 본문에서 마귀의 시험으로 간주된 사탄의 공격에 대한 그리스도의 대답과 격퇴이다. 왜냐하면 그가 "또 기록되었으되"라고 말씀하면서, 거기서 그는 성경을 반대하는 것이 아니라, 성경으로 성경의 남용을 논박하기 때문이다. 그는 마치 사탄에게 다음과 같이 말했던 것과 같다. "하나님이 그의 말씀으로 그의 자녀들에게 도움과 보호의 많은 귀중한 약속을 하셨다는 것은 참으로 사실이지만, 그 약속들은 네가 나로 하여금 하나님을 시험하게 만들듯이, 주제넘게 하나님을 **시험**하는 자들에게는 시행되지 않을 것이다."

사탄에 대한 그리스도의 이러한 취급으로부터, 우리는 하나님의 성경이 그 자체로 충분하며, 참으로 스스로를 해석하고 해설하기에 충분하다는 것을 관찰할 수 있다.[96] 성경을 인용한 마귀는 참된 의미로부터 성경을 왜곡했다. 우리 구주 그리스도는 모세의 다른 본문을 인용함으로써 이것을 보여 주시는데[신 6:16], 마귀가 남용한 구절에 적용된 이 본문은 그에 대한 참된 의미를 보여 준다. 그래서 에스라는 유대인들에게 율법을 해설하면서, "하나님의 율법책을 똑똑히 낭독하고 (그 말씀이 뜻하는 바대로) 성경으로 그 뜻을 해석하여 백성에게 그 낭독하는 것을 다 깨닫게 하였다"[느 8:8]. 그렇다면 오늘날에는 더더욱 성경이 스스로를 해설하는 데 충분하다고 여겨질 수 있다. 왜냐하면 에스라 시대 이후로, 하나님의 손에 의해 하나님의 깊은 것들이 분명하게 계시된 신약성경이 추가되어 성경의 정경이 이루어졌기 때문이다.

로마 교회는 성경이 스스로를 해설하기에 충분하다는 것을 용인할 수가 없다. 그러므로 그것에 대해 그들은 다음과 같이 추론한다. 성경을 해설해야 하는 것은 반드시 성경의 의미를 결정할 사법

---

96 여백에: 성경은 스스로를 해설하기에 충분하다.

적(judicial) 권세를 가져야 한다. 그러나 성경은 그런 사법적 권세를 갖지 않는다. 왜냐하면 그것은 단지 벙어리 문자일 뿐, 자신의 뜻과 의미를 판단할 그 어떤 충분한 재판관이 아니기 때문이다. **대답.** 성경은 자신의 참된 뜻과 의미를 결정할 사법적 권세를 갖는다. 왜냐하면 성경은 하나님의 영에 의해 깨우침을 받아 성경이 말하는 것을 알 수 있게 된 모든 사람에게 분명하게 말하기 때문이다. 우리는 어떤 사람이 그의 친구에게 단지 입의 말로만 아니라, 문자로도 말할 수 있고, 이로써 그의 의미를 충분하게 표현할 수 있다는 것을 안다. 마찬가지로 비록 하나님이 지금 그의 교회에 창조된 목소리로 말씀하시지 않는다 할지라도, 그는 자신의 기록된 말씀으로 그것들에 관해 자신의 뜻과 기쁨을 분명히 나타내기 위해 충분하게 말씀하신다. 그러므로 성경을 새까만 문자와 벙어리 재판관으로 부르는 것은 성경에 대한 부끄러운 비방이자 모독이다. 따라서 성경이 충분하지 않다면, 그들은 성경을 해설할 사법적 권세를 가진 말하는 재판관이 어디 있는지 보여 주어야 한다. 실제로 그들은 교회가 이 재판관이며, 우리는 성경의 참된 의미에 대해 교회가 말하는 것에 주의해야 한다고 대답한다. **대답.** 교회는 자신에게 맡겨진 사역과 제도를 갖고 있고, 그것을 시행함에 있어서 교회는 하나님의 백성에게 성경의 의미를 전달한다. 하지만 그것은 성경의 의미를 스스로 결정하기 위해 교회에 위임된 그 어떤 사법적 권위에서 나오는 것이 아니라, 단지 성경을 성경으로 비교함으로써, 그리고 하나의 구절을 다른 구절로 해설함으로써 나오는 것이다. 법률가가 법률을 초월하여 그에게 주어진 그 어떤 사법적 권한에서가 아니라, 그 법률의 목적과 상황에 따라 그 말들을 관찰함으로써 법률의 의미를 부여하는 것과 마찬가지다. 그러나 여기서 나는 교회가 재판관이 되어야 한다면, 어떤 수단으로 결정해야 하는지 묻고 싶다. 그들은 믿음의 법칙으로, 공의회와 교부들의 동의로라고 대답한다. 만일 이것들이 실패한다면, 교황에 의해서라고 말한다. **대답.** 그들이 이해하는 바, 믿음의 법칙이란 기록되지 않은 전통, 즉 초대교회 이후로 손에서 손으로 전해져 내려온 전통에 의해 보존된 성경 이외의 진리이다. 그러나 이것들은 위조된 것에 불과하며, 하나님의 진리를 사람의 고안물에 예속시키는 것은 부끄러운 일이다. 만일 이것들이 성경의 재판관이 된다면, 교회의 믿음은 "하나님의 능력"이 아니라, "사람의 지혜"에 의존하게 될 것이며, 이는 사도가 혐오한 것이다(고전 2:5). 믿음의 유일한 법칙은 성경이며, 참된 믿음은 그것이 어디에 의존해야 할지 결정하기 위해 성경 외에 다른 재판관을 용인하지 않을 것이다. 둘째, 교부들과 공의회의 동의는 성경의 참된 의미를 결정하는 충분한 수단이 아니다. 왜냐하면 서로에게 그리고 여러 번 그들 자신에 대한 그들의 몇 가지 오류와 모순은 성령의 직접적인 도움이 없었다는 것을 보여 주기 때문이다. 그리고 교황도 마찬가지인데, 이는 대체로 그들의 총체적인 무지와 오류로 쉽게 증명될 수 있다. 그러므로 성경의 참된 재판장이자 해설자는, 그리스도 자신이 이곳에서 실천으로 보여 준 것처럼 성경 자체이다.

그리스도께서 인용하신 구절은 하나님이 자기 백성에게 명령하신 것이다. "너는 너희의 하나님 여호와를 시험하지 말라"[신 6:16]. 이것에 대한 이해를 위해, 우리는 세 가지를 조사해야 한다. 첫째, **하나님을 시험하는 것**이 무엇을 의미하는지. 둘째, 하나님이 시험을 받으시는 **방식**. 그리고 셋째, 그것의 **원인과 뿌리**이다. 첫째, 하나님을 시험한다는 것은 하나님을 심사하고 경험하며, 그의 말씀이 이야기하듯, 그가 참되고, 정의롭고, 자비롭고, 신중하고, 강력한지 입증하는 것을 의미한다. 여호와께서 "그 때에 너희 조상들이 내가 행한 일을 보고서도 나를 시험하고 조사하였도다"(시 95:9)라고 말씀하듯이, 이런 식으로 이스라엘 백성이 종종 하나님을 시험했다. 조사하였다는 말은 하나님을 시험하는 것이 무엇인지, 심지어 그가 그의 말씀이 말한 것과 같은 그런 분인지, 그의 행위로 증거를 얻고자 애쓰는 것이 무엇인지 보여 준다. 만일 어떤 사람이 우리가 "여호와의 선하심을 맛보아 알지어다"(시 34:9)[97]라는 명령을 받았다고 말한다면, 참으로 여호와는 그의 백성에게 "그를 시험하라"(말 3:10)고 명령하신다고 주장한다. **대답.** 그 구절들은 스스로를 충분히 해설하는데, 왜냐하면 다윗의 미각과 시각은 참된 믿음과 신뢰의 은혜에 의한 것이고, 동일한 구절에서 그는 그런 것들을 복되다고 선언하기 때문이다. 그리고 말라기서에서 여호와는 자신을 시험하라고 명령하시지만, 그의 규례에 따라 그의 성소를 마련하는 그들의 순종의 길에서 시험하라고 명령하시기 때문이다. 그러므로 우리는 두 번째 요점, 즉 하나님에 대한 모든 시험은 단순히 악한 것이 아니라, 그의 말씀의 보증 없이 우리가 그의 일반적인 섭리의 수단을 초월하여 그를 추정하는 것이 불필요한 것임을 알아야 한다. 셋째, 이 죄의 뿌리는 불신하는 마음인데, 그로 인해 사람은 하나님의 말씀의 진리를 의심하고, 그의 능력, 임재와 섭리를 의심한다. "이스라엘 백성들이 그들의 심중에 하나님을 시험하였으며"(시 78:18). 이런 죄가 있는데, 그 방식은 다음과 같다. 그들이 하나님의 현재적 섭리에 만족하지 않고, "그들의 탐욕대로 음식을 구한" 것이다. 이 죄의 뿌리와 근거가 기록되었다. "이는 하나님을 믿지 아니하며 그의 구원을 의지하지 아니한 때문이

---

97 역자주, 원문과 영문판은 시 34:8로 기재하고 있다.

로다"(시 78:22). 어떤 사람이 자기 종의 충성심을 의심할 때, 그를 시험하기 위해 은화, 지갑 등과 같은 어떤 것을 그의 길에 놓을 것이다. 마찬가지로 사람이 자기를 향한 하나님의 선하심과 신실하심을 의심하기 시작할 때, 하나님의 일반적인 섭리 외에 하나님의 어떤 사역으로 쓸데없이 쉽게 그를 시험할 것이다. 그래서 그 의미는 이것이다. "너는 주 너의 하나님을 시험치 말라." 즉, 너는 하나님의 말씀의 진리를 불신하는 마음에서, 하나님의 선하심, 자비, 능력 혹은 섭리에 대해 그 어떤 불필요한 시험을 하지 말라.

하지만 여기서 더 나아가, 우리는 하나님의 말씀이 나타내듯이, 하나님이 다섯 가지 방식으로 시험을 받으신다는 것을 알아야 한다.[98] 첫째, 사람이 **언제, 어디서, 어떻게** 하나님이 그를 도우실지, 그리고 그의 말씀을 자신에게 시행하실지 하나님께 지정할 때, 하나님은 시험을 받으신다. 여기서 사람은 하나님의 진리와 능력을 체험하기를 구한다. 이런 식으로 이스라엘 백성들이 광야에서 물이 없었을 때 하나님을 시험했다. "하나님이 우리 중에 계신가 안 계신가?"[출 17:7]. 하나님은 가나안으로 가는 그들의 모든 여정에 그들과 함께 하겠다고 약속하셨으나, 그들은 이제 그가 그곳에서 그들에게 물을 주심으로써 자신의 임재를 보여 주지 않는 한, 믿지 않으려 한다. 마찬가지로 그들은 음식이 없을 때, 그를 시험했다. "하나님이 광야에서 식탁을 베푸실 수 있으랴?"(시 78:19). 이것에 대해 숙고하면서 우리가 배워야 할 것은, 우리에게 주신 그의 약속의 성취를 위해 하나님께 드리는 우리의 모든 간구에서 유대인들이 하나님께 그 약속이 성취될 때와 장소, 그리고 방식을 규정함으로써[시 78:41] 하

---

98 역자주, 여백에: 하나님은 다섯 가지 방식으로 시험을 받는다.

나님을 제한했던 것처럼, **하나님 제한하기**를 조심해야 하며, 인내심을 가지고 그의 선하신 때를 기다려야 한다는 것이다. 왜냐하면 믿는 자는 서두르지 않고, "그의 길을 여호와께 맡길 것"이기 때문이다(시 37:5).

둘째, 사람들이 표적을 구할 때, 하나님은 시험을 받으신다. 바리새인들이 이런 식으로 그리스도를 시험했다. "선생님이여 우리에게 표적 보여 주시기를 원하나이다"(마 12:38). 이것은 그가 메시야인지 증명되는 것을 의미한다. 그래서 누가는 "그들이 그를 시험했다"(눅 11:16)고 말한다. 이와 같이 복음의 교리를 받아들이기를 거부하는 모든 자들은 하나님을 시험한다. 왜냐하면 그들은 복음 사역자들이 기적으로 그 동일한 복음을 확정하는 것을 볼 수 없기 때문이다. 이와 같이 많은 교황주의자들은, 우리가 고백하는 진리가 사도들의 손을 통해 표적과 기적들 가운데 그 진리에 대한 그분 자신의 증언에 의해 하나님의 진리로서 충분히 확정된 것을 생각지 않고, 오히려 거짓 기적에 의해 그들에게 확정된 불법의 비밀을 수용함으로써, 우리 종교를 반대한다. **질문**. 표적을 구하는 모든 것이 하나님을 시험하는 것인가? 기드온이 하나님 백성의 재판관과 구원자가 되어야 했을 때, 표징을 요구했기 때문이다(삿 6:17). 그리고 히스기야는 그의 날이 길어질 것이라는 확신을 얻기 위해, 그와 같이 징표를 구했기 때문이다(왕하 20:8). 하지만 우리는 하나님이 자신을 시험했다고 그들을 책망하신 것이 아니라, 그들의 요구를 들어주셨다고 읽는다. **대답**. 우리가 하나님을 시험하지 않고, 그의 표적을 요구할 수 있는 두 가지 이유가 있다. 첫째, 하나님이 어떤 사람으로 하여금 그에게 표적을 구하라고 명령하실 때, 아하스는 하나님의 약속에 따라 승리의 확신을 위해 징조를 구할 수 있었다[사 7:11–12]. 하지만 여호와께서 그에게 명령하셨을 때, 그는 징조를 구하지 않았기 때문에 비난을 받았다. 둘째, 사람은 특별한 소명이나 사람에게 주어진 어떤 특별한 약속을 확정하는 데 필요한 경우, 하나님의 표적을 요구할 수 있다. 이 경우에 기드온은 하나님 백성의 구원자가 되기 위한 그의 특별한 소명을 확정하기 위해 하나님의 표징을 요구했다. 그리고 히스기야가 15년이라는 놀라운 약속으로 그의 생명의 연장에 대한 추가적 확신을 얻기 위해 그렇게 했다. 그러나 이 경우들 외에 바리새인들이 그랬던 것처럼, 하나님의 표적을 구하는 것은 그를 시험하는 것이다. 바리새인들은 그리스도께서 그들 가운데서 통상적으로 행한 기적에 만족하지 않고, 어떤 종류의 기적, 심지어 하늘로부터 오는 표적까지 하나님께 규정하려 했다.

셋째, 사람이 하나님의 계명을 거슬러 죄를 범할 때, 그는 하나님을 시험하는 것이다. 왜냐하면 이로써 그가 하나님의 공의, 자비, 그리고 인내를 쓸데없이 시험하기 때문이다. 여호와께서 그의 백성에 대해 말씀하신다. "그들이 열 번이나 나를 시험하고 나의 목소리를 청종하지 아니했다"[민 14:22]. 백성들이 투덜거리며 말하기를 "악을 행하는 자가 번성하며 하나님을 시험하는 자가 화를 면한다"(말 3:15) 라고 한다. 여기서 악을 행하는 것과 하나님을 시험하는 것은 모두 하나이다. 이것은 우리가 속히 회개함으로 우리 죄의 길을 끊으라고 훈계하는 역할을 한다. 왜냐하면 우리가 계속 죄를 짓는 동안 우리는 하나님을 시험하기에, 그의 모든 심판대 앞에 서게 되고, 우리는 하나님의 거룩한 천사들의 방어와 보호를 박탈당할 것이기 때문이다. 아니, 그들은 우리의 적이 될 것이며, 보호 대신에 하나님의 무거운 복수를 집행할 것이기 때문이다.

넷째, 그리스도께서 폐기하신 율법 의식(儀式)의 종교적 준수를 하나님의 백성에게 부과하는 자들은 하나님을 시험하는 것이다. "너희가 어찌하여 하나님을 시험하여 우리 조상과 우리도 능히 메지 못하던 멍에를 제자들의 목에 두려느냐?"(행 15:10). 이것은 하나님의 백성을 구원하시는 그의 능력을 시험하는 것이다. 이로써 우리는 전적으로 의식을 준수하는 로마교가 얼마나 사악하고 저주스러운지 알 수 있는데, 사람들이 복종하는 로마교 의식은 부분적으로는 이교적 의식이며, 부분적으로는 유대적 의식으로, 그들이 행하는 것은 다름 아닌 하나님을 시험하는 것이다.

다섯째, 물을 건너려는 사람이 일반적인 길인 다리를 놔두고, 물을 통과해서 위험하게 모험을 하려는 것처럼, 그들의 몸이나 영혼의 보존을 위한 일반적이고 필수적인 수단을 거절하거나 무시하는 자들은 하나님을 시험하는 것이다. 왜냐하면 여기서 그는 하나님의 능력을 쓸데없이 경험하려 애쓰고 있으며, 말씀 사역으로 사람들의 영혼을 구원하기 위한 하나님의 거룩한 규례를 무시하거나 정죄하는 자들도 역시 그렇게 하는 것이기 때문이다. 이제 이곳에서 그리스도는 하나님을 시험하는 이런 종류에 이 계명을 적용하신다. 마치 그가 다음과 같이 말씀하시는 것과 같다. "하나님이 사람들에게 그들의 도움과 안전을 위해 일반적인 수단을 제공하셨을 때, 그들은 그 수단을 거절하지 말고, 특별히 하나님으로부터 오는 안전을 구하지 말아야 한다. 내가 고백하는 바, 나는 지금 위험한 곳, 이 꼭대기 위에 있지만, 아래로 내려가는 계단이나 사다리 같은 어떤 일반적인 방법이 있다. 그러므로 내가 "여호와 나의 하나님"을 시험하지 않는 한, 네가 나를 설득하듯이, 나는 뛰어내리지 않을 것이며, 이로써 특별한 보호를 구하지도 않을 것이다." 부르심이 없이 아주 위험한 곳으로 들어가는 자들도 이와 같은 식으로 죄를 짓는다. 그래서 베드로가 대단히 슬픈 경험을 통해 너무나도 사실인 것을 알았던 것처럼, 그가 시험의 장소, 가야바의 관정에 들어가는 죄를 지었다{마 26:3}. 이런 식으로 다윗의 **세 용사**가 베들레헴 우물에서 물을 조금 가져오기 위해, 위험을 무릅쓰고 원수의 진영으로 들어가는 죄를 지었다. 그러므로 그 물을 그에게 가져왔을 때, "다윗이 마시기를 기뻐하지 아니하고 그 물을 여호와께 부어 드렸다"{삼하 23:16}.

여기서 어떤 사람들은 위험을 무릅쓰고 높은 곳에 오르고, 첨탑 위에 서고, 높은 집들의 능선 위를 달리고, 땅에서 아주 높은 곳에서 밧줄을 타고 가는 자들이 하나님을 시험하는 것은 아닌지 질문할 수 있다. **대답.** 사람들은 두 가지 상태에서 그런 것들을 할 수 있다. 높은 건물에서 일해야 하는 목수와 석공처럼, 그 일에 대한 합법적 부르심을 받은 사람들은 하나님을 시험하지 않고 높고 위험한 곳에 올라설 수 있다. 그렇지 않다면, 자신의 활동을 알리기 위해, 혹은 사적인 이득이나 이익을 위해, 다른 사람들에게 단지 기쁨과 찬사를 주기 위한 것처럼, 그 일에 대한 합법적 부르심이 없이 하는 경우이다. 그런 자들은 두렵게도 하나님을 시험한다. 왜냐하면 그리스도는 이 사람들이 그들의 모험 가운데 자신을 구원해야 했던 것보다 이 꼭대기에서 뛰어내리고, 다치지 않고 스스로를 더 잘 보존하실 수 있었기 때문이다. 하지만 그는 그렇게 행하기를 거절하셨다. 왜냐하면 그는 여호와 그의 하나님을 시험하려 하지 않으셨기 때문이다. 지금까지 이 명령의 의미에 대해 살펴보았다.

따라서 훈계를 위한 가르침은 마귀가 인용한 본문에 적용된 이 명령으로부터 추론될 수 있는데, 그것은 다음과 같다. **자기를 향한 하나님의 약속의 성취를 바라는 사람은 하나님 앞에서 그의 계명의 길로 행하며, 모든 선한 양심으로 그의 부르심의 사역에 행하기를 주의**

해야 한다. 하나님은 참으로 그의 말씀 가운데 현세적 복과 영원한 복에 대해 많은 은혜로운 약속들을 주셨다. 하지만 하나님을 시험하는 자들은 그 약속들의 위로를 찾지 못할 것이다. 사람들의 죄는 이런 것들을 방해한다. 하나님의 선하심은 믿음과 순종의 길에서 발견되고 맛볼 수 있다. 하나님은 그의 자녀들이 자신들의 길을 지키는 동안, 그의 천사들의 보호를 약속하셨다. 그러므로 여러분이 이 보호를 받고 싶다면, 하나님이 여러분으로 하여금 걸으라고 하신 그 길을 지켜야만 한다. 또한 하나님은 그의 풍성한 사랑으로 그리스도를 믿는 자들에게 영원한 멸망에서 해방되는 영생을 약속하셨다(요 3:16). 그러므로 불멸과 생명에 대한 이 약속의 위로를 누리고자 하는 사람은 일평생 참된 믿음을 마음에 품고 살아야 한다. 영혼이나 육체에 관한 하나님의 모든 약속에 대해서도 마찬가지이다. 그 약속의 결실은 어느 정도 순종의 실천에 달려 있다. 여러분이 만일 소홀히 행한다면, 단지 그 약속의 권리만 주제넘게 주장할 뿐이다. 베드로는 시몬 마구스(Simon Magus)의 마음이 죄 가운데 살아가려는 목적을 갖는 동안, "그가 성령의 은사에 그 어느 분깃도 가진 것이 없다"(행 8:21)라고 분명하게 이야기했다. 그러므로 죄의 길을 끊고 순종의 실천에 익숙해지면(inure),[99] 하나님의 약속이 여러분의 마음에 달콤하게 다가올 것이다. 여러분이 더 많이 순종할수록, 하나님의 은혜로운 약속에서 더 많은 위로를 발견할 것이다. 그러나 여러분이 죄를 붙들고 있으면, 세상의 위로가 여러분에게서 떠날 것이다. 지금까지 두 번째 시험에 대해 많이 살펴보았다.

---

99 *Inure*: 익숙해지다.

세 번째 투쟁: 마태복음 4:8-10

"마귀가 또 그를 데리고 지극히 높은 산으로 가서 천하만국과 그 영광을 보여 이르되 만일 내게 엎드려 경배하면 이 모든 것을 네게 주리라 이에 예수께서 말씀하시되 사탄아 물러가라 기록되었으되 주 너의 하나님께 경배하고 다만 그를 섬기라 하였느니라"(마 4:8-10). 이 말씀은 우리 구주 그리스도와 사탄 사이의 세 번째 투쟁을 포함하고 있다. 여기서 세 가지 요점을 숙고해 보자. 첫째, 사탄의 준비(마 4:8), 둘째, 그리스도에 대한 사탄의 공격(마 4:9), 셋째, 그에 대한 그리스도의 대답(마 4:10)이다.

요점 1

첫째, 이것을 다루기 전에, 우리는 마귀가 모든 공격에 대해 자신을 새롭게 준비한다는 것을 특별히 고려해야 한다. 이것은 우리가 그의 새로운 공격을 격퇴할 수 있도록, 우리 마음을 매일 새롭게 갖추도록 힘써야 할 것을 가르친다. 특별히 마귀의 준비에는 두 부분이 있다. 첫째, "사탄이 그리스도를 지극히 높은 산으로 데려간다." 둘째, "그가 그에게 천하만국과 그 영광을 보여 준다." 첫째, 사탄이 무슨 방법으로 그리스도를 이 높은 산으로 데려갔는지 물어볼 수 있다. **대답**. 그는 두 가지 방법으로 그것을 할 수 있다. 환상으로, 혹은 실제로 그리고 지역적으로 그의 몸을 성전에서 어떤 높은 산으로 옮김으로써 할 수 있다. 어떤 사람들은 에스겔이 여호와에 의해 바벨론에서 이스라엘 땅의 매우 높은 산으로 옮겨진 것처럼[겔 40:2], 이것이 단지 그리스도의 환상 가운데 행해진 것이라고 생각한다. 그러나 나는 오히려 그리스도의 몸이 마귀에 의해 실제로 그리고 지역적으로 성전에서 어떤 높은 산으로 옮겨졌다고 생각한다. 왜냐하면 그리스도의 시험은 상상이 아니라, 사실이고 실제였기 때문이다. 다시 말하지만, 그 말씀은 환상에 대한 언급 없이 참되고 실제적인 이동을 진술한다.

마귀가 그리스도를 높은 산으로 데리고 간 이유는 다음과 같을 것이다. 첫째, 마귀는 영광스러운 사역 가운데 계신 하나님을 모방하려는 큰 욕망을 가지고 있기 때문이다. 그래서 그는 할 수 있는 한, 하나님의 사역과 참으로 하나님 자신을 모욕하고자 한다. 우리는 하나님이 모세를 느보 산으로 데려가, 거기서 그에게 가나안의 온 땅을 보여 주셨다[신 13:14]는 것을 읽는다. 그래서 하나님을 넘어선 것처럼 보이려는 사탄은 세상의 천하만국과 그 영광을 보여 주기 위해, 그리스도를 지극히 높은 산으로 데려간다. 둘째, 그는 그리스도를 시험하는 이 마지막 공격을 촉진하기 위해 그렇게 했다. 그는 세상의 영광으로 그리스도를 유혹하려 했기에, 그리스도가 세상의 가장 멋진 광경을 볼 수 있는 곳으로 데려갔다.

이제 사탄이 우리 구주 그리스도의 몸을 두 번 옮긴다는 점에서, 우리는 하나님의 허락에 의해 사탄이 하나님의 자녀들의 몸을 여기저기로 옮기기 위해, 혹은 그렇지 않으면 단 한 번만이 아니라 여러 번 괴롭히기 위해 그 몸에 대한 권세를 가질 수 있다는 것을 본다.[100] 우리는 이것을 관찰해야 하고, 하나님이 사탄으로 하여금 우리 몸을 여기저기로 옮기거나, 어떤 외적인 재난으로 우리를 괴롭히도록 허락하신다면, 그것도 한두 번이 아니라 여러 번 허락하신다면, 불신과 절망에 대한 쐐기와 버팀목으로서, 이것을 주의하여 기억해야 한다. 머리이신 그리스도 예수께 닥친 일이 그의 지체들 누구에게나 닥칠

---

100 여백에: 사탄은 하나님의 자녀들의 몸에 대해 권세를 가질 수 있다.

수 있기 때문이다.

마귀의 준비의 두 번째 부분은 이것이다. "그가 그리스도에게 천하만국과 그 영광을 보여 주다." 그는 이것을 실제로 보여 줄 수 없었다. 왜냐하면 어떤 사람이 지면에 위치하고 놓인 세상 왕국의 절반, 또는 사분의 일을 볼 수 있는 그처럼 높은 산이 세상 전체에 없기 때문이다. 아니, 어떤 사람이 태양에 있다면, 그가 거기서 지구를 볼 수 있지만, 지구의 절반 이상을 볼 수는 없을 것이기 때문이다. 그러므로 우리는 마귀가 위조된 환상 가운데 이것을 했다는 것을 알아야 한다. 왜냐하면 여기서 그는 하나님을 모방할 수 있기 때문이다.

이제 마귀의 환상은 외적 감각에서든 마음과 이해에서든 두 가지 종류이다.[101] 외적 감각 속에 있는 그의 환상은 망상이다. 이것으로 그는 사람들로 하여금 참으로 그들이 보지 못하는 것을 그들이 본다고 믿게 만든다. 이것은 모든 시대의 역사에 기록된 다양한 사례로 쉽게 증명될 수 있다. 하지만 참으로 사무엘의 진짜 육체가 무덤 속에 있고, 그의 영혼이 여호와와 함께 있었을 때, 마귀가 사울을 속이기 위해 엔돌의 신접한 여인에게 사무엘의 형태와 복장을 비슷하게 위조한 사례 하나면 충분하다[삼상 28:14].

둘째, 마귀는 환상을 통해 이해(understanding)를 속인다. 여호와께서 이것에 대해 말씀하신다. "선지자들이 그 환상을 각기 부끄러워할 것이다"(슥 13:4). 마귀는 여호와께서 자신의 종들에게 그의 환상을 보여 주시는 것과 마찬가지로, 사람들이 때때로 잠자거나 깨어 있을 때 환상을 보여 준다. 잠자고 있는 사람들에게 나타난 사탄의 환상은 꿈이라고 불린다. "거짓 선지자가 그의 꿈을 갖고 있다"(신 13:1). 깨어 있

---

101 여백에: 마귀적 환상에 대하여.

는 사람들에게 나타난 그의 환상은 스스로 왕이나 왕자라고 생각하는 어떤 사람들, 혹은 스스로 그리스도, 세례 요한, 그리고 그와 같이 생각하는 다른 사람들처럼, 두뇌가 미친 사람들에게 그 자체로 이상한 것들을 설득한다. 모든 시대에 이에 대한 사례들은 많다. 이제 그리스도에 대한 사탄의 이 환상을 다룰 때, 어떤 사람들은 그것이 그리스도의 마음속에 있는 내적인 것이라고 생각한다. 그러나 나는 오히려 본문의 단어들이 진술하듯이, 그것이 외적 감각에만 있었다고 생각한다. 마귀는 그의 술책으로 교묘하게 그리스도의 눈에 온 천하만국의 주목할 만한 광경과 형상, 그리고 그 영광을 제시하고 묘사한다.

여기서 마귀는 위조된 환상으로 그런 신기하고 경이로운 광경들을 재현할 수 있다는 점에서, 엄청난 능력과 기술을 보여 준다. 이것은 우리에게 다음과 같이 가르친다. 오래전에 살았던 사람들이나, 혹은 먼 나라에 이루어진 행위들을 부분적으로 공중에, 부분적으로 거울[102]에 재현하는 마법사나 마술사의 관행은, 그런 것들이 나타날 수 있다는 것을 전적으로 부정하는 어떤 사람들의 생각처럼 그렇게 단순한 환상이 아니다. 왜냐하면 마귀는 오래전에, 그리고 멀리 떨어진 곳에서 행해진 것들을 재현할 수 있기 때문이다. 그가 만일 환상으로 우리 구주 그리스도의 눈앞에 온 세상과 그 영광스러운 광경과 같은 그런 광경을 제시할 수 있다면, 그는 사람의 눈에 훨씬 더 이상하고, 기이한 것들을 나타낼 수 있기 때문이다.

이런 유사성에서 그리스도에 대한 마귀의 계략은 다음과 같다. 이것으로 그는 우리 구주 그리스도의 마음속에 자신을 가장 교활한 방

---

102 *Glasses*: 거울.

식으로 제시하려고 했다. 왜냐하면 그가 이 세 번째 공격을 제안하기 전에, 그는 그리스도에게 세상의 왕국들과 그 영광을 보여 주어, 그리스도가 그것들을 좋아하고, 그것들을 원하고, 마침내 사탄의 제안에 따라 그것들을 수용하도록 했기 때문이다. 이런 식으로 그는 우리의 첫 번째 조상을 다루었다. 그들의 첫 대화에서 그는 하와에게 금지된 과일의 외적 아름다움을 보여 주니, "그것은 보기에 좋았으며"[창 3:6], 그들이 그것을 먹음으로써 얻어야 할 좋은 상태를 이야기해서, 마침내 그녀가 그의 유혹에 굴복하게 만들었다.

그러므로 우리는 우리 몸의 외적 감각들을 잘 정돈하는 데 특별한 주의를 기울이는 법을 배워야 하는데, 특히 두 가지 감각, **보는 것과 듣는 것**을 배워야 한다.[103] 왜냐하면 마귀는 그것들로 자신의 유혹을 교활하게 우리 마음속으로 전달하기 때문이다. 감각들은 (특별히 이 두 가지는) 마음과 영혼의 창문이며, 우리가 잘 지키지 않는다면, 사탄은 확실히 우리 속에 어떤 악을 전달할 것이다. 그러므로 우리는 솔로몬의 조언에 순종해야 한다. "모든 지킬 만한 것 중에 더욱 네 마음을 지키라"[잠 4:23]. 우리가 우리의 외적 감각들을 잘 지키지 않는 한, 마음을 지킬 수 없다. 왜냐하면 그것들은 마음의 문이기 때문이다. 이것은 다윗으로 하여금 다음과 같이 기도하게 만들었다. "여호와께서 내 눈을 돌이켜 허탄한 것을 보지 말게 하시고"[시 119:37]. 그리고 이것은 욥으로 하여금 그의 눈과 언약을 맺게 하였다[욥 31:1]. 따라서 그와 같이 우리는 시험하는 자에게 유리하지 않도록, 양심에 비추어 듣고 보아야 한다.

더 나아가, 이 광경에서 마귀의 깊은 계책을 관찰하라. 세상 왕국

---

103 여백에: 보는 것과 듣는 것을 주의하라.

에는 영광과 위엄 외에 많은 고통과 소동과 괴로움이 있다. 그러나 이제 마귀는 이것들을 그리스도에게 숨기고, 오직 세상의 영광, 화려함, 부요와 위엄만 보여 줌으로써, 우리 구주 그리스도의 마음속에 그의 시험을 보다 더 쉽게 불어넣을 수 있었다. 그리고 그는 사람들이 죄를 짓도록 시험할 때, 이와 같은 동일한 과정을 여전히 고수하고 있다. 그는 죄로 인해 뒤따르는 모든 비참함, 재난과 형벌을 그들의 눈에 감추고, 그들이 거둘 수 있는 모든 이익과 기쁨만 그들에게 보여 준다. 이런 식으로 그는 그의 시험의 독에 설탕을 발라, 사람들의 영혼이 그로 말미암아 치명적으로 감염될 때까지, 그 쓴맛을 결코 느끼지 못하게 만든다. 하지만 그때 그는 완전히 정반대의 조치를 취하여, 상한 영혼에게 할 수만 있으면, 절망에 빠뜨리는 하나님의 진노의 모든 재앙과 공포를 보여 준다. 그러므로 우리는 거짓된 이익과 쾌락을 보여 주는 죄의 속임수에 빠지지 않도록 매우 조심해야 한다.

둘째, 마귀의 계책은 이 시험을 마지막 자리로 유보하는 데서 뚜렷하게 나타난다. 왜냐하면 그는 이익과 쾌락, 그리고 명예라는 시험이 인간에게 얼마나 강력한지 충분히 잘 알고 있기 때문이다.[104] 이로부터 우리는 또한 명예, 쾌락, 그리고 재화라는 오른편에서 취한 시험들이, 역경에서 취해진 왼편의 시험들보다 훨씬 더 우세하기에, 매우 위험하고, 사람의 마음속으로 가장 빠르게 기어들어 온다는 것을 배울 수 있다. 마귀는 사울이 다윗을 심하게 박해하던 시절에 자신이 할 수 있었던 것보다 편안하고 안락한 때에 다윗을 더 심하게 좌절시켰다[삼하 11:2]. 그리고 그는 콘스탄틴과 다른 기독교 황제들 치하에서, 그 이전 300년 동안 가장 피비린내 나는 핍박으로 할 수

---

104 여백에: 오른편의 시험이 매우 위험하다.

있었던 것보다 오류와 이단으로 교회에 대해 더욱 승리를 거두었다. 참으로 오늘날 우리 시대의 세속적 희망은, 겉으로 드러난 폭력이 흔들지 못했던 사람들을 종교의 신실함에서 떠나가게 했다. 번영은 사람이 이내 넘어지는 미끄러운 길이다. 그러므로 우리는 세상과 더불어 가장 화창한 날을 누릴 때, 우리 자신의 마음을 가장 조심해야 한다는 것을 배워야 한다.

마지막으로, 누가는 마귀가 가능한 한 짧은 시간에, 심지어 순식간에[눅 4:5] 이 모든 것을 그리스도에게 보여 주었다는 시간적 환경을 덧붙인다. 이로써 우리는 마귀가 착수한 모든 일을 행함에 있어서, 세상에서 모든 사람을 능가하는 그의 엄청난 신속함(celerity)[105]과 속도를 인지할 수 있다. 그는 영이기 때문에 기적을 행할 수 있다. 하지만 그의 능력이 유한하기 때문에 자연의 힘과 범위를 초월할 수 없다 할지라도, 민첩성과 속도 때문에 그는 자신이 착수한 것들을 행하는 방식에서 자연의 일상적인 흐름을 초월할 수 있다. 그리고 마귀가 여기서 사용하는 이 초고속의 속도는 그리스도가 언뜻 보셨던 그 낯설고 엄청난 것들에 대한 욕망을 그 안에 더 간절하게 불러일으키기 위한 것이었다. 그리하여 그는 그리스도가 그것들을 점차적으로 좋아하게 만들 수 있었다. 왜냐하면 사람의 본성은 낯선 것들이 갑작스러울 때, 더 열렬하게 영향을 받으며, 사람의 눈은 그것들을 더 주의 깊게(wistly)[106] 보기 때문이다. 그리고 이것도 전자와 같이 우리가 그에게 현혹되지 않도록, 사탄의 모든 간계를 경계하게 만든다. 이와 같이 우리는 사탄의 준비에 대해 많이 다루었다.

---

105 *Celerity*: 신속함.
106 *Wistly*: 주의 깊게.

요점 2

이 투쟁의 두 번째 요점은 다음의 말씀 속에 있는 시험 자체이다.[107] "그에게 이르되 만일 내게 엎드려 경배하면 이 모든 것을 네게 주리라"(마 4:9). 이 공격 속에 있는 사탄의 계략은 (우리가 반드시 주의깊게 관찰해야 하는 것인데) 그리스도가 세상 왕국과 그 영광에 대한 희망으로 우상 숭배를 하도록 이끄는 것이다.[108] 그가 첫 번째 시험으로 그의 믿음을 약화시킬 수 없었고, 두 번째 시험으로 그를 주제넘게 만들 수 없었을 때, 그는 이것으로 그리스도를 시험한다. 그리고 그가 여기서 그리스도를 어떻게 다루는지 보라. 그는 세상에서 흔히 그렇게 한다. 그는 많은 사람의 양심과 신앙을 부요, 쾌락, 그리고 특혜에 대한 세속적 희망으로 완전히 무너뜨린다. 이로써 단지 평범한 고백자들만이 아니라, 복음의 사역자들과 설교자들도 이전에 그들이 가르쳤던 진리를 부인하고(abjure)[109] 포기하며, 교황의 불경스러운 우상 숭배를 공언하고 주장하기 위해 스스로 그의 가신(家臣)으로 자처하는 처지에 이르렀다. 이로써 개신교 상인들도 그들 사이에서 우상 숭배적 예배에 필요한 도움과 촉매로 작용하는 밀랍과 그와 같은 상품들을 운송함으로써, 로마 교회에 매우 유용한 자들이 되기에 이르렀다. 그래서 사람들이 시대와 국가에 따라 종교를 일반적으로 바꾸게 만든 것은, 그들이 여전히 세속적 상품들을 즐기기 때문이 아니면 무엇이겠는가? 그리고 사람들이 세상에서 더 많이 소유할수록 메리(Mary) 여왕 시대의 경험이 보여 주었듯이, 일반적으로 하나님 신앙에 대한 용기와 결심은 더 줄어든다. 이것은 일반적으로 세상이 참된 종교의

---

107 여백에: 사탄이 그리스도를 우상 숭배로 이끌려고 했다.
108 역자주, 여백에: 사탄은 그리스도를 우상 숭배로 이끌려고 했다.
109 *Abjure*: 부인하다.

힘에 얼마나 위험한 원수인지, 우리에게 경고할 수 있다.

이 시험에는 두 부분이 있다. 그리스도에게 맺어진 약속과 그 약속의 조건이다. 약속은 이 말씀 가운데 있다. "이 모든 것을 네게 주리라." 그는 하나님이 그것들을 너에게 주도록 내가 요청할 것이라고 하지 않고, 내가 그것들을 너에게 줄 것이라고 말한다. 여기서 사탄의 계략은 그리스도가 그를 자신의 주님으로 모시며, 그의 왕국을 위해 그를 의지하고 섬기며, 그 왕국을 주는 자로 인정하게 만드는 것임을 볼 수 있다. 이것은 그가 심지어 하늘과 땅의 참된 주님이시요 왕인 그의 현존 앞에서조차, 주님의 고유한 권리를 감히 자신에게 돌리는 지독한 대담함을 뚜렷하게 보여 준다. 그러므로 사탄이 모험심이 부족하여 패배할 것이라고 누구도 생각하지 말고, 그 점에 관해서는 사탄에 대해 더 잘 무장해야 한다.

이제 마귀는 그리스도에게 목표로 삼았던 것을 세상에서도 일반적으로 영향을 미친다. 그는 사람들로 하여금 자신이 모든 것을 주는 자로 믿게 만들어, 자신을 의지하게 만든다. 진실로 사람들은 하나님이 그들에게 일용할 양식을 주시며, 심지어 그들이 가진 모든 것을 주신다고 입술로 고백할 것이다. 그러나 그들의 행동 방식과 관행은 마귀가 총독이며, 모든 것의 수여자라고 크게 말한다. 많은 사람들이 어떻게 그들의 생계를 얻고 있는가? 거짓말, 사기, 그리고 압제 때문이 아닌가? 대부분의 사람들이 이로써 자신들을 풍요롭게 하려고 애쓰지 않는가? 공의로운 주님은 그런 수단들을 결코 승인하지 않으신다. 마귀는 그런 행동 방식을 떠받치고, 그 가운데 행하는 자들로 하여금 자신을 섬기고 의지하게 한다.

둘째,[110] 이 세상 왕국에 대한 약속 안에 있는, 심지어 그리스도의 영적 왕국까지 전복하려는 사탄의 더 넓은 범위를 주목하라. 사탄은 그리스도가 참된 메시야라면, 그가 왕이 되어야 하고, 왕국을 갖되 지상의 왕국은 아닐지라도, 사람들의 마음과 양심 속에 있는 영적 왕국이며, 이것이 자신의 왕국의 멸망이 된다는 것을 잘 알고 있었다. 그러므로 그는 그리스도가 지상의 왕국을 누리도록 힘써 그의 영적 왕국이 이루어지지 못하게 한다. 그리고 그가 머리이신 그리스도를 다루려고 하는 것처럼, 그의 몸인 교회를 대항하여 계속 다루려는 것을 보라. 왜냐하면 하나님의 교회는 본질상 주권인 그 사역을 말씀 분배 가운데 행사해야 하기 때문이다. 이제 마귀는 교회의 영적 주권이 이루어지는 이 사역을 지상의 주권과 통치권이 되게 하려고, 모든 수단을 동원하여 이를 뒤집고, 그리스도의 영적 왕국을 건설하고 옹호하는 데 무익하게 만들려고 애를 썼다. 그리고 그가 어떻게 승리했는지, 그 방법을 로마 교회가 온 세상에 보여 준다.

셋째, 마귀가 주는 약속의 과장됨을 관찰하라. "그가 그리스도에게 세상의 모든 왕국과 그 영광을 줄 것이다." 하지만 이것은 그가 우리 구주 그리스도에게 의미했던 것 이상이며, 최소한 그가 시행할 수 있었던 것 이상이다. 왜냐하면 이 모든 것은 그의 권세에 있는 것이 아니었기 때문이다. 이제 우리는 만사에 마귀와 같지 않아야 하기 때문에, 우리가 결코 시행할 의도가 없거나, 의도했지만 결코 시행할 수 없는 것을 약속하는 일에 조심하고 주의하는 법을 배워야 한다. 여기서 우리는 사탄과 같지 않다. 그러므로 우리의 모든 약속에서 두 가지를 유의해야 한다. 첫째, 우리가 약속하는 것이 우리 힘에 있는

---

110 여백에: 그리스도의 영적 왕국에 대한 사탄의 적대감.

지 유의하고, 둘째, 그것이 우리가 시행하기에 합법적인 것인지 유의하라. 따라서 약속할 때, 우리는 그 약속을 잘하기 위해 항상 노력해야 한다. 약속을 지키는 이 신실함은 사도에 의해 "믿음"(갈 5:25)으로 일컬어지는 성령의 열매이며, 합법적 서원이나 약속을 시행하는 것이 크게 해로울지라도 그 서원을 바꾸지 않는, "하나님의 거룩한 산에 거하는"(시 15:1, 4) 자의 속성이다.

넷째, 사탄의 이 약속에서 우리는 그가 세상의 모든 왕국을 알고 있다는 것을 관찰할 수 있다. 그렇지 않다면, 그는 자신이 여기서 주겠다고 제안하는 것을 그에게 보여 줄 수 없었을 것이다. 참으로 그가 그토록 신속하게 나타낼 수 있었던 세상의 모든 왕국과 그 영광에 대한 제안은, 그가 국가와 왕국의 정책과 통치에서 매우 전문가임을 우리에게 보여 준다. 그는 땅을 두루 다니되, 헛되이 돌아다니지 않는다(욥 1:7). 그리고 그가 그리스도에게 그것들을 약속한 것은, 그 왕국들과 영광을 추구하는 야망으로 그의 마음을 불태우기 위한 것으로, 그는 적어도 그것들의 일부를 즐길 수 있었다. 여기서 우리는 마귀가 사람들의 마음에 지상의 왕국과 영광을 추구하는 야망을 심어줌으로써 국가와 왕국을 전복하는 것이, 그의 특별한 하나의 관행이라는 것을 주목할 수 있다. 그가 연구하는 것은 악행을 저지르는 것이며, 왕국의 멸망으로 많은 사람을 무너뜨리는 것이다. 그러므로 그는 이것을 위해 전력을 다해 애쓴다. 따라서 세월과 시대가 결코 피할 수 없는 왕국의 폭동과 반역이 일어난다. 그가 갈대아 사람과 스바 사람을 충동질하여 욥을 망가뜨림으로써 자신들을 부요케 하려 했던 것처럼[욥 1:15-17], 시대의 참된 기록이 충분히 증언하듯이, 그는 모든 지위에 있는 야심을 가진 탐욕스러운 사람들을 이용해 그렇게 다룬다. 우리는 이에 대한 진실을 우리나라에서 볼 수 있는데, 야심과 불만을 통해 마귀에게 선동된 불경스러운 사람들이 우리 군주와 국가[111]에 대해 모의하고 시도했던 국내외의 다양한 음모(complots)[112]와 반역에서 볼 수 있다. 어쨌든 하나님의 자비에 의해 그들은 다른 사람들을 위해 놓았던 그 올무에 자신들이 걸렸다. 이와 관련하여 우리 모두는 우리의 군주와 국가를 은혜롭게 보존하고 보호하시는 하나님께 모든 찬양과 영광을 돌릴 의무가 있다. 그리고 우리는 사탄의 야심 찬 도구들의 마귀적 음모와 배반을 무산시키신 하나님께 모든 거룩한 순종으로 감사해야 할 의무가 있다. 둘째, 우리는 솔로몬의 대관식 때 백성들이 했던 것처럼[왕상 1:39], 우리의 군주와 국가의 보존을 위해 하나님께 큰 소리로 부르짖으며, 우리 군주의 안전을 위해 끊임없이 기도해야 한다. 참으로 우리는 아히도벨의 모략이 무산되고[삼하 17], 우리 가운데 있는 주의 기름부음 받은 자를 대항하여, 악을 도모하는 모든 자들의 모략이 무산되도록 매일 주님께 간청해야 한다. **질문**. 하지만 마귀가 그들에 대해 그런 악의를 가지고 있다면, 어떤 군주나 국가가 어떻게 설 수 있는가? **대답**. 하나님의 선한 천사들에게, 특히 그의 자녀들만 아니라, 온 왕국과 국가도 지키고 방어할 임무를 맡긴 하나님의 선한 섭리를 통하여 설 수 있다. 그리고 그 천사들의 직무 중 한 부분은, 하나님의 교회의 유익을 위해 사탄과 그의 도구들의 미친 짓을 격퇴하는 것이며, 참으로 하나님의 교회와 함께 서서 그 원수들에게 심판을 집행하는 것이다. 여리고 포위 작전에서 만군의 여호와의 하늘 군대 대장이 여호수아를 도우러 왔으며[수 5:14], 아람 왕이 도단에 있는 선지자 엘리사

---

111 여백에: 엘리자베스(Elizabeth) 여왕, 그리고 그것은 현재 우리 국가에도 적합하게 적용될 수 있다.

112 *Complot*: 음모.

를 잡으려고 큰 군대를 보냈을 때, 여호와께서 그를 보호하기 위해, "산에 가득한 불말과 불병거"[왕하 6:17]를 보내셨다. 그리고 히스기야 시대에 그의 위로와 하나님의 백성의 기쁨을 위해 여호와의 사자가 예루살렘을 대항하여 왔던 산헤립의 군대를 "하룻밤에 십팔만 오천 인"[사 37:36]을 죽였다. 그리고 많은 사악한 음모들에 대한 하나님의 이 선하신 섭리에 대한 확실한 증거는 우리에게 부족하지 않다.

다섯째, 사탄이 "이 모든 것을 내가 너에게 줄 것이다"라고 말한다. 이것은 큰 붉은 용의 목소리이다. 그리고 교회법에 등록되어 있고, 날마다 지상의 모든 왕국을 처분하려고 실제로 시도했던 로마 교황의 목소리도 마찬가지이다. 이로써 그는 "어린 양 같이 두 뿔이 있고 용처럼 말을 하는 땅에서 올라온 짐승"[계 13:11]임을 분명하게 보여 준다. 왜냐하면 그는 자신을 종들의 종이라 일컬음으로 양의 뿔을 보여 주고, 이 지상 왕국의 주권을 처분하는 권한을 스스로 취함으로써 용, 즉 마귀의 목소리를 보여 주기 때문이다.

마지막으로, 누가는 마귀가 자신의 약속에 덧붙인 것으로, 그가 그 약속을 시행할 수 없다는 모든 생각을 예방하기 위해 한 가지 이유를 기록한다. 그 이유는 "세상 모든 왕국의 권세와 영광이 그에게 넘겨준 것이므로 그가 원하는 자에게 그것을 줄 것이기"[눅 4:6] 때문이다. 여기서 사탄의 두 가지 악명 높은 죄를 관찰하라. 첫째, 심한 거짓말이다. 왜냐하면 다니엘은 "지극히 높으신 여호와가 사람의 모든 왕국을 다스리시며 자기의 뜻대로 그것을 누구에게든지 주신다"[단 4:32][113]라고 말하기 때문이다. 둘째, 마치 그가 하나님께만 속한 것의 주권자인 것처럼, 주님의 앞에서조차 자기를 자랑하는 오

---

113 역자주. 원문과 영문판은 단 4:21로 적고 있다.

만하고 뻔뻔한 자랑이다. 이에 대한 숙고를 통해, 우리는 모든 경건한 행실에 있어서 사탄을 대적해야 하며, 모든 거짓말을 버리고, 양심적으로 마음에서 우러나온 진리를 말해야 한다. 그리고 또한 우리가 무엇인지, 혹은 우리가 무엇을 할 수 있는지, 우리 자신에 대한 헛된 자랑을 버리고, 차라리 참으로 우리 자신을 낮추어 말함으로써, 하나님이 우리가 행하는 모든 선한 일에서 영광을 받으시게 해야 한다. 거짓말과 자랑은 사탄의 특성이기에, 하나님의 자녀들의 혀와 마음에 어울릴 수 없다.

이 시험의 두 번째 요점은 사탄이 이 선물에 대해 그리스도를 굴복시키려는 어려운 조건이다. "만일 내게 엎드려 경배하면." 심지어 마귀 자신을 숭배함으로써 매우 가증한 우상 숭배까지 범하게 하는 것이다. 여기서 우리는 다양한 것들을 관찰할 수 있다.

첫째, 하나님의 교회를 대적하는 마귀가 노력하는 주요 부분은 이단과 우상 숭배의 씨를 뿌림으로써 하나님께 대한 참 종교와 순전한 예배를 전복하려 하는 것이다. 마귀가 아버지께 대한 경배로부터 그런 가증스러운 우상 숭배로 이끌려고 애쓰는 것처럼, 감히 머리이신 그리스도께 대담하다면, 어리석고 죄 많은 사람들에게 무엇을 시도하지 않겠는가? 성경은 그의 이런 노력을 많이 보여 준다. "미가야는 환상 가운데 악한 영을 보았는데", 그 영은 하나님께 "아합의 모든 선지자들", 심지어 한 번에 400명의 선지자들의 입에 있는 거짓말하는 영이 되겠다고 했다[왕상 22:22]. 대제사장 여호수아가 여호와 앞에 섰을 때, "사탄은 그의 오른쪽에 서서 그를 대적하였다"[슥 3:1]. 그는 물질적 성전 건축과 예배를 방해하려고 애썼다. 그러므로 그는 영적 성전의 건축, 심지어 사탄의 왕국에서 끌어내어 살아계신 하나님의 성전 기둥이 되는 영혼을 회심시키는 사역의 일까지 더더욱 방해하려고 애쓸 것이다. 사탄은 좋은 농부의 밭인 하나님의 교회에 오류와 이단의 "가라지를 뿌린 원수"[마 13:39]이다. 그는 바울이 데살로니가에 오는 것을 방해하였고, 이로써 그가 사도적 사역의 길을 방해하려고 노력했다는 것이 드러난다[살전 2:18]. 그는 서머나 교회에서 복음의 수용을 방해하기 위해 악한 사람들을 충동하여 "몇 사람을 옥에 던져"[계 2:10] 넣었다. "요한은 개구리 같은 세 더러운 영이 용의 입과 짐승의 입과 거짓 선지자의 입에서 나오는 것을 보았다"[계 16:13-14]. 이들은 "이적을 행하여 땅의 왕들에게 가는" 마귀의 영들이다. 그들은 복음을 막으려 한다. 왜냐하면 왕들이 그들을 반대한다면, 그들은 다른 모든 사람들의 복음에 가장 큰 걸림돌이 되기 때문이다. 그리고 가톨릭 강해자들의 공통된 동의에 따르면, 이 개구리들은 온 세상을 통해 국가의 감염을 추구하는 교황주의의 수사, 사제, 예수회의 무리들이다. 이 모든 것을 통해 교회에 대한 마귀의 적대감은 가장 명백하게 드러난다.

적용. 첫째, 이것은 하나님의 교회 건설과 복음 전파를 위해 하나님의 사역자들이 어떠한 염려와 부지런함을 나타내야 하는지 보여준다. 왜냐하면 그들은 교회를 대적하는 사탄의 시기(猜忌)를 상쇄하기 위해, 그들의 능력을 최대한 발휘해야 하기 때문이다. 둘째, 따라서 모든 그리스도인은 복음의 자유로운 진행과 참된 교리를 확립하기 위하여 그에 대해 끊임없이 순종함으로 그들 자신의 유익뿐만 아니라, 하나님의 모든 교회의 복지를 위해 기도하는 법을 배워야 한다. 왜냐하면 사탄은 진리를 전복하고 부패시켜, 사람들을 순종에서 멀어지게 노력하기 때문이다. 하나님의 자녀들은 항상 그를 반대해야 하는데, 이는 그들의 복지가 하나님 교회의 유익에 달려 있기 때문이다.

둘째, 사탄이 그리스도에게 제안한 이 조건에서, 우리는 그가 사람들로 하여금 자신을 경배하도록 애쓴다는 것을 관찰할 수 있다. 그가 그리스도에게 이것을 감히 요구했다면, 그에게 기회가 주어질 때, 누가 이 공격을 피할 수 있다고 생각하겠는가? 사탄이 이런 식으로 누구든 정복하여 자신을 숭배하게 하는 것이 불가능하다고 생각할지라도, 의심의 여지 없이 (그가 비록 그리스도를 이길 수는 없었다 할지라도) 세상에서 자신의 목적을 달성하고, 그 가운데 가장 큰 부분을 차지한다. 유대인, 튀르키예인, 그리고 교황주의자의 세 가지 종교는 오늘날 지면의 가장 큰 부분을 뒤덮고 있으며, 그 모든 종교에서 하나님이 아니라, 마귀가 경배를 받는 예배가 사람들에게 제시된다. 그에 대한 증거로 다음 두 가지 규칙을 주목하라.[114] 첫째, **종교 문제에 있어서 직접적으로나 정당한 결과로 하나님의 말씀을 반박하는**(*oppugn*)[115] **사람이 고안한 모든 교리는 마귀의 교리이다**(딤전 4:1, 3). 결혼과 음식에 관한 말씀을 혐오하는 교리들은 마귀의 교리들이다. 그래서 비율로 보면 모두 비슷하다. 둘째, **하나님의 말씀에 반하여 사람이 고안한 하나님께 대한 모든 예배는 하나님께 대한 경배가 아니라 마귀에 대한 경배이다.** "무릇 이방인이 제사하는 것은 귀신에게 하는 것이요 하나님께 제사하는 것이 아니니"(고전 10:20). 의심의 여지 없이 이방인들은 그들의 형상으로 하나님 경배를 의도했으나, 그 경배가 하나님의 뜻에 따른 것이 아니었기 때문에, 사도는 이 경우에 아무 쓸데 없는 그들의 의도를 존중하지 않고, 그들의 경배가 마귀에게 행해졌다고 단호하게 말한다. 그리고 당연히 그래야 한다. 왜 우리는 하나님께서 자신의 뜻에 일치하지 않고, 마귀의 뜻에 따라 사람이 고안한

---

114 여백에: 종교를 시험하는 두 가지 규칙.

115 *Oppugn*: 반박하다.

것을 자신의 예배로 받으셔야 한다고 생각하는가?

이 두 가지 규칙으로부터, 앞서 언급한 세 가지 종교 가운데 최선의 것은 하나님 경배가 아니라, 마귀 숭배라는 결론이 나온다. 왜냐하면 그것들 모두는 하나님이 아니라, 사람이 고안한 예배이기 때문이다. 유대인들은 그리스도 밖에서 하나님을 예배한다. 그리고 튀르키예 사람들도 그렇게 예배한다. 참으로 교황주의자들은 하나님을 예배하되, 참된 그리스도 밖에서 예배한다. 왜냐하면 (다른 곳에서 보여준 것처럼)[116] 교황주의자들의 그리스도는 가짜 그리스도이기 때문이다. 그리고 그들 종교의 다른 많은 점에서, 하나님의 말씀에 대한 분명한 혐오감이 있다. 참으로 그들의 **미사 희생**(sacrifice of the Mass)에 대해, 우리는 진실로 사도가 이방인의 우상 숭배에 대해 하나님께 제사하는 것이 아니요 마귀에게 제사하는 것이라고 말했던 것처럼 말할 수 있다. 왜냐하면 거기에는 사람이 고안한 것만큼이나 사악하고 저주받을 만하고 가증스러운 우상 숭배가 있기 때문이다. 그래서 마귀는 사람들이 그를 숭배하게 만드는 데 강력하게 승리하는 것이 분명하다. 참으로 그는 이런 식으로 세상에서만 아니라, 하나님의 교회 안에서도 승리한다. 왜냐하면 하나님과 그의 말씀보다 세상의 명예와 이익과 쾌락에 더 열렬히 영향을 받아 세상에 마음을 둔 모든 사람들은, (그들의 외적인 공언에도 불구하고) 행위로 그리고 진정으로 마귀를 숭배하기 때문이다. 그는 불순종의 자녀들의 마음을 지배하는 "이 세상의 신"[고후 4:4]이기 때문이다. 그는 명예와 이익과 쾌락을 미끼로 사람들의 마음을 하나님에게서 훔치고, 그 가운데서 그들은 마귀의 뜻을 행하고, 그를 숭배하려고 하기 때문이다. **사람이 그 마음에 두는**

---

116 퍼킨스의 『참된 가톨릭』(A Reformed Catholic)을 언급하는 것 같다.

것을 자신의 하나님으로 삼는 것을 보라.

셋째, 여기서 마귀는 그리스도와 언약 맺기를 원한다는 것을 관찰하라. 그리스도가 경배한다면, 그는 그에게 세상의 영광과 부요를 줄 것이다. 이것을 위해서는 그리스도의 동의만 있으면 충분하다. 이로써 우리는 여러 번 듣고, 많은 역사가 기록하는 것이 사실일 수 있다는 것을 안다. 즉, 어떤 사람들이 마귀와 동맹을 맺는데,[117] 여기서 마귀는 그들이 자신의 몸, 영혼, 또는 피를 바치는 조건에 따라, 그들로 행할 수 있는 어떤 이상한 활동으로 명예, 재물, 쾌락, 또는 큰 명성을 얻는 데 도움을 줄 것을 언약한다. 어떤 사람들은 진실로 그런 일들이 단지 마귀에 대한 날조와 망상일 뿐이며, 마귀와 사람 사이에는 그 어떤 동맹도 맺을 수 없다고 생각한다. 하지만 이들은 미혹된 것인데, 이는 마귀가 그리스도에게 그러한 일을 사실상 시도했기 때문이다. 따라서 그가 어리석고 죄 많은 사람들, 특히 그들이 불만으로 낙심한 것을 볼 때, 무엇을 하지 않겠는가? 이런 식으로 지금까지 마귀의 공격에 대해 많이 살펴보았다.

요점 3

이 투쟁의 세 번째 요점은 그리스도의 대답이다. "이에 예수께서 말씀하시되 사탄아 물러가라 기록되었으되 주 너의 하나님께 경배하고 오직 그만 섬기라 하였느니라"(마 4:10). 나는 이것을 단어들이 놓인 순서대로 다룰 것이다.

그는 대답하시기 전에, 마귀와 그의 제안에 대해 분노와 혐오의 말씀을 하신다. "사탄아 물러가라." 마치 그는 다음과 같이 말씀하시

---

117 역자주, 여백에: 어떤 사람들은 마귀와 동맹을 맺는다.

는 것과 같다. "사탄아, 네가 내 아버지의 말씀과 나 자신을 거슬러 험담하는 것을 내가 들었다. 그런데도 너는 내 아버지를 거슬러 모독하는 말을 하여, 그의 명예를 크게 떨어뜨리고 있다. 그러나 나는 너 사탄과 너의 이 시험을 혐오한다. 그러므로 물러가 더 이상 나와 상관하지 말라."

세상 모든 왕국을 자기 것인 양 처분할 권세를 가지려는 그의 도전에서, 그의 아버지를 모독한 사탄을 향한 그리스도의 이 혐오에서, 우리는 하나님을 대적하는 말을 듣게 될 그런 신성모독에 대해 슬퍼할 뿐만 아니라, 혐오하고 분개해야 한다는 가르침을 받는다.[118] 세상은 우리 하나님의 영광스러운 이름을 모독하고, 그의 거룩한 말씀을 비웃고 조롱하기를 서슴지 않는 입이 거친 랍사게로 가득하다. 이제 우리가 그런 사람들을 만날 때, 우리는 애정 없는 금욕주의자처럼 되어서는 안 되고, 하나님께 대한 모욕에 피 흘리는 심정으로 기독교적 지혜 가운데 그의 영광을 구출하기 위해 경건한 열심과 분개를 나타내야 한다. 나봇이 하나님과 왕을 모독했다는 거짓 고발에 금식을 선포한 사악한 이세벨의 위선적 행위는[왕상 21:2, 10], 하나님의 교회가 참으로 모든 신성모독자에 대해 열심을 내야 한다고 가르친다. 랍사게가 이스라엘의 하나님을 맹렬히 비난했을 때, 선한 왕 히스기야는 "그의 옷을 찢고" 그의 하나님을 비난한 것에 대해 자신을 크게 낮추었다[왕하 19:1]. 다윗이 함께 살아야만 했던 이방인들이 "그에게 말하되, 네 하나님이 어디 있느냐?"라고 했을 때, "눈물이 주야로 그의 음식이 되었었다"[시 42:3]. "그리고 의로운 롯이 그들 중에 거하여 날마다 저 더러운 소돔 사람들의 불법한 행실을 보고 들음으

---

118 여백에: 신성모독자들을 향한 우리의 행동 방식.

로 그 의로운 심령이 상함이라"[벧후 2:8]. 이 경건한 사람들의 행위는 우리가 하나님께 대한 모독을 혐오감 없이는 들을 수 없는 선례가 되어야 한다. 그리고 하나님의 모든 자녀들이 이 의무를 실천해야 하듯이, 특히 가정의 주인들이 그러해야 한다. 다윗이 "거짓말쟁이"나 "비방을 행하는 자가 그의 집 안에 거주하거나 그의 목전에 서지 못하게"[시 101:7] 했다면, 그는 하나님을 모독하는 자나 그의 말씀을 비방하는 자를 더더욱 견디지 못했을 것이다. 율법은 하나님을 거슬러 의도적으로 그리고 기꺼이 "모독하는 자를 돌로 쳐 죽이라"[레 24:14]고 명령했는데, 이 율법은 의심의 여지 없이 영구적인 말씀이다. 사람이 이 땅의 군주를 거슬러 모욕하는 말을 하면, 그는 그의 목숨을 잃을 것이며, 그것은 정당한 일이다. 그렇다면 비록 천 개의 목숨을 지녔을지라도, 만왕의 왕을 모독하는 자는 얼마나 더 죽어야 마땅한 일이겠는가? 그리스도의 이름으로 세례를 받은 자가 하나님이 없다고 말하며, 성경은 단지 인간이 고안한 것일 뿐이라고 말한다면, 그가 살 수 있겠는가? 어림도 없는 소리다. 왜냐하면 이 끔찍한 죄가 왕국을 더럽히기 때문이다. 그러므로 공의의 칼을 가진 행정관들은 그런 야비한 자들에 대해 외쳐야 한다. "우리에게서 물러가라, 신성 모독자들아."

둘째, 사탄에게 주어진 그리스도의 이 **물러가라**(Avant)는 말에서, 우리는 종교와 하나님께 대한 순종에서 멀어지게 하는 유혹자들에 대항하여 행동하는 방법을 배운다. 우리는 그들을 마귀의 수족(手足)으로 여겨야 하고, 그런 점에서 그들과 그 어떤 관계도 갖지 말고 그리스도와 관계를 갖고, 우리에게서 떠나가라고 명령해야 한다. 여호와께서 이런 경우에 "부모들은 그들의 자녀들을 용서하지 말며, 또한 자녀들도 그들의 부모를 용서하지 말고, 그들이 만일 우상 숭배를 부추기는 자들이라면, 그들을 죽일 때에 그들에게 먼저 손을 대라"[신 13:6, 9]고 명령하셨다. 우리 구주 그리스도는 하나님이 자기에게 정하신 고난을 피하도록 베드로가 나쁜 조언을 했을 때, 그를 용서하지 않으시고 "사탄아 내 뒤로 물러가라"[마 16:23]고 말씀하셨다. 그래서 우리가 만일 "지식의 말씀에서 떠나게 하는 교훈을 더 이상 듣지 말지니라"[잠 19:27]라는 솔로몬의 조언을 거부한다면, 우리는 변명의 여지가 없을 것이다.

셋째, 이로써 우리는 또한 사탄이 난폭하고도 끈질기게 시험할 때, 그를 향해 어떻게 행동해야 할지 배운다. 즉, 어쨌든 우리는 그 시험이 보다 온건할 때, 하나님의 말씀으로 응답할 수 있다. 하지만 사탄이 거기서 그의 힘과 난폭함을 드러내기 시작할 때, 우리는 그와 논쟁해서는 안 된다. 왜냐하면 그리스도께서 비록 그의 시험에 응답하셨을지라도, 그의 신성모독은 참지 않으셨기 때문이다. 배움의 학교에서 항상 결론을 고수하는 것은 단순한 부분으로 간주된다. 하지만 그리스도의 학교에서 양심이 사탄을 다루어야 할 때, 가장 안전한 방법은 믿음의 두 손으로 결론을 굳게 잡는 것이다. 그리스도를 굳게 붙들어라. 마귀가 무엇을 말하든, 거기서 일점일획도 이끌리지 말라.

그리스도는 사탄의 신성모독에 대한 그의 혐오감을 보이신 후에, 그의 시험에 대답하신다. "기록되었으되 주 너의 하나님께 경배하고 ⋯." 그리고 그는 성경에서 대답을 취하여, 세 번째 "기록되었으되" 라고 말씀하기 때문에, 성경은 그 자체로 마귀를 정복하기에 충분한 능력이 있다고 우리에게 가르친다. 로마 교회는 이것을 인정하려 하지 않는데, 왜냐하면 그들은 성경을 **내적인** 성경과 **외적인** 성경, 두 종류로 만들기 때문이다. **내적인 성경**이란 모든 시대의 모든 가톨릭 신자들의 보편적 동의를 의미한다. 그리고 **외적인 성경**이란 성경에 포함된 기록된 말씀으로 이해한다. 그들은 내적인 성경이 더 탁월하다고 말하는데, 왜냐하면 그들이 외적인 성경을 **힘이 거의 없거나 전혀 없는 죽은 문자**로 부르기 때문이다. 그리고 그들은 교리의 본질에 대해 일반 공의회를 성경과 동일한 것으로 만든다. 만약 이것이 사실이라면, 그리스도는 그들이 부르는 것처럼 외적 성경을 인용하시지 않았을 것이다. 그러나 그는 기록된 말씀이 마귀를 정복하기에 충분히 강력한 무기였다는 것을 아셨다. 그러므로 여기서 그들은 부끄럽게도, 하나님의 진리를 모독하고 그래서 하나님 자신도 모독하고 있다.

둘째, 그리스도의 이런 인용은 우리를 이단으로 유혹하는 진리의 모든 원수들, 즉 로마 교회, 재세례파, 또는 그와 유사한 것들에 대항하여 우리가 어떻게 행동해야 하는지 가르쳐 준다. 즉, 성경 본문을 굳게 붙들고, 어떤 식으로든 성경에서 떠나지 않도록 주의하는 것이다. 아마도 여러분은 배우지 못했고, 여러분의 대적은 학식 있는 웅변가일 수 있다. 그러나 여러분의 피난처는 이 기록된 말씀을 더 빨리 붙드는 것이다. 그리고 여러분이 진리를 수호할 수 있는 본문을 하나 갖는다면, 공의회, 교부들, 또는 무엇이든 그 모든 증언들보다 그것을 더 중요하게 여겨야 한다. 이것이 필요한 이유는 하나님은 유혹자들이 그의 자녀들을 시험하도록 허락할 수도 있기 때문이다. 그래서 그들이 만일 이 믿음의 근거를 확실하게 지키지 않는 한, 그들은 분명히 미혹을 받게 될 것이다.

그리스도께서 대답하시기 위해 인용하신 본문은 신명기 6장 13절에서 취한 것인데, 그 말씀은 다음과 같이 기록되어 있다. "네 하나님 여호와를 경외하며 그를 섬기며." 처음에는 그리스도께서 그 본문을 잘못 인용하고 왜곡하시는 것처럼 보일 수 있다. 왜냐하면 모세가

"네 하나님 여호와를 경외하라"고 말한 것을, 그리스도는 "네 하나님 여호와를 경배하라"고 말씀하시고, 모세가 "그리고 그를 섬기라"고 말한 것을, 그리스도는 뒷부분에 "오직"이라는 단어를 덧붙여 "오직 그만 섬기라"고 말씀하시기 때문이다. 그러나 우리가 두 가지를 고려하면 분명하게 알 수 있듯이, 여기에는 왜곡이 없고 매우 합당한 인용을 한 것이다. 첫째, 그리스도와 그의 사도들은 구약성경을 인용할 때, 그 구절의 참되고 적절한 의미만큼 그 단어 자체를 존중하지는 않았다. 둘째, 그들은 종종 자신들이 인용하는 그 구절들을 해설하고, 그에 따라 때때로 단어가 달라지지만, 여전히 참된 뜻과 의미를 유지하고 있다. 그래서 이 본문에서 다음과 같이 인용되었다. 모세는 "경외하다"를 **종교적 두려움과 공경**으로 이해하고, "네 하나님 여호와를 경외하라"고 말하고, 그리스도는 "네 하나님 여호와를 경배하거나 사모하라"고 말씀하심으로써, 경배를 몸을 굽히는 외적 사모함으로 이해하신다. 이로써 우리는 기도로 하나님을 부르기 위해 우리 자신을 낮출 때와 같은 마음의 내적 두려움과 공경을 드러낸다. 그리고 그리스도에 의한 이러한 단어의 변화는 이 구절에서 훌륭하게 쓰이고 있다. 즉, 하나님께 대한 이런 경외가 무엇인지 보다 선명하게 우리에게 보여 준다. 그 구절에서 **하나님을 경외한다는 것**은 하나님을 공경하는 두려운 마음에서 여호와 앞에 자기 몸을 엎드려 자기를 낮추는 것인데, 이는 받은 유익에 대해 하나님을 찬양하거나, 필요한 은사와 은혜를 위해 하나님께 기도하기 위함이다. 다시 말하지만, 그가 덧붙인 말씀에는 조금도 잘못이 없다. 왜냐하면 모세 본문의 온전한 뜻과 참된 의미는 다음 구절에 첨부된 금지 조항이 분명하게 보여 주듯이 많은 것을 포함할 필요가 있기 때문이다. "네 하나님 여호와를 경외하며 그를 섬기며"[신 6:13]라는 말에 "너희는 다른 신들을 따르지 말라"(신 6:14)고 덧붙인 것은, 마치 그가 "그분만 섬기라"고 말씀하셨던 것처럼 모두 하나가 아니겠는가? 그래서 우리는 말씀에 대한 참되고 분명한 설명에 대해 하나님을 찬송하고, 그 말씀의 인용에 있어서 최소한의 왜곡도 추측하지 않을 정당한 이유를 갖게 된다.

이제 추가적으로 우리를 교훈하기 위해 인용된 두 가지를 고려해야 한다. 첫째, 예배와 섬김이 무엇인지와 둘째, 이것이 누구에게 속하는지이다. 첫째, **예배란 일반적으로 다른 사람에게 공경과 영예를 드러내는 것**을 나타낸다.[119] 이 예배는 시민적 예배 또는 신적 예배로 이중적이다. 시민적 예배란 몸을 엎드리고, 무릎을 꿇는 등, 한 사람이 다른 사람에게 주는 외적인 공경과 영예이다.[120] 시민적 예배의 목적은 백성이 그의 왕과 통치자를 경배하듯이, 권위나 직분에 대해 다른 사람의 우월성과 탁월성을 증거하고 인정하는 것이다. 또는 재능이 부족하고 나이가 어린 사람이 은사와 은혜에 대해 혹은 노년에 대해 합당한 존경심으로 인정해야 하는 것이다. 이런 시민적 방식으로 "야곱은 그의 형 에서에게 몸을 일곱 번 땅에 굽혔고", 이로써 그를 자기보다 우월하고 더 나은 자로 인정했다(창 33:3). 이런 식으로 또한 "아브라함이 헷 족속 앞에서 몸을 굽혔다"(창 23:7). 그리고 "롯이 소돔에 들어오는 천사들"을 단순히 사람들로 여겨 그들에게 몸을 굽혔다(창 19:1). 이런 시민적 방식으로 왕들과 방백들 앞에 무릎을 꿇는 것은 합당한데, 이는 그들에 대한 우리의 복종을 드러내고, 하나님 아래 그들의 우월성에 대한 충직한 인정을 증거하는 것이다.

신적 예배란 우리가 존중하는 것에 신성을 부여하는 것인데,[121] 이

---

119 역자주, 여백에: 일반적 예배.
120 역자주, 여백에: 시민적 예배.
121 역자주, 여백에: 신적 예배.

로써 우리는 그것을 그 어떤 피조물의 질서를 초월한 신성한 어떤 것으로 삼는다. 사람은 네 가지 방식으로 사물에 신성을 부여할 수 있다. 첫째, 사물에 신격을 부여하거나 그러한 영예를 줌으로써, 그는 그 사물을 하나님으로 인정한다. 둘째, 편재, 전능, 매우 공정함, 전지 등과 같은 하나님의 속성을 그것에 돌림으로써 신성을 부여한다. 셋째, 그것을 만물의 창조자와 통치자로 수용하고 인정함으로써 신성을 부여한다. 넷째, 그 사물을 모든 선한 것의 수여자, 모든 악으로부터의 수호자와 구원자로 인정함으로써 신으로 인정한다. 그래서 사람이 예배에서 어떤 사물에 이것들 중 어느 하나를 부여하는 것은, 그가 그 동일한 사물에 신성을 부여하는 것이다. 이 신적 예배는 주로 신앙과 경건으로 구성된다. 왜냐하면 진실로 하나님께 대한 예배인 신앙과 경건으로 사람들은 어떤 사물에 신적이고 종교적 영예를 부여하기 때문이다.

신적 예배는 이중적이다. 마음에 있는 내적인 예배, 또는 몸에 있는 외적인 예배이다. 내적인 신적 예배란 사람이 어떤 것에 그의 마음과 영혼을 줄 때, 거기에 사랑, 두려움, 기쁨, 희망, 믿음, 그리고 확신과 같은 마음의 애정을 바치는 것이다. 이는 그가 그것을 전능, 무한한 지혜, 공의, 자비 등과 같은 신적 속성을 지닌 하나님으로 또는 모든 것의 창조주와 통치자나 모든 선한 것의 수여자와 모든 악에서 그를 보호하는 자로 생각하기 때문이다. 마음과 영혼의 능력과 애정을 하나님께 바치는 이러한 헌신은 모든 신적 예배의 근거이자 본질이며, 진실로 다름 아닌 오직 하나님이나 하나님으로 간주된 것에만 드릴 수 있다. 외적인 신적 예배란 사람이 어떤 식으로든 어떤 것에 절을 하거나 엎드리거나 몸을 던짐으로써, 그의 뜻과 마음이 헌신되어 있음을 증거하는 것이다. 즉, 그는 그것을 하나님, 전능자, 창조주와 통치자, 보존자로 여기며, 따라서 그의 신뢰와 충성을 거기에 두고, 사랑과 기쁨과 두려움을 다른 모든 것 위에 두는 것이다. 여기서 우리는 시민적 예배와 신적 예배의 차이를 관찰할 수 있다.[122] 외적 시민적 예배를 통해 우리는 권위, 은사, 나이, 또는 그와 같은 것과 관련하여, 다른 사람의 탁월성과 우월성을 인정할 뿐이다. 그러나 외적인 신적 예배를 통해 우리는 몸을 굽히거나 엎드리는 대상에 신성이 있음을 인정한다. 다시 말하지만, 우리는 여기서 또한 외적인 신적 예배는 단지 내적인 것을 증거하고, 심지어 우리가 하나님이라 여기는 것이 무엇인지, 그리고 우리 마음의 애정을 어디에 바치는지 알리는 것임을 기억해야 한다.

우리는 예배가 무엇이며 그 종류에는 무엇이 있는지를 살펴보았다. 여기서 우리는 우리 구주 그리스도께서 말씀하신 것처럼 **외적인 신적 예배**를 의미한다는 것을 이해해야 한다. "너희는 기도와 감사로 하나님께 너희 몸을 종교적으로 굴복하거나 절하거나 엎드려야 한다. 이로써 너희는 그분을 신적 본질, 전능, 무한 등으로 이해할 뿐만 아니라, 또한 모든 선한 것으로 축복하시고 모든 악에서 보존하시는 너희 창조주로서 그분에게 기초를 두고 의지함으로써 너희 마음과 영혼을 그에게 바쳤다는 것을 증거한다."

이 예배 외에 하나님은 **하나님께 대한 섬김**을 언급하시는데, 이것은 예배와는 구별되는 다른 것을 의미한다. **섬김**은 일반적으로 다른 것이 아니라, 다른 사람의 명령에 순종하여 실천하는 것이다. 이 섬김은 **절대적 섬김** 또는 **부분적 섬김**으로 이중적이다. **절대적 섬김**은 한 사람이 어떤 조건이나 예외 없이 단지 외적으로 몸으로만 아니라,

---

122 여백에: 시민적 경배와 신적 경배 사이의 차이.

영혼과 양심, 생각과 의지와 애정으로 다른 사람의 명령에 순종할 때이다. 그리고 이 절대적 섬김은 하나님께만 합당한 것이다. 왜냐하면 우리는 결코 그의 계명을 의심해서는 안 되고, 하나님이 무엇을 명령하시는지 주의해야 하기 때문이다. 그가 명령하신 것처럼 우리는 단순히 그리고 절대적으로, 단지 외적인 몸으로만 아니라, 힘과 능력을 지닌 내적 영혼과 뜻과 우리 마음의 모든 애정으로 순종해야 한다. **부분적 섬김**은 통치자들과 상급자들이 주님 안에서 그들의 하급자들로부터 받는 것이다. 왜냐하면 하나님이 여기 이 땅의 행정관들에게 시민의 유익을 위해 법률 제정의 권세를 주셨고, 그들의 하급자들이 그 법률에 복종함으로써 그들을 섬겨야 하기 때문이다. 하지만 절대적으로가 아니라, 제한적으로, 즉 주님 안에서 그들의 명령이 하나님의 뜻과 일치하고, 그의 명령과 어긋나지 않는 한 섬겨야 한다. 다시 말하지만, 그들에 대한 우리의 순종은 몸으로 하는 외적인 행위이다. 진실로 우리는 그들을 마음으로 섬기고 순종해야 하지만, 양심은 인간의 법에 합당하게 매일 수 없다. 그 법은 단지 외적인 인간의 말과 몸짓과 행동에만 영향을 미친다. 이제 이 두 종류의 섬김 가운데 우리 구주 그리스도는 여기서 단순하고 절대적인 섬김을 말씀하시는데, 이로써 영혼과 몸 둘 다, 그 모든 힘과 부분들로 하나님의 뜻과 명령에 절대적으로 순종하고 복종하는 것이다.

적용. 여기서 우리는 어떤 예배와 섬김이 요구되는지 본다. 이제 우리는 이 말씀 가운데 예배와 섬김이 주어져야 하는 대상을 관찰해야 한다. "너의 하나님 여호와"이다. 내적이든 외적이든 신적 예배, 그리고 전인의 절대적 섬김은 아무리 탁월하다 할지라도 천사나 사람은 물론 그 어떤 피조물에게도 주어져서는 안 되고, 오직 참 하나님께만 드려야 한다. 제1계명과 제2계명의 목적과 계획은 모든 사람이 하나님께 모든 것을 바치고, 주님 외에 다른 누구에게도 바치는 것을 주의하도록 구속하는 것이다. 그리고 요한과 대화했던 선한 천사의 행동은 그 동일한 것을 보여 준다. 왜냐하면 요한이 그의 발 앞에 엎드려 경배하려 했을 때, 천사가 "삼가 그리하지 말고 오직 하나님께 경배하라"[계 19:10]고 말했기 때문이다. 여기서 우리는 선한 천사들이 이러한 의무에서 하나님의 권리를 증진하기 위해 노력하는 것을 보는데, 그리스도를 시험하는 이 사악한 영은 이 가운데서 하나님께서 크게 수치 받기를 추구한다. 따라서 그리스도께서 사탄의 시험에 대항하여 이 본문을 적용하신 것이 매우 의미심장하다는 것을 알 수 있다. 왜냐하면 사탄이 그리스도에게 제안했던 그 왕국들의 수여자로서 예배하라는 표시로 마귀 앞에 엎드리도록 요구한 것은, 모든 사람이 마음의 내적 예배가 담긴 외적인 신적 예배를 그 어떤 피조물이 아니라 하나님께만 바치도록 구속하는 이 본문에 의해 정당하게 거부되었기 때문이다.

여기서 우리는 마음의 내적 헌신이 증거되는 외적인 신적 예배와 경배를 성인이나 천사 또는 그 어떤 피조물에게 바치는 것이 합법적이지 않다는 것을 배울 수 있다.[123] 이 본문은 그와 정반대로 명백하며, 우리가 어떤 것에 신성하게 몸을 엎드리는 것은 우리가 어떤 식으로든 그것에 신성을 부여한다는 하나의 증거이기 때문이다. 이런 신성 부여는 우상 숭배의 죄가 없이 그 어떤 피조물에게 행해질 수는 없다. 왜냐하면 사람이 기도나 감사로 성인이나 천사를 예배하면, 거기서 그는 마음을 알고 들을 수 있고 도울 수 있는 그와 같은 어떤 신적 본성의 특성을 그들에게 부여하는 것이기 때문이다. 교황주의

---

123 여백에: 피조물은 신적 예배를 받을 수 없다.

자들은 여기서 그들이 기도하는 성인들이 하나님이라고 생각하지도 않고, 그들을 하나님으로 예배하지도 않는다고 말한다. 하지만 다음을 살펴본다면 그들에게 약간의 도움이 될 것이다. 그리스도를 충동하여 자신에게 외적인 신적 예배를 바치게 한 마귀는 그리스도가 자신을 하나님으로 경배하기를 결코 의도하지 않았고, 다만 자기 앞에 그의 몸을 엎드리는 이러한 외적 경배로 그리스도가 자신을 이 모든 왕국의 수여자로 인정하기를 바랐을 뿐이다(왜냐하면 그는 절대적으로 하나님으로 경배받기를 원할 만큼, 감히 그렇게 대담하지 못했기 때문이다). 하지만 그리스도는 심지어 그러한 선물을 인정하는 것조차, 외적인 신적 경배는 하나님께만 합당하다고 그에게 말씀하신다. 로마 교회는 마귀가 요구하는 것을 성인들에게 주지만, 그리스도는 그것을 하나님께 돌림으로써 부인한다. 왜냐하면 그들은 여러 성인들을 여러 가지 질병과 위험으로부터의 구원자와 보호자로 삼기 때문이다. 즉, 난파선으로부터의 동정녀 마리아,[124] 전염병으로부터의 성인 로히(Roch),[125] 아픈 눈으로부터의 라파엘(Raphael),[126] 치통으로부터의 아폴로니아(Apollonia),[127] 그리고 모든 고난에 대한 캐더린(Catharine)[128]과 같이 말이다. 또한 그들은 스페인의 성인 야고보(James), 프랑스의 성인 데니스(Denis), 아일랜드의 성인 패트릭(Patrick) 등과 같은 성인을 온 나라와 왕국의 후견인과 보호자로 삼는다.

왕국을 줄 수는 있지만, 그 왕국을 방어할 수 있는 사람은 많지 않다. 따라서, 교황주의자들이 우리 구주 그리스도에게 인정받기 위해

124　여백에: Breviar. in missa quotid. de B. Maria.

125　여백에: Missale & Breviar. Sarisbur. in missa de Sancto Rocho.

126　여백에: Alan. Cop. dial. 3. 29.

127　여백에: Kem. exam. concil. Trid. part. 3. cap. de innoc sanct.

128　여백에: Iac. de Vorag. aur. leg. c. 167.

요구했던 사탄보다 더 많은 것을 성인들에게 주고 있지는 않은지 모든 사람이 판단해보자. 참으로 그들은 성인들을 하나님의 은총과 영생을 얻기 위한 중재자들로 삼는다. 그들은 동정녀 마리아를 "천상의 모후(母后)"[129]라고 부르고, 그녀가 어머니의 권위로 자기 아들이 그들의 기도를 들으라고 명하도록 그녀에게 기도함으로써, 그리스도를 그녀의 보잘것없는 부하로 만든다. 이것은 지상의 왕국을 처분하는 것보다 더 큰 문제다. 여기서 그들은 지상의 군주들에게 행한 것을 하늘에 있는 영광스러운 성인들에게 할 수 있다고 말한다. 왜냐하면 사람들은 그들을 경애하여 그들이 자리에 없어도, 그들의 직위의 보좌 앞에 무릎을 꿇기 때문이다. **대답.** 군주들에게 바치는 경애는 그들의 탁월함에 대한 시민적 인정에 불과하다. 그리고 그들의 직위의 보좌 앞에 무릎을 꿇는 것은 단지 충성과 복종의 증거일 뿐이다. 그것은 부재한 군주의 인격을 향한 것이 아니라, 단지 주님 안에서 그에게 부여된 권위와 권세에 대한 복종을 증거할 뿐이다. 신적 속성은 이것들 가운데 어느 것에 의해서도 군주의 인격이나 권세에 돌려지지 않는다. 그러나 이제 성인들에게 엎드려 기도할 때, 그들에게 종교적 경애가 주어진다. 왜냐하면 거기에는 마음을 알 수 있고, 멀리서도 듣고, 도울 수 있으며, 특히 그들을 위해 기도할 수 있는 신적 속성이 그들에게 돌려지기 때문이다. 이 모든 것을 통해 하나님은 그의 영예를 박탈당하신다.

우리가 비록 성인들에게 신적 예배를 바치는 교황주의자들을 정죄할지라도, 하늘에 있는 하나님의 성도들을 멸시하지 않도록 조심해야 한다. 왜냐하면 그들에게 마땅히 주어지는 삼중적 영예가 있기

---

129 역자주, 로마교회는 마리아를 '천상의 모후'(Θεοτόκος, Regina Caeli)라고 부른다.

때문이다. 첫째, 그들이 하나님의 은사와 은혜로 그들의 시대에 하나님의 교회를 위한 특별하고도 선한 도구가 될 수 있게 하신 하나님께 감사하기 때문이다. 둘째, 우리는 그들이 하나님의 친구와 그의 거룩한 성령의 성전으로서 지금 하늘에 있다고 존경함으로써 평가해야 하기 때문이다. 셋째, 우리는 경건의 의무에 있어서 그들의 경건한 행실을 본받아야 하지만, 그들에게 신적 예배를 바치는 것은 조심스럽게 삼가야 하기 때문이다.

성인들에 대한 신적 예배가 여기서 정죄된다면, 그들의 유물(relics)[130]에 대한 숭배는 훨씬 더 정죄된다. 또한 성인들을 위한 금식일과 거룩한 날들을 제정하고 준수하는 것은 여기서 정당하게 책망을 받는다. 비록 우리 가운데 그러한 날들의 명칭을 갖고 있을지라도, 우리 교회는 그들과 함께 정죄를 받을 수는 없다. 왜냐하면 그것은 다른 목적을 갖고 있기 때문이다. 그러한 날들에 행하는 우리의 금식은 단지 시민적인 것일 뿐이다. 그리고 우리의 거룩한 날들은 성인들에 대한 경애에서 하나님께 대한 섬김으로 바뀌었고, 우리의 양심도 필요에 따라 합법적인 부르심 안에서 정직하게 일할 수 있도록 하나님께서 주신 자유를 알게 되었다.

더 나아가, 여기서 그리스도께서 **하나님께 대한 예배**와 **하나님께 대한 섬김**을 어떻게 함께 결합하시는지 관찰하라. 이는 우리로 하여금 하나님께 대한 예배의 의무를 행함으로 만족하지 말고, 그것과 함께 절대적인 섬김과 순종을 그분께 드려야 한다고 가르친다. 사람들은 정해진 날에 교회에 와서 말씀을 듣고, 기도하고, 성례를 받아 하나님께 외적인 예배를 드리면, 그들이 할 만큼 충분히 했다고 일반적

---

130   여백에: 유물 숭배는 불법이다.

으로 생각한다. 고백하건데, 이것들이 잘 행해진다면, 가치 있는 일들이다. 하지만 흔히 하는 잘못이 여기 있는데, 그들이 이 외적인 예배를 드렸을 때, **절대적인 섬김**, 즉 그리스도께서 여기서 예배와 결합한 것을 의식하지 못한다는 것이다. 그들은 자신들의 부르심 가운데 그들이 원하는 대로 한가하게, 혹은 불의하게, 사기와 위선으로 살 수 있다고 생각한다. 그러나 하나님이 여러분의 예배에 대해 전에 유대인들에게 "내 마음이 너희의 월삭과 정한 절기를 싫어하나니 그것이 내게 무거운 짐이라"[사 1:14-15]고 말씀하셨던 것처럼, 여러분에게 말씀하시지 않도록 그리스도께서 함께 결합한 여러분의 섬김을 예배로부터 끊지 말아야 한다. 이것이 하나님께서 친히 정하신 예배를 미워한다는 말씀인가? 그렇지 않다. 그는 그들이 형제들에게 사랑과 공의와 자비를 나타내야 할 섬김과 순종에서 예배를 분리하는 것을 미워하신다. 그는 그들의 손으로 행하는 모든 섬김을 거부하시는데, 이는 "그들의 손에 피가 가득하기"(사 1:15) 때문이다. 미가서 6장 6-8절을 읽으라. 희생제사를 드리는 것은 율법 아래에서 예배의 특별한 부분이었다. 하지만 어떤 사람이 그의 희생제사를 위해 "천천의 숫양이나 만만의 강물 같은 기름", 아니 "그의 맏아들을, 그의 영혼의 죄로 말미암아 그의 몸의 열매"를 드린다 할지라도, "정의를 행하며 인자를 사랑하며 겸손하게 네 하나님과 함께 행하는 것"(미 6:8)이 없다면, 그 모든 것은 아무것도 아니다. 그러므로 우리가 종교의 의무에서 그를 영화롭게 하는 것처럼, 우리의 행실에서도 신실하게 하나님을 섬기자. 우리의 삶에서 하나님을 경외하는 것을 보여 주자. 왜냐하면 섬김이 없는 예배란, 여호와께 가증한 "개의 목을 꺾거나 돼지의 피를 드리는 것"(사 66:3)과 같기 때문이다.

셋째, 모세의 의미를 더 잘 이해하기 위해, 그리스도께서 모세의 말에 "오직"을 더한 것을 관찰하라. 이것은 우리가 교황주의자들에 대해 정당하게 방어하는 데 도움이 될 수 있다. 그들은 "오직"이라는 단어는 그 어느 곳에서도 믿음으로 말미암는 칭의에 속하지 않는다고 말함으로써, 사람이 **오직** 믿음에 의해 의롭게 된다는 우리의 가르침을 심하게 비난한다. 우리의 대답은 다음과 같다. 모든 구약성경에서 "오직"이라는 이 단어가 "네 하나님 여호와를 경배하며 그를 섬기라"는 이 계명에 결합되어 있지는 않지만, 그리스도는 "기록되었으되 오직 그만 섬기라"고 말씀하신다. 왜냐하면 이 예배와 봉사를 다른 대상에게 주는 것에 대한 제한과 억제는 사실상 **오직**을 포함하고 있기 때문이다. 마찬가지로, "사람이 믿음으로 말미암아 의롭게 된다"는 문장에서 "오직"이라는 단어를 문자와 음절로 찾지 못한다 할지라도, 그것은 "우리는 율법의 행위가 아니라 믿음으로 의롭다 하심을 얻고"(롬 3:28), "하나님의 은혜로 값없이 의롭다 하심을 얻은 자"(롬 3:24)가 되었고, "사람이 의롭게 되는 것은 율법의 행위로 말미암음이 아니요 믿음으로 말미암는다"(갈 2:16)와 같은 문구에 일반적으로 덧붙여진 행위를 배제하는 것이다. 따라서 우리는 그 진정한 의미에 따라 그리스도의 본을 따르면서, 성경은 "사람이 오직 믿음으로 의롭게 된다"고 말한 것을 참으로 붙잡고 가르칠 수 있다.

마지막으로, 이 명령으로부터 우리는 하나님께 대한 섬김과 관련하여, 우리의 의무를 배워야 한다. 우리 모두는 입술로 우리 자신이 하나님의 종이라고 인정할 것이다. 하지만 여기서 우리 자신이 그의 종이라는 것을 입증하려면, 외적인 행실뿐 아니라, 마음과 정신, 의지와 애정으로 그에게 절대적 순정을 바치기로 결심하고 노력해야 한다. 말씀 사역의 목적은 겉 사람을 개혁하는 것일 뿐만 아니라, 생각 속에 있는 내적인 죄의 "진(陣)"을 무너뜨리고 모든 생각을 사로잡아 그리스도에게 복종하게"[고후 10:4-5] 하는 것이다. 그리고 이것은 사람이 참된 회개를 한 후에 하나님께 전적인 순종을 드리려고 노력할 때 이루어지고, 혼과 몸과 영의 전인격으로 한 순간만이 아니라 지속적으로 노력할 때 이루어진다.

3부: 그 결과

"이에 마귀는 예수를 떠나고 천사들이 나아와서 수종드니라"(마 4:11). 이 말씀은 그리스도에 대한 시험을 묘사한 것 중 세 번째 부분이다. 즉, 시험하는 자에 대한 그리스도의 영광스러운 승리의 복된 사건과 그 결과로서 하나님의 교회에 주어지는 위로에 대한 중요한 내용이다.[131] 왜냐하면 시험에서 그리스도께서 우리 대신 그 자리에서 계셨던 것처럼, 이 승리는 단지 그의 것만이 아니라, 그의 교회의 승리이기 때문이다. 이 결과는 첫째로 사탄이 그에게서 떠나간 것과 둘째로 그를 향한 선한 천사들의 섬김이라는 두 부분을 포함한다.

첫 번째 결과

첫째, "이에 마귀는 그를 떠나고." 즉, 그가 시험으로 아무것도 얻지 못한 후에, 그는 도망쳤다. 여기서 그 고난과 시험을 완화하시고 곧이어 종지부를 찍으심으로써, 교회를 향한 하나님의 말할 수 없는 자비가 나타난다. 왜냐하면 머리이신 그리스도가 경험한 투쟁의 결과가 그의 모든 지체들이 경험할 상태이기 때문이다. 이제 여기서

---

131 역자주, 여백에: 이 시험에서의 그리스도의 복된 결과.

우리는 주님께서 사탄의 이 엄청난 공격에 대해 얼마나 은혜로운 결과를 주셨는지 보고 있다. 머지않아 그의 원수가 도망치고, 주님께서 그의 교회와 자녀들의 모든 비참 가운데 그와 같이 다루실 것이다. 하나님은 솔로몬에 관하여, "그가 만일 죄를 범하면 그가 사람의 매와 인생의 채찍으로 그를 징계하실 것"[삼하 7:14]이라고 다윗에게 약속하신다. 즉, 그가 감당할 수 있는 그런 형벌로 징계하실 것이다. "그의 은총을 그에게서 빼앗지는 아니하리라." 선지자 하박국은 의인들에게 행해진 악인들의 불의한 행동과 폭력에 대한 불평으로 **하나님께서 지체하시는 것에 대해 조바심을 낸다**(합 1:2-3). 그러므로 나중에 그에게 나타난 이상 가운데, 그는 "구원을 기다리라 비록 더딜지라도 기다리라 지체되지 않고 반드시 응하리라"(합 2:3)는 명령을 받았다.

따라서 바울은 고린도 교인들을 다음과 같이 위로한다. "사람이 감당할 시험 밖에는 너희가 당한 것이 없나니 오직 하나님은 미쁘사 너희가 감당하지 못할 시험 당함을 허락하지 아니하시고 시험 당할 즈음에 또한 피할 길을 내사 너희로 능히 감당하게 하시느니라"(고전 10:13). "주 예수에 대한 증거를 인하여 죽임을 당한 두 선지자의 시체가 길에 있으리니 사흘 낮 반 동안을 무덤에 장사하지 못하게 하리로다"[계 11:8-9]. 즉, 얼마 후에, 삼일 반 후에, "하나님께로부터 생기가 그들 속에 들어가매 그들이 다시 살아나 그들의 원수들이 두려워할 것이며, 그들이 하늘로 올라가니 그들의 원수들도 그것을 볼 것이다." 이 모든 것은 하나님의 자녀들이 받는 고난에 대해 은혜로운 결과를 주신 하나님의 크신 자비를 분명하게 나타낸다. 참으로 어떤 사람들은 1년이나 2년, 다른 사람들은 심지어 수년간에 걸친 더 긴 시간 동안 시험을 받았지만, 결국에는 즐거운 구원의 노래를 불렀던 좋은 경험을 통해, 우리는 주님께서 우리 시대에 가장 두려운 여러 가지 시험들에 두신 복된 결과에서 그 진리를 볼 수 있다. 아마도 하나님의 자녀들 가운데 어떤 사람들은 죽는 날까지 십자가를 지고 있을지도 모르지만, 주님께서 그의 은혜로 그 안에 있는 그들을 붙드시고, 결국에는 그들에게 자비와 평화를 베푸신다.

둘째, 사탄이 이렇게 그리스도를 떠나감에 있어서, 우리는 첫 번째 아담과 두 번째 아담 사이의 주목할 만한 차이를 관찰할 수 있다. 첫 번째 아담은 시험을 받아 정복되었다. 사탄은 그 싸움에서 승리하여, 영적으로 그를 사로잡아 그의 왕국의 포로로 데려왔다. 두 번째 아담도 시험을 받으셨으나, 마귀가 그를 이길 방도를 찾지 못했다. "이 세상의 임금이 오겠음이라 그러나 그는 내게 관계할 것이 없으니"(요 14:30)라고 그리스도께서 말씀하신다. 그러나 그의 공격 후에 사탄은 도망치려 한다.

더 나아가, 이러한 그리스도를 떠나감 가운데, 두 가지 환경, 즉 사탄이 떠나간 **때**와 **얼마나 오랫동안** 떠나갔는지 주목하라. 첫째, 그가 떠나간 **때**는 "이에"라는 말에 기록되어 있다. 즉, 하나님께 대한 그의 신성모독에 대해 그리스도께서 분개하시어 "사탄아 물러가라" 말씀하시고, 그것과 더불어 기록된 말씀으로 그의 시험에 대답하셨던 세 번째 시험 후에, 그가 떠나갔다. 따라서 우리는 다음을 배운다.

첫째[132], 사탄을 정복하는 가장 좋은 방법은 그에게 근거를 주지 않는 것이지만, 처음부터 용감하게 그에게 저항하는 것이다. "마귀를 대적하라 그리하면 너희를 피하리라"(약 4:7). 이제 사탄은 우리가 진심으로 그의 말씀에 포함된 하나님의 약속에 우리 영혼을 맡길 때,

---

132 여백에: 사탄에게 근거를 주지 말라.

그리고 우리 삶의 전체 과정에서 그의 공격에 맞서기 위한 은혜의 힘을 위해 기도할 때, 저항을 받는다. 이로써 우리는 사탄의 시험을 우울증의 발작으로 설명하고(accompt),[133] 음악이나 즐거운 모임, 그리고 그와 같은 것들에 의해 제거될 수 있다고 생각하는 자들의 큰 잘못과 속임수를 볼 수 있다. 그러나 이런 것들은 마귀를 내쫓는 무기가 아니다. 둘째, 이것은 또한 사탄의 유혹에 잠시 굴복하여, 젊었을 때 쾌락을 취하고, 늙었을 때 그를 저항하다가 회개하려는 이들의 위험한 행로를 보여 준다. 너무도 많은 사람들이 이 길을 택하지만, 그것은 두려운 일이다. 왜냐하면 그렇게 함으로써, 그들 마음대로 그를 쫓아내는 일이 그들의 능력을 넘어선다는 것을 거의 고려하지 않은 채, 마귀에게 마음의 모든 문을 활짝 열어 놓고, 그가 조용히 소유하도록 허용하기 때문이다. 진실로 이렇게 함으로써, 그들은 술을 더 많이 마실수록 더 많은 것을 원하는 수종병(水腫病)에 든 사람같이 된다. 그래서 사탄의 시험에 기꺼이 자리를 내주는 사람은 죄를 더 많이 지을수록 더 많이 범죄할 수 있다. 왜냐하면 그가 더 오래 시험을 받을수록 굴복하여 더 약해지고, 그의 끝없는 혼란의 위험은 더 커지기 때문이다. 그러므로 그리스도로부터 저항하는 때를 배우라.

둘째, 이런 환경에서 그리스도께서 사탄을 책망하시고, 물러가라고 명령하실 때, 그가 떠나되 즉시 사라졌다는 것을 주목하라. 사탄이 그리스도의 명령에 이와 같이 즉시 떠나는 것이 그의 미덕이었는가? 설령 그가 순종할지라도 그것은 미덕이 전혀 아니다. 그것은 칭찬받을 만한 것이 아니다.[134] 왜냐하면 순종은 자발적 순종과 강요된 순종으로 이중적이기 때문이다. 자발적 순종은 피조물이 강요 없이

---

133 *Accompt*: 설명하다.
134 여백에: 사탄의 순종은 칭찬할 만한 것이 아니다.

하나님의 명령을 행할 때이다. 아담이 타락하기 전에 이와 같이 하였고, 의롭게 되고 거룩하게 된 모든 거룩한 자들은 이생에서 부분적으로 그와 같이 행한다. 강요된 순종은 피조물이 '좋든 싫든'(will he nill he)[135] 하나님께 순종하게 될 때이다. 이것은 반역죄로 공격받고 심문을 받아 고통 가운데 군주의 법을 따르도록 강요된 반역자들의 순종과 같다. 그와 같은 것은 모든 피조물들의 임금이요 주님인 그리스도의 강력한 명령에 의해 사탄에게 강요된 순종이었다. 그래서 그리스도께서 강력하게 명령을 내리실 때, 사탄은 좋든 싫든 반드시 순종해야 한다는 것을 주목해야 한다.

이것은 더러운 영들이 그리스도를 자신들을 괴롭히는 자로 설명할지라도, 그가 명령하심으로 그 영들을 여러 번 쫓아내신 것으로 말미암아 분명하다. 이제 여기서 마귀에게 닥친 일이 언젠가 모든 악인들에게 참된 것으로 확인될 것이다. 말씀 사역 가운데 그가 그들로 하여금 "회개하고 복음을 믿으라"[막 1:15]고 하시는 동안, 그들이 지금 기꺼이 순종하지 않는다면, 그들은 언젠가 심지어 두려운 심판 날에조차 좋든 싫든 화를 부르는 그리스도의 음성에 어쩔 수 없이 복종해야만 할 것이다. "저주를 받은 자들아 나를 떠나 영원한 불에 들어가라"(마 25:41). 이것에 관해 우리는 언젠가 끝없는 불행으로 가라는 명령을 어쩔 수 없이 따라야만 하지 않도록, 지금 은혜의 때에 항상 주의하여 자발적이고 기쁜 마음으로 율법과 복음의 모든 명령에 대해 그리스도께 순종해야 한다. 사람보다 천 배나 더 강한 사탄이 그의 권세를 거역할 수 없다면, 티끌과 같은 우리가 어떻게 이 크신 하나님 앞에 서겠는가?

---

135 *Will he nill he*: 그가 그렇게 선택하든 그렇지 않든, "좋든 싫든."

이 시간의 환경은 누가에 의해 더 완전하게 기록되었다. "마귀가 모든 시험을 다 한 후에 떠나니라"[눅 4:13]. 이것은 많은 것을 의미하는데, 마귀가 우리 구주 그리스도를 떠나기 전에 이 시험들에서 최대한으로 활용했던 지식, 교활함, 또는 능력을 보라. 이로써 그리스도는 사탄이 아마도 획득할 수 있었던 가장 높은 정도와 분량으로 시험을 받으셨다는 것이 드러난다. 여기서 마귀는 그리스도에 대한 극단적인 거짓과 악의를 보여 주었다. 이것은 더 나아가 사탄이 우리 구주 그리스도의 거룩한 마음을 가장 작은 죄의 점으로도 더럽힐 수 없었던 것처럼, 하늘의 천사들이 그를 위로하러 와서 그에게 봉사했던 것에 의해 드러난다. 하지만 이 시험들에서 그리스도는 하나님의 자녀들이 일반적으로 시험을 당할 때 느끼는 것과 동일한 슬픔과 질고와 괴로움으로 고통을 당하셨다. 이것을 숙고하는 것은 다음과 같이 특별한 적용점을 준다.

적용. 첫째, 하나님의 모든 자녀가 가장 극도의 시험에서, 심지어 그들의 양심이 (말하자면) 철제 형틀 위에 놓이고, 지옥불의 섬광이 그들의 영혼에서 이미 타올랐을 때조차 절망에 빠지지 않도록 지켜준다.[136] 왜냐하면 교회의 머리이신 그리스도 예수는 천사들이 와서 그를 위로했던 것처럼, 사탄에게 가장 큰 시험을 받으셨지만, 그는 여전히 하나님의 사랑 받는 하나님의 아들로 남아 계시기 때문이다. 그래서 하나님의 자녀들에 대한 사탄의 폭력이 가장 우세한 것처럼 비칠 때조차, 그들 가운데 누구라도 하나님의 사랑받는 택자로 남을 수 있다.

둘째, 이것은 우리로 하여금 극도의 시험에서 사탄이 행사할 모

---

136   여백에: 절망에 대한 훌륭한 근거.

든 것에 대해, 우리 자신의 모든 경솔한 판단을 억제하도록 가르친다. 이것은 그리스도 우리 구주께서 사탄의 극심한 공격 가운데 하나님의 사랑받는 자로 남으셨던 것처럼, 진실로 그가 여전히 하나님의 사랑받는 자녀로 남아 있을 때조차, 그의 양심이 시험으로 말미암아 심히 괴로움을 당할 것이며, 그가 부르짖지만, 하나님께 버림받고 저주를 받을 것으로 자주 드러나기 때문이다. 그러므로 절망에 관해 공개된 프란시스 스피라(Francis Spira)[137]의 이야기에서, 그는 절망의 때에 자기에게 닥친 일이 하나님의 자녀에게 닥칠 수 없는 일이라고 생각하고서, 경솔하게 자신을 버림받은 자로 간주한다. 그러나 그것은 하나님의 자녀에게 닥칠 수도 있는 일이다. 참으로 그의 시험의 문제를 보든, 그의 절망의 깊이를 보든, 우리나라는 프란시스 스피라와 일치하는 많은 예들을 제공할 수 있지만, 그들은 하나님의 자비를 통해 위로를 받았다. 그러므로 이런 경우에 기독교적 사랑은 항상 우리가 최선을 생각하고 말하도록 구속해야 한다.

마지막으로, 이 세 가지 시험이 끝나자 사탄이 떠나간 것은 마귀가 제아무리 온갖 종류의 시험으로 가득 차 있다 할지라도, 이 세 가지가 사탄이 가진 모든 시험의 근거이며 가장 주요한 시험이라는 것을 우리로 하여금 깨닫게 해 준다. 왜냐하면 이 전투에서 그가 최악의 일을 저질렀고, 폭력적인 분노와 진노를 보여 주었기 때문이다. 그러므로 우리는 그것들을 특별히 유의하고, 또한 그리스도께서 그 시험들을 격퇴하신 것도 특별히 유의할 필요가 있다. 그래서 우리는 그것들과 그와 같은 것들에 대해 더 잘 무장될 수 있을 것이다. 이와 같이 우리는 사탄이 떠나갔던 때에 대해 많이 다루었다.

137　프란시스 스피라(Francis Spira, 사망 1548)는 이태리 법률가였다. 개신교를 비난했던 그는, 자신이 버림 받은 자라고 생각하면서 절망 가운데 죽었다.

그의 떠나감에 관한 두 번째 환경은, 마귀가 얼마나 오랫동안 그를 떠났는가에 대한 것이다. 누가는 영원토록이 아니라, "얼마 동안"[눅 4:13]이라고 기록한다. 어떤 사람들은 그리스도께서 십자가 위에서 "통치자들과 권세들을 무력화"(골 2:15)하셨던 것 외에, 사탄이 그 이후로 그를 시험했다는 것을 발견하지 못한다고 말할지 모르겠다. **대답.** 마귀는 사람들을 두 가지 방식으로 시험한다. 그가 이곳에서 그리고 십자가 위에서 우리 구주 그리스도를 시험했고, 에덴동산에서 우리의 첫 번째 어머니 하와를 시험했던 것처럼(창 3:1), 때때로 그 자신이 직접 시험한다. 또는 때로는 그가 자신의 도구로 사용하는 사람들을 통해 시험한다. 따라서 그는 하와를 통해 아담을 시험했고, 욥을 강탈우리는 이 설교를 다루기 전에, 했던 갈대아 사람과 스바 사람을 통해 시험했고, 욥을 그의 온전함에서 끌어내려 했던 그의 친구들을 통해 시험했다(욥 27:5). 이제 그리스도께서 시험 후에 마귀에게 곧바로 시험을 자주 받지 않으셨을지라도, 그에게 표적을 요구하고, 그를 조롱하고 핍박했던 유대인들, 서기관들, 그리고 바리새인들, 헤롯, 그리고 본디오 빌라도와 같은 사탄의 도구들에 의해, 그는 마음이 슬프도록 여러 번 심하게 공격을 받으셨다.

여기서 우리는 이 세상에 있는 하나님의 교회와 자녀들의 상태에 대한 주목할 만한 패턴을 볼 수 있다.[138] 그들의 머리이신 그리스도께서 심하게 시험을 받으신 뒤, 단지 잠시 홀로 있다가 다시금 사탄의 도구들에게 시험을 받으셨던 것처럼, 그들도 한동안은 외적인 시험들로, 또 다른 때에는 내적인 공격으로 연단을 받는다. 그런 다음, 그들은 하나님의 자비로 얼마 동안 자유를 얻지만, 그 후에 사탄은 직

---

138 여백에: 지상에 있는 하나님의 교회의 상태.

접 또는 그의 도구들로 다시 그들에게 다가온다. 이것은 특히 우리 교회의 상태에 관해 지혜를 주는데, 즉 우리가 하나님의 자비를 통해 아무리 수년간 놀라운 평화와 평온을 누렸다 할지라도, 시련과 시험에서 영구적으로 벗어나는 것을 꿈꾸어서는 안 된다는 것이다. 왜냐하면 우리는 그리스도의 신비적인 몸의 일부로서, 사탄에게 심한 시험을 받고, 얼마 후에 다시 시험을 받은 우리 머리이신 그리스도 예수와 동일한 상태를 예상해야 하기 때문이다. 그러므로 우리는 의심의 여지 없이 시련이 다가온다는 것을 각오해야 한다. 어떤 방식으로 시련이 오는가? 하나님만 아신다. 하지만 고난의 겨울은 우리의 기쁨과 평화의 추수를 뒤따를 것이다. 그리고 매년 찾아오는 재난과 기근은 우리가 신속하고 거짓 없는 회개의 실천으로 우리 하나님을 만날 준비를 하지 않는 한, 더 무거운 심판의 징조와 전조를 보여 주는 증상들이다. 이것이 일반적으로 우리 교회의 상태인 것처럼, 삶의 환난과 평화가 끊임없이 출렁이는 모든 그리스도인의 특별한 상태이다. 그러므로 하나님의 모든 자녀는 안전에 대해 깨어 있어야 하며, 하나의 공격이 끝남과 동시에 새로운 공격에 대비해야 한다. 이것이 그리스도의 교회의 상태였기에, 종은 그의 주인보다 낮다고 여겨서는 안 된다. 지금까지 마귀의 떠나감에 대해 많이 다루었다.

두 번째 결과

이 투쟁의 결과의 두 번째 부분은 그리스도에 대한 천사들의 섬김이다. "그리고 보라 천사들이 나아와서 그에게 수종드니라." "보라"[139]라고 말하면서 이 복음서 기자는 우리가 대단히 놀라운 장면,

---

139 역자주, 한글번역 성경(개역개정, 개역한글, 공동번역, 새번역, 현대인의 성경)은 이 단어, "보라"를 생략하고 있다.

즉 마귀가 자신을 숭배하도록 만들고자 했던 사람이, 여기서 하나님의 거룩한 천사들에게 경배와 섬김을 받는 것을 숙고할 것을 추천한다. 그러므로 그 누구도 사탄이 시험으로 설득하고자 하는 것으로 자신을 판단하지 말아야 한다. 그리스도의 상태는 현재 사탄이 그를 데려가고자 했던 상태와는 훨씬 다르게 나타난다. 그래서 하나님의 모든 자녀가 시험 가운데 그리스도를 본받아 용감하게 싸운다면, 시험 후에 그들의 상태도 그와 같다는 것을 알게 될 것이다.

이런 천사들의 섬김에 관하여 여기서 세 가지 요점을 관찰하라. 첫째, 선한 천사들로 하여금 그리스도를 섬기게 하는 유대이고, 둘째, 그들의 수효이며, 셋째, 그들의 섬김의 시간이다.

요점 1

그들의 **섬김의 유대**는 천사들에 대한 그리스도의 주권인데, 이는 단지 그가 그들의 창조주 하나님이실 뿐만 아니라, 중보자로서, 하나님과 사람으로서, 심지어 인간 그리스도로서 (나는 그리스도의 인성을 말하는 것이 아니다), 그리스도 (내가 말할 수 있는 것처럼) 인간-하나님으로서, 모든 천사들의 주님이시기에, 그들이 그에게 경의를 표하고 봉사한다. 비록 그리스도의 인성이 천사들의 주님은 아닐지라도, 그의 신성의 일체 속에 수용되었기에, 모든 천사들보다 훨씬 더 높다. 그리스도의 인격 안에서 하나님의 본성을 갖는 이 결합으로 인해, 죄로 말미암아 지상의 모든 피조물보다 더 사악해진 우리의 본성을 천사들보다 훨씬 더 높은 단계로 상승시킨 점에서 우리는 하나님의 무궁한 선하심을 주목할 수 있다.

이제 이 유대로 말미암아 천사들이 그리스도의 봉사자들이 된 것처럼, 그 동일한 미덕으로 말미암아 그들은 그의 모든 참된 지체들의 봉사자들이 된다. 야곱의 사닥다리는 우리 구주 그리스도에 의해 다음과 같이 해설된다. "진실로 진실로 너희에게 이르노니 하늘이 열리고 하나님의 사자들이 인자 위에 오르락 내리락 하는 것을 보리라"[요 1:51]. 이 "인자"는 그리스도이신데, 그는 신인(神人)으로 하늘에서 땅까지, 그리고 땅에서 하늘까지 이르신다. 천사들이 그에게 시중들고, 그분에 의해 그들은 여기 지상의 하나님의 모든 성도들을 섬기기 위해 내려온다.

적용. 첫째, 이것은 우리로 하여금 그의 교회와 자녀들을 향한 하나님의 무궁한 선하심을 존경하도록 가르치는데, 그들에게 하늘과 땅을 주셨을 뿐만 아니라, 심지어 그들의 보호와 방어, 위로를 위해 섬기는 영들(spirits)이 되도록 그의 영광스러운 천사들을 주기까지 하셨다{히 1:14}. 둘째, 그들의 이 봉사는 우리로 하여금 우리의 모든 행실에서 경건하고 거룩하게 행동하도록 훈계한다. 우리가 만일 지상 군주의 현존 앞에 있다면, 오, 우리의 행위는 말과 행동에 있어서 얼마나 주의해야 하겠는가? 우리가 하나님의 자녀라면, 우리 주위에 장막을 치고 있는 하나님의 영광스러운 천사들의 임재와 시중은 우리로 하여금 훨씬 더 우리의 모든 길에 주의를 기울이게 할 것이다. 그리고 더 나아가, 그들의 봉사는 우리가 하나님의 바른길에 서 있는 동안 우리의 위로와 보호를 위한 것이다.

요점 2

그들의 **수효.** "한 천사"가 아니라, "천사들"이 와서 그에게 시중들었다고 언급된다. 진실로 그가 수난을 당하시기 조금 전, 동산에서 고통 가운데 계셨을 때, "한 천사가 그에게 와서 위로하였다"[눅 22:43]. 그래서 때로는 한 천사가, 때로는 더 많은 천사들이 그를 시중들었는데, 이는 악한 영들이 시험하러 온 것과 마찬가지로, 때로는 사탄이 여기서 그리스도에게 시험했듯이, 홀로 하나의 영이, 때로는 그가 십자가 위에 있었을 때 했던 것처럼, 더 많은 영들이 시험하러 온다. 그리고 그리스도에게 일어난 것처럼, 그렇게 하나님의 자녀들에게도 일어나며, 때때로 선한 천사 하나가, 때로는 많은 천사들이 그들에게 시중을 든다. 마찬가지로 때로는 악한 영 하나가, 때로는 군대가 들어 있었던 사람처럼(막 5:9, 눅 8:30), 많은 악한 영들이 그들을 공격한다. 그리하여 모든 사람에게는 하나의 선한 천사와 하나의 나쁜 천사가 있어, 하나는 그를 보호하고 다른 하나는 그를 시험한다는 일반적인 견해가 무너진다. 이런 견해는 우리가 선한 천사들을 언급하든 악한 영들을 언급하든, 때로는 더 많은 천사들이 때로는 더 적은 천사들이 그의 주변에서 그를 시중드는 것과 관련하여, 사람의 상태를 설명하는 성경의 취지와 잘 맞지 않는다.

요점 3

이 선한 천사들이 그리스도에게 와서 시중들었던 **때**는 "그 때"라는 단어에 기록되어 있다. 즉, 마귀가 우리 구주 그리스도를 대적하여 할 수 있는 모든 것을 다 했었을 때이다. 천사들은 사탄이 공격할 때가 아니라, 그의 시험을 끝내고 떠났을 때 왔다. 선한 천사들이 항상 우리 구주 그리스도의 주변에서 그의 복된 인격을 돌보고 있다는 것은 의심의 여지가 없지만, 이때 마귀는 그리스도가 더 큰 두려움을 느끼도록 어떤 형태로 나타났던 것처럼, 천사들은 그들의 봉사가 그에게 더 위로가 되도록 어떤 가시적 형태를 띠고 나타난 것 같다.

시간이라는 이러한 환경에서, 우리는 하나님이 시험의 때에 그의 자녀들에게 행하기를 기뻐하시는 하나님의 섭리의 역사를 관찰할 수 있다.[140] 즉, 그의 은총에 대한 감각적 느낌을 거두심으로써, 잠시 그들에게서 그의 자비를 감추시는 것이다. 이런 식으로 그는 자신의 사랑하는 아들 그리스도 예수를 대하셨다. 사탄이 난폭하게 시험하는 동안, 그는 그에게서 그의 천사들의 감각적 도움의 봉사를 감추셔서, 사탄이 떠날 때까지 천사들은 나타나지 않았다. 이것은 하나님이 그의 사랑하는 자녀들에게 성령의 좋은 은혜들을 베푸시는 많은 경우에 잘 어울린다. 자기 자녀의 사랑을 시험하려는 유모가 때때로 그 자녀에게서 숨고 그 자녀를 혼자 내버려 두어 깜짝 놀라거나 쓰러지게 하듯이, 여호와는 그의 자녀들을 버려두시고, 그들에게 은총의 표시들을 감추시는 것이다. 여호와는 그들이 얼마 동안 시험에 시달리게 하시고, 하나님의 은혜가 없는 스스로의 상태가 어떠한지 발견하도록 하시며, 그 고통의 쓰라림을 느낌으로써 그의 은혜와 은총에 더 주리고 목말라하도록 하신다.

그래서, 그 은혜가 갱신되었을 때 더 기쁘게 감사함으로 받아들이며, 그들의 사는 날 동안 더 조심스럽게 그 은혜를 지키도록 만드신다. 다윗이 "주의 제단에서 둥지를 짓는 힘없는 행복한 새들"[시 84:1-3]이라고 여겼던 것처럼, 무엇이 그로 하여금 하나님의 집 뜰을 그렇게 높이 칭송하게 하였는가? 하지만 그는 거기서 쫓겨나 사울의 핍박으로 "메섹에 머물며 게달의 장막 중에 머물"[시 120:5] 수밖에 없었다. 그래서 하나님의 백성이 바벨론에 있었을 때, "그들은 시온을 기억하며 울었다." 오, 그때, "예루살렘아 내가 너를 잊을진대 내 오른손이 그의 재주를 잊을지로다 내가 예루살렘을 가장 즐거워하는 것보다 더 즐거워하지 아니할진대 내 혀가 내 입천장에 붙을

---

140 여백에: 하나님은 때때로 그의 자녀들에게서 자신의 자비를 감추실 것이다.

지로다"(시 137:1, 5-6).

　그러나 많은 사람들에게 시험에 관한 이 교리가 전혀 불필요한 것으로 비칠 것이다. 왜냐하면 그들은 마귀와 그와 같은 어떤 투쟁을 느낀 적이 없었기 때문이다. 그들은 마음으로 마귀를 무시하고, 하나님을 믿기 때문에, 결코 그에게 고통을 받지 않으리라고 생각한다. 이것이 대부분의 사람들의 일반적인 상태이다(참으로 회개하고 믿는 것이 얼마나 어려운 일인지 느껴본 사람은 예외이다). 따라서 그들은 육신적 평화 속에서 스스로를 축복하지만, 그들은 자신들의 마음도, 자신들이 처한 두려운 상황도 모르는 어리석은 영혼들이다. 왜냐하면 그리스도의 모든 참된 지체들은 그들의 머리를 본받아야만 하기 때문이다. 이제 "그는 고난을 통하여 그들의 구원의 창시자로 성별되셨다"(히 2:10). 그래서 그가 우리 생명의 사역을 마치실 수 있기 전에, 그의 영혼은 죽음에 이를 만큼 무거웠다.

　참으로 그는 천사들에게 위로를 받으시기 전에 사탄에게 시험을 받으셨다. 그러므로 결코 시험을 받아본 적이 없는 자들은, 그의 고난에 동참하지 않았으며, 그리스도를 따르는 그 어떤 순종도 시작하지 않은 것이다. 따라서 그들은 여전히 사탄의 노예인 것과 같다. 왜냐하면 그들이 그의 올무에서 벗어났더라면, 그들은 자신들을 다시 그 안으로 끌어들이려는 그의 공격을 느낄 것이기 때문이다. 이와 관련하여 하나님의 자녀는 시험 가운데 사탄과 힘겹게 맞서야 하며, 그가 퍼붓는 공격의 시달림에서 구원받기 위해 많이 기도해야 한다. 그리고 진실로 현재로선 이 시험이 기쁘지 않지만, 그들은 사도가 말한 것처럼 "시험을 심히 큰 기쁨으로 여길 수 있다"[약 1:2]. 이는 그들로 하여금 인내를 가져오는 믿음의 시련뿐만 아니라, 또한 이 가운데서 겸비한 그리스도를 닮아 영광 가운데 그와 같이 되리라는 확신을 얻을 수 있기 때문이다. "우리가 주와 함께 죽었으면 또한 함께 살 것이요 참으면 또한 함께 왕 노릇 할 것이요"[딤후 2:11-12]. 더 나아가 덧붙일 것은, 사탄의 공격을 전혀 느껴본 적이 없는 이 사람들은 **마음이 강퍅하여** 하나님의 가장 두려운 심판 아래 있다는 사실이다. 그리스도께서 떡 다섯 개와 물고기 두 마리로 오천 명을 먹이셨을 때, "그가 그것을 제자들의 손으로 나누어 주게 하셨다"[막 6:41]. 그러나 나중에 "그들이 그 떡 떼시던 일을 깨닫지 못하였다"고 언급되는데, 그 이유는 "그들의 마음이 둔하여졌기 때문이었다"(막 6:52)라고 묘사되었다. 그래서 이것은 사탄의 시험을 전혀 느끼지 못하는 사람들에게도 마찬가지이다. 왜냐하면 마음이 강퍅하지 않은 자들이 잘 인식하듯이, 그는 삼킬 자를 찾는 우는 사자처럼 계속 돌아다니기 때문이다(벧전 5:8). 그러므로 결론을 내리자면, 스스로 사탄의 이 공격을 전혀 느껴보지 못한 이 사람들은 악을 피하고 선을 행하는 참된 회개를 실천함으로써, 자신들의 삶의 길을 바꾸려고 거짓 없이 노력해야 한다. 그리고 돌 같은 마음을 제거하고 부드러운 마음을 새롭게 하기 위해 진심으로 기도하는 일에 힘써야 한다. 그들은 말씀을 듣고 그 말씀을 행해야 한다.

그리하면 그들은 곧 다른 노래를 부를 것이다. 즉, "무릇 그리스도 예수 안에서 경건하게 살고자 하는 자는 마귀에게 시험을 받고 공격을 받을 것이다"[딤후 3:12]. 그러면 그들은 이 교리가 필요하다는 것을 알 것이며, 그리스도의 이 시험과 그의 복된 승리의 결과가 자신만 아니라, 그의 모든 지체들을 위하여 특별히 기록되게 하신 성령의 사역에 대해 참으로 하나님을 찬미할 것이다. 그들은 시험 가운데 마음이 낙심하지 않도록 예수를 바라볼 수 있다. 왜냐하면 "그가 시험을 받아 고난을 당하셨은즉 시험받는 자들을 능히 도우실 수 있기"(히 2:18) 때문이다.

> "평강의 하나님께서 속히 사탄을 너희 발 아래에서 상하게 하시리라 우리 주 예수의 은혜가 너희에게 있을지어다. 아멘." – 롬 16:20.

그리스도의 산상수훈에 대한 경건하고 박학다식한 강해

존경스럽고 사려 깊은 목사 윌리엄 퍼킨스가 케임브리지에서 설교하다
그의 유언 집행자들의 요청에 따라 하나님 말씀의 설교자
토머스 피어슨(Thomas Pierson)에 의해 출판되다

"이는 내 사랑하는 아들이요 내 기뻐하는 자니
너희는 그의 말을 들으라"
- 마태복음 17:5.

Printed by Thomas Brooke and Cantrell Legge,
printers to the University of Cambridge.
1608

블렛소(Bletso)의 남작 명예로운 올리버 세인트 존 경(Oliver Lord St. John)[1]에게 지극히 선하신 주님께서 은혜와 평강을 베푸시길.

(영예로운 이시여) 거룩한 성경은 진리의 성령으로 말미암아 온전히 **의롭고**[잠 8:8], **완전하며**[시 19:7] **순전하도록**[잠 30:5], 참으로 **심히 순수하도록**[시 119:140] 아주 평범한 양식으로 기록되었기에, (교황주의자들이 하듯이)[2] 하나님의 백성이 성경의 어느 부분을 알기에 부적합하다고 판단하려면, 적그리스도의 영의 기미(氣味)가 필요합니다. 그러나 저는 우리를 위해 어떤 면에서 성경의 어떤 부분들이 다른 부분들보다 더 탁월하다는 것을 의심하지 않습니다. 그렇지 않다면, 사도들이 영광과 증거에 있어서 복음을 모세와 선지자들보다 훨씬 더 선호함으로써, 모세와 선지자들에게 잘못을 저지르지 말아야 했습니다[고후 3:8-9, 11, 13, 18; 벧후 1:19]. 그러므로 바울이 양피지에 관하여 디모데에게 특별히 부탁했던 것처럼[딤후 4:13], 우리의 특수한 형편에 적합하다는 관점에서 우리 마음은 하나님의 모든 진리를 순전하고 완전한 것으로 경외하여 받아들임으로써, 성경의 어떤 부분에 더 가까이 다가갈 수 있습니다. 성경 안에 젖과 단단한 음식 모

---

1 역자주. 원문에는 올리버 세인트 존 경(Oliver Lord St. John)으로 되어 있으나, 영문판 편집은 St.를 Sir로 오해하여 Sir John Oliver, Lord로 적고 있다. 올리버 세인트 존(Oliver St. John, 1598-1673)은 영국의 정치가와 판사였다. 그는 올리버 크롬웰(Oliver Cromwell, 1599-1658)의 사촌인 엘리자베스 크롬웰(Elizabeth Cromwell)을 두 번째 부인으로 맞이하여 크롬웰과 친숙한 우정을 나눌 수 있었다. 원문에는 경(Lord)이라는 작위가 이름 사이에 기록되어 있는데, 그는 사실상 5개의 작위 가운데 가장 계급이 낮은 남작이었다. 영국 귀족의 작위 서열은 공작(duke), 후작(marquess), 백작(earl), 자작(viscount), 남작(baron)으로 되어 있다. Lord는 태어날 때부터 부여받은 지위인 반면, Sir는 업적을 인정받아 받은 지위이다.

2 여백에: Bellar. lib. 2. de verb. dei. cap. 15. par. 31.

두가 들어 있음을 알기에, 그리스도 안에서 우리의 나이와 성장에 따라 사랑(affect)[3]해야 한다는 것을 의심하지 않습니다. 저는 여기서 성경의 이런 차이점을 확대하지는 않을 것이며, 여기 이 주석에서 설명된 **그리스도의 산상수훈**으로 직접 나아갈 것입니다. 저는 이 세 장에 있는 탁월한 몇 가지 특징을 간략하게 보여 주려고 하는데, 왜냐하면 이 장들은 주님의 귀중한 장들 전체에서 처음 세 장이라는 이름을 가질 자격이 있기 때문입니다. 그리고 이 책의 저자가 예수 그리스도 하나님의 아들일지라도, 저자를 생략하는 것은 "모든 성경이 동일한 성령의 감동으로 되었기"[딤후 3:16] 때문이며, 또한 (비록 비범할지라도) "밤이 새도록 하나님께 기도하심으로"[눅 6:12][4] 제자들을 선택하시는 그분의 준비도 매우 중요한 어떤 결과를 암시할 필요가 있기 때문입니다. 나는 단지 이 설교를 쓰는 방식과 그것이 담고 있는 내용만을 지적할 것입니다.

첫째, 사랑하는 사도가 그리스도의 말씀하심과 행하심에 대하여 우리 믿음의 근거와 확증을 위해 "많은 것들이 기록되지 않았으나 어떤 것들이 기록되었으니"[요 20:30-31]라고 말했을 때, (제가 희망하기는) 그 누구도 교회를 위해 기록된 이것들이 생략된 것들보다 더 필요한 것으로 성령께서 판단하셨다는 것을 부인하지 않을 것입니다. 이런 사실로부터 잘 추론해보면, 더 길게 기록된 것들 역시 더 편리한 것으로 간주되었다는 사실이 뒤따릅니다. 제시된 것들이 (적어도 우리에게) 더 귀중하지 않는 한, 왜 성령께서 펜으로 더 풍성하게 기록하셔야 했겠습니까? 이제 그리스도의 거룩한 기록을 전체적으로 살펴보고, 그분께서 수난받기 조금 전에 제자들에게 말씀하신 **위로**[요

---

3 *Affect*: 사랑하다.
4 역자주, 토머스 피어슨은 눅 16:12로 잘못 기록하고 있다.

14:15-16]와 함께 그의 아버지께 드린 **기도**[요 17]가 아니라면, 어떤 설교가 이와 같이 그토록 완전하게 기록되어 있는지 살펴보십시오. 후자의 기도는 그들의 사도직에 대한 그분의 환영이었고, 전자의 위로는 그분의 죽음에서의 작별인사였습니다.

하지만 내용 자체로 나아갑시다.[5] 이 설교는 그 직분에 부르심을 받았을 때, 주로 의도된 열두 사도의 수에 진실로 상응하는 열두 개의 여러 가지 교리를 포함하고 있습니다. 이 교리가 특별히 개별적 사람에게 적용된 부분이라고 제가 감히 말할 수는 없을지라도, "모래 위에 지은 집이 크게 무너졌다"는 마지막 부분에서 그리스도께서 자신을 배반한 유다의 두려운 타락을 특별한 목표로 삼았던 것을 제외한다면, 오히려 일반적으로 전체가 모든 사람에게 적용된 것입니다. 이제 이것들 가운데 **첫 번째**는 인간의 참된 행복 속에 있는 주요한 선[5:3-12][6]에 관한 것인데, 이것은 여기서 여덟 가지 규칙으로 아주 분명하게 선언되었습니다. 이 규칙들은 모든 사람을 참된 행복으로 인도하고, 심지어 가장 큰 불행 속에서도 하나님의 자녀에게 가장 위로가 되는 참된 행복에 대한 확신을 줍니다. **두 번째**는 앞의 행복을 얻는 일반적인 수단인 봉사의 기능[5:13-16]에 특별히 더 관심을 갖습니다. **세 번째**는 유대 교사들이 부끄럽게 왜곡시킨 도덕법[5:17-48]을 그 참된 뜻과 의미로 회복시킵니다. 그리하여 이제 우리는 순종의 길에서 우리의 걸음을 똑바로 내딛을 수 있습니다. **네 번째**는 외식적인 바리새인들이 헛되이 수고를 많이 했던 구제, 기도, 그리고 금식의 이 세 가지 특별한 사례를 통해 선한 일을 행하는 올바른 방

---

5 여백에: 이 설교의 내용.

6 역자주. 원문 여백에 5장 3에서 13절까지(Chap. v. 3 to vers. 13)로 기록되어 있으나, 당시의 표기법은 13절을 포함하지 않는다.

식[6:1-18]으로 우리를 인도합니다. **다섯 번째**는 지상의 것들에 대한 온건한 염려와 욕망[6:19-34]을 규정하는데, 염려와 욕망은 모든 악의 뿌리인 탐욕을 쌓아두는 것입니다. **여섯 번째**는 우리 자신의 겸손과 우리 형제들에 대한 사랑의 더 나은 증거를 위해 경솔한 판단[7:1-5]의 관행을 개혁합니다. **일곱 번째**는 하나님의 성물을 제공함에 있어서, 성물 자체의 순결한 보존과 그것을 제공하는 자의 안전을 위해 목회적 분별력[7:6]을 규정합니다. **여덟 번째**는 기도와 탄원의 거룩한 행사에 대해 교훈과 약속으로[7:7-11] 우리를 특별히 격려합니다. **아홉 번째**는 우리로 하여금 우리의 시민적 행실에서 정의와 공평[7:12]을 실천하게 만듭니다. **열 번째**는 생명의 좁은 길로 행하고, 멸망으로 인도하는 넓은 길을 피함으로써[7:13-14] 우리의 구원을 돌보라고 강력히 촉구합니다. **열한 번째**는 생명의 길에서 벗어나게 하는 주된 유혹자인 거짓 교사들에 대해 우리에게 미리 경고합니다[7:15-20]. **열두 번째** 마지막은 결론과 함께 영원한 행복과 가장 편안한 안전에 대한 약속으로, 그리고 또한 돌이킬 수 없는 완전한 파멸의 위험에 처했을 때, 외적인 서약으로 마음과 삶 모두에서 책임 있는 순종에 동참하도록 우리를 설득함으로써 모든 것을 결론짓고 있습니다[7:21-29].

(영예로운 이시여) 이제 이것들 각각은 모두 그리스도인의 삶에서 매우 중요하기에, 그리스도 예수 안에서 위로와 안전으로 경건하게 살고자 하는 자에게는 이것들 가운데 그 어느 것도 무시될 수 없습니다. 이에 대한 더 나은 증거를 위해, 저는 그리스도인 독자와 더불어 각하에게 다음의 경건하고 박학다식한 강해를 소개합니다. 이것은 복되게 기억되는 존경하는 저자[퍼킨스]가 믿음의 순종을 위한 유익한 지침을 제시하기 위해 본문을 건전하게 해석하는 데 충실하게 노

력한 것입니다[잠 10:7]. 여기에서 저의 노력은 제가 할 수 있는 한, 제 자신과 다른 사람의 노트로부터 저자 자신의 의미에서 저자의 충실한 노력을 대중에게 추천하는 것입니다. 저는 단지 여기저기서 (비록 개인적인 것이지만) 좋은 기회를 만나면, 여백에 고전적 교황주의 작가들에게 부과된 그런 견해들에 대해 약간의 참고사항을 덧붙였을 뿐입니다. 이 작품의 출판에 대한 저의 관심은 그 어떤 반대자들도 승인하기를 바라는 것입니다. 이제 어쨌든 주어진 모든 의무와 봉사에서 제가 그것을 겸손히 귀하의 주권에 추천하며, 귀하의 영예로운 보호 아래 있는 믿음의 가정에 추천하는 바입니다. 그리고 저는 귀하가 그것을 충실하고도 자주 숙독하는 부지런함을 의심하지 않기에, 저는 귀하에 대한 확신을 바꾸어 귀하를 위해 전능자에게 기도할 것입니다. 즉, 귀하가 믿음의 덕을 세우고, 여기서 하나님의 다른 은혜들을 고양함으로써 더욱더 의의 열매들을 풍성하게 맺으며, 우리 시온의 평안과 귀하의 가족의 형통함 속에서 길고 행복한 날들과 더불어 여기서 진정한 명예를 많이 누리시며, 결국에는 예수 그리스도로 말미암아 영생을 누리시기를 기도합니다.

1608년 5월.
귀하의 영예로운 명령에 따르는
토머스 피어슨(Thomas Pierson)

그리스도의 산상수훈에 대한 경건하고 박학다식한 강해

"예수께서 무리를 보시고 산에 올라가 앉으시니 제자들이 나아온지라 입을 열어 가르쳐 이르시되"(마 5:1-2).

이 장(章)과 다음 두 장에는 그리스도의 **산상수훈**이 담겨 있는데, 이는 그리스도께서 그의 제자들과 무리 가운데서 회심한 사람들에게 설교하신 것이다. 이것을 다루기로 선택한 까닭은 산상수훈이 가장 신성하고 학식 있는 설교이며, **성경 전체의 열쇠**라고 일컫는 것이 부당하지(unfitly)[7] 않다. 여기서 그리스도는 신구약성경의 요약을 열어 펼치신다. 우리는 이 설교를 다루기 전에, 뒤따르는 교리를 명확하게 하기 위해 세 가지 일반적인 요점들을 검토해야 한다.

요점 1

첫째, 이 설교가 전달되었던 **시기**. 즉, 그리스도께서 사역하신 지 2년 되던 해에 다음과 같은 계기에 전달되었다.[8] 그리스도께서 안식일에 한 손 마른 사람을 치료하여 기적을 일으키셨을 때[눅 6:7], 서기관들과 바리새인들이 그를 죽이려고 했다. 거기서 그는 그들을 떠

---

7 *Unfitly*: 부당하게 또는 부적절하게.
8 역자주, 여백에: 때(Time).

나 산으로 가셔서 온 밤을 기도로 지새우셨다. 그리고 날이 밝자 그는 열두 제자를 선택하셨고, 그 일이 끝난 후, 그는 산 근처의 평지로 내려와 거기서 많은 기적을 일으키셨다. 그러나 (그들을 고치시는 능력이 그에게서 나왔기 때문에) 백성들이 그를 만지려고 몰려들었기에, 그는 무리를 떠나 다시 산으로 가셨고, 거기서 그의 제자들을 선택하신 직후에 제자들에게 이 설교를 전하셨다. 이는 의심의 여지 없이 그들에게 자신의 뜻을 가르치시고, 또한 그들이 다른 사람들에게 유익한 교사가 되도록 육성하고 가르치시기 위해서였다.

요점 2

이 긴 설교의 **목적**(*scope*)과 **계획**.[9] 즉, 그의 제자들과 그를 믿는 모든 사람들이 경건하고, 거룩하고, 복된 삶을 살도록 가르치는 것이다. 이것이 본문에 명백할지라도, 교황주의 교사들은 그리스도께서 여기서 모세의 율법보다 훨씬 더 완전한 새로운 법을 제안하시고,[10] 또한 율법과 선지자들에게 주어지지 않았던 새로운 신적 경륜을 제자들에게 전달하신다고 말함으로써 이 목적과 의도를 타락시켰다. 그러나 그들은 잘못을 저지르고 속았는데, 그리스도의 의도는 유대 교사들의 거짓 해설로 왜곡된 모세와 선지자들의 진정한 의미를 밝히시고, 나중에 분명히 나타나는 것처럼 거기에 그 어떤 새로운 법이나 경륜을 더하는 것이 아니었다[마 5:17; 7:12]. 다시 말하지만, 모세의 율법보다 더 완벽한 규칙이 사람에게 주어질 수 없는데, 그것의 요약과 목적은 "마음을 다하고 뜻을 다하고 힘을 다하여 하나님을 사랑하라"[신 6:5]는 것이다. 피조물에게 있어서 이것보다 더 큰 완벽

---

9 여백에: 목적(Scope).

10 여백에: Jansen. comment. in concord. Evang. cap. 40. Bell. lib. 4. de Justif. c. 3.

함은 있을 수 없다. 그러므로 우리는 이 합당한 목적을 고려하여 더 큰 관심과 양심을 보이도록 노력하고, 이 설교에서 선포된 것들을 배우고 실천하기 위해 노력해야 한다.

요점 3

이 설교는 누가가 기록한 것(눅 6:20)과 동일한 것인가? 이 질문이 필요한데, 만일 그것들이 동일한 설교라면, 하나가 다른 하나에게 큰 빛을 비출 수 있기 때문이다.[11] 진실로 사람들은 이 점에 관해 판단을 달리 한다. 어떤 사람들은 그것들이 다른 설교라고 말한다. 또 다른 사람들은 그것들이 하나의 동일한 설교라고 말하는데, 그 견해가 가장 가능성이 높다. 왜냐하면 첫째, 그것들을 함께 비교해 보면 명백히 드러나듯이, 그것들은 하나의 시작과 하나의 내용, 동일한 설교 순서, 그리고 동일한 결론을 갖기 때문이다. 둘째, 그들 모두가 기록한 이 설교는 그리스도의 열두 사도의 선택과 한 손 마른 사람을 고친 조금 후에 이루어진 것이기 때문이다. 이것은 누가에게서 명백하며 마태가 기록한 이 설교의 가르침[마 5:13-16]으로부터 잘 알 수 있다. 그리스도는 그의 사도들에게 특별히 그들의 직분과 소명에 대해 가르치셨는데, 만일 이전에 그들을 부르지 않으셨더라면 그렇게 하지 않으셨을 것이다. 마태가 나중에 10장에서 그들의 선택을 기록하고 있다고 언급된다면, 어떻게 대답할 것인가? **대답.** 복음서 기자들의 저술들에는 특정한 **기대들**이 있다. 즉, 다양한 예들을 통해 쉽게 증명될 수 있고, 현재 취급하고 있는 요점에서 명백하게 드러나는 것처럼, 앞서 행해진 어떤 것들은 나중에 기록되고, 나중에 행해진

---

11 여백에: 마태와 누가가 동일한 설교를 기록한 것인지.

어떤 것들은 앞서 기록된다. 왜냐하면 사도들의 선택은, 마태가 그들의 설교 사명을 기록했던 10장에 기록되어 있기에, 사도들의 선택에 대한 이런 환경은 이 설교들이 하나이며, 마태는 그 동일한 설교를 보다 길게, 그리고 누가는 보다 간략하게 기록했다는 것을 뚜렷하게 증명하기 때문이다. 그것들이 별개의 두 가지 설교라고 주장하는 자들이 제시한 이유는 전혀 중요하지 않다. 그들은 누가에 의해 기록된 설교가 평지에서 이루어진 것인 반면 마태가 기록한 설교는 산에서 이루어진 것이며, 누가의 기록은 그리스도께서 서서 행한 것인 반면 마태의 기록은 그가 앉아서 행하신 것이라고 말한다. **대답**. 그러나 누가는 그리스도께서 그것을 평지에서 또는 서서 행하신 것이라고 말하지 않는다. 그가 말하는 것은, 다만 산에서 내려오신 그리스도께서 평지에 서 계셨고, 거기서 특정한 기적들을 행하시고, 그 후에 설교하셨다는 것뿐이다. 이제 이 모든 일이 행해졌을 수 있지만, 마태가 말하듯이, 그리스도는 산에 앉으셔서 이 설교를 전하셨을 수도 있다. 왜냐하면 이 이야기의 순서는 다음과 같기 때문이다. 유대인들에게 비방을 받은 그리스도께서 산에 올라가 거기서 기도하셨다. 오랜 기도 후에 그는 열두 사도를 선택하셨고, 그런 다음 평지로 내려와 기적들을 일으키셨다. 하지만 그를 만지려고 주변에 밀려드는 군중 때문에, 그는 다시 산으로 가셨고, 거기서 그의 사도들과 그를 따르는 다른 사람들에게 이 설교를 전하셨다.

이와 같이 일반적인 사항을 많이 다루었다. 이제 우리는 설교 자체를 살펴볼 것인데, 이것은 **서문**, 설교의 **내용**, 그리고 **결론** 세 부분을 포함하고 있다.

1부: 서문

서문 혹은 준비는 이 장(章)의 첫 두 구절인데, 여기에 설교와 연관된 다양한 환경들이 기록되어 있다.

환경 1: 저자

첫 번째이자 중요한 것으로서, 이 설교의 **저자**, 즉 이 설교를 행한 인류의 구속주이자 중보자인 예수 그리스도는 선지자이시기 때문에, 두 가지 방식으로 고려되어야 한다. 첫째, 사도가 말한 것처럼, "하나님의 진리를 위한 할례의 사역자"[롬 15:8]로서 고려되어야 한다. 이는 많은 의미가 있는데, 유대인들 가운데 태어난 사람으로서 예수 그리스도는 그의 인격으로 그들에게 선지자이자 사역자이셨다. 그리고 그는 자신의 입으로 그의 아버지의 뜻을 그들에게 가르치셔야 했는데, 이는 하나님이 전에 모세로 말미암아 그의 옛 백성에게 그들을 위하여 모세와 같은 한 선지자를 일으키겠다고 약속하셨던 하나님의 말씀을 성취하기 위해 요구되는 것이었다. "그들은 그가 자신들에게 말하는 모든 것 가운데 그의 말을 들어야 한다"[행 3:22]. 이 예언은 그가 자신을 할례의 사역자로 나타내는 이 설교에서 확증되었다. 둘째, 여기서 우리는 그리스도를 엘리야와 엘리사 같은 선지자로 생각해야 하는데, 그들은 다른 선지자들의 아버지와 스승과 같았다. 왜냐하면 여기서 그는 군중들 속의 신자들만 아니라, 그의 제자들도 가르치셨는데, 그들은 나중에 그리스도께 제자를 삼고 믿는 자들을 더 견고하게 세워야 했기 때문이다. 참으로 제자들에 대한 주님의 이 가르침이 이 설교의 주요 목적이다.

둘째, 여기에 이 설교가 이루어진 **장소**가 기록되어 있다. 즉, 갈릴리의 한 **산**이다. "그가 산에 올라가셨다." 그는 두 가지 이유로 이 장소를 선택하셨다. 첫째, 그가 평지에 서 있었을 때, "능력이 그로부터 나왔기"[눅 6:19] 때문에 그를 보고 만지기 위해 에워싸는 군중을 피하기 위해 그는 산으로 올라가셨다. 둘째, 그가 친히 앉아서 가르치시고, 그의 제자들과 무리들은 그가 전한 건전한 가르침을 주의 깊게, 그리고 질서 있게 듣고 배우기에 적합한 장소를 갖기 위함이었다.

적용. 이 장소를 선택함에 있어서 **첫째**, 그는 그의 말씀을 나누어줌에 있어 외적인 질서를 유지하기 위해 지대한 관심과 지혜를 보여주신다. 이것으로 그는 모든 거룩한 사역에 있어서 외적 질서가 유지되어야 하며, 하나님의 말씀이 경건하고 유익하게 말하고 들을 수 있는 편리한 장소를 선택해야 한다는 것을 우리에게 가르치신다. **둘째**, 여기서 그는 기회가 주어졌을 때, 그의 아버지의 뜻을 시행하기 위해 특별한 주의를 기울이신다. 참으로 그는 아버지의 뜻을 행함에 있어서 자신의 부지런함을 선언하시는데, 그래서 그것이 진실로 "그에게 음식과 음료"(요 4:34)였다. 이로써 그는 백성들이 "그의 아버지의 뜻을 행하도록" 가르치신다. 그의 실천은 하나님의 모든 사역자들의 선례이자 모범이 되어야 한다. 그들은 억지로 설교하지 말고, 자원하는 마음으로 설교해야 한다. 참으로 그들은 그의 백성에게 하나님의 뜻을 베풀 수 있는 기회가 주어질 때, 기뻐하고 즐거워해야 한다. 이것은 바울이 디모데에게 엄한 명령을 내릴 때 의미한 것이었다. "즉 각적이어야 하고, 때를 얻든지 못 얻든지 가르쳐야 한다"(딤후 4:1-2). 즉, 예루살렘이나 어떤 회당에 이르기까지 기다리지 않고, 좋은 기회를 얻어 이 산에서 무리를 가르치셨던 그리스도를 본받아 그 말씀을 가르치기 위한 모든 기회를 잡아야 한다.

환경 3: 몸짓

셋째, 여기에 그리스도께서 설교에서 사용하신 **신체적 몸짓**이 기록되어 있다. 그는 서서 그들을 가르치신 것이 아니라, 앉으셔서 가르치셨다. "그가 앉으셨을 때." 그래서 그가 나사렛에서 설교하셨을 때, "그는 서서 그의 본문을 읽으시고, 그런 다음 앉으셔서 그들에게 설교하셨다"[눅 4:16, 20]. 그리고 명절에 그의 부모가 그를 찾았을 때, "그들은 그가 성전에서 선생들 중에 (앉으사) 그들에게 묻기도 하시는 것을 보았다"[눅 2:46]. 그리고 붙잡히셨을 때, 그가 무리에게 "내가 날마다 너희와 함께 성전에 앉아 가르쳤으되"[마 26:55]라고 말씀하셨다. 이제 그리스도는 **앉아서** 설교하곤 했는데, 이는 그렇게 하는 것이 그 교회의 방식과 관습이었기 때문이다. 그리스도는 "서기관들과 바리새인들이 모세의 자리에 앉았으니"[마 23:2]라고 말씀하시는데, 여기서 그는 율법을 가르치고 설명하는 그들의 몸짓을 기록하신다. 이로써 우리는 우리가 회원으로 속한 교회에서 사용되는 모든 보기 좋고 칭찬할 만하며 편리한 몸짓들을 준수하는 데 주의하도록 가르침을 받는다. 만일 누군가가 그리스도께서 행하신 것처럼 우리가 앉아서 설교할 수 있는지 묻는다면, 다음과 같이 답할 것이다. 만일 그것이 우리 교회의 관습이라면 우리는 합법적으로 그렇게 할 수 있지만, 이런 몸짓들이 그 자체로 중요하지는 않다. 그러나 우리가 그렇게 하지 않는 까닭은 우리의 관습이 다르기 때문이다. 프랑스 교회의 목사들이 머리를 가리고 설교하지만 우리는 그렇게 하지 않는데, 우리 교회는 그런 관습이 없기 때문이다.

넷째, 여기에 그리스도께서 가르치셨던 **당사자들**, 즉 그의 제자들이 기록되어 있다. 그가 비록 많은 무리의 청중에게 말씀하셨지만, 여기서 그가 주로 의도한 것은 그의 제자들을 가르치는 것이었다. 즉, 이전 사역을 통해 회심시킨 모든 사람들, 그리고 그들 가운데 다른 사람들의 교사가 되도록 선택하셨던 열두 제자가 있다. 이 환경은 잘 관찰되어야 하는데, 뒤따르는 가르침의 요점들을 명확하게 하는 데 도움이 되기 때문이다. 특히 선지자들의 학교를 증명하고 정당화하는 데 도움이 된다. 여기서 어떤 사람들은 가르치고, 다른 사람들은 듣고 배워서 은사를 구비하여 나중에 하나님의 교회에서 훌륭하고 유능한 교사가 되고자 한다. 이것은 다름 아닌 그리스도의 본을 따르는 것으로, 그는 이 구절에서 그의 열두 사도에게 교훈과 지침을 주어 그들로 하여금 그들의 거룩한 사역을 충실히 더 잘 수행할 수 있게 한다.

마지막으로, 이 서문에는 그리스도의 **말씀하시는 방식**이 기록되어 있다. "그리고 그가 입을 열어 그들에게 가르쳐 이르시되." 어떤 사람들은 이 말씀이 다름 아닌 완전하고 분명한 연설을 의미한다고 생각한다. 즉, 우리가 "내 귀로 그것을 들었다"라고 말하듯이, 마치 성령께서 말씀하셨던 것처럼 그가 자신의 입으로 말씀하셨던 것을 의미한다. 그러나 이 문구에는 더 많은 의미가 있다. 왜냐하면 바울은 에베소 교인들로 하여금 "그를 위하여 하나님께 구하여 그에게 언사의 문이 열려져 그가 입을 열어 복음의 비밀을 담대히 알리게 하옵소서"[엡 6:19]라고 함으로써, 그는 **그의 입을 여는 것**을 더 특별한 종류의 말하는 것으로 만들고 그의 일반적인 의사소통보다 훨씬 더 중요한 문제로 삼고 있기 때문이다. 그리고 엘리후가 "내가 내 입을 열어 대답하리라"[욥 32:20]라고 말하듯이, 그의 말이 충분한 숙고와 건전한 지식에 바탕을 둔 것임을 암시한다. 그래서 "그리스도가 그의 입을 열어"라고 말한 복음서 기자는, 그리스도께서 천상의 다양한 가르침에 대한 진지한 묵상을 권위를 갖고 말씀하시면서 그들에게 전달하기 시작하셨다는 것을 의미한다. 이것이 그 의미라는 것은 이 설교의 결론에 나타나는데, 거기서 "사람들이 그의 가르치심에 놀라니 이는 그 가르치시는 것이 권위 있는 자와 같았기"[마 7:29] 때문이다.

적용. 그리스도께서 여기서 자신의 입을 열어 이 설교의 중요한 가르침을 말씀하시는가? 그렇다면 모든 교회와 사람들이 그들의 귀를 열어, 그 말씀을 듣고, 배우고, 받아들이고, 믿고, 순종하기 위해 그들의 마음을 기울이는 것이 마땅하다. 이것이 모세가 예언한 그 선지자이며, "그가 무엇을 말하든 들어야 하고 누구든지 그 선지자의 말을 듣지 아니하는 자는 하나님의 백성 중에서 멸망을 받을 것이다"[행 3:22-23]. 그리고 지극히 큰 이유로서, "천사들을 통하여 하신 말씀이 견고하게 되어 모든 범죄함과 순종하지 아니함이 공정한 보응을 받았다면, 그리스도가 우리에게 전한 이같이 큰 구원을 우리가 등한히 여기면, 어찌 그 보응을 피하겠는가?"[히 2:2-3].

둘째, 이로써 하나님의 모든 사역자들은 하나님의 백성에게 심각하고 중대한 문제를 일깨우고, 하나님의 말씀에 합당한 적절한 담대함과 권위로 그 말씀을 전달할 수 있도록, 모든 경건한 근면으로 그들의 거룩한 사역을 위해 무장하도록 가르침을 받는다.

셋째, 그리스도께서 친히 말씀하실 때, 모든 사람은 언제 침묵해야 하고, 언제 말을 할지를 배워야 한다. 우리는 하나님의 영광이나 우리 형제들의 유익에 기여하는 정당한 문제에 대해 말할 때까지 침묵해야 한다. 그리고 그렇게 준비되어 있고 적절한 경우에 때가 되면, 우리는 우리의 생각을 말할 수 있다. 우리는 그리스도께서 우리로 하여금 그의 발자취를 따르도록, 자신의 모범을 남기셨다는 것을 기억해야 한다. 또한 "우리가 말하는 모든 무익한 말에 대해 우리는 하나님께 책임을 져야 한다"[마 12:36]는 것을 숙고해야 한다. 이것을 알고 믿었다면, 저주, 욕설, 헛되고 빈말로 인한 말의 죄가 지금처럼 그렇게 많지는 않았을 것이다.

2부: 그리스도의 설교의 내용

첫 번째 내용: 마태복음 5:3-12

지금까지 서문을 살펴보았다. 이제 우리는 이 장(章)의 3절에서 시작하여 7장 28절까지 계속되는 이 설교의 내용에 이르게 된다.[12] 이것은 열두 개 가르침으로 나누어질 수 있다. 첫 번째는 이 장의 2절부터 13절까지[13]의 참된 **행복** 또는 **복락**에 대한 관심인데, 여기서 참된 행복을 획득하도록 지시하는 다양한 규칙이 제시된다. 그 모든 규칙의 목적은 다음과 같다. 우리 구주 그리스도는 이제 백성들 가운데서 2년 동안 설교하셨고, 이로써 많은 사람들은 그의 제자가 되었다. 그리고 그 나머지 가운데서 그의 열두 사도를 삼으셨다. 그들이 만일 그의 말씀을 계속 믿고 순종한다면, 그는 모두에게 행복과 영생을 주기로 약속하셨다. 그들이 그를 믿었음에도, 여전히 외적인 것들이 변함이 없고, 오히려 이전보다 더 외적인 비참에 빠지게 되었다. 그래서 그들이 자신들의 외적인 상태로 행복을 판단하여 그리스도의 가르침의 진리를 쉽게 의심할 수도 있고, 그가 그들에게 행복을 약속하셨지만, 외적인 상황이 그를 알기 전보다 훨씬 더 열악해졌기 때문에, 그가 자신들을 속였다고 생각할 수도 있었다. 이것을 고려한 우리 구주 그리스도는 여기서 이 거짓된 생각을 제거하려 하신다. 이러한 목적으로 그는 자신의 설교 첫 번째 일반 항목에서 그들에게 이

---

12 역자주, 여백에: 설교의 내용.

13 13절을 포함하지 않는 13절의 시작까지.

가르침을 전달하신다. **하나님 앞에서의 참된 행복은 이 세상에서 십자가와 항상 연결되어 있다.** 이로써 그는 복음을 받을 때 참된 행복을 외적인 것들에 두고, 외적인 평안과 형통함을 기대하는 그들의 육신적 생각의 뿌리를 근절하신다.

적용. 이것이 뒤이은 가르침의 목적이므로 우리가 그 목적을 배우고 우리 자신의 마음에서 참된 위로와 행복은 이생에서 다양한 불행을 동반한다는 경험을 발견하는 것이 마땅하다. 진실로 육신적 지혜는 외적인 평안, 부요, 그리고 쾌락을 즐기는 자들이 행복하다고 여긴다. 그러나 이런 생각은 제거되어야 하고, 참된 행복을 십자가와 결합하는 그리스도의 가르침을 받아들여야 한다. 둘째, 이것은 고난 중에 인내를 가르치는데, 왜냐하면 행복과 십자가를 함께 조절하는 것이 하나님의 뜻이기 때문이다. 그리스도께서 외적인 비참 가운데 그의 행복을 즐기고 느끼게 하실 것이라는 생각은 고통받는 영혼에게 생명을 불어넣는다. 지금까지 일반적인 항목에 대해 살펴보았고 구체적으로 하나하나 다루어 볼 것이다.

행복의 첫 번째 규칙

"심령이 가난한 자는 복이 있나니 천국이 그들의 것임이요"(마 5:3). 여기에 행복에 관한 그리스도의 **첫 번째 규칙**이 있는데, 여기서 두 가지 요점을 관찰하라. 첫째, 복 받은 당사자는 "심령이 가난한 자"이다. 둘째, 이 복은 어디에 있는가. "천국이 그들의 것임이요." 우리가 이 부분들을 자세히 살피기 전에, 여기서 사용된 말의 형식을 한 마디로 정리해보자. 인간의 이성에 이끌리는 자들은 오히려 이렇게 말할 것이다. "부자들은 복이 있나니 세상의 왕국이 그들의 것임이요." 그러나 그리스도는 여기서 정반대로 말씀하신다. "심령이 가난한 자는 복이 있나니 천국이 그들의 것임이요." 이것은 세상의 모든 왕국보다 훨씬 나은 것이다. 이것으로 우리는 이 세상의 지혜는 하나님께 미련한 것이요, 인간의 일반적인 생각은 그리스도께서 가르치신 구원의 교리와 정반대임을 알 수 있다.

요점 1

"심령이 가난한 자는 복이 있나니." "가난한 자들"[14]로 번역된 단어는 외적인 생필품이 없어, 다만 다른 사람들의 선물로 살아가는 **거지**를 정확하게 의미한다. 그러나 여기서는 더 넓게 취하여 외적인 부를 결핍한 자들만 아니라(왜냐하면 누가는 **이 가난한 자들을 이 세상의 부자들**과 대조하기 때문이다. 눅 6:20, 24), 어떤 식으로든 내적 또는 외적 편안함을 결핍한 비참한 자들도 나타낸다. 그런 사람이 "부자의 대문 앞에서 구걸하는"(눅 16:20-21) 나사로였다. "심령이 가난한"의 의미는 "무릇 마음이 가난하고 심령에 통회하며 내 말을 듣고 떠는 자 그 사람은 내가 돌보려니와"라는 여호와의 말씀, 이사야 66장 2절에 명백히 설명되어 있다. 그래서 그리스도의 의미는 다음과 같다. **고통으로 말미암아 외적인 위로가 부족하여 자신의 죄와 비참함을 알게 되고, 그래서 자신의 마음에서 선한 것을 찾지 못하고 스스로 절망하여, 나사로가 외적인 도움을 얻기 위해 부자의 문에서 했던 것처럼, 은혜와 위로를 얻기 위해 그리스도 안에서 하나님의 자비를 온전히 구하는 가난한 자들은 복이 있다.**

---

14 여백에: 가난한 자들($\pi\tau\omega\chi o\iota$).

적용. 그리스도께서 참으로 복된 자를 이와 같이 나타낸 것을 보았으니, 우리가 이 가난한 자들의 수에 들어 있는지 보자.[15] 진실로 우리 가운데 가난한 자들이 많이 있다. 어떤 사람들은 무절제와 방탕으로 그들의 재산을 낭비하고, 또 어떤 사람들은 유랑하는 거지들처럼 게으름으로 궁핍한 상황에도 교회에 가입하지 않는 죄 많고 무질서한 사람들이다. 그러나 이들 가운데 그 누구도 그들의 가난으로 참된 행복을 정당하게 주장할 수는 없다. 복이 있는 가난한 자들은 심령이 가난한 사람이다. 우리 자신이 진정으로 행복하다는 것을 알기 원한다면, 우리는 이 가난을 우리 마음에서 찾아야 한다. 그러나 시험 후에 이것은 많이 부족한 것으로 밝혀질 것이다. 왜냐하면 첫째, 사람들은 겉으로 예의 바른 생활을 하고 큰 죄를 짓지 않는다면, 자신들이 의롭다는 교만한 생각이 마음속에 일어나, 복음서의 "청년"[마 19:20]과 같이 하나님의 계명을 지킬 수 있다고 생각하기 때문이다. 둘째, 육신이나 재물이나 명예에 있어서 세속적 결핍이 사람들에게 닥칠 때, 그들은 슬퍼한다. 참으로 그들의 영혼은 슬픔으로 가득 차 있다. 그러나 생각의 어두움, 마음의 강퍅함, 불신, 그리고 불순종과 같은 영적인 결핍에 대해서는 그들의 마음이 아무런 영향을 받지 않는다. 이제 자신들의 상태를 스스로 축복하고 자신들의 영혼에 관하여 모든 것이 좋다고 생각하는 것이 교만한 마음에서가 아니고 어디에서 오겠는가? 그래서 마음의 가난을 발견하기 어렵다는 것은 사실이다. 그러므로 우리는 우리 자신을 살피고 우리의 영적 결핍을 느끼도록 노력해야 한다. 그리고 나사로가 그의 몸을 위해 부자의 문 앞에 어떻게 두었는지 보고, 우리도 교만한 마음을 버리

---

15 여백에: 우리의 가난에 대한 시험.

고, 우리 자신 안에 선한 것이 없음을 인정함으로써, 우리 영혼을 위해 그리스도 안에 있는 하나님의 자비의 문 앞에 엎드려야 한다. 왜 냐하면 하늘의 좁은 문은 교만으로 부풀어 오른 부어있는 마음을 받을 수 없기 때문이다. 우리를 이 선한 의무로 이끌기 위해, 심령이 가난한 자에게 주어진 은혜로운 약속을 생각해 보자. 그들은 "하나님의 가난한 자들"(시 72:2)로 일컬어진다. "그가 그들을 생각하신다"(시 40:17). 비록 "하늘이 하나님의 보좌요, 땅이 그의 발판이라 할지라도, 그는 무릇 마음이 가난하고 심령에 통회하는 자를 돌보실 것이다"(사 66:1-2). "여호와께서 통회하고 마음이 겸손한 자와 함께 계실 것이다"(사 57:15). 그리스도는 "가난한 자에게 복음의 기쁜 소식을 전하기 위해"(눅 4:18) 오셨다. "여호와는 주리는 자(즉, 가난하고 주린 영혼)를 좋은 것으로 배불리셨으며 부자는 빈 손으로 보내셨도다"(눅 1:53). 그들이 누리는 하나님의 이러한 많은 호의가 우리를 자극하여 심령이 가난한 자가 되게 하라.

둘째, **심령이 가난한 자**가 복된 자들인가? 그렇다면 세상에서 가난하고 비참한 모든 사람들은 여기서 그들의 궁핍과 고통을 잘 사용하는 법을 배울 수 있다.[16] 그들은 그것들을 하나님의 손이 자신들을 누르는 것으로 생각하고, 그렇게 함으로써 자신들의 죄를 깨닫도록 인도를 받아야 한다. 그리고 자신들의 죄를 생각함으로 이 영적 가난의 참된 근거인 그들 자신의 비참함을 보아야 한다. 이제 그들이 일단 심령이 가난한 자들이면, 그들은 그리스도의 심판에서 복을 받은 상태에 있다. 어떤 사람이 코에서 위험할 정도로 피를 흘리면, 그의 생명을 살리는 최선의 방법은 다른 곳에서 피를 흘리게 하여 피의 흐

---

16 여백에: 가난한 사람들의 의무.

름을 다른 방식으로 바꾸는 것이다. 그와 마찬가지로 사람이 세상의 재난으로 압박을 받을 때, 그는 그 재난 가운데서 그 어떤 위로도 발견하지 못하는데, 이는 그것들 자체가 하나님의 저주이기 때문이다. 하지만 이로써 그가 자신의 영적 가난을 보게 된다면, 그것들은 당연히 그에게 복이 된다. 그러므로 우리가 어떤 고난에 처했을 때, 우리는 우리의 눈을 외적인 십자가에 고정할 뿐만 아니라, 그 십자가를 통해 우리 영혼의 가난함을 보도록 노력해야 한다. 그래서 십자가는 그렇게 우리를 행복으로 인도할 것이다.

셋째, 세상의 부로 충만한 자들이 구원을 받으려면, 가난해지는 법을 배워야 한다.[17] 여기서 말하는 가난은 재물의 가난이 아니라, **영혼과 심령의 가난**이다. 이것은 진실로 혈과 육에게 힘든 일이다. 왜냐하면 자연히 모든 부자는 그의 외적 상태에서 자신을 축복하고, 하나님이 자신에게 준 부요로 인해 하나님이 자신을 사랑하신다고 확신하기 때문이다. 그러나 그는 그런 생각들에 맞서 싸워야 하며, "자기의 낮아짐을 즐거워하는"(약 1:10) 법을 하나님께 배워야 한다.

넷째, 가난한 자들이 복되다는 그리스도의 말씀에 대해("가난"으로 번역된 단어가 외적 가난을 나타낸다는 것을 관찰한) 교황주의 교사들은 그들의 자발적 가난 서약을 세우려 한다.[18] 이로 인해 이 세상의 부와 소유를 포기한 사람들은 어떤 수도원에 가서 거기서 가난하고 고독한 삶을 산다.[19] 그러나 그들의 자발적 가난은 이 본문과 일치하지 않을 것이다. 왜냐하면 여기서 복되다고 선언된 그리스도의 가난한 자들은, 그리스도께서 그들을 세상의 모든 즐거움으로 충만한 부자들과 대조하

17　여백에: 부요한 사람들의 의무.
18　여백에: Bellarm. cont. Gen. 5 lib. 2. cap. 20.
19　여백에: 가난의 서약에 반대하여.

는 누가에게서 나타난 것처럼(눅 6:20, 24), 그들의 가난으로 인해 외적인 위로가 없는 비참하고 가련한 그런 자들이기 때문이다. 그러나 자발적 가난이라는 교황주의자들의 서약을 이행하는 것은 비참이나 고통의 상태가 아니다. 구걸하는 수사들 외에 누가 이생의 십자가와 괴로움에서 벗어나 더 편안히, 더 많은 자유를 누리는가? 다시 말하지만, 그들이 서약한 가난이 이 본문에서 어떤 근거를 갖기 위해서는 그리스도는 스스로 가난하게 된 그런 가난한 사람들이 복되다고 선언하셔야 한다. 그러나 그는 그렇게 하지 않으셨는데, 이는 그렇다면 다음 구절에서 자발적으로 애통하는 그런 애통하는 자들이 복되다고 선언하셔야 하기 때문이다. 그 구절은 이 첫 번째 규칙에 대한 보다 완전한 설명인 이 구절에 의존하기 때문이다. 그러나 까닭 없이 애통하는 자들이 거기서 복되다고 일컬어졌다고 말할 사람은 아무도 없을 것이다. 그러므로 교황주의자들이 서약한 가난은 이 구절에서 그어떤 근거도 없다. 이와 같이 복 받는 대상인 사람들에 대해 다루었다.

요점 2

이 가난한 사람들의 복은 어디에 있는가? 즉, 천국에 대한 권리를 갖는 데 있다.[20] "천국이 그들의 것임이요." 우리는 (이 복을 더 잘 이해하기 위해) "천국"을 하나님의 은총 속에 있고, 하나님과 교제하는 사람의 상태나 형편으로 이해해야 한다. 이러한 설명이 참되다는 것은 신약성경의 취지에 의해 분명해진다. 이제 사람의 이 상태는 "왕국"이라고 일컬어지는데, 왜냐하면 여기서 하나님은 왕으로 다스리시고,

---

20 역자주, 여백에: 천국.

사람은 하나님의 백성으로서 순종하기 때문이다. 왜냐하면 하나님이 그의 마음속에서 말씀과 성령으로 다스리시는 그의 왕이 아닌 한, 그리고 그가 그의 통치를 받기 위해 자신을 내려놓는 하나님의 백성이 아닌 한, 아무도 하나님의 은총 속에 있을 수 없고, 하나님과 교제를 누릴 수도 없기 때문이다. 이 행복한 상태는 인간에 대한 하나님의 은혜로운 통치와 하나님께 대한 인간의 거룩한 복종에 있기 때문이다. 진실로 이 상태를 큰 행복이라고 보는 사람은 거의 없지만, 사실 인간의 모든 행복은 여기에 있다. "하나님의 나라는 먹는 것과 마시는 것이 아니요 오직 성령 안에 있는 의와 평강과 희락이라"(롬 14:17). 여기서 {바울} 사도는 우리에게 세 가지를 가르친다. 즉, 하나님의 성령이 사람의 마음속에서 다스리실 때, 첫째, 그는 의롭다 함을 얻고, 거기에 **의가 있다**. 둘째, 그는 **하나님과 화평**을 갖는데, 심지어 모든 지각을 초월한 양심의 평안을 갖는다. 셋째, 그는 세상의 모든 기쁨을 능가하는 말할 수 없는 위로인 **성령의 기쁨**을 갖는다. 이 세 가지는 가련한 죄인인 유다와의 대조에 의해 더 분명하게 나타날 행복한 사람의 상태를 뚜렷하게 제시한다. 유다는 불의하게 자기 스승을 배반하여 양심의 가책을 받고 비참한 상태에 빠져 절박한 죽음을 맞이했고, 또한 그의 몸이 갈라져 창자가 터져 나왔다. 이제 악한 양심이 그토록 두렵다면, 하나님이 그의 말씀과 성령으로 그의 마음속에서 다스리실 때, 사람이 갖는 선한 양심의 평안과 기쁨은 얼마나 복된 상태인가? 다시 말하지만, 이 상태는 "천국"으로 불리는데, 왜냐하면 그리스도께서 그의 말씀과 성령으로 다스리시는 사람은 비록 몸은 아직 땅에 있을지라도, 그 자신은 이미 하늘에 있는 것과 같기 때문이다. 하늘은 두 개의 문이 있는 도시와 같으며, 사람이 하늘의 완전한 기쁨을 얻으려면, 그 두 개의 문을 모두 통과해야 한다. 하나님이 그의 말씀과 성령으로 사람의 마음속에서 다스리시는 순간, 그는 첫 번째 문인 은혜의 상태에 이미 들어갔으며, 다른 하나는 죽을 때에 통과해야 하는 영광의 문이다. 그때 그는 하늘을 완전히 소유하게 된다.

적용. 참된 행복이 그리스도께서 다스리시고 사람이 순종하는 이런 상태에 있는가? 그렇다면 여기서 행복에 관한 이 세상의 모든 철학자들과 지혜로운 자들의 오류를 보라.[21] 왜냐하면 어떤 사람들은 그것을 쾌락에, 어떤 사람들은 부요에, 그리고 또 어떤 사람들은 예의 바른 미덕에, 그리고 어떤 사람들은 이 모든 것에 두기 때문이다. 그러나 사실 참된 행복은 이것들 가운데 그 어느 것에도 있지 않다. 자연인은 이 모든 것을 가질 수 있으나, 정죄될 수도 있다. 왜냐하면 이교도의 예의 바른 미덕은 그들 안에 있는 단지 영광스러운 죄일 뿐이었기 때문이다. 우리 구주 그리스도는 여기서 세상의 모든 지혜로운 자들이 이제까지 알고 있었던 것보다 더 많은 것을 우리에게 계시하셨다.

이로써 우리는 성경의 책들을 인간의 모든 작품들보다 훨씬 더 찬양할 정당한 기회를 갖는다. 왜냐하면 성경의 책들은 그 어떤 인간의 작품도 제시할 수 없는 참된 행복의 본질과 상태를 우리에게 완전히 제시하기 때문이다. 그러므로 우리는 그 책들을 사람의 말이 아니라, 항상 살아계신 하나님의 말씀으로 여겨야 한다. 참으로 이 사실로 인해 우리는 성경의 책들이 하나님의 말씀임을 부인하는 모든 마귀적인 무신론자들에 대항하여 그것들을 변호해야 한다.

둘째, 이로써 우리는 그리스도께서 그의 거룩한 기도에서 가르

---

21 여백에: 행복에 관한 세상의 오류.

치신 간구를 우리 자신을 위해 진심으로 기도하도록 가르침을 받는다.[22] 즉, **그는 그의 나라가 임하기를 바라셨는데**, 이는 죄나 사탄이나 세상이 우리 안에서 통치하는 것을 용납하지 않고, 우리에게 은혜를 주어 우리의 모든 길에서 인도를 받도록 우리 마음속에서 그의 말씀과 성령으로 다스리시는 것이다. 우리는 행복 외에는 다른 어떤 것에도 영향을 받지 않기에, 종종 가장 진지하게 하나님께 간청해야 하되, 이 세상의 모든 쾌락과 행복보다 하나님과의 이런 상태를 선호하고, 그리스도의 나라의 권세를 우리 마음속에서 느끼도록 모든 선한 수단을 사용해야 한다.

셋째, 이것으로 인해 우리는 모든 두려움과 경건함으로 하나님의 말씀을 들어야 한다.[23] 왜냐하면 이 수단에 의해 그리스도의 나라가 우리 안에 수립되기 때문이다. 그리스도의 말씀이 믿음으로 우리 마음속에 역사하여, 우리 삶 가운데 의의 열매들과 참된 회개를 낳을 때, 우리는 천국이 우리 안에 있다고 참으로 말할 수 있다.

마지막으로, 그의 천국에 대한 이 행복한 칭호를 가난하고 통회하는 마음을 가진 자들에게 돌리신 그리스도는 여기서 외적인 가난과 고통으로부터 오는 모든 시험에 대한 주권적 해결책을 베푸신다.[24] 의심의 여지 없이 가난은 단지 육체적 안락함의 결핍이라는 점에서만 아니라, 특히 이 세상에서 그 결핍에 수반된 경멸과 비난 때문에 무거운 십자가이다. 그래서 많은 사람들이 그들의 가난을 그들에 대한 하나님의 진노의 표로 여기고, 그로 인해 어둠의 나라가 그들에게 속한 것으로 생각하여 절망한다. 그러나 여기서 가련한 여러분은 그

---

22 여백에: 하나님의 나라를 위해 기도하라.
23 역자주, 여백에: 하나님의 말씀을 들으라.
24 여백에: 가난한 자들에 대한 위로.

리스도께서 명백히 가르치신 그의 다음 문장을 숙고해야 한다. 외적인 고통 중에 있는 어떤 사람이 그의 죄로 말미암아 그의 영적 가난과 그의 영혼의 비참함을 느낀다면, 그는 자신의 가난 때문에 하나님의 은총을 절망할 정당한 이유가 전혀 없으며, 오히려 정반대로 자신의 영혼에 거짓말을 하실 수 없는 하나님의 입으로부터 천국이 그에게 속한 것이라는 가장 위로가 되는 확신을 가질 수 있다.

행복의 두 번째 규칙

"애통하는 자는 복이 있나니 그들이 위로를 받을 것임이요"(마 5:4). 여기에 복에 관한 그리스도의 **두 번째 규칙**이 있는데, 두 가지 요점을 숙고하라. 첫째, 복을 받은 당사자들인 **"애통하는 자"**이다. 둘째, 그들의 복이 어디에 있는지, 즉 **위로를 받는 데** 있다.

요점 1

첫째, 우리는 **애통하는 자**를 어떤 식으로든 슬퍼하는 모든 자가 아니라, 슬픔에 대해 정당하고 중요한 이유를 가진 애통하는 사람들로 이해해야 한다. 왜냐하면 그 말은 울부짖음과 울음으로 표현되는 것과 같은 엄청난 슬픔을 의미하기 때문이다.[25] 이것은 "지금 우는 자는 복이 있나니"(눅 6:21)[26]라는 그리스도의 말씀을 이야기하는 누가에 의해 분명하게 표현된다. 하지만 심한 고통 가운데 애통하는 모든 사람이 복된 것은 아니다. 왜냐하면 가인, 사울, 아히도벨, 그리고 유

---

25 여백에: πενθοῦντες.

26 여백에: κλαίοντες.

다는 모두 이 복과는 거리가 멀었지만, 가장 비참한 상태로 인해 그들 영혼에 깊은 영향을 받았기 때문이다. 그래서 이 **규칙**은 다음과 같이 이해되어야 한다. **슬픔의 중대한 원인에 대한 애통함으로 자신들의 죄에 대해 애통하는 자들은 복이 있다.** 왜냐하면 자신들의 영적 결핍에 대한 내적 느낌을 외적 고통의 감각과 결합했던 자들에 대해 전자의 규칙이 그와 같이 이해되어야 했기 때문이다. 그래서 이 구절은 마치 그가 심령이 가난한 자는 복이 있다고 말씀했어야 하셨던 것처럼, 그것에 대한 더 완전한 설명에 불과한 것이다. 참으로 어떤 사람이 슬픔의 가장 중대한 원인 때문에 괴로워 그 부담으로 인해 울부짖고 운다고 상상해(put case)[27] 보라. 하지만 그가 이것과 더불어 그의 모든 가난과 고통에도 불구하고 진심으로 자신의 죄에 대해 애통하고 통곡할 수 있다면, 그는 진실로 복된 사람이다.

적용. 애통하는 자들에 대한 이 복된 문장은 그리스도인의 양심에 대한 주권적인 치유를 위한 다양한 방식을 제공한다.[28] 첫째, 어떤 사람이 큰 재난으로 괴로워하고, 게다가 어떤 흉악한 죄에 짓눌려 그의 몸이 고통당할 뿐 아니라, 그의 양심도 상하여 절망의 심연에 던져진다고 상상해 보라. 더 나아가 양심에 대한 공포 때문에 그의 육체가 마르고, 그의 뼛속에 있는 골수가 소진되었다고 말해 보라. 이것이 극심한 애통의 원인이 아니겠는가? 하지만 보라, 우리의 지극히 복된 의사이신 그리스도 예수가 그의 상처를 위해 반창고를 만드셨다. 게다가 이 괴로움의 사람이 그의 범법으로 하나님을 노엽게 한 것에 대해 참으로 애통할 수 있다면, 그는 의심의 여지 없이 복된 자이다. 왜냐하면 천지가 없어질지라도 그의 말씀은 결코 없어지지 않을 그

---

27 *Put case*: 상상하거나 생각해보라.

28 여백에: 위안.

리스도께서 그것을 말씀하셨기 때문이다. 잘 적용된 복된 본문은 큰 고통 가운데 있는 마음을 지탱할 뿐만 아니라, 깊은 절망에서도 양심을 회복시킬 것이다.

둘째, 어떤 사람이 중병에 걸려 평안이 전혀 없는 바로 그 죽음의 고통이 그를 사로잡는 것을 느끼고, 그래서 말과 시력 모두가 모든 외적인 위로와 더불어 사라지기 시작했다고 상상해 보라. 이런 상태는 통탄할 만한 일이지만, 그의 영혼이 자신의 범죄에 대해 진심으로 애통할 수 있다면, 심지어 이런 극한 상황에서도 그는 복된 자이다.

셋째, 어떤 사람이 원수에게 잡혀가고, 그의 아내와 자녀들의 머리가 돌 위에 내침을 당하여 그가 보는 앞에서 죽임을 당하고, 그 후에 그 자신은 가장 비참한 고문과 형벌에 처했다고 상상해 보라. 이것은 죽음보다 더 비참한 상태이지만, 여기서 그는 자신이 버림받았다고 판단해서는 안 되고, 이 비참에 대해 애통함으로 자신의 죄를 슬퍼하기 위해 애를 써야 하고, 육신이 자신에게 무엇을 할 수 있는지 두려워할 필요가 없다. 왜냐하면 그는 복된 자이기 때문이다. 그리스도의 말씀은 반드시 서야 하고, 여러분의 고통이 무엇이든 그 아래서 여러분의 죄를 애통해한다면, 여러분은 복된 자이다. 우리가 화평을 누리는 동안에는 악한 날에 적용되는 이 규칙의 가치를 생각할 수 없고, 또한 그것을 필요로 할 때가 얼마나 가까운지도 모른다. 그러므로 우리는 다른 모든 애통을 우리 죄에 대한 경건한 슬픔으로 만들기 위해, 이것을 결코 잊지 말아야 한다는 것을 지금 배워야 한다.

요점 2

이 복이 어디에 있는가? 즉, 그들의 애통은 끝이 날 것이고, 참된

위로로 바뀌는 것에 있다. 이것이 참된 행복이라는 것은 반대로 나타날 것이다. 왜냐하면 여기서 시작되어 내세에서 계속되는 재앙과 슬픔은 저주받은 영혼들의 형벌이며, 버림받은 자들의 몫은 끝없는 비참이기 때문이다. 그러므로 애통하는 자들이 위로를 받으리라는 것은 참된 행복이다. **위로**에 대한 이 약속은 네 가지 방식으로 성취된다.[29]

첫째, 하나님이 애통하는 자들의 슬픔과 고통을 그들의 힘의 분량대로 조절하고 지연시키실 때. "하나님은 미쁘사 너희가 감당하지 못할 시험 당함을 허락하지 아니하시고"(고전 10:13). 이것은 다윗과 그의 후손에게 다음과 같이 약속되었다. "그들이 만일 죄를 범하면 그가 그들을 사람의 매로 징계하려니와 그의 은총을 그들에게서 빼앗지는 아니하리라"(삼하 7:14).

둘째, 하나님이 슬픔과 그 원인을 함께 제거하실 때. 그래서 하나님은 가증한 우상 숭배와 주술로 인해 "바벨론으로 포로로 잡혀가 쇠사슬에 결박되어 감옥에 갇힌" 므낫세를 위로하셨다. 즉, 므낫세가 "그 환난 가운데 애통하고 자신의 죄로 인해 하나님 앞에 겸비했을 때 여호와께서 그를 위로하사 그 포로와 감옥에서 그를 이끌어내어 그의 나라 예루살렘으로 돌아가게 하셨다"[대하 33:11-13].

셋째, 하나님이 그의 말씀과 성령으로 마음과 양심에 내적 위로를 주실 때. 이 경우에 바울은 다음과 같이 말했다. "우리가 환난 중에도 즐거워하는데, 이는 우리에게 주신 성령으로 말미암아 하나님의 사랑이 우리 마음에 부은 바 된 것을 알기 때문이다"[롬 5:3-5]. 참으로, 그가 자신의 힘에 겹도록 심한 고난을 당하여 살 소망까지 끊어

---

29 여백에: 네 가지 위로의 방식.

져, "그가 사형 선고"[고후 1:9]를 받은 것처럼 느꼈을 때, 심지어 그 때조차 그는 "그리스도의 고난이 그에게 넘친 것 같이 그가 받는 위로도 그리스도로 말미암아 넘치는도다"[고후 1:4-5]라고 고백한다.

넷째, 하나님이 죽음으로 그들의 모든 비참을 끝내고, 그들의 영혼을 영생에 이르게 하실 때. 아브라함이 부자에게 말할 때, 나사로가 이와 같은 위로를 받았다(눅 16:25). 또한 그리스도께서 (자신의 악한 생활로 말미암아 육체의 고통을 받고, 의심의 여지 없이 자기의 죄로 말미암아 가책을 받아 그리스도께서 그의 나라에 임하실 때 자기를 기억하기를 바랐던) 십자가에 달린 강도에게 "그 날에 그가 자신과 함께 낙원에 있으리라"[눅 23:43]고 이야기하심으로써 그를 위로하셨다.

적용. 그렇다면 여기서 우리는 자연적 죽음이든 폭력적 죽음이든, 하나님의 다른 어떤 심판이든, 과도한 두려움에 대한 주목할 만한 치료책을 갖고 있다. 죽음 자체 또는 그 어떤 다른 불행이 우리에게 닥칠 때, 그것으로 우리 죄를 한탄할 수 있다면, 우리는 믿음으로 **우리가 위로를 받을 것이라**는 약속을 여전히 우리 마음속에 굳건하게 붙들고 있기에, 두려워할 필요가 없다.

둘째, 이 약속을 잘 관찰하면, **참된 믿음은 언제나 현재적 위로를 제공한다**는 거짓된 생각의 위험을 피하는 법을 우리에게 가르쳐 줄 수 있다. 많은 사람들이 하나님을 향한 자신들의 상태를 측정하여 그들 자신이 느끼는 것에 의해 스스로 당황한다. 그래서 마치 고통의 시간에 현재적 위로를 발견하지 못한 것처럼, 그들은 스스로를 믿음이 없는 자와 하나님의 은총에서 쫓겨난 자로 판단한다. 그러나 여기서 그들은 큰 잘못을 저지르는데, 왜냐하면 비록 환난 중에 하나님의 위로를 아는 것이 믿음의 열매와 역사일 수 있지만, 사람은 현재적 위로에 대한 이 감각과 느낌이 없을지라도 참된 믿음을 가질 수 있기 때문이다. 믿음이 없는 자는 복된 자가 아니라는 사실에 의심의 여지가 없지만, 그 느낌이 없더라도 많은 사람이 복된 자일 수 있다. 왜냐하면 여기서 죄에 대해 애통하는 자들은 지금 복된 자들이라고 언급되지만, 그들이 지금 위로를 받는다는 것이 아니라, 나중에 하나님의 기뻐하는 때에 "위로를 받을 것"이라고 언급되기 때문이다.

행복의 세 번째 규칙

"온유한 자는 복이 있나니 그들이 땅을 기업으로 받을 것임이요"(마 5:5). 이것은 행복에 관한 그리스도의 **세 번째 규칙**으로, 앞의 규칙처럼 두 부분을 포함한다. 첫째, 복 받은 당사자들과 둘째, 이 복이 어디에 있는지이다.

요점 1

첫째, 복 받은 당사자들은 "온유한 자들"이다. 누가 **온유**한지 바르게 알기 위해, 온유의 미덕을 살펴보고, 간략하게 다음 네 가지 요점들을 다룰 것이다. 첫째, **온유함**이 무엇인지. 둘째, **그 열매**가 무엇인지. 셋째, 어디서 그것이 **드러나는지**. 넷째, 그것의 **원인**과 근거이다.[30]

요점 1. 온유함은 하나님의 성령의 선물로서, 사람은 이로써 분노의 감정을 조절하고, 자신 안에 있는 조바심, 증오, 그리고 복수에 대한 욕망에 굴레를 씌운다.[31]

---

30 여백에: 온유에 관한 네 가지 요점.
31 여백에: 온유가 무엇인지.

요점 2. 온유함의 **열매**는 주로 두 가지다.[32] 첫째, 온유함은 사람으로 하여금 안정되고 오래 참는 마음으로 하나님의 심판을 견디게 한다. 이것은 하나님의 귀한 은혜이며, 온유의 가장 큰 열매이다. 아론의 두 아들들, 나답과 아비후가 하늘로서 온 불에 살라졌을 때 이것은 심각한 심판이었다. 아론이 그 원인을 알기 위해 모세에게 갔을 때 모세는 그에게 하나님은 그를 가까이하는 모든 자 가운에서 영광을 나타내실 것이라고 말했다. 아론이 이것을 들었을 때, "그가 잠잠하였고", 주저한다든지 조바심을 내지 않았다(레 10:3). 그와 같이 하나님의 손으로 말미암아 큰 환난 중에 있던 다윗이 이 은혜를 뚜렷하게 보여 준다. "내가 잠잠하고 입을 열지 아니함은 주께서 이를 행하신 까닭이니이다"[시 39:9]. 둘째, 온유함은 사람으로 하여금 고요한 마음으로 사람들이 그에게 입힌 해를 견디게 한다. 참으로, 모든 복수를 공의롭게 심판하는 하나님께 돌림으로써 그들을 용서하고 잊으며, 악을 선으로 갚는 것이다. 다윗의 원수들이 "그의 생명을 찾고자 올무를 놓고, 괴악한 일을 말하여 종일토록 음모를 꾸몄을"[시 38:12-14] 때, 그는 이 미덕으로 "못 듣는 자 같이 듣지 아니하고, 말 못하는 자 같이 입을 열지 아니하여" 모든 것을 참았다. 그렇게 그는 개인적 복수에서 먼 사람이었다. 그리고 우리 구주 그리스도는 다음과 같이 말씀하심으로 이 미덕의 본보기를 스스로 제시하셨다. "나는 마음이 온유하고 겸손하니 내게 배우라"[마 11:29]. 여기에서 그는 자신을 본보기로 남기어, 우리가 "욕을 당하시되 맞대어 욕하지 아니하시고, 고난을 당하시되 위협하지 아니하시고, 모든 것을 오직 공의로 심판하시는 이에게 부탁하신"[벧전 2:23] 그의 발자취를 따르

---

32 여백에: 그것의 열매.

도록 하셨다. 참으로, "그는 자기를 십자가에 못 박는 자들을 위해 기도하셨다"[눅 23:34]. 그와 같이 스데반이 기도했다. "주여 이 죄를 그들에게 돌리지 마옵소서"(행 7:60). 그와 같이 돌로 쳐 죽임을 당한 여호야다의 아들 스가랴가 다만 이것을 말했을 뿐이다. "여호와는 감찰하시고 신원하여 주옵소서"(대하 24:22).

요점 3. 어디서 이 온유함이 드러나야 하는가?[33] **대답.** 이 온유함은 하나님의 일에 있어서 드러나야 하는 것이 아니다. 그의 영광이 더럽혀질 때, 우리는 불같이 뜨거운 열심을 품어야 하기 때문이다. 이 온유함은 우리 자신과 관련된 잘못과 상해에서 드러나야 한다. 모세는 그의 시대에 지면에서 "가장 온유한 사람"(민 12:3)이었지만, 이스라엘 백성들이 금송아지를 만들었을 때, 하나님의 영광을 위한 열심으로 "그는 그 두 돌판을 깨뜨렸고"[출 32:19], "그 날에 칼로" 하나님을 욕되게 한 자들 "삼천 명을 죽였다"[출 32:27]. 자기 자신의 잘못에 대해서는 입을 다물었던 다윗 역시 "그의 대적들이 주의 말씀을 잊어버렸으므로 그의 열정이 그를 삼켰다"(시 119:139)고 고백한다. 그리고 자신에게 행한 잘못에 대해 "털 깎는 자 앞의 어린 양처럼 그의 입을 열지 않았던" 우리 구주 그리스도는 그의 아버지의 영광을 구하기 위해 "노끈으로 채찍을 만드사 그의 아버지의 집을 강도의 굴혈로 만든 매매하는 자들을 성전에서 내쫓으셨다"(마 21:12).

요점 4. 이 온유함의 원인과 근거는 환난과 심령의 가난이다.[34] 이 규칙들의 순서가 밝히듯이 온유함은 **심령의 가난**, 그리고 **애통함** 다음에 놓여있다. 그러므로 이 말을 빌려 온 시편 37편 11절에서 온유한 사람은 **고통받는 자**를 의미하는 이름으로 불리는데, 이는 진실로

---

33 여백에: 어디서 온유함이 드러나는가.
34 여백에: 온유함의 근거.

온유한 자는 환난과 고통으로 말미암아 자신의 범죄에 대해 애통하게 된 자임을 우리에게 가르치기 위함이다. 왜냐하면 십자가를 경험하지 못한 자는 온유한 심령과 인내심을 거의 발휘할 수 없기 때문이다. 교회는 **젊은 시절에 십자가 지는 것**을 권하는데, 이는 그것이 사람으로 하여금 **혼자 잠잠히 앉아서 그의 입을 땅의 티끌에 대고, 그를 치는 자들에게 그의 뺨을 대도록** 만들기 때문이다(애 3:27-29).[35]

적용. 복이 온유한 사람들에게 속하는가? 이로써 우리는 우리의 모든 감정, 특히 분노, 증오, 그리고 복수를 자제하도록 노력하고, 이 복된 미덕을 방해하는 모든 것, 즉 실제로 너무 자주 발견되는 모든 욕설, 악담, 꾸지람과 말다툼, 그리고 그와 같은 모든 위협적인 말과 더불어 성마름, 성급함, 원망, 잘못에 대해 참지 못하는 것을 조심하라는 권고를 받는다.[36] **우리는 이런 것들을 용서할 수 있으나, 결코 잊으려 하지 않는다.** 참으로 행동에서 우리는 모든 말다툼, 싸움, 논쟁, 그리고 모든 경미한 경우에 법적 소송 제기를 피해야 한다. 왜냐하면 참된 온유함은 이 모든 것 가운데 어느 것도 하나님의 자녀들에게서 일어나는 것을 허용하지 않기 때문이다. 그리고 우리를 여기로 인도하기 위해, 먼저 우리에게 "그는 온유하고 겸손하니 그에게서 배우라"[마 11:23]고 제안하는 그리스도의 교훈과 모범을 고려하라.[37]

다시 말하지만, 하나님께서 친히 우리를 다루시는 것을 고려하라. 우리가 날마다 범죄로 그에게 잘못을 범하지만, 그는 우리에 대해 참으신다. 그렇다면 우리는 하늘에 계신 우리 아버지와 달리 다른 사람들이 우리에게 행한 잘못에 대해 곧바로 복수해야 할 것인가? "그러

---

35 *Nippers*: 그를 치는 자들.
36 여백에: 정서의 절제.
37 여백에: 온유함에 대한 동기들.

므로 너희는 하나님이 택하사 거룩하고 사랑받는 자처럼 긍휼과 자비와 겸손과 온유와 오래 참음을 옷 입고 누가 누구에게 불만이 있거든 서로 용납하여 피차 용서하되 주께서 그리스도를 위하여 너희를 용서하신 것 같이 너희도 그리하라"(골 3:12-13).

마지막으로, 이 은혜의 열매와 실천은 그것에 속한 복의 약속을 가지고 있다. 그러므로 우리가 행복하기를 원하듯이, 우리 마음에 온유의 정신을 품고 그 미덕과 능력을 삶에서 표현해야 한다.

반대 1. 여기서 어떤 사람들은 내가 만일 모든 상해를 참는다면, 나는 겁쟁이(dastard)[38]와 어리석은 자로 여겨질 것이라고 말할 것이다. **대답.** 이런 경우에는 **사람의 판단을 작은 것으로 여기는**{고전 4:3} 바울에게 배우되, 이 온유의 은혜를 얻고 실천하기를 주의하라. 그리하면 그리스도께서 여러분을 복되다고 선언하실 것이며, 이것은 세상 모든 사람이 평가하는 것보다 여러분에게 더 압도적인 것이다. 그리고 여러분이 "사람의 영광을 하나님의 영광보다 더 사랑하지"(요 12:43)[39] 않는 한, 그렇게 될 것이다.

반대 2. 내가 잘못을 더 많이 참으면 참을수록 더 많은 잘못이 나에게 행해질 것이라고 말할 것이다. **대답.** 그것은 오직 악한 사람들에게만 그러하다. 왜냐하면, "또 너희가 선을 행하면 누가 너희를 해하리요?"[벧전 3:13]라고 말씀하기 때문이다. 하지만 그들이 그렇게 한다면, "여러분이 {부당한} 고통을 참으면 하나님께 아름다운 것이며"[벧전 2:19], "주께서 그 일을 그의 손으로 갚으려 하신다"[시 10:14][40]고 말씀한다. 참으로 그리스도 예수는 눈으로 보는 것으

---

38 *Dastard*: 겁쟁이.

39 역자주. 원문과 영문판에는 요 12:48로 오식되어 있다.

40 역자주. 영문판 편집자는 원문의 시 10:4를 바로 고쳐 잡았다.

로 판단하지 않고, "정직으로 세상의 모든 온유한 자를 판단할 것이다"[사 11:4].

반대 3. 그러나 이것은 가진 모든 것을 잃고, 집과 피난처에서 쫓겨나는 길이라고 말할 것이다. **대답.** 전혀 그렇지 않다. 왜냐하면 그리스도께서 여기서 "온유한 자는 땅을 기업으로 받을 것임이요"라고 말씀하시기 때문이다. 의심하지 말라. 그리스도는 그의 말씀을 응하게 하실 것이다. 그러므로 여러분이 이 외적인 것들을 중히 여긴다면, 온유의 심령을 얻고 실천하기를 힘쓰라.

요점 2

이 온유함의 복이 어디에 있는가? 그것은 땅을 기업으로 받는 데 있다. 사람이 온 땅의 주인이 되는 것은 큰 행복이다. 그러나 어떻게 이것이 가능한가? 하나님의 소중한 종들 가운데 많은 이들이 집과 나라에서 쫓겨난 "이 땅의 나그네"였으며, 산과 광야에서 헤매야 했고, 고난을 당하고 비참했으며, 참으로 적절한 음식과 의복이 없었기 때문이다(히 11:37-38)[41] **대답.** 온유한 자들은 여기서 땅을 기업으로 받는 자들이라고 일컬어진다. 하지만 그들이 그것을 항상 소유하기 때문인 것은 아니다. 그러나 첫째, 하나님이 매우 적합하고 편리한 몫의 땅을 그들이나 그들의 후손에게 주시기 때문이다. 이런 식으로 그는 아브라함, 이삭, 그리고 야곱을 대하셨다. 그들은 그들 자신을 위해 충분히 소유했고, 그들의 후손들이 누렸던 큰 소유에 대한 약속을 받았다.

둘째, 온유한 사람들이 궁핍하거나 추방당하여 죽는 일이 일어

---

41 여백에: 온유한 자가 어떻게 땅을 기업으로 얻는가.

난다 할지라도, 하나님은 그들에게 땅의 유업에 완전히 상응하는 만족을 주신다. 그래서 바울은 자기 자신에게 그리고 다른 사도들에게 "그들은 아무것도 없는 자 같으나 모든 것을 가진 자로다"[고후 6:10]라고 말한다. 이는 만족을 통한 선한 양심의 평안을 의미했다.

셋째, 온유한 자들은 만유의 주이신 그리스도의 지체들로서 권리상 이 유업을 갖는다. 따라서 바울은 믿는 고린도 사람들에게 말한다. "만물이 다 너희 것임이라 바울이나 게바나 세계나 지금 것이나 장래 것이나 다 너희의 것이요 너희는 그리스도의 것이요"[고전 3:21-22].

넷째, 온유한 자들은 그리스도에 의해 **왕들**이 되었고, 마지막 심판 후에 그들은 "그와 함께 영원토록 다스리고 통치할 것이다"(계 5:10). 그리고 이 마지막 두 측면에서 온유한 자들이 땅의 상속자들이라고 보다 더 정확하게 언급된다.

반대. 하지만 여기서 사악하고 육신적인 사람들이, 당시 니므롯과 오늘날의 튀르키예 사람들처럼, 지상의 가장 위대한 주인들이라고 다시금 언급될 것이다. **대답.** 땅에 대한 권리는 시민적 권리와 영적 권리로 이중적이다.[42] **시민적 권리**는 법과 관습에 따라 사람들 앞에서 선한 것이다. 이런 점에서 사람들은 사람의 법정에서 권리를 가지고 있기에, 그런 땅의 주인들이라고 불린다. 그래서 오늘날 튀르키예 사람들은 전 세계 대부분의 강력한 주인이다. **영적 권리**는 하나님 자신이 보증하고 승인한 권리이다. 그런 권리와 호칭은 아담의 타락 전 그가 온 세상에 대해 가졌던 것이다. 그의 죄로 말미암아 자신과 그의 모든 후손들이 그 권리를 상실했다. 그러나 그리스도 안에서 그

---

42 여백에: 지상의 것들에 대한 이중적 권리.

영적 권리는 모든 택자들에게 회복되었다. 그리고 그리스도께서 온유한 자들을 땅을 기업으로 받는 자들이라고 부를 때, 이 권리에 대해 말씀하시는 것이다. 이 권리에 관하여 튀르키예 사람들, 그리고 모든 불신자들과 불경한 사람들은, 그렇지 않다면 민법상 그들이 합법적으로 소유하고 있는 것들을 강탈한 자들일 뿐이다.

적용. 그래서 그리스도의 모든 참된 지체들이 그리스도 안에서 땅의 주인이라는 탁월한 특권이 있다. 이것으로 첫째, 우리는 대부분의 사람들이 세속적 소유물을 추구하는 데 얼마나 과도한지 알 수 있다.[43] 왜냐하면 그 방식은 그리스도를 전혀 고려하지 않는 것이며, 세상을 사냥하는 것은 말들 앞에 수레를 놓는 것처럼 터무니없는 과정이기 때문이다. 땅에 대한 우리의 모든 권리는 아담이 잃어버렸고 그리스도에 의해 회복되었기에, 우리가 그리스도 안에 참여하기 전까지는 이 땅에서 선한 양심의 위로를 갖고 그 어떤 유업을 사거나 소유할 수 없다. 사람들은 자신의 땅을 확실히 보유하되, 최선의 토지사용권을 '인 카피테'(*in capite*)[44], 즉 군주 안에서 보유하기를 원한다. 그러나 우리가 확실한 호칭을 얻고 군주를 올바로 붙들고자 한다면, 그리스도의 참된 지체가 되기를 애쓰고, 그에게 있는 우리의 권리를 붙들어야 한다. 왜냐하면 그는 "땅의 임금들의 머리"[계 1:5]이시며, 온 세상의 주님이시기 때문이다. 우리가 그리스도 안에 있기 전에는 세상의 그 어떤 소유물에 대해서도 거룩하고 성별된 권리를 결코 갖지 못할 것이다.

둘째, 이것은 세상의 모든 지나친 염려에 대한 굴레 역할을 한다.

---

43 역자주, 여백에: 부를 추구하는 데 있어서 흔한 오류.

44 역자주, '인 카피테'는 라틴 법률 용어로 "수장"이라는 뜻이다. 이는 한 개인이 왕실로부터 직접 토지를 소유하는 일종의 토지 소작을 의미한다. 즉, 다른 영주나 귀족에게 임대료나 세금을 지불하지 않고, 왕이나 여왕에게만 지불해야 했다. 중세 영국에서 중요한 토지 소유 형태였다.

우리가 그리스도의 지체들이자 온유한 사람들이라면, 이 땅의 유업은 우리 것이기 때문이다. 그렇다면 충분히 소유하고 있다는 것을 전혀 생각지 않는 대부분의 사람들이 하듯이, 세속적인 돈(pelf)[45]을 위해 우리가 그토록 마음을 졸이고 염려할 필요가 있겠는가?

셋째, 이것은 잔인함, 거짓말, 사기, 그리고 억압으로 부자가 되기를 추구하는 모든 사람들을 정당하게 책망하는 역할을 한다. 왜냐하면 여러분이 그리스도 안에 있다면, 여러분은 온 세상에 대해 권리를 갖고 있기 때문이다. 그렇다면 여러분 자신의 소유를 얻기 위해 불법적 수단을 쓸 필요가 있겠는가? 분명한 것은, 여러분이 이 모든 일에 몰두하는 동안 그리스도와 상관이 없다는 것이다. 왜냐하면 여러분이 그리스도와 관련이 있다면, 여러분은 하나님이 합법적 수단을 통해 보내시는 것은 무엇이든 만족할 것이기 때문이다(빌 4:11).

마지막으로, 따라서 하나님의 모든 자녀들은 그리스도의 이름을 위한 그 어떤 형벌도 두려워하지 않도록 자신의 마음을 위로하는 법을 배울 수 있다. 그리스도를 굳게 지키라. 그리하면 여러분이 어디로 보냄을 받든지, 여러분은 여러분 자신의 땅에 있을 것이다. 왜냐하면 온 땅이 여러분의 것이기 때문이다. 그리고 모든 폭군들이 지옥으로 추방될 때, 여러분은 그리스도 안에서 언젠가 그것을 소유할 것이다. 이제 여러분 자신의 땅에 있으므로, 무엇을 두려워할 필요가 있겠는가?

---

45 *Pelf*: 부정직한 수단을 통해 얻은 돈.

행복의 네 번째 규칙

"의에 주리고 목마른 자는 복이 있나니 그들이 배부를 것임이요"[마 5:6]. 여기에 복에 관한 **네 번째 규칙**이 있는데, 이것은 누가에 의해서도 언급되었지만, 마태의 것과는 다르다. 왜냐하면 누가에 따르면, 그리스도는 그의 제자들을 향해 말씀하시되, 육체적 굶주림에 대해 말씀하시기 때문이다. "지금 주린 자는 복이 있나니 너희가 배부름을 얻을 것임이요"[눅 6:21]. 마치 그는 나의 제자들인 너희가 지금 주리고 목마르지만, 이것이 너희의 행복한 상태를 해치지는 않을 것이라고 말씀하시는 것 같다. 왜냐하면 나중에 너희가 만족하게 될 것이기 때문이다. 이제 마태는 한 단계 더 나아가, 굶주린 그들이 왜 복된 것인지 원인과 이유를 제시한다. 단순히 그들이 육체적 굶주림에 시달렸기 때문이 아니라, 그것으로 인해 그들의 영혼이 더 나아가 영적으로 의에 대해 굶주렸기 때문이다. 그래서 이 두 복음서 기자들은 다음과 같이 일치한다. 누가는 이 규칙을 일반적으로 제시하는 반면, 마태는 거기서 이 복의 이유를 제시하는 것이다.

요점 1

이 규칙은 앞의 규칙들처럼 두 부분을 포함한다. 첫째, 누가 복 받은 자들인지, 둘째, 이 복이 어디에 있는지이다. 첫째, 복 받은 당사자들은 의에 주리고 목마른 자들이다. 이 말씀에 대한 해설은 다양하다.[46] 어떤 사람들은 이렇게 말한다. 복 받은 자들은 세상에 넘치는 죄악으로 슬퍼하는 자들이며, 이로써 마음과 영혼 속에 세상의 변

---

46 여백에: 다양한 해설들.

화와 개혁을 갈망한다. 다른 사람들은 그 말씀을 다음과 같이 해설한다. 복 받은 자들은 잘못과 상해로 이 세상에서 그들의 권리를 박탈당한 자들이며, 그래서 그들 자신의 권리를 얻기 위해 참고 기다리며, 그 권리에 주리고 목말라하는 자들이다.

그러나 그리스도의 의미를 우리에게 더 완전하게 열어주는 세 번째 해설이 있다.[47] 즉, 우리는 **의**를 첫 번째로 죄인이 그리스도 안에 있는 은혜로 말미암아 의롭다함을 얻고, 그래서 그의 모든 죄를 용서받아 하나님 앞에 의롭게 서는 **믿음의 의**로 이해할 수 있다. 이것 외에도 우리는 여기서 우리의 첫 번째 조상의 타락으로 상실된 하나님의 형상이 은혜의 성령으로 말미암아 그 안에서 새롭게 되어 성별되고 거룩하게 된 **내적인 의**로 이해할 수 있다. 여기서 이렇게 전가(轉嫁)되고 새롭게 된 의로 이해될 수 있는 이유들은 다음과 같다. 첫째, 유사한 문장이 반복되는 그런 성경 구절들에서 우리는 시민적 의가 아니라, 칭의, 성화, 그리고 중생으로 이해해야 하기 때문이다. "오호라 너희 모든 목마른 자들아 물로 나아오라 값없이 와서 사라"(사 55:1). 그리고 "누구든지 목마르거든 내게로 와서 마시라"(요 7:37). 그리고 "내가 생명수 샘물을 목마른 자에게 값없이 주리니"(계 21:6). 이 모든 구절들은 본질상 하나인데, 왜냐하면 우리는 물을 죄인이 의롭다함을 받고 성화되는 모든 복의 원천인 하나님의 영적 은혜인 **의**로 이해해야 하기 때문이다. 둘째, 무엇보다도 가장 원하는 것이 가장 탁월한 의가 되어야 하는데, 여기서 언급된 이 의는 가장 원하는 것이기 때문이다. 사람들이 "그것에 주리고 목마를 것이다"라고 그리스도께서 말씀하심으로써 가장 간절하고 강렬한 욕망을 표현한다. 그

---

47 여백에: 올바른 의미.

러므로 우리는 **의**를 죄인의 죄책과 형벌을 용서하고, 그 열매인 성화로 말미암아 부패로부터 정화되는 그리스도 안에 있는 하나님의 은혜와 자비로 이해해야 한다.

둘째, 우리는 **굶주림**과 **목마름**을 두 가지로 이해해야 한다.[48] 첫째, 사람 자신의 죄와 불의와 관련된 마음의 슬픔과 비통함으로 이해해야 하고, 둘째, 하나님의 의, 즉 그리스도 안에 있는 칭의와 성화에 대한 간절하고 지속적인 열망으로 이해해야 한다. 육체적인 굶주림과 목마름 속에 있는 이 두 가지에 상응하는 것은 첫째, 음식과 음료의 결핍으로 뱃속 밑바닥이 고통을 받는 것이며, 둘째, 이로써 만족되어야 할 먹고 마시는 것에 대한 간절한 욕망과 식욕이다.

요점 2

그래서 복 있는 사람은 자기 자신의 불의에 대해 매우 비통해하는 자이며, 게다가 그리스도 안에서 하나님과의 화목, 그리고 성령에 의한 참된 중생과 성령을 간절히 원하는 자이다. 왜냐하면 이것이 진정한 영적 굶주림과 목마름이기 때문이다. 때가 되면 그가 하나님의 많은 자비와 은혜로 만족하고 배부르게 될 것이라는 은혜로운 약속이 여기에 속해 있다. 여기에 이 행복이 있는데, 이것이 이 규칙의 두 번째 가지이다. 이것이 앞의 두 가지 해설이 의존하는 이 말씀의 참되고 고유한 의미라고 생각한다. 왜냐하면 이렇게 영적으로 굶주린 자는 종종 사람들 사이에서 자신의 권리를 박탈당하고, 그래서 이 세상에서 자신의 권리에 주리고 목마르다고 언급되기 때문이다. 다시 말하지만, 그런 사람은 세상에 있는 죄악을 참으로 슬퍼하며, 게다가

---

48 여백에: 영적 굶주림과 목마름.

그의 마음은 자기 자신과 다른 사람 속에 있는 죄악에 대한 개혁을 매우 간절히 원한다.

적용. 첫째, 이 문장은 모든 심각한 시험 가운데, 특히 다음 세 가지, **믿음의 결핍**, **성화의 빈약함**, 그리고 **절망**에 대해 참된 위로로 기억되어야 한다.[49] 첫째,[50] 하나님의 교회 안에 있는 많은 사람이 범사에 하나님을 기쁘시게 하고, 그들의 양심을 거스르는 죄가 없이 사는 데 참된 관심을 기울이지만, 자신들 속에서 하나님의 자비에 대한 많은 불신과 절망을 발견하게 된다. 그들은 자신 안에 믿음보다는 의심을 더 많이 느끼기에, 자신들의 택함 받음과 하나님 앞에서의 은혜의 상태를 의심하게 된다. 그런 사람들이 어떻게 안심할 수 있으며, 자신들의 상태를 어떻게 확신할 수 있을까? **대답**. 그 방법은 우리 구주 그리스도께서 이 규칙에서 제시하신다. "의에 주리고 목마른 자는 복이 있나니." 여기서 그는 자신의 의심과 불신앙을 싫어하는 자들이 이 불신에서 정화되고, 그리스도를 통해 하나님을 믿으려는 참되고 간절한 욕구를 가질 때 복되다고 가르치시기 때문이다. 참으로 이 믿음의 욕구, 그리고 믿는다는 것은 본질상 참된 믿음이 아니라, 하나님의 수용에 대한 믿음이다. 왜냐하면 하나님은 마치 그들이 믿음을 가진 것처럼, 그들의 이 참된 욕구를 존중하기 때문이다. 그리고 그들이 복된 자들인 까닭은, 그들이 풍성한 믿음과 그리스도 안에서 하나님의 은혜와 은총에 대한 확신을 갖게 될 것이기 때문이다. 마음이 은혜와 자비에 대한 결핍을 느낄 때, 그것에 굶주리는 것은 하나님의 자비와 은혜 때문이다. 하지만 결핍을 느끼는 사람들은 하나님께서 그리스도에 대한 참되고 활기찬 믿음을 얻기 위해 성별하신 수단 가

---

49 여백에: 시험 가운데 있는 위로.

50 여백에: 믿음의 결핍으로부터.

운데 끊임없이 노력함으로써, 이 욕구의 진실성을 보여 주어야 하며, 그로 인해 만족할 수 있도록 훈계를 받아야 한다.

두 번째 시험은 **성화의 빈약함**에서 온다.[51] 모든 죄를 의식함으로써 하나님을 기쁘시게 하려고 애쓰는 자들이 많이 있지만, 그들은 자기 안에 엄청난 양의 반역적 부패, 많은 지성적 무지, 비뚤어진 의지, 그리고 완고한 감정, 참으로 모든 방식의 죄에 대한 지속적 성향이 있음을 발견한다. 그리고 정반대로 그들은 성화의 작은 열매만 인식할 수 있다. 그들은 그들 안에서 옛 사람이 강력한 거인처럼 돌진해 오는 것을 느끼지만, 새 사람은 너무 연약하고 힘이 없어 그 어떤 영적 생명도 거의 분별할 수 없다. 그래서 그들은 시험으로 심히 괴로워하며, 참으로 그들이 그 어떤 참된 은혜를 가졌는지 종종 의심하게 된다. 이것은 심각한 경우가 아닐 수 없다. 하지만 여기에 그들을 위해 참된 위로가 있다. 왜냐하면 그리스도께서 (의로 배부른 것이 아니라) 의에 주리고 목마른 그들을 복된 자들이라고 부르고 있기 때문이다. 즉, 자기 안에 의가 없음을 느끼는 자는 자기 영혼에 그것을 간절히 사모한다. 그러므로 자기 속에 바다 같은 부패를 느끼되 한 방울의 성화도 거의 느끼지 못하는 사람들은, 이것들에 어떻게 영향을 받는지 진정으로 자신의 마음을 성찰해야 한다. 왜냐하면 그들이 자신들의 부패와 반역을 진정으로 슬퍼하고, 또한 수단을 계속 사용하여 은혜와 성화를 간절히 사모하면, 하나에서 해방되고 다른 하나를 받기 때문이다. 그들은 자신들의 마음을 위로해 주는 것을 얻는데, 왜냐하면 그리스도께서 그들을 복된 자들이라고 부르시기 때문이다. 그들은 복된 자들인데, 왜냐하면 때가 되면 그들이 만족할 것이며, 그 동

---

51 역자주, 여백에: 성화의 부족으로부터.

안에 그들의 의지와 욕구는 하나님이 그리스도 안에서 행위 자체로 받아들이시기 때문이다.

세 번째 시험은 **절망**하는 것이다.[52] 어떤 중대한 죄로 인해 양심의 가책을 받은 사람이 참으로 자신에게 지옥이 준비되어 있고, 반드시 저주받아야 한다고 생각하는 심연에 빠졌을 때, 그는 절망한다. 그런 경우에 어떤 해결책이 있는가? **대답**. 어떤 사람들은 유일한 길은 보편적 은혜의 근거, 즉 그가 사람이기 때문에 그리스도께서 그를 위해 죽으셨다고 제시하는 것이라고 생각한다. 왜냐하면 그리스도께서 모든 사람을 위해 죽으셨기 때문이다. 그러나 이것은 빈약한 위로이다. 왜냐하면 절망에 빠진 양심은 하나님께서 진실로 하나님의 몫을 하셨지만, 자신은 하나님의 은혜가 주어졌을 때 거절했다고 대답할 것이기 때문이다. 그러므로 또 다른 위로의 방법이 강구되어야 하는데, 그것은 그가 언약 안에 있으며, 은혜와 생명의 약속들이 그에게 속해 있다는 하나님의 말씀으로 그에게 입증하는 것이다. 이를 달성하기 위해 한 가지 주요 근거가 여기서 제시된다. 즉, 사람이 모든 의가 없을지라도, 그가 참으로 의에 주리면 그는 복된 자이다. 그리고 이 근거의 올바른 적용은 다음과 같다. 당사자가 그와 같이 절망하는지, 그에게 참된 은혜의 불꽃이 있는지 없는지 조사해야 한다. 그리고 이것은 다음 두 가지를 살펴보아야 한다. 첫째, 그의 죄들이 죄이기 때문에, 그가 그것들을 싫어하는지이고, 둘째, 그가 진정으로 하나님과 화해하고, 회개하고 그리스도를 믿기 원하는지이다. 이제 그의 양심이 참으로 이것들이 그에게 있다고 말한다면, 그는 그리스도께서 여기서 선언한 이 복의 범위 안에 들어오게 되고, 그가 만족

---

[52] 여백에: 절망에 대한 위로.

하게 되리라는 이 약속의 소유권을 갖는다. 왜냐하면 죄로 말미암아 하나님을 노엽게 했기에 자기 죄에 대해 슬퍼하고, 또한 회개하고 믿기 위해 자비와 은혜를 간절히 바라는 사람은 참으로 복된 사람이기 때문이다. 그러므로 당신이 마음속에서 이러한 죄에 대한 슬픔과 은혜에 대한 욕구를 발견하면, 당신은 복된 자이며 만족하게 될 것이라고 말할 수 있다. 이처럼 괴로운 영혼이 위로를 받을 수 있다. 하지만 죄 가운데 사는 자들에 대해서는 위로가 없다. 왜냐하면 그들은 죄를 진정으로 싫어하지도 않고, 죄를 회개하려는 의도나 욕구도 없기 때문이다.

둘째, 그리스도의 이 규칙은 어떤 사람들에게 위로를 주는 것처럼, 다른 사람들의 비참한 상태, 즉 의에 대한 이 영적 굶주림이 없는 다른 모든 사람들의 상태도 선언한다.[53] 왜냐하면 그들은 그리스도 안에 있는 하나님의 자비로 인한 하늘의 속죄의 약속을 받을 자격이 없기 때문이다. 하지만 이것은 어디에나 있는 일반적인 사람들의 상태이다. 왜냐하면 여름 가뭄이 비를 갈망하듯이 사람들은 부와 쾌락, 명예와 특권에 굶주리고 목말라하기 때문이다. 하나님의 것들을 음미하고, 그의 의를 목말라하는 사람을 발견하는 것은 드물지만, 그런 사람만이 복된 자이다.

셋째, 그리스도의 이 규칙은 참된 행복에 관하여 하나님 앞에서 우리의 상태를 알 수 있도록 확실한 지침을 제공한다.[54] 만일 우리가 **의에 주리고 목말라한다면, 우리는 확실히 복 받은 자들이다.** 여호와 께서 그것을 말씀하셨기 때문이다. 이 영적 굶주림은 두 가지로 알 수 있다. 첫째, 과거의 죄에 대한 진실한 마음의 슬픔과 비통함으로

---

53 여백에: 타락의 비참함.
54 여백에: 누가 행복한지 아는 방법.

알 수 있다. 이것이 없는 곳에 참된 영적 굶주림과 갈증이란 존재하지 않는다. 둘째, 죄 용서, 그리고 수단을 통한 끊임없는 노력으로 입증된 성화를 위해 그리스도 안에 있는 하나님의 자비에 대한 간절한 사모함으로 알 수 있다. 자신 안에 이런 것들이 있는 사람은 자신이 복되다고 확신할 수 있다. 이런 것들은 하나님의 성령의 움직임이며, 그의 은혜에 대한 참된 보증이기 때문이다. 이로써 우리는 우리의 상태를 시험해야 한다. 이런 것들이 우리 안에 있다면, 우리는 기뻐할 수 있다. 하지만 우리 마음이 죽고 굳어져 죄에 대한 감각도 없고, 그리스도의 피에 대한 굶주림도 없고, 성화에 대한 열망도 없다면, 우리는 은혜가 없는 자들이요 가장 비참한 자들이다. 왜냐하면 있을 수 있는 진정한 은혜의 최소한의 척도는 그 은혜의 결핍 가운데 은혜를 갈망하는 것이기 때문이다.

마지막으로, 이 복의 규칙은 우리가 구원을 가꾸어 나갈 때, 과거 우리의 모든 죄에 대해 그리스도 안에서 하나님과 화해하고, 그의 말씀과 성령으로 마음과 삶을 거룩하게 한 후, 우리 영혼의 영적 굶주림을 위해 노력하도록 우리에게 권고한다.[55] 우리가 하나님의 말씀을 듣고, 읽고, 이야기할 수 있으나, 우리가 자신의 불의에 대해 부담을 느끼지 않는 한, 그리고 우리 마음에서 그리스도 안에 있는 자비와 은혜를 향해 한숨과 신음 소리를 내지 않는 한, 그 모든 것이 아무런 소용이 없다. 영혼이 그리스도 안에 있는 자비와 은혜를 갖지 못한다면, 재치와 학식, 명예와 부요가 무슨 소용이 있겠는가? 마음속에 이 영적 굶주림이 없다면, 그것은 아무 소용이 없다. 그래서 우리가 이 굶주림을 위해 수고하도록 하기 위해 다음을 생각해야 한다.

---

55 여백에: 영적 굶주림을 위한 노력.

즉, 그들이 배부를 것이라는 주님의 약속이 말하는 이 복이 무엇인지이다. 굶주린 자들은 그리스도 안에 있는 하나님과의 화목과 옛사람이 죽고 새 사람이 갱신되는 성령의 열매들에 관한 성령의 증거를 받음으로, 부분적으로 이생에서 배부르게 된다. 그리고 이생의 마지막에 완전히 의롭고 거룩하게 되어 하나님의 형상이 완전히 새로워졌을 때, 배부르게 될 것이다.

행복의 다섯 번째 규칙

"긍휼히 여기는 자는 복이 있나니 그들이 긍휼히 여김을 받을 것임이요"(마 5:7). 이 구절은 참된 행복에 관하여 우리 구주 그리스도의 **다섯 번째 규칙**을 포함하고 있다. 여기서 두 가지를 관찰해야 한다. 첫째, 누가 복 받은 자들인지와 둘째, 이 복이 어디에 있는지이다.

요점 1

첫째, 복 받은 대상들은 **긍휼히 여기는 자들**이다. 긍휼히 여기는 자들이 어떤 사람인지 더 잘 알기 위해, 먼저 긍휼이 무엇이지, 그 다음에 긍휼의 주요한 의무들이 무엇인지 살펴볼 것이다. 첫째, **긍휼이란 마음의 거룩한 연민으로, 이로써 사람은 비참한 처지의 다른 사람을 돕게 된다.**[56] 첫째, 그것은 마음의 연민이라고도 하는데, 왜냐하면 긍휼은 한 사람으로 하여금 다른 사람의 인격을 덧입어 다른 사람의 불행을 마치 자신의 불행인 것처럼 슬퍼하게 만들기 때문이다. 그

---

56 여백에: 긍휼이 묘사되다.

러므로 그것은 "긍휼"[골 3:12]이라고 불리는데, 왜냐하면 사람의 마음이 그것에 닿을 때 그의 간과 내장이 그의 몸속에서 요동치고, 선지자가 말한 것처럼 "그 속에서 흥분되기"[호 11:8] 때문이다. 그래서 그는 마치 그의 몸속에 있는 창자가 고통 중에 있는 것처럼 영향을 받는다. 둘째, 그것을 **거룩한** 연민이라고도 하는데, 이는 사람이 비참한 처지에 있어야 마땅한 자신을 부당하게 소중히 여기는 어리석은 동정과 구별하기 위함이다. 그것은 벤하닷에 대한 아합의 자비[왕상 20:42]와 아각을 살려 둔 사울의 자비[삼상 15:9]와 같은 것인데, 이는 하나님께서 분명히 명령한 것과 반대였기 때문이다. 그러나 하나님이 인정하시는 그런 긍휼과 연민은 성령의 열매이며, 하나님의 말씀이 권장하고 명령하는 미덕이다. 셋째, 이 긍휼의 미덕은 비참 가운데 있는 다른 사람을 돕도록 마음을 휘젓고 움직인다. 비참한 자를 돕는 것은 참된 연민의 주목할 만한 열매로서, 이러한 비참과 도움은 끊어질 수 없는 것이다. 이는 진정한 긍휼이 마음의 연민과 구제의 행위에 있기 때문이다. 그러므로 요한이 다음과 같이 말한다. "누가 형제의 궁핍함을 보고도 도와 줄 마음을 닫으면 하나님의 사랑이 어찌 그 속에 거하겠느냐?"[요일 3:17]. 이로써 우리는 비참한 처지에 있는 사람에게 나타나는 긍휼의 행위가 연민에서 나오는 것임을 알 수 있고, 따라서 긍휼이 무엇인지 알게 된다.

둘째, 긍휼의 의무들은 사람의 비참에 상응한다.[57] 이제 사람의 비참은 그의 영혼이나 그의 몸에 있다. 사람의 가장 큰 비참은 무지, 성급함, 그리고 양심의 고통 같은 그의 영혼 속에 있다. 사람의 육체적 비참은 질병, 갈증, 헐벗음 등으로, 긍휼의 행위는 이것들에 상응

---

57 여백에: 긍휼의 의무들.

한다. 그러므로 영혼에 대해 긍휼히 여길 수도 있고, 육체에 대해 긍휼히 여길 수도 있다. 영혼을 향한 긍휼은 어떤 사람이 다른 사람의 구원에 주의를 기울이는 것으로, 어떤 수단을 사용하여 영적 어둠에서 빛으로, 사탄의 권세에서 하나님께로, 죄의 상태와 지옥불의 위험에서 참된 믿음과 회개의 은혜의 상태로, 그래서 영생으로 인도하는 것이다. 영혼이 몸보다 훨씬 더 탁월한 것처럼, 이 일은 몸에 관한 그어떤 긍휼의 일을 행하는 것보다 훨씬 중요한 일이다. 몸을 향한 긍휼은 **구제** 혹은 **구호**라고 불리는데, 이로써 사람의 음식, 의복 혹은 그와 같은 외적인 필요가 제공된다. 이것이 긍휼의 일이라는 것이 이사야 58장 10절에서 나타나는데, 여기서 "주린 자를 구제하는 것"은 "그에게 영혼을 쏟아붓는 것"이다. 그래서 사도 요한은 "궁핍한 우리의 형제를 구제하지 않는 것은 그에게 연민의 문을 닫는 것이다"[요일 3:17]라고 지적한다.

이처럼 긍휼과 그 긍휼의 일을 살펴봄으로 우리는 누가 **긍휼히 여기는 사람**인지 알 수 있다.[58] 즉, **다른 사람의 불행에 대해 연민으로 마음이 감동되어, 그의 상태에 따라 그의 영혼과 육체를 돕고 구제하려고 행동하는 사람이다.** 그런 사람은 세상에서 멸시를 받는다 할지라도, 그리스도 자신의 증거로 말미암아 복 받은 자이다.

적용. 첫째, 여기서 우리는 하나님의 교회 안에도 비참하고 저주받은 사람들이 얼마나 많이 있는지 생각해야 한다. 왜냐하면 그리스도의 이 규칙이 사실이라면, 무자비한 사람들은 저주를 받기 때문이다.[59] 그런 사람들은 우리 사이에서 흔하다. 외적 복이 넘치는 더 부유한 사람들은 자신들이 행복하다고 생각하지만, 그들이 무자비하다

---

58 여백에: 긍휼히 여기는 사람.
59 여백에: 무자비한 사람들의 비참과 그들의 수효.

면 그들은 비참한 것이다. 그런 자들은 외적인 화려함과 용맹을 유지하기 위해 그들 아래 사는 가난한 자들에게 공유지 울타리 치기, 임대료 인상, 불합리한 벌금 등으로 약탈하는 자들이다. 또는 그들의 헛된 쾌락과 기쁨을 만족시키기 위해 가난한 자들보다 매와 사냥개에게 더 많이 주는 자들이다. 그의 창고가 가득하고 그의 곳간이 가득하지만, 여전히 가격이 더 좋은 때를 기다려 가난한 사람들이 빵을 구하지 못하게 하는 곡식 장사꾼 역시 그런 비참한 사람이다{잠 11:26}. 우리의 일반적인 고리대금업자들, 대량으로 축적하는 자들, 그리고 필요한 상품이면 무엇이든 가로채는 자들이 그런 자들이다. 이 모든 자들은 자기를 추구하고, 곤고한 자들을 긍휼히 여기지 않는다. 참으로 음란, 게임, 음주 등과 같은 무질서한 생활에 시간과 재산을 탕진하고, 그래서 그들의 가족을 소홀히 하는 가장들도 그런 자들이다. 이 사람들은 "믿음을 배반한 자요" 유대인들과 튀르키예인들보다, 아니 잔인한 짐승들보다 "더 악한 자들이다"[딤전 5:8]. 왜냐하면 그들은 그들 자신에게 자비를 베풀기 때문이다. 이런 식으로 많은 사람들이 다양한 모습으로 비참한 상태에 처해 있다. 왜냐하면 '모든 사람은 자기 자신을 위해, 하나님은 우리 모두를 위해'라는 흔한 속담이 일반적 관행이 되었기 때문이다.

둘째, 긍휼히 여기는 자가 복이 있다는 것을 보았기에, 우리는 곤고한 자들을 향해 부드러운 자비를 베풀거나 불쌍히 여기는 법을 배워야 한다.[60] 이렇게 되기 위해 다음의 것들을 주목하자. 첫째, 긍휼히 여기는 자들의 상태는 여기서 그리스도께서 복이 있다고 선언하신다. 둘째, 긍휼은 성령의 선물이며, 하나님의 택한 자들의 은혜로

---

60 여백에: 자비에 대한 동기들.

서[골 3:12], 그리스도 안에 있는 자들의 행복한 상태를 항상 동반한다. 왜냐하면 은혜의 능력이 그들의 육적인 본성을 변화시키기 때문이다(사 11:6-7). 셋째, 이로써 우리는 "자비의 아버지"[고후 1:3]인 하늘에 계신 우리 아버지 하나님과 같이 된다. 넷째, 이로써 우리는 곧 고한 자들에게 하나님의 자비의 도구가 되는데, 이는 하나님이 일반적으로 수단을 통해 그의 가난한 피조물에게 자신의 복을 전달하시기 때문이다. 우리는 왕의 자선가가 된 것을 큰 영광으로 여긴다.[61] 오, 그렇다면 사람의 자녀들 가운데 그의 선함과 자비를 흩어 나누어주시는 하늘 하나님의 자선가가 되는 이 존귀는 얼마나 큰 것인가? 우리가 비참한 상태에 있는 가난한 자들을 돕는다면, 우리는 여기까지 진보한 것이다. 다섯째, 자비를 베푸는 것은 단지 사람 앞에서만 아니라, 하나님 앞에서 우리의 신앙을 칭찬하는 것이다. 왜냐하면 "하나님 앞에서 정결하고 더러움이 없는 경건은 곧 고아와 과부를 그 환난 중에 돌보는"[약 1:27] 것이기 때문이다. "하나님은 인애를 원하고 제사를 원하지 아니하신다"[호 6:6]. 그러므로 사도는 다음과 같이 권한다. "오직 선을 행함과 서로 나누어 주기를 잊지 말라 하나님은 이 같은 제사를 기뻐하시느니라"[히 13:16]. "하나님이 요구하시는 금식은 흉악의 결박을 풀어 주며 멍에의 줄을 끌러 주며 압제당하는 자를 자유하게 하며 모든 멍에를 꺾는 것이다." 그리고 다른 한편, "주린 자에게 네 양식을 나누어 주며 유리하는 빈민을 집에 들이며 헐벗은 자를 보면 입히며 또 네 골육을 피하여 스스로 숨지 아니하는 것이다"[사 58:6-7].[62]

이 의무는 아주 탁월하며 우리의 발전을 위해 필요하기 때문에,

---

61 *Almner*: 가난한 자들에게 구호품을 나누어주는 자선가.

62 역자주. 원문과 영문판에는 사 58:5-6로 기재되어 있다.

이 가운데서 준수해야 할 몇 가지 규칙들을 제시할 것이다.[63]

규칙 1. 우리는 다른 사람들의 불행을 **보고, 듣고, 느끼는** 우리의 세 가지 감각을 발휘해야 한다. **보는 것**에 대하여[신 15:9], 우리는 우리의 불쌍한 형제를 바라보지 않는 것이 우리를 괴롭게 하는 것임을 매우 주의해야 한다. 우리는 그의 비참과 고통이 영혼에 있든 육신에 있든, 그것을 보고 주목해야 한다. 이것이 여호와께서 행하신 일이다. 이스라엘이 이집트에서 압제를 당할 때, 여호와가 "내가 내 백성의 고통과 애굽 사람이 그들을 괴롭히는 학대를 분명히 보았다"[출 3:7, 9]라고 말씀하신다. 우리는 사랑하는 자녀로서 하나님을 따르는 자가 되어야 하며, 질병, 투옥, 가난 등의 비참 가운데 있는 자들을 방문하기를 배워야 한다. 왜냐하면 보는 것은 다른 사람의 불행에 대한 감각과 연민을 사람 안에 불러일으킬 것이기 때문이다. 따라서 "예수께서 큰 무리를 보셨을 때 그들을 향해 불쌍히 여기셨다"[막 6:34][64]라고 언급되었다. 많은 사람들이 자신의 개가 지푸라기나 땅바닥에 눕는 것을 용납하지 않듯이, 고통받는 가난한 사람이 도움 없이 거기에 눕는 것을 누가 무정하게 볼 수 있겠는가?

둘째, 우리가 어떤 사람의 비참함을 보러 갈 수 없다면, **그것을 듣는 것**으로 만족하고, 다른 사람들이 그것에 대해 우리에게 알리는 진실한 보고에 주의를 기울이고 신뢰해야 한다. 따라서 사로잡힘을 면하고 남아 있는 자들의 환난을 들은 느헤미야가 "울고 슬퍼하며 금식하며 기도하고, 왕의 손에서 그들을 위한 도움을 구하였다"[느 1:3-4; 2:5].

셋째, **느끼는 것**에 대하여, 여호와께서 질병으로 우리 몸을 괴롭

---

63 여백에: 자비를 실천하기 위한 규칙들.
64 역자주, 원문에는 막 14:14로 오식되어 있는 것을 영문판에서 막 6:34로 바로 잡았다.

게 하시거나, 시험으로 우리 영혼을 괴롭히신다면, 우리는 그 고통을 인내함으로 기꺼이 견뎌야 한다. 그렇게 함으로써 우리는 유사한 경우에 다른 사람들에게 더 많은 연민을 가질 수 있고, 그들을 더 잘 위로할 수 있게 된다. 바울은 자신과 디모데에 대해 "아시아에서 그들이 힘에 겹도록 심한 고난을 당하여 살 소망까지 완전히 끊어졌다"[고후 1:8]라고 말하지만, "주님께서 그들을 자비롭게 대하셔서 하나님이 그들을 위로했던 그 동일한 위로로써 그들이 모든 환난 중에 있는 자들을 능히 위로할 수 있었다"[고후 1:4]라고 한다.

규칙 2. 우리는 우리가 살아가는 특정한 부르심을 자비의 도구로 삼아 그 의무들을 수행할 때, 다른 사람들을 향해 연민을 드러내야 한다. 이 규칙은 매우 유용하기에, 우리는 부르심 가운데 다음과 같이 자비를 실천해야 한다.[65] 행정관은 반드시 자비로 다스리고 지배해야 한다. 목사는 자비로 설교해야 한다. 모든 설교는 사람들을 향한 연민을 갖고 해야 하는데, 단지 설교의 내용만 아니라, 그 전달 방식과 목표로 삼는 목적과 계획도 그러해야 한다. 다른 방식으로 설교하는 자는, 심지어 다른 사람들에게 간청할 때조차 그 자신이 모든 자비를 배제하게 된다. 육신적이고 인간적인 종류의 설교가 오늘날 행해지고 있는데, 이런 설교에서는 훌륭하게 고안된 문장, 많은 인용들, 교부들, 학자들, 그리고 다른 학식 있는 자들의 다양한 주장들을 통해 재치, 기억, 그리고 학식을 과시하는데, 이보다 중요하게 여겨지는 것은 없다. 하지만 여기에는 가련한 영혼에 대한 자비나 연민이 없다. 참으로 아무도 이런 종류의 설교를 정죄하지 않고, 다만 그런 설교를 할 수 없는 자들만 정죄를 당하는 것 같다. 그러나 사실은,

---

65 역자주, 여백에: 우리의 부르심 가운데 자비를 실천하는 방법.

하나님께서 그의 말씀이 "설득력 있는 사람의 지혜의 말이 아니라 다만 성령의 분명한 나타나심과 능력으로"[고전 2:4] 전달되기를 원하신다. 그러므로 선한 양심을 가진 사람은 그런 종류의 설교를 할 수 없다. 그렇지 않으면 의심의 여지 없이 천한 은사를 가진 사람이 십자가에 못 박힌 그리스도에 대한 참된 설교보다 육신적이고 인간적인 설교에 도달하는 것이 더 쉽다는 것을 알게 될 것이다. 셋째, 모든 사적인 사람들은 자신의 부르심을 자비의 일로 삼아야 한다. 부유한 사람은 자신이 하나님의 복의 주인이 아니라, 청지기가 되어야 한다는 것을 알아야 한다. 그러므로 그는 하나님이 자신에게 주신 공정한 기회를 따라 그 복을 가난한 자들에게 값없이 주고 빌려줌으로써, 그 복을 자비로 사용하고 나누어주어야 한다. 상인은 부자들에게 공정하게 대우하고, 가난한 자들에게 관대함을 보여 줌으로써 자비 가운데 사고팔아야 한다. 주인은 자비 가운데 종의 노동을 사용해야 하며, 종은 하나님께 대한 양심을 위해 자비 가운데 그의 주인에게 봉사해야 한다. 이 자비의 규칙이 준수되면 모든 사람들이 행복하지만, 자비가 결핍되면 모든 사회의 재앙이다.

규칙 3. 보다 즐거운 자비의 실천을 위해, 우리는 비참한 자들의 구제를 위한 우리 소유의 일부를 따로 떼어 놓아야 한다. 유대인들은 여호와의 제단을 위해 그들의 곡식과 가축의 첫 열매를 따로 구별하라는 명령을 받았다. 그러나 신약에서는 제단이 그쳤고 가난한 자들이 그 제단의 자리에 들어왔다. 그러므로 우리는 이제 그들을 구제하기 위해 무언가를 남겨두어야 한다. 많은 사람들이 지나치게 많은 음식과 의복을 갖고 있는데, 그것들의 일부를 아껴서 가난한 자들에게 줄 수 있다. 이로써 그 나머지는 그들이 더 자유롭고 편안하게 사용할 수 있도록 성별될 것이다. 아니, 필요한 경우에 우리는 가난한 자들의 기운을 북돋기 위해 우리 자신의 필수품 중 일부를 따로 떼어 놓는 것이 마땅하다. 마게도냐 교회가 그렇게 했다. "심지어 그들의 힘에 지나도록 고통 받는 형제들의 구제를 위해 주었다"[고후 8:1-2].[66] 사람들은 자선을 베푸는 데 있어서 지나치게 냉담한데, 그 주요 원인 중 하나는 하나님께서 우리에게 주신 복의 일부를 가난한 자들의 구제를 위해 따로 떼어 놓는 이 규칙을 준수하지 않기 때문이다.

요점 2

이 규칙에서 고려되어야 할 두 번째 요점은 이 복이 어디에 있는가이다. 즉, **긍휼히 여김을 받는 데 있다.** 긍휼히 여기는 자는 하나님과 사람 모두에게서 긍휼히 여김을 받을 것이다.

적용. 첫째, 우리는 로마 교회의 공로 교리[67]에서 오류를 볼 수 있다. 그들은 가난한 자들에 대한 구제 행위와 구호를 인간 속죄의 특별한 부분으로 만들어, 이 공로로 사람이 영생을 얻을 수 있다고 가르치기 때문이다. 그러나 그들은 중대한 잘못을 범하고 있는데, 그렇다면 그리스도는 "긍휼히 여기는 자는 복이 있나니 그들이 긍휼히 여김을 받을 것임이요"라고 말씀하시지 않고, 오히려 "그들이 의롭다함을 받을 것임이요"라고 말씀하셨을 것이기 때문이다. 공로에서 오는 것은 권리상 정당하기 때문이다.

둘째, 우리는 하나님의 자비에 대한 참된 자격과 관련하여, 우리 교회와 국가를 어떻게 생각해야 할지 알 수 있다. 왜냐하면 오직 긍휼히 여기는 자만 긍휼히 여김을 얻을 것이기 때문이다. 이제 우리

---

66 역자주, 원문은 고전 8:1로, 영문판은 고전 8:2로 되어 있으나, 역자는 두 구절을 모두 포함시켰다.

67 여백에: 사람의 공로에 대항하여. 역자주, 영문판은 미사 공로(mass-merits)라고 잘못 기재하고 있다.

가운데 있는 사람들의 모든 조건과 그들이 명령을 지키는지를 철저히[68] 살펴본다면, 그 안에서 많은 무자비함과 잔인함이 드러날 것이다. 그래서 우리는 잔인한 사람이라고 불릴 수 있으며, 하나님의 손에서 긍휼을 기대할 수 없을 것이다. 왜냐하면 "긍휼을 행하지 아니하는 자에게는 긍휼 없는 심판이 있기 때문이다"[약 2:13]. 이것은 주님이 자신의 백성을 어떻게 다루셨는지 살펴볼 때 분명해지는데, 왜냐하면 그들 종교의 모든 희생제사와 의무들은 "여호와께 가증한 것이었으며, 그들의 손에 피가 가득했기 때문이다"[사 1:11-12, 15]. 우리가 보듯이, 그들은 자비가 없었기 때문에 포로로 끌려갔다(렘 5:28; 겔 9:9-10; 슥 9:12). 이제 그들과 동일하게 무자비하고 잔인한 우리는 의심의 여지 없이 오랫동안 똑같은 형벌을 받아 마땅하며, 심지어 원수가 우리에게서 복음과 평화, 그리고 우리의 모든 번영과 부를 빼앗는 것조차 마땅한 일이었다. 그렇다면 우리는 무엇을 해야 하는가? 우리는 주님께 기도와 금식으로 확실히 우리 자신을 낮추어야 한다. 이 무자비함의 죄에 대해 모든 사람과 모든 가정이 겸비함으로 금식하여 절약한 것을 가난한 자들에게 줌으로써 자비를 베풀라.

행복의 여섯 번째 규칙

"마음이 청결한 자는 복이 있나니 그들이 하나님을 볼 것임이요"(마 5:8). 이 말씀은 참된 행복에 관한 그리스도의 **여섯 번째 규칙**을 말하는데, 여기서도 앞에서와 같이 복을 받은 사람들과 그의 복이 어

---

68 역자주, 원문에는 옛날 철자로 thorow(thorough)로 되어 있는데, 영문판은 through로 표기한다.

디에 있는지 두 가지 요점을 관찰하라.

요점 1

복된 사람들은 다음과 같은 자격을 갖추고 있다. **그들은 마음이 청결하다.** 이것은 다양하게 이해되는데, 어떤 사람들은 "마음이 청결한 자들"을 순결한 자들로 이해한다. 다른 사람들은 마음이 단순하여 교활함과 속임수가 없는 자들로 이해한다. 그 말은 보다 일반적인 의미로서 마음이 거룩한 것과 같은 것을 표시하는데,[69] 즉 그들의 마음이 죄의 더러움에서 깨끗해지고, 성령에 의해 부분적으로 새롭게 되고 거룩하게 된 것을 의미한다. 그런 의미는 시편 24편 4절에서 나타나는데, 거기서 선지자는 마음이 청결한 것을 "뜻을 허탄한 데에 두지 아니한" 것으로 해설한다. 또한, 히브리서의 저자는 다음과 같이 말한다. "모든 사람과 더불어 화평함과 거룩함을 따르라 이것이 없이는 아무도 주를 보지 못하리라"[히 12:14]. 다시 말하지만, 이 구절에서 우리 구주 그리스도께서 의도한 것은 의심의 여지 없이 당대의 바리새적 자만심을 부정하는 것이었다. 즉, 사람들은 외적 거룩함을 참된 행복에 충분한 것으로 만족했다. 그러므로 그는 다음과 같이 말한다. 외적으로가 아니라 내적으로 마음이 "청결한 자는 복이 있나니." 더 나아가, 우리는 **마음**(*heart*)을 영혼과 그 부분들과 기능들로, 즉 **지성**(*mind*), **양심**, **의지**, 그리고 **정서**를 가진 것으로 이해해야 한다. 그래서 우리가 이 점을 보다 명확하게 이해하기 위해 두 가지를 살펴야한다. 첫째, 어떤 **방식**으로 마음이 청결하게 되고, 둘째 어느 **정도** 마음이 청결하게 되는가이다.

---

69 역자주, 여백에: 마음이 청결한 자는 누구인가?

첫째, 마음을 청결하게 하는 것은 성령의 이중적 작용에 의한 것이다.[70] 첫째, 사람을 그리스도와 연합시키는 구원하는 믿음을 마음 속에 창조함으로써, 손이 그리스도의 순결을 붙잡는 것과 같다. 즉, 그가 마음으로 순종하는 것이다. 그래서 베드로는 예루살렘 공의회에서 이방인들에 대해 "믿음으로 주께서 그들의 마음을 깨끗이 하셨다"[행 15:9]라고 말한다. 둘째, 어떤 사람이 그리스도 안에 있을 때, 성령께서는 마음과 의지와 정서들 안에 있는 모든 부패를 죽이시고, 그리스도의 형상이 새롭게 되는 내적 거룩을 주입하심으로써 마음을 내적으로 깨끗하게 하고 거룩하게 하신다. 우리 구주 그리스도께서 "아버지께서 그 안에서 열매를 맺는 모든 자를 깨끗하게 하신다"(요 15:2)라고 말씀할 때, 그는 이것을 표현하신다. 이제 성령은 이것들에 그리스도인의 결심이라는 탁월한 은사를 덧붙이신다. 이것은 사람이 생각이나 말 또는 행위로 어떤 식으로든 하나님께 죄를 짓지 않고, 오직 모든 일에 지속적으로 하나님을 기쁘시게 하려는 끊임없는 목적을 갖는 것이다. 그래서 언제라도 그가 죄를 범하면, 그의 거룩한 결심에 어긋나는 것과 같다.

이 청결의 정도는 이생에서 단지 부분적일 뿐이다.[71] 왜냐하면 사도가 "우리는 단지 성령의 처음 익은 열매를 받은 것"[롬 8:23]이라고 말한 것처럼, 성화의 은혜는 죽을 때까지 완전하지 않기 때문이다. 그것은 마치 전체 밭에서 곡식 십분의 일이 아니라, 한 움큼과 같다. 영혼이 죄의 형벌과 죄책으로부터 해방되어 어떤 종류의 부패로부터 깨끗해졌지만, 완전히 깨끗해진 것은 아니다. 우리는 이것을 더 부지런히 관찰해야 하는데, 왜냐하면 교황주의자들은 이와 다르게

---

70 여백에: 마음을 청결하게 하는 방법.
71 여백에: 청결의 정도.

가르치고 있기 때문이다.[72] 그들은 세례와 중생 후에는 죄가 제거되어 사람 안에 하나님이 미워하실 아무것도 없다고 가르친다. 그러나 하나님의 모든 자녀들의 경험은 이것이 거짓이라는 것을 보여 준다. 교황주의자들은 다음을 주된 근거로 말한다. 만일 합당하게 일컬어진 죄가 중생한 사람 속에 남아 있어야 한다면, 하나님은 죄인인 사람을 의롭다고 여기셔야 한다는 것이다. 그러나 이에 대해 우리는 다음과 같이 대답한다. 하나님은 결코 참회하지 않은 죄인을 의롭다고 여기시지 않고, 오직 그리스도를 믿는 믿음으로 회개하고 중생한 자들을 의롭다고 여기신다. 그래서 그들은 사실상 죄인이 아닌데, 왜냐하면 비록 그들 안에 부분적으로 부패가 남아 있을지라도, 그들의 인격에 전가되지 않기 때문이다. 게다가 부패는 그들이 회심했을 때 치명적 상처를 입어 결코 회복되지 않을 것이며, 완전히 없어질 때까지 날마다 죽고 그들을 통치하지 않는다. 이처럼 우리는 마음이 어떤 방식으로, 또 어느 정도로 청결하게 되는지 보았는데, 마음이 청결한 자는 다음과 같이 묘사될 수 있다.[73] **그들은 그리스도 안에서 그들의 죄가 용서받음을 믿고, 그들의 영혼이 성령으로 부분적으로 새롭게 되어, 그들의 본성적 부패가 어느 정도 죽고 폐지되었으며, 그들 안에 하나님의 형상의 은혜가 새롭게 되고, 마음으로 하나님께 어떤 죄도 짓지 않으려는 경건한 결심이 생겨난 자들이다.**

적용. 마음이 청결한 자가 복되다는 것을 생각할 때, 우리는 우리 자신을 살피고 우리 마음이 이 은혜를 받을 자격이 있는지 살펴봐야 한다. 예전과 마찬가지로 오늘날에도 내적 청결은 많이 무시되고 있다. 고대 유대인들은 그들의 법적 정결과 의로움 위에 서 있었고, 그

---

72 여백에: Concil. Trid. sess. 5 sect. 5.
73 여백에: 마음의 청결이 묘사되다.

뒤를 이은 바리새인들은 그들의 외적 거룩에 의존했다. 그래서 성령께서는 다양한 죄 때문에 "말세에 고통하는 때가 이를 것"[딤후 3:1]이라고 예고하셨는데, 그중에 하나가 이것이다. "사람들이 경건의 그림자와 모양에 만족하지만, 사실 경건의 능력은 부인하는 것이다"[딤후 3:5]. 우리의 경험이 이것이 사실임을 보여 주지 않는가? 청결한 마음을 아무도 고려하지 않기에, 그것을 추구하는 것은 하나의 비난거리가 되었다. 선한 양심으로 마음의 청결을 얻고 지키고자 노력하는 자들을 청교도와 꼼꼼한 사람들(Precisians)[74]이라는 비열한 용어로 그토록 많이 낙인찍은 자들이 누구인가?

다시 말하지만, 도처에 만연한 일반적인 무지는 이 은혜가 부족하다는 것을 명백하게 보여 준다. 하나님의 뜻을 아는 지식이 없는 곳에 불결함과 불법 외에 무엇이 있을 수 있겠는가? 그리고 다른 사람들보다 더 많은 지식을 가진 사람들이라 할지라도 일반적으로 그것을 실천하지 않는다. 왜냐하면 나라의 모든 시장을 둘러보더라도, 도움이 필요한 극심하게 가난한 자들에게 가격을 조금이라도 낮추어 곡식을 파는 사람을 거의 찾지 못할 것이기 때문이다. 이것이 무정하고 잔인한 마음을 보여 주듯이, 고백은 많이 하되 아무것도 하지 않는 우리 시대가 악한 시대임을 보여 준다. 그 죄는 하나님의 심판을 불러와 복음이 빼앗길 것이며, 그 복음은 고백할 뿐 아니라 그 마음과 삶에서 경건의 능력에 동참할 나라에 주어지게 될 것이다. 그리스도께서 열매를 구하였으되, 잎사귀 외에 아무것도 얻지 못한 무화과나무에 닥친 일이 저주를 받은 것이 아니었는가[마 21:19]? 우리가 그것과 같다면, 어떻게 피하겠는가? "땅이 그 위에 자주 내리는 비를

---

74 *Precisians*: 종교에서 너무 정확하다고 비난받는 사람들.

흡수하되, 만일 가시와 엉겅퀴를 내면 저주함에 매우 가까워 그 마지막은 불사름이 되리라"[히 6:7-8].

둘째, 마음이 청결한 자가 복이 있다면, 우리는 선지자의 권면을 힘써 실천해야 한다. "너희는 스스로 씻으며 스스로 깨끗하게 하며"[사 1:16], "너희 마음에서 여호와를 거룩하게 하라"[사 8:13]. 참으로 사도가 말하듯이, "육과 영의 온갖 더러운 것에서 우리 자신을 깨끗하게"[고후 7:1] 해야 한다. 진실로 "마음을 깨끗하게 하는 것은 하나님의 사역이다"[행 15:9]. 검은 구스인이 자신의 피부를 변하게 할 수 없는 것처럼, 인간은 더 이상 스스로 마음을 변화시킬 수 없다{렘 13:23}. 하지만 자신 안에서 하나님의 이 사역을 느끼고자 하는 모든 사람은 성령께서 마음을 깨끗하게 하시는 수단을 반드시 사용해야 한다. 그러므로 첫째, 우리는 이미 지나간 우리 삶의 모든 죄와 부패에 대해 거짓 없이 우리 자신을 낮추고, 앞으로 어떤 일에 있어서도 하나님께 죄를 짓지 않겠다는 확고한 결심을 해야 하며, 모든 일에서 하나님께 순종하려는 경건한 노력으로 그것을 증거해야 한다. 청결한 마음과 죄 가운데 살고자 하는 결심은 양립할 수 없기 때문이다. 그러나 죄를 짓지 않으려는 이 끊임없는 결심은 주목할 만한 은혜이며, 새롭게 되고 성화된 마음의 틀림없는 증표이다.

요점 2

이 규칙에서 두 번째 요점은 이 복이 어디에 있는가이다. 즉, "그들이 하나님을 보는 것"에 있다. 이것을 이해하기 위해 두 가지를 반드시 다루어야 한다. 첫째, 어떻게 하나님을 볼 수 있는가? 둘째, 어떻게 하나님을 보는 것이 참된 행복인가? 첫째, 사도는 "어느 때나 하나님을 본 사람이 없으되"[요일 4:12]라고 말하고, 더 나아가 바울은 하나님을 "어떤 사람도 보지 못하였고 또 볼 수 없는 만왕의 왕"[딤전 6:16]이라고 부른다. 그러므로 우리는 사람에게 이중적인 시각이 있다는 것을 알아야 한다. 눈으로 보는 것과 마음으로 보는 것이 그것이다. 눈으로 보는 시각을 통해 아무도 하나님의 본질과 실체를 볼 수 없는데, 이것은 가장 영적이기에 비가시적이다. 왜냐하면 눈은 단지 육체적이고 가시적인 것만 보기 때문이다. 사람은 자신의 눈으로 자신의 영혼을 볼 수 없으며, 하나님의 실체는 더더욱 볼 수 없다.

반대 1. 그러나 아브라함[창 17:1]과 모세[출 33:11]는 하나님을 보았다. 그가 그들에게 나타났기 때문이다. **대답.** 그들은 그의 본성과 실체로서가 아니라, 하나님이 그때 그들에게 자신의 임재를 증거한 어떤 창조된 형상과 유사한 모양으로 그를 보았다. 어떤 사람들은 진실로 사람이 이생에서 하나님을 볼 수 없을지라도, 내세에서 육체적 눈으로 그를 볼 것이라고 말한다. 그러나 이 견해는 옳지 않다. 왜냐하면 그때 몸이 온전히 거룩하게 되어 눈이 거룩하게 되고 참으로 영화롭게 된다고 할지라도, 여전히 참된 몸과 참된 눈으로 남아 있기 때문에, 육체의 눈에 비가시적인 하나님의 본질은 볼 수 없기 때문이다.

반대 2. "내가 육체 가운데 하나님을 보리라 그리고 내 눈으로 그를 보리라"[욥 19:26-27].[75] **대답.** 욥은 거기서 그의 구원자 하나님을 말하는데, 그는 단순히 하나님이 아니라, 성육신하신 하나님이시다. 왜냐하면 "구원자"로 번역된 단어는 혈통으로 우리와 연합한 자를 의미하기 때문이다. 요한복음 14장 9절에 있는 것처럼, 하나님을

---

75 역자주, 영어 원문에는 "육체 가운데"(in my flesh)라고 하고 있으나, 한글 개역개정은 "육체 밖에서"라고 번역하고 있다.

그리스도 안에서 볼 수 있다는 것을 아무도 의심하지 않는다. "나를 본 자는 아버지를 보았거늘."

반대 3. "우리가 그를 얼굴과 얼굴을 대하여 볼 것이요"(고전 13:12). **대답.** 하나님은 얼굴이 없으므로, 문자적으로 이해될 수 없다. 하지만 이것이 의미하는 것은 우리가 얼굴과 얼굴을 대하여 보는 자를 아는 것처럼 하나님에 대한 지식이 충만하게 되리라는 것이다.

반대 4. 우리가 눈으로 하나님을 보지 못한다면, 눈은 하늘에서 아무런 쓸모가 없을 것이다. **대답.** 전혀 그렇지 않다. 왜냐하면 우리는 모든 성도의 영광스러운 무리와 더불어 우리 주 예수 그리스도를 보게 될 것인데, 그는 우리를 그의 피로 구속하여 영원토록 찬송과 존귀와 영광을 돌릴 우리 하나님께서 왕과 제사장으로 삼으셨기 때문이다(계 5:12).

두 번째 종류의 시각은 **마음**에 대한 것으로서, 마음의 지식 또는 이해이다. 이는 이중적인데, 이생에서는 불완전하고 내세에서는 완전하다. 이생에서 마음은 하나님의 본질과 실체를 알지 못하고, 그의 말씀과 성례에 의해, 그리고 그의 피조물에 의한 것처럼, 단지 그 효과에 의해서만 안다. 우리가 이생에서 하나님에 대해 갖는 특별한 시각은 하나님이 우리에게 어떻게 영향을 미치시는지 우리 마음으로 생각하는 효과에 의한 것이다. 이로 인해, 하나님이 우리 아버지이시며 그리스도께서 우리의 구원자이시고 성령께서 우리를 거룩하게 하시는 분임을 알게 된다. 하나님을 완전하게 보는 것은, 하나님께서 택한 자들이 그의 실체에 관하여 그를 보게 될 내세에 보존되어 있다. 왜냐하면 "우리가 그의 참모습 그대로 볼 것이기 때문이다"[요일 3:2]. 하지만 우리는 여기서 속지 말아야 하며, 그 완전한 시각은 이중적이라는 것을 알아야 한다. **단순한**(*simple*) 시각과 **포괄적**

(*comprehensive*) 시각이 그것이다. **단순하고 완전한 시각**은 사람이 사물을 있는 그대로 온전히 볼 때이며, 따라서 하나님은 사람의 마음으로는 보이지 않는다. **포괄적 시각**은 피조물이 하나님을 볼 때, 하나님을 알 수 있는 범위 내에서 보고, 따라서 사람들은 내세에서 하나님을 온전히 보게 될 것이며, 그와 같이 충만해질 것이다. 하지만 그들은 바다에 던져진 배가 완전히 물로 가득 차 있을지라도, 바다의 모든 물을 수용하지 못하듯이, 하나님께서 스스로 존재하는 그대로 그를 온전히 알지 못한다. 그러나 어떤 사람들은 어떻게 마음으로 하나님을 볼 것인지 질문할 것이다. **대답**. 그 방식은 다음과 같다. 눈으로 보지 못했고, 귀로도 듣지 못했고, 아무도 말할 수 없지만, 오직 하늘에서 그 열매를 맺는 자들만 볼 것이다. 그러나 그것을 즐기는 모든 자에게 완전한 만족을 주리라는 것은 확실하다. 그러나 우리가 어떻게 하나님을 볼 것인지 호기심을 갖고 궁리하는 것보다, 우리가 하나님을 보는 이 복된 시각을 확신할 수 있는 청결한 마음을 추구하는 것이 훨씬 나을 것이다. 왜냐하면 하나님은 청결한 마음을 가진 자들에게 말할 수 없는 영광스러운 기쁨으로 자신을 온전히 계시하실 것이기 때문이다.

두 번째 요점은 어떻게 이와 같이 하나님을 보는 것이 참된 행복이 될 수 있는가이다.[76] **대답**. 맹인이었던 사람이 눈을 뜨면 행복하다고 생각할 것이다. 그리고 어두운 지하 감옥에 오래 갇혀 있던 사람이 밖으로 이끌려 나와 햇빛을 보는 것을 복된 일로 여길 것이다. 이제 이 육신의 빛이 그토록 위로가 된다면, 하나님 자신에게서 오는 저 천상의 빛의 기쁨은 얼마나 무궁무진한가? 스바의 여왕은 솔

---

76 여백에: 어떻게 하나님을 보는 것이 행복인가.

로몬 앞에 서서 그의 지혜를 듣는 그 신하들이 복되다고 여겼다[왕상 10:8]. 그렇다면 여호와 앞에 서서 그의 지혜를 듣고 그의 영광을 보는 하나님의 아들들은 의심의 여지 없이 행복할 것이다. "왜냐하면 주의 앞에는 충만한 기쁨이 있고 주의 오른쪽에는 영원한 즐거움이 있기 때문이다"[시 16:11]. 모세는 하나님이 "그로 하여금 그의 뒷모습을 보게 하셨다"[출 33:23]라는 특권으로 인해 모든 후손들에게 유명하다. 그리고 그리스도의 제자들은 그의 변화된 모습 속에 나타난 하나님의 영광을 어렴풋이 보고 황홀해져서 "여전히 거기에 머물고"[마 17:4] 싶어 했다. 오, 그렇다면 하나님을 있는 그대로 본다는 것은 어떠한 영광인가? 하나님에 대한 이러한 광경은 참된 행복이다. 그렇다면 어떤 사람들은 마귀들이 마지막 날에 하나님을 볼 것이기 때문에 행복할 것이라고 말할 것이다. **대답**. 그들이 바라보는 광경은 슬픔이 될 것이다. 왜냐하면 그들은 여기서 의미하는 광경인, 그의 사랑과 자비를 이해하고 승인함으로써 구원자로서 그를 보게 되는 것이 아니라, 두려운 심판자로서 보게 될 것이기 때문이다. 사도는 다음과 같이 말한다. "우리가 얼굴과 얼굴을 대하여 볼 것이요 주께서 우리를 아신 것 같이 우리가 온전히 알리라"[고전 13:12]. 그러므로 이 말의 의미는 다음과 같다. 그들은 이생에서 그의 효과로 말미암아 하나님을 볼 것이며, 내세에서 그의 사랑과 자비를 승인함으로써 온전히 볼 것이다.

　　적용. 이 은혜로운 약속은 하나님의 모든 자녀에게 특별한 위로의 근거로서 관찰되어야 한다.[77] 왜냐하면 마음의 청결을 추구하는 자들은 세상에서 많은 멸시와 비난을 받을 것이기 때문이다. 그러나

77　여백에: 비난에 대한 위로.

그들은 놀라지 말아야 한다. 왜냐하면 하나님이 그들을 돌보시고 그들에게 호의적으로 자신을 나타내실 것이기 때문이다. "그가 그들의 기쁨을 위해 나타내시며, 그들의 대적들은 수치를 당할 것이다"[사 66:5]. 그러므로 그들은 다윗과 더불어 다음과 같이 말할 수 있다. "내가 두려워하지 아니하리니 사람이 내게 어찌할까"[시 118:6].

둘째, 하나님을 보는 것이 참된 행복인가? 그렇다면 이 세상에서 우리는 가능한 한 하나님께 가까이 나아가기 위해 매진해야 한다. 왜냐하면 우리가 그에게 더 가까이 나아갈수록, 우리가 그를 더 많이 보고, 온전한 행복에 더 가까이 나아가기 때문이다. 이제 우리는 하나님께 가까이 나아갈 수 있고, 항상 하나님을 우리 눈앞에 두어야 한다. 즉, 우리가 어디에 있든, 우리가 무엇을 하든, 우리 마음은 그의 임재 안에 있다는 것을 확신해야 한다. 이것이 다윗의 습관이었다. "내가 여호와를 항상 내 앞에 모심이여"(시 16:8). 이 확신은 "하나님을 기쁘시게 하기 위해"[히 11:5] 하나님과 동행했던 에녹이 했던 것처럼, 우리로 하여금 하나님과 동행하게 만들 것이다.

셋째, 이것은 하나님이 그의 자녀들에게 자신을 나타내시는 모든 수단을 향하도록 우리 마음을 이끌어야 한다. 여호와께서 그의 성소에서 그의 백성에게 자신을 계시하셨고, 이에 다윗은 하나님의 궁정에 대한 욕망에 사로잡혔다(시 27:4; 48:1-2). 그리고 우리는 하나님이 그의 성소에서처럼 자신의 아름다움을 나타내시는 하나님의 말씀과 성례에 대해 동일한 애정을 가져야 한다. 그러므로 우리는 그 수단들을 그리스도 안에 있는 그의 은혜와 사랑에 대한 보증으로 삼아, 거기서 우리를 향한 하나님의 선하심과 자비를 보도록 노력해야 한다. 참으로 우리는 그의 모든 피조물 가운데서 우리를 향한 그의 지혜, 능력, 그리고 선하심을 보도록 노력해야 한다. 이것은 우리가 완전한 행복에 이르게 되는 주목할 만한 단계이다.

행복의 일곱 번째 규칙

"화평하게 하는 자는 복이 있나니 그들이 하나님의 아들이라 일컬음을 받을 것임이요"(마 5:9). 여기에 참된 행복에 관한 그리스도의 **일곱 번째 규칙**이자 교훈이 있다. 여기서 첫째, 누가 복을 받은 자인지, 둘째 이 복이 어디에 있는지 관찰하라.

요점 1

복을 받은 대상들은 "화평하게 하는 자들"이다. **화평**이란 사람과 사람 사이의 마음의 화합과 일치로 이해해야 한다. 화평은 선한 화평과 악한 화평으로 이중적이다. **선한 화평**은 선한 양심과 참된 신앙이 함께 하는 것이다. 이것은 "한 마음과 한 뜻이 되어 더불어 살았던"[행 4:32] 초대교회의 회심자들 가운데 있었다. **악한 화평**이란 하나님의 계명을 거스르는 어떤 죄를 범할 때처럼 악에 대한 일치와 화합이다. 한마디로 말하면, 악한 화평이란 참된 신앙과 선한 양심과 양립할 수 없는 것이다. 이것에 대해 그리스도는 "내가 화평을 주러 온 것이 아니라 검을 주러 왔노라"[마 10:34]라고 말씀하셨다. 즉, 복음의 가르침으로 인한 분리이다. 이 구절에서 선한 화평이란 복을 받은 자들의 특성이다.

더 나아가, "화평하게 하는 자들"은 두 종류의 사람들로 이해되어야 한다. 첫째, 선한 사람과 악한 사람을 막론하고, 모든 사람과 평화롭게 지내는 데 관심이 있는 모든 자들이다. 둘째, 그런 사람들은 그들 자신이 다른 사람들과 화평을 이룰 뿐만 아니라, 또한 불화의 당사자들을 화해시키고, 사람과 사람 사이의 화평을 이루기 위해 노력한다. 이런 종류의 사람들은 모두 복된 자로서, 그들은 행복한 상태와 조건 가운데 있다. 왜냐하면 화평하게 하는 이 은사는 복을 받은 자들 안에만 있는 하나님의 성령의 은혜이기 때문이다. 하나님의 성령이 그리스도 안에서 하나님을 향해 양심의 평화를 이루시는 곳에, 동일한 성령께서 그 대상자로 하여금 모든 사람과의 화평을 추구하게 만드시며, 또한 신앙과 선한 양심과 양립할 수 있는 데까지 불화 가운데 있는 사람들 사이에 화평을 이루게 하시기 때문이다. 하지만 여기서 화평에 관해 살펴보아야 할 몇 가지 질문들이 있는데, 이는 이 규칙을 더 잘 이해하는 데 큰 빛을 줄 것이다.

질문 1. 화평하게 하는 자들이 복된 자들임을 볼 때, 교황주의자들과 개신교도 이 두 종교를 화해시킴으로써 그들 사이에 평화를 이루려고 하는 자들이 왜 비난을 받아야 하는가? **대답**. 이것은 선한 화평이 아니기 때문이다. 이 두 종교 사이에는 빛과 어두움 사이에 있는 것 이상의 마음의 화합이 없기 때문이다. 이 두 종교는 동일한 말씀, 동일한 신조와 성례를 가지므로, 실체에 있어서 다른 것이 아니라, 환경에 있어서 다른 것이라고 말해진다. 하지만 이 모든 것에도 불구하고, 우리는 그들의 교리와 신앙의 필연적 결과로 말미암아 행위로 말미암은 칭의, 인간의 속죄, 성인들과 형상 숭배, 그리고 그들의 미사 희생제사와 사제직의 요점들에서 나타나는 것처럼, 그들이 성경, 신조와 성례의 기초를 완전히 전복시킨다는 것을 알아야 한다. 하지만 그들은 우리와 동일한 세례를 갖지 않는가? **대답**. 말씀에 대한 참된 설교로부터 단절된 세례는 참된 교회의 충분한 표지가 아니다. 왜냐하면 사마리아인들이 할례를 가졌으나, 여호와께서 "그들은 그의 백성이 아니었다"[호 1:9]고 말씀하시기 때문이다. 다시 말하지만, 그들은 세례의 외적 형태를 갖되, 오직 예수 그리스도를 믿는 신앙에 의한 칭의를 부인함으로써 그 세례의 내적 능력을 전복시킨다. 셋째, 세례는 저희를 위해서가 아니라, 심지어 모든 교황주의 한가운데서조차 하나님이 자기를 위해 보존하신 감추인 교회를 위해 로마교회 안에 보존되어 있다. 그러므로 그들이 우리에게 돌아온다면 우리는 조화를 이룰 것이다. 그렇지 않다면 우리가 그들에게 감으로써 주님을 저버리지는 않을 것이다.

질문 2. 화평하게 하는 자들이 복된 자들이라면, 어떻게 선한 양심을 가진 나라가 전쟁을 할 수 있겠는가? **대답.** "모든 사람과 화평하라"는 주님의 명령은 단순히 사람을 묶는 것이 아니라, "우리가 할 수 있거든"[롬 12:18]이라는 조건이 붙어 있다. 하지만 평화를 유지할 가망이 없을 때, 주님은 정당한 방어 또는 우리의 필요한 정당성을 확보하고 권리를 주장하기 위해 합법적 전쟁을 허락하신다. 이 경우는 우리의 몸에 극단적인 수단을 사용하는 것처럼 정치적 체제에 극단적인 수단을 사용하는 것과 같은 것이다. 건강과 안전에 대한 희망이 있는 동안, 의사는 우리의 몸에 부드러운 수단을 사용하지만, 절망적인 상황일 때는 필사적인 수단을 사용하며, 때때로 어떤 방법으로든 생명을 구하기 위해 독약을 주기도 한다. 따라서 평화의 움직임이 일어나지 않을 때, 국가의 안전은 전쟁에 의해 추구될 수 있는 것이다.

질문 3. 법적 소송이 이 복된 화평과 거의 양립할 수 없는데, 어떻게 선한 양심으로 소송을 유지할 수 있겠는가? **대답.** 사람과 사람 사이의 다른 방식의 합의 수단이 있는 한, 법적 소송을 제기해서는 안 된다. 왜냐하면 바울은 고린도 사람들이 단지 "이방인 재판관 아래서 재판을 받는 것"[고전 6:6]뿐만 아니라, 사소한 경우에 발생한 가벼운 문제들에 대해 고소한 것을 비난했기 때문이다. "차라리 너희가 불의를 당하는 것이 낫지 아니하냐?"[고전 6:7]. 그러나 우리가 사적인 방법으로 우리의 권리를 얻거나 유지할 수 없다면, 법의 도움을 받을 수 있다.

질문 4. 한 사람 혹은 한 민족이 다른 민족과 얼마나 멀리까지 평화롭게 지낼 수 있겠는가? **대답.** 사람과 사람, 민족과 민족 사이의 동맹 또는 협회는 이중적이다. 화합 또는 친선 가운데 하나이다. **화합 동맹**이란 사람들이 자신을 서로 평화로 묶을 때 발생한다. 그래서 이것은 모든 사람, 신자들과 불신자들, 선한 사람과 악한 사람 사이에 있을 수 있다. "모든 사람과 화평하라"[롬 12:18]. **친선 동맹**이란 사람들 또는 민족이 그들의 외적인 화합 외에 특별한 사랑으로 서로를 묶을 때 발생한다. 그래서 이런 종류의 평화는 오직 참된 신자들에게만 있어야 한다. 선한 왕 여호사밧은 악한 아합과 이 특별한 동맹을 맺은 것에 대해 여호와께 크게 책망을 받았다. "당신이 악한 자를 돕고 여호와를 미워하는 자들을 사랑하는 것이 옳으니이까 그러므로 여호와께로부터 진노하심이 당신에게 임하리이다"[대하 19:2].

적용. 화평하게 하는 자가 복된 자이기 때문에, 우리는 할 수 있는 한 모든 사람과 화평을 이루고, 우리 부르심의 범위 내에서 분쟁과 다툼의 모든 경우를 피하도록 훈계를 받아야 한다. 여기에서 사도 바울의 권고가 반드시 이루어져야 한다. "우리는 평안의 매는 줄로 성령이 하나 되게 하신 것을 힘써 지켜야 한다"[엡 4:3]. 그와 같은 결과를 얻기 위한 실천으로서 세 가지 미덕이 제시된다.[78] **겸손,**

---

78 여백에: 평화를 보존하는 미덕들.

온유, 그리고 **오래 참음**이다.

겸손은 한 사람이 다른 사람을 자신보다 더 낮게 여기는 미덕이다. 겸손은 사람으로 하여금 자신의 죄와 부패에 대해 자신을 낮게 생각하게 만들고, 평화를 유지하기 위해 다른 사람에게 자리를 내어주고, 자신의 권리를 양보하는 것으로 만족한다. 다른 한편, 교만은 사람들로 하여금 그들의 정당한 몫보다 더 많은 것을 추구하게 만들어 다툼을 일으킨다. 솔로몬이 "교만에서는 다툼만 일어날 뿐이라"[잠 13:10]고 말한 것과 같다.

온유는 어떤 사람이 선한 사람이든 악한 사람이든, 모든 사람에게 부드럽게 대하는 미덕이다. 이것은 사람으로 하여금 복수의 기회가 주어졌을 때, 손해를 감수하고 잘못을 용납하게 만든다.

오래 참음은 어떤 사람이 평화를 유지하기 위해 자신의 권리를 양보함으로써 침울함(morosity)[79]과 조급함과 같은 다른 사람의 부족을 참는 미덕이다. 아브라함의 목자들과 롯의 목자들이 불화 가운데 있을 때, 아브라함은 이런 식으로 롯을 대하였다. 비록 그가 나이나 위치에 있어서 모두 우월했지만, 평화를 위해 그는 롯에게 "오른편이든 왼편이든 그가 거할 장소를 선택하게"[창 13:8-9] 하였다.

이것들 외에도 평화를 유지하기 위해 사도들의 글에 제시된 다른 많은 미덕들이 있다. 즉, 어떤 사람이 다른 모든 사람에 대해 처신할 때, 모든 무심한 말과 행위를 잘 받아들이고, 가능하다면 그것들을 가장 좋게 해석할 수 있는 **인간성**(*humanity*)이다. 이것은 기독교적 화평을 위해 우리가 따라야 할 가장 필요한 미덕이다. 그리고 그 자체로 구부러지고 반항적인 우리의 본성과 감정을 거기에 맞춰 형

---

79 *Morosity*: 침울함.

성함으로써, 가능한 한 우리는 모든 사람과 화평을 누릴 수 있다. 왜냐하면 화평이란 모든 사회, 가정, 마을, 그리고 국가를 묶어주는 끈으로서 이것이 없이는 어떤 국가도 지속될 수 없기 때문이다. 그리고 기독교 신앙은 우리에게 그 동일한 것을 권장한다. "위로부터 난 지혜는 성결하고 관용하고 화평하고 긍휼과 선한 열매가 가득하다"(약 3:17).

둘째, 사람과 사람 사이에 화평하게 하는 자가 복된 자들이라면, 하나님과 사람 사이에 화평하게 하는 자들은 훨씬 더 행복한 자들이다. 이들은 사람들을 하나님과 화해시키기 위해 전적으로 헌신하는 충실한 복음 사역자들이다. 그래서 (화평하게 하는 자로서) 바울은 "우리가 그리스도의 대사로서 너희에게 간청하노니 너희는 하나님과 화목하라"[고후 5:20]고 말한다. 그러므로 하나님의 은혜로 이 사역을 위해 구별된 모든 자들은 사람들을 하나님과 화목하게 하며, 그들이 하나님과 화평을 누리도록 성실함으로 마음을 정하고 부지런히 노력해야 한다. 그리고 이것은 그들 자신의 양심 가운데 자신들을 향한 주님의 자비의 인(seal)이 될 것이다. 이로써 그들은 자신들이 복 있는 자들임을 확신할 수 있다. 어쨌든 그들의 사역이 어떤 사람들에게 사망의 냄새가 될 수도 있지만, 그들은 언제나 그리스도 안에서 하나님께 대한 향기이다{고후 2:16}.

셋째, 이로써 우리는 하나님이 자기 백성에게 진노하시는 날에 다른 사람들을 구원하기 위해 위험을 감수하고 간절한 기도로 하나님의 손을 멈추게 하고, 기도로 하나님과 그의 백성 사이에 화평을 이루게 하는 일이 얼마나 복된 일인지 알 수 있다. 이것은 모세가 여러 번 행한 일이었으며, 이로 인해 그는 모든 후손들에게 명성이 자자했다(시 106:23; 출 32:10-11). 그리고 아론(민 16:47-48), 다윗(삼하 24:17), 그리고 다른 많은 사람들이 그렇게 했다. 이 의무가 우리와 관련이 있는 까닭은, 하나님께서 신성모독, 종교에 대한 억압과 멸시, 간음 등과 같은 셀 수 없이 많은 악한 죄들에 대해 우리와 논쟁하시기 때문이다.

이제 우리 형제들이 크게 죽임을 당하는 것을 보거나, 반역과 음모, 그리고 우리를 전복시키려고 위협하는 원수들로 말미암은 전쟁의 소문을 들을 때, 우리는 하나님이 우리를 향해 막대기를 휘두르고 계시며, 따라서 특히 모든 사람이 자비와 화목을 위해 더욱 간절히 주님께 간청해야 한다는 것을 알아야 한다. 왜냐하면 자기 백성을 멸망시키려는 주님을 막는 것은 복된 화평의 일이기 때문이다. 이사야[사 59:16; 63:5], 예레미야[렘 15:7; 12:11], 에스겔[겔 22:30-31]을 읽으라. **하나님은 여러 차례 그가 그 땅을 멸하지 않도록 자기 앞에 서서 위험을 감수하고, 그 땅을 위해 기도하는 그런 자가 없음을 탄식하신다.** 소돔을 위한 아브라함의 중보기도에서, 이 의무의 무게와 가치를 보라. 그는 "만일 소돔에 의로운 사람 열 명이 있다면 그들을 위해 온 도시가 구원받을 것이다"[창 18:32]라고 하는 데까지, 여호와를 설득했다. 그러나 의인이 한 사람도 없었기 때문에, 의로운 롯이 거기서 나오자마자, 소돔은 하늘로부터 내린 불과 유황으로 불살라졌다(창 19:23-24).

마지막으로, 화평하게 하는 자가 복된 자라면, **화평을 깨뜨리는 자**는 저주를 받는다. 이런 종류의 사람이 많이 있지만, 무엇보다도 우리가 하나님의 자비로 수년 동안 누렸던 땅의 화평을 어지럽히는 자들은 매우 악명이 높다. 우리 가운데 그런 사람이 없고, 단지 이방의 원수들과 음모를 꾸미는 그런 반역자만 있다고 생각될 수 있다. 그러나 사실은 **우상 숭배자, 신성모독자, 압제자, 술 취한 자** 등과 같이 죄와 불의 가운데 마음의 정욕을 좇아 행하는 모든 자들이 우리의 화평을 어지럽히는 자들이며, 이 사람들이 주님으로 하여금 평화의 복을 거두어 가게 하는 화평을 깨뜨리는 자들이다. 여호와께서 "그의 백성에게서 그의 평강을 빼앗으신다"(렘 16:5)라고 말씀하신다. 그 이유는 "모든 사람이 각기 악한 마음의 완악함을 따라 행하고 그에게 순종하지 아니하였기 때문이다"(렘 16:12). 그리고 "그의 언약을 어긴 원수를 갚기 위해 하나님이 원수의 칼을 보내셨기 때문이다"(레 26:23, 25). 그래서 우리나라에 전쟁과 반역을 일으키는 것은 하나님께 대한 우리의 범법과 반역이다. 이것이 없다면, 우리의 평화는 영원히 계속될 것이다. 왜냐하면 "공의의 열매는 화평이요 영원한 평안과 안전이기 때문이다"[사 32:17]. 그리고 "너는 공의로 설 것이며 학대가 네게서 멀어질 것이기 때문이다"[사 54:14]. 그러므로 그들이 살고 있는 국가의 평화에 대해 공언된 원수임을 지속하지 않는 한, 이것은 경건치 않은 모든 사람들로 하여금 회개하게 만들고, 죄의 길을 끊게 만든다.

요점 2

두 번째 요점, 화평하게 하는 자의 복이 어디에 있는가? 이 복은 "그들이 하나님의 아들이라 일컬음을 받을 것임이요"에 있다. 즉, 그들은 이 세상에서 하나님 자신과 모든 선한 사람들로부터 하나님의 자녀라는 존귀함과 명성을 얻을 것이며, 내세에서 완전히 그렇게 드러날 것이다. 이것이 참된 행복이라는 사실은 하나님의 모든 자녀의 상태를 볼 때 곧 나타날 것이다. 왜냐하면 그들은 은혜의 성령으로 말미암아 그리스도와 연합했기 때문이다. 이 연합을 통해 그들은 중생하고 그리스도 안에서 아들과 딸로 입양되어 하나님의 특별한 은혜와 은총을 누리게 된다. 이제 이로 말미암아 그들은 지상의 그 어떤 부모가 친자식을 사랑할 수 있는 것보다 더 부드럽게 그들을 사랑하시는 하나님을 그들의 아버지로 모신 왕의 자녀들이다. 둘째, 그들은 그리스도를 그들의 형제로 삼아 그와 함께 하늘과 땅을 그들의 소유로 받는 상속자들이다. "그 안에서 그들은 하나님께 대한 왕과 제사장이 되었고"[계 1:6], "마지막 날에 세상을 판단할 재판장"[고전 6:2]이 될 것이다.

참으로 그들은 원수의 권세로부터 그들을 방어하고, "그들을 돌보는 섬기는 영들로서 거룩한 천사들"[히 1:14]을 갖고 있는데, 이는 지상의 그 어떤 근위대보다 훨씬 더 위엄이 넘친다. 모든 것이 그들의 최선을 위해 협력한다. 그들의 십자가와 고통은 저주가 아니라, 아버지가 연단하시는 시련과 징계이다. 참으로 그들의 죄는 그들의 선으로 바뀌었다. 그들에게 죽음은 죽음이 아니라, 그들의 몸이 쉬는 달콤한 잠이며, 그들의 영혼이 영원한 영광으로 들어가는 좁은 길이다. 참으로 죽음을 맞이할 때, 그들은 성령의 기쁨으로 생명의 위로를 얻으며, 숨이 멎을 때 천사들은 그들의 영혼을 하늘로 데려갈 준비가 되어 있다.

적용. 하나님의 자녀라고 일컬음을 받는 것이 참된 행복이라면, 자신의 악한 정욕을 따라 행하고, 선한 양심을 지키는 데에 전혀 관심을 갖지 않는 자들은 비참하고 저주를 받은 자들이다. 왜냐하면 그들은 마귀의 자녀들로서, 죄의 일로 마귀를 섬기고, 경건치 아니함과 세상 정욕 가운데 마귀의 형상을 나타내기 때문이다. 그러므로 그들이 자신들의 이전 무지에서 비롯된 정욕과 진로를 버리고, 생명의 말씀을 진심으로 품고 순종함으로써, 중생을 위해 애써 노력하고 참된 행복에 관심을 갖는다면, 그들은 하나님의 자녀가 되어 행복하게 될 수 있다.

둘째, 여러분은 하나님의 성령의 은혜를 받아, 이로써 여러분이 모든 사람과 더불어 평화를 누리고, 하나님과 여러분 자신의 양심 사이에, 참으로 주님과 다른 사람들 사이의 평화를 추구하는 경향을 갖고 있는가? 그렇다면 여러분이 하나님의 자녀라는 사실로 여러분 자신을 위로하라. 이런 열매들은 은혜에서 나오는 것들이다. 혈과 육은 그런 열매들을 맺지 않는다. 그러므로 여러분의 양자됨에 대한 다른 모든 서약들과 더불어 이런 좋은 열매들을 유지하기 위해 노력한다면, 여러분은 여러분 자신의 행복을 완전히 확신하게 될 것이다. 이 시대 사람들은 세상적 권력을 행사하는 수단에 대한 확실한 확신을 얻기 위해 많은 노력을 기울인다. 그러나 순간적인 것들에는 그렇게 크게 신경을 쓰되, 하나님의 자녀가 될 때 우리에게 확신을 주게 될 우리의 영원한 유산에 대해서는 상대적으로 아무런 관심도 두지 않는다는 것은 얼마나 미친 짓인가?

행복의 여덟 번째 규칙

"의를 위하여 박해를 받은 자는 복이 있나니 천국이 그들의 것임이라 나로 말미암아 너희를 욕하고 박해하고 거짓으로 너희를 거슬러 모든 악한 말을 할 때에는 너희에게 복이 있나니 기뻐하고 즐거워하라 하늘에서 너희의 상이 큼이라 너희 전에 있던 선지자들도 이같이 박해하였느니라"(마 5:10-12). 여기서 그리스도는 행복에 관하여 그의 **여덟 번째 규칙**을 제시하고, 앞의 규칙보다 더 많이 다루신다. 그는 이 규칙을 정한 다음(마 5:10), 11절과 12절에서 이 규칙을 제자들에게 특별하게 적용하여 해설하신다. 이 규칙 자체에서 두 가지 요점, 첫째, 복을 받은 당사자들이 누구인지, 둘째, 그들의 복이 어디에 있는지 주목하라.

요점 1

복을 받은 당사자들은 "의를 위하여 박해를 받은 자들이다." **박해**는 사실, 한 원수가 다른 사람의 뒤를 따르는 것과 같은 추격을 의미하지만, 여기서 그 단어는 일반적으로 모든 종류의 박해로 여겨져야한다. 이제 어떤 이유에서든, 박해를 받는 자를 복되다고 생각하는 것은 역설이고, 인간의 이성으로는 불합리하기 때문에, 그리스도는 이것에 대한 진리를 확인하기 위해 다음 구절에서 동일한 규칙을 반복하신다. 거기서 그는 또한 그것을 해설하시는데, 나는 그것으로 만족할 것이다. 그리스도는 자신의 말씀에 대한 최고의 해석자이시기 때문이다.

그러므로 그리스도는 11절에서 세 가지를 제시하시는데, 모두 이 규칙의 참된 해설과 관련된다. 첫째, 그는 그의 제자들에게 "너희에게 복이 있나니"라고 말씀하며, 복을 받는 당사자들을 더 구체적으로 설명하신다. 이 장의 시작 부분에서 우리는 그가 그들을 보시고, 그들에게 말씀하셨다는 것을 들었다. 그리고 이제 여기서 그가 다시 똑같이 행하신다. 그러므로 이 규칙의 대상은 고통받는 세상의 모든 사람이 아니라, 그리스도의 모든 참된 제자들로 이해해야 한다. 일반적으로 이방인들과 불신자들은 종종 좋은 대의를 위해 고통을 겪을지라도, 여전히 참된 하나님 없이 불신자로 머물고, 따라서 복을 받지못하기 때문이다. 다시 말하지만, 기독교를 고백하는 자가 선한 대의를 위해 자신의 목숨을 바칠 수 있지만, 그것은 하나님이나 하나님의 진리에 대한 사랑 때문이 아니라, 야망 때문에 목숨을 바치는 것이므로 복을 받지 못한다. 왜냐하면 "내 몸을 불사르게 내줄지라도 사랑이 없으면 내게 아무 유익이 없기 때문이다"[고전 13:3].

둘째, 그리스도는 박해가 의미하는 바를 특별히 설명하며, 박해의 세 부분을 언급하신다. 첫째, 비방과 욕설은 혀로 행하는 핍박이다. 유대인들은 이와 같이 사도들을 핍박하여, 그들이 "취했다"거나 "단 포도주에 취했다"[행 2:13]라고 말했다. 베스도도 이와 같이 바울을 핍박하여, 그가 "미쳤다"거나 "정신이 나갔다"[행 26:24]라고 말했다.

둘째, 박해란 (단어가 정확하게 의미하는 바와 같이) 첫째, 한 원수가 다른 사람의 재산이나 생명을 약탈하려고 그의 뒤를 따르는 것과 같은 추격을 의미한다. 둘째, 어떤 사람을 법정으로 데려와 거기서 악의로 그를 고발하고 기소한다. 셋째, 유대인들이 그리스도를 "귀신 들린 사마리아 사람"[요 8:48]으로 부르고, "그가 귀신의 왕 바알세불을 힘입어 귀신을 쫓아낸다"[눅 11:15]라고 말했던 것처럼, 의도를 지닌 사람들이 이유 없이 악의적으로 거짓말로 악담하는 것이다. 이런 식으로 초대교회 그리스도인들은 자기 자녀를 죽이고, 당나귀 머리를 숭배하고, 근친상간을 했다는 등의 악의적 고발로 박해를 받았다.[80] 누가는 이런 세 가지 종류의 박해에 네 번째 박해, 즉 **증오**를 더했고, 사람들이 그리스도와 그의 복음을 위하여 출교되고 성전과 회당에서 쫓겨나는 분리라고 일컬어지는 다섯 번째 박해를 덧붙였다(눅 6:22). 이것들이 박해의 종류이며, 그리스도는 그 박해를 참도록 사람들이 복되다고 선언하시는데(마 5:10), 그 박해의 뿌리는 증오이며, 나머지

80   여백에: Tertul. apol. cap. 7 그리고 16.

는 그 뿌리에서 나오는 가지들이다.

셋째, 그리스도는 이 박해가 가해지는 이유를 설명하신다. 즉, "나를 위하여." 또는 누가가 말하듯이, "인자로 말미암아"[눅 6:22]는 "의를 위하여"(마 5:10)라는 절을 설명하는데, 믿는 자들에게 주어지는 사죄함과 영생에 관해, 그리스도께서 가르치신 복음의 교리를 고백하고, 믿고, 지키기 위한 것이다.

일반적 적용. 우리는 그리스도께서 이 복의 규칙을 앞의 규칙보다 더 크게 촉구하고 계심을 보고 있다. 그는 특별한 목적을 위해 이렇게 하신다.[81] 첫째, 이로써 그는 그의 제자들과 그들 안에 있는 우리에게, 이 세상에서 그의 교회가 믿음을 지키기 위해 그들의 피를 요구하게 될 그런 고난과 박해의 십자가 아래 있어야 하는 것이 하나님의 뜻이라는 것을 가르치고자 하신다. 그래서 그는 특별한 이유로 이것을 그의 교회의 상태로 삼으실 것이다. 첫째, 교회의 회원들은 그들의 고난을 통해 그들 자신의 궁핍과 연약함을 알 수 있게 될 것인데, 이는 십자가가 없었다면, 별로 중요하게 여기지 않았을 것들이다. 둘째, 고난을 통해 그들은 많은 심각한 죄들로부터 보호받을 수 있는데, 이는 그들이 평화롭게 살았더라면 지을 수도 있는 죄들이다. 셋째, 다른 사람들은 죄에 대한 교회의 교정을 봄으로써, 죄를 미워하고 피하는 법을 배울 수 있다. 그리고 마지막으로, 교회는 하나님의 진리를 죽을 때까지 지속적으로 용기 있게 유지함으로써, 하나님을 영화롭게 할 수 있다. 왜냐하면 심지어 박해 가운데서조차 **진리를 충성스럽게 증거하여 진리를 위한 고난을 견디어 냄으로써** 하나님의 진리는 사람의 지혜의 이성에 거슬러 보존되기 때문이다.

---

81 여백에: 하나님의 교회는 반드시 고난을 받아야 한다.

둘째, 그리스도는 그의 모든 제자들 가운데서 열두 제자를 새롭게 불러 사도로 삼으셨다[눅 6:13]. 그래서 그들은 자신들이 어떤 외적인 명예와 편안함, 평화로 더 나아간다고 생각할 수도 있었다. 그러나 그리스도는 그들의 그런 생각을 떨쳐내고, 장차 그들에게 닥칠 고난을 생각하게 하시며, 고난이 닥쳤을 때 그 고난을 더 잘 견딜 수 있게 하신다. 그래서 그는 이런 식으로 모든 교회가 고난을 당하도록 준비시키신다. 참으로 이로써 우리 자신은 평화로운 날에 시련의 날을 준비하는 법을 배워야 한다. 왜냐하면 그의 뜻은 "무릇 그리스도 예수 안에서 경건하게 살고자 하는 자는 박해를 받으리라"[딤후 3:12]는 것이기 때문이다.

셋째, 그리스도께서 의도하는 것은, 의를 위하여 고난을 받는 그들의 행복을 명백하고 온전하게 선언함으로써, 박해 가운데 있는 제자들에게 위로의 근거를 놓는 것이다. 따라서 그들은 그 위로 안에서 천국에 대한 확실한 소유권을 갖되, 이와 같은 상태 밖에서는 그 어떤 건전한 위로도 얻을 수 없다. 그리고 우리는 다가올 때를 대비하여, 이 동일한 것을 저장해 두어야 한다. 왜냐하면 우리는 지금 하나님의 자비로 평화롭게 지내지만, 이 평화가 얼마나 오래 지속될지 모르기 때문이다. 우리는 하나님이 친히 자신의 손으로 우리를 치시려는 하나님의 막대기 외에, 우리 원수들에게서 여러 차례 위협을 받고 위험한 공격을 받았기에, 우리의 평화가 항상 지속될 것이라고 생각하지 않을 수 있다. 하지만 우리의 죄가 증가하는 것을 보면, 언젠가는 우리의 기쁨과 평안이 슬픔으로 변하게 될 것임을 확신할 수 있다. 그러므로 **의를 위하여 고난을 받는 자가 복이 있다**는 이 규칙을 우리 마음에 새기는 것이 좋을 것이다. 그러므로 복음을 변호하는 중에 환난이 온다면, 우리는 이 복의 약속을 의지해야 하며, 그것이 우리의 위로가 될 것이다.

특별한 적용. "… 하는 자는 복이 있나니"라는 이 규칙의 말씀에서, 그리스도는 우리로 하여금 세상이 하나님의 교회에 대해 갖는 치명적 증오를 깨닫게 하려 하신다. 왜냐하면 그 단어(**박해하다**)는 그토록 많은 것을 의미하기 때문이다.[82] 이 증오의 이유들은 다음과 같다. 첫째, 복음을 전하는 하나님의 교회는 세상 임금인 마귀의 왕국을 멸망시키려고 하기 때문이다. 그러므로 마귀는 그의 도구들의 마음을 하나님의 교회에 대한 악의로 격노하게 하고 불붙게 하여, 그들이 할 수만 있다면 교회를 핍박하고 완전히 파괴하게 만든다. 둘째, 하나님의 교회는 고백과 교리와 삶에 있어서 세상과 단절된 독특한 백성이므로, 세상이 그들을 미워한다(요 15:16). 바로 이 점이, 우리가 그리스도의 복음을 고백하고 받아들이는 일로 인해 박해를 받을 때, 우리 마음을 흔들리지 않게 도와줄 수 있다. 세상은 하나님의 교회를 미워하고 끝까지 미워할 것이기 때문이다. "그때에 육체를 따라 난 자가 성령을 따라 난 자를 박해한 것 같이 이제도 그러한 것처럼"(갈 4:29), 뱀의 후손과 여자의 후손 사이에 적대감이 있어야 한다[창 3:15].

둘째, 세상의 이런 증오는 단지 하나님의 교회의 지체들만 아니라, 그리스도께서 "나를 위하여" 또는 "내 종교를 위해"라고 말하는 것처럼, 심지어 그리스도의 거룩한 종교조차 미워한다는 것을 관찰하라. 이것은 우리가 고백하는 그리스도의 복음이 하나님의 참되고 복된 교리라고 우리 양심을 설득하는 매우 탁월한 논증으로 표시되어야 한다. 왜냐하면 악한 세상은 항상 복음을 미워하고, 실제로 복음 때문에 우리도 미워하기 때문이다. 이제 그것이 사람의 교리였다

---

82 여백에: 세상이 하나님의 교회를 미워하는데, 왜 그런가?

면, 그들의 본성에 잘 맞을 것이며, 그들이 그것을 사랑할 것이다. 왜 냐하면 세상은 자기 것을 사랑하기 때문이다(요 15:19).

셋째, 박해를 받는 자가 복을 받는다면, 그 어떤 사람이 핍박 중에 합법적으로 도망할 수 있겠는가?[83] **대답**. 사람은 선한 양심으로 박해 중에 도망할 수 있는데, 다음 두 가지가 준수되어야 한다. 첫째, 그는 자신의 특별한 소명에 방해를 받지 않아야 한다. 둘째, 그는 원수들의 손에서 벗어날 수 있는, 하나님의 섭리에 의해 제공된 자유를 갖는다. 이 구절의 의도는 도피하는 것을 금지하는 것이 아니라, 박해 가운데 있고 피할 수 없는 그런 자들을 위로하는 것이다. 왜냐하면 그 단어가 피할 수 없는 추격과 압제에 의한 그런 박해를 의미하기 때문이다.

마지막으로, 의를 위하여 고난받는 자들이 복이 있다는 것을 볼 때, 악한 이유로 고난받아 마땅한 자들은 항상 저주를 받는 것인가? **대답**. 그들은 하나의 경우만 제외하고 항상 저주를 받는다. 즉, 그들이 자기의 불의를 회개하지 않는 한, 그로 말미암아 고난을 받되, 참된 회개로 말미암아 복을 받게 된다. 십자가에 달린 강도는 도둑질하며 살았기에 붙잡혀 정죄되고, 십자가에 못 박혀 불의에 대해 고난을 받았다. 하지만 그가 회개하고 그리스도를 믿었기에 그는 구원을 받았다.

"의를 위하여"가 덧붙여진 이 절에서 우리는 특별한 교훈을 배운다. 즉, 하나님이 투옥, 추방, 재산이나 생명 자체의 손실과 같은 고난이나 박해를 우리에게 부과하실 때, 우리는 원인이 좋은 것인지 항상 살펴보고, 기꺼이 고난을 겪어야 한다. 이것은 필수적인 규칙인

---

83 여백에: 박해 가운데 도주에 대한 두 가지 경고.

데, 우리가 그리스도 예수 안에서 경건하게 살고자 한다면, 공적으로나 사적으로 반드시 고난을 받아야 하기 때문이다{딤후 3:12}. 그렇다면 순교자를 만드는 것은 형벌이 아니라 원인이다. 이런 목적으로 베드로는 다음과 같이 말한다. "너희 중에 아무도 살인자나 도둑이나 참견하는 자로 고난을 받지 않게 하라. 하지만 어느 누가 그리스도인으로서 고난을 받는다면, 그는 부끄러워하지 말고 이 일로 하나님을 영화롭게 하라"[벧전 4:13]. 그러므로 우리는 원인이 좋은 것인지 확인해야 한다. 참으로 우리는 우리의 특별한 개인적인 십자가들에서 반드시 이것을 살펴봐야 한다.

"너희를 욕하고 박해하고… 모든 악한 말을 할 때에는 너희에게 복이 있나니"(마 5:11). 앞 구절을 다루면서, 우리는 이 말씀의 의미와 이 말씀이 앞의 규칙을 설명하는 데 어떻게 사용되는지 보여 주었다. 여기서 주목해야 할 점은 욕하고 비방하는 것, 참으로 (누가가 말하듯이) 좋은 이유, 특히 신앙 때문에 사람을 미워하는 것은 박해라는 사실이다. 이것은 사람들이 비열하고 가증한 말로 그들의 형제를 욕하는 이 시대의 일반적인 죄가 얼마나 두려운 것인지 보여 준다. 왜냐하면 그들은 애써 하나님을 기쁘시게 하고, 경건한 삶으로 자신들의 고백을 단장하기 때문이다. 그러나 욕하고 비방하는 자는 누구든지 박해자이다. 그러므로 그것을 회개하고 떠나야 한다. 왜냐하면 그것은 이런 종류의 더 큰 죄를 짓기 위한 준비이며, 그것에 대한 형벌이 선언하는 바와 같이, 하나님 보시기에 매우 가증한 것이기 때문이다(창 21:9-10; 갈 4:29-30).

누가는 "그리고 그들이 너를 멀리할 때"[눅 6:22]라는 두 번째 말을 덧붙이는데, 이는 성전과 회당에서 출교됨을 의미한다. 이것은 그리스도께서 그의 제자들에게 닥칠 것이라고 예고하신 형벌이다. 이러한 견책이 그들의 회당에서 시행되었는데, 이는 민법의 집행 외에도 교회적 사무들이 거기서 다루어졌기 때문이다. 이제 그리스도께서 말씀하시는 것을 주목하라. 출교가 내 자신의 규례일지라도, "내 이름 때문에 사람들이 너희를 성전과 회당에서 출교할 때 너희는 복이 있다." 여기서 그는 사람들이 의를 위하여 출교 정죄를 받을 때, 그것을 일종의 박해로 여기셨다.

그렇다면 우리는 여기서 교황이 그의 권위의 보좌에 대한 복종을 거부한다는 이유로, 왕과 왕비, 그리고 특정 교회를 출교하는 교황의 칙령에 대해 어떻게 생각해야 할지 배울 수 있다. 즉, 그 칙령은 하나님의 자녀들이 박해를 당하는 마귀의 도구이다. 그리고 이런 식으로 복음의 진리를 변호하기 위해 출교를 당한 그와 같은 모든 사람들은 복된 자들이다. 왜냐하면 정당한 이유로 출교된 자들에게 출교는 저주의 도구가 아니기 때문이다. 둘째, 따라서 우리는 하나님의 말씀에 위배되어 남용되는 출교는 강력한 견책이 아니라는 것을 배운다. 비록 그 자체로 하나님의 규례에 따라 사용된다 할지라도, 출교는 어떤 사람을 부분적으로 교회와 천국에서 제외시키는 매우 끔찍한 벼락이다. 그러므로 모든 교회는 이 견책이 남용되지 않도록 해야 한다. 왜냐하면 그것을 남용하는 자들이 저주의 위험을 초래하는 것이지, 부당하게 출교를 당한 자들이 아니기 때문이다.

"기뻐하고 즐거워하라 하늘에서 너희의 상이 큼이라 너희 전에 있던 선지자들도 이같이 박해하였느니라"(마 5:12). 여기서 그리스도는 이전 규칙으로부터 하나의 결론을 이끌어내신다. "의를 위하여 박해를 받은 자는 복이 있나니"(마 5:10)라고 일반적으로 말씀하고, 특히 그것을 그의 제자들에게 적용하셨으며(마 5:11), 여기서 그는 그들이 심지어 고난 중에라도 또는 (누가가 말하듯이) "그 날에" 기뻐해야 한다고 추론하신다. 참으로 그들은 즐거워해야 하는데, 이 단어는 다윗이 하나님의 궤가 그의 성으로 돌아옴을 인하여 그의 기쁨을 증거하기 위해 뛰고 춤추었던 것처럼, 우리가 몸으로 외적 표현을 하는 그런 넘치는 기쁨을 뜻한다[삼하 6:14, 16]. 이것은 성경에서 우리에게 자주 촉구되고 추천되는 매우 귀중한 결론이다. "형제들아 너희가 여러 가지 시험을 당하거든 온전히 기쁘게 여기라"(약 1:2). "우리가 환난 중에도 즐거워하나니 이는 환난은 인내를 이루는 줄 앎이라"(롬 5:3). "제자들은 그리스도의 이름을 위하여 능욕 받는 일에 합당한 자로 여기심을 기뻐하였다"(행 5:41).

그래서 우리는 여기서 좋은 대의로 고난을 받는 하나님의 교회와 백성들은 기뻐하고 즐거워해야 한다는 것을 배운다. 이것을 기억해야 하는데, 이는 우리가 복음을 위해 여러 번 우리의 원수들에게 큰 위험을 당했기 때문이다. 그리고 우리의 다양한 죄와 하늘의 복들을 크게 남용했기에, 하나님께서 그 기쁘신 뜻대로 우리를 그들의 손에 맡겨두셨다. 만일 하나님이 그렇게 하신다면, 우리의 행동은 어떠해야 하는가? 우리는 슬픔과 비통함에 삼켜져야 하는가? 아니다. 다만 우리 죄를 인하여 스스로 겸비하여 우리가 무엇 때문에 고난을 받는지 기억하고, 그 일로 인해 기뻐하고 즐거워해야 한다. 왜냐하면 비록 우리의 겉사람은 낡아지나, 우리의 속사람은 새로워지기 때문이다{고후 4:16}.

이제 극심한 환난을 기뻐하는 것이 어려운 일이기 때문에, 그리스도는 제자들이 기뻐하도록 두 가지 이유를 말씀하신다. 첫째, "하늘에서 너희의 상이 큼이라"라는 말씀으로 이생 후에 상급의 갚음이 있음을 제시하신다. 이 점을 지금까지 다루었으므로, 여기서는 단지 교황주의자들이 은혜에 대한 인간 행위의 공로를 증명하기 위해 이 본문을 어떻게 남용하는지만 살펴볼 것이다.[84] 그들은 상급이 있는 곳에 공로가 있고, 천국에는 사람의 은혜의 행위에 대한 상급이 있으므로, 이생에서는 그 행위에 의한 공로가 있다고 추론한다. 이것에 대한 답변은 다양하다. 그중 중요한 항목들을 다룰 것이다. 첫째, "상"이라는 단어는 비유적으로 이해해야 한다. 왜냐하면 그리스도의 말씀은 일꾼들에게서 차용한 것으로, 그들은 자신들의 일을 마친 후에 그에 대한 보상으로 임금을 받기 때문이다. 그와 마찬가지로, 그리스도의 제자들과 종들은 그리스도의 이름을 위해 환난을 당한 뒤에 이생의 끝에 영원한 생명을 받을 것이다. 둘째, 우리가 성경에서 임금(賃金)과 상급에 대해 읽을 때, 우리는 빚과 공로의 권리로 인한 어떤 합당한 것을 꿈꾸어서는 안 되고, 다만 약속에 의해 그리고 단순한 자비로 주어진 것임을 생각해야 한다. 이것은 마치 육신의 아버지가 그의 아들에게, 그가 공부한다면 이것이나 저것을 주겠다고 약속하는 것과 같다. 이제 아버지의 선물은 그 자녀가 받을 자격이 있는 것이 아니라, 그 자녀가 자신의 책을 공부하도록 더 많이 자극하기 위해 거저 주어진 것이다. 셋째, 우리가 상급을 제대로 이해한다면, 우

---

84 역자주. 여백에: 이 구절에 대한 레미스트들(Rhemists).

리는 그것을 우리의 고통이 아니라, 그리스도의 고통과 연관시켜야 한다. 왜냐하면 우리의 고통과 영생 사이에는 그 어떤 비례도 없기 때문이다. "현재의 고난은 장차 우리에게 나타날 영광과 비교할 수 없도다"(롬 8:18).

두 번째 이유는 고대 선지자들의 본보기에서 취한 것이다. "너희 전에 있던 선지자들도 이같이 박해하였느니라." 이 말씀을 통해 그리스도는 두 가지를 의도하신다. 첫째, 그의 제자들과 우리에게 좋은 대의를 위한 박해는 새롭거나 이상한 것이 아니라는 것을 가르치신다. 둘째, 환난 가운데 있는 그의 제자들과 종들을 위로하여, 옛적에 사람들 사이에서 명성을 얻었고, 지금은 하늘에서 하나님께로부터 영화롭게 된 고대의 훌륭한 선지자들을 본받도록 하기 위함이다. 우리는 똑같은 목적으로 말한 누가의 말을 이것과 비교해 보아야 한다. "조상들이 선지자들에게 이와 같이 하였느니라"[눅 6:23]. "조상들"이란 고대 유대 백성들을 의미하는데, 여기서 그는 유대 민족인 그의 제자들과 다른 사람들에게 말하고 있기 때문이다. 따라서 이제 하나의 이상한 점을 관찰하라. 즉, 하나님의 매우 훌륭한 사람들이었던 고대 선지자들은 그들의 시대에 종교에 대해 낯선 외국인이나 원수들이 아니라, 외면적으로 하나님 교회의 회원들과 신앙고백자들에 의해 박해를 받았다. 하나님의 교회 안에 사는 사람들이 이와 같은 불경건에 이르기까지 자라 하나님의 성도들을 박해하는 자들이 되었다는 것은 이상하게 보일지도 모른다. 그러나 스데반은 이것에 대한 이유를 제시한다. 즉, 그들이 "강퍅한 마음으로 말씀 사역 가운데 있는 성령을 거스렸는데"[행 7:51], 이에 대해 하나님은 그들을 내버려두어, 그들은 하나님의 가장 사랑하는 종들을 핍박하기 위해 이런 불경건의 극치까지 달려갔다.

오늘날에도 그와 같은 것을 볼 수 있다. 신앙을 고백하던 사람들이 오랫동안 말씀을 들은 후에 하나님이 존재하는지 의문을 제기함으로써, 공개적인 무신론에 빠졌다. 무엇보다도 그들은 특별히 이방인들이나 우상 숭배자들 사이에서 발견될 수 있는 가증스러운 더러움과 같은 비열한 잔인함과 압제가 드러나기도 한다. 이 모든 것, 그리고 다른 많은 엄청난 죄악들은 다음에서 비롯된다. 비록 사람들이 신앙을 고백할지라도, 전파된 복음에 복종하지 않기에, 그들 가운데 능력의 말씀이 없는 것이다. 그런 까닭에 하나님은 그의 공의 가운데 그들을 완악한 마음에 내버려 두어 뉘우침 없이 죄를 범하게 하신다. 그러므로 만일 우리가 퇴폐적인 감각에 대한 두려운 심판을 벗어나고자 한다면, 우리가 듣는 말씀에 순종하는 자가 되기 위해 두렵고 떨림으로 노력하자. 왜냐하면 만일 우리가 하나님의 은혜와 자비의 수단으로 하나님을 영화롭게 하지 않는다면, 하나님은 우리가 마땅히 당해야 할 혼란 가운데 자신을 영화롭게 하실 것이 확실하기 때문이다.

두 번째 내용: 마태복음 5:13-16

"너희는 세상의 소금이니 소금이 만일 그 맛을 잃으면 무엇으로 짜게 하리요 …"(마 5:13). 이 구절과 나머지 16절까지 그리스도는 사도들과 그들 안에 있는 모든 사역자들의 직분에 관하여 **그의 설교의 두 번째 내용**을 제시하신다. 여기서 그의 의도는 그들이 모든 사람에게 하나님의 뜻을 부지런히 전파하도록 감동시키는 것이다.

이 부분과 앞의 설교와는 다음과 같은 일관성이 있다. 그리스도는 앞서 여러 가지 교훈으로 많은 사람이 복되다고 보여 주셨다. 그래서 어떤 사람들은 그들이 이 행복에 어떻게 도달해야 하는지, 그리고 그들을 그러한 상태에 적합하게 만드는 성령의 은혜에 어떻게 도달해야 하는지 물을 수 있다. 여기서 그리스도는 복음에 대한 설교가 참된 행복을 약속하는 그런 은혜들을 그들의 마음속에 일으키는 주요 수단이라고 대답하신다. 그리고 사람들을 이런 상태로 이끄는 것은 탁월한 특권이기 때문에, 그는 그의 제자들이 이 사역의 특성에서 도출되고 두 가지 비유로 제시된 이유로 말미암아 이 사역에 근면할 것을 격려하신다. 첫 번째는 **소금**에서 취해진 것으로, "너희는 세상의 소금이니"라는 말 속에 있다. 그리고 그 구절의 끝까지 뒤따르는 말 속에 더 자세히 드러나 있다. 두 번째는 **빛**에서 도출되었다(마 5:14-15).

첫째, "너희는 세상의 소금이니." **"너희는."** 즉, 내가 사도로 삼기 위해 너희를 불렀고, 섬기는 일을 위해 따로 구별하였다. **"소금이다."** 실제로는 아니지만 유사함에 있어서 소금이며, 이는 그들의 인격에 대해 말하는 것이 아니라, 그들의 사역에 관해 말하는 것이다. 왜냐하면 이로써 그들은 사람들을 하나님께 대하여 맛을 내게 하며, 그들의 마음과 삶에 풍미를 더하게 하기 때문이다. **"세상의."** 이는 단지 유대만 아니라, 온 세상에 대한 것으로 그들의 사명에서 다음과 같이 나타날 수 있다. "그러므로 가서 모든 민족을 가르치라"(마 28:19). 이러한 묘사로부터 목회자들과 백성들은 그들의 의무를 배울 수 있다.

목회자들

여기서 그들에게 주어진 "소금"이라는 칭호로, 그리스도는 첫째, 그들이 하나님의 말씀, 곧 율법과 복음을 어떻게 제공해야 하는지 가르치고자 하신다. 즉, 그래서 그들은 그리스도께서 칭호에서 암시하시는 소금의 속성들을 표현하기 위해 노력해야 한다.[85] 생살이나 육체의 상처에 적용되는 소금의 속성은 주로 세 가지이다. 첫째, 그것은 성질이 뜨겁고 건조하기 때문에, 괴롭히고 자극할 것이다. 둘째, 그것은 고기를 우리 입맛에 맞도록 짭짤하게 만든다. 셋째, 그것은 고기에서 과도한 수분을 추출하여 부패로부터 보존한다. 그러므로 소금인 사도들과 다른 사역자들은 일반적으로 사람들에게 하나님

---

85 여백에: 목회자들은 소금의 속성을 표현하려고 노력해야 한다.

의 말씀을 전달할 뿐만 아니라, 소금을 고기에 뿌리는 것과 같이 특히 그 말씀을 사람들의 마음과 양심에 적용해야 한다. 그리고 그것은 세 가지 목적을 위해 적용되어야 한다. 첫째, 율법이 적용되어야 하는데, 이는 사람들의 마음을 거칠게 찢고, 그들로 자신들의 죄를 깨닫게 하기 위함이다. 그것은 율법의 저주로 그들을 자극하고 괴롭게 하여 자신을 포기하게 만들고, 유대인들처럼 부르짖게 만들 것이다. "사람들과 형제들아 우리가 어찌할꼬?"[행 2:37]. 둘째, 복음이 전파되어 영혼의 썩음과 같은 자신들의 부패함을 느끼는 사람들이, 성령의 복 가운데 은혜로 맛을 내고 하나님과 화해하여, 그가 보시기에 향기로운 사람이 될 수 있다. 이것이 사역의 목적이다. "우리가 그리스도를 대신하여 사신이 되어 하나님이 우리를 통하여 너희를 권면하시는 것 같이 그리스도를 대신하여 간청하노니 너희는 하나님과 화목하라"(고후 5:20). 셋째, 율법과 복음 둘 다 지속적으로 제공되어야 하는데, 이로써 불필요한 체액이 소금에 의해 마르는 것처럼, 죄와 부패가 마음과 삶 모두에서 날마다 죽임을 당하고 소진될 수 있다. 이것이 하나님의 말씀을 바르게 제공하는 것이다. 왜냐하면 성경 본문에 대한 모든 강화가 설교가 아니라, 그의 사역이 청중들에게 소금이 되도록 말씀을 강해하고 적용하는 그 사람이 진실로 말씀을 설교하는 자이기 때문이다.

둘째, 그의 제자들을 "소금"이라 부르신 그리스도께서 그들과 모든 사역자들에게 그들 자신이 먼저 말씀에 의해 온전케 되어야 한다고 가르치신다. 자신의 양심에 소금의 쓰라림을 전혀 느껴보지 못한 자들이 어떻게 다른 사람들의 양심에 이 소금을 뿌림으로써 그들을 정확히 온전하게 할 수 있겠는가? 스스로 소금으로 훈련되지 않는 자가 하나님의 말씀을 말할 수도 있는데, 이는 하나님이 다른 사람들의 유익을 위해 강복하시는 것이다. 그러나 자신에 관해서는 이해할 수 없는 수수께끼이다.

셋째, 이 칭호는 설교하는 방식에 대해 모든 목회자에게 좋은 방향을 제시한다. 왜냐하면 하나님의 말씀만이 주님을 위해 사람의 마음에 온전하게 맛을 내는 소금이라면, 그것은 인간의 생각이 섞이지 않고 순수하고 신실하게 분배되어야 하기 때문이다. 바울의 관심은 다음과 같다. "내 말과 내 전도함이 설득력 있는 지혜의 말로 하지 아니하고 다만 성령의 나타나심과 능력으로 하여 너희 믿음이 사람의 지혜에 있지 아니하고 다만 하나님의 능력에 있게 하려 하였노라"[고전 2:4-5]. 소금이 다른 것들과 섞이면 그 맛을 잃는다는 것을 우리는 경험을 통해 아는데, 그것은 말씀도 마찬가지이다. 진실로 말씀을 전하는 모든 자들에게 기술과 언어, 그리고 인간의 지식을 위한 자리가 있기에, 그는 크게 칭찬을 받으며 그것들을 사용할 수 있다. 그러나 개인적으로 준비할 때 그러한 것을 사용할 수 있지만, 하나님께 대한 사람들의 마음을 온전케 하는 공적인 설교에서는 그렇게 할 수 없다. 오로지 하나님의 말씀만이 그것을 해야 하는데, 성령의 약속이 오직 그 말씀에만 속하기 때문이다(사 59:21). 그러므로 그는 이 사역에서 분별력을 크게 발휘해야 하며, 말하자면 성령이 그 말씀에 동행하기를 기뻐할 수 있도록 노력해야 한다.

넷째, 이 칭호는 하나님의 모든 사역자들이 인내로 자신의 영혼을 소유하도록 가르치는데, 이는 악인들이 그들의 사역 때문에 불평하고 분을 품기 때문이다. 따라서 이것은 그들의 사역이 소금으로서 그들의 부패한 양심을 괴롭힌다는 하나의 증거이다. 그러므로 그들은 청중을 더욱더 온전하게 하기 위해 노력하면서 즐거운 마음으로 계속 나아가야 한다.

백성들

하나님의 말씀을 듣는 그의 백성들은 이 칭호로부터 좋은 교훈을 배울 수 있다. 첫째, 이로써 모든 사람은 본성상 자신이 무엇인지 알게 되는데, 즉 썩어질 육신과 같으며, 아니 하나님의 코에 썩는 냄새나는 육체임을 알게 된다. 그렇지 않다면 이 소금이 왜 필요하겠는가? 그러므로 이것은 우리로 하여금 우리 자신을 높이 평가하는 모든 교만한 마음을 내려놓도록 해야 한다. 참으로, 우리는 우리의 자연적 부패의 좋지 못한 맛에 관하여, 우리 자신이 보기에 비천하고 낮아져야 한다. 그렇지 않으면 우리는 하나님의 거룩한 사역을 온전케 하는 미덕을 결코 느끼지 못할 것이다.

둘째, 이로써 모든 사람은 그의 마음과 양심이 찢어지고, 그의 죄의 곪은 부분이 드러나는 견책의 말씀으로 고난받기를 배워야 한다. 우리 육체에 칼에 베인 상처나 타박상이 있을 때, 우리는 역겨운 체액을 말리기 위해 그 상처 위에 소금을 뿌리는 것을 견딜 수 있다. 그렇지 않으면 썩기 때문이다. 우리가 우리 몸의 건강을 위해 소금의 고통을 참을 수 있다면, 우리는 우리 영혼의 구원을 위해 하나님의 말씀이 우리 죄를 찢고 죽이도록, 더 많은 고통을 겪어야 하지 않겠는가?

셋째, 모든 사람은 그의 마음의 생각, 입의 말, 그리고 삶의 행동이 모두 그리스도 안에서 하나님께 향기롭고 하나님이 받으실만하도록, 이 천상의 소금으로 전체적으로 온전하게 되도록 부지런히 힘써야 한다. 참으로, 그는 사람들과의 대화에서 이 온전함의 능력을 나타내기 위해 힘써야 한다. "너희 말을 항상 은혜 가운데서 소금으로 맛을 냄과 같이 하라"(골 4:6). 즉, 말씀으로 고르게 하여 듣는 자들에게 은혜의 맛이 될 수 있다. 우리가 말씀의 사역 아래 살되 그 말씀으로 온전해지지 않는다면, 우리는 위험할 것이다. 왜냐하면 우리가 "그 땅을 황무하게 만들고 그곳이 멸시를 당하도록 세겜에 소금을"[삿 9:45] 뿌렸던 아비멜렉의 행위에서 볼 수 있듯이, 거기에는 메마르게 하는 소금의 성질이 있어 고르게 하지 않기 때문이다.

"소금이 만일 그 맛을 잃으면 무엇으로 짜게 하리요 후에는 아무 쓸데 없어 다만 밖에 버려져 사람에게 밟힐 뿐이니라"(마 5:13하). 여기서 그리스도는 그의 사도들로 하여금 그들의 사역에 충실하고 근면하게 만들었던 이유를, 맛없는 소금처럼 치료할 수 없고, 무익하여 무서운 저주를 받게 될 상반된 불충의 위험으로 자세히 설명하신다. 그러므로 그리스도는 너희의 사역으로 세상을 온전케 하는 데 충성할 필요가 있었다고 말씀하신다. 이 자세한 설명에서 우리는 네 가지 요점을 관찰할 수 있다. 첫째, 사역의 부르심에 수반되는 일반적인 죄, 둘째, 이 죄의 위험, 셋째, 그러한 사역의 무익함, 그리고 넷째, 그에 마땅한 하나님의 심판이다.

요점 1

다른 소명들이 여러 가지 결함을 갖는 것처럼, 목회자의 부르심 역시 다음과 같은 말속에 그 결함이 지적되어 있다. "소금이 만일 그 맛을 잃으면 …" 고기에 소금을 뿌려 간을 맞출 때, 소금이 지닌 짠맛과 신랄함을 잃으면, 맛을 잃게 된다고 말한다. 이제 목회자들은 그들의 사역에서 무익하게 될 때, 그리고 사람들의 영혼을 온전케 하여 하나님이 받으실 만하며, 그리스도 안에서 자신과 화목하게 만드는 하나님의 말씀을 전하지 않거나 전할 수 없을 때, 맛을 잃은 소금과 같다. 여기에는 특별히 네 종류의 맛을 잃은 소금이 있다.[86] 첫째, 무지한 **눈먼 파수꾼들**과 "짖지 못하는 벙어리 개들이다"[사 56:10]. 즉, 사람들의 영혼의 구원을 위해 하나님의 말씀을 전할 수 없거나, 할 수 있어도 전하지 않으려는 자들이다.

둘째, 영혼을 온전하게 하지 않고, 다만 독살하고 파괴하는 그런 거짓되고 저주받을 교리를 전파하는 **이단적 교사들**이다. 그런 자들은 유대인들 가운데 우상 숭배를 하도록 유혹했던 거짓 선지자들이었으며(신 30:1-2), "그들의 말은 악성 종양이 퍼져나감과 같으며, 많은 사람들의 믿음을 무너뜨린"[딤후 2:17-18] 초대교회의 거짓 사도들과 이단들이었다. 그리고 그런 자들은 오늘날 **로마교 교사들**과 우리 가운데 있는 예수회와 신학교들이다. 그들은 비록 많은 지식의 훌륭한 은사들로 자격을 갖추었을지라도, 하나님의 말씀에 그들 자신의 고안품과 인간의 전통을 혼합함으로써 기초를 허물고, 맛을 잃은 소금과 이단적 교사들이 되었다. 그런데 여기서 수사들과 교황주의 작가들의 설교집(postils)[87]과 주석들이 영향을 미치는 것처럼, 신학을 공부하는 학생들이 그것들에 그토록 영향을 많이 받는다는 사실을 누가 궁금해하지 않겠는가? 그것은 의심의 여지 없이 하나님의 말씀이 그들의 마음을 온전케 하지 않았다는 사실을 증거한다. 왜냐하면 그러한 맛을 잃은 소금이 유행하는 곳에는 하나님 말씀의 온전한 교리가 결코 맛을 내지 않기 때문이다.

셋째, 참된 교리를 가르치되 그것을 **잘못 적용**하는 자들은 맛을 잃은 소금이다. 그들의 죄를 드러내고 하나님의 심판을 선언함으로

---

86 여백에: 네 종류의 맛을 잃은 목회자들.
87 *Postil*: 여백의 참고를 위한 중세 라틴 용어. 역자주, 포스틸(postil)은 일반적으로 설교 모음집을 가리킨다.

써 회개를 외쳤어야 했을 때, 그들에게 평화를 전함으로써 "악인들의 팔꿈치 아래에 부적을 꿰어 매는 것"{렘 13:18}[88]에 대해, 또한 "하나님이 슬프게 하지 아니한 자들의 마음을 근심하게 한 것"에 대해서 많이 불평했던 예레미야[렘 23:16-17]와 에스겔[겔 13:10, 22] 시대 유대인들의 교회 안에 그런 자들이 많았다. 그리고 오늘날 죄에 대해서는 매끄러운 혀를 갖고 있으면서도, 더 나은 자들에 대해서 독설을 퍼붓는 자들이 그런 자들이다. 악인들을 안일한 잠에서 깨우고, 경건한 자들을 더 온전하게 하여야 할 하나님의 말씀이 이런 식으로 그 신랄함과 예리함을 잃는다.

넷째, 비록 진리를 가르치고 그것을 일반적으로 잘 적용할지라도, 불경건하고 수치스러운 삶을 사는 자들은 맛을 잃은 소금이다. 왜냐하면 교사의 역겹고 맛을 잃은 삶은 사람들의 마음에서 그의 사역에 대해 말씀을 온전케 하는 미덕을 방해하기 때문이다. 그리고 그의 가르침은 그의 삶의 과정이 파괴하는 것만큼 그렇게 많이 교화할 수 없기 때문이다. 왜냐하면 자연인은 말해진 것보다 행해진 것을 더 중요하게 생각하기 때문이다. 그렇기 때문에, 하나님의 모든 사역자들과 이 부르심을 받기로 작정한 사람들은, 이 사역을 위한 자격을 갖추기 위해 그리고 하나님의 말씀을 전파하여 듣는 자들의 마음과 양심을 온전하게 만들기 위해 각별히 주의해야 한다. 이것은 목사에게 있어서나 백성들에게 있어서 매우 중요한 문제이다. 따라서 그들은 단지 맛을 잃은 소금이 되지 않을 뿐만 아니라, 다른 사람들을 온전케 하는 자들로 나타나야 한다.

---

88 역자주. 원문과 영문판에는 'sowing'으로 되어 있으나, 'sewing'이 성경의 뜻을 바르게 반영한다.

요점 2

맛을 잃은 소금(즉, 사역에서의 불충실)이라는 이 죄의 **위험**은 다음의 말에 기록된 것처럼 매우 크다. "무엇으로 짜게 하리요?" 어떤 사람들은 이것을 마치 그리스도께서 "무엇으로 땅이 짜게 되리요?"라고 말씀하신 것처럼, 소금으로 절이는 땅을 의미하는 것으로 언급한다. 그러나 그것은 마가복음 9장 50절에 있는 것처럼, 오히려 소금 자체를 말하는 것이다. "소금은 좋은 것이로되 만일 소금이 그 맛을 잃으면 무엇으로 이(즉, 소금 자체)를 짜게 하리요?" 다시 말하지만, "무엇으로"라는 질문은 강한 부정을 표시하는데, 이는 마치 그리스도께서 소금이 일단 그 자연적 속성인 짠맛을 잃으면 회복될 수 없다고 말씀하시는 것과 같다. 충실하지 못하고 무익한 사역자들은 맛을 잃은 소금이다. 그러므로 그들은 매우 위험한 상태이다. 그러나 사역자들이 일단 불충실하게 되면 치료될 수 없는 상태라는 것을 의미하는 것처럼 말해서는 안 된다. 그리스도께서 의미하는 것은, 무익한 사역자들이 다시 맛을 지니게 되는 것이 거의 드물고 거의 없다는 것을 보여 주는 것이다. 적어도 그들이 전에는 충성스러웠다가 후에 거기서 타락했다면 말이다.

이것이 참된 의미라는 것은 다음을 통해 알 수 있다. 성경에서[89] 부정의 기록이 항상 절대적 부정을 의미하는 것이 아니라, 때때로 대단히 어렵다는 것을 표현하고, 거의 일어나지 않는다는 것을 보여 주기 위해 사용되기도 한다. "오 독사의 새끼들아 너희가 어떻게 지옥의 판결을 피하겠느냐?"(마 23:33). 거의 피할 수 없다. 그리고 "다윗이 우리아의 일 외에는 여호와의 길에서 떠나지 아니하였음이라"[왕상

---

89 여백에: 부정을 의미하는 아니요(no), 않다(not), 결코 아니다(never), 그리고 심문들(interrogations)과 같은 것들.

15:5]고 언급된 곳에서 그와 같이, 즉 **매우 드물게** 그 길에서 떠나지 아니하였다. 왜냐하면 그가 "백성을 계수하는"[삼하 24:1] 큰 죄를 지었음에도 그 길에서 떠나지 않았기 때문이다. 그와 같이 "선지자가 자기 고향 외에서는 (즉, 매우 드물게) 존경을 받지 않음이 없는데"(마 13:57), 왜냐하면 때로는 그가 다른 곳에서 불명예를 당할 수도 있고, 때로는 자기 고향에서 존경을 받을 수도 있기 때문이다. 그러므로 여기에서 신실하지 못한 사역자들이 치유되지 못한다는 이 유사성은, 경험이 또한 가르치는 것처럼 불가능이 아니라, 매우 힘들고 어렵다는 것으로 이해되어야 한다. 솔로몬 왕은 하나님의 선지자였으나 간음과 우상 숭배로 눈에 띄게(wonderful)[90] 맛을 잃은 자가 되었다. 그러나 그는 나중에 회복되었고, 참된 회개로 말미암아 전도서를 기록하고, 다시 맛을 지닌 자가 되었다. 그와 같이 베드로는 그리스도를 부인함으로 맛을 잃은 자가 되었으나, 회개함으로써 하나님의 자비로 말미암아 다시 온전하게 되었다.

그래서 신실함을 저버린 목사들이 좀처럼 거의 회복되지 않는 것은 위험하다. 그 이유는 첫째, 그들이 누군가를 가르치는 것처럼, 그들을 가르칠 교사가 없기 때문이다. 둘째, 그들을 온전케 해야 하는 그들 안에 있는 말씀이 맛을 잃어서, 그들을 일상적으로 회복시킬 다른 수단이 없기 때문이다. 모든 시대를 관통하여 구약성경의 거짓 선지자들의 예들과 신약성경의 거짓 사도들의 예들, 그리고 초대교회의 고대 이단자들의 예들을 살펴보면, 회개하는 사람을 거의 찾지 못할 것이다. 참으로 우리 시대에 교황권에 기울어진 그런 목사들을 주목하면, 그들 대부분이 돌이킬 수 없게 되었다. 이로써 모든 목사들

---

90 *Wonderful*: 눈에 띄게.

은 바울이 디모데에게 준 교훈을 배우고 실천하도록 가르침을 받는다. "네가 네 자신과 가르침을 살펴 이 일을 계속하라 믿음과 선한 양심의 선한 싸움을 싸우라." 바울은 이 서신에서 그것을 획득하기에 좋은 방향을 제시하는 이것들을 특별히 강권한다(딤전 4:13-14, 16; 6:11, 12).[91]

요점 3

신실하지 못한 목회자들의 무익함은 다음과 같이 표현된다. "후에는 아무 쓸데 없어." 즉, 고기에 간을 하지 못하는 맛을 잃은 소금이 아무 쓸모가 없는 것과 같다(왜냐하면 그것을 땅에 던지면 땅을 불모지로 만들고, 거름더미에 던지면 거름더미도 못쓰게 만들기 때문이다. 아니면 거름더미는 좋은 용도로 쓰일 수 있다). 신실하지 못한 목사들도 마찬가지이다. 그들은 다른 모든 것들 가운데 교회와 국가 모두에 가장 해로운 자들이다. 왜냐하면 그들에게 하나님의 저주가 있고, 그들은 사회에도 좋은 영향을 주지 못하기 때문이다. 이것은 우리로부터 떠나 교황권에 빠진 사람들이 우리 교회와 진리에 치명적인 원수들일 뿐만 아니라, 무엇보다도 우리의 왕과 국가에 대해 가장 크게 반란을 일으키는 반역자임을 증명하는 많은 예들로 확인될 수 있다.

질문. (마치 개신교 목사가 미사 사제가 되듯이) 진리를 배반함으로 맛을 잃은 소금이 된 그런 목사들이 회개하여 다시 하나님의 교회를 위한 사역을 감당할 수 있도록 회복될 수 있는가? **대답.** 어떤 사람들은 그들이 배교한다면 봉사의 직무에 전혀 받아들여질 수 없다고 생각하지만, 하나님과 진리에 대한 그들의 회심이 참되고 거짓이 없다면,

---

91 역자주. 원문과 영문판에 딤전 6:22로 잘못 기재되어 있다.

성경에서 그들의 회복을 막는 것을 발견할 수는 없다.

그러나 율법 아래에서 우상 숭배에 빠진 제사장들은 영원히 제사장의 직분을 박탈당했다고 주장한다[겔 44:12-13]. **대답**. 그것은 특별한 경우였다. 왜냐하면 제사장들은 그리스도의 모형(types)이었으며, 그들의 외적인 거룩은 우리 구주 그리스도의 완전한 신실함과 거룩함을 희미하게 나타냈으며, 그와 같은 이유로 인하여 몸에 흠이 있는 자는 제사장의 직분에 택함을 받지 못했다. 이제 그러한 공개적인 우상 숭배로 인해, 그들은 그리스도의 형상이 될 수 없었고 따라서 배척되었다. 그런데, 하급 직분자들은 제사장들처럼 우상 숭배를 저질렀음에도 불구하고, 성소에서 그들의 직분을 박탈당하지 않았다.

그러므로 목사는 나무랄 데가 없어야 하지만, 미사 사제는 비난받지 않을 수가 없다고 언급된다. **대답**. 참된 회개 없이는 아무도 비난받지 않을 수 없지만, 참된 회개를 한다면 미사 사제조차 비난받을 수 없다. 떨어져 나가 맛을 잃은 소금이 된 자들이 다시 맛을 낼 수는 없는가? **대답**. 그것은 하나님의 능력으로 가능하다. 그래서 신실하지 못한 목사가 회개함으로써, 하나님의 자비로 새롭게 되고 교회에 유익한 자가 될 수 있다.

요점 4

맛을 잃은 소금에 대한 저주와 형벌은 다음과 같다. "다만 밖에 버려져 사람에게 밟힐 뿐이니라." 이로써 그리스도는 불성실하고 무익한 목사들이 하나님과 사람에게 정죄를 받게 될 것임을 암시하셨다. "네가 지식을 멸시하였으니 나도 너를 멸시할 것이다"(호 4:6). "너희가 내 길을 지키지 아니하고 율법을 행할 때에 사람에게 치우치게 하였으므로 나도 너희로 하여금 모든 백성 앞에서 멸시와 천대를 당하게 하였느니라"(말 2:9). 나답과 아비후(레 10:1-2), 홉니와 비느하스 (삼상 2:34)와 같은 자들에 대한 두려운 심판을 행하실 때, 주님의 경멸의 표시를 보라. 비록 그들이 이생에서 그의 손을 피할 수 있다 할지라도 그리스도께서 오실 때 "그들을 잘라내어 외식하는 자가 받는 벌에 처하리니 거기서 오로지 슬피 울며 이를 갈게 될 것이다"[마 24:48-50].

모든 사역자들은 이것을 고려하여 맛을 잃은 소금의 저주가 그들에게 닥치지 않도록 부르심에서 충성되지 못함을 주의해야 한다. 노아의 방주를 지은 목수들이 홍수에 빠져 죽은 까닭은, 노아의 설교도 그들 자신의 행위도 그들을 회개로 이끌지 못했기 때문이다. 불성실한 사역자들이 다른 사람들을 온전케 하는 이름을 가졌다 할지라도, 이와 같은 심판이 그들에게 닥칠 것인데, 이는 불성실함 때문에 맛을 잃은 자가 되었기 때문이다. 결국 하나님 자신이 그들을 쫓아내고 발로 밟으실 것이다. 이것을 마음에 새긴다면, 많은 사람들이 하나님을 향하여 맛을 잃게 만든 게으름, 허영, 그리고 탐욕에서 떠나게 될 것이다.

두 번째 비유

"너희는 세상의 빛이라 산 위에 있는 동네가 숨겨지지 못할 것이요 사람이 등불을 켜서 말 아래에 두지 아니하고 등경 위에 두나니 이러므로 집 안 모든 사람에게 비치느니라 이같이 너희 빛이 사람 앞에 비치게 하여 그들로 너희 착한 행실을 보고 하늘에 계신 너희 아버지께 영광을 돌리게 하라"(마 5:14-16). 여기서 그리스도는 두 번째 이유를 제시하신다. 이는 그의 제자들과 그들 안에 있는 모든 사역자들을 권유하여, 하나님의 말씀을 신실하게 전하게 하기 위함이다. 이는 마치 그가 너희는 세상의 빛이며, 너희의 상태는 그와 같다고 일컬음으로써, 너희의 모든 말과 행동이 사람들의 눈에 드러난다고 말씀하시는 것과 같다. 그러므로 그 안에서 하나님께 영광을 돌리도록 주의하라. 이 이유의 첫 번째 부분은 "너희는 세상의 빛이라"이다. 두 번째 부분은 두 가지 비교로 표현되어 있다. "산 위에 있는 동네가 숨겨지지 못할 것이요 ⋯." 그리고 16절에 결론을 제시하신다.

첫 번째 부분

첫째, "너희는 세상의 빛이라." 사역자들이 빛이라면, 왜 성경은 세례 요한이 "세상의 빛이 아니었다"(요 1:8)라고 말하는가? **대답**. 세상에는 두 가지 종류의 빛이 있다. 원래의 빛과 파생된 빛이 그것이다. **원래의 빛**은 모든 빛의 원인이 되는 빛이다. 그래서 **그리스도 홀로 세상의 빛이시다.** 이런 의미에서 성경은 세례 요한이 "그 빛이라는 것"을 부인한다. **파생된 빛**은 빛을 비추기는 하지만, 다른 것으로부터 받은 빛을 비추는 것이다. 그래서 세례 요한은 "켜서 비추이는 등불이었다"[요 5:35]. 그래서 사도들도 빛이었다. "어두운 데에 빛이 비치라 말씀하셨던 그 하나님께서 그들이 예수 그리스도의 얼굴에 있는 하나님의 영광을 아는 빛을 비출 수 있도록 그들의 마음에 비추셨다"[고후 4:6]. 그래서 이 말씀은 세상이 본래 어두움과 죽음의 그늘에 처해 있었기 때문에, 사도들은 그들의 사역의 빛으로 그들에게 비출 수 있었다고 이해되어야 한다.

적용. 첫째, 사역자들에게 주어진 "빛"이라는 이 칭호는 말씀 사역의 올바른 사용을 보여 준다. 온 세상이 어둠 속에, 즉 죄 아래 무지 속에 놓여 있고, 그래서 본래 저주를 받게 되어 있었다. 이제 하나님이 말씀 사역을 빛으로 정하셔서, 이로써 무지가 쫓겨나고, 그들이 자신들의 죄를 알게 되고, 생명으로 인도하는 길을 알게 되었다. "바울은 유대인과 이방인들 모두가 어둠에서 빛으로 올 수 있도록 설교해야 했다"(행 26:18).

둘째, 이 칭호로 그리스도는 그의 말씀이 어떻게 다루어져야 하는지 보여 주신다. 즉, 그의 말씀이 사람들의 마음과 양심에 빛이 되어, 그들로 자신들의 죄를 보게 함으로써, 자신들의 큰 비참을 깨닫게 하는 것이다. 그 후에 그들이 그 비참에서 벗어날 수 있는 치료제되신 예수 그리스도를 알게 하는 것이다. 마지막으로 하나님과 사람에 대한 모든 선한 의무에 있어서, 하나님께서 그리스도인의 삶에서 요구하시는 엄격한 순종의 길을 그들에게 보여 주는 것이다. 성경 본문에 대해 길게 이야기할 수 있지만, 사람들을 하나님께 인도하는 이 지식의 빛을 그들의 마음과 양심에 비추는 것만이 참된 설교이다.

다시 말하지만, 말씀을 듣는 자들은 이 칭호로부터 그들의 의무에 대해 훈계를 받아야 한다. 첫째, 사역자들이 그들의 사역에 관하여 빛이라면, 모든 듣는 자들은 말씀의 설교가 그의 죄와 그로 인한 비참에 대한 지식으로, 또한 그리스도에 대한 참된 지식으로, 그리고 그를 순종으로 인도할 하나님의 뜻에 대한 참된 지식으로 양심을 비출 수 있도록, 그의 마음을 그 설교에 적용해야 한다. 그렇지 않으면 이 거룩한 규례는 더 깊은 정죄로 변한다. 둘째, 모든 듣는 자들은 바울의 교훈을 배워야 한다. "너희가 전에는 어둠이더니 이제는 주 안에서 빛이라 빛의 자녀들처럼 행하라"(엡 5:8). 즉, 말씀이 가르치는 것이 이 빛이며, 그것이 행하는 것을 보라. 우리가 걷는 시간이 어두울 때, 우리는 올바른 길을 볼 수 있도록 횃불과 촛불을 사용한다. 보라, 세상이 어두우므로, 우리는 살아가는 부르심의 모든 발걸음마다 하나님의 말씀이 우리 발에 빛이 되도록 노력해야 한다{시 119:105}. "왜냐하면 어둠에 다니는 자는 그 가는 곳을 알지 못하기 때문이다"(요 12:35).

마지막으로, 그리스도에 대해 전혀 들어본 적이 없는 맹인처럼 무지 속에서 살아가는 사람들이 많이 있다. 그리고 설교된 말씀을 들었을지라도, 여전히 어둠 속에 머물러 있는 자들이 있다. 그러나 그들은 그들의 상황이 두렵다는 것을 알아야 한다. 왜냐하면 말씀 사역이 **빛**이기 때문이다. 그러므로 그 말씀 사역의 유익을 얻은 자들은 빛의 자녀가 되어야 한다. 그리고 그들이 비췸을 받지 못했기 때문에, 의심의 여지 없이 하나님의 매우 두려운 심판이 그들에게 놓여 있다. 바울이 말한 것을 주목하라. "만일 우리의 복음이 가리었으면 망하는 자들에게 가리어진 것이라 그 중에 이 세상의 신이 그들의 마음의 눈을 가리었다"[고후 4:3-4]. 그러므로 그런 사람들은 이러한 참된 신앙의 특별한 근거와 의무를 알고 실천하도록 노력함으로써, 그들의 양심으로 하나님의 말씀이 빛이 되었음을 참으로 확신할 수 있게 될 것이다.

두 번째 부분

이 이유의 두 번째 부분은 다음과 같다. **너희의 상태는 그와 같으며, 너희의 부르심에 관하여 너희의 모든 말과 행동이 사람들의 눈에 드러난다.** 그것은 두 가지 비유로 표현된다. 첫째, "숨겨지지 못할 산 위에 있는 동네." 둘째, "등경 위에 있는 등불"(마 5:15). 그리스도께서 그의 제자들을 "세상의 빛"이라고 부르셨기 때문에, 그들은 그것을 외적인 명성의 문제로 받아들일 수도 있었다. 그러므로 그리스도는 여기서 그들을 칭찬하려는 것이 아니라, 그들이 처하게 될 어려운 형편을 알게 하려는 의도가 있다. 그리고 그들의 크고 막중한 부르심으로 인하여, 그들이 온 세상에 구경거리가 될 것임을 그들에게 이야기하신다. 따라서 그는 다음과 같이 말씀하시는 것과 같다. "산 위에 있는 동네가 숨겨지지 못할 것"이므로, 지나가는 모든 사람이 그것을 볼 수 있고, "등경 위에 있는 등불은 집 안 모든 사람에게 비치느니라." 그와 마찬가지로 나의 사도인 너희들은 너희의 공적인 부르심으로 말미암아 너희의 모든 말과 행동이 온 세상의 눈에 나타나게 될 것이다."

이 비유들은 같은 것을 표현하고 있다. 즉, 하나님의 사역자들을 향하여 동일한 교훈을 제시한다. 첫째, 하나님의 사역자들은 그들의 모든 행실이 세상의 눈에 공개되고 드러나기 때문에, 다른 모든 사람들보다 (비록 각 사람의 위치에서 모든 사람과 관련된다 할지라도) 그들의 삶과 행실, 즉 말하는 것과 행하는 것 모두에 있어서 거룩하고 흠이 없도록 주의해야 한다. 왜냐하면 그들은 선을 행함으로 많은 사람을 주님께 인도할 수도 있지만, 악한 행실로 말미암아 많은 영혼을 자신들과 함께 멸망으로 빠트리기도 하기 때문이다.

둘째, 그들은 다른 어떤 부류의 사람들보다 더 많은 비난과 학대에 노출되어 있다 하더라도, 이상하게 생각하지 않도록 배워야 한다. 왜냐하면 그들은 다른 모든 사람들보다 세상에 가장 노출되어 있으며, 그들의 행실이 경건하다면, "가인이 아벨의 의로운 행위 때문에 그를 미워했던" 것처럼(요일 3:12-13), 세상으로부터 더욱 미움을 받을 것이기 때문이다.

셋째, 따라서 이 부르심을 받은 사람들은 큰 죄가 없이는 하나님이 그들에게 주신 은사와 재능들을 숨겨서는 안 된다. 왜냐하면 그들은 말 아래 두어서는 안 될 켜진 등불과 같기 때문이다. 다양한 사람들이 지금까지 이런 식으로 죄를 범했는데, 이는 초대교회의 경건하고 사역의 자격을 잘 갖춘 사람들이 한적한 곳에서 살기 위해 공적 사회에서 뒤로 물러났던 것과 같다. 왜냐하면 그들이 가진 은사로 말미암아 탁월한 빛을 비추어야 했지만, 그렇게 하지 못했기 때문이다. 그리고 오늘날 이 사역에 적합한 자들이, 교회의 부르심이 없거나 대학에 머물도록 합법적 부르심을 받은 경우를 제외하고, 그들의 시간을 전적으로 대학에서 보냄으로 말미암아 비추어야 할 빛을 말아래 둠으로써 죄를 범한다. 비록 그런 부르심의 수단을 갖지 못했다고 할지라도 배움의 학교에 사는 사람들은 선지자 이사야처럼 그의 입술이 제단의 숯불에 닿았을 때, "내가 여기 있나이다 나를 보내소서"[사 6:8]라고 말할 수 있어야 한다. 그럼으로써 자신들이 교회에서 기꺼이 빛이 되기를 보여 주어야 한다. 한마디로, 이 소명을 가졌으나 어떤 식으로든 자신의 은사를 숨기는 모든 사람들은 비난을 받는데, 왜냐하면 그들은 감추어서는 안 되는 등불이기 때문이다.

그리스도께서 그의 사도들이 세상의 눈에 노출된 상태라고 제시하신 이런 비교들로부터, 교황주의자들은 **하나님의 교회는 감추어질 수 없고, 가시성**(*visibility*)은 참된 교회의 특징이 되어야만 한다고 주장한다.[92] 그러나 우리는 "엘리야의 시대"[왕상 19:10]와 교황주의가 퍼져나간 시기처럼, 하나님의 교회에서 말씀과 말씀 사역이 때때로 감추어질 수 있다는 것을 알아야 한다. 이 구절에서 그리스도는 평범한 사역자들에 대해서 말씀하시는 것이 아니다. 여기서 그는 온 세상을 비추는 빛인 사도들과 숨길 수 없는 그들의 사역에 대해 말씀하고 계

---

92 여백에: 이 주제에 관한 레미스트들(Rhemists).

시기 때문이다. 둘째, 사역은 하나의 빛이지만, 항상 온 세상을 비추는 것은 아니다. 그러므로 두 번째 비유에서, "이러므로 집 안 모든 사람에게 비친다", 즉 하나님의 교회에서 비친다는 말이 덧붙여졌다. 그래서 교황주의라는 어둠에 의해 복음 사역이 세상으로부터 감추어졌지만, 그 사역은 숨겨진 교회와 하나님의 집에 약간의 빛을 비추어 그들의 부르심과 구원의 수단을 보여 주었다.

이 비유들을 목사와 관련하여 설명한 것처럼, 모든 그리스도인들에게로 확대할 수 있다. 왜냐하면 목사는 백성의 본보기이며, 성경에서 목사 외에 다른 사람들이 빛으로 일컬어지기도 했기 때문이다. 다윗은 "이스라엘의 등불"(삼하 21:17)이라고 불렸는데, 이는 그의 통치를 지지하기 위한 것일 뿐만 아니라, 그가 왕으로서 정직한 삶으로 자기가 다스리는 백성들에게 빛을 비추었기 때문이다. 그러므로 당연히 모든 상급자와 윗사람은 빛이어야 한다. 공적 행정관은 국가에 대해, 주인은 그의 종들에 대해, 부모는 그들의 자녀들에 대해, 모든 그리스도인은 그의 형제에 대해 빛이어야 한다. "어그러지고 거스르는 세대 가운데서 세상에서 그들 가운데 빛들로 나타내며"(빌 2:15). 그러므로 우리가 그리스도인이라면, 이것은 우리의 의무이다. 우리가 하나님의 뜻에 대한 지식을 우리 마음에 새기도록 수고해야 하듯이, 선한 삶의 모범으로 그 지식의 능력이 빛을 발하도록 노력함으로써, 다른 사람들이 세상의 어둠 속에서 가르침을 받을 수 있도록 해야 한다. 그러나 아아, 많은 사람들의 경우가 탄식할 만한데, 이는 그들이 무지와 불순종으로 인해 여전히 어둠 속에 있기 때문이다. 이 사람들은 꺼진 등불처럼, 그 자리에서 옮겨져 발에 짓밟히고, 영원한 어둠 속에 던져져, 거기서 재앙으로 영원히 타오를 것이다.

"이같이 너희 빛이 사람 앞에 비치게 하여 그들로 너희 착한 행실을 보고 하늘에 계신 너희 아버지께 영광을 돌리게 하라"(마 5:16). 이 것이 이 이유의 결론이다. 여기에서 **빛을 비춘다**는 것은 그들이 하나 님의 뜻을 그의 백성에게 알리는 목회적 가르침을 의미한다. 이로써 그리스도는 또한 경건한 삶 가운데 책임 있는 실천을 요구하신다. 이 것은 마치 그가 다음과 같이 말씀하시는 것과 같다. "너는 너의 부름 으로 인해 세상에서 눈에 잘 띄는 사람이기에, 너의 사역의 증거와 너의 삶의 거룩을 돌아보아 사람들이 너의 교훈을 들을 뿐만 아니라 또한 너의 선한 행실을 봄으로써 동일한 것을 따르도록 감동을 받아 하늘에 계신 하나님께 영광을 돌리게 하라."

이것은 매우 합당한 결론인데, 여기서 말씀 사역과 관련하여 두 가지 요점을 관찰하라. 첫째, 목사들은 어떤 방식으로 말씀을 가르쳐 야 하는가. 둘째, 모든 가르침의 목적은 무엇인가.

가르침의 방식

첫째, 하나님의 말씀은 먼저 사람들이 들을 수 있도록 반드시 설 교되어야 한다. 둘째, 이것과 더불어 선행을 드러내는 책망할 것이 없는 행실이 동반되어 사람들이 그 가운데서 하나님의 뜻을 볼 수 있 어야 한다. 여기에 목사 직분의 두 부분이 있는데, **교리**(가르침)와 **선 한 삶**이다. 좋은 목사는 이것들을 함께 갖추어야 한다.[93] 글쓰기를 가 르치는 자는 먼저 그의 학생들에게 글쓰기의 규칙들을 주고, 그들이 따라야 할 사본을 제시한다. 마찬가지로 모든 스승들은 그의 기교에 서 그렇게 한다. 본보기가 규칙을 따르지 않는 한, 어떤 것도 배울 수 없다. 하나님은 사람들이 두 가지 방식으로, 즉 귀로 듣고 눈으로 봄

---

93 여백에: 목사 직분의 두 부분.

으로써 그의 뜻을 배우게 하신다. 그러므로 하나님의 뜻을 가르쳐야 할 목사는 교훈으로 귀에 가르칠 뿐만 아니라, 경건한 삶으로 그의 가르침을 눈에 제시해야 한다. "말과 행실에 있어서 믿는 자에게 본이 되라"(딤전 4:12).

적용. 모든 목사에게 맡겨진 이 이중적 책임에 관하여, 성도들은 하나님을 갈망하는 모든 기도에서, 목사들이 가르침과 삶 모두로 하나님의 뜻을 가르칠 수 있도록 기도해야 한다. 사도 바울은 그가 편지하는 교회들에 그의 사역과 관련하여 자신을 위해 기도할 것을 여러 번 요청했다[롬 15:30; 고후 1:11; 엡 6:19; 골 4:3; 살후 3:1]. 그토록 존귀한 사도가 기도를 받을 필요가 있었다면, 하나님의 교회에서 사역하는 모든 평범한 목사들은 더더욱 기도를 받을 필요가 있다. 그렇게 되어야 하는 중요한 이유는, "마귀가 여호수아의 오른쪽에 서서 그를 대적하기 때문이다"[슥 3:1]. 마귀는 "바울이 데살로니가 사람들에게 오는 것을" 방해했다[살전 2:18]. 그는 모든 신자들을 비방하지만, 특히 목사를 겨냥하는데, 그의 가르침에서 실패하게 하거나 신실하고 경건한 삶으로 그의 가르침을 예시하는 데 실패하도록 만든다.

이제 그리스도께서 모든 목사들에게 가르침 외에 경건한 삶으로 선한 행실의 증거를 요구하시기 때문에, 선행에 대한 요점을 제시할 것이다.[94] 첫째, 선행이 무엇인지, 둘째, 선행의 차이, 그리고 선행의 필요성과 존엄성 및 용도이다.

요점 1

---

94 여백에: 선행에 대하여.

선행이란 하나님이 명령하신 일이고, 믿음으로 거듭난 사람이 행하는 일이며, 사람의 유익을 통해 하나님의 영광을 위하여 행하는 일이다.[95] 첫째, 그것은 **하나님이 명령하신** 일인데, 왜냐하면 하나님의 뜻은 선함 그 자체이며, 피조물 안에 있는 모든 선함의 법칙이기 때문이다. 모든 좋은 것은 하나님의 뜻에 합당하기 때문에 선하다. 그러므로 하나님이 지정하고, 규례로 정하고, 명령하시지 않는 한, 그 어떤 일도 선한 것이 될 수 없다. 진실로 사람들이 많은 좋은 일들을 고안하고 행할 수 있지만, 그것들이 하나님의 뜻과 일치하지 않는 한, 그것들 안에는 선함이 없을 것이다. 또한, 선행은 반드시 **하나님께 순종함으로** 행해져야 한다. 하나님이 지정하신 것이 아니라면, 그것을 행하는 것은 그의 뜻에 대한 순종이 될 수 없다. 셋째, 사람들이 하나님을 섬기기 위해 그들이 고안해 낸 것을 하나님께 강요하는 **자의적 숭배**(*will-worship*)는 어디서나 정죄를 받는데[골 2:22-23; 신 12:32], 하나님의 뜻과 정함이 없이 사람이 스스로 선함을 결속시키는 모든 행위는 마찬가지로 정죄 받을 것이다. 이 요점은 반드시 기억되어야 하는데, 왜냐하면 로마 교회가 사람은 하나님이 요구하시지도 지정하시지도 않은 선행을 할 수 있다고 가르치고 있기 때문이다.[96] 그러나 앞의 이유들은, 이것이 거짓임을 보여 주며, 그들이 자신의 견해를 지지하기 위해 제시하는 논증은 다음에서 볼 수 있는 것처럼 성경의 남용에 지나지 않는다.

반대 1. 첫째, 그들은 유대인에게 말씀으로 명령된 것은 아니나, 하나님이 받으실만한 **자원하는 제물**이 있었던 것처럼[레 7:16], 오늘날에도 하나님의 명령이 아니더라도, 많은 사람들이 하나님이 받으

95　여백에: 선행이 묘사되다.
96　여백에: Bellarm. de Mona. l. 2. c. 7.

실만한 많은 선행을 행한다고 말한다. **대답**. 그들의 자원하는 제물은 하나님이 규례로 정하신 것이었기에 받으실만한 것이었다. 제물을 드리는 시간만 자유로웠을 뿐, 제물을 드리는 방법과 장소는 모두 하나님이 정하신 것이었다.

반대 2. 그들은 비느하스가 비록 재판관은 아니었지만, 하나님의 승인을 받아 시므리와 고스비를 죽였고[시 106:30-31][97], 따라서 하나님이 명하지 않은 일들도 받으실 수 있다고 말한다. **대답**. 비록 비느하스가 외적인 명령을 받은 것은 아니었을지라도, 그는 거기에 합당한 명령을 받았다. 즉, 성령으로 말미암은 비범한 본능으로, 마치 하나님이 그에게 명시적인 명령을 주신 것처럼, 그 행동을 하도록 이끌렸다. 또한 우리는 비범한 본능에 의해 행하도록 감동을 받았던 다양한 고대 선지자들의 사역에 대해 말할 수 있으며, 이러한 연유로 엘리야는 바알의 선지자들을 죽였다[왕상 18:40].

반대 3. 셋째, "우리 구주 그리스도의 머리에 값비싼 향유 한 병을 부은"[마 26:7] 마리아의 행동은 좋은 일이었지만, 하나님의 말씀 가운데 그렇게 하라는 명령을 받지는 않았다. **대답**. 마리아의 행동은 그리스도를 믿는 자신의 믿음을 증거한 고백의 행위였으며, 따라서 특별하게 명령을 받은 것은 아니었지만, 일반적으로 명령된 것이었다. 다시 말하면, 그녀는 성령의 특별한 본능에 따라 그렇게 행동하도록 이끌렸다. 왜냐하면 그리스도의 장사는 안식일 때문에 유대인의 관례대로 그에게 향유를 바를 수가 없어서, 그가 죽은 후에 매우 신속하게 이루어졌기 때문에, (그리스도 자신이 증거하듯이) "그녀는 그를 장사하기 위하여 그것을 행한"[마 26:12] 것이다. 이제 행하는 자의

---

97 민 25:7-15을 보라.

양심 속에 있는 하나님의 영의 모든 본능은 특별한 계명의 힘을 갖고 있다.

반대 4. 넷째, 하나님의 성령이 각 사람을 감동시켜 선한 일을 하게 하시므로, 모든 일에 특별한 계명이 필요한 것은 아니며, 이는 성령에 이끌린 사람들은 잘할 수밖에 없기 때문이라고 한다. **대답.** 사실 성령은 사람들을 감동시켜 선한 일을 하도록 자유롭게 일하시지만, 성령의 이 감동은 말씀 안에 있고 말씀에 의해 이루어진다. 오늘날 말씀 이외의 그러한 본능은 사람들 자신의 상상이거나 마귀의 환상이다. 그들이 주장하는 많은 이유는 그들의 순결, 정규적인 순종, 순례, 일련의 기도(trentalls)[98]의 서약 등과 같은 것을 정당화하기 위한 목적이지만, 그것들은 모두 증거가 되지 못한다. 사실 선한 일은 본질적으로 하나님이 규례로 정하고, 지정하고, 명령하신 것과 같은 일이다. 그런데 여기서 우리는 선행을 위해 교황주의 시대를 크게 칭송하는 사람들이 기만당하고 있음을 관찰할 수 있다. 미사, 사죄 등과 같은 것을 위한 형상들, 수도원, 그리고 교회에 바친 그들의 모든 헌물은 단지 그들의 생각에만 선행이었지 진정한 선행이 아니었다. 하나님이 그것들을 명령하시지 않았기 때문이다. 사람의 일에 반드시 선함을 주는 것이 주님의 계시된 뜻이다. "사람아 주께서 선한 것이 무엇이며 여호와께서 네게 구하시는 것을 네게 보이셨나니"(미 6:8).

다음으로, 선행은 **거듭난 사람이 행한 것**이라고 할 수 있다. 선행의 장본인은 세상의 모든 사람이 아니라, 성령으로 새롭게 태어난 그리스도의 지체된 자이다. 그래서 그리스도는 여기서 자신의 말씀을

---

98 *Trentalls*: 로마 가톨릭 교회가 규정한 일련의 매일 기도.

그의 제자들의 인격에 제한하여, "이같이 너희 빛이 사람 앞에 비치게 하여"라고 말씀하신다. 튀르키예 사람들과 불신자들 사이에서 예의바른 많은 사람들이 자비와 공의와 관대함을 행하고, 외적인 죄를 삼가고, 질서 있게 생활한다는 것은 사실이다. 그러나 이것들은 자연법이 요구하거나 하나님의 말씀이 명령하는 한 그 자체로는 선한 일이지만, 불신자나 거듭나지 못한 사람에게 있어서, 그것들은 죄이다. 왜냐하면 첫째, 그 일들은 원죄와 불신앙으로 부패된 마음에서 나온 것들이며(**마음**은 모든 행동의 원천이기 때문이다[마 12:35]), 또한 불의의 병기인 육신의 지체들에 의해 실천되기 때문이다. 그러므로 그것들은 부패한 샘에서 솟아나 더러운 수로를 흐르는 물과 같은 것이다. 둘째, 이 일들은 하나님의 영광과 사람들의 유익을 위해 행한 것이 아니기 때문이다. 셋째, 그 일들은 선함의 법칙, 하나님의 뜻과 말씀에 따라 하나님께 순종하여 행한 것이 아니기 때문에 선행이 될 수 없다. 이로 말미암아 선을 행하려는 모든 사람은 성령으로 말미암은 거듭남을 위해 수고하여 그의 인격이 선하게 되고, 그 다음에 그의 순종의 일들이 하나님 보시기에 선하게 된다는 것을 배워야 한다. 왜냐하면 나무가 그러하면, 열매도 그러할 것이기 때문이다. "좋은 나무가 나쁜 열매를 맺을 수 없고 못된 나무가 아름다운 열매를 맺을 수 없느니라"(마 7:18). 그러므로 우리는 그리스도에게 접붙임을 얻기 위해 수고해야 하는데, 그리스도 밖에서는 우리가 선한 일을 할 수 없기 때문이다. 그러나 그의 은혜에 참여하는 자로서 우리는 "예수 그리스도로 말미암아 의의 열매가 가득하여 하나님의 영광과 찬송이"(빌 1:11) 될 것이다.

셋째, **선행은 반드시 믿음으로 행해져야 한다.** 왜냐하면 믿음은 모든 선한 일의 원인이며, 믿음 없이는 그 어떤 선한 일도 할 수 없기 때문이다. 선행을 하는 데 있어서 이중적 믿음이 요구된다. 첫째, 사람이 구제할 때와 같이, 그가 현재 다루는 그 일을 행하는 것이 하나님이 요구하시는 것이라고 믿는 **일반적 믿음**이 요구된다. 그는 자선을 행하는 것이 하나님의 뜻이라고 확신해야 하며, 다른 선한 일에 대해서도 그렇다고 확신해야 한다. 왜냐하면 "믿음을 따라 하지 아니하는 것은 다 죄"[롬 14:23]이기 때문이다. 즉, 그러한 일을 행하거나 행하지 않는 것이 하나님의 뜻이라는 양심의 확신에서 나오지 않는 모든 것은 죄이다. 왜냐하면 자신이 행하는 것을 의심하는 자는 그 행한 것이 그 자체로 선하다 할지라도, 그 의심으로 인해 죄를 범하기 때문이다. 둘째, 여기에는 어떤 사람이 그리스도 안에서 하나님과의 화목을 그의 양심 가운데 확신하는 **의롭게 하는 믿음**이 요구된다. 이것에 대해 "믿음이 없이는 하나님을 기쁘시게 하지 못하나니"(히 11:6)라고 언급된다. 이 의롭게 하는 믿음은 선한 일을 일으키는 이중적 용도를 갖는다. 첫째, 그것은 좋은 일을 시작하게 만든다. 왜냐하면 의롭게 하는 믿음은 그리스도와 그의 공로를 붙잡아 일하는 자에게 적용되며, 이로써 그의 마음과 의지, 정서를 새롭게 하시는 그리스도와 연합되고, 그에게서 나온 일은 깨끗해진 샘에서 나오는 순수한 물과 같기 때문이다. 둘째, 믿음은 선한 행실에 있는 결함을 덮어준다(왜냐하면 이생에서 사람이 행한 최선의 일은 결함을 지니고 있기 때문이다). 이제 믿음은 그리스도와 그의 공로를 붙잡고, 그것을 일하는 자에게 적용함으로써, 그의 인격이 하나님의 보시기에 받아들여지고, 그의 불완전한 일이 가려진다. 따라서 이로 인해 우리는 믿음을 위해 애쓰도록 도전을 받는다.

마지막으로, 선행의 목적은 **사람의 유익을 통한 하나님의 영광**이어야 한다. 하나님의 영광이 모든 선행의 주된 목적이 되어야 한다.

하나님의 영광은 경외, 순종, 그리고 감사이므로, 우리가 어떤 선행을 할 때 하나님을 경외함으로, 그의 계명에 순종함으로, 그리고 그의 다양한 자비에 대한 감사의 표시로 그것을 행해야 한다. 여기에서 사람의 유익도 존중되어야 한다. 사도는 다음과 같이 말한다. "율법은 네 이웃 사랑하기를 네 자신 같이 하라 하신 한 말씀에서 이루어졌나니"[갈 5:14]. 여호와 우리 하나님을 사랑하는 것이 율법의 가장 큰 계명인데 어떻게 이것이 가능한가? 그러므로 그것은 다음과 같이 이해되어야 한다. 하나님의 율법은 그 자체로 따로 떨어져 있지 않고, 우리 이웃을 사랑하는 가운데 실천되어야 한다. 다시 말하면, 사람의 삶과 그의 모든 행동의 목적은 사람을 섬기는 가운데 하나님을 섬기는 것이며, 사람을 섬김으로써 하나님을 섬기는 것이다. 우리가 기도할 때(이것은 선한 일이다), 우리 자신을 고려할 뿐만 아니라, 하나님의 교회를 위해, 그리고 형제들을 위해 기도해야 한다. 참으로, 우리 원수들을 위해서도 기도해야 한다. 그래서 우리가 말씀을 듣고 성례를 받음으로써, 우리 형제들이 구원의 길을 더 잘 나아가게 촉진할 수 있다. 이것을 우리 구주가 여기서 표현하고 있다. "그들로 너희 착한 행실을 보고 하늘에 계신 너희 아버지께 영광을 돌리게 하라." 이는 마치 그가 우리로 하나님을 영화롭게 하고, 또한 다른 사람들도 그렇게 하도록 만들라고 말씀하시는 것과 같다.

적용. 첫째, 여기서 우리는 교황주의자들이 행한 일에 대해 어떻게 판단해야 할지 알 수 있다. 그들이 선행을 많이 한다고 흔히 생각하지만, 그렇지 않다. 그들이 행하는 최선의 일들은 하나님 앞에서 죄인데, 왜냐하면 그들은 주로 선행의 주요 목적인, 사람의 유익을 통해 하나님께 영광을 돌리는 데 실패하기 때문이다. 왜냐하면 자신들의 종교의 규칙을 따라 선행을 하는 교황주의자가 그것을 행하는 것은, 자신의 죄에 대한 일시적 형벌에 대한 하나님의 공의를 **만족시키기** 위함이며, 그 선행으로 천국을 **공로로 얻기** 위한 목적이어서,[99] 선행의 올바른 목적에서 상당히 잘못되어 자기 자신의 유익과 다른 사람의 유익을 전혀 고려하지 않기 때문이다.

둘째, 이것으로 우리는 우리의 선행에 있어서 얼마나 부족한지 스스로 알 수 있는데, 왜냐하면 우리는 일반적으로 선행의 주된 목적에서 실패하기 때문이다. 사람들은 수고와 애씀으로 그들의 시간과 힘을 쓰지만, 형제들의 유익을 고려하지 않고, 모두 그들 자신을 위한 것이며, 그들 자신의 쾌락과 이익과 우대를 위한 것이다. 이제 사람들이 다른 사람들의 유익을 통한 하나님의 영광이 아니라, 자신들만 추구하는 그런 모든 행동은, 그 자체로 선한 것일지라도, 그것을 행하는 자에게 죄가 된다. 그러므로 우리는 우리의 모든 행위 가운데 사람들의 유익 안에 있는 하나님의 영광을 목표로 삼는 것을 배워야 한다.

요점 2

이와 같이 선행이 무엇인지 알아보았다. 이제 선행의 차이를 살펴볼 것이다. 선행은 두 가지 종류이다.[100] 첫째, 하나님이 그를 예배함에 대해 말씀으로 직접 명령하신 것으로서, 기도, 감사, 성례를 받는 것, 말씀을 듣는 것, 그리고 가난한 자를 구제하는 것이다. 이것은 더 주된 종류의 선행이다. 두 번째 종류는 말씀과 기도로 거룩하여지고, 하나님의 영광을 위해 행하는 것이지만, 먹고 마시는 것과 같이 중요하지 않은 행동이다. 그것은 명령된 것도 아니고 금지된 것도 아니기

---

99 여백에: Tollet. instruct. sacer. lib. 6. cap. 21.

100 여백에: 선행의 두 종류.

에, 그 자체로 선하거나 악한 것이 아니기 때문이다. 그러므로 그것을 선한 양심으로 사용하거나 거부할 수 있지만, 하나님은 그것을 행하는 방법, 즉 하나님의 말씀과 기도로 거룩하여지는 것[딤전 4:5]과 그 목적, 즉 하나님의 영광을 명령하셨기에 그것을 그렇게 행할 때, 선한 것들이 된다.

이러한 선행의 차이를 염두에 두고, 이것이 얼마나 멀리까지 확장되는지, 그 규모를 관찰하라. 하나님은 교회, 국가, 그리고 가정이라는 세 가지 영역을 정하셨다. 그것을 보존하기 위한 다양한 부르심이 있는데, 하나님이 규정하신 것도 있으며, 사람들이 지정한 것도 있다. 하나님이 정하신 부르심과 그 의무는 당연히 선한 일이며, 심지어 사람들이 지정한 모든 부르심과 그 의무조차 선한 일이다. 그것이 기도로 거룩하여지고 하나님의 영광을 위해 행해진다면, 그것이 천한 일이라 할지라도, 선한 일이다. **예시.** 어떤 사람이 목자로 부르심을 받아 그 일을 기꺼이 받아들여 행한다고 해보자. 비록 그 부르심이 비천하고 하찮다 할지라도, 주인의 유익을 위해 하나님께 순종함으로 행한 것이기 때문에 그 일은 선한 일이다. 참으로 최고의 부르심 가운데 있는 최선의 일로서, 선한 일이라고 할 수 있다. 모든 합법적인 부르심과 일은 천한 일이라 할지라도 마찬가지로 언급될 수 있다. 왜냐하면 하나님은 그 일의 선함을 그 일이 차지하는 탁월성이 아니라, 그것을 행하는 자의 마음으로 판단하시기 때문이다. 이 점은 반드시 배워야 하는데, 왜냐하면 교회당과 병원을 건축하고 큰 길을 보수하고 구제를 많이 하는 것 등 외에 선행이란 없다는 교황주의자들의 생각이, 사람들의 마음에 확고히 자리 잡고 있기 때문이다. 그러나 우리는 사람들의 유익을 위해 하나님께 순종함으로 행한 사람의 합법적 부르심의 모든 행위가 하나님 앞에서 선행임을 배워야 한다.

그러므로 우리 각 사람은 우리의 부르심 가운데 행하여, 그 의무들이 하나님께 받아들여질 수 있도록 해야 한다. 다시 말하면, 오늘날 우리 시대에 교황주의자들이 그들의 미신 가운데 행했던 것처럼, 우리도 진실로 선한 일을 많이 할 수 있을 것이다. 지금까지 선행의 차이에 대해 다루어 보았다.

요점 3

이제 더 구체적으로, 본문에는 선행에 관한 세 가지 사항을 자세하게 설명하고 있다. 선행의 **필요성**, **존엄성**, 그리고 **용도**이다. 선행의 **필요성**은 그리스도께서 그것들을 명령하심으로써 나타난다.[101] "이같이 너희 빛이 사람 앞에 비치게 하여…" 이것으로 그는 모든 그리스도인들이 그의 제자들의 본을 따라 선한 일을 행하도록 묶으신다. 그리스도께서 우리를 율법에서 해방하셨으므로, 우리는 선행을 할 필요가 없다고 말하는 사람이 있는가? 그렇다면, 그리스도께서 우리를 율법의 저주와 혹독함에서 해방하셨으며, 그리스도인의 순종의 규칙인 율법에서 해방하신 것은 아니라고 대답할 수 있다.

질문. 선행은 구원에, 또는 선행을 행하는 우리에게 어느 정도까지 필요한가? **대답.** 선행의 필요성에 관한 세 가지 견해가 있다. 첫째, 우리의 구원과 칭의의 원인으로 선행이 필요하다고 주장하는 교황주의자들의 견해가 있는데,[102] 우리는 이것을 지금까지 반박해 왔다. 둘째, 어떤 개신교도들은 선행이 우리 구원의 주된 원인은 아닐지라도(왜냐하면 그들은 우리가 단지 그리스도로 말미암아 의롭게 되고 구원받았다고

---

101 여백에: 선행의 필요성.
102 여백에: Bellar. de Justific. l. 4. c. 7.

말하기 때문이다), 보존적(conservant) 원인으로 필요하다고 주장한다. 그러나 사실 선행은 구원의 효과적이고 주요한 원인도 아니고 보존적 원인도 아니며, 다른 곳에서 제시한 것처럼 내용적, 형식적, 또는 최종적 원인도 아니다. 세 번째 견해가 진리인데, 이는 선행이 구원이나 칭의의 원인으로서 필요한 것이 아니라, 우리가 의롭게 되고 구원받는, 그리스도를 믿는 믿음의 불가분의 결과로서 필요하며, 한 장소에 가는 하나의 방법으로서 필요한 것이다.

선행의 **존엄성**은 그것들이 **선하다**고 불리는 데서 표현되었다.[103] 선행은 단지 부분적으로 좋은 것이지 완벽한 것은 아니다. 나무가 그러하듯이 열매도 그러하기 때문이다. 그러나 모든 거듭난 사람은 **부분적으로는 영적**이며, 또 **부분적으로는 육적**이다. 즉, 부분적으로 거듭났으며, 부분적으로 본성적이며 부패하였다. 이것은 그의 모든 행동의 원천인 그의 마음, 의지, 정서가 영적인 부분도 있고, 육적인 부분도 있기 때문이다. 그러므로 거기에서 나오는 것은 주의해야 할 필요가 있다. 즉, 그것이 본성에서 나온 것이므로 부분적으로 부패하였지만, 은혜에서 나온 것이므로 부분적으로는 선한 것이다.

질문. 그러나 그것들이 악하다면, 어떻게 하나님이 그것들을 승인하실 수 있겠는가? **대답.** 우리는 선행을 두 가지로 고려해야 한다. 첫째, 선행을 율법에 비추어 보았을 때는 그 자체로 죄라고 할 수 있다. 왜냐하면 선행은 율법이 요구하는 완전에 도달하지 못하기 때문이다. 죄에는 두 가지 등급이 있다. 율법에 전적으로 어긋난 행동인 **반란**과 사람이 율법이 명령하는 것을 행할 때, 그것을 행하는 방식에 실패하여 사람의 최선의 행위조차 죄인 **결함**이다. 둘째, 하나님은 그

---

103 여백에: 선행의 존엄성.

리스도 안에서 하나님과 화목하여 중생한 사람이 행한 선행을 수용하신다. 왜냐하면 그것 가운데 있는 부족이 그리스도 안에서 덮어지기 때문이다. 그러나 여기서 우리는 선행이 그처럼 좋은 것이므로 그 안에는 죄가 없다고 가르치는 로마 교회의 교리를 주의해야 한다. 이것을 증명하기 위해 그들은 이유를 많이 말하지만,[104] 그것들은 지금까지 논박됐다.

첫째, 선행은 하나님에게서 비롯된 것이기에 완벽하게 선한 것이 아닌가? **대답**. 만일 하나님 홀로 그 선행의 저자라면, 이것은 사실이지만, 그 선행의 불완전함을 가져오는 사람이 또 다른 저자이다.

선행 안에 어떤 죄가 있다면, 모든 죄가 악하기 때문에, 그 선행조차 선한 것이 아니라 악하다고 일컬어져야 하는 것이 아닌가? **대답**. 용서받지 못한 죄는 완전히 악하지만, 우리 구주 그리스도 안에서 용서될 때, 그것은 마치 악하지 않은 것과 같다.

셋째, 만일 선행이 죄악된 것이라면, 선행을 해서는 안 되는 것이 아닌가? 우리의 교리로 인해 사람들이 모든 선행을 삼가야 하지 않는가? **대답**. 악한 것은, 그것이 악한 것인 한, 행해서는 안 된다. 그러나 선행은 단순히 그리고 절대적으로 악한 것이 아니다. 선행은 그 자체로 좋은 것이며, 은혜에서 나온 것들은 우리 안에서 부분적으로 좋은 것이다. 그러므로 그것은 행하여야 한다. 왜냐하면 하나님께서 우리에게 그것을 요구하시기 때문이다. 그리고 그것들의 불완전함에 대해 우리는 우리 구주 그리스도께 용서를 구해야 한다. 그런데 여기서 우리는 사람이 선행으로 의롭게 될 수 있다고 가르치는 교황주의자들의 교만한 교리를 정당하게 비난할 수 있다. 이는 사람이

---

104 여백에: Bellar. de Justific. l. 4. c. 15. 17.

행하는 최선의 행위가 이생에서 죄로 더럽혀져, 율법이 요구하는 그 완전함에 전혀 상응할 수 없기 때문이다[사 64:6]. 우리는 전혀 다르게 생각해야 한다. 즉, 우리의 최선의 행위에 대해 하나님은 우리를 정당하게 정죄하실 수 있는데, 이는 우리가 마땅히 해야 할 일을 하지 않았기 때문이다. 그러므로 그리스도는 우리가 우리 자신에 대해, "우리가 할 수 있는 모든 것을 다 한 후에 우리는 무익한 종이라"[눅 17:10]고 말하라고 권고하셨다.

우리 구주 그리스도께서 여기서 제시하신 선행의 **용도**는 **하나님을 영화롭게 하는 것**이다.[105] 이것이 선행의 전체 목적은 아니다. 그러므로 동일한 것을 성경의 다른 구절들로부터 보다 충분하게 제시할 것이다. 왜냐하면 그리스도는 여기서 자신이 의도한 목적과 관련된 선행의 목적만을 제시하시기 때문이다.

선행의 용도와 목적은 하나님, 우리 자신, 우리 형제와 관련하여 삼중적이다. **하나님과 관련한** 선행으로서,[106] 선행은 세 가지 용도를 갖는다. 첫째, 선행은 우리가 하나님의 계명에 대한 우리의 경의와 순종을 증거하는 수단이다. 창조, 보존, 그리고 구속을 통해, 그는 우리의 주님이시고 하나님이시며, 따라서 우리가 준수할 율법을 규정하신다. 이와 관련하여 우리는 그에게 경의를 표해야 하는데, 그가 그의 말씀 가운데 우리에게 명령하신 대로 선행을 행하여, 우리의 경의를 드러내고 증거할 수 있다. 둘째, 선행은 우리의 창조, 구속, 그리고 영혼과 육신의 여러 가지 보존에 대해, 하나님께 대한 우리의 감사의 표시이다. 진실로 감사는 말로 나타나지만, 참된 감사는 순종에 있고, 우리의 순종은 선한 행실로 나타난다. 그러므로 사도 바울

---

105 여백에: 선행의 용도.
106 역자주, 여백에: 하나님과 관련하여.

은 우리에게 권고한다. "우리 몸을 하나님이 기뻐하시는 거룩한 제물로 드리라"(롬 12:1). 셋째, 선행은 우리로 하나님을 따르는 자로 만든다. 우리는 "그가 거룩한 것처럼 거룩한 자가 되고"(벧전 1:15), "주께서 우리를 사랑하신 것 같이"[엡 5:1-2] 서로에 대한 사랑의 의무를 실천하라고 명령을 받는다. 그러므로 우리는 도덕법의 의무를 행하여 그 안에서 하나님을 본받아야 한다. "이 소망을 가진 자마다 그의 깨끗하심과 같이 자기를 깨끗하게 하느니라"(요일 3:3).

둘째, **우리와 관련된** 선행의 용도는 특히 사중적이다.[107] 첫째, 선행은 우리 마음의 은혜가 위선에 있지 않고, 진실함과 성실함에 있음을 증거함으로써, 우리 믿음과 고백이 진실하다는 외적인 증거이다. 이러한 이유로 "아브라함은 행함으로 의롭다 하심을 받은 것이라고 언급되었다"[약 2:21]. 왜냐하면 그의 행함은, 그의 믿음이 참되고 신실했음을 증거하기 때문이다. 은혜의 불이 있는 곳에 그것이 타지 않을 수 없고, 생명수가 있는 곳에 그것이 선행으로 흘러나와 그 시냇물을 내보내지 않을 수 없기 때문이다.

둘째, 선행은 우리의 선택, 칭의, 성화, 그리고 미래의 영화에 대한 표시와 서약이다. 우리가 알다시피, 나무는 그것이 맺는 열매와 새싹으로 사는 것처럼, 사람은 선한 일에 계속 매진함으로써 자신이 그리스도 안에 있으며, 그리스도의 모든 유익에 대해 참된 권리를 갖고 있음을 안다. 그러므로 사도가 사람들로 하여금 "더욱 힘써 그들의 부르심과 택하심을 굳게 하라"{벧후 1:10}고 했을 때, 그는 우리가 이생에서 가지고 있는 선택에 대한 가장 분명한 증거로서, 마땅히 행해야 할 특정한 미덕들[벧후 1:5-6]을 제시한다.

---

107 여백에: 우리 자신에 관련하여.

셋째, 선행은 우리가 우리의 거룩한 부르심에 응답할 수 있도록 도와준다. 왜냐하면 복음을 고백하는 모든 사람은 그리스도의 지체와 새로운 피조물로 일컬어지며, 그의 의무는 선행을 행하는 것이기 때문이다. "너희가 부르심을 받은 일에 합당하게 행하여 모든 겸손과 온유로 하고 오래 참음으로 사랑 가운데서 서로 용납하고"(엡 4:1-2). "너희는 그가 만드신 바라 그리스도 예수 안에서 선한 일을 위하여 지으심을 받은 자니 이 일은 하나님이 전에 예비하사 우리로 그 가운데서 행하게 하려 하심이니라"(엡 2:10). 사람이 자신의 부르심에 응답할 수 있다는 것은 매우 탁월한 일이다. 다윗이 목동이었을 때, 그는 아버지의 양을 지키며 목동으로 살았으나, 그가 왕으로 부르심을 받았을 때, "그는 하나님의 백성을 다스릴 때 왕처럼 행동했다"[시 78:72]. 따라서 모든 그리스도인은 새로운 피조물로서 마땅히 그렇게 행동해야 한다. 하나님의 자녀답게 행동하고, 자기를 부르신 자의 미덕을 나타냄으로써, 자신의 부르심을 증거해야 한다(벧전 2:9).

넷째, 선행은 우리가 걸어야 할 하나의 길로서, 하나님의 자녀들에게 약속된 그의 자비를 받을 수 있고, 죄인들에게 임박한 심판을 피할 수 있다. 왜냐하면 하나님의 말씀은 순종하는 자에게 주는 가장 달콤한 약속들로 가득 차 있고, 반역과 죄악에 대해서는 끔찍한 위협으로 가득 차 있기 때문이다. 사람은 선행 가운데 행하여 "하나님의 심판이 불붙는"[롬 3:16] 악의 길을 피하고, 하나님의 복이 뿌려지는 의의 길을 굳게 붙든다(잠 3:17).

셋째, **우리 형제와 관련하여** 선행의 목적은 주로 다음과 같다.[108]

---

108 역자주. 여백에: 우리 형제와 관련하여.

우리가 행하는 선행의 본보기를 통해 어떤 사람들을 하나님께 인도할 수 있고, 진리에 순종하게 하며, 많은 사람들이 퇴보하는 범죄를 방지할 수 있다. 특히 높은 지위에 있는 사람들의 악한 본보기는 전염될 수 있는데, 이는 단지 자신의 영혼만을 지옥에 던지는 것일 뿐만 아니라, 또한 많은 사람들을 함께 지옥으로 끌어당기는 것이다. 여로보암 왕이 범죄하였을 때, "그는 이스라엘로 하여금 죄를 짓게 하였다"(왕상 15:34). 그러므로 우리는 다른 사람들과 관련하여, 우리의 모든 길을 주의깊게 살펴야 하며, 이곳에서 그리스도의 명령을 따라 생활하여, 우리의 선한 행실을 본 다른 사람들이 진리에 인도되어 하늘에 계신 하나님께 영광을 돌리게 해야 한다. 이상과 같이 우리는 선행의 목적들을 살펴보았다.

이제 선행이 그와 같이 탁월한 용도가 있음을 고려할 때, 우리는 모든 부지런함으로 그 안에서 행하도록 권고를 받는다. 왜냐하면 이로써 우리는 우리 형제들에게 유익을 제공하고, 우리 자신을 도우며, 하나님께 영광을 돌리기 때문이다. 어떤 사람이 가난하다 할지라도, 그 가난이 그가 이 의무를 행하는 것을 방해할 수는 없다. 왜냐하면 구제하는 것과 교회나 여기저기에 많은 헌물을 드리는 것은 선행일 뿐만 아니라, 또한 하나님의 영광과 사람들의 유익을 위해 믿음으로 행하는 모든 사람의 합법적 부르심의 특별한 의무이기 때문이다. 그 부르심이 비천한 것이라 할지라도, 그는 믿음과 순종으로 그 부르심을 행하여 자신의 선택에 대한 확실한 증거를 얻을 수 있다. 이 권면은 매우 필요한데, 왜냐하면 사람들이 죄를 지을 기회가 생기면, 곧바로 모든 순종의 멍에를 떨쳐버려 선한 일을 행할 길이 전혀 없기 때문이다. 교황주의자들은 참으로 칭의의 공로와 영생을 선행의 목적으로 삼지만, 그것은 지금까지 충분하게 반박되었다.

지금까지 우리는 **가르침의 방식**에 관한 이 결론의 첫 번째 요점에 대해 이야기했다.

가르침의 목적

두 번째 요점은 모든 가르침의 목적이다.[109] 즉, 사람들을 하나님께 돌이키게 하여 그들이 하나님께 영광을 돌리게 하는 것이다. "사람들이 너희 착한 행실을 보고 하늘에 계신 너희 아버지께 영광을 돌리게 하라." 즉, 사람들을 가르쳐 그들이 너희의 착한 행실을 보고, 이로써 믿음에 이르게 되어 하나님께 영광을 돌리는 것이다. 우리 구주 그리스도는 승천하시기 전, 그의 제자들에게 주신 사명에서 다음과 같이 그들에게 명령하셨다. "가서 모든 족속으로 제자를 삼으라"[마 28:19]. 그리고 바울은 "내가 여러 사람에게 여러 모습이 된 것은 그가 할 수 있는 모든 수단을 통해" 가르칠 뿐만 아니라, "몇 사람이라도 구원하고자 함이었다"[고전 9:22]고 말한다.

이로써 모든 목사들과 이 부르심을 위해 자신을 따로 구별한 모든 자들은, 이 의무를 자신들의 모든 연구와 수고의 주된 목적으로 삼아야 한다. 즉, 사람들을 하나님께 돌이키게 하여 회심한 그들이 하나님께 영광을 돌리는 것이다. 다시 말하자면, 그 사역의 동일한 목적은 모든 청중으로 하여금 말씀의 사역에 순종하도록 권면하여, 그들이 하나님께 돌이켜 회심한 후에 하나님께 영광을 돌리는 일이 그들 마음속에 일어나는 것이다. 사람들은 오히려 이것에 마땅히 순종해야 하는데, 왜냐하면 목사는 그의 청중들이 회심하여 하나님께 영광을 돌릴 수 있게 되는 것을 보는 것이, 그의 모든 수고 가운데 주된

---

109 역자주, 여백에: 가르침의 목적.

위로이기 때문이다. 그리고 더 나아가, 청중들이 알아야 할 사실은, 그들이 순종으로 하나님을 찬양하고 영화롭게 할 수 있도록 듣고도 회심하지 않는다면, 이 사역은 마지막 날에 더 깊은 정죄를 위해 그들을 기소하는 고발장이 될 것이라는 사실이다(마 11:21, 24).

세 번째 내용: 마태복음 5:17-48

서문

"내가 율법이나 선지자를 폐하러 온 줄로 생각하지 말라 폐하러 온 것이 아니요 완전하게 하려 함이라"(마 5:17). 이 구절과 이 장 마지막까지 뒤따르는 나머지 구절에 **그리스도의 세 번째 부분**이 포함되어 있는데, 여기서 그는 유대 교사들에 의해 많이 왜곡되었던 도덕법을 그 참된 뜻과 의미로 회복시키려 하신다. 그리고 결국 그 동일한 내용이 더 잘 수용될 수 있도록, 그는 주목할 만한 서문(마 5:17-20)으로 그 길을 열어주신다. 여기서 그는 율법과 관련하여 유대인들이 자신에 대해 품었던 그릇된 견해를 방지하고 제거할 뿐만 아니라, 또한 율법에 대한 모든 경외심과 충성심을 얻도록 노력한다. 왜냐하면 유대 교사들은 우리 구주 그리스도께서 장로들의 유전을 정죄하고 무시하며, 그들이 생각했던 대로 그가 마땅히 율법의 의식들을 존중하지 않는다고 생각하고서, 그를 속이는 자로, 그리고 모세의 온 율법을 뒤집어엎는 자로 판단했기 때문이다. 그리스도는 이 견해를 세 가지 논증으로 반박하신다. 첫째, 그가 온 목적으로부터 반박하신다. 둘째, 18절의 율법의 성격으로부터 반박하신다. 여기서 그는 율법을 경외하도록 두 가지 주목할 만한 결론을 추론하신다(마 5:19). 셋째, 그의 사역의 목적으로부터(마 5:20) 반박하신다.

첫째, **해설**. "내가 율법이나 선지자를 폐하러 온 줄로 생각하지
말라." 그리스도의 오심은 신성(神性)이 우리의 본성으로 나타난 것으
로 이해되어야 한다. 그렇지 않으면, 어디에나 계신 그의 신성이 제
대로 왔다고 언급될 수 없고, 그의 인성은 하늘에 계시지 않았기 때
문이다. "율법을 폐하러." 일반적으로 **율법**은 하나님의 말씀 가운데
의롭고, 정직하고, 경건한 것을 명령한 부분이다.[110] 이런 식으로 이
해할 때, 율법은 삼중적이다. 의식적 율법, 사법적 율법, 그리고 도
덕적 율법이다. **의식법**(*ceremonial law*)은 하나님의 말씀 가운데 유대인
들에게 하나님을 예배함에 있어서 수행되어야 할 의식, 예식, 그리고
질서를 규정한 부분이다. 이 율법은 모세의 책, 특히 레위기에 기록
되어 있다. **사법적 율법**(*judicial law*)은 하나님의 말씀 가운데 유대 공동
체의 통치와 범죄자에 대한 시민적 형벌에 대한 규례를 규정한 부분
이다. **의식법**은 유대인들에게만 적용되었다. **사법적 율법**은 진실로
유대인들에게 주로 적용되었지만, 그것이 일반적 형평성을 지닌 도
덕법을 확립하는 경향이 있는 한, 모든 시대와 장소의 모든 사람에게
적용된다.

도덕법(*moral law*)이 무엇인지 세 가지로 묘사할 것이다. 첫째, 도덕
법은 하나님의 말씀 가운데 의와 경건에 관하여 창조의 선물에 의해
아담의 마음에 기록된 부분이다. 그리고 그것의 잔재는 본성의 빛에
의해 모든 사람 속에 있으며, 의와 경건에 관하여 모든 사람을 구속
(拘束)한다. 둘째, 도덕법은 내적으로는 생각과 감정으로, 외적으로는
말과 행동으로 완벽하게 순종할 것을 요구한다. 셋째, 도덕법은 단

---

110 여백에: 일반적인 율법.

한 번만, 그리고 오직 생각만이라도 그 최소한의 의무를 다하지 않는 모든 사람을 저주와 형벌에 묶는다. "누구든지 율법 책에 기록된 대로 모든 일을 항상 행하지 아니하는 자는 저주 아래에 있는 자라"(갈 3:10). 도덕법의 요체는 많은 사람들이 되뇔 수 있으되, 이해하는 사람은 거의 없는 **데칼로그**(*Decalogue*) 또는 **십계명**에 제시되어 있다.

우리가 도덕법을 더 올바르게 이해하려면, 율법과 복음을 구별해야 한다.[111] 왜냐하면 복음은 말씀 가운데 그리스도를 믿는 모든 자들에게 의와 영생을 약속하는 부분이기 때문이다. 그것들의 차이는 특히 다음 다섯 가지에 있다.

첫째, 타락 이전에 사람의 본성에 있었던 율법은 자연적인 것인 반면, 복음은 타락 후에 은혜 언약에 계시된 영적인 것이다.

둘째, 율법은 하나님의 공의를 엄격하고 무자비하게 제시하는 반면, 복음은 그리스도 안에서 연합된 공의와 자비를 제시한다.

셋째, 율법은 우리 안에 있는 완전한 의를 요구하는 반면, 복음은 전가된 의를 통하여 우리가 하나님께 받아들여졌음을 계시한다.

넷째, 율법은 자비 없는 심판을 위협하므로 "정죄와 죽음의 사역"[고후 3:7, 9]으로 일컬어지는 반면, 복음은 사람의 죄에 대해 우리가 회개하고 믿으면, 그리스도 안에서 그리고 그리스도에 의한 자비를 보여 준다.

마지막으로, 율법은 그것의 일꾼과 행하는 자에게 생명을 약속한다. "이것을 행하라. 그리하면 네가 살리라"[롬 10:5]. 그러나 복음은 믿음을 행위가 아니라, 우리를 의롭게 하는 그리스도를 붙잡는 도구로 여김으로써, "일을 아니할지라도 경건하지 아니한 자를 의롭다 하

---

111 역자주, 여백에: 율법과 복음의 차이.

시는 이를 믿는"[롬 4:5] 자에게 구원을 제공한다.

로마 교회는 어떤 면에서 율법과 복음을 혼란스럽게 만드는데, 그들은 새로운 율법인 복음이 옛 율법으로 일컬어지는 모세의 법이 했던 것보다 그리스도를 더 분명하게 계시한다고 말한다.[112] 그러나 이것은 모든 종교를 뒤엎는 악한 견해이며, 교황주의의 많은 골칫거리의 원인으로, 그들이 율법과 복음 사이의 참된 구별을 인정한다면, 있을 수 없는 것이다. 그들은 자신들의 변호를 위해 둘 다의 교훈은 본질적으로 동일하고, 둘 다 의를 요구하며, 둘 다 생명을 약속하고 죽음을 위협하며, 둘 다 믿음, 회개, 그리고 순종을 명령하기에, 그것들은 똑같다고 말한다.[113]

대답. 첫째, 율법과 복음의 율례와 교훈은 똑같은 것이 아니다.[114] 왜냐하면 아담은 무죄한 상태에서 율법을 알았지만, 그때 그리스도를 믿는 것에 대해 전혀 알지 못했기 때문이다. 그리고 둘 다 비록 의를 요구하고 생명을 약속하며 죽음을 위협할지라도, 그 방식은 앞서 언급했던 것처럼 전혀 다르고, 그래서 그것들은 믿음을 요구함에 있어서도 다르다. 왜냐하면 복음은 율법이 하는 것처럼 행해진 일이 아니라, 그리스도를 붙잡는 도구로서 믿음을 명령하기 때문이다. 다시 말하지만, 율법은 일반적으로 하나님을 믿고, 그의 말씀이 참되다고 믿는 믿음을 명령하지만, 복음은 이 외에도 율법이 결코 알지 못했던 구속주 그리스도를 믿는 특별한 믿음을 요구한다. 둘째, 율법은 회개를 명령하지 않는데, 왜냐하면 아담이 회개할 필요가 없었을 때, 율법에 대한 지식이 그의 마음속에 있었기 때문이다. 그러므로 참된 회

---

112 여백에: Torrens. August. Confes. lib. 2. cap. 6.

113 여백에: Bellar. de Justif. l. 4. c. 3.

114 역자주. 율법과 복음은 교훈에 있어서 다르다.

개는 오직 복음에 의해 이루어지고 명령되는 구원하는 은혜이다. 셋째, 비록 율법과 복음 모두가 순종을 명령한다 할지라도 동일한 방식은 아니다. 율법은 부분적으로나 정도에 있어서 모든 면에서 완전한 순종을 명령하고 다른 어떤 것을 허용하지 않지만, 복음은 순종을 명령하고 그리스도 안에서 불완전한 순종, 즉 위선이 없다면, 범사에 하나님께 순종하고 하나님을 기쁘시게 하려는 노력을 승인한다. 다시 말하면, 율법은 구원을 얻기 위해 행해져야 할 일로서 순종을 명령하지만, 복음은 오직 하나님께 대한 우리의 믿음과 감사를 증거하는 순종을 요구한다. 그러므로 로마 교회는 율법과 복음을 혼잡하게 하여 심각한 잘못을 범하고 있다. 실제로 이 둘은 크게 다르므로, 우리가 생명으로 인도하는 올바른 길에 들어가 그것을 붙잡고자 한다면, 우리는 반드시 믿어야만 한다.

이제 그리스도께서 "내가 율법을 폐하러 온 줄로 생각하지 말라"고 말씀하기 때문에, "율법"이란 주로 **도덕법**을 의미하고, 또한 **의식법**도 의미한다. 그 다음으로 그리스도께서 율법과 선지자 사이에 세운 대립을 관찰하라. 그리스도에 의하면, "율법"이란 하나님의 말씀 가운데 모세가 하나님의 명령에 의해 기록한 의와 공의에 관한 부분을 의미한다. 그리스도에 의하면, "선지자"란 하나님의 말씀 가운데 모세 이후에 구약성경의 모든 선지자들의 글 속에 포함된 부분을 의미한다. 즉, 모세의 율법에 대한 해석이나 신약성경의 교회의 상태에 대한 예견이 포함된 선지자들의 책들이다. 우리는 "율법을 폐하는 것"을 사람의 죄로 인해 발생한 율법에 대한 위반이 아니라, 율법이 갖는 모든 미덕과 능력을 율법에서 빼는 것과 같은 해체로 이해해야 한다. 그래서 "선지자를 폐한다"는 것은 그것이 율법의 해석이나, 복음 아래 있는 하나님의 교회의 상태에 대한 예고에 관해 아무 소용이 없는 것처럼 끝내는 것이다.

"그러나 그것들을 완전하게 하려 함이라." 그리스도는 율법을 세 가지 방식으로 성취하신다.[115] 그의 **가르침**으로, 그의 **인격**에서, 그리고 **사람들** 안에서 성취하신다. 그의 **가르침**으로 그는 율법을 두 가지 방식으로 성취하신다. 우리가 나중에 보게 될 것처럼, 율법의 고유한 의미와 참된 용도를 회복함으로써, 즉 그가 여기서 율법에 대한 바리새인들의 왜곡된 해석을 교정하심으로써, 또한 올바른 길을 계시함으로써, 율법이 성취될 수 있다.

둘째, 그의 **인격**에서 그는 율법을 두 가지 방식으로 성취하신다. 첫째, 율법에 대해 저주를 받아 우리를 위해 십자가에서 죽으심으로 성취하신다. 둘째, 하나님과 그의 이웃을 사랑하라는 율법이 요구하는 모든 것을 행하여, 율법을 온전히 순종함으로써 성취하신다. 이런 점에서 그는 "율법 아래 있었다"[갈 4:4]고 언급된다.

셋째, 그리스도는 율법을 **사람들** 안에서 성취하셨다. 사람들은 택자들과 유기된 자들로 두 부류이다. **택자들** 안에서 그는 율법을 두 가지 방식으로 성취하신다. 첫째, 그들의 마음속에 믿음을 창조하심으로써 성취하시는데, 그들은 믿음으로 그들을 위해 율법을 성취하신 그리스도를 붙잡는다. 둘째, 그들에게 자기 자신의 성령을 주심으로써 성취하시는데, 성령은 그들로 율법을 성취하도록 노력하게 하신다. 그래서, 그들은 그리스도 안에서 이생에서 완전한 순종으로 받아들여지고, 다가오는 삶에서도 참으로 완전하게 된다. **불신자들** 안에서 그리스도께서 율법의 저주를 그들에게 집행함으로 율법을 성취하신다. 이는 그 저주가 율법의 일부이고, 저주의 집행과 지속이 율

---

115   여백에: 그리스도께서 율법을 세 가지 방식으로 성취하신다.

법에 대한 하나의 성취이기 때문이다. 이처럼 그리스도는 율법을 성취하시는데, 그가 하신 말의 의미는 다음과 같다. "너희는 내가 율법과 선지자를 아무 효과가 없게 함으로써 그것들을 폐하러 왔다고 생각한다면, 너희는 속은 것이다. 아니, 다른 한편으로 내가 육신으로 나타난 목적은, 내 가르침과 인격에서, 그리고 또한 선하고 악한 사람들 안에서 율법을 성취하기 위한 것이었음을 알라."

적용. 율법에 대한 자신의 행위에 대한 그리스도의 변호에서, 유대인들 가운데 어떤 사람들, 특히 서기관들과 바리새인들이 그에 대해 어떤 악의를 품었는지 관찰하라. 왜냐하면 그리스도는 율법을 만드신 분이셨으나, 그들은 그가 율법을 폐지했다고 악의적으로 의심하고 고발하기 때문이다. 따라서 그는 그에 대한 악의와 고발을 해소하기를 원하신다.

그것은 모든 시대에 걸쳐 하나님의 가장 소중한 종들에 대한 악한 사람들의 악의였다. 스데반은 "율법에 대해 모독적인 말을 한다"(행 6:14)는 혐의를 받았다. 바울은 같은 범죄로 기소되었다(행 21:28). 그리고 그와 같은 것이 모든 복음주의 개혁교회에 대한 교황주의자들의 악의이다. 우리가 행위로 말미암은 칭의를 거부하기 때문에, 그들은 우리를 선행의 원수로 정죄한다. 또한, 그들은 진리를 고수하는 우리에게 비난거리를 쏟아붓는다. 우리들 가운데서도 그와 같은 악의가 형제들을 가증한 이름으로 낙인찍는 자들에게서 나타나는데, 이는 그들이 하나님께 대한 자신들의 의무에 대해 다른 사람들보다 더 관심을 보여 주기 때문이다. 그러나 하나님의 모든 자녀들은 이러한 바리새적 관행을 조심하자.

여기서 그리스도가 구약성경 전체를 포괄하는 칭호들을 관찰하라. "율법과 선지자." 그것들은 "모세와 선지자들"(눅 16:31)로 일컬어진다. "그리스도가 모세와 모든 선지자의 글로 시작하여 모든 성경에 쓴 바 자기에 관한 것을 자세히 설명하시니라"(눅 24:27). 여기서 "모세"와 "선지자"는 구약의 모든 성경을 포함한다.

여기서 우리는 구약의 책들의 속성을 주목할 수 있다.[116] 즉, 그것들 모두는 모세나 다른 선지자들에 의해 기록되었다. 이것으로 우리는 구약 정경을 알 수 있고, 외경(外經, Apocrypha)이라 불리는 책들과 구별할 수 있다. 왜냐하면 외경은 유대인들의 모국어인 히브리 언어로 말하고 기록한 선지자가 아니라, 다른 사람들이 옛 선지자들의 언어가 아닌 헬라어로 기록한 것이었기 때문이다. 이 책들은 다양한 관점에서 삶의 방식에 관하여 많은 가치 있는 규칙들을 포함하는 것으로 간주될 수 있으며, 이런 점에서 우리는 그것들이 성경과 일치하는 한, 다른 사람들의 글보다 선호할 수 있다. 그래서 하나님의 교회는 오랫동안 그것들을 존중했다. 그러나 그것들은 율법이나 선지자의 일부가 아니다. 그러므로 로마 교회는 이러한 외경을 정경으로 칭함으로써, 세상을 현저히 어지럽히고 악용하고 있다.[117]

셋째, 그리스도는 그의 이 변호에서 율법과 복음의 달콤한 일치를 보여 주신다.[118] 그것들은 서로 대립하지 않는데, 왜냐하면 복음의 실체인 그리스도께서 율법을 성취하러 오셨기 때문이다. 그러므로 바울은 "우리가 믿음으로 말미암아 율법을 굳게 세우느니라"[롬 3:31]고 말한다. "모세가 백성들에게 율법을 주었을 때, 희생제사를 드리고 그 희생제사의 피를 그 두루마리와 온 백성에게 뿌렸다"(히 9:19-20). 이것은 거기에 설명되어 있듯이[히 9:23-24], 그리스도의

---

116 여백에: 구약성경의 속성.

117 여백에: Concil. Trid. sess. 4. sect. 1.

118 역자주, 율법과 복음의 일치.

피 흘리심에 대한 하나의 모형으로서, 율법과 복음 사이의 이러한 일치를 두드러지게 의미했다. 따라서 그리스도 없이는 율법이 있을 수 없다.

이제 그것들 사이의 이러한 일치는 여기에 있다. 율법은 완전한 순종을 요구하고 가장 작은 율법의 위반에도 죽음을 위협하며, 우리 자신 밖에서 그것을 성취하기 위한 어떤 방법도 제시하지 않지만, 복음은 우리를 우리의 보증으로서 우리를 위해 율법을 성취한 그리스도께 인도한다. 이런 이유로 그리스도는 "믿는 모든 자에게 의를 위한 율법의 마침"[롬 10:4][119]으로 일컬어진다. 그래서 그리스도를 통하여 "육신을 따르지 않고 그 영을 따라 행하는 우리에게 율법의 의가 이루어진다"[롬 8:4].

논증 2

"진실로 너희에게 이르노니 천지가 없어지기 전에는 율법의 일점 일획도 결코 없어지지 아니하고 다 이루리라"(마 5:18). 여기서 우리 구주 그리스도는 율법 파기에 대한 그들의 거짓된 전가에서 혐의를 벗기 위해, 두 번째 논증을 제시하시는데 그것은 불변하는 율법의 본성에서 나온 것이다.

해설. "왜냐하면." 이것은 이 구절이 앞 구절에 의존한다는 것을 보여 준다. "진실로 내가 너희에게 이르노니." 이것은 우리 구주가 어떤 중대한 진리를 엄숙하게 옹호하고자 하실 때 사용한 말씀의 형식이다. 그리고 이것을 자기 자신의 이름으로 제시하면서, 여기서 그는 자신이 우리가 범사에 들어야 할 교회의 교사(Doctor)임을 보여 주

---

119 역자주, 원문과 영문판은 롬 10:8로 오식되어 있다.

신다. 왜냐하면 그는 거짓말을 할 수 없는 자로서 말씀하기 때문이다. 그가 말씀한 것은 다음과 같다. "천지가 없어지기 전에는 율법의 일점일획도 결코 없어지지 아니하리라." 이와 같은 말씀으로 그는 율법의 안정성과 불변성을 규정하셨다. 그는 자신의 마음을 온전히 표현하기 위해 히브리어 알파벳에서 하나의 어구, 가장 작은 문자인 요드(jod)를 차용하는데, "일점"은 이 작은 문자 요드(jod)조차 율법에서 사라지지 않을 것임을 의미한다.

어떤 사람들은 "일획"이 히브리어 모음을 의미한다고 생각하지만, 정확하게 그것은 **구부러진 선** 또는 **뿔의 꼭대기**를 의미한다.[120] 따라서 여기서 그것은 일부 히브리어 문자의 상단에 있는 구부림이나 굽힘을 의미하는데, 율법 안에 있는 하나의 문자 가운데 가장 작은 부분조차 사라지지 않을 것임을 암시한다. 이것들은 문자 그대로 취해지는 것은 아니다. 왜냐하면 그 어떤 문장의 손실 없이 다양한 사본들에서 다양한 독법에 의해 나타날 수 있듯이, 히브리 구약성경 사본들에서 어떤 문자들이 변경되어야 했고 변경될 수 있기 때문이다. 여기서 말씀하시는 그리스도의 의미는 다음과 같다. 알파벳의 획들처럼, 율법의 부분들을 구성하는 율법의 가장 작은 부분이나 문장조차 사라지지 않을 것이다. "천지가 없어지기 전에는." 즉, **결코 없어지지 않을 것이다.** 이 문구는 그처럼 많은 것을 암시하는데, 왜냐하면 비록 하늘과 땅의 성질이 변한다고 할지라도 그 본질은 결코 사라지지 않을 것이기 때문이다. 그리고 "~하기 전에는"이라는 단어는 이런 의미로 다른 곳에서도 사용되었다. "사무엘이 죽는 날까지 사울을 다시 가서 보지 아니하였으니"(삼상 15:35). 즉, **결코 보지 않았다.**

---

120   여백에: *χεραία.*

"모든 것이 성취되기 전에는." 즉, 율법에 명령된 모든 것이 성취되기 전에는 더 이상 사람에게 그 어떤 순종도 강요하지 않을 것이며, 결코 그렇게 되지 않을 것이다. 왜냐하면 그것은 영원히 성취되어야 하기 때문이다. 그래서 이 문구는 전자와 같은 의미를 가지며, 이런 식으로 많은 것을, **심지어 영원까지** 의미한다. 따라서 이 구절의 의미는 다음과 같다. 하나님의 율법은 전체만 아니라, 모든 부분이 변할 수 없으며, 그 성취는 결코 끝이 없을 것이다. 따라서 그리스도의 추론은 다음과 같다. "**만일 율법을 영원토록 준수해야 하는 것이 불변하다면, 나는 그것을 파기하러 온 것이 아니다. 그런데 율법이 불변하고 영원하므로, 나는 그것을 파기하러 온 것이 아니다.**"[121]

첫째, 여기서 **하나님의 율법은 영구적이며 불변하다**는 것을 관찰하라.[122] 사도가 "율법은 변한다"[히 7:12]라고 말한 것을 아는 어떤 사람이, 어떻게 이것이 가능한지 묻는다면 무엇이라고 답할 것인가? **대답.** 율법은 앞서 언급했던 것처럼, **의식적 율법, 사법적 율법** 그리고 **도덕적 율법**으로 삼중적이다. 그 구절은 주로 **의식법**으로 이해해야 하는데, 하나님을 예배할 때 의식법의 준수는 진실로 폐지되었다. 하지만 의식법이 희미하게 보여 주었듯이, 십자가에 못 박힌 그리스도와 그의 유익들인 그 목적과 본질은 여전히 남아 있고, 이제는 이전보다 더욱 분명하다. **사법적 율법**은 유대인들에게 특유한 것이었기에, 비록 우리에게 폐지되었다 할지라도, 일반적 형평성과 일치하고, 도덕법의 교훈을 직접적으로 확립하기 때문에, 영구적이다.[123] 그리스도께서 안식일을 일곱째 날에서 여덟째 날로 바꿈으로써 의식법

---

121 역자주, 원문은 이탤릭체로 강조되어 있으나, 영문판은 이탤릭체 강조가 빠져 있다.

122 여백에: 하나님의 율법은 영구적이다.

123 여백에: Treatise of Consc. cap. 2. sect. 5을 보라.

을 바꾸었다고 말한다면,[124] 그리스도께서 참으로 그의 사도들로 말미암아 그렇게 했지만, 그것은 본질의 변화가 아니라 안식에 대한 의식(儀式)의 변화라고 말할 수 있다. 왜냐하면 그 율법의 본질은 여호와께 대한 일곱째 날의 안식을 명령한 것이기 때문이다. 비록 창조의 일곱째 날이 지켜지지 않았을지라도, 하나의 일곱째 날이 여전히 지켜진다. 만일 더 나아가 율법을 깨뜨린 모든 사람이 그 저주의 선고에 따라(신 27:26) 저주를 받지 않았으므로 율법 자체가 폐지되었다고 말한다면, 다음과 같이 답할 수 있다. **대답.** 율법이란 단지 하나님 말씀의 한 부분이며, 복음이란 율법이 알려준 것 외에 하나님의 또 다른 뜻을 계시하는 또 다른 부분임을 알아야 한다. 왜냐하면 복음은 율법의 가혹함을 완화함으로써, 다음과 같은 방식으로 율법에 하나를 덧붙이기 때문이다. **율법은 계명을 어기는 자가 저주를 받는다고 말하지만, 복음은 그리스도 안에서 다시 화목하고, 그 안에서 사죄함을 받은 자는 제외된다고 말한다.** 하지만 도덕법은 하나님의 모든 자녀에게 순종의 규칙으로 영원히 남아 있으며, 그가 하나님 앞에서 자신의 칭의를 위해 순종하도록 매여 있지 않을지라도 그러하다.

다시 말하자면, 불변하고 영원히 준수되어야 할 율법의 이 속성은 **그 어떤 피조물도 하나님의 율법 없이 살 수 없다**는 것을 보여 준다.[125] 사람들의 법률은 폐지되고 변할 수 있지만, 하나님의 율법은 완전히 성취될 때까지, 심지어 그 가장 작은 부분조차도 영원히 서 있어야 한다. 그러나 어떤 피조물이 하나님의 율법 없이 살 수 있다면, 율법의 일점일획이 아니라 율법 전체가 폐지될 것이다. 이것은 교회법에서 하나님의 율법을 제거할 권한을 가진 로마 교황들의 신

성모독적 불경건을 보여 준다.[126] 참으로, 지난 트렌트 공의회(Council of Trent)[127]에서 교황은 하나님의 말씀에서 단호히 금지하고 있는[레 18] 본성을 거스르는 혈족 관계의 일부 규정을 제거할 특권을 행사했는데, 이것은 매우 두려운 반역이며, 하나님께 커다란 수치를 안기는 일이다.

셋째, 율법의 이 속성으로부터, 우리는 정경의 그 어떤 책도 상실될 가능성이 없다는 것을 관찰할 수 있다.[128] 왜냐하면 모든 것이 성취되기 전에는 율법의 한 문장도 사라지지 않을 것이며, 그렇다면 전체 책들은 더더욱 사라지지 않을 것이기 때문이다. 다양한 사람들이 전체 책들이 상실된다고 생각하지만, 그런 견해는 교회의 신실성과 자신의 말씀을 보존하시는 하나님의 섭리에 의문을 제기하는 것이다. 그런 견해는 또한 "율법의 일획도 없어지지 않을 것이라"고 말하는 이 본문과도 양립되지 않는다. 우리의 법령집이나 연대기 책들 같은 인간의 글은 상실된 것처럼 보인다. 또, 솔로몬이 쓴 일부 철학 책도 상실된 것처럼 보인다. 그러나 솔로몬이 쓴 글이나 사무엘과 열왕기는 다양한 선지자들에 의해 기록되어 정경 가운데 있다. 그러므로 우리는 거룩한 성경의 그 어떤 부분도 상실되지 않으며, 결코 없어지지 않을 것이라고 더 안전하게 주장할 수 있다. 왜냐하면 어쨌든 기록된 말씀의 용도는 최후의 심판 후에 중단될 것이지만, 그 말씀의 본질은 사람들의 마음에 남아 영원히 간직될 것이기 때문이다.

넷째, 율법의 이 불변성은 참회하지 않는 모든 죄인들에게 커다란

---

126 여백에: In Gregorian. de concess. praeb. cap. proposuit, in Glos. Papa dispensat contra novum & vetus Testamentum.

127 여백에: Sess. 24. Can. 3.

128 여백에: 성경의 그 어떤 책도 상실되지 않는다.

공포와 재앙을 닥치게 할 것이다.[129] 왜냐하면 그들이 아무리 하나님의 자비를 추정하여 스스로 자만할지라도, 그들에 대한 율법의 저주는 영원히 서 있을 것이기 때문이다. 그러므로 그들이 계속 죄를 짓는 동안, 그들이 울부짖고 외칠 정당한 이유가 있다. 왜냐하면 율법 안에 있는 하나님의 공의는 침범할 수 없기 때문이다. "금이나 은도 하나님의 진노를 진정시키지"[잠 11:4] 못한다. 비록 사람이 그의 권세와 재물로 천지를 뒤엎는다고 할지라도, 그것이 그를 돕지 못할 것이며, 천지가 사라진다고 할지라도, 하나님의 율법의 모든 부분은 영원히 서야 하고 성취되어야 하기 때문이다. 그러므로 죄 가운데 있는 자마다 제때에 회개하고, 자신들을 낮추고, 자신들의 죄를 버리고, 자신들을 위해 율법을 성취할 수 있는 그리스도께 자신들을 맡겨야 한다. 그렇지 않으면, 율법의 저주가 반드시 그들에게 성취될 것이고, 그들은 거기서 그 저주 아래 영원히 울부짖을 것이며, 오직 울부짖고 이를 가는 것만 있을 뿐이다.

다섯째, 율법의 불변성과 그에 비례하는 하나님 말씀의 불변성은 성경이 하나님의 말씀임을 증명하기 때문에, 그것은 하나님의 모든 종들이 그의 모든 약속에 대한 확신으로 마음을 굳게 세우는 데 매우 훌륭한 위로의 근거가 된다.[130] 그리스도인의 마음은 특히 시련과 시험의 때에 하나님의 약속의 진리에 대해 자주 의심하기 쉽다. 그러나 하나님의 말씀 전체가 불변하다는 것을 영원히 기억해야 한다. 비록 사람의 약속은 실패하고, 그들의 길은 폐기될지라도, 하나님의 말씀은 일점이나 일부라도 성취되지 못하는 법이 없다. 그러므로 그들은 끊임없이 그 말씀의 성취를 기다려야 하는데, 이는 때가 되면 성취될

---

129 여백에: 회개로 나아가게 하는 악인들에 대한 공포.
130 여백에: 경건한 자들에 대한 위로.

것이기 때문이다.

여섯째, 이로써 우리는 환난 가운데 인내하도록 가르침을 받는다.[131] 왜냐하면 환난은 "우리가 하나님의 나라에 들어가려면 많은 환난을 겪어야 할 것이라"[행 14:22]고 말씀한 우리 하나님의 특별한 지정에 의해 오기 때문이다. 이제 하나님 말씀의 모든 부분은 반드시 성취되어야 한다. 그러므로 베드로[132]가 그리스도의 체포됨으로부터 구하고자 했을 때, 그리스도는 그에게 "그의 칼을 도로 칼집에 꽂으라"고 명령하셨다. "내가 내 아버지께 기도한다면 그는 나를 돕기 위한 열두 군단 더 되는 천사를 보내실 것이다. 그렇다면 이런 일이 있으리라 한 성경이 어떻게 이루어지겠느냐?"(마 26:52-54).

일곱째, 이 불변성의 속성 가운데서 우리 구주 그리스도는 율법 전체에, 그리고 모든 음절과 문자에 고유한 힘과 미덕, 그리고 의미를 주신다.[133] 그래서 그 안에는 헛되거나 공허한 문자가 하나도 없다. 왜냐하면 모든 계명은 하나님의 완전한 공의를 계시하고, 모든 문자는 그 동일한 계명을 표현하기 때문이다. 여기서 하나님의 율법은 사람의 법률과 다른데, 왜냐하면 사람의 법률에는 헛되고 공허한 말들이 많고, 종종 전체 문장이 그럴 때도 있지만, 하나님의 율법은 그렇지 않기 때문이다. "내 입의 말은 다 의로운즉 그 가운데에 굽은 것과 패역한 것이 없나니"(잠 8:8). 참으로, "여호와의 율법은 완전하며, 여호와의 교훈은 정직하고, 여호와의 판단은 진실하여 다 의로우

---

131 여백에: 인내의 근거.

132 *Apprehension*: 체포. 역자주. 원문은 "when he would have rescued his apprehension"으로 되어 있으나, 영문판은 다음과 같이 "when He would have rescued his apprehension" 주어를 대문자로 수정함으로써 베드로 대신 그리스도로 오해하게 만든다.

133 여백에: 율법의 온전함.

니"[시 19:7-9].[134] 이제 율법과 하나님 말씀이 지닌 이 온전함과 완전함을 고려할 때, 우리는 매우 부지런히 성경을 연구해야 한다. 그래서 우리 구주 그리스도는 "성경을 연구하라"[요 5:39]고 말씀하신다. 즉, 성경의 모든 문장, 참으로 모든 단어와 음절, 아니 그 안에 있는 모든 문자와 점까지도, 그 참된 힘과 의미가 알려지고 이해될 때까지, 성경을 흔들어 체질하고 세밀하게 연구하라고 말씀하신다. 구절을 구절로, 한 구절의 목적을 다른 구절의 목적으로, 앞선 것들을 뒤따르는 것들로 참조하라. 참으로, 단어를 단어로, 문자를 문자로 비교하고, 철저하게 연구하라. 이런 성경연구 방법이 매우 필요한데, 이것은 진실로 하나님의 교회와 신앙의 순수성을 보존하고 옹호하는 것이다. 왜냐하면 약 4-5백 년 전, 사람들은 이런 방식의 성경연구를 그만 두고, 철학의 헛된 본질과 신성(divinity)의 감추인 신비에 그들의 정신을 완전히 쏟아부어 사람들의 글에 몰두했으며, 이런 방식으로 말미암아 진리에서 떠난 교황주의와 배도가 모두 수백 년 동안 세상에 퍼졌기 때문이다. 그 후에 하나님이 그의 순전한 긍휼하심으로 어떤 사람들의 마음속에 하나님의 말씀을 주의깊게 연구하는 자가 되고자 하는 소원을 주셨고, 이로 말미암아 어둠으로부터 빛과 같은 진리가 나타났다. 이런 식으로 하나님은 우리 주님의 해 약 1517년에 루터를 흔들어 깨우셨다. 그는 성경을 부지런히 연구하고, 특히 기도와 더불어 "이제는 율법 외에 복음으로 말미암아 하나님의 한 의가 나타났으니"(롬 3:21)라는 사도의 말을 진지하게 묵상하여, 그리스도의 완전한 순종으로 말미암아 우리의 칭의가 이루어졌음을 발견하였다. 그로 인해 로마 교회의 교리에 대항하여 율법 행위의 도움

---

134 역자주, 원문과 영문판은 시 19:7-8로 적고 있으나, 9절까지 포함해야 한다.

없이 오직 그리스도를 믿는 믿음을 통해, 그리고 그 믿음으로 말미암아 자유로워지기 위해 하나님 앞에서 칭의를 주장하고 고백하기 시작했다. 그렇게 성경에 대해 더 부지런하고 근면함으로 말미암아 하나님의 진리가 점점 더 빛났다. 모든 사람, 특히 신학을 공부하는 사람들은 성경 연구의 이런 결과를 성경 연구를 위한 근면에 박차를 가하는 것으로 여기자. 이런 방식으로 또한 오류와 이단도 피하고 진압하며, 하나님의 뜻이 분명하게 계시된다. 그런데 여기서 우리는 해석의 은사가 얼마나 유익하고 필요한지 알 수 있다. 그것은 사역과 관련하여 성령의 매우 탁월한 은사이므로, 배움의 학교에서 그 은사를 사용하는 것은 매우 훌륭하고 필요하다.

여덟째, 율법의 모든 부분이 완전히 성취될 것이라는 하나님의 율법에 부여된 이 불변성은 모든 왕들과 행정관들을 가르쳐 그들 자신의 인격에서 모세 율법의 준수자가 될 뿐만 아니라, 그들의 통치와 지배권 안에서도 다른 사람들이 그 율법을 성취하고 준수하도록 최선을 다하게 만든다.[135] 이런 이유로 여호와는 "그의 백성의 왕이 율법을 제사장 앞에서 책에 기록하고 그것을 지속적으로 읽어 그가 하나님 경외하기를 배우며 이 율법의 모든 말을 지켜 행하도록"[신 17:18-19] 명령하셨다. 그리고 거기서 왕들에게 명령된 것은 또한 모든 행정관들, 주인들, 그리고 부모들에게도 속한다. 그들의 위치와 책임의 범위 내에서, 그들은 그들 자신과 그들 아래 있는 자들 모두가 하나님의 율법 전체를 실천하고 순종하는지 살피기 위해 주의해야 한다.

마지막으로, 율법에 부여된 이 불변성으로 말미암아 우리는 율법

---

135 여백에: 행정관들은 율법 준수자들이 되어야 한다.

을 성취한다는 것이 무엇인지 배울 수 있다.[136] 즉, 율법이 우리에게 명령하는 모든 특정한 것을 완전히 지키고 준수하는 것이다. 이에 따라 우리는 모든 교황주의자들에 대해 두 가지 결론을 내릴 수 있다. 첫째, 아무도 자기 자신의 의와 순종으로 영생에 이를 수 없다. 왜냐하면 자기 자신의 의로 천국에 이르고자 하는 자는 모든 면에서 온 율법을 완전하게 성취해야 하기 때문이다. 그러나 아담의 타락 이후로 하나님과 사람인 우리 구주 그리스도를 제외하고 아무도 율법을 범사에 지킬 수 없다. 둘째, 율법에 대한 우리의 성취는 그리스도에 대한 순종 안에 있어야 한다. 왜냐하면 오직 그만이 범사에 온 율법에 응답하실 수 있기 때문이다. 그러므로 우리가 만일 천국에 이르고자 한다면, 우리는 우리 자신의 의로 나올 것이 아니라, 바울이 하나님 안에서 발견되기를 바랐던 것처럼(빌 3:8-9) 그의 의로 나아와야 한다.

"그러므로 누구든지 이 계명 중의 지극히 작은 것 하나라도 버리고 또 그같이 사람을 가르치는 자는 천국에서 지극히 작다 일컬음을 받을 것이요 그러나 누구든지 이를 행하며 가르치는 자는 천국에서 크다 일컬음을 받으리라"(마 5:19).

자신을 위한 변호에서 온 율법의 안정성과 영원성을 분명하게 제시하신 우리 구주 그리스도는 여기서 그것을 옹호하기 위해 두 가지 주목할 만한 결론을 내리신다. 첫째, **율법이 불변하고 영원하기 때문에 그 계명 중 지극히 작은 것 하나라도 버리고, 또 그렇게 사람들을 가르치는 자는 천국에서 지극히 작다 일컬음을 받을 것이다. 둘째, 율법이 영원하기 때문에, 그 계명을 지키고 또 그렇게 사람들을 가르치**

---

136 여백에: 율법을 지킨다는 것이 무엇인가.

는 자는 천국에서 크다 일컬음을 받을 것이다.

결론 1

첫째, 그리스도께서 앞의 구절에서 "율법"을 사법적, 도덕적, 그리고 의식적 율법의 세 부분을 지닌 전체 율법으로 이해하셨을지라도, 그는 "지극히 작은 계명"을 도덕법의 교훈으로 의미하신다. 그는 계명들을 작은 것이라고 부르시는데, 마치 그것들이 실제로 작은 것처럼, 단순히 작다고 부르는 것이 아니다.[137] 왜냐하면 하나님의 모든 계명은 그 자체로 크고 중하기 때문이다. 그가 작다고 부르시는 것은, 유대인들의 견해를 따라 말하는 것이다. 왜냐하면 서기관들과 바리새인들은 조상들의 전통에 따라 특정한 의례와 의식을 제정하고, 그것을 지키는 것을 하나님의 계명들을 지키는 것보다 더 큰 양심의 문제로 삼아, 그 계명들을 작은 것으로 여겼기 때문이다. 다시 말하면, 그는 "이 지극히 작은 계명들"을 언급하시면서, 유대인들이 사람들의 전통보다 더 작은 것으로 여기는 도덕법의 특정한 계명들이 무엇인지 지적하신다. 즉, 나중에 그가 이 장에서 살인, 간음, 맹세, 그리고 나머지에 관해 해설하시는 것들이다. 그들이 율법의 모든 계명들을 그들의 전통보다 작은 것으로 여기지는 않기 때문이다.

"천국에서 지극히 작다 일컬음을 받을 것이요." 여기서 그리스도는 하나님의 계명을 어기고 그와 같이 사람들을 잘못 가르치는 거짓 선지자에 대한 형벌을 제시하신다.[138] 즉, 그는 하나님의 교회에서 낮은 존경을 받는다. 왜냐하면 하나님의 나라는 은혜의 나라와 영광의 나라로 이중적이기 때문이다. 은혜의 나라는 여기 지상에 있는 하나

---

137 여백에: 어떻게 어떤 계명들이 작은가?
138 여백에: 거짓 선지자에 대한 형벌.

님의 신실한 종들의 사회와 무리이다. 영광의 나라는 하늘에 있는 모든 성도의 복된 상태이다. 여기서 그리스도는 천국을 지상의 전투적 교회인 은혜의 나라로 의미하신다. 그래서 세례 요한은 그렇게 불렀다. "회개하고 고치라 천국이 가까이 왔느니라"(마 3:2). 즉, 구약의 교회는 이제 폐지되었고, 그리스도의 오심으로 인해 신약의 교회가 생겨날 준비가 되었으므로, 회개하고 고치라. 그리스도는 "세례 요한의 때부터 지금까지 천국은 침노를 당하나니"(마 11:12)라고 말씀하신다. 따라서 이 첫 번째 결론의 의미는 다음과 같다.[139] "누구든지 도덕법의 이 지극히 작은 계명들 가운데 하나를 어기고 (나중에 이것을 해설할 것이다), 사람들이 그와 같이 하도록 가르치는 자는 정죄를 받을 것이며, 신약에서 하나님 교회의 합당한 지체로 여김을 받지 못할 것이다."

이 결론에서 그리스도는 유대인들의 관행에서 하나님을 향해 거짓된 마음의 두 가지 주목할 만한 부패를 제시하신다.[140] 첫째, 하나님의 계명을 더 이상 존중하지 않고, 아니 사람들의 법과 전통보다 작은 것으로 만든다. 그러나 야고보는 다음과 같이 말한다. 비록 하나를 제외한 모두를 지켰다고 보여 줄지라도, "하나의 계명을 범한 자는"[약 2:10] 결코 적은 것을 범한 것이 아니라, "모두 범한 자이다." 마찬가지로 하나의 계명을 가볍고 낮은 것으로 여기는 사람은, 비록 나머지 계명을 그렇게 낮게 여기지 않는 것처럼 보일지라도, 모든 계명을 정죄하는 것이다. 헤롯이 비록 요한의 말을 달갑게 듣고 {막 6:20} 어떤 계명들은 순종하는 것 같았을지라도, 제7계명을 어기고 근친상간을 했기에, 그는 사실상 모든 계명을 정죄하고 깨뜨린 것과 같다. 오늘날 많은 사람들은 신앙을 고백하고, 말씀을 듣고, 성례

139 역자주, 여백에: 의미.

140 여백에: 하나님의 말씀에 관한 위선자들의 부패.

를 받음으로써, 그 신앙을 증거하여 하나님의 율법을 사랑하는 자들로 여김 받고 싶어 한다. 하지만 그들은 삶의 과정에서, 그리고 그들의 특별한 소명에서, 가난한 자를 억누르고, 자신들의 이득을 위해 불의하게 행하며, 작은 이익이나 쾌락을 위해 안식일을 더럽히며, 조금이라도 화가 나면 욕하고 저주하기를 멈추려고(stick)[141] 하지 않는다. 이제 그런 사람들이 아무리 영광스러운 고백을 겉으로 한다고 할지라도, 이와 같은 특정한 행동을 통해 하나님의 계명을 거의 또는 전혀 고려하지 않는 바리새인의 마음을 가지고 있음을 분명하게 보여 준다. 그러므로 우리 모두 우리의 길을 살펴보고, 우리 자신의 마음속에 이러한 부패가 있는지 없는지 살펴보도록 하자. 만일 있다면, 그것을 회개하여 버리고, "하나님의 모든 계명을 존중했던"[시119:6] 다윗처럼 되기 위해 노력하자. 그리하면 우리는 하나님의 교회에서 멸시받지 않을 것이다.

이 유대인들의 거짓된 마음의 두 번째 부패는, 그리스도께서 마찬가지로 지적하듯이, 사람들의 의식과 예식, 그리고 전통을 도덕법의 계명 위에 두는 것이다. 그는 유대 교사들을 명시적으로 고발하신다. "너희는 어찌하여 너희의 전통으로 하나님의 계명을 범하느냐?"(마 15:3). 이것은 또한 오늘날 로마 교회의 관행이다. 그들은 **사순절과 금식일에 고기를 먹는 것을 대죄(大罪)**로 여기지만,[142] 기독교 군주들에 대한 반역과 살인은 대죄에서 배제하려 한다.[143] 교황 식스투스 4세는 그것을 허용했다.[144] 그들은 남색을 허용하고 용서하되, 성령

---

141 *Stick*: 망설이다.
142 여백에: Tollet. Summa Cas. Consc. l. 6. cap. 3.
143 여백에: Lib. de justa abdicat. Heur.
144 여백에: 교황 식스투스 4세(Pope Sixtus 4).

께서 "모든 사람 가운데서 귀하다고 부르는"[히 13:4] 결혼을 어떤 신분에서는 전적으로 금지한다.[145] 이러한 것에서 그들은 하나님의 거룩한 계명보다 자신들의 전통을 더 선호한다. 참으로 우리들 가운데 무지한 많은 사람들이 이 부패로 인해 더럽혀졌다. 왜냐하면 그리스도의 탄생일, 만성절(萬聖節) 등과 같은 교회가 정한 어떤 축일들이 주님 자신의 안식일보다 더 큰 양심과 경외심으로 지켜지기 때문이 아닌가? 그리스도의 탄생일을 기념할 수도 있지만, 주일은 특별하게 존중되어야 한다. 이제 이러한 부패를 개혁하기 위해, 우리는 하나님의 계명에 감탄하여 그것들을 준수하는 데 익숙했던[시 119] 다윗이 가졌던 마음과 동일한 마음을 갖도록 애써야 한다. 그러므로 우리는 하나님의 율법을 귀하게 여기기 위해 노력해야 한다.[146] 그러면 이것은 우리로 경건한 두려움으로 율법을 순종하게 하는 주목할 만한 수단이 될 것이다. 사람들이 마땅히 해야 할 만큼 하나님의 율법을 그렇게 높이 들어 올리지 못하는 이유 한 가지는, 그 존엄성을 충분히 평가하지 않기 때문이다. 그러므로 모든 계명에서 우리는 먼저 그 무게를 깊이 생각하고, 그 다음에 그것을 올바르게 이해하기 위해 노력하며, 셋째, 그 안에 있는 하나님의 지혜와 공의를 존경하는 법을 배우고, 마지막으로, 그 계명에 충성하고 순종하기 위해 노력해야 한다.

둘째, 이 규칙에서 우리 구주 그리스도는 거짓 선지자와 참된 선지자를 구별하신다.[147] 거짓 선지자는 그 자신의 인격으로 하나님의 계명을 버리고, 또한 다른 사람들이 그와 같이 하도록 가르친다. 그

---

145 여백에: Calixt. 1. apud grat. dist. 27. Can. Presbyt. Rhem. 1. Tim. 3. sect. 5.

146 역자주, 여백에: 순종의 근거.

147 여백에: 거짓 선지자와 참된 선지자 사이의 차이.

러나 하나님의 참된 선지자와 종은 그의 사역에서 온전한 삶과 건전한 가르침으로 하나님의 영광을 증진시키기 위해 노력한다.

셋째, 여기에 기록된 거짓 선지자에 대한 형벌에서, 우리는 현재의 로마 교회를 판단하기에 좋은 지침을 갖고 있다.[148] 로마 교회는 우리 구주 그리스도의 선고로 말미암아 지상에 있는 그리스도의 교회의 일부로 여겨질 가치가 없다. 왜냐하면 로마 교회가 "하나님의 계명을 버리고 또 그같이 사람을 가르치기" 때문이다. 왜냐하면 제2계명이 형상 숭배, 참으로 하나님을 재현하는 형상 만들기를 금지할지라도, 로마 교회는 이 계명을 거슬러 그 반대를 허용하기 때문이다. 그뿐 아니라, 성부와 성자와 성령을 그리거나 조각한 형상으로 재현하여 예배하는 것은 합법적이라고 말함으로써, 다른 사람들도 그렇게 하도록 가르치기 때문이다.[149] 참으로 그리스도의 형상과 성인들의 형상을 숭배하고,[150] 성인들 자체를[151] 종교적 예배로 숭배하도록 가르치기 때문이다.

그들은 세례를 받은 후의 색욕은 죄가 아니라고 가르침으로써,[152] 비록 의지적 동의가 없을지라도, 기쁨으로 죄를 지으려는 첫 번째 충동을 금지하는 제10계명을 분명하게 깨뜨린다. 그래서 그들은 계명을 다루듯이, 그와 같이 그리스도에 대해 증거하는 선지자들을 다룬다. 첫째, 그들은 자신들이 위조한 화체설(化體說)로 그리스도의 인성을 파괴한다. 둘째, 그들은 교황을 교회의 머리로 삼고,[153] 그에게 양

---

148 여백에: 로마교는 그리스도의 교회의 일부가 아니다. 그리고 그 이유.

149 여백에: 형상 숭배에 대한 산더(Sander)의 논문. Bellar. de Imag. Sanct. l. 2. c. 8.

150 여백에: Bellar. lib. cap. 12.

151 여백에: Idem de sanct. beat. l. 1. c. 13.

152 여백에: Concil. Trid. sess. 5. Can. 5.

153 여백에: Bellar. de Concil. author. l. 2. c. 15.

심을 묶는 법을 제정할 권세를 줌으로써, 그리스도의 왕적 직분을 전복시킨다.[154] 셋째, 그들은 산 자와 죽은 자의 죄를 위해 그들이 날마다 드리는 피없는 희생제사인[155] 미사 사제직으로 그리스도의 제사장 직을 전복시킨다. 그리고 넷째, 그들은 새로운 법을 제정하고,[156] 최고의 재판관[157]인 성경을 해설하는 자유를 교황에게 줌으로써, 그리스도의 선지자 직분을 빼앗는다. 그들이 이러한 것을 가르치므로, 로마 교회는 그리스도의 교회의 지체라고 간주될 가치가 없다. 그러나 하나님이 큰 긍휼 가운데 이 땅에서 우리에게 은총을 베푸셔서 그의 거룩한 말씀을 받고 끌어안고, 그 말씀을 공포하고 가르친다. 또한, 우리가 그의 교회의 지체로 합당하게 간주된다. 그러므로 우리는 이 자비를 기뻐하고, 이 말할 수 없는 복을 인하여 거짓 없이 하나님을 찬양하고, 그의 말씀의 진리를 가르치고 받음으로써만 아니라, 또한 범사에 그 진리에 순종함으로써 우리의 감사를 드러낼 수 있다. 참으로 그의 나라에 합당한 자로 여김을 받는 것이 엄청난 복이기에, 우리의 간절한 매일의 기도는, 하나님이 우리와 우리 후손에게 그의 뜻의 진리를 영원히 지속하시기를 바라는 것이다.

결론 2

두 번째 결론. "누구든지 이를 행하며 가르치는 자는 천국에서 크다 일컬음을 받으리라." 즉, 그는 하나님의 교회에서 영예를 얻을 것이며, 합당한 지체로 여김을 받을 것인데, 이는 그가 이런 수단으로

---

154 여백에: De Rom. Pontif. lib. 4. c. 15-16.

155 여백에: Rhe. Heb. 9. sect. 10. Concil. Trid. sess. 22. c. 1-2. etc.

156 여백에: 그리스도에 대한 교황의 전반적인 약탈을 보라. Foxe, *Acts and Monuments*, p. 784. edit. 1583.

157 여백에: Hard answ. to Jewel. art. 4. divis. 19.

율법을 영원히 변치 않게 지키려 노력하기 때문이다. 이 결론에서 충성된 교사의 **직분**과 그의 **상급**을 고려해야 한다.

요점 1. 그의 **직분**은 이중적이다.[158] 첫째, 그는 자신의 인격으로 하나님의 계명을 행하는 자가 되어야 한다. 둘째, 그는 자신의 공적 사역에서 사람들이 그렇게 행하도록 가르쳐야 한다.

여기서 먼저 이 의무들의 순서를 관찰하라.[159] 행함이 가르침보다 먼저 가야 한다. 그리스도께서 순서를 제시하시는데, 이렇게 하는 것에는 특별한 근거가 있다. 첫째, 사람은 자신이 가르치는 것을 스스로 행하는 자가 되기 전에는 기쁨과 평안으로 제대로 다른 사람을 가르칠 수가 없다. 왜냐하면 만일 어떤 사람이 성령의 인도를 받아 다른 사람을 가르친다면, 그는 그 자신의 마음이 동일한 성령에 의해 자신이 가르치는 말씀을 순종하게 됨을 발견할 것이기 때문이다.

다시 말하자면, 말씀의 열매와 효과에 대한 경험은, 그 말씀을 다른 사람들에게 열어 보이기 위해 사람이 그 자신의 인격 안에서 가질 수 있는 가장 좋은 주석인 것이다. 기술과 언어에 대한 지식을 가진 사람들의 글은 탁월한 도움이 될 수 있지만, 만일 어떤 사람이 그가 가르치는 말씀을 믿고 순종하도록 그의 마음을 형성함으로써 그 말씀을 행하는 자가 되기 위한 하나님의 성령을 결핍한다면, 의심의 여지 없이 그 말씀은 그에게 단지 꿈이나 수수께끼처럼 보일 것이다. 또한, 그는 자신의 영혼에서 그것을 경험한 적이 없기 때문에, 그 동일한 말씀을 다른 사람들에게 제대로 적용할 수도 없을 것이다. 그래서 이런 이유로 모든 목회자들과 이 소명에 헌신한 사람들은, 먼저 그리고 주로 자신들이 그 말씀을 행하는 자가 되도록 노력해야 한

---

158 여백에: 충성된 교사의 직분.
159 여백에: 행하라, 그리고 가르치라.

다. 그들이 그토록 위대한 신비에 대한 적합하고 유능한 사역자들이 되도록 부지런히 배워야 하지만, 특히 그들은 자신들이 가르치는 말씀을 마음으로 끌어안고 삶으로 순종하도록 형성하는 은혜의 성령을 위해 노력해야 한다. 그렇게 할 때, 우리 구주 그리스도의 지침에 따라 적합하게 될 수 있다. 이제 이 성령은 "기도로 하늘문을 두드림으로써"(눅 11:13), 그리고 우리 구주 그리스도께서 그의 말씀으로 두드리실 때, "우리 마음의 문을 열어"(계 3:20) 얻을 수 있다.

둘째, 이 의무를 정하시면서, 우리 구주 그리스도는 다루기 힘든 그 백성들로 인해 슬퍼하는 신실한 목회자들에게 특별한 위로를 제시하신다.[160] 그는 신실한 교사의 속성으로서 사람들의 회개가 아니라, 하나님의 뜻과 말씀을 행하고 가르치는 것을 제시한다. 어떤 사람이 신실한 교사가 될 수 있지만, 많은 사람을 하나님께 돌이킬 수는 없다. 따라서 그 선지자는 자신이 "헛되이 수고하였으며 무익하게 공연히 내 힘을 다하였다"[사 49:4]고 불평할 수 있다. 아니, 그 동일한 선지자는 "그의 사역으로 그 백성의 마음을 둔하게 하며 그들의 귀가 막히고 그들의 눈이 감기게 하도록"[사 6:9-10] 보냄을 받았는데, 이것은 심각한 경우였다. 그러나 아무리 "그의 사역이" 어떤 사람들에게 "죽음의 냄새였다 할지라도, 하나님 앞에서는 언제나 그리스도의 향기였다"[고후 2:15-16]는 사도 바울의 말을 기억해야 한다. 그래서 백성의 마음의 완악함을 보고 그들을 위해 참으로 애통하는 목사는, 선한 양심으로 자신이 하나님의 말씀을 순종하고, 사람들로 그렇게 하도록 가르치려고 노력한다는 점에서 스스로를 위로할 수 있다.

---

160 여백에: 다루기 힘든 백성들 가운데 있는 신실한 목회자들에 대한 위로.

요점 2. 충성된 교사의 상급은 다음과 같다.[161] "그는 천국에서 크다 일컬음을 받으리라." 즉, 그는 이생과 내세에서 모두 그리스도의 교회의 지체라는 영예를 얻고 합당한 자로 여김을 받을 것이다. 모든 목회자들이 삶과 교리 모두에서 신실한 교사가 되도록 격려하기 위해 이 사실을 기억해야 한다. 왕의 궁정에서 존경을 받는 것은 이 땅에서 많이 추구된다. 오 그렇다면, 우리가 이 부르심에 충성하도록 격려하기 위해 하나님께로부터 받는 이 높은 존경은 우리 마음속에 얼마나 넘쳐야 하겠는가?

논증 3

"내가 너희에게 이르노니 너희 의가 서기관과 바리새인보다 더 낫지 못하면 결코 천국에 들어가지 못하리라"(마 5:20). 이 말씀은 일반적으로 이전 구절에 대한 이유로 취해지는데, 이는 유대인들이 다음과 같은 취지로 구성할 수 있는 은밀한 반대에 대답으로 말미암은 것이다. "당신은 누구든지 이 계명 중 지극히 작은 것 하나라도 버리고 또 그같이 사람을 가르치는 자는 천국에서 지극히 작다 일컬음을 받을 것이라고 말하지만, 우리 선생들인 서기관들과 바리새인들은 천국에서 으뜸가는 자리를 얻기 위해 추구했다. 하지만 (당신의 가르침이 맞는다면) 그들은 하나님의 계명을 버리고, 다른 사람들이 그렇게 하도록 가르친 것이다." 이것에 대해 그리스도는 다음과 같이 대답하신다. "내가 너희에게 말하노니 너희의 의가 그들의 의보다 낫지 아니하면, 너희는 천국에 들어갈 수 없다." 그러나 우리가 잘 살펴본다면, 그 말씀은 그리스도께서 율법이나 선지자를 폐하러 오신 것이 아

---

161 여백에: 신실한 목회자의 상급.

니라, 그것들을 성취하기 위해 오신 것임을 증명하기 위한 세 번째 이유로서, 17절에 더 적합하게 언급될 수 있다.[162] 그가 서기관들과 바리새인들이 자기 안에 가지고 있거나 다른 사람들에게 요구하는 것보다, 각 사람에게 더 완전하고 정확한 의를 요구하시기 때문에 이것 없이는 아무도 천국에 들어갈 수 없다.

이 구절에서 세 가지가 다루어져야 한다. 첫째, 이 **서기관들**과 **바리새인들**이 무엇이었는지, 둘째, 그들의 **의**가 무엇이었는지, 그리고 셋째, 사람이 천국에 들어갈 수 있고, 하나님 앞에 의로운 자로 설 수 있는 **참된 의**가 무엇인지이다.

요점 1

첫째, **서기관**은 직분의 명칭으로, 유대인들 사이에서 두 종류가 있었다.[163] 공중인으로서 왕의 일을 기록한 민간 서기관이었으며, 심새가 그러한 자였다(스 4:8). 그리고 성경을 해설하는 일에 고용된 교회 서기관이었으며, 에스라가 그러한 자였다(스 7:1, 5-6). 그들에 대해 우리 구주 그리스도께서 말씀하신다. "천국의 제자된 서기관마다 집주인과 같으니라"(마 13:52). 그리고 "서기관들과 바리새인들이 모세의 자리에 앉았다"(마 23:2). 즉, 그들은 모세 율법의 해설자들이다. 그래서 이곳에서는 그런 서기관들, 즉 백성들에게 율법을 해설했던 레위 지파에서 내려온 교회 직분을 맡는 사람들을 의미한다. 그리고 이 사람들은 모두 율법 아래 있는 제사장들이나 레위인들과 하나였다. 그러므로 에스라는 서기관이자 제사장으로 일컬어졌다(느 8:1-2).

바리새라는 명칭은 하나의 직분이 아니라 하나의 분파인데, 유대

---

162 역사주, 여백에: 목적.
163 역자주, 여백에: 서기관.

인들 사이에 세 개의 특별한 분파가 있었다. 에세네파(Essenes), 사두개파(Sadducees), 그리고 바리새파(Pharisees)이다. 에세네파는 영구적 신성함 속에 살기로 서약하고 헌신함으로써, 백성들로부터 자신을 분리한 로마교 수사나 수도승과 같았다. 사두개파는 문자와 음절에 따라 율법을 해설했을 뿐만 아니라, 사도행전 23장 8절에 분명히 나와 있는 것처럼, 부활과 영혼 불멸도 부인했던 분파였다. 바리새파는 서기관들의 일반적 해설을 버리고, 조상들의 전통을 따라 보다 정확하고 엄격한 율법 해설을 가르치고 형성했던 자들이었다. 그리고 그들은 외적으로 매우 거룩했으며, 유대인들 사이에서 중요한 자들로 여겨졌다. 그러므로 사도 바울이 "그들 종교의 가장 엄한 파를 따라 바리새인의 생활을 하였고"[행 26:5], 자신이 "바리새인이요 또 바리새인의 아들"[행 23:6]이었다고 말한다. 하지만 이것들 외에도 헤롯파(Herodians)라고 불리는 다른 당파가 있었는데, 그들은 헤롯이 메시야라고 주장하고 가르쳤던 신하들이었다. 따라서 우리는 그리스도께서 여기서 강조하기 위해 함께 결합한 서기관들과 바리새인들이 무엇이었는지 알 수 있다. 그들은 유대인들 사이에서 가장 엄격한 바리새파의 관습을 따라 살았던 교사들인 제사장들과 레위인들로 이해할 수 있다. 왜냐하면 제사장들과 레위인들이 (그들은 말한 것처럼 서기관들이었다) 바리새인들이라고 불렸던 요한복음 1장 19절과 24절을 함께 비교함으로써, 우리가 분명하게 볼 수 있듯이, 바리새인들은 직분상 서기관들이었기 때문이다.

요점 2

여기서 사람을 천국으로 인도할 수 없는 그렇게 무가치한 서기관들과 바리새인들의 의는 무엇이었는가? 성경의 취지에 따르면,

그것은 율법의 외적 준수에 있는 오직 외적인 의로움[마 23:25; 눅 11:39]이라는 것으로 드러난다. 왜냐하면 그들은 음란, 도둑질, 살인, 우상 숭배 등과 같은 실제적인 중대한 죄를 삼가는 데 주의했고, "공개적으로 금식하고, 기도하고, 자선을 베풀고"[마 5:16; 6:2; 눅 18:11-12] "장로들의 전통과 의식"[막 7:3-4]을 지키며, 모든 일에 있어서 "율법에 합당한"[빌 3:6] 모습을 보여 주기 위해 매우 적극적이었기 때문이다. 그러나 그들은 완전한 의가 외적 순종에 있는 줄로 생각하고, 마음의 내적 의에 대해서는 아무것도 고려하지 않았으며, "하나님의 의를 전혀 모르고"(롬 10:3)[164]라고 언급된 것처럼, 그들은 외적 순종으로 구원받기를 기대했다.

이 서기관들과 바리새인들에게서 우리는 의에 대해 사람이 갖는 자연적 확신, 즉 외적인 의가 특별한 목적을 이룬다는 생각을 관찰할 수 있다.[165] 그러므로 모든 사람은 자연스럽게 그것으로 만족한다. 따라서 사람들은 대개 기도하고, 말씀을 듣고, 성례를 받기 위해 하나님을 예배하는 자리에 몸으로 나아갈 수 있지만, 그와 더불어 영과 진리로 내적으로 하나님을 예배할 수 있는 그들의 마음을 가져오는 데 신경 쓰는 사람은 거의 없다. 마찬가지로 많은 사람들이 안식일에 그들의 일상적인 노동으로부터 쉬는 것에 만족하지만, 하나님께 자신의 안식을 성별하는 데 관심을 두는 자는 거의 없다. 사람들은 실제적인 살인을 저지르지 않도록 주의하지만, 악의, 증오, 욕설, 그리고 다툼에 대해 양심의 가책을 느끼는 사람은 거의 없다. 많은 사람들이 도둑질을 미워하면서도, 비열한 소문으로 그들 이웃의 명예를 빼앗기를 멈추려 하지 않는다. 많은 사람들이 공공연한 강도짓을 부

---

164 역자주, 원문과 잉문판에는 롬 10:2로 되어 있다.
165 여백에: 의에 대한 사람의 본성적 생각.

끄러워하되, 거짓 도량형, 겉치장 등과 같은 것으로 속이는 것은 마음에 두지 않는다. 그러나 이 모든 사람들은 그들의 외적인 의에 대해 스스로 축복하고, 모든 것이 잘될 것으로 생각하며, 더 이상 가진 것이 없을지라도, 그것으로 말미암아 구원을 얻을 것이라고 의심하지 않는다. 이것이 바로 바리새인의 교만과 어리석음이다. 왜냐하면 그와 같은 모든 외적인 의는 여기서 영혼을 구원할 수 없는 것으로 정죄를 받기 때문이다.

우리는 여기서 심지어 흔히 정직한 사람이라고 불리는 자들까지 포함해서 모든 세속적인 사람들의 뚜렷하고 전반적인 견해를 볼 수 있다.[166] 만일 그들이 회개하지 않는 한 자신의 죄와 저주의 위험에 대해 듣는다면, 그들은 자신들이 평화롭게 살아가며, 그 누구에게도 잘못을 저지르지 않았기에, 도둑도, 살인자도, 엄청난 죄인도 아니며, 따라서 하나님이 그들을 구원하시기를 바란다고 대답할 것이다. 그러나 그와 같은 모든 사람들은 자기 자신의 영혼을 속이지 않도록 주의해야 한다. 왜냐하면 이 예의 바른 정직은 진리의 하나님인 그리스도께서 이 구절에서 명백하게 말씀하신 것처럼, 자신들이나 그 어떤 다른 사람도 천국에 데려갈 수 없는 서기관들과 바리새인들의 의였기 때문이다. 자선을 베풀고, 금식하고, 기도하고, 사람들을 공정하게 대하는 것은 매우 좋은 일이지만, 우리가 천국에 가고자 한다면, 우리는 이것들보다 더 많은 것을 위해 수고해야 한다. 우리는 칭의의 문제에서 우리 자신의 의를 완전히 포기하고, 다른 마음의 의를 얻어야 하며, 우리의 최선의 행동에 대해 우리 자신을 정죄해야 한다. 그래야 우리는 우리를 하나님께 추천할 참된 의를 받기에 적합하

166　여백에: 예의 바른 정직은 영혼에 충분하지 않다.

게 될 수 있다.

요점 3

사람을 천국으로 인도할 참된 의는 무엇인가?[167] **대답**. 그것은 그리스도의 의이다. 왜냐하면 "그리스도는 우리에게 하나님의 지혜와 의로움이 되셨기 때문이다"(고전 1:30). 참으로, "그가 우리를 대신하여 죄가 되신 것은 우리로 하여금 그 안에서 하나님의 의가 되게 하려 하심이라"[고후 5:21]. 이것이 서기관들과 바리새인들의 의보다 뛰어난 의이며, 이로써 죄인이 하나님 앞에 의로운 자로 서게 된다. 왜냐하면 우리 모두가 아담의 타락으로 죄를 짓게 되었고, 그로 말미암아 하나님의 저주와 영원한 정죄를 받게 되어, 우리가 우리 자신을 결코 구원할 수 없었을 때, 그리스도께서 그의 아버지의 품 안에서 나와 우리의 보증과 구주가 되기를 기뻐하셨고, 살아 계실 때 우리를 위해 율법에 순종하셨으며, 십자가 위에서 죽으심으로 우리의 죄로 인한 모든 고통을 당하셨기 때문이다. 하나님이자 사람인 그가 이룬 그 순종과 속죄만으로 우리를 율법의 저주에서 해방시키고, 또한 우리를 하나님 앞에서 의롭다고 하기에 충분했다. 그리고 그리스도의 이 의는 서기관들과 바리새인들의 의를 뛰어넘고, 사람을 천국으로 인도할 수 있는 의이다. 하지만 더 나아가, 우리의 칭의를 위해 그리스도의 의는 세 부분을 갖고 있다.[168] 그의 인성의 정결함과 그의 삶의 온전함과 순종, 그리고 십자가 위에서의 그의 고난의 공로이다. 이 모든 것은 저주의 죽음을 받아 마땅한 우리의 부패한 본성과 죄 많은 삶에 대해 상응하기 위해 우리의 것이 되어야 한다.

---

167 여백에: 참된 의.
168 여백에: 그리스도의 의의 부분들.

반대 1. 여기서 어떤 사람들은 어떻게 그리스도의 의가 우리의 것이 될 수 있으며, 어떻게 한 사람의 의가 수천 명을 구할 수 있는지 묻는다.[169] **대답.** 그리스도의 의는 단순한 사람의 의가 아니다(그랬다면 기껏해야 한 사람을 구원할 수 있었기 때문이다). 그리스도의 의는 하나님이자 사람인 인격이 지닌 의이며, 그러므로 천 개의 세상을 구하기에 충분한 공로가 있는 무한한 의이다.

반대 2. 그러나 어떤 사람들은 여기서 만일 그리스도의 의가 우리의 것이라면, 우리는 그리스도처럼 의롭다고 말한다. **대답.** 그리스도 안에 있는 그 동일한 의는 우리의 것이지만, 동일한 방식이나 척도에서가 아니다. 왜냐하면 그리스도는 자신의 공로와 행동으로 그것을 가지시지만, 우리는 단지 자비와 전가(轉嫁)로 그것을 갖기 때문이다. 그것은 그리스도 안에서 뿌리와 원천으로 있지만, 우리 안에서는 수용과 적용으로 말미암아 있게 된 것이다. 이것은 원래 그들 안에 있는 것이 아니라, 마치 그 원천인 태양으로부터 받은 달과 별들의 빛과 같다.

반대 3. 셋째, 우리가 만일 그리스도의 의로 말미암아 의롭게 되어 하나님의 아들들이 된다면, 그리스도는 우리의 죄로 말미암아 불의하게 되어 마귀의 자녀인가? **대답.** 우리는 그리스도께서 우리의 죄로 말미암아 실제로가 아니라, 전가에 의해 죄인이 되셨다고 말하는 것이 안전할 것이다. 따라서 그가 마귀의 자녀가 되시는 것은 아니다. 왜냐하면 그것은 죄악된 잉태 후에 범죄의 행동과 습관으로 말미암아 오는 것이며, 우리 구주 그리스도는 그 모든 것에서 자유로우셨기 때문이다. 왜냐하면 그가 우리 죄를 짊어질 바로 그 때, 그는 스

---

169 여백에: Bellar. de Justific. l. 2. c. 7.

스로 모든 사람들과 모든 천사들보다 더 거룩하셨기 때문이다.

반대 4. 넷째, 만일 그리스도의 의가 우리의 것이 되었다면, 우리가 구주가 되었는가? **대답.** 그렇지 않다. 왜냐하면 그리스도의 공로와 의는 만 개의 세상을 구원하기에 충분한 그리스도의 인격 안에 있는 것처럼 사람들에게 전달되고 적용되는 것이 아니라, 그것들이 전가된 특정한 사람만 구원하고 의롭게 하는 역할을 하기 때문이다. 그래서 구원을 가져다주는 의는 오직 그리스도의 의라는 진리는 의심의 여지가 없다.

여기서 어떤 사람들은 어떻게 그리스도의 의가 우리의 것이 되며, 우리가 그것을 확신할 수 있는지 물을 수 있다.[170] **대답.** 그것은 성령께서 우리 마음과 영혼 속에 창조하시는 구원하는 믿음으로 우리의 것이 된다. 우리가 손으로 그리스도를 붙잡고, 그의 의를 우리에게 적용하는 것처럼, 그리스도는 복음의 약속들 가운데 우리에게 제공된다. 어떤 사람들은 만일 우리가 믿음으로써 그리스도의 의가 우리의 것이 된다면, 다른 상황에서도 마찬가지라며 반대한다. 즉, 누군가 그의 이웃의 집을 그의 것이라고 믿는다면, 그것이 그의 것이 되는 것과 같다고 하는 논리라는 것이다. **대답.** 이런 일들에는 그와 같은 이유가 없다. 왜냐하면 어떤 사람이 자기 자신의 생각 외에 다른 근거도 없이, 그의 이웃의 집을 자기 것이라고 믿는 것은 단순한 환상이고 상상이기 때문이다. 그러나 어떤 사람이 그리스도의 의가 그의 것이라고 믿는 것은 그것이 자신에게 전가될 것이라는 보증과 확신에 대한 하나님의 계명과 약속을 갖는 것이다. 게다가 그렇게 근거한 믿음은 그리스도의 의를 참으로 그의 것으로 만들며, 어떤 사람이

---

170 여백에: 그리스도의 의는 믿음으로 우리의 것이 된다.

소유한 모든 것은 다른 사람이 그에게 준 것이기에, 그 자신의 것과 같다.[171] 이제 사람의 칭의를 위해 그리스도의 의를 붙잡는 이 구원하는 믿음은, 그 열매와 함께 성령에 의한 성화에서 결코 분리되지 않는다. 이로 말미암아 옛사람이 죽고, 새사람이 그리스도 안에서 그의 형상을 따라 지식과 의와 참된 거룩에서 새롭게 되며, 전인격이 하나님께 돌이켜 생각과 말과 행위에서 그를 기쁘시게 하기를 주의한다. 이로써 우리는 우리의 칭의에 대한 확신을 받는데, 왜냐하면 참된 성화는 우리 마음 가운데 있는 양자의 성령의 보증이며, 이로써 우리가 구원의 날까지 인침을 받았기 때문이다{엡 4:30}.

적용. 우리 주님의 날에 우리가 의롭게 되고 구원받는 그 의는 우리 자신에게서가 아니라, 오직 그리스도에게서만 오는가? 그렇다면 우리가 자신을 낮추어야 하고, 우리의 큰 불의와 우리 안에 모든 선함이 없다는 것을 인정할 정당한 이유가 무엇인지 알 수 있다. 우리가 이것을 거짓 없이 할 수 있을 때, 우리는 참된 행복의 길에 한 발짝 다가선 것이다.

둘째, 우리는 이로써 또한 그리스도 예수와 그의 의에 대하여, 사도처럼 모든 것을 "배설물로"[빌 3:8-9] 여기는 법을 배워야 한다. 왜냐하면 우리를 천국으로 인도하는 것은 그분이며, 따라서 우리는 무엇보다 그를 공경하고, 사람이 그의 의를 발견하고, 그것을 얻고 유지하기 위해, 그가 가진 모든 것을 팔았던(마 13:46) 가장 귀한 보석처럼 소중히 여겨야 한다.

셋째, 우리는 그리스도와 그의 의에 주리고 목말라해야 한다. 왜냐하면 그것은 모든 복의 원천이며, 그것 없이는 우리가 매우 비참한

---

171 여백에: 성화는 칭의와 함께 간다.

존재이기 때문이다. 참으로, 우리가 비록 온 세상을 가졌다 할지라도, 그것이 없다면 우리는 구원을 잃는다. 사람이 온 세상을 얻고도 그의 영혼을 잃는다면, 무슨 유익이 있겠는가[마 16:26]?

넷째, 그리스도의 의가 믿음으로 우리의 것이 되고, 마음과 삶의 성화로 그것을 확신하게 되었기에, 우리는 우리 마음이 내적으로 갱신될 수 있도록 참된 믿음을 위해 애써야 한다. 우리는 외적인 거룩으로 만족하지 말아야 하는데, 그것은 사람을 천국으로 결코 인도하지 못하기 때문이다. 우리의 노력은 내적 거룩을 위한 것이어야 하며, 이로써 우리는 세상의 모든 바리새인보다 하나님 앞에서 더 나은 사람이 되고, 영원한 행복에 대한 확신을 얻게 될 것이다. 그리고 우리는 모든 거룩한 행사에서 이 믿음을 드러내야 한다. 즉, 우리가 말씀을 들을 때, 육체적 귀와 더불어 마음의 내적 귀로 들어야 하고, 엎드려 기도할 때 우리 마음의 무릎을 꿇어야 하며, 그리고 고기를 먹지 않고 금식할 때, 죄를 멀리해야 한다. 참으로, 이 모든 것 가운데 우리는 하나님을 영과 진리로 섬기도록 주의해야 한다. 이러한 이유로 우리는 다윗처럼, "여호와여 내 안에 정직한 영을 새롭게 하소서"[시 51:10]라고 기도하여, 그리스도께서 은혜로 내 안에 살아계심을 느낌으로써, 그리스도의 의가 우리를 영광으로 인도할 것을 확신할 수 있다.

첫 번째 본보기

"옛 사람에게 말한 바 살인하지 말라 누구든지 살인하면 심판을 받게 되리라 하였다는 것을 너희가 들었으나"(마 5:21). 서문을 제시한 우리 구주 그리스도는 여기서 진실로 그의 교회의 유일하고 참된 교사로서 율법에 대한 그의 해석을 시작하신다. 여기서 특히 그는 우선 살인에 관한 **제6계명**부터 시작하여 두 번째 돌판을 다루신다. 그것을 취급할 때, 그는 다음 순서를 준수하신다. 첫째, 그는 이 구절에서 이 율법에 대한 서기관들과 바리새인들의 잘못된 해석을 설명하신다. 둘째, 그는 그것의 참된 의미를 보여 주신다(마 5:22). 그리고 마지막으로, 그는 다양한 의견을 가진 사람들 사이의 화합과 일치의 규칙을 제안하신다(마 5:23-26).

1부

첫째, **해설**. "너희가 들었다." 즉, 지금 내 말을 듣고 있는 너희 유대인들, 서기관들이든 바리새인들이든, 또는 다른 사람들이든. 옛 사람이 말한 것을 너희가 들었다. 즉, 이 율법을 너희에게 해설한 옛 서기관들과 바리새인들인 너희 고대 선생들로 말미암아 너희가 들었다. 그리고 이 문구는 고대 유대교 교사들로 이해해야 한다는 것이 분명하게 나타날 수 있다. 다음 구절에서 그가 그것에 대해 자신의 가르침을 대조하고, 이전에 옛 선생들로부터 이 율법에 대한 거짓된 해석을 배웠던 그의 청중들이 이제는 자신으로부터 그것에 대한 참된 해설을 배우길 원하시기 때문이다. 율법은 다음과 같다. "너는 살인하지 말라." 고대 유대교 교사들의 해설은 다음과 같았다. "누구든지 살인하면 심판을 받게 되리라." 즉, 누구든지 다른 사람의 생명을 빼앗으려 그에게 폭력을 행사하는 자는(그들은 이 계명을 확장하여 그 어떤 죄도 금지하지 않았기에, 실제적인 살인 외에 다른 살인을 알지 못했다), "심판을 받게 되리라." 사람의 법정과 또한 그 죄에 대한 합당한 처벌을 받을 하나님의 심판 보좌 앞에서도 살인에 대한 죄책을 받을 것이다. 이것이 유대인들의 해석이었다.

여기서 먼저 고대성은 참된 교리에 대해 오류 없는 표지가 아님을 관찰하라.[172] 이 계명에 대한 해설은 고대 교사들로부터 받은 오래된 것이지만, 진리의 교사인 그리스도는 그것을 거짓되고 부패된 것으로 거부하시기 때문이다. 그러므로 교황주의자들이 그들의 종교를 확립하기 위해 고대에서 이끌어내어 사용하는 논증은 아무런 소용이 없다.

둘째, "너희가 옛 사람이 말한 것을 들었다"라는 그리스도의 이 말씀에 의해, 우리는 서기관들과 바리새인들이 어떤 방식으로 율법을 해설했는지 쉽게 알 수 있다.[173] 즉, 그들은 성경을 떠나 그들의 고대 교사들의 해석을 따랐다. 그러나 여기서 그리스도는 이런 방식의 가르침을 질책하고 책망하신다. 그러므로 교부들, 학자들, 그리고 인간 작가들의 증언으로 부풀려져 책망받는 그런 종류의 가르침은, 오늘날 우리 사이에서 보증이 될 수 없다. 그리고 여기서 또한 논쟁의 모든 결정과 성경의 난해 구절에 대한 해석을 교회와 교부들에게 맡기는 교황주의자들의 사악하고 위험한 관행이 발견된다.[174] 우리가 만일 교부들이 종종 의견을 달리하고, 교회가 잘못할 수 있다고 말하

---

172 여백에: 고대성은 진리에 대해 오류 없는 표지가 아니다.
173 여백에: 바리새인들이 율법을 해설하는 방법.
174 여백에: Rhem. Test. pref. sect. 19.

면, 그들은 우리를 교황의 품으로 보낸다.[175] 그러나 이 길이 안전하다면, 유대교 교사들은 그리스도의 이 혐의에 대해 좋은 방어를 할 수 있었을 것이다. 왜냐하면 그들은 그들 편에 교회와 조상들이 있었고, 당시에 대제사장도 그들의 편이었기 때문이다. 진실로 교부들은 당대에 교회의 빛으로서 공경을 받아야 하고, 기록된 말씀과 일치하는 그들의 증언은 합당하게 고려되어야 한다. 그러나 사람의 양심에 진리를 확증하고, 성령의 은혜로 영혼의 건덕을 세우는 것은, 오직 하나님의 말씀만이 결정타를 갖는다. 오직 그것으로 하나님의 자녀들이 태어나고, 생생한 희망으로 새롭게 태어난다. 오직 그것으로 그들은 믿음 안에서 젖을 먹고 양육된다. 참으로 오직 그것만으로 그들은 진리 안에서 확정되고 확립된다.

셋째, 아무것도 금지하지 않고, 단지 외적 살인죄만 이 율법을 범한 것으로 금지하고,[176] 도리어 피를 흘리는 실제적 범죄를 저지르지 않기에, 결과적으로 영생에 합당한 율법의 준수자들로 승인하는 이 유대 교사들에게서, 모든 자연인의 명백한 그림을 보라. 어떤 사람이 다른 사람을 죽이지 않는 한, 그는 이 계명을 범한 것이 아니라는 것이 일반적 의견이 아닌가? 그리고 그와 같이 나머지에 대해서도 동일하게 말한다. 도둑질, 간음, 그리고 거짓 증언과 같은 외적으로 실제적인 중대한 죄를 삼가면, 그의 마음이 시기, 악의, 도둑질, 탐욕, 거짓 등으로 그렇게 가득 차 있다 할지라도, 그는 그 계명들을 지킨 것이라고 한다. 그러나 하나님의 율법에 대한 잘못된 해석에 대한 그리스도의 책망을 그런 헛된[177] 생각에서 우리 마음을 훈련하는 수단

---

175 여백에: Hart. conf. with Rainol. chap. 2. div. 2.
176 여백에: 계명 준수에 대한 사람의 본성적 생각.
177 역자주, 원문의 헛된(vaine)을 영문판에서는 value로 오식하고 있다.

으로 관찰하자.

"나는 너희에게 이르노니 형제에게 노하는 자마다 심판을 받게 되고 형제를 대하여 라가라 하는 자는 공회에 잡혀가게 되고 미련한 놈이라 하는 자는 지옥 불에 들어가게 되리라"(마 5:22). **해설.** 여기서 우리 구주 그리스도는 이 계명에 대한 참된 해석을 제시하신다. "그러나 나는 너희에게 이르노니." 즉, "너희가 들은 바 서기관들이나 바리새인들이 자기들 혹은 자기들의 조상에게서 가르친 것은, 무엇이든지 아무것도 아니다. 그들이 너희를 속이지 못하게 하라. 왜냐하면 나는 율법의 수여자요 교회의 교사이므로, 내 자신의 율법의 의미를 가장 잘 알기 때문이다. 나는 너희에게 달리 말한다." "형제에게 노하는 자마다…" 여기서 그리스도는 세 가지 종류의 살인과 그에 대한 세 가지 등급의 형벌을 규정하신다.[178]

첫 번째 등급

살인의 첫 번째 등급은 **분노**인데, 이것은 단지 화내는 것만이 아니라, 형제를 향한 **경솔하고 무분별한 분노**를 말한다. 그리고 그리스도께서 의미하는 "형제"란, 첫째, 그리스도께서 말씀하셨던 한 유대인과 다른 유대인을 의미한다. 둘째, 유대인이든지 이방인이든지, 한 이웃에게 다른 이웃을 의미한다. 왜냐하면 아담이 하나님의 아들로 일컬어진 것처럼(눅 3:38), 창조에 의해 우리 모두가 한 아버지 하나님을 갖는 형제이기 때문이다.

---

178 여백에: 살인의 세 가지 등급.

살인의 두 번째 등급은 **그의 형제를 라가라고 부르는 것**이다. 어떤 사람들은 이 단어 라가를 멍텅구리라고 해설한다. 다른 사람들은 악한 사람이라고 해설하며, 다른 사람들은 우리가 침을 뱉음으로써 우리의 경멸을 나타내는 것처럼, 침 뱉음을 당하는 역겨운 사람을 의미하는 것으로 받아들인다. 그러나 이 해석들은 그렇게 적합하게 들어맞지 않는다. 왜냐하면 살인의 세 번째 등급과 이 두 번째 등급은 하나요 동일한 것이며, 어떤 사람을 멍텅구리, 악한 사람, 또는 역겨운 사람으로 부르는 것과 그를 바보라고 부르는 것은 정도에 있어서 같기 때문이다. 이제 그리스도의 의도는, 살인에 수반되는 형벌의 뚜렷한 등급에 의해 명백해지듯, 살인의 뚜렷한 등급을 규정하는 것이다. 보다 적합한 해설은 다음과 같다. 라가는 완전한 의미를 갖지 않고, 다만 분노를 나타내는 감탄사일 뿐으로, 어떤 사람이 그의 형제를 비방하거나 욕하는 것이 아니라, 다만 몸짓으로 그를 대적하는 그의 마음의 경멸과 분노를 보여 주는 것뿐이다. 이는 우리가 영어로 {역겨움을 나타내는} "에잇", 또는 {책망을 표현하는} "쯧쯧" 등과 같은 말을 할 때 쓰는 것이다. 이 단어들은 공개적인 욕설이 아니라, 마음속에 숨겨진 내적 분노와 경멸의 외적 표시일 뿐이다. 그래서 그 의미는 다음과 같다. 그의 형제에게 화를 내어 몸짓이나 얼굴 표정으로, 눈살을 찌푸리거나 이를 갈거나, 또는 "쯧쯧", "에잇", {경멸을 표현하는} "흥" 등과 같은 불완전한 말로 그의 분노를 표현하는 자는 살인죄를 저지른 것이다. 살인의 세 번째 등급은 어떤 사람이 그의 형제에게 "누구든지 그의 형제를 미련한 놈이라 하는 자"에서 표현된 공개적인 욕설과 모욕적인 이름들로 그의 분노를 나타낼 때 해당된다. 그리고 이 모든 세 가지 등급은, 이 계명에 의한 실제 살인만을 정죄한 유대 교사들의 해석을 넘어선 것이다.

이제 이 여러 가지 종류의 살인에 대해 그리스도는 형벌의 뚜렷한 등급을 덧붙이신다. 첫 번째 무분별한 분노에 대해선, "심판을 받으며", 두 번째 이 분노의 외적 표시에 대해선, "공회에 잡혀가게 되고", 세 번째 모욕적인 이름들이나 욕설에 대해선, "지옥 불에 들어가게 될 것이다." 여기서 우리는 그리스도께서 이러한 형벌의 등급을 정함에 있어서 정확하게 말씀하시는 것이 아니라, 유대인들 사이에서 사용되었던 범법자들을 처벌하는 풍습에 따라 상징적으로 암시하고 계심을 이해해야 한다.[179] 그들은 세 개의 법정을 갖고 있었다.[180] 세 사람에 의해 개최되는 첫 번째 법정은 평범한 문제들과 중요성이 그다지 크지 않은 경우들에 대한 것이었다. 스물세 명에 의해 개최되는 두 번째 법정은 생사의 문제들과 같이 첫 번째 법정에서 결정될 수 없는 매우 중요한 문제들을 결정했으며, 나라의 주요 도시에서 존속되었다. 그리고 일흔두 명 법정이라고 불린 세 번째 법정은, 오직 예루살렘에서만 개최되었는데, 아무도 또 다른 법정에 항소할 수 없었다. 이 법정에서 모든 중대하고 커다란 이유들이 결정되었고, 이 법정은 여기서 "공회"라고 불린다. 이제 그리스도는 이것을 암시하시면서, 다음과 같은 목적으로 말씀한다. "보라 너희 유대인들 가운데 다른 법정들이 있어서 어떤 문제들은 너희의 심판의 법정에서 판결되고, 다른 것들은 예루살렘 공회에서 판결되듯이 하나님도 그의 심판과 그의 공회를 갖고 계신다. 경솔하게 분노하는 자들은 하나님의 심판을 받을 것이다. 그리고 그의 분노를 말이나 표정으로 드러내는 자는 주님의 공회에 의한 것처럼 더 중한 벌을 받고 더 큰 심판을 받

179 여백에: 유대인들 사이에 있는 법정들.
180 여백에: P. Fagius in Deut. 16.

을 것이다. 그러나 그의 형제를 미련한 놈이나 그와 같은 것으로 불러서, 그의 형제에 대해 공개적인 비방과 욕설로 그의 악의를 드러내는 자는 지옥불의 가장 극심한 심판과 고통을 받을 것이다." 유대인들 사이에서 고통의 등급을 암시하는 것은 불태우는 것이었다. 왜냐하면 헤롯이 그들의 정부를 빼앗기 전에, 유대인들은 교수형, 참수형, 돌로 치는 형, 그리고 불로 태우는 화형이라는 네 가지 종류의 형벌을 사용했기 때문이다.

더 나아가, "지옥불"로 번역된 단어는 정확하게는 게헨나(*Gehenna*)의 불이다. 예루살렘 근처에 게헨나라고 불리는 장소가 있었는데, 게헨나는 도벳이라 불리는 장소가 있는(렘 7:31) 힌놈의 골짜기를 의미하는 히브리어 합성어이다. 거기서 우상 숭배적 유대인들은 그들 주변 민족들의 끔찍한 미신을 따라 몰렉에게 그들의 자녀를 불태우곤 했다. 이런 사실로 인해, 그 장소는 경건한 자들에게 매우 가증스러운 곳이 되었다. 이런 범죄의 극악무도함을 가중시키고, 유기된 자들에 대해 지정된 고통의 장소를 의미하고 표시하기 위해 이 명칭을 사용했다. 그래서 그리스도 당시에는 게헨나와 지옥불은 의미상 동일한 것이었다. 이제 이 골짜기에서 유대인들은 악한 범죄자들을 불태우곤 했다. 그리스도는 이런 종류의 심판에 대해 단순히 저주받은 자들의 고통이나 지옥불이 아니라, 전자보다 더 무겁고 더 큰 종류의 형벌을 의미하는 심판을 암시하신다. 왜냐하면 그것은 죄의 정도가 더 컸기 때문이다. 그래서 그리스도의 의미는 다음과 같다. "아무리 너희 서기관들과 바리새인들이 실제적인 살인 외에 살인이란 없으며, 그것만이 정죄 받아 마땅하다고 너희에게 가르칠지라도, 율법의 수여자인 나는 너희에게 말한다. 다양한 범죄에 대해 여러 법정에서 교수형, 돌로 치는 형, 그리고 불로 태우는 화형과 같은 다양한 형벌을 받듯이, 하나님은 이 계명을 여러 번 위반한 것에 대해 다양한 정도의 형벌을 갖고 계신다. 경솔하게 화를 내는 자는 심판을 받을 것이며, 그의 분노를 몸짓으로 드러내는 자는 더 심하게 처벌될 것이지만, 그의 분노를 욕설과 비방으로 드러내는 자는 모든 것 가운데 가장 가혹한 형벌을 받을 것이다."

첫째, 그리스도께서 여기서 다양한 죄들에 대해 형벌의 정도를 정하기 때문에, 교황주의자들은 죄에 대한 그들의 구분, 즉 **소죄**(venial sins)와 **대죄**(mortal sins)를 이 위에 세우고자 했다.[181] 그들은 말하기를, 소죄는 정죄를 받지 않고, 다만 유대인들 사이에서 민간 법정에 할당되는 것과 같은 어떤 일시적 형벌만 받는 나쁜 생각, 헛된 말, 그리고 그와 같은 가벼운 죄들이다. 왜냐하면 여기서 (그들이 말하기를) 그리스도는 단지 우리 형제를 공개적으로 비방하고 욕하는 것만 지옥불을 받아 마땅한 그런 극악무도한 죄로 삼으셨기 때문이다. 그러나 이 구분은 여기에 근거할 수 없다. 왜냐하면 그리스도는 정죄를 "지옥불"이라는 이 용어에 국한하여 사용하지 않으시고, 여기서 형벌을 암시하는 모든 문구에서 그것에 대해 언급하시기 때문이다. 무분별한 분노에 대한 심판은 지옥불 가운데 정죄를 받아 마땅하다. 그리고 외적인 표시로 분노를 증거하는 것에 대해 공회에 의해 처벌을 받는 것은 정죄를 받아 마땅하지만, 정도가 보다 더 깊다. 그리고 노골적인 욕설에 대해 게헨나의 불로 형벌을 받는 것은 또한 정죄를 받아 마땅하되, 전자보다 더 깊은 척도이다. 왜냐하면 유대인들 사이에서 어떤 범죄자들은 그들 법정의 선고에 의해 참수형이나 교수형으로, 더 큰 범죄는 돌로 치는 형으로, 그리고 가장 큰 범죄는 화형으로 처벌되

---

181 여백에: 이 주제에 관한 레미스트들(Rhemists).

었기 때문이다. 이 모든 형벌은 그 정도에 있어서 달랐지만 모두 죽었던 것처럼, 하나님 앞에서 더 작은 죄는 지옥불 가운데 더 작은 정죄를 받고, 더 큰 죄는 더 깊은 저주를 받지만, 모든 죄는 저주를 받기에 마땅하다. 왜냐하면 "죄의 삯"은 작은 것이라 할지라도 "사망이기"(롬 6:23) 때문이다. 그리스도는 여기서 죄의 정도에 따라 형벌의 정도를 정하시고, 따라서 모든 죄가 죽을 죄이므로 저주를 받아 마땅하기에, 그 자체로 가벼운 소죄란 없다.

둘째, 우리는 여기서 도덕법 해설에 대한 두 가지 탁월한 규칙을 관찰할 수 있다.[182] **규칙 1.** 하나의 계명에서 명명된 하나의 죄 아래서, 그 죄의 모든 원인들과 더불어 동일한 종류의 모든 죄가 금지되었다. 그리스도는 이 제6계명을 해설함에 있어서, 단지 실제적인 살인만 아니라, 심지어 마음속의 성급한 분노와 표정과 몸짓으로 나타나는 그 모든 분노의 표시들, 게다가 욕설과 비방의 말들까지 이 계명을 범한 것으로 정죄하시고, 그와 같은 것을 다음의 규칙들 가운데서 관찰하신다. **규칙 2.** 모든 계명의 위반에는 비록 표현되지는 않았지만, 저주가 부가되어 있다. 왜냐하면 제6계명의 위반을 규정하는 그리스도는 여기서 그의 형제에게 무분별하게 화를 내는 자는 심판을 받을 것이라고 말씀하심으로써, 그 계명의 가장 작은 위반에 대해 정죄로 위협하시기 때문이다. 그렇다면 무지한 사람들이 기도할 때, 계명들을 어떻게 사용하는지 보는 것이 놀랍지 않은가? 진실로 (그들이 그것을 인지할 수 있다면), 그 계명들은 그들이 범하는 모든 죄에 대해 그들의 영혼을 지옥에 던지는 하나님의 벼락이다.

셋째, 무분별한 분노를 이 율법의 위반으로 정죄하신 그리스도는

---

182 여백에: 율법 해설에 대한 규칙들.

신중한 분노가 불법이 아니라는 것을 우리에게 깨우쳐 주신다.[183] 모든 분노가 죄가 아니라는 것은 사실이다. 왜냐하면 그리스도는 종종 유대인들에게 화를 내셨으며[막 3:5], 사도는 우리가 "분을 내어도 죄를 짓지 말라"[엡 4:26]고 명령하고 있기 때문이다. 누군가가 여기서 우리가 경건한 분노와 악하고 무분별한 분노 사이를 어떻게 구별할 수 있는지 묻는다면,[184] 두 가지로 대답할 수 있다. 첫째, 그 분노의 시작에 의해 구별할 수 있는데, 왜냐하면 선한 분노는 우리가 화를 내는 자에 대한 사랑에서 나오기 때문이다. 사랑은 율법의 완성이며, 따라서 사랑에서 나오고 사랑으로 안내를 받은 분노는, 율법에 대한 위반이 될 수 없다. 그러나 악한 분노는 자기 사랑에서 나오고, 화를 내는 당사자에 대한 미움이나 증오에서 나온다. 둘째, 우리는 분노를 그 목적으로 분별할 수 있다. 선한 분노는 죄로 인해 하나님이 모욕을 당하시기에, 하나님의 영광을 위해 분노하는 것이고, 우리 형제들의 유익을 위한 것이다. 그러나 악한 분노는 이런 목적들이 없고, 사적인 관점을 의도한다. 그것은 빠르게 움직이고, 오래 지속하며, 또한 복수의 욕구도 수반한다.

넷째, 무분별한 분노와 그 표시는 이 율법을 위반한 것이므로 죽어 마땅하다. 이로써 우리는 이 완고한 분노의 감정을 주의하고, 늦지 않게 이 감정을 억제하고 굴레를 씌우라는 권고를 받는다.[185] 그러한 분노는 나쁜 시작과 악한 목적을 갖고 있으며, 그렇기에 분노할 때 우리는 살인자들이 된다. 이제 우리는 그것을 정복할 수 있으므로, 그것은 우리를 이기지 못한다. 첫째, 우리는 성급한 분노를 금하

183 여백에: 신중한 분노는 불법이 아니다.
184 여백에: 합법적 분노가 어떻게 분별될 수 있는가?
185 여백에: 분노는 억제되어야 한다.

는 하나님의 계명을 분노를 막는 막대기로 삼아, 우리 마음에 두어야한다. 둘째, 우리는 하나님이 우리를 참고 용서하심으로 매일 우리를얼마나 사랑스럽게 그리고 자비롭게 다루시는지 기억해야 한다. 그러므로 우리는 우리 형제들에 대해 같은 마음을 가져야 한다(엡 4:31-32).

　　"우리의 형제를 대하여 라가라고 말하는 것", 즉 죄의 두 번째 가지는 여기서 정죄된다. 이로써 우리는 다른 사람을 향한 성급한 분노와 앙심을 드러내는 모든 몸짓은 하나님 앞에서 살인임을 알 수 있다.[186] 하나님은 가인의 아벨을 향한 안색의 변함(창 4:6), 그리고 유대인들이 그리스도에게 했던 것처럼, 눈살을 찌푸리거나 경멸의 뜻으로 고개를 끄덕이거나 머리를 흔드는 것(마 27:39), 그리고 경멸적 웃음과 조롱을 책망하셨다. 따라서 이스마엘이 이삭을 조롱한 것은 박해라고 일컬어진다(갈 4:29)[창 21:9]. "에잇", "쯧쯧", 그리고 "흥"과같은 말로 표현되는 모든 경멸의 표시에 대해서도, 그와 같이 언급될수 있다. 그리고 경멸하는 사람이 그렇게 할 수 있고, 상급자가 그의하급자에게 그렇게 할 수도 있다. 또한 어떤 사람이 경멸의 불쾌감을느낄 때, 그는 아무 말도 하지 않고, 그의 형제에 대해 일어나는 마음으로 뛰쳐나가 버린다. 이 모든 경멸과 업신여김의 표시들은, 여기서마음의 살인으로 정죄된다.[187] 그러므로 우리가 우리 형제들을 향해어떤 경멸이나 분노를 드러내지 않도록, 우리의 모든 몸짓, 우리의눈빛, 우리의 웃음, 그리고 모든 격정적인 말에 대해 의식해야 한다.

　　율법은 "그 남편의 형제가 그의 형제의 이름을 잇기를 거절하면", 어떤 과부가 심지어 "성읍 장로들 앞에서 그 남편의 형제 또는 그 다

186　여백에: 경멸의 표시는 살인의 등급이다.
187　여백에: 몸짓을 의식하라.

음 친족의 얼굴에 침을 뱉는 것"[신 25:7-9]을 허용했는데, 어떻게 성급한 분노나 경멸을 드러내는 모든 몸짓이 살인이 될 수 있는지 묻는다면, 다음과 같이 대답할 수 있다. **대답**. 첫째, 주님은 그의 죽은 형제를 향한 그의 사랑의 부족에 대한 그의 혐오를 나타나기 위해, 그녀가 그렇게 하도록 명령하실 수 있다. 둘째, 그 말은 다음과 같이 적합하게 번역될 수 있다. "그리고 그의 눈앞에서 침을 뱉고." 즉, 그가 그녀를 볼 수 있는 그의 면전에서, 땅에 침을 뱉는다. 이것이 이 구절의 참된 의미인 것 같은데, 왜냐하면 누군가가, 더욱더 여자가 그렇게 공개적으로 남자의 얼굴에 침을 뱉는 것은 매우 부적절했기 때문이다. 그리고 신명기에서 그 단어가 동일한 의미로 사용되었는데, 거기서 하나님은 "그의 면전에서" 즉, "그의 눈앞에서"(신 4:37) 이스라엘을 인도하여 애굽에서 나오게 하셨다고 언급된다.

둘째, 경멸의 표시에 의한 살인이라는 이 항목에서 혀를 남용하는 많은 행위는 매우 정당하게 정죄된다.[188] 첫째, 의견을 달리하는 사람들이 서로를 향해 가혹하고 심각한 말을 할 때 사용하는 악독한 말이 정죄된다. 이런 말은 지혜자가 말하듯이, "칼로 찌름"[잠 12:18]과 같다. 그러므로 성령은 우리가 "모든 악독과 노함과 분냄을 버리라"[엡 4:31]고 권고하신다. 둘째, 견해가 다른 당사자들 사이에 누구도 양보하지 않고, 각자가 결정권을 가진 것으로 생각할 때 사용하는 모든 언쟁과 논쟁적 말이 정죄된다. "모든 일을 원망과 시비[189]가 없이 하라"(빌 2:14). 왜냐하면 성마름과 공격적 욕구가 솟아오르는 것은 성령의 열매인 온유와 오래 참음과 전적으로 반대되기 때문이다. 셋째, "떠드는 것"[엡 4:31] 역시 여기서 금지되는데, 이것은 개인적인 대

---

188 여백에: 혀의 남용.
189 *Reasoning*: 옳고 그름을 다지는 논쟁.

화에서 의견을 달리하는 남자들이나 여자들이 성마름이나 악의로 말미암아 그들의 목소리를 높여 멀리서도 들을 수 있게 하는 것이다. 이것은 맹렬한 분노와 격분의 열매이다. 넷째, 위협하는 말도 여기서 정죄되는데, 이는 그들 자신의 사적인 이유 때문에, 내적인 혐오와 분노로 말미암아 사람들이 다른 사람들에게 협박의 말을 할 때 사용된다. 주인은 그들의 하인을 그와 같이 다루는 것이 금지되었고[엡 6:9], 따라서 한 형제가 다른 형제를 그와 같이 다루는 것은 더더욱 금지되었다. 다섯째, 상처를 주는 사적이고 은밀한 말[190]로 다른 사람을 비웃고 조롱하는 모든 종류가 여기서 정죄된다. 비록 노골적인 욕설이 없을지라도, 이로써 사람들이 그 형제를 욕되게 하고, 다른 사람을 근심케 하여, 그들 자신의 마음을 기쁘게 하려 하기 때문이다. 이것은 "라가"라고 말하는 것보다 더 심한 말이다.

세 번째 등급

살인의 세 번째 등급은 **욕설**로 우리의 형제를 "미련한 놈"이나 그와 같이 부르는 것이다. 이것 역시 그의 좋은 이름을 빼앗음으로써, 제9계명을 범하는 죄이다.[191] 왜냐하면 하나의 죄는 다양한 측면에서 여러 가지 계명을 범할 수 있기 때문이다. 그것은 제6계명에 대한 위반인데, 이로써 우리가 우리 이웃을 괴롭히고 고통스럽게 하고, 비난하여 그로 하여금 삶에 지치게 만드는 것이다.

이런 살인의 등급에 대한 근거에서, 형제에 대한 사람들의 모든 끔찍한 행위는 피비린내 나는 관행으로 정당하게 정죄되었다.[192] 첫

---

190 *Privy and close nips*: 상처를 주는 사적이고 은밀한 말.
191 여백에: 욕설이 금지되다.
192 여백에: 끔찍한 행위가 여기서 금지되어 있다.

째, 고리대금은 사람들이 자연스럽게 증가하지 않는 돈이나 다른 물건을 단순히 빌려준 대가로, 그들의 필요성이나 그것의 성공적 사용과는 전혀 관계없이 이득을 돌려받기 위해 그들의 형제를 묶는 것이다. 이로 인해 많은 사람들이 극심한 가난에 빠졌다. 욕설은 이런 압제만큼 가난한 자를 그렇게 괴롭히지는 않는다. 둘째, 그들이 더 많은 것을 얻기 위해 곡물을 기근 때까지 비축하는 것이다. 이 사람들은 가난한 자들에 대한 하나님의 일반적 심판으로 사적인 이득을 얻는다. 진실로 풍족할 때에 흉년을 위해 기근을 비축하는 것은 불법이 아니다. 그러나 가난한 자들의 고통을 대가로 그렇게 하는 것은, 사람들이 그들의 곡식 창고(garners)[193]를 가득 채워 가난한 자들이 굶어 죽게 할 때와 같이, 그들의 피를 빨아먹는 것이며, 하나님의 백성을 삼키는 것이다. 백성들의 저주가 그와 같은 자들에게 있다(잠 11:26). 셋째, 사람들이 개인적인 이유로 다른 사람들과 싸우고 때리는 것이다. 그들이 이웃의 신체를 상하게 하거나 약하게 하는 것은 욕설로 괴롭히는 것보다 더 심한 것이다. 넷째, 설교를 할 수 없거나 하지 않으려는 자들이 영혼의 양식을 억류하는 것은 영원한 생명에 해를 끼친다. 그러므로 바울은 이점에 관하여 자신을 피에서 깨끗하게 하기 위해 "그가 다 전하였다"(행 20:26-27)라고 말했다. 다섯째, 다른 사람을 넘어지게 하는 말이나 행위로 공격하는 것이다. 이것은 "무자비한 행실"인데, 이로써 우리는 우리 안에 있는 "그리스도가 대신하여 죽은 형제를 망하게 한다"(롬 14:15). 이것이 모든 사람에게 잔인한 것처럼, 특히 행정관, 목사, 부모, 주인과 같은 공적인 사람들에게 잔인한데, 왜냐하면 그들의 관행이 아랫사람들에게는 규칙이기 때문이다.

---

193 *Garner*: 창고.

그들은 밤에 항해하는 배들을 안내하는 항구의 빛과 같아서, 잘못 비추면 배들을 바위와 모래 위로 인도하여 난파되게 한다.

그리스도께서 율법의 참된 의미를 해설하신 것을 보았으므로, 여기서 우리는 더 나아가 그가 어떻게 그 율법의 참된 용도를 회복하시는지 관찰하자. 우리는 그가 이해를 위한 판단의 교정을 의도하셨을 뿐, 실천을 위한 마음과 삶의 개혁을 강타하신 것은 아니었다고 생각하지 말아야 한다. 그러므로 이 율법의 용도에 관하여 그리스도는 여기서 우리에게 두 가지를 가르치신다.[194] 첫째, 우리가 마음속으로 내려가 거기서 이 계명을 어떻게 어겼는지 살펴보라.[195] 우리가 우리 형제에 대해 마음속에 어떤 악의를 품었는지, 그리고 말이나 몸짓으로 우리 마음의 성급한 분노를 표현했는지, 또는 어떤 식으로든 그의 삶에 대해 욕설로나 다른 상해를 가해 잘못을 저질렀는지 살펴보라. 우리가 그렇게 했다면, 그리스도는 우리가 살인자라고 이야기하신다.

둘째, 살인의 모든 등급에 저주를 내리신 그리스도는, 우리가 우리 마음을 합당하게 조사하여, 우리 자신이 어느 등급에 죄가 있음을 알게 되면, 주님 앞에 엎드려 우리 자신을 고발하고 정죄하며, 모든 수치와 혼란이 우리에게 있음을 외치라고 가르치신다.[196] 우리가 이것을 해야 하는 것은 우리의 비참함을 보고 더 간절히 자비를 구하려는 마음을 갖게 하기 위함이다. 진실로 우리가 우리 마음과 우리 행동을 철저하게 조사하면, 우리 모두 살인자임을 발견하게 될 것이다. 왜냐하면 우리가 비록 실제적인 살인에서 자유롭다 할지라도, 우리

---

194 여백에: 이 율법의 참된 용도.
195 여백에: 우리 마음을 살피라.
196 여백에: 우리 자신을 판단하라.

의 양심은 우리에게 진노와 악의의 충동, 그리고 무분별한 분노의 표시들이 말과 몸짓으로 터져 나왔음을 이야기할 것이기 때문이다. 다른 사람을 멸시하거나 싫어하는 방식으로, 결코 코웃음을 친 적이 없다고 누가 말할 수 있겠는가? 누가 다른 사람들을 비웃고 비방하는 일에서 자신을 깨끗하게 할 수 있겠는가? 이제 이것들과 그와 같은 것들은 우리로 하여금 율법에 대한 죄책을 지게 만들어, 천지가 없어진다 할지라도 반드시 성취되어야 할 하나님의 진노와 저주를 받게 한다. 이것은 의심의 여지 없이 우리의 비참이며, 우리 안에 있는 재앙이다. 그리고 이 저주를 피할 방법은 전혀 없으며, 오직 다음과 같은 것뿐이다. 우리가 하나님 앞에 우리 자신을 낮추고, 우리 자신에 대해 몸짓과 말과 행동으로 선언된 마음의 살인자임을 고백해야 한다. 그런 다음, 우리는 이런 죄들에 대해 괴로워해야 하며, 이를 위해 그 죄들에 대해 우리가 받아 마땅한 하나님의 두려운 심판을 우리 자신에게 적용해야 한다. 셋째, 우리는 죽음의 선고가 가련한 죄수들에게 내려졌을 때 그들이 하듯이, 생명과 죽음에 대해 하나님의 자비와 용서를 간절히 간구해야 한다. 참으로 우리는 형언할 수 없는 탄식과 신음으로 울어야 하고, 여호와께서 그의 선하신 성령으로 자비와 용서라는 위로의 메시지를 우리 양심에 보내실 때까지, 그를 쉬지 못하시게 해야 한다. 이 일이 끝나면, 우리는 우리 자신뿐 아니라 우리 형제들의 복지와 안전을 확보하고 증진하기 위해, 다가올 때를 위해 우리의 부르심에서 수고해야 한다. 우리는 우리 자신이 아니라 공동의 선을 구하여, 우리 형제를 괴롭힐 수 있는 것들을 피하고, 그들에게 유익하고 안위가 될 수 있는 것들을 행하여, 새로운 순종으로 우리를 향한 하나님의 자비와 호의에 대해 감사를 나타낼 수 있다.

네 번째 등급

지금까지 우리는 그리스도께서 유대 교사들의 가르침을 뛰어넘어, 이 율법으로 정죄하시는 살인의 세 가지 등급을 다루었다. 이것들 외에 여기서 정죄되는 네 번째 등급은 **실제적인 죽임**이다.[197] 그리스도께서 이것을 여기서 언급하시지는 않는데, 왜냐하면 그가 그것을 당연한 것으로 여기시고, 심지어 서기관들과 바리새인들의 가르침조차 당연한 것으로 여기시기 때문이다. 이제 그것이 이 계명의 주된 죄이기 때문에 여기서 다루어져야 하는데, 우리는 그것을 다음과 같이 다룰 것이다. 첫째, 우리는 죽임이 언제 살인이고, 언제 살인이 아닌지 보일 것이며, 그 다음에 그 종류들을 다룰 것이다.

요점 1. 첫째, 죽임이 항상 살인은 아니다. 왜냐하면 때때로 어떤 사람이 하나님으로부터 죽일 권세를 갖는데, 그것은 죄가 아니기 때문이다.[198] 하나님은 어떤 사람에게 죽일 권세를 세 가지 방식으로 주신다. 첫째, 기록된 말씀에 의해 임금들과 통치자들, 그리고 그들 아래 있는 사형집행자들은 죽어 마땅한 행악자들을 죽이도록 허락을 받았다. 그리고 그런 식으로 병사들은 합법적 전쟁에서 그들의 적을 죽일 권리를 보장받았다. 둘째, 특별한 명령에 의해 아브라함은 여호와의 천사가 그의 손을 막지 않았더라면, 합법적으로 그의 아들을 죽일 수 있었다[창 22:2, 10-11]. 셋째, 특별한 명령에 상응하는 비범한 본능에 의해 비느하스는 살인의 죄책 없이 시므리와 고스비를 죽였다[시 106:30-31]. 그러나 사람들이 하나님의 허락도 없이 임의로 다른 사람들을 죽일 때, 이것은 살인이며, 이 죄는 이 계명에서 분명하게 그리고 직접적으로 금지되었다.

---

197 여백에: 실제적인 죽임.
198 여백에: 죽이는 것이 허용될 때.

요점 2. 죽임에는 두 종류가 있다.[199] 자발적 죽임 또는 우연적 죽임이다. 자발적 죽임은 사람이 목적을 가지고 의도적으로 죽일 때이며, 이 죄는 너무도 가증스러워서 피를 흘린 그의 피로 정결하게 되기까지, 피가 흘린 "땅을 더럽힌다"[민 35:33]. 그리고 이 죽이려는 목적은 이중적이다. 사람이 오래 전에 마음속에 원한을 품었을 때처럼, 복수에 대한 간절한 마음으로 숙고하여 죽이는 것과 또는 숙고 없이 이전의 악의가 전혀 없는 사람이 그의 형제를 죽이려 할 때 갑자기 격분과 분노에 사로잡혀 죽이는 것이다.[200] 이 두 번째 종류의 죽임은 살인(*manslaughter*)이라는 명칭에 의한 숙고에 의한 죽임과는 구별되고, 또한 어떤 나라들의 법률에 의해 호의를 받는다. 왜냐하면 그것은 정해진 목적에 의한 것이 아니라, 피가 식기 전 갑작스러운 분노에 의한 것이기 때문이다. 그러나 하나님의 율법은 둘 다 살인으로 삼고, "살인자의 생명을 위한 속전을 허용하지 않는다"[민 35:31]. 아니, 게다가 하나님의 율법은 살인자에게 영혼과 육체 모두에서 영원한 죽음을 선고한다. 이 자발적 죽임에 우리는 그 살인자에게 명령하거나 조언하거나 도움을 준 자들을 연관시켜야 한다. 왜냐하면 명령한 자는 주요 행위자이고, 그 살인자는 그의 도구이기 때문이다. 다시 말하지만, 비록 상처만 줄 목적이었을지라도, 만약 죽음이 뒤따른다면, 다른 사람을 치는 것은 자발적 살인이며, 또한 술에 취한 사람이 저지른 것도 마찬가지이다. 비록 감각과 이성의 눈이 멀었을지라도, 그의 의지는 자유로웠기 때문이다.

흔히 임의적인 우연한 발생(*chancemedly*)[201]으로 일컬어지는 우연적

---

199 여백에: 죽이는 것의 종류.
200 어백에: 살인(Man-slaughter)은 살인(murder)이다.
201 *Chancemedley*: 임의적인 우연한 발생.

죽임은 한 사람이 다른 사람을 다치게 할 목적이 없이 죽일 때 발생한다.[202] 우연적 죽임에 대한 가정들은 다음과 같다. **첫째,** 어떤 사람이 자신을 위해 다른 사람에 대해 또는 그 어떤 사람에게 악한 의도나 분노를 품지 않고, 탐욕이나 그 어떤 감정으로도 죽이려 하지 않은 채 다른 사람을 죽인다면, 그것은 우연적 죽임이다. **둘째,** 그가 그의 특정한 부르심의 합법적 의무를 행한다면, 그것은 우연적 죽임이다. **셋째,** 그가 자신의 부르심 외에, 어떤 합법적 일을 행하여 잘 수행한다면, 그것은 우연적 죽임이다. 그리고 **마지막으로,** 그가 그의 일상적 장소와 시간을 지키면서, 평소에 행하는 것을 한다면, 그것은 우연적 죽임이다. 그리고 이런 종류의 죽임이 단지 우연적이어서 죄가 아닐지라도, 과거에는 그것을 행한 당사자가 책임을 질 수밖에 없었다. 즉, 그가 살인 혐의에서 스스로를 정화하고 깨끗하게 해야 할 책임, 또한 죽임을 당한 당사자의 친구들의 증오와 위험을 피해야 할 책임, 그리고 마지막으로, 하나님의 백성들 사이에서 살인에 대한 증오를 지키고 유지해야 할 책임을 져야 했다. 이제 이 제6계명은 우연적 죽임이 아니라, 자발적 죽임으로 이해되어야 한다. 그리고 그리스도께서 그 죽임의 모든 경우에 살인이라는 명칭을 주셨는데, 이는 우리 마음속에 살인 그 자체와 마찬가지로, 모든 것에 대한 증오심을 키우기 위함이었다는 것도 주목해야 한다.

3부

"그러므로 예물을 제단에 드리려다가 거기서 네 형제에게 원망들을 만한 일이 있는 것이 생각나거든 예물을 제단 앞에 두고 먼저 가

---

202   여백에: 우연적 살인. 그 표시들.

서 형제와 화목하고 그 후에 와서 예물을 드리라"(마 5:23-24). 여기서 그리스도는 우리가 잘못을 저지른 사람들과 화해를 추구함으로써, 화해의 규칙을 제안하신다. 그것은 첫 번째 말, 즉 "그렇다면" 또는 "그러므로"에 의해 나타날 수 있는 것처럼, 앞의 구절에서 도출된 하나의 결과이자 결론으로서, 앞의 구절에 의존한다. 이는 마치 그가 다음과 같이 말씀한 것과 같다. **"성급한 분노와 몸짓이나 욕설에 대한 증거가 살인이요 정죄를 받아 마땅하다면, 우리는 우리 형제와 우리 사이에 사랑이 깨질 때마다 그들과 화목하기를 부지런히 힘써야 한다."**

예시 1

해설. "네가 예물을 제단에 드릴 때." 여기서 그리스도는 율법 아래서 유대인들의 예배 방식을 암시하시는데, 이것은 성전에서 하나님께 화해와 감사 모두의 희생제사를 드리는 것이었다. 그리스도께서 여기서 이 한 종류의 의식적 예배만 언급하시지만, 그는 이것 아래 율법적이든 복음적이든, 모든 방식의 참된 외적 예배를 의도하시는 것이다. 그래서 마치 그가 다음과 같이 말씀하시는 것과 같다. "네가 만일 어떤 방식으로든, 희생제사를 드리거나 하나님께 기도하거나, 그의 말씀을 듣거나 성례를 받음으로써, 하나님께 예배하러 나아올 때, 너의 형제가 너에게 원망할 일을 갖는지, 즉 네가 어떤 식으로든 너의 형제에게 잘못을 저지르고 과오를 범했는지 기억하라." 이것은 마가의 유사한 말에 의해 참된 의미인 것 같다. "네가 너의 형제에게 혐의를 갖는다면 (그가 너에게 해를 끼쳤다면) 용서하라"[막 11:25]. 그러므로 우리가 말이나 행위로 형제에게 잘못하거나 과오를 범했을 때, 그는 우리를 반대하는 어떤 것을 갖고 있으며, 그 사실을 알고 있고, 그에 따라 불평할 만한 정당한 이유가 있다.

"너의 예물을 제단 앞에 두고." 그는 그들이 여호와께 제사하러 갈 때, 그들의 양이나 수소를 바깥뜰로 끌고 가거나, 또는 어떤 사람들이 생각하듯이, 그들이 그것을 여호와께 바쳤다는 표시로 그것을 제단 뿔에 맸던 유대인들의 예배 방식을 여전히 암시하신다. 이제 바로 그 순간 그들이 어떤 방식으로든 그들의 형제를 실족하게 한 일을 기억한다면, 그들은 예물을 거기에 남겨두고(이 의무를 완전히 생략하는 것이 아니라, 단지 잠시 연기하거나 보류하는 것이다), 가서 그들이 잘못을 저지른 형제와 화목하기를 추구해야 했다.

질문 1. 유대인들은 하나님께 대한 봉사가 일단 시작되면, 그것이 끝날 때까지 아무도, 심지어 임금 자신조차도 떠날 수 없다는 규례를 갖고 있는데[겔 46:10],[203] 어떻게 이 떠나감이 보증될 수 있는가? **대답.** 이 규례는 백성들이 제물을 가져다가 곧 바친 후, 제물을 드리기 시작하기 전에, 성전 바깥뜰에서 떠나는 것으로 이해되어야 한다. 왜냐하면 제사장들이 이 봉사를 시작하기 전, 특히 이 경우에는 백성들이 떠나는 것은 합법이었기 때문이다.

질문 2. 그러나 가해 당사자가 잘못을 저지른 그의 형제에게 결코 올 수 없다면, 그의 형제가 먼 나라에 가 있거나, 삼엄하게 투옥되거나 등과 같은 부재중이라는 이유로 갈 수 없다면, 어떻게 해야 하는가? **대답.** 그 행위 자체가 하나님의 섭리로 인해 불가피하게 방해를 받는다면, 그는 그와 화해하려는 자신의 노력을 증거해야 하며, 기꺼이 화해하려는 마음이 있다면, 하나님은 그 뜻을 행위로 받으실 것이다. 왜냐하면 우리가 형제와 화해하기 전까지 하나님을 예배한다고

---

203 역자주. 원문에는 겔 46:10으로 되어 있으나, 영문판에는 겔 46:20으로 오식되어 있다.

뻔뻔스럽게 가정하지 않고, 하나님의 예배에 대한 외적 행동들 이전에 형제와의 화해를 선호한다는 관심을 보임으로써, 잘못을 저지른 형제와 화해하려는 최선의 노력을 기울여야 한다는 것이 그리스도의 의미이기 때문이다.

여기서 우리는 사람들 사이에 사랑과 자비를 유지하기 위한 주목할 만한 규칙, 즉 **형제 화해**를 갖는다. 그 규칙을 주심으로써, 그리스도는 앞의 구절에서 살인과 그에 대한 도발을 정죄하신 것에 대해 제6계명에 대한 해설을 여전히 계속하신다. 여기서 그는 형제 사랑이라는 반대 미덕과 그 동일한 미덕, 즉 주어진 범죄에 대한 화해를 유지하기 위한 수단을 명령하신다.

이 규칙으로부터 우리는 일반적으로 다음과 같은 것을 관찰할 수 있다.[204] 첫째, 하나님의 계명에 대한 올바른 해설과 이해를 위한 세 번째 지침, 즉 어떤 악이 금지된 곳에 그 반대되는 미덕이 명령되고, 그 반대로 어떤 미덕이 명령되는 곳에 그 반대되는 악이 금지된다. 이 규칙은 반드시 인간의 모든 법보다 하나님의 율법의 특권으로서 준수되어야 한다. 왜냐하면 인간의 법은 그 반대되는 미덕이 실천되지 않을지라도, 금지된 악행을 멀리함으로써 만족되기 때문이다. 그가 그의 형제를 사랑하지 않을지라도, 실제적인 범죄를 멀리함으로써 살인을 금하는 인간의 법을 만족시켰지만, 금지된 악행을 삼간다 할지라도 그 반대되는 미덕을 실천하지 않음으로써, 그는 하나님의 율법을 어긴다. 왜냐하면 어떤 사람이 비록 살인을 멀리한다 할지라도 그의 형제를 사랑하지 않으면, 그는 무지한 우리 백성들의 잘못을 반박하는 제6계명을 위반한 죄책을 갖기 때문이다. 그들의 잘못은

204　여백에: 하나님의 계명을 해설하기 위한 세 번째 규칙.

살인, 간음, 그리고 다른 외적인 죄들을 멀리하기 때문에, 그들이 율법을 지키며, 따라서 하나님이 그들에게 자비를 베푸실 것이라고 확신하는 것이다. 그러나 그들은 비록 금지된 악행을 멀리한다 할지라도, 그 반대되는 미덕을 행하지 않은 것 때문에, 심판받는다는 것을 반드시 알아야 한다. 왜냐하면 악을 멀리하는 것으로 충분하지 않고, 우리가 반드시 선을 행해야 하기 때문이다. 그러므로 세례 요한이 다음과 같이 말한다. "좋은 열매를 맺지 아니하는 나무마다 찍혀 불에 던져지리라"[마 3:10]. 그리고 저주의 선고가 유기된 자들에게 내려질 것인데, 그들이 선을 행하지 않았기 때문이다. "내가 주릴 때에 너희가 먹을 것을 주지 아니하였고 목마를 때에 마시게 하지 아니하였다"[마 25:42].

둘째, 이 화해의 규칙에 의해, 하나님께 대한 그 어떤 외적 봉사의 실행이 형제 사랑에서 분리된 것이라면, 그를 기쁘시게 하는 것이 아니라는 것이 드러난다.[205] "여호와께서 말씀하시되 너희의 무수한 제물이 내게 무엇이 유익하뇨"(사 1:11-12). 그래서 그는 특히 유대인들의 모든 섬김을 거절하시는데, 왜냐하면 그들이 시기와 논쟁, 그리고 압제 가운데 살았기 때문이다. "그들의 손에 피가 가득함이라"[사 1:15].[206] 여호와는 거기서 유대인들이 다툼과 압제를 그치지 않았기 때문에, 그들의 육식 금식을 책망하고, 거기에 **잔인함을 멀리하고 자비를 베푸는 일이 그가 요구하시는 금식**이라고 덧붙이신다(사 58:5-6). 이것은 하나님께 대한 예배 전체가 첫 번째 돌판의 의무에 속한다고 생각한 사람들의 자연적 생각을 뒤엎는다. 이것이야말로 사람들이 그들의 가난한 부모를 구제하지 않았을지라도, 교회에 예물을 드렸

---

205 역자주, 여백에: 하나님은 자비 없는 희생제사를 거절한다.
206 역자주, 원문에는 없으나 영문판이 사 1:15를 삽입했다.

으면, 하나님이 그것을 기뻐하신다[마 15:5]고 가르쳤던 바리새인들의 생각과 관행이었다. 그리고 형제 사랑이 없어 범법한 경우에, 이런 화해가 아니라, 사제 앞에서의 하나님께 대한 죄의 고백과 교회법적 만족을 전능하신 하나님을 기쁘시게 하는 것들로 지정한 로마 교회의 관행도 마찬가지이다. 참으로 평범한 우리 사람들의 생각은, 예배에 참석하고, 설교된 말씀을 듣고, 평상시에 성례를 받으면, 그들이 시민 생활에서 형제에게 적대감을 갖거나, 그러한 죄 가운데 살고 있다 할지라도, 그들은 좋은 예배를 드린 것이고, 하나님께서 그것들을 존중하실 것이라고 하는 것이다. 그러나 우리는, 하나님께서 단지 첫 번째 돌판의 의무들만 아니라 또한 두 번째 돌판의 의무들로도 섬김을 받으시며, 사랑과 자비를 실천하는 데 양심의 가책을 느끼지 않는 사람들의 경건의 의무들을 혐오하신다는 것을 배워야 한다. "너희가 도둑질하며 살인하며 간음하며 거짓 맹세하며 바알에게 분향하며 너희가 알지 못하는 다른 신들을 따르면서 내 이름으로 일컬음을 받는 이 집에 들어와서 내 앞에 서서 말하기를 이 모든 가증한 일을 행했음에도 우리가 구원을 얻었나이다 하느냐?"(렘 7:9-10). 이는 마치 그가 결코 그렇게 생각하지 말라고 말씀하시는 것과 같다. 그러므로 우리가 하나님을 섬기는 데 있어서 참된 위로를 얻고자 한다면, 거기에 우리 형제에 대한 자비의 실천을 결합하는 양심을 갖도록 하자.

셋째, 여기서 우리는 또한 우리가 주님의 식탁에 오기 전에, 어떻게 처신해야 하는지 배울 수 있다.[207] 만일 우리가 교회에 있을 때라도, 우리 형제에게 어떤 식으로든 실족케 한 일이 생각나면, 우리는 먼저 가서 그와 화해하고, 그 다음에 주님의 식탁에 나아와야 한다.

---

[207] 역자주, 여백에: 성찬 받는 자의 의무.

우리는 우리 잘못에 대한 기억을 멀리해서는 안 되는데, 왜냐하면 우리가 형제에 대한 적대감을 유지함으로써, 하나님과의 영적 교제를 거부하여 죄에 죄를 더하기 때문이다. 그러나 속히 화해를 구함으로써, 우리는 주님의 성찬을 받으러 돌아가야 한다. 이것은 주님의 만찬을 멀리하는 많은 사람들의 일반적 관행을 단호히 정죄하는데, 이는 그들이 형제들과 화해하려고 노력하지 않기 때문이다. 이것은 하나님의 뜻보다 자신의 정욕을 더 좋아하는 교만과 악의로 가득 찬 마음을 입증한다. 왜냐하면 하나님은 우리가 해가 지도록 분을 품지 말라(엡 4:26)고 명령하시고, 교회가 그리스도의 죽음을 보여 주는 성례를 시행할 때, 우리가 받는 것이 그의 규례이기 때문이다. 형제와 불화하기 때문에, 성찬을 멀리하는 자는 그 두 가지 모두를 범하는 것이다. 왜냐하면 그리스도는 가져온 예물이 버려지게 하시려는 것이 아니라, 화해가 이루어질 때까지 잠시 거기에 두시려는 것이기 때문이다.

넷째, 이 화해의 규칙에서 우리는 **하나님의 예배에 대한 의무에는 등급이 있다**는 것을 볼 수 있다.[208] 모든 것이 동등하지 않기에, 어떤 의무는 더 필요하고, 어떤 의무는 덜 필요하다. 거룩한 예배에 대한 첫 번째이자 가장 높은 등급은 제1계명에 규정되어 있는데, 이는 무엇보다 하나님을 사랑하고 두려워하고 기뻐하며 그분과 그의 모든 약속을 믿는 것이다. 거룩한 의무의 두 번째 등급은 우리 이웃을 우리 자신처럼 사랑하고, 우리가 잘못했거나 과오를 범한 사람들과 평화와 화해를 추구하는 것이다. 따라서 그리스도는 제사를 드리기 전에, 이것의 실천을 더 좋아하신다는 것을 여기서 더 많이 암시하고

---

208 여백에: 하나님의 예배에 대한 의무의 등급들.

있다. 세 번째 등급은 하나님의 예배에 대한 외적 행동들과 안식일의 외적 엄숙함으로서, 첫 번째 돌판에서 명령된 하나님의 예배에 대한 외적인 의식적 의무로 구성된다. 왜냐하면 이것들은 두 번째 돌판에서 명령된 사랑과 자선의 행위에 자리를 양보하기 때문이다. 그러므로 그리스도는 "먼저 화해하고 그 다음에 너의 예물을 드리라"고 말씀하신다.

이제 우리는 거룩한 의무들에 대한 구별에 의해 우리의 행동에 대한 좋은 지침을 갖는다.[209] 하나님과 우리의 형제에 대한 사랑이 선행의 가장 높은 두 가지 등급임을 알기에, 우리는 무엇보다도 그것들을 추구하고, 하나님께 대한 외적 예배보다 그것들의 실천을 선호해야 한다. 왜냐하면 우리가 아는 외적 예배가 마지막 자리에 오기 때문이다. 그러나 사람들은 그렇게 실천하지 않는다. 일반적으로 그들은 심판과 하나님께 대한 두려움은 버리고, 박하와 운향의 십일조는 매우 엄격했던 바리새인들처럼[눅 11:42], 하나님과 형제 사랑에 대한 주된 의무보다 외적 의식에서 보다 더 앞선다. 그러나 이것은 터무니없는 일이고, 우리 구주 그리스도의 교훈에 전적으로 반대되는 것이다.

이런 식으로 이 규칙에 대해 많이 다루었다. 이제 다음 말씀에서 보다 특정한 관찰로 나아갈 것이다.[210] "너의 예물을 제단에 두고." 여기서 그리스도는 유대인들 사이에서 희생제물을 바치는 하나님께 대한 이 예배를 승인하신다. 이것으로부터 제단에 제사하는 것과 비례적으로 다른 의식적 예배가 그리스도의 출생이나 세례에서 폐지되지 않았다는 결론이 나온다. 왜냐하면 여기서 그리스도는 그것들을

---

209 역자주, 여백에: 하나님과 사람에 대한 사랑의 실천의 동기.
210 역자주, 여백에: 의식적 예배는 그리스도의 죽음까지 폐지되지 않았다.

허용하시기 때문이다. 그러므로 그것들은 그가 십자가 위에서 "다 이루었다"[요 19:30]라고 말씀하셨을 때, 오직 그의 죽음에서 멈추었다. 그 다음에, "그는 우리를 거스르는 법조문으로 쓴 증서를 지우셨다"[골 2:4].

"너의 예물." 즉, 너의 희생제물. 유대인들은 두 가지 종류의 희생제물을 가지고 있었다. **속죄의 희생제물**과 **감사의 희생제물**이다. 그것들은 여기서 **예물**이라고 일컬어지는데, 제사를 드릴 때 사람들이 하나님께 어떤 것을 바치기 때문에, 그런 점에서 희생제사는 하나님이 우리에게 어떤 것을 주시는 성례와 다르다. 사람들이 하나님께 어떤 것을 바치는 율법의 희생제사는 두 가지를 의미한다.[211] 첫째, 그리스도는 우리 죄를 위하여 그의 아버지께 자신을 바치셔야 한다. 둘째, 우리는 그를 섬기기 위해 하나님께 우리 자신의 영혼과 몸을 온전히 드려야 한다. 그러므로 하나님께서 "내 아들아 네 마음을 내게 주라"(잠 23:26)고 말씀하신다. "죽은 행실에서 다시 살아난 자 같이 너희 지체를 의의 무기로 하나님께 드리라"(롬 6:13). "그러므로 형제들아 내가 하나님의 모든 자비하심으로 너희를 권하노니 너희 몸을 하나님이 기뻐하시는 거룩한 산 제물로 드리라"(롬 12:1). 우리는 이것을 하나님의 끝없는 자비에 대한 감사의 표시로 해야 하는데, 첫째, 우리가 우리 자신의 것이 아니라, 그리스도 안에서 하나님의 것임을 인정할 때 하는 것이다. 둘째, 우리가 마음과 삶 모두에서 우리의 창조, 보존, 그리고 특히 구원에 대해 감사함을 나타낼 수 있도록, 하나님께 대한 봉사에 우리 자신을 성별하여 바칠 때, 이것을 하는 것이다. 그러나 이것을 행한다고 하는 사람들의 모습은 한탄스럽다. 사람들

---

211 역자주, 여백에: 희생제사의 예물이 의미하는 것.

은 자신들을 하나님께 바치는 대신 마귀에게 바치고, 그의 종과 신하가 된다. 그들은 악독하고 사악하고 음탕한 생각들로 그들의 마음을 마귀의 거처로 삼는다. 그들은 범죄함으로 그들 영혼의 기능들과 모든 몸의 지체를 그에게 바친다. 하지만 그래서는 안 된다. 그리스도께서 우리를 위해 자신을 주셨으므로, 우리는 그에게 우리 자신을 온전히 바쳐야 한다.

"거기서 생각나거든." 즉, "네 형제에게 원망들을 만한 일이 있는 것"을 생각하라.[212] 이것으로 그리스도는 우리에게 다음과 같이 가르치신다. 우리가 하나님께 그 어떤 봉사를 바치려고 나아올 때마다, 우리는 무엇보다 먼저 우리 자신의 마음속으로 먼저 들어가야 한다, 거기서 하나님이나 사람에게 범한 회개하지 않은 죄에 대해 우리 자신의 상태를 살피고 시험하여, 우리가 하나님의 엄숙한 예배에 나아오기 전에, 하나님과 우리 형제 모두에게 화해할 수 있도록 해야 한다. 이렇게 하지 않는 것은, 심지어 사람들이 하나님의 복을 받는다고 생각하는 수단에서조차, 그들의 영혼에 많은 저주를 초래한다. 그러므로 우리는 이 의무를 실천하는지 살펴보고, 마음에서 우러나와 신속하게 그것을 수행해야 한다. 우리가 날마다 하나님께 범죄하는 것과 관련하여, 이것을 살펴볼 필요가 있다. 그가 우리를 대적하셔야 마땅한데도, 우리가 회개치 아니함으로 그를 대적한다면, 누가 우리를 그의 진노에서 구원할 수 있겠는가? 엘리의 말을 생각해 보자. "사람이 사람에게 범죄하면 재판관이 심판할 것이지만, 만일 사람이 여호와께 범죄하면 누가 그를 위하여 간구하겠느냐?"[삼상 2:25].

---

212 여백에: 우리가 하나님께 예배하기 전에 우리 자신에 대한 성찰.

예시 2

"너를 고발하는 자와 함께 길에 있을 때에 급히 사화하라 그 고발하는 자가 너를 재판관에게 내어 주고 재판관이 옥리에게 내어 주어 옥에 가둘까 염려하라 진실로 네게 이르노니 네가 한 푼이라도 남김이 없이 다 갚기 전에는 결코 거기서 나오지 못하리라"(마 5:25-26). 우리 구주는 화합과 화해에 대한 그의 이전 규칙을 계속하여 설명하신다. 이제 그 말씀의 의미가 논란이 되기 때문에, 이것에 대한 다양한 해설들을 논의하는 것이 좋을 것이다. 첫째, 교황주의자들은 "대적"이란 사람들에게 그의 율법으로 명령하시는 하나님을 의미하고, "길"은 이생에서의 시간적 범위를 의미한다고 말한다. 그들은 "재판관"을 그리스도로, "옥리"를 하나님의 천사들로, "감옥"을 지옥으로 이해한다. 그리고 지옥에는 많은 장소가 있기 때문에, 여기서 그들은 "감옥"을 연옥으로, 그리고 "마지막 한 푼"을 소죄로 이해한다.[213] 그들은 마치 다음과 같은 의미인 것처럼 말한다. "그의 천사들을 시켜 너를 연옥에 던져 넣으며, 거기서 너는 너의 가장 작은 죄를 다 갚을 때까지 머물게 할 그리스도 앞에 서지 않도록, 너는 오늘과 심판의 날 사이에 있는 이생에 있는 동안, 하나님과 화해하라." 그들은 연옥에 대한 교리를 이 해설을 근거로 하기 때문에, 이 해설을 더 많이 강조한다.

그러나 이것은 이 구절의 참된 의미일 수가 없다.[214] 그 이유는 다음과 같다. 첫째, 이 말씀은 앞 구절에 의존하며, 하나님과 사람 사이가 아니라, 사람과 사람 사이의 화해의 규칙에 대해 계속해서 말하는 것이기 때문이다. 둘째, 그들의 해설은 사람을 위한 그리스도의 하나

---

213   여백에: Bellar. de purgat. lib. 1. cap. 4.
214   역자주, 여백에: 반박.

님께 대한 중재와 속죄를 뒤엎기 때문이다. 왜냐하면 (그들이 말하는 것처럼) 사람이 자신의 소죄를 위해, 심지어 마지막 한 푼까지라도 갚을 수 있고 갚아야 한다면, 그리스도는 하나님께 사람을 위한 완전한 속죄를 드리지 못한 것이기 때문이다. 만일 그가 속죄하셨다면, 왜 사람이 자신을 위해 만족시켜야 하는가? 셋째, 이런 해설로 그들은 그 본문에서 다양하고 뚜렷한 대적과 재판관을 혼동하기 때문이다(성부와 성자는 하나이기 때문이다). 넷째, 그들은 실제로 구속이 없는 지옥에서, 구속과 구원을 만들기 때문이다. 그리고 마지막으로, 그들은 이 구절을 비유로 만들어, 그들의 연옥을 모래 기초 위에 세우기 때문이다. 왜냐하면 건전한 교리는 비유의 말씀이 아니라, 오직 그 비유의 주된 목적에서 추론될 수 있기 때문이다.

둘째, 이 구절을 손해를 본 당사자에 대한 구절이라고 이해하는 사람들은, 그리스도께서 손해를 본 당사자에게 화해를 추구하라는 의무를 보여주셨다고 말한다. 그러므로 이제 그는 손해와 침해를 당한 당사자의 의무를 규정하신다는 것이다. 즉, 손해를 끼친 당사자가 그에게 와서 화해를 원할 때, 그는 그와 속히 동의하고 화해해야 한다는 것이다. 이 해설이 아무리 그럴 듯하고 이치에 맞는다 할지라도, 그의 대적과 늦기 전에 사화하지 않는 당사자를 위협하는 본문의 말씀과는 잘 양립할 수 없다. "그는 재판관에게 내어줌을 당하고 감옥에 갇혀 한 푼이라도 남김이 없이 다 갚기 전에는 거기서 머물 것이다." 그러나 손해와 침해를 당한 당사자가 이런 식으로 감옥에 갇혀야 할 이유가 없고, 따라서 그 사람으로 이해될 수 없다.

셋째, 다른 사람들은 이 말을 유대인들의 법정에서 차용한 비유로 설명한다. 하지만 그것이 비유의 말인지 아닌지 말하기 어렵다.

그러나 이 모든 것을 떠나, 그 구절의 참된 의미를 표현하는 가장 적합하고 적절한 것인 네 번째 해설은 다음과 같다.[215] 이 말씀은 그 어떤 비유도 포함하지 않고, 문자적으로 그리고 정확하게 이해되어야 한다. 왜냐하면 그리스도는 앞서 잘못을 행한 당사자를 권하여, 그의 잘못을 인정하고, 가해진 손해를 따라 보상함으로써, 그의 형제와 화해하기를 추구하라고 하셨기 때문이다. 그러나 사람들이 완고하고 목이 뻣뻣하여, 이 의무에 굴복하여 복종하려 하지 않을 것이기 때문에, 그는 더 나아가 이 의무를 무시할 경우 발생하게 될 위험으로 손해를 끼친 당사자를 촉구하여, 이 의무를 신속하게 수행하라고 말씀한다. "너를 고발하는 자와 함께 길에 있을 때에 급히 사화하라…" 즉, 네가 불화하고 있는 그 사람과 친구가 되기 위한 수단을 사용하라. (왜냐하면 대적은 여기서 노골적인 원수가 아니라, 우리가 그에게 가한 손해로 인하여 어떤 일에 있어서 우리에게 소송을 제기하는 우리와 의견이 다른 사람을 의미하기 때문이다). "급히" 즉, 지체 없이 네가 생각하는 권리 위에 서지 말고, 오랫동안 화해하기를 미루는 것보다, 오히려 너의 권리를 양보하라. "함께 길에 있을 때에." 즉, (우리가 누가복음 12장 58절에서 분명히 볼 수 있듯이), 네가 행정관 앞에서 그 문제를 재판받기 위해 너의 대적과 함께 가는 동안에.

"너의 대적이 너를 재판관에게 내어 주지 않도록." 즉, 너의 대적이 너를 대하여 입증하여, 너를 행정관 앞에 내어주지 않도록. "재판관이 옥리에게 내어 주어 옥에 가둘까 염려하라." 즉, 너의 잘못이 입증된 후에, 재판관이 옥리에게 너를 감옥에 가두라고 명령하지 않도록. 그리고 감옥에 갇히는 것을 작은 일로 여길 수 있고, 그가 속히 다시 나올 수 있기 때문에, 우리 구주 그리스도는 마지막 구절에 다

음과 같이 덧붙이신다. "진실로 네가 한 푼이라도 남김이 없이 다 갚기 전에는 결코 거기서 나오지 못하리라." 이 "한 푼"은 유대인들 사이에서 사용된 가장 작은 동전이었는데, 이것은 두 렙돈을 포함하는 고드란트(*quadrin*)라고 불린 것으로, 헌금함에 넣은 과부의 예물에서 볼 수 있다[막 12:42]. 그리고 그것은 영어로 1/4페니이다. 그래서 이 마지막 문구는 속담과 같아서, 그가 마치 다음과 같이 말씀하신 것과 같다. "네가 일단 감옥에 간히면, 너의 대적과 타협이나 합의를 기대하지 말라. 왜냐하면 그는 너에게 호의를 베풀지 않을 것이며, 아무것도 용서하지 않고, 가능한 한 너를 힘들게 할 것이며, 네가 마지막 한 푼까지라도 완전하게 배상하고 갚도록 만들 것이기 때문이다." 이것이 이 말씀의 참되고 고유한 의미라고 생각한다.

이 말씀에서 관찰해야 할 특별한 요점은 이 말씀의 교훈과 그 이유, 두 가지이다. 이 말씀의 교훈은 "너를 고발하는 자와 함께 길에 있을 때에 급히 사화하라"는 것이다. 즉, 여러분이 어떤 식으로든 상해를 준 사람이 누구든지 간에, 그 문제로 행정관 앞에서 재판받기 전에, 그와 친구가 되도록 모든 선한 방법을 사용하라. 그 이유는 사화하기를 연기하면 다음과 같은 위험이 있을 수 있기 때문이다. "그 고발하는 자가 너를 재판관에게 내어 주고 재판관이 옥리에게 내어 주어 옥에 가둘까 염려하라." 그 교훈은 우리가 상해를 끼친 자들과의 사화에 관해 앞 구절에서 주어진 화해의 규칙에 대한 반복이다. 그리스도는 자신의 권리를 조금 양보하거나, 또는 다른 사람에게 행한 잘못을 배상하는 일에 굴복하지 못하는 사람들의 마음의 완고함 때문에 그 점을 더욱 강조하신다. 이제 이 교훈은 이 두 가지 상황에 의해 더 자세히 설명된다. 첫째, 시간에 대해, 그것은 신속하게 이루어져야 하며, 우리 자신의 권리에 대한 그 어떤 주장이나 과시에 의해 연기되어서는 안 된다. 둘째, 장소에 대해, 우리가 법정으로 가기 전에 이루어져야 한다.

이 교훈에서 우리 구주 그리스도는 우리의 특별한 부르심의 일에서 우리가 마주해야 할 자들과의 평화와 사랑의 유지를 위해 우리에게 주목할 만한 균형의 규칙을 제공하신다.[216] 즉, 문제가 우리 자신과 관련이 있는 경우, 우리의 위치가 침묵으로 하나님의 영광이나 교회의 유익에 해를 끼칠 수 있는 그런 자리가 아닌 한, 모든 엄격함이나 극단적인 것이 없이 온건하게 다루는 것이다. "너희 관용을 모든 사람에게 알게 하라"(빌 4:5).

규칙. 이 규칙을 실천하려면 많은 의무들이 요구된다. 첫째, 우리는 모든 사람의 말과 행동을 가장 좋은 부분으로 해석해야 한다. 여기서 유대인들은 우리 구주 그리스도에 대해 거짓 증거하였는데, 그가 자신의 몸인 성전에 대해 말씀하신 것을 예루살렘의 물질적 성전에 적용함으로써 드러났다[마 26:60-61]. 사람들의 말과 행동에 대한 이러한 실수와 오해는 계속해서 많은 논쟁의 원인이 된다. 둘째, 우리는 형제의 결함을 참고 눈감아 주는 법을 배워야 한다. 마치 그가 완고하고, 성급하고, 화를 내고, 비난하는 등과 같은 것이 우리에게만 관련되고 하나님의 영광을 훼방하지 않는다면, "허물을 용서하는 것이 사람의 영광이다"(잠 19:11). 우리는 마치 그 허물을 눈치채지 못한 것처럼, 우리가 책망하여 그에게 유익을 주기 전까지, 그리스도인의 관용으로 그 허물을 용서해야 한다. 셋째, 우리에게 직접적인 해를 끼쳤을지라도, 그 일이 사사로워서 하나님의 영광과 우리의 생명이나 명예를 훼방하지 않는다면, 우리는 그것을 참을 수 있어야

---

216 여백에: 평화를 보존하는 방법.

한다. 바울은 하찮은 일로 고소하는 고린도 교인들을 엄하게 꾸짖었다. "차라리 불의를 당하는 것이 낫지 아니하며 차라리 속는 것이 낫지 아니하냐?"(고전 6:7). 그래서 사람이 자신의 마땅한 몫으로 사람들에게서 받는 해로움과 계속해서 불의를 범하기 때문에 하나님께 받는 영원한 저주, 둘 다를 정당하고 동등하게 고려한다면, 그는 하나님의 은혜로 참을 수 있다. 또한 그가 억울한 일을 당했을 때, 그의 자녀들의 유익을 위해 모든 것을 다스리시는 하나님의 섭리를 바라보는 눈을 갖을 때, 그는 하나님의 은혜로 만족할 수 있다. 넷째, 평화를 유지하기 위해 우리는 우리 자신의 권리를 양보해야 한다. 아브라함은 비록 나이와 권위 모두에 있어서 롯보다 위에 있었지만, 롯에게 "네가 거할 곳을 우측이든 좌측이든 선택하라"[창 13:9]고 제안함으로써 그렇게 했다. 우리 구주 그리스도는 왕의 후손으로 세금에서 면제되셨으나, "범법을 피하기 위해 자신과 베드로를 위해 세를 바치셨다"[마 17:26]. 그리고 우리는 선한 양심으로 이것들을 준수함으로써, 하나님의 은혜로 그리스도인의 화합을 유지해야 한다.

둘째, 신속한 화해를 명령하시는 그리스도는, 사람들이 복종하여 그들의 권리를 조금 양보하기보다 모든 사소한 문제를 행정관 앞에 가져가려는 그들의 고집과 완고함을 정죄하신다.[217] 이것은 이 평화로운 시대에 우리 사이에 있는 흔한 잘못이다. 왜냐하면 모든 사소한 것들이 그리스도인들 사이에서 있어서는 안 될 법적 문제가 되기 때문이다. 그것은 사랑이 크게 결핍된 것과 우리 구주 그리스도의 계명에 대한 그들의 관심이 적다는 것을 명백하게 입증한다. 이것을 말하는 것은 율법의 합법적 사용을 정죄하기 위한 것이 아니라, 육신에

---

217 여백에: 논쟁 금지.

속한 사람들의 악한 행실을 책망하기 위한 것이다. 그들은 법률을 사적인 복수의 수단으로 삼고, 때때로 그들과 상관없는 형제들에 대해 전적인 불의의 수단으로 삼는다.

셋째, 그리스도는 여기서 또한 어떤 사람을 일단 곤경에 빠뜨리면, 그를 결코 놓아주려 하지 않는 사람들의 완고하고 잔인한 마음을 지적하신다.[218] 그렇게 잔인한 사람들은 임대, 채권, 그리고 채무를 몰수하는 자들이다. 그리고 그런 자들은 대부분의 경우, 우리 가운데 흔한 고리 대금업자들(usurers)이다.[219] 그러나 이 모든 사람들은 자신들이 이 화합을 유지해야 할, 그리스도께서 요구하는 사랑과 은혜가 없다는 것을 반드시(must)[220] 알아야 한다.

넷째, "급히 사화하라"는 이 시간의 환경으로, 그리스도는 우리가 다른 사람들과 소송이나 논쟁이 있을 때조차, 주저함과 불타는 마음에서 우리 마음을 깨끗하게 유지하도록 가르치고자 하셨다.[221] 왜냐하면 이런 마음의 원한은 온몸을 불타오르게 하는 핏줄 속 분노의 감정처럼, 더 많은 논쟁과 다툼을 초래하기 때문이다.

다섯째, 우리가 만일 죽을 수밖에 없는 재판관의 재판을 받으러 오기 전에,[222] 우리가 손해를 끼친 사람들과 신속하게 화해하기를 추구한다면, 우리가 하나님께 범한 매일의 죄를 위해 더욱 힘써 하나님과 화목해야 하며, 하나님의 재판석에 가기 전에, 심지어 이생에서조차 전속력으로 하나님과 화목해야 한다. 왜냐하면 우리가 사람들의 법정에서 보증인을 세워 풀려날 수 있다 할지라도, 하나님의 심판대

---

218 여백에: 사람의 본성적 잔인함.

219 역자주. 영문판은 원문의 usurers 대신 userers로 오식하고 있다.

220 역자주. 영문판은 원문의 must 대신 most로 오식하고 있다.

221 여백에: 불법적 소송에서 불타오르는 마음.

222 여백에: 하나님과의 화목은 늦기 전에 추구되어야 한다.

에서는 아무도 우리를 대신하여 대답해 줄 수 없기 때문이다. 우리가 만일 미리 그리스도 안에서 하나님과 화목하지 않는다면, 의심의 여지 없이 결과는 다음과 같이 될 것이다. 우리는 완전한 어둠 속으로 던져질 것이며, 하나님의 공의가 완전히 만족될 때까지(이것은 결코 있지도 않을 것이지만), 거기 머물 것이다. 모든 신분과 계층의 사람들은 이것을 생각하고, 특히 회개를 더디 미루어 자기를 속이는 젊은이들은 진실로 다른 사람들과 마찬가지로, 날마다 하나님의 심판대 앞에 나아갈 때를 생각해야 한다.

여섯째, 화목을 추구할 때처럼, 다른 사람들의 유익 가운데 하나님의 영광과 관련된 모든 선행을 할 때, 우리는 가급적 빨리 속도를 내야 한다.[223] "그러므로 우리는 기회 있는 대로 모든 이에게 착한 일을 해야 한다"[갈 6:10]. 이는 죽음과 마지막 심판이 갑자기 임하기 때문이다. "네가 지금 그것을 갖고 있거든 이웃에게 이르기를 갔다가 다시 오라 내일 주겠노라 말하지 말라"[잠 3:28]. 그리고 다시 "네 손이 일을 얻는 대로 힘을 다하여 할지어다"(전 9:10). 욥은 "그가 가난한 자의 소원을 막지도 않았고, 과부의 눈으로 하여금 실망하게 하지도 않았다"[욥 31:16]고 변호한다. 그의 실천은 우리의 선례가 되어야 하는데, 왜냐하면 우리가 선을 더 많이 행할수록, 우리는 더 많은 은혜를 받고, "하늘에 계신 우리 아버지"를 더 많이 닮기 때문이다[마 5:44-45].

이상과 같이 교훈에 대해 많이 다루었다. 이어서 그 이유가 뒤따른다. "그 고발하는 자가 너를 재판관에게 내어 주고 재판관이 옥리에게 내어 주어 옥에 가둘까 염려하라…" 그것은 다음과 같은 결과를

---

223 여백에: 선한 일에 속도를 내라.

낳는다. 여러분이 극단적 행동을 보인다면, 심지어 행정관조차 여러분에게 다시 극단적 행동을 보일 것이다. 딱딱하고 엄격하게 다룬 자들은 그에 상응하는 보상을 받을 것이다. 하나님은 사람들이 다른 사람들을 헤아리고 측정한 것처럼, 공의로운 심판으로 그들을 헤아리고 측정하실 것이다(마 7:2, 6; 막 4:24).

여기서 우리는 우리 부르심에서 모든 사람을 공평하게 그리고 온건하게 대하라는 가르침을 받는다. 우리가 그들로 말미암아 대접받기를 바라는 것처럼, 하나님은 다른 사람들이 우리를 잘 대접하게 하실 것이다. 그러나 우리가 다른 사람들을 악하게 대우한다면, 하나님은 그와 똑같은 종류로 우리에게 갚아주실 것이다. 모든 고리대금업자, 약탈자들, 상인들 등은 이 요점을 잘 관찰해야 한다. 그들은 자신의 것으로 자신이 원하는 것을 할 수 있다고 생각하지만, 우리는 단지 청지기일 뿐이며, 정확하게 결산해야 한다는 것을 알아야 한다.

둘째, 여기서 우리가 보는 것은, 그리스도께서 행정관과 그의 재판석을 허락하시고,[224] 유죄인 사람을 관원에게 넘겨주는 절차와 옥리의 직분을 허락하신다는 것이다. 또한, 유죄인 사람을 투옥시키고, 다른 어떤 합법적 수단으로 권리를 얻을 수 없을 때, 법에 소송하는 것을 허락하고 계신다. 그러나 법이 우리의 권리를 추구하는 첫 번째 방법이어서는 안 된다. 오히려 우리는 어떤 불의를 겪거나, 친구를 통해 그 문제를 해결해야 한다. 그리고 부드러운 의술이 환자에게 도움이 되지 않을 때 의사들이 더 강한 의술인 독약을 사용하듯이, 그렇게 법을 사용해야 한다. 그러므로 우리가 다른 방법으로 우리의 평화와 권리를 얻을 수 없을 때, 우리는 법의 유익을 합법적으로 취할

---

224 여백에: 행정관직이 승인되었다.

수 있다.

두 번째 본보기

"또 옛적에 간음하지 말라 하였다는 것을 너희가 들었으나"(마 5:27). 여기서 우리 구주 그리스도는 **간음**에 관한 제7계명을 그 참된 뜻과 의미로 회복시키고, 그래서 그것을 유대인들의 거짓되고 잘못된 해석에서 정화함으로써, 참되고 올바른 사용으로 회복시키려고 하신다. 이 목적을 위해 그는 먼저 서기관들과 바리새인들의 거짓된 해석을 보여 주시고(마 5:27), 그 다음에 그것의 참된 의미를 덧붙이신다(마 5:28). 그는 다음 구절들에서 그것들을 계속 보여 주신다.

1부

첫째, 유대교 교사들의 해석에 앞서, 그는 "또 옛적에", 또는 고대 교사들에게서 "너희가 들었다"는 이 서문을 접두사로 붙이신다. 그 의미와 용도는 우리가 앞에서(마 5:21) 다루었다. 그 다음에 제7계명의 말씀이 뒤따른다. "너는 간음하지 말라." 이것은 성령의 고유한 말씀이지만, 여기서 서기관들과 바리새인들이 그 말씀에 대해 해설한 그런 의미로 취해서는 안 된다. 그것을 더 잘 이해하기 위해서 특히 여기서 금지된 간음이 무엇인지 알아야 한다. 참된 의미에서 **간음**이란 적어도 결혼했거나, 약혼한 당사자들 가운데 한 사람에 의한 혼인 위반이다.[225] 이것을 **혼인 위반**이라고 부르는 이유는 다른 어떤 죄에 없

---

225 역자주, 여백에: 간음.

는 이 죄의 특성을 주목하기 위함이다. 우상 숭배는 간음보다 더 가증스러운 죄로서, 첫 번째 돌판의 제1계명과 제2계명 모두를 위반한 것이지만, 혼인 관계를 깨뜨리는 이 특성에서는 간음에 미치지 못한다. 왜냐하면 혼인 관계는 우상 숭배자들이 지킬 수 있기 때문이다.

둘째, 두 사람이 **결혼한 경우,** 아내뿐만 아니라 남편도 간음하지 말 것을 의미하는데, 이는 어떤 유대인들의 견해와 어떤 법률이 지지하는 견해인 남자가 여자보다 특권을 갖는다는 견해를 반박하기 위한 것이다. 따라서 그가 아내 외에 다른 여자에게 들어가도, 그가 혼인 관계를 깨뜨리지 않는다는 것은 거짓이다. 왜냐하면 그가 그녀의 머리로서 아내에 대한 특권이 있음에도 불구하고, 그는 결혼의 정절에서 벗어날 특권을 갖지 않기 때문이다. 또한, 그의 아내가 그에게 자신을 지켜야 하는 것과 마찬가지로, 그는 아내에게 그만큼 자신을 지켜야 하기 때문이다. 윗사람의 우월성은 결혼의 유대에서 남편을 해방시킬 수 없고, 아내가 그의 남편에게 매여 있는 만큼 남편은 아내에게 매여 있으며, 남편이 아내의 몸에 대해 주장하는 만큼 아내는 남편의 몸에 대해 주장하는 권세를 갖는다(고전 7:4).

셋째, **약혼한 사람들**도 간음하지 말라고 말하는데, 이는 간음이 온전히 결혼한 당사자들에 의해 범해지는 것일 뿐만 아니라 또한 약혼만 한 사람에 의해서도 범해지기 때문이다. 따라서 동일한 형벌이 그 둘 다에 해당하는데[신 22:22-24], 왜냐하면 약혼은 권리상 결혼과 같기 때문이다. 그러므로 우리는 여기서 직접적으로 금지된 죄가 율법의 조문에 따른 것임을 본다. 주님께서 비록 이 한 가지 아래에 같은 종류의 모든 죄를 포함하실지라도, 바리새인들은 이 문자적 의미를 전체 의미로 받아들여, 여기서 금지된 죄는 단지 육체적 간음뿐이라고 가르쳐, 결과적으로 마음의 간음은 간음이 아닌 것으로 만들었다. 그리스도는 여기서 이 해설을 반박하신다.

적용. 첫째, 여기서 이 바리새인들의 사기와 교활함을 관찰하라.[226] 그들이 그 말씀에 아주 근접하여 문자적 의미를 조금도 넘어서지 않으려 한다는 점에서, 율법의 충실한 해석자들인 것처럼 보인다. 하지만 그렇게 하면서, 그들은 이 율법의 완전한 의미와 참된 용도를 생략해 버린다. 그와 같은 것은 모든 시대에 걸쳐 나타난 이단자들의 관행이었는데, 아리우스파는 "아버지는 나보다 크심이라"[요 14:21]와 같은 성경 말씀에 붙들려, 그리스도께서 하나님이시라는 것을 부인했다. 그리고 교황주의자들은 "이것이 내 몸이니라"[227]는 그리스도의 말씀의 문자적 의미를 지킴으로써 화체설에 의해 빵이 된 하나님을 옹호하였고, 이것으로 그들은 성찬의 본질을 뒤엎었다. 그와 같은 것은 모든 시대에 걸쳐 다양한 예들로 나타날 수 있으며, 이로써 우리는 단지 성경 말씀의 타당성 위에만 서는 것이 아니라, 그것과 결합된 참된 영적 의미를 얻기 위해 애써야 한다는 가르침을 받는다.

둘째, 여기서 그리스도께서 이런 종류의 모든 죄 가운데 명칭에 의해 명시적으로 금지하신다는 점에서, 간음이 얼마나 심각한 죄인지 관찰하라.[228] 참으로, 바로 그 바리새인들은 어디서나 그것을 정죄한다. 왜냐하면 그들이 "부모에 대한 불순종"[마 15:4-6]을 가볍게 취급했을지라도, 간음한 여자는 반드시 죽어야 했기 때문이다(요 8:4-5). 이 죄의 막대함은 많은 논증으로 드러날 수 있다. 왜냐하면 그가 "자기 가족을 돌보지 않는 불신자보다 더 악한 자"[딤전 5:8]라면, 간

---

226 여백에: 성경 해설에 있어서의 사기.
227 여백에: Rhem. Matt. 26. sect. 8–9.
228 여백에: 간음은 심각한 죄이다.

음하는 자는 그의 가정을 파괴하므로 훨씬 더 악하기 때문이다. 솔로몬은 "간음을 도둑질보다 더 나쁜 것으로 만들었다"[잠 6:30, 32]. 하지만 도둑질은 모든 민족이 심히 미워하고 엄하게 징벌하는 악명 높은 죄이다. 다시 말하지만, 간음은 가정의 "경건한 자손"[말 2:15]인 교회의 모판을 파괴한다. 간음은 당사자들과 하나님 사이의 언약을 깨뜨리고, 다른 사람에게서 성령의 선물인 소중한 순결의 장식을 빼앗는다. 그것은 그들의 몸을 욕되게 하고, 그 몸을 마귀의 성전으로 만든다. 간음하는 자는 그의 가정을 매춘굴(stewes)[229]로 만드는데, 다윗이 우리아를 대했던 것처럼, 그의 아들 압살롬이 다윗을 대했기 때문이다. 마지막으로, 간음은 후손에게 하나님의 복수를 초래하기에, 욥은 그것을 "멸망하도록 사르는 불"[욥 31:12]이라고 부른다. 참으로 간음하는 자들에 대한 하나님의 극심한 형벌은 부분적으로 이생에서, 그리고 죽음 이후에, 이 죄의 심각함을 명백하게 보여 준다. 이 죄와 다른 죄 때문에, 하나님은 "하늘로부터 불과 유황으로 아드마와 스보임, 소돔과 고모라를"[신 29:23] 멸망시키셨고, 그것들이 서 있던 장소는 오늘날까지 독이 든 물웅덩이가 되었다. 그리고 비록 여호와께서 죄에 대해 그런 특별한 보복을 행하지 않으신다 할지라도, 그의 진노는 이 죄에 대해 온 가족과 성읍과 나라를 소멸하는 불이다. 다윗이 비록 간음한 것을 회개했을지라도, 바로 이 죄 때문에 "칼이 그의 집에서 영원토록 떠나지 아니할 것이다"[삼하 12:10]. 그리고 다가올 삶을 위해 "하나님이 음행하는 자들과 간음하는 자들을 심판하실 것이다"[히 13:4]. 다시 말하지만, "음행하는 자들과 간음하는 자들은 하나님의 나라를 유업으로 받지 못할 것이다"[고전 6:9]. 그

---

229 *Stewes*: 매춘굴.

들이 회개하여 구원받을 수 있는데, 그때에야 비로소 그들은 더 이상 간음하는 자들이 아닌 것이다.

간음이 도둑질보다 더 나쁘고 심각한 죄라면, 우리는 그것이 모든 곳에서 도둑질만큼 가혹하게 처벌되기를 바라야 한다. 그래서 가정은 개혁되어, 교회와 국가 모두를 위한 훌륭한 모판이 될 것이다. 둘째, 이 죄에 대한 하나님의 진노의 극심함은 모든 사람이 간음을 조심하도록 권고를 받는다. 왜냐하면 간음은 교회와 나라 모두에서 모든 것을 쓸어버리는 멸망의 빗자루(besom)[230]를 초래하기 때문이다.

2부

"나는 너희에게 이르노니 음욕을 품고 여자를 보는 자마다 마음에 이미 간음하였느니라"(마 5:28). 여기서 우리 구주 그리스도는 법을 제정하고 해설할 절대적 권세를 가진 교회의 율법 수여자와 선지자로서 말씀하시며 이 계명의 참뜻을 밝히신다. "나는 너희에게 이르노니." 바리새인들은 단지 외적이고 육체적인 간음 외에 그 어떤 간음도 없다고 말했지만, 그리스도는 그것을 명백하게 반박하고 말씀하신다. "음욕을 품고 여자를 보는 자는." 즉, 그녀를 보는 가운데 음욕이 생기거나, 그녀를 봄으로써 음욕이 생기거나, 그의 음욕을 증가시키려는 욕망이 일어날 때, "그는 마음에 이미 간음하였다." 따라서 우리 구주 그리스도는 여기서 이 율법의 해석에 관하여 두 가지를 제시하신다. 첫째, **음욕을 품고 보는 간음의 기회**와 둘째, 마음의 음욕, 즉 이 죄에 대한 마음의 충동과 내적 성향이 결코 행동으로 나타나지 않을지라도, **하나님 앞에서 간음**이다.

---

230 *Besom*: 빗자루.

요점 1

기회에 대해, 어떤 여자를 보는 것은 죄가 아니며, 합법적으로 행해질 수 있다. 참으로 스바의 여왕이 솔로몬의 인품을 보고 그의 지혜를 들음으로써, 하나님을 찬미할 기회를 얻었던 것처럼[왕상 10:8], 이로써 한 남자나 여자가 하나님을 영화롭게 할 수 있다. 그러나 여기서는 보는 것의 남용을 의미한다. 즉, 남자들이 한가로이 혹은 호기심을 갖고 여자들을 보거나, 여자들이 그와 같이 남자들을 보는 것이다.[231] 한가로이 보는 것이란, 어떤 사람이 욕망의 의도를 품고 볼 때처럼, 정당한 이유 없이 볼 때이다. 이런 식으로 "하나님의 아들들이 사람의 딸들을 보았다"(창 6:2). 그들이 봄으로 인해 정욕이 왔고, 정욕 때문에 홍수가 났다. 그와 같이 보디발의 아내는 먼저 "요셉에게 눈짓을 하였고, 그 다음에 그에게 음욕을 품었다"[창 39:7]. 그리고 야곱의 딸 디나는 그 땅의 딸들을 보러 나갔다가 도리어 보여졌고, 그래서 세겜이 그녀를 보았을 때, 그녀에게 음욕을 품고 강간하였다[창 34:1-2]. 그래서 평화롭고 안전하게 살던 다윗이 목욕하고 있던 밧세바를 한가로이 그리고 호기심을 갖고 보았는데, 이로 인해 그녀에게 음욕을 품었고, 따라서 간음과 살인 모두를 저질렀다[삼하 11:2-3].

이 한가로이 그리고 호기심을 갖고 보는 것에 대해 베드로는 "음심이 가득한 눈"[벧후 2:14]이라고 부르는데, 이는 그것이 음욕의 시작이자 증대시키는 것이기 때문이다. 그러나 이 죄는 많은 사람들에게 대수롭지 않고 작은 문제로 여겨졌다. 그들은 그리스도인의 귀를 갖고 집회에 오는 것으로 만족하되, 한가로이 그리고 호기심으로, 참

---

231 여백에: 남자나 여자를 한가로이 보는 것.

으로 음심이 가득한 눈으로 찾아온다. 그러나 그와 같이 보는 것을 남용하여 하나님을 욕되게 하는 그런 사람들은, 자신들이 하나님 앞에서 간음하는 자들임을 알아야 한다. 그리고 그들이 아무리 은혜가 들음으로 그들 마음속으로 들어온다고 스스로 확신한다 할지라도, 사탄이 그들의 한가롭고 호기심 가득한 눈을 통해 그들 영혼 속에 들어가, 그 영혼이 새롭게 되는 하나님의 말씀을 방해한다. 그러므로 우리는 여기서 특히 성도의 모임과 거룩한 행사 가운데 있을 때, 우리 눈으로 보는 법을 주의하도록 권고를 받는다. 그리고 이 악을 방지하기 위해, 남자들과 여자들이 남편과 그의 아내가 아닌 한, 스스로 구분하여, 회중 가운데 섞이지 않는 것이 바람직하다. 다시 말하지만, 한가롭고 호기심을 가진 눈이 간음의 시작이라면, 우리는 하나님의 종들이 했던 것처럼, 조심스럽게 우리 눈을 다스리는 것을 배워야 한다. 다윗은 여호와께 "그의 눈을 돌이켜 허탄한 것을 보지 말게"[시 119:37] 해 달라고 기도했으며, 욥은 음란한 생각을 피하려 하여, "처녀를 보지 않으려고 그의 눈과 약속하였다"[욥 31:1].

이제 음욕으로 보는 것이 여기서 금지된 것처럼, 다른 모든 것은 간음에 이르는 계기와 같다.[232] 첫째, 사랑의 문제에 대해 경박하고 음탕한 말이 쓰인 부정하고 음탕한 책들을 읽는 것. 그러한 책을 읽음으로써 많은 사람들이 모든 즐거움에 빠지지만, 그들은 그 가운데서 중한 죄를 짓는다는 것을 알아야 한다. 왜냐하면 그 책들은 단지 음탕한 눈만 아니라, 선정적인 언어도 갖고 있기 때문이다. 둘째, 그러한 모든 연극과 코미디를 연기하는 것. 그것의 문제는 남자들과 여자들의 경박한 행동을 표현하는 것이다. 그 안에는 여기서 정죄된,

---

232 여백에: 간음의 계기들이 여기서 금지되었다.

그래서는 안 될 한가롭고 호기심 많은 시선이 눈에 보이기 때문이다. 셋째, 헛되고 경박한 옷차림. 이로써 다른 사람들이 정욕으로 이끄는 그 옷차림에 눈을 돌리도록 자극을 받는다. 왜냐하면 경박하고 음탕한 눈이 정죄된다면, 그것을 유발시키는 것은 더더욱 정죄되기 때문이다. 경박하고 낯선 옷차림은 순결하지 못한 마음의 은밀한 고백이기 때문에, 이것은 마땅히 고려되어야 한다. 넷째, 때와 수효에 있어서 남자들과 여자들이 섞여 춤추는 것. 왜냐하면 그 안에는 서로를 눈으로 단순히 보는 것보다, 정욕으로 이끄는 계기와 자극이 더 많기 때문이다. 다섯째, 악한 무리들. 그래서 이교도 시인으로부터 차용하여 사도 바울은 다음과 같이 말한다. "악한 동무들은 선한 행실을 더럽히나니"[고전 15:33].[233] 이것은 일반적 부르심이나 특별한 부르심에 의해 보증되지 않는 남녀들의 보기 흉한 행실을 포함할 수 있다. 여섯째, 맛있는 고기나 독한 음료로 과도하게 몸을 돌보는 것. 이것이 소돔의 죄였고, 눈으로 단순히 보는 것보다 정욕의 기회가 훨씬 많다. 일곱째, 어떤 정직한 부르심에 몸을 사용하지 않는 빈둥거림과 게으름. 이로써 또한 정욕이 부추김을 받기 때문이다.

이런 식으로 음욕을 품은 눈으로 보는 모든 간음의 기회들을 금지하는 이 계명의 의미를 살펴보았다.

이제 우리가 간음의 기회들을 사용한 어떤 사람의 간음죄를 고려할 때, 우리는 이 죄를 위반한 것에 대해 변명할 수 없다는 것을 알 수 있다. 우리가 비록 몸의 외적인 사실로부터 깨끗하다 할지라도, 내 마음이 깨끗하다고 누가 말할 수 있겠는가? 우리로 하여금 이 죄책을 지게 만드는 모든 것, 즉 음탕한 눈과 허영의 옷차림, 호색한 말

---

233 여백에: Menander in Thaide.

과 방종, 그리고 그 나머지로부터 간음의 경우에서 자유로운가? 그러므로 우리는 우리 손으로 입을 막고, 하나님 앞에서 우리 자신의 죄를 정죄해야 한다. 우리는 우리 죄와 이 계명을 위반한 것을 인정하면서, 우리 자신을 낮추어야 한다. 그리고 마지막으로, 우리는 우리를 정욕이나 음탕함에 빠뜨리거나 부추길 수 있는 모든 경우에 조심해야 한다.

요점 2

우리 구주 그리스도께서 율법의 해석에서 제시하시는 두 번째 요점은 다음과 같다. 마음의 정욕이 결코 행동으로 나타나지 않는다 할지라도, 그것은 간음이다. 이제 우리 구주 그리스도께서 의미하는 "정욕"이 무엇인지 알기 위해, 다양한 요점들을 다루어야 한다. 첫째, 정욕이란 단지 마음에 감추어진 욕망인데, 어떻게 정욕이 죄가 될 수 있는가? 둘째, 정욕이 제10계명에 금지된 것인데, 어떻게 정욕이 제7계명의 죄가 될 수 있는가? 그리고 셋째, 정욕이 얼마나 큰 죄인가?

요점 1. 첫째, 정욕이 하나의 죄라는 것은 다음과 같이 증명된다.[234] 하나님의 율법은 영혼과 몸, 그리고 모든 능력과 힘에 있어서, 전인의 순종을 요구한다. "네 마음을 다하고 목숨을 다하고 힘을 다하여 주 너의 하나님을 사랑하라"[마 22:37]. 그리고 전인으로부터 나오지 않는 순종은 죄이다. 이제 어떤 사람이 그 마음에 부정한 생각을 품을 때, 그의 영혼과 마음, 그리고 그의 감정은 하나님께 그 의무를 하지 않았으며, 따라서 그는 정욕으로 죄를 짓는다.

---

234 여백에: 정욕은 하나의 죄이다.

그러나 이 가르침이 모든 사람에 의해 수용된 적이 없었지만, 어떤 사람들은 여전히 그 가르침에 대해 예외를 두었다. 그들의 주된 이유는 두 가지다. 첫째, 그들은 정욕이란 아담의 타락 전에 있었던 자연적 성향, 욕망, 그리고 욕구이기에, 죄가 될 수 없다고 말한다.[235] **대답.** 마음속에 있는 정욕이나 욕구는 단순히 하나의 죄가 아닌데, 이는 그것이 우리의 첫 조상의 온전함 속에 있었던 자연적 욕망이기 때문이다. 그러나 하나님이 금지하신 것을 추구하는 정욕은 죄이다. 왜냐하면 한 남자가 아내가 아닌 여자에 대해 음욕을 품거나, 한 여자가 남편이 아닌 남자에 대해 음욕을 품는 것을 그리스도께서 여기서 정죄하시기 때문이다.

둘째, 그들은 하나님이 합법적 결혼 가운데 남편과 아내뿐만 아니라, 간음하는 자들과 음행하는 자들이 그들의 정욕 가운데 아이를 잉태하는 씨의 열매를 맺도록 복을 주시기에, 그것은 죄가 될 수 없다고 말한다. **대답.** 간음에는 두 가지가 고려될 수 있다. 마음의 불법적 음욕과 발출 행동이 그것이다. 하나님이 간음하는 자들과 음행하는 자들에게 후손을 주실 때, 그것은 그들의 죄악된 음욕을 승인하시는 것이 아니라, 창조에 의한 그의 규례인 자연적 출생의 일반적 복일 뿐이다. 왜냐하면 하나님이 우리의 죄를 승인하시지 않는다 할지라도, 죄악된 행위 가운데서 본성을 보존하기 때문이다. 따라서 우리는 정욕이 죄라는 것을 보게 된다.

요점 2. 정욕이 제10계명에 직접적으로 금지되었고, 이 짧은 십계명에 어떤 것에 대한 불필요한 반복이 없는데, 어떻게 정욕이 제7계명의 죄가 될 수 있는가? **대답.** 정욕은 이중적이다. 첫째, 의지의 동

---

235 여백에: 펠라기안파(Pelagians).

의 없이 음란한 욕망이 생각과 마음에 들어와 의지가 그것을 즐기지 않고, 그 욕망이 일어나자마자 신속하게 억제될 때, 그런 정욕이 제 10계명에서 금지된 것이다. 둘째, 의지의 동의를 받아, 어떤 사람이 그의 마음속에 들어온 음란한 생각들을 결코 실행에 옮기지 않는다 할지라도 그것들을 즐기고 소중히 여길 때, 이것들은 제7계명에서 금지된 것이다.

요점 3. 이 음욕이라는 죄의 막대함은[236] 여기서 그리스도께서 그것을 하나님 앞에서 간음이라고 부르심으로써 표현되었다. 마치 그가 다음과 같이 말씀하시는 것과 같다. "간음을 죽음으로 징벌하는 사람들 앞에서 육체적 간음이 얼마나 큰 죄인지, 그리고 마찬가지로 어떤 사람이 결코 행동으로 옮기지 않을지라도, 의지로 동의하는 마음속 내적 음란한 정욕이 하나님 앞에서 그토록 크고 가증한 죄라는 것을 보라." 이로 인해 그는 하나님 앞에서 간음을 범한 죄인이며, 따라서 회개하지 않는 한 정죄를 받을 것이다.

이 세 번째 요점의 용도는 다양하다. 첫째, 이로써 우리는 이 7계명으로 우리 자신을 조사하는 법을 배울 수 있다.[237] 왜냐하면 우리 구주 그리스도는 여기서 음란한 욕망을 기쁨으로 기꺼이 간직하는 자들이, 비록 그들의 몸을 겉으로 드러나는 행위에 내어 주지 않는다 할지라도, 하나님 앞에서 간음하는 자들이라고 우리에게 가르치시기 때문이다. 그러므로 우리가 이 계명으로 우리 자신을 조사하고자 할 때, 마음속에 어떤 음욕에 가득 찬 생각을 기꺼이 간직하고자 하는지, 우리 마음을 살펴야 한다. 만일 그렇다면, 우리는 하나님 앞에서 간음을 범한 죄인임을 알아야 한다. 그리고 우리들 가운데 그 누구도

---

236   여백에: 마음의 음욕은 심각한 죄이다.
237   여백에: 제 7계명으로 마음을 조사하는 방법.

이 죄에서 자유로운 사람이 없기 때문에, 우리는 이 계명을 범한 자들로서, 하나님 앞에서 우리를 낮추고 엎드려야 한다.

둘째, 마음의 정욕이 하나님 앞에서 간음이라면, 우리는 조심하고 부지런히 사도 바울의 교훈을 배워야 한다. "육과 영의 온갖 더러운 것에서 우리 자신을 깨끗하게 하라"(고후 7:1). 즉, 우리는 몸만 아니라, 우리 마음과 생각을 순수하고 정결하게 지키기 위해 노력해야 한다. 그리고 우리가 이렇게 하기 위해서, 다음의 이유들을 고려하라.[238] 첫째, 우리 모두는 이생에서의 우리의 위로와 영원한 구원을 위해, 하나님을 보고 그리스도 안에서 그의 사랑을 알기를 원한다. 그러나 "마음의 거룩과 순결 없이는 우리는 결코 하나님을 볼 수 없고"[히 12:14], 그의 사랑의 위로를 알 수 없다. 사람이 음란한 생각으로 그의 마음을 더럽힐 때, 그는 하나님의 은총의 맛과 그의 사랑의 경험을 스스로 박탈하기 때문이다.

둘째, 효과적 부르심에 의해, 사람의 마음의 상태와 조건을 고려하라. 마음은 성령이 거하시는 장소이자 성전이다(사람이 그리스도 안에 있을 때, 그는 그리스도 안에서 믿음으로 살고, 그리스도는 그 안에서 성령으로 사시기 때문이다). 그렇다면, 사람들이 어떤 고귀한 손님을 맞이하기 위해 그들의 거처하는 집을 손질하듯이, 우리도 음란한 정욕으로부터 우리 마음을 정결하고 깨끗하게 유지하여, 복된 하나님의 성령이 거하기에 적합한 거처가 될 수 있도록 해야 한다. 그러나 우리는 음란한 정욕으로 마음을 마귀의 마굿간으로, 그리고 모든 더러운 영의 우리로 만든다.

셋째, 우리가 만일 지금 우리 마음이 육신의 정욕으로 불타게 하

---

238 여백에: 정욕에 대항하는 동기들.

면, 우리는 영원히 타는 지옥불에 들어가는 입구를 만드는 것이다. 왜냐하면 이 두 가지, 불타는 정욕과 지옥불(그 사이에 회개하지 않는 한)은 항상 함께 가기 때문이다. 그러므로 우리가 지옥불을 피하고자 한다면, 우리는 정욕의 불을 끄고, 이 더러움에서 우리 마음을 깨끗이 씻어야 한다.

넷째, 고백에 의해, 우리가 그리스도의 지체인 것처럼 보이고, 진실로 그와 같이 되기를 원한다면, 우리는 음란한 정욕을 조심해야 한다. 왜냐하면 정욕은 우리 마음을 그리스도에게서 끌어내어 창녀에게 묶기 때문이다. 이와 같은 이유로 인해, 우리는 모든 음란한 욕망을 피해야 하며, 우리 마음의 정절을 보존하기 위해 다음의 규칙들을 준수해야 한다.[239]

첫째, 마음은 경건한 묵상으로 채워져야 하며, 하나님의 말씀이 우리 마음에 풍성하게 거해야 한다. 우리 마음이 게으르고 하나님의 말씀이 없기 때문에, 음란한 정욕이 우리 마음속에 일어나기 때문이다. 말씀이 우리 안에 진정으로 심어졌다면, 이런 악한 욕망들이 들어올 수 없거나, 최소한 우리 안에 자리를 잡을 수 없을 것이다.

둘째, 우리는 믿음, 회개, 그리고 새로운 순종이라는 영적 훈련에 우리 자신을 바쳐야 한다. 즉, 하나님의 말씀을 듣고, 읽고, 묵상하며, 종종 주의 만찬을 받으며, 단지 공적으로만 아니라, 특히 개인적으로도 끊임없이 기도하는 것이다. 왜냐하면 이것들은 우리 마음에 있는 하나님의 은혜를 확인하며, 모든 불경한 충동들이 무엇이든지 간에 미연에 방지하기 때문이다.

셋째, 우리는 음식과 음료, 그리고 의복에 있어서 절제해야 한다.

239 여백에: 정절을 보존하기 위한 규칙들.

몸을 너무 애지중지 하는 것은 불경한 정욕이 불타올라 양식을 먹고 영양분을 공급받기 때문이다. 소돔과 고모라, 아드마와 스보임이 먹을 것이 가득하여, 이런 종류의 매우 심각한 죄를 저질렀다. 그러므로 우리는 이것들을 온건하게 사용하여, 우리 안에서 은혜가 강화되고, 모든 악한 정욕들이 약해지게 해야 한다.

넷째, 우리는 우리 그리스도인의 일반적 부르심이나 특별한 부르심에서 항상 선한 일을 행해야 한다. 참으로 우리의 합법적인 오락에서 우리는 선을 의도하고 실천해야 한다. 왜냐하면 사람들이 나태할 때, 사탄이 그들의 마음을 악한 생각으로 채우고 더럽히기 때문이다.

다섯째, 남자들과 여자들은 그들의 일반적이거나 특별한 부르심 때문에 그렇게 하라는 보증 없이 사적으로 함께 친교해서는 안 되는 것처럼, 그들은 선한 양심으로 주님께서 그들이 그렇게 친교하도록 부르셨다고 말할 수 있어야 한다. 남자들과 여자들의 상호 친교는 많은 해로운 정욕의 원인이기 때문이다. 그러므로 남자들이나 여자들은 정당한 보증 없이 그런 유혹의 기회에 스스로 빠져서는 안 된다. 사도가 말한 것을 기억하라. "악한 동무들은 선한 행실을 더럽히나니"[고전 15:33]. 사도 베드로는 비록 다른 경우지만, 그렇게 하라는 정당한 보증 없이 가야바의 집 뜰에 몸을 녹이러 왔을 때, 이런 쓰라린 무모함을 느꼈다. 한 철없는 하녀가 그가 그리스도의 일행 중 하나가 아닌지 물었을 때, 그는 단호하게 그리스도를 저주하며 부인했다. 그래서 보증 없이 있어서는 안 될 곳에서 친교하는 많은 남자들과 여자들은 많은 해로운 죄에 빠지고, 자신들이 가장 강하다고 생각할 때, 베드로처럼 가장 큰 타락을 경험하게 된다.

"만일 네 오른 눈이 너로 실족하게 하거든 빼어 내버리라 네 백체 중 하나가 없어지고 온 몸이 지옥에 던져지지 않는 것이 유익하며 또한 만일 네 오른손이 너로 실족하게 하거든 찍어 내버리라 네 백체 중 하나가 없어지고 온 몸이 지옥에 던져지지 않는 것이 유익하니라"(마 5:29-30). **목적.** 이 두 구절에서 우리 구주 그리스도는 범법을 피하기 위한 매우 천상적 가르침을 제시하시는데, 이전에 이 제7계명에 대한 해설을 계기로 형성될 수 있는 은밀한 이의 제기에 대한 답변으로 이 교훈을 제시하신다. 눈으로 하는 마음의 간음을 정죄한 것에 대해, 어떤 남자가 다음과 같이 말할 수 있다. 음란한 시선이 그토록 위험하다면, 우리 눈을 어떻게 해야 하는가? 우리 구주 그리스도께서 대답하신다. "만일 네 오른 눈이 너로 실족하게 하거든 빼어 내버리라." 이 말씀은 엄밀한 의미에서 문자적으로 수용되어서는 안 된다. 왜냐하면 **문자적 의미가 율법의 어떤 명령에 위배될 때, 그 말은 참된 것으로 수용되어서는 안 된다**는 것이 성경 해설의 규칙이기 때문이다.[240] 이제 이 말씀은 그 엄밀한 의미에서 모든 사람이 자신의 생명과 그 이웃의 생명을 보존할 것을 명령하는 제6계명의 위반을 명령한다. 그래서 아무도 죄를 범하지 않고서는, "그의 눈을 빼거나 그의 손을 자를 수" 없다.

해설. 그래서 우리는 "눈"을 다음과 같이 이해해야 한다. 첫째, **몸의 눈만이 아니라 우리에게 소중하고 귀중한 몸의 지체**이다. "만일 그것이 너로 실족하게 하거든." 즉, 너로 죄를 짓게 하고, 하나님의 계명을 순종하는 길에 실패하게 만든다면. "빼어 내버리라." 이

240　여백에: 성경 해설의 규칙.

말씀은 **과장법**(*hyperbole*)이라고 불리는 고상한 종류의 연설이다. 이것은, 비록 너 자신에게 가장 큰 고통, 손실, 그리고 방해가 된다고 할지라도, 그것을 매우 조심스럽게 억제하고 통제하라는 의미이다. "네 백체 중 하나가 없어지고 온몸이 지옥에 던져지지 않는 것이 유익하다." 이 말씀은 다음과 같은 취지로, 이전 권고의 이유를 포함하고 있다. 이생에서 너에게 가장 귀중하고 소중한 것들을 사용하지 못하고 유익을 얻지 못한 채 구원받는 것이 그것들을 갖고 사용하면서 영원히 멸망하는 것보다 너에게 더 낫다. 그래서 이 구절의 참된 의미는 다음과 같다. 마치 우리 구주 그리스도께서 이렇게 말씀했던 것과 같다. **"너의 삶의 전 과정을 살펴보고, 너의 모든 길을 살펴보고, 거기서 어떤 것이 너에게 죄의 기회인지 보라. 그것을 사용하는 것이 너에게 매우 소중하다 할지라도, 그것을 조심하고 피하라. 왜냐하면 네가 그것을 사용할 수 없고, 그래서 구원받는 것이, 그것으로 인해 지옥불에서 영원히 멸망하는 것보다 낫기 때문이다."**

"또한 만일 네 오른손이 너로 실족하게 하거든 찍어 내버리라 네 백체 중 하나가 없어지고 온 몸이 지옥에 던져지지 않는 것이 유익하니라." 여기서 동일한 권고와 이유가 다시 반복되는데, 우리는 이것을 쓸데없고 하찮은 것으로 생각하지 말아야 한다. 왜냐하면 성경에서 그와 같은 반복은 그렇게 전달된 것들이 특별히 중요하고, 모든 주의를 기울여 준수하고 순종할 가치가 있는 특별한 용도를 지니고 있기 때문이다. 이제 "오른손"은 여기서 우리에게 가장 유익한 어떤 것을 의미한다. 만일 그것이 우리로 하여금 하나님께 죄를 짓게 만든다면, 그것은 회피되어야 하고, 매우 조심스럽게 중단되어야 한다.

적용. 우리 구주 그리스도의 이 권고로 말미암아, 우리는 우리 자신들 모두와 우리 몸의 모든 부분, 특히 눈과 손을 엄격하게 감시하여, 그것들이 하나님께 죄를 짓는 기회가 되지 않도록 가르침을 받는다.[241] 눈을 다스리기 위해서는 두 가지 특별 규칙이 있다.[242] **규칙 1.** 우리는 하나님께 순종함으로 눈을 뜨거나 감는 우리의 시각을 사용해야 한다. 혀, 시각, 그리고 발을 잘 사용하도록 규칙을 준 솔로몬은 다음과 같이 눈에 대해 말한다. "네 눈은 바로 보며 네 눈꺼풀은 네 앞을 곧게 살피라"[잠 4:25]. 이 말씀은 우리가 하나님의 말씀의 엄격한 규칙에 따라 우리의 시각을 사용해야 한다는 의미를 갖는 것 같다. 왜냐하면 그것이 우리가 걸어야 할 길이기 때문이다. 이제 이 규칙을 준수해야 할 필요성은 다양한 예를 통해 나타날 수 있다. 하와가 하나님의 계명을 어기고 금지된 열매를 먹고자 하여 그것을 본 것[창 3:6]은 그 죄가 그녀의 마음으로 들어가는 문이자 입구였다. 함이 그의 아버지의 벌거벗은 것을 보고, 저주를 받은 것이 아닌가[창 9:22, 25]? 롯의 아내가 "소돔을 향해 뒤를 돌아보았기에"[창 19:26][243] 소금 기둥이 되지 않았는가? "오만 칠십 명의 벧세메스 사람들이 그의 계시된 뜻을 어기고, 여호와의 궤를 들여다본 까닭에 죽임을 당했다"[삼상 6:19]. 이 모든 것을 통해 분명한 것은, 우리가 하나님께 순종함으로 우리의 시각을 사용해야 한다는 것이다. 이를 위해 우리가 어떤 것을 보기 전에, 그것이 하나님께 영광, 우리 자신과 형제들의 유익이 될 것인지 생각하는 것이 좋을 것이다. 만일 그렇다면, 우리의 시각을 사용할 수 있으나, 만일 그렇지 않다면, 그것을 사용해서는 안 된다.

규칙 2. 우리는 우리의 눈을 죄의 병기가 아니라, 하나님을 경배

---

241 여백에: 감각들을 지키라.

242 여백에: 눈을 위한 규칙들.

243 역자주, 원문과 영문판은 창 19:16으로 오식되어 있다.

하고 섬기는 도구로 삼아야 한다.[244] 그렇게 하기 위해 우리가 눈으로 다음과 같이 보아야 한다. 첫째, 우리가 하늘과 땅에 있는 하나님의 피조물들을 바라볼 때, 그것들에게서 하나님의 영광과 지혜, 자비와 능력, 그리고 섭리를 보고, 하나님의 이름을 드높이는 기회로 삼는다. 둘째, 우리가 하나님의 심판을 지극히 지혜롭고 면밀하게 바라볼 때, 거기서 죄에 대한 그의 공의와 진노를 볼 수 있고, 따라서 우리 스스로 겸비하고 죄를 두려워할 수 있다. 셋째, 우리가 하나님의 성례의 요소들, 특히 가시적 말씀인 주의 만찬의 떡과 포도주를 바라볼 때, 거기서 우리 구주 그리스도께서 우리 눈앞에서 십자가에 못 박히신 것처럼, 그를 볼 수 있다. 넷째, "하늘을 향해 눈을 들어 올림"[시 123:1-2]으로써, 눈을 기도의 도구로 사용해야 한다. 그렇게 할 때, 하나님을 향해 우리 마음을 들어 올리게 된다. 눈을 위로 들어 올리는 것은 오직 사람만이 할 수 있는데, 다른 피조물들은 눈에 네 개의 근육만 있어 눈을 둥글게 돌리는 반면, 사람만이 다섯 번째 근육을 갖고 있어서, 그의 눈은 하늘을 향해 위쪽으로 들 수 있기 때문이다.[245] 그리고 우리의 눈을 잘 사용하기 위해 언급한 것은, 나머지 감각과 신체의 다른 모든 부분에서도 준수되어야 한다. 그것들 모두는 하나님께 순종하는 데 사용되어야 하고, 지속적으로 준수되어 죄의 병기가 아니라, 하나님의 영광을 위한 도구가 되어야 한다.

둘째, 그리스도의 이 권고는 비록 이생의 일에서 우리에게 큰 손실이 되더라도, 모든 죄의 기회를 피하도록 가르쳐야 한다.[246] 이것이 우리 구주 그리스도께서 이 구절에서 목표로 하는 핵심 요점이므

---

244 여백에: 하나님의 영광을 추구하라.
245 여백에: Columb. l. 5. cap. 9.
246 여백에: 죄의 모든 기회를 피하라.

로, 특별히 주의를 기울여 배우고 기억해야 한다. 사람의 본성은 마른 나무 또는 거친 섬유(towe)[247] 같아서, 불이 붙자마자 타오를 것이다. 사람에게 죄를 범할 기회가 조금이라도 주어진다면, 그는 마른 나무가 불에 타듯이 죄를 범할 준비가 되어 있다. 그렇게 함으로써 그는 자기가 할 수 있는 일을 다해 자신의 영혼을 영원히 내버린다. 그러므로 바다 위의 선원들이 난파 위험이 있는 바위와 모래를 피하기 위해 꾸준히 지속적으로 조심하는 것을 보라. 그와 같이 우리는 모든 죄의 기회들을 가장 신중하게 피해야 한다. 이것에 대한 가장 훌륭한 예는 모세인데, 그는 사십 세가 되기까지 바로의 궁정에서 양육되었고, 거기서 그는 그의 마음이 바랄 수 있는 지상의 모든 쾌락과 영예를 누렸으며, 바로의 딸의 양자로서 그가 원했다면 계속해서 누릴 수 있었다. 그러나 모세는 그 모든 것을 버리고, "애굽의 모든 쾌락을 누리는 것보다 도리어 고센에 있던 하나님의 백성과 함께 고난받기를 선택했다"[히 11:25-26]. 그가 이렇게 한 것은 "그것들이" 그가 하나님께 대한 참된 경외와 경배함, 그리고 모든 선한 양심을 버리지 않는 한, 즐길 수 없었던 "죄악의 쾌락이었기 때문이다." 그래서 우리는 그의 모범을 따라야 한다.

이제 우리가 모든 죄를 피하고, 우리 구주 그리스도의 온전한 교훈을 실천할 수 있도록, 여기서 죄의 경우들을 다루고, 그것을 피할 수 있는 방법을 보여 주고자 한다.

죄의 경우란 그 자체로나 사람의 남용으로 과오를 범하고 사람들로 하여금 죄를 짓도록 자극하는 어떤 것이라고 할 수 있다.[248] 이렇게 넓게 받아들일 때, **죄의 경우**는 악한 것들로만 국한되지 않고, 사

---

247 *Towe*: 거친 섬유.
248 여백에: 죄의 경우가 묘사되다.

람의 남용으로 하나님께 죄를 짓게 만드는 그 자체로 선하고 칭찬할 만한 것들까지 확대된다. 죄의 경우는 이중적이다. **주어진 경우**이거나 **취해진 경우**이다. 주어진 경우란 그 자체로 악한 말이나 행동으로, 그것을 말하거나 행동하는 것이 사람으로 하여금 죄를 짓도록 효과적으로 자극하는 것이다. 주어진 경우들은 이중적이다. 한 사람이 다른 사람에게나 스스로에게 제공하는 것이다. 한 사람이 다른 사람으로 하여금 죄를 짓도록 자극할 수 있는 경우는 많지만, 그것을 여섯 개 항목으로 축소하고자 한다.[249] 첫 번째는 한 사람이 다른 사람으로 하여금 죄를 짓게 만드는 **나쁜 조언**이다.[250] 이것은 세상에 있는 많은 악의 큰 원인이다. 이로 인하여 우리의 첫 조상이 타락했는데, 이는 사탄이 하와를 설득하고, 하와가 그의 남편을 설득했기 때문이다[창 3:4, 6]. 또한, 이로 인하여 생명의 주님이 십자가에 못 박히셨는데, 이는 "대제사장들과 통치자들이 백성들로 하여금 바라바를 구하고 예수를 죽이라고 설득했기 때문이다"[마 27:20]. 따라서 이를 위하여 마법사들을 찾는 일이 생겨난다. 한 친구가 다른 친구를 설득하는데, 이는 그들이 생각하듯이, 그들의 외적인 유익을 위한 것이다. 참으로 하나님을 예배할 때, 모든 선한 의무들을 흔히 무시하는 것이 이런 나쁜 조언으로부터 생겨난다.

두 번째는 **죄에 대한 동의나 승인**으로 이것은 이중적이다.[251] 은밀한 승인 또는 노골적 승인이 그것이다. 은밀한 승인과 동의는 사람들이 죄를 짓는 것을 보고도 슬퍼하지 않는 것이다. 이런 이유 때문에 사도 바울은 고린도 교인들을 질책하는데, "그들이 근친상간

---

249 여백에: 사람들은 다른 사람들에게 여섯 가지 방식으로 과오를 범하게 한다.
250 역자주, 여백에: 나쁜 조언.
251 역자주, 여백에: 동의.

을 저지른 남자에 대해 통한히 여기지 않고 오히려 교만해졌으며"[고전 5:1-2], 그들이 죄 가운데 있는 그를 어느 정도 강퍅하게 만들었기 때문이다. 이것이 우리 시대에 죄를 짓는 큰 경우이다. 그러나 다윗은 다른 마음을 가졌다. "사람들이 하나님의 법을 지키지 아니하므로, 그의 눈물이 시냇물 같이 흘렀다"[시 119:136]. 죄에 대한 노골적 승인은 사람들이 악한 행실을 공표하는 죄인들과 음란한 사람들을 공개적으로 지지하는 것이다. 이로 인해 많은 끔찍한 불경건이 발생하게 된다. 악인의 손은 그들의 사악함 가운데 강해졌고, 이것을 "여호와께서 불평하신다"[렘 23:12, 17]. 이것이 이 시대의 죄이다. 자신의 악에 대한 후원자도 없고, 죄 가운데 있는 그를 달래줄 후견인이 없는 악인은 어디 있는가? 이것이 죄를 부끄러워하지 않게 하고, 죄인들을 뻔뻔하게 만드는 것이다. 그러나 하나님의 모든 자녀들은 간절한 심령으로 여호람에게 대면하여 말했던 엘리사를 따라야 한다. 비록 그가 왕이었을지라도, "만일 유다의 선한 왕 여호사밧의 얼굴을 봄이 아니었다면 내가 당신을 향하지도 아니하고 보지도 아니하였으리이다"[왕하 3:14]. 여호와는 친히 "악한 자를 손으로 붙들어 주지"[욥 8:20][252] 않으실 것이며, 그의 자녀들이 "악한 자를 돕거나 여호와를 미워하는 자들을 사랑하는 것"[대하 19:2]도 참지 못하실 것이다.

세 번째 주어진 경우는 **죄에 대한 자극**으로,[253] 사람들이 말이나 행동으로 다른 사람들을 분노, 복수, 증오, 술취함, 또는 그와 같은 어떤 악으로 선동하거나 끌어들이는 것이다. 이것은 술취함의 교제를 즐기는 자들이 저지르는 흔한 잘못이다.

---

252 역자주, 영문판은 욥 8:22로 오식하고 있다.
253 역자주, 여백에: 죄에 대한 자극.

네 번째 경우는 훈계, 권고, 교훈, 또는 책망과 같은 **우리 형제들에 대한 선한 의무를 소홀히 하는 것**이다.[254] 아간이 오직 자신을 위해 가증한 것을 훔쳤으나, 모든 백성이 그 잘못에 대해 기소되고, 그에 대한 처벌을 받았다(수 7). 그 이유는 하나님이 그들에게 명령하신 것을 따라, 그들이 그 죄에서 서로를 지키기를 소홀히 했기 때문이다(수 6:18). 우리 가운데 이러한 커다란 불경건이 있다. 이웃이 이웃을 훈계하고, 한 형제가 다른 형제를 훈계했다면, 죄는 지금처럼 그렇게 만연하지 않았을 것이다. 그러나 이 의무를 사적인 사람들이 단지 서로에게 소홀히 했을 뿐만 아니라, 그 의무에 더 많이 묶여 있는 공적인 사람들도 소홀히 했다. 행정관은 징벌하는 데 게으르고, 목사는 죄를 견책하는 데 태만하고, 가정의 주인은 자기 밑에 있는 사람들을 개혁하는 데 무관심했다. 이로 인해 죄가 만연하게 되었다.

다섯 번째 주어진 경우는 **어떤 죄든지 간에 알려질 수 있는 죄를 짓는 악한 본보기**이다.[255] 이것은 불이 붙은 모든 곳을 불태우는 산불과 같이 매우 위험하다. 이런 사실은 우리 가운데 금방 드러나게 된다. 예를 들어, 어떤 사람이 새로운 옷차림을 취하게 되면, 그 동일한 옷차림이 즉시 일반적으로 받아들여진다. 또, 어떤 사람이 외설적인 노래를 만들거나 부르면, 즉시 모두가 배우는데, 심지어 말도 잘 못하는 어린아이조차 그 노래를 배운다. 기어 다니는 유아들이 말도 잘 못할 때, 심한 욕설을 하고, 모든 불경함으로 똘똘 뭉치는 것 또한, 그들이 함께 자란 어른들의 나쁜 본보기에서 나온 것이 아닌가? 모든 사람들 가운데서 신앙을 더 크게 고백하는 자들의 나쁜 본보기가 매우 위험하다. 그들은 배들을 모래 위로 인도하는 해변의 거짓 등불

---

254 역자주, 여백에: 선한 의무에 대한 경시.
255 역자주, 여백에: 악한 본보기.

과 같다. 그러므로 거룩한 신앙생활에 어떤 염려나 완악함을 보이는 사람들은, 그들의 모든 행위를 특별히 경계하여 (할 수만 있으면) 말과 행실 모두에서 흠이 없도록 해야 한다. 왜냐하면 모든 사람들이 그들을 주시하며, 악인들은 즐거운 마음으로 그들의 겉옷에 난 구멍을 몰래 감시하기 때문이다.

죄의 주어진 마지막 경우는 **하나님의 사역자들에 대한 사적인 비방과 그들의 사역을 욕되게 하는 것**이다.[256] 이것은 나머지 범죄와 마찬가지로 일반적 범죄이며, 많은 사람들로 하여금 그들의 구원의 방편을 정죄하게 만든다. 사람들이 함께 모여 사역자들과 그들의 가르침에 대한 그들의 일상적인 대화는 서로 의논하여 덕을 세우려는 것이 아니라, 다만 그들의 인격을 욕되게 하고, 그들의 사역을 경멸스러운 것으로 만든다. 그러나, 그들은 이것이 무슨 불행을 초래하는지 거의 모른다. 그러므로 그것은 회피되어야 한다.

이것들은 한 사람에 의해 다른 사람에게 주어진 범죄의 경우들이다. 이것들을 피하기 위해 "눈을 빼는 것"과 "손을 자르는 것"을 여기서 명령하는데, 다음의 규칙을 준수하여야 한다.[257] 우리는 죄의 기회를 치명적인 독으로 알고 미워하고 피해야 하며, 그것을 우리에게 제공하는 자들을 마귀처럼 나쁜 자들로 여겨야 한다. 그리스도께서 그의 제자 베드로를 이런 식으로 대하셨는데, 우리 죄를 위한 아버지의 뜻을 행하지 못하게 막으려고 할 때, 그는 그렇게 행동하는 베드로를 마치 마귀 자체였던 것처럼 여기시고, "사탄아 내 뒤로 물러가라"[마 16:23]고 말씀하셨다. 우리는 마귀가 사람들에게 공개적으로 오는 것이 아니라, 다른 사람들에 의해 주어진 죄의 기회들 가운데

---

256 역자주, 여백에: 하나님의 사역자들을 비방함.
257 역자주, 여백에: 주어진 경우들을 피하는 법.

교묘하게 자신을 전달함으로써, 그들의 영혼을 파멸시키기 위해 그들 속에 들어갈 수 있다는 것을 알아야 한다. 그러므로 우리는 바울이 "모든 일에 선한 양심에 거리낌이 없기를 힘썼던"[행 24:16] 것처럼 애써야 한다. 즉, 세상의 모든 죄의 경우들로부터 우리 자신을 순결하고 부패하지 않게 지키는 것이다. 우리는 범죄를 경계하는 눈을 갖고, 생명으로 인도하는 길을 걸어야 하며, 마귀가 다른 사람들을 통해 우리의 길에 놓는 이 걸림돌들을 피해야 한다. 그리하여 우리는 우리 구주 그리스도의 이 좋은 조언에 순종해야 한다.

주어진 죄의 경우들의 두 번째 종류는 자기 자신의 감정이나 상상에서 일어나는 죄이다.[258] 사람의 감정에서 죄의 기회들이 많이 생겨나는 것은, 그 사람 안에 부패한 감정들이 있고, 부패한 욕심에서 **탐심**이 일어나기 때문이다. 이 탐심은 죄의 큰 기회가 되기 때문에, 사도가 "일만 악의 뿌리"[딤전 6:10]라고 부른다. 이것은 사람의 마음을 지나치게 세상으로 이끌되, 구원의 방편을 위해 시간을 할애할 수 없을 정도로 이끈다. 이로 인해 그는 질식하여 마지막 숨을 쉴 때까지, 결코 회개할 생각을 하지 않는다. 또 다른 죄의 경우는 **교만한 마음**이다. 많은 사람들은 그들의 몸을 꾸미는 데 너무 많은 것을 바쳐서, 그들의 영혼을 전적으로 소홀히 대한다. 또 다른 죄로 **이기심**을 들 수 있는데, 스스로 우쭐대는 사람들은 그들의 몫에 따른 영예로운 은사를 생각지 않기에, 불만을 품고 자신들의 신분 상승을 위해 많은 악행을 꾸미고 저지른다. 이런 부류에는 로마교 사제들과 예수회가 있는데, 우리 교회와 국가에 대한 그들의 다양하고 위험한 시도들이 그것을 분명하게 보여 준다. 이런 식으로 우리는 마음의 부패한 충동

---

258 여백에: 사람의 부패한 감정에서 일어나는 거침돌들.

이 많은 죄의 원인이며 우리 영혼을 파괴하는 가장 위험한 수단이라는 것을 보여 줌으로써, 사람의 마음의 모든 감정들을 살필 수 있다.

여기서 우리는 또한 어떻게 "이 눈이 빼내지고, 이 손이 잘릴 수 있는지" 보여 주어야 한다. 즉, 우리가 죄를 짓지 않기 위해 무슨 수단으로 우리 마음을 개혁하고, 우리 감정의 격노를 그치게 할 수 있는지 보여 주어야 한다.[259] 그 방법은 다음과 같다. **우리는 제멋대로인 감정과 타락한 욕망을 죽이고 십자가에 못 박아야 한다.** 그리고 이 목적을 위해 우리는 세 가지 의무를 실천해야 한다.

첫째, 우리는 우리가 그리스도와 함께 십자가에 못 박혔다는 것을 믿어야 한다. 즉, 우리가 믿음으로 그리스도 안에 있고, 이로써 그와 교제하는 줄로 생각해야 하듯이, 우리는 그리스도와의 이 교제가 그의 죽음과 장사에 있다고 생각해야 한다. 따라서 사도가 전체적으로 보여 주듯이, 우리의 죄된 본성과 우리의 모든 부패한 정욕은 그의 십자가에 못 박혀 그의 무덤에 장사되었다(롬 6:3-4). 이제 이 확신이 우리 마음속에 일어날 때, 그것은 하나님의 은혜로 우리가 부패한 충동과 욕망에 굴복하지 않도록 지켜주고, 그것들을 매일 정복하도록 애쓰게 만들 것이다. 왜냐하면 우리가 그리스도의 죽음과 교제할 때, 그리스도와 교제한다는 우리의 확신이 있기 때문이다. 그러므로 범죄자들이 일단 교수형에 처하면 도둑질과 강도짓을 그만 두는 것을 우리가 보듯이, 옛 사람과 관련하여 그리스도와 함께 십자가에 못 박힌 우리는 그 옛 사람이 우리의 감정을 지배하거나, 우리의 지체들에게 권세를 행사하지 못하게 해야 한다. 우리는 "우리의 옛 사람이 그리스도와 함께 십자가에 못 박힌 것은 죄의 몸이 죽어 다시는 우리가

---

259 여백에: 사람 자신의 마음에서 일어나는 거침돌을 피하는 법.

죄에게 종노릇 하지 아니하려 함이니"[롬 6:6], 그리고 "그리스도의 사람들은 육체와 함께 그 정욕과 탐심을 십자가에 못 박았느니라"[갈 5:24]는 것을 알기 때문이다. 그래서 그는 우리에게 "우리가 죄에 대하여 죽은 자로 생각하라"[롬 6:11]고 권고한다. 그 의미는 우리가 그리스도와 함께 죄 가운데 살 수 없다는 것이다. 사도 요한은 "하나님께로부터 난 자마다 죄를 짓지 아니하나니 이는 하나님의 씨가 그의 속에 거함이요"[요일 3:9]라고 말한다. 즉, 그리스도의 죽음과 수난의 모든 유익이 그에게 속한다는 것을 마음에 확신시키는 참된 믿음은 다음과 같다. 그가 우리의 본성으로 십자가에서 죽으신 것은, 우리가 그의 고난의 능력으로 우리 안에서 죄를 십자가에 못 박아 사망에 이르는 열매를 맺는 것이 우리 안에서 왕 노릇 하지 못하게 하려는 것이다.

둘째, 우리는 모든 죄와 모든 악한 정욕과 감정을 금하는 하나님의 계명을 기억해야 한다. 그리고 그와 더불어 우리는 우리 육체가 정복될 수 있도록 그것들에 대한 그의 진노의 위협을 적용해야 한다.

셋째, 우리는 우리의 부패한 충동과 감정과 분투해야 한다. 그것들이 우리 안에서 마음대로 지배할 자유를 주지 말고, 하나님의 말씀 가운데 묵상함으로, 그리고 그것들 모두를 극복할 은혜의 능력을 위한 기도로 그것들을 다스려야 하는데, 부모들이 그들의 자녀가 다치지 않도록 그 손에 칼을 주기 전에 칼날을 돌림으로써 칼을 다루듯이, 그것들을 다루어야 한다. 우리가 세상을 사랑한다면, 우리는 그리스도와 그의 의를 사랑하도록 노력해야 한다. 그리고 우리가 우리 형제를 미워한다면, 우리는 죄를 미워하도록 노력해야 한다. 그래서 우리는 기쁨, 두려움 등 모든 감정이 그 올바른 대상을 향하도록 유지하여, 그것들이 우리 안에서 하나님을 대적하는 어떤 죄의 원인이 되기보다, 오히려 우리가 선을 행하도록 촉진할 수 있다.

사람이 스스로에게 주는 죄의 경우들의 두 번째 종류는 그의 **마음과 상상**에서 일어난다.[260] 그것들은 많지만, 세 가지만 언급할 것이다. 첫째는 **하나님에 대한 사람의 의무와 그의 구원의 길에 관한 완전한 지식에 대한 내적인 자만심(自慢心)**이다. 이것이 무지한 자들의 마음속에 흔히 있는 자만심이라는 것은 특히 설교자가 가르칠 수 있는 만큼 자신도 알고 있다는 그들의 통속적인 말로 나타날 수 있다. 그들은 말하기를 무엇보다 하나님을 사랑하고 이웃을 내 몸처럼 사랑하며, 그리스도로 말미암아 구원받는 것을 믿는 것이 모든 것의 요약이라고 한다. 그래서 그들은 그들의 구원의 수단인 말씀의 설교를 쓸데없고 불필요한 것으로 정죄하는 자들이 된다. 이러한 자만심은 우리 사이에 흔한 일이며, 많은 사람의 영혼에 상처를 준다.

그것을 잘라내는 방법은 다음과 같다.[261] 이런 자만심으로 우쭐대는 헛된 사람은 **그의 지식이 그의 구원에 충분한지 자신을 살펴보아야 한다**.[262] 이 목적을 위해 그는 다음 두 가지를 자신에게 물어야 한다. 첫째, 그가 자신이 타고난 소경임을 보는지, 그리고 그로 인해 감동을 받아 하나님과 그의 뜻을 알기 위해 수고하는지 물어야 한다. 왜냐하면 이것이 없는 곳에는 지식에 대한 헛된 자만심밖에 없기 때문이다. 둘째, 그의 지식이 하나님께 대한 죄로부터의 마음의 회심, 그리고 악에서 선으로의 삶의 개혁과 결합되어 있는지 물어야 한다. 이런 마음과 삶의 변화는 모든 구원하는 지식과 함께 간다. 이제 이것들이 없다면(의심의 여지 없이 그들이 모두 헛된 사람들인 것처럼), 그들의 지

---

260 여백에: 사람의 마음에서 일어나는 거침돌들.
261 역지주, 여백에: 치료책.
262 여백에: 우리의 지식을 시험하라.

식은 구원에 유익한 구원하는 지식과는 거리가 멀어서 오히려 그들을 더 깊은 정죄에 이르게 한다.

사람으로 하여금 죄를 짓게 하는 사람 속에 있는 두 번째 상상은 **자신의 강한 믿음에 대한 확신이다.** 믿음도 회개도 없는 더 무지한 자들은, 그 어떤 악한 무리도 그들을 해칠 수 없고, 따라서 그들이 원하는 대로 살 수 있다고 하면서 그들의 강한 믿음을 자랑한다. 그러나 이것이 헛된 추측이라는 것은 다음과 같이 나타날 수 있다. 왜냐하면 "참된 믿음은 마음을 깨끗이 하며"[행 15:9], "사람을 강하게 하여 삶 속에서 죄를 피하게 하기 때문이다"[요일 5:4]. 참으로 **참된 믿음은 죽음의 시간에 달콤한 위로를 제공한다.** 그러나 대개 자신들의 믿음을 무척이나 자랑하고 떠벌리는 사람들은, 부패된 마음으로 죄악된 삶을 살고, 자신들의 죽음을 두려워하고, 한탄할 만한 경험이 종종 가르치듯이, 하나님의 자비에 대해 여러 번 절망한다.

이런 거침돌의 경우를 차단하는 방법은 다음과 같다. **우리의 믿음이 참되고 건전한지 그렇지 않은지, 우리 자신을 시험하는 것이다.**[263] 이것은 두 가지로 나타날 것이다. 첫째, 참되고 생생한 믿음에 앞서가는 성령의 역사의 시작과 정도에 의해 나타나는데, 이것은 세 가지다. 첫째, 우리의 죄에 대해 마땅히 내려질 하나님의 진노에 대한 이해와 함께 그 죄에 대한 참된 시각이다. 둘째, 이러한 우리 죄로 인해 하나님께 범죄한 것에 대한 마음의 참된 슬픔과 비탄이다. 그리고 마지막으로, 모든 세상적인 것보다 그리스도 안에서 하나님의 자비와 은혜에 대한 굶주림과 목마름이다. 이것들이 있는 곳에는 은혜가 있다. 그러나 이것들이 없는 곳에는 참된 믿음이 없고, 헛된 추측만 있

---

263 여백에: 너의 믿음을 시험하라.

다. 둘째, 믿음은 사랑의 역사로 나타날 것인데, 사랑 안에서 믿음은 하나님과 사람에 대한 도덕법의 모든 의무를 다하기 때문이다. "믿음은 사랑으로써 역사하느니라[갈 5:6].[264] "사랑은 율법의 완성이니라"(롬 13:10). 이와 같이 자신들의 믿음의 힘 위에 서 있는 모든 사람들이 이 두 가지 규칙으로 자신들을 살핀다면, 그들이 회개하여 참된 믿음을 갖지 않는 한, 그들에게 더 깊은 정죄에 이르게 할 헛된 추측 외에는 다른 것이 없다는 것을 곧 발견할 것이다.

사람으로 죄를 짓게 만드는 세 번째 상상은 **안전하다는 생각**인데, 이로써 그는 하나님이 비록 죄에 대해 심판하실 것이지만, 그것은 멀리 떨어져 있다고 확신함으로써 악한 날을 멀리 둔다. 이것이 유대인들이 가졌던 악한 생각이었는데, 그들은 "선지자들에게 보인 묵시는 여러 날 후의 일이라 그가 멀리 있는 때에 대하여 예언하였다"[겔 12:27]라고 말했다. 이런 자만심은 모든 사람에게서 자연스럽게 자라나며, 많은 영혼이 죄를 범하는 계기이다. "그 악한 종이 마음에 생각하기를 주인이 더디 오리라 하여"(마 24:48), 그의 동료들을 때리며 악하게 사는 기회를 삼는다. "악인들이 말하기를 그들이 사망과 언약하였고 스올과 맹약하였은즉 넘치는 재앙이 밀려올지라도 그들에게 미치지 못할 것이다"(사 28:15). 그리고 그들 자신의 정욕을 쫓는 악인들은 "주께서 강림하신다는 약속이 어디 있느냐?"[벧후 3:3-4]라고 말한다. 이 사악한 생각이 우리 가운데 만연해 있지 않은가? 하나님은 오래 전부터 복음을 전파함으로 우리를 불러 회개하라고 하셨는데, 우리가 회개하지 않기 때문에 그가 전염병, 기근, 전쟁의 소문 같은 무거운 심판을 우리에게 보내신다. 하지만 이 모든 것은 우리로

---

264 역자주, 여백에: 갈 5:5. 영문판은 이것을 생략하고 있다.

하여금 여호와를 충족시키지 못했다. 일반적으로 선지자의 불평이 우리에게 적용될 수 있다. "내가 행한 것이 무엇인고라고 말하는 자가 없다"[렘 8:6]. 이것의 원인은 이 사악한 자만심인데, 이런 자만심으로 우리는 "악이 우리에게 미치지 아니하며 이르지 아니하리라"[암 9:10]고 생각한다. 이런 점에서 우리는 노아가 말과 행동으로 그들에게 설교했을지라도, 그를 믿으려 하지 않았던 옛 세상의 사람들과 같다. "홍수가 나서 그들을 다 멸하기까지 그들이 깨닫지 못하였으니"[마 24:39]. 하나님의 심판의 위협을 우리에게서 멀리 두는 것은 이같이 두려운 일이다. 그러나 이 죄는 무지한 자들에게서만 일어나는 것이 아니라, 하나님의 자녀들의 마음에도 많이 일어난다.

이런 악한 자만심을 제거하는 방법은 **현재의 모든 날을 우리 죽음의 날이나 마지막 심판의 날로 여기고, 그에 따라 죽을 준비를 하고, 날마다 심판 가운데 있는 하나님을 만나는 것이다.**[265] 이것은 모세가 하나님께 "그와 그의 백성에게 그들의 날 계수함을 가르치사 지혜로운 마음을 얻게 하소서"[시 90:12]라고 기도했을 때 목표로 삼았던 것이다. 장수에 대한 헛된 확신 때문에, 많은 사람들이 이 세상의 죄와 허영에 과도하게 빠진다. 그러므로 우리는 이 헛된 확신을 떨쳐버리고, 날마다 죽음과 심판의 날을 준비해야 한다. 그리하여 우리가 우리 날을 바르게 계수하여, 우리 마음이 지혜를 얻을 것이다. 왜냐하면 **나중을 올바르게 생각하는 것**이 사람의 진정한 지혜이기 때문이다. 그리고 마지막에 더 가까울수록 이 의무는 우리와 관련된다. 우리에 대한 하나님의 심판이 기근, 전염병, 그리고 역병 등으로 계속되고 있기 때문에, 신속하고 참된 회개로 그 심판을 막지 않는 한,

---

265 역자주, 여백에: 치료책.

그것은 더 무거운 심판이 뒤따를 것이라고 분명하게 입증한다.

이와 같이 사람들이 죄에 이끌리는 주어진 경우들이 무엇인지 보았으니, **취해진 경우들**을 살펴보아야 할 것이다.[266] **죄의 기회 또는 취해진 거침돌의 경우란, 좋은 것을 가진 사람이 하나님께 죄를 짓고, 자기 속에 있는 대로 자신의 영혼을 버리도록 스스로 계획하는 것이다.** 취해진 이 경우들은 특히 네 가지 항목에서 일어난다.[267] 첫째, 성경으로부터, 둘째, 성경에서 도출된 교회의 교리로부터, 셋째, 교회의 상태로부터, 그리고 넷째, 악한 자들의 상태로부터이다.

성경

첫째, 하나님의 말씀이 비록 내용과 문체 및 모든 면에서 가장 완벽하다 할지라도, 많은 사람들은 다음의 이유로, 그리고 주로 두 가지 방식으로 거침돌로 취한다. 부분적으로는 **성경의 명백함과 단순성**에서, 그리고 부분적으로는 그 내용에서 문제로 삼는다. 첫째, 성경의 문체와 문구가 많은 면에서 심지어 단순한 사람의 능력에도 명백하고 친숙하다는 것은 매우 사실이지만, 이것은 성경에 대한 불명예가 아니라 오히려 하나님의 말씀의 위엄을 더욱 드러내는 영예이다.[268] 그럼에도 불구하고 많은 사람들이 이로써 그것을 정죄하는 기회로 삼는데, 성경 연구는 너무 천박하고 피상적이며, 성경 지식은 그들의 훌륭한 재치에 비해 너무 단순하고 친숙하다고 여겨, 어떤 사람들은 성경 연구가 아닌 다른 연구와 과정에 자신들을 바친다. 다른

---

266 역자주, 여백에: 취해진 범죄들.
267 역자주, 여백에: 범죄가 저질러진 곳의 네 가지 항목.
268 여백에: 성경의 명백함으로부터.

사람들 역시 비록 신학에 헌신한다(addict)[269] 할지라도, 사적인 연구를 위해서는 하나님의 말씀보다 사람들의 글에 더 많이 몰두한다. 그리고 그들의 공적 사역에서 그들은 사도 바울이 그토록 많이 칭송했던 성령의 명백한 증거보다[고전 2:4], 다양한 독서로 인간의 재치, 웅변, 그리고 학식의 과시, 그리고 다양한 언어 가운데서 확정된 단어들과 문구들에 더 많은 영향을 받는다. 이것은 또한 많은 청중들의 큰 허물인데, 그들은 선지자들과 사도들의 말만 인용된 설교를 천박한 것으로 여기는 반면, 교부들, 학자들, 시인들 등으로 가득 찬 깊은 배움을 위한 설교를 높이 들어 올림으로써, 순전하고 명백한 하나님의 말씀보다 사람들의 헛된 생각을 더 기뻐한다.

이런 거침돌을 잘라내려면, 평범하고 단순한 방식으로 그의 말씀을 기록하고 설교하기 위한 하나님의 뜻을 고려해야 한다. 왜냐하면 "하나님께서 세상의 미련하고 약하고 천하고 멸시받는 것들을 택하사 세상의 지혜 있는 자들과 강한 것들을 부끄럽게 하시며 폐하려 하셨다"[고전 1:27-28]라는 것이 사실이기 때문이다. 그리고 이로써 또한 "하나님의 택한 자들의 믿음이 사람의 지혜에 있지 아니하고 다만 하나님의 능력에 있게 하려 하였노라"[고전 2:5]는 것이 명백해졌기 때문이다. 다시 말하지만, "말의 지혜로" 하는 복음의 설교는 "그리스도의 십자가를 헛되게 만드는 것이다"[고전 1:17]. 그러므로 아무도 자신을 속이지 말아야 한다. "하나님의 어리석음이 사람보다 지혜롭고 하나님의 약하심이 사람보다 강하니라"[고전 1:25]. 사적으로나 공적으로나 하나님의 말씀을 훈련하는 자는 그로 말미암아 자신의 죄와 그 죄로 인해 자신에게 마땅히 임하는 하나님의 무거운 심

---

269 *Addict*: 헌신하다.

판을 보도록 노력해야 한다. 그래야 그는 하나님의 말씀을 참된 위로
의 유일한 수단으로 존경하기 시작할 것이다. 사마리아 여인은 그리
스도께서 "생명수"에 대해 말씀하시는 것을 들었을 때[요 4:11-12],
처음에는 그에게 트집을 잡기 시작했다. 그러나, "그녀가 남편 다섯
이 있었고 지금 있는 자도 그녀의 남편이 아니다"[요 4:18]라는 말
씀으로 그녀의 양심에 죄를 드러내자, 그녀는 트집 잡기를 그만두고
그의 말씀을 믿고 다른 사람들이 와서 그를 믿게 함으로써 "그를 존
경했다"[요 4:19, 29]. 유대인들은 처음에 사도들에게 "성령의 주심
을 가볍게"[행 2:12-13] 여겼으나, 베드로가 "그들의 마음을 찔렀을
때"[행 2:36-37, 41], 그들은 말씀을 구하고 그것을 기쁨으로 받아
들였다. 그와 같이 간수는 "그들을 깊은 옥에 가두고 그 발을 차꼬에
든든히 채워"[행 16:26] 밤새도록 사도들을 험하게 대했지만, 옥문이
열리는 것을 보고 두려움에 사로잡혀 떨며 그들 앞에 엎드려, 무엇을
하여야 구원을 얻을 수 있는지 물었다[행 16:29-30].

둘째, 다른 사람들은 **성경의 내용**으로부터 거침돌의 기회로 삼는
다.[270] 그들이 선지자들, 그리스도와 그의 사도들에 의해 일어난 기
적들을 읽을 때, 그와 같은 것은 주술에 의해 행해질 수 있다고 말하
며, 너무도 모독적으로 매우 악한 주술 행위를 성경에 부과한다. 그
들은 그리스도께서 "바알세불을 힘입어 귀신을 쫓아낸다"(눅 11:15)라
고 말했던 악의적인 유대인들과 같다. 다른 사람들은 노아의 방주 때
문에 모세의 역사가 사실임을 부인하는데, 그들은 방주가 모든 종류
의 생물을 한 쌍씩, 그리고 일 년 내내 그것들을 위한 양식과 사료를
포함할 수 없었을 것이라고 말한다. 이런 견해를 가진 자는 초대교회

---

270 여백에: 성경의 내용으로부터 취해진 거침돌들.

의 고대 이단자인 아펠레스(Apelles)였다. 그리고 이러한 경우로 많은 사람들이 무신론자가 되어, 하나님의 말씀의 진리를 부인하고 저주를 받았다.

이것들에 대해 다음과 같이 대답한다. 첫째, 기적에 대해서는 사람이나 천사, 그 어떤 피조물도, 하나님의 능력으로 이루어져 성경에 기록된 것과 같은 그런 일을 할 수 없다. 그리스도는 소경으로 태어난 자의 눈을 뜨게 하셨다(요 9). 마귀는 그의 기술로, 그리고 사람은 그의 재능으로 상처와 질병으로 인한 실명을 치료하는 데 많은 것을 할 수 있지만, 자연의 어떤 힘도, 마법의 힘도, 모든 천사의 그 모든 힘도 소경으로 태어난 자에게 시력을 주기에 충분하지 않다. 그것은 피조물에게는 없는 창조의 능력으로 되어져야 한다. 다시 말하지만, 역사가 기록하듯이 마귀는 시체에 들어가 시체가 움직이게 할 수 있고 그 안에서 말할 수 있다. 그러나 **그리스도께서 나사로에게 하셨던 것**처럼[요 12:43-44], 죽은 지 나흘 된 자를 살리는 것은 지옥의 모든 마귀들이, 아니 하늘의 모든 천사들이 할 수 없는 일이다. 그리고 노아의 방주로부터 모세의 책들을 정죄할 기회를 잡았던 이단자 아펠레스에 대해서는 초대교회가 그에게 대답한 것이 도움이 될 수 있다.[271] 즉, 방주는 크기에 있어서 모든 종류의 피조물의 쌍들과 일 년 내내 그것들을 위한 양식을 포함하기에 충분했다. 왜냐하면 방주의 높이와 넓이를 생략해도, 그것은 "길이가 삼백 규빗"[창 6:15]이었고, 모든 규빗은 (고대 척도에 따르면) 9피트를 포함했기에, 모두 합쳐서 1/2 마일 이상의 길이가 되었다. 다시 말하지만, 다른 사람들은 매 규빗이 (우리의 규빗처럼) 1피트 반 길이라 할지라도, "삼층"[창 6:16]

---

271 여백에: Origen. hom. 2. on Gen. de fabrica arcae.

이었고, 쌍으로 모든 종류의 생물과 일 년 내내 그것들을 위한 양식을 포함하기에 충분한 크기였다고 말한다. 그러나 어떻게 방주가 모든 종류의 피조물의 쌍들과 그것들을 위한 양식을 포함하기에 충분히 크게 만들어졌는지 말할 수 없는 경우라도, 우리가 그것을 기록한 하나님의 책들을 정죄할 기회로 삼아야 하는가? 어림도 없는 소리이다! 아니 오히려 우리는 이로써 우리 자신의 소경됨과 얕은 이해력을 인정하고 고백하여, 하나님의 놀라운 일을 찬양하기를 배워야 한다.

성경에서 취한 이 거침돌의 경우를 잘라내는 방법은 첫째, (아무리 **우리 본성에 하나님의 말씀보다 더 역겨운 것은 없다 할지라도**) **하나님의 말씀은 세상의 어떤 것이 할 수 있는 것보다 그 마음을 더욱 사로잡았다는 것을** 주목하라. 자연인들에게 인간의 글은 하나님의 거룩한 성경보다 훨씬 더 그럴 듯하다. 왜냐하면 성경에서 말하는 하나님의 지혜는 사람의 자연적 이성으로 판단할 때 **어리석다**고 여겨지기 때문이다. 그러나 하나님의 자녀들이 하나님의 말씀에 했던 것처럼, 그 누가 사람의 글에 그렇게 굳게 매달렸던가? 그들은 하나님의 말씀의 증거를 위해 살고 죽는 것에 만족했다. 이것은 성경에 신적 능력이 있음을 분명히 증거한다. 만약 그것이 사람에게서 나온 것이라면, 그리고 그 본성에 반하는 것이라면, 사람은 그것을 정죄했을 것이다.

둘째, **성경 기자들, 선지자들과 사도들 모두 성경을 기록할 때, 그들 자신의 잘못을 기록했다**는 것을 고려해야 한다. 이것은 성경이 성령의 지시에 따라 하나님의 거룩한 사람들에 의해 기록되었고, 재치 있는 사람들이 사람들로 하여금 경외하도록 고안한 것이 아니라는 것을 명백하게 입증한다. 왜냐하면 성경의 저자들과 기자들은 오히려 그들 자신의 작품의 신용을 떨어뜨리는 잘못을 공표하기보다는, 그들 자신의 잘못을 감추고 싶었을 것이기 때문이다.

마지막으로, 전체 성경의 주제와 내용, 즉 **예수 그리스도**를 고려하라. 그는 거기서 자신이 하나님의 아들이라고 고백하셨다. 그리스도께서 참 하나님이 아니면서 그 영예를 취한 것이라면, 그와 같은 범죄에 대해 다른 사람들에게 닥쳤던 동일한 심판이 그에게도 닥쳤을 것이다. 왜냐하면 그런 영예를 취했던 사람 중 그 누구도 가혹하게 처벌받지 않은 사람이 없었기 때문이다. 이는 아담이 낙원에서 하나님과 같이 되려고 했던 것처럼[창 3:17, 23], 헤롯이 "이것은 신의 소리요 사람의 소리가 아니라"[행 12:22-23]고 크게 부르는 백성들의 모독적인 칭송을 자기에게 돌리려고 했던 것과 같다. 그러나 아무리 매우 두려운 심판이 이런 식으로 하나님의 영예를 찬탈하려는 하나님의 원수들에게 닥쳤다 할지라도, 그리스도의 목적은 영광스럽고 복된 것이었다. 이로 인해 우리는 성경을 하나님의 말씀으로 높이 생각할 수 있다.

교회의 교리

거침돌이 취해지는 두 번째 항목은 **하나님의 말씀에 근거한 교회의 교리**이다. 따라서 취해진 거침돌은 다양하다. 첫째, 새롭다고 여겨지는 우리의 교리로부터 거침돌이 취해진다.[272] 이것은 교황주의자들과 특히 우리나라의 반항자들(recusants)[273]이 취한 것인데, 그들은 우리 교리가 마틴 루터 시대 이후로 단지 80년밖에 되지 않은 새로운 것이라고 말한다. 그들은 또한 1,400년 동안 우리가 현재 가르치고 주장하는 교리를 고수하고 고백한 교회에 대한 기록을 제시할 수 없

---

272 여백에: 가정된 새로움으로부터.

273 역자주, 반항자들(recusants)은 약 1570년부터 1791년까지 영국의 로마 가톨릭 신자로 영국 국교회 예배에 참석하기를 거부하여 법적 위반을 저지른 자들이다.

다고 단언한다.

　이런 거침돌을 피하기 위해 두 가지 요점을 기억해야 한다.[274] 첫째, 우리 교회의 교리는 그 본질상 선지자들과 사도들의 교리이다(행 2:42). 그리스도에 관하여 사도들이 가르친 교리는 교회의 토대가 되었다. 이 교리가 바르게 옹호되고 고백되는 곳에 참된 교회의 오류 없는 특징이 있다는 것을 보라. 다시 말하지만, 사도들은 우리가 사도행전 여러 곳에서 볼 수 있는 것처럼[행 26:22], 그들의 교리를 정당화하기 위해 모세와 선지자들을 의지했다. 이제 우리 교회에서 옹호되고 수용된 그리스도에 관한 교리는 선지자들과 사도들의 증언에 의해 확증되었고, 따라서 본질과 교리는 그들의 것이다. 둘째, 우리 교회는 600년 동안 지속된 그리스도 이후의 교회들과 신앙의 근거와 토대가 일치한다는 것을 알아야 한다. 왜냐하면 우리는 단지 사도신경만 아니라, 네 개의 일반 공의회와 그 고백들과 신조들, 그리고 그것들이 했던 동일한 방식과 의미도 허용하기 때문이다. 그럼에도 우리 교회의 신앙은 새로운 것이라고 부당한 비방을 받고 있다.

　우리 교회의 교리로부터 취해진 두 번째 거침돌은 교리가 엄격하고 가혹하다고 가정하는 데서 나온다.[275] 진실로 우리는 그리스도인이 자기 자신의 뜻과 욕망을 전적으로 부인하고, 그리스도의 말씀의 지시를 따라 그의 성령의 인도를 받기 위해 그리스도께 자신을 온전히 맡겨야 한다고 가르친다. 이제 이런 이유로 어떤 사람들은 우리 교리는 사람이 웃거나 즐거워하거나, 자신의 기쁨을 위해 어떤 것을 행하는 것을 허용하지 않는다고 결론지으려 한다. 그리하여 그들은 종교를 경멸하여, 그 고백과 실천을 꼼꼼함으로 여겼다. 그러므로 그

274　역자주, 여백에: 치료책.

275　여백에: 가정된 엄격함으로부터.

들은 종교에 얽매이지 않고, 자신들이 원하는 대로 살려고 한다. 이것이 우리 가운데 흔한 일이다.

이런 거침돌의 기회를 차단하는 방법은 이중적이다.[276] 첫째, 우리 교회의 교리에 의하면, **사람이 즐거워하는 것은 합법적이며, 주 안에서 즐거워하라**고 말한다. "주 안에서 항상 기뻐하라 내가 다시 말하노니 기뻐하라"(빌 4:4). "하나님이 사람의 마음을 기쁘게 하는 포도주와 사람의 얼굴을 윤택하게 하는 기름과 사람의 마음을 힘 있게 하는 양식을 주셨도다"(시 104:15). 다시 말하지만, 하나님이 들판의 꽃들에게 가장 영광스러운 색깔과 기분 좋은 향기를 주신 것은 의심의 여지 없이 사람이 그 꽃에서 기쁨을 얻을 수 있도록 하기 위함이다. 참으로 악기를 다루는 재능 외에도, 하나님은 그 어떤 악기 소리보다 더 부드럽고 듣기 좋은 목소리를 많은 사람에게 주셨기 때문에, 사람이 적절한 기쁨 가운데 그 마음을 흥겹게 할 수 있는 것이다. 웃음 자체는 자연의 선물로서, 아담이 타락하기 전에 그 안에 있었으므로 합법적이다. 그러나 지나친 즐거움의 남용을 차단하기 위해 **사람의 기쁨은 주님 안에 있어야 한다.** 왜냐하면 먼저 어떤 죄를 저지르지 않고는, 즐거워할 수 없는 사람들이 많기 때문이다. 하나님이나 그의 말씀을 생각하면, 그들의 모든 즐거움이 사라진다. 그러나 우리는 하나님이 승인하실 수 있는 것을 기뻐하도록 스스로 노력해야 한다. 다시 말하지만, **주님 안에서**여야 한다. 왜냐하면 사람이 기쁨과 쾌락에 빠질 때, 죄가 가장 먼저 승리할 것이기 때문이다. 욥은 이것을 잘 알았기 때문에, 그의 아들들이 서로 잔치를 벌이는 동안, "날마다 그들을 위해 특별히 희생제사를 드렸으니 이는 혹시 내 아들들이 죄를 범

---

276 역자주, 여백에: 치료책.

하여 마음으로 하나님을 욕되게 하였을까 함이라"[욥 1:5].

이 범죄를 저지르는 것을 막는 두 번째 방법은 **하나님이 우리 안에서 그리고 우리에게 그의 모든 뜻을 행하실 수 있도록 우리 자신을 그분에게 거룩하게 맡기는 것이다.**[277] 그래서 그리스도는 그의 제자들에게 "아무든지 나를 따라오려거든 자기를 부인하고 날마다 제 십자가를 지고 나를 따를 것이니라"[눅 9:23]고 말씀하셨다. 즉, 주님의 인도를 받기 위해 자신을 온전히 맡기라. 그리고 값진 진주를 얻고자 하는 자는 "자기의 소유를 다 팔아 그 진주를 사야 한다"(마 13:46). 우리는 "하나님의 자비로 말미암아 우리 자신을, 곧 영혼과 몸을 하나님께 바치기를"(롬 12:1) 원한다. 이로써 우리는 신앙을 꼼꼼함으로 간주하는 모든 자들의 경우와 상태에 대해 통탄해야 할 정당한 이유가 있다는 것을 알 수 있다. 왜냐하면 그들은 그들의 소유의 판 것의 일부를 사도들에게 가져다가 그것이 전부라고 말했던 아나니아와 삽비라와 같기 때문이다. 이 사람들은 그리스도에 의해 구원받기를 원한다. 그들은 그의 말씀을 듣고, 그의 성례를 받으며, 그 안에서 누구나 할 수 있는 높은 고백을 한다. 즉, 그들이 그리스도께 온전히 헌신할 것이라고 고백한다. 그러나 그들이 교회 밖에 있을 때, 그들은 자신들이 하나님과 분리되어 있음을 드러낸다. 왜냐하면 그들이 교회 안에서 보여 준 것을 행하지 않기 때문이다. 그러므로 그들은 아나니아와 삽비라의 육체에 닥친 **갑작스러운 죽음**이[행 5:5, 10] 그들의 영혼에 닥치지 않도록 마땅히 두려워해야 한다. 그들은 **하나님께 거짓말쟁이**이기 때문이다.

셋째, 어떤 사람들은 참된 신앙의 진지한 고백을 수반하는 십자가

---

277 여백에: 하나님께 우리 자신을 맡김.

에 대해 거침돌을 갖는다.[278] 많은 사람들이 우리 신앙의 교리를 좋아하지만, 그 교리를 포용하고 고백하기를 싫어하는데, 이는 그들이 그것으로 인해 세상에서 비난을 받지 않기 위함이다.

이런 거침돌을 차단하는 방법은 다음과 같다.[279] 먼저 **복음을 위해 견딘 십자가, 특히 그것으로 유익을 얻는다면, 그것은 하나님의 자녀라는 틀림없는 표지**인 것을 기억해야 한다. "너희가 참음은 징계를 받기 위함이라 하나님이 아들과 같이 너희를 대우하시나니 어찌 아버지가 징계하지 않는 아들이 있으리요?"(히 12:7).[280] 우리가 이것이 사실이라고 생각하는 이유는 다음과 같다. 가령 두 아이가 길에서 싸우고 있는데, 어떤 사람이 그중 한 아이를 붙잡아 때리고, 다른 아이는 내버려 둔다면, 모든 사람이 그 때리는 사람이 그 아이의 아버지라고 말하지 않겠는가? 그와 마찬가지로 우리가 그의 복음을 받아들일 때, 주님은 우리를 양육하기 위해 우리에게 십자가를 보내실 것이다. 우리가 그의 교정을 통해 유익을 얻고, 이로써 그의 강력한 손 아래에서 자신을 낮추는 법을 배우게 된다면, 우리를 향한 그의 아버지 같은 대우에 확신을 얻기 시작한다. 그러므로 거룩한 고백의 과정에서 우리는 비난과 십자가로 인해 방해를 받지 않아야 하며, 그것들은 그 과정에서 우리를 격려하는 수단이 되어야 한다(약 1:2-3).

일반적인 교회의 교리에서뿐 아니라 특별한 교리의 부분들에서 학식 있는 자나 무식한 자를 막론하고 많은 사람들이 거침돌을 갖는다.[281] 첫째, 하나님이 어떤 사람들을 정죄하기로 작정하셨다는 **예정**

---

278 여백에: 진리를 수반하는 십자가로부터 취해진 거침돌들.
279 역자주, 여백에: 치료책.
280 역자주, 원문에는 히 12:7로 되어 있으나, 영문판은 히 12:17로 오식하고 있다.
281 여백에: 특별한 교리들로부터 취해진 거침돌들.

교리가 거침돌이 된다. 이 교리는 많은 사람들이 잔인한 교리로 치부하여 내버리고, 그리하여 그들 스스로 하나님의 말씀과 맞지 않는 개인적인 의견을 갖는다.

이런 거침돌을 피하는 방법은 다음과 같다.[282] 첫째, 생명에 관해 우리가 죽을 수밖에 없는 인간에게 하는 것만큼 하나님 자신에게 허용하는 것이다. 사람들이 파리나 벌레를 죽일 수 있고, 합법적인 사용과 즐거움을 위해 양이나 소 등 기타 생물들을 죽일 수 있지만, 죽이지 않고 자비로운 사람이 되기를 자유롭게 선택할 수 있다. 사람들에게 이러한 자유가 허용된다면 하나님께서 그의 피조물에 대해 정당하고 합당한 정죄와 멸망으로 그의 이름을 영화롭게 하실 수 있도록 허용하는 것이 마땅하지 않겠는가? 이것은 사실 우리가 사람들에게 부여하는 것보다 적은 것이다. 이는 벌레가 사람에게는 중요하지만, 사람은 하나님께 대하여 아무것도 아니기 때문이다. 다시 말하지만, 우리는 사람들이 어떤 일을 마음대로 할 수 있는 자유를 주면서도, 그 행동이 정당하고 합법적이라고 생각한다. 그렇다면 우리는 하나님께서 어떤 일을 행하실 때 잔인함을 생각하지 말고, 사람에게 주는 것보다 의지의 자유를 하나님께 훨씬 더 많이 드려야 하지 않겠는가? 왜냐하면 **하나님의 모든 행위는 공평하게 이루어지기** 때문이다. 둘째, 우리는 유기에 관해 하나님께서 어떤 사람들을 단순히 지옥불에 처하게 하신다고 가르칠 것이 아니라, 다음과 같이 가르쳐야 한다. 하나님은 일부 사람들의 합당하고 마땅한 정죄를 통해 자신의 이름을 영화롭게 할 것을 작정하고 의도하셨다. 인간의 유기에서 하나님은 두 가지 행동을 취하시기 때문이다.[283] 첫째, 그는 어떤 사람들

---

282 역자주. 여백에: 치료책.
283 역자주. 여백에: 유기 교리.

에게 그의 영원한 자비를 나타내지 않고 지나치시며, 단지 그의 공의만 그들에게 선언하기로 작정하신다. 그가 작정하신 후, 그들이 스스로 죄에 빠졌을 때, 그에 대해 합당한 정죄를 그들에게 내리신다.

배우지 못한 사람들도 이 예정 교리로부터 매우 무서운 타락의 기회를 얻어, 다음과 같이 추론한다. 내가 구원받기로 예정되어 있으면 반드시 구원받을 것이니, 내가 원하는 것을 할 것이다. 그리고 만일 내가 정죄 받기로 예정되었다면 내가 아무리 경건하게 산다고 해도, 반드시 정죄 받을 것이다. 왜냐하면 하나님의 작정은 변하지 않기 때문이다. 그러므로 나는 내가 원하는 대로 살 것이다. 이런 식으로 절망적인 사람들은 대담하게 죄를 짓고 그들의 영혼을 내던진다.

이러한 걸림돌을 차단하는 방법은 다음과 같다.[284] 그들은 **하나님의 작정에서 목적, 그리고 사람들을 그 목적에 이르게 하는 수단이 항상 함께 간다**는 것을 기억해야 한다. 그러므로 구원으로 정해진 사람들은 구원의 수단, 즉 소명, 칭의, 성화가 함께 간다(롬 8:30). 하나님의 작정에서 목적과 수단은 절대로 분리되지 않는다. 이제 그리스도 안에 있는 의와 거룩은 하나님이 사람들을 구원으로 인도하기 위해 작정하신 수단이다. 그러므로 하나님의 작정의 불변성에 근거해서 불경하게 살 기회를 잡는 자들은 심각한 죄를 짓는다. "히스기야가 죽을 병에 걸렸으나 하나님이 그의 수한에 십오 년을 더하기로 약속했다"[사 38:5]. 만약 히스기야가 이 사람들과 의논했다면, 그들은 그에게 다음과 같이 말했을 것이다. '오 왕이시여, 안심하시고 먹지도 마시지도 말고 병을 치료하거나 생명을 보존하기 위해 아무것도 사용하지 마십시오. 왜냐하면 당신이 반드시 십오 년을 살 것이기 때

---

284 역자주, 여백에: 치료책.

문입니다. 하나님이 그렇게 말씀하셨으니 반드시 그렇게 될 것입니다.' 그러나 히스기야는 그런 길을 취하지 않았다. 아니, 그는 자신의 병을 치료하고 생명을 보존하기 위한 수단을 모두 사용했다. 그와 같이 바울도 자신과 다른 사람들의 보존을 위해 **선원들을 배에 남겨 두었는데**[행 27:31], 비록 **하나님이 그와 함께 항해하는 모든 자를 그에게 주셨음에도** 불구하고[행 27:24], 그 선원들은 바다에서 그들을 육지로 안전하게 데려다주는 인도하는 수단이었다.

어떤 사람들이 거침돌로 삼는 교회의 두 번째 특별한 교리는 **아담의 타락에 관한 것이다.**[285] 우리는 하나님이 어떤 식으로든 그의 타락을 작정하셨다고 가르치는데, 그에 대해 어떤 사람들은 하나님의 작정이 변할 수 없다는 점을 고려하여, 우리가 하나님을 죄의 창시자로 만든다고 반대한다.

이제 이 걸림돌을 예방하려면 두 가지 규칙을 기억해야 한다.[286] 첫째, 하나님의 뜻은 **일반적인 뜻**과 **특별한 뜻**으로 구별할 수 있다. 하나님의 **일반적 뜻**은 하나님께서 그 뜻으로 말미암아 그의 정당한 허락에 의해 죄가 있게 되기를 원하시는 것이다. 그러나 하나님의 **특별한 뜻**은 하나님의 승인하는 뜻으로, 이로써 그는 무엇이든 기뻐하는 그 일이 이루어지고 성취되게 하실 것이다. 이제 우리는 하나님이 그의 승인하는 뜻이 아니라, 단지 그의 허락한 뜻에 의해 아담의 타락을 원하셨다고 말할 수 있는데, 이는 사람이 타락하는 것이 하나님의 관점에서 좋았기 때문이다. 둘째, 우리는 하나님의 작정이 아담의 타락 직전의 원인이 아니라, 단지 그 선행(先行) 사건으로서 앞서갔다는 것을 기억해야 한다. 왜냐하면 하나님의 불변의 작정과 뜻은 사

---

285 역자주. 여백에: 아담의 타락에 대하여.
286 역자주. 여백에: 치료책.

람의 의지나 이차 원인의 자유를 빼앗지 아니하고, 모든 것의 첫 번째이자 가장 높은 원인으로서, 이차 원인을 단지 기울게 하고 명령할 뿐이기 때문이다.

거침돌이 취해지는 교회의 세 번째 특별한 교리는 다음과 같다. **사람은 스스로 아무 선을 행할 수 없으나, 사람 안에 있는 모든 선과 은혜는 하나님께로부터 온다는 것이다.**[287] 사람들은 이런 이유를 방종한 삶을 사는 기회로 삼는다. 그들은 구원을 받으려면 회개하고 믿어야 한다고 하면, 하나님이 그들에게 은혜를 주셔야 그렇게 할 것이라고 대답한다. 그들은 모든 선이 반드시 하나님으로부터 와야 한다고 말한다. 참으로 우리가 더 현명하다면 자기들에게 더 많은 은혜를 주지 않는 하나님께 방종한 삶의 잘못을 돌리지 않을 것이다.

그러나 이런 걸림돌을 피하기 위해[288] 하나님이 요구하시는 마땅히 해야 할 기도와 회개와 믿음의 본분을 우리가 행할 수 없다면, 그 잘못이 하나님께 있는 것이 아니라, 우리 자신에게 있다는 것을 알아야 한다. 왜냐하면 우리는 아담 안에서 창조되었고, 그 안에 하나님께서 요구하시는 것은 무엇이든 할 수 있는 힘과 은혜가 있었으나, 아담이 그의 잘못으로 이 능력을 잃어버렸고, 우리도 그 안에서 그 능력을 잃어버렸기 때문이다. 그러므로 우리의 무능은 우리 자신에게서 온다. 다시 말하지만, 하나님께서 진실로 은혜를 주시되, 그 은혜를 맥줏집과 선술집에서 기적적으로 베푸시는 것이 아니라는 것을 염두에 두어야 한다. 즉, 사람이 은혜로 말미암은 수단을 사용하여 본성상 그들이 할 수 있는 일을 할 때, 그들이 말씀을 주의 깊게 듣고 그 말씀을 믿고 순종하기를 힘쓸 때, 베풀어 주신다는 것을 고려

---

287 역자주, 여백에: 사람이 스스로 선을 행하기에 무능함.
288 역자주, 여백에: 치료책.

해야 한다. 타고난 은사를 잘 사용하는 것이 어떤 은혜를 공로로 받을 수는 없지만, 일반적으로 수단을 사용하여 은혜를 받는다는 것을 관찰할 수 있다. **한 번의 설교로 반항하는 유대인들 3,000명의 영혼이 회개했다**(행 2:41). **루디아의 마음은 바울의 설교를 들을 때 열렸다**(행 16:14). 그리고 일반적으로 사람들은 수단을 통해 회심하는데, "**믿음은 전파된 복음을 들음에서 나기**"(롬 10:17) 때문이다.

많은 사람들이 거침돌로 삼는 교리의 마지막 요점은 **행위 없이 오직 믿음으로 의롭게 된다는 교리**이다.[289] 따라서 교황주의자들은 우리 교회를 모든 선행의 원수로 정죄한다. 선행이 하나님 앞에서 의롭게 해서는 안 되기 때문에, 많은 사람들이 이로 인해 사악한 생활을 하게 된다는 것이다.

이러한 거침돌을 차단하기 위해,[290] 우리는 선행과 믿음이 하나님 앞에서 의롭다 함을 얻는 일에서는 분리되어 있지만, 하나님과 사람 앞에서 우리의 삶과 행실의 전 과정에서 결합되어 있다는 것을 알고 붙들어야 한다. 비록 하나님 안에 값없는 자비와 그리스도의 공로에 대한 존중이 있을지라도, 사람의 칭의에는 믿음 외에 그 어떤 행위도 요구되지 않는다. 그러나 우리의 삶에서 믿음과 행함은 반드시 함께 가야 한다. 이제 이것들을 잘 구분할 수 있도록 다음과 같이 분명히 보여 줄 것이다. 불 속에는 열과 빛이 모두 있지만, 몸을 따뜻하게 하는 것은 열로만 가능하고, 빛은 비록 다른 많은 용도에서 반드시 필요하다고 할지라도 몸을 따뜻하게 하는 데에는 힘이 없다. 마찬가지로 하나님의 자녀에게도 믿음과 행함이 모두 요구되지만, 의롭다 하심을 위해서는 그의 일평생 행위가 필요할지라도, 믿음만 요구된다.

---

289 역자주, 여백에: 칭의에 대하여.

290 역자주, 여백에: 치료책.

왜냐하면 행위는 사람들 앞에서 우리를 의롭다 하고, 하나님 앞에서 우리의 칭의에 대한 증거를 우리 자신의 마음에서만 아니라, 주님으로부터도 얻기 때문이다(약 2:21). 그러므로 우리는 행함이 없는 추측에 근거한 믿음으로 만족하지 말고, 우리 부르심의 범위 내에서 하나님의 영광과 우리 형제들의 위로를 위해 우리가 할 수 있는 선한 일을 해야 한다.

교회의 상태

거침돌들이 취해지는 세 번째 항목은 교회의 상태이다. 첫째, 우리 **교회 안에 있는 많은 결핍들로** 인하여 거침돌이 취해진다.[291] 이런 이유로 많은 사람들이 우리 교회를 교회가 아닌 것으로, 우리 성례를 성례가 아닌 것으로, 우리의 사역자들을 사역자들이 아닌 것으로, 우리 백성들을 그리스도인이 아닌 것으로 정죄하며, 따라서 하나님의 교회의 참된 지체가 아니라고 우리 교회에서 스스로 분리해 나간다. 이런 죄를 범하지 않으려면, 세 가지 규칙을 준수해야 한다.[292]

규칙 1. 선지자들과 사도들이 가르치고 전달한 구원의 교리를 믿고 고백하는 것은 하나님의 참된 교회의 오류 없고 분리할 수 없는 표지이다.[293] 하나님의 교회는 다름 아닌 선지자들과 사도들의 가르침으로 구원의 상태로 부르심 받은 하나님 백성의 무리이기 때문이다.[294] 이 가르침은 중생의 씨앗이며 이것으로 사람들이 그리스도께로 태어나는 것이며, 그들이 영생에 이르도록 먹고 양육을 받는 순전

---

291 여백에: 교회 안에 있는 결핍들로부터.
292 역자주, 여백에: 치료책.
293 역자주, 여백에: 교회의 참된 표지.
294 여백에: 하나님의 교회가 묘사되다.

한 젓이다. 나는 우리 영국교회가 (하나님의 자비를 통해) 선지자들과 사도들의 이 가르침을 보존하고 믿고 고백한다고 말한다. 이에 대한 증거를 의심하는 자는 우리의 영국 고백서와 모든 복음주의 교회들이 허용하고 옹호하는 기독교 신앙의 토대들이 놓여 있는 『확립된 영국 교회 신조』(*The Articles of Religion Established in the Church of England*)라는 책에 의존해야 한다. 더 나아가, 우리의 이 고백이 위선이 아니라 진실임을 보여 주기 위해, 우리 교회는 모든 원수에 대항하여 피를 흘림으로써 그 동일한 교리를 주장하고 확증할 준비가 되어 있다. 이것이야말로 우리가 로마 교회와 불화하게 된 유일한 원인이었고, 따라서 우리 교회가 하나님의 참된 교회와 그의 보편 교회의 좋은 지체로 평판을 받아야 할 정당한 이유가 있음을 알게 된다.

규칙 2. 유대인들의 교회를 향한 그리스도와 사도들의 관행을 관찰하라.[295] 유대인들의 교회는 당대에 극도로 부패했었다. 대제사장의 직분과 지위를 사고팔며, 야심과 탐욕으로 말미암아 매년 매매되었고, 실제로 두 명의 대제사장이 동시에 함께 있었다. 이 모든 것은 하나님의 규례에 어긋나는 것이었다. 교회의 교사들이었던 서기관들과 바리새인들은 행위로 말미암은 칭의를 가르침으로써, 교리의 근본적인 요점들을 잘못 가르쳤고 그들의 교리와 전통으로 하나님의 율법을 크게 오염시켜, 성전은 도적의 소굴이 되었다. 그러나 이 모든 것에도 불구하고, 그리스도는 그 교회를 떠나지 않으셨고, 그의 제자들에게 그렇게 하도록 가르치지도 않으셨으며, 그들의 희생제사와 집회에 참석하시어 유월절을 함께 지키셨다. 그의 사도들도 완고하고 악의를 품은 자들이 복음 사역에서 그들에게 제공된 하나님의

---

295   여백에: 유대인들의 교회를 향한 그리스도의 관행.

은혜를 거절하는 것을 볼 때까지 그렇게 했다. 이제 그들의 모범을 통해 우리가 배워야 할 것은, 우리 교회가 그리스도를 붙들고 있는 한 하나님의 교회로 여기고, 어떤 부족함 때문에 교회를 떠나서는 안 된다는 것이다.

규칙 3. 유럽의 모든 개혁교회는 한마음으로 우리 교회를 그리스도의 참된 교회로 존중한다.[296] 그러한 그들의 판단은 가볍게 여길 것이 아니라, 사적인 사람들의 성급한 의견보다 훨씬 우선되어야 한다. 교회는 중대한 일을 분별하는 은사를 가지고 있어서, 성경책들이 참된지 아닌지에 대해 판단할 수 있고, 영들과 교리들을 판단할 수 있기에, 어떤 무리가 참된 교회인지 아닌지도 판단할 수 있기 때문이다. 그리고 그들의 판단은 우리 교회가 하나님의 보편 교회의 참된 지체라는 사실을 확증해 준다. 그러나 어떤 사람들이 우리 교회의 결핍을 주장하며 교회가 아니라고 하기에 다음과 같이 답한다. 하나님의 말씀이 요구하는 것을 불이행하는 것을 변명하지는 않겠지만, 오히려 나는 "시온의 의가 빛같이, 예루살렘의 구원이 횃불같이 나타나기를"[사 62:1] 바란다. 그러나 우리 교회가 결핍한 것이 신앙의 토대나 하나님의 거룩한 예배를 무너뜨리는 것과 같은 것이 아니므로, 우리 교회가 참된 교회이기를 멈추게 할 수 없다. 그러므로 아무도 그런 결핍 때문에, 교회로부터 분리해서는 안 된다. 그리고 교회의 결핍은 하나님의 종들이 경건한 방식으로 잘못된 것들에 대한 개혁을 갈망할 수 있다는 것을 방해하지 않는다. 좋은 교회는 더 나아질 수 있고, 우리는 완전함을 추구해야 하기 때문이다.

교회로부터 취해진 두 번째 걸림돌은 **교회 안에 있는 다양한 의**

---

296 여백에: 우리 교회에 대한 개혁교회의 판단.

견들로부터 나온다.[297] 따라서 많은 사람들이 다음과 같이 추론한다. "학식 있는 사람들의 의견이 너무 많아서, 우리는 무엇을 따라야 할지 모른다. 그러므로 우리는 어떤 공의회에 의해 진리가 확립되고, 모두가 하나에 동의할 때까지 신앙을 갖지 않을 것이다."

이 거침돌을 피하기 위해,[298] 우리는 비록 사람들이 하나님의 참된 교회 안에 다양한 의견을 갖고 있을지라도, 신조들과 하나님 예배의 토대에 관해서는 모두 일치한다는 것을 알아야 한다. 그들의 차이는 토대 이외의 문제이기에, 어떤 사람이 참된 신앙을 받아들이고 포용하는 데 방해받지 말아야 한다. 그리고 그의 교회 안에 의견의 다양성, 참으로 분열과 이단이 있어야 하는 것이 하나님의 뜻이다. 이는 사람들이 진리를 순전함으로 붙드는지 아닌지를 증명할 수 있도록 하기 위함이다(고후 2:17; 신 13:1-2). 이제 이런 경우에 예레미야의 지시를 준수해야 한다. "너희는 길이 나뉘는 곳에 서서 오래된 옛적 길이 어디인지 알아보라"[렘 6:16]. 즉, 선지자들의 가르침, 하나님께서 그들과 그의 사도들에게 뜻하시고 명하시는 것, 그것을 우리는 선한 양심을 다해 따라야 한다. 이것이 그리스도께서 "유대인들에게 그에 대해 증언하는 성경을 연구하라고 명령하셨을"[요 5:39][299] 때 의도하셨던 것이다. 그러므로 우리는 고넬료가 한 것처럼, 간절한 기도로 이것을 거룩하게 해야 한다(행 10:1-2).

교회로부터 취해진 세 번째 거침돌은 **교회의 비참함**으로 말미암는다.[300] 교회는 종종 고난의 상태에 처하는데, 이는 교회가 세상의

---

297 여백에: 교회 안에 있는 논쟁들로부터.

298 역자주, 여백에: 치료책.

299 역자주, 원문과 영문판은 요 5:35로 오식되어 있다.

300 여백에: 교회의 비참함으로부터.

경멸과 비난을 받는 사람들로 구성되어 있기 때문이다. 따라서 다양한 사람들이 낙담하여 진정으로 교회에 가입하지 못한다. 비난만 제외하고, 비록 이런 거침돌의 기회가 우리 사이에 더 많을 수도 있기에, 우리는 그것을 방지하고 차단하는 방법을 배워야 한다.

그 방법은 다음과 같다.[301] **교회 밖에는 구원이 없다는 것을 믿고 기억해야 한다.**[302] 이런 점에서 노아의 방주는 교회의 참된 예표이다. 왜냐하면 대홍수 가운데 방주 밖에 있던 그 누구도 익사로부터 구원받지 못한 것과 같이, 교회 밖에 있는 사람은 그 누구도 일반적으로 정죄에서 구원받을 수 없기 때문이다. 교회 안에는 하나님의 은혜의 언약과 그 인봉인 성례가 있고, 또한 소명, 칭의, 성화, 그리고 영광에 이르는 길이 있다. 그러나 교회 밖에는 이 모든 것이 없으며, 따라서 "하나님이 구원받는 사람을 날마다 그의 교회에 더하게 하시니라"[행 2:47]고 언급된다. 교회 안에는 하나님의 영광과 교회의 유익을 위한 한도 내에서 모든 원수와 모든 심판으로부터 보호를 받는다. 그래서 한마디로 교회 안에는 영생이 있으나, 교회 밖에는 영원한 화와 정죄를 두렵게 기다리는 것밖에 없다. 이런 이유로 "모세는 교회 밖에서 세상의 모든 쾌락을 누리는 것보다 더 좋아하여 하나님의 교회에서 고난받기를 선택했다"[히 11:26]. 우리는 그의 본보기를 따라야 한다. 그러므로 우리가 특히 "사람이 만일 온 천하를 얻고도 제 목숨을 잃으면 무엇이 유익하리요"(마 16:26)를 생각한다면, 교회의 비참함은 우리가 교회를 버리는 그 어떤 계기가 되어서는 안 된다.

교회로부터 취해진 네 번째 거침돌은 **교회 안에 거하는 어떤 사람**

---

301 역자주, 여백에: 치료책.
302 여백에: 교회의 특권들을 고려하라.

들의 배교로부터 온다.[303] 일반적으로 하나님의 교회에는 많은 배교자들이 있기 때문이다. 우리 교회에서와 마찬가지로 과거에 개신교였던 많은 사람들이 교황주의자, 아리우스파, 사벨리우스파, 일부 노골적인 무신론자와 신성모독자가 되었다. 그러므로 많은 사람들은 자신이 넘어질까 두려워서 감히 진리와 그 고백에 동참하지 않는다.

그러나 이 경우를 차단하려면, 두 가지 규칙을 기억해야 한다.[304] 첫째, **어떤 사람이 진리에서 떨어져 나가는 것은 숨겨진 위선자를 드러내시는 하나님의 일이다.** "그들이 우리에게서 나갔으나 우리에게 속하지 아니하였나니 만일 우리에게 속하였더라면 우리와 함께 거하였으려니와 그들이 나간 것은 다 우리에게 속하지 아니함을 나타내려 함이니라"(요일 2:19). 둘째, **우리 신앙과 구원의 시작과 지속은 변할 수 없는 하나님의 자유로운 선택에 있음을 고려하라.** 그러므로 우리는 다른 사람들이 떨어져 나가는 것을 볼 때, 우리의 신분에 관한 우리 자신의 생각을 지켜야 한다. 바울은 그들 가운데 두 기둥인 후메내오와 빌레도의 배교로 말미암아 그들이 생각할 수 있는 두려운 슬픔에 대하여 다음의 규칙으로 교회를 위로한다. "하나님의 견고한 터는 섰으니 인침이 있어 일렀으되 주께서 자기 백성을 아신다고 한다"(딤후 2:19). 이제 어떤 사람들이 "하나님은 그것을 아시지만, 우리는 모른다"고 말할 수 있기 때문에, 사도는 "또 주의 이름을 부르는 자마다 불의에서 떠날지어다"[딤후 2:19]라고 대답한다. 마치 그가 다음과 같이 말하는 것과 같다. "너희가 하나님께 은혜를 구하고 모든 죄에 대하여 양심의 가책을 가지라. 그리하면 이로써 너희 자신이 하나님께 속한 줄을 알게 될 것이다. 너희가 이것을 일단 알고 나면

---

303 여백에: 어떤 사람들의 배교로부터.

304 역자주, 여백에: 치료책.

그 자리에 머물러야 하는데, 하나님의 부르심은 변할 수 없는 것이기 때문이다."

이러한 경우들은 전체 교회에서 일반적으로 취한 것이므로, 보다 구체적으로 어떤 사람들은 교회 안의 여러 가지로 말미암아 거침돌을 갖는다.[305] 첫째, **가르침과 교리를 결핍한 목회자**가 거침돌이 될 수 있다.[306] 따라서 육신적 사람들은 다음과 같이 호소한다. "설교는 불완전함으로 가득 차 있으며, 설교 가운데 사람들은 자신의 오류를 공표하지만, 기록된 말씀에는 그리스도와 사도들의 설교가 가장 완전하게 담겨 있다. 그러므로 우리는 성경을 읽는 것으로 만족하고 사람들의 설교를 듣지 않는 것이 낫다."

이런 거침돌을 끊기 위해,[307] 우리는 말씀을 전파하는 것이 비록 죄인에 의한 것일지라도, 하나님의 거룩한 규례이며, 살인이나 간음을 금하는 도덕적 교훈과 마찬가지로 엄숙하게 규정되고 명령된 것임을 기억해야 한다. 왜냐하면 처음부터 유대인들이 시내산에 이르기까지 하나님께서 친히 그의 교회에 설교하셨고, 그때 그 교회는 몇몇 가정에 국한되어 있었기 때문이다. 그러나 그때부터 "백성들이 하나님 자신의 음성을 견딜 수 없었기 때문에"[신 5:26], 하나님은 죄 많은 사람의 손으로 말미암아 말씀 사역을 감당하게 하는 것을 기뻐하셨다. 이제 말씀 사역은 하나님 자신의 규례이므로, 우리가 하나님보다 더 지혜롭지 않은 한, 비록 죄 많은 사람이 전달하더라도, 우리는 모든 존경심을 가지고 그것에 복종해야 한다. 고넬료도 그랬고(행 10:33), 데살로니가 교인들도 그랬다(살전 2:13).

305　여백에: 교회 안에 있는 보다 특별한 거침돌들.
306　역자주, 여백에: 목회자들의 가르침의 결핍으로부터.
307　역자주, 여백에: 치료책.

둘째, 많은 사람들이 목회자들의 삶에 마음이 상하고, 실제로든 의심으로든 그들 안에 있는 부족 때문에 그들의 가르침을 비난할 기회로 삼는다.[308] 유대 통치자들이 소경에게 "네가 온전히 죄 가운데서 나서 우리를 가르치느냐?"[요 9:34]라고 말했던 것과 같다.

이런 비난의 기회를 끊으려면, 두 가지를 기억해야 한다.[309] 첫째, 우리는 모든 사역자들을 구별해야 하고, 그 안에서 이중적 인격을 고려해야 한다. 즉, 그는 우리 자신과 마찬가지로 많은 연약함을 지닌 죄 많은 사람이며, 또한 하나님의 뜻을 우리에게 전하기 위해 하나님의 이름으로 보내심을 받은 주님의 대사라는 사실을 고려해야 한다. 우리가 왕의 대사의 인격이 비록 사악하고 비천할지라도 그를 존중하는 것처럼, 우리는 하나님의 대사를 훨씬 더 공경해야 한다. 또한, 그의 인격에 있어서 여러 가지 연약함이 있다 할지라도, 그의 가르침을 하나님에게서 받은 것 같이 받아들여야 한다. 둘째, 우리는 목회자들이 분명히 결점과 죄가 있음에도 불구하고, 그들의 사역을 주의 깊게 받아들이고 순종해야 하는 것이 하나님의 뜻과 명령이라는 것을 고려해야 한다. "서기관들과 바리새인들이 모세의 자리에 앉았으니, 그러므로 무엇이든지 그들이 말하는 바는 행하고 지키되, 그들이 하는 행위는 본받지 말라"(마 23:2, 3).[310] "어떤 이들은 투기와 분쟁으로 그리스도를 전파하지만"(빌 1:15), 사도들은 "무슨 방도로 하든지 전파되는 것은 그리스도"(빌 1:18)였기 때문에 그 안에서 기뻐했다. 그러므로 우리가 배고플 때, 악한 사람이 고기를 차려 놓았을지라도 우리 몸을 위해 고기를 거부하지 않듯이, 우리 영혼의 양식인 하나님의

---

308 여백에: 목회자들의 삶으로부터.

309 역자주, 여백에: 치료책.

310 역자주, 원문과 영문판에는 마 23:2만 기록되어 있다.

말씀을 전하는 사람의 죄 때문에 그 말씀을 거부하거나 정죄해서는
안 된다.

셋째, 많은 사람들이 범죄자들에 대한 교회의 관용에 불쾌감을 느
끼고, 주님의 식탁에 악한 사람들이 있기 때문에 교회와의 교제를 거
부한다.[311] 주님의 식탁에 아무나 분별없이 허용되어서도 안 되고, 추
악한 사람들이 마땅히 제지되어야 함에도 불구하고, 이것을 제지하
지 못해 경건한 사람들이 성찬에서 멀어져서는 안 된다. 왜냐하면 다
른 사람의 악한 양심이 여러분의 선한 양심을 더럽힐 수 없고, 성찬
가운데 그와 소통하지 않는 한 다른 사람의 죄가 여러분을 해칠 수
없기 때문이다. 그리스도는 율법에 따라 하나님을 섬기면서 누구보
다 그의 의무에 더 신중했지만, 악한 유대인들, 서기관들, 그리고 바
리새인들과도 소통하였다.

악한 자들의 상태

거침돌이 생기는 네 번째 항목은 **악한 자들의 번영**이다. 따라서
악한 자들의 그러한 상태를 보았을 때, 어떤 거룩한 자들은 그들의
신분과 신앙이 선하지 않거나, 하나님으로부터 인정받지 못한다고
의심한다. 다윗이 악인들의 번영과 재물의 증가, 그리고 그들이 평화
롭고 편안한 것을 보았을 때, 이런 일을 겪었다. 그가 다음과 같이 말
했다. "내가 내 마음을 깨끗하게 하며 내 손을 씻어 무죄하다 한 것이
실로 헛되도다"(시 73:13).[312] 예레미야도 하나님께 이의를 제기한다.
"악한 자의 길이 형통하며 반역한 자가 다 평안함은 무슨 까닭이니이
까"[렘 12:1]. 따라서 의심의 여지 없이 오늘날 많은 사람들이 하나님

---

311 여백에: 범죄자들을 향한 관용으로부터.
312 역자주, 원문에는 시 73:13이 바르게 되어 있으나, 영문판은 시 37:13으로 오식되어 있다.

의 선한 섭리에 의문을 제기한다. 이 허물을 끊는 방법은 아삽이 한 것처럼, "하나님의 성소에 들어가는 것"[시 73:17]이다. 즉, 말씀이 전파되는 하나님의 백성의 집회에 오게 되면, 사람은 그곳에서 하나님께서 자기 백성으로 고통받게 하는 여러 가지 이유와 악인들의 쾌락의 두려운 종말, 즉 더 큰 멸망에 처하게 되는 것을 보게 될 것이기 때문이다.

다시 말하지만, 이 동일한 근거에서 많은 부자들이 범죄를 저지른다. 그들은 세상을 마음대로 갖고 있기 때문에, 하나님이 그들을 사랑하신다는 확신으로 스스로를 축복하고, 모든 신앙을 정죄하고, 세상적인 이익과 쾌락을 추구하기 위해 계속 나아간다. 그리고 이것이 부자들 가운데 우리가 건전한 고백자를 거의 찾아볼 수 없는 주된 원인 중 하나이다. 그들은 외적인 것들의 거짓된 근거에서 하나님의 사랑과 호의를 확신한다. 그러나 이러한 오해를 끊기 위해,[313] 사람에게 십자가가 없을 때가 더 두렵다는 것을 기억해야 한다. "하나님이 받아들이시는 아들마다 채찍질하시기 때문이다"(히 12:6). 고난을 통해 유익을 얻는다면, 그것은 하나님의 자녀의 표지이다. 외양간의 소가 멍에를 메고 있는 소보다 더 빨리 도살장으로 가고, 기름진 목초지로 가는 양이 맨땅에 있는 양보다 더 빨리 도살업자의 도축장(shambles)[314]으로 가는 것처럼, 하나님은 먹기를 탐하는 부자[눅 16:25]에게 하셨듯이 종종 악인들을 이생의 축복으로 살찌우시는데, 이는 다가오는 세상에서 그들을 더욱 정당하게 정죄하시기 위함이다. 마지막으로, 우리는 솔로몬이 말한 것을 기억해야 한다. "사랑을 받을는지 미움을 받을는지 사람이 알지 못하는 것은 모두 그들의 미

313 역자주, 여백에: 치료책.
314 *Shambles*: 도살업자의 도축장.

래의 일들임이니라"[전 9:1-2]. 즉, 외적인 것들에 대해 "모든 사람, 의인과 악인에게 임하는 그 모든 것이 일반이라." 그러므로 어떤 사람도 자신의 외적 상태로 자신을 축복하여 신앙을 쓸데없거나 불필요한 것으로 여겨서는 안 된다.

세 번째 본보기

"또 일렀으되 누구든지 아내를 버리려거든 이혼 증서를 줄 것이라 하였으나 나는 너희에게 이르노니 누구든지 음행한 이유 없이 아내를 버리면 이는 그로 간음하게 함이요 또 누구든지 버림받은 여자에게 장가드는 자도 간음함이니라"(마 5:31-32). 우리 구주 그리스도는 제7계명을 온전하게 회복하시기 위해, 서기관들과 바리새인들이 제시한 모세의 정치적 율법에 대한 잘못된 해석을 여기서 논박하신다. 이러한 목적을 위해 먼저 그는 모세의 정치적 율법의 말씀을 제시하시는데, 그 안에 유대교 교사들의 잘못된 해석이 포함되어 있다(마 5:31). 그런 다음, 그는 그들의 그릇된 해석을 하나님의 진리로 대조하여 최초의 결혼제도를 주장하신다(마 5:32).

1부

첫째, 모세의 정치적 율법은 **아내를 버린 자는 아내에게 이혼 증서를 주어야 한다는 것이다.** 유대교 교사들은 이 율법을 잘못 해석했다. 그것을 더 잘 파악하기 위해 모세의 정치적 율법을 다루는 다음 세 가지 요점을 살펴보아야 한다. 첫째, 그것이 어떤 종류의 율법이었는지, 둘째, 그 율법의 엄격함이 어떠한지, 그리고 셋째, 그 율법이 어떤 효과와 힘을 가졌는지이다.

요점 1. 율법이 다음과 같이 제시되어 있다. "사람이 아내를 맞이하여 데려온 후에 그에게 수치되는 일이 있음을 발견하고 그를 기뻐하지 아니하면 이혼 증서를 써서 그의 손에 주고 그를 자기 집에서 내보낼 것이요"(신 24:1). 이 율법은 도덕적인 것이 아니라 국가 질서를 바르게 유지하기 위한 시민적, 정치적 법률이었다. 그 특정한 법률 중에는 **관용과 허용의 법률**도 있었는데, 그것은 그들이 우려하는 악을 승인하지 않고, 피할 수 없는 악에 대해서만 관용하고 허용하는 것으로, 그렇지 않으면 발생할 더 큰 악을 예방하기 위한 것이었다. 바다가 육지로 파고들었을 때와 마찬가지로, 그것을 막을 수 없다면 최선의 방법은 가능한 한 좁게 만드는 것이다. 그와 같은 것은 고리대금에 관한 율법으로, 유대인들이 이방인에게는 행사할 수 있지만, 형제에게는 행사할 수 없도록 규정했다(신 23:20). 그리고 일부다처제에 관한 율법도 그와 같은 것이었다(신 21:15). 어떤 사람에게 두 아내가 있는데, 한 사람은 미워하고 다른 한 사람은 사랑하여 둘 다 그에게 자녀를 낳았으나, 맏아들이 미워하는 자의 아들이면 (비록 그와 나중에 결혼했을지라도) 그 아들이 합법적으로 장자의 권리를 가졌다. 두 가지 율법 모두 하나님이 정죄하신 것을 용인한 것은 오직 더 큰 악을 막기 위한 것이었다.

고리대금업 법률은 이런 종류에 속한 것으로, 백에서 열을 취하는 것을 승인하는 것이 아니라, 그만큼만 허용하는 것인데, 이는 더 큰 고리대금을 피하기 위한 것이다. 교황주의자들은 더 큰 죄들을 예방하기 위해 그들의 매춘 허용법을 이런 종류로 통합했다.[315] 그러나

---

315 여백에: Bellar. de Amiss. grat. and stat. pecc. lib. 2. cap. 18.

그 법률은 그러한 허용의 법률이 될 수 없다. 왜냐하면 허용의 법률은 사람이 완전히 끊을 수 없는 악을 줄여야 하기 때문이다.[316] 이제 그들이 모든 종류와 성별의 합법적 결혼에 대한 하나님 자신의 규례를 허용한다면, 그들이 매춘으로 예방하고자 했던 죄는 그들 사이에서 끊어질 수 있을 것이다. 마찬가지로 모세의 이혼 법률은 모든 가벼운 사유로 이혼 증서를 주는 것을 승인하는 것이 아니라, 더 큰 악행, 심지어 살인까지 예방하기 위해 이혼을 용인하는 허용의 법률이었다. 왜냐하면 유대인들의 본성은 다음과 같기 때문이다. 어떤 사람이 일단 아내를 미워하게 되면, 그들이 서로 헤어질 수 없는 경우에 그는 그녀의 피를 흘릴 때까지 결코 쉬지 않을 것이다. 이 이혼 법률은 이 큰 악을 억제하기 위해 주어졌기에, 남자가 그 아내를 기뻐하지 않을 때 죽이지 않도록 아내를 버리는 것이 용납되었다. 그럼에도 불구하고, 그는 그녀에게 이혼 증서를 주면서 왜 그녀를 버렸는지 그 증서에 이유를 밝혀야 했다. 이것으로 인해 또한 많은 사람들이 아내를 버리지 못하도록 제지당했는데, 이는 결혼을 통해 한 몸을 이루게 한 하나님의 거룩한 제도를 가벼운 일로 말미암아 크게 범하는 것이 큰 부끄러움이었기 때문이다. 이 사실은 이유 없이 남편을 버린 아내에게 남편을 위해 말씀하시는 것처럼, 그의 백성들에 대한 주님의 불평에서 나타날 수 있다. "(그가 말씀하시기를) 내가 너희의 어미를 내보낸 이혼 증서가 어디 있느냐?"(사 50:1). 마치 그가 다음과 같이 말씀하시는 것과 같다. "나는 그녀에게 증서를 주지 않았으나, 그녀가 나를 떠나 이별한 것은 그녀 자신의 죄 때문이다." 이 문구는 이혼 증서에 대한 유대인들의 관습이 무엇이었는지 보여 준다.

---

316 여백에: Thomas Harding, confut. of the Apolog. part. 4. cap. 1. div. 1.

요점 2. 이 율법의 엄격함은 여기에 나타난다. 오직 남자만 아내에게 이 증서를 줄 수 있고, 아내는 남편에게 줄 수 없다. 왜냐하면 모세가 "누구든지 아내를 버리려거든"이라고 말하고 있으며, 성경 어디에도 아내가 그와 같이 남편을 대할 수 있는 자유가 있었다고 증명하는 구절이 없기 때문이다. 간음과 같은 정당한 사유가 있을 때 아내가 그렇게 할 수 없었는지 묻는다면, 다음과 같이 대답할 수 있다. 우리가 결혼에 관한 하나님의 제도를 중시한다면, 이혼의 권리는 두 사람에게 동등한 것이다. 그들은 결혼으로 서로에게 동등하게 묶여 있기 때문이다. 이 정치적 율법은 진실로 이 자유를 남자에게만 허용하는데, 이것은 그에게 더 많은 권리가 있다는 것을 의미하는 것이 아니다. 오히려 그가 아내에게 불만을 품고 그녀와 함께 계속 지내기보다는 차라리 그녀의 피를 흘리려는 강퍅한 마음에서 나오는 악을 막기 위함이다. "남자는 여자의 머리"[고전 11:3]라고 주장한다면, 그것은 남편이 아내를 다스리고 지도하기 위한 것이며, 사도가 가르치듯이 남편과 아내가 서로에게 묶여 있는 결혼의 유대를 끊는 것과는 관련이 없다(고전 7:4).

요점 3. 이 율법의 힘과 효과는 다음과 같았다. 이혼 증서는 사람들 앞에서 이혼에 대한 모든 사유를 용인하였고, 그러한 이혼 후에 하는 결혼을 사람들의 법정에서 합법적이고 보장될 수 있는 것으로 만들었다(신 24:4). 그러나 하나님 앞에 있는 양심의 법정에서는 이혼 자체, 그리고 그 이후에 이루어진 재혼은 모두 불법이다. "왜냐하면 하나님은 이런 분리를 미워하기 때문이다"(말 2:15). 그리고 이런 이혼 후, 다른 사람과 결혼하는 당사자는 간음을 범한 것이다(마 19:9). 이 모세의 율법에 대한 참된 이해를 위해, 그 첫 번째 말씀은 다음과 같은 취지에서 허락된 것임을 기억해야 한다. 만일 어떤 사람이 아내를 미워하여 동거하지 아니하고 내쫓고자 하는 마음이 생기면, 그는 아내에게 이혼 증서를 줄 수 있으되, 사람들 앞에서는 무죄가 될 수 있지만, 하나님 앞에서는 죄 없다 할 수 없다.

2부

이런 식으로 이 율법의 진정한 의미를 보여 주었으므로, 이제 바리새인들이 이혼에 대해 가르친 내용을 살펴볼 필요가 있다. 그들의 가르침은 다음과 같았다. 어떤 가벼운 이유로 아내에게 이혼 증서를 준 사람은 하나님 앞에서 면죄를 받아 간음죄 없이 다른 사람과 결혼할 수 있었고, 또 다른 남자는 이와 같이 이혼한 그녀와 합법적으로 결혼할 수도 있었다. 이것이 그들이 의미했던 내용이었는데, 우리 구주 그리스도는 뒤이어 하는 말에서 그들의 해석을 반대하고 반박한다.

"나는 너희에게 이르노니 누구든지 음행한 이유 없이 아내를 버리면 이는 그로 간음하게 함이요 또 누구든지 버림받은 여자에게 장가드는 자도 간음함이니라"(마 5:32). 여기서 그리스도는 모세의 율법이 아니라, 서기관들과 바리새인들이 그 율법을 타락시킨 부패한 해석에 대해 대답하신다. 그리스도께서 "음행"이라 함은 그러한 종류의 모든 죄가 아니라, 오직 **간음**의 죄 또는 그중에서도 더 큰 죄, 즉 **근친상간**만을 의미한다. 간음이란 앞서 살펴본 바와 같이 결혼 또는 약혼 관계에 있는 두 당사자가 저지르는 죄이다. "이는 그로 간음하게 함이요." 즉, 그녀에게 다시 결혼할 기회를 주어 간음하게 하는 것은 그들의 첫 번째 유대가 여전히 남아 있기 때문이다. "또 누구든지 버림받은 여자에게 장가드는 자." 즉, 간음 때문이 아닌 사소한 이유로 그는 또한 간음을 저지른다.

그래서 여기에 두 개의 요점이 제시되어 있다. 첫째, **가벼운 이유로 아내를 버리는 사람은 그녀로 하여금 간음하게 하는 것이다.** 둘째, **이혼한 여자와 결혼하는 사람은 간음하는 것이다.** 그러나 이 두 가지 모두에 대해 그리스도는 예외를 두셨다. 교황주의자들과 다른 몇몇 사람들은[317] 그 문장의 첫 번째 부분에 대한 예외를 제한하고, 그것을 다음과 같은 취지에서 부정으로 만들고자 한다. "아내를 버리는 자는 음행하지 않는 자로서 … 등등이다." 그러나 사실은 그 예외가 우리 구주 그리스도의 전체 답변이며, 오직 간음의 경우 외에는 이혼을 부인하고, 오직 간음으로 인한 이혼 외에는 이혼 후 결혼을 허용하지 않는 것이다.

적용. 첫째, 우리 구주 그리스도는 결혼에 대한 자연법, 이혼에 관한 모세의 이 정치적 율법을 반대하시기 때문에(창 2:24), 모든 정치적 법률들과 도덕법인 자연법 사이를 훌륭하게 구분해 주신다. 그것은 사람의 조건을 살피지 않고, 단순히 선을 명령하고 악을 금지하는 영원한 평등의 법이다. 그러나 정치적 법률들은 인간의 조건에 따라 다듬어지고, 비록 승인하지는 않지만, 때로는 더 큰 악행을 피하기 위해 악을 허용하기도 한다. 참으로 그 법률들이 용인하는 것은 하나님 앞에서 그리고 양심상 정죄를 받는다. 이 점은 하나님의 율법이 정죄하는 것을 인간의 법률이 용인할 수 있기 때문에, 인간의 정치적 법률에 순종하는 것으로 만족하지 말아야 한다고 가르친다. 따라서 이 나라의 법률은 실제로 고리대금을 용인하지만, 고리대금업자는 이로 인해 모든 것이 안전하고 좋다고 생각해서는 안 되며, 이 나라의 법률이 허용하기 때문에 백에서 열을 취하는 죄를 짓지 말아야 한

---

317 여백에: 이 주제에 관한 레미스트들(Rhemists).

다. 우리 법률은 더 큰 고리대금업을 막기 위해 이를 용인하고 있는데, 하나님의 율법은 이를 완전히 정죄하고 있다. 다시 말하지만, 우리의 법률에는 사람들이 모든 경미한 경우에 먼저 합의에 대한 수단을 찾지 않고, 처음부터 법원으로 가는 것이 열려 있다. 그러나 그렇게 하는 사람은 우리의 정치적 법률을 어긴 것이 아님에도 불구하고, 하나님 앞에서 죄를 짓는 것이다. 어떤 정치적 법률에서는 부모의 동의 없이 체결한 혼인 계약도 허용하고 있다. 그러나 그러한 자녀들은 하나님의 율법을 어기는 죄를 짓는데, 여기서 하나님은 자녀들이 그들의 부모와 통치자에게 복종할 것을 요구하시기 때문이다. 그리고 그와 같은 것은 다른 많은 점에서 나타날 수 있기 때문에, 인간의 법률이 우리로 하여금 그렇게 하도록 허용한다고 말하는 것은 우리의 행동에 대한 충분한 정당한 이유가 아니다.

둘째, 따라서 우리는 어떤 사람이 간음을 제외하고, 합법적으로 그리고 선한 양심으로 자기 아내를 버릴 수 없다는 것을 배울 수 있다. 그 내용은 여기뿐만 아니라, 간음 외에 다른 이혼 사유들[318]을 허용하는 일부 국가들의 민법과 교황청 헌법[319]을 논박하는 마태복음 19장 7절에도 명확히 나와 있다. 여기서 그들은 이 교리에 항변하면서 여러 가지를 반대한다.

반대 1. 먼저 그리스도의 말씀처럼 "누구든지 아비나 어미, 아내 등을 버리는 자는 많은 상을 받을 것이요"(마 19:29). 여기서 그들은 이혼이 종교적 사유로 허용된다고 말한다. **대답.** 그리스도께서 "버린다"로 의미하신 것은 이혼 증서를 주는 것으로 이루어지는 이별이 아니라, 투옥, 추방 또는 사망으로 인한 이별을 의미한다.

---

318 여백에: Non repudifide divortii. Bellar. de Matrim. Sacr. c. 14.

319 여백에: Concil. Trid. sess. 24. can. 8.

반대 2. "혹 믿지 아니하는 자가 떠나거든 떠나게 하라 형제나 자매나 이런 일에 구애될 것이 없느니라"(고전 7:15). 여기에서 그들은 또 다른 이혼의 사유를 말한다. **대답.** 불신자의 악의적이거나 고의적인 떠남이 결혼을 취소하되, 그것이 이혼 증서를 줄 사유는 되지 않고, 오직 간음만이 그 사유가 된다. 여기서 신자는 단순히 피동적인 사람(*patient*)[320]에 불과하고, 이혼은 불신자가 부당하게 다른 사람을 버리고 멀리 떠나게 함으로써 이루어진다.

반대 3. "이단에 속한 사람을 한두 번 훈계한 후에 멀리하라"(딛 3:10). 이것은 모든 기독교인에게 말한 것이므로, 그들은 이단에 속한 사람에게 이혼 증서가 주어질 수 있다고 한다. **대답.** 첫째, 이 계명은 모든 사적인 사람에게 주어진 것이 아니라, 한두 번 훈계한 후에 모든 이단자들을 출교하고 교회에서 끊어내야 하는 교회의 목사들에게 주어진 것이다. 둘째, 그것은 결혼의 유대를 방해하는 것이 아니라, 당사자 중 한 사람이 교회에서 끊어질지라도, 결혼의 유대가 확실하고 굳건하게 유지될 수 있다. "왜냐하면 믿지 아니하는 아내가 있어 남편과 함께 살기를 좋아하거든 그 믿는 남편은 그 아내를 버려서는 안 되기 때문이다"(고전 7:12).

반대 4. 결혼 후, 한 당사자가 전염성 있는 불치병에 걸리면, 이로 인해 다른 당사자는 이혼 증서를 줄 수 있다. **대답.** 전염성 질병으로 인해 한동안 별거할 수는 있지만, 이혼할 수는 없다. 그리고 그 질병이 불치병이어서 당사자가 결혼의 의무를 이행할 수 없다면, 그러한 사람은 독신으로 살도록 하나님의 부르심을 받았다고 생각해야 한다.

---

320 *Patient*: 행위를 저지른 사람이 아닌 피동적인 사람.

반대 5. 그러나 결혼한 사람들이 서로의 피를 흘리려고 할 수 있으므로, 그 악을 막기 위해 이혼 증서를 주는 것이 좋다. **대답.** 그러한 적대감으로 인해 화해가 이루어질 때까지 한동안 별거할 수 있지만, 결혼의 유대가 끊어져서는 안 된다.

반대 6. 죽음은 이혼을 초래한다. **대답.** 죽음은 실제로 결혼 생활을 끝내고, 살아 있는 당사자가 원하면, 주님 안에서 자유롭게 결혼할 수 있도록 해준다. 그러나 이것은 어느 일방의 이혼에 의한 것이 아니므로, 선한 양심을 가진 사람은 간음 외에 어떤 이유로도 이혼 증서를 줄 수 없다는 결론은 여전히 확고하다. 그러므로 다른 사유로 이혼을 허용하는 법은 하나님 앞에서 큰 잘못이다. 만일 어떤 사람이 인간의 법률이 이것보다 더 많은 이혼 사유를 만들 수 없는지 묻는다면, 만들 수 없다고 대답할 것이다. 왜냐하면 결혼이란 단순한 시민적 일이 아니라 부분적으로 영적이고 신성한 일이며, 따라서 결혼의 시작과 지속, 그리고 그 끝을 정할 권한은 오직 하나님께만 있기 때문이다. 만일 어떤 사람이 간음보다 더 큰 죄인 우상 숭배와 마술이 왜 결혼을 깨뜨리지 않는지 여전히 묻는다면, **대답**은 다음과 같다. 그것들은 진실로 하나님을 대적하는 더 큰 죄이지만, 이 결혼 규례에서는 그렇지 않다. 왜냐하면 간음죄만이 결혼의 유대를 깨뜨릴 뿐이고, 한쪽이 우상 숭배자나 마녀나 무신론자일지라도, 두 당사자 사이에 결혼의 유대는 여전히 남아 있을 수 있기 때문이다. 이제 간음이 무엇보다도 결혼의 매듭을 끊어 버릴 정도로 큰 죄임을 고려할 때, 결혼으로 부르심 받은 사람들은 모든 죄를 조심하되, 특히 이 죄를 조심해야 한다.

셋째, 여기서 간음으로 인한 이혼 후, 이혼한 당사자들이 간음하지 않고, 다시 결혼할 수 있는지 물을 수 있다. 이 점에 대해서는 다양하게 논의되었다. 우리는 양쪽의 이유를 고려해 보겠다. 특히 무고한 당사자의 재혼이 합법한지이다.

첫째, 이 구절에서의 **그리스도의 가르침**으로부터 살펴볼 수 있다. 이혼에 관한 모세의 정치적 율법을 잘못 해석한 것에 대해 답하면서, 그는 먼저 일반적 규칙을 제시하신 다음, 그에 대한 예외를 두셨다. 그 예외의 본질은 항상 일반적인 규칙에 반하는 것을 암시하고 규정하는 것이다. 이 구절에서 일반적 규칙은 아내를 버리는 사람은 누구든지 그녀로 하여금 간음하게 만드는 것이고, 그녀와 결혼하는 자도 간음하는 것이다. 그래서 예외는 반드시 반대여야 한다. 즉, 법적으로 간음에 대한 유죄 판결을 받은 아내를 버리는 사람은 그녀가 간음하지 않도록 하고, 이혼한 여자와 결혼하는 자도 간음하지 말라는 것이다. 그리스도께서 이혼의 경우와 이혼 후 결혼하는 경우에 대해 두 가지 규칙을 제시하시고, 간음에 대한 그의 예외를 이혼의 경우에만 적용하고, 이혼 후 결혼의 경우에는 적용하지 않으셨다고 언급된다면, **대답**은 다음과 같다. 여기 이 장에서 간음에 대한 예외가 이혼의 경우와 함께 결합되어, "누구든지 음행한 이유 없이 아내를 버리면 ….".이라고 나타나는 것처럼, 마태복음 19장 9절에서 간음에 대한 동일한 예외가 이혼의 경우뿐만 아니라, 이혼 후 재혼의 경우에도 명시적으로 적용되어 있다. "누구든지 음행한 이유 외에 아내를 버리고 다른 데 장가드는 자는 간음함이니라." 따라서 이 구절에서 예외가 간음에 대한 이혼을 합법적으로 만든다면, 19장에서는 그러한 이혼 후 간음에 대한 죄책감 없이 다시 결혼하는 것을 합법적으로 만든다.

둘째, 무고한 당사자는 가해자의 고의로 인해 처벌받지 않아야 하므로, 잘못이 없는 당사자는 선한 양심에 따라 합법적인 이혼 후에 다시 결혼할 수 있다.

셋째, 하나님은 모든 사람에게 무절제에 대한 치료책으로 결혼을 제공하셨다(고전 7:2). 그러나 합법적으로 이혼한 당사자들이 다시 결혼하지 않는다면, 그들은 이 치료책을 갖지 못해 이 혜택을 잃어버리는 것이다. 그들이 서로 화해해서 치료책이 있다고 말한다면, **대답**은 다음과 같다. 범죄를 저지른 당사자가 여전히 간음 중에 살고 있다면, 무고한 당사자는 양심상 상대방과 자신을 결합하여 결혼의 유대를 재결합할 수 없다. 왜냐하면 그것은 너무나도 더러운 범죄에 대해 너무 관대한 것이며, 이 재결합이 육신뿐 아니라 주님 안에서도 이루어질 것을 요구하는 기독교적 화해에 반하는 하나님께 대한 죄이기 때문이다.

넷째, 이혼 후 결혼에 관해 성령께서 사용한 성경 구절은 어떤 경우에는 그것을 제한하고 다른 경우에는 허용하면서, 합법적인 이혼 후에 재혼하는 것을 죄가 아니라고 당연하게 여기는 것 같다[신 24:1-3; 마 19:9; 눅 16:18].[321]

상대방 측에서 주장하는 이유들. 첫째, 그리스도의 일반적인 말씀, "누구든지 그 아내를 버리고 다른 데에 장가드는 자는 본처에게 간음을 행함이요"[막 10:11]. 따라서 어떤 사람들은 이혼 후, 결혼이 전혀 없을 수도 있다고 추론한다. 그러나 그들은 그 성경을 남용하는데, 왜냐하면 마가가 비록 예외 없이 기록했을지라도, 마태는 두 곳에서 그것을 기록하기 때문이다(마 5:32; 19:9). 복음서는 여러 사람에 의해 기록되었는데, 한 사람이 충분히 표현하지 못한 것을 다른 사람이 보충하여 전체적인 진리가 드러나게 되었다.

둘째, "하나님이 짝지어 주신 것을 사람이 나누지 못할지니라"(마

---

321 여백에: Bellar. de Matrim. Sacra. cap. 16.

19:6). 이혼 후에도 그들은 여전히 하나님 앞에서 남편과 아내로 남아 있기에, 다른 사람과 결혼할 수 없다. **대답.** 범죄를 저지른 당사자는 결혼의 유대를 끊어 그 계명에 대해 심각한 죄를 짓지만, 합법적인 이혼 후 다시 결혼한 무고한 당사자는 범죄를 저지른 당사자가 범한 결혼 유대의 불법적인 파기를 통해 하나님께서 그를 자유케 하신 그 자유의 혜택을 누릴 뿐이다.

셋째, "그 여인은 사는 동안 그에게 매여 있으므로"(롬 7:2), 이혼 후 다시 결혼할 수 없다. **대답.** 그 구절은 죽을 때까지 해소되지 않고, 계속되는 결혼 상태로 이해되어야 한다. 그러나 간음의 경우 결혼의 유대가 끊어졌으므로, 합법적인 이혼 후에 결혼이 있을 수 있다는 것을 저해하지 않는다.

넷째, "아내는 남편에게서 갈라서지 말고 만일 갈라섰으면 그대로 지내든지 다시 그 남편과 화합하든지 하라 남편도 아내를 버리지 말라"(고전 7:10-11). 그들은 이 구절이 이혼 후 결혼을 분명하게 반대하는 구절이라고 말한다. **대답.** 사도는 간음 이외의 미움, 싫어함 등과 같은 다른 원인들로 인해 갈리거나 떠나는 것에 대해 말하는데, 이것들은 진실로 이혼의 충분한 원인이 되지 못하므로, 그것으로 인해 헤어지는 사람은 결혼하지 말아야 한다.

다섯째, 결혼의 유대는 그리스도와 그의 교회 사이에 있는 결합을 닮았으며, 이 결합은 분리될 수 없고 영원하기에 결혼도 분리될 수 없다. **대답.** 닮았다고 하는 것은 모든 것을 말하는 것이 아니라, **결혼에서 두 사람이 한 몸이 되는 것처럼, 영적으로 그리스도와 그의 교회의 모든 참된 지체들이 하나가 되는 것이 닮았다고 하는 것이다. 하와가 아담의 옆구리에서 취해져서 그의 살 중의 살이요 그의 뼈 중의 뼈가 된 것처럼, 교회는 말하자면 그의 옆구리에서 나온 그리스도의 피**

로부터 솟아난 것이다.[322] 그리스도와 그의 교회와의 연합이 영원하기 때문에, 결혼도 내세에서 영원해야 한다고 말하는 것은 거짓이다. 왜냐하면 "부활 때에는 사람들이 결혼하지 않고 하나님의 천사들과 같기 때문이다"[마 22:30].

여섯째, 이혼한 당사자가 다시 결혼할 경우, 그들의 자녀들은 친부모 대신 계부나 계모를 두게 되어 상처를 받을 수 있다. **대답.** 이런 이유는 충분하지 않은데, 왜냐하면 다양한 범죄에 대해 사형을 부과하는 모든 사법적 법률로 인하여 일부 자녀들은 그들의 부모를 잃을 수도 있기 때문이다. 비록 그 후손이 정의를 실행하는 데 방해가 되더라도, 정의는 모든 사람에게 정의가 되어야 한다. **질문.** 하지만 일부 국가의 법률이 이혼 후 결혼을 금지하고 있다면, 어떻게 해야 하는가? **대답.** 그렇더라도 양심의 자유는 여전히 남아 있으며, 이것은 하나님이 준 것이기 때문에, 사람이 빼앗을 수 없다. 그러므로 사람들이 행정관으로부터 자유를 얻을 때, 그들은 합법적으로 이혼한 후 선한 양심에 따라 다시 결혼할 수 있다. 그러나 여기서 우리는 이혼이나 그 후의 결혼은 남편과 아내가 사적으로 자기들 생각대로 할 것이 아니라, 관련된 교회나 국가의 관습에 따라 행정관 앞에서 법의 명령에 따라 해야 한다는 것을 알아야 한다. 다시 말하지만, 이혼 후 결혼을 정당하게 방해할 수 있는 몇 가지 특별한 이유가 있다. 첫째, 당사자들이 화해를 통해 그들의 유대를 다시 결합하면, **간음으로 끊어진 매듭은 무고한 당사자의 동의로 다시 결합될 수 있다.** 둘째, 한 당사자가 다른 당사자의 간음의 명백한 원인이며, 따라서 상대방의 범죄에 종속되는 경우, 직접 죄를 지은 사람이 그 일로 인해 어떤 혜

---

322 엡 5:30-32.

택이나 특권을 누려야 한다는 것은 불공평해 보인다. 그러므로 이런 경우 무고한 당사자에게 자유가 있을 수 있다.

네 번째 본보기

"또 옛 사람에게 말한 바 헛맹세를 하지 말고 네 맹세한 것을 주께 지키라 하였다는 것을 너희가 들었으나 나는 너희에게 이르노니 도무지 맹세하지 말지니 하늘로도 하지 말라 이는 하나님의 보좌임이요"(마 5:33-34). 제7계명을 그 참된 뜻과 의미로 회복하신 우리 구주 그리스도는 여기서 **제3계명**에 대해 동일하게 행하시며, 여기서도 앞에서 행한 것과 동일한 순서로 말씀하신다. 첫째, 그는 맹세에 관한 이 계명에 대한 서기관들과 바리새인들의 잘못된 해석을 제시하시고(마 5:33), 그 다음에 맹세의 참된 가르침을 전달하신다(마 5:34).

1부

서기관들과 바리새인들의 부패한 의미는 성령의 말씀에 제시되어 있다. "헛맹세를 하지 말고 네 맹세한 것을 주께 지키라"(레 19:12; 신 5:11). 이것은 여기서 모세가 기록한 진정한 의미가 아니라, 유대교 교사들의 잘못된 해석을 말하는 것이다. 그것에 대해 우리가 더 잘 판단할 수 있도록 맹세에 관한 모세의 법의 진정한 의미를 찾아보자. 이를 위해 우리는 먼저 **위증**이 무엇인지 살펴본 다음, **위증의 종류**를 제시하고, 마지막으로 이 죄의 **심각성**을 보여 줄 것이다.

요점 1

위증에는 두 가지가 있어야 한다.[323] 첫째, 사람은 자신의 마음, 자신의 의미, 목적, 의도 또는 확신에 반하는 것을 긍정하거나 보증해야 한다. 어떤 사람이 참이라고 아는 것을 참이라고 말하거나, 거짓이라고 아는 것을 거짓이라고 말하며 맹세할 때, 그의 말은 그의 마음과 상응하기 때문에 이것은 위증이 아니다. 그러나 어떤 사람이 어떤 것을 참으로 알고도 거짓이라고 맹세하거나, 거짓인 것을 알고도 참이라고 맹세할 때, 자신의 마음과 확신에 반하여 말하기 때문에 이것은 위증이다. 둘째, 위증에는 맹세가 있어야 한다. 그가 자신의 마음에 반하여 거짓으로 말하는 것에 대해 맹세하지 않는 한, 거짓된 것을 말하는 것은 위증이 아니다. 모든 맹세는 그것이 구속력 있는 맹세가 아닌 한, 직접적인 위증이 되지 않는다. 왜냐하면 어떤 사람이 불법적인 것을 맹세한 후, 마음을 바꾸어 위증죄 없이 맹세를 이행하지 않을 수 있기 때문이다. 마치 미성년 아이가 부모의 동의 없이 결혼하겠다고 맹세하지만, 성년이 되면 그 문제를 더 잘 고려하여 다른 사람과 결혼시키는 부모의 처분에 복종하는 것과 같다. 이제 비록 그가 그렇게 맹세하여 죄를 지었지만, 그 맹세가 구속력 있는 맹세가 아니었기 때문에 위증한 것이 아닌데, 미성년자는 맹세할 권한이 없기 때문이다.

요점 2

우리가 이 죄를 더 잘 판단하기 위해 위증에는 세 가지 종류가 있음을 알아야 한다.[324] 첫째, **어떤 사람이 자신이 그렇지 않다고 알고 있거나 생각하는 것을 맹세로 확인하는 경우**, 예를 들어 거짓으로 알

---

323 역자주, 여백에: 위증에 대하여.
324 여백에: 위증의 종류들.

고 있는 것을 사실이라고 맹세하거나, 그렇지 않다고 알고 있는 것을 그렇다고 맹세하는 경우와 같다.

둘째, 어떤 사람이 과거 또는 앞으로 일어날 일에 대해 자신의 마음의 참된 지식과 목적에 반하여 맹세할 때하는 **기만적 맹세는 위증**이다. 이러한 예는 로마 가톨릭 사제들에게서 찾아볼 수 있는데, 이들은 글로써 변호하고 행동으로 이 기만적 맹세를 실천한다. 그들이 행정관 앞에 끌려가 미사를 드렸는지, 그 시간에 미사를 드린 장소를 아는지 등에 대해 맹세하도록 강요될 때, 그들은 맹세로 그들이 하지 않았거나 알지 못했다고 대답하는데 (진실로 그들이 했다 할지라도), 이는 위험한 심문에 대해 자신에게 안전한 의미를 부여하고 맹세할 수 있다는 그들의 교리에 따른 것이다.[325] 전자의 경우와 마찬가지로, 그들은 재판관에게 이를 밝히겠다는 의미로 미사가 드려진 곳을 몰랐다고 맹세한다. 그러나 이것은 그들이 행정관이 요구하는 의미에 따라 대답하기로 맹세했기 때문에, 이것은 명백한 위증이다. 그리고 어떤 사람이 맹세함으로써 자신에게 합법적으로 의미를 부여할 수 있다면, 그는 쉽게 모든 진실을 속일 수 있으므로, 확정을 위한 맹세가 다툼의 끝이 되어서는 안 된다. 하지만 그 맹세는 맹세자의 거짓된 의미를 추측함으로써 분쟁을 키우는 될 것이다.

세 번째 유형의 위증은 **구속력 있는 맹세를 어기는 것**으로, 선서한 사람이 합법적인 일을 하겠다고 약속하고, 이를 이행하지 않는 경우이다. 그러나 이것이 항상 위증인 것은 아니다. 첫째, 맹세한 후 하나님께서 약속한 일을 행할 수 없게 하신다면, 위증은 아니다. 이것은 마치 어떤 사람이 다른 사람에게 땅을 상속해 주겠다고 맹세했는

---

325 여백에: Toll. summa Cas. consc. lib. 4. c. 21.

데, 바닷가에 살다가 죽기 전에 바닷물이 크게 들이닥쳐 그의 모든 땅이 물에 잠긴 것과 같다. 이런 경우에 이 사람이 맹세로 묶인 약속을 이행하지 않았기 때문에 위증한 것인가? 진실로 아니다. 하나님이 그것을 불가능하게 만드셨기 때문이다. 둘째, 어떤 사람이 양심에 얽매여 그의 맹세를 어기게 된다면, 위증은 아니다. 다윗은 "나발과 그의 가족을 죽이겠다고 성급히 맹세"[삼상 25:22]했으나, 아비가일의 조언으로 그렇게 하지 않았고, 맹세를 어기고 "그 일에 대해 하나님께 감사했다"[삼상 25:32]. 진실로 그의 맹세는 죄악에 매인 불법이었고, 그것을 행하는 것은 그의 죄를 두 배로 늘리는 것이었기 때문이다.

여기에서 사회 및 법인의 법령과 정관을 준수하겠다고 맹세한 사람들이 이를 위반할 경우, 위증죄가 성립하는지 여부를 물을 수 있다. **대답.** 법인의 정관에는 두 가지 종류가 있다. 어떤 정관은 그것이 없이는 법인체가 존립할 수 없는 사회의 기초이며, (하나님의 말씀에 위배되지 않는) 이러한 정관은 위증죄 없이는 파기될 수 없다. 다른 정관은 옷차림, 몸짓 등과 같은 외적인 질서와 품위만을 나타내는 법령인데, 어떤 법인에서는 모든 사람이 둥근 모자를 쓰도록 법규로 규정하고 있는데, 이것에 맹세한 많은 사람이 항상 그것을 쓰지는 않는다. 이제 (비록 그들이 완전히 잘못이 없다고는 할 수는 없지만) 그럼에도 불구하고 그들이 위증하지 않는 것은, 이 질서의 법령이 단순히 사람을 구속하는 것이 아니라, 순종하거나 벌금(mulct)[326]을 지불하도록 구속하기 때문이다. 만약 사람이 지불하고자 한다면, 그는 법령을 지킨 것과 마찬가지로 법령을 만족시키고 사회에 유익을 주는 것이다.

---

326 *Mulct*: 벌금 또는 강제적인 요금 지불.

지금까지 위증이 무엇인지, 위증의 종류를 살펴보았다. 이제 우리가 위증으로부터 자유로울 수 있는지 살펴볼 것이다. 조사해 보면 사람들의 삶이 위증으로 가득 차 있는 것으로 보일 것이다. 보통 맹세가 많은 곳에 위증이 많을 수밖에 없다. 그 이유는 일상적 대화에서 맹세하는 사람들은 의사소통을 할 때와 마찬가지로, 자신들의 맹세를 잊어버리기 때문이다. 우리가 위증은 하지 않았지만, 세상과 육체와 마귀를 버리고 하나님을 믿고 섬기겠다고 약속한 우리의 세례 서약을 어겼기 때문에, 하나님의 무거운 심판의 위험에 처해 있다고 가정해 보자. 이 서약을 위반하는 것은 위증만큼이나 나쁜 행위인데, **세례**를 성례라고 부를 수 있는 것은 그리스도인이 그 안에서 하나님께 맹세와 서약을 드리기 때문이다. "성례"라는 단어는 군인이 그의 지휘관에게 자신의 충성(fidelity)[327]을 약속하는 맹세를 나타내는 것이다. 여호수아가 기브온 사람들에게 했던 맹세를 사울이 깨뜨린 것은 "삼 년 기근을 초래"했고[삼하 21:1], 오직 "사울의 동족 일곱 사람의 피"로써 해결되었다. 그리고 "바벨론 왕에 대한 시드기야의 위증"은 [겔 17:11-15] 예루살렘과 그 방백들에 대한 주님의 맹렬한 진노의 한 원인이었다. 한 사람의 위증이 그러한 심판을 초래한다면, 다른 죄들 중에서도 우리가 세례 서약을 어기고 하나님께 위증한 것이 전염병과 기근과 기상악화로 하나님의 무거운 진노를 우리에게 임하게 하는 것이라고 생각하지 않겠는가? 그러므로 이 점을 고려하여 우리가 회개하고, 하나님께 서원한 것을 더욱 양심적으로 이행하도록 관심을 갖자.

---

327 여백에: Militiae sacrati propter juramentum dicebantur milites. Vegetius de remilit.

요점 3

여기서 주님께서 금하시는 위증죄의 심각성은 그 안에 포함된 다음 세 가지 죄로 나타난다.[328] 첫째, 거짓말을 하거나 주장하는 것이다. 둘째, 하나님을 거짓말에 대한 증인으로 부르는 것이다. 이것은 사람들이 그만큼 거짓의 아비인 마귀를 하나님의 자리에 세우고, 그의 명예와 위엄을 크게 빼앗는 것이다. 그리고 셋째, 위증하는 사람은 거짓 맹세를 할 경우, 하나님이 자신의 말에 대한 증인이 되고 재판관이 되어 복수해 주기를 바라면서, 자신에게 저주를 내려달라고 기도하는 것이다. 그렇다면, 사람은 자신의 완전한 원수이며, 그가 그만큼 자신의 몸과 영혼을 지옥에 던져 버리는 것이다.

질문. 이 위증의 죄가 매우 큰 것임을 볼 때, 만일 맹세하게 되면, 자신을 위증하게 될 것이라고 확신하는 사람이 맹세할 수 있는가? 다음과 같이 대답할 수 있다. 다른 사람을 맹세하게 하는 사람은 사적인 사람이거나 공적인 행정관이다. 사적인 사람은 자신의 사사로운 목적을 위해 사적인 사람으로 맹세하게 해서는 안 된다. 왜냐하면 그는 자신의 사사로운 이익보다 하나님의 영광과 상대방의 영혼을 더 크게 돌봐야 하기 때문이다. 그러므로 그는 그의 형제가 그와 같이 하나님을 욕되게 하고 그 자신의 영혼을 상하게 하는 것보다, 차라리 자신의 현세적 권리를 포기하는 것이 마땅하다. 반면에 행정관은 위증할 것으로 여겨지는 사람으로 하여금 합법적으로 맹세하게 할 수 있다. 그러나 그는 먼저 맹세의 무게와 위증이라는 무서운 죄에 대해 그 당사자에게 조언해 주어야 한다. 그런 다음, 법과 정의의 질서가 맹세를 요구한다면, 그는 그 사건을 하나님께 맡기고 그 상대

---

328 여백에: 위증의 심각성.

가 맹세하도록 할 수 있다. 왜냐하면 정의의 집행은 인간의 경범죄에 머물러서는 안 되며, 그들이 죄를 자각할 때까지 기다려서도 안 되기 때문이다. 만일 그렇게 한다면, 국가가 존립할 수 없고 전쟁도 할 수 없기 때문이다. 모세와 레위인들은 우상을 숭배하는 유대인들의 회개를 기다리지 않고, 그들에게 복수했다[출 32:27-28].

"네 맹세한 것을 주께 지키라." 이 말씀은 모세의 어떤 책에도 기록되어 있지 않지만, 유대교 교사들이 모세의 이전 율법에서 추론한 것이다. 이 추론은 명시적으로 규정되어 있지는 않지만 율법의 의미하는 바이다. 왜냐하면 어떤 사람이 위증 없이 법적 구속력 있는 맹세를 깨뜨릴 수 없다면, 위증을 금지하는 그 법은 사람이 하나님께 합법적으로 맹세한 모든 것을 이행하도록 구속하기 때문이다.

그래서 여기 이 유대교 교사들의 추론에는 **맹세의 결속이 얼마나 엄격한지** 보여 주는 훌륭한 요점이 기록되어 있다.[329] 모든 합법적인 맹세에는 이중적 결속이 있다. 첫째, 그것은 맹세한 일을 행하도록, 한 사람을 다른 사람에게 묶는다. 둘째, 맹세는 사람을 하나님께 묶는데, 왜냐하면 맹세하는 사람이 하나님을 증인으로, 또 자기주장의 진실성에 대한 심판자로 부르기 때문이다. 그리고 그는 맹세한 일이 합법적이고 가능한 일이라면, 그 일이 수행될 때까지 하나님께 묶여 있다. 이런 점에서 바리새인들은 훌륭한 스승이며, 그들의 추론에서 우리는 여러 가지 요점을 배울 수 있다.

첫째, 비록 두려움으로 인해 사람이 맹세를 해야만 할 때라도, 그것이 합법적이고 가능한 일이라면 반드시 지켜야 한다.[330] 맹세를 통해 사람은 주님께 묶여 있기 때문이다. 마치 어떤 사람이 자기 목숨

---

329 여백에: 맹세의 엄격한 결속.
330 여백에: 합법적인 것에 대한 강요된 맹세는 구속력이 있다.

을 구하기 위해 도둑에게 돈이나 자기 소유의 다른 전리품을 가져오 겠다고 맹세하는 것과 같다. 그는 이것을 수행해야 하는데, 손실은 개인적인 것이기 때문이다. 그러나 더 나아가 그가 도둑을 잡아내지 않겠다고 맹세한다면, 그것은 죄악이고 공동체에 해를 끼치는 일이 다. 그러므로 그런 맹세는 사람이 해서는 안 되는 것이다. 그가 그렇 게 맹세했다면, 맹세를 지키지 말고 자신의 성급한 맹세를 회개해야 한다.

둘째, 어떤 사람이 다른 사람에게 설득되어 실수로 맹세하는 경 우, 그것이 그의 권한 내에 있는 합법적인 것이라면, 반드시 지켜야 한다.[331] 여호수아가 기브온 사람들에게도 그렇게 했고[수 9:19], 이 를 위반한 **사울**은 앞서 살펴본 대로 **엄중한 처벌을 받았다.**

셋째, 어떤 사람이 합법적으로 약속을 맹세하고 그 맹세를 지키 는 것이 일시적인 큰 손실을 가져오는 경우에도[332] 그 맹세는 반드시 지켜져야 하는데, 이는 그 맹세에서 그가 하나님께 묶여 있기 때문이 다. 이것은 "하나님의 거룩한 산에 안식하며 맹세로 맺은 약속이 해 로울지라도 그것을 지키는"(시 15:4) 다윗의 특성을 보여 준다.

넷째, 여기서 우리는 로마 교회의 교리[333]와 관행[334]이 사악하고 저 주받을 만한 것임을 알 수 있다. 그들은 로마의 주교가 열쇠권으로 양심적인 사람을 합법적 맹세의 유대에서 해방시킬 수 있다고 가르 친다. 참으로 그 유대가 사람과 사람 사이에 있는 것이 아니라 하나 님과 사람 사이에 있기 때문에, 그것을 면제할 사람은 하나님 자신보

---

331 여백에: 실수로 한 맹세.
332 여백에: 손상을 주는 맹세.
333 여백에: Azorius Jesuit, Inst. Mor. c. 15.
334 여백에: Pius 5. Pontif. in Bull. in Eliz.

다 높거나 적어도 하나님 자신과 같아야 한다. 바리새인들의 교리가 훨씬 나은데, 그들은 사람의 맹세는 면제됨 없이 반드시 하나님 앞에서 행해야 한다고 가르쳤기 때문이다. 그러므로 이전에 이 나라의 절대 권위에 맹세하고, 지금은 교황과 화해한 우리 영국의 사제들은 명백하게 위증한 자들이며, 따라서 그와 같이 여겨져야 한다.

그러나 아무리 바리새인들이 이 한 가지 좋은 결론을 내렸다 할지라도, 이 율법의 더 깊은 의미와 설명에 있어서는 심각하게 실수를 범하고 있다. 이는 하나님께서 사람으로 하여금 헛맹세를 하지 말라고 금하시기 때문이다. 그러므로 그들은 첫째, 일상적인 대화에서 통상적으로 심지어 하나님의 이름으로 맹세하는 것이 합법적이어서, 진정으로 맹세하고 스스로 헛맹세하지 않았다고 한다. 이것이 그들의 의미였다는 것은, 그리스도의 대답에서 나타난다. 둘째, 따라서 그들은 율법이 간접 맹세에 대해 말하지 않는다고 생각했는데, 이는 그들이 맹세를 두 가지 종류로 만들었기 때문이다. 하나님의 이름으로 하는 **직접적 맹세**와 피조물의 이름으로 하는 **간접적 맹세**가 그것이다. 그래서 그들은 사람이 일상적인 대화에서 죄 없이 하나님의 이름으로 직접 맹세할 수 있다고 주장했던 것처럼, 하늘, 성전, 머리, 제단 등과 같은 피조물의 이름으로 간접적으로 맹세하는 것은 아무 것도 아니라고 가르쳤다. 그것을 위반하는 것은 그 어떤 위증도 아니라는 것이다(마 23:16). 이 유대인들처럼 교황주의 교사들도 가르치고 있는데, 그들은 사람들이 하나님의 이름뿐만 아니라, 거룩한 것들, 즉 십자가(rood),[335] 미사, 성인들, 천사들로 남용하지 않는다면,[336] 맹세할 수 있다고 주장한다.

---

335 *Rood*: 십자가 혹은 십자가상.

336 여백에: Aquin. 2. 2. q. 89. art. 6.

"나는 너희에게 이르노니 도무지 맹세하지 말지니 하늘로도 하지 말라 이는 하나님의 보좌임이요"(마 5:34). 여기서 그리스도는 유대교 교사들의 잘못된 해석을 반박하신다. 그의 대답은 첫째, 일반적으로 "전혀 맹세하지 말라"고 제시되어 있고, 그 다음에 특히 37절까지 이어지는 말씀에 제시되어 있다. 그의 일반적인 대답은 다소 어려워서 사람들이 그 의미를 왜곡하는 경우가 많았다. 그러므로 우리가 그것의 진정한 의미를 파악하기 위해서는 두 가지 사항을 고려해야 한다. 첫째, 맹세하는 것이 무엇인지, 그런 다음 그리스도께서 맹세를 얼마나 멀리까지 금하시는지 고려해야 한다. 첫째, 맹세에는 **고백**과 **저주**라는 두 부분이 있고, 이것으로 맹세를 잘 이해할 수 있다.[337] **고백**은 세 가지가 있지만,[338] 겉으로 드러난 형태로서 맹세라는 말은 그리 많지 않다. 첫째, 사람은 자신이 맹세하는 것이 양심상 진실하다고 고백한다. 둘째, 하나님은 그의 외적인 행동과 말뿐만 아니라, 구체적인 양심에 대해서도 증인이다. 그리고 셋째, 하나님은 모든 사람과 맹세하는 자에 대한 전능한 심판자로서, 그가 참으로 맹세하면 그를 의롭다 하시고, 거짓으로 맹세하면 그를 영원히 정죄하실 수 있다. 맹세의 두 번째인 **저주**는 두 가지를 위해 하나님께 기도하는 것이다. 첫째, 하나님이 맹세하는 자에게 증인이 되어, 그가 진실로 양심에 따라 맹세한 것을 증언해 주시기를 간구한다. 바울이 그렇게 했다. "내가 그리스도 안에서 참말을 하고 거짓말을 아니하노라 내 양심이 성령 안에서 나와 더불어 증언하노니"(롬 9:1). 둘째, 어떤 사람이 거짓으로 맹세하면, 하나님이 심판자가 되어 영원한 진노로 저주

---

337 여백에: 맹세에 대하여: 그 안에 두 가지가 있다.

338 역자주, 여백에: 고백.

해 주시길 기도한다. 그래서 "내가 내 목숨을 걸고 하나님을 불러 증언하시게 하노니"(고후 1:23). 그리고 옛날에 맹세의 형태는 이 저주를 사용하는 것이었다. 내가 이러이러하지 아니하면 "하나님이 내게 벌위에 벌을 내리실지로다"(왕하 6:31).

우리는 이제 맹세하는 것이 무엇인지 알게 되었다. 이제 우리는 그리스도께서 이 말씀에서 맹세를 얼마나 멀리까지 금지하시는지 보여 주고자 한다. "도무지 맹세하지 말지니."[339] 이런 이유에서 재세례파는 모든 맹세를 금지하고 있으며, 초대교회의 어떤 이단자들도 그렇게 했다.[340] 참으로, 어떤 고대 교부들은[341] (그렇지 않았다면, 교회의 좋은 인정을 받았을 것이다) 여호와께서 승인하지 않은 다른 악한 어떤 것들을 허용했던 것처럼, 구약성경에서 맹세를 허락했을 뿐이며, 이제 그리스도께서 그것을 완전히 제거하셨다고 생각했다. 그러나 이 의견은 거짓이고 잘못된 것인데, 맹세는 하나님의 예배의 일부로 명령되어 있기 때문이다[신 10:20]. 그리스도께서 여기서 맹세를 금지하셔야 한다면, 그는 자신이 승인한 것을 정죄함으로써 자신을 반대하셔야 한다. 다시 말하지만, 사도 바울은 그의 대부분의 서신에서 명확하게 볼 수 있듯이 맹세했으며, **확정을 위한 맹세는 모든 분쟁을 끝내기 위한 하나님의 규례라고 불린다**(히 6:16). 다른 사람들은 (교황주의자들처럼) 그리스도께서 여기서 완전에 대한 권고를 제시하면서 모든 맹세를 금지하신 것이 아니라, 오히려 사람들이 믿음과 사랑과 진리 안에서 살아서 맹세할 필요가 없기를 바란 것이라고 말한다.[342] 여기서 그리

---

339 여백에: 그리스도께서 얼마나 멀리까지 맹세를 금지하시는가.
340 여백에: 펠라기우스와 왈도파.
341 여백에: Hierome. Theophyl. Chrysost. in Matt. 5.
342 여백에: Sixt. Senens. biblioth. Sanct. l. 6. annot. 26.

스도의 말씀은 설득하는 것이 아니라 명백히 맹세를 금하는 것이기 때문에, 이것은 참된 것일 수 없다. 그러나 우리는 그리스도의 의미가 여기서 단순히 모든 맹세를 금지하는 것이 아니라, 유대인의 방식과 관습을 따르는 모든 맹세를 금지하는 것임을 알아야 한다. 즉, 이 대답의 마지막 말씀인 그가 "오직 너희 말은 옳다 옳다"{마 5:37}라고 말한 데서 분명한 것처럼, 일상적인 대화와 의사소통에서 모든 맹세를 금지하는 것이다. 왜냐하면 이것은 성경을 해석할 때 지켜야 할 규칙으로, **일반적으로 말한 것은 현재 당면한 사안의 상황에 따라 특수하게 이해해야** 하기 때문이다. 바울이 말한 것처럼, "그는 여러 사람에게 여러 모습이 되었다"[고전 9:22]. 만일 그것을 일반적으로 취해야 한다면, 신성모독자들에게는 그가 신성모독자가 되었다고 말할 수 있을 것이다. 그러나 그 말은 그가 누군가를 얻기 위해 사람의 약한 것에 양보할 때와 같이 중립적인 것을 사용하는 것으로 제한되어야 한다. 따라서 여기서 "도무지 맹세하지 말지니"는 그들의 일상적인 말에서 하나님의 이름과 다른 피조물의 이름으로 맹세하는 유대인의 관습으로 제한되어야 하며, 그리스도는 이 두 가지를 완전히 금지하셨다.

적용. 여기서 첫째, 우리는 일상적인 맹세가 하나님의 이름으로든 다른 피조물의 이름으로든 불법이라는 것을 배운다.[343] 이것은 모든 종류와 정도에 있어서 우리 시대의 일반적인 죄악이다. 어떤 사람들은 그들의 믿음으로, 다른 사람들은 하나님 앞에서 그들의 충성(troth)[344]으로, (손에 돈을 들고) 동전의 십자가로, (그들이 말하곤 했듯이) 하나님의 천사라는 불로, 다른 사람들은 빵과 음료로 맹세한다. 그리고

---

343 역자주, 여백에: 일상적인 맹세에 반대하여.

344 *Troth*: 충성.

사람들이 얼마나 많은 경우에 그런 맹세를 했는지, 그래서 그들 스스로 얼마나 많은 맹세를 만들어 냈는지 보라.

둘째, 여기서 "나의 말", "성찬식(maskins)", "참으로 결혼"[345]과 같은 모든 짧은 맹세가 정죄되어 있는데,[346] 그 근거로 "마리아로 말미암아"라는 교황주의적 맹세가 있었기 때문이다.

셋째, 여기에는 그리스도의 심장, 피, 옆구리 등과 같은 그리스도의 신체 부분에 대한 모든 심한 맹세가 정죄되어 있다.

그러나 사람들은 맹세에 대해 흔히 변명하는데, 첫째는 다름 아닌 진실을 맹세한다는 것이다.[347] 그러나 그들의 맹세에 대한 진실은 일상적인 의사소통에서 모든 맹세를 금지하시는 하나님의 계명을 무시할 수 없다. 좀 더 단순한 다른 사람들은 좋은 것으로 맹세한다고 말한다. 그러나 그것은 그들의 죄를 더 크게 만드는데, 왜냐하면 어떤 것의 선함이 그것을 남용하는 범죄를 가중하기 때문이다. 다른 사람들은 그들의 말만으로는 믿을 수 없다고 말한다. **대답**. 그러나 우리의 말에 대한 신뢰를 얻기 위해 그리스도의 계명을 어겨서는 안 된다. 그 신뢰는 마귀에게 영혼을 저당 잡혀서 얻은 것이다. 아무도 우리를 믿지 않으려 할지라도, 우리의 의사소통 문제에 있어서 하나님께 순종해야 한다. 군인과 젊은 용사들과 같은 다른 사람들은 자신의 용기와 신사됨을 증명하기 위해 맹세하곤 했다. 이 사람들은 하나님의 칭찬보다 사람들의 칭찬을 더 좋아한다는 것을 보여 준다. 그러나 그것은 결국 범죄로 인해 얻은 불명예스러운 평판에서 찾을 수 있다. "그들의 그 영광은 그들의 부끄러움에 있고 그들의 마침은 멸망

---

345 역자주, 일종의 감탄사로 강조할 때, 특히 재미있거나 놀란 경우 동의를 표현할 때 사용된다.

346 역자주, 여백에: 짧은 맹세.

347 여백에: 맹세에 대한 핑계들.

이다"(빌 3:19).[348] 아니, 그들의 저속한 마음과 비겁함은 그들이 죄와 사탄에 대한 노예적 속박을 자랑스럽게 여기는 데서 분명하게 드러난다. 이러한 변명으로는 심판의 날에 정죄의 죄책에서 벗어날 수 없는데, 일반적인 맹세가 하나님의 이름을 헛되이 취하는 부끄러운 일이기 때문이다.

이제 여호와께서 다음과 같이 말씀하셨다. "여호와는 그의 이름을 망령되게 부르는 자를 죄 없다 하지 아니하리라"[출 20:7]. 그러므로 이런 식으로 범죄한 자들은 늦기 전에 이 불경한 일을 회개하고, 하나님의 이름을 경외하는 법을 배워 양심에 따라 맹세해야 한다. 그리고 그들의 말은 그리스도께서 명령하신 대로 "옳다 옳다, 아니라 아니라"가 되게 해야 한다. 이세벨이 나봇을 신성모독죄로 죽이려고 할 때, "금식을 선포하면서"[왕상 21:9-10] 위선으로 피비린내 나는 불경함을 덮은 사악한 사실은 하나님의 진노가 그 땅에 임하지 않도록 그러한 죄에 대해 공적 겸손을 취하는 것이 당시의 관습이었음을 보여 준다. 그리고 선한 왕 히스기야가 여호와를 모독하는 랍사게의 끔찍한 말을 들었을 때, "그가 엎드려 기도하고 하나님 앞에 자신을 낮추었다"[왕하 19:1]. 이 선한 왕이 다른 사람의 신성모독을 두고 이렇게 한다면, 우리가 우리 자신의 신성모독을 두고 그와 같이 하지 않고, 아무런 양심의 가책도 없이 계속 맹세할 것인가? 우리의 일반적인 맹세자들은 악마의 화신이며, 참으로 악마 자체보다 더 나쁜 자들인데, 왜냐하면 "귀신들도 하나님을 믿고 떨기 때문이다"[약 2:19]. 그러나 그들은 하나님을 갈기갈기 찢어놓고, 결코 떨지 않는다. 사람들이 지상의 왕들의 이름과 칭호를 남용하면 투옥되거나 추

---

348 역자주. 원문과 영문판은 빌 3:18로 기재되어 있다.

방되거나 교수형에 처해지는데, 이는 정당한 처벌이다. 이제 죽을 수밖에 없는 인간의 존엄을 훼손하는 자들에게 이렇게 해야 한다면, 하나님의 이름을 계속 모독하며 사는 그 백성을 향한 하나님의 진노가 뜨겁지 않겠는가? 그러므로 하나님이 만든 지극히 보잘것없는 피조물이라 할지라도 그 이름으로 맹세하기를 두려워해야 하는데, 이는 지극히 작은 피조물이 맹세로 남용할 수 있는 것보다 더 낫기 때문이다.

마지막으로, 여기에는 사람들이 말하기를, '그렇지 않다면 내가 교수형에 처해졌으면 좋겠다', '이 빵이 나의 죽음이 될 수 있다면 좋겠다' 등과 같이 말하는 것처럼, 우리의 일상적 대화에서 우리 자신에 대한 **모든 저주가 금지**되어 있다.[349] 성경에 명시된 맹세에서 볼 수 있듯이, **모든 저주는 맹세의 일부이기 때문이다.** "하나님은 다윗에게[350] 벌을 내리시고 또 내리시기를 원하노라"(삼상 25:22). 그리고 "내{아브넬}가 그렇게 하지 않으면 하나님이 내게 그렇게 하는 것이 마땅할 것이다"(삼하 3:9). 이제 우리가 일상적인 대화에서 맹세하지 않아야 하듯이, 대화에서 저주해서도 안 된다. 왜냐하면 저주는 맹세의 일부로서 우리의 일상적인 말의 내용이 되어서는 안 되기 때문이다.

여기서 두 가지 질문을 검토해야 한다. **질문 1.** 사람이 합법적으로 맹세할 수 있는 때는 언제이고, 맹세할 수 없는 때는 언제인가? 왜냐하면 일반적인 맹세를 금지한 그리스도의 말씀은 사람이 합법적으로

---

349 여백에: 우리 자신을 저주하는 것.

350 역자주, 퍼킨스는 제네바 바이블(Geneva Bible, 1560)을 따라 "다윗의 원수들에게"(to the enemies of David)라고 적고 있으나, 한글 개역개정은 다윗이 나발의 집을 멸망시키겠다고 각오를 다짐하면서, 만일 그렇지 않으면 하나님이 자신에게 벌을 내리도록 맹세하는 사건을 보여 준다.

맹세할 수 있는 때가 있다는 것을 인정하는 것 같기 때문이다. 사람이 합법적으로 맹세할 수 있는 때와 경우는 두 가지이다.[351] 첫째, 행정관이 정당한 사유로 어떤 사람에게 맹세하게 할 때이다. 이 경우에 행정관은 하나님의 권세를 가졌으므로, 사람에게 그것을 정당하게 요구할 때, 그는 합법적으로 맹세할 수 있다. 둘째, 어떤 사람의 일반적인 부르심이나 특별한 부르심이 필연적으로 맹세를 필요로 할 때인데, 여기에는 네 가지 경우가 있다.

첫째, 맹세를 하는 것이 하나님의 영광의 일부를 유지하고 획득하는 데 도움이 되거나, 불명예로부터 그것을 보존하는 데 도움이 되는 경우이다. 이와 관련하여 바울은 경건한 열정으로 감동을 받아 자신의 교리를 확정하기 위해 여러 서신에서 맹세하는데, 이는 자신이 편지를 보낸 교회들이 진리 안에 세워져 하나님께 더욱 영광을 돌릴 수 있도록 하기 위함이었다.

둘째, 맹세가 자기 자신이나 다른 사람의 영혼이나 육체의 구원 또는 보존을 유지하거나 증진시키는 데 도움이 되는 경우이다. 이 경우에 **바울은 그들을 아끼려고 고린도에 오지 않았다는 것을 그의 영혼에 기록해 달라고 하나님께 요청한다**[고후 1:23]. 그리고 다윗은 구원의 길로 더 나아가기 위해 "하나님의 계명을 지키겠다는 맹세로 자신을 결박했다"[시 119:106].

셋째, 맹세가 당사자와 당사자, 나라와 나라, 왕국과 왕국 사이의 평화와 교제를 확인하고 확립하는 역할을 할 경우이다. 이런 식으로 아브라함과 아비멜렉이 "서로 맹세했고"(창 21:23), 야곱과 라반이 "서로 맹세했는데"(창 31:53), 이와 같은 덕목으로 신하는 그들의 군주에

---

351 여백에: 맹세가 합법적인 두 가지 경우.

게, 병사는 그들의 통치자에게 충성을 맹세하여 자신들을 묶는다.

넷째, 사람이 다른 방법이 아닌 맹세를 통해 일시적 손실에서 벗어나거나, 큰 비중과 순간의 일시적 유익을 얻을 수 있는 경우이다. 이는 확인을 위한 맹세가 사람들 사이에서 모든 분쟁의 끝이기 때문이다. 우리는 세속적인 문제에 대해 많은 분쟁과 논란이 발생하고 있다는 것을 알고 있다. 이와 관련하여 사람은 맹세로써 악명이나 비방에서 합법적으로 벗어날 수 있다.

사람은 이 네 가지 경우에 행정관 앞에서 공개적으로만 아니라, 개인적으로도 합법적으로 맹세할 수 있으므로 정당한 공경심과 선한 양심을 가지고 맹세해야 한다. 그러나 일상적 대화나 가벼운 경우에 크든 작든 맹세하는 것은 하나님의 이름을 헛되이 하는 것이므로, 합법적으로 맹세할 수 없다.

질문 2. 정당한 경우로 인해 맹세하라는 부름을 받았을 때, 그는 어떻게 맹세해야 하는가? **대답.** 이 질문에 대해 선지자 예레미야가 대답한다. "너는 진실과 정의와 공의로 여호와의 삶을 두고 맹세하라"(렘 4:2). 거룩한 맹세의 방식에는 세 가지 덕목이 필요하다.[352] 첫째는 **진실**이라는 덕목이 필요하다. 이것은 두 가지를 고려해야 한다. 먼저 우리가 맹세하는 **내용**을 고려해야 하는데, 이는 하나님을 거짓의 증인으로 세울 수 없기 때문이다. 또한 맹세하는 사람의 **마음**도 고려해야 하는데, 그의 맹세는 사기나 속임수 없이 자신의 마음을 따라 해야 하며, 그가 약속한 것을 진실로 이행하려는 의도가 있어야 한다. 둘째, **정의** 또는 **공의**가 필요하다. 이것 역시 두 가지를 고려해야 한다. 첫째, 맹세한 것은 정의롭고 합법적이며 하나님의 말씀에

---

352 여백에: 맹세의 세 가지 덕목들.

따라야 한다. 둘째, 맹세하는 사람의 양심은 비록 참된 것일지라도, 사소한 것에 대해서 맹세해서는 안 되고, 다만 행정관의 권위나 합법적인 부르심에 따른 필요한 사유에 의해 맹세할 수 있다. 그리고 비록 그 일이 사실이라 할지라도, 대개 그들의 일상적 대화에서 맹세하는 자들은 이 미덕에 어긋나는 죄를 짓는다. 왜냐하면 사소하고 가벼운 문제는 맹세의 정당한 이유가 아니기 때문이다. 셋째, 맹세에 대한 **판단**은 물론 자신의 인격에 대한 판단에서도 마찬가지이다. 맹세하는 사람은 맹세의 본질을 바르게 알고, 맹세하는 사안에 대해 판단할 수 있어야 하며, 또한 자기 앞에 있는 사람들, 시간, 장소 및 기타 상황을 바르게 분별할 수 있어야 한다. 그리고 그 자신의 인격에 대해, 맹세하는 사람은 자신의 양심에 따라 자신이 맹세하기에 합당한지, 이로써 하나님께 경배하고 영광을 돌릴 수 있는지 생각해야 한다. 왜냐하면 맹세하는 사람은 하나님을 예배하는 다른 모든 부분과 마찬가지로, 그를 향한 두려움과 경외로 마음을 다스려야 하기 때문이다. "하나님을 경외하는 것"과 "그의 이름으로 맹세하는 것"(신 10:20)이 함께 결합되어 있으므로, 그 마음에 하나님을 경외하지 않는 불경한 사람은 맹세하지 말아야 한다. 이와 같이 그들의 잘못된 해석에 대한 그리스도의 일반적인 대답을 많이 다루어 보았다.

"하늘로도 하지 말라 이는 하나님의 보좌임이요 땅으로도 하지 말라 이는 하나님의 발등상임이요 예루살렘으로도 하지 말라 이는 큰 임금의 성임이요"(마 5:34-35). 여기서 우리 구주 그리스도는 특별히 유대인들 사이에서 사용된 네 가지 종류의 맹세를 금지하시는데, 그는 피조물에 의한 모든 간접적 맹세를 여기에 포함하신다. 게다가 **하늘은 하나님의 보좌이기 때문에, 사람이 하늘로 맹세해서는 안 된다는 등** 여러 종류의 간접 맹세를 금지하는 몇 가지 이유를 덧붙인 것을 관찰하라. 그리스도는 이 구절에서 피조물로 맹세하는 것을 직접적으로 금지하시지 않는데, 그의 의도는 하나님에 의한 것이든 피조물들에 의한 것이든, 보통의 말에서 일상적 맹세를 금지하기 위한 것이기 때문이다. 유대인들은 그것들을 가벼운 맹세로 여겼기 때문이다. 하지만 여기서 **피조물들로 맹세하는 것이 언제든 합법적인 것인지** 반드시 점검되어야 한다.[353]

다양한 교황주의자들, 그리고 학식과 헌신에 대해 가장 잘 알려진 사람들[354]은 피조물로 맹세하는 것을 두 종류의 맹세로 나눈다. 첫째, 사람이 피조물로 맹세하고, 그것을 하나님 자리에 두, 그가 맹세하는 것이 진실한지에 대해 그의 양심의 심판자이자 증인이 되게 하는 경우이다. 이것은 개신교와 교황주의자들 모두 사악하고 불법적인 것으로 정죄한다. 둘째, 피조물이 거명되는 경우이다. 그러나 맹세는 맹세하는 사람의 마음속에서 피조물의 이름으로 하나님께 향하게 되는데, 이는 피조물이 하나님과의 관계에서 그의 임재의 표징이기 때문이다. 그래서 이런 종류의 맹세는 모든 교황주의자들뿐만 아니라, 우리 시대에 좋은 평가를 받고 있는 많은 개신교 성직자들에게도 합법적인 것으로 간주된다. 그들을 존경하지만, 나는 맹세하는 자가 그 마음속에 하나님께 대하여 피조물로 이런 종류의 맹세를 하는 것에 대한 보증의 이유를 하나님의 말씀에서 찾지 못한다. 진실로 사람은 맹세할 때 피조물을 거명하되 (바울이 "내가 하나님을 불러 내 양심에 증언하시게 하노니"[고후 1:23]라고 했던 것처럼) 하나님으로 맹세할 수도 있다. 맹세 가운데 그 피조물을 거명하는 것과 그 피조물로 맹세하는 것은

---

353 여백에: 우리가 피조물들로 맹세할 수 있는지.

354 여백에: Iansen. concord. Evang. cap. 40. Manuale confess. Martini ab Aspilcueta. c. 12. num. 4.

별개의 문제이기 때문이다.

피조물로 맹세하는 이런 형태에 대해 반대하는 이유는 다음과 같다.[355] **이유 1.** 앞서 살펴본 바와 같이, 맹세는 하나님께 드리는 예배의 일부이다. 이제 하나님께 드리는 예배의 모든 부분은 하나님께 직접적으로 언급되어야 하므로, 우리는 피조물을 통해서가 아니라, 하나님께 직접적으로 기도하고 감사하며 그렇게 맹세해야 한다. 그러나 피조물에 의한 간접 맹세에서는 맹세가 그 피조물을 직접적으로 언급하고 하나님을 간접적으로, 즉 피조물로 언급하는데, 이는 합법적이지 않다. 둘째, 사람은 "자기보다 더 큰 자를 가리켜 맹세"해야 하며(히 6:16), 따라서 "하나님은 맹세할 자가 자기보다 더 큰 이가 없으므로 자기를 가리켜 맹세하였다"[히 6:13]. 여기서 성령은 피조물이 사람보다 크지 않기 때문에, 피조물에 의한 합법적인 맹세가 없다는 것을 당연시하는 것처럼 보이며, 따라서 하나님 자신에 의한 직접적인 종류의 맹세는 오직 하나뿐이어야 한다. 셋째, "너는 나의 이름으로 맹세할 것이니라"(신 6:13). 거기에는 하나님의 이름이 분명한 방식으로 표현되는 형태의 맹세를 그가 규정하는 것 같다. 그러나 간접 맹세에서는 맹세하는 사람 외에 다른 사람이 그가 하나님으로 맹세하는지 아닌지 알 수 없는데, 이는 맹세가 피조물에 의한 것이며, 맹세하는 사람의 마음속에서만 하나님께 향하고 있기 때문이다. 넷째, "성전으로 맹세하는 자는 하나님으로 맹세한다"(마 23:21). 따라서 사람이 피조물로 맹세하지 않고 오직 하나님으로만 맹세하는 것이 충분하기 때문에, 간접적인 맹세는 불필요하다고 생각한다.

이러한 이유로 간접적인 맹세를 선호하지 않는다. 이제 간접적인

---

355 여백에: 피조물로 맹세하는 것에 대한 반대 이유들.

맹세를 어떻게 하는지 살펴보자. 첫째, 믿음에 대해 칭찬받은 요셉은 "바로의 생명으로 맹세했다"[창 42:16]고 한다. 그러므로 사람들은 피조물로 맹세할 수 있다. **대답.** 그것은 맹세가 아니라, **바로가 살아 있는 것처럼 확실히**, 확언(asseveration)[356]이라고 설명할 수 있다. 그러나 그것이 맹세라고 하더라도, 그 사실이 이런 종류의 맹세를 합법적이라고 증명하지는 않는다. 왜냐하면 아무리 선한 사람이라고 할지라도, 요셉은 그가 사는 곳, 특히 바로의 궁정처럼 사악한 곳의 불경함으로 더럽혀질 수 있기 때문이다.

이유 2. 선지자 엘리사는 "엘리야의 영혼으로 맹세한다"(왕하 2:4). **대답.** 그 구절은 당면한 요점을 증명하지 않는데, 당면한 요점은 하나님의 이름이 숨겨져 있는 간접적 맹세에 관한 것이기 때문이다. 그러나 그 구절에는 "주께서 살아계심 같이, 그리고 당신의 영혼이 살아 있음과 같이"라는 하나님의 이름이 접두사로 붙어 있다. 다시 말하지만, 그 구절은 "주께서 살아계시고 당신의 영혼이 사는 한 내가 당신을 떠나지 아니하리라"라고 잘 번역된 것처럼, 엄숙한 확언으로만 받아들여질 수 있다.

이유 3. 아가서 3장 5절에서 그리스도 자신이 피조물, 즉 "노루와 들사슴"으로 맹세한다. **대답.** 이 말씀은 맹세가 아니라 **감탄**인데, 이는 그리스도께서 교회의 원수들에게 그녀를 괴롭히지 말라고 명령하시고, 맹세 없이도 할 수 있는 짐승들의 증언으로 그의 명령을 확증하시기 때문이다. 마치 그가 다음과 같이 말하는 것과 같다. "너희가 내 교회를 괴롭히면, 노루와 들사슴이 너희에 대한 증인이 될 것인데, 이는 그들이 너희처럼 이성이 있었더라면 하지 않았을 일을 너희

---

356 *Asseveration*: 엄숙하거나 단호한 선언.

가 행하기 때문이다." 이제 피조물들은 모세가 "하늘과 땅이 증거하라"(신 32:1)고 외치고, 여호와께서도 그렇게 하시는 것처럼(사 1:2), 감탄에 대한 증인이 될 수 있다. 그러나 사람이 사물로 맹세할 때, 그 사물은 어떤 피조물도 될 수 없는 그의 양심에 대한 증인이 된다.

이유 4. 바울은 하나님의 선물인 "그들의 기쁨"[고전 15:31]으로 맹세했다. **대답.** 이 말씀은 맹세가 아니라, 바울의 사역에서 보여 준 변함없는 모습을 간증하는 증언(obtestation)[357]이며, 그들은 신앙고백을 통해 그것을 선언했다. 증언은 앞서 살펴본 것처럼 피조물로부터 도출될 수도 있다. 그러나 그들은 거기서 사용된 단어가 맹세의 특징이다. **대답.** 항상 그런 것은 아니며, 때때로 다른 저자의 글에서 볼 수 있는 것과 같이, 확언을 나타내는 경우도 있다. 그래서 하나님의 이름이 숨겨져 있고, 하나님의 임재를 약속하는 피조물로 맹세하는 간접적 맹세가 있어서는 안 된다고 생각한다.

이제 그리스도께서 이러한 간접적 맹세를 금지하신 이유를 살펴볼 것이다. 그 핵심은 일반적으로 다음과 같다. **헛되이 취해서는 안 될 하나님의 이름이 그의 모든 피조물, 심지어 가장 작은 사람의 머리털 하나에도 놓여 있기 때문에**(그 안에서 사람은 하나님의 지혜와 능력을 볼 수 있기 때문에), **우리는 일상적 대화에서 맹세해서는 안 되며, 심지어 하나님께서 만드신 지극히 작은 피조물로도 맹세해서는 안 된다.**

따라서 우리는 여러 가지 지침을 배운다. 첫째, **믿음, 충성, 빵, 음료** 등으로 맹세하는 것은 합법적이지 않다.[358] 왜냐하면 믿음은 하나님의 선물이며, 그 안에 하나님의 이름이 들어 있기 때문이다. 우리

---

357 *Obtestation*: 증언.
358 여백에: 믿음, 충성(troth) 등으로 맹세하는 것은 불법이다. 역자주, 영문판은 원문과 달리 각주에서 진리(truth)로 표기한다.

의 믿음의 내용은 그리스도이기 때문에, 우리가 믿음으로 맹세할 때 그리스도로 맹세하는 것과 같으므로 그러한 맹세는 결코 해서는 안 된다. 다시 말하지만, 하나님은 모든 피조물에 그의 이름을 새기셨으며, 그의 능력과 지혜와 공의와 자비의 표징을 그들 안에 각인시켜 주셨다. "하나님의 보이지 아니하는 것들이 그의 작품에 보여 알려졌으며"(롬 1:20), "하늘로부터 오는 비와 결실기는 이방인들을 향한 하나님의 선하심의 증거들이다"(행 14:17). 이것은 먼저 배은망덕한 세상을 비난하는 역할을 하는데, 왜냐하면 우리가 하나님의 선한 피조물을 눈앞에 두고 날마다 맛보고 다루기 때문이다. 누가 그 안에서 하나님의 지혜와 인자하심과 선하심을 발견하고 그의 이름을 찬양할 기회를 얻게 되겠는가? 사람은 짐승과 같아서, 피조물의 유익을 취하면서도 창조주 하나님을 생각하지 않으며, 돼지와 같아서 쥐엄 열매를 먹어 치우면서도, 그것이 어디에서 왔는지 그 나무를 쳐다보지 않기 때문이다. 참으로 어떤 사람들은 너무도 뻔뻔해서 말로는 아니지만, 행위로 하나님을 부인한다.

둘째, 이것은 우리가 하나님의 피조물을 주의 깊게 묵상하고, 그 안에서 하나님의 지혜와 공의와 자비와 그의 다른 속성들을 보기 위해 노력하도록 가르친다.[359] 이것으로 우리는 그의 이름을 찬양할 기회를 가질 수 있다. "내가 주를 찬양하는 것은 나를 지으심이 심히 기묘하심이라 주께서 하시는 일이 기이함을 내 영혼이 잘 아나이다"(시 139:14). 여기서 선지자는 다음과 같이 고백한다. 첫째, 그가 하나님의 피조물에 대해 진지하게 묵상했으며, 그 다음에 묵상을 통해 두려움과 놀라움을 느꼈고, 셋째, 하나님을 찬양했다. "오 주께서 행하신

---

359 여백에: 하나님의 피조물에 대해 묵상하라.

일이 어찌 그리 영광스러운지요?"(시 92:5-6). 거기서 그가 그것들에 대해 명상했다는 것을 암시한다. "그러나 어리석은 자는 그것을 알지 못하며 무지한 자도 이를 깨닫지 못하나이다." 여기서 그는 하나님의 피조물을 보고, 그 안에 있는 하나님의 놀라운 능력과 선하심을 보지 않는 것이 얼마나 어리석은 일인지 보여 준다. "주의 모든 기이한 일들을 나는 작은 소리로 읊조리리이다"(시 145:5). 그리고 "오 여호와여 주께서 지으신 모든 것들이 주께 감사하리이다"(시 145:10). 우리는 그의 모범을 따라야 한다. 그리고 죄에 대한 하나님의 진노와 심판이 우리 가운데 있지만, 우리는 그 안에서 세상과 함께 정죄 받지 않도록 우리의 교정을 위해 우리를 징계하는 하나님의 자비를 보도록 노력해야 한다.

셋째, 모든 피조물이 그 안에 하나님의 이름의 어떤 도장을 가지고 있다면, 이성적인 피조물은 어떻게 해야 하는가? 인간은 훨씬 더 하나님의 형상을 닮아야 하지 않겠는가? 그렇다. 진실로 생각, 의지, 정서, 그리고 행동 모두에서 그렇다. 그러므로 우리는 아담 안에서 부패된 하나님의 형상을 우리 안에서 회복하려고 노력해야 하고, 무엇보다도 죄를 지어 마귀의 형상을 지니지 않도록 주의해야 한다. 그렇게 한다면, 우리는 말 못 하는 피조물보다 훨씬 더 나쁜 존재들이다.

넷째, 모든 피조물이 하나님의 형상의 일부를 지니고 있기 때문에, 이것은 무지한 사람들의 거짓 항변[360]을 벗겨내는 역할을 한다. 그들은 자신들이 학자가 아니기 때문에, 하나님이 자신을 용서해 주실 것이라고 생각한다. 그러나 그들은 스스로를 속이고 있다는 것을 알아야 한다. 왜냐하면 그들이 하나님의 지혜와 자비와 공의와 능력

---

360 여백에: 무지한 자들의 항변이 논박되다.

에 대해 무지하고, 이성 없는 피조물들이 그들에게 가르치는 하나님 안에 있는 다른 많은 것들에 대해 무지했지만, 만일 그 동일한 것을 보고 묵상했다면, 이 어리석은 피조물들이 마지막 날에 그들을 대적하여 심판하지 않도록 정당하게 두려워해야 하기 때문이다.

그리고 마지막으로 하나님이 모든 피조물 안에 그의 형상을 두신 것을 볼 때, 우리는 음식, 음료, 의복 등과 같은 모든 피조물을 거룩하게 사용하기 위해 노력해야 한다.[361] 우리는 어떤 식으로든 우리의 정욕을 위해 그것을 남용하지 않도록 주의해야 한다. 왜냐하면 그 남용은 그 이름을 지닌 주님을 향하는 것이고, 하나님은 자신의 이름을 헛되이 부르는 자를 죄 없다고 여기지 않으실 것이기 때문이다.

금지 1

이제 몇 가지 금지 사항에 첨부된 이유에 대해 더 구체적으로 설명할 것이다. 첫 번째 구체적인 금지 사항은 다음과 같다. "너는 하늘로 맹세하지 말라." 그 이유는 다음과 같다. "이는 하나님의 보좌임이요." 이 이유를 검토해야 한다. 보좌는 지상의 왕들이 앉아서 판결을 내리고 영광과 위엄을 드러내는 자리이다. 하늘은 정확하게 보좌가 아니라 닮은 것인데, 이는 하나님께서 하늘에서 행하시고 하늘로부터 그의 영광과 위엄을 사람들에게 보여 주시기 때문이다. 하늘에서 성도들과 천사들은 형언할 수 없는 하나님의 영광을 바라본다. 그리고 하늘에서 하나님은 심지어 하늘을 땅 위에 커튼처럼 펼치시고, 그 안에 해와 달과 별들, 가장 영광스러운 피조물들을 두시고, 그들에게 특별한 움직임을 허락하셔서, 즉 하늘에서 폭풍우, 번개, 천둥

을 동반한 비를 내림으로써 그의 지극히 큰 능력을 보여 주신다. 다시 말하지만, 그는 하늘에서 심판을 내림으로써 하늘로부터의 공의를 보여 주시는데, 이는 경건하지 아니한 자들의 세상에 홍수와 같고, 소돔과 고모라에 불과 유황을 쏟아붓는 것과 같다[벧후 2:5-6]. 사도가 말하듯이 "하나님의 진노가 사람들의 모든 불법과 불의에 대해 하늘로부터 나타난다"(롬 1:18). 또한, 하나님의 자비와 선하심이 날마다 하늘로부터 나타나며, "모든 좋은 선물이 거기서"(약 1:17) 나온다. 참으로 거기서 우리 구주 그리스도께서 우리의 구속 사역을 위해 강림하셨다. 거기서 또한 성령께서 그리스도의 세례 가운데 강림했고, 거기로부터 세상의 죄를 지고 가는 하나님의 어린 양을 가리키는 아버지의 음성이 들렸다. 그리고 거기로부터 그리스도께서 마지막 날에 영광 가운데 다시 오셔서 그의 성도들에게 영광을 받을 것이다. 이 모든 것이 그의 보좌의 영광을 크게 드러낸다.

적용. 첫째, 하나님의 보좌는 이 땅이 아니라 하늘에 있는가? 그렇다면 우리는 하나님을 하늘의 왕으로 생각하는 법을 배워야 한다. 다음 장에서 우리는 그를 "하늘에 계신 우리 아버지"라고 부르도록 배운다(마 6:9). 그러므로 우리가 하나님에 대해 말하거나 생각할 때, 또는 기도나 감사로 하나님께 예배할 때, 우리는 그를 육적인 방식으로 생각하지 말고, 하늘의 방식으로 생각해야 한다. 두 번째 계명, 즉 하나님을 어떤 식으로든 유사하게 표현하는 것을 금지하는 계명은 하나님을 세상적이거나 육신적인 방식으로 생각해서는 안 된다는 것을 가르친다. 실제로 삼위일체의 형상을 승인하는 교황주의 교회는 하나님이 "옛적부터 항상 계신 이"[단 7:22][362]라고 불리기 때문

---

362 역자주, 원문과 영문판은 단 7:23으로 오기하고 있다.

에, 그를 하늘에서 면류관을 쓰고 앉아 있는 노인의 형상으로 생각하도록 사람들에게 가르친다. 그러나 하나님에 대한 그러한 모든 육체적 생각은 여기서 금지되어 있다.

우리가 하나님을 바르게 생각하려면, 두 가지 규칙을 기억해야 한다.[363] 첫째, 우리는 하나님에 대해 사람이나 다른 피조물과 같은 어떤 형상도 마음에 새겨서는 안 된다. 우리는 그를 창조주, 통치자, 보존자로서 그의 사역 가운데서, 그리고 또한 가장 지혜롭고, 가장 정의롭고, 거룩하고, 자비로운 그의 속성 가운데서 생각해야 한다. 둘째, 우리는 하나님께서 본질은 하나이지만, 위격으로는 세 분임을 생각해야 한다. 우리는 위격을 혼동하거나 본질을 나누지 말고, 세 위격 안에 있는 한 분 하나님과 하나의 동일한 신격 안에 있는 세 위격을 생각해야 한다. 이 두 가지 규칙을 잘 지키면, 많은 사람이 마음속으로 하나님을 생각할 때 스스로 틀을 짜는 헛된 생각으로부터 우리 마음을 지킬 수 있다.

둘째, 하나님의 보좌가 하늘에 있는 것을 보았으므로, "우리의 행실도 그곳에 있어야 한다."[364] 하나님과 그의 보좌가 있는 곳에 우리 마음도 있어야 하기 때문이다. 이제 우리는 두 가지 일을 함으로써 하늘에서 우리의 행실을 가질 것이다. 첫째, 우리가 "쉬지 말고 기도하라"(살전 5:17)[365]는 명령을 받았으므로, 아침과 저녁으로, 그리고 기회가 있을 때마다 항상 우리의 마음을 하늘로 계속 올려야 한다. 우리가 그것을 하되, 우리의 일상적 부르심의 의무 가운데 자주 그렇게 함으로써, 우리는 하나님의 복과 도움을 마음속으로 갈망해야 한다.

---

363 여백에: 하나님을 바르게 생각하는 법.

364 빌 3:20. 역자주, 여백에: 천상의 행실.

365 역자주, 원문과 영문판은 갈 4:17으로 오기하고 있다.

왜냐하면 영혼의 한숨과 신음은 하나님 앞에서 승인된 기도이기 때문이다. 그러므로 우리는 다윗이 했던 것처럼, 하나님께 마음을 들어 올려야 한다(시 25:1). 둘째, 우리는 우리의 사랑, 우리의 기쁨, 두려움과 같은 모든 애정을 하나님과 하늘에 있는 것들에 두어야 한다. 참으로 우리의 관심은 천국에 가는 것이어야 한다. 하나님께서 그의 피조물에게 자신의 영광과 위엄을 드러내신 하늘에 있는 하나님의 보좌 앞보다 더 행복한 곳이 우리에게 어디 있을 수 있겠는가?

셋째, 따라서 우리는 하나님의 섭리를 바르게 생각하는 법을 배울 수 있다.[366] 왜냐하면 하늘에서 위엄 가운데 앉아 계시고, 지혜와 권능과 위대함이 무한하신 하나님이 지극히 신중한 섭리로 땅에서 이루어지는 모든 일을 보고, 알고, 다스리시기 때문이다. 이것은 특히 우리에게 다음과 같이 명시되어 있다. "여호와의 보좌는 하늘에 있음이여 그의 눈이 인생을 통촉하시고 그의 안목이 그들을 감찰하시도다"(시 11:4). 이 말씀은 하나님께서 하늘에서 모든 사람의 행위와 일들을 가장 세밀하게 살피신다는 것을 의미하는 매우 중요한 말씀이다. 이것은 우리로 하여금 몸이나 마음이나 재물이나 친구 관계에 있어서 그 어떤 환난을 당할 때, 거룩한 방식으로 행동하라고 가르치는데, 이는 하나님께서 우리의 형편을 보고 계시기 때문이다. 그러므로 먼저 우리는 그에게 신음하며 기도해야 하며, 어려움에 처했을 때, 그의 손의 은혜와 자비를 베풀어 주시길 겸손히 간구해야 한다. 다윗은 이것을 고난 가운데 많은 위로의 근거로 삼았다. "여호와께서 하늘에서 땅을 살펴보셨으니 이는 갇힌 자의 탄식을 들으시며 죽이기로 정한 자를 해방하기 위함이다"(시 102:19-20).

---

366 여백에: 우리가 하나님의 섭리를 어떻게 생각해야 하는가.

마지막으로, 이것은 모든 죄인을 겁에 질리게 하는 역할을 한다.[367] 왜냐하면 하늘에 계신 주님은 여러분이 누구든지 간에 여러분의 모든 행위를 예리한 눈으로 지켜보고 계시기 때문이다. 그러므로 사람이 비록 죄를 짓고 그것을 사람들 앞에서 숨길 수 있다 할지라도, 주님은 그를 보고 책망하고 심판하실 것이다. 그러므로 우리가 이 보좌에 앉은 재판장 앞에 있는 것을 알고, 모든 죄에 대해 양심의 가책을 느끼고, 생각이나 말이나 행동으로 악을 행하는 것을 두려워하자.

금지 2

두 번째 특별한 금지 사항은 **땅으로 맹세하는 것**에 대한 금지이다 [마 5:35].[368] 그 이유는 "이는 하나님의 발등상이기 때문이다." 땅은 정확하게 주님의 발등상이 아니라 주님의 발등상을 닮은 것이다. 이는 발등상이 보좌에 비하면 아무런 영광이 없는 것처럼, 하나님께서 하늘에서 자신을 나타내시는 그 지극한 위엄과 영광에 비교될 수 있는 이 땅의 영광이란 더 이상 없기 때문이다.

교훈 1. 땅이 주님의 발등상인가? 그렇다면 그는 하늘에만 계시지 않고 땅에도 현존하신다. 하나님은 한 곳에만 계시지 않고, 동시에 모든 곳에 계신다.[369] 그렇다면 여기서 우리는 하나님의 본질과 신성(神性)과 관련하여 하나님의 무한한 위대함과 편재성에 대한 명백한 증거를 갖게 된다. 왜냐하면 그리스도는 그를 왕에 비교하시는데, 그는 그의 영광으로 하늘을 가득 채울 정도로 크신 분이며, "내

---

367   여백에: 죄인들에 대한 공포.
368   역자주. 원문 여백에 35절이라고 기록되어 있으나, 영문판은 누락되고 있다.
369   여백에: 하나님의 편재.

가 하늘과 땅을 채운다"(렘 23:24)고 한 말씀에 따라, 땅이 그의 발등상이 될 정도로 높으신 분이다. 다윗은 "내가 주의 앞에서 어디로 가리이까"(시 139:7-8)라는 말로 이 점을 전체적으로 증명하는데, 이는 하나님께서 본질적으로 거기에 현존하시지 않는다고 진정으로 말할 수 있는 곳이 없다는 것을 분명하게 보여 준다. 이것을 고려하는 것은 우리에게 다음과 같은 교훈을 준다.

첫째, "우리가 그 안에서 살며 기동하며 존재하느니라"(행 17:28)는 바울의 말을 올바르게 이해하도록 교훈을 준다. 우리는 하나님의 일부로서 하나님 안에 있는 것이 아닌데, 이는 하나님의 본질은 가장 단순하기 때문이다. 하지만 우리가 하나님 안에 있다는 것은 사실인데, 이는 그의 본질이 어디에나 계시기 때문이다. 그것은 우리 안에 있고, 우리에게서 나오고, 우리 주변에 있으며, 우리 안에 존재하고, 우리 주변에 있는 존재로서 우리에게 생명과 존재와 움직임을 준다.

둘째, 이것은 우리가 하나님의 거룩한 섭리를 올바르게 생각하도록 가르친다.[370] 즉, 하나님은 모든 곳에 편재하셔서 살아 움직이는 모든 것들에 존재와 생명을 주시고, 그의 기뻐하시는 뜻대로 그들을 보존하시고 죽이시며, 그가 원하시는 것은 무엇이든 행하신다.

셋째, 하나님의 본질적인 임재에 대한 생각은 모든 상태에서 참된 순종의 근거가 되는 하나님에 대한 두려움을 우리 마음속에 불붙이는 역할을 한다.[371] 하나님께서 우리 몸이나 마음, 친구나 재물에 어떤 고난을 주신다면, 그 십자가를 우리에게 지우신 하나님의 본질적인 임재를 생각하자. 그리하면 그 십자가는 하나님께 대한 경건한 두려움을 우리 마음에 불러일으키고, 우리로 하여금 인내하고 온유하

---

370 여백에: 하나님의 섭리에 대한 올바른 생각.
371 여백에: 두려움과 순종의 근거.

678 윌리엄 퍼킨스 전집 _ 1권

며 만족하게 할 것이다. 참으로 그것은 우리로 하여금 그의 손아래서 겸손하게 만들 것이다. 사람들이 고난 속에서 자신을 낮추어 하나님께 피하지 않는 이유는, 하나님이 멀리 있다고 생각하기 때문이다. 그러나, 번영 가운데 우리와 함께 계셔서 모든 좋은 것을 베푸시는 하나님의 본질적인 임재를 생각하면, 우리는 감사하게 될 것이다. 우리에게 은혜를 베풀어 준 사람이 우리의 눈앞에 있어서 그 사람에게 기꺼이 그렇게 많이 감사한다면, 우리가 하나님께도 그렇게 해야 하지 않겠는가? 한마디로 하나님의 임재에 대한 거룩한 묵상은 우리로 하여금 하나님 앞에 겸손하게 하고, 하나님의 선하신 뜻과 기쁨에 만족하게 할 것이다.

넷째, 하나님이 본질적으로 모든 곳에 계신다면, 하나님을 예배하기 위해 거룩한 장소를 택해야 할 필요가 없는데, 이는 어느 한 장소가 다른 장소보다 하나님과 더 가깝지 않기 때문이다.[372] 이것은 종교적 예배를 위해 주요 장소를 방문하는 교황주의 성지 순례의 허영심을 반박한다. 그것은 또한 교회가 기도와 하나님 예배의 다른 부분을 위한 유일한 장소라고 생각함으로써, 집에서 개인적으로 기도하는 것을 전혀 고려하지 않는 우리 중 많은 사람들의 맹목적인 의견도 저지한다. 그러나 하나님은 여러분과 여러분의 집, 그리고 교회 안에 계시므로, 여러분은 모든 곳에서 하나님께 정결한 손을 들어 올릴 수 있다. 그러므로, 교회뿐만 아니라 가정에서도 기도해야 한다(항상 공적 집회에서 하나님의 규례를 지킨다는 전제하에).

다섯째, 하나님께서 어디에나 계신다면, 우리가 어디에 있든지 하나님께서 우리와 함께하신다는 확신으로 우리 마음이 영향을 받도록

---

372 여백에: 거룩함과 관련하여 예배를 위한 장소의 차이는 없다.

노력해야 한다.[373] 하나님이 아브라함에게 "너는 내 앞에서 행하여 완전하라"(창 17:1)고 가르치셨던 이 교훈은, 에녹이 오래전에 배웠고(창 5:24), 따라서 그는 "하나님을 기쁘시게 하는 자라 하는 증거를 받았다"(히 11:5). 이제 이러한 확신이 일어나는 곳에서는 하나님을 향한 경건한 두려움과 경외심이 우리의 마음을 사로잡아 다음과 같이 생각하게 만들 것이다. "하나님이 나와 함께 계시는데, 어떻게 내가 그 앞에서 이런 악을 행할 수 있겠는가?"{창 39:9} 오, 유혹을 받을 때 이런 생각이 우리 마음속에 떠오른다면, 하나님의 은혜로 우리가 죄 짓기를 두려워하고, 하나님의 종들이 했던 것처럼, 모든 거룩한 순종으로 하나님 앞에 행하려고 노력해야 할 것이다. 많은 사람들이 뻔뻔스럽게 죄를 짓는 것은 하나님의 임재에 대한 이러한 확신이 없는 데서 오는 것이다. 그러므로 하나님의 임재에 대한 확신이 그들의 마음에 이런 두려움을 불러일으켜야 한다(창 20:11; 시 10:3-4, 11; 94:6-7).

여섯째, 하나님의 임재에 대한 이러한 지식은 마귀에 대한 두려움으로 괴로워하는 자들의 마음을 진정시키고 강화하는 역할을 한다.[374] 그러므로 그들은 스스로 추론해야 한다. "주 나의 하나님은 능력과 본질 모두에서 나와 함께 하시고, 사탄을 결박하실 수 있고, 그를 신뢰하는 자들을 사냥꾼의 올무에서 지켜주실 것이다. 그렇다면 내가 무엇을 두려워하겠는가?"

교훈 2. 둘째, 땅이 주님의 발등상인가? 그렇다면 우리가 이 땅에 사는 동안 **우리의 삶은 매일 겸손과 회개를 실천하는 것이어야 한다.**[375] 선량한 신하들이 군주의 보좌 앞에 나아올 때, 특히 군주가 참

---

373 여백에: 하나님의 임재에 대해 생각하라.
374 여백에: 마귀의 두려움에 대한 도움.
375 여백에: 겸손하고 참회하는 삶의 근거.

석했다면, 그들은 몸을 숙여 군주에 대한 충성스러운 복종을 보인다. 사람이 사람에게 이렇게 한다면, 주님의 발등상에 거처를 둔 우리는 훨씬 더 겸손해야 하지 않겠는가? 나발에 대한 다윗의 진노가 불붙었을 때, 나발의 아내 아비가일은 남편보다 현명하여 예물을 들고 다윗을 만나러 갔다가, 그를 보자마자 "급히 나귀에서 내려 다윗 앞에 엎드려 그의 얼굴을 땅에 대고, 다윗의 발에 엎드려 그에게 그 허물을 잊고 그의 손이 피를 흘리지 않게 겸손히 간구했다"[삼상 25:23–24, 28]. 마찬가지로 야곱은 형 에서를 만났을 때, "일곱 번 절하여 에서가 그와 그의 가족을 불쌍히 여기도록 그 마음을 움직였다"(창 33:3). 그렇다면 나발이 다윗에게, 또는 야곱이 에서에게 빚진 것보다 만 배나 더 주님의 진노를 받아 마땅한 우리는 얼마나 더 주님 앞에 엎드려야 하겠는가? 게다가 우리가 여기 이 땅, 그의 발등상에서 그분 앞에 겸손히 행한다면, 언젠가 그가 우리를 하늘의 영광스러운 그의 보좌에 앉히실 것이라는 확신을 갖게 될 것이다. 그러나 우리가 그의 발등상에서 범죄하여 그분 앞에 교만하게 행한다면, "그의 발은 풀무불에 단련한 빛난 주석 같고"(계 1:15), 그는 모든 원수들을 그 발 아래 짓밟아 그들을 그의 발등상으로 삼으실 것이라는 것을 알아야 한다(시 110:1).

금지 3

세 번째 금지는 "예루살렘으로 맹세하지 말라." 그 이유는 "이는 큰 임금의 성이기 때문이다." 즉, 왕 중의 왕인 하나님의 성이기 때문이다.[376] 왜냐하면 하나님께서 유대인들을 그의 특별한 백성으로, 예

---

376 여백에: 예루살렘은 비록 부패가 넘쳐나지만 하나님의 성이다.

루살렘을 그의 성전과 엄숙한 예배를 위한 희생제사가 있는 거룩한 도시로 선택하셨기 때문이다. 이제 여기서 "성전은 강도의 소굴이 되었으며"[마 21:13], 많은 서기관들과 유대교 교사들이 종교의 기초에 어긋나는 유명한 이단자였음을 관찰하라. 참으로 스데반이 분명히 말했듯이(행 7:51), 백성들은 반역적이고 사악했지만, 그리스도는 여기서 예루살렘을 하나님의 도성이라고 부르셨고, 백성들이 비록 하나님을 버렸지만, 그 백성들을 하나님의 백성으로 부르셨다.[377] 이것에 대한 이유는 다음과 같다. 유대인이나 그 어떤 다른 민족이 범죄함으로 하나님에게서 끊어지고 하나님을 버렸을 때, 하나님의 백성됨이 이내 그치지 않기 때문이다. 하지만 하나님께서 그들을 버리고 그에게서 끊으시면, 그들은 더 이상 하나님의 백성이기를 그치게 된다. 결혼 상태에서와 마찬가지로, 남편이나 아내 중 한 사람이 간음을 저지르면, 그 당사자는 결혼의 유대를 끊고 상대로부터 자신을 단절하지만, 무고한 당사자가 범죄한 당사자를 향한 결혼의 애정을 유지하고 이혼 증서를 주지 않는 한, 여전히 남편과 아내로 남아있게 된다. 이것은 이 유대인들에게서 나타나는데, 그들이 그를 거부했을 때, 그리스도 자신이 그들을 버리지 않으셨고(그들이 그를 십자가에 못 박을 때 그가 그들을 위해 기도했기 때문에), 그의 사도들도 그들에게서 치료할 수 없는 완고함의 명백한 징후를 보기 전까지(행 13:46) 그들을 버리지 않았다.

이 점을 반드시 기억해야 하는데, 이는 교리와 삶의 방식 모두에서 많은 심각한 결핍과 결점이 있는 교회나 사람들의 상태에 관한 우리의 판단을 바로잡는 역할을 하기 때문이다. 어떤 백성이 자기 안에

---

377 여백에: 백성이 하나님의 백성이기를 멈추는 때.

있는 것을 행하여 하나님으로부터 스스로를 끊어 버릴지라도, 하나님이 그들을 그에게서 끊어 버리실 때까지, 그들은 그의 백성이 되기를 그치지 않기 때문이다. 그러므로 우리는 하나님이 그들을 끊어 버리셨다는 것을 알기 전까지는, 그들을 하나님의 백성이 아니라고 판단해서는 안 된다. 이것을 우리 교회에 적용해 보라. 우리가 하나님을 버렸고 어떤 사람들이 우리를 교회가 아닌 것으로 단죄하는 모든 학대를 행한다고 가정할지라도,[378] 이것이 우리가 교회가 아니라는 것을 증명하는 것이 아니며, 이 모든 일로 인해 우리가 그렇게 평가받을 필요도 없다. 왜냐하면 진실로 하나님께서 우리를 끊어 버리셔야 마땅하다 할지라도, 그가 우리에게 생명의 교리와 구원의 서약을 주시는 것을 볼 때, 우리가 교회가 아니라고 진정으로 말할 수 없기 때문이다. 로마 교회가 비록 심하게 타락했을지라도,[379] 세례와 말씀 같은 하나님의 은혜의 어떤 표징들이 있기 때문에, 로마 교회가 하나님의 교회로 여겨질 수 있는가? **대답**. 비록 하나님이 교황주의 한가운데서도 하나님의 백성을 소유하고 있다는 것을 의심하지 않지만, 교황을 그들의 머리로 고백하고 주장하며, 트렌트 공의회가 확립한 교리를 받아들이는 사람들의 무리를 로마 교회로 이해한다면, 그들이 교회가 아니라고 말할 수 있다. 왜냐하면 그리스도께서 그들을 끊어버리셨고, 그의 거룩한 말씀으로 그들에게 이혼 증서를 주셨기 때문이다. "내 백성아, 그녀에게서 나오라"(계 18:4).

우리는 또한 양심의 가책 없이 계속 죄를 짓는 특정한 사람들에 대해 관대한 생각을 가지도록 배운다.[380] 왜냐하면 그들이 그들 편에

---

378 역자주, 여백에: 브라운주의자들(Brownists).

379 여백에: 로마 교회는 참된 교회가 아니다.

380 여백에: 참회하지 않는 자들을 향한 관용.

서 하나님을 버렸다 할지라도, 우리는 하나님이 그들을 버리셨는지 알지 못하기 때문이다. 그는 자비 가운데 그들을 회개하도록 부르실 수 있으므로, 우리는 섣불리 그들에 대한 판단을 선언해서는 안 된다. **질문.** 그러나 많은 사람들이 해왔고 매일 하는 것처럼, 사람이 언약을 맺어 마귀에게 자신을 바친다면, 그들이 하나님께 버림받았다고 선고할 수 있지 않겠는가? **대답.** 정말 아니다. 이런 경우가 가장 두려운 것은 사실이지만, 그들은 자신들에 대해 절대적인 권력을 가지고 있지 않기 때문이다. 유다의 왕 므낫세는 가장 악하게 하나님을 버리고 마귀와 결탁했지만, 환난 가운데서 자신을 낮추고 하나님께 기도했을 때, 그는 자비를 받았다[대하 33:11–13]. "교회를 대대적으로 파괴했던"[행 9:13] 사울의 경우는 두려운 일이었으나, 주님은 그가 핍박하러 갔을 때 그를 회심시키셨다. 그러나 이런 사실이 누구에게도 계속 죄를 짓도록 용기를 주어서는 안 된다. 왜냐하면 "여호와는 그런 자에게 자비를 베풀지 않을 것"(신 29:19)이기 때문이다.

금지 4

"네 머리로도 맹세하지 말라"[마 5:36]. 이것은 그리스도께서 금지한 마지막 형태의 맹세이다. 그 이유는 다음과 같다. "이는 네가 한 터럭도 희고 검게 할 수 없기 때문이다." 즉, 너는 네 머리로 맹세하지 말라. 왜냐하면 너는 네 자신의 머리에 대해 권세가 없고, 네 머리를 만들 수 없기 때문이다. 아니 너는 네 머리의 머리카락 하나도 만들 수 없으며, 아니 (그보다 더 적은) 그 어떤 머리카락도 희거나 검게 만들어 자연스러운 색깔을 줄 수 없기 때문이다.

여기서 사람의 머리카락을 만들 뿐만 아니라, 그 하나하나에 자연스러운 색깔을 띠게 한 하나님께 영광을 돌리는 것을 관찰하라. 인간은 이것들 가운데 가장 작은 것 하나도 할 수 없다.

이것은 첫째, 하나님이 모든 것, 심지어 세상에 있는 가장 작고 보잘것없는 것까지도 다스리는 특별한 섭리가 있다는 것을 가르쳐 준다.[381] 사람의 머리털보다 더 보잘것없는 것이 무엇인가? 그리고 머리카락 색깔보다 더 고려되지 않는 것은 무엇인가? 그러나 주님의 섭리는 여기까지 도달한다. 이것은 하나님의 자녀들에게 끝없는 위로를 주는데, 왜냐하면 우리가 이렇게 하찮고 가벼운 것들에 대한 하나님의 특별한 섭리를 일단 확신하게 되면, 형통이든 역경이든 이생에서 우리에게 닥치는 모든 일이 하나님의 특별한 섭리에 의해 온다는 것을 우리가 쉽게 판단할 수 있기 때문이다. 이것은 우리로 하여금 모든 불행을 참을성 있게 견디고, 모든 형편에서 만족을 얻게 할 것이다. 왜냐하면 그것은 주님께서 보내신 것이기 때문이다. 참으로 하나님께서 환난의 저자라는 것을 아는 것은 어떤 환난 속에서도 큰 위로가 될 것이다.

둘째, 사람이 지극히 작은 피조물을 못 다스리고, 머리털 하나도 못 다스리지 않는가?[382] 그렇다면 의심의 여지 없이 그는 하나님과 관계가 있더라도, 그 어떤 피조물로도 합법적으로 맹세할 수 없다. 만일 그가 피조물로 합법적으로 맹세할 수 있다면, 그것은 그가 맹세를 어길 경우, 하나님께서 그를 벌하기를 바라는 하나님의 임재에 대한 서약으로서 그 피조물을 하나님 앞에 제시할 수 있기 때문이다. 이것은 이러한 형태의 맹세를 변호하는 사람들에게 주어진다. 그러나 사람은 그 어떤 피조물도 하나님 앞에 저당 잡힌 것처럼 내려놓을 수 없으며, 주님께서 그를 벌하시도록 지명할 수 없다. 피조물은

---

381 여백에: 하나님의 특별한 섭리가 입증되다.

382 여백에: 피조물로 맹세하는 것에 대한 반대.

사람의 능력 안에 있는 것이 아니며, 모든 피조물은 주님의 것이므로, 우리가 우리의 위증에 대해 주님께서 우리를 어떻게 벌하실지 그에게 지명할 수 없기 때문이다. 피조물로 한 맹세를 그리스도께서 맹세라고 불렀기 때문에(마 23:20), 반드시 지켜야 하는 구속력 있는 맹세라면, 사람이 합법적으로 사용할 수 있다고 말한다. **대답.** 사람이 간접적으로 하나님으로 맹세하지만, 그것이 실질적인 맹세이기 때문에, 그것이 구속력이 있고 지켜져야 한다는 이유는 좋지 않다. 맹세는 하나님께 드리는 예배의 일부로서 즉시 하나님께 향하는 것이기 때문에, 그 방식이 불법이다. 불신자가 거짓 신들로 맹세할 때(라반이 나홀의 하나님으로 맹세한 것처럼[창 31:53]), 그것은 맹세이며, 그의 의도는 참된 하나님으로 맹세한 것이기 때문에, 그의 양심을 구속하는 것이다. 그러나 그 형식은 불법이다. 왜냐하면 그는 하나님이 아닌 것을 하나님의 자리에 두었기 때문이다.

셋째, 머리털이 하나님의 피조물이며, 자연스러운 색깔은 그의 솜씨로 만들어진 것인가? 그렇다면 머리카락을 남용하는 모든 행위는 반드시 불법이어야 한다.[383] 첫째, 자신의 머리카락을 만든 하나님의 솜씨를 부끄러워하는 남자들이나 여자들이 때로는 죽은 사람의 머리카락을 사서 머리를 아름답게 꾸미는 관습은 불법이다. 이것은 끔찍한 일이며, 그런 사람들은 모든 말마다 그들의 머리로 맹세하는 사람들만큼이나 하나님의 이름을 헛되이 취하는 것이다. 왜냐하면 하나님은 그들의 자연스러운 머리카락 색깔에 자신의 이름을 두셨기에, 그들의 머리카락이 장차 어떻게 되든, 아무도 부끄러워할 필요가 없기 때문이다. 둘째, 얼굴에 색을 칠하고 머리카락에 염색하는 것은

---

383 여백에: 머리털에 대한 남용들.

그 안에 둔 하나님의 이름을 남용하는 또 다른 행위이다. 이교도들은 그들의 작품에서 네로(Nero)의 아내인 포파에아(Poppaea)[384]가 나귀의 젖으로 만든 연고를 사용하여 얼굴을 곱고 밝게 만들었다는 이유로 이 관습을 혐오했다.[385] 그렇다면 스페인식 흰색으로 얼굴을 칠하고 머리를 염색하는 우리 여성들과 신사 숙녀들에 대해 뭐라고 말하겠는가? 이 사람들은 의심의 여지 없이 "고운 것과 아름다운 것보다 하나님을 경외하는 것을 선호하는"(잠 31:30) 하나님의 말씀을 믿지 않는다. 하지만 나는 그들이 이세벨의 추종자(왕하 9:30)라는 것을 부끄러워해야 한다고 생각한다. 셋째, 젊은 층에서 긴 머리를 하는 것은 머리카락의 또 다른 남용이다. 그것은 진실로 노인들 사이에서 시작되었지만, 이제는 젊은이들의 잔꾀가 되었고, 교만한 마음의 배지가 되었다. "남자가 긴 머리를 갖는 것이 부끄러운 일"[고전 11:14]이라고 사도가 말했다면, 그들이 어떻게 그것으로 하나님께 영광을 돌린다고 말할 수 있겠는가? 하나님께서 그 안에 그의 이름을 두셨기 때문에, 우리는 그 이름을 죄의 도구로 삼는 것을 당연히 조심해야 한다. 긴 머리를 하는 것이 우리의 영국 패션이라고 말한다면, 이렇게 답할 것이다. 그것은 우리의 고대 영국 패션이 아니라 실제로 외국의 잔꾀이며, 따라서 하나님께서 정죄하시는 외국 복장만큼이나 불법이다(습 1:8). 우리의 고대 영국 패션은 (노년층을 제외하고) 단발머리를 하는 것이었다. 그리고 모든 나라에서 가장 오래되고 장엄한 패션이 추종되어야 한다. 머리카락의 사용에서만 아니라 의복에서도, 사람들은 그들의 마음의 은혜를 보여 줄 수 있다. 왜냐하면 사람의 옷차림은 하나

---

384 역자주. 포파에아 사비나(Poppaea Sabina, A.D. 30-65)는 로마 황제 네로의 정부(情婦)였다가 두 번째 부인이 되었다. 포파에아는 호화로운 생활을 영위했으며 아름답고 계산적인 여성으로 유명했다.

385 여백에: Plin. Nat. Hist. l. 11. c. 41. and l. 28. c. 12.

님이 그의 이름을 두신 그의 피조물들로부터 빌려온 하나님의 규례이기 때문이다. 그러므로 우리는 교만과 허영의 낙인으로 그것을 더럽히지 말고, 오히려 그 안에서 하나님의 이름을 영예롭게 할 수 있는 자유와 단정함을 보여 주어야 한다.

3부

"오직 너희 말은 옳다 옳다, 아니라 아니라 하라 이에서 지나는 것은 악으로부터 나느니라"(마 5:37). 이 구절은 두 부분을 포함한다. 일상적인 대화에서 우리들의 말의 틀을 잡는 규칙과 그 이유이다. 그 규칙은 다음과 같다. "오직 너희 말은 옳다 옳다, 아니라 아니라 하라."[386] 여기서 주님은 사람들이 일상적인 대화에서 맹세를 하지 않을지라도, 그들이 말하는 것에 대해 단순한 긍정이나 부정을 사용할 수 있음을 보여 준다. 이 규칙은 다양한 방식으로 설명된다. 어떤 사람들은 마치 그리스도께서 '네가 말할 때 긍정하는 것은 무엇이든 진실로 긍정하고, 부정하는 것은 무엇이든 진실로 부정하라'고 말씀하신 것처럼, 우리 말의 진실성을 존중하는 의미로 받아들인다. 그러나 이 구절의 상황으로 볼 때, 오히려 그것은 그리스도께서 여기서 우리의 일상적 대화 형식에 대한 규칙을 다음과 같은 취지로 제안하는 것처럼 보인다. "네가 평상시 말에서 어떤 것을 긍정하려면, 그 긍정을 참으로 하고, 어떤 것을 부정하려면, 그 부정이나 부인을 아니오라고 하여, 평상시 의사소통에서 더 말할 것을 권유받더라도 더 이상 말하지 말라." 따라서 어떤 경우에는 앞서 보여 준 것처럼, 맹세하는 것이 합법적인 경우도 있기에 평범한 일상적 대화를 위해 **의사소통**을 해

---

386 여백에: 의사소통의 규칙.

야 한다.

적용. 첫째, 이 규칙에 따르면 우리의 일반적인 긍정 또는 부정에 "오 주여, 참으로", "아니요, 선하신 하나님" 등과 같은 기원을 추가하는 것은 정죄된다.[387] 경우에 따라 때때로 이러한 표현을 사용할 수도 있지만, 일상적이고 친숙한 의사소통에서 이러한 기원은 하나님의 이름을 남용하는 것이다. 지상의 군주는 자신의 이름이 모든 사람의 입에 오르내리는 것을 참지 않을 것이며, 주님은 그의 영광을 질투하는 분이시니, 그것을 더욱 참지 않으실 것이다.

둘째, 여기서 확언은 "진실로 참으로", "진실로 아니오" 등과 같은 일상적 대화에서 평범하게 사용되지 않을 수 있다는 점에 유의하라.[388] 이것들은 단순한 긍정과 부정을 넘어서는 것이므로, 일상적인 말에서 사용해서는 안 된다. 경건의 모본인 우리 구주 그리스도는 그것들을 일상적인 말에는 사용하지 않으셨지만, 신중하게 기억해야 할 중요한 문제들에는 사용하셨다. 그래서 그는 "진실로 진실로 내가 너희에게 이르노니"라고 말씀하셨다.

셋째, 여기서 우리가 일상적인 대화에서 어떤 것을 긍정하거나 부정할 때, **저주하는 것**은 정죄된다.[389] "참으로, 그렇지 않으면 나는 죽을 것이다" 등과 같이 말하는 것이다.

넷째, 하나님의 이름이든 다른 피조물로 하든 **일상적인 맹세**는 여기서 다시 명백히 금지된다.[390] 어떤 사람들은 일상적인 대화에서 옳다, 아니라 대신 맹세를 피하기 위해 (그들이 생각하듯이) "긍정으로",

---

387 여백에: 의사소통에서 기원은 불법이다.
388 역자주, 여백에: 확언.
389 역자주, 여백에: 저주.
390 역자주, 여백에: 일상적인 맹세.

"부정으로"라고 말하곤 했다. 그러나 여기서 그들은 잘못을 저지르는데, 왜냐하면 이 문구들은 "믿음으로"와 "충성으로"와 마찬가지로 맹세이기 때문이다. 그래서 한마디로, 일상적인 대화에서 "옳다"와 "아니라" 외에 우리의 말을 확정하기 위해 추가된 모든 말은 일반적인 의사소통을 위한 그리스도의 이런 규칙에 대한 남용이다.

"이에서 지나는 것은" 즉, 일반적인 말에서 단순한 긍정이나 부정을 넘어서는 모든 것은 "악으로부터", 즉 악한 자 마귀에게서 나온다. 그러므로 "악에서 우리를 구하옵소서"(마 6:13), 즉 악한 마귀로부터 구하옵소서. 이것은 사람들이 이 규칙을 실천하도록 만드는 가장 탁월한 이유이다. 왜냐하면 일상적인 말에서 맹세, 확언, 기원, 저주를 남용하는 것은 모두 하나님의 이름을 남용하는 것이며, 마귀에게서 나온 것이기 때문이다. 마귀는 사람들에게 그것들을 사용하라고 가르치는 선생이다.

질문. 모든 시험은 마귀로부터 오는 것인가? **대답.** 악에 대한 모든 시험이 마귀에게서 온다는 것은 이 본문이 많이 증명한다. 그리고 마귀는 모든 사람을 항상 모든 수단으로 시험하기 위해 몰두하기 때문에 '시험하는 자'(마 4:3)라고 불린다. 어떤 시험은 우리의 타락한 마음에서 비롯되지만, 마귀는 그 시험을 더욱 강화하기 위해 그 마음에 관여한다는 것은 사실이다. **질문.** 마귀는 하나에 불과하고, 한 번에 한 곳에만 있을 수 있다는 것이 어떻게 가능한가? **대답.** 마태복음 25장 41절에 "지옥은 마귀와 그 천사들을 위해 예비된 곳이라"는 구절에서 알 수 있듯이, '바알세불'이라 불리는 악한 영들의 우두머리와 그를 섬기는 무수한 악한 천사들을 지닌 '마귀'가 실제로 존재한다. 그럴 가능성이 없는 것은 아니지만, 그들은 지상에 있는 모든 사람보다 숫자가 더 많다. 이생에서 어떤 사람이 어디에 있든 악한 영은 그가 범죄하도록 유혹할 준비가 되어 있지 않는가? 그는 더러운 사람을 더러움에 빠지게 하고, 모든 사람이 가장 좋아하는 죄에 빠지게 하지 않는가? 그래서 악한 행동이 우리 자신의 부패에서 비롯되지만, 그것을 행동으로 옮기는 데 마귀의 도움이 없었던 적은 없다.

적용. 첫째, 이것은 마귀가 어떤 모양으로 나타나도 두려워하지 않는 평범한 사람들의 어리석음을 논박하는 역할을 한다.[391] 그들은 그를 볼 때 외에는, 그가 결코 그들 근처에 없다고 생각한다. 그러나 그들은 마귀가 악한 영들로 모든 곳에서 항상 그들 주변에 있다는 것을 알아야 한다. 그러므로 그들은 그의 나타남보다 그의 시험을 더 두려워해야 하는데, 그의 나타남은 시험으로 그 영혼에 해를 끼치는 것만큼 그렇게 무서운 것이 아니기 때문이다. 둘째, 우리는 사람을 항상 시험하려고 모든 사람과 함께하는 마귀의 현존을 통해, 모든 죄와 그 경우에 대해 엄격하게 경계하기를 배워야 한다. 우리는 우리의 일시적 재산이나 자연적 생명을 빼앗으려는 도둑을 경계하라는 말에 쉽게 설득된다. 마찬가지로 우리의 영적 원수인 마귀는 우리 영혼의 파멸을 추구하기 위해 매일 우리 주위를 맴돌고 있으므로, 우리는 항상 그의 유혹을 주시해야 한다. 진실로 우리가 그의 현존과 우리를 향한 악의를 잘 고려한다면, 그가 올무로 우리를 낚아채지 않도록 깨어 있어 두려워해야 한다.

그런데 왜 마귀는 악한 자라고 불리는가?[392] **대답**. 마귀가 악한 자로 불리는 데는 다음과 같은 이유들이 있다. 첫째, 마귀는 지나칠 정도로 악하여, 그의 죄는 최고 수준이다. 그의 첫 번째 죄는 아마도 성령을 직접적으로 거슬렀기 때문일 것이다. 이것이 타락 후 하나

---

391 여백에: 마귀들은 눈에 보이지는 않지만 자주 우리 주변을 맴돌고 있나.

392 여백에: 사탄이 악한 자라고 불리는 이유.

님이 자비를 베풀어 줄 대상으로 천사들이 아닌 사람들을 선택하신 이유 중 하나일 수 있다. 둘째, 그는 쉬지 않고 악과 죄악을 저지르기 때문에 "두루 다니며 삼킬 자를 찾는 굶주린 사자"[벧전 5:8]에 비유되었다. 존재하거나 존재했던 가장 사악한 사람이 때때로 선한 일을 하기도 한다. 바로는 자신을 낮추고 모세에게 자신의 죄를 고백했고[출 10:16], 사울은 "사무엘과 함께 하나님께 예배하기를 원했으며"[삼상 15:30], 헤롯도 세례 요한의 사역에 따라 그의 말을 들을 때에 "크게 번민을 하면서도 달갑게 들었다"[막 6:20]. 그러나 마귀는 모든 악한 사람과 달라서, 악을 행하는 것 외에는 아무것도 하지 않는다. 그는 항상 살인을 저지르며, 인간의 파멸을 추구하기를 결코 멈추지 않는다. 셋째, 그는 자신과 그의 사역자들로 말미암아 모든 종류와 모든 등급의 죄를 행하기 때문에, 세상에 있는 죄는 모두 그에게서 나온 것이고 그로부터 더 발전하여 간다. 가장 사악한 사람도 때때로 죄를 삼가고, 참으로 천성적으로 어떤 죄는 미워한다. 교만하고 방탕한 사람이 탐욕을 견딜 수 없고, 술주정뱅이가 우상 숭배를 혐오할 수 있다. 그러나 마귀는 온갖 종류의 죄를 끊임없이 행하므로 정당하게 "악한 자"라고 불린다.

그렇다면 여기서 우리는 우리가 왜 "본질상 진노의 자녀와 마귀의 자녀"라고 불리는지, 그 이유를 알 수 있다.[393] 즉, 왜냐하면 본질상 우리는 우리 안에, 그리고 우리 주위에 어린아이가 친아버지를 닮은 것처럼, 죄 가운데 있는 마귀의 형상을 생생하게 지니고 있기 때문이다. 첫째, 우리의 잉태 시에 우리는 금단의 열매를 먹은 아담의 죄에 대해 유죄이기 때문이다. 둘째, 우리의 본성은 원죄로 얼룩져 있는

---

393 엡 2:3. 역자주, 여백에: 왜 우리가 진노의 자녀와 마귀의 자녀라고 불리는지.

데, 이는 (하나의 실행이 아니라) 세상에서 자행되는 모든 종류의 해악과 사악함에 대한 하나의 성향이다. 유다가 그리스도께 한 것처럼, 어떤 사람이 그의 아버지나 어머니를 죽이거나, 그의 주인을 배신하는 것을 보라. 비록 당신이 그러한 죄를 미워할지라도, 의심의 여지 없이 그 씨앗은 당신 안에 있다. 참으로 자비로운 하나님이 우리를 보호하지 않으셨다면, 우리는 부패하여 성령을 모독했을 것이다. 그리고 셋째, 이 본성적인 부패로 인해 우리의 삶의 과정에서 수많은 악한 생각과 말과 행동이 생겨나며, 그 모든 것에서 우리는 하나님께서 우리로 회개하게 하실 때까지 마귀의 형상을 지닌다. 그러므로 똑같은 정도와 방식은 아니지만, 마귀 안에 있는 동일한 부패가 우리 안에 있기 때문에, 우리는 본질상 진노와 마귀의 자녀라고 불리는 것이 정당하다.

적용. 그러므로 우리는 첫째, 스스로 부끄러워하고 당황하여 참으로 고개 숙이는 것을 배우는데, 무슨 이유로 우리가 본성상 마귀와 같은 자기 사랑으로 우쭐해져야 하는가? 둘째, 이것은 무엇보다도 아담 안에서 잃어버린 하나님의 형상이 의와 참된 거룩함으로 우리 안에서 새롭게 되어 죄와 악으로 가득한 마귀의 형상이 사라지도록 힘쓸 것을 가르친다. 셋째, 이로 인해 우리는 우리와 관련된 세상적인 것을 고려하지 않고, 우리의 모든 기쁨을 그리스도 안에 두어야 한다. 그리스도는 우리의 지혜와 의로움과 부요와 그 밖의 모든 것이 되어야 하는데, 이는 그로 말미암아 우리가 마귀의 모양에서 하나님의 형상으로 새로워지기 때문이다.

다섯 번째 본보기

"또 눈은 눈으로, 이는 이로 갚으라 하였다는 것을 너희가 들었으나"(마 5:38). 여기서 그리스도는 두 번째 돌판의 계명들로 돌아가 그 계명들의 적절한 의미로 회복시키시고, 이로써 유대교 교사들이 제공한 잘못된 해석을 논박하시려고 한다. 첫째, 그는 제6계명과 연관된 모세의 특별한 사법적 율법에 이르러 **동해복수법**(同害復讐法)을 다루시는데, 여기서 전자에서와 마찬가지로 그는 먼저 서기관과 바리새인의 잘못된 해석으로 이해된 모세 율법의 말씀을 제시하신다(마 5:38). 그런 다음, 그는 그 율법에 대한 올바른 의미를 제시하시고, 그것으로 유대교 교사들의 잘못된 해석을 반박하신다(마 5:39-41).

1부

첫째, 모세 율법의 말씀이 여기에 제시되어 있다. "눈은 눈으로, 이는 이로"(출 21:24). 전자와 관련하여 그리스도는 여기에 다음의 서문을 붙이신다. "너희가 들었으나." 이것으로 그는 유대교 교사들의 잘못된 의미에서 하나님의 율법을 제시하려고 한다.[394] 그것을 더 바르게 깨닫기 위해서 우리는 그 법의 진정한 의미를 관찰해야 한다. "눈은 눈으로, 이는 이로." 여기서 주님은 사적인 사람에 의해서가 아닌, 공적인 행정관에 의한 동해복수를 요구한다. 어떤 사람이 그 이웃의 눈을 빼냈다면, 행정관도 그의 눈을 빼야 하고, 그 이웃의 이를 친 자의 이를 쳐야 한다. 그렇게 해야 하는 까닭은 **모든 사적인 사람이 직접적으로 복수를 하는 것이 금지되어 있고**, 명백하게 재판

---

394 여백에: 모세의 동해복수법이 해설되다.

장에게 전가되었기 때문이다(신 19:18-19, 21). 그러나 유대교 교사들은 마치 하나님께서 모든 사적인 사람에게 '네 이웃이 네 눈을 빼거든 그의 눈도 빼고, 네 이를 치거든 그 이도 치라'고 말씀하신 것처럼, 이 사적 복수의 법칙을 해설했다. 이것은 유대인들의 잘못된 해석이다.

질문. 모세의 모든 책에서 명백하게 행정관을 언급하고 있는데, 유대인들은 어떻게 그와 같이 분명한 경우를 그렇게 지나칠 수 있었는가? **대답.** 거기에는 두 가지 이유가 있을 수 있다. 첫째, 사람이 자신의 명분으로 사적인 복수를 할 수 있기에, 행정관의 처분을 기다리지 않는 것이 자연스러운 견해이기 때문이다. 그리고 모든 사람의 마음속에는 그가 상처를 입었을 때, 본성적으로 복수에 대한 강력하고 강한 욕구가 있기 때문이다. 유대인들은 이 율법을 해석할 때, 그들의 부패한 본성과 무모한 정서를 따랐을 가능성이 있다. 다시 말하지만, 유대 민족은 도피성에 대한 율법에서 볼 수 있듯이, 천성적으로 복수에 대한 강한 성향을 가지고 있었다. 그리고 피를 복수하는 자에 대한 언급은 유대인들이 피를 흘린 자를 만나는 곳마다 그의 피를 다시 흘리게 될 것임을 분명히 암시하고 있다. 유대교 교사들은 그들의 가르침을 백성들의 일반적인 기질과 행동에 맞추었고, 하나님의 진리를 거짓으로 만들었다. 그래서 사람들의 죄를 죄가 아닌 것처럼 보이게 만드는 일을 하였다.

적용. 먼저 이 유대교 교사들의 모습에서 우리는 신앙을 뒤엎으려는 마귀의 책략을 볼 수 있으며, 이런 마귀의 의도는 모든 시대에 걸쳐 존재해 왔다.[395] 이를 위해 마귀는 사람들이 종교를 그들의 타고

---

395 여백에: 신앙을 사람들의 입맛에 맞추는 것은 사탄적인 책략이다.

난 기질과 외적 통념에 맞추도록 신앙과 사람 모두를 전복시킨다. 이것은 유대인들 사이에서 이 복수의 경우에서와 마찬가지로 다른 점에서도 나타난다. 외지인들로부터 고리를 취하는 것에 대한 관용의 법에서 나타나고, 모든 선지자들로부터 많은 책망을 받은 강퍅한 마음에서 나타나는 것처럼, 그들은 탐욕에 많은 영향을 받는 민족이었다. 이것이 그들의 타고난 성향이라고 인식한 마귀는 하나님의 구원 교리를 지상의 유익에 대한 교리인 것처럼 보이게 만들었다. 그래서 그는 그들로 하여금 그들의 메시야를 지상의 왕과 그의 통치 아래 번성하는 지상의 왕국을 꿈꾸도록 만들었다. 마귀는 다른 이방인들도 이와 같이 다루었다. 이교도 작가들의 증언에 따르면, 이탈리아의 로마인들은 미신과 마법, 우상 숭배에 심하게 중독되어 있었다고 한다. 하나님은 비록 초대교회에서 그들에게 참된 종교를 제공해 주셨지만, 미신에 대한 그들의 타고난 성향을 알아차린 마귀는 하나님의 진리를 자연적이고 미신적인 종교로 혼합시켜서, 그들이 이교도였을 때 그랬던 것처럼 우상 숭배와 미신이 넘쳐나게 되었다.

마귀는 복음이 참되게 전파되는 개신교에서도 이와 같은 악의적 행태를 보여 준다. 왜냐하면 그는 교사들의 가르치는 입술로 종교를 타락시킬 수는 없지만, 가르치는 사람과 듣는 사람 모두의 마음에서 진리를 약화시켜서 그들의 본성과 성향에 적합한 것만 받아들이게 한다. 더 나아가 그들의 성향을 거스르는 곳에서는 받아들이지 않게 한다. 이것이 분명하지 않은가? 왜냐하면 진리를 마음으로 받아들이는 사람은 진리를 따라 삶을 살아가지만, 일반적으로 종교를 누리는 것은 종교의 형태만 갖는 것에 불과하기 때문이다. 사람들이 비록 신앙을 고백할지라도 여전히 죄 가운데 살고 있다. 타고난 기질로 그 종교를 뛰어넘어 진실로 경건의 모양은 있으나 경건의 능력은 없기에{딤후 3:5} 그들의 경건은 헛된 것이다(약 1:26). 그러므로 우리는 마귀의 이 책략에 주의를 기울여야 하며, 그가 종교를 사람의 성향에 맞게 변화시키려고 애쓰기 때문에, 우리는 반대로 범사에 힘써 우리 자신을 신앙으로 변화시켜 "우리에게 전하여 준 바 교훈의 본"(롬 6:17)에 순종해야 한다.

둘째, 이 서기관들과 바리새인들에게서 우리는 나쁜 교사의 속성을 관찰한다.[396] 즉, 백성이 참된 교리에 따라 경건의 실천을 행하는 방향으로 변화되어야 할 때, 나쁜 교사는 자신의 교리를 백성의 습관과 방식에 맞춰 변화시키려 한다. 이것에 대해 여호와는 예레미야에게 "그들은 네게로 돌아오려니와 너는 그들에게로 돌아가지 말지니라"[렘 15:19]고 권고하신다. 왜냐하면 "악을 행하는 자의 손을 강하게 하는 것"[렘 23:14]이 그의 시대에 거짓 선지자들의 관행이었기 때문이다. 많은 교사들이 교리와 실천을 사람들의 습관과 방식에 맞추는 것이 일반적인 잘못이지만, 이것은 실상 종교를 뒤엎고 인간의 영혼을 파괴하는 마귀의 책략이다.

2부

"나는 너희에게 이르노니 악한 자를 대적하지 말라 누구든지 네 오른편 뺨을 치거든 왼편도 돌려 대며"(마 5:39). 이 구절과 다음 세 구절에서 그리스도는 이 율법에 대한 잘못된 해석을 반박하신다. 그의 대답은 두 가지로 요약된다. 첫 번째는 "악한 자를 대적하지 말라"는 억제이며, 뒤따르는 말씀에 나오는 세 가지 예로 설명된다. 두 번째는 악을 선으로 갚으라는 계명이다(마 5:42).

---

396 여백에: 나쁜 교사의 속성.

요점 1

해설. 첫째, "악"이란 사람에게 가하는 상해나 잘못이며, "악한 자"란 잘못을 저지르는 악한 사람을 의미한다. "대적하지 말라." 즉, 악한 자를 대적하여 그가 너희에게 해를 끼친 대로 갚지 말라. 이 **단어**는 다음과 같이 많은 것을 의미한다.[397] 이제 그리스도는 합법적 변호로 저항하는 것을 금지하는 것이 아니라, 사적 복수의 방법으로 저항하는 것을 금지하신다. 이는 그가 제자들과 사적인 사람들에게 (누가가 말한 것처럼[눅 6:27]) "너희 듣는 자에게 내가 이르노니"라고 말씀하시기 때문이다. 하지만 더 나아가, 이 해석을 명확히 하기 위해 우리는 성경이 두 종류의 복수를 언급하고 있다는 사실을 알아야 한다. **공적 복수**와 **사적 복수**가 그것이다.[398] **공적 복수**는 행정관이 정의와 하나님의 율법에 따라 그의 형제에게 부당행위를 범한 악인을 처벌하는 것을 말한다. **사적 복수**는 행정관이 아닌 자들이 자기에게 잘못을 저지른 사람에게 스스로 복수하는 것을 말한다. **공적 복수**는 행정관을 "행악자들에 대해 복수를 집행하기 위한 하나님의 사역자"[롬 13:4]라고 일컬은 사도 바울에 의해 허용되었다. **사적 복수**는 "네 자신이 복수하지 말라"[롬 12:19][399]는 사도에 의해 금지되었다. 이제 이 교리에 의해 우리 구주 그리스도께서 여기서 복수를 금지하신 것은 공적 복수가 아니라 **사적 복수**를 의미한다는 것이 분명하다.

적용. 첫째, 여기서 우리는 그리스도인이 행정관이 되어 악인들에게 칼을 휘둘러 복수하거나, 공동의 원수들과 전쟁을 벌이는 것이 불

---

397 여백에: ἀντιστῆναι.
398 여백에: 이중적 복수.
399 역자주, 영문판은 원문(롬 12:17)과 달리 롬 13:17로 오기되어 있으나, 롬 12:19가 더 정확한 것으로 보인다.

법이라고 생각하는 사람들이 논박되는 것을 볼 수 있다.[400] 이 사람들은 공적인 복수가 아니라, 사적인 복수만을 금지하는 이 본문을 잘못 이해함으로써 속고 있다. 둘째, 여기서 우리는 모든 사적인 복수가 제6계명을 어기는 죄로 단호하게 정죄된다는 것을 알 수 있다.[401] 이 점을 기억해야 하는 이유는 우리가 상처를 받았을 때, 사적인 이유로 같은 것에 대해 같은 것으로 동일하게 되갚는 것은 우리의 자연스러운 생각이자 마음의 욕망이기 때문이다.

이제 우리가 이 죄에 대해 더 자세히 알기 위해서는 사적인 복수가 내적 복수와 외적 복수라는 두 가지 측면이 있음을 알아야 한다.[402] **내적인 사적 복수**는 어떤 사람에게 악을 행하려는 마음속에 있는 목적이다. 이것은 일반적으로 원한을 품는 행위로 불리며, 여기서 정죄되는 것이다. **외적 복수**는 말이나 행동으로 마음의 앙심을 행동으로 옮기는 것을 말한다. 말로 어떤 사람이 "너 죽을 줄 알아"라거나 "앙갚음을 받을 줄 알아"라는 등의 협박성 발언을 하는 경우, 또는 "전염병에나 걸려라, 감염병(murraine)[403]이나 역병에나 걸려라"와 같은 저주의 말을 하거나, 다른 사람을 "건달, 악당 등"으로 부르며 욕하거나 꾸짖는 것이다. 행위와 행동으로 사람들은 외적 복수를 보여 주는데, 그들이 사적 복수를 위해 말 한마디, 일격에 서로 싸우고 공격하는 것이다. 이것에 대해서도, 우리는 일부 행정관들과 상관들의 일반적인 나쁜 관행을 언급할 수 있지만, 아마 그것을 부당행위라고 생각하는 사람은 거의 없을 것이다. 즉, 행정관이 악인에게 사적

---

400 여백에: 행정관은 합법적이다.
401 여백에: 사적인 복수는 불법이다.
402 여백에: 사적인 복수의 종류.
403 *Murraine*: 감염병.

인 원한을 품고 형벌을 가중할 때, 그는 사적인 복수를 하는 것이며, 또는 부모나 주인이 분노와 노여움으로 그들의 하인과 자식을 바로잡을 때처럼, 비록 그들이 공적인 사람이라 할지라도, 화가 난 상태에서 바로잡는 것은 복수를 통해 자신들의 마음을 편안하게 하는 것이기 때문이다.

적용.[404] 그러므로 여기서 우리는 어떤 방식으로든 우리에게 잘못을 행하는 사람들에게 생각이나 말이나 행동에서 악을 악으로 갚지 말고, 오히려 상처를 감내하되, 의롭게 심판하시는 하나님께 복수를 맡겨야 한다는 것을 배워야 한다. 이 의무는 우리의 타고난 기질에 위배되기 때문에, 우리 마음이 그것에 굴복하도록 몇 가지 이유를 들어 설득할 것이다.[405] 첫째, 사도는 신명기{신 32:35}로부터 "원수 갚는 것이 주님의 것"[롬 12:19]이라고 가르친다. 그래서 우리가 사적으로 복수를 한다면, 우리는 하나님의 권리를 빼앗는 것이므로, 제1계명을 어기는 죄를 짓는 것이다. 둘째, 다음 말씀에서 그는 "내가 갚으리라고 주께서 말씀하시니라"[롬 12:19][406]고 덧붙인다. 불의를 당한 경우, 하나님께서 우리의 채무자가 되시므로, 우리가 부당 행위를 당했을 때 우리 자신이 성급하게 복수하지 말고, 인내심을 가지고 주님을 기다리며, 우리의 상처를 그의 발 앞에 내려놓아야 한다. 이는 주님께서 때가 되면, 우리에게 잘못을 저지른 자들에게 갚아 주실 것이기 때문이다. 셋째, 이런 경우에 존귀한 사람들의 모범을 고려하라. 우리 구주 그리스도는 결코 복수하려 하지 않으셨고, "참을성 있게 잘못을 견디고 오직 공의로 심판하시는 이에게 부탁하

---

404 역자주, 여백에: 적용이라고 기재되어 있으나, 영문판은 이것을 생략하고 있다.
405 여백에: 사적인 복수를 반대하는 이유.
406 역자주, 영문판은 [신 32:35]를 기재하고 있으나, 퍼킨스는 사도의 다음 말을 가리키고 있으므로 롬 12:19이 정확하다.

시며, 우리에게 본을 끼쳐 그와 같이 하도록 하셨다"(벧전 2:21, 23).[407] 참으로 그는 잔인하고 억울하게 십자가에 못 박히셨을 때, "핍박자들을 위해 기도하셨다"(눅 23:34). 스데반 역시 "자기를 돌로 치는 자들을 위해 기도했다"(행 7:60).[408] 그리고 다윗은 왕이었지만, "자신을 저주한" 시므이에게 복수하려 하지 않았고(삼하 19:9-10), 또한 자신의 목숨을 노리는 사울을 자주 손에 쥐고 있었음에도 불구하고[삼상 26:9-10], 그를 건드리려 하지 않았고, 아니 "그의 옷자락을 벰으로 말미암아 그의 마음이 찔리기까지"[삼상 24:5-6] 하여 복수하는 것과는 거리가 멀었다.[409] 넷째, 우리는 다섯 번째 간청에서 "우리가 우리에게 죄지은 자를 사하여 준 것 같이 우리 죄를 사하여 주옵시고"라고 기도한다. 그러나 우리가 마음에 원한을 품고 있다면, 우리는 하나님께서 우리를 용서하지 않고 정죄하시도록 기도하는 것이다. 왜냐하면 우리가 우리에게 잘못한 자들을 용서하지 않고 복수하려 하기 때문이다. 이제 어떤 사람이 자신에게 복수가 임하도록 기도한다는 것은 가장 두려운 경우이다. 다섯째, 동일한 당사자가 고소인과 재판관이 되는 것은 상식에 맞지 않으나, 어떤 사람이 스스로 복수할 수도 있다면, 그렇게 되어야 한다. 그러므로 우리가 그리스도의 제자가 되려면, 억울한 일을 당했을 때 인내심으로 무장하고, 의롭게 심판하는 하나님께 복수를 의탁해야 한다.

하지만 어떤 사람들은 우리가 항상 참으면서 부당행위를 감내하면, 결코 평온할 수 없고, 계속 다른 사람이 부당하게 대할 것이라고 말한다. **대답**. 비록 우리 자신이 스스로 복수해서는 안 될지라도, 우

---

407 역자주. 원문과 영문판은 벧전 2:10절로 오기하고 있다.
408 역자주. 원문과 영문판은 행 7:16로 오기하고 있다.
409 역자주. 원문과 영문판은 성경 참고구절(삼상 26:9-10, 삼상 24:5-6)의 위치를 서로 바꾸어 기록하고 있다.

리는 우리에게 행해진 잘못을 예방하거나 처벌하기 위해 행정관의 도움을 간절히 바랄 수 있다. 행정관은 억압받는 자를 구제하고 악인에게 복수를 집행하는 하나님의 대리자이기 때문이다. 따라서 바울은 유대인들이 자신을 반대하려는 음모를 막기 위해 한 청년을 "천부장에게 보내었고"[행 23:17], 예루살렘에서 유대인들의 위험을 피하기 위해 "가이사에게 호소했다"(행 25:10). 그러나 우리가 부당행위를 당할 때, 그 부당함이 우리에게 두 배, 세 배(trebled)[410]가 되더라도, 사적인 복수를 추구하지 않고 참을성 있게 견뎌야 한다.

셋째, 우리 구주 그리스도는 여기서 부당행위를 범하는 사람을 "악한 자"라고 부르심으로써, 우리로 하여금 다른 사람에게 잘못을 행하는 것이 악한 사람의 속성이라고 깨닫게 하신다.[411] 그리고 이 칭호는 잘못을 저지른 사람에게 주어졌는데, 이는 우리에게 잘못을 저지른 사람이 비록 악한 사람일지라도, 인내심을 가지고 잘못을 참아야 한다고 가르치기 위한 것이다. 선을 지속적으로 행하는 것은 선한 사람의 속성이지만, 악을 행하는 것은 악한 사람의 표식이며, 여기서는 마귀와 같다. 이것을 통해 우리는 말이나 행동으로 몸이나 재물, 이름에 있어 누구에게도 해를 끼치지 말고, 오히려 부르심의 범위 안에 있는 모든 사람에게 우리가 할 수 있는 모든 선을 행하도록 우리 자신을 적용하는 것을 배워야 한다. 이로써 우리는 우리의 신분을 알게 되는데, 왜냐하면 만일 우리가 우리의 부르심에서 말이나 행동으로 다른 사람들을 해치려고 한다면, 우리는 하나님 보시기에 악한 사람이기 때문이다. 고리대금업자, 강탈자, 그리고 그들의 직업에서 사기와 속임수를 사용하는 모든 자들이 바로 그런 사람들이다.

---

410 *Trebled*: 세 배.

411 여백에: 부당행위는 악한 사람의 속성이다.

그러나 우리가 그리스도 안에서 하나님께 인정받는 선한 사람임을 드러내고자 한다면, 우리의 몸과 영혼, 그리고 우리가 가진 모든 것을 다른 사람들의 유익을 위해 사용해야 한다. 인간이 본질적으로 다른 피조물들을 삼키고 해치는 속성을 지닌 "사자, 늑대, 코카트리스 (cockatrices)[412] 등과 같은 야만적 짐승"[사 11:6-7]과 같을지라도, 하나님께서 그들을 긍휼히 여기시고 그의 왕국에 두는 것을 기뻐하실 때, 그들은 잔인한 본성을 버리고 서로 평화롭게 살게 된다. 이는 "하나님의 거룩한 산 모든 곳에서 아무도 해를 끼치거나 상하게 하지 않을 것"(사 11:9)이기 때문이다. 전쟁 무기인 "칼과 창"이 평화의 때에 공동선(共同善, common good)의 도구인 "낫과 보습으로 바뀔 것"{사 2:4}이라는 것은, 그리스도 왕국에 대한 예언이다. 이것은 사람이 회심하여 하나님의 참 자녀가 될 때, 모든 악을 버리고 선을 행하기 위해 자신을 내어주고, 모든 사람의 유익을 위해 모든 사람에게 봉사하는 자가 된다는 뜻이었다. 이것은 특히 "박해자가 설교자가 되었던" 바울에게서 확인할 수 있다[행 9:21]. 참으로 "그는 모든 사람에게 여러 모습이 된 것은 아무쪼록 몇 사람이라도 구원하고자 함이었다"[고전 9:22]. 이렇게 함으로써 우리는 모든 사람에게 선을 행하시는 하늘에 계신 우리 아버지와 같은 자들이지만, 악한 일에 자신을 내어주면, 악한 사람이 되고, 마귀 자체와 같은 자들이다.

넷째, 그리스도께서는 여기서 불법인 사적인 복수를 금지하심으로써 합법적이고 정당한 복수를 확립하신다.[413] 이제 **합법적인 복수는 정의롭고 합법적인 권세의 일이며, 악을 악으로 갚는 것이다.** 이 정의로운 복수는 **신적인** 복수와 **인간적인** 복수라는 두 가지 측면이 있다.

---

412 *Cockatrice*: 신화적 피조물로서 일부는 파충류이고 일부는 수탉 머리이다.

413 여백에: 합법적인 복수에 대하여.

신적인 복수는 범죄자에게 복수를 행하는 하나님의 절대적인 권능의 역사이다. 하나님 안에 있는 이 복수의 합법성에 대해서는 의심의 여지가 없다. 이것만은 우리가 기억해야 한다. 하나님은 이생의 다양한 비참함 속에서 매일 이 복수를 시행하시고, 죽음 이후에도 참회하지 않는 자들에 대한 정당한 정죄에서도 마찬가지로 이 복수를 시행하신다. 진실로 그는 아버지로서 그의 교회와 자녀들을 징계하시는데, 이는 복수가 그리스도 안에서 양육이 되기 때문이다. 그러나 엄한 심판자로서 그는 악인들에게 고통을 주시며, 현세와 영원을 가리지 않고 복수를 쏟아 부으신다. **인간적 복수**는 하나님의 부르심을 받은 사람들이 하나님의 이름으로 복수를 시행하는 하나님의 규례이다. 그리고 그것은 비범한 복수 또는 평범한 복수 두 가지이다.

비범한 복수는 사람들이 하나님의 이름으로 범죄자들에게 복수하기 위해 하나님의 영에 의해 특별히 자극을 받을 때이다. 이런 식으로 비느하스는 "시므리와 고스비를 죽였고"[민 25:7-9], 이런 식으로 이스라엘의 많은 사사들, 특히 에훗[삿 3:27]과 삼손[삿 14:19]은 하나님의 백성의 원수들에게 복수를 했다. 이런 식으로 엘리야 선지자는 "바알의 제사장들을 죽였고"(왕상 18:40), "하늘에서 내려온 불로 두 대장과 그 오십 명을 불살랐다"(왕하 1:10, 12). 이런 식으로 베드로는 "아나니아와 삽비라를 죽였고"[행 5:5, 10], 이런 식으로 바울은 "엘루마를 쳐서 맹인이 되게 하였다"[행 13:10]. 이제 이런 종류의 복수는 드문 일인데, 이는 우리가 비범한 본능을 기대하지 않기 때문이다. 우리는 그리스도께서 사마리아인들에게 이 특별한 복수를 시행하려고 했던 제자들을 꾸짖으셨다는 것을 알고 있다[눅 9:54-55]. 그러므로 우리가 특별한 복수를 하려는 생각을 갖는다면, 우리를 움직이는 정신이 무엇인지 정당하게 의심해볼 수 있다.

평범한 복수는 하나님의 뜻에 따라 교회와 국가에서 하나님의 부르심을 받은 사람들이 통상적으로 시행하는 것으로, 더 작은 복수와 주권적 복수의 두 가지 측면이 있다. **더 작은 복수**는 가해자에게 말이나 행동으로 합법적인 교정을 가하는 것으로, 생사의 문제까지 이르지는 않는다. 이런 종류의 복수는 부모가 자식에게, 주인이 하인에게, 학교 스승이 제자에게, 가정교사가 학생에게 시행하는 것이다.

주권적 복수는 행정관이 사람의 신체, 재산 또는 생명 자체에 대한 범죄에 따라 합법적으로 처벌할 수 있는 것이다. 이것을 주권적이라고 부르는 것은, 단순히 그런 것이 아니라 삶과 죽음의 존재인 인간에게 부합하는 가장 높은 것이기 때문이다. 이 복수는 부분적으로는 평화 중에 부분적으로는 전쟁 중에 시행된다. 평화 중에는 재산 몰수, 투옥, 추방으로써, 그리고 (죄인이 마땅히 그 형벌을 받아야 한다면) 국가 공공의 이익을 위해 생명을 박탈함으로써 시행된다. 전쟁 중에는 (모든 경우에 해당되는 것은 아니지만) 정당한 격퇴나 부당함을 되갚기 위해 국가의 적을 상대로 전쟁을 벌일 때 시행된다. 공적인 복수를 집행하는 것은 행정관에게만 속하지만, 모든 사적인 사람은 이것의 혜택을 누릴 수 있으며, 정당한 사유가 있을 때 복수를 위해 행정관의 도움을 요청할 수 있다.[414] 첫째, 그가 억울한 일을 당한 사유가 중대할 때. 둘째, 그것이 필요한 경우. 그리고 셋째, 정당한 방어, 공공의 이익, 범죄자의 처벌을 위한 경우. 이런 경우들에 행정관은 사적인 사람들을 위해 합법적으로 복수를 집행할 수 있으며, 아니, 복수를 집행해야 하는데, 왜냐하면 이것이 없으면 교회도 국가도 어떤 사회도 존립할 수 없기 때문이다.

---

414 여백에: 우리가 복수를 위해 행정관에게 도움을 요청할 수 있는 경우들.

따라서 우리는 정당한 복수가 무엇인지 알아보았다. 이제 그것이 하나님의 규례임을 고려할 때, 우리는 모든 외적인 범죄를 피하여 행정관의 정당한 복수를 피하고, 모든 죄를 자각하여 하나님의 복수를 피할 수 있도록 배워야 한다. 이런 식으로 일반적인 규칙에 대해 많이 다루어 보았다.

예시 1. 이제 이 일반적인 규칙이 어렵게 보일 수 있기 때문에, 그리스도는 그 규칙을 세 가지 구체적인 예를 들어 설명하시며, 사람들이 잘못했을 때 어떻게 행동해야 하는지 보여 주신다. 첫 번째 예는 이 말씀에 있다. "누구든지 네 오른편 뺨을 치거든 왼편도 돌려 대며."[415] 이것은 구타와 말뿐만 아니라, 오른쪽 뺨을 치는 것으로 표시되는 인격 경멸로 사람들의 신체에 가해지는 모든 상해를 포함한다. 왜냐하면 대개 사람들은 오른손으로 왼쪽 뺨을 직접 때리는데, 오른쪽 뺨을 때리는 경우엔 흔히 손등으로 때리는데, 이는 경멸을 담은 구타이기 때문이다. 이제 어떤 사람이 신체적 학대를 당하고, 심지어 경멸의 구타를 당했지만, 그는 스스로 복수하지 말고 "다른 뺨도 돌려 대야 한다." 하지만 이 말씀은 단순히 이해되어서는 안 되며, 다음과 같이 상대적으로 이해해야 한다. **너는 스스로 복수하거나 오른뺨을 치는 악한 자를 대적하기보다는 다른 쪽 뺨을 그에게 돌려대라.** 이 특별한 예시는 사적인 복수로 악을 대적하지 말라는 일반적인 규칙을 포함하기 때문이다. 그래서 그것이 단순히 취해지지 않아야 한다는 것은 다음과 같이 나타날 수 있다. 첫째, 그렇다면 그리스도는 고통을 당하는 사람이 악한 사람에게 더 많은 부당행위를 범할 기회를 주도록 명령하셔야 하는데, 이것은 그의 뜻이 아니기 때문이다. 다시

---

415 여백에: 부당행위를 당한 예시.

말하지만, 이 규칙을 준 그리스도 자신은 대제사장의 종에게 맞았을 때, 그렇게 행동하지 않으셨다(요 18:22-23).

적용. 첫째, 이 모범을 통해 그리스도는 개인적인 부당행위에 대해 결투를 신청하고, 주어진 결투를 받아들이는 일반적 관행을 단일 전투를 치르는 것과 마찬가지로 정죄하신다.[416] 왜냐하면 그리스도는 사람이 그러한 방법으로 스스로 복수를 추구하기 전에 많은 부당행위를 당해야 한다고 가르치시기 때문이다. 도전을 거부하는 것은 수치스러운 일이라고 말한다면, 진정한 은혜와 존경은 하나님께 순종하는 데 있는 것이지, 사람들에게서 우리의 평판을 지키기 위해 하나님께 죄를 짓는 데 있는 것이 아니라는 것을 알아야 한다.

둘째, 싸우고 다투는 일반적인 관행은 여기서 정죄된다.[417] 많은 사람들이 먼저 일격을 가하는 것은 불법이라고 생각하지만, 다른 사람이 때리면 그것에 대해 그들이 때릴 수 있다고 생각한다. 그러나 여기서 그리스도는 이것을 정죄하시고, 그가 대제사장 앞에서 맞았을 때, "다시 때리지 않았던" 그의 모범이 이것을 반대한다[요 18:22-23]. 바울은 맞았을 때, 말로만 변호하고 다시 때리지 않았다[행 23:3]. 그리고 그리스도는 동산에서 자신을 체포한 병사들에게 저항하기 위해 베드로가 칼을 든 것을 막으셨다. 진실로 그가 그의 제자들에게 무기 착용을 허락하셨지만, 그것은 복수를 위해서가 아니라 오로지 정당한 방어를 위한 것이었다.

셋째, 여기서 그리스도는 어떤 사람에게서도 얼굴을 돌리지 않으려는 사람을 칭찬하는 그들의 의견을 정죄하신다. 진실로 행정관이 용감하여 사람의 얼굴을 두려워하지 않는 것은 칭찬받을 일이다. 그

---

416 역자주, 여백에: 결투 신청은 불법이다.
417 역자주, 여백에: 싸움과 다툼.

러나 개인이 아무리 강하다 할지라도, 필요한 방어의 경우가 아닌 한 적에게 얼굴을 돌려야 하는데, 이는 사람이 스스로 복수하기보다는 두 배나 세 배의 부당행위를 겪어야 하기 때문이다. 누구든지 이것이 큰 수치라고 생각한다면, 우리의 가장 큰 영광은 우리 자신의 복수로 저항하기보다는, 여기서 등을 돌려 피하라고 명령하시는 하나님의 뜻에 순종함으로써 하나님께 우리 자신을 승인하는 데 있다는 것을 여전히 기억해야 한다.

질문. 그러나 어떤 사람이 길에서나 그의 집에서 폭행을 당한다면, 그는 자신의 생명과 재산을 구하기 위해 저항하지 말아야 하는가?[418] **대답.** 그와 같은 경우에 그는 두 가지를 할 수 있다. 첫째, 그는 자신의 힘을 최대한 발휘하여 자신과 자신의 재산을 방어할 수 있는데, 왜냐하면 본문은 방어를 반대하는 것이 아니라, 복수를 반대하기 때문이다. 둘째, 어떤 사람이 도망치거나 행정관의 도움을 요청하는 등 탈출할 방법이 보이지 않는다면, 그는 죽임을 당하느니 차라리 죽이는 편이 낫다고 생각할 정도로 스스로를 방어해야 한다. 왜냐하면 이런 경우에 하나님은 칼을 개인의 손에 쥐여주어, 그를 행정관으로 삼아 그의 대적에게 복수하게 하셨기 때문이다. 따라서 사람은 합법적으로 "밤에 피 흘린 죄 없이 도둑을 죽일" 수 있다(출 22:2).

넷째, 그러므로 포악한 군주가 교회와 국가 모두를 폭정으로 파괴한다 할지라도, 어떤 사적인 사람이 합법적으로 군주를 죽일 수 없다.[419] 이 규칙은 사적인 사람들의 행동을 조정해야 하므로, 그들은 사적인 복수로 악한 자에게 저항하는 것보다, 오히려 두 배, 세 배의 부당행위를 감내해야 한다. 다윗이 그랬던 것처럼, 사악한 행정관에

---

418 여백에: 불법적으로 폭행을 당한 사람이 할 수 있는 일.
419 여백에: 폭군에 대한 사적인 사람들의 의무.

대한 복수는 그 복수가 정당하게 속한 하나님께 의탁해야 한다(삼상 26:10; 시 43:1).

마지막으로, 이 첫 번째 특정한 상해의 예시에서 우리는 악한 사람의 한 가지 속성, 즉 싸우고, 다투고, 논쟁하는 것을 볼 수 있다.[420] 그런 사람은 자신을 선한 사람이라고 생각할 수 있을지 모르지만, 자신의 힘을 사용하여 다른 사람에게 일상적 다툼과 부당행위를 범하는 자는 여기서 우리 구주 그리스도에 의해 악한 사람으로 선고된다. 그러므로 탁월한 힘을 지닌 사람들이 그리스도께 인정받으려면, 다툼과 싸움에 대해 양심에 가책을 느끼고, 누구에게도 폭력을 행사해서는 안 된다.

예시 2. "또 너를 고발하여 속옷을 가지고자 하는 자에게 겉옷까지도 가지게 하며"(마 5:40). 여기서 그리스도는 사람들에게 행한 부당행위의 두 번째 예를 제시하시는데, 그는 부당행위를 당한 당사자가 스스로 복수하는 것을 금지하신다.[421] 즉, 사적으로든 법의 테두리 안에서든 그의 재산에 손해를 당한 것은 둘 다 여기서 잘 이해될 수 있을 것이다. "속옷"은 안쪽 의복을, "겉옷"은 바깥쪽 의복을 의미한다. 그러나 여기서는 그 말을 그렇게 엄격하게 받아들일 필요는 없으며, 다양한 의복에 대해 중립적으로 받아들여야 하는데, 이는 누가복음에 다음과 같이 기록되어 있기 때문이다. "네 겉옷을 빼앗는 자에게 속옷도 거절하지 말라"[눅 6:29]. 그러므로 그리스도의 의미는 다음과 같다. "만일 어떤 사람이 부당하게 네게서 한 벌의 옷을 빼앗으려고 다투거든, 그가 속옷이나 겉옷, 또는 그와 같은 다른 것도 가지게 하라." 그러나 이 계명은 단순히 이해할 것이 아니라, 상대적으로 이

---

420 여백에: 다툼은 악한 사람을 나타낸다.
421 여백에: 부당행위를 당한 예시.

해해야 한다. 즉, 사적인 복수를 추구하기보다는 옷 한 벌을 잃는 것 뿐만 아니라, 더 많은 옷과 다른 현세적인 재산을 잃는 것도 감수해야 한다.

이 예시를 통해 우리는 다음과 같은 지침을 배울 수 있다. 첫째, 그리스도인들은 조용하고 참을성이 있어야 하며, 사적으로든 공개적 법적 소송으로든 다투지 말아야 한다.[422] 바울은 고린도 교인들의 이런 다툼을 책망했으며(고전 3:3), 빌립보 교인들에게 "그들 가운데 아무 일에든지 다툼으로 하지 말라"(빌 2:3)고 당부하는데, 이는 주목할 만한 규칙이다. 사람들이 서로 다를지라도 말이나 행동으로 다투지 말아야 하고, 모든 일을 사랑으로 행하여 다툼을 그쳐야 한다. 말로 다른 사람을 무너뜨리려 애쓰는 다툼의 영은 하나님에게서 온 것이 아니다. 사람이 자기 생각을 말한 후에는 그쳐야 하는데, 왜냐하면 말을 많이 하는 것이 기독교 예절에 어긋나며, 성경 어디에서나 정죄하는 것이기 때문이다.

둘째, 여기서 정죄되는 것은 사람들의 합법적 소송제기가 아니라, 모든 사소한 일로 법정을 어지럽히는 일반적 소송제기이다.[423] 이것은 바울이 보여 주듯이(고전 6:1-2, 5-6), 그리스도인이 아닌 것처럼 보이는 다투는 정신과 복수하려는 생각을 입증한다. 그러나 우리 시대에는 그것이 흔한 관행이 되어, "내가 가진 모든 것을 다 써서라도 그에게 복수할 것이다"와 같은 비기독교적 발언이 나온다. 그러나 사람이 이렇게 법에 호소하기보다는, 두 배 혹은 세 배 손해를 입어야 한다는 것이 진리이다.

셋째, 여기서 그리스도는 우리의 모든 행동 방식에서 관용을 최우

---

422 여백에: 논쟁적인 소송제기는 그리스도인답지 않은 것이다.
423 여백에: 아무것도 아닌 일에 대한 일반적 소송제기.

선으로 생각해야 하며, 우리의 외적인 세속적 재물보다, 오히려 마음 속에 이 은혜를 유지하도록 노력해야 한다고 가르치신다.

넷째, 우리는 여기서 현세적인 재물보다, 우리 자신의 평안과 고요함을 선호하라는 가르침을 받는다.[424] 그러나 단순히 그런 것이 아니라, 우리가 하나님을 예배하는 일에 조용히 더 적합한 시간을 가질 수 있고, 거룩함과 경건함으로 우리 자신을 고양시킬 수 있다는 점에서 그렇다. 이 의무는 특히 세상에서 많은 일을 처리함으로써 분노와 짜증을 내는 사람들에게 중요한데, 이는 그러한 무절제한 정열이 사람을 하나님의 봉사에 적합하지 않게 만들기 때문이다. 주님의 복을 받는 것은 온유하고 겸손한 마음이다(마 11:29).

마지막으로, 이 예시를 통해 **악한 사람들의 두 번째 속성**이 우리에게 제시된다.[425] 즉, 사적으로든 법의 테두리 안에서든, 그들 형제의 재산을 부당하게 착취하는 것이다. 부르심을 받기 전에 삭개오가 그런 사람이었다. 그는 로마 황제를 위해 공물과 세금을 거둬들일 때, 자신의 이익을 위해 **날조된 사소한 이의**(*cavillation*)[426][눅 19:8]를 제기했다. 그리고 우리 시대는 형제들을 약탈함으로써 자신을 풍요롭게 하는 사람들이 넘쳐난다. 그러나 우리 구주 그리스도의 판단에 따르면, 그런 사람들은 모두 불의하고 악한 사람들이다.

예시 3. "또 누구든지 너로 억지로 오 리를 가게 하거든 그 사람과 십 리를 동행하고"(마 5:41). 여기서 그리스도는 윗사람이 아랫사람에게 범하는 부당행위의 세 번째 예를 제시하시는데, 부당행위를 당한 당사자도 마찬가지로 사적인 복수를 통해 저항하는 것이 금지되어

---

424 여백에: 우리가 평화를 존중하는 법.
425 여백에: 부당한 행동은 악힌 사람의 특징이다.
426 *Cavillation*: 사소한 이의 제기.

있다. 그 이유를 이해하기 위해 우리나라에 역장들(驛長, *postmasters*)[427]
이 있듯이, 다른 나라들, 특히 페르시아에는 왕이나 황제의 권한으로
사람들의 소, 아니 사람 자체를 데려다가 자기 마음대로 여행과 마차
에 사용할 수 있는 관리들이 있었다는 것을 알아야 한다. 그리고 그
것은 부분적으로 "그들이 시몬이란 구레네 사람을 만나매 그에게 그
리스도의 십자가를 억지로 지워 가게 하였더라"[마 27:32]에 나타나
듯이, 아마도 유대인들이 포로가 된 후에, 그들 사이에서 이런 관습
을 습득했을 것이다. 이제 그리스도는 여기서 행정관의 권위를 내세
워 부당하게 1마일을 함께 가자고 강요하는 사람이 있다면, 2마일을
함께 가라고 말씀하면서, 이 권위의 남용에 대해 말씀하신다. 즉, 저
항함으로써 네 자신이 복수하기보다는, 그와 함께 2마일을 가라는
것이다. 따라서 그는 모든 하급자들에게 상급자들이 자신들에게 행
한 부당행위를 참을성 있게 견디고, 사적인 저항으로 복수하려고 하
기보다는, 오히려 두 배의 부당행위를 감내하라는 계명을 주신다.

　　여기서 우리는 상급자들을 향해 조급함을 보이는 다양한 관행에
대해, 하급자들을 책망하는 정당한 근거를 볼 수 있다.[428] 첫째, 관리
에게 붙잡혀 폭력적인 저항을 하는 경우. 이런 관행은 그리스도의 통
치에서 벗어난 것으로, 여러분이 부당하게 연루되었다고 해도, 사적
인 복수를 하지 않고, 행정관직에 관한 하나님의 규례를 인정하고 순
종해야 한다. 둘째, 지주들이나 부유한 사람들이 공유지를 둘러싸는
등의 방법으로 가난한 사람들을 억압하는 경우가 종종 있다. 이에 대
해 더 가난한 부류는 그들을 대적하여 욕하고 저주하곤 하지만, 이런
관행 역시 여기서 우리 구주 그리스도에 의해 금지된다. 왜냐하면 부

427　역자주, 여행자들의 숙박을 위한 역(驛)을 맡거나 역마(驛馬)를 공급하는 자.
428　여백에: 하급자들의 조급한 관행.

자들이 가난한 자들을 억압하는 큰 죄를 짓는다 하더라도, 가난한 자들은 저주하는 말로 사적인 복수를 추구하는 것보다, 오히려 두 배, 세 배의 부당함을 견뎌야 하기 때문이다.

다시 말하지만, 이 예시를 통해 우리는 세 번째 종류의 악인을 볼 수 있다.[429] 즉, 잔인한 행정관들, 억압하는 지주들, 부역자들, 고리대금업자들 등과 같은 상급자가 하급자에게 잘못을 저지르고 폭력을 행사하는 모든 자들이다. 이들은 우리 구주 그리스도께서 "악한 자들"이라고 일컬었으므로, 마지막 날에 악한 자로 심판받지 않으려면, 자비를 베풀고 잘못과 폭력을 버리는 법을 배워야 한다.

따라서 우리는 사람들이 사적으로 복수해서는 안 될 세 가지 구체적인 잘못의 예를 볼 수 있다. 이제 이 모든 것을 종합적으로 고려할 때, 두 가지 점을 주목할 수 있다. 첫째, 그리스도인의 소명은 고난당하는 상태라는 사실을 깨닫게 된다.[430] "선을 행함으로 고난을 받고 참으면 이는 하나님 앞에 아름다우니라 이를 위하여 너희가 부르심을 받았으니"(벧전 2:20-21). 그러므로 우리가 스스로를 그리스도의 참된 지체라고 선언하려면, 복수를 추구하지 않고 잘못을 참아내는 인내심을 보여 주어야 한다. 이것이 그리스도께서 그의 제자들에게 다가올 고난에 대해 말씀하신 후, "인내로 그들의 영혼을 소유하라"[눅 21:19]고 명령하신 교훈이었다. 그래서 하나님의 성령께서 교회의 고난을 제시하실 때, 그는 "성도들의 인내가 여기 있나니"[계 3:10; 14:12]를 하나의 항목으로 덧붙이신다. 그러므로 우리는 부당하게 고통당할 때, 모든 악의와 원한을 물리치기 위해 노력해야 하며, 사적인 복수를 하기보다는, 부당행위를 두 배, 세 배로 겪어야 한

---

429   역자주, 여백에: 악한 상급자들의 특징.
430   여백에: 기독교는 고난당하는 상태이다.

다는 그리스도의 이 규칙을 기억해야 한다. 진실로 이것은 혈육이 하기 어렵다는 것은 사실이지만, 우리가 단지 육체, 즉 자연인일 뿐이라면, 왜 우리 자신을 그리스도인이라고 고백하는가? 왜냐하면 "누구든지 하나님의 영이 없으면 그의 사람이 아니기"(롬 8:9) 때문이다. 그러나 우리가 성령 안에 있다면, 우리는 그 움직임에 순종하여, 온유하고 겸손한 그리스도를 배워야 하며, 그를 따를 때 영혼의 안식을 찾을 수 있을 것이다.

둘째, 그리스도는 부당행위를 당하는 이 세 가지 예를 제시하실 때, 유대인들의 현재 외적인 상태에 적용하셨는데, 이 상태는 다음과 같다. 한 사람이 자신의 몸과 재산에서 다른 사람의 부당행위를 겪으면서도 완화나 보상 없이 만족하는 것이다. 그들의 비참한 상태의 원인은 그리스도께서 오시기 조금 전 유대의 왕위를 제거하고 유대를 로마의 속주로 만든 로마 황제의 노예 상태가 되어 자신의 군주가 아닌 외적의 대리인에 의해 통치되었기 때문이다.

이런 상태에서 우리는 외적에게 속박되어 있는 백성들의 비참한 상태를 볼 수 있다.[431] 그들의 삶은 모든 면에서 비참한데, 개인적인 속박 외에도, 모든 구제책이나 완화 없이 재산이나 명예에 있어서 손실과 부당행위를 겪어야 하기 때문이다. 이 점을 고려할 때, 첫째, 하나님의 은혜의 복음으로 우리가 지금 어떤 외세에도 굴복하지 않고, 우리의 주권 아래 누리고 있는 행복한 외적 평화에 대해 하나님께 진심으로 감사해야 한다는 것을 배워야 한다. 둘째, 하나님 아래 우리 군주로 말미암아 기쁨과 번영을 누린다면 우리 군주의 좋은 신분과 생명과 건강을 위해 주님께 간절히 기도하고, 또한 모든 외세에 대항

---

431 역자주, 여백에: 외국의 통치는 견디기 힘든 일이다.

하여 온 땅을 보존하시는 하나님의 거룩한 보호의 손길이 계속되도록 간절히 기도해야 한다. 셋째, 우리의 죄가 우리의 가장 큰 대적이므로, 우리가 외국의 폭정에 굴복하지 않고, 자유를 누리는 평화의 행복한 날을 계속 누리도록 우리의 모든 죄를 거짓 없이 회개하고, 그 죄에서 하나님께로 돌이켜야 한다. 그 죄들은 우리나라의 항구와 도시의 성문을 약탈하는 적에게 열어주고, 우리의 튼튼한 성벽을 무너뜨리고, 무장한 병사들의 힘을 빼앗을 것이다. 우리 자신의 죄만큼 우리에게 해를 끼칠 수 있는 원수는 없으므로, 우리는 그것들에 대해 자신을 낮추어야 하며, 회개하지 않았다면 지금 시작해야 하고, 시작했으면 계속 나아가서 점점 더 새롭게 해야 한다. 만약 우리가 지금 이 유대인들처럼 외세에 예속된 비참함을 느꼈다면, 그 비참함은 우리를 감동시킬 것이다. 그러므로 이 재앙이 우리에게 임하기 전에, 우리가 참된 회개로 우리 하나님을 충족시켜, 그가 이 맹렬한 진노를 우리에게서 거두시도록 하자.

요점 2

"네게 구하는 자에게 주며 네게 꾸고자 하는 자에게 거절하지 말라"(마 5:42).[432] 사적인 복수를 금지하신 그리스도는 여기서 주는 것과 빌려주는 것 두 가지 특별한 선행의 예를 들어, 악에 대한 선의 보답을 명령하시는데, 이 두 가지 예는 비록 명시적이지는 않지만, 뜻과 의미에서 그리스도는 청중들에게 다음과 같이 가르치고자 하셨다. **그 사람은 그가 원하는 대로 내버려두고, 그의 악에 대해서는 선을 행하라.**

---

432 여백에: 악을 선으로 갚으라.

예시 1

첫째, "네게 구하는 자에게 주며." 이 말씀은 단순하게 취해서는 안 되고, 다음과 같은 의미로 받아들여야 한다. 비록 가난한 자가 너에게 다시 갚을 수 없을지라도, 아니, 그가 너에게 잘못을 저질렀고 너의 원수일지라도, 정당한 이유로 구하는 자에게 주라. 이 해설은 명백한데, 왜냐하면 그가 주는 것에 대한 계명(눅 6:30)을 주셨고, 그 이유를 사실상 다음과 같이 표현하시기 때문이다. "그들이 다시 너에게 보답할 수 없기 때문이다"(눅 6:33). 이것은 주는 것이 가난한 사람들에게 제공되어야 한다는 것을 명백히 보여 준다.

이제 여기서 첫째, 그리스도의 말씀의 형식을 관찰하라. 그 말씀은 "그에게 주라"고 명령하고 있는데, 여기서 나는 사람이 죽음의 고통에 대한 양심에 묶여, 자선과 구제를 베풀어야 한다고 결론짓는다(마 25:41-42).[433] 그리스도는 이 의무를 소홀히 한 일부 사람들을 지옥으로 심판하신다. 이제 그들이 구제하도록 그들의 양심을 구속하는 계명이 없었다면, 그들이 구제하지 않은 것 때문에 정죄 받는 그런 저주는 있을 수 없었을 것이다. 다시 말하지만, 제6계명에서 우리는 이웃의 생명을 보존할 수 있는 모든 의무를 다해야 하며, 그중에는 가난한 사람들에게 구제를 베푸는 것이 포함되는데, 그것이 없이는 그들이 살 수 없기 때문이다. 다니엘이 자선을 행한 것은 계명이 아니라, 느부갓네살에게 조언하는 문제였다[단 4:24]고 말한다면, 명령된 것들은 조언을 통해 제시될 수 있다고 대답한다. 그리스도께서 라오디게아 교회에 "내가 너를 권하노니 내게서 불로 연단한 금을 사라"[계 3:18]고 말씀하신 것도 마찬가지이다. 다시 말하지만, 다니

---

433 여백에: 구제는 의무이다.

엘이 왕에게 "내 충고를 귀히 여기소서"{단 4:27}라는 형식으로 말한 것은 그것이 계명이 아니기 때문이 아니라, 교만한 왕의 완고한 마음에 더 잘 전달될 수 있도록 그의 말을 부드럽게 하기 위해서였다. 바울이 구제에 대해 말할 때, "그가 명령으로 하는 말이 아니요"(고후 8:8)라고 말한 것처럼, 그것은 단순히 자선을 베푸는 것이 아니라, 앞 구절에서 분명하게 보여주듯이 그 분량으로 이해해야 한다.

적용. 여기서 우리는 그들이 원하는 것을 그들 자신의 것으로 할 수 있다고 주장하는 사람들이 반박당하는 것을 볼 수 있다.[434] 이것이 그렇지 않은 것은 사람의 재물이 단순히 자신의 것이 아니라, 또한 하나님의 것이기도 하기 때문이다. 그들은 진실로 주님의 명령에 따라 그것을 처분하는 주님의 청지기일뿐이다. 이제 그의 뜻은 그것의 일부가 가난한 자들에게 주어져야 한다는 것이다.

둘째, 우리는 또한 탐욕이 너무 커서 가난한 사람들에게 아무것도 주지 않으려는 사람들이 심각한 죄를 짓는 것을 볼 수 있다.[435] 그들은 팔아서 자신의 이익을 위해 좋은 전당포에 빌려주지만, 그 어떤 것도 공짜 선물로 나누어 주려고 하지 않는다. 이 사람들은 할 수 있는 대로, 스스로를 정죄하는 비참한 사람들이다. 왜냐하면 하나님의 계명은 양심에 따라 가난한 사람들에게 공짜로 주는 것이기 때문이다. 그러나 여기서 우리는 거저 주는 자뿐만 아니라, 빌려주고 파는 자도 자비의 일을 할 수 있다는 것을 알아야 하는데, 그들의 대여와 판매가 주는 것만큼이나 가난한 사람들에게 이익이 될 때이다.[436] 이것은 사실상 여기에서도 명령된 자선 행위이다. 그러므로 요셉은 베

---

434 여백에: 우리는 우리 자신의 것으로 마음대로 해서는 안 된다.

435 역자주, 여백에: 인색함이 성쇠되다.

436 여백에: 대여와 판매는 자비의 행위일 수 있다.

푼 것뿐만 아니라, 기근 때에 애굽 사람들과 다른 사람들에게 양식을 팔았기 때문에 칭찬을 받았다.

셋째, 이것은 양심을 구속하는 계명이므로, 우리가 모든 선한 구제의 의무를 기쁜 마음으로 행하도록 자극하여, 가난한 사람들을 위해 충분하고 적절한 공급이 시작될 뿐만 아니라, 지속될 수 있도록 해야 한다. 왜냐하면 그것은 하나님이 받으실만한 것이기 때문이다.

여기서 두 번째로 관찰해야 할 요점은, 이것이 어떤 종류의 계명인가 하는 것이다. "구하는 자에게 주며." 하나님의 계명에는 긍정과 부정의 두 가지 종류가 있다. 그리고 도덕법에서는 하나가 항상 다른 하나에 포함된다. 이제 이 계명이 긍정적 계명이라는 것을 주목해야 하는 까닭은, 부정적인 교훈이 긍정적 교훈보다 양심에 더 엄격한 구속을 가하기 때문이다. 그러므로 도덕법의 교훈은 대부분 부정적으로 제시된다.[437] 부정적인 교훈은 사람을 항상, 그리고 모든 사람에게 모든 때에 순종하도록 구속하기 때문이다. 하나님이 "살인하지 말"라고 말씀하시는 경우처럼, 사람은 이 말씀에 대한 순종에서 결코 면제될 수 없다. 그러나 긍정적인 계명은 항상 구속할지라도, 구제하라는 그리스도의 계명처럼, 모든 때에 구속하는 것은 아니다. 그것은 모든 사람을 구속하는 것이 아니라, 베풀 수 있는 사람만 구속하고, 부자를 항상 구속하는 것이 아니라, 베풀 수 있는 정당한 기회가 주어질 때만 구속한다. 그리고 주님께 거룩한 안식을 지키는 것과 같이, 모든 긍정적인 계명에 대해서도 똑같이 말할 수 있는데, 그것은 사람을 영원히 구속하지만, 모든 때가 아니고 단지 일곱째 날만 구속한다.

---

437 여백에: 부정적인 교훈은 긍정적인 교훈보다 더 강력하다.

하지만 자선에 관한 이 계명을 더 자세히 설명하기 위해, 우리는 여덟 가지 요점을 다루어 볼 것이다.[438] 첫째, 누가 주어야 하는가, 둘째, 무엇이 주어져야 하는가, 셋째, 누구에게 주어져야 하는가, 넷째, 어떤 순서로 줄 것인가, 다섯째, 얼마나 많이 줄 것인가, 여섯째, 어떤 장소에서 줄 것인가, 일곱째, 언제 줄 것인가, 여덟째, 어떤 방식으로 주어야 하는가.

요점 1. 첫째, 주어야 할 사람은 모든 사람이 아니라, 하나님이 이 의무를 위해 구별하신 그런 사람이다.[439] 왜냐하면 배고픈 자, 목마른 자, 헐벗은 자, 병든 자 등 어떤 이들은 받도록 만들어졌고, 다른 사람들은 의복, 음식, 위로 등을 주기에 적합하도록 만들어졌기 때문이다(마 25:42-43). 그리고 사도 요한은 주기에 합당한 자, 즉 "이 세상의 재물을 가진 자"[요 3:17]에 대해 알려 준다. 풍족한 자뿐만 아니라, 세상 재물을 조금만 가진 자도 마찬가지이다. 그러므로 궁핍하여 도둑질한 도둑은 "도둑질을 금하고 수고하라 명하셨으니 이는 가난한 자에게 구제할 수 있도록 하기 위함"이었으며[엡 4:28], "극심한 가난(penury)[440] 가운데 두 렙돈만 헌금함에 바쳤던"[눅 21:2-3] 가난한 과부는 그리스도로 말미암아 칭찬을 받았다. 이제 주는 자에게는 두 가지가 있어야 한다. 첫째, 그가 주는 물건에 대한 권리가 있어야 하는데, 이는 사람이 자기 것이 아닌 것을 줄 수 없기 때문이다. 둘째, (불가피한 경우가 아닌 한) 그가 주는 것들에 대한 현재의 완전한 타당성을 가져야 한다. 이에 따라 자녀들과 종들은 자신만의 무언가를 가지고 있지 않다면, 혹은 명령에 의해 주라고 하지 않는 한, 주는 것에

---

438 역자주, 여백에: 자선 기부의 여덟 가지 사항.

439 여백에: 누가 반드시 주어야 하는가.

440 *Penury*: 극심한 가난.

서 제외된다.

질문. 아내가 남편의 동의 없이 가난한 사람을 구제할 수 있는 가?[441] 고대의 대답은 나발과 같은 남편을 가진 많은 아내들이 아비가일처럼 줄 수 있다고 한다. 그러나 다른 고대 신학자들은 다음을 덧붙인다. 아내는 남편의 동의가 없을 때는 줄 수 없는데, 왜냐하면 그녀와 그녀의 모든 소유는 주로 남편에게 속하기 때문이다.[442] 그러나 여기서 우리는 남편의 이중적 동의가 있음을 알아야 한다. **공개적인 말로 표현된 동의**로서, 이 경우는 의문의 여지가 없이 아내가 합법적으로 줄 수 있다. 그리고 **은밀한 동의**로서 세 가지 측면을 갖는다. 첫째, 남편이 반대하지 않는 경우이다. 둘째, 그녀가 주도록 허락하되, 어떤 특정한 것을 언급하지 않고 그가 일반적으로 동의하는 경우이다. 셋째, 남편이 알았다면, 아내가 주는 것을 허락했을 것이라는 추측과 추정을 할 수 있는 경우이다. 그래서 이러한 은밀한 동의의 경우에 아내는 줄 수 있다. 그러나 그녀가 이러한 방법들 가운데 하나라도 남편의 동의를 얻지 못하면, 다음의 경우를 제외하고는 합법적으로 줄 수 없다. 첫째, 결혼 전에는 예외로 말미암아, 결혼 후에는 허락을 받아 그녀 자신만의 사적인 무언가를 가지고 있는 경우는 줄 수 있다. 둘째, 아비가일이 다윗에게 주었을 때처럼, 그녀가 주는 것이 남편과 가족의 생명이나 좋은 상태를 보존하는 데 도움이 되는 경우에 줄 수 있다. 셋째, 현재적 구제가 받는 사람의 극도의 필요성을 적절히 충족하는 경우에 줄 수 있다.

요점 2. 무엇이 주어져야 하는가?[443] 즉, **자선금.** 여기서 두 가지

---

441 역자주, 여백에: 아내에 의한 자선 기부.
442 여백에: August. epist. 199.
443 역자주, 여백에: 무엇이 주어져야 하는가.

질문을 검토해야 한다. 첫째, 자선금이란 무엇인가? 둘째, 자선금은 어떻게 모금되어야 하는가? 첫째, 자선금이란 우리 이웃의 현세적 생활을 보존하기 위해 거저 주는 선물이다.[444] 첫째, 자선금을 **선물**이라고 부를 수 있는데, 왜냐하면 지불할 능력이 없는 사람들에게 주는 것은 자선 행위이기 때문이다. 둘째, 군주에 대한 지원금, 목사의 사례를 위한 십분의 일 기부 등과 구별하기 위해 **거저 주는 것**이라고 말할 수 있다. 이것들은 선물이지만, 거저 주는 선물은 아닌데, 왜냐하면 백성들은 그들의 지원금에 대해서는 행정관의 보호를 받고, 그들의 십분의 일에 대해서는 목사의 가르침을 받기 때문이다. 셋째, 자선금의 목적을 영혼과 관련된 영적 은사와 구별하기 위해 **일시적인 생명을 보존하는 것**이라고 말할 수 있다. 교황주의자들은 육체나 영혼에 관한 모든 자비 행위를 자선금이라고 말하지만, 적절한 의미에서 자선금이란 이 자연적인 일시적 생명을 보존하기 위한 선물이다.

질문. 자선금은 어떻게 모금되어야 하는가?[445] **대답.** 첫째, 우리 자신의 물품으로 모금되어야 한다. 사람은 다른 사람의 것을 주어서는 안 되기 때문이다. 그러므로 자신의 능력보다 더 많은 빚을 진 사람은 자선을 베풀 수 없고, 오히려 자선을 받아야 하는 상태이다. 왜냐하면 그들이 가진 모든 것은 권리와 양심상 다른 사람들에게 속하기 때문이다.

둘째, **우리의 자선금은 우리의 첫 열매가 되어야 한다**[잠 3:9]. 건전하고 좋은 것, 그리고 그런 것들은 구제 대상에게 적합하다. 그것들은 우리가 어떻게 처리해야 할지 모르는 쓰레기 같은 물건이어서

---

444 여백에: 자선금이 묘사되다.
445 여백에: 자선금은 어떻게 모금되어야 하는가?

그리스도의 산상수훈에 대한 경건하고 박학다식한 강해 　721

는 안 된다. "아무것도 공급받지 못한 자에게는 살진 것과 단 것의 일부를 나누어 주어야 한다"(느 8:10).

셋째, 자선금은 **합법적으로 얻은** 물건이어야 하는데, 이는 악하게 얻은 물건은 소유주(그가 알려진 경우), 또는 그의 친족 중 일부, 또는 행정관에게 반환해야 하기 때문이다. 이것은 고리대금업자가 고리대금에 대한 이득을 자선하는 것보다, 오히려 반환해야 함을 보여 준다.

넷째, 자선금은 **차별성과 신중함**을 가지고, 우리 자신의 것으로 주어져야 한다. 모든 사람의 물건은 대부분의 경우 네 가지 등급으로 구분할 수 있다.[446] 첫째, 어떤 것들은 생명을 보존하는 데 필요하며, 그것이 없이는 사람과 그의 가족이 살 수 없다. 둘째, 어떤 것들은 사람의 신분에 필요한 것인데, 이는 사람이 자신의 소명의 의무를 실천하는 데 필요한 물건으로서, 학생에게는 책이, 상인에게는 도구가 그러하다. 세 번째 종류는 사람의 신분의 품위를 위해 필요한 것으로, 사람이 편안함과 안락함, 이익과 기쁨으로 자신의 소명을 행하게 하는 것들이다. 네 번째 종류의 물건은 넘쳐나는 과잉, 즉 사람이 없어도 되는 것들이지만, 현재의 삶과 신분, 그리고 그 품위를 유지하는 데 필요한 것들을 갖고 있는 것이다.

이 마지막 두 개의 등급을 성경에서는 풍요라고 부른다. 그리고 그에 상응하여 가난에는 두 가지 등급이 있다.[447] 첫 번째는 자선금을 받지 않고 살 수는 있지만, 거의 살지 못하는 **일반적인 궁핍**이다. 두 번째는 구호 없이는 생명을 유지할 수 없는 **극심한 궁핍**이다. 일반적인 궁핍의 경우, 우리는 우리의 풍요로움으로부터, 즉 우리의 넘쳐나는 과잉과 품위를 위한 부요 모두를 기부해야 한다. "옷 두 벌 있

---

446 여백에: 일시적 물건은 구별된다.
447 여백에: 가난의 두 가지 등급.

는 자는 옷 없는 자에게 나눠 줄 것이요"(눅 3:11). 두 벌의 속옷을 가진 사람은 속옷과 겉옷을 가진 사람이 아니다. 바울도 그렇게 갖고 있었지만, 합법적 사용을 위해 둘 다 보관했기 때문이다[딤후 4:13]. 그러나 그리스도의 의미는 필요한 것과 그 외에도 품위와 넘쳐나는 어떤 것을 가진 사람은 부족한 사람에게 그 어떤 것을 주어야 한다는 것이다. 그리고 극심한 궁핍의 경우, 그는 그의 생명과 신분에 필연적으로 관련된 재화를 제공해야 하는데, 왜냐하면 우리 이웃의 생명은 우리 자신의 현세적인 재화와 외적인 신분보다 우선시되어야 하기 때문이다. 바울은 마케도니아 사람들에 대해 "성도들의 극심한 필요를 채우기 위해 그들이 힘대로 할 뿐 아니라 참으로 힘에 지나도록 자원하였다"[고후 8:3]고 증언한다. 이 기반 위에서 초대교회 그리스도인들은 "극심한 궁핍에 처한 가난한 형제들을 구제하기 위해 그들의 소유를 팔았고"[행 4:34], 가난한 사람들이 극심한 궁핍으로 고통받는 것보다, 차라리 자신들의 현세적 재산을 줄이는 것이 낫다고 생각했다. 이 규칙은 특히 궁핍의 시기에는 항상 고려하고 실천되어야 한다.

가난한 자들에 대한 하나님의 심판인 기근을 틈타 이득을 챙기고 부유하게 된 사람들은, "부요한" 자요, 심지어 하늘과 땅의 왕으로서 "가난하게 되어 그의 가난함으로 말미암아 다른 사람들을 부요하게 하려 하신"[고후 8:9] 그리스도 안에 있던 그 은혜로운 성품의 불꽃이 전혀 없는 가장 비참하고 불행한 사람들이다. 우리가 서로의 짐을 지고, 하나님의 심판으로 억눌린 가난한 자들을 일으켜 세우는 것은 하나님의 뜻인데, 우리가 일반적인 궁핍에 우리의 풍요뿐만 아니라, 가난한 사람들의 극심한 궁핍에 우리의 필수품까지도 줄 때, 그 뜻을 행하게 될 것이다.

요점 3. 우리는 누구에게 주어야 하는가?[448] **대답.** 가난한 자들에게. 이것은 증거가 필요하지 않지만, 이 가난한 사람에게는 두 가지가 요구된다. 첫째, 그들은 정말 가난해야 한다. 즉, 그런 자들은 실제로 일반적인 궁핍이나 극심한 궁핍 가운데 있는 자들이다. 그리고 그런 가난한 자들에 대해 사도 요한은 다음과 같이 말한다. "누가 이 세상의 재물을 가지고 형제의 궁핍함을 보고도 도와 줄 마음을 닫으면 하나님의 사랑이 어찌 그 속에 거하겠느냐?"[요일 3:17]. 둘째, 그들은 스스로를 도울 수 없는 그런 자들이어야 한다. "네 형제가 가난하게 되어 떨리는 손으로 네 곁에 있거든 너는 그를 도와야 한다"(레 25:35). "떨리는 손"을 가진 사람이란, 자신을 유지할 수 없는 사람이다. 이런 사람들은 고아, 과부, 노약자, 병자, 장님, 절름발이, 불구자 등으로 이 모든 사람들은 구제되어야 한다. 하지만 우리가 "건장한 거지들"[449]이라고 부르는 그런 가난한 사람들은 상황이 다르다. 왜냐하면 그들은 고통만 감수한다면, 스스로를 부양할 수 있는 사람들이기 때문이다. "누구든지 일하기 싫어하거든 먹지도 말게 하라"[살후 3:10]는 사도 바울의 규칙은 그들에게 해당한다. 즉, 그들은 교회의 자선금으로 유지되어서는 안 된다.

질문 1. 그런 건장한 가난한 사람들은 무엇을 해야 하는가? **대답.** 그들은 합법적인 직업에 고용되어, 자신의 빵을 얻기 위해 수고하고, 실제로 가난한 사람들의 일반적인 음식을 먹지 않아야 한다. 교회와 공동체는 한 사람의 몸과 같아서, 각 지체가 몸 전체의 유익을 위해 여러 가지 직분을 가지고 있다. 진실로 모든 사람은 그리스도인으로서의 일반적인 소명뿐만 아니라, 공동선을 위해 일해야 하는 특별한

---

448 역자주, 여백에: 우리는 누구에게 주어야 하는가.

449 여백에: 건장한 거지들에 대한 자선에 대하여.

소명도 가져야 한다. 그 누가 아무 일도 하지 않고 사는 것은 하나님의 말씀과 본성의 빛에 어긋나는 일이다. 죄가 없던 아담은 동산에서 일하도록 명령을 받았다. 그리고 우리 구주 그리스도는 세례를 받기 전 서른 살이 될 때까지 아버지 밑에서 특별한 소명으로 사셨는데[눅 2:51, 막 6:3], 이는 우리가 따라야 할 본보기이다.

질문 2. 이 건장한 거지들에 대한 우리의 의무는 무엇인가? **대답.** 바울의 규칙에서 우리는 일반적으로 그리고 관습적으로 그들을 구제해서는 안 된다는 것을 알 수 있다[살후 3:10]. 참으로 그들은 당면한 필요에 따라 구제되어야 하지만, 다음과 같은 사항을 알리고 구제되어야 한다. 그들은 그것을 다시 기대하지 않고, 합법적인 직업에서 수고함으로써 그들 자신을 부양하기로 한다. 사람들의 집 앞에서 행해지는 이 일반적인 구호는 게으른 방랑자와 불량배를 너무 많이 양산하기 때문이다.

요점 4. 우리는 사람들을 구별하기 위해 어떤 순서로 자선을 베풀어야 하는가?[450] **대답.** 구제의 순서에 관하여 성령께서는 세 가지 규칙을 정해 놓으셨다. 첫째, 사도 바울에 의한 규칙. "누구든지 자기 친족 특히 자기 가족을 돌보지 아니하면 불신자보다 더 악한 자니라"[딤전 5:8]. 이로부터 알 수 있는 자선을 베풀어야 하는 순서는 첫째, 사람이 자기 집안과 가족에게, 둘째는 자기 혈족과 친족과 동맹에게, 셋째는 나그네에게이다. 두 번째 규칙은 다음과 같다. "우리는 모든 이에게 착한 일을 하되 더욱 믿음의 가정들에게 할지니라"[갈 6:10]. 먼저 신자들이 구제되어야 하며, 그 다음에 좋든 나쁘든 다른 모든 사람들이 구제되어야 한다. 세 번째 규칙은 모세가 준 것이

---

450 여백에: 자선을 베푸는 순서.

다. "우리는 반드시 먼저 우리 자신의 가난한 자를 구제해야 한다"(신 15:10). 즉, 우리의 능력이 감당할 수 있고, 그들의 필요가 요구한다면, 우리 가운데 살고 있는 "나그네에게 주는 것이다."

요점 5. 우리는 얼마나 많이 주어야 하는가?[451] 우리의 자선의 분량에 관해서는 성경에 특별한 계명이 없지만, 거기서 다음과 같은 일반적인 규칙을 얻을 수 있다. **규칙 1. 사람은 자신이 가진 모든 것을 주어야 할 의무는 없다.** "너는 네 우물에서 물을 마시며 네 샘에서 흐르는 물을 마시라 어찌하여 네 샘물을 집 밖으로 넘치게 하겠느냐"(잠 5:15-16). 물에서 차용한 비유에서 성령께서는 사람이 자신의 재물을 처분하도록, 즉 자신의 재물을 편안하게 즐기면서도, 없는 사람들에게 그 일부를 주도록 지시하신다. "옷 두 벌 있는 자는 옷 없는 자에게 (둘 다가 아니라) 하나를 나눠 줄 것이요"(눅 3:11). 우리는 방탕한 사람들이 자기가 가진 모든 것을 마구잡이로 낭비한다고 정당하게 책망받는 것을 보는데, 이는 사람이 모든 것을 다 줄 수 없을지라도, 고의로 다 쓸 수는 더더욱 없기 때문이다. **규칙 2. 사람은 그 자신이 근심하게 되고, 다른 사람들은 전적으로 평안해지도록 베풀어서는 안 된다**(고후 8:13). **규칙 3. 자선은 주는 사람의 능력에 따라 이루어져야 하며, 음식, 의복, 피난처 등 가난한 사람들의 필요를 충족시킬 수 있어야 한다.** 그래서 바울은 일반적인 구제에 대해 다음과 같이 말한다. "이 봉사의 직무가 성도들의 부족한 것을 보충한다"[고후 9:12]. 그리고 야고보는 구제에서 "그 몸에 필요한 것들"[약 2:16]을 주도록 요구한다. "네 형제가 가난하다면 반드시 네 손을 그에게 펴서 그에게 필요한 대로 쓸 것을 넉넉히 꾸어주라"(신 15:8).

---

451 여백에: 우리 자선의 분량에 대하여.

요점 6. 자선금은 어떤 **장소**에서 주어져야 하는가?[452] 장소와 관련하여 우리는 다음의 것을 알아야 한다. 우리 문 앞에서 떠돌아다니는 거지들을 구제하는 것은 하나님의 교회에 어울리지 않는 무질서한 일이다.[453] 이것은 다음과 같은 이유로 그러하다. 첫째, 하나님의 계명은 "그의 백성들 가운데 그런 거지들이 없어야 한다"[신 15:4]는 것이다. 그렇다면 가난한 사람들이 어떻게 구제를 받았는지 어떤 사람이 묻는다면, 하나님이 그들의 공급을 위해 충분한 명령을 내리셨다고 대답할 수 있다. 왜냐하면 첫째, 농부는 "포도원의 열매를 다 따지 말며, 곡식밭도 깨끗이 거두지 말고, 추수한 후에 남은 것들을 가난한 자들을 위해 버려두어야"[레 19:9] 하기 때문이다. 둘째, 게다가 "매년 제사장과 레위인을 위한 십일조"[민 18:26]와 "가난한 자와 나그네를 위해 삼년마다 십분의 일을 저축하여 보관해야"[신 14:28-29] 했기 때문이다. 셋째, 칠년마다 땅은 쉬어야 했고, 그 해에 맺은 모든 소출과 포도원과 감람원의 열매는 가난한 사람들을 위한 것이었기 때문이다(출 23:11). 다시 말하지만, 신약성경에서 "사도들이 임명하여 모든 교회에 **집사들**이 있게 하였다"[행 6:3]. 즉, 지혜와 분별력을 가진 사람들은 가난한 사람들을 위해 모으고, 마찬가지로 각 사람의 필요에 따라 받은 것을 나누어 주어야 했다. 주님께서는 가난한 사람들을 위한 모든 질서 있는 공급을 위해 떠돌아다니는 모든 구걸을 금지하셨다.

둘째, 이 떠돌이 거지들은 그들이 고통받는 곳에서 살아가는 백성의 수치와 치욕인데, 이는 선한 질서를 위한 통치자들의 돌봄이 없고, 가난한 사람들이 어떻게 살아야 하는지에 상관없이 모든 것을 자

---

452 역자주, 여백에: 자선의 장소.
453 여백에: 유랑하는 거지들을 구제하는 것은 커다란 무질서이다.

기들에게 모으는 부자들의 자비가 없다는 것을 입증하기 때문이다.

셋째, 이 떠돌이 거지들을 구제하는 데에는, 주는 사람의 다음과 같은 이중적인 결핍이 있다. 그는 구걸하는 당사자의 상태를 알지 못하기 때문에, 무엇을 얼마나 주어야 할지 알 수 없다. 이제 자선 행위에는 두 가지 분별력을 있어야 하는데, 주는 사람은 자기 자신의 능력과 받는 사람의 필요 모두를 알아야 한다.

넷째, 사람들의 문 앞에서 행해지는 일반적인 구제는 많은 거지를 양산하고 악한 세대를 유지하는데, 이 떠돌이 거지들은 대부분 오로지 자기들의 배만 생각하고, 모든 회중과 격리된 완전한 무신론자들이기 때문이다. 그리고 많은 사람들이 구걸에서 도둑질로 전락하고, 그렇지 않으면 해마다 임대를 준다 해도, 도둑질을 절대 떠나지 않을 정도로 거기에서 즐거움을 느낀다. 이는 경험에 의해 사실로 알려져 있다. 이 모든 것을 정당하게 고려한다면, 행정관들과 그 자리에 있는 다른 모든 사람들은 찾아오는 모든 사람들을 문 앞에서 구제하는 것보다, 가난한 사람들을 위해 더 나은 질서가 지켜지도록 해야 한다. 그리고 이를 위해 선한 법이 제정되었기 때문에, 사람들은 양심에 따라 그 동일한 법이 준수되고 지켜지도록 해야 한다. 그 어떤 사람도 죄가 없이 그 법을 위반할 수는 없다. 참으로 가난한 사람들에게 좋은 질서가 제공되지 않는다면, 굶주려 죽게 하는 것보다 떠돌아다니는 그들을 구제하는 것이 더 낫다. 왜냐하면 그리스도와 그의 제자들은 유대인들 사이에서 좋은 질서가 무너졌을 때, 길과 거리에서 가난한 사람들을 구제하며 그렇게 대했기 때문이다.

요점 7. 자선은 언제 주어져야 하는가?[454] **대답.** 성경은 여기에 대

---

454 역자주, 여백에: 자선 기부의 때.

해 거의 말하지 않지만, 다음과 같은 것들을 얻을 수 있다. 첫째, 현재 상황이 요구할 때 구제를 제공해야 한다. 그러므로 솔로몬은 다음과 같이 말한다. "네가 지금 갖고 있거든 이웃에게 이르기를 갔다가 다시 오라 내일 주겠노라 하지 말라"[잠 3:28]. 둘째, 안식일은 가난한 사람들을 위해 구제를 베풀기에 적합한 때인데, 이는 사도가 "고린도 교인들에게 명령하여"[고전 16:1-2] 각 사람이 그 앞선 주간에 하나님께서 그에게 형통하게 하신 대로 그 날에 가난한 사람들을 위해 줄 것을 따로 떼어 놓으라고 했기 때문이다. 그런데 여기서 사도들은 사람들의 문 앞에서 매일 구제하는 것을 허용하지 않았음을 관찰할 수 있다. 또한 사도는 가난한 사람들을 위해 상인들이 **안식일의 장사**를 바치도록 하였다. 상인들이 예전에는 자신들의 사적 이득을 위해 주님의 날을 손님들에게 봉사하느라 사용하곤 했을지라도, 이제는 아무에게도 팔지 말고 필요에 의해 구매하는 자에게만 팔아야 한다. 또한, 팔아서 사사로운 이득을 취하지 말고, 그 일을 가난한 자를 위한 자비의 일로 바꾸어, 사는 자가 가난한 자라면 이득 없이 팔거나 또는 부자들에게 팔아서 얻은 이득은 가난한 자를 구제하기 위해 주어야 한다. 이것은 실제로 상인들에게서 거의 기대할 수 없겠지만, 그들은 안식일 전체가 주님의 날이며, 그 날에 주님께서 기쁨으로 경배를 받으실 것이며, 사람들은 그 날에 자신의 일을 하거나 자신의 뜻을 추구하거나 자신의 사사로운 이야기를 해서도 안 된다는 것을 알아야 한다(사 58:13).

요점 8. 자선은 어떤 방식으로 주어져야 하는가?[455] **대답.** 이에 대해서는 다음 장에서 더 자세히 설명하겠지만, 이 본문에서 다음과 같

---

455 역자주, 여백에: 자선 기부의 방식.

은 사항을 관찰할 수 있다. 첫째, 자선 기부는 무료여야 한다. 주는 사람은 사람의 손에서 보상을 바라거나, 기부를 통해 하나님의 손에서 어떤 공로를 세우려고 생각해서는 안 된다. 교황주의자들의 생각은 이 자비의 사업에서 성령의 참된 위로를 빼앗는다. 그리스도의 순종에 의한 것 외에는, 아무도 하나님의 손에서 공로를 얻을 수 없었다. 둘째, 기부하는 우리의 마음은 자선과 연민의 마음으로 감동되어야 한다. 우리는 즐겨 드려야 하는데, 이는 "사랑이 없으면 우리가 주는 모든 것이 아무것도 아니며"(고전 13:3), "주님은 즐겨 내는 자를 사랑하시기"(고후 9:7) 때문이다. 이제 우리가 가난한 사람들을 우리 자신의 육신으로 여기고, 그들 안에 있는 하나님의 형상을 본다면, 이것이 우리로 하여금 불쌍히 여기는 마음을 갖게 할 것이다. 셋째, 가난한 사람의 인격에서 우리는 그리스도 예수를 생각하고, 우리가 그리스도께 드리는 것처럼 그들에게 주어야 한다. 이것은 우리로 하여금 구제하되 즐거이 구제하게 만들 것인데, 왜냐하면 심판 날에 그리스도께서 부자들에게 구제받기 위해 가난한 자의 모습으로 온다는 사실을 알리실 것이기 때문이다. 무자비한 자에게 그는 말씀하실 것이다. "이 지극히 작은 자 하나에게 하지 아니한 것이 곧 내게 하지 아니한 것이니라"[마 25:45]. 그러나 자비로운 자에게는 다음과 같이 말씀하실 것이다. "너희가 여기 내 형제 중에 지극히 작은 자 하나에게 한 것이 곧 내게 한 것이니라"[마 25:40]. 넷째, 우리의 자선은 우리가 누리는 복에 대해 하나님께 감사하는 서약으로 드려야 하는데, 이는 우리가 가진 모든 것은 하나님께로부터 왔으며, "우리가 무엇을 주든지 그의 손에서 나온 것"[대상 29:14]이기 때문이다. 이제 그는 사람들이 "선을 행하고 가난한 자들에게 나누어 줄 때, 하나님이 이같은 제사를 기뻐하신다"[히 13:16]고 천명한다.

자선 기부의 의무가 무엇이며, 어떻게 수행해야 하는지 알게 되었으니, 이제 우리 스스로 자선 기부를 실천할 수 있도록 분발해야 한다. 우리가 이것을 하기 위해서는 다음과 같은 이유를 고려해야 한다.[456] 첫째, 우리 모두는 의로운 사람으로 인정받기를 원한다. 우리가 참으로 그렇게 되려면, "고아와 과부를 돌아보고, 선을 행하고 가난한 사람들에게 자선을 베풀어야" 하는데, "이것이 하나님 앞에서 정결하고 더러움이 없는 경건이기"[약 1:27] 때문이라고 야고보가 말한다. 교회에 와서 말씀을 듣고 성례를 받는 것은 좋은 일이지만, 가난한 자들에게 자비를 베풀지 않는다면, 그들은 하나님의 인정을 받지 못하고, 미움을 받을 뿐이다(사 1:13-15).

둘째, 어떤 사람이 우리의 수확을 위해 거름을 주고 경작할 땅을 우리에게 준다면, 우리는 그것을 친절하게 받아들이고, 거기에 고통과 씨앗을 모두 쏟을 것이다. 보라, 가난한 자들은 경작할 땅처럼, 하나님께서 부자들에게 보내신 것이며, 그들이 가난한 자들을 구제할 때, 그들은 그 땅에 씨를 뿌리는 것이다. 이제 바울이 이 경우에 "사람이 무엇으로 심든지 그대로 거두리라"[갈 6:7][457]고 말한 것처럼, 우리도 많이 심어야 많이 거둘 수 있다.

셋째, "가난한 자를 불쌍히 여기는 것은 여호와께 꾸어 드리는 것이니"(잠 19:17). 정직한 사람이 우리에게 보증을 서준다면, 우리는 이득과 함께 우리 자신의 것을 돌려받기 위해 쉽게 돈을 빌려주게 될 것이다. 주님은 가난한 자들의 보증이 되기 위해 부자들에게 자신을 내어주신다. 그렇다면 누가 그렇게 좋은 채무자에게 빌려주는 것을 두려워하겠는가?

---

456 여백에: 자선 기부의 동기들.
457 역자주. 원문과 영문판은 고후 3:6으로 오기하고 있다.

넷째, 이러한 약속이 우리를 움직이지 않는다면, 무자비하고 마음이 완악한 자들에게 위협이 되는 무서운 저주를 생각해 보자. 왜냐하면 "가난한 자를 구제하는 자는 궁핍하지 아니하려니와 못 본 체하는 자에게는 저주가 클 것이며"(잠 28:27), "귀를 막고 가난한 자가 부르짖는 소리를 듣지 아니하면 자기가 부르짖을 때에도 들을 자가 없을 것이며"(잠 21:13), 이 의무를 소홀히 한 악인들에게 비참한 정죄의 선고가 내려질 것이기 때문이다(마 25:41-42).

더 나아가, "네게 구하는 자에게 주라"는 말씀에서, 우리는 하나님의 백성 가운데 **재화(財貨)의 공평함**이 있어야 하며,[458] 모든 것이 공통되지 않아야 하는 것이 하나님의 뜻이라는 것을 배울 수 있다. 주님께서는 어떤 사람들은 주어야 하고, 어떤 사람들은 받도록 가난에 처하기를 원하셨다. 이것은 어떤 사람들이 즐겨 상상하듯이, 모든 것을 사용함과 공평함 둘 다에 대해 공통적이지 않기 때문이다. 만일 누군가가 초대교회에서 "그들이 모든 물건을 통용했다"[행 4:32]고 언급되기 때문에, 공동 소유라고 생각한다면, 그것은 그 공동체가 당시 사람들의 공동선을 위해 자유롭게 기부했던 것처럼, 그런 것들에서만 그랬다는 것을 알아야 한다. 하지만 그 당시에도 모든 재산을 그처럼 기부해야 한다는 양심의 강요나 구속을 받은 사람은 없었다. 왜냐하면 베드로가 아나니아에게 다음과 같이 말했기 때문이다. "땅이 팔리지 않아 그대로 있을 때 그의 땅이었으며, 팔린 이후에 그가 그 값을 마음대로 처분할 수 있었다"[행 5:4].

반대. 바울이 "만물이 다 너희 것임이라"(고전 3:21)고 말하는 것처럼, 모든 것이 믿는 자의 것이므로 공동의 것이어야 한다. **대답.** 사도

---

458 역자주, 여백에: 재산의 적절성은 합법적이다.

는 그들이 그리스도 안에서 모든 것에 대한 권리를 가졌고, 소망으로 그것들을 누렸을지라도, 심판의 날 이전에는 실제적으로 그 합당한 열매를 맺지 못했다는 것을 의미한다.

다시 말하지만, 가난한 자에게 베푸는 것이 하나님께서 그렇게 하도록 능력을 주신 모든 사람의 의무라면, 그 누구도 자발적으로 그 의무를 저버릴 수 없다.[459] 따라서 자발적인 가난을 겪는 교황주의 관행은 불법으로서 실패로 끝나는데, 이는 이로 인해 그들은 이 의무를 수행할 수 없기 때문이다. 진실로 교황주의자들은 이것을 **하나의 완전한 상태**[460]로 만들지만, 다윗은 구걸을 저주로 판단했으며(시 109:10), 그렇지 않았다면, 구걸로부터의 자유를 복이라고 말하지 않았을 것이다. "내가 의인이 버림을 당하거나 그의 자손이 걸식함을 보지 못하였도다"(시 37:25).

마지막으로, 이 계명에서, 항상 땅을 파는 두더지와 같이 재물을 모으기 위해 전적으로 자신을 바치는 사람들의 잘못을 보라.[461] 하나님은 사람이 얻는 것뿐만 아니라, 주는 것, 아니, 지키기 위해서가 아니라, 주기 위해 얻어야 할 것을 요구하시는데, 왜냐하면 하나님께서는 지키는 것보다 주는 것을 통해 더 영광을 받으시기 때문이다. 그리고 여기서 그의 자녀들은 그 어떤 사람에게서 아무것도 받지 않으시고, "모든 사람에게 후히 주시고 그 누구도 꾸짖지 아니하시는"(약 1:5) 하늘 아버지를 닮았다.

---

459 여백에: 가난 서약은 불법이다.

460 여백에: Rhem. on Matt. 19. sect. 9. Bellarm. de Monach. l. 2. c. 20.

461 역자주, 여백에: 재산을 모으는 것이 책망을 받다.

예시 2

"네게 꾸고자 하는 자에게 거절하지 말라." 이 말씀은 그리스도의 두 번째 교훈, 즉 빌려주고 빌리는 것에서 취한 것으로, 선으로 악을 갚으라는 내용을 담고 있다. 이 규칙의 의미를 알기 위해서는 세 가지 사항을 다루어야 한다.[462] 첫째, 빌려준다는 것이 무엇인지, 둘째, 누구에게 빌려줘야 하는지, 셋째, 어떤 방식으로 빌려줘야 하는지이다.

요점 1. 빌려주는 것이 무엇인지는 일반적인 경험으로 잘 알려져 있다.[463] 그것은 돈, 옥수수, 또는 이와 유사한 물건이 사용과 소유권에 관해 사람과 사람 사이에 전달되지만, 차용인은 양심에 따라 빌려준 물건, 또는 그와 동등한 가치를 지닌 물건을 반환해야 할 의무가 있는 민사 계약 또는 거래이다.

요점 2. 누구에게 빌려주어야 하는가.[464] 이 상황은 마태복음에는 표현되어 있지 않지만, 누가복음 6장 34-35절에서 그리스도는 "죄인들이 하는 것처럼 다시 그만큼 받기 위해" 빌려주는 것을 금지하신 구절을 통해 확인할 수 있다. "그러나 (그는) 너희 원수를 사랑하고 선을 행하며 다시 아무것도 바라지 말고 빌려주라고 (말씀한다)." 여기서 빌려주는 것은 정말 가난하여 똑같이 다시 빌려줄 수 없는 사람에게만 이루어져야 한다는 것이 명백하다. 그것을 더 잘 이해하기 위해 인간 사회에는 세 종류의 인간이 존재한다는 것을 알아야 한다.[465] 첫째, 질병, 나이, 절름발이 등과 같은 무능력으로 인해 필요한 것을

---

462 역자주, 여백에: 빌려주는 것에 대하여 세 가지 요점.
463 역자주, 여백에: 빌려주는 것이 무엇인지.
464 역자주, 여백에: 우리는 누구에게 빌려주어야 하는가.
465 여백에: 정치적 집단에는 세 종류의 사람들이 있다.

스스로 마련할 수 없는 가난한 자들로, 이 사람들은 일반적으로 거지라고 불린다. 두 번째 부류는 가난하지만, 아직 직업이 있어 일부 생활을 스스로 유지할 수 있으되, 가난 때문에 여전히 필요한 것들이 부족하여 그것들을 스스로 조달할 수 없는 사람들이다. 세 번째 부류는 세속적인 재물이 풍부하여 필수품이 충분할 뿐만 아니라, 훨씬 더 넘치도록 가진 부자들이다. 이제 이들 각각에게는 그의 독특한 의무가 있다. (모세가 말하듯이[레 25:35]) "떨리는 손"을 가진 첫 번째 부류의 가난한 사람들에게는 자선을 베풀어야 하며, 앞의 교훈에서 살펴본 대로 기꺼이 베풀어줌으로써 그들은 구제를 받아야 한다. 두 번째 부류의 가난한 사람들에게는 특히 그들의 필요성이 요구할 때, 적절하게 빌려주어야 한다. 부자들에게는 선물이나 대여가 주어져서는 안 되고, 그와 반대로, 그들은 가난한 자들에게 베풀고 빌려주며, 자신들의 합법적 소명에 따른 정직한 노동과 근면으로 스스로를 유지해야 한다.

요점 3. 사람들은 어떤 방식으로 빌려주어야 하는가?[466] **대답**. 여기서 "네게 꾸고자 하는 자에게 거절하지 말라"고 언급된 것처럼, 말투에서나 머리나 몸을 돌이키는 몸짓으로 인색한 기색을 보이지 않고, **기꺼이 마음을 다해** 빌려주어야 한다. 빌려주는 자의 성품은 누가에 의해 더 자세하게 표현되는데, 누가는 "다시 아무것도 바라지 말고 빌려주라"고 말한다. 여기서 그리스도는 단순히 사람들이 빌려준 것을 되돌려 받기를 바라는 것을 금지하시는 것이 아니라, 람들이 어떤 애정과 마음의 성향을 가지고 빌려주어야 하는지 보여 줄 것을 의미한다. 즉, 빌려준 물건의 보상이 아니라, 빌리는 당사자의 이익

---

466 역자주. 여백에: 빌려주는 방식.

만을 존중하라는 것이다. 가난한 사람이 빌리러 오는 경우, 우리 스스로 다음과 같이 추론해서는 안 된다. 이 사람은 가난해서 다시 갚지 않을지도 모르니, 나는 빌려주지 않겠다. 또는 이 사람은 가난하지만 부지런하여 내게 다시 갚으려 하므로, 내가 빌려줄 것이다. 이것은 빌려주는 **죄인들의 관행인데, 그들은 빌려준 만큼 받기를 바라기 때문이다.** 그러므로 가난한 사람들을 돕고자 하는 선한 마음으로 빌려주고, 빌려준 것을 잃어버리거나, 안전하게 돌려받는 일에 마음을 두지 말아야 한다. "다시 아무것도 바라지 말라"는 그리스도의 구절은 이런 식으로 이해되어야 하되, 고리대금의 이득에 적용되지 않아야 하는데, 이것은 그리스도께서 이 구절에서 목표로 하신 것이 아니다.

적용. 첫째, 여기서 가난한 자에게 빌려주는 것은 부자의 양심을 구속하는 하나님의 계명임을 주목하라.[467] 부자가 빌려줄지 말지는 그의 선택에 맡겨져 있지 않다. 하지만 가난한 사람의 형편이 요구할 때, 그가 빌려주지 않으면, 그는 이 계명을 어기는 것이므로, 하나님께 죄를 짓는 것이다. 그러므로 다윗은 "은혜를 베풀며 꾸어 주는 것"을 "선한 사람"(시 112:5)의 속성으로 삼는다. 여기서 우리는 가난한 사람들에게 돈을 빌려 주기는커녕, 기근 때까지 축적해 두어 가난한 사람들의 궁핍으로 자신들을 풍요롭게 하여, 지옥 구덩이로 선고받은 많은 부자들의 비참한 관행을 볼 수 있다. 따라서 그들은 가난한 자들에 대한 하나님의 심판을 가중시키며, 성령이 말씀하듯이, 말하자면 "그들의 얼굴에 맷돌질하고"[사 3:15], "힘없는 그들을 밟고"[암 5:11] 있다. 그러나 그들은 언젠가 그들이 가난한 사람들에게 필요한

---

467 역자주, 여백에: 빌려주는 것은 의무이다.

것을 빌려주었어야 했다는 것을 알게 될 것이다. 참으로 공동체가 궁핍에 처한 경우, 하나님의 손길이 가난한 자들에게 더 무겁게 내려질 때, 그들은 그들을 향해 더 너그럽게 손을 내밀어야 한다. 사람은 그의 신분이 쇠락하기 시작하면, 아무도 그에게 아무것도 빌려주지 않으려 하는 것이 일반적이고 흔한 관행이다. 그가 쇠락하기 시작하기 때문에, 그들은 다시 그들에게 돈을 갚지 않을까 봐 도움을 철회한다. 하지만 그렇게 되어서는 안 된다. 부자는 궁핍으로 인해 쉽게 쇠락하게 될 그런 사람에게 빌려줌으로써, 그런 자를 붙들어주어야 한다는 것이 그리스도의 계명이다.

둘째, 그리스도의 이 명령은 부자들이 빌려줄 뿐만 아니라, 이자를 받지 않고 값없이 빌려주도록 구속한다.[468] 왜냐하면 그들은 다시 바라지 말고 빌려주어야 하는데, 참으로 주님께서는 가난한 사람들에게 이자 받는 것을 명시적으로 금지하셨기 때문이다(출 22:25). 여기서 우리는 가난한 사람들에게 이자를 받고 돈을 빌려주어 지옥의 밑바닥으로 선고된 고리대금업자들의 관행이 만연해 있는 것을 볼 수 있다. 이 사람들은 가난한 자들의 피와 생명을 빨아먹고 사는 자들로서, 그들의 죄는 어디에서나 정죄를 받으며, 피 흘림 그 자체와 같이 미움을 받아 마땅하다. 그러나 부자들은, 그렇게 빌려주도록 간청을 받았고, 그렇게 빌려준 것에 대해 크게 감사를 받아야 한다고 말할 것이다. **대답.** 사울의 무기를 든 자는 사울이 간절히 그렇게 하라고 간청했을지라도, 그의 주인을 죽인 살인자였기 때문에(삼하 1:9, 16), 이 변명은 상황을 바꾸지 못할 것이다.

셋째, 여기서 더 나아가 사람은 빌려주어야 하되, 항상 원금을 다

---

468 여백에: 값없이 빌려주는 것.

시 받은 것은 아니라는 것을 배우라.[469] 실제로 그는 자신의 것을 요구하고 받을 수 있으며, 그렇지 않으면 빌려주는 것이 아니라, 모두 주는 것이어야 하는데, 여기서 이 두 가지는 구별된다. 그러나 빌린 가난한 사람이 더 가난에 빠지면, 부자는 그의 빌려준 것을 기부로 바꾸고, 그들의 여러 형편이 요구하는 대로 원금, 또는 그 일부를 탕감해야 한다. 어떤 사람이 가난한 사람의 빚에 대해 전당물을 받을 수는 있지만, 그 전당물이 가난한 사람의 생활에 필요한 물건이라면, 그는 그것을 취하지 말아야 하거나, 적어도 해가 질 때까지 보유해서는 안 된다(신 24:10-13).[470]

넷째, 여기서 어떤 사람들은 (그리스도께서 "아무것도 바라지 말고 꾸어 주라고 명한 것"[눅 6:35]을 보고) 사람이 선한 양심으로 아무 때나 빌려준 것에 대해 이자를 받을 수 있는지 묻는다.[471] **대답**. 대여는 정당하거나 예의에 따른 대여 두 가지가 있다. 정당한 대여는 가난한 사람이 그 필요에 의해 빌려야만 할 때, 부자가 그에게 빌려주는 것이다. 이런 경우, 사람은 선한 양심으로 그 어떤 이자도 취할 수 없다. 예의상 빌려주는 것은 한 부유한 친구가 다른 친구에게 빌려주는 것이다. 이것은 하나님의 말씀에서 금지되어 있지 않고, 사람의 자유와 재량에 맡겨져 있으며, 보상에 대한 어떤 약속도 없다. 이 예의상 대여의 경우, 성경에서 모든 이자를 취하는 것이 단순히 정죄된다는 것을 찾지 못한다. 아니 어떤 경우에는 자연법과 모든 국가의 법률 모두가 이것을 허용한다.[472] 첫째, 배은망덕은 모든 사람이 혐오하고, 자연법이 선

---

469 여백에: 빌려준 것에 대한 탕감.
470 역자주, 원문과 영문판은 신 20:10-12으로 오기하고 있다. 전당의 규정(신 24:10-13)을 참고하라.
471 여백에: 대여에 대한 이자를 받는 것에 대하여.
472 여백에: 대여에 대한 이자를 받을 수 있는 경우들.

에 대해 선행을 요구하기 때문에, 이자는 받은 은혜를 친절하게 보답하는 하나의 복으로서 감사의 방식으로만 주어지는데, 거의 모든 개신교와 교황주의 신학자들은 이런 종류의 이자를 허용한다. 둘째, 어떤 사람이 대여로 인해 손해를 입은 경우, 그는 손실에 대한 보상으로 이자를 받을 수 있다. 셋째, 어떤 사람이 빌리는 자의 손에서 그의 원금을 모험하는 것으로 만족할 때, 그도 이자를 취할 수 있다. 이것은 사람이 자신의 말(馬)이나 다른 물건의 사용에 대해, 삯을 받고 손실을 감수하는 것과 같다(출 22:14).

이런 식으로, 우리는 가난한 사람들에게 베풀고 빌려주는 것에 대한 하나님의 뜻이 무엇인지 알 수 있었다. 따라서 이제 가난한 사람들도 가르침을 받을 수 있다.[473] 첫째, 이로써 모든 사람은 하나님이 그의 백성들 가운데 가난한 사람들이 부자들의 것을 받고 빌릴 수 있게 하셨다는 것을 알게 된다. 이것은 하나님이 그의 지혜와 섭리로 그렇게 정하셨기 때문에, 가난한 자들은 그것이 자신들에게 최선이라고 생각하면서, 자신들의 낮은 형편에 만족해야 할 것이다.[474] 둘째, 가난한 사람들은 자신들의 외적인 가난을 기회로 삼아 은혜를 통해 하나님 안에서 부요한 자가 되려고 노력해야 한다.[475] "하나님이 이 세상에서 가난한 자를 택하사 믿음에 부요하게 하지 아니하셨느냐?"(약 2:5). 여기서 그들은 더 부유한 부류와 짝을 이루고, 그들을 넘어설 수 있는데, 이는 큰 기쁨의 문제이다. "낮은 형제는 자기의 높음을 기뻐하라"(약 1:9). 즉, 그들을 부요한 자로 여기는 하나님과 더불어 기뻐하라(계 2:9). 셋째, 따라서 가난한 사람들은 부자들에게 복

---

473 여백에: 가난한 자들의 의무.

474 역자주, 여백에: 만족.

475 역자주, 여백에: 은혜 안에서 부자 되기를 추구하라.

종하는 법을 배워야 하는데, 그들은 부자들이 베풀고 빌려줌으로써 큰 도움과 위로를 받는다.[476] "가난한 자들은 간절한 말로 구한다"(잠 18:23). 이것은 그들의 겸손함을 보여 주는데, 이는 아주 교만하고 감사할 줄 몰라서, 부자들에게 좋은 말을 하지 않으려는 많은 가난한 사람들을 책망한다. 그러나 아무도 그런 것 같지 않고, 부자들에 의해 살아야 할 자들은 더더욱 그런 것 같지 않다. "눈이 높고 마음이 교만한 자를 내가 용납하지 아니하리로다"(시 101:5).

여섯 번째 본보기

"또 네 이웃을 사랑하고 네 원수를 미워하라 하였다는 것을 너희가 들었으나"(마 5:43). 이 구절과 이 장의 나머지 부분에서 우리 구주는 유대교 교사들의 부패한 해석에서 **우리의 이웃 사랑**을 다루는 두 번째 돌판의 일반적 계명을 정화하시고, 그 참되고 올바른 의미로 회복시키려고 노력하신다. 그리고 전자와 마찬가지로 여기에서도, 주님께서는 먼저 이 계명에 관한 그들의 거짓 교리를 제시하신 다음(마 5:43), 그것을 반박하신다(마 5:44-45). 그는 그들의 잘못된 해석을 제시하시면서, 형제 사랑에 관한 모세의 율법을 제시하신다. "네 이웃을 사랑하라"(레 19:18). 이것은 마치 하나님께서 네 친구를 사랑하라고 말씀하셨던 것처럼, 그들은 여기서 **이웃**을 **친구**로 잘못 이해했다. 그런 다음, 주님께서는 하나님의 율법으로부터 잘못 생각한 그들의 전통, 즉 **원수를 미워하라**는 것을 덧붙이신다.

---

476 역자주, 여백에: 겸손.

이 유대인들에게서 우리는 어떤 교사에게도 있어서는 안 되는 두 가지 명백한 성경 남용을 관찰할 수 있다. 즉, **잘못된 해석**과 **잘못된 추론**이다. 그들이 오해하는 단어는 "이웃"인데, 구약성경에서는 이 단어를 두 가지 의미로 사용한다. 친한 친구나 지인에 대해 엄격하고 더 정확하게 사용되며, 이런 의미에서 통용된다. 또는 보다 더 일반적으로 혈연, 거주지, 직무, 교통, 또는 오직 우리와 같은 장소에 있는 등 어떤 종류의 사회에서든, 우리와 가까운 사람이라면 누구나 해당된다. 이와 같이 사마리아 사람은 강도를 만난 사람의 이웃이 되었다고 언급되는데, "그가 여행하는 길에 누워있는 그를 발견하고 그를 불쌍히 여겼기 때문이다"[눅 10:36-37]. 이제 유대교 교사들은 성령의 참된 의미를 표현한 단어의 일반적인 의미를 버리고, 특별한 의미를 취하여 이 사랑의 율법을 친구에게만 제한한다. 이로써 우리는 성경이 기록된 언어를 잘 알고 이해하는 것이 얼마나 필요한지 알 수 있는데, 왜냐하면 유대교 교사들이 한 단어의 의미를 잘못 이해함으로써, 그들 사이에서 진리에 대해 명백한 오류가 발생했기 때문이다. 이것은 언어 연구를 공언하는 학문의 학교의 명예에 큰 도움이 된다.[477] 그리고 여기서 유대교 교사들에게서 또 다른 한 가지를 발견할 수 있다. 그리스도 당시에 그들이 그들 자신의 언어에 무지하였고, 따라서 오늘날에도 그들이 그 언어의 속성을 알지 못한다 할지라도 놀라운 일이 아니다. 왜냐하면 그들의 나라가 쇠퇴하여 온 백성 중에 흩어졌기 때문이다.

그들의 두 번째 잘못은, 잘못된 추론과 그에 따른 결과이다. 사람

---

477 여백에: 승인된 학문의 학교들.

은 그의 친구를 사랑해야 하기 때문에, 그 결과 그의 원수를 미워해야 한다는 것이다. 이것은 학문의 법칙에 위배되는 것으로, 상반된 것들이 동등하지 않는 한, 이런 종류의 결과가 그로부터 나오지 않을 것이기 때문이다.

적용. 여기서 인간 학문 연구의 필요성과 다른 것들 가운데 특히 우리가 참된 추론과 잘못된 추론을 식별할 수 있는 논리학 연구의 필요성을 관찰하라. 다시 말하지만, 여기서 거짓 교사의 틀림없는 특징을 관찰하라.[478] 즉, 하나님의 말씀을 인간의 자연스러운 정서에 맞게 조절하여 둘 다 양립할 수 있도록 그 말씀을 해설하는 것이다. 유대인들은 친구를 전적으로 사랑하고, 적을 지독하게 미워하는 민족이었다. 이제 그들의 선생들은 이 율법을 그에 상응하게 설명함으로써, 하나님의 율법과 백성의 구원 모두를 뒤엎는다. 셋째, 여기서 부패한 가르침의 열매, 즉 선한 행실을 부패시키는 것을 관찰하라.[479] 유대인들은 자신의 조상과 특권을 많이 자랑하고, 자신들과 관련하여 모든 이방 민족들을 정죄하는 민족이었다. 참으로 그들은 이방 민족들을 미워했기에, 그들은 이방인 고넬료에게 들어갔던 베드로와 심하게 다투었다(행 11:2). 이제 그들의 악의는 부분적으로는 본성에서 비롯된 것이고, 부분적으로는 그들의 교사들의 잘못된 가르침, 즉 그들의 원수를 미워할 수 있다는 것에서 비롯된 것이다. 이와 같은 사례는 오늘날까지 교황주의의 많은 관행에서 나타날 수 있는데, 이는 그런 미신이 팽배했을 때, 사람들이 거룩함과 관련하여 때와 장소의 구별에 대해 배웠고, 그 가르침의 열매는 오늘날까지 많은 사람들의 마음에 굳건히 자리 잡았다. 그래서 그들은 교회당과 작은 예배당이

---

478 여백에: 거짓 교사의 특징.
479 역자주, 여백에: 부패한 가르침은 선한 행실을 부패시킨다.

다른 곳보다 더 거룩하다고 생각하여, 어떤 사람들은 그런 곳에 들어올 때 외에는 기도하지 않는다. 그리고 그들은 날과 시간을 크게 다른 것으로 만든다. 이 모든 것들은 교황주의의 열매들이다. 이와 관련하여 우리는 믿음과 행실에 있어서 신앙의 순수성이 신실한 말씀 사역을 통해 강력하게 유지되어야 함을 알 수 있는데, 이는 사람들의 삶 가운데 나타나는 많은 무질서는 성경을 불건전하게 다루는 데서 비롯되기 때문이다. 이로써 우리는 우리에게 거룩한 사역을 보장해 주는 하나님의 말할 수 없는 자비와 선하심을 볼 수 있으며, 그 사역 가운데 순전한 가르침이 오래전부터 있었고, 지금도 하나님의 자비를 통해 유지되고 선포되고 있다. 이를 통해 우리는 하나님께 모든 감사를 드리고, 하나님과 사람을 향해 마음과 삶에서 모든 거룩함과 경건함으로 이 참된 신앙의 열매를 나타내도록 노력해야 한다.

2부

"나는 너희에게 이르노니 너희 원수를 사랑하며 너희를 저주하는 자를 축복하며, 너희를 미워하는 자들에게 선을 행하며, 너희를 해치고 박해하는 자를 위하여 기도하라"(마 5:44). 여기서 우리 구주 그리스도는 유대교 교사들의 **원수를 미워하는 것**에 대해, 이전 거짓 교리에 대해 그의 대답을 제시하신다. 여기서 그는 먼저 "너희 원수를 사랑하라"고 말씀하면서, 그의 전체 대답의 요약이 담긴 일반적인 규칙을 제시하신다. 그 다음에 그는 같은 구절에서 그 규칙을 해설하신 뒤에, 그것을 증명하신다(마 5:45-46). 이것들에 대해 순서를 따라 살펴보자.

요점 1

첫째, "너희 원수를 사랑하라." 이 규칙에서 두 가지를 알아야 한다. 첫째, 원수란 누구인가. 둘째, 원수를 사랑한다는 것이 무엇인가. 이 두 가지 모두 그리스도께서 이 규칙을 설명하시는 다음 말씀에서 분명하게 드러난다. "너희를 저주하는 자를 축복하며, 등." 그래서 **원수**란 미움을 품고 이웃에게 저주, 혹은 악담의 말이나, 그를 때리고 핍박하는 행동으로 잘못을 행하는 사람이다.[480] 그러나 원수를 사랑한다는 것은 무엇인가?[481] 제대로 된 **사랑**은 한 사람이 다른 사람을 크게 기뻐하는 마음의 애정이다. 하지만 여기서 사랑은 보다 일반적으로 다음 두 가지를 포함한다. 첫째, 원수를 사랑으로 대하는 마음이다. 둘째, 말과 행동으로 원수를 사랑스럽게 대하는 것이다. 그래서 그것은 다음과 같이 표현된다. "우리가 말과 혀로만 사랑하지 말고 행함과 진실함으로 하자"(요일 3:18). 그리고 "사랑은 율법의 완성이니라"(롬 13:10).[482] 첫 번째로, 마음속의 사랑은 한 사람이 다른 사람에 대해 품는 자비와 긍휼과 온유와 우리가 할 수 있는 선한 것을 그들에게 행하고자 하는 열망과 같은 모든 선한 애정을 포함한다. 그것은 다음과 같이 더 명확하게 표현된다. "그러므로 너희 하늘 아버지의 자비로우심 같이 너희도 자비로운 자가 되라"(눅 6:36). 두 번째로, 사랑이 말과 행동으로 표현되는 그런 종류의 용법은, 여기서 세 가지로 우리에게 제시되어 있다. 첫째, "너희를 저주하는 자를 축복하며." 여기서 우리의 원수에게, 그리고 우리의 원수에 대해 모든 선한 말을 하라고 명령한다. 둘째, "너희를 미워하는 자들에게 선을 행하

---

480 여백에: 원수가 묘사되다.

481 여백에: 원수를 사랑한다는 것은 무엇인가.

482 역자주, 원문과 영문판은 롬 10:13으로 오기하고 있다.

며.” 여기서 우리가 할 수 있는 모든 방법으로 그들에게 도움과 구호, 위로를 제공함으로써, 행동으로 모든 사랑의 용법을 규정한다. 셋째, “너희를 박해하는 자를 위하여 기도하라.” 즉, 하나님의 영광을 위해, 그리고 다가올 세상에서 그들의 회심과 구원에 도움이 되는 한, 이생에서 그들의 선한 형편을 위해 기도하라.

이러한 사실에 대한 증거는 예시를 통해 확인하라. **마음의 애정**에 대해서는, 원수들을 너무나 사랑해서 그들을 위해 자신의 피를 흘리고, 그들의 구원을 위해 십자가에서 지옥의 고통을 겪는 것에 만족하셨던 **그리스도의 모범**을 따르라. **공손한 말의 사랑**에 대해서는 **그의 공언된 원수 사울에 대한 다윗의 관행을 보라.** 다윗은 사울을 손에 쥐고 여러 번 죽일 수 있었음에도 불구하고, 아니 그의 “신하들”이 그렇게 하도록 자극했을지라도[삼상 24:7; 26:9-10], 그는 사울을 살려 주었고, 사울에 대한 모든 경외심을 가지고, 사울을 “그의 주인”과 “주님의 기름 부음 받은 자”라고 부르며, 신하들을 달랬다. 바울은 베스도와 아그립바가 이방인이자 그의 원수였을지라도, 이런 식으로 그들에게 사랑스럽게 말하며 행동했다[행 26:25, 27]. **원수에게 선을 행하는 것**에 대해서는 출애굽기 23장 4-5절을 읽어보라. “네가 만일 네 원수의 길 잃은 소나 나귀를 보거든 반드시 그 사람에게로 돌릴지며, 네가 만일 너를 미워하는 자의 나귀가 짐을 싣고 엎드러짐을 보거든, 그것을 버려두지 말고 그것을 도와 그 짐을 부릴지니라.” 그리고 “네 원수가 배고파하거든 음식을 먹이고, 목말라하거든 물을 마시게 하라”(잠 25:21). 이것에 대해 엘리사가 취한 행동을 보라. 하나님이 그의 생명을 노리는 자들을 그의 손에 넘기셨을 때, 엘리사는 그들을 사마리아로 인도했으며, 이스라엘 왕이 그들을 죽이려 할 때에 그가 금하고, 오히려 왕으로 하여금 떡과 물로 그들을 재충전하게 하여 그들의 주인에게로 보냈다[왕하 6:14, 19, 21]. **우리의 원수를 위해 기도하는 것**에 대해서, 우리는 선지자들과 우리 구주 그리스도[눅 23:34], 그리고 자신을 죽이는 자들을 위해 기도한 스데반[행 7:60]의 모범을 볼 수 있다.

반대 1. 성경은 다른 곳에서 이것에 반대하는 것처럼 보인다고 말할 것이다. "오 여호와여 내가 주를 미워하는 자들을 미워하지 아니하오며, 주를 치러 일어나는 자들을 미워하지 아니하나이까 내가 그들을 거짓 없는 미움으로 미워하나이다"(시 139:21-22).[483] 그래서 어떤 경우에는 사람이 원수를 미워할 수도 있는 것처럼 보인다. **대답.** 첫째, 우리는 원수의 명분과 그 인격 사이에 차이를 두어야 한다. 그들의 악한 명분과 죄는 미워해야 하며, 우리는 그것에 대해 어떤 승인도 해서는 안 되지만, 하나님의 피조물이며 어떤 형태로든 그의 형상을 지니고 있는 그들의 인격은 사랑받아야 한다. 원수의 종류는 사적인 원수와 공적인 원수 두 가지로 나뉜다.[484] 사적인 원수는 자신이나 자신의 일과 관련하여 어떤 사적인 이유로 사람을 미워하는 사람이다. 그리고 그리스도께서 여기서 명령하시듯이, 우리는 그런 사람을 미워하지 말고 사랑해야 한다. 공적인 원수란 하나님의 대의와 신앙과 복음 때문에 사람을 미워하는 자이며, 이러한 공적인 원수는 치료할 수 있는 것과 치료할 수 없는 것, 두 종류가 있다. 우리의 공적인 원수가 치유될 수 있다면, 우리는 그들의 상태를 미워하면서, 그들의 회심을 위해 기도해야 한다. 만일 그들이 치료될 수 없고 그들의 마지막 완고함의 명백한 징후를 갖고 있다면, 우리는 그들을 미워할 수 있는데, 이는 우리가 그와 같이 마귀를 미워하기 때문이다. 그

---

483 여백에: 원수들을 향한 미움에 대하여.
484 역자주, 여백에: 두 종류의 원수.

래서 바울은 다음과 같이 말한다. "만일 누구든지 주 예수를 사랑하지 아니하면 저주를 받을지어다 우리 주여 오시옵소서 그를 최종적으로 그리고 완전히 저주받게 하라"[고전 16:22]. 그러나 우리는 이것을 알아야 하는데, 우리의 증오는 그들의 죄를 향하고, 그들의 죄로 인해 그들의 인격을 미워해야 하되, 그렇지 않으면 미워하지 말아야 한다는 것이다. 이제 다윗은 이 시편에서 사적인 원수가 아니라, 자신뿐만 아니라 그가 믿는 하나님도 미워하여 불치병에 걸린 공적인 원수에 대해 이야기하고 있다.

반대 2. 그러나 하나님의 자녀들의 관행은 그렇지 않은 것 같은데, 왜냐하면 다윗은 종종 원수들을 저주하고, 그들과 그들에게 속한 자들의 멸망을 위해 기도하기 때문이다(시 109:6, 9-10). 베드로는 시몬 마구스가 "그의 돈과 함께 멸망하기를"[행 8:20] 바라고, 바울은 주님께 "구리 세공업자 알렉산더에게 그의 행한 대로 갚아 주실 것"(딤후 4:14)을 기도하기 때문이다. 어떻게 이것이 본문과 함께 양립할 수 있는가? **대답.** 이러한 사실에 대한 해석은 다양하다. 어떤 사람들은 다윗의 시편에서 그의 저주는 적절한 의미에서 하나님의 교회의 치유될 수 없는 공적 원수들의 멸망에 대한 예언이며, 기도의 형태로만 제시되었다고 말한다. 다시 말하지만, 다윗과 베드로와 바울은 하나님의 성령으로 비췸을 받아 그들이 저주한 원수들의 마지막 운명을 보았기 때문에, 그들의 혼란을 바랐는데, 이는 사적인 복수의 방식으로 그들 자신의 대의를 위해서가 아니라, 하나님께서 유기한 자들에게 그의 공의를 집행함으로써 하나님의 영광이 더욱 증진되기를 바라는 마음에서였다. 그리고 하나님의 자녀들이 공의로운 하나님께서 그의 교회의 잔인한 원수들인 회개하지 않는 죄인들을 공의롭게 벌하셔서 그의 이름을 영화롭게 해달라고 기도하는 것은 불법이 아니다.

반대 3. 하나님은 그의 백성 유대인들에게 "가나안 족속을 진멸하고 그들의 원수를 그 땅에서 뿌리 뽑으라"[신 7:2]고 계명을 주셨다. 이제 그들이 그렇게 잔인하게 죽여야만 하는 자들을 어떻게 사랑할 수 있는가? **대답.** 우리는 오직 주님만을 절대적으로 사랑하고, 하나님 안에서, 하나님을 위해, 즉 그의 기쁨에 부합하는 한도 내에서만 다른 사람들을 사랑해야 한다. 그러므로 그가 죽이라고 명령하실 때, 우리는 합법적으로 죽일 수 있다. 그리고 우리는 하나님께서 정한 형벌을 통해 미움이 없을 뿐 아니라, 사랑으로 우리에게 관련된 잘못을 용서하고, 또한 그가 하나님께 속한 사람이라면, 그를 위해 은혜와 자비를 위해 기도할 수 있다.

반대 4. 사망에 이르는 죄를 짓는 자들이 있는데, 우리가 그들을 위해 기도하는 것이 금지되어 있으므로(요일 5:16), 항상 원수를 위해 기도하지 않을 수도 있다. **대답.** 우리의 원수를 위해 기도하라는 그리스도의 계명은 다음의 이러한 예외를 인정한다. "그들이 사망에 이르는 죄를 짓지 않는 한." 그러나 그 죄는 하나님의 교회에 거의 알려지지 않았다. 그러므로 사적인 사람들은 그런 생각에 빠져 그들의 원수를 위해 기도할 의무를 중단(surcease)[485]해서는 안 된다. 따라서 이 본문은 다음과 같이 이해되어야 한다. "너희 원수를 사랑하라." 즉, 너희 사적인 원수들을 사랑하고, 하나님이 달리 명령하시지 않는 한, "그들에게 선을 행하며", 그들이 사망에 이르는 죄를 짓지 않는다면 "그들을 위해 기도하라."

적용. 여기서 원수들에 대한 사랑에 관하여 오래전에 수용된 로마

---

485 *Surcease*: 행동을 중단하다.

교회의 가르침은 이 바리새인들의 가르침에 가까운 것으로 논박된다.[486] 그들은 사람이 그의 원수를 항상 미워해서는 안 된다고 가르치지만, 두 가지 경우를 제외하고는, 겉으로 선한 용도로 원수를 사랑하는 일에 구속되지 않는다고 가르친다. 첫째, 우리의 원수가 궁핍하고 생명의 위험에 처했을 경우, 그를 구제하고 도와야 한다.[487] 둘째, 그를 돕거나 구제하지 않음으로써[488] 우리가 다른 사람들에게 불쾌감을 주는 경우, 그를 구제하고 도와야 한다.[489] 그러나 이 두 가지 경우 외에 원수에게 친절을 베푸는 것은 의도와 완벽함의 문제이다. 그러나 이 가르침은 저주받을 만한 것이며, 이 본문과 그의 말씀에 나타난 하나님의 종들의 관행에 전적으로 위배된다. 그러므로 우리는 그것을 버리고, 모든 경우에 양심에 따라 우리의 사적인 원수들에게 말과 행동으로 사랑을 보여 줄 의무가 있음을 인정해야 한다.

둘째, 이로써 말이나 행동으로 어떻게든 사적인 원수들을 해치는 이 시대 사람들의 일반적인 관행이 정죄된다.[490] 어떤 사람들은 시므이가 다윗에게 한 것처럼[삼하 16:7], 그리고 랍사게가 히스기야와 하나님의 백성에게, 참으로 하나님 자신에게 한 것처럼[사 36:4, 6, 12], 사적인 원수들을 비난할 것이다. 이것은 그리스도의 이 계명과 그의 거룩한 관행에 전적으로 위배되는 저주받을 만한 관행이다(벧전 2:23). 아니, 천사장 미가엘은 "마귀와 다투어 변론할 때에 감히 저주하는 말로 비방하지 못했다"(유 9).

셋째, 사람들이 그들의 원수를 용서할지라도, 결코 잊지 않겠다고

---

486 여백에: 우리의 원수를 사랑하라는 교황주의자들의 가르침.
487 여백에: Aqui. 2. 2. q. 25. art. 8-9. Bonav. in 3. sent. d. 30. q. 4-5.
488 역자주, 영문판은 원문에 없는 부정어 not을 삽입하여 의미상 바르게 고쳐 잡았다.
489 여백에: Tollet. instruct. Sacer. l. 4. c. 10.
490 여백에: 원수에게 잘못하는 것은 불법이다.

공언하는 그 원한의 열매는 여기서 마찬가지로 책망을 받는다.[491] 마음에 원한을 오래 간직하고, 오래된 잘못을 되살리는 것은 진실로 우리의 부패한 본성에 부합하는 일이다. 그러나 그리스도의 이 계명은 이러한 관행을 정죄하고, 우리로 하여금 용서하고 잊어버리도록 구속한다. 그러므로 우리는 이런 복수심을 물리치고, 말과 행동으로 원수를 사랑하기 위해 노력해야 한다.

넷째, 여기서 우리는 또한 모든 사람을 사랑해야 하기 때문에, 어떤 사람의 인격에 대해 적대감을 표명하는 것이 합법적이지 않다는 것을 알 수 있다.[492] 그러나 우리가 원수라고 공언하는 그를 어떻게 사랑할 수 있는가? 기독교와 사적 적대감은 함께 공존할 수 없다. 그러므로 우리는 어떤 사람의 인격에 대한 미움을 우리 마음으로부터 내어버리려고 애써야 하며, 다른 사람에게 그들에 대해 좋은 말을 하고, 말과 행동으로 그들에게 친절을 베푸는 것 모두 우리의 본성에 어긋날지라도, 원수에게조차 사랑스럽게 대하려고 노력해야 한다. 우리는 그들을 위해 기도해야 하며, 우리의 선행으로 "그들의 머리에 숯불을 쌓아 놓을 수 있도록"[롬 12:20] 그들에 대한 모든 선한 의무를 이행해야 한다. 즉, 그들의 양심이 그들 안에서 불같이 타올라 우리를 악하게 취급한 것을 고발하고, 우리를 향한 적개심과 악의를 버릴 때까지 그들을 쉬지 못하게 해야 할 것이다.

다섯째, 말과 행동으로 우리의 원수를 사랑하라는 이 계명은, 어떤 사람이 정당한 경우가 아닌 한, 그리고 합법적으로 그렇게 하도록 부르심을 받지 않는 한, 언제든지 다른 사람에 대해 악한 말을 하는 것은 불법임을 보여 준다. 이는 사랑은 허다한 죄를 덮어주지만(벧전

---

491 여백에: 오래된 원한은 불법이다.
492 여백에: 사람의 인격을 미워하지 말라.

4:8), 모욕적인 말은 증오의 열매이기 때문이다. 비록 사울이 다윗의 공표된 원수였고, 그의 피를 노렸을지라도, 다윗은 결코 사울을 욕하지 않았다. 그래서 우리는 그의 좋은 모범을 따라야 한다.

요점 2

"이같이 한즉 하늘에 계신 너희 아버지의 아들이 되리니 이는 하나님이 그 해를 악인과 선인에게 비추시며 비를 의로운 자와 불의한 자에게 내려주심이라"(마 5:45). 원수를 사랑하는 것은 인간의 본성에 어긋나기 때문에, 우리 구주 그리스도는 **그의 제자들이 하나님의 자녀임을 드러내는 데서** 얻을 유익을 위해 그렇게 하도록 강권하신다. 그는 하나님의 자녀인 그들이 원수를 사랑하도록 설득하셨다. **"너희는 너희가 하나님의 자녀임을 드러내야만 하는데, 이는 너희가 원수를 사랑함으로써 너희가 하나님의 자녀임을 드러내게 된다."** 그는 뒤따르는 말씀에서 이것을 증명하시는데, 왜냐하면 그렇게 하는 것이 하나님의 속성이기 때문이다. "이는 하나님이 그 해를 악인과 선인에게 비추시며 비를 의로운 자와 불의한 자에게 내려주심이라."

적용. 여기서 먼저 하나님의 자녀의 참된 특징을 관찰하라.[493] 즉, 원수를 사랑하는 하늘의 하나님 아버지를 본받아, 모든 종류의 말과 행동으로 그 사랑을 표현하고, 그들을 위해 기도하고, 그들의 필요를 구제하는 것이다. 그리고 하나님의 자녀가 되는 것은 너무나 복받은 일이기 때문에, 우리는 이로써 이 의무를 양심적으로 수행하도록 스스로 분발해야 한다.

둘째, 이러한 이유에서 우리는 우리가 하나님의 자녀라는 확신을

---

493 여백에: 하나님의 자녀의 참된 특징.

얻을 수 있는 그런 일에 주로 매진해야 한다고 가르침을 받으며,[494] 또한 우리가 사탄의 자녀라고 선언하는 그러한 모든 일, 즉 참으로 어둠과 마귀의 일인 모든 죄를 피하라는 가르침을 받는다. 죽음이든 고난이든 악한 날에 아무도 우리를 위로할 수 없을 때, 이것이 우리 마음에 유일한 기쁨이 되어 모든 두려움을 삼켜버릴 것이며, 우리가 스스로 하나님의 자녀임을 아는 것은 주님께서 우리를 그의 자녀로 인정하실 것이기 때문이다. 그러나 우리가 죄로 인해 마귀와 같이 된다면, 하나님께서는 우리를 거절하실 것이며, 그래서 우리는 전적으로 마귀에게 넘어갈 것이다. 그러므로 이 위로의 터전을 우리 마음속에 소중히 간직할 수 있는 일들을 실천하자.

셋째, 여기서 그리스도께서 하나님께 드리는 영예의 스타일과 칭호에 주목하라.[495] 그는 그를 "그들의 아버지"라고 부를 뿐만 아니라, "하늘에 계신 그들의 아버지"라고도 부른다. 이는 하나님을 향한 경외심을 청중에게 불러일으키기 위한 것이다. 그리고 하나님의 자녀들도 그렇게 불렀다. 거룩한 선지자는 하나님의 백성을 위해 하나님께 기도하기 전에, 가장 영광스러운 칭호로 주님을 선포한다. "크시고 두려워할 주 하나님, 주를 사랑하고 주의 계명을 지키는 자를 위하여 언약을 지키시고 그에게 인자를 베푸시는 이시여"(단 9:4). 그리고 예레미야는 하나님께 기도하면서, 서너 구절에 걸쳐 하나님의 크신 능력과 위엄을 선포한다(렘 32:17-19). 그래서 히스기야는 백성들을 위한 기도에서, 주님을 "선하신 하나님"이라고 부르는데, 이는 의심의 여지 없이 자신의 마음과 백성들에게 하나님을 향한 경외심을 불러일으키기 위해 그렇게 한 것이다. 이로써 우리는 하나님의 이름

---

494 여백에: 그리스도인의 훈련.
495 여백에: 하나님의 영광스러운 칭호가 기여하는 것.

을 언급할 기회가 있을 때, 모든 경건함으로 그렇게 하고, 그에 따라 몇 가지 명예로운 칭호를 사용함으로써, 우리 자신과 청중으로 하여금 하나님의 위엄에 대한 은혜로운 경외심을 불러일으키도록 가르침을 받는다. 그러나 이점에 관하여 하나님의 이름이 어디에서나 테니스 공처럼, 사람들의 입에 오르내리는 세상의 관행은 한탄스러운 일이다. 어떤 사람들은 웃음 가운데, "오 하나님, 오 주님"을 입에 달고 살지만, 어떤 사람들은 피비린내 나는 불경스러운 맹세로, 하나님의 영광스러운 이름을 함부로 그들의 분노와 격노의 상징으로 만든다. 하지만 그런 자들은 모두 은혜가 없는 사람들이다.

복(*Blessing*) 1

이는 "하나님이 그 해를 악인과 선인에게 비추시며 비를 의로운 자와 불의한 자에게 내려주심이라." 여기서 그리스도는 원수들에게 선을 행하고 친절을 베푸시는 하나님의 속성을 제시하시는데, 이는 우리가 그렇게 함으로써 그의 자녀임을 보여 주어야 한다는 것을 증명하기 위함이다. 여기서 먼저 그리스도께서 말씀하시는 방식을 관찰하라. 그는 하나님이 해를 뜨게 하셨고 비를 보내셨다고 말씀하시지 않고, 현재시제로 하나님이 지금 해가 뜨게 하고 비를 보내신다고 말씀하신다. 마찬가지로 "내 아버지께서 이제까지 일하시니 나도 그와 함께 일한다"(요 5:17). 이 구절에서 하나님의 하늘 섭리의 주목할 만한 사역이 표현되었다.[496] 즉, 하나님께서 만물을 창조하신 후, 피조물에게 존재를 주고, 그들이 창조된 바 어떤 것들을 행할 수 있는 능력과 미덕을 주셨으며, 그의 섭리를 따라 여전히 그 존재를 보

---

496 여백에: 하나님의 보존하는 섭리.

존하시고, 모든 피조물 안에서 그렇게 행하신다. 태초에 태양에 존재를 부여한 자는 하나님이시며, 그 이후에도 그 빛과 미덕으로 태양의 존재를 지속하는 자는 하나님이신데, 이는 모든 피조물과 우리 자신에 대해서도 마찬가지이다. "이는 우리가 그를 힘입어 살며 기동하며 존재하느니라"[행 17:28].[497] 그는 집을 짓고 나서 그 집을 떠나는 목수와 같지 않고, 자신이 창조한 것들을 여전히 보존하신다. 여기서 그는 샘이나 분수와 비교할 수 있는데, 샘이나 분수는 물을 내보내는 동안 흐르지만, 멈추면 말라 버린다. 그와 마찬가지로 하나님께서 피조물을 계속 존재케 하시고 사용하시는 동안에는 피조물이 계속 존재하지만, 그가 그것들에게서 손을 떼시면, 피조물은 더 이상 존재하지 않으며 더 이상 사용되지 않는다. 이와 같이 그것은 우리의 영혼과 육체, 그리고 그 기능들과 능력, 은총에 있어서도 마찬가지이다. "네게 있는 것 중에 받지 아니한 것이 무엇이냐?"[고전 4:7]. "그는 그의 능력의 말씀으로 만물을 붙드신다"[히 1:3].

따라서 이제 우리는 이러한 의무를 배워야 한다.[498] 첫째, 매일 우리 곁에 계시고, 매시간 우리의 영혼과 육체를 보존하시는 그를 알기 위해 노력해야 한다. 둘째, 하나님은 우리 존재의 창조주이며 지속자이시기에 우리의 마음으로 하나님을 붙들고, 우리의 애정, 즉 사랑과 두려움, 기쁨과 희망을 전적으로 그에게 두어야 한다. 셋째, 우리는 범사에 우리 하나님께 순종해야 한다. 그가 우리의 몸과 영혼에 존재를 주신다면, 우리가 그것들을 우리 마음대로 사용하여 우리를 전적으로 지탱하시는 그분께 계속 그렇게 범죄할 수 있겠는가?

둘째, 여기서 그리스도는 "태양"이 아니라 "그의 태양"이라고 말

---

497 역자주, 원문과 영문판은 행 17:18으로 오기하고 있다.
498 여백에: 하나님의 보존 섭리에서 비롯된 의무.

씀하시며, 궁창에 비추는 태양은 사람의 태양이 아니라, 하나님의 태양임을 가르쳐 주신다.[499] 하나님 자신이 그것의 유일한 조성자이자 통치자이시다. 그는 그것이 가지고 있는 존재와 그것이 보여 주는 힘과 미덕을 지속시키신다. 그리고 하늘과 땅, 달과 별, 모든 짐승과 가축, 다른 모든 피조물에 대해서도 비례적으로 동일하게 이해해야 한다. 참으로 우리 자신도 하나님의 피조물이며, 그는 우리의 창조주이자 우리의 주님이시며, 통치자이시다. "세계와 거기에 충만한 것이 내 것임이로다"(시 50:12). 따라서 이제 우리는 두 가지를 배워야 한다. 첫째, 음식, 의복 등 피조물을 우리의 정욕을 위해 남용하지 말고, 우리가 누리는 것이 무엇이든지 하나님의 뜻에 따라 하나님의 영광을 위해 사용하는 것이다. 둘째, 우리가 누리는 피조물들이 우리를 창조주를 아는 지식으로 인도하도록 노력해야 하는데, 이는 그 피조물들이 그의 것이기 때문이다. 그러나 슬프게도 세상의 관행은 그렇지 않다. 사람들은 피조물로 인해 하나님으로부터 멀어져 가는데, 어떤 사람들은 자신의 배를 자신들의 신(神)으로 삼고(빌 3:19), 다른 사람들에게는 부와 쾌락이 그들의 신이기 때문이다.

셋째, "그 해를 악인과 선인에게 비추시는" 아버지에 대한 그리스도의 말씀은 선하든 악하든 그의 피조물에게 제공하시는 일반적인 너그러움을 보여 주시는데, 이는 태양이 떠오르고 빛나는 것은 다른 많은 복이 피조물에게 전달되는 하나님의 훌륭한 사역이기 때문이다.[500] 첫째, 지구상의 모든 것이 그것으로부터 열과 온기를 받기 때문이다. "그의 열기에서 피할 자가 없도다"(시 19:6). 그런 점에서 태양은 **온 세상의 보편적인 불**이라고 일컬어질 수 있다. 둘째, 태양은

---

499 여백에: 태양은 주님의 것이다.

500 여백에: 태양의 유익들.

특히 낮과 밤, 주, 월, 분기, 일 년 등 시간을 구분하는 중요한 역할을 하며, 이를 통해 우리는 처음부터 시대의 기간을 알고, 세상이 끝날 때까지 그렇게 할 수 있다. 그런 점에서 그것은 **온 세상의 시계**라고 일컬어질 수 있다. 이런 것들을 고려할 때, 우리는 부끄러워하고 스스로 당황하게 될 것인데, 왜냐하면 지상에 그처럼 다양한 복을 전달하시는 하나님의 매우 뛰어난 피조물을 우리가 가볍게 여겼기 때문이다. 그러므로 우리는 태양에 대해 하나님을 찬양하고, 모든 선한 의무로 감사하는 법을 배우자.

복(*Blessing*) 2

"비를 의로운 자와 불의한 자에게 내려주심이라." 여기에 하나님께서 세상에 주신 두 번째 일반적인 복이 기록되어 있다.[501] 즉, 좋은 땅이든 나쁜 땅이든, 비가 땅에 내리는 것을 의미한다. 이제 여기서 먼저 그리스도께서 "하나님이 비를 내린다"라고 말씀하실 때 사용한 말의 형태를 관찰해 보라. 신명기 11장 14절을 보라. "여호와께서 너희의 땅에 이른 비, 늦은 비를 적당한 때에 내리시리니." 이 사역은 중대한 이유로 하나님께서 행하시는 일이다.[502] 첫째, 태초에 구름이 땅에 물을 주도록 정한 동일한 하나님께서 오늘날까지 그의 능력으로 동일한 복이 계속되게 하고 있음을 보여 주기 위함이다. 그래서 참으로 그가 이 일을 계속하지 않으시면, 땅에는 영원히 비가 내리지 않을 것이다. 둘째, 하나님은 비가 내리는 곳에 복을 주시거나 벌을 내리시며, 두 번째 원인의 도움 없이도 여러 번 자신의 뜻에 따라 비가 내리는 것을 억제하고 확대하신다는 것을 가르치기 위함이다. "너

---

501 역자주, 여백에: 하나님의 일반적인 복인 비.
502 여백에: 하나님이 비를 내리신다고 말하는 이유.

희가 내 규례를 준행하면 내가 너희에게 철따라 비를 줄 것이며"(레 26:3-4), "그러나 너희가 내게 청종하지 아니하면, 너희의 하늘을 철과 같게 하며 너희 땅을 놋과 같게 할 것이다"(레 26:19). "내가 너희에게 비를 멈추게 하여 어떤 성읍에는 내리고 어떤 성읍에는 내리지 않게 하였더니 땅 한 부분은 비를 얻고 한 부분은 비를 얻지 못하여 말랐으매"(암 4:7).

적용. 그러므로 여기서 우리는 첫째, 하나님께 복의 비와 풍성한 계절을 위해 기도해야 하며, 또한 계절에 맞는 날씨를 받을 때, 하나님께서 보내시기 때문에 하나님께 감사해야 한다는 것을 배워야 한다.

둘째, 이를 통해 우리는 하나님께 순종하고 섬길 것을 배우는데, 왜냐하면 그는 구름을 스펀지처럼 손에 갖고 계셔서 원하실 때 그것을 짜서 비를 내리시기 때문이다. 이제 우리가 그에게 순종하면, 그는 그 비를 땅에 내려 복을 주실 것이지만, 우리가 그에게 반역하면, 그는 그 비를 억제하거나 우리에게 쏟아부어 저주하실 것이다.

셋째, 하나님께서 비를 내려주신다는 것을 알기에, 아무도 천체의 운행으로 날마다 특정한 계절의 날씨를 확실히 알 수 없다는 것을 우리는 알 수 있다.[503] 비가 전적으로 천체에 의존한다면, 비는 하늘과 같은 위치에 있는 모든 곳에서 똑같이 내려야 한다. 그러나 그렇지 않은데, 왜냐하면 우리가 들은 바와 같이 하나님은 복이나 저주를 위해 그 백성의 상태에 따라 비가 내리도록 명령하시기 때문이다.

넷째, 그러므로 우리는 많은 사람이 생각하듯이, 마녀가 사탄의 도움으로, 혹은 사탄 자신도 비가 내리게 할 수 없다는 것을 알 수 있

---

503 여백에: 비에 대한 점성술적 예측이 불확실하다.

는데, 비를 내리는 것은 항상 하나님이시기 때문이다.[504] 마귀는 참으로 공중의 권세 잡은 자이며{엡 2:2}, "하늘에서 불이 떨어지고 강한 바람이 불어 욥의 가축과 자녀들을"[욥 1:16, 19] 멸망시킬 때 그랬던 것처럼, 그는 하나님의 허락으로 폭풍에 합류하여 폭풍을 더 끔찍하고 해롭게 만들 수 있다. 그러나 그는 바람이나 비를 일으킬 수 없는데, 이는 하나님께 합당한 것이다.

다섯째, 하나님께서 땅에 비를 내리시는가? 그렇다면 우리는 왜 이 땅이 계절에 맞지 않는 비로 그렇게 자주 시달리는지 생각해 볼 수 있다. 그것은 우리가 들은 대로(레 26:19), 의심의 여지 없이 우리의 불순종 때문이며, 다른 죄 중에서도 말씀을 멸시하는 것이 이 심판의 주요 원인 중 하나이다.[505] 이제 우리가 언제든지 이 재앙을 제거하거나 예방하려면, 주님께 돌아와 우리의 죄를 회개해야 하는데, 이는 우리가 이를 위해 이 심판을 받았기 때문이다(암 4:7). 우리가 돌이키면, 주님께서 우리 땅에 은혜로운 비를 내리겠지만, 돌이키지 않으면, 소돔과 고모라의 비와 같은 또 다른 비가 내릴 것이다. 왜냐하면 "악한 자에게는 하나님이 올무와 불과 유황을 내릴 것이기"[시 11:6] 때문이다. 따라서 이것은 확실하다. 하나님께서 그의 말씀을 멸시하는 것에 대해 심판을 보내셨는데도, 사람들이 회개하지 않는 곳에서, "하나의 심판은 그들이 소멸될 때까지 더 큰 심판의 전조일뿐이다"[레 26:21, 24, 등]. 그리고 경험에 따르면, 물이 범람한 후에는 대개 전염병과 역병이 발생하므로, 이러한 심판을 예방하기 위해 회개하자.

여기서 관찰해야 할 마지막 요점은 다음과 같다. 우리 구주 그리

---

504 여백에: 마녀는 비를 내릴 수 없다.
505 여백에: 계절에 맞지 않는 비는 하나님의 징벌이다.

스도는 누가 하나님의 친구이고, 누가 그의 원수인지 어떤 용어로 표현하셨는지 관찰하라.[506] 그는 그의 친구를 "선하고 의로운 자", 원수를 "악하고 불의한 자"라고 부르신다. 이제 우리는 이 점에 있어서, 하나님을 향한 우리의 신분을 분별할 수 있도록, **선하고 의로운 사람**이 어떤 사람인지 알아야 한다.

이러한 모든 사람에게는 두 가지가 필요하다.[507] 첫째, 사람이 자신의 의와 거룩과 구원을 위해 그리스도를 붙잡는 참된 믿음, 그리고 이를 얻기 위해 자기를 부인하고 자기를 비워 스스로 아무것도 아니되, 그리스도 안에서 모든 것이 되어야 한다. 둘째, 모든 죄에서 하나님께로 돌이키는 전인의 참된 회심으로, 그의 마음이 범사에 하나님을 기쁘시게 하는 방향으로 돌이켜져야 한다. 그리고 이러한 것들은 내적이고 은밀하기 때문에, 그것들을 드러내기 위해서는 더 나아가 사람이 때때로 하나님께 결코 죄를 짓지 않겠다는 단호하고 지속적인 목적을 마음에 품는 것이 요구된다. 그리고 그는 이런 마음의 목적을 범사에 하나님을 기쁘시게 하려는 경건하고 양심적인 삶의 노력으로 증거해야 한다. 왜냐하면 이것이 참된 믿음과 건전한 내적 회심의 열매이며, 이와 관련하여 에녹, 욥, 다윗, 사가랴, 엘리사벳이 의롭다 칭함을 받았기 때문이다. 그러나 이러한 지속적인 목적이 없고, 범사에 하나님을 기쁘시게 하려는 믿음과 회개하는 마음으로 매일 노력하지 않는 사람은 악한 사람이며, 아직도 하나님의 원수이다.

적용. 이것으로 첫째, 우리는 도처에서 얼마나 많은 사람들이 예의바른 정직으로 속고 있는지 볼 수 있는데,[508] 왜냐하면 어떤 사람

---

506 여백에: 하나님의 친구와 원수.

507 여백에: 선하고 의로운 사람.

508 역자주, 여백에: 예의 바른 정직이 많은 사람을 속인다.

이 이웃들 사이에서 정직하게 살고, 살인, 간음, 억압과 같은 죄를 삼가면, 그는 즉각적으로 선한 사람으로 간주되기 때문이다. 그런 사람은 참으로 아비멜렉처럼 시민적 삶에 있어서는 정직한 사람으로 여겨질 수 있지만[창 20:6], 이런 외적 정직만으로는 하나님께서 그를 자신의 친구로 여기시지도 않고, 하나님 보시기에 의롭고 선한 사람이 되는 것도 아니다. 거기에는 새로운 순종으로 증거되는 참된 믿음과 참된 회개가 필요하다.

둘째, 여기서 또한 하나님의 말씀에 대한 지식도, 기쁨으로 그 말씀을 듣고 어떤 열매를 맺는 것도, 하나님의 친구의 모습을 위해 기도할 수 있다는 것도, 이것들 가운데 그 어느 것도, 아니 이것들 모두가 참으로 사람을 하나님의 친구로 만들 수 있는 것이 아니다.[509] 왜냐하면 이 모든 것이 악한 사람 안에 있을 수 있는데, 그는 어떤 죄 가운데 살려는 목적을 마음에 품고 있으며, 그 마음에 아직 참된 믿음이나 건전한 회개가 없으므로, 회개 없이는 아무도 하나님 보시기에 의롭지 않으며, 그의 친구로 여겨지지도 않기 때문이다. 그러므로 우리는 이런 것들에 만족하지 말고, 참으로 선하고 의로운 사람이 되기 위해 노력해야 한다. 고난이 닥치거나 죽음이 다가올 때, 하나님께서 우리의 친구라는 확신을 가질 수만 있다면, 우리는 온 세상을 내어줄 것이다. 그렇다면 이제 참된 믿음과 회개를 위해 수고하고, 우리의 삶의 전 과정을 통해 범사에 하나님을 기쁘시게 하려는 끊임없는 목적과 경건한 노력으로 이것을 증거하자. 그러면 주님께서는 우리를 그의 친구로 존중해 주실 것이다.

---

509   역자주, 여백에: 사람은 매우 종교적일 수 있지만, 하나님의 진정한 친구가 될 수 없다.

"너희가 너희를 사랑하는 자를 사랑하면 무슨 상이 있으리요 세리도 이같이 아니하느냐?"(마 5:46). 이 말씀에서 우리 구주 그리스도는 그의 제자들과 청중들에게 원수를 사랑하라고 설득하는 두 번째 이유를 제시하신다.[510] 그는 그것이 그들의 마음에 더 깊이 뿌리를 내릴 수 있도록, 다음 구절에서 같은 내용을 다시 반복하시는데, 이는 사실상 동일한 것이다. 세리가 무엇인지 안다면 그 말씀은 분명하다. **세리**는 유대인들이 복종하는 로마 황제를 위해 유대인들의 통행료와 공물, 세금, 임대료를 징수하는 관리였다. 이제 그들은 그것을 모으는 과정에서 많은 불의와 압제를 일삼았기에, 이로 말미암아 유대인들에게 다른 모든 사람들보다 미움을 받고, 가장 비천하게 여김을 받았다. 이제 (그리스도께서 말씀하시기를) 이 세리들이 선한 양심이 조금도 없을지라도, "그들은 자기들을 사랑하는 친구들을 사랑할 것이다." 따라서 그리스도는 다음과 같이 추론하신다. "내 말을 듣는 너희가 너희를 사랑하는 자들을 사랑한다면, 너희는 단지 이 세리들이 하는 것처럼 하는 것일 뿐이다. 그러나 너희는 그런 불경건한 사람들이 하는 것보다 더 많은 일을 해야 하는데, 너희는 바로 너희 원수를 사랑해야 한다."

여기서 그리스도께서는 한 친구가 다른 친구를 사랑하는 것을 금하시지 않는다는 것을 주목해야 한다. 그것은 그 자신과 상반되는 것이기 때문이다. 그러나 여기서 주님께서는 한 사람이 다시 사랑받기 때문에, 다른 사람을 사랑하는 육신적 사랑을 정죄하시는데, 이것은 사실상 한 사람이 다른 사람 안에서 자신을 사랑하는 것 외에는 아무

---

510   역자주, 여백에: 우리 원수를 사랑해야 하는 두 번째 이유.

것도 아니기 때문이다. 우리 이웃을 사랑하는 진정한 방식을 주목하기 위해서는 다음 규칙을 기억해야 한다. **두 번째 돌판의 모든 계명은 하나님 사랑에 관한 첫 번째 계명 안에서, 그리고 첫 번째 계명과 함께 실천해야 한다.**[511] 이런 식으로 부모는 하나님 안에서 그리고 하나님을 위해 공경을 받아야 한다. 이런 식으로 한 사람이 하나님 안에서 다른 사람을 사랑해야 한다. 참으로, 비록 그가 자신의 원수일지라도 사랑해야 하는데, 이는 자기 자신이 하나님의 형상을 지닌 것과 마찬가지로 그가 하나님의 피조물이며, 그의 형상을 지니고 있기 때문이다. 참으로, 하나님께서는 우리가 그를 사랑하도록 위탁하셨다. 비록 다른 측면에서는 형제에 대한 우리의 사랑이 더 늘어날 수 있지만, 이것이 바탕이 되어야 한다.

"무슨 상이 있으리요?" 여기서 그리스도는 우리 삶의 질서를 위한 독특한 지혜를 가르치고자 하셨다.[512] 즉, 우리는 특별히 하나님으로부터 상급의 약속이 있는 그런 일을 하는 데 헌신해야 한다. 모세가 바로의 딸의 아들이라는 호칭을 거부하고, 애굽의 쾌락과 부를 버리고, 하나님의 백성과 함께 고난받기를 선택한 이유는 무엇이었는가? 하나님의 말씀은 분명하다. "그는 상 주심을 바라보았다"[히 11:25-26]. 그러나 이 가르침은 존중되지 않는다. 그렇지 않다면, 어떻게 모든 곳에서 게임과 무리들과의 어울림, 스포츠와 즐거움에 전적으로 자신을 바치는 그런 게으른 사람들이 넘쳐나겠는가? 이제 이런 사람들이 죄의 삯인 영원한 죽음이 아닌 한, 하나님의 손에서 어떤 상급을 기대할 수 있겠는가? 그러므로 우리는 그러한 길을 조심하고, 선한 일, 곧 선하고 유익한 일에 풍성하기를 배우자.

---

511 역자주, 여백에: 우리의 이웃을 사랑하는 규칙.
512 역자주, 여백에: 우리가 특별히 집중해야 하는 것들.

"세리도 이같이 아니하느냐?" 이 경우에 우리 구주 그리스도의 의도는, 그의 제자들과 복음을 고백하는 모든 자들이 사랑의 의무에서 다른 모든 사람들을 뛰어넘어야 한다는 것을 보여 주는 것이다.[513] 참으로 그들의 전 생애는 이 미덕을 실천하는 데 보내야 한다. "행하다." 즉, "사랑 가운데서"(엡 5:1) 인생의 길을 걸어야 하고, 교회의 상태는 "사랑 안에 거하는 것"이다(요일 4:16). 그 이유는 중요한데, 이는 그리스도인들이 다른 모든 사람들보다 예수 그리스도를 통해 하나님으로부터 가장 큰 하나님의 사랑을 받기 때문이다. 그러므로 그들은 먼저 하나님을 향하여, 그리고 서로를 향해 이 은혜를 풍성히 누려야 한다. 이것이 그리스도인의 배지이며, 우리 신앙의 은총이므로 이것을 드러내도록 하자.

"또 너희가 너희 형제에게만 문안하면 남보다 더하는 것이 무엇이냐 세리들도 이같이 아니하느냐?"(마 5:47). 이 말씀에서 그리스도의 계획은 앞의 구절과 같은 취지로 사랑의 의무를 더 강화하는 것이다. "친하게 지내다"[514]로 번역된 단어는, 그 나라의 포옹하는 인사에서 드러난 우정을 나타낸다. 이제 그리스도는 바로 그 세리들이 그들의 친구들을 친절하게 포옹하려 하므로, 너희는 더 많은 일을 해야 한다고 말씀하신다.

앞서 우리는 원수를 친절하게 대하는 세 가지 방법을 관찰했다.[515] 즉, 그에 대해 좋은 말을 하고, 그를 위해 기도하고, 그를 위해 선을 행하는 것이다. 이제 여기에 우리는 네 번째 친근한 인사말을

---

513 여백에: 그리스도인은 사랑이 넘쳐야 한다.

514 여백에: ἀσπάσησθε.

515 여백에: 원수를 친절하게 대하라.

덧붙일 수 있다.[516] 그리스도는 전도를 위해 그의 제자들을 파송하실 때, 이것을 명령하셨다. "너희가 그 집에 들어갈 때 평안하기를 빌라"(마 10:12). 나중에 그것이 합당하지 않기에, 그들이 그 집을 저주한다 할지라도, 평안을 먼저 빌라는 것이다. 따라서 우리는 공언된 원수에게 친절하고, 예의 바르게 인사하는 법을 배워야 한다.

반대 1. 이것은 그들의 죄와 우리에게 행한 악행을 묵과해야 한다는 것인가? **대답.** 원수에게 인사할 때, 우리는 그의 인격과 그의 죄를 구별해야 한다. 우리는 그의 인격에는 친절을 베풀되, 그의 죄는 묵과하지 말아야 하며, 아니, 기회가 주어진다면, 그의 인격을 포용할 때, 그의 죄를 부끄럽게 여겨야 한다.

반대 2. "누구든지 이 교훈을 가지지 않고 너희에게 나아가거든 그에게 인사도 하지 말라"(요이 10). **대답.** 요한은 여기서 하나님과 그의 진리, 그리고 그의 교회에 적대적인 사람들에 대해 이야기한다. 진실로 우리는 그런 사람들을 포용해서는 안 된다. "엘리사가 우상 숭배를 일삼는 이스라엘 왕 여호람에게 말하기를 만일 그가 당시 유다의 선한 왕 여호사밧에 대한 경외심이 없었다면, 그를 향하지도 보지도 않았을 것이다"(왕하 3:14). 그러나 그리스도께서 여기서 말씀하신 사적인 원수들에 대해서는 항상 친절하게 인사해야 한다. 그러나 공적인 원수가 아닌 사람에게 이런 종류의 인사말이 거부될 수 있는 경우가 있다. 즉, 상급자가 하급자에 대한 징계와 교정의 일부로서 생략하는 경우이다. 따라서 다윗은 압살롬이 암논을 죽인 것을 용서한 후, 한동안 그의 눈앞에 오는 것을 허락하지 않았다(삼하 14:24). 그러나 동등하고 사적인 사람들 사이에서는 이것을 실천해야 한다. 참

---

516 역자주, 여백에: 친절한 인사.

으로, 그들이 우리에게 다시 인사하지 않더라도, 우리는 친절하게 인사해야 한다.

3부

"그러므로 하늘에 계신 너희 아버지의 온전하심과 같이 너희도 온전하라"(마 5:48). 여기서 그리스도는 앞의 이유들로부터 훌륭한 결론을 추론하는데, 그는 제자들에게 사랑의 모든 의무를 온전히 행하라고 권고하신다. 그 안에는 두 부분이 있는데, **온전하라**는 계명과 하나님 안에 있는 그것의 모본이다. 첫 번째, 왜 하나님은 사람이 할 수 없는 일을 명령하시는가? 누가 완전할 수 있겠는가?[517] **대답**. 하나님은 다양한 이유로 이런저런 계명을 주신다. 첫째, 그의 택한 자들에 관련하여, 하나님의 계명이 순종의 방편이 되고, 하나님께서는 그의 은혜로 말미암아 그가 명령으로 요구하는 것을 행할 수 있게 하신다. 왜냐하면 창조에서 하나님의 명령이 피조물에게 존재를 부여한 것처럼, 중생에서도 마찬가지로 여기서 "너희는 온전하라"는 말은 하나님의 자녀를 온전케 하는 수단이기 때문이다. 둘째, 악인들과 관련하여, 그의 교회의 평화를 위해 그들 안에 있는 부패를 억제하시고, 또한 그들이 행하는 가장 선한 일들이 마땅히 행할 일에 미치지 못하는 것을 보시고 핑계치 못하게 하기 위함이다.

명령된 미덕은 **사랑의 의무에서의 온전함**이다.[518] 온전함은 일반적으로 율법의 온전함과 복음의 온전함 두 가지이다. 율법의 온전함은 사람이 율법의 엄격함에 따라 하나님과 그의 이웃을 사랑할 때이다. 이것은 이생에서 아무도 할 수 없지만, 내세에서는 하나님의 택

---

517 여백에: 하나님이 사람들에게 온전하라고 명령하시는 이유.
518 여백에: 온전함에 대하여.

한 자들이 행할 수 있을 것이다. 복음의 온전함은 하나님께서 그리스도 안에서, 그의 자녀들의 손에서 수용하시는 순종의 노력이다. 사도는 빌립보서 3장에서 이 두 가지를 구분하는데, 왜냐하면 그는 먼저 율법의 온전함을 의미하는 "온전함에 이르지 못하였다"(빌 3:12)고 말하기 때문이다. 그러나 그는 자신과 다른 사람들이 온전하다고 말한 후에, "누구든지 우리 온전히 이룬 자들은 이렇게 생각할지니"(빌 3:15), 즉 복음을 따라 온전하게 된 자들이라고 말한다. 노아, 아브라함, 욥, 스가랴와 엘리자베스는 이처럼 온전했는데, 즉 마음과 삶 모두에서 하나님 앞에 진실하고 정직했다. 그리고 이것이 그리스도께서 여기서 요구하시는 온전함이다.

더 나아가, 이 복음적 온전함은 두 부분으로 나뉘는데,[519] 인간의 본성과 그의 행위이다. 첫째, 인간 본성의 온전함은 중생에 의한 것이다. 왜냐하면 원죄 안에 아담의 전가된 죄책과 모든 죄의 씨앗인 부패가 내재되어 있는 것처럼, 인간의 부패한 본성을 새롭게 하는 중생에는 부패의 폐지, 그리고 영혼의 모든 부분과 능력에 은혜의 회복이 있기 때문이다. 아담의 죄로 인해 부패가 멀리 퍼졌다면, 은혜는 중생으로 인해 그만큼 멀리 확장되었기 때문이다. 이 온전함에는 세 가지가 있다.[520] 첫째, 신앙의 근거만 아니라, 진정으로 말씀에 근거한 다른 모든 교리를 이해하고 믿으며, 더 계시되는 대로 그것을 받아들일 준비가 되어 있는 **마음의 올바른 판단**이다. 이것은 판단의 진실성인데, 신앙의 근거만 붙잡고, 다른 점에 대해서는 시대를 좇는 것은 매우 불완전하고 진실성이 결여된 것임이 명백하다. 둘째, 사람이 죄 가운데 살려는 그 어떤 목적이 없고, 오히려 모든 선한 것에 기

---

519 여백에: 복음적 온전함의 부분들.
520 여백에: 인간의 본성에서 복음적 온전함의 세 가지 분기들.

울어져 있는 **순수하고 정직한 마음**이다. 셋째, 말씀을 따라 증거하고 변명하여 바울처럼 "내가 자책할 아무것도 깨닫지 못한다"[고전 4:4]고 말할 수 있는 **선한 양심**이다. 그래서 본성이 새로워지는 곳에는 이 세 가지가 결코 결핍되지 않는다.

둘째, 인간 행동의 온전함은 두 가지로 요약된다.[521] 첫째, 알려지거나 감추어진 자신의 부족함과 불완전함을 비통해하는 것인데, 이는 우리의 불완전함을 통곡하는 것이야말로 온전함의 한 단계이기 때문이다. 둘째, 기회가 주어질 때마다 진실한 마음으로 하나님의 모든 계명에 순종하기 위해 자신을 세우는 것이다. "내가 주의 모든 계명에 주의할 때에는 부끄럽지 아니하리이다"(시 119:6). 이것이 바로 그리스도인의 온전함이다. 야고보의 말과 같이, 의도와 실천에서 한 계명이라도 범한 자는 모든 계명을 범한 자가 되는데, 이는 기회가 주어지면, 나머지 모든 계명을 범할 것이기 때문에, 반쯤 순종하는 것은 아무것도 아니다[약 2:10].

그러나 어떤 사람이 이 두 가지 모두를 갖고 있으면서도, 온전함이 많이 부족할 수 있다고 말할 것이다. **대답.** 사물은 두 가지 방식으로 온전하다고 말한다.[522] **부분적으로는** 미약할지라도 온전의 모든 요소를 갖춘 경우이거나, **정도에 있어서** 모든 부분이 충분히 온전할 때이다. 갓 태어난 아이는 사람의 모든 부분과 지체를 갖춘 온전한 사람이지만, 모든 부분이 완전히 자라기 전까지는 그 정도가 온전하지 않다. 이제 중생한 하나님의 자녀는 비록 미약하지만, 영혼과 육체에서 온전함의 모든 부분을 갖추게 된다. 하지만 이생에서 그는 율법이 요구하는 충분한 정도의 온전에 이르지 못한다. 아사의 마음은

---

521 여백에: 인간 행동의 온전함.

522 여백에: 부분적 완전함과 정도의 완전함.

일평생 하나님을 향해 온전했다고 하는데(대하 15:17), 그럼에도 불구하고 산당은 제거하지 않았다. 그가 병들었을 때에도 여호와께 구하지 아니하고 의원들에게 구하였기에 실패했다(대하 16:12). 그때 아사는 부분적으로는 온전했지만, 이생에서 온전한 정도에 도달하지 못했으며, 따라서 그는 여기서 죽을 때까지 완성되지 않는 성화의 연약함으로 인해 이러한 세부적인 면에서 실패했다.

그러므로 비록 이생에서 많은 연약함이 결부되어 있지만, 하나님의 자녀에게 온전함이 있다는 것은 분명하다. 그의 본성은 건전한 판단, 정직한 마음, 선한 양심에 대해 영혼이 새롭게 되어 온전하다. 그의 행동은 그리스도로 말미암아 하나님의 수용 안에서 완전하지만, 그는 자신의 불완전함을 애통해하며, 모든 일에서 하나님을 기쁘시게 하려고 진심으로 노력한다. 이것이 그리스도께서 그의 제자들에게 당부하신 것이다. 우리가 하늘에 계신 우리 아버지를 닮으려면, 이것을 이루기 위해 수고해야 한다. 우리가 이생에서 더 높이 도달할 수는 없지만, 우리가 이것을 이루도록 노력한다면, 장차 내세에 정도에 있어서 온전한 사람이 될 것인데, 이는 그때 우리의 중생이 완성되기 때문이다.

그러나 여기서 사람들은 실패하고 그들의 의무를 다하지 못한다.[523] 첫째, 이 세상의 것들을 얻기 위해 힘과 지혜를 쓰는 모든 사람들이다. 이 사람들은 주님께서 그의 자녀들에게 요구하시는 이 온전함에 대해 거의 생각하지 않는다. 그들이 말씀을 들을지는 모르지만, 그들의 마음은 이 세상과 세상적인 것에 너무 집착하여 중생을 맛보지 못하고, 그것이 무엇을 의미하는지 알지 못한다. 그러나 그

---

523 여백에: 누가 완벽을 추구하는 데 실패한 사람인가.

들이 하나님의 자녀가 되려면, "전심으로 여호와의 길을 걸었던"(대하 17:6) 여호사밧을 따라야 한다. 그것이 완전에 도달하는 수단이기 때문이다.

둘째, 작은 지식에 만족하고, 그리스도께서 요구하시는 온전함을 추구하지 않는 자들도 책망을 받는다. 성경의 가르침을 알기 위해 연구하지 않는 자들이 어떻게 건전한 판단을 할 수 있겠는가?

셋째, 그리스도인의 온전함에 대한 일반적인 부족은 여기서 책망을 받는데,[524] 사람들이 하나님의 예배에 관한 첫 번째 돌판의 외적인 의무를 존중하는 데 만족하되, 일반적으로 형제들과 관련이 있고, 특히 그들의 역할과 부름에 관한 두 번째 돌판의 의무를 소홀히 할 때이다. 이것은 행정관, 목사, 부모, 주인, 하인 등에게 흔히 나타나는 결함이다. 그들이 교회에서는 그리스도인이 되겠지만, 그들의 소명에서 그 능력을 보여 주는 것은 소홀히 한다. 그러나 이것은 진정성의 심각한 결핍으로, 그들을 하늘에 계신 그들의 아버지와 매우 다르게 만드는 것인데, 이는 그가 항상 변하지 않기 때문이다. 그러므로 사람들은 하나님의 예배에서 고백하는 것을 자신의 부름에서 반드시 실천해야 한다. 행정관은 교회에서나 판사직에서나, 회중 가운데서나 사법 행정에서나 그리스도인이어야 하며, 목사, 주인, 모든 신분도 그와 마찬가지이다. 하나님께서는 집에서 자기의 악한 정욕을 따라 사는 자들이 교회에서 섬기는 것을 허락하지 않으신다(렘 7:9-10). 율법에 따른 하나님의 희생제물은 다리를 절거나 불구가 아닌 온전하고 건전해야 하며, 우리의 순종은 복음 아래서 하나님의 모든 계명에 대한 진지한 존중으로 그러해야 한다. 헤롯이 그의 형[525]

---

524   여백에: 그리스도인의 완전에 대한 일반적인 부족.

525   역자주, 류호성. '헤로디아는 '동생의 아내'가 아니라, '이복 형의 아내'였다(막 6:17-18; 마

의 아내를 유지하는 한, 세례 요한의 말을 기쁘게 듣고 많은 일을 행한다 할지라도 그에게 유익하지 않았고, 유다가 돈궤에 마음을 두는 한, 그리스도를 따르는 것도 유익하지 않았다. 그러므로 우리의 신앙의 실천이 우리의 공적 고백의 진실을 드러내도록 하자. 그리하면 우리는 어떤 식으로든 하늘에 계신 우리 아버지를 닮을 것이다.

14:3; 눅 3:19)', 「신학논단」 89권, (2017): 163-192. DOI: 10.17301/tf.2017.89..006

네 번째 내용: 마태복음 6:1-18

"사람에게 보이려고 그들 앞에서 너희 자선을[526] 베풀지 않도록 주의하라 그리하지 아니하면 하늘에 계신 너희 아버지께 상을 받지 못하느니라"(마 6:1). 앞 장에서 복음서 기자는 우리 구주 그리스도의 설교의 세 부분을 충실히 기록했으며, 여기서 그는 이 장의 18절에 이르는 네 번째 부분을 시작한다. 여기서 우리 구주 그리스도는 선한 일을 행함에 있어 그에게 듣는 자들을 모든 오용으로부터 개혁하려고 하시는데, 그는 다음 세 가지 예를 들고 있다. **구제**, **기도**, 그리고 **금식**에 관한 예이다. 그는 그것들을 명령하시는 것이 아니라, 하나님께서 받으실 수 있도록 올바른 수행 방법을 알려주신다.

구제에 대하여

1절부터 4절까지 그는 구제하는 방식과 관련하여 두 가지 계명을 제시하며 구제를 다루신다. 첫 번째 계명은 이 구절에서 "사람에게 보이려고 그들 앞에서 너희 자선을 베풀지 않도록 주의하라"는 것이고, 그는 뒤따르는 말씀 속에 있는 효과적인 이유로 이것을 강화하신다. "그리하지 아니하면 하늘에 계신 너희 아버지께 상을 받지 못하

---

526 역자주, 한글 개역개정판은 "너희 의를 행하지 않도록 주의하라"고 읽지만, 퍼킨스가 아래에서 지적하듯이 다른 독법, 즉 "자선을 베풀지 말라"고 읽는다. 번역자는 퍼킨스의 번역을 따른다.

느니라." 그 다음에 그는 서기관들과 바리새인들의 야욕적인 관행에서 차용한 부패한 구제 방식의 구체적인 예를 들어 그것을 예시하신다(마 6:2). 구제에 관한 두 번째 계명은 3절에 있으며, 그는 4절에서 그 이유를 설명하신다.

1부

첫 번째 계명은 "사람에게 보이려고 그들 앞에서 너희 자선을 베풀지 않도록 주의하라"는 것이다. 이는 앞서 언급한 교훈에 반하는 것처럼 보일 수 있다. "이같이 너희 빛이 사람 앞에 비치게 하여 그들로 너희 착한 행실을 보게 하라"(마 5:16). 그러나 우리가 잘 살펴보면, 여기에는 모순이 없다. 앞 장에서 우리는 사람들 앞에서 선한 일을 행하여, 그들이 그것을 보고 그것으로 하나님께 영광을 돌리라고 명령을 받았기 때문이다. 이제 여기서는 단순히 사람 앞에서 선한 일을 하는 것이 금지된 것이 아니라, "사람들에게 칭찬 받으려고" 사람 앞에서 선한 일을 하는 것이 금지되었다. 즉, 우리가 그것들을 행함으로써 영광을 받는 것이 금지되고, 하나님께 영광을 돌리는 것이다.

우리가 그 규칙에 도달하기 전에 그 말씀을 어느 정도 살펴보아야 한다.[527] 왜냐하면 우리는 "사람 앞에서 자선을 베풀지 말라"고 읽지만, 일부 고대 교회에서는 다른 사본과 번역본에 따라 "사람 앞에서 의와 정의를 행하지 말라"고 읽었기 때문이다. 인쇄술이 발명되기 전 이전 시대에는, 하나님의 성경이 필사를 통해 손에서 손으로 전달되었기 때문에, 하나님의 책이 다양하게 독해되어야 한다는 것은 이상하게 보이지 않을 것이다. 이제 성경 사본을 기록한 사람들은 때때로

---

527 여백에: 다양한 독법.

과실이나 무지로 인해 어떤 단어와 문자를 착각하고 하나를 다른 것으로 바꾸어 놓았기에, 이렇게 다양한 독법이 생기게 되었다. 그러나 우리는 하나님의 말씀이 이로 인해 손상되거나 불완전하게 되었다고 생각해서는 안 된다. 왜냐하면 우리가 비록 올바른 독법을 분별할 수 없다 할지라도,[528] 성령의 참된 의미는 건전하고 완전하게 남아있기 때문이다. 그리고 성경의 의미는 그 말씀과 문자보다, 오히려 하나님의 말씀으로 판단되어야 한다. 이제 여기서 어떤 독법을 따라야 할지 불확실하므로 (둘 중 하나가 그 구절에 적절한 의미를 포함하기 때문에), 나는 어느 쪽도 제외하지 않겠지만, 그것들 모두로부터 다음의 가르침을 제시한다.

첫째, 자선을 베푸는 것은 정의이며, 하나님께서 우리 손에 요구하시는 의의 일부이다.[529] 사도는 시편[시 112:9]으로부터 이 사실을 분명하게 보여 준다. "그가 흩어 가난한 자들에게 주었으니 그의 의가 영원토록 있느니라"(고후 9:9). 사람은 자신이 소유한 물건에 대한 청지기에 불과하기 때문에, 일반적인 이유에서 자선을 베풀어야 한다. 그와 함께 사는 가난한 사람들은 그 일부에 대한 권리가 있으며, 그는 하나님의 **명시적인 계명**에 따라 그들에게 주어야 하므로, 어떤 식으로든 주지 않는 한, 도둑의 역할을 하고, 가난한 사람들이 받아 마땅한 것을 돌려주지 않음으로써 강탈하는 것이다.

이와 관련하여, 우리는 다음의 것들을 배워야 한다.[530] 첫째, 가난한 사람들을 위해 생계를 제공하는 것은, 인간의 선택에 맡겨진 자유로운 일이 아니라 정의의 문제이다. 그리고 그것을 행하지 않는 것은

---

528 역자주, 영문판은 원문의 접속사(though) 대신에 절을 이끄는 관계대명사(that)를 사용하여 혼동을 조장한다.

529 여백에: 구제는 정의이다.

530 여백에: 가난한 자들을 위해 제공하는 것은 의무이다.

가난한 사람들이 밖에서 구걸하지 않고 집에서 부양되어야 함을 요구하는 하나님의 율법과 본성의 법칙에 어긋나는 불의라는 것을 인정하는 것이다. 둘째, 우리는 이것을 통해 재화의 일부를 따로 떼어 가난한 사람들에게 주어야 하는데, 이는 가난한 사람들이 그것을 필요로 하기 때문이다. 이런 이유로 우리는 잔치나 의복, 스포츠 및 쾌락에서 넘쳐나는 것을 따로 떼어 가난한 사람들에게 줌으로써 정의를 더 잘 수행할 수 있도록 해야 한다. 왜냐하면 일반적으로 사람들은 이 정의의 부분을 수행할 수 없기 때문이다. 셋째, 이것을 통해 우리는 우리가 처한 상황에 따라 가난한 사람들을 편리하게 구호하고 부양하기 위해 마련된 좋은 질서가 잘 유지되고 발전하도록 조치하는 법을 배워야 한다. 왜냐하면 그 질서를 방치하는 것은 불의이며, 가난한 사람들에 대한 일종의 도둑질이기 때문이다.

둘째, "자선"으로 번역된 단어를 주목하라. 이 단어는 **자비**와 **동정**을 의미하는 매우 간결한 단어로, 여기서 우리는 다음과 같은 것을 배울 수 있다.[531] 첫째, 무엇이 가난한 사람들에게 베푸는 것을 자선으로 만드는가? 그것은 주어진 물건이 아니라, **주는 사람의 자비롭고 불쌍히 여기는 마음**으로, 가난한 과부의 두 렙돈처럼, 결코 작은 것이 아니다. 그러므로 우리의 모든 자선은 불쌍히 여기는 마음에서 비롯되어야 한다. 둘째, 그것은 구제받아야 할 당사자, 즉 불쌍히 여김을 받아야 할 그런 사람을 보여 주는데, 그들은 우리의 건장한 거지들이 아니라, 유아, 고아, 절름발이, 눈먼 자, 약한 자, 불구자, 노약자들이다.

지금까지 단어에 대해 많이 다루어 보았다. 이제 계명 자체는 다

---

531 여백에: 무엇이 기부를 자선으로 만드는가.

음과 같다. "사람에게 보이려고 그들 앞에서 너희 자선을 베풀지 않도록 주의하라." 이 계명은 다음의 목적을 달성하기 위한 것이다. 즉, 사람들에게 자선을 베푸는 불법적인 방식을 피하는 법을 가르치는 것이다. 왜냐하면 좋은 일이 나쁜 방식으로 행해질 수 있으며, 일반적으로 사람들은 선행을 할 때 이런 식으로 잘못을 범하기 때문이다. 이제 이 계명은 자선을 베풀 때, 두 배의 신중함을 요구한다. 첫째, 자선을 베푸는 근거에 관하여, 둘째, 그 목적에 관하여 신중할 것을 규정한다. 자선의 **근거**가 우리 마음의 교만이 되어서는 안 된다.[532] 그리스도는 이것에 대해 우리에게 경고하신다. 그것은 하나님 보시기에 선하고 받으실 만한 것이어야 한다. 이것은 매우 중요한 사항이므로 더 잘 관찰할 수 있도록, 여기서 두 가지 사항을 보여 줄 것이다. 첫째, 교만이란 무엇인지와 둘째, 우리의 자선 활동에서 교만을 조심스럽게 피해야 하는 이유이다.

요점 1. 교만이란 옷차림에 대한 외적인 교만이 아니라, 부분적으로는 마음에, 부분적으로는 의지와 애정으로 구성된 영혼의 내면에 있는 교만을 의미한다. **마음의 교만**은 사람이 실제 자신보다 더 낫고 더 뛰어나다고 생각하는 부패한 성품이다. 이것은 자신의 선함을 하나님께 자랑했던 바리새인의 죄였다(눅 18:11-12). 그러므로 라오디게아 교회는 "실제로 가난하고 눈멀고 가련하고 벌거벗었을 때 나는 부자라 부요하여 부족한 것이 없다"[계 3:16]고 말하면서, 자신에게 영광을 돌렸다. 이러한 자만은 특히 은혜의 관점에서 매우 위험하며, 많은 사람들이 은혜가 없는데도 은혜가 있다고 생각하여, 자신의 영혼을 속이고, 자신이 가진 은혜를 지나치게 과신하게 만든다. **의지**

---

532 여백에: 자선을 베푸는 나쁜 근거.

의 교만은 사람이 하나님께서 그에게 주신 지위에 만족하지 않고, 더 나은 것을 바라는 내적 애정이다. 이것은 **하나님 자신**과 같이 되고자 했던 아담과 하와[창 3장]에게도 일어났으며, 이는 모든 시대의 대부분의 사람들에게 해당되는 일이다. 이제 이 두 가지로부터 인간의 삶에서 **교만의 습관**이 나오며, 이로써 인간은 자신의 칭찬과 영광을 위해 할 수 있는 것은 무엇이든 하려고 노력한다. 이러한 교만은 일부 소수의 사람에게만 있는 것이 아니라, 오직 그리스도 예수 외에 자연적으로 아담에게서 나온 모든 사람 안에 있는 것이다. 그리고 교만이 일어나는 곳에서 그것은 너무도 강해서 사라지지 않을 것이다. 왜냐하면 사람은 교만한 의지를 관철시키지 못한다면, 어떤 죄라도 저지를 것이기 때문이다. 이로 인해 압살롬은 자기 아버지를 자신의 왕국에서 추방했으며, 아히도벨은 자신의 조언이 거절당하자 목을 매어 자살했다. 그리고 일부 교황들은 (역사가 언급하듯이)[533] 교황권을 얻기 위해 그들의 영혼을 마귀에게 주었다. 이것이 바로 그리스도께서 여기서 우리의 자선 행위의 근거로 금지하신 내적 부패이다.

요점 2. 이러한 내적 교만을 조심스럽게 피해야 하는 이유는 바로 다음 두 가지 때문이다.[534] 첫째, 왜냐하면 하나님의 자녀가 은혜로 할 수 있는 외적인 선한 일이 무엇이든, 악한 사람도 교만함으로 기도를 하고, 말씀을 전파하며, 회개와 사랑 등과 같은 외적인 의무를 실천하는 선한 일을 할 수 있기 때문이다. 교만은 은혜를 위조하는 죄이며, 사람은 그것을 분별할 수 없으나, 오직 하나님만 분별하실 수 있기 때문이다. 둘째, 악인에게는 다른 많은 죄가 만연하지만, 교만은 하나님의 자녀를 괴롭히는 죄이기 때문이다. 다른 죄가 죽을

---

533 여백에: Sylvest. 2. Platina: and fasc. Temp.
534 여백에: 교만을 피해야 하는 이유.

때, 교만이 되살아날 것이다. 실제로 그것은 은혜 자체에서 비롯된 것인데, 왜냐하면 하나님의 자녀는 교만하지 않기에, 그가 교만하게 될 것이기 때문이다. 그러므로 바울은 "여러 계시를 받은 것이 지극히 크므로 너무 자만하지 않게 하시려고 사탄의 사자로 말미암아 고난을 받아야 했다"[고후 12:7].

이제 이 위험한 죄를 피하는 방법은 두 가지이다.[535] 첫째, 우리는 우리 마음의 **교만을 알기 위해 조심**해야 하는데, 이는 모든 사람이 어느 정도 교만을 가지고 있으며, 우리가 그것을 많이 볼수록 교만은 더 적지만, 우리가 그것을 덜 볼수록 실제로는 우리 안에 더 많이 있기 때문이다. 우리 스스로는 아무것도 알지 못하지만, 이것에 대해 우리 자신을 의심하고 마음속에서 그것을 보기 위해 노력하자. 왜냐하면 가장 겸손한 사람도 이런 내적인 교만에서 완전히 자유롭지 못하기 때문이다. 둘째, 우리의 교만을 볼 때, 우리는 **그것을 정복하기 위해 노력**해야 하며, 첫째, 이 죄에 대한 하나님의 심판을 고려함으로써, 그렇게 해야 한다. 우리의 첫 조상은 그들이 하나님처럼 되고자 했을 때 낙원에서 쫓겨나지 않았으며, 헤롯은 하나님께 돌아갈 영광을 자기에게 취했을 때에 "벌레에게 먹혔지"(행 12:23) 않았는가? 그러므로 베드로는 "하나님은 교만한 자를 대적하시되 겸손한 자들에게는 은혜를 주시느니라"[벧전 5:5]고 말한다. 자선을 구걸하는 사람이 교만한 옷을 입고 가서는 안 되는 것처럼, 하나님의 은혜를 얻고자 하는 사람은 교만한 마음으로 오지 않아야 한다. 둘째, 우리는 우리 자신을 들여다보고, 마음의 눈먼 것과 무지, 불신앙 등 우리 자신의 결핍과 타락을 보기 위해 노력해야 한다. 그리고 우리의 죄에 대

---

535 여백에: 교만을 피하는 방법.

한 시각은 우리를 겸손하게 만드는 수단이 될 것이다. 스스로 부족함을 느끼지 않는 자들은 우쭐해질 수밖에 없기 때문이다. 셋째, 우리는 우리의 구속을 위해 겪은 그리스도의 죽음과 수난, 즉 물과 피를 흘리고 우리의 죄로 인해 영혼과 육체 모두 하나님의 진노를 당한 그의 죽음을 묵상해야 한다. 이제 어떤 사람이 자신을 위해 그리스도께서 모든 것을 견디었다고 생각하되, 그리스도께서 "나의 하나님, 나의 하나님, 어찌하여 나를 버리셨나이까"[마 27:46]라고 외치게 한, 그 모든 저주의 일부 원인인 자신의 죄를 보고도 어떻게 낙심하지 않겠는가?

여기에서 명령된 구제의 두 번째 항목은 그것의 목적과 연관된다.[536] **우리는 사람들에게 보이기 위해**, 즉 사람들 사이에서 칭찬과 명성을 얻기 위해 자선을 베풀어서는 안 된다. 그리스도는 중대한 이유로 이렇게 경고하신다. 인간의 타락한 본성은 마귀의 부추김을 통해 거의 모든 사람으로 하여금 모든 선한 일을 잘못된 목적을 위해 하도록 만들기 때문이다. 왜 많은 사람들이 그들의 평범한 직업에서 그토록 수고하는 것인가? 부분적으로는 명예를 위해서, 부분적으로는 즐거움을 위해서, 부분적으로는 이익을 위해서가 아닌가? 그리고 대부분의 사람들은 여기에서 가족을 부양하기 위한 이 목적을 말하지 않는가? 그러나 이것이 선하고 칭찬할 만한 일이라 할지라도, 그것이나 그 나머지는 사람이 수고하고 애써야 할 올바른 목적은 아니다. 모든 것의 **올바른 목적**은 인간의 유익 가운데 있는 하나님의 영광, 혹은 하나님의 영광 가운데 있는 인간의 유익이다. 이제 우리의 선한 일이 사람의 유익 가운데 진심으로 하나님의 영광을 의도하는

---

536 여백에: 구제에서의 나쁜 목적.

겸손한 마음에서 나올 때, 그 일은 하나님을 기쁘시게 하는 일이다. 다른 목적이나 시작은 인간의 수고를 더럽힌다. 그러므로 그리스도는 우리의 자선 행위의 시작과 목적 모두를 바라보라고 이 경고를 주셨다.

2부

이상과 같이 계명에 대해 많이 다루었고, 그 계명의 이유는 다음과 같다. "그리하지 아니하면 하늘에 계신 너희 아버지께 상을 받지 못하느니라." 그래서 "너희에게 상이 없다"는 말씀은 매우 중요하며, 다음과 같이 많은 것을 시사한다. 사람의 유익 가운데 하나님의 영광을 위해 겸손한 마음으로 너의 일을 행하면, 하늘에 상이 쌓여 있는데, 비록 지금은 보이지 않지만, 이미 소유하고 있던 것처럼 확실하다. 그러나 너희가 그렇게 하지 않으면, 하늘에 계신 너희 아버지가 너희를 위해 마련해 둔 상급은 없다.

이런 이유에서 우리는 일반적으로 은혜를 받아 (자선을 베푸는 것과 같은) 단지 하나의 선행이라 할지라도, 선한 근거에서 선한 목적을 위해 행하는 사람은 결코 멸망하지 않고 영생을 얻으리라는 것을 알 수 있다. 이는 모든 사람이 선한 일을 하도록 자극하는 주목할 만한 동기가 될 수 있으며, 또한 하나님의 자녀는 결코 멸망하거나, 마침내 떨어질 수 없음을 증명한다. 이는 하나님께 쌓아둔 것은 아무것도 잃어버린 바 되지 않기 때문이다.

보다 구체적으로, 먼저 "상"이라는 단어가 정확하게 취해지지 않고, 다음과 같이 유사하게 취해졌음을 관찰하라. 일을 마친 노동자가 품삯을 받는 것처럼, 하나님의 자녀는 하나님께서 명령한 일을 행한 후에 보상을 받는다. 둘째, "너희 아버지로부터"라고 언급하는데,

이는 이 보상이 공로가 아니라, 아버지가 자녀에게 거저 주는 선물이라는 것을 의미한다. 마지막으로, 그리스도는 그의 모든 청중들에게 "너희 아버지"라고 말씀하시는데, 그중에는 그가 다른 곳에서 마귀라고 불렀던 유다와 하나님의 자녀가 아닌 것으로 알고 있던 다른 사람들이 있었지만, 여기서 (사도가 말한 것처럼[롬 15:8]) 할례의 설교자이자 사역자였던 그는 은밀한 판단을 하나님께 맡기시고, 소망과 사랑의 판단에 따라 그의 모든 청중을 하나님의 자녀로 삼으신다. 이것은 하나님의 모든 사역자들이 주목할 만한 선례인데, 왜냐하면 여기서 사랑에 대해 설교하신 그리스도께서 그것을 실천하셨고, 그의 종들도 그렇게 해야 하기 때문이다. 이것은 또한 조금만 잘못해도 다른 사람을 저주받은 비참한 사람, 또는 유기된 자라고 부르기를 멈추지 않으려는 사람들의 관행을 정죄한다. 그러한 책망에는 사랑이 없는데, 왜냐하면 사랑은 항상 최선의 것을 희망하기 때문이다(고전 13).

3부

"그러므로 구제할 때에 외식하는 자가 사람에게서 영광을 받으려고 회당과 거리에서 하는 것 같이 너희 앞에 나팔을 불지 말라 진실로 너희에게 이르노니 그들은 자기 상을 이미 받았느니라"(마 6:2). 여기서 그리스도는 서기관들과 바리새인들의 관행에서 빌려온 교만과 야망에서 비롯된 부패한 구제의 구체적인 예를 금지의 방식으로 제시하신다. 게다가 그는 그 구절의 마지막에 사람들이 구제하는 근거와 목적에 대해 신중하게 생각하게 만드는 효과적인 이유를 덧붙이신다.

해설. 원문은 다음과 같다. "너희는 너희 앞에 나팔을 불지 말라." 그래서 우리의 번역도 신학자들의 공통된 규칙에 따라 그리스도의 말씀을 해설한다. [537] 사실의 말은 종종 연설의 말로 표현되는데, 이 것을 잘 관찰하면, 많은 구절에서 잘못된 해석을 피할 수 있다. 하나님은 모세에게 "태에서 처음 난 모든 것은 다 거룩히 구별하여 내게 돌리라"(출 13:2)고 말씀하셨고, 여호수아에게 "너는 날카로운 칼을 만들어 이스라엘 자손들에게 할례를 행하라"[수 5:2]고 하셨다. 즉, 그들로 하여금 거룩하게 하고 할례를 받으라고 명령하신다. "내가 오늘 너를 여러 나라와 여러 왕국 위에 세워 네가 그것들을 뽑고 파괴하며 파멸하고 넘어뜨리며 건설하고 심게 하였느니라"(렘 1:10). 즉, 네가 설교하고, 그 설교를 통해 나 여호와가 이 일들을 행할 것이라고 선포하는 것이다. 그리스도께서 "세례를 베풀었다"(요 4:1)고 하는데, 즉 그가 제자들에게 세례를 베풀라고 명령하셨다는 뜻이다. 그리고 하나님께서 사물을 "깨끗하게"(행 10:15) 하신다고 하는데, 즉 사물이 깨끗하다고 그가 선언하시는 것이다.

"외식하는 자가 회당에서 하는 것 같이." "위선자"라는 단어는 다른 사람의 인격을 재현하는 사람을 의미하는데, 이는 연극배우들이 때로는 강력한 왕, 때로는 불쌍한 거지를 재현하여 적절하게 그 역할을 하는 것과 같다. 이제 그것은 비슷한 방식으로 자신에게 없는 선함과 거룩함을 갖고 있는 것처럼, 겉으로 가장하는 모든 사람에게 적용되는데, 이는 위선이 실제로는 마음에 없는 선함을 단지 겉으로만 드러내는 것이기 때문이다. 이제 이 경우에는 자선을 베푸는 방식에 관한 이전 계명의 두 번째 이유가 포함되어 있으며, 이는 그리스도의 모든 청중으로 하여금 그들의 선행의 근거와 목적 모두에 대해 신중하게 만드는 역할을 하며, 그 이유는 다음과 같다. **"위선자들이 하**

537 여백에: 해석의 규칙.

는 것은 너희가 하지 말아야 하는데, 그들은 이 본보기에서 명백히 드러나듯이, 사람들에게 칭찬받기 위해 자선을 행하는 것이다. 그러므로 너희는 사람들에게 보이고 칭찬받기 위해 자선을 베풀어서는 안 된다."

이 본보기로부터 우리는 다음과 같은 지침들을 배울 수 있다.[538] 첫째, "사람들에게 보이려고, 그리고 사람들에게 칭찬받기 위한" 것처럼, 그릇된 목적을 위해 선한 일을 하는 것은 위선자의 속성이다. 참으로 위선자는 마음속으로 자신의 선한 행위에 대한 재판장이자 승인자로 하나님이 아니라, 사람을 선택하기 때문이다. 그래서 이것은 엄청난 위선인데, 왜냐하면 이로써 하나님께 마땅한 명예를 그에게서 빼앗아 사람들에게 주었기 때문이다. 하나님은 우리의 모든 행동의 재판장이자 승인자가 되어야 하기 때문이다.

이제 그리스도께서 서기관들과 바리새인들에게 이 죄를 지우시듯이, 우리 모두는 우리 자신을 본질적으로 그리스도 밖의 존재로 여김으로써 우리 자신에게 이 죄를 지워야 한다. 왜냐하면 우리가 하나님이 아니라, 사람들을 우리 행동의 재판장과 승인자로 삼기 때문이다.[539] 이제 이 사실은 다음과 같이 분명하게 드러날 것이다. 우리가 선한 일을 하되, 그로 인해 사람들의 멸시를 받을 때, 우리는 죄로 말미암아 하나님 자신에게 범죄할 때보다, 그것을 더 슬퍼하지 않는가? 우리 마음은 주님의 책망보다, 사람들의 비난을 더 존중할 수밖에 없기 때문이다. 이 점을 더 명확하게 하기 위해 위선과 무신론의 뿌리가 우리의 본성에 있으며, 따라서 우리가 자연스럽게 다음 세 가지 일을 한다는 점을 생각해 보라. 우리는 하나님보다 사람을 더 **사**

---

538 여백에: 위선의 속성.
539 여백에: 우리는 하나님이 아닌 사람을 우리 행동의 재판장으로 삼는다.

랑하고, **두려워하며, 신뢰하기** 때문에, 사람을 우리 행동의 재판장으로 삼는다. 첫째, **사랑**에 대해, 우리 자신이나 친구가 욕을 먹으면 슬퍼하며, 반대로 우리 자신이나 친구가 칭찬을 받으면 기뻐하고 즐거워하지 않는가? 그러나 하나님께서 불명예를 당하시면, 누가 슬퍼하는가? 아니면 하나님이 영광을 받으실 때, 누구의 마음이 기쁨으로 뛰는가? 이것은 우리의 사랑의 애정이 하나님보다 우리 자신과 친구들에게 더 기울어져 있다는 것을 명백하게 입증한다. 둘째, **두려움**에 대해, 대부분의 사람들은 자신과 같은 죽을 수밖에 없는 인간을 불쾌하게 할 때, 항상 살아계신 하나님을 불쾌하게 할 때보다 더 두려워하지 않는가? 셋째, 고난의 시기의 **신뢰**와 **확신**에 대해, 대부분의 사람들은 하나님 자신이 그의 말씀 가운데 주신 모든 약속보다, 어떤 친구가 도와주기로 약속하면 더 큰 위로를 받는다. 그러나 사람들은 무엇보다도 하나님을 **사랑**하고, **두려워**하며, **신뢰**한다고 말할 것이다. 이것은 참으로 무지한 사람들의 평범한 고백이지만, 사실은 우리가 본성상 하나님을 우리의 재판장과 승인자임을 거부하고, 인간에게 호소한다는 것이다. 그러므로 우리는 이 위선을 보고, 느끼고, 통곡하며, 우리의 모든 행동에서 하나님께 인정받기 위해 단순히 그리고 신실하게 노력할 수 있는 반대되는 은혜를 받기 위해 노력해야 한다.

둘째, 이 본보기에서 유대인들 사이에서 가난한 사람들과 관련된 무질서의 한 가지 분명한 원인을 주목하라.[540] 그들은 이스라엘에 그러한 거지가 없기를 바라는 하나님의 계명을 전적으로 어기면서, 길거리와 도시의 거리와 성전 문에서 구걸했기 때문이다. 이러한 악용

---

540 역자주, 여백에: 유대인들 사이에 있는 많은 거지들의 주된 이유.

은 다른 경우에도 있었지만, 여기서는 한 가지 주요 원인을 살펴보아야 하는데, 즉 사적인 사람들이 공공장소에서 자신의 손으로 가난한 사람들에게 사적인 자선을 베푸는 것이 허용되었다는 것이다. 이것은 큰 무질서이며 많은 거지가 생겨나는 원인이었는데, 왜냐하면 사적인 사람들은 그렇게 구걸하는 모든 사람들의 특별한 필요를 분별할 수 없었기 때문이다. 그러므로 하나님께서는 앞서 보여 주신 것처럼, 구약성경에서 그들을 위해 다른 방식으로 공급하셨다. 그리고 신약성경에는 각 회중마다 집사라고 불리는 신실한 사람들이 선택되어 가난한 사람들을 돌아보고, 그들을 위해 모금하고, 그들의 필요에 따라 모든 사람에게 나누어 주어야 했다. 사적인 사람이 필요에 따라 공공장소에서 자선을 베푸는 것이 불법은 아니지만, 가난한 사람들을 그러한 사적인 구호 외에 다른 방법으로 부양하지 않는다면, 이것은 마치 가정에서 자녀들과 하인들이 언제, 어디서 저녁을 먹어야 할지 모르는 것과 같은 큰 무질서이다. 가난한 사람들은 하나님의 가정에서 하나님의 자녀이므로, 그러한 사적인 구호보다 더 나은 방식으로 부양되어야 한다. 그러므로 가난한 자들의 부양을 위한 좋은 질서가 결여된 곳에서는, 양심에 따라 그것을 시작해야 하며, 그것이 시작된 곳에서는, 사람들이 조심스럽게 그것을 유지하고 지속해야 한다.

셋째, 자선 행위의 부패한 방식에 대한 이러한 본보기에서, 다양한 죄가 동시에 발생하는 것을 보라.[541] 첫째, 여기에 사람을 정죄하기에 충분한 **위선**이 있지만, 이것과 더불어 **야망**이 함께 간다. 이 둘과 함께 가난한 사람들을 부양하는 데 있어 **선한 질서에 대한 노골적**

---

541 여백에: 죄는 혼자 가지 않는다.

인 경멸과 위반은 그 어떤 죄도 혼자 가지 않고, 대개 동반자가 있음을 분명하게 보여 준다. 왜냐하면 죄는 서로 얽혀 있기 때문에, 하나를 범한 사람은 다른 죄로부터 자유롭지 못하기 때문이다. 이것은 여러 가지 예를 통해 명백히 알 수 있다. 아담의 죄는 직접적으로든 결과적으로든 모든 계명에서 전체 율법을 위반하였는데, 이는 그가 하나님보다 사탄을 더 믿음으로써 하나님에 대한 사랑의 결핍을 분명히 보여 주었기 때문이다. 이 가운데서 그는 하나님 대신 사탄을 선택했고, 사탄을 숭배하고 하나님의 이름을 헛되이 여겼으며, 형제 사랑에 대한 결핍도 명백히 드러냈는데, 이로써 그는 자신뿐만 아니라, 자기 모든 후손의 살인자가 되었기 때문이다. 따라서 죄는 모든 악한 행동과 함께 일어나며, 이와 관련하여 야고보처럼 "누구든지 하나의 계명을 범하면 모두 범한 자가 된다"[약 2:10]고 말할 수 있다. 우리는 어느 한 가지 죄에 빠져 살 수 없고, 다른 많은 죄에 빠질 수밖에 없으므로, 모든 죄에 대해 양심의 가책을 느끼도록 훈계를 받아야 한다.

"진실로 너희에게 이르노니 그들은 자기 상을 이미 받았느니라." 이 말씀은 앞서 금지한 이유를 포함하고 있으며, 우리는 여기서 이 구제의 헛된 것을 볼 수 있는데, 이는 사람들의 칭찬이 그들의 모든 보상이기 때문이다. 앞 구절에서 살펴본 것처럼, 그들은 하나님과는 아무런 관계가 없다.

4부

"너는 구제할 때에 오른손이 하는 것을 왼손이 모르게 하여 네 구제함을 은밀하게 하라 은밀한 중에 보시는 너의 아버지께서 갚으시리라"(마 6:3-4). 이 말씀은 자선을 베푸는 **방식**에 관한 그리스도의 두 번째 계명과 그 이유를 함께 포함하고 있다.

의미

계명은 3절에 있으며, 그 의미는 다음과 같다. 왼손이 알 수 있더라도, 오른손이 준 것을 알아서는 안 되므로, 우리는 그것을 사람들에게 더욱더 숨겨야 한다. 그러나 여기서 그리스도는 공개적인 장소나 사람들이 보는 앞에서 모든 구제를 금하시지는 않지만, 그의 뜻은 사람들의 칭찬을 추구하는 마음의 야망을 억제하라는 것이다. 구제하는 사람은 사람들이 그가 구제하는 것을 보고 칭찬하는 것을 의도하거나 바라지 않아야 하며, 그의 마음이 단순하고 진실하게 하나님께 인정받으려고 노력해야 한다. 이것은 이 구절을 1절과 비교함으로써 우리 구주 그리스도의 올바른 의미로 나타날 것인데, 이는 여기서 그리스도께서 거기서 준 계명을 새롭게 하고, 자선을 베푸는 일에 있어서 허영을 좇는 마음의 부패한 욕망을 금하시기 때문이다.

이제 이 계명에 대한 더 나은 이해를 돕기 위해 첫째, 우리는 여기서 금지된 것이 무엇인지, 둘째, 명령된 것이 무엇인지 보여 줄 것이다. 금지된 두 가지 사항은 다음과 같다. 첫째, 우리가 자선을 베풀 때, 사람들이 우리를 주목하기를 바라는 모든 욕망이나 의도를 금지한다. 둘째, 구제할 때 우리를 기쁘게 하려는 모든 존경과 의도를 금지한다. 왜냐하면 왼손은 오른손이 주는 것을 몰라야 하기 때문이다. 여기서 명령하는 것은 바로 이것이다. 자선을 베푸는 사람은 오직 하나님을 기쁘시게 하려는 의도와 욕망을 가지고 행해야 하며, 사람들의 칭찬이나 승인에 구애됨 없이 자신의 일을 하나님께 인정받도록 해야 한다.

적용. 여기서 첫째, 선행으로 하나님의 손에서 영생을 공로로 얻는다는 생각으로 사람들에게 선한 일을 행하도록 가르치는 로마 교회의 가르침[542]이 정죄된다. 이 가르침은 사람들의 칭찬을 받기 위한 목적으로 선행을 행하는 것보다 훨씬 더 지나친 것이기에, 여기서 금지되어 있다. 그러므로 그 다른 것은 가증한 것이어야 한다.

둘째, 우리의 선행에 있어서, 우리 자신이 단순히 하나님께 인정받으려는 의도가 있어야만 하는 것을 볼 때, 우리가 어떻게 하면 하나님께서 인정하시는 선한 일을 할 수 있는지 보여 주는 것은 여기서 잘못이 아닐 것이다.[543] 여기에는 **믿음, 사랑, 겸손, 성실** 또는 **단순함**의 네 가지가 요구된다. 첫 번째, 모든 선한 일에는 **의롭게 하는 믿음**과 **일반적인 믿음**이라는 두 가지 믿음이 있어야 한다. **의롭게 하는 믿음**은 그 선행을 하는 사람으로 하여금 하나님과 화해하고, 그리스도의 참된 지체로서 하나님 앞에 서게 만든다. 이것에 대해 "믿음이 없이는 하나님을 기쁘시게 하지 못한다"[히 11:6]라고 말한다. 그리고 그리스도께서 말씀하시기를, "내게 붙어 있어 열매를 맺지 아니하는 가지는 아버지께서 그것을 제거해 버리시고, 나를 떠나서는 너희가 아무것도 할 수 없음이라"[요 15:2, 5]. 하나님께서 받으실만한 일을 하고자 하는 사람은 누구든지 먼저 그리스도 안에 있어야 한다는 것이 분명하며, 그 이유는 명확하다. 그의 일이 인정받을 수 있기 전에, 일하는 사람이 먼저 하나님께 용납되어야 하기 때문이다. 그가 그리스도 안에 있기 전에는, 그 어떤 사람의 인격도 하나님께 인정받을 수 없으므로, 우리를 그리스도와 연합하는 의롭게 하는 믿음이 무엇보다 필요하다. **일반적인 믿음**이란 사람이 자신이 하는 일이 하나님을 기쁘시게 한다고 믿는 것을 의미한다. 이것에 대해 바울은 "믿

---

542 여백에: Rhem. on Matt. 6. sect. 2.
543 여백에: 선한 일을 잘하는 방법.

음을 따라 하지 아니하는 것은 다 죄니라"[롬 14:23]고 말한다. 이러한 일반적인 믿음이 없다면, 어떤 행위는 그 자체로 선할지라도, 그 행위자에게는 죄가 될 수 있다. 이제 여기에는 두 가지가 요구된다. 첫째, 그 일을 명령하고 그 일을 행하는 방법을 규정하는 하나님의 말씀이다. 둘째, 그 일을 행할 때 복의 약속이 있는데, 이는 모든 선한 일에는 이생의 것과 더 나은 삶의 것 모두에 대한 하나님의 약속이 있기 때문이다. 이러한 사실을 반드시 알고 믿어야 한다. 이러한 근거에 따라 우리가 기도하고, 자선을 베풀고, 모든 선한 일을 행해야 그것들이 하나님께 인정을 받을 것이다. 이제 모든 선한 일에 요구되는 이 두 가지 믿음에 의해, 우리는 선한 일을 실천해야 하는 사람들이 믿음으로 그들의 일을 행할 수 있도록, 하나님의 말씀을 알기 위해 어떻게 애써야 하는지를 알 수 있다. 그렇지 않으면, 그 일이 선할지라도 믿음에서 나온 것이 아니기 때문에, 그들에게 죄가 될 수 있는데, 이것은 믿음이 없어 선한 일을 선한 방식으로 행할 수 없는 무지한 사람들의 비참한 상태이다.

선한 일을 하는 데 요구되는 두 번째 요소는 **사랑**이다. 사랑은 믿음과 결합되어 있는데, 이는 "믿음은 사랑으로 말미암아 역사하기"(갈 5:6) 때문이다. 실제로 믿음은 그리스도와 그의 의를 깨닫고, 받아들이고, 신자에게 적용하는 것과 같은 몇 가지 일을 자체적으로 수행하는데, 이것이 바로 믿음의 적절한 사역이다. 그러나 믿음은 다른 것의 도움으로 다른 것들을 행한다. 이와 같이 믿음은 자비의 일을 낳고, 첫 번째 돌판과 두 번째 돌판의 의무들을 올바르게 수행하지만, 정확하게 스스로가 아니라 사랑의 도움으로 수행한다. 그러므로 여기서 나는 모든 선한 일에는 믿음이 역사하는 사랑이 요구된다고 말한다. 이제 선한 일을 잘하는 데 필요한 사랑의 종류는 두 가지이다. 첫째, 그리스도 안에 있는 하나님의 사랑인데, 이는 우리가 그리스도 안에서 하나님을 아는 것 같이 그를 사랑해야 하기 때문이다. 둘째, 우리 형제들에 대한 사랑, 참으로 우리의 원수들에 대한 사랑인데, 이는 우리의 이해에서 이 두 가지가 비록 구별될 수 있다 할지라도, 실제로는 결코 분리되어서는 안 되며, 바울이 자신과 다른 사도들에 대해 "하나님의 사랑이 우리를 강권하여 복음을 전하게 하시는도다"(고후 5:14)라고 말한 것처럼, 이 두 가지는 항상 손을 잡고, 우리로 하여금 자비의 일과 우리 소명의 모든 의무를 수행하도록 해야 하기 때문이다.

선한 일을 잘하는 데 요구되는 세 번째 요소는 **겸손**으로, 사람은 이로 말미암아 자신을 그 일 가운데 하나님의 자발적이고 합리적인 도구에 불과하다고 여긴다. 이 미덕은 사람으로 하여금 그 일의 영광을 주재자(主宰者), 즉 우리 안에서 그의 선한 기쁨을 따라 소원을 두고 행하는 하나님 자신에게 돌리게 할 것이다[빌 2:13].

선한 일을 할 때 요구되는 네 번째 것은 **단순함** 또는 **단일한 마음**인데, 이로써 선한 일을 하는 사람은 자신의 칭찬이나 사람들의 기쁨을 전혀 고려하지 않고, 단순히 그리고 직접적으로 하나님을 공경하고 기쁘시게 하려고 의도한다. 이것은 모든 선한 일에서 사람을 올바른 목적으로 인도하는 특별한 덕목으로, 인간의 유익 안에서 하나님께 순종하고 영광을 돌리는 것이다. 이 덕목은 "세상에서 단순하고 경건한 순결함으로 생활했던"[고후 1:12] 바울에게 있었다. 이런 식으로 그가 복음을 전했으니, 우리도 그와 같이 모든 선한 일을 행해야 한다. 이제 이러한 신실함이 드러날 수 있도록, 우리는 그것에 반대되는 특별한 악, 즉 시편 32편 2절에 언급된 "마음의 간사함"에 주의를 기울여야 한다.[544] 이것은 사람으로 하여금 선한 일을 할 때, 자신의 칭찬과 사람들을 기쁘게 하려는 그릇된 목적과 부수적인 목적을 의도하고 내세우게 만든다.

그리고 우리가 이 마음의 간사함을 피하기 위해 우리는 이 간사함이 보통 네 가지 경우에 사람들에게 널리 퍼질 수 있고, 실제로 퍼진다는 것을 알아야 한다. 첫째, 오직 하나님께서 그 반대되는 악을 억제하시는 범위 내에서 미덕을 행하는 경우. 따라서 종교가 없는 예의 바른 정직한 사람들이 정의, 절제, 자비 및 기타 도덕적 미덕을 실천할 수 있는데, 왜냐하면 그들은 불의, 무절제 및 반대되는 악덕에 기울어지지 않기 때문이다. 그러나 그들의 이러한 행위는 하나님 앞에서 선한 행위가 아닌데, 왜냐하면 진심으로 하나님께 순종하고 영광을 돌리려는 의도에서 비롯된 성화된 마음에서 나온 것이 아니기 때문이다. 둘째, 사람들이 신적 공의와 인간 법률의 형벌을 두려워하여 선한 일을 하는 경우이며, 그런 경우는 대부분 병자의 회개이다. 참으로 이런 상태에서 진정으로 회개하는 사람들이 있을 수 있지만, 일반적으로 그러한 회개는 건전하지 않으며, 단일한 마음이 아니라 두려움에서 비롯되며, 그로 인해 하나님의 손아래에 있는 그들은 하나님의 심판을 피하려고 노력한다. 교회에 와서 주로 관습에 따라, 그리고 인간 법률의 위험을 피하기 위해 성례를 받는 우리 일반 개신교도들이 수행하는 종교의 외적인 의무도 그와 마찬가지이다. 셋째, 사람들이 사람들의 명예와 칭찬을 위해 선한 일을 하는 경우. 이것은 위험한 일이다. 이런 근거에서 사람은 말씀을 전파하고 기도하며 복음을 고백할 수 있으며, 참으로 예후처럼 하나님의 영광을 위해 열

---

544 여백에: 선행에 있어서 마음의 간사함.

심을 낼 수 있으므로[왕하 10:16], 많은 사람들이 엄격한 신앙고백에서 느슨한 삶으로 떨어지게 되는데, 이는 그들이 오직 하나님께 순종하고, 하나님을 기쁘시게 하려는 단순한 마음으로 진리를 받아들이지 않고, 오히려 사람들의 칭찬을 받기 위해 진리를 받아들이기 때문이다. 넷째, 사람이 교만한 동시에 탐욕스럽지만, 탐욕스럽기보다 교만할 때처럼 마음의 부패가 만연하여 선한 일을 행하는 경우. 탐욕은 가난한 자에게 베풀지 말라고 하지만, 사람들의 칭찬을 받고 싶어 하는 교만은 그 안에 가득하여 가난한 자에게 베풀게 한다. 따라서 교만한 사람에게 탐욕이 만연하면, 탐욕은 그로 하여금 방탕하고 교만한 의복을 삼가게 만들지만, 그의 교만은 그를 그렇게 하도록 설득할 것이다. 이 모든 경우에서 마음의 간사함은 그 자체로 선한 일을 부패시킨다. 그러므로 우리는 우리의 선한 행위에 있어서 한결같은 마음과 앞서 언급한 나머지 덕목들에 대해 경계하는 눈을 가져야 하며, 그래야 우리의 행위가 하나님께서 인정하시는 그런 것이라고 선한 양심으로 말할 수 있을 것이다.

5부

"네 구제함을 은밀하게 하라 은밀한 중에 보시는 너의 아버지께서 갚으시리라"(마 6:4). 여기에 그리스도께서 앞의 계명을 강화하시는 **이유**가 있는데, 그것은 두 부분으로 나뉜다. 첫 번째는 **은밀한 중에 보시는** 하나님의 특별한 속성에서 도출된 것이고, 두 번째는 **공개적으로 보상하시는** 하나님의 풍성함에서 나온 것이다.

요점 1

첫 번째, 원문에는 "그리고 은밀한 중에 보는 자인 너의 아버지"

라는 말씀이 있다.[545] 여기서 사용된 단어는 **분별력을 가지고 보는 자**를 의미하며, 이로써 그리스도는 사람이 볼 수 없는 것, 즉 사람의 마음의 은밀한 생각과 욕망까지도 하나님께서 보고 주목하신다는 것을 우리에게 가르치고자 하셨다.

적용. 따라서 우리는 세 가지를 배워야 한다. 첫째, 온 세상이 볼 수 있는 우리의 중대하고 공개적인 죄뿐만 아니라, 가장 내면적이고 숨겨진 부패에 대해서도 엄격하게 자신을 점검해야 한다. 그리고 우리가 그것들을 볼 수 없을 때에도, 우리의 은밀한 욕구를 의심해야 하는데, 이는 사람들이 그것들을 알지 못하고 우리 자신도 알지 못한다 할지라도, **은밀한 중에 보는 자**인 하나님께서는 그것들을 보시기 때문이다. 둘째, 우리의 죄를 결코 우리 안에 숨기지 않고, 하나님 앞에 부끄러움을 무릅쓰고 그것들을 흔쾌히 드러내며, 참으로 우리의 알려지지 않은 죄를 고백해야 한다. 우리는 아담처럼 무화과나무 잎을 꿰어 벌거벗은 몸을 가리거나, 하나님 보시기에 자신을 숨기려고 생각하며 도망쳐서도 안 되는데, 이는 하나님께서 은밀한 중에 분별하시기 때문이다. 셋째, 선한 일들을 할 뿐만 아니라, 선한 근거에서 거룩한 방법으로 올바른 목적을 위해 그것들을 행하기를 주의해야 하는데, 이는 "하나님이 은밀한 것들을 보시고" 거짓된 쇼에 미혹되지 않으실 것이기 때문이다. 다윗은 "내가 주의 법도들과 증거들을 지켰사오니 나의 모든 행위가 주 앞에 있음이니이다"[시 119:168]라고 말한다. 오히려 우리는 여기에 감동을 받아야 하는데, 왜냐하면 사람의 마음속에 있는 것을 아시는 하나님께서는 그들의 마음의 간교함을 드러내기 위해 종종 시험으로 사람을 증명하시기 때문이다.

---

545 역자주, 여백에: 하나님은 은밀하게 보는 자이다.

그러므로 위선으로 인한 하나님의 심판을 피하기 위해, 우리는 한결같은 마음으로 모든 선한 의무를 행하기 위해 노력해야 한다.

요점 2

한결같은 마음으로 선한 일을 행하는 자들에 대한 하나님의 풍성한 은혜에서 추론된 두 번째 이유는 다음의 말씀 속에 있다. "너의 아버지께서 갚으시리라."[546] 여기서 그리스도는 그의 일부 청중이 그의 이전 교훈에 대해 제기할 수 있는 다음의 반대를 방지하신다. "내가 사람에게 보이기 위한 선행을 하지 말아야 한다면, 내 수고는 헛수고인가?" 그리스도는 그렇지 않다고 대답하신다. 여러분이 한결같은 마음으로 선을 행하고, 오직 사람의 유익 가운데 하나님의 칭찬과 영광을 존중한다면, **하나님 아버지께서 여러분에게 공개적으로 상을 주실 것**이기 때문이다. 이것이 어떻게 "아버지께서 아무도 심판하지 아니하시고 심판을 다 아들에게 맡기셨다"(요 5:22)[547]는 그리스도의 말씀과 양립될 수 있느냐고 묻는다면, 다음과 같이 대답할 수 있다. 심의, 권한 및 동의와 관련하여 마지막 심판은 삼위일체 전체가 집행하지만, 즉각적인 집행과 관련하여 성부는 심판하시지 않고 그리스도만 심판하신다. 이는 오직 그만 사죄와 정죄를 모두 선고하시기 때문이다.

이 두 번째 이유는 칭찬에 관한 여러 가지를 가르쳐 준다.[548] 첫째, **하나님 자신이 참된 칭찬을 하시는 유일한 분이시다.**[549] 바울은

---

546 역자주, 문자적으로 번역하면 "그가 너희에게 공개적으로 갚아줄 것이다."
547 역자주, 원문과 영문판은 요 5:21로 기록한다.
548 여백에: 칭찬에 대하여.
549 여백에: 저자.

"옳다 인정함을 받는 자는 자기를 칭찬하는 자가 아니요 오직 주께서 칭찬하시는 자니라"[고후 10:18]고 말한다. 여기서 그는 세상을 극장에 비유하며, 인간은 배우이고, 인간과 천사는 관객이지만, 하나님만이 **심판자**이신데, 그는 이생뿐 아니라, 오는 세상에서도 마땅히 받을 만한 모든 사람에게 칭찬과 좋은 이름을 주시는 이라고 말한다. 이와 관련하여 우리는 하나님께서 친히 인정하실 수 있도록 우리의 모든 선한 일을 행하기에 힘써야 한다. 사람의 칭찬을 구하는 것은 어리석은(fond)[550] 일인데, 이는 참된 칭찬의 저자는 사람이 아니라, 하나님이라는 것을 알기 때문이다. 참으로 우리는 이것을 통해 우리가 행하는 선한 일에 대한 찬양과 칭찬을 사람에게 의지하지 말고, 모든 참된 칭찬이 하나님 자신에게서 나온다는 것을 배워야 한다.

둘째, **아버지**이신 하나님께서 **칭찬의 유일한 저자**이시다. 이는 그리스도께서 "너희 아버지가 너희에게 갚아 주실 것"이라고 말씀하시기 때문이다.[551] 이제 하나님은 오직 그리스도 안에서만 **우리의 아버지**이시며, 그러므로 우리의 그리스도와의 연합은 모든 참된 칭찬의 근거이다. "오직 이면적 유대인이 참된 유대인이며 할례는 마음에 할지니 영에 있고 율법 조문에 있지 아니한 것이라 그 칭찬이 사람에게서가 아니요 다만 하나님에게서니라"[롬 2:29]. 그래서 이것은 칭찬과 명성을 구하는 세상의 잘못을 드러내는데, 왜냐하면 어떤 사람은 그들의 멋진 몸매에서, 어떤 사람은 의복에서, 어떤 사람은 학문에서 그것을 구하지만, 이 모든 것이 잘못된 수단이기 때문이다. 참된 칭찬을 받는 올바른 방법은 그리스도 안에 있는 것이며, 의도적으로 하나님의 계명을 지키기 위해 겸손하고 거룩한 마음을 갖는 것이다. 다

---

550 *Fond*: 어리석은.
551 여백에: 근거.

윗은 하나님의 계명을 지키는 것이 멸시를 피하고, 참된 칭찬과 명성을 얻을 수 있는 유일한 수단이었던 것처럼, "그가 하나님의 증거들을 지켰으니 하나님이 그에게서 수치와 멸시를 거두어 달라"(시 119:31)[552]고 기도했다.

셋째, 다가올 삶이 참된 칭찬의 유일한 시간이다.[553] 이는 그리스도께서 여기서 "그가 너희에게 공개적으로 갚아 줄 것"이라고 말씀하시기 때문이다. 즉, 마지막 날에 "주님이 오실 때, 그때에 각 사람에게 하나님으로부터 칭찬이 있으리라"(고전 4:5). 이것을 통해 우리는 우리의 고백에 따르는 세상의 경멸에 신경 쓰지 말고, 우리의 삶이 경건하며 인내심을 갖고 만족하기를 배워야 한다. 왜냐하면 그것이 하나님의 자녀의 운명이자 몫이며, 우리의 죄는 더 큰 비난을 받아 마땅하기에, 칭찬의 시간이 아직 오지 않았다는 것을 항상 기억해야 하기 때문이다. 그러므로 참으로 우리는 이 세상의 일에서 우리 자신의 칭찬을 목표로 삼지 말고, 전적으로 범사에 하나님의 영광을 구하는 법을 배워야 한다. 왜냐하면 우리가 지금 하나님의 영광을 구하면, 그가 우리를 영광스럽게 할 때가 올 것이기 때문이다.

넷째, 세상 끝날에 하나님께서 그의 자녀들에게 주실 **칭찬**은 예수 그리스도의 심판을 받기 위해 서게 될 모든 사람과 모든 천사들, 선한 자와 악한 자 모두 앞에 **공개적으로 드러날 것이다.** 그리고 이것은 결코 끝나지 않을 진정한 칭찬이며, 사람의 칭찬과 비교할 수 없다. 우리는 지상의 군주들이 보내는 박수갈채와 명성을 높이 평가하기에, 모든 사람은 군주가 칭찬하는 사람을 존경한다. 하물며 하나님께서 친히 칭찬하고 찬양할 자들은 얼마나 더 낫겠는가?

---

552 역자주, 원문은 시 119:32로, 영문판은 시 119:31−32로 기재한다.
553 여백에: 시간.

기도에 대하여

"또 너희는 기도할 때에 외식하는 자와 같이 하지 말라 그들은 사람에게 보이려고 회당과 큰 거리 어귀에 서서 기도하기를 좋아하느니라 내가 진실로 너희에게 이르노니 그들은 자기 상을 이미 받았느니라"(마 6:5). 그리스도께서 앞의 구절에서 구제에 관해 말씀하신 것처럼, 이 구절과 나머지 13절까지 기도의 의무를 다루고 계신다. 먼저 그는 기도의 두 가지 악덕인 **위선**과 **중언부언**을 금하고, 그 다음에 그에 상반되는 덕목과 올바른 기도의 실천을 가르치신다.

1부

이 5절에서는 기도에서 **위선**이라는 악덕이 금지되어 있고, 다음 구절에서는 그 반대되는 미덕이 명령되어 있다.

요점 1

해설. "너희가 기도할 때." 올바로 기도한다는 것은 **우리 자신에 관한 어떤 좋은 선물을 하나님께 간청하는 것이다.** 이런 의미에서 기도는 하나님께 대한 거룩한 예배의 한 부분일 뿐이며, 이를 **기원** (*invocation*)이라고 부른다. 왜냐하면 사도가 기원에 대해 네 가지 종류로 구분하기 때문이다(딤전 2:1).[554] 첫째, 우리에게서 어떤 악을 제거해 달라고 하나님께 간청할 때 하는 **간구**(*supplication*)이다. 둘째, 하나님의 손에서 어떤 좋은 것을 우리에게 선물로 달라고 간청하는 **기도** (*prayer*)이다. 이 두 가지는 우리 자신과 관련되어 있다. 세 번째는 **도**

---

554 여백에: 기원의 부분들.

고(*intercession*)인데, 우리 형제들에게 좋은 것을 주시거나 그들에게서 악을 제거해 주시길 주님께 간청할 때 하는 것이다. 네 번째는 **감사** (*thanksgiving*)인데, 우리 자신이나 형제가 받은 복에 대해 하나님께 찬미와 감사를 드리는 것이다. 이제 이곳에서 **기도**는 엄격하게 기원의 한 부분으로 취해지는 것이 아니라 성경에서 자주 사용되는 것처럼, 기원을 통해 하나님께 예배하는 전체, 즉 한 부분이 전체를 위해 쓰이는 것을 의미한다.

"외식하는 자와 같이 하지 말라." 즉, 그들이 기도하는 것처럼 하지 말라. "위선자들"이란 주로 유대교 교사들, 서기관들과 바리새인들을 의미하는데, 그는 설교의 이 부분에서 그들을 겨냥하고 있기 때문이다. "그들은 사람에게 보이려고 회당과 큰 거리 어귀에 서서 기도하기를 좋아하느니라." 여기서 우리는 그리스도께서 서서 기도하는 이런 자세를 모두 불법으로 정죄하신다고 생각해서는 안 되는데, 이는 그 자신이 나사로를 일으켰을 때, 서서 기도하셨으며[요 11:41], 초대교회는 스테이션(*stations*)[555]이라고 불리는 그들의 집회에서 서서 기도했기 때문이다. 그러나 주님께서는 여기서 이 유대교 교사들이 이런 자세를 남용하는 것을 책망하고 있다. 왜냐하면 첫째, 그들이 이런 자세를 잘못된 목적, 즉 사람들의 칭찬을 얻기 위해 사용했기 때문이다. 서 있는 것은 기도할 때 다른 사람에게 보일 수 있는 가장 적합한 몸짓이기 때문이다. 둘째, 이 서기관들과 바리새인들은 다른 모든 사람들보다 자신들이 더 의롭다고 생각했기에 세리와 죄인들처럼 몸과 마음을 그렇게 낮출 필요가 없다고 판단했기 때문이다. 다시 말하지만, 여기서 그리스도는 회당과 거리에서 기도하는

---

555 여백에: Orig. hom. 4. in Numer.

행위를 정죄하시지 않는데, 이는 그 어떤 사람도 어느 곳에서든 기도하는 것이 하나님께 금지된 적이 없기 때문이다. 족장들은 그 어떤 장소에도 얽매이지 않았고, 율법 아래서 성전이 희생제사와 그와 같은 것을 드리는 하나님의 외적 예배를 위한 지정된 장소였지만, 당시에도 유대인들이 어느 곳에서나 기도하는 것은 합법적이었다. 그리고 그리스도께서 오신 후에, 바울은 "각처에서 남자들이 거룩한 손을 들어 하나님께 기도하기를 원했다"[딤전 2:8]. 그러나 여기서 이 서기관들과 바리새인들의 중대한 잘못이 정죄되는데, "그들은 서서 기도하기를 좋아하느니라"는 구절로 표현되는, 다름 아닌 이렇게 공개적이고 공공장소에서만 기도하려고 했기 때문이다. 그러므로 한마디로 이 구절의 의미는 다음과 같다. "내 말을 듣는 자들아, 너희는 기도할 때에 서기관들과 바리새인들의 위선을 주의하라. 그들은 사람들의 칭찬만을 고려하기 때문에, 기도할 때 그러한 몸짓을 사용하고, 사람들에게 가장 잘 보이도록 그러한 기도 장소를 선택하기 때문이다." 우리가 보는 바, 주님께서는 그들의 위선을 직접적으로 정죄하시는데, 그 위선의 **근거**는 하나님의 은혜가 아니라 **마음의 교만**이었고, **그 목적**도 하나님의 영광이 아니라 **사람들의 칭찬**이었다.

적용. 첫째, "너희가 기도할 때"라고 말하기 때문에, 그리스도는 모든 사람이 기도해야 한다는 것을 당연시하신다. 그리고 그는 기도의 잘못된 방식을 정죄하시기 때문에, 올바른 기도 형식과 방식을 제시하시며, 분별력 있는 모든 사람이 이 기도의 의무를 종교적으로 수행하는 것이 가장 필요한 일이라고 가르치신다.[556] 그리고 여기서 우리 구주께서 이 의무를 강력히 촉구하시기 때문에, 여기서 **기도의 필**

---

556 여백에: 기도의 필요성.

요성을 보여 줄 것이다. 이것은 여러 가지 이유로 나타날 수 있다. 첫째, **기도**는 하나님의 예배에서 가장 중요한 부분 중 하나인데, 이는 기도 가운데 우리가 그를 모든 좋은 것의 수여자, 우리 마음을 살피고 아시는 자로 인정하며, 이로써 우리는 하나님께 대한 믿음과 소망, 확신을 증거한다. 기도는 "우리 입술의 열매"[호 14:2]라고 불리는데, 이는 하나님께서 기뻐하시는 제물이기 때문이다. 둘째, 기도로 우리는 하나님의 모든 선한 은혜와 복, 특히 영생에 관한 것들을 얻고, 또한 지속하고 보존하는데, 왜냐하면 하나님께서는 기도로 구하는 자에게 그의 성령을 약속하셨기 때문이다[눅 11:13]. 그리고 죄인의 첫 번째 회심은 비록 그것이 하나님의 값없이 주는 선물일지라도, 사람을 움직여 거기에 도달할 수 있게 하시는 하나님의 은혜로 말미암아 기도로 획득된다. 우리의 회심 후, 얻고 증가된 모든 선한 은총도 마찬가지이다. 셋째, 기도의 참된 선물은 양자의 영에 대한 약속이다. 그러므로 스가랴는 기도의 영을 "은총의 영"[슥 12:10]이라고 부르고, 바울은 "성령이 우리 연약함을 도우시며"[롬 8:26], 심지어 "우리가 아빠 아버지라고 부르짖도록 가르치는 우리 양자의 영"[롬 8:15]이라고 말한다. 넷째, 기도를 통해 우리는 하나님과 영적인 교제를 나누고 친숙해지는데, 이는 말씀 전파를 통해 하나님이 우리에게 말씀하시고, 우리는 기도를 통해 하나님과 대화하며, 기도를 많이 할수록 하나님과 더 가까워지고 더 큰 교제를 나누게 되기 때문이다. 이 한 가지 이유만으로도 우리에게 기도의 필요성을 갖게 하고, 우리로 하여금 기도를 부지런히 하도록 움직이기에 충분하다.

그러나 기도의 필요성에 대해 여러 가지 반론이 제기된다. **반대 1.** 첫째, 하나님은 우리가 기도하기 전에 우리의 생각을 아시기 때문에, 그에게 기도로 표현할 필요가 없다고 한다. **대답.** 우리는 마치 하나님께서 우리의 송사나 마음을 알지 못하시는 것처럼, 그것들을 하나님께 알리기 위해 기도하는 것이 아니라, 우리 손에서 이 의무를 요구하는 그의 계명에 순종하기 위해 기도한다. 다시 말하지만, 우리는 하나님께서 우리 마음을 아시는 분, 모든 선함의 수여자, 오로지 모든 신뢰와 확신을 두는 우리의 믿음과 희망의 거처가 되는 분으로 인정함으로써, 하나님께 영광을 돌리기 위해 기도한다.

반대 2. 우리가 기도하든 안 하든, 하나님께서는 우리에게 주고자 하는 복을 주실 것이다. **대답.** 이것은 명백한 무신론이다. 우리는 하나님의 복을 구별해야 하는데, 왜냐하면 어떤 복은 비와 열매 맺는 계절, 음식, 의복 등과 같은 자연을 보존하는 역할을 하기에, 하나님께서 사람들의 요청 없이 종종 그들에게 주시는 일반적인 복이지만(행 14:17),[557] 이러한 일반적인 복조차도 기도해야 하기 때문이다. "모든 일에 너희 구할 것을 하나님께 아뢰라"(빌 4:6). 그리고 야고보는 "너희가 욕심을 내어도 얻지 못함은 구하지 아니하기 때문이요"[약 4:2][558]라고 말하고, **모세의 기도**는 백성들을 멸망에서 구했다(시 106:23). 다른 것들은 선택받은 자에게만 주어지는 특별한 복으로, 항상 기도로 구하고 얻어야 한다.

반대 3. 하나님께서 모든 일을 작정하셨고, 모든 것은 그가 정하신 대로 이루어지므로, 기도할 필요가 없으며, 종종 하나님의 뜻을 방해할 뿐이다. **대답.** 그 이유는 아무것도 아니다. 왜냐하면 하나님께서 만물의 사건을 작정하신 것처럼, 마찬가지로 그의 작정이 실행될 수단도 작정하셨기 때문이다. 따라서 **기도**는 자주 하나님의 뜻을 이루는 주요 수단이다. 하나님께서는 오랜 가뭄 끝에 이스라엘에 비

---

557 역자주, 원문과 영문판은 행 14:17로 기재한다.
558 역자주, 원문과 영문판은 약 4:1로 기재한다.

를 내릴 것을 엘리야에게 보여 주셨다(왕상 18:1). 그러나 "선지자는 땅에 꿇어 엎드려 그의 얼굴을 무릎 사이에 넣었다"[왕상 18:42]. 이것은 야고보가 말한 것처럼[약 5:18], 의심의 여지 없이 그가 자신을 낮추어 비가 내리도록 하나님께 기도한 것이다. 여기서 우리는 기도가 하나님의 작정에 어긋나는 것이 아니라, 그 작정을 이루기 위한 부수적인 수단임을 알 수 있다. 그러므로 우리는 오히려 이렇게 추론해야 한다. 하나님께서 만물의 사건을 작정하셨고, 기도를 그의 여러 가지 작정을 실행하는 수단으로 지정하셨으므로, 우리는 기도를 사용해야 한다.

적용. 그러므로 기도가 필요하다는 점을 고려할 때, 기도에 반대되는 모든 말들이 있음에도 불구하고, 우리는 공적으로는 성도들의 모임에서, 사적으로는 우리 가정에서 주인과 통치자로서, 특별한 경외심으로 이 의무에 매진하기를 배워야 한다.[559] 왜냐하면 그 어떤 가정도 아침저녁으로 드리는 기도와 감사의 제사가 없기를 바라지 않기 때문이다. 참으로, 우리는 특히 우리의 특정한 필요에 관해 스스로 기도해야 한다. 실제로 대부분의 사람들은 자신들이 자주 기도했다고 스스로 변명하지만, 사실 우리 사람들의 일반적인 기도 관행은 다름 아닌 입술로만 기도하는 것이며, 하나님을 조롱하는 것에 지나지 않는다. 왜냐하면 그들의 기도는 기도가 아니라, 다만 십계명과 신조에 대한 말뿐이기 때문이다. 참으로, 그들이 이해나 헌신 없이 주기도문을 반복하고, 단지 관습에 따라 하고, 행한 일에 안주할 때, 이것은 하나님께 드리는 기도가 아니다. 이것과는 다른 방식의 기도가 요구된다. 그래서 그렇게 하도록 우리를 격려하기 위해 여기

---

559 여백에: 기도에서의 부지런함.

에 나오는 하나님의 종들의 합당한 모범을 생각해 보자. 모세는 이스라엘 백성의 구원을 위해 "사십 주 사십 야를 떡도 먹지 아니하고 물도 마시지 아니하고"[신 9:18-19] 기도했으며, 다윗은 "하루 일곱 번씩"[시119:164] 기도했고, 우리 구주 그리스도는 "밤이 새도록 하나님께 기도하셨다"[눅 6:12]. 이제 이 예들은 우리의 배움을 위해 기록되었는데, 우리 마음이 하나님께 말하는 이 거룩한 의무에 몰입하도록 가르치기 위해 기록되었다. 이것의 결핍은 세상에 있는 일반적인 무신론, 인간 직업에서의 불의와 잔인함, 인간의 삶 가운데 있는 맹세, 교만, 험담의 원인이다. 사람들이 거짓 없이 부르짖음으로써 자주 하나님 앞에 자신을 세운다면, 그 기억이 여전히 그들의 눈앞에 남아서, 이 모든 죄악을 멀리하게 할 것이기 때문이다. 그러한 죄악으로 얼룩진 사람은, 그들의 죄를 "불꽃 같은 눈"으로 보시고, 회개하지 않는 그들을 산산조각으로 깨뜨리시는 "주석 같은 발"을 가지고, 모든 죄와 악을 소멸하는 불인 하나님의 위엄 앞에 감히 자신을 드러내야 하기 때문이다[계 1:13-14].

둘째, 기도의 위선에 대한 이 금지에서, 우리는 외적인 일을 위해 기도하고 신앙을 고백하는 것이 하나님의 은혜에서뿐만 아니라, 마음의 교만으로 행해질 수 있음을 볼 수 있다. 육신에 속한 사람은 우리가 앞서 구제에 대한 것에서 보여 준 것처럼, 하나님의 자녀들이 은혜로 행하는 일을 교만하게 행할 수 있다. 그러므로 그리스도께서 말씀을 듣는 것에 대해 "너희가 어떻게 들을까 스스로 삼가라"[눅 8:18]고 하신 말씀은, 기도와 신앙고백에 대해 우리에게 **너희가 어떻게 기도할 것인지, 그리고 어떻게 신앙을 고백할 것인지 주의하라**고 말씀하신 것으로 생각해야 한다. 참으로, 기도하기 전에 우리는 마음속으로 들어가, 우리의 부패한 부분을 부지런히 찾아내어, **교만과 하**

나님의 은혜를 스스로 분별할 수 있어야 한다. 그래서 우리가 어떤 근거로 기도하는지, 즉 그것이 저주받을 만한 교만이 아니라, 하나님의 성령의 구원하는 은혜에서 나온 것인지 아닌지 인식할 수 있어야 한다.

셋째, 이 금지에서 그리스도는 "사람들의 칭찬을 받기 위해" 기도하는 기도의 잘못된 목적을 정죄하신다. 이로써 우리는, 사람들의 인정을 받기 위해 종교의 의무를 행하는 것이, 복음을 고백하는 자들에게 일어난 사건이라는 것을 알 수 있으며, 특히 하나님 자신을 상대해야 할 때조차, 자연스럽게 주님보다 사람을 더 존중하는 우리 마음의 위선을 드러낸다. 서기관들과 바리새인들이 그렇게 했으며, 우리도 같은 잘못을 범할까 두려워해야 한다. 왜냐하면 사람들은 가족이나 그들 자신의 사적인 의무보다, 교회의 집회에서 종교의 공적인 의무를 수행하는 데 훨씬 더 적극적이고 조심스럽기 때문이다. 많은 사람이 교회에서 기도할 때, 가정에서의 사적인 기도는 전혀 고려하지 않는다. 다시 말하지만, 공적인 의무를 수행할 때, 사람들은 마음속의 진실과 성실보다 외적인 행동에 더 신경을 쓴다. 그리고 많은 사람들은 하나님께서 인정하시는 선한 정서보다 사람의 귀를 즐겁게 하는 말을 더 많이 궁구한다. 많은 연로한 고백자들이 죽음을 맞이할 때, 그들의 영혼을 하나님께 의탁하는 방법을 알지 못하는 원인이 무엇인가? 확실히 이것은 특히 그들 고백의 전 과정에서 하나님보다 사람을 더 존중했다는 것이다. 그러므로 죽음의 순간에 실제로 하나님을 상대해야 할 때, 그들은 무엇을 해야 할지, 어떻게 행동해야 할지 알지 못한다.

마지막으로, 여기서 그리스도는 영혼이나 육체 모두 자신을 낮추

지 않고 서서 기도하는 그들의 행동을 책망하신다.[560] 이것은 기도할
때 서거나 앉거나, 마치 자신을 낮출 필요가 없다는 듯이, 경건함이
나 겸손을 보이지 않거나, 아니면 단지 사람들이 자신을 보도록 의도
했던 우리 회중의 많은 사람들에게 일어나는 일이다. 그러나 우리는
하나님의 말씀이 이 행동에 특별한 제스처를 규정하지 않지만, 하나
님을 예배할 때 겸손의 적합한 제스처를 사용하거나 사용하지 않는
것이 중립적인 일이 아니라는 것을 알아야 한다. 그러나 어떤 제스처
는 마음의 겸손을 표현하고 촉진하는 데 사용되어야 하는데, 이는 주
요하게 요구된다. 하나님 앞에 서 있는 스랍들은 하나님의 임재와 관
련하여, "그들의 날개로 그 발과 얼굴을 가리었다"(사 6:2). 그리고 "바
리새인과 함께 기도했던"[눅 18:13] 불쌍한 세리는 비록 서서 기도했
지만, "그의 얼굴을 들지 못하고 가슴을 치며" 자신의 겸손을 증거했
다. 참으로, 우리 주 그리스도 예수는 동산에서 우리 죄의 형벌을 짊
어졌을 때, 땅에 엎드려 기도하셨다. 모세와 아론[민 16:45], 엘리야
[왕상 18:42][561], 에스라[스 9:5], 다니엘[단 6:10]도 이렇게 자신을 낮
췄다. 그리고 기도할 때, 하나님의 종들은 마음의 겸손을 표현하기
위해 몸의 적절한 몸짓으로 항상 기도해 왔다. 이것은 하나님께서 주
요하게 요구하시는 상한 마음을 하나님께 드리는 것과는 거리가 먼,
무엇을 구해야 할지 모르는 우리 평범한 사람들의 기도 습관을 책망
한다. 그리고 많은 사람들이 그들의 내적 겸손을 표현할 수 있는 그
런 외적인 몸짓에 굴복하지 않으려 한다. 이러한 일들은 하나님의 백
성들에게 매우 적절하지 않은 일이므로, 우리는 하나님의 발등상 앞
에서 먼저 우리 마음으로 자신을 낮추는 법을 배우고, 또한 어떤 적

---

560 여백에: 기도의 불경건함.
561 역자주. 영문판은 원문과 달리 왕상 18:41로 기재하고 있다.

절한 외적 겸손을 통해 그 내적 겸손을 증거하도록 주의해야 한다.

요점 2

"너는 기도할 때에 네 골방에 들어가 문을 닫고 은밀한 중에 계신 네 아버지께 기도하라 은밀한 중에 보시는 네 아버지께서 갚으시리라"(마 6:6). 앞 구절에서 기도의 위선을 금지한 그리스도는 여기서 반대되는 미덕을 명령하신다.[562] 즉, 하나님께 드리는 올바른 기도 방식을 제시하는 **신실함**이다. 이제 그 말씀은 처음 읽을 때 의미하는 것처럼 받아들여서는 안 되기 때문에, 더 나은 이해를 위해 두 가지 근거를 제시할 것이다. **첫째 근거**는 이 구절에서 우리 구주 그리스도는 회중 가운데 혹은 공공장소에서 공적 기도를 금지하지 않으시는데, 이는 공적 기도가 하나님의 규례이기 때문이다. "두세 사람이 내 이름으로 모인 곳에는 나도 그들 중에 있느니라. 그들이 무엇이든지 구하면 내 아버지께서 그들을 위하여 이루게 하시리라"[마 18:19-20]. 다시 말하지만, 공적 기도는 가장 가치 있는 용도로 사용되며, 이를 위해 유지되어야 한다.[563] 첫째, 한 국가에서 개인이 군주에게 간구하는 것은 나라 전체 또는 전체 영지가 군주에게 청원하는 것만큼 그렇게 많이 존중받지 못하는 것처럼, 사람들이 하나님께 드리는 기도를 더욱 열렬하고 효과적으로 하기 위해 공적 기도는 유지되어야 한다. 둘째, 공적 기도를 통해 사람은 자신을 하나님의 교회의 일원이자 세상의 모든 불경한 모임들과 무리들로부터 자신을 분리하는 사람이라고 고백한다. 셋째, 공적 기도는 냉랭하고 낙담한 그들에게 열심을 불러일으키는 역할을 하는데, 왜냐하면 여기서 그들은 하나

---

562 여백에: 기도의 신실함.
563 여백에: 공적 기도의 탁월한 활용.

님의 복을 알게 되고, 자신의 결핍을 보게 되며, 하나님의 자녀의 좋은 모범을 갖게 되기 때문이다. **둘째 근거는 개인 기도가** 비록 하나님의 고유한 규례이기는 하지만 **여기서 직접적으로 명령된 것이 아니라는 것이다.** 앞 구절에서 금지된 것과 반대되는 것이 여기에 명령되어 있지만, 그리스도는 단순히 공적 기도를 금지하신 것이 아니라, 그 안에서 더 높은 것, 즉 위선을 목표로 했기 때문이다. 그러므로 여기서 그는 사적인 기도를 직접적으로 명령하지 않으시고, 공적이든 사적이든 신실함을 지닌 기도의 올바른 방식을 의도하고 계신다.

이 두 가지 근거를 제시하였기에, 이제 그 말씀의 진정한 의미에 도달하게 되었다. "너는 기도할 때에." 즉, 혼자서, 또는 다른 사람과 함께 기도할 때. "네 골방에 들어가 문을 닫고 은밀한 중에 계신 네 아버지께 기도하라 등." 즉, 세상의 그 어떤 피조물도 존중하지 말고, 오직 자기 자신과 자신의 마음을 주님께 아뢰기 위해 골방에서 기도하는 것과 같아야 한다. 이를 위해 그리스도는 **골방이나 은밀한 장소에서 기도한다**는 것을 의미하신다. 즉, 사람이 기도할 때, 자기 자신이나 그 어떤 피조물도 존중하지 말고, 단순히 오직 하나님만 의도하고 하나님께 아뢰야 한다는 뜻이다.

이렇게 설명된 말씀에서 우리는 두 가지를 관찰해야 하는데, 그것은 계명과 그 이유이다. 계명은 다음의 말에 담겨 있다. "너는 기도할 때에 네 골방에 들어가 문을 닫고 은밀한 중에 계신 네 아버지께 기도하라." 이 계명은 우리가 기도할 때 하나님께로 향하는 올바른 마음의 성향을 요구하고, 참되고 완전한 기도의 방식을 규정하고 있으며, 우리가 더 잘 성취할 수 있도록 여기서 그 방법을 보여 줄 것이다.

어떤 사람이 기도할 때, 자기 자신과 자신의 행동을 오직 하나님께 승인받기 위해서는 세 가지 의무가 요구된다.[564] 그 의무 중 어떤 것은 기도하기 전에, 어떤 것은 기도하는 행위 가운데, 그리고 어떤 것은 기도 후에 필요하다.

기도하기 전에 필요한 네 가지 의무가 있다.[565] 첫째, 사람은 기도에 관한 세 가지 **지식**, 즉 기도하라는 하나님의 **계명**, 기도할 때 **구하는 것들**, 그리고 구하는 **방법**에 대한 지식이 있어야 한다(모든 기도는 하나님께 대한 믿음과 순종으로 해야 하는데, 이는 지식 없이는 할 수 없기 때문이다). 따라서 죄 사함, 성화 및 기타 필요한 은혜와 같이 영생에 관한 영적 복은 조건 없이 단순하게 구해야 한다. 그러나 건강, 부요, 자유 등과 같은 이생에 관한 현세적인 것들은 하나님의 영광과 우리 자신과 형제들의 유익을 위해 봉사하는 것이므로, 하나님의 뜻을 조건으로 구해야 한다.

둘째, "하나님은 죄인의 말을 듣지 아니하시기"[요 9:31] 때문에, 사람은 죄 가운데 살지 않으려는 참된 마음의 목적을 가지고 하나님께 회심하기 위해 애써야 한다. 그래서 다윗은 다음과 같이 말한다. "내가 나의 마음에 죄악을 품었더라면 주께서 듣지 아니하시리라"[시 66:18][566]. 사람들이 주님의 식탁에 올 때 그들은 죄를 버리고 하나님께로 돌이키는데, 이는 우리가 기도하기 전에 반드시 해야 하는 일이다. 왜냐하면 거기에서 우리는 죄악을 차마 견디지 못하시는 하나님을 상대해야 하기 때문이다.

셋째, 위로를 받으며 기도하려는 사람은 그리스도 안에 있기를 구해야 한다. "너희가 내 안에 거하고 내 말이 너희 안에 거하면 무엇이

---

564   여백에: 올바르게 기도하는 법.
565   여백에: 기도하기 전 네 가지 의무.
566   역자주, 영문판은 원문과 달리 시 56:18로 잘못 기재하고 있다.

든지 원하는 대로 구하라 그리하면 이루리라"(요 15:7). 구약성경에서 희생제사는 오직 하나님의 제단, 성전 또는 성막에서만 드려야 했는데, 이는 신약에서 우리의 제물인 기도는 **하늘의 제단에 있는** 우리의 **향**이며, 우리의 영적 성전[계 8:3]인 그리스도 예수 안에서만 드려져야 한다는 것을 우리에게 예시한 것이다.

넷째, 기도하기 전에 사람은 자신의 생각과 욕망에서 모든 피조물로부터 자신을 단절하고, 두려움과 경외심으로 하나님 앞에 나아가야 하며, 영혼의 모든 능력과 기능이 고넬료가 베드로에게 한 것처럼, "우리 모두가 하나님 앞에 여기 있다"[행 10:33]라고 말할 수 있어야 한다. 이를 위해 그의 정신과 기억은 신성하고 거룩한 생각으로 가득 차 있어야 하며, 그의 마음은 거룩한 욕망으로 가득 차 있어야 한다. 그리스도 안에 계신 하나님께서 그의 온전한 기쁨이 되어야 하며, 모든 부수적인 생각은 추방되어야 한다. 우리 구주 그리스도는 밤에, 그리고 사람들이 모이지 않는 한적한 곳에서 기도하시곤 했다. 그가 이렇게 하신 것은 다음과 같은 목적을 위해서였다. 그가 그 자신을 온전히 하나님 앞에 두고, 그 신성한 의무에 방해가 되는 모든 경우에서 자유로워지기 위함이었다.

기도할 때의 의무는 다섯 가지이다.[567] 첫째, 우리는 **우리의 결핍, 우리의 죄와 부패에 대한 참된 감각과 느낌**을 갖기 위해 노력해야 하며, 이에 대해 내적으로 양심의 감동을 받아야 한다. 왜냐하면 거지가 집에 가만히 앉아서 굶주림과 궁핍에 시달리기 전에는 구걸하러 나가지 않는 것처럼, 우리도 마찬가지이기 때문이다. 우리의 죄로 인해 우리 자신의 궁핍과 비참함을 느끼기 전까지는 결코 하나님께 간

---

567 여백에: 기도의 다섯 가지 의무.

절한 기도와 정성 어린 기도를 드릴 수 없다. 둘째, 우리는 우리의 모든 결핍과 불행을 공급해 주실 **하나님을 향한** 내면의 열렬하고 거짓 없는 **열망**을 가져야 한다. 이것은 기도할 때 특별한 것으로, 이는 기도를 입술의 간청이 되게 할 뿐만 아니라, 마음의 진정한 요청이 되게 한다. 선지자 다윗이 하나님께 "마른 땅이 비를 바라듯 내 영혼이 주를 사모하나이다"[시 143:6]라고 말했을 때, 그리고 한나가 엘리에게 "자기 영혼을 여호와 앞에 물처럼 쏟아 부었다"[삼상 1:15]고 말했을 때, 이것을 표현한 것이다. 셋째, 모든 간구는 **순종**으로 해야 한다. 즉, 우리가 기도하는 것을 구하라고 명령하는 **계명**을 가져야 하며, 그것이 우리에게 이루어질 것이라고 보증하는 **약속**이 있어야 한다. 하지만 여기서 다음의 특별한 주의 사항을 기억해야 한다. 우리의 요청을 성취하는 시간과 방법을 모두 하나님의 선한 기쁨과 지혜에 맡겨야 한다는 것이다. 넷째, 모든 간청은 **그리스도의 이름과 중재**로 하나님께 드려져야 한다[요 16:23, 26]. 왜냐하면 우리 자신이 죄인이며, "우리의 죄악이 하나님과 우리 사이를 갈라놓았기"[사 59:2] 때문에, 오직 예수 그리스도의 중보 없이는 아버지께 나아갈 수 없기 때문이다. 우리가 담대히 성소에 들어가려면, 휘장 가운데로, 즉 그의 육체를 통해 그리스도께서 우리를 위해 예비하신 새롭고 산 길로 들어가야 한다. 다섯째, 기도할 때 우리는 우리가 구하는 그것이 우리에게 이루어질 것을 믿는 **믿음**을 가져야 한다. "무엇이든지 기도하고 구하는 것은 받은 줄로 믿으라 그리하면 너희에게 그대로 되리라"(막 11:24). 이제 이 믿음의 근거는 앞서 언급한 하나님의 계명과 그의 약속이어야 한다.

기도한 후의 의무는 주로 두 가지이다.[568] 첫째, 우리는 하나님께 드렸던 기도를 기억해야 한다. 한 사람이 다른 사람과 이야기한다면, 그는 매우 세심한 주의를 기울여 그들 사이에 오간 말을 기억할 것인데, 우리도 하나님과 이야기할 때 더욱더 그렇게 해야 한다. 그러므로 이제 우리는 우리가 구하는 것을 더 잘 수행할 수 있도록, 우리의 기도를 묵상해야 한다. 우리가 기도로 죄 사함을 갈망하듯이, 기도 후에는 죄를 짓는 행위에서 벗어나기 위해 노력해야 한다. 사람들이 하나님의 손에서 죄 용서를 구하고, 기도를 마치고 일어났을 때 다시 죄를 짓는다는 것은 얼마나 끔찍한 수치인가! 이것은 "개가 그 토하였던 것에 돌아가는 것"[벧후 2:22][569]과 같고, 절박한 도둑이 재판장의 호의를 간청한 후에 도둑질하는 것과 같다. 둘째, 기도 후에 우리는 복을 간절히 원했던 것처럼, 받은 복에 대한 감사가 넘치도록 주의해야 한다. 이것은 실제로 우리 기도의 시작 부분에서 이루어질 수 있으며, 여기에서 마지막으로 언급하지만 생략될 수는 없다. 보통 사람들은 우정을 발견하면, 새로운 요청을 하는 것보다 감사를 표현하는 데 더 많은 시간을 할애하는 인간성을 가지고 있다. 우리가 사람을 이런 식으로 대한다면, 한 가지 복에 대한 진정한 감사가 더 많은 복을 얻는 특별한 수단이 되는 하나님께 훨씬 더 그렇게 하지 않겠는가? 이제 이 감사는 말로만 하는 것이 아니라, 삶과 생활 속에서 마땅한 순종으로 증거되는 행동으로 나타나야 한다. 그리고 이런 것들은 사람이 기도할 때 모든 육신적인 과시를 피하고, 그 안에서 자신의 마음을 하나님께 아뢰야 하는 의무들이다.

적용. 참된 기도 방식에 대한 이 설명을 통해, 우리는 세 가지를

---

568 여백에: 기도 후의 두 가지 의무.
569 역자주, 원문과 영문판은 벧후 2:21로 기재하고 있다.

배울 수 있다. 첫째, 로마 교회는 기도의 의무를 제대로 알지도 못하고, 가르치지도, 실천하지도 않는다. 그들은 지식 가운데 기도하지 않는데, 이는 **알 수 없는 언어**로 기도하고,[570] 헌신의 어머니로서 **무지**[571]를 허용하기 때문이다. 그들은 확신에 반대되는 말을 함으로써 **의심**[572]을 조장하므로, 믿음이나 순종으로 기도하지 않는다. 그들은 자신의 죄에 대한 자비를 겸손하게 기도하지 않는데, 이는 자신의 기도로 **공로**를 세우려고 생각하기 때문이다.[573] 그리고 무엇보다도 가장 나쁜 것은 그들은 기도를 오직 그리스도의 이름으로 하나님께 드리는 것이 아니라, **동정녀 마리아**를 중보자로 삼아 하나님과 그의 성인들에게 올리는 것이다.[574] 참으로 그들은 가장 끔찍한 우상 숭배인 **나무 십자가**[575]에 기도한다.

둘째, 우리의 평범한 사람들은 하나님을 예배하는 이 부분에서 그들의 의무에 훨씬 못 미친다는 것이다. 그들의 기도는 주로 입술로만 하는 말의 반복으로 이루어져 있기 때문이다. 그들은 지식과 느낌 없이 기도하기 때문에, 다른 많은 의무에서 실패할 수밖에 없다. 이제 이것은 최상의 그리스도인들의 기도 속에 있는 다양한 결핍들을 드러내는데, 이는 기도의 많은 의무에 대한 무지 외에도, 의심과 불신, 무뎌진 마음과 죽은 마음, 다른 생각은 모두 그들의 마음이 마땅히 그래야 하는 것처럼, 온전히 하나님의 영광으로 가득 차 있지 않다는 것을 보여 주기 때문이다.

---

570 여백에: Rhem. on 1 Cor. 14. sect. 13.
571 여백에: Rhem. on 1 Cor. 14. sect. 14.
572 여백에: Rhem. on Jam. 1. sect. 2.
573 여백에: Bellar. de bonis oper. in partic. l. 1. c. 3.
574 여백에: In offic. beat. Mar. a Pio. 5.
575 여백에: In offic. sanct. crucis. ibid.

마지막으로, 이로써 우리는 주문과 부적에 대한 보통 사람들의 총체적인 무지를 볼 수 있다.[576] 그것들은 좋은 말로 구성되어 있고, 그로 인해 많은 이상한 일들이 행해지므로, 그들은 그것을 좋은 기도라고 생각한다. 그러나 여기서 그들은 올바른 형태의 기도를 몰라서 속고 있는 것이다. 왜냐하면 그것들을 만들고 사용하는 사람들은 마귀와 사귀는, 은혜가 없는 사람이거나 명백한 무지를 통해 철저하게 속은 사람이기 때문이다. 그리고 그들은 이 행동에서 하나님께 대한 자신들의 마음을 인정받기 위해 하나님 앞에 자신을 세울 수 없다. 아니, 여기서 행해지는 예배는 마귀에게 드리는 것이며, 그로 인해 이루어지는 치료는 마귀의 사역이다. 왜냐하면 이러한 부적들은 그를 그러한 악행으로 부추기는 마귀의 표어이기 때문이다.

더 나아가, "은밀한 중에 계신 네 아버지께 기도하라." 즉, 보이지 않는 하나님께 기도하라는 이 구절에는 사람들이 이 계명에 순종하도록 이끄는 이유가 들어 있는데, 그것은 다음과 같다. **"너희가 기도하는 그는 보이지 않는 하나님이시므로, 너희는 마음의 숨은 사람이 그분께 인정받도록 노력해야 한다."** 그러므로 첫째, 하나님은 보이지 않기 때문에, 참 하나님을 대표하기 위해 형상을 만들거나 그 안에서 하나님을 경배하는 것은 끔찍한 일이다.[577] 제2계명은 모세 자신이 설명한 것처럼, 두 가지 모두를 정죄한다. "여호와께서 호렙에서 너희에게 말씀하시던 날에 너희가 어떤 형상도 보지 못하였은즉 스스로 부패하여 자기를 위해 어떤 형상대로든지 우상을 새겨 만들지 말라"(신 4:15-16). 둘째, 기도는 보이지 않는 아버지께 드리는 것이므로, 기도할 때 몸짓이나 옷차림 등 외형적인 화려함이 없어야 한다. 이것

---

576 여백에: 주문과 부적에 대항하여.
577 여백에: 하나님에 대한 형상은 가증한 것이다.

은 육신적 화려함을 외형적으로 보여 주는 로마 교회의 예배 전체를 전복시킨다. 화려함이 있다면, 그것은 내적으로 마음의 은총 속에 있어야 하며, 그중에서도 겸손이 첫 번째 장식이다. 셋째, 모든 장소에서 하나님께서 임재하시고 들으실 수 있다.[578] 그는 은밀한 중에 계시는 하나님이시기 때문이다. 사람이 기도할 기회가 있는 곳은 어디든지 하나님이 계시기 때문에, 이것은 교회를 다른 어느 곳보다 더 거룩한 기도의 장소로 만들어 거기에 올 때까지 그들의 모든 기도를 보류하는 자들을 반박한다. 왜냐하면 하나님의 임재와 관련하여 장소의 차이가 사라졌기 때문이다. 하나님께서는 교회에서와 마찬가지로 들판과 개인의 가정에도 계신다. 그러나 교회가 경건한 정책을 따라 제정되고 사용되는 까닭은, 회중이 말씀과 기도의 공적 행사에서 상호 교화를 위해 더 적절하게 모일 수 있기 때문이다. 그렇지 않다면 사도가 가르친 것처럼 "각처에서 남자들이 거룩한 손을 들 수 있기"[딤전 2:8] 때문에, 사적인 집들은 교화에 적합하고 편리한 경우 교회만큼이나 하나님의 예배를 드리기에 좋은 장소였다.

"은밀한 중에 보시는 네 아버지께서 갚으시리라." 이 말씀은 두 가지 이유를 담고 있는데, 이로써 그리스도는 그의 청중과 그들 안에서 다른 모든 사람들이 기도할 때, 이전의 성실한 의무를 주의 깊게 실천하도록 설득하고 있다. 첫 번째 이유는 **모든 것을 보시는** 하나님의 **속성**에서 비롯된 것이고, 두 번째 이유는 그의 **풍성함**에서 비롯된 것이다. 모든 것을 보시는 하나님의 속성은 이 말씀에 잘 드러나 있다. "은밀한 중에 보시는 아버지." 즉, 비록 아버지 자신은 보이지 않지만, 너희가 은밀한 중에 기도할 때, 즉 마치 너희가 오직 너희 마

---

578 여백에: 하나님의 임재에 관해서는 장소의 차이가 없다.

음을 하나님께 아뢰려고 은밀한 중에 기도할 때, 너희 아버지는 너희를 보고, 너희의 마음을 알며, 너희의 기도를 듣는다. 이것은 고래 뱃속에서 기도하여 응답받았던 요나, 사자 굴에서 기도한 다니엘, 마음으로만 기도했을 때 여호와께 "부르짖었다"[출 14:15]고 하는 모세의 예에서 확인된다.

적용. 이 요점의 용도는 다양하다. 첫째, 이것은 우리가 기도할 때 한결같은 마음으로 우리 자신이 하나님의 면전으로 나아가고, 우리의 마음과 기도가 그분께 인정받을 수 있도록 우리의 요청을 진심으로 진실하게 하나님께 올려야 한다는 것을 교훈한다. 우리의 기도에는 하나님 앞에 숨길 수 있는 것이 아무것도 없고, 따라서 우리는 행한 일에 만족하지 말고, 그 행한 방식을 하나님이 기뻐하시도록 기도하는 데 힘써야 한다.

둘째, 이로써 우리는 우리의 행동과 말뿐만 아니라, 은밀한 곳에 있는 우리의 생각까지도 양심에 따라 행하도록 배운다. 우리가 사람에게는 그것을 감출 수 있어도 하나님의 눈에는 감출 수 없기 때문이다. 그는 보이시지 않지만, "만물이 그 앞에 벌거벗은 것처럼 드러나기 때문이다"[히 4:13].

셋째, 이것은 동정녀 마리아나 세상을 떠난 다른 성인에게 합법적으로 기도할 수 없음을 증명하는데,[579] 이는 은밀한 곳에서 보시는 그분만이 기도로 부르심을 받을 분이기 때문이다. 그러나 동정녀 마리아나 성인들 가운데 그 누구도 은밀히 볼 수 없고, 오직 하나님만 은밀한 중에 보시므로, 기도는 오직 하나님 외에 그 누구에게도 드려질 수 없다. 교황주의자들은 세상을 떠난 성인들이 은밀한 중에 보는

---

579 여백에: 성인들에 대한 기도는 불법이다.

데, 스스로가 아니라 하나님에 의하여, 하나님 안에서 본다고 대답한다.[580] 하지만 이것은 사실이 아니다. 타락하기 전 천사들은 자신들의 미래적 타락이나 인간의 타락을 보지 못했다. 하늘에 있는 복 있는 천사들은 지금 마지막 심판의 날과 시간을 알지 못한다. 참으로, 세상을 떠난 성도들은 그들의 완전한 구속의 때를 알지 못하여 제단 아래에서 "주여, 어느 때까지입니까?"[계 6:9-10]라고 외쳤다. 그러므로 세상을 떠난 성도들은 은밀한 중에 보지 않는다.

하나님이 약속하신 풍성함에서 도출된 두 번째 이유는 다음의 말씀 속에 있다. "너희에게 공개적으로 갚으시리라." 즉, 우리가 4절에서 동일한 말씀을 설명한 것처럼, 심판의 날에 성도들과 거룩한 천사들 앞에서 너희의 기도에 대해 갚아 줄 것이다. 이것은 사람들이 진실하고 거룩한 방식으로 기도하도록 이끄는 중요한 이유인데, 여기서 우리는 올바르게 기도하는 자에게 보장된 하나님의 끝없는 자비를 볼 수 있다. 어떤 신하가 지상의 군주에게 간청을 올릴 때, 그 군주가 그의 면전에 오도록 허락한다고 보증하면, 그는 그것을 특별한 호의로 여긴다. 보라 여기서 만왕의 왕은 우리가 그에게 간구할 때, 그의 은혜의 보좌에 나아가는 것을 보장하실 뿐만 아니라, 우리가 올바르게 기도하면, 그가 그 기도에 대해 우리에게 빚진 것으로 여기고 언젠가 우리에게 공개적으로 갚아 주실 것을 약속하신다. 이것은 하늘과 땅의 모든 피조물의 사랑을 훨씬 뛰어넘는 것이다. 주님께서 영과 진리로 그를 부르는 모든 이에게 친절하고 은혜로우신 것처럼, 그 어떤 군주도 최고의 신하에게 그렇게 친절하고 은혜로운 군주는 없다.

580　여백에: Rhem. on Luke 15. sect. 2.

이 구절에서 교황주의자들은 기도란 하나님의 손에서 영생을 얻을 수 있는 일이라고 다음과 같이 추론했다. **보상의 방식으로 갚는 것이 있는 곳에는 공로가 되는 어떤 것이 있는데, 기도에 갚는 것이 있으므로, 기도는 하나님의 손에 공로가 있다.**[581] **대답.** 보상은 마땅한 몫, 또는 거저 주는 선물과 약속의 두 가지 방법으로 사람에게 주어진다. 이제 이곳에서 하나님께서는 그의 몫에 대해서가 아니라, 그의 자유로운 의지와 은혜로 그의 기도에 대해 보상하실 것인데, 왜냐하면 그가 그렇게 하겠다고 약속하셨기 때문이다. 이것이 그렇다는 것은 다음과 같이 나타날 수 있다. 한 거지가 어떤 사람에게 자선을 요청해야 하는 경우, 그 거지가 요청함으로써 자선을 받을 자격이 있다고 말하는 것은 어처구니없는 일이다. 우리의 기도의 공로에 대한 경우도 마찬가지이다. 우리가 하나님의 손에서 어떤 것을 구하기 때문에, 거지가 요청함으로써 자선을 받을 자격이 있다는 것보다 더 많은 공로가 있을 수 없다. 아니 오히려 우리는 기도하는 자에게 주시는 하나님의 상은, 오직 그의 값없는 은혜에서 비롯된다는 사실을 기억해야 한다. 왜냐하면 기도란 본래 사람이 하나님께 하는 일이므로, 유대인들이 희생제사에서 했던 것이나 신약성경의 다른 영적 제사에서 행한 것처럼, 사람이 하나님께 아무것도 드리지 않으며, 단지 하나님께 무언가를 구하고 받기만 하므로, 이로써 하나님의 손에 공로를 세울 수 없기 때문이다. 그리고 이것으로 사람의 일에 대한 보상이 약속된 다른 모든 구절들이 설명될 수 있다.

마지막으로, 여기에 사용된 문구를 주목하라. "그가 너희에게 공개적으로 갚아 줄 것이다." 즉, 마지막 날에 갚아 주실 것이다. 이것

---

581 여백에: Rhem. on this cha. sect. 2. Bellar. de bonis oper. in parti. l. 1. c. 3.

으로부터 하나님의 종은 심판의 날까지 그의 기도의 열매와 유익을 온전히 거두지 못할 수도 있다는 것을 알아야 한다. 거짓 없이 하나님께 부르짖는 데 관심을 가진 모든 사람은 이 점을 잘 고려해야 한다. 왜냐하면 오랫동안 간절히 기도한 후에도, 우리가 위로를 거의 또는 전혀 느끼지 못할 때가 많으며, 이로 인해 마치 하나님께서 우리를 존중하지 않는 것처럼 느끼고, 이러한 상태를 싫어할 수도 있기 때문이다. 그러나 우리는 하나님께서 그에게 기도하는 그의 종들에게 보상을 종종 오래 미루신다는 것을 알아야 한다. 사가랴와 엘리사벳은 젊은 나이에 자녀를 얻기 위해 기도했지만, 둘 다 늙을 때까지 응답을 받지 못했다. 그리고 다윗은 하나님이 자신에게 한 약속을 이루실 주님을 바라기에 그의 눈이 피곤하였다[시 119:82]고 말한다. 우리는 이것을 주기도문의 간구에서도 볼 수 있는데, 이는 그 모든 것이 그의 뜻에 따른 것이지만, 거기서 구하는 유익의 완전한 실현은, 우리 주 예수 그리스도께서 나타날 때까지 유보되어 있기 때문이다.

2부

"또 기도할 때에 이방인과 같이 중언부언하지 말라 그들은 말을 많이 하여야 들으실 줄 생각하느니라"(마 6:7). 기도의 위선에 맞서 다루었던 우리 구주 그리스도는 여기서 두 번째 악덕, 즉 기도의 외적인 형태로 구성된 **중얼거림**을 개혁하고자 하신다.[582] 이 말씀에는 계명과 그 이유라는 두 부분이 포함되어 있다. **계명**은 "기도할 때에 이방인과 같이 중언부언하지 말라"는 것이다. 여기서 먼저 우리는 그리

---

582 여백에: 기도에서의 중얼거림에 대항하여.

스도께서 기도에서 단순히 반복하는 것을 책망하시는 것이 아니라, 불필요한 반복만을 책망하신다는 것을 알아야 하는데, 이는 다윗이 죄사함과 성화를 위해 여러 번 반복해서 간구했기 때문이다(시 51). 또한 모세와 엘리야, 그리고 우리 구주 그리스도는 40일 동안 기도하셨고, 이 긴 기도에서 많은 반복을 사용하셨다. 하물며 많은 반복 없이 하루 종일 기도할 수는 없다. 여기서 "중언부언"이란 **중얼거림**, 즉 기도할 때 많은 단어를 사용하고 말하려는 욕망과 애정을 의미한다. 그리고 이 한 가지 악 아래 같은 종류의 모든 죄, 즉 기도할 때 "이방인처럼", 즉 "하나님의 백성"이 아니라, "이스라엘 나라 밖 이방인, 약속의 언약들에 대하여는 외인"[엡 2:12]처럼, 모든 불필요한 말을 늘어놓는 것이 정죄를 받는다.

이 계명에는 기도의 방식에 대한 많은 남용이 정죄되어 있다.[583] 첫째, 하나님께 대한 간구도 감사도 포함하지 않은 단어를 기도에 사용하는 것은 **단순한 중얼거림**에 불과하다. 많은 로마 교회의 기도문이 그러하다. 우리 보통 사람들 사이에서 아베 마리아(*Ave Maria*)를 사용하는 것도 마찬가지이다. 왜냐하면 천사 가브리엘이 동정녀 마리아에게 하나님의 위임에 따라 그녀를 그리스도의 어머니로 부른 인사말인데, 그 날 이후로 동정녀 마리아에게 이 말의 사용을 보증할 수 있는 사람은 아무도 없고, 오직 그 역사의 일부로만 읽어야 하기 때문이다. 참으로, 기도를 위한 십계명과 신조를 암송하는 것은 단순한 중얼거림에 불과하다. 둘째, **무지(無智)**로 드리는 기도는 여기서 정죄를 받는다. 따라서 알 수 없는 언어로 하나님께 기도하는 교황주의자의 부류는 죄를 범하는 것이다. 그래서 많은 사람들이 주기도문 말

---

583 여백에: 기도에서의 남용.

씀에 대한 이해 없이 주기도문을 사용하는 죄를 짓는다. 셋째, 입술은 하나님께 가까이 가지만, 마음은 조금도 영향을 받지 않는 **차갑고 둔한 기도**가 여기서 정죄를 받는다. 이것은 일반적인 악덕이며, 모든 사람이 자신의 마음속에서 그중 일부를 발견할 수 있다. 넷째, **미신적인 기도**, 즉 정해진 숫자에 의해 하나님의 예배가 측정되는 경우이다. 이것은 많은 주기도문(*pater nosters*), 성모송(*avies*), 애가(哀歌, *dirges*), 미사(*masses*) 등[584]의 반복이 하나님께 이런저런 것들을 얻는데 효과적이라는 로마 교회 교리에 상응하는 관행이다. 이런 의견은 우리 보통 사람에게서 생겨나는데, 그들은 하나님께서 행한 일로 섬김을 받으신다고 생각하고서, 말로 언급되면 모든 것이 잘된다고 생각하기 때문이다. 다섯째, 합당한 준비 없이 드리는 **성급한 기도**는 여기서 정죄를 받는데, 사람들이 말하듯이 단지 성령의 감동으로 갑자기 기도하는 경우이다. 너무 많은 사람들이 이런 생각을 가지고 있어서, 어떤 종류의 정해진 형태의 기도도 허용하지 않는다. 그러나 아무리 마음에 품은 기도가 가장 편안한 기도라 할지라도, 마음에 합당한 준비가 없으면 헛된 반복에 빠지기 쉽다. 여섯째, 특히 합법적이지 않거나 우리의 권한 밖의 일에 대한 **섣부른 서약**은 삼가야 한다. 일곱째, 하나님의 말씀이 아닌 우리의 육신적 애정에 따라 선과 악에 대해 **경솔한 소원**을 품는 것이다. 그래서 한마디로, 하나님의 뜻에 따라 마음이 영향을 받지 않는 모든 종류의 기원에 있어서의 모든 헛되고 불필요한 말이다. 이 모든 것을 기억해야 하는데, 왜냐하면 그것들은 우리의 일반적인 기도가 주님께서 요구하고 허용하시는 것에 훨씬 못 미친다는 것을 명백히 보여 주기 때문이다.

---

584 여백에: Horae Virginis Mariae adusum Sarisb. Eccles.

여기서 어떤 사람들은 기도에서 그렇게 많은 것이 허용되지 않는다면, 어떻게 우리가 기도에서 바르게 말할 수 있는지 묻는다.[585]

대답. 사도 바울이 찬송에 대해 말했듯이, 나도 기도에 대해 말하는데, 기도는 "감사하는 마음으로"[골 3:16] 해야 하며, 우리의 모든 말은 분량과 횟수 모두 그에 맞춰 조절되어야 하며, 우리 자신이나 다른 사람들에게 믿음, 회개, 하나님의 영광에 대한 열심 등과 같은 하나님의 어떤 내적 은혜를 표현하고 더 촉진하게 하는 데 도움이 되는 것 이상으로 말해서는 안 된다. "너는 하나님 앞에서 함부로 입을 열지 말며 급한 마음으로 말을 내지 말라 하나님은 하늘에 계시고 너는 땅에 있음이니라 그런즉 마땅히 말을 적게 할 것이라"(전 5:2). 여기서 우리는 기도로 하나님 앞에 나아갈 때, 우리 마음의 감사를 표현할 수 있도록 우리 마음뿐만 아니라, 우리의 말도 준비하라는 분명한 명령을 받는다.

"이방인과 같이." 이 경우에 우리는 이방인들이 종교 문제에 대해 어느 정도 통찰력을 가지고 있었음을 알 수 있다. 왜냐하면 첫째, 그들은 하나님이 계시다는 것과 그 동일한 하나님을 숭배해야 한다는 것을 알고 있었기 때문이다. 둘째, 그들은 말과 행위에 있어서 정의, 관대함, 자제, 충실함 등과 같은 두 번째 돌판의 많은 훌륭한 미덕을 실천했기 때문이다. 참으로 그들은 첫 번째 돌판의 의무를 수행하기 위해 신경을 썼는데, 여기서 우리는 그들이 하나님께 기도한 것을 볼 수 있다. 그리고 그들 중 일부는 현세적 복을 받는 것과 같은 방식으로 이 의무를 수행했다. 요나를 태우고 다시스로 향하던 **이교도 선원들**은 "하나님께 기도하여 안전을 얻었다"[욘 1:14]. 그리고 악한 우

---

585 여백에: 기도할 때 바르게 말하는 방법.

상 숭배자였던 아합은 "기도와 금식으로 하나님께 자신을 낮추어"[왕상 21:27] 두려운 심판으로부터 일시적 자유를 얻었다. 이 점을 고려하는 것은, 선의를 가지고 있고 그 누구에게도 해를 끼치지 않기 때문에 하나님께서 그들을 용서해 주실 것이라고 생각하는 우리 가운데 있는 많은 사람들을 견제하는 역할을 한다. 그들은 자신들이 간음하거나 도둑질하거나 터무니없는 범죄자가 아니라고 항변한다. 하지만 이방인은 이 모든 것을 할 수 있으되, 저주를 받을 수밖에 없다. 왜냐하면 이것들이 좋은 것이라 할지라도, 아무도 구원에 이르게 하지 못하기 때문이다. 그러므로 우리는 그리스도를 믿는 믿음을 가져야 하며, 거기서부터 모든 그리스도인의 미덕을 실천해야 한다.

이유 1

"그들은 말을 많이 하여야 들으실 줄 생각하느니라." 이 말씀은 앞의 계명에 대한 하나의 이유이며, 여기서 우리는 하나님에 관한 이방인의 세 가지 의견에 주목할 수 있다.[586] 첫째, 그들은 하나님을 말로 가르치고 설득할 수 있는 이 땅의 사람과 같다고 생각했다. 둘째, 그들은 하나님의 섭리를 부인하고, 하나님이 그들을 보거나 그들의 상태를 고려하신다고 믿지 않았기 때문에, 하나님이 보거나 고려하시도록 많은 말을 사용했다. 셋째, 그들은 말의 힘으로 하나님을 설득할 수 있다고 생각했다.

따라서 우리는 이 지침들을 배울 수 있다. 첫째, 이방인들은 하나님이 계시다는 것을 알았지만, 그를 경배할 때 그를 우상으로 만들었다. 그러므로 바울은 "그들이 세상에서 하나님 없는 자들이었다"[엡

---

586 여백에: 하나님에 관한 이방인의 세 가지 견해.

2:12]고 말하는데, 이는 그들이 하나님을 어떤 섭리도 없고, 또한 사람의 이성과 많은 말로 설득될 수 있는(persuasable)[587] 사람과 같이 만들었기 때문이다.

둘째, 하나님에 관한 이방인의 이러한 견해를 통해, 우리는 구약성경에서 모든 사람이 원하기만 하면 구원받을 수 있는 **모든 사람에게 주어진 보편적인 은혜**가 항상 있었던 것은 아니라는 것을 알 수 있다. 왜냐하면 만약 그들이 그런 은혜를 받았었다면, 그들은 하나님을 결코 그렇게 천박하게 생각하지 않았을 것이기 때문이다. 메시야에 대한 참된 지식의 불꽃 하나가 사람들의 마음에서 하나님에 대한 이 모든 육신적인 자만심을 몰아냈을 것이다. 그러므로 아무리 이방인들이 변명할 여지가 없을 정도로 하나님에 대한 지식이 많았을지라도, 우리는 그리스도께서 오시기 전에는, 하나님의 특별한 은혜와 은총과 관련하여 그들이 하나님의 공의로운 심판에 따라 맡겨져 하나님께 버림받았다고 주장해야 한다.

셋째, 이 이방인들을 통해 우리는 우리의 본성이 그들의 본성과 동일하기 때문에, 하나님에 대한 우리의 본성적 생각이 무엇인지 알 수 있다.[588] 그러므로 우리는 하나님께서 우리를 전혀 고려하지 않고 하늘에 앉아 있는 어떤 노인과 같다고 스스로 생각한다. 그리고 우리에게 어떤 것이 필요할 때 우리는 하나님을 신뢰하지만, 수단이 실패할 때 우리는 곧바로 하나님을 저버린다. 그리고 이것은 고난의 때에 우리 자신을 돕기 위해 마녀를 찾는 것과 같은 불법적인 수단을 사용하는 것으로 나타난다.

마지막으로, 우리는 자연적으로 우리의 말로 하나님을 설득할 수

---

587 *Persuasable*: 설득될 수 있는.
588 여백에: 하나님에 대한 인간의 본성적 생각.

있다고 생각한다. 교황주의자들은 '이것은 내 몸이다'(*Nam hoc est corpus meum*)[589]라는 다섯 단어를 말하는 것이 성찬의 빵과 포도주를 그리스도의 몸과 피로 변화시킨다고 가르친다.[590] 그리고 우리 무지한 백성들도 그 단어들을 말하는 것이 하나님을 기쁘시게 한다고 생각한다. 그들은 기록된 것이든 말한 것이든 성경 말씀은 그 안에 이상한 일을 행할 수 있는 힘이 있다고 생각하는데, 이것이 우리 사이에서 흔히 볼 수 있는 모든 주술 행위의 주된 근거 중 하나이다. 그러나 우리는 어떤 말에도 그러한 힘이 없으며, 하나님의 말씀이 우리의 유익을 위해 효력을 발휘하게 하는 것은, 오직 마음에 있는 믿음뿐이라는 것을 알아야 한다. 말은 그 자체로 의미하는 것 이상 할 수 있는 것이 없으며, 스스로 하는 것이 아니라, 사람의 기쁨에 의해서 하는 것이다. 그러므로 우리는 모든 주문과 부적의 사용을 포기해야 한다. 왜냐하면 그 말들이 그렇게 좋은 것이라 할지라도, 마귀의 암호에 불과하며, 그와 함께 사용되는 의식(儀式)은 마귀가 기적을 행하게 하는 그의 성례전이기 때문이다. 그러므로 우리가 배워야 할 것은, 본성이 우리에게 가르치는 것보다 하나님의 말씀으로 하나님을 더 잘 이해하는 것인데, 그는 섭리로 모든 피조물을 다스리며, 사람의 이성에 의해 설득되지 않고, 모든 것을 그의 뜻대로 행하시는 하늘에 계신 보이지 않는 하나님이시다.

"그러므로 그들을 본받지 말라 구하기 전에 너희에게 있어야 할 것을 하나님 너희 아버지께서 아시느니라"(마 6:8). 이 구절에서 우리 구주 그리스도는 이방인의 방식을 따라 드리는 기도에 관한 이전 계명을 반복하시고, 그 계명을 강화하기 위해 두 번째 이유를 첨부하신

---

589   *Nam hoc est corpus meum*: 이것은 내 몸이다.
590   여백에: Ex vi verborum: Concil. Trident. sess. 13. cap. 3.

다. 그 계명은 앞의 이유에서 다음과 같은 말씀으로 반복된다. "그러므로 그들을 본받지 말라." 마치 그는 이방인들이 기도할 때 많은 말을 해야 응답되리라고 기대하는 것을 고려하여, 너희는 그들이 하는 방식으로 기도해서는 안 된다고 말씀하시는 것과 같다. 계명의 이런 반복은 그의 말씀을 듣는 사람들의 마음에 그것을 더 깊이 각인시키고, 그들과 그들 안에 있는 우리로 하여금 기도할 때 불필요한 반복을 피하도록 더 조심하게 만든다.

이제 앞 구절에서 이 계명을 다루었으므로, 여기서 그리스도의 죽음 이전의 사람들의 구별에 관한 이 가르침의 요점을 살펴볼 것이다.[591] 왜냐하면 여기서 그리스도는 유대인들에게 "너희는 그들을 본받지 말라", 즉 이방인들과 같지 말라고 말씀하시면서, 유대인들과 그 외 세상의 모든 민족들 사이에 분명한 차이를 두셨기 때문이다. 그러므로 그가 처음 제자들을 보내어 전도하게 하셨을 때, "이방인의 길로도 가지 말고 사마리아인의 고을에도" 들어가지 말고, "이스라엘 집의 잃어버린 양에게로 가라"[마 10:5-6]고 명령하셨다. 그리고 이러한 구별은 그리스도의 시대뿐만 아니라, 태초부터 4천 년 동안 지속되어 왔다. 첫 번째 세상에는 "하나님의 아들들"과 "사람의 딸들"[창 6:2]이 있었고, 홍수 후에는 "육체의 자녀들"과 "약속의 자녀들"[갈 4:29]이 있었고, 율법 아래에서는 "하나님의 백성"과 "백성이 아닌 자들"[호 1:10]이 있었다. 이 구별은 두 가지에 있었다. 첫째, 입양의 은혜와 하나님의 특별한 호의에 관련하여, 이 본문에서 그리스도는 "유대인들은 하나님을 아버지로 가졌으나", 이방인들은 "약속의 언약들에 대하여는 외인"이었기 때문에 "그렇지 않았다"(엡 2:12)

---

591 여백에: 그리스도의 죽음 이전의 사람들의 구별.

고 말씀하신다. 둘째, 하나님의 참된 예배와 관련하여, 그 특별한 부분인 기도에 관해 그리스도는 여기서 유대인들에게 "너희는 이방인을 본받지 말라"고 말씀하신다. 만일 누군가가 하나님의 특별한 자비와 관련하여 유대인이 이방인보다 우대받는 것은, 하나님께서 이방인에게는 없는 것을 그들에게서 예견한 데서 비롯된 것이라고 생각한다면, 그들은 모세가 유대인들에게 하는 말을 들어야 한다. "여호와께서 너희를 기뻐하시고 너희를 택하심은 너희가 다른 민족보다 수효가 많기 때문이 아니니라 여호와께서 다만 너희를 사랑하심으로 말미암아, 또는 너희의 조상들에게 하신 맹세를 지키려 하심으로 말미암은 것이다"[신 7:7-8].

하나님의 특별한 자비와 관련하여 사람들의 구별을 다루는 이 가르침의 근거로부터 알고 믿어야 할 세 가지 중요한 사항이 뒤따른다.[592] 첫째, 죄 사함과 메시야 안에 있는 영생에 대한 약속은 모든 사람에게 보편적인 것이 아니라, 모든 부류와 종류와 신분의 많은 사람들에게 제한된[593] 것이다. 왜냐하면 약속이 모든 사람에게 해당된다면, 자비와 관련하여 사람과 사람, 민족과 민족 사이의 구별이 있을 수 없기 때문이다. 그러므로 보편적 은혜에 대한 의견은 거짓이며 잘못된 것이다. 둘째, 그리스도께서 모든 사람을 위해 죽으셨지만(성경이 그렇게 말씀하고 있기에), 모든 사람을 위해 똑같이 효과적으로 죽지는 않으셨다.[594] 왜냐하면 그리스도의 구속이 보편적이었다면, 자비가 모든 사람에게 똑같이 주어졌어야 하지만, 이것은 본문에 어긋나기 때문이다. 그러므로 보편적 구속에 대한 의견 역시 인간의 두뇌가

---

592 여백에: 생명의 약속은 모두에게 보편적인 것이 아니다.
593 역자주, 원문과 영문판에는 제한 없는(indefinte)으로 오식되어 있다.
594 여백에: 보편적 구속에 반대하여.

위조한 것이다. 셋째, 하나님께서는 그리스도로 말미암아 모든 사람을 효과적으로 구원에 이르도록 부르지 않으셨다. 이는 그렇다면 모든 사람이 그리스도 안에서 하나님을 그의 아버지로 삼아야 하고,[595] 유대인은 자비와 입양의 은혜에 관하여 이방인보다 앞서는 특권이 없어야 했기 때문이다. 그러나 여기서 우리는 하나님께서 은혜와 입양과 관련하여 수백 년 동안 이방인이 아닌 유대인의 아버지였다는 것을 볼 수 있다. 그리고 이 교리에 의해 우리는 사도 바울이 "하나님은 모든 사람이 구원받기를 원하셨다"(딤전 2:4)고 말한 그 구절을 분명히 해결할 수 있다. 왜냐하면 그는 모든 시대의 모든 사람을 의미하는 것이 아니라, 그리스도의 승천 후 이 마지막 시대, 즉 막힌 담이 허물어지고, 자비와 입양의 은혜에 관하여 유대인과 이방인의 구별이 사라진 때를 의미하기 때문이다.

이유 2

"구하기 전에 너희에게 있어야 할 것을 하나님 너희 아버지께서 아시느니라." 이 말씀은 이방인의 기도 방식에 반대하는 두 번째 이유로서 다음과 같은 취지를 갖는다. 하나님께서는 너희가 기도하기 전에 너희의 소원을 아시기 때문에, 기도할 때 중언부언할 필요가 없으며, 따라서 잘 정돈된 몇 마디로 충분하다.

해설. "너희 아버지께서 아시느니라." 하나님의 이러한 지식은 우리의 필요를 단순히 알아차리는 것이 아니라, 그것을 공급하기 위한 특별한 주의를 포함하는 그러한 지식이다.[596] 성경을 해설하는 규칙은 다음과 같기 때문이다. 시편 1편 6절의 "의인들의 길은 여호와께

---

595 여백에: 보편적 부르심에 반대하여.
596 여백에: 성경을 해설하는 규칙.

서 **인정**(*knoweth*)하시나 악인들의 길은 망하리로다"라는 말씀처럼, **지식이라는 말은 종종 애정이라는 말로 대체된다.** 여기서 멸망에 반대되는 지식은 경건한 자들의 길에 대한 **주님의 합당한 관심과 존중**을 의미한다는 것을 분명히 보여 주는데, 이것은 하나님의 자녀들을 위한 모든 위로로 가득 찬 요점이다. 그리고 그 문제를 해결하기 위해 세 가지 질문을 검토해야 하며, 이 질문은 이 본문에서 도출될 수 있다.

질문 1. 우리가 기도하기 전에 하나님께서 우리의 필요를 아신다면, 왜 우리가 기도해야 하는가?[597] **대답.** 우리는 우리가 원하는 것을 그가 모르시는 것처럼 하나님께 알리기 위해 기도하지 않고, 다른 이유로 기도한다. 첫째, 하나님의 임재와 은총을 구하도록 우리의 마음을 일깨우기 위해 기도한다. 둘째, 하나님의 약속을 묵상하면서, 우리의 믿음을 행사하기 위해 기도한다. 셋째, 우리의 비통한 마음을 주님께 쏟아부음으로써, 우리의 비통한 마음을 편안하게 하기 위해 기도한다. 그리고 넷째, 하나님의 계명에 대한 우리의 순종을 증거하고, 우리가 원하는 모든 좋은 것을 받은 데 대한 그의 섭리에 대하여 우리의 신뢰를 증거하기 위해 기도한다.

질문 2. 하나님께서 우리의 필요를 알고 그것을 공급하기 위해 돌보신다면, 왜 하나님은 그의 종들의 기도에 응답하기를 종종 지체하시는가?[598] **대답.** 하나님께서는 그의 자녀들의 큰 유익을 위해 많은 면에서 그들의 요청에 대한 응답을 지체하신다. 첫째, 이로써 그들의 믿음에 불을 붙이고 기도하는 열심을 일깨워 그들이 원하는 것을 더욱 간절히 구하게 하기 위함이다. 이를 위해 우리 구주 그리스도는

---

597 여백에: 하나님이 우리의 필요를 아시는데 우리가 왜 기도하는가?

598 여백에: 왜 하나님은 우리의 기도에 대한 허락을 미루시는가?

가나안 여인의 딸을 고치시기 전에 그 여인과 대화하셨다. 둘째, 그들을 겸손하게 만들어 영적 교만을 예방하기 위해 지체하신다. 따라서 하나님께서는 사도 바울이 "사탄의 가시"를 위해 기도했지만, 그에게서 그 가시를 제거하기를 거절하셨는데, 이는 "그가 많은 계시로 자만하지 않게 하기"(고후 12:7-9) 위함이었다. 셋째, 그들로 하여금 하나님의 복을 더욱 귀히 여기게 하고, 또 그것에 대하여 더욱 감사하도록 자극하기 위한 것이다. 왜냐하면 가볍게 얻은 것은 가볍게 여기는 것이 일반적이기 때문이다.

질문 3. 하나님께서 어떤 사람들의 요청을 결코 허락하지 않으신다는 사실이 어떻게 드러나는가?[599] **대답.** 첫째, 그들이 기도는 하지만, 하나님의 뜻대로 하지 않기 때문이다. 문이 닫혀 있을 때, "주여, 주여 우리에게 열어 주소서"(마 25:11-12)라고 외쳤던 어리석은 처녀들처럼 때를 놓치거나, 그들이 구하는 것에 있어서 "세베대의 아들들"처럼, "알지 못하는 것을 구하였기"[막 10:38] 때문에, 그들이 요청한 것을 받지 못했다. 둘째, 그들이 "기도할 때 의심하고 흔들리기 때문"(약 1:6-7)이다. 그런 자들은 주님께로부터 어떤 것도 받지 못할 것이기 때문이다. 셋째, 그들이 잘못된 목적을 위해 기도하기 때문이다. "구하여도 받지 못함은 정욕으로 쓰려고 잘못 구하기 때문이라"(약 4:3).[600]

적용. 첫째, 우리의 모든 필요를 보시는 하나님의 섭리적인 눈은, 우리가 육신이든 영혼이든 원수로부터 공격을 받을 때 어떻게 해야 하는지 가르쳐 준다.[601] 우리는 먼저 우리의 입양에 대한 확신을 받

---

599 여백에: 왜 하나님은 어떤 사람들의 요청을 결코 들어주지 않으시는가?
600 역자주, 원문과 영문판은 약 4:5로 기재하고 있다.
601 여백에: 곤경에 처한 그리스도인의 행동.

아, 하나님을 우리의 피난처와 요새로 삼아야 한다. 왜냐하면 우리가 하나님의 자녀라면, 그는 우리의 필요를 알고 헤아리시는 우리의 아버지이시며 우리가 기도하기 전에 가장 주의 깊게 공급해 주시기 때문이다. 두 쌍둥이가 리브가의 태에서 서로 싸울 때(창 25:22), 그녀는 전에 그녀를 위해 기도했던 그녀의 남편 이삭을 보내어 그것에 대해 주님께 물었다(창 25:21). 마찬가지로 여호사밧이 많은 대적에게 에워싸였을 때, "그는 여호와께 부르짖어 도움을 청하여 구원을 받았다"(대하 18:31; 20:12). 그리고 선지자 다윗은 모든 고난 속에서 하나님께 의지하는 것을 실천했는데, 이런 이유로 그는 주님을 "그의 반석이요, 그의 안식처요, 은신처"[시 18:2; 32:7; 132:8][602]라고 불렀다.

둘째, 이로써 우리는 이생의 것들에 대해 온건한 관심을 갖도록 가르침을 받는데, 하늘에 계신 아버지는 우리를 돌보시고, 우리의 모든 필요를 아시며, 우리가 기도하기 전에 공급해 주실 준비가 되어 있기 때문이다.[603] 요즈음 대부분의 사람들은 세상에 마음을 두며, 하나님 자신보다 외적인 수단을 더 신뢰하는데, 이는 그들이 그리스도 안에서 입양되었다는 참된 확신을 갖지 못하기 때문이다. 왜냐하면 그들이 하나님께서 그들의 아버지라는 것을 알았다면, 분명히 그들의 마음에 다음과 같은 확신이 일어날 것이기 때문이다. **하나님은 나의 필요를 알고 그것을 공급하기에 주의를 기울이시므로, 내가 그를 신뢰하고 그에게 순종할 것이다.**

셋째, 이것은 어떤 궁핍이나 고난 속에서도 하나님의 뜻에 복종하고, 번영뿐만 아니라 그 상태에 감사하기 위해 노력하고, 그 안에서 하나님을 기쁘시게 하고 영광을 돌리기 위해 연구하도록 가르친

---

602 역자주. 참고 성경구절은 영문판이 추가한 것이다.
603 여백에: 만족의 근거.

다.[604] 왜냐하면 그는 우리가 불평하기 전에 우리의 모든 필요를 보시고, 번영보다 고난이 우리에게 더 낫다는 것을 아시고, 우리의 유익을 위해 주의를 기울이시는 아버지이시기 때문이다. 그렇지 않다면, 그는 우리에게 구원을 보내실 것이다. 이는 모든 것이 그에게 동일한 것이며, 그는 자기 백성의 고난을 기뻐하지 않으시기 때문이다.

넷째, 이것은 죽음이나 심판의 날과 관련하여 사람들의 마음을 짓누르는 모든 육신적이고 노예적인 두려움에 대항하여 우리를 무장시키는 역할을 한다. 죽음이 다가올 때, 마귀가 우리를 대적할지라도 하나님께서는 우리의 필요와 우리를 위로할 방법을 아시고, 기꺼이 그렇게 할 의지와 그렇게 할 수 있는 능력을 가진 우리 아버지이시기 때문이다. 한마디로, 이 묵상은 우리 삶의 전 과정에서 모든 충실한 순종을 하도록 우리를 자극하는 역할을 한다. 그의 모든 필요를 알고, 능력이 있으며, 또한 기꺼이 그것을 공급할 준비가 된 그러한 아버지께 누가 감사하지 않을 수 있겠는가? 그러므로 이것은 우리의 마음을 넓혀서, 그리스도 안에서 우리에게 그와 같은 아버지 하나님을 송축해야 한다.

3부

"그러므로 너희는 이렇게 기도하라 하늘에 계신 우리 아버지여 이름이 거룩히 여김을 받으시오며"(마 6:9). 그의 제자들에게 모든 육신적이고 미신적인 기도를 금지하신 우리 구주 그리스도는 여기서 그들에게 가장 거룩한 형태의 참된 기도를 규정하신다. 그러나 그는 그 일을 시작하기 전에, 그들에게 이 계명을 주신다. "그러므로 너희는

---

604 여백에: 고난 속에서의 그리스도인의 행동.

이렇게 기도하라." 누가는 이렇게 말한다. "너희는 기도할 때에 이렇게 하라 아버지여 등"{눅 11:2}. 그리스도는 이 말씀에서 제자들에게 올바르고 거룩한 기도 형식을 사용하라고 당부하셨는데, 그 형태는 나중에 제시되었다. 이제 이 부분은 논란의 여지가 있기 때문에, 그리스도의 이 기도문이 우리에게 얼마나 규정되어 있는지, 간략하게 설명할 것이다.[605] 즉, 내용과 형식에 대해 우리는 모든 기도에서 그것을 본받고 따라야 하지만, 이 기도의 단어에 얽매이지 않고 자유롭게, 그 단어나 다른 단어를 마음대로 사용할 수 있다. 왜냐하면 우리 구주 그리스도는 종종 다른 단어들을 사용하여 기도하셨고, 사도들도 그렇게 했는데, 우리가 바울 서신의 **기도**에서 볼 수 있듯이, 그는 이 기도문의 내용과 방식을 준수하면서도, 다른 단어들을 사용했다. 실제로 바로 이러한 형태의 기도를 제시한 누가는 마태의 단어들과 다소 차이가 있다.

이 계명에 근거하여 하나님을 섬길 때, 사적으로든 공적으로든 정해진 형태의 기도를 사용하는 것이 유익하고 필요한지 질문할 수 있다.[606] **대답**. 나는 정해진 형태의 기도를 공적으로든 사적으로든 유익하고 필요한 것으로 여긴다. 정해진 형태의 기도란 내용과 방식 모두에나, 그리고 필요하다면 바로 그 단어들에 대해서도 **정해진 것**이다. 내가 제시하는 이유들은 다음과 같다. **이유 1.** 하나님께서 정하신 것은 유익하고도 필요한 것이며, 하나님께서는 사람들이 사용해야 할 정해진 형태의 기도를 지정하셨는데, 이는 제사장들이 백성을 축복할 때에 정해진 기도문을 사용하도록 명령하셨고(민 6:23-26), 시편 92편은 안식일을 위해 정해진 기도문이며, 실제로 다윗의 모든 시

---

605 여백에: 주기도문이 얼마나 규정되어 있는지.
606 여백에: 정해진 형태의 기도에 대하여.

편은 (몇몇 교훈적인 시편만 제외하고) 하나님의 교회가 영원히 사용할 정해진 형태의 기도문이기 때문이다. 그리고 이곳에서 그리스도는 세례 요한이 제자들에게 기도하는 법을 가르치실 때와 마찬가지로, 내용과 방식뿐만 아니라, 단어들에 대해서도 정해진 형태의 기도문을 규정하셨다.

이유 2. 인간에게 이해력의 무지, 마음의 산만함, 하나님의 계명과 약속에 대한 기억의 망각이 있는 것 같이, 기도에도 여러 가지 결핍이 있기 때문이다. 마음속에는 죽음과 둔함, 불신이 많이 있다. 혀에는 하나님께 말하고자 하는 사람에게 있어야 할 적당한 말이 없는 경우가 많다. 그리고 대부분의 사람들에게는 다른 사람들 앞에서 그들의 마음의 소원을 합당한 순서대로 말하고 표현하지 못하는 수줍음이 있다. 이제 이 모든 필요를 해소하기 위해, 몸과 영혼의 모든 힘이 잘 갖추어질 수 있도록 정해진 기도의 형태를 사용해야 한다.

이유 3. 고대 하나님의 교회는 교황주의 시대 훨씬 이전에 정해진 형태의 기도를 사용했다. 실제로 그리스도 이후 처음 300년 동안 계속되는 박해로 인해, 그들은 그렇게 할 수 없었지만, 그런 시대 이후에는 전장에 있는 군인들이 정해진 기도문을 드렸던 것처럼, 모든 교회에서 사용되는 정해진 형태의 기도문이 있었다. 그리고 많은 공의회에서 다음과 같은 이유로 모든 교회는 허용되고 지정된 기도 외에 어떤 형태의 기도문도 사용해서는 안 된다고 결정했다. 첫째, 하나님께 대한 엄숙한 예배에 통일성이 있게 하기 위함이다. 둘째, 그렇지 않으면, 그들의 교회에서 이 의무를 생략했을 많은 목회자들의 무지와 태만을 방지하기 위함이다. 그러므로 신앙고백, 기도, 감사, 성례 집행에 대한 일반적인 형식이 정해졌다.

이제 정해진 기도문이 하나님의 규례이며, 인간의 불완전함이 그것을 요구하고, 이전 시대에도 오랫동안 사용되어 왔음을 고려할 때, 그 기도문이 유익하고 필요한 것으로 긍정하지 않을 수 없다. 그로 인해 우리는 정해진 기도문을 **가증한 우상**[607]이라 부르고, 돼지고기가 유대인들에게 가증한 것처럼, 하나님께 혐오스러운 것으로 여기는 그들이 얼마나 맹목적이고 성급한지 알 수 있다. 이것이 혐오스럽고 불경스러운 용어이지만, 그들의 어리석음과 오류를 더 잘 알 수 있도록, 여기서 정해진 기도문에 반대하는 주요 이유들을 살펴보자. 그것은 두 가지이다. **이유 1.** 다른 사람이 쓴 설교문을 읽는 것은 설교가 아니며, 따라서 정해진 기도를 반복하는 것은 기도가 아니다. **대답.** 그 이유는 아무 소용이 없다. 왜냐하면 필사된 설교를 읽을 때, 예언[608]의 은사를 표현할 수는 없지만, 정해진 기도문을 읽을 때는 기도의 은사, 즉 자신의 죄에 대한 감동된 마음, 은혜를 바라는 갈망, 하나님의 자비에 대한 감사하는 마음을 나타낼 수 있으며, 기도는 말이 아니라 이것들로 구성되기 때문이다. **이유 2.** 우리는 성령의 감동에 따라 자유롭게 기도해야 한다. 그러므로 정해진 형태의 기도문을 사용하는 것은 성령의 선한 움직임을 억제하고 소멸시키는 것이다. **대답.** 이 이유는 모든 사람이 이렇게 행할 수 있도록 그러한 성령의 몫과 분량을 받았다면, 어느 정도 맞는 말이다. 그러나 이생에서 우리는 그 **첫 열매**만 가지고 있고, **십분의 일도** 가지고 있지 않다는 것을 알기 때문에, 우리는 모든 선한 도움을 사용하여 우리의 필요를 충족시켜야 한다. 왜냐하면 거룩한 의무를 실천할 때, 우리는 마치 중한 병에서 갓 회복된 사람이 자기 방에서 걸을 수 있지만, 혼

---

607   여백에: 배로우(Barrow)와 그린 우즈(Greenwoods), resut. p. 48.

608   역자주, 퍼킨스 당시 '예언'이란 용어는 오늘날의 '설교'를 의미했다. 청교도 시대 약 200년간 설교학 교재로 사용되었던 그의 작품의 제목도 이것을 보여 준다. 『예언의 기술』(*Prophetica*, 1592; *The Art of Prophesying*, 1606).

자서는 걷지 못하고, 지팡이를 짚거나 다른 사람의 어깨에 기대어 걷는 것과 같기 때문이다. 마찬가지로 기도에 연약하고 미약한 우리는 연약한 손을 하나님께 들어올리기 위해 정해진 형태의 기도문의 도움이 필요했다. 그러므로 사람들이 적어도 그들 자신의 마음속에 있는 내용과 질서를 위해 정해진 형태의 기도문을 사용하는 것은 필수적이며, 참으로 그리고 많은 경우에 어떤 사람들에게는 말로 표현하기 위해 정해진 기도문을 사용하는 것이 필요하다. 왜냐하면 참된 은혜를 마음속에 품은 많은 사람들은 그것을 표현할 말을 원하는데, 정해진 형태의 기도문을 사용하지 않는다면, 특히 다른 사람들과 함께 기도할 때 많은 위로를 받지 못할 것이기 때문이다. 그래서 마음이 기도를 위해 올바르게 준비되어 있다면, 정해진 기도문은 마음과 혀 모두에서 성령의 약한 은사를 끄지 않고 돕는다.

그래서 우리는 이로써 정해진 형태의 신성한 예배가 확립된 우리 교회나 다른 어떤 교회도 비난받을 수 없다는 것을 알 수 있는데, 왜냐하면 그것은 필요하고도 유익하기 때문이다. 둘째, 여기서 우리는 우리의 특정한 상태에 따라 우리 마음속에 일정한 형태의 기도문을 갖는 것이 합당하고 필요하다는 것을 알 수 있으며, 이를 통해 우리는 우리의 특정한 필요를 하나님께 표현하고, 특별히 그 공급을 갈망할 수 있다. 어떤 사람들은 우리가 성령의 특별한 본능과 감동에 따라서만 기도해야 한다고 생각하지만, 우리가 원하는 것이 너무 많아서 미리 준비하지 않는 한, 바르게 기도할 수 없다. 그러므로 우리의 생각과 마음과 말에서 많은 산만함과 방해 거리를 피하기 위해 정해진 형태의 기도문을 스스로 규정할 필요가 있음을 알게 될 것이다. 우리가 식생활과 의복에 대해 정해진 질서를 지키는 데 만족한다면, 우리 영혼의 위로와 새로움에 관한 기도에 있어서 왜 그렇게 하지 말아야 하겠는가?

이 계명에서 두 번째로 알 수 있는 것은 다음과 같다.[609] 주기도문은 성부 하나님의 지혜인 하나님의 아들이 작성하고 제안하셨기 때문에, 모든 피조물이 하거나 할 수 있는 가장 탁월한 형태의 기도문이다. 이제 그 우수성은 다음과 같은 것들이다. 첫째, 그것의 간결함인데, 이는 그것이 몇 마디로 무한한 내용을 담고 있기 때문이다. 둘째, 그것의 완벽함인데, 이는 그 안에 기도로 구해야 할 것이 무엇이든 포함되어 있기 때문이다. 이 점에 있어서 그것은 "전체 복음의 요약"이라고 일컬어진다.[610] 셋째, 그것의 순서인데, 이후에 우리는 그 해답을 살펴볼 것이다. 넷째, 하나님 아버지께서 그것을 수용하신 것인데, 이는 아버지가 기뻐하는 그의 아들 그리스도의 말씀을 담고 있기 때문이다.

적용. 첫째, 이 기도의 탁월함은, 그 어떤 정해진 형태의 기도문을 사용할 수 있다면, 교회의 중보자에 의해 작성된 이것이 사용될 수 있음을 분명하게 보여 준다. 그러므로 우리 시대의 재세례파는 완전히 속고 있는데, 그들은 그리스도 이후 1,500년 동안 이 시대 이전과 마찬가지로, 이 기도문을 허용하지 않은 사람이 없었음에도 불구하고, 기도를 위해 이것을 사용하는 것을 거부한다. 둘째, 그러므로 우리는 주기도문으로 기도를 마무리하는 설교자들의 관행이 칭찬받을 만하다는 것을 알 수 있는데, 이는 가장 완전하고 훌륭한 기도로서, 우리 기도의 부족함과 불완전함을 채워주기 때문이다. 셋째, 어떤 사람들은 이 기도의 완전함과 탁월함에서 이 기도만으로도 충분하다고 생각하지만, 그들은 속고 있는 것이다. 왜냐하면 그리스도의

---

609 여백에: 주기도문은 가장 훌륭한 형태의 기도문이다.

610 여백에: Breviarium Evangeli. Tertullian.

의도는 오히려 이 기도의 말보다 내용과 방식에 대해 우리에게 추천하는 것이었기 때문이다. 다시 말하지만, 그것은 가장 완벽한 기도이지만, 일반적인 기도일 뿐이며, 모든 참된 신자는 구체적인 형태와 방식으로 자신의 구체적인 지위와 상태를 주님께 알릴 수 있는 구체적인 기도를 드려야 한다. 그러나 그것들이 여기 규정된 이 형식에 항상 적합할 경우에만 그렇다. 이와 같이 그 계명에 대해 많이 다루었다. 이제 기도 자체를 살펴볼 것이다.

하늘에 계신 우리 아버지여

"하늘에 계신 우리 아버지여 이름이 거룩히 여김을 받으시오며 …." 이 기도는 **서문, 간청, 결론**이라는 세 부분으로 구성되어 있다. **서문**은 이 말씀 가운데 있다. "하늘에 계신 우리 아버지여." 이 기도문의 나머지 부분과 마찬가지로, 그것을 다룰 때 먼저 **의미**를 제시한 다음 **지침들**을 제시할 것이다.

의미

"우리 아버지여." "아버지"라는 이 칭호는 단순히 창조에 의해 아버지이며, 만물을 존재하게 하고, 그의 섭리로 만물을 보존하는 하나님께 합당하게 속한다. 사람들은 실제로 아버지라고 불리지만, 그것은 단지 부차적인 것일 뿐이다. 왜냐하면 그들은 부성(父性)의 일부 속성에서 하나님을 닮았기 때문이다. 이제 이 칭호는 신명기 32장 6절에서처럼, 때때로 위격과 관계없이 단순히 생각하여 하나님께 주어진다. "오 어리석은 백성들아, 너희가 여호와께 이같이 보답하느냐?

그는 너를 사신 네 아버지가 아니시냐?" 다른 때에는 그것이 삼위일체의 특정한 위격들에게 주어지는데, 일반적으로 **아버지**라고 불리는 첫 번째 위격에게 일차적으로 그리고 주로 주어진다. 그리고 삼위일체의 두 번째 위격은 때때로 "영존하시는 아버지"(사 9:6)로서 **아버지**라고 불리는데, 그 이유는 그가 우리의 양자됨의 근거이므로, 우리가 영원히 하나님의 아들이 되기 때문이다. 그러므로 그는 다음과 같이 책망하며 불평하신다. "보라 나와 및 여호와께서 내게 주신 자녀들이 이스라엘 중에 징조와 예표가 되었나니"[사 8:18]. 왜냐하면 히브리서 저자는 그 구절을 그리스도에 대해 설명하고(히 2:13), 그가 "씨를 갖고 있다"(사 53:10)고 말하기 때문이다. 그리고 성령은 아버지와 아들과 함께 만물에 존재를 부여하시기 때문에, 그에 비례하여 **아버지**라고 불릴 수 있다. 그러나 이 구절에서 "아버지"는 적절하게 첫 번째 위격을 의미하며, 그는 일차적으로 그리고 주로 그리스도의 아버지이시며, 그리스도 안에서 우리 아버지이시다. 그는 그리스도의 아버지이시며, 첫째, 본성상 그의 모든 본질 또는 신성을 그에게 전달함으로써, 모든 세계보다 먼저 그 자신의 본질의 아들로서 그를 낳으셨다. 둘째, 그는 인격적 연합의 은혜로 사람인 그리스도의 아버지이신데, 이는 그리스도의 인성이 전적으로 두 번째 위격의 신성 안에 존재하기 때문이다. 그러므로 그리스도께서 사람이기에 하나님의 아들이라고 불릴 수 있다. 그리고 첫 번째 위격에 대한 이러한 자신의 관계에서 그리스도는 "나의 아버지는 나보다 크심이라"(요 14:28)고 말씀하신다. 성부 하나님은 본성상 또는 인격적 연합의 관점에서가 아니라, "그리스도 안에서 입양의 은혜"[갈 4:4–5]로 우리의 아버지가 되신다. 왜냐하면 "하나님이 우리로 아들의 명분을 얻게 하려 하려고 그 아들을 보내사 여자에게서 나게 하였기(즉, 성육신하였기)" 때문이다. 그리고 이 은혜는 우리가 "그의 이름을 참으로 믿을 때"(요 3:12, 갈 3:26), 하나님께서 그리스도를 위해 우리를 그의 아들딸로 받아주는 것을 기뻐하실 때 받는 것이다.

"하늘에 계신." 하나님은 "하늘에 계신다"고 말하지만, 마치 그가 하늘들의 원(圓) 안에 포함된 것처럼 말하는 것은 아니다. "왜냐하면 하늘과 하늘들의 하늘이라도 주를 용납하지 못하기 때문이다"(왕상 8:27). 참으로, 그는 어느 곳에도 포함되지도 배제되지도 않으며, 무한하고 어디에나 계시지만, 그의 위엄과 영광은 가장 높은 하늘에서 그의 성도들과 천사들에게 가장 두드러지기 때문이다. 우리가 지상에 있는 동안, 그는 거기서 그의 능력과 지혜와 정의와 자비로 우리에게 자신을 나타내시는데, 이는 "하늘은 그의 보좌요 땅은 그의 발등상"(사 66:1)이기 때문이다. 따라서 이 서문의 의미는 다음과 같다. "오 주 하나님, 주님은 우리 주 예수 그리스도의 아버지이시며, 그 안에서 입양과 은혜로 우리의 가장 자비로운 아버지이십니다. 주님은 지극히 영광스러운 하나님이시며, 하늘에서 그리고 하늘로부터 주님의 영광스러운 능력과 자비, 지혜와 공의 등을 나타내는 분이십니다."

지침

첫째, 여기서 하나님께 주어진 "아버지"라는 이 칭호는, 우리가 누구에게 기도를 드려야 하는지 가르쳐 준다.[611] 성인들이나 천사들, 또는 그 어떤 다른 피조물이 아니라, 오직 하나님께만 드리는 것이다. **이유.** 첫째, 이것은 하나님 예배의 이 부분을 올바로 수행하기 위

---

611 여백에: 누구에게 기도해야 하는가?

한 그 어떤 지시도 결핍되지 않은 참된 기도의 완전한 형태이다. 이제 이것은 우리가 기도할 때, 오직 하나님께로만 향하게 한다. 둘째, 오직 하나님만이 모든 좋은 것의 창시자요 수여자이시므로(약 1:17),[612] 우리는 그것들을 오직 그분께만 구해야 한다. 셋째, 무한하고 전능하신 주님만이 언제, 어디서나 모든 사람의 기도를 들으실 수 있다. 그러므로 오직 그에게만 기도해야 하며, 교황주의자들이 가르치는 것처럼, 세상을 떠난 성인들에게 기도해서는 안 된다.

둘째, 이 칭호를 통해 우리는 하나님께 어떤 순서로 기도해야 하는지 알 수 있는데,[613] 이는 하나님의 말씀이 우리에게 하나님을 계시하듯이, 우리가 그에게 기도해야 하기 때문이다. 이제 성경은 하나님이 우리에게 본질에 있어 하나이며, 위격에 있어 셋, 즉 성부와 성자와 성령으로 계시하며, 순서로는 성부는 첫 번째, 성자는 두 번째, 성령은 세 번째로 계시지만, 시간이나 위대함에서는 그렇지 않다. 따라서 우리는 신성을 위격들에서 분리하거나, 위격들을 신성에서 분리해서 하나님을 생각해서는 안 된다. 따라서 우리는 삼위 안에 한 하나님과 한 하나님 안에 세 위격이 있는 그를 경배해야 한다. 그러나 순서에 있어서, 성부가 첫째이고, 성자가 둘째이며, 성령이 셋째이므로, 우리가 하나님께 기도할 때 이 순서를 지켜야 하는데, 여기에서 그리스도께서 우리에게 "우리 아버지"라고 말하도록 가르치신 것처럼, 우리의 기도가 성부 하나님께 향하고, 아들의 중보 가운데 성령의 도움으로 기도해야 한다.

질문. 우리는 우리의 기도를 **성자**나 **성령**께 기도하면 안 되는가?

---

612 역자주. 원문과 영문판은 약 1:16로 기재하고 있다.
613 역자주. 여백에: 하나님께 드리는 기도의 순서. 영문판은 이 여백의 참조를 세 번째 지침 항목에 잘못 삽입하고 있다.

대답. 기도할 수 있다. 왜냐하면 스데반은 "주 예수여 내 영혼을 받으시옵소서"(행 7:59)라고 성자에게 기도했고, 그리스도는 그의 제자들에게 "너희는 가서 모든 민족을 제자로 삼아 아버지와 아들과 성령의 이름으로", 즉 성부, 성자, 성령의 이름을 불러 "세례를 베풀라"[마 28:19]고 명령하셨기 때문이다. **반대**. 그러나 이 완벽한 강령에서 우리는 아버지께만 기도하도록 배운다. **대답**. 비록 여기서 성부 한 분만 언급될지라도, 이것으로 다른 두 위격이 배제되지 않는다. 실제로 성부는 순서상 첫 번째이기 때문에, 가장 일반적으로 언급되지만, 성부와 함께 성자와 성령이 항상 암시된다. 세 위격이 모두 하나의 동일한 신적 본성 또는 신성 안에 존재하며, 의지에서, 계획에서, 또는 창조, 보존, 구속과 같은 외적인 행위에서, 단지 일하는 방식에서 구별되는 것 외에는 분리되지 않는 것이다. 마찬가지로 우리가 기도할 때, 세 위격은 모두 우리 마음에서 함께 생각되어야 하고, 이름을 부르지 않더라도, 그 어떤 위격도 분리되지 않아야 한다. 우리가 비록 한 위격만을 호명하지만, 우리의 마음과 생각에서 그 한 위격을 나머지 위격들과 관계를 맺으면서 모든 위격에게 기도해야 한다. 그리고 우리가 본질의 통일성 안에 존재하는 삼위일체 안에 있는 위격들의 순서를 올바르게 생각한다면, 우리는 기도에서 어떤 위격에게 기도할 것인지 안전하게 호명할 수 있고, 그래서 우리 마음에서 나머지 위격들도 모두 포함시킬 수 있으며, 또한 (우리가 모두 호명한다면) 사도가 축도에서 하는 것처럼, 우리의 현재 상황에 가장 적합한 순서로 배치할 수도 있다. "주 예수 그리스도의 은혜와 하나님의 사랑과 성령의 교통하심이 너희 무리와 함께 있을지어다 아멘"(고후 13:13).[614] 여기서

---

614   역자주, 원문은 고후 12:13로, 영문판은 고후 13:14로 기재하고 있다.

그는 두 번째 위격을 첫 번째 위격에 앞서 배치하는데, 이는 그리스도의 은혜로 우리가 아버지 하나님의 사랑에 참여하게 되었기 때문이다.

셋째, "아버지"라는 이 칭호에서, 하나님의 자녀들이 기도로 하나님 앞에 나아가는 담대함의 진정한 근거를 보라.[615] 즉, 하나님께서 그들의 아버지가 되는, 그리스도 안에 있는 은혜 언약에 대한 그들의 관심이다. 성경은 두 가지 언약을 언급하는데, 그중 하나는 "이를 행하라 그리하면 살리라"는 행위 언약이고, 다른 하나는 믿음으로 메시야에 의한 화해에 관한 은혜 언약인데, 이는 "주 예수를 믿으라 그리하면 구원을 얻으리라"[롬 10:9]고 말하고 있다. 이제 행위 언약은 우리 육체의 부패로 말미암아 우리를 하나님에게서 몰아내어 지옥에 던져 버리지만, 은혜 언약은 그리스도 안에서 우리가 하나님과 화목하게 된 것을 보여 준다. "이는 하나님께서 그리스도 안에 계시사 세상을 자기와 화목하게 하시며", 첫 번째 언약이 정죄했을 "그들의 죄를 그들에게 돌리지 아니하셨기 때문이다"[고후 5:19]. 그리고 우리가 진정으로 그리스도를 믿을 때, 우리는 이 언약의 조건을 이행하며, 따라서 "그를 믿는 믿음으로 말미암아 하나님과 화평을 누린다"[롬 5:1]. 참으로 "담대함과 확신을 가지고 하나님께 나아감을 얻느니라"[엡 3:12]. 그러므로 우리가 기도로 하나님께 나아갈 때, 우리는 그리스도 안에 있는 이 언약에 근거해야 하며, 그리하여 은혜의 보좌로 담대히 나아가야 한다[히 4:16]. 그리스도를 믿으라, 그리하면 하나님께서 너희 아버지이시며, 따라서 너희가 환영을 받을 것이다. 따라서 율법 아래 있는 선지자들과 거룩한 사람들은 갈라디아서

615 역자주, 여백에: 우리가 하나님께 기도할 때 담대함을 갖는 근거.

3장과 로마서 4장에서 사도가 보여 주듯이 주님께 기도할 때, 아브라함, 이삭, 야곱과 맺은 주님의 언약, 즉 은혜 언약을 기억해 달라고 자주 간구했다.

넷째, "아버지"라는 이 칭호에서 우리는 하나님께 기도할 때, 어떻게 우리 자신을 하나님께로 향해야 하는지 배운다.[616] 즉, 외적으로나 내적으로 우리의 모든 행동에 대해 아버지를 향한 자녀로서 행해야 한다. 그리고 이것은 특히 네 가지에 해당한다. 첫째, 은혜로운 자녀가 합법적인 부모 앞에 나아갈 때처럼, 마음과 몸가짐 모두 합당한 경외심으로 임해야 한다. 둘째, 우리 자신의 공로와 의지를 포기하고, 그리스도의 의와 그분 안에 있는 하나님의 뜻에 전적으로 의존하는 마음에서 참된 겸손으로 임해야 한다. 셋째, 그리스도 안에서 우리에게 그렇게 은혜롭고 자비로운 아버지인 하나님께 범죄한 우리 자신의 죄에 대해 참된 통회와 슬픈 마음으로 임해야 한다. 넷째, 모든 죄의 길을 끊고, 그의 모든 계명에 새롭게 순종하며, 하나님 앞에서 걷고자 하는 건전한 마음의 목적을 가지고 임해야 한다. 이것이 기도할 때 하나님의 자녀다운 행동이며, 우리가 하나님 앞에 나아갈 때 이런 행동에 순응하기를 힘써야 하며, 그렇지 않으면 우리 자신이 자녀가 아니라, 반역자요 배신자라는 것을 보여 주게 된다. 그러므로 기도할 때 모든 불손한 행동을 조심하고, 마음의 교만과 완악함과 사악함을 조심하고, 조금이라도 죄 가운데 살 의향을 갖지 말아야 한다. 왜냐하면 다윗이 말한 것처럼, "내가 나의 마음에 죄악을 품었더라면 하나님이 내 기도를 듣지 아니할 것"[시 66:18]이기 때문이다. "그러나 내가 무죄 가운데 손을 씻고 주의 제단에 두루 다니며"[시

616　여백에: 기도로 하나님께 우리 자신을 맡기는 방법.

26:6], 그 자신의 의를 부인하는(시 51:1; 115:1) "상하고 통회하는 마음으로"(시 51:17), 그리고 모든 경건한 행동으로(시 95:9) 행할 것이다.

이런 식으로 "아버지"라는 칭호에 대해 많이 다루어 보았다. 이제 기도할 때 이 말씀을 우리 자신에게 어떻게 적용해야 할지 살펴보자. "우리 아버지", 즉 그리스도 안에 있는 나의 아버지는 나의 아버지만 아니라, 그를 진정으로 믿는 모든 사람의 아버지이다.

따라서 우리는 다양한 지침을 배운다.

지침 1. 첫째, 우리가 기도할 때, 의와 영생에 관한 그리스도 안에 있는 하나님의 모든 약속을 우리 자신에게 적용해야 하는데,[617] 이는 그 약속들을 하신 분이 우리 아버지이시며, 따라서 그것들은 그의 자녀인 우리에게 속한 것이기 때문이다. 이러한 약속들은 많고 훌륭한 것들이다. 그리고 기도할 때 그것들이 우리 자신에게 적용되어야 한다는 것은 모든 부분에서 인정되지만, 그 방법에 대해서는 논란이 있다. 교황주의자들은 우리가 소망으로 그것들을 우리 자신에게 적용해야 한다고 말한다. 우리는 믿음으로 적용해야 한다고 말하는데, 이 믿음은 바라는 것들의 근거가 되고, 특히 우리 자신이 그것들을 붙드는 것으로서, 도마가 그리스도께 "나의 하나님, 나의 주님"[요 20:28][618]이라고 말한 것과 같다. 이것은 다음과 같이 입증된다. 우리가 기도로 무엇을 구하든지, "하나님께서 그의 아들을 위해 그것을 허락할 줄 믿어야"[막 11:24; 약 1:6] 하지만, 하나님께서 그리스도 안에서 우리의 아버지이시며, 그리스도께서 우리의 구속자임을 믿지 않는 한, 우리는 이것을 믿을 수 없다. 그러므로 우리는 먼저 믿음으로 그리스도 안에 있는 의와 영생의 주된 약속을 붙잡아야 하는데,

---

617   여백에: 하나님의 약속을 우리 자신에게 적용하기.
618   역자주, 영문판은 원문과 달리 요 10:28로 기재한다.

그 약속은 우리가 하나님으로부터 받는 모든 복의 근거이다. 어떤 사람들은 말하기를 이것은 하기 어렵다고 한다. **대답.** 그러나 우리는 여기서 우리의 노력을 다해야 하며, 바울이 "이제 나는 나를 사랑하사 나를 위하여 자기 자신을 버리신 하나님의 아들을 믿는 믿음 안에서 사는 것이라"[갈 2:20]고 말한 그 은혜의 분량에 도달할 수 있는 수단을 사용하여 의심에 대항하여 싸워야 한다. 이것을 진심으로 행하면, 하나님께서는 그 의지를 행위로, 심지어 그리스도와 그의 유익을 적용하려는 우리의 열망과 노력까지도 적용 그 자체로 받아들여 주신다. 그리고 우리가 이러한 수단을 계속 사용한다면, 우리 안에서 이 선한 갈망을 시작한 그분이 은혜와 완전한 확신의 열매로 완성하실 것이다.

지침 2. 둘째, 이것은 우리가 기도할 때 하나님의 모든 전투적 교회와 사람들을 염두에 두도록 가르치는데,[619] 이는 우리가 "우리 아버지"라고 말해야 하기 때문이다. 참으로 이 칭호를 특별히 우리 자신에게 적용하는 것은 불법이 아닌데, 왜냐하면 하나님께서는 진실로 믿는 모든 사람에 대해 "너희가 나를 나의 아버지라 부를 것"(렘 3:19)이라고 말씀하시기 때문이다. 그래서 그리스도[마 26:39]가 그렇게 하셨고, 그의 사도들[고전 14:18]도 기도할 때 이 칭호를 자신들에게 적용했다. 그러나 그리스도는 우리가 항상 우리 형제들을 위해 기도하기를 바라시며, 그의 이런 지시로부터 그들도 우리를 위해 기도한다는 것을 확신한다. 이것은 의심의 여지 없이 다윗의 일상적인 관행이었는데, 왜냐하면 그가 자신의 개인적인 죄를 용서해 달라고 매우 간절히 기도했을 때[시 51:1], 시온을 잊지 않고 "주의 은택으로 시온

---

619 여백에: 우리는 다른 사람들을 위해 기도해야 한다.

에 선을 행하시고 예루살렘 성을 쌓으소서"[시 51:18]라고 기도했기 때문이다. 이제 우리가 기도할 때마다 하나님의 교회를 존중해야 한다면, 우리의 삶의 과정에서 우리는 다른 사람들, 특히 하나님의 교회의 유익을 구해야 하는데, 이는 우리의 행실이 우리 헌신의 진실을 표현해야 하기 때문이다. 모든 사람이 이것이 목사의 의무라고 말하는데, 이것은 매우 맞는 말이다. 하지만 그것이 단지 목사만의 의무는 아니다. 왜냐하면 자연적인 몸에서 모든 지체가 온몸의 유익을 위해 자신을 사용하는 것처럼, 그리스도의 신비적 몸에서도 그리해야 하기 때문이다. 가장 보잘것없는 그리스도인이라도, 성령의 은사는 어느 정도 있으며, "성령의 나타남은 (그것이 어디에 있든) 유익하게 하려 하심이기"[고전 12:7] 때문이다. 흔히들 '모든 사람은 자기 자신을 위해, 하나님은 우리 모두를 위해'라고 말하지만, 이것은 모든 사람이 다른 사람의 유익을 구하는 성도의 교제에 전적으로 모순되는, 은혜 없는 말이다.

지침 3. 셋째, 그러므로 우리는 하나님께 기도할 때 우리 형제들에게 어떤 영향을 미쳐야 하는지 배우는데, 즉 동일한 아버지의 자녀에게 하듯이, 사랑스럽고 평화롭게 영향을 미쳐야 한다.[620] 우리가 주님의 식탁에 올 때, 모든 사람을 사랑하고 우호적으로 대할 것을 의식해야 하며, 기도할 때 그와 같이 해야 하는데, 이는 우리가 하나님께 영적인 제사를 드리기 위함이다. 그러므로 우리는 제물을 드릴 때, "형제들과 화목해야"[마 5:23] 하는데, 이는 사람의 마음에 악이 가득하거나, "그들의 손에 피가 가득하면 많은 기도를 할지라도 하나님이 듣지 않으시기"[사 1:15] 때문이다. 그러므로 우리가 우리 아버

---

620 여백에: 기도에서 형제 사랑이 필요하다.

지께 요청하듯 하나님께 요청한다면, 우리는 반드시 그의 자녀들을 형제처럼 사랑해야 한다. 왜냐하면 "우리가 이 계명을 하나님께 받았나니 하나님을 사랑하는 자는 또한 그 형제를 사랑해야 하며"[요일 4:21], "그 형제를 사랑하지 아니하는 자는 하나님께 속하지 아니하기"(요일 3:10) 때문이다.

지침 4. 넷째, 여기서 우리는 지위가 높든 낮든, 가난하든 부유하든, 모든 참된 신자들이 하나님 앞에서 동등한 상태에 있음을 알 수 있는데,[621] 이는 하나님께서 사람을 차별하지 않으시기 때문이다. 그리고 여기서 그리스도는 모든 사람에게 "우리 아버지"라고 말하라고 가르치신다. 지상의 왕국에는 신분과 지위에 따라 어떤 사람은 고귀하고, 어떤 사람은 천하며, 어떤 사람은 다스리고, 어떤 사람은 섬기고 순종한다. 그러나 "그리스도 안에서 하나님께는 종이나 자유인이 차별이 없다"(골 3:11). 믿는 목자는 믿는 왕과 마찬가지로 하나님을 아버지라고 부를 수 있고, 그리스도의 왕국에서 좋은 자리를 차지할 수 있다. 이것은 특히 가난한 사람들이 성실하게 복음을 받아들이도록 격려하는데, 그들이 신실하다면 그들의 비천한 외적 신분이 주님께서 높이 받아들이는 것을 침해하거나 방해할 수 없음을 알기 때문이다. 이것은 또한 이 세상의 부자와 고귀한 자들이 이런 외적인 것들로 교만하여 가난한 자들을 정죄하지 말 것을 훈계하는데, 이는 이런 외적인 것들이 그들로 하여금 하나님 나라에 들어갈 자격을 주지 않기 때문이다. 아니, "육체를 따라 부름받은 능한 자가 많지 아니하며 문벌 좋은 자가 많지 아니하고"[고전 1:26], "하나님이 세상에서 가난한 자를 택하사 믿음에 부요하게 하셨기"(약 2:5) 때문이다.

---

621 여백에: 하나님의 부성(父性)은 모든 참된 신자에게 동등하다.

"하늘에 계신." 첫째, 이 말씀은 우리가 기도할 때 어떤 장소를 향해야 하는지 보여 준다. 우리가 기도하는 우리 아버지는 "하늘에 계신" 분이므로, 우리의 마음과 눈과 손과 우리 안에 있는 모든 것을 그 곳으로 향해야 한다. 실제로 율법 아래 있던 유대인들은 성전을 바라보고, 성전 안에서 속죄소를 바라보았는데, 이는 주께서 거기서 그의 임재를 나타낼 것을 약속하셨기 때문이다. 그러므로 다니엘은 갈대아에서 기도할 때 얼굴을 예루살렘을 향하여 기도했다[단 6:10]. 그러나 신약에서는 하나님의 임재와 관련하여 장소의 구별이 사라져, 우리가 기도할 때 동쪽이나 서쪽, 북쪽이나 남쪽을 바라보도록 묶여 있지 않으며, 사람들은 이제 어디서나 모든 방법으로 하나님께 순수한 마음과 손을 들어 올릴 수 있다. 여러분은 여러분의 마음을 하늘을 향하도록 해야 하는데, 여러분이 기도하는 아버지가 그곳에 계시기 때문이다. 그리고 여러분이 어느 쪽을 보거나 어디로 가든지, 천국은 더 가깝지도 멀지도 않다. 이것은 하나님을 예배하는 문제에 있어서 교황주의자들의 주목할 만하고 총체적인 어리석음을 명백하게 보여 준다. [622] 첫 번째는 하나님을 더 잘 섬기기 위해 그들이 여기저기로 순례를 가는 것이다. 이는 여러분이 경배해야 할 하나님이 하늘에 계시므로, 그런 점에서 모든 장소가 동일하기 때문이다. 여러분이 어디로 가든지 더 가까운 것도 아니고, 순례길을 가지 않더라도 더 멀리 떨어진 것도 아니다. 하나님 앞에서 가증한 그들의 두 번째 어리석음은 십자가와 십자가에 달린 그리스도 등의 형상으로 하나님을 경배하는 것이다. 그들은 이것들을 사용하여 하나님과 그리스도의 마음에 그것들을 두고자 하지만, 사람의 교훈과 전통으로 이것을 가

---

622 역자주, 여백에: 교황주의자들의 두 가지 어리석음.

르치므로 하나님 보시기에 단지 헛되고 어리석은 숭배에 불과하다. 그리스도는 우리에게 마음을 하늘로 향하게 하고, 여기 이 땅의 말 못 하는 형상에게 기름을 붓지 말라고 가르치신다.

둘째, 하나님께서 하늘에 계신다면, 우리가 기도할 때 우리는 모든 경외심과 두려움과 떨림으로 하나님 앞에 나아가야 한다.[623] 그는 하늘에 계신 지극히 영광스러운 하나님이시며, 모든 위엄과 권능이 충만하시기 때문이다. "너는 하나님 앞에서 함부로 입을 열지 말며 급한 마음으로 말을 내지 말라"(전 5:2).[624] 왜 그런가? "하나님은 하늘에 계시고 너는 땅에 있음이니라 그런즉 마땅히 말을 적게 할 것이라." 이제 이러한 경외심은 반드시 드러나야 한다.[625] 첫째, 마음의 거룩한 성향과 주님을 향한 애정에서 드러나야 하며, 마음이 잡념에 휩쓸리지 않고, 전적으로 그리고 오직 현재 행하고 있는 봉사에 적용되어야 한다. 둘째, 그토록 높은 위엄에 대해 행해진 거룩한 행동으로 보이는 아름다운 몸짓으로 드러나야 한다. 셋째, 하나님 앞에서 말해야 할 것들을 미리 잘 생각한 후에 겸손하고 경건하게 우리의 요청을 말하는 것으로 드러나야 한다. 하지만 일상적인 기도를 하는 사람들의 경우도 마찬가지인가? 그 이상도 이하도 아니다. 왜냐하면 이해하지 못한 채 기도하는 많은 사람들 외에, 심지어 더 나은 부류의 사람들조차도 기도 시간에 다른 문제, 즉 자신의 이익이나 스포츠나 그와 유사한 일에 몰두하기 때문이다. 그것은 입술은 하나님께 가까이 가지만, 마음은 멀리 떨어져 있는 바리새인의 기도가 아닌가? 다시 말하지만, 많은 사람들이 몸짓이나 말에서 경외심을 나타내지

---

623 여백에: 기도할 때 경외심이 요구된다.
624 역자주, 원문과 영문판은 전 5:1로 기재한다.
625 역자주, 여백에: 어떻게 그것이 드러나야 하는가.

않고, 어떤 사람들은 하나님께 엎드려 기도하는 것을 멸시하며, 어떤 사람들은 미리 생각지 않고 많은 말로 하나님께 달려든다. 그러나 이 모든 사람들은 심각한 죄를 짓는데, 왜냐하면 불경건한 기도가 쉽게 분별되지 않아, 사람들의 양심을 괴롭히는 일이 거의 없다 할지라도, 첫 번째 돌판을 거스르는 것이기 때문에, 전능하신 분께 수치스러운 것으로 간주 되어야 하기 때문이다. 그리고 부주의하게 행해진 것이 일단 알려지면, 이는 하나님의 위엄에 대한 명백한 조롱이며, 아버지나 어머니를 조롱하는 것보다 더 나쁘다. 그러므로 우리는 모든 주의를 기울여 그것을 피하고, 기도할 때 하나님께 모든 경외하는 마음을 갖추어야 한다.

셋째, 그러므로 우리는 하나님께 기도할 때, 특히 하늘의 것들을 구하는 것을 배워야 한다.[626] 이러한 지상의 복은 우리가 부름받은 하늘의 영원한 유업을 향해 나아가게 하는 데 도움이 되는 만큼 간구할 수 있다(벧전 1:3-4). 그러나 땅에서 계속 비굴하게 사는 것은 하늘에 계신 아버지를 소유한 자의 본성에 어긋나는 것이다.

넷째, 우리의 주된 관심은 어떻게 하늘에 가느냐 하는 것이어야 하는데, 왜냐하면 거기에 우리 아버지가 계시기 때문이다.[627] 일반적으로 자녀는 그의 아빠와 함께 있기를 원하며, 엄마의 무릎이나 아빠의 품에 안기는 것을 가장 좋아한다. 그러므로 우리는 아버지가 계신 하늘에 있고자 하는 거짓 없는 소망으로, 우리 자신이 하나님의 아들과 딸임을 증거해야 한다. 자녀가 아버지의 집을 기뻐하지 않는 것은 부자연스러운 일이며, 따라서 하늘과 하늘의 것들에 대한 애정이 없는 자녀는 은혜가 없다는 것을 입증한다. 그러므로 우리는 기도하기

---

626 여백에: 우리가 기도할 때 하나님께 구해야 할 것들.
627 여백에: 하늘을 향한 우리의 애정.

를 기뻐하여 아버지의 품 안에 안기고, 비록 우리 몸은 땅에 있지만, 우리 영혼은 애정과 열망으로 하늘로 오르게 하자. 여기서 우리는 순례자에 불과하지만, 하나님께서 우리 아버지라면, 우리 마음은 아버지가 계신 천국, 즉 우리의 본향에 있어야 한다.

이상과 같이 살펴본 이 서문의 말씀에는 우리의 모든 기도에 대한 주목할 만한 두 가지 근거와 버팀목이 포함되어 있다.[628] 즉, 하나님은 우리가 기도할 때 듣고 도와줄 **능력**과 **의지**가 있다는 것이다. 그가 "하늘에" 계신다는 것은, 그가 전능하며, 따라서 우리의 기도를 듣고 도울 수 있다는 것을 의미하기 때문이다. "우리 하나님은 하늘에 계셔서 원하시는 모든 것을 행하신다"[시 115:3].[629] 그리고 참으로 그리스도 안에서 우리 아버지이신 그는 우리의 요청을 기꺼이 들어줄 준비가 되어 있다. 왜냐하면 친아들에게 다정하게 대하지 않는 아버지가 없는 것처럼, 주 우리 하나님이 그리스도 안에서 그의 모든 자녀들에게 그러시기 때문이다. "아버지가 자식을 긍휼히 여김 같이 여호와께서는 자기를 경외하는 자를 긍휼히 여기시나니"(시 103:13). "너희가 악할지라도 좋은 것을 자식에게 줄 줄 알거든 하물며 너희 하늘 아버지께서 구하는 자에게 성령을 주시지 않겠느냐"(눅 11:13). 따라서 그리스도는 이렇게 말씀하신다. "너희가 무엇이든지 아버지께 구하는 것을 내 이름으로 주시리라"(요 16:23). 올바로 기도하는 모든 사람은 이 두 가지를 확신해야 한다. 하나님께서 듣고 도와줄 수 있다는 것은 누구나 인정하지만, 그의 의지에 대해서는 하나님을 아버지로 아는 하나님의 자녀 외에는 아무도 확신할 수 없다. 그러나 여기서 누구든지 자기 마음대로 무엇이든 구하면, 하나님께서 들어

---

628 여백에: 우리의 기도에 대한 이중적 버팀목.
629 역자주, 영문판은 원문과 달리 시 115:5로 기재한다.

준다고 생각하여 스스로 속이지 말아야 한다. 왜냐하면 우리가 잘못 구하면, 받지 못할 것이기 때문이다. 그러므로 우리는 우리가 구하는 것들과 구하는 방식 모두에 대해 하나님 말씀의 지시를 주의 깊게 확인하고 준수해야 한다.

이름이 거룩히 여김을 받으시오며

지금까지 서문에 대해 많이 다루었다. 이제 간청이 시작되는데, 여섯 가지 간청이며, 그중 처음 세 가지는 하나님에 관한 것이고, 나머지 세 가지는 우리 자신에 관한 것이다. 또한, 하나님과 관련된 것 가운데 첫 번째는 하나님의 영광 자체에 관한 것이고, 나머지 두 가지는 하나님의 영광이 사람들 사이에서 나타나고 확대되는 수단에 관한 것이다. 왜냐하면 **하나님의 나라가 임하고, 그의 뜻이 이루어질 때, 하나님의 이름이 사람들 가운데서 영광을 받을 것이기 때문이다.**

이제 하나님의 이름을 영화롭게 하기 위한 이 간청이 첫째 자리에 놓이는 것이 올바른 것인데, 이는 하나님의 영광이 모든 것의 절대적인 목적이기 때문이다. "여호와께서 온갖 것을 그 쓰임에 적당하게 지으셨나니 악인도 악한 날에 적당하게 하셨느니라"(잠 16:4). 그러므로 그것은 만물보다, 생명 자체보다, 참으로 영원한 생명인 구원보다 우선시되어야 한다. 우리 구주 그리스도는 자신의 생명보다 아버지 이름의 영광을 우선시한다(요 12:27-28). 바울은 자신의 구원보다 그것을 선호하는데, 이는 유대인의 구원 가운데 있는 하나님의 영광을 위해, "자신이 그리스도에게서 끊어지기를 바랐다"(롬 9:3)고 고백하기 때문이다.

나머지 간청과 마찬가지로 이 간청에서도 우리는 먼저 그 말씀의 의미를 보여 주고, 그 다음에 용도를 제시할 것이다.

의미

"이름." 이 단어는 여기서 일반적으로 하나님을 가리킨다. 첫째, **하나님 자신**. "야곱의 하나님의 이름이 너를 지키시며"(시 20:1), 즉 야곱의 하나님이 너를 지키신다. "누구든지 주의 이름을", 즉 주님을 "부르는 자는 구원을 받으리라"(롬 10:13). 둘째, 여기서 그것은 사람들이 그들의 이름으로 알려지는 것처럼, **하나님을 알 수 있는 모든 것**을 의미하고, 다음과 같은 것을 포함한다. 첫째, 공의, 자비, 권능, 지혜 등과 같은 그의 **신적 속성**. 둘째, 사람들에게 하나님에 대한 참된 지식을 계시하는 거룩한 성경인 그의 **말씀**. 셋째, 공적이든 사적이든 하나님께서 자신의 임재와 능력과 공의를 알리시는 하나님의 **심판**. 넷째, 그의 **작품들**과 **피조물**에는 하나님의 이름이 새겨져 있으며, 하나님의 보이지 않는 것들이 그것들 안에서 보일 수 있게 된다(롬 1:20).

"거룩하여지다" 또는 성결하게 되다. **하나님의 이름을 거룩하게 한다**는 것은, 요한복음 12장 28절처럼 하나님의 이름을 영화롭게 하는 것이며, 이는 우리가 하나님께 있을 수 있는 최고의 영예를 돌릴 때 하는 것이다. 나는 최고의 영예를 말하는데, 두 가지 종류의 영예가 있기 때문이다.[630] 첫째, 우리가 하나님께 마음을 드리고, 그를 사랑하고, 그를 경외하고, 무엇보다도 그를 신뢰하고 기뻐할 때의 종교의 영예인데, 우리는 하나님의 말씀에 규정된 모든 외적인 경배로 그

---

630 여백에: 두 가지 종류의 영예.

것을 증거한다. 이보다 더 큰 영광은 없을 것이다. 둘째, 공동체에는 사람과 사람 사이를 오가는 사회적 영예가 있는데, 이는 말이나 몸짓으로 예의 바르게 다른 사람의 탁월함과 우월성을 인정하는 것이다. 그리하여 신하들은 우리의 군주들과 행정관들을 존경하고, 하급자들은 그들의 상급자들을 존경한다. 이것은 피조물에게 합당한 것이다. 전자는 창조주께만 드리는 것이며, 그것이 우리가 여기에서 기도하는 영예이다.

이 간청의 의미를 더 잘 이해하기 위해, 우리는 하나님의 이름이 우리에게서 거룩하게 되거나 성결하게 되는 두 가지 방법을 알아야 한다.[631] 하나님 자신 또는 그의 작품에서 하나님의 이름이 거룩하게 되며, 그 자신 안에서는 세 가지 행동으로 하나님의 이름이 거룩하게 된다.[632] 첫째, 그가 자신의 말씀 가운데 자신을 계시하신 대로, 우리가 마음속에 하나님을 생각하고 그를 인정할 때이다. 즉, 가장 거룩하고, 가장 지혜롭고, 공의롭고, 자비로운 만물의 창조주이자 통치자로 그를 인정할 때이다. 둘째, "우리가 우리 마음에 주님을 거룩하게 할"[벧전 3:15] 때, 즉 우리가 그를 무엇보다도 사랑하고, 그를 무엇보다도 경외하며, 모든 상태에서 그를 신뢰할 때이다. 셋째, 우리가 하나님의 선하심에 대해 하나님의 이름을 찬양하고 찬송할 때이다. 참으로 우리가 그의 특별한 은총을 결코 맛보지 못하더라도, 그의 일반적인 자비와 공의와 가장 지혜로운 섭리에 대해, 우리는 입으로 주님을 찬양해야 한다.

하나님의 이름은 세 가지 특별한 행동을 통해 그의 피조물 안에

---

631 여백에: 우리가 하나님의 이름을 거룩하게 하는 방법.
632 역자주, 여백에: 그 자신 안에서.

서 거룩해지거나 성결하게 된다.[633] 첫째, 우리가 하나님의 지혜와 모든 피조물 안에 있는 그의 강력한 손길을 인정할 때이다. 둘째, 우리가 피조물을 경건하게 평가하고, 그들에게 나타나는 하나님의 능력과 지혜의 인장(印章)을 고려하여, 피조물을 기독교적 절제로 사용할 때이다. 셋째, 하나님께서 요구하시는 대로, 말씀과 기도로 우리가 그것들을 적절하게 사용하여 거룩하게 할 때이다(딤전 4:5). 그가 그의 교회에 자신을 계시한 그의 엄숙한 규례인 하나님의 말씀에서 이에 대한 실천을 보라. 그 안에서 우리는 하나님의 이름을 거룩하게 하고 성결하게 한다.[634] 첫째, 우리가 그 안에 있는 하나님의 지혜와 자비와 능력을 인정할 때이다. 둘째, 우리가 말씀 안에 나타나는 하나님의 영광스러운 형상과 관련하여, 말씀을 경건하게 평가할 때이다. 셋째, 우리가 성결하고 거룩한 방식으로 그것을 사용하고, 준비된 마음으로 경건하게 그것에 나아가고, 그로 말미암아 이루어진 하나님의 은혜를 갈망하고, 그로 말미암아 틀이 잡히고 다스림을 받도록 우리 마음과 삶을 내어줄 때이다. 이와 같이 우리가 고난 가운데서 하나님의 손이 공의와 자비와 큰 지혜로 우리를 징계하는 것을 보려고 노력할 때, 고난 중에 나타나는 하나님의 손길을 경건하게 존중하고, 그로 인해 우리의 회개를 더하고 믿음과 인내를 행사하기 위하여 겸손해지도록 애쓸 때, 우리는 고난 속에서 하나님을 거룩하게 한다(왜냐하면 그것은 하나님의 사역이기 때문이다).

따라서 이 간청에서 우리는 생각과 마음과 삶으로 하나님 자신과 그의 작품에서 하나님께 영광 돌리기를 원한다. 그리고 그 의미는 이렇게 표현될 수 있다. "오, 주여, 우리의 눈을 열어 주님을 바로 알게

---

633   역자주, 여백에: 그의 피조물 안에서.
634   여백에: 우리가 하나님의 말씀 안에서 하나님을 거룩하게 하는 방법.

하시고, 주님의 권능과 지혜와 공의와 자비를 분별하게 하소서. 그리고 주님을 우리의 두려움과 사랑과 기쁨과 확신으로 삼아 우리 마음속에 주님을 거룩하게 하도록 우리의 마음을 크게 하소서. 그리고 주님의 무한한 선하심을 찬양할 수 있도록 입술을 열게 하소서. 참으로 오, 주여, 우리의 눈을 열어 주님의 작품 속에서 주님을 보게 하시고, 그것들 가운데 나타난 주님의 이름을 경외하는 마음으로 우리의 마음을 치게 하소서. 그리고 우리가 그것들 가운데 어느 하나를 사용할 때, 그것을 진지하고 성결하게 사용함으로써, 주님을 영화롭게 할 수 있게 하소서."

적용

첫째, **애통해야 할 결핍**. 여기서 우리는 우리의 결핍을 생각하고, 하나님의 영광을 방해하거나 그의 이름을 모독한 죄에 대해 우리의 영혼을 낮추어야 한다.[635] 이것들은 특히 네 가지이다. 첫째, **마음의 교만**, 하나님의 찬양과 영광이 아닌 자신의 칭찬과 영광을 구하는 악한 애정이다. 이것은 자연스럽기 때문에 식별하기가 더 어렵다. 그러나 마음의 교만이 길러지는 동안 하나님의 영광은 소홀하게 되므로, 우리가 하나님의 이름을 영화롭게 하기를 원할 때, 이 내적 타락을 인정하고 애통해야 한다. 둘째, **열심의 결핍**, 하나님을 향한 마음의 냉랭함. 이것은 우리 마음속에서 주님을 비하하고, 우리 안에 있어야 할 하나님에 대한 높은 존경심을 빼앗는 내적 부패이다. 이로 인해 악한 사람들이 하나님을 욕되게 하고 비방할 때, 우리는 하나님께 영광을 돌리고, 하나님의 대의와 그의 이름의 명예를 수호하는

---

635 여백에: 하나님의 이름을 모독하는 죄.

일을 생략하게 된다. 자신의 상태에 대해 조금이라도 통찰력이 있는 사람은, 이것을 스스로 인식할 수 있다. 이제 그것은 하나님의 영광을 크게 방해하므로, 우리는 우리 자신의 마음속에서 그것에 대해 거짓 없이 애통해야 한다. 셋째, **마음의 강퍅함**, 그로 인해 하나님의 말씀 안에 있는 하나님에 대한 참된 지식을 알지 못하고, 그의 사역 가운데 있는 그의 지혜, 권능, 공의, 자비 등을 우리 눈앞에 두고도 분별하지 못하는 것이다. 그러므로 우리가 말씀을 소홀히 여기고, 하나님의 사역을 고려하지 않고 지나치거나, 고려하더라도 하나님께 영광이 되지 못하고, 우리 영혼에 유익이 되지 못한다. 그리스도의 제자들은 떡 가져가기를 잊었는데, 이는 그들의 마음이 강퍅해졌기 때문이다(마 16:5).[636] 그들은 그 기적의 도구로서 자신들의 손에서 음식이 늘어나는 것을 감지할 수 있었음에도 불구하고, 그 기적에 나타난 하나님의 능력을 분별하지 않았거나, 적어도 기억하지 않았다. 넷째, **삶의 불경함과 불결함**, 우리가 "은혜의 열매"(요 15:8)를 맺을 때, 하나님께서 영광을 받으시며, 우리의 "선행"으로 다른 사람들이 하나님께 영광을 돌리게 하기 때문이다(마 5:16). 그러므로 우리의 불경한 삶은 주님을 모욕하는 것이며, 다른 사람들이 그의 이름을 욕되게 하고 모독하게 한다(롬 2:24). 이제 이러한 모독은 하나님의 이름을 모독하고, 그의 칭호, 속성, 그의 말씀, 그의 피조물들, 또는 그의 섭리의 사역을 남용하는 사람들의 말에서 나타나거나, 그들이 하나님의 영광이 아니라 자기 자신을 추구하면서, 삶의 전체 과정을 잘못된 목적으로 처신하는 그들의 행실에서 나타난다.

이것들은 하나님의 영광을 거스르는 특별한 죄로, 우리는 이를 보

---

636 역자주. 원문과 영문판은 막 6:5로 잘못 기재하고 있다

고 우리 마음속에서 애통해야 한다. 우리가 그것들을 우리 자신에게서 보지 못한다면, 더 나쁜 상태이고, 우리 자신을 더욱 의심해야 한다. 만일 우리가 우리 안에서 그것들을 인식한다면, 그것들에 대해 겸손해야 하며, 참으로 우리 자신의 마음이 부끄러워하고 혼란스러워해야 하며, 이로 인해 우리 자신을 악하게 생각해야 하며, 그런 다음에야 진실된 마음으로 "오 주여, 당신의 이름이 거룩히 여김을 받으시오며"라고 말할 수 있을 것이다. 그리고 실제로 우리가 이러한 타락에 대해 어느 정도 내적으로 겸손해지기 전까지, 마음은 하나님의 아들과 딸로서 마땅히 해야 할 말을 결코 할 수 없을 것이다.

둘째, **갈망해야 할 은혜.** 이 간청은 우리 자신과 다른 사람들에게서 그의 이름을 영화롭게 할 수 있는 영적인 은혜를 하나님께 간절히 사모하도록 가르친다. 우리로 하여금 이렇게 할 수 있도록 하는 은혜는 특별히 다음과 같다.[637] 첫째, 그의 말씀으로, 그리고 그의 능력과 섭리의 사역 속에서 자신을 계시한 **하나님에 대한** 참된 **지식**이 있어야 하는데, 이는 하나님을 알지 못하는 자는 그의 이름을 영화롭게 할 수 없기 때문이다. 둘째, 무엇보다 하나님을 사랑하고, 두려워하고, 신뢰함으로써, **우리 마음으로 하나님을 거룩하게 하는 것**이다. 이것은 우리가 모든 선한 일을 위해 영혼과 몸으로 그를 의지할 때, 그의 영광에 크게 이바지한다. 셋째, **우리 입술의 열매**는 하나님의 모든 자비에 대한 찬양의 제사이다. "감사로 제사를 드리는 자가 나를 영화롭게 하나니"(시 50:23). 넷째, 주님께서 얼마나 강력하고 지혜로우며 공의롭고 은혜로운지, 그의 모든 사역에서 **하나님의 손길을** 보는 것이다. 다섯째, 하나님의 공의, 자비, 능력 등이 나타나는 **하나**

---

637 여백에: 우리가 하나님께 영광을 돌릴 수 있게 해주는 은혜.

님의 작품을 경외하는 것이다. 여섯째, 말씀과 기도로 거룩하게 함으로써{딤전 4:5} **그의 모든 피조물을 경건하게 사용하는 것이다.**

우리는 이러한 은혜를 갈망하고 마음속에 생생하게 느끼기 위해 노력해야 하며, 그렇게 함으로써 하나님의 이름을 거룩하게 하고, 그의 모든 행사에서 그를 영화롭게 할 것이다. 그리고 이로써 우리는 우리 자신이 하나님의 아들과 딸임을 알게 될 것이다. 우리는 하나님의 은밀한 경륜 가운데 실제로 하나님께 속할 수 있지만, 이러한 성별된 애정과 거룩한 행동이 없다면, 우리는 유효한 부르심을 받지 못하여 실제로 하나님의 자녀가 되지 못한다.

셋째, **실천해야 할 의무.** 우리가 기도로 하나님께 구하는 것이 무엇이든, 생활 가운데 실천하기 위해 거짓 없이 노력해야 한다. 그러므로 우리가 하나님의 이름이 거룩히 여김을 받기를 기도하는 것처럼, 우리의 행실에서도 그의 이름을 거룩하게 하도록 주의해야 한다. 이를 위해서는 세 가지를 고려해야 한다.[638]

첫째, 우리의 삶이 흠 없고 죄로 더럽혀지지 않아야 한다. 바울이 이 땅의 종들에 대하여 말한 바와 같이, "그들은 자기 상전들을 범사에 마땅히 공경할 자로 알아야 하는데, 이는 하나님의 이름이 비방을 받지 않게 하려 함이다"[딤전 6:1]. 따라서 하늘에 계신 우리 주님을 향하여 우리 각 사람의 마음도 이와 같은 것이 확인될 수 있다. 그러므로 모든 우상 숭배와 신성모독적인 맹세와 저주하는 말과 안식일 위반과 두 번째 돌판을 거스르는 다른 모든 죄를 멀리하라. 왜냐하면 불경한 삶은 사람들이 고백하는 하나님의 이름에 큰 모욕을 가져오기 때문이다.

---

638 여백에: 우리가 하나님을 영화롭게 할 수 있는 의무.

둘째, 우리는 매일 우리의 부르심과 행실에서, 우리 삶의 올바른 목적, 즉 우리 자신의 칭찬, 부요, 쾌락, 존엄이 아닌 하나님의 명예와 영광을 제시해야 한다.

셋째, 하나님께서 어떤 섭리의 역사로 기회를 주실 때, 우리는 그 안에서 하나님을 영화롭게 하고 높여드리기 위해 힘써야 한다. **예시.** 하나님께서 여러 번 행하셨던 것처럼, 우리 가운데 심한 기근과 흉년, 또는 전염병의 재앙을 보내신다고 가정할 때, 우리는 그 안에서 하나님의 이름을 영화롭게 하고 찬양하기 위해 노력해야 한다. 첫째, 우리의 죄 때문에, 우리를 치시는 하나님의 손길을 보려고 노력해야 한다. 둘째, 하나님의 일을 경외하고, 그것을 그의 손길이 우리에게 임한 것으로 여겨야 한다. 셋째, 하나님께 자신을 낮추고, 하나님의 심판을 가져온 우리의 죄에 대해 새롭게 회개해야 한다. 이런 식으로 우리는 그의 심판에서 하나님께 영광을 돌려야 하지만, 아쉽게도 우리는 눈이 멀고 안일하여, 하나님의 손이 우리에게 임하더라도, 그것을 마음에 두는 사람이 거의 없다. "내가 행한 것이 무엇인가?"[렘 8:6]라고 말하는 자가 어디 있는가? 아니, 하나님께서 친히 "통곡하며 애곡하며 굵은 베를 띠라 하셨거늘 너희가 기뻐하며 즐거워하여 먹고 마시었다"[사 22:12-13]. 그래서 하나님의 심판에서 하나님의 이름이 모욕을 당하였다. 그러므로 하나님의 복이 우리에게 임할 때, 우리는 그의 자비의 손길을 보려고 애쓰고, 그 복을 베푸시는 하나님께 찬양과 감사로 경건하게 받들어, 그의 이름을 영화롭게 해야 한다. 그러나 여기에서도 사람들은 수단에 대해 자신의 재치와 근면을 찬양함으로써, 하나님을 욕되게 하고, 선지자가 말한 바와 같이 "그물에 제사한다"[합 1:15-16].

이 의무가 매우 무겁고 중요하기 때문에, 우리가 이것들을 행하도록 몇 가지 특별한 이유를 추가하고자 한다.[639] 첫째, 하나님의 교회와 자녀들에게 이 의무가 필요한 까닭은 하나님의 이름이 온 세상에서 모욕을 당하기 때문이다. 튀르키예 대국에서 하나님은 인정되지만, 아직 삼위일체에서 제외되어 있다. 그리고 하나님을 고백하는 유대인들은 그리스도를 부인한다. 교황주의자들은 말로는 삼위일체를 고백하고 인정하지만, 우상 숭배로 인해 하나님의 영광을 크게 빼앗고, 그리스도의 직분을 빼앗으며, 피조물에게 신적 경배를 바친다. 그리고 교회의 품속에는 많은 무신론자, 신성모독자, 압제자, 술에 취한 자, 간음하는 자, 음탕한 자들이 있는데, 그들의 하나님은 자신의 배다. 이 모든 자들이 말로는 하나님을 고백하지만, 행위로 그를 부인한다. 따라서, 하나님의 자녀가 하나님의 영광을 유지하고 발전시키려고 노력하지 않는 한, 하나님의 영광은 발에 짓밟히는 것과 같다. 둘째, 하나님의 자녀들이 이 의무를 생략하고 소홀히 하는 것은 큰 위험이 따르는데, 이는 그들이 소명을 통해 하나님께 가까이 나아가기 때문이다. 하나님은 그에게 가까이 오는 모든 이들에게 영광을 받으실 것이다. 우리가 우리의 고백에 따라 그를 공경하지 않는다면, 그의 영광을 위해 그의 손길이 우리에게 임할 것이다. 그러므로 하나님께서 아론의 아들 나답과 아비후가 여호와 앞에 다른 불을 드린 죄로 그들을 죽이셨고[레 10:1-2], 모세와 아론을 약속의 땅에서 쫓아내셨는데, 이는 "그들이 다툼의 물에서 그를 영화롭게 하지 않았기 때문이다"[민 20:12]. 이로 말미암아 하나님의 진노는 엘리 가문을 향해 불처럼 타오르게 되었는데, 왜냐하면 "그의 아들들의 죄악 때문인데, 그들의 아버지가 그들에게서 그것을 보았음에도 불구하고

---

639 여백에: 하나님을 영화롭게 하려는 동기.

그들을 금하지 않고 주님보다 그들을 더 중하게 여겼기 때문이다"[삼상 2:29, 31; 3:13]. 그러므로 우리는 우리 자신을 돌아보아, 그분 자신과 그의 사역 가운데서 하나님께 영광을 돌릴 필요가 있다. 그렇지 않으면, 그의 손길이 영혼이나 육체, 재물, 직업, 또는 그의 공의의 영광을 위해 다른 방법으로 우리에게 임할 것이니, 하나님께서는 자신의 영광을 잃지 않으실 것이기 때문이다. 셋째, 우리가 입으로 "이름이 거룩히 여김을 받으시오며"라고 말하면서, 우리 삶에서 그의 영광을 구하지 않는다면, 우리는 스스로 저주받을 위선을 행하는 것이며, 주님께서 지극히 싫어하시는 죄를 고백하는 것이다. 우리는 사람들 사이에서 위선자들을 매우 경멸하지만, 하나님에 대한 문제에서 이 죄는 훨씬 더 가증스러운 죄이다. 그러므로 우리가 하나님의 이름을 영화롭게 하기 위해 기도할 때, 우리 삶의 실천으로 우리 마음의 진실함을 보여 주도록 하자.

넷째, 이 간청은 우리 자신이 거룩하고 성결해야 할 것을 가르치는데, 그렇지 않으면, 하나님의 이름을 거룩하게 할 수 없기 때문이다. [640] "여호와의 기구를 메는 자들은" 그의 성소에서 "정결해야 하기 때문이다"(사 52:11). 하나님의 영광스러운 이름을 지닌 자들은 얼마나 더 거룩해야 하겠는가? 아나니아가 바울에게 가기를 주저했을 때, 주님께서는 그에게 "그는 내 이름을 위하여 택한 나의 그릇이라"[행 9:15][641]고 말씀하시어, 주님께서 최근에 그를 불러 복음 사역을 통해 자신의 이름을 영화롭게 하는 데 적합한 도구로 삼은 성결의 상태를 암시하셨다. 그래서 우리가 이 간청에서 바라는 것에 우리가 상응하려면, 우리는 동일한 성결의 상태를 추구해야 한다. 그러므로 우리는

---

640 여백에: 우리는 거룩해지기 위해 노력해야 한다.
641 역자주, 영문판은 원문과 달리 행 9:14로 기재한다.

생각과 마음이 변화된 새로운 피조물이 되기 위해 노력해야 하는데, 이는 거룩하지 않은 사람은 진정으로 하나님의 영광을 사모할 수 없기 때문이다. 그러나 우리가 성결의 은혜를 한 번 느끼면, 하나님의 영광에 대한 소망이 우리 마음속에서 자라날 것이며, 우리는 주님께서 그의 이름에 모든 영광을 돌리기에 얼마나 합당하신 분인지 알게 될 것이다.

다섯째, 우리가 이 간청을 그리스도께서 자신의 기도를 결론짓는 이유와 비교해 보면, 하나님께 대한 찬양과 영광이 그리스도의 기도의 시작과 끝이며, 그래서 말하자면 그리스도에게 있어서 첫 번째이자 마지막임을 알 수 있다.[642] 이로 인해 우리는 하나님께 간구하고 요청하는 것보다 더 자주 풍성하게 감사해야 한다는 것을 배울 수 있다. 이와 같이 우리는 이 땅에서 우리에게 후한 자들에 대해, 한 번의 좋은 일에 대해 그들에게 많은 감사를 한다. 그러므로 우리가 누리는 모든 좋은 선물에 대해, 하늘 아버지께 더욱더 넘치는 감사를 해야 한다. 하나님의 자녀가 가진 것이 없는 것처럼 항상 구걸만 하는 것은 하나님의 자녀답지 않으며, 감사와 찬양이 넘쳐나야 하는데, 이는 그가 자신을 향한 하나님의 자비를 맛보고 있다고 입증하기 때문이다. 이로 인해 다윗은 "찬송하는 일이 아름답고 마땅하며, 정직한 자들이 마땅히 할 바로다"[시 33:1; 147:1]라고 말했다. 우리의 영광스러운 삶은 하나님을 찬양하며 보내게 될 것이므로, 우리는 이 은혜의 시간에 그것을 위해 우리 자신을 훈련해야 한다. 그리고 실제로 우리의 감사에 따라 우리의 은혜가 있는데, 찬양이 적으면 은혜도 적다. 그러나 감사가 풍성한 사람은 하나님의 복도 풍성하다. 다시 말하지

---

642 여백에: 간청보다 더 풍성한 감사.

만, 우리가 가진 것에 대해 진심으로 감사하는 것은 더 많은 것을 얻기 위한 효과적인 기도이다.

마지막으로, 이 기도에서 이 간청이 위치한 곳은 다른 모든 것들보다 단순하고 절대적으로 하나님의 영광을 구하라고 가르친다.[643] 이것은 비록 하나님의 자녀가 하나님에게서 그 어떤 복도 받지 못할지라도, 그의 애정이 되어야 한다. 왜냐하면 우리는 하나님께서 그의 지시에서 무엇을 선호하시는지 보고, 우리의 모든 행동에서 그것을 항상 선호해야 하며, 비록 그로 인해 우리에게 아무런 유익이 따르지 않더라도, 그렇게 해야 하기 때문이다. 이를 위해 하나님께서는 우리가 각자의 위치와 소명에서 하나님께 영광을 돌릴 수 있도록 이 세상에서 살아갈 시간을 주셨다. 그렇지 않고 다른 일을 하는 자는 하나님의 이름을 욕되게 하는 자요, 아버지의 지혜인 그리스도께서 여기서 정한 이 하늘의 질서를 범하는 자이다.

나라가 임하시오며

일관성. 앞의 간청에서 하나님의 이름이 거룩히 여김을 받도록 기도하라고 가르쳤던 그리스도는 이 구절과 그 뒤에 나오는 나머지 구절에서도, 하나님의 이름이 거룩히 여김을 받는 방법을 우리에게 알려 줌으로써 동일한 것을 설명해 주신다. 왜냐하면 하나님께서 우리 안에 그의 왕국을 세우실 때, 그가 우리 마음에서 다스리게 하고, 우리가 그의 뜻을 행하고, 이생의 일에 대한 그의 섭리를 의지하고, 죄

---

643 여백에: 하나님의 영광이 절대적으로 추구되어야 한다.

사함을 위한 그의 자비를 신뢰하고, 유혹에 대항하는 그의 능력과 힘을 의지할 때, 우리가 하나님의 이름을 영화롭게 하기 때문이다. 그 모든 것 가운데 이 두 번째는 그 특별한 수단으로서 전자의 의존도가 가장 높다. 왜냐하면 사람은 이 땅에서 하나님의 이름을 영화롭게 해야 하지만, 하나님께서 말씀과 성령으로 그들의 마음을 다스리시고, 그들 안에 그의 왕국을 세우시기 전에는, 그들 스스로 그렇게 할 수 없기 때문이다.

의미

하나님의 나라는 이중적이다.[644] **일반적인 하나님의 나라**와 **특별한 하나님의 나라**가 있다. **일반적인 하나님의 나라**는 하늘과 땅, 지옥에 있는 모든 것, 심지어는 마귀까지도 다스리시는 하나님의 절대적인 권세와 주권이다. "여호와께서 그의 보좌를 하늘에 세우시고 그의 왕권으로 만유를 다스리시도다"(시 103:19). 그리고 우리는 이것을 이 기도의 마지막에서 인정한다. "나라가 아버지의 것이니이다." 이제 우리는 이것을 위해 기도하지 않는데, 이는 이것이 항상 어디에나 있기 때문이다. 그 어떤 피조물도 그것을 방해할 수 없으며, 지옥에 있는 모든 마귀조차 방해할 수 없는데, 왜냐하면 모든 피조물이 하나님의 나라에 복종하며, 하나님께서 원하시거나 허용하시는 것 외에는, 아무것도 할 수 없기 때문이다. "하늘의 군대에게든지 땅의 사람에게든지 그는 자기 뜻대로 행하시나니 그의 손을 금하든지 혹시 이르기를 네가 무엇을 하느냐고 할 자가 아무도 없도다"[단 4:35].[645]

하나님의 특별한 나라는 하나님께서 택하시고 선택한 백성을 다

---

644 여백에: 하나님의 나라는 이중적이다.

645 역자주, 원문과 영문판은 단 4:32로 기재하고 있다.

스리시는 나라이며, 그의 일반적 나라에서 마귀들 자신들을 통해 행하시듯이, 그들을 통해서만 그의 뜻을 이루는 것이 아니라, 그의 성령에 의해 그들 안에서도 그의 뜻을 이루신다. 그리고 그것은 온 세상에 행사되는 것이 아니라, 하나님께서 영생을 주기로 정하신 택한 자들에게만 행사되기 때문에, **특별하다**고 불린다.

이 특별한 하나님의 나라는 **은혜의 나라**와 **영광의 나라**, 두 가지로 나뉜다.[646] **은혜의 나라**는 하나님께서 그의 성령으로 말미암아 사람들로 하여금 기꺼이 그의 기록된 말씀에 복종하게 하시는 특별한 상태이다. 나는 은혜의 나라를 **영적 상태**라고 부르는데, 이는 은혜의 나라가 주로 양심 안에서 행사되기 때문이며, 또한 양심 안에서의 이 통치가 하나님의 성령에 의한 것이기 때문이기도 하다. 둘째, 그 나라가 어떻게 구성되어 있는지 보여 줄 것인데, 즉 말씀에 계시된 하나님의 뜻에 영혼과 몸과 정신의 전인격이 자발적으로 복종하는 것이다. "주의 권능의 날에 주의 백성이 거룩한 옷을 입고 즐거이 헌신하니"(시 110:3). 그리고 이 복종에는 세 가지가 있다. "성령 안에 있는 의와 평강과 희락"(롬 14:17)이다. "의로움" 안에, 즉 첫째, 전가된 그리스도의 의로움 안에 있다. 둘째, 선한 양심의 의로움 안에 있는데, 그 근거는 그리스도께서 의롭다 하는 자들에게 주신 성령으로 말미암은 거룩함이다. "평강" 안에, 즉 하나님을 향한 양심의 평화, 그리고 하나님의 교회와의 평화, 참으로 그들에게 필요한 만큼 모든 피조물과의 평화 가운데 있다. 이제 평화 아래 우리는 사랑과 사랑의 모든 의무를 포함해야 하는데, 이는 의로움이 영혼과 육체를 가진 사람과 관련이 있듯이, 평화는 삶의 모든 의무와 행동과 관련되기 때문이

---

646 여백에: 하나님의 은혜의 나라.

다. 의로움은 모든 행동과 더불어 이 평화가 솟아나는 뿌리인데, 왜냐하면 마음이 성화되면, 삶이 개혁되기 때문이다. 마지막으로, "성령 안에 있는 희락" 안에 있다. 이것은 특히 고난의 상태와 관련된 전자의 두 가지 열매인데, 이는 사람이 의롭다 함을 받고 거룩해지고 하나님께 대해 평화를 지닐 때, 모든 상태에서 하나님 안에 있는 영적 기쁨이 그의 마음에서 일어나기 때문이다. 참으로, 하나님의 대의를 위해 큰 고난이 그에게 임할지라도, 그는 영광의 영과 하나님의 영이 자기 위에 머물러 있음을 알고, 그리스도와 함께 고난을 받으면, 그리스도와 함께 영광을 받을 것을 알기 때문에, 내면의 기쁨과 즐거움으로 그것을 견뎌낸다. 이런 것들을 함께 비교하는 동안, 그는 나타날 영광에 비하여 이생의 고난을 거의 고려하지 않는다. "왜냐하면 우리가 잠시 받는 환난의 경한 것이 지극히 크고 영원한 영광의 중한 것을 우리에게 이루게 하기 때문이다"[고후 4:17]. 이것들은 이 영적 복종의 가지들이며, 누구든지 이것들을 가진 자는 은혜의 나라에서 좋은 백성이다. 이는 사도가 다음 구절에서 말하는 것과 같다. "이로써 그리스도를 섬기는 자는 하나님을 기쁘시게 하며 사람에게도 칭찬을 받느니라"[롬 14:18].

영광의 나라는 하늘에 있는 하나님의 택한 자들의 복된 상태이며, 그리스도 안에 있는 하나님께서는 즉시 그들에게 모든 것이 되신다(고전 15:28).[647] 이 영광의 상태도 복종이지만, 참으로 영광스러운 통치와 같은 복종이다. 왜냐하면 거기서 우리는 그리스도와 함께 통치하며, 그 안에서, 그리고 그를 통해 하나님께서 친히 영예, 평화, 건강, 음식, 의복 및 복락의 완성에 필요한 모든 것이 되시기 때문이다.

---

647 여백에: 하나님의 영광의 나라.

이제 이 두 가지 하나님 나라는 다음과 같이 다르다. 은혜의 상태는 영광의 상태로 들어가는 시작이자 입구이다. 그리고 영광의 상태는 은혜의 상태의 완성이다. 이 영광의 상태는 도시이고, 은혜의 상태는 말하자면 그 주변 지역이다. 이생에서 우리는 은혜의 나라에 살고 있지만, 영광의 나라는 내세를 위해 예비되어 있다. 그리고 우리는 여기서 이 두 상태의 특별한 하나님의 나라를 위해 기도한다.

"**당신의 나라.**" 이것은 또 다른 나라, 심지어 사탄의 왕국, 즉 죄로 인해 모든 무질서와 혼란으로 가득 찬 어둠의 왕국이 있으며, 특히 하나님의 은혜의 나라를 크게 방해하고 괴롭히는 왕국이 있다는 것을 의미한다.

"**임하시오며.**" 즉, 세상에 있는 사람들인 우리들에게 임하신다. 그리고 그것은 하나님께서 그들의 마음속에 그 나라를 세우고 설립하실 때 오게 된다. 이제 완전함에 이르기까지 그것은 다섯 단계로 다가온다.[648] 첫째, 하나님께서 사람에게 외적인 구원의 수단을 주실 때, 복음이 전파될 때 하나님께서는 그리스도 안에 있는 그의 은혜와 호의를 계시하신다. 그러므로 복음은 "천국 말씀"이라고 일컬어진다(마 13:19). 그래서 그리스도는 (유대인들 사이에서 그가 기적으로 확증한 그의 설교와 관련하여) "하나님의 나라가 너희에게 임했다"(눅 11:20)고 말씀하시고, 바리새인들이 "하나님의 나라가 어느 때에 임하나이까"라고 묻자, 그들에게 "그것은 그들 가운데 있었다"(눅 17:21)고 말씀하신다. 즉, 세례 요한과 그 자신, 그리고 제자들의 사역으로 하나님의 나라가 그들에게 전해졌지만, 실제로는 그들 중 많은 사람에게 유익이 되지 못하였다는 뜻이다. 둘째, 전파된 말씀이 마음을 밝힐 때, 사람

---

648 여백에: 하나님의 나라는 단계적으로 임한다.

이 이 나라의 율법인 복음의 비밀을 알고 깨닫는 것과 같다. 셋째, 그로 인해 사람이 중생하여 이 나라에 들어갈 때, 이는 중생에 의해 우리가 은혜의 상태에 효과적으로 들어가며, 그 안에서 그리스도는 그의 말씀과 성령으로 우리 안에서 통치하시고, 우리는 그에게 복종하기 때문이다. 넷째, 이생의 마지막 때, 육신은 땅으로 가지만, 영혼은 그것을 주신 하나님께로 돌아가, 이 나라의 영광 가운데 천국의 기쁨으로 옮겨질 것이다. 다섯째, 마지막 심판 때, 육체와 영혼이 다시 하나가 되어, 둘 다 이 나라의 영광에 참여하게 될 것이다. 그래서 이것이 그 나라의 온전하고 완전한 도래이다.

그러므로 이 간청에서 하나님께 드리는 우리의 요청은 다음과 같은 취지이다. "오 아버지여, 이 땅에서 순례자이며 나그네인 우리에게 아버지의 나라가 임하게 하시고, 우리를 그 나라에 준비시켜 주시고, 아직 그 나라 밖에 있는 우리로 하여금 그 나라에 들어가게 하소서. 주의 영으로 우리를 새롭게 하사 주의 뜻에 복종하게 하소서. 이 상태에서도 우리를 확증하사 이생 후에 우리의 영혼과 심판날에 영혼과 육체 모두가 온전히 영광을 얻게 하소서. 참으로 주님께서 이 영광을 우리와 주의 모든 택하신 자에게 속히 주시옵소서."

적용

첫째, **애통해야 할 결핍**. 이 간청에서 우리가 애통해야 할 결핍은, 우리 자신 혹은 다른 사람들과 관련된 것이다. 첫째, 우리는 본성상 죄의 종이며, 따라서 사탄 아래서 종노릇하고 속박되어 있는 우리 자신의 비참한 처지에 대해 탄식하고 슬퍼해야 한다.[649] 죄는 우

---

649 여백에: 죄 아래 있는 인간의 본성적 속박.

리를 속박으로 이끄는데, "이는 죄를 범하는 자마다 죄의 종이며"[요 8:34], 죄가 지배하는 곳에는 마귀가 지배하기 때문이다. 그래서 우리는 하나님의 나라에 대해 그토록 반역하고, 그의 말씀의 홀에 복종하기를 거부하게 된다. 실제로 죄의 속박은 하나님의 자녀들 안에서 약해졌지만, 바울이 불평한 것처럼, 이생에서 그 속박으로부터 완전히 해방된 사람은 아무도 없다. "율법은 신령하되 나는 육신에 속하여 죄 아래에 팔렸도다"(롬 7:14). 자연인은 죄로 인해 죽었기 때문에, 그것을 느끼지 못한다. 그러므로 우리는 죄 아래 있는 이 영적 속박을 스스로 느끼기 위해 애써야 하며, 그것을 느낄 때 그것을 애통해하고, 우리 안에 어떤 은혜의 생명이 있음을 보여 주어야 한다. 바울이 그렇게 했다. "오호라 나는 곤고한 사람이로다 이 사망의 몸에서 누가 나를 건져내랴!"(롬 7:24). 죄수가 자신의 자물쇠와 족쇄를 느끼는 것처럼, 우리도 우리 영혼이 속박되어 있는 죄의 사슬을 감지해야 한다. 그리고 우리가 그것을 느끼고 애통할 때까지, 그리스도의 왕국은 우리에게 오지 않는다. 그러므로 우리는 날마다 그리스도 우리 주께 부르짖어, 그가 우리 영혼을 속박하는 죄의 족쇄를 깨뜨리고, 우리 마음속에 그의 복된 왕국을 온전히 세울 수 있는 자유로운 성령을 우리에게 주심으로써, 그가 우리의 구속주임을 보여 주시도록 간구해야 한다. "왜냐하면 주의 영이 계신 곳에는 자유가 있기 때문이다"(고후 3:17).

둘째, 우리는 하나님을 욕되게 하고, 그의 나라를 방해하며, 흑암의 왕국을 확장시킨 하나님의 율법을 범한 온 세상의 죄를 통곡해야 한다.[650] "롯의 의로운 영혼은 당시 악인들의 더러운 행실로 말미

---

650 여백에: 세상의 죄를 통곡하라.

암아 고통을 당했다"(벧후 2:7-8). "엘리야는 이스라엘 자손이 하나님의 언약을 버리고 주의 제단을 헐며 칼로 주의 선지자들을 죽이는 것을 보았을 때, 그는 만군의 여호와를 위해 유별난 열심을 갖게 되었다"(왕상 19:10). "그들이 주의 법을 지키지 아니하므로 내 눈물이 시냇물같이 흐르나이다"(시 119:136). "내 대적들이 주의 말씀을 잊어버렸으므로 내 열정이 나를 삼켰나이다"(시 119:139). "그리스도는 백성들의 마음의 완악함을 탄식하셨고"(막 3:5), "예루살렘을 보고 우셨는데, 이는 그들이 평화에 관한 일을 알지 못했기 때문이다"(눅 19:41-42). 이제 이 사람들이 당대의 지배적인 죄들에 어떻게 영향을 받았는지 보라. 우리도 무신론, 모독, 하나님의 말씀에 대한 멸시, 신성모독, 안식일 위반, 억압, 잔인함, 교만과 같이, 우리 가운데 있는 지배적인 죄에 대해 탄식해야 한다. 모든 선량한 백성들은 외적들이 승리의 깃발을 휘날리는 것을 보면 크게 슬퍼한다. 그렇다면 경건한 사람들은 그리스도의 왕국에서 반항의 깃발과 같고, 어둠의 왕국이 확장됨에 있어 사탄의 승리의 특별한 징표와 같은 불경함이 횡행한 것을 볼 때, 얼마나 더 슬퍼해야 하겠는가? 마귀는 죄 가운데 살다가 그리스도의 왕국을 바라보는 사람을 보면, 크게 분노하고, 그를 돌이키기 위해 모든 수단을 다해 애쓴다. 그래서 우리는 신앙을 고백한 사람들이 다시 이전의 무지한 정욕으로 돌아가는 것을 볼 때, 오 그것은 우리 영혼을 슬프게 하고, 우리로 하여금 "당신의 나라가 임하옵소서"라고 기도하게 할 것이다. 우리는 튀르키예 족속이나 교황, 또는 사탄의 어떤 도구가 간교함이나 폭정으로 복음 전파, 즉 사람들을 어둠의 왕국에서 끌어내는 그리스도의 왕국의 홀과 하나님의 팔을 방해하는 것을 인식하는가? 오, 그렇다면 우리는 탄식해야 한다! 또는 우리가 그리스도의 왕국의 확장을 위한 설교, 성례전, 권징에서 하나님의 규례의 결핍을 보거나, 주님의 백성이 무식하거나 게으른 목사에게, 삶이나 교리에서 수치스러운 교사에게 맡겨진 것을 보고 있는가? 이 모든 것에서 우리는 탄식할 이유가 있으며, 그것들로 인해 우리의 마음은 자극을 받아, "주의 나라가 임하시오며"라고 주님께 부르짖어야 한다.

둘째, **갈망해야 할 은혜.** 우리가 그리스도의 왕국의 결핍과 방해에 대해 슬퍼해야 하는 것처럼, 우리는 우리 자신과 다른 사람들 가운데 하나님의 나라에 대한 모든 도움과 진보를 위한 영적 열망으로 우리 마음을 불타오르게 하는 법을 배워야 한다. 첫째, 하나님의 나라가 세워지고 유지되는 복음 전파와 다른 모든 신적 규례들에 대해 배워야 한다. 하나님께 대한 우리 마음의 열망은, 이것들이 필요한 곳에 세워지고 지속되는 것이며, 그것들이 보장된 곳에는 하나님께서 그것들을 복 주시기를 바라는 것이다. 둘째, 하나님께서 우리 마음의 눈을 밝히시어, 우리가 다윗처럼 그의 율법의 기이한 것들을 볼 수 있어서, 주의 규례가 우리에게 복이 된다는 것을 배워야 한다. 셋째, 우리가 외적인 행동뿐만 아니라, 생각과 마음과 의지와 우리의 모든 애정에서 그리스도께, 그리고 양심에 온전히 복종하는 법을 배워야 한다. 우리는 이 거룩한 열망이 참으로 우리 안에 있는지 확인해야 하며, 따라서 우리는 기꺼이 그를 섬기되, 오직 그만을 섬기려는 백성으로서, 우리 자신을 부인하고 전적으로 하나님께 복종해야 한다. 그러면 우리는 그의 나라가 우리에게 임했음을 확신할 수 있다. 넷째, 우리는 죄짓기를 끝내고, 그리스도께 더욱 순종하는 백성이 될 수 있도록, 우리가 소멸되고 영광의 나라에서 그리스도와 함께 있기를 갈망하기를 배워야 한다. 참으로 다른 사람들의 유익을 위해서라도, 우리는 전적으로 그의 통치를 받아 사는 것에 만족해야 한다. 다섯째, 만물이 하나님께 복종하고, 순종하는 모든 백성들이 온전히 영광을 받게 될 때, 그리스도께서 심판하러 오신다는 것을 배워야 한다. 비록 우리가 그때를 하나님의 기뻐하는 뜻에 맡기고, 여전히 그의 약속을 믿음으로 기다려야 하지만, 우리는 이것을 마음으로 열망할 수 있다. 여섯째, 하나님께서 이 땅에서 그의 성소를 확장하시고, 그의 택한 자들을 점점 더 많이 모으시며, 세상 모든 곳에서 그의 교회를 여전히 보호하고 유지하시리라는 것을 배워야 한다. 이러한 열망이 우리 영혼에 영향을 미칠 때, 우리는 진정으로 "아버지의 나라가 임하옵소서"라고 기도할 수 있다.

셋째, **실천해야 할 의무.** 우리가 기도로 구하는 것이 무엇이든, 삶과 행실에서 그것을 위해 노력해야 하며, 그렇지 않으면, 말은 잘하되 아무것도 하지 않음으로써, 하나님을 조롱하는 것이 된다.[651] 첫째, 그러므로 우리가 "아버지의 나라가 임하옵시며"라고 기도하는 것처럼, 우리는 그 나라가 임하도록 애써야 하며, 그 나라에 들어가기 위해 노력해야 한다. 이를 위해 하나님께서는 우리에게 이 세상에서 살 수 있는 시간을 주시어, 여기서 우리가 은혜의 문으로 들어가 영광의 열매를 기다리게 하신다. 그러므로 우리는 이 하늘 예루살렘의 교외 지역, 곧 말씀의 설교를 듣기 위해 부지런히 자주 방문해야 하며, 그 안에서 진정한 **겸손과 회심**을 위해 노력해야 하는데, 그렇지 않으면, 우리는 이 나라에 들어갈 수 없다(마 18:3; 요 3:5). 첫째, 우리는 마음의 교만을 내려놓고, 어린아이와 같이 되어 우리의 죄를 알고, 우리가 그 죄로 인해 마땅히 받아야 할 비참함을 깨닫고, 스스로 겸손해져야 한다. 참으로 우리는 그것들을 하나님께 고백하고, 그에

651　여백에: 하나님의 나라를 증진시키는 의무.

게 자비를 구해야 하며, 이렇게 함으로써 은혜의 문으로 들어가는 것을 방해하는 이 짐을 벗어 버려야 한다. 둘째, 우리는 마음을 새롭게 함으로써, 회심하고 변화되어야 하며, 우리의 마음은 하나님을 붙들어야 하고, 그 안에서 죄를 짓지 않겠다는 단호한 목적을 가져야 한다. 이러한 것들이 우리 안에 있을 때, 우리는 하나님의 나라에 들어가지만, 우리가 어떤 진리 안에서 그것들을 추구하기 전까지는, "당신의 나라가 임하옵소서"라고 헛되이 말하게 된다.

둘째, 우리는 하나님 나라의 열매를 맺도록 주의해야 한다. 하나님께서는 그 목적을 위해 그 나라를 사람들 가운데 보내시고, 그 열매의 부족으로 인해 그들에게서 그것을 빼앗으시기 때문이다(마 21:43). 이제 이 열매들은 "성령 안에 있는 의와 평강과 희락이다"(롬 14:17). 이것에 대해 우리는 앞서 언급했다. 우리는 이 모든 것을 우리 마음에서 발견하고, 삶에서 표현하기 위해 노력해야 한다. 그렇지 않으면, 우리는 이 나라를 빼앗기고, 그 영광을 결코 보지 못할 것이다.

셋째, 그러므로 우리는 이생의 모든 상태에서 만족하는 법을 배워야 한다.[652] 우리가 기도하는 이 나라의 영광에 대한 소망은, 이 땅의 재앙이 가져올 수 있는 모든 슬픔을 삼켜야 한다. 족장들이 이 땅에서 순례자이자 나그네의 신분으로 만족하며 걸을 수 있었던 것은 바로 이것 때문이었다(히 11:13-14). 참으로 이것은 "속사람"[고후 4:16, 18]을 새롭게 하고, 마음을 기쁘게 하며, "겉사람은 낡아질지라도" 낙심하지 않게 하여, "보이지 않는 것들"인 이 나라의 기쁨을 추구하게 한다. 그러므로 그리스도는 고난의 슬픔에 대해 그의 제자들을 위로하며 이렇게 말씀하신다. "적은 무리여 무서워 말라 너희 아버지께

---

652 여백에: 만족의 근거.

서 그 나라를 너희에게 주시기를 기뻐하시느니라"(눅 12:32).

넷째, 우리는 모두 각자의 위치와 소명 가운데 서로 한 이웃이 다른 이웃을, 한 친구가 다른 친구를 이 나라로 인도하기 위해 노력해야 한다. "돌이키라 그리고 서로 돌이키게 하라"(겔 18:30). 선지자 이사야가 이 나라 백성들의 관행으로 지적한 것은 이것이다. "그들이 서로 말하기를 오라 우리가 여호와의 산에 오르자"(사 2:3). 그러나 가정의 주인은 특히 이 의무를 실천하는 데 주의를 기울이고, 하나님의 나라를 그들의 가정에 가져오기 위해 노력해야 한다. 이 목적을 위해 그들은 다음의 것들을 확인해야 한다.[653] 첫째, 그들의 가정에 명백하거나 노골적인 죄가 허용되지 않게 해야 한다. 여러분이 어떤 사람을 개혁할 수 없다면, 여러분의 집에서 그런 사람을 거주하지 못하게 하라(시 101:7). 둘째, 여러분의 가족에게 주의 도를 가르쳐, 그들이 하나님과 사람 앞에서 의롭고 정직하게 사는 법을 알게 하라. 셋째, 여러분의 가정에서 하나님을 개인적으로 예배하는 자리를 마련하고 유지하며, 가족들과 함께 거룩한 의무, 특히 매일 하나님의 이름을 부르는 일에 동참하라. 이와 같은 의무들과 관련하여 성경은 "구원이 한 가정에 있다"[눅 19:9]라고 하는데, 그 집의 주인이나 다스리는 자가 믿음으로 회심하는 것이다. 그리고 이것의 실천에 대해 거룩한 족장들은 모든 후손에게 칭찬을 받는다. 하나님께서는 아브라함에 대해 다음과 같이 말씀하신다. "내가 그를 아노니 그가 그의 아들들과 그 권속에게 명령하여 여호와의 도를 지키게 하리라"[창 18:19]. 그리고 "야곱은 자기 집안 사람에게 그들의 이방 신상들을 버리고 자신을 정결하게 하라고 명령하고"[창 35:2], 여호수아는 "그와 그의 가

---

653 여백에: 가정의 주인의 의무.

족이 여호와를 섬기겠다"[수 24:15]라고 공개적으로 고백했다.

다섯째, 그러므로 우리는 날마다 죽음을 준비하는 법을 배워야 하는데, 왜냐하면 죽음으로써 우리 영혼이 이 나라의 영광에 들어가는데, 이것이 우리에게 임하기를 기도하기 때문이다.[654] 그러므로 우리는 매일 죽을 준비가 되어 있어야 하는데, 우리의 왕께서 언제라도 죽음으로든 최후의 심판으로든 우리에게 오실 때, 우리는 은혜에서 영광으로 넘어갈 수 있다. 참으로, 우리가 어느 정도 그리고 날마다 죽음에 대비하지 않는 한, 이 간청을 편안하게 할 수 없다. 이제 준비가 되었다면, 우리는 욥이 그랬던 것처럼, "우리가 변화될 때까지 매일 기다려야 한다"[욥 14:14]. 구약성경의 경건한 사람들이 우리 구주 그리스도께서 육신을 입고 처음 오시는 것을 어떻게 기다렸는지 보라[눅 2:25]. 그러므로 우리는 죽음으로든 심판으로든 그의 오심을 기다려야 하며, 이 기다림 가운데 그 어떤 것도, 아니 죽음 자체도 우리를 놀라게 할 수 없는데, 이는 우리가 빨리 죽을수록 더 빨리 영광에 들어갈 수 있기 때문이다. 그리고 여기서 우리는 세상의 괴물 같은 위선을 볼 수 있는데, "당신의 나라가 임하옵소서"라고 말하지 않을 사람이 누가 있겠는가? 그러나 대부분의 사람들은 이 나라에 들어가기 위한 준비를 소홀히 한다. 아니, 많은 사람들이 우리가 은혜의 상태에 들어가고, 영광의 나라를 위해 준비되는 수단인 말씀과 기도를 경멸한다.[655]

여섯째, 우리는 여기서 우리 구주 그리스도로부터 겸손의 실천, 그리고 범사에 모든 영광을 하나님께 돌리는 법을 배울 수 있다. 비록 이 나라가 아버지와 함께 그에게 동등하게(그는 하나님이시므로) 속하

---

654 여백에: 죽음을 준비하라.
655 역자주, 영문판은 원문의 'contemne' 대신에 'condemn'으로 기재하고 있다.

지만, 그가 아들이므로 그 나라를 아버지께로부터 받았기 때문에, 그는 그것을 전적으로 그에게 돌리실 것이다. 그가 우리에게 "우리 아버지여, 나라가 임하옵시며"라고 기도하라고 가르치시기 때문이다.

마지막으로, 여기서 우리의 외적인 상태에 관한 이 간청의 필요성을 관찰하라.[656] 이 나라가 어떤 상태에 임하는 것은, 그 상태에 번영과 행복을 가져다주는 특별한 원인이기 때문이다. 왜냐하면 이 나라가 있는 곳에는 하나님의 복과 보호의 손길이 특별한 방식으로 임하기 때문이다. 여기에서 주님께서 통치하시며, 힘과 능력이 강한 그의 영광스럽고 복된 천사들이 그 나라에서 주님을 그들의 왕과 하나님으로 모신 백성을 지키고 보호한다. 따라서 우리나라가 오랫동안 평화를 누려왔고, 많은 위험한 공격으로부터 보호받은 것은, 우리가 하나님 나라의 홀인 복음을 받아들이고 고백하기 때문이다. 그래서 우리가 그 복음을 성실하게 행하고, 우리의 왕 주님께 합당하게 행한다면, 우리의 번영은 홍수처럼, 우리의 평화는 하늘의 해와 달처럼 될 것이다. 그러므로 이 나라의 평화를 사랑하는 자들은 복음을 받아들이고 순종해야 하며, 이 나라의 행복과 번영을 위해 기도해야 하는데, 그 안에 우리의 평화가 있기 때문이다.

---

656 여백에: 하나님의 나라는 번영을 가져온다.

뜻이 하늘에서 이루어진 것 같이 땅에서도 이루어지이다

일관성. 이 간청은 앞의 모든 간청에 다음과 같이 의존한다. 이 간청은 첫 번째 간청에서 우리가 원하는 것을 행하는 수단인데, 이는 하나님의 뜻이 이루어질 때, 그의 이름이 영광을 받기 때문이다. 그리고 이 간청은 두 번째 간청에서 우리가 바라는 것의 표현인데, 이는 우리가 거기서 하나님의 나라가 우리에게 임하여, 그가 우리 마음속에서 그의 말씀과 성령으로 다스리게 해달라고 기도하기 때문이다. 이제 여기서 우리는 그의 뜻을 행하여, 우리가 그의 충성스러운 백성임을 증거하기를 갈망한다.

의미

이 간청은 자연스럽게 다음과 같은 비교를 통해 제시되었다. "뜻이 하늘에서 이루어진 것 같이 땅에서도 이루어지이다." 그리고 그것은 두 부분으로 구성되어 있다. 첫 번째는 우리가 기도하는 순종의 은혜에 관한 것이다. "당신의 뜻이 땅에서도 이루어지이다." 두 번째는 "하늘에서와 같이" 그것을 수행하는 올바른 방식을 보여 준다.

1부

첫째, "당신의 뜻이… 등." 하나님의 뜻은 하나님께서 한 분이시기에, 그 자체로 볼 때 오직 하나이지만, 우리의 이해를 위해 **절대적인 뜻** 혹은 **계시된 뜻**으로 구분할 수 있다. **하나님의 절대적인 뜻**[657]은 그의 선하신 기쁨의 뜻이며, 이로써 그는 그의 영원한 계획에 따

---

657 여백에: 하나님의 절대적인 뜻.

라 모든 일을 결정하시는데, 행해야 할 것과 행하지 말아야 할 것, 그리고 어떤 방식으로 행할 것인지 결정하신다. 이 절대적인 뜻은 모든 피조물과 그들의 모든 행동에 적용된다. "모든 일을 그의 뜻의 결정대로 일하시는 이의 계획을 따라 우리가 예정을 입었다"(엡 1:11). "누가 그의 뜻을 대적하느냐?"(롬 9:19). "이 하나님의 뜻 없이는 참새 한 마리도 땅에 떨어질 수 없다"(마 10:29).[658] 그리고 이 하나님의 절대적인 뜻은, 하나님께서 사건을 통해 나타내시기 전까지는 우리에게 숨겨져 있다. **하나님의 계시된 뜻**[659]은 그의 말씀 안에 있는 하나님의 신성한 가르침으로서, 그는 사람의 행복과 구원에 관한 한, 사람이 해야 할 일과 하지 말아야 할 일을 알려 주신다. 이것은 하나님의 절대적인 뜻이 아니라, 오히려 인간에 관하여 그에게 계시된 하나의 결과로서 반드시 성취되어야 하기 때문에, 하나님께서 단순히 그리고 절대적으로 행하시기를 원하는 것이 아니다. 오히려 사람이 행한 어떤 것이 하나님을 기쁘시게 하거나 불쾌하게 하는지, 그리고 그가 생명으로 나아와 정죄 받지 않으려면, 하나님께서 사람으로 하여금 무엇을 하거나 하지 않기를 원하시는지를 드러내는 것이다. 그리고 이 계시된 뜻은 율법과 복음의 그 모든 계명, 금지, 위협, 권면, 약속 등을 모두 포함하는데, 사도는 "하나님의 선하시고 받으실만한 것이 무엇인지 분별하라"(롬 12:2)고 말할 때, 이것과 관련시킨다.

성경에 따른 하나님의 뜻에 대한 이러한 구별은 이곳에서 그 적용점을 갖는데, 이는 우리가 "당신의 뜻이 이루어지이다"라고 말할 때, 절대적인 것이 아니라, **계시된 하나님의 뜻**을 의미한다. **이유.** 첫째, 하나님의 절대적인 뜻은 언제나 이루어지며 저항할 수 없기 때문

---

658 역자주. 원문과 영문판은 마 10:26로 기재하고 있다.
659 여백에: 하나님의 계시된 뜻.

이다. "나의 뜻이 설 것이니 내가 나의 모든 기뻐하는 것을 이루리라 하였노라"[사 46:10]. 그리고 다시 "누가 그의 뜻을 대적하느냐?"[롬 9:19], 즉 그의 절대적인 뜻을 대적할 수 없다. 그의 계시된 뜻은 일반적으로 사람들에 의해 위반되는데, 하나님께서 그의 뜻을 반대로 계시하셨음에도 불구하고, 사람들은 자신의 눈에 선해 보이는 것을 행하기 때문이다. 둘째, 사람은 때때로 죄를 짓지 않고도 하나님의 절대적인 뜻에 반대할 수 있지만, 하나님의 뜻이 계시될 때, 여전히 그 뜻에 자신을 복종시키고 그 뜻에 의존해야 한다. 그래서 아브라함은 하나님께서 멸망시킬 것을 원하고 작정하신 소돔의 안전을 위해 (그러나 순종적으로) 기도했고[창 18:23, 27], 다윗은 하나님께서 죽게 하실 그의 아이의 생명을 위해 기도했으며[삼하 12:14], 우리 구주 그리스도는 하나님께서 마셔야 한다고 절대적으로 작정하신 그 잔이 옮겨지도록 기도하셨으나[마 26:39], 자신의 뜻을 아버지의 뜻에 복종시키셨다. 그리고 바울은 사도적 기능을 따라 비두니아에서 복음 전하기를 원했으나, 성령께서 그를 허락하지 않으셨는데[행 16:7], 이것은 그가 그곳에서 설교하는 것이 하나님의 뜻이 아님을 분명히 보여 주지만, 앞서 언급한 다른 사람들과 마찬가지로, 그는 죄 없이 종교적으로 그것을 원했다. 그리고 의지에서와 마찬가지로 애정에서도, 사람은 죄 없이 하나님의 절대적인 뜻에 반대할 수 있다. 그리스도는 하나님의 아들로서 예루살렘의 멸망에 관한 아버지의 뜻을 알고 계셨지만, 다가올 그들의 비참함에 대한 연민으로, "그 성을 위해 우셨다"[눅 19:41]. 그리고 그와 같이 가이사랴의 형제들도 "바울이 예루살렘으로 가는 것을 두고 울며 애통했는데"[사도행전 21:13], 비록 하나님께서 그렇게 할 것이라고 아가보가 예언했을지라도 말이다. 이것은 우리에게 이상하게 보이지 않아야 하는데, 왜냐하면 두 가지가 모두 선하면서도 서로 다를 수 있고, 따라서 인간의 창조된 의지가 하나님의 절대적이고 창조되지 않은 의지와 다를 수 있으되, 둘 다 선할 수 있기 때문이다.

이 간청이 하나님의 계시된 뜻으로 이해되어야 한다는 것을 알았으니, 이제 우리는 하나님의 계시된 뜻의 특별한 가지들을 살펴보게 되는데,[660] 우리는 이것들을 성경의 여러 곳에서 찾아볼 수 있다. 첫 번째는 **죄인의 회심**이다. "나의 삶을 두고 맹세하노니 나는 악인이 죽는 것을 기뻐하지 아니하고 악인이 그의 길에서 돌이켜 떠나 사는 것을 기뻐하노라"(겔 33:11). 두 번째는 **우리 자신을 부인하고**, 생명과 구원을 위해 우리 구주 그리스도 예수께 전적으로 의존하는 것이다. "하나님의 뜻은 아들을 보고 믿는 자마다 영생을 얻는 이것이니 마지막 날에 내가 이를 다시 살리리라"(요 6:40). 세 번째는 우리의 영혼과 몸과 정신의 **성화**이다. "하나님의 뜻은 이것이니 너희의 거룩함이라"(살전 4:3). 네 번째는 하나님의 교회 안에 사는 모든 사람은 그리스도인이라는 일반적인 소명 외에, 다른 사람의 유익을 통해 하나님의 영광을 구해야 하는 **특별한 소명을 가지고 살아야** 한다. "모든 사람은 각각 부르심을 받은 그대로 하나님과 함께 거하라"(고전 7:24). 하나님의 뜻의 다섯 번째 부분은 모든 십자가와 고난 속에서 하나님의 손 아래 **우리 자신을 복종시키는 것**이다. 가이사랴에 있는 형제들은 바울이 예루살렘으로 가기로 결심한 것을 보았을 때, 그에게 남아 있는 결박이 있음에도 불구하고 "주의 뜻대로 이루어지이다"(행 21:14)라고 말했다.

"이루어지이다." 성경에 따르면, 하나님의 뜻을 행하는 데는 두

---

660 여백에: 하나님의 계시된 뜻의 가지들(branches).

단계가 있다.[661] 첫 번째는 복음에 규정된 것, 즉 하나님께서 우리에게 주신 모든 은혜의 능력을 따라 하나님의 뜻을 행하기 위해 진지하게 노력하고 투쟁하는 것인데, 이것이 특히 여기서 의미하는 것이다. 두 번째는 율법에서 명령된 것으로, 하나님께서 명령하시는 온전한 방식으로, 하나님께서 명령하신 것을 행하여 하나님의 뜻을 이루는 것이다. 그러나 이것은 이생에서 얻을 수 없다. 그러므로 이 간청에서 우리가 하나님께 바라는 것은, 그가 우리에게 은혜를 주셔서 여기 지상에서 그의 모든 뜻을 행하기 위해 진심으로 노력하고, 율법이 요구하는 대로 온전히 행할 수 있는 그때와 상태를 우리에게 앞당기는 것이다.

적용

우리 자신과 다른 사람들에게서 애통해야 할 결핍. 첫째, 이 간청은 우리가 하나님의 뜻을 거역하고 악을 행하여, 전적으로 불순종하는 경향이 있는 우리의 타고난 기질을 애통하라고 가르친다.[662]

둘째, 우리는 우리의 본성적 위선을 애통해야 하는데, 심지어 은혜를 받은 후에도 우리 안에 여전히 남아 있는 위선을 애통해야 한다. 왜냐하면 우리가 이런 말은 할 수 있을지라도, 우리가 마땅히 가져야 하는, 하나님의 뜻에 순종하려는 완전한 열망으로 우리 마음이 영향을 받지 않을 수 있기 때문이다.

셋째, 우리가 그렇게 많은 은혜를 받았음에도 불구하고, 여기서 우리는 모든 선한 의무에 순종하지 못한 것을 한탄하고 통곡해야 한다. 우리가 선한 일을 하기 위해 우리 자신을 내어줄지라도, 우리 중

---

661 여백에: 이중적 순종.
662 여백에: 순종을 방해하는 요소.

가장 선한 사람도 말씀을 듣는 것과 성례를 받는 것과 기도하는 것과 같은 것들을 행하는 방식에 있어서는 실패하기 때문이다. 따라서 우리가 우리에게 명령된 모든 것을 다했을 때, 우리의 부족에 대해 겸손해야 하고 우리가 무익한 종임을 고백해야 한다(눅 17:10).

넷째, 우리는 다른 사람들이 하나님의 뜻에 불순종하여 그에게 반역하는 그들의 죄를 애통해야 한다. 이로 인해 하나님께서 욕을 당하시므로, 하나님의 영광과 형제들에 대한 사랑의 열심 가운데, 우리는 다른 사람들이 죄를 지을 때 슬퍼해야 한다. 이런 식으로 다윗이 영향을 받았고(시 119:136), 바울도 영향을 받았다. "또 내가 너희에게 갈 때에 내 하나님이 나를 너희 앞에서 낮추실까 두려워하고 또 내가 전에 죄를 지은 여러 사람 때문에 슬퍼할까 두려워하노라"(고후 12:21).

갈망해야 할 은혜. 우리 자신과 다른 사람들 안에서 하나님의 뜻을 행하는 것을 방해하는 결핍을 슬퍼해야 하는 것처럼, 우리는 하나님의 뜻이 이루어질 수 있는 은혜들을 추구하는 하늘의 열망에 우리 마음을 일깨워야 한다.[663] 첫째, 우리 자신과 우리 자신의 의지와 애정을 부인할 수 있는 은혜를 얻도록 열망해야 한다. 왜냐하면 우리는 본성적으로 하나님과 달리 마귀와 같기 때문이다. 그리스도의 제자가 되려는 모든 사람은 이것을 배워야 한다(눅 9:23).

둘째, 하나님께서 우리의 마음을 그의 거룩한 말씀에 기울여 주셔서, 우리가 하나님의 계시된 뜻을 알 뿐만 아니라, 순종할 수 있도록 열망해야 한다. 다윗의 평소 요청은 다음과 같았다. "나에게 주의 법도들의 길을 깨닫게 하여 주소서"(시 119:27), 그리고 "내 마음을 주의 증거들에게 향하게 하소서"(시 119:36). 우리가 하나님의 뜻을 알지

---

663 역자주, 원문은 '여백에: 우리의 순종을 증진시키는 열망'(Desires furthering our obedience)으로 적고 있으나, 영문판은 '여백에: 갈망해야 할 은혜'로 적고 있다.

못하는 한, 어떻게 그 뜻을 행할 수 있겠는가? 그리고 우리의 마음이 은혜와 순종의 수단에 영향을 받지 않는 한, 어떻게 그 뜻을 알 수 있겠는가?

셋째, 하나님께서 우리에게 그때와 상태를 앞당겨 주셔서, 우리가 하나님의 뜻을 온전히 행하게 될 영광의 상태가 되도록 열망해야 한다.

넷째, 하나님께서 우리에게 지우실 모든 십자가 아래에서, 우리의 영혼이 인내하여 하나님의 절대적인 뜻에 복종하도록 열망해야 한다. 따라서 바울은 골로새 교인들을 위해 "하나님이 그의 능력의 힘을 따라 그들을 강하게 하사 기쁨으로 모든 견딤과 오래 참음에 이르게 하기를"(골 1:12) 기도한다.

다섯째, 하나님께서 사람들의 마음을 죄에서 돌이키셔서, 어디서나 그의 뜻에 순종하게 하도록 열망해야 한다.

실천해야 할 의무. 우리는 기도로 구하는 것을 실천하기 위해 힘써야 하기 때문에, 우리는 또한 이러한 선한 의무를 좇아 노력하도록 가르침을 받는다.[664] 첫째, "하나님의 선하시고 받으실만한 것이 무엇인지 분별하라"(롬 12:2). 우리는 하나님의 말씀으로 우리의 행동을 자주 시험함으로써, 하나님의 뜻에 대한 전문가가 되어야 한다. 범사에 그렇게 행하면 온전해지므로 범사에 우리가 행하려고 하는 일이 하나님의 뜻에 합당한지 하나님께 조언을 구해야 한다. 대부분의 사람들은 사고 팔 때, 민사 문제에서 그 나라의 법을 주시할 것이다. 그렇다면 우리는 왜 하나님의 문제에 있어서 우리 영혼을 위해 그와 같이 지혜로울 수 없겠는가? 우리가 혀로 "주의 뜻이 이루어지이다"라

664　여백에: 우리의 순종을 증진시키는 열망.

고 말하면서도, 삶과 행실에서 우리의 행위를 바르게 하는 데 무관심할 때, 우리는 하나님을 속이는 것이 아닌가?

둘째, 우리는 죄의 문제에 대해 엄격해야 하며, 모든 악한 길을 양심에 따라 판단해야 한다. 참으로, 결코 동의하지 않는 죄에 대한 첫 움직임까지도 양심적으로 판단해야 한다. 이 간청은 순종에 있어서 우리의 말과 행동뿐만 아니라 은밀한 생각과도 관련되는데, 이는 그것들조차 하나님께 순종해야 하기 때문이다(고후 10:5).

셋째, 우리는 하나님의 뜻을 행하는 데 방해가 되는 모든 것을 끊으려고 노력해야 한다. 우리는 육체의 정욕과 부패한 마음의 모든 죄의 움직임을 죽이고 십자가에 못 박아야 하는데, 이는 이것들이 우리로 하여금 하나님의 뜻을 거역하여 하나님께 반역하게 만들기 때문이다. 이것은 행하기 어려운 일이며, 자연인에게는 전혀 불가능한 일이므로, 우리는 영적인 수단을 사용해야 한다. 왜냐하면 육체의 행실은 성령으로 말미암아 죽어야 하기 때문이다(롬 8:13). 이제 이 작용의 근거는 우리의 부패한 마음에 믿음으로 적용된 우리 구주 그리스도의 죽음이다. "옛 사람이 그와 함께 십자가에 못 박힌 것은 죄의 몸이 죽어 다시는 우리가 죄에게 종노릇 하지 아니하려 함이라"(롬 6:6). 그러므로 우리 자신이 그리스도께 참여한다고 생각한다면, 반드시 이렇게 해야 한다. 우리 구주 그리스도께서 우리 대신 십자가에 달려 우리 죄의 형벌을 짊어졌을 때, 우리의 옛 사람이 그와 함께 십자가에 못 박혔으며, 우리가 진정으로 믿을 때, 죄에 대해 죽은 우리 안에서 그 미덕과 효능을 발견하게 될 것임을 확신해야 한다. 우리의 그리스도와의 교제는 그의 죽으심에서 시작되는데, 만일 우리가 죄에 대하여 죽었다면, 어떻게 죄의 동기들이 우리 안에서 살아서 왕노릇 할 수 있겠는가? 악인이 죽임을 당하면 악행을 그치듯이, 마찬가지로 우리의 부패가 우리 구주 그리스도와 함께 십자가에 못 박히면, 죄의 열매를 맺는 것이 우리 마음을 지배해서는 안 된다. 그러므로 우리 구주 그리스도의 죽음을 묵상하고, 믿음으로 우리 자신에게 적용하고, 그의 수난의 괴로움으로 우리 죄의 사악함을 숙고하자. 그러면 의심의 여지 없이 우리는 악한 움직임에 맞서 싸우도록 감동을 받을 것이다. "우리가 그리스도의 사람들이라면 우리는 육체와 함께 그 정욕과 탐심을 십자가에 못 박았기 때문이다"(갈 5:24).

넷째, 우리는 무질서하게 살지 말고, 하나님께서 그의 말씀에서 그리스도인들에게 명령하신 대로 살아야 한다.[665] 모든 사람은 이중적 소명을 가져야 한다. 그리스도인의 일반적인 소명은 의와 거룩으로 하나님을 섬기는 것과 관련하여 교회 안에 사는 모든 사람에게 공통된 것이다. 그리고 어떤 정해진 생활 상태에 있는 구체적인 합법적 소명은 교회, 국가 또는 가족의 유익을 도모하는 것인데, 여기서 사람은 인간의 유익을 통해 하나님을 영화롭게 해야 한다. 이것이 질서 있게 사는 것이다. 그리고 이러한 소명을 결여한 사람은 무질서하게 사는 것인데, 이는 하나님께서 각 사람을 부른 그 소명에 머물기를 원하시기 때문이다. 그러므로 모든 사람은 하나님께 받은 은사와 은혜에 따라 합법적인 소명 안에서 살아야 하며, 그렇게 하지 않는 사람은 하나님의 뜻을 거역하는 것이다. 이로써 우리는 떠돌이 거지가 교회나 국가에 존재해서는 안 된다는 것을 알 수 있다. 그들은 아무런 직업이 없이 살고, 그것이 하나님의 뜻을 거스르기 때문이다. 참으로 스포츠와 게임에 인생을 허비하는 사람들의 삶의 행태도 여기서 정죄를 받는다. 왜냐하면 그러한 삶은 우리의 합법적인 소명 덕분

---

665 여백에: 질서 있는 삶.

에 행한 일로 영광을 받으실 하나님께 반역하는 것이기 때문이다.

다섯째, 다양한 고난을 통해 우리가 하나님의 나라에 들어가야 하는 것이 하나님의 뜻이다.[666] 그러므로 합법적인 소명을 따라 걷는 우리에게 어떤 십자가가 닥칠 때, 우리는 그 안에서 인내심을 가지고 하나님의 뜻에 복종하기 위해 노력해야 한다. 형통할 때 우리는 기뻐하고 감사하지만, 고난이 오면 우리의 본성은 불평한다. 오, 우리는 모든 상태에서 "당신의 뜻이 이루어지이다"라고 말해야 한다는 것을 기억하라. 그러므로 우리에게 닥칠 수 있는 가장 쓰라린 십자가들 가운데서 우리는 욥과 같이 말하기 위해 노력해야 한다. "주신 이도 여호와시요 거두신 이도 여호와시오니 여호와의 이름이 찬송을 받으실지니이다"(욥 1:21). 자신의 아들에 의해 그의 왕국에서 추방당했던 다윗 왕도 그렇게 했다. "그러나 그가 이와 같이 말씀하시기를 보라 내가 너를 기뻐하지 아니한다 하시면 보소서 종이 여기 있사오니 선히 여기시는 대로 내게 행하시옵소서 하리라"(삼하 15:26). 그리고 시므이가 자신을 저주했을 때, 그는 하나님의 뜻을 고려하여 아비새가 복수하지 못하도록 막으며 이렇게 말했다. "여호와께서 그에게 명령하신 것이니 그가 저주하게 버려두라"(삼하 16:10-11).

2부

"뜻이 하늘에서 이루어진 것 같이 땅에서도 이루어지이다." 이 간청에서 바라는 순종의 은혜에 대해 언급했으니, 이제 우리는 그 은혜가 어떻게 이루어져야 하는지 그 방식을 알아보고자 한다. 즉, "뜻이 하늘에서 이루어진 것 같이 땅에서도 이루어져야 한다"라는 말씀에

---

666 여백에: 십자가 아래에서 인내하라.

이르렀다. 복 있는 천사들과 영광스러운 성도들이 하늘에서 하는 것처럼 이 땅에서 살아가는 우리 인간들도 그렇게 해야 한다. 왜냐하면 "능력이 탁월한 천사들이 그의 말씀의 소리를 듣고 하나님의 계명을 행하기"[시 103:20] 때문이다. 그리고 이러한 설명이 일반적으로 받아들여지고 있기 때문에, 그것을 증명하지는 않을 것이다.[667] 우리가 기억해야 할 것은 오직 이것뿐이다. 여기서 우리는 하늘에 있는 성도들과 천사들의 순종과 동등한 분량과 정도로 순종하기를 기도하는 것이 아니라, 다만 그와 같은 순종을 행하기를 기도할 뿐이다. 왜냐하면 여기서 이러한 비교는 동등성이 아니라, 닮은꼴과 유사성을 의미하기 때문이다.

이제 이러한 유사성은 여기서 네 가지로 나타난다. 첫째, **즐거이 그리고 기꺼이** 순종하는 것이다. 이는 거룩한 천사들이 하나님의 명령에 투덜거리거나 억지로 하지 않고, 자유롭고 기꺼이 순종하기 때문이다. 이러한 이유로 그들은 "와서 하나님 앞에 서고"(욥 1:6), "그의 얼굴을 본다"(마 18:10)고 언급되는데, 이는 그들이 하나님께 자발적으로 봉사하는 모습을 표현하기 위함이다. 바울이 빌레몬의 선한 일에 대해 말한 것처럼, 하나님의 자녀는 그렇게 하나님께 순종해야 한다. "억지 같이 되지 아니하고 자의로 되게 하려 함이라"[몬 14]. 자선을 베푸는 경우에 "하나님은 즐겨 내는 자를 사랑하신다"[고후 9:7]는 말씀처럼, 모든 순종에서 하나님께서는 그와 같이 즐거이 행하는 것을 좋아하신다. 그러므로 그는 "먼저 하고자 하는 마음만 있으면 그가 가지고 있는 대로 받으실 터이요"[고후 8:12]라고 말한다. 이와 관련하여 베드로는 장로들에게 "너희 중에 있는 하나님의 양 무리

---

667 여백에: 천사들에 대한 인간 순종의 유사성.

를 치되 억지로 하지 말고 하나님의 뜻을 따라 자원함으로 하며 더러운 이득을 위하여 하지 말고 기꺼이 하라"[벧전 5:2]고 간청했으며, 사도 바울은 "내가 내 자의로 그것을 행하면 상을 얻을 것이다"[고전 9:17]라고 말한다. 선지자 다윗이 두드러지게 이 덕목을 표현했는데, 하나님께서 말하자면 그의 영혼에 새 귀를 뚫었을 때, 그가 "내가 왔사오니 주의 뜻을 행하기를 원하나이다"(시 40:6-8)라고 말했을 때였다.

둘째, **우선순위**에 있어서, 천사들은 다른 모든 일보다 하나님의 뜻을 행하는 것을 우선시한다. 그러므로 그들은 하나님의 기쁨을 기다리는 것처럼, 그의 면전에 계속 서 있다고 한다. 그리고 하나님께 대한 순종의 동일한 애정이 그의 모든 자녀에게 있어야 한다. 아브라함은 특히 하나님의 명령에 따라 "이삭을 죽이려 했던"[창 22:16] 때에 이것을 증거했는데, 그는 이로써 세상에서 가장 소중한 것보다 하나님께 대한 순종을 더 선호했다는 것을 보여 주었다. 이것을 우리는 다윗에게서도 볼 수 있다. "내가 모든 재물을 즐거워함 같이 주의 증거들의 도를 즐거워하였나이다"(시 119:14). 그리고 "그러므로 내가 주의 계명들을 금 곧 순금보다 더 사랑하나이다"(시 119:127). 이것을 우리 구주 그리스도에게서도 볼 수 있는데, 그는 지치고 배고팠을 때, "나의 양식은 나를 보내신 이의 뜻을 행하며 그의 일을 온전히 이루는 이것이니라"(요 4:34)고 말씀하셨다.

셋째, **신속함과 순발력에서**, 천사들은 지체하거나 태만함이 전혀 없이 하나님의 뜻을 행한다. 성경은 이를 천사들의 날개와 날갯짓으로 표현하고 있다. 그래서 하나님의 자녀들은 하나님께 순종할 때, 이와 같은 기민함을 보여야 한다. "나는 주의 계명들을 지키기에 신속히 하고 지체하지 아니하였나이다"(시 119:60).

넷째, **신실하게**. 천사들은 하나님께서 자신들을 사용하는 어디서나 하나님의 뜻을 반쪽짜리나 단편적으로 실행하는 것이 아니라, 철저하고 완벽하게 실행한다. 따라서 우리는 하나님의 뜻을 행하는 데 충실해야 하며, 우리와 관련된 일부 계명이 아니라, 하나님의 모든 계명에 진심으로 순종하기 위해 노력해야 한다. "내가 주의 모든 계명에 주의할 때에는 부끄럽지 아니하리이다"(시 119:6). 요시야 왕은 "마음을 다하며 뜻을 다하며 힘을 다하여 모세의 모든 율법을 따라"(왕하 23:25) 여호와께로 돌이켰다. 그는 하나님의 모든 자녀가 따라야 할 본이 되어, 그들이 복된 천사들과 같게 하였다.

적용

첫째, 애통해야 할 결핍. 여기서 우리의 모방을 위해 제시된 이 천사의 순종의 본을 통해, 우리는 하나님의 뜻에 순종할 때, 우리 마음의 타고난 강퍅함, 죽어 있음, 완고함을 인정하고 애통해야 한다. 만약 우리가 이 무디고 부적합한 마음을 느끼지 못한다면, 우리는 스스로 은혜가 부족하다고 의심할 수 있는데, 이는 모든 은혜로운 마음은 그것을 어느 정도 느끼고, 하나님을 향해 그것을 탄식하기 때문이다. 우리가 진실로 "뜻이 하늘에서 이루어진 것 같이 땅에서도 이루어지이다"라고 말한다면, 그렇게 해야 한다.

둘째, 우리는 여기서 하나님의 뜻을 행함에 있어 성실함과 신실함이 부족함을 애통해야 한다. 우리의 절름발이 순종과 반쪽짜리 순종은 우리가 이 천사의 모범에 얼마나 미치지 못하는지를 보여 준다. 많은 사람이 육체의 외적인 봉사에 만족하고, 마음의 내적인 예배는 전혀 고려하지 않는다. 그리고 다른 사람들은 하나님에 관한 경건의 외적인 의무는 존중하지만, 사람에 대한 정직과 자비에 대해서는 거의 고려하지 않는다. 그러나 천사들은 그렇지 않다.

둘째, **갈망해야 할 은혜**. 이것으로 우리는 또한 자유의 영을 위해 기도하는 법을 배워야 하며, 이를 통해 부패의 속박에서 해방되어 더욱 자유롭고 즐거이 진심으로 하나님의 뜻을 행하기 위해 노력할 수 있다. "주의 구원의 기쁨을 내게 회복시켜 주시고 주의 자유로운 영으로 나를 세우소서"(시 51:12). 성령은 "자유로운 영"이라고 불리는데, 이는 그가 죄의 속박에서 자유를 주시고, 하나님을 섬기는 마음을 자유롭고 활기차고 즐겁게 만드시기 때문이다. "주의 영이 계신 곳에는 자유가 있기 때문이다"(고후 3:17).

셋째, **실천해야 할 의무**. 우리는 우리가 기도하는 좋은 것들을 실천해야 하므로, 여기서 우리는 복된 천사들을 거룩하게 본받도록 우리의 삶을 구성하도록 배운다.[668] 비록 우리가 그들의 순종의 척도에 도달할 수는 없지만, 우리는 그들이 기꺼이 행하려는 순종의 방식을 본받으려 노력해야 하며, 따라서 그들을 따름으로써 이 세상에서 우리의 천국을 시작해야 한다. 이것은 신앙의 열심을 가식적인 꼼꼼함으로 여기는 자들의 특성과 양립하지 않는다. 그러나 진심으로 하나님을 아버지라고 부르는 자들은 거룩한 천사들의 순종을 그들의 본보기로 삼아야 한다. 이제 그들에게서 우리가 따라야 할 것들을 다음과 같이 관찰할 수 있다.

첫째, 천사들은 그리스도의 성육신 이전에 그리스도께서 성취한 우리의 구속의 신비를 들여다보기를 원했다(벧전 1:12). 비록 그 신비가 그들과 관련이 없을지라도, 그들은 그 신비를 들여다보고자 했는데, 이는 그들이 타락하지 않았고, 구속이 아닌 다른 은혜로 세움을

---

668 여백에: 천사들을 본받음.

받았기 때문이다. 이런 점에서 우리는 천사들을 따르거나 가능하다면 그들을 넘어서야 하는데, 왜냐하면 "그리스도는 천사들을 붙들어 주려 하심이 아니요 오직 아브라함의 자손을 붙들어 주려 하심이기 때문이다"[히 2:16]. 그리스도의 구속은 우리와 관련이 있으며, 그러므로 우리는 복음 안에서 이 신비를 더욱더 부지런히 탐구하는 사람이 되어야 한다.

둘째, 천사들은 참 신앙과 하나님 경배를 옹호하는 자들인데, 율법이 천사들에 의해 주어졌기 때문이다(갈 3:19). 다니엘의 환상은 대부분 천사가 보여 주었고, 요한에 대한 계시도 마찬가지였다(계 1:1). 천사들은 사도들을 감옥에서 데리고 나와, 여러 차례 복음을 전하게 했다[행 5:19; 12:7-8; 16:26]. 그들은 우상 숭배의 대적인데, 요한이 천사에게 경배하려고 할 때, 그는 요한에게 "너는 삼가 그리하지 말고 오직 하나님께 경배하라"(계 19:10)고 말하면서 금지했다. 여기서 우리도 모든 우상 숭배를 막고, 하나님과 그의 진리의 모든 원수들에게 대적하며, 우리의 힘을 다해 하나님의 복음과 하나님께 대한 참된 예배를 진전시킴으로써, 천사들의 추종자가 되어야 한다.

셋째, 천사들은 항상 그리스도께 봉사했다. 그들은 목자들에게 그의 탄생 소식을 전했다(눅 2:9-10). 그들은 그의 시험(마 4:11), 그의 고난(눅 22:43), 그의 부활(마 28:2)과 승천(행 1:10)에서 그를 섬겼다. 우리도 그리스도께 우리가 할 수 있는 모든 봉사를 다해야 한다.

넷째, 그들은 하나님의 이름을 찬양하고 칭송하는 데 시간을 보낸다. 그래서 우리도 그의 영광을 위해 우리의 마음을 넓히고, 우리의 입으로 그를 찬양하는 것이 가득하도록 노력해야 한다.

다섯째, 그들은 우리의 이익을 위해 봉사할 수 있는 존재이다. 우리가 하나님의 자녀라면, 비록 그들이 우리보다 훨씬 낫더라도, "그들은 섬기는 영으로서 구원받을 상속자들을 위하여 섬기라고 보낸 자들이다"(히 1:14). 그들은 "하나님의 자녀를 손에 안고 있는"(시 91:12) 유모와 같다. "여호와의 천사가 주를 경외하는 자를 둘러 진치는도다"(시 34:7). 그리고 그들은 이 모든 것을 마치 그들에게 명령되지 않은 것처럼, 사랑으로 우리에게 행한다. 그러므로 우리는 그들의 모범을 따라 사람들의 유익을 위해 영혼과 육체, 소명, 신용, 그리고 우리가 가진 모든 것을 사용해야 한다.

여섯째, 천사들은 죄인들이 겸손히 죄에서 하나님께로 돌아오면 기뻐하고(눅 15:10), 사람들이 죄로 인해 하나님을 욕되게 할 때는 슬퍼한다. 우리 안에도 그런 정서가 있어야 한다. 우리는 하나님을 욕되게 하는 우리 자신과 다른 사람들의 모든 죄에 대해 애통해야 하며, 죄인들이 회개하고 하나님께로 돌이킬 때 기뻐 뛰는 마음을 가져야 한다. 다가올 세상에서 우리는 하늘에 있는 천사들처럼 영광스럽게 될 것이다(마 22:30). 그러므로 우리가 영광 가운데 있지 못하지만, 순종 가운데 천사와 같이 되어 지상에서 우리의 천국을 시작함으로써 이 소망을 증거하자.

마지막으로, 우리가 하늘의 천사들에게 주어야 할 영예, 즉 순종으로 천사들과 같이 되고, 그들의 미덕의 발자취를 따르는 본받음의 영예를 관찰해 보라. 그러나 기원(invocation)의 영예는 오직 하나님만이 받을 수 있는 것이므로, 천사에게 주어서는 안 된다. 그러므로 천사들에게 기도하고, 종교적 예배에서 하나님의 영광을 그들에게 돌리는 로마 교회의 교리와 관행은 저주받을 만하다.[669]

---

669 여백에: Bellarm. de sanct. beat. l. 1. c. 19. missale Rom. a. Pio. quinto p. 304.

오늘 우리에게 일용할 양식을 주시옵고

일관성. 지금까지 우리는 하나님의 영광에 관한 간청들을 다루었다. 이제 우리는 "우리"라는 단어가 다음 세 가지 간청에서 분명하게 보여 주듯이, 우리 자신에 관한 간청에 이르게 되었다. 그리고 그것들은 우리의 순종 방식에 대한 설명으로 앞의 간청들에 의존한다. 거기서 우리는 하나님의 뜻을 행하기 위해 은혜를 구했기 때문에, 여기서는 우리의 순종을 표현할 수 있는 복과 자비를 위해 기도한다. 이는 우리가 이생의 복에 대해 **그의 섭리를 의존하고**, 죄 사함을 위해 **그의 자비에 의지하고**, 시험에 대항하는 힘과 악으로부터의 구원을 위해 **그의 능력을 신뢰할 때**, 우리가 하나님의 뜻을 행하기 때문이다. 이제 특별히 이 네 번째 간청에 이르렀다. 앞에서는 우리의 특별한 소명에서 하나님의 뜻을 행할 수 있는 은혜를 간절히 구했다면, 여기서는 모든 현세적 복이 충만하여, 그 안에서 하나님께 영광을 돌릴 수 있기를 기도한다.

의미

이 간청을 다룰 때 여섯 가지 사항을 고려해야 한다. 첫째, 우리가 구하는 것, **빵**. 둘째, 우리는 무슨 빵을 구하는가, **일용할 양식**. 셋째, 누구의 양식인가, **우리의 양식**. 넷째, 언제인가, **오늘**. 다섯째, 누구에게, **우리에게**. 여섯째, 어디서 그것을 얻는가, 곧 하나님의 선물로, **우리에게 주시옵소서**.

요점 1

첫 번째, 우리가 구하는 것은 **빵**이다. 그러나 **빵**이 의미하는 바에 대한 의견은 일치되지 않는다. 어떤 사람들은 그것을 말씀과 성례에서 영혼의 양식인 그리스도의 몸과 피라고 영적으로 설명한다.[670] 그러나 이 설명의 부적절함은 그것을 주장하는 그들의 근거가 약하다는 것을 통해 알게 될 것이다. 첫째, 그들은 그렇게 천상적 기도에서 하늘에 계신 우리 아버지께 물질적 빵과 같은 천한 것을 구하는 것은 합당하지 않다고 말한다. **대답.** 하나님께서 우리에게 빵을 구하고 그에게 의지하라고 명령하신다면, 우리는 그것을 천하게 판단해서는 안 된다. 이 장에서 하나님께서는 우리에게 먹을 양식을 위해 그를 의지하라고 우리에게 명령하신다[마 6:25-26, 31절]. 참으로, 우리는 모든 염려를 그에게 맡겨야 한다[벧전 5:7]. 그래서 야곱이 "먹을 떡을 위해"(창 28:20) 기도한 것과 아굴이 외적인 것들의 충분한 수단(competencie)[671]을 달라고 기도한 것(잠 30:8)은 그 합법성을 분명하게 보여 준다. 둘째, 그들은 말하기를 우리는 먼저 하나님의 나라와 그의 의를 구해야 하며, 그러면 이 모든 것이 우리에게 주어질 것(마 6:33)이라고 한다. **대답.** 불신하는 그리고 산만한 염려는 금지되어 있지만, 온건한 염려는 허용되므로, 그것들을 위해 기도하는 것은 의심의 여지 없이 합법적이다.

빵에 관한 두 번째 견해는 교황주의자들의 견해인데, 즉 **여기서 우리는 몸에 필요한 모든 생계를 구할 뿐만 아니라, 훨씬 더 모든 영적**

---

670 역자주, 여백에: 에라스무스(Erasmus).

671 역자주, 영문판은 *Competencie*: 부름을 효과적으로 수행하는 기량(skill in performing a calling effectively)으로 주를 달고 있지만, '생활의 필수품과 편의를 위한 충분한 수단'으로 이해하는 것이 더 정확하고 낫다.

인 음식, 즉 그리스도 생명의 빵인 복된 성찬을 구하는 것이다.[672] 그러나 이것도 적합하지 않은데, 첫째, 우리는 두 번째 간청에서 직접적으로 영적인 것을 위해 기도했기 때문이다. 둘째, 여기서 성찬의 빵을 의미할 수 없는데, 이는 그리스도께서 그의 제자들에게 이 기도문을 가르쳤을 때, 아직 성만찬이 제정되지 않았기 때문이다. 셋째, 그들의 설명은 그들 자신의 관행에 어긋나는 것이다. 만일 빵이 성찬에서 그리스도를 의미한다면, 사람들은 그들이 금지하는 그것으로 매일 먹어야 하기 때문이다.

세 번째 견해는 "빵"이란 현세 생활에만 필요한 육체적 음식과 복을 의미한다는 것이다.[673] 다음과 같은 이유 때문에, 이것이 진리라고 생각되는데, 이것은 이전의 설명과도 일치한다. 첫째, 우리 구주 그리스도의 최고의 해석자인 누가는 그 말씀을 "일용할 양식", 즉 매일의 양식으로 설명한다(눅 11:3). 그러므로 그것은 육체적이어야 하는데, 이는 한번 진정으로 받은 영적 양식은 하루가 아니라 영원히 유효하기 때문이다(요 4:14). 둘째, 이것은 기도의 완벽한 강령이므로, 현세적 복을 위한 간청을 포함해야 하며, 그렇지 않으면 그것은 완벽한 것이 아니다. 이제 우리가 현세적 복에 대한 요청을 이것 외에 다른 어떤 간청으로도 이해할 수 없으므로, 그리스도는 여기서 그것들을 제시하신다.

이제 빵이란 멜기세덱이 아브라함과 그의 일행에게 그들의 회복을 위해 포도주와 함께 가져다준 것(창 14:18)과 같은 사람의 육체적 영양에 적합하고 적절한 곡물로 만든 생필품을 나타내는데, 성경에서 빵은 포도주나 물과 대비되는 의미이다. 하지만 보다 일반적으로,

---

672 여백에: 이 주제에 관한 레미스트들(Rhemists).
673 역자주. 여백에: 빵은 무엇을 의미하는가.

그것은 생명이 보존되는 모든 종류의 음식으로 간주된다. 그런 의미에서 염소의 젖은 "음식"(잠 27:27)으로 불리며, "나무의 열매"(렘 11:19), 그리고 교통을 통해 왕래하는 모든 것들로 불린다(잠 31:14). 이제 이곳에서 그것은 일반적인 의미로 취해야 하는데, 빵만 아니라, 다른 모든 필요한 음식과 의복도 의미하고, 건강, 평화, 자유, 그리고 인간이나 가족이나 공동체의 선한 외적 상태에 충족되고 필요한 다른 모든 것들도 의미한다.

적용. 첫째, 여기서 그리스도는 우리에게 맛있는 음식이 아니라, 빵을 위해 기도하라고 명령하신다.[674] 이로써 그는 우리에게 탐심, 즉 만나 외에 가진 것이 없으면, 불만을 품고 이스라엘 백성들처럼 투덜거리는 우리 본성의 일반적인 죄를 조심하라고 가르치고자 하셨다. 그러나 우리는 이 부패와 맞서 싸우고, 다윗처럼 "여호와여, 내 마음을 주의 증거들에게 향하게 하시고 탐욕으로 향하지 말게 하소서"(시 119:36)라고 말해야 한다.

둘째, 이것으로 우리는 또한 식생활, 의복, 그리고 이생에 속한 모든 것을 절제하고 온건하게 사용하는 법을 배워야 하며 그렇게 사용함으로써, 우리는 우리의 부르심과 하나님께 대한 봉사에 더 적합하게 되어, 더 나아지되 더 나빠지지 않아야 한다.[675]

셋째, 우리는 이것을 통해 하나님께서 우리에게 주시는 삶의 장소와 상태, 그리고 부의 척도에 대한 만족을 배워야 하는데,[676] 이는 우리가 오직 빵, 즉 필요한 것만을 구해야 하기 때문이다. 그러므로 하나님께서 우리에게 필요한 것을 주신다면, 우리는 그것으로 만족해

---

674 여백에: 탐욕을 조심하라.
675 여백에: 절제를 배우라.
676 여백에: 만족.

야 한다. 그리고 우리의 부패한 마음이 여기서 재판장이 되어서는 안 되며, 하나님께서 우리의 부르심 안에서 합법적인 수단을 온건하게 사용하도록 주신 것을 우리의 몫이라고 판단해야 한다. "우리가 먹을 것과 입을 것이 있은즉 족한 줄로 알 것이니라"(딤전 6:8). 이것이 바울의 관행이었다. "나는 비천에 처할 줄도 알고 풍부에 처할 줄도 알아 모든 일 곧 배부름과 배고픔과 풍부와 궁핍에도 처할 줄 아는 일체의 비결을 배웠노라"[빌 4:12]. 이스라엘 백성들은 광야에서 만나로 만족하지 않고 고기를 필요로 했고, 따라서 하나님께서는 그들에게 그들의 욕구대로 주었지만, "고기가 그들의 입에 있을 때에 그의 진노가 그들 위에 임하였다"[민 11:31, 33]. 그러므로 우리가 합법적인 수단을 온건하게 사용할 때, 하나님께서 주신 것 이상으로 욕심을 내지 말아야 한다. 더 많은 것을 추구함으로써, 하나님의 저주를 자초하지 않도록 욕심을 내지 말자. 하지만 안타깝게도 자신의 상태에 만족하는 사람이 거의 없다. 자작농은 의복과 식단에서 신사와 같이 되기를 원하고, 신사는 귀족과 같이 되기를 원한다. 따라서 고리대금과 억압과 불의와 많은 불경건함이 온다. 그러므로 하나님의 기근 심판은 가난한 자들에게 더욱 가중되어 나타나는데, 이는 사람들이 자기를 이롭게 하고 부요하게 하며, 높이 오르기 위해 수단에 대해 양심의 가책을 두지 않기 때문이다. 그러나 여러분의 진보에 대한 하나님의 저주를 조심하라. 하나님께서 여러분의 상태를 바꾸시지 않는 한, 현재 상태에 만족하고, 그것에 감사하라. "가산이 적어도 여호와를 경외하는 것이 크게 부하고 번뇌하는 것보다 나으니라"(잠 15:16). 이제 하나님의 진노와 같이 괴롭히는 문제가 무엇인가? 그러므로 하나님께서 합법적 수단을 사용하여 보내시는 것에 만족하라.

넷째, 우리는 우리가 먹는 모든 빵 조각을 하나님께 구해야 하는가?[677] 그렇다면 모든 우연과 행운을 멀리하고, 모든 일에서 하나님의 섭리를 인정하는 법을 배우자.

다섯째, 하나님의 자녀들이 일용할 양식을 하나님께 구하여, 아버지의 손에서 자비의 선물로 받아야 하는가?[678] 그렇다면 인간의 행위로 인한 공로를 멀리하라. 왜냐하면 빵이 자비로 말미암았다면, 영생은 인간의 공로가 될 수 없기 때문이다.

마지막으로, 이 간청은 우리에게 불신에 찬 염려에 대해 주목할 만한 만족의 근거를 제공하는데, 이는 그리스도께서 우리에게 구하라고 명령하신 것은 하나님의 뜻대로 구한 것이어서, 하나님께서 의심의 여지 없이 주실 것이기 때문이다. 그러므로 하나님의 자녀는 합법적인 수단을 신중하게 사용함으로써, 이생에 충분한 것들을 확보할 수 있다. 만일 현세적 복이 실패한다면, 영적인 은혜를 충분히 공급받을 수 있는지 살펴보라.

여기서 우리가 하나님께 구하는 것은 오직 빵, 즉 이생에 필요한 것들뿐인 것을 볼 때, 우리가 하나님의 피조물을 우리의 기쁨을 위해 사용할 수 있는지 여부에 대해 질문할 수 있다.[679] **대답**. 우리는 우리의 합법적 기쁨을 위해 하나님의 외적 복을 사용할 수 있다. "사람이 먹고 마시며 해 아래에서 하는 모든 수고 중에서 낙을 보는 것이 선하고 아름다움을 내가 보았다"(전 5:18). 하지만 우리가 이 기쁨에 취해 자유를 남용하지 않도록 세 가지 주의 사항을 기억해야 한다. 첫째, 우리는 우리에게 필요한 것만 아니라, 우리의 기쁨을 위해 주시는 하나님을 보아야 한다. 둘째, 우리의 기쁨과 즐거움 속에서 우리

---

677 여백에: 우연이 논박되다.
678 여백에: 공로가 논박되다.
679 여백에: 하나님의 피조물을 우리의 기쁨을 위해 사용하는 것에 대하여.

는 우리의 애정을 절제하여, 이 땅의 것들에 사로잡히지 않도록 해야 하며, 이로 인해 하늘과 영적인 것들로부터 멀어지거나 방해받지 않도록 해야 한다. 셋째, 우리의 주된 기쁨은 영적인 양식, 즉 십자가에 못 박힌 그리스도와 그의 몸과 피로 그와 참된 친교를 누리는 데 있어야 한다. 우리의 모든 기쁨은 이 일에 집중되어야 하며, 그리스도 밖에서는 그 어떤 것도 즐거운 것으로 여겨서는 안 된다.

요점 2

무슨 빵인가. **일용할 양식**. 원문에 있는 단어[680]는 매일매일 **우리의 실체에 투입되는 빵**, 즉 날마다 건강과 생명을 보존하는 역할을 하는 그러한 빵을 의미한다. 아굴은 이것을 "그에게 필요한 양식 또는 음식"(잠 30:8)으로 부른다.

적용. 이 두 번째 요점에서 우리는 두 가지를 배운다. 첫째, 하나님의 손에서 현세적 복을 구하는 것은 합당한데, 왜냐하면 그는 우리의 자비로운 아버지이시며, 그렇게 하라고 명령하시기 때문이다. 이것은 이 조항에 대한 이전의 설명을 확인하는 역할을 한다.[681] 둘째, 우리는 모든 합법적인 수단을 부지런히 사용하여 육체적 생명과 건강을 보존하기 위해 온건한 관심을 기울여야 한다.[682] 이는 우리가 기도하는 것을 위해 노력해야 하기 때문이다. 제6계명은 "살인하지 말라"고 말하는데, 여기서 주님께서는 우리 자신과 이웃의 생명을 보존하기 위해 모든 선한 수단을 사용하도록 우리에게 명령하신다. 특히 두 가지 이유로 우리는 이것을 수행해야 한다. 첫째, 우리가 지체

680　여백에: ἐπιούσιον.
681　여백에: 우리는 현세적 복을 위해 기도할 수 있다.
682　여백에: 합법적 현세적인 것들에 대한 온건한 관심.

인 교회, 국가, 가족에게 우리가 할 수 있는 모든 선을 행할 수 있도록 하기 위함이다. 둘째, 죽음과 심판의 날이 올 것이므로, 천국을 준비할 충분한 시간을 갖도록 하기 위함이다. 죽음 후에는 "지혜도 없고 계획도 없고 일도 없고 지식도 없음이니라"[전 9:10]. 그러므로 이제 우리는 하나님께서 오실 때, 그를 영접할 준비가 되도록 하나님께 대해 우리 자신을 준비해야 한다. 그리고 주님을 위해 준비된 사람은 충분히 장수하고 잘 산 것이지만, 이것이 없으면 우리의 삶은 헛된 것이다.

요점 3

우리는 누구의 빵을 위해 기도하는가? 다른 사람의 빵이 아닌 "우리 자신의 빵"을 위해 기도한다.[683] 하지만 빵이나 다른 현세적인 복이 어떻게 우리의 것이 될 수 있는가? **대답.** 첫째, 우리가 하나님 앞에서 그것에 대한 진정한 권리를 가질 때 우리의 것이 된다. 둘째, 우리가 사람 앞에서 그것을 합법적으로 소유할 때 우리의 것이 된다. 하나님 앞에서 우리의 권리가 필요한데, 이는 우리가 아담 안에서 모든 것을 잃었고, 믿음으로 우리가 그리스도 예수의 지체가 될 때, 그리스도 안에서만 피조물에 대한 우리의 권리를 회복하기 때문이다. "모든 것이 너희의 것이요 너희는 그리스도의 것이다"(고전 3:22). 그러나 이 모든 것에 대해 하나님의 자녀는 그리스도 안에서 권리를 갖고 있더라도, 하나님의 섭리에 따라 합법적인 선물, 구매, 노동 등으로 사람 앞에서 합법적인 권리나 소유권을 가지지 않는 한, 모든 것을 자기 소유처럼 사용할 수 없다. 참으로 그리스도 안에 있는 권리가

---

683 여백에: 현세의 복이 우리의 것이 되는 방법.

최고의 권리이지만, 그리스도인의 자유는 시민 사회에서 선한 질서를 폐지하는 것이 아니라, 오히려 그것을 확립하기 때문에, 사람 앞에서의 권리도 필요하다. 그리스도는 가이사의 대적이 아니시다. 그러므로 성경은 "각 사람이 자기 양식을 먹으라"(살후 3:12)고 명령한다. 즉, 믿음으로 그리스도 안에서 그것에 대한 권리를 가지고, 또한 하나님의 섭리에 의해 사람에게 허락된 어떤 합법적인 수단으로 누리는 것이다. 왜냐하면 사람들 사이에 세워진 선한 질서에 의해, 우리가 그리스도 안에서 권리를 갖는 것들을 소유하게 되었기 때문이다.

적용. 첫째, 여기서 우리는 하나님으로부터 빵을 받는 법, 또는 그리스도의 수난의 열매로서 우리가 누리는 다른 현세적 복을 받는 법을 배운다.[684] 참으로 십자가에 못 박힌 그리스도는 하나님의 모든 좋은 선물과 복의 기초이시다. 현세의 많은 복을 소유하고 누리는 불신자들과 악한 사람들에게 있어서, 그들이 사람 앞에서 그것에 대한 권리가 있다는 것은 인정되어야 한다. 그러나 십자가에 못 박히신 그리스도와는 아무런 관련이 없기에, 그들은 참된 기초가 없으며, 그래서 하나님 앞에서 찬탈자들보다 더 나을 것이 없고, 언젠가는 그것에 대해 반드시 심판을 받아야 한다. 이 점을 배운다면, 사람들은 평소보다 하나님의 현세적 복을 얻을 때 더 양심적으로 행동하고, 그것을 사용할 때 더 경건하고 감사하는 마음을 보일 것이며, 식생활과 옷차림에서 방탕함과 지나침이 줄어들고, 하나님의 모든 피조물에 대한 남용도 줄어들 것이다. 왜냐하면 우리의 회복에 대한 이 대가를 묵상한다면, 우리가 하나님의 그 어떤 복에서도 하나님을 욕되게 하지 않을 것이기 때문이다.

---

684 역자주. 여백에: 그리스도 안에서 모든 것을 누리라.

둘째, 우리 자신의 빵을 구하는 이 간청은, 모든 사람이 합법적인 직업을 가져야 하며, 그 안에서 자신의 빵을 먹도록 일해야 한다고 가르친다(살후 3:12).[685] 그 어떤 사람도 합법적인 직업 없이 살거나, 그 직업에서 게으르게 살아서는 안 된다. 주인은 그의 가족에게서 게으름을 추방해야 하고, 행정관은 공동체로부터 게으름을 추방해야 하며, 부랑자들이 용납되어서는 안 된다. 왜냐하면 그들은 자기 자신의 양식을 먹지 않기 때문이다.

셋째, 여기서 현세적 복을 얻기 위한 모든 사기, 불의, 잔인함이 정죄되는데, 이는 우리가 우리 자신의 양식을 위해 기도하되,[686] 그렇게 얻은 것은 우리 자신의 것이 아니라, 다른 사람들의 것이기 때문이다. 노름꾼의 소득도 복권으로 취득한 것도 이 간구와 양립하지 못하는데, 이것은 사도가 요구하는 것처럼, 선한 것을 위해 수고하는 것이 아니며(엡 4:28), 취득에 있어서 그것들이 거룩한 수단도 아니기 때문이다. **질문.** 이 양식이 우리 자신의 것이라면, 우리가 무엇 때문에 그것을 요구하겠는가? **대답.** 그것이 우리 자신의 것일지라도, 우리는 좋은 이유로 그것을 요청하는데, 왜냐하면 빵에는 두 가지가 있기 때문이다. 즉, 빵의 실체, 그리고 성경에서 "의지하는 양식"[사 3:1]이라고 불리는 그 빵 안에 있는 하나님의 복, 즉 영양을 공급하는 미덕과 능력이다. 노인이 지팡이를 빼앗기면, 서지 못하고 넘어지듯이, 여기서 빵도 마찬가지이다. 그래서 빵에서 하나님의 복을 제거하면, 그것은 무익하고 영양을 공급하지 못한다. 이제 우리는 빵의 실체를 가지고 있으면서도, 그에 대한 복이 결핍될 수 있기 때문에, 창고가 가득 차 있어도 가난할 수 있다. "우리가 먹을지라도 배부르

---

685 여백에: 합법적인 직업이 필요하다.
686 여백에: 나쁘게 얻은 것은 정죄된다.

지 못하며"[학 1:6], 배를 채울지라도 배고픔을 느끼는 것이다. 그러므로 우리는 실체뿐만 아니라, 그것과 더불어 하나님의 복을 받을 수 있도록 빵을 달라고 하나님께 기도하는데, 이런 이유로 군주들도 가장 가난한 거지처럼 이 간청을 해야 한다.

요점 4

우리는 어느 때를 위해 빵을 요청하는가? 한 달이나 일 년이 아니라 "오늘을 위하여", 또는 누가가 기록하듯이 "그 날에 따라"(눅 11:3), 즉 오늘을 충족시키는 적합한 것이다.

적용. 이러한 시간적 상황에서, 우리는 첫째, 음식과 의복 등 현세적 복에 대한 하나님의 섭리를 불신하는 우리의 불신앙을 애통하라는 가르침을 받는다.

둘째, 날마다 우리에게 베푸시는 하나님의 특별한 섭리를 인정하고, 비록 우리가 그 이유를 알지 못하더라도, 필요한 모든 것을 끊임없이 의지하고 자신을 맡겨야 한다. 아브라함이 아들을 제물로 바치려던 순간에 그렇게 했다. 이삭이 "희생제물이 어디 있나이까?"라고 물었을 때, 아브라함은 "내 아들아, 하나님이 준비하실 것이다"(창 22:8)라고 대답했다. 그래서 하나님께서 그렇게 하셨고(창 22:13), 아브라함은 이 특별한 하나님의 섭리의 역사를 기억하며, 그 장소의 이름을 "여호와 이레, 하나님이 준비하실 것이다"(창 22:14)라고 불렀다. 필요한 모든 것에 대해 하나님의 섭리를 의지하고, 선악 간에 모든 일에서 그의 처분하는 손길을 보려고 노력하는 순종의 길에 있는 모든 사람에게 가장 귀중한 선례이다.

셋째, 이생의 복을 구할 때, 우리의 염려를 조절하는 것이다.[687] 우리는 합법적이고 필요한 것을 미리 준비하기에 주의해야 하는데, 이를 위해 합법적인 수단을 사용해야 하며, 그렇지 않으면 하나님을 시험하게 된다. 그러나 우리의 염려는 아주 적당해야 하며, 우리에게 날마다 일용할 양식을 구하라고 명령하시는 하늘 아버지의 보살핌과 섭리에 여전히 의존해야 한다. 이런 식으로 우리는 충분히 가질 것이며, 불신과 지나친 염려는 우리에게 아무런 도움이 되지 않을 것이다. 이스라엘 백성이 하나님께서 하늘에서 주신 만나[출 16:18-19]로 살았을 때, 그들은 단지 하루 먹을 것만 거두고, 아침까지 아무것도 남겨 두지 말라는 명령을 받았다. 이는 하나님께서 그들에게 그의 매일의 섭리를 의지하도록 가르치시기 위함이었으며, 그들이 그렇게 하는 동안 충분했고, 그것은 선한 것이었다. 그러나 탐욕으로 인해 그들이 하루 먹을 것보다 더 많이 거두어 아침까지 남겨 두었을 때, 하나님의 저주가 그 위에 임했는데, "그것에 벌레가 가득하고 악취가 났기 때문이다"[출 16:20]. 그리고 그 후에 그들이 만나를 싫어하기 시작했고, 그의 섭리에 만족하지 않고 "고기를 갈망했을 때, 그가 그들이 원하는 것을 주셨으나"[민 11:4], "고기가 아직 이 사이에 있어 씹히기 전에 여호와께서 백성에게 대하여 진노하셨다"(민 11:33). 그래서 우리가 하나님을 불신하면, 우리도 그렇게 될 것이다. 그러나 우리가 하나님의 특별한 섭리에 대한 이러한 의존을 배우고 실천한다면, 일상적인 수단이 실패하더라도, 공급(왕상 17:6)을 통해서든 결핍을 견디는 인내를 통해서든, 하나님의 선하심을 경험하게 될 것이다.

넷째, 여기서 우리는 기도와 감사로 음식과 음료를 거룩하게 하는

687　여백에: 이생을 위한 온건한 보살핌.

하나님의 자녀들의 거룩한 관행의 좋은 근거를 가지고 있다.[688] 여기서 우리는 현세적 복을 위해 기도하라고 배웠으므로, 우리가 복을 받고 그것을 사용할 때, 그것들에 대한 하나님의 강복을 위해 기도와 감사로 하나님께 영광을 돌려야 한다. 그 이유는 중요한데, 첫째, 이로써 우리는 하나님의 복을 받고 살면서도, 사람처럼 하나님을 찬양할 수 없는 짐승과 구별되기 때문이다. 둘째, 이로써 우리는 아담 안에서 잃어버린 하나님의 피조물에 대한 우리의 권리와 자격을 예수 그리스도로 말미암아 증거하기 때문이다. 왜냐하면 참된 기도는 믿음의 열매이며, 믿음으로 우리는 그리스도 예수에게 참여하는 자가 되었기 때문이다. 셋째, 우리는 본성적으로 타락하여 하나님의 모든 복을 남용하기 쉬우므로, 그것을 적당히 그리고 감사함으로 사용하도록 은혜를 구해야 하기 때문이다.

다섯째, 여기서 우리는 하나님께 매일 기도하는 방법을 배울 수 있는데, 왜냐하면 모든 간청에는 이러한 시간적 상황이 반드시 언급되어야 하기 때문이다. 그러므로 하나님의 이름을 영화롭게 하는 은혜, 하나님의 뜻에 순종하는 은혜, 우리의 죄 사함을 받는 은혜 등 매일 기도하는 것이 우리의 습관이 되어야 한다.

요점 5

우리는 누구를 위해 빵을 구하는가? 우리 자신만을 위한 것이 아니라, 우리 형제들을 위한 것이다. "우리에게 주옵소서"는 자기 것만 구하지 않고, 다른 사람의 유익을 구하는 형제 사랑을 가르치는 말씀이다. 그리고 실제로 여기서 우리는 하나님의 현세적 복의 청지기에

---

688 여백에: 우리 음식의 거룩함.

불과하므로, 우리가 원하는 대로 그것들을 사용하는 것이 아니라, 우리의 절대적인 주님인 그의 영광을 위해 사용해야 한다. 이제 그의 지시는 다음과 같은 취지를 갖는다.[689] 첫째, 우리는 현세적 재물로 하나님을 영화롭게 하고, 하나님을 예배하고, 참된 신앙을 유지하기 위해 그것들을 사용해야 한다. 둘째, 우리는 가난한 사람들을 구제하고, 국가를 위한 기타 필요한 의무를 수행하는 공동선(共同善)을 위해 그것들을 사용해야 한다. 셋째, 우리는 우리 자신, 특히 우리 가족을 부양하고, 평화롭고 고요하게 살 수 있도록 하여, 다가올 삶을 더 잘 준비해야 한다.

요점 6

우리가 빵을 받으려면, 누구에게서 받아야 하는가? 하나님에게서 받아야 하는데, 이는 우리가 그리스도 안에서 우리 아버지인 하나님께 "우리에게 주옵소서"라고 말하기 때문이다. 이것은 우리가 그의 자녀이므로, 현세적 복을 받을 권리가 있지만, 우리가 가진 것이 무엇이든 하나님으로부터 온 것임을 알아야 하며, 그의 손에서 나온 것처럼 받아 사용해야 한다는 것을 가르친다. 그리고 우리가 하나님의 피조물을 우리의 현세적 용도에 맞게 거룩하게 구별한다면, 이것을 행하게 될 것이다. 왜냐하면 하나님의 모든 피조물은 하나님께서 사용하시기에 거룩하다면 선하기 때문이다. 이제 피조물은 사람이 거룩하게 되듯이 거룩하게 되지 않는다. 이는 하나님의 성령께서 그 사람 안에서 역사하여 썩어질 것을 폐하고, 은혜를 새롭게 하시기 때문이다. 또한 피조물은 은혜의 인과 보증이 되도록 거룩한 영적 사용

---

689 여백에: 현세적 재물로 하나님을 영화롭게 하는 방법.

을 위해 하나님에 의해 구별된 성례의 요소들처럼 거룩해지지도 않는다. 피조물이 거룩하게 되는 것은, "말씀과 기도로"(딤전 4:4) 행해진 우리의 현세적, 시민적 용도에 적합하게 될 때이다.[690] 여기서 **말씀**의 의미는 다음과 같다. 첫째, 태초에 하나님께서 피조물을 사람이 사용하기에 적합하게 하시고, 그에게 그것을 다스리는 권세와 주권을 주셨던 **창조의 말씀**이다[창 1:29-30]. 둘째, 타락과 홍수 후에, 그가 인간에게 그의 피조물을 사용하도록 허락하신 **회복의 말씀**이다(창 9:3). 셋째, 하나님께서 그의 피조물에 대한 우리의 사용 범위를 넓혀 주신, 우리 그리스도인의 자유에 관한 **복음의 말씀**이다(행 10:15). 그리고 **기도**를 통해 우리는 하나님께서 피조물에게 그의 능력과 복을 주시고, 우리에게 유익을 주시고 위로하시며, 또한 우리에게 은혜를 베푸시어, 그의 손에서 나온 것처럼 받아, 그의 영광을 위해 사용하도록 간절히 원한다. 우리가 이 의무를 배우고 실천할 수 있다면, 우리는 피조물에게서 지금까지 받은 것보다 더 많은 위로를 얻을 수 있을 것이다. 참으로, 그것은 우리가 하나님의 모든 복을 얻고 사용하는 데 있어서, 사기와 억압, 잔인함, 그리고 교만과 허영심으로부터 우리를 억제할 것이다. 만일 우리가 현세의 모든 복이 그의 손에서 나왔다고 확신한다면, 그것을 얻거나 사용함에 있어서 우리가 어떻게 감히 그에게 죄를 지을 수 있겠는가?

둘째, 우리의 소명 가운데 우리가 수고하고 부지런히 일한 후에도, 여전히 하나님께서 빵을 우리에게 주시도록 기도해야 한다는 점에서, 이생에서의 모든 현세적 복을 위해 하나님께서 정하신 질서의 원인들을 관찰하는 법을 배워야 한다.[691] 왜냐하면 음식과 의복뿐

---

690 여백에: 피조물이 거룩하게 되는 방법.
691 여백에: 현세적 복의 원인들의 질서.

만 아니라, 그에 대한 우리의 수고와 근면 역시, 만물의 선을 위해 배치하고 정돈하시는 만물의 일차 원인인 하나님의 복에 의존하는 이차적 원인들이기 때문이다. 고기가 우리를 먹여 살리고, 옷이 우리를 따뜻하게 해주는 것은 하나님으로부터 오기 때문이다. 그가 돌들에게 "빵이 되라"고 말하면, 그것들이 우리를 먹일 것이며(마 4:4), 참으로 빵이 없을 때에도, 그는 여러 날 동안 힘을 보존할 수 있으며(출 34:28;[692] 왕상 19:8), 참으로 그가 말씀하시면, 독(poison)이 떡이 되어 우리에게 양식이 될 것이다. 하지만 그의 강복 없이는 아무것도 우리에게 유익을 줄 수 없다. "여호와께서 집을 세우지 아니하시면 세우는 자의 수고가 헛되며"(시 127:1-2). 그러므로 우리는 우리의 모든 수고와 공부에 대한 복을 위해 하나님의 섭리에 의지하는 법을 배워야 하며, 우리의 유익과 위로를 위해 우리가 사용하는 모든 수단에서 그의 강복을 기다려야 한다. 왜냐하면 그가 우리의 생명, 우리의 건강, 그리고 보존이기 때문이다.

우리가 우리에게 죄 지은 자를 사하여 준 것 같이 우리 죄를 사하여 주시옵고

일관성. 앞의 간청에서 현세적인 복과 이생의 일에 대한 하나님의 섭리적 경륜에 의존하는 은혜를 위해 기도하라고 가르치신 그리스도는 이 간청과 다음 간청에서 우리 자신을 위해 영적인 복, 즉 우리의 죄 사함과 유혹에 대항하는 능력을 구하라고 지도하신다. 그리고 이

---

692 역자주, 원문과 영문판은 출 34:8로 기재하고 있다.

런 순서의 이유는 다음과 같다. 그리스도는 앞의 간청을 이것들에 대한 한 단계로 삼으시는데, 왜냐하면 사람은 육체의 보존을 위해 하나님의 섭리에 의지해야 하며, 이것은 그의 영혼의 구원을 위해 하나님의 자비에 의지하게 될 것이기 때문이다. 하나님께서 그에게 빵을 주실 것이라고 확신할 수 없는 사람은, 하나님께서 자신의 죄를 용서해 주실 것이라는 확신을 갖기 어렵다.

여기서 우리는 먼저 세속적인 사람들의 믿음이 무엇인지 주목할 수 있다.[693] 그들은 음식, 의복 및 기타 현세적인 복을 위해 하나님을 신뢰하지 않는데, 그렇다면 우리가 어떻게 그들의 믿음이 영원한 자비를 위한 건전한 믿음이라고 말할 수 있겠는가? "믿는 이는 다급하게 되지 아니하고"(사 28:16), 하나님의 여유를 누리며, 그가 필요로 하는 복을 기다릴 것이다. 그러나 이것이 세상의 관행인가? 결코 아니다. 왜냐하면 십자가가 온다면, 사람들은 자신들의 구원을 위해 불법적인 수단을 쓰는 데 망설이지 않을 것이기 때문이다. 그래서 그들은 이익을 얻을 수 있다는 희망이 제시될 때 거래하되, 사기, 거짓말, 억압 등에 대한 양심의 가책을 거의 느끼지 않으며, 부자 되기에 급급하여, 일상적인 합법적 수단으로 인도할 하나님의 섭리의 손길을 짓밟는다.

둘째, 그러므로 우리는 모든 현세적인 복, 음식, 의복 등을 즐기고 사용하는 방법을 배운다.[694] 즉, 그리스도 안에서 우리를 하나님의 자비로 인도하는 도움과 수단을 배운다. 야곱은 이렇게 말했다. "하나님이 나와 함께 계셔서 먹을 떡과 입을 옷을 주시면, 여호와께서 나의 하나님이 되실 것이요"(창 28:20-21). 그리스도는 "그가 기적적

---

693 여백에: 세속적인 사람들은 믿음이 없다.

694 여백에: 현세적 복의 올바른 사용.

으로 먹인 자들"이 나중에 외적인 것을 위해 그를 찾았을 때, "썩을 양식을 위하여 일하지 말고 영생하도록 있는 양식을 위하여 하라"(요 6:27)고 권고하심으로써, 육신의 염려와 노동에서 하늘의 영적인 것으로 인도하셨다.

간청에 관해서는 간청의 필요성, 그 의미, 그리고 마지막으로 그 적용에 대해 다룰 것이다.

필요성

첫째, 이 간청을 하는 사람들은 과거와 현재와 장래의 모든 죄를 용서받은 하나님의 자녀들이기 때문에, 이 간청이 불필요한 것처럼 보일 수 있다.[695] **대답**. 참으로 이것은 이 세상에 있는 하나님의 모든 자녀의 매일의 간구가 되어야 하며, 그 필요성은 중대하다. 왜냐하면 하나님의 목적 가운데 아무리 모든 죄가 참된 신자에게 용서되었다 할지라도, 과거에 회개한 모든 죄가 용서되어 다시 전가되지 않겠지만, 현재의 죄와 앞으로의 죄는 회개하기 전까지 실제로 용서되지 않기 때문이다. 이것은 경험으로 알 수 있는데, 누가 죄를 회개하기 전에 저지른 죄에 대해 자비의 확신을 느낄 수 있겠는가? 그리고 참된 회개는 한때 우리를 하나님의 은총 속에 영원히 두었지만, 우리가 매일 넘어질 때마다 매일 새로워져야 한다. 그렇지 않으면, 우리는 그것이 참된 회개임을 알 수 없다. 따라서 바울이 고린도에 있는 하나님의 성도들에게 (그들이 회심할 때 진정으로 회개했음에도 불구하고) "하나님과 화목하라"(고후 5:20)고 간청한 것은, 그들의 회개를 새롭게 하라는 의미이다. 그리고 다윗은 하나님의 참된 자녀였음에도 불구하고, 그 자

---

695 여백에: 하나님의 자녀들이 매일 사죄를 위해 기도해야 하는 이유.

신에게 맡겨져 두 가지 중대한 죄에 빠져, 거의 일 년 동안 회개하지 않았으며, 실제로 그 모든 시간 동안 그 죄들을 떠나지 않았다. 그러나, 나단이 그를 책망하여 회개하게 하고, 그의 고백에 따라 용서를 선언했다. 참으로, 그 후에 다윗은 스스로 자기 영혼의 더 완전한 자비의 확신을 위해 하나님의 손에서 이에 대한 용서를 간절히 간청했다(시 51). 그러므로 이 간청은 과거의 죄에 대한 보다 완전한 확신뿐만 아니라, 현재의 죄에 대한 실질적인 용서를 위해서도 매우 필요하다.

의미

이 간청은 비교의 형태로 제시되며, 이는 자연스럽게 다음과 같이 나타난다. "우리가 우리에게 죄지은 자를 사하여 준 것 같이 우리 죄를 사하여 주시옵고." 그리고 그것은 사면 요청과 그에 대한 이유의 두 부분으로 구성된다. 우리의 사면 요청은 이것이다. "우리의 빚을 용서해 주십시오." "빚"이라는 단어는 협상에서 가져온 비유적 표현으로, 여기에서 하나님은 **채권자**, 인간은 **채무자**, 율법은 **채권 또는 의무**, 죄는 율법에 의해 우리가 하나님께 묶여 있는 우리의 **빚**이다.[696] 이것은 누가복음 11장 4절과 마태복음의 이 본문, 그리고 누가복음 13장 4절을 비교해 볼 때, "죄"와 "빚"이라는 단어가 복음서 기자들에게서 차별 없이 사용되고 있는 것으로 보아 알 수 있다. 이제 죄가 우리를 하나님께 빚진 자로 만드는데, 이는 율법에 매인 우리가 하나님께 순종하지 않았기 때문에 우리 죄로 인해 형벌에 처한 것이다. 이것은 말하자면 두 번째 빚과 같다. 다른 사람에 대한 의무

---

696 여백에: 죄는 빚이다.

를 지고 있는 어떤 사람이 그 조건을 이행하지 않음으로 인해 원금과 벌금 모두를 갚아야 하는 것과 마찬가지로, 영원한 사망이라는 죄의 형벌은 우리가 하나님 앞에 묶여 있는 벌금인데, 이는 말하자면 순종 이라는 원금의 부족 때문이다.

죄가 부채라고 일컬어지는 이런 유사성을 고려할 때, 우리는 신앙 의 몇 가지 점에서 지도를 받는다.[697] 첫째, 그것은 우리의 칭의 전체 가 죄 사함에 있고, 그리스도의 피 흘림에 의해서만 가능하다고 주장 하는 사람들의 의견에 반박한다. 우리는 하나님께 두 가지 빚을 지고 있는데, 첫째는 순종이고, 둘째는 이를 어기면 형벌을 받을 수밖에 없다는 것이다. 이 두 가지 빚은 서로 다르고 구별되며, 둘 다 갚아야 하며, 우리 스스로 또는 보증인을 통해 하나님의 공의를 만족시켜야 만 생명에 대한 의인으로 인정받을 수 있다. 이제 우리 자신이 둘 다 이행할 수 없으므로, 우리의 보증인인 그리스도께서 둘 다 이행하셔 야 하며, 그가 그렇게 하셨다. 우리가 형벌에 묶여 있는 죄의 두 번째 빚에 대해서는 그리스도께서 자신의 영혼을 죄를 위한 희생 제물로 바친 그의 죽음과 수난으로 면제해 주었다. 그리고 그가 또한 우리 를 위해 율법을 성취하심으로써, 하나님과 사람에 대한 완전한 사랑 으로 순종해야 할 우리의 빚도 하나님께 지불하셨다. 그러므로 "육신 을 따르지 않고 그 영을 따라 행하는 그들에게 율법의 의가 이루어진 다"[롬 8:4]는 것은 사실이다. 그러나 그들은 성경은 어디서나 우리 의 모든 구속과 칭의가 그리스도의 피 흘림과 그의 죽음과 수난에 기 인한다고 말한다. **대답.** 그리스도의 피 흘림은 두 가지 방식으로 고 려되어야 한다. 첫째, 우리가 형벌에서 면제된 그의 수난의 일부로서

697 여백에: 죄 사함이 우리의 칭의 전체가 아니다.

고려되어야 한다. 둘째, 그가 고난을 받으면서 순종하셨고, 순종하면서 고난받으심으로써, 아버지 하나님과 인류에게 이례적인 사랑을 증거하신 그의 순종의 일부로서 고려되어야 한다. 이제 그의 피 흘림이 두 가지 모두의 일부이기 때문에, 그 일부로서 그의 실제적인 순종을 배제하는 것이 아니라 포함하여, 우리의 전체 구속이 거기에 귀속된다.

둘째, "빚"은 여기서 형벌에 묶여 있는 죄를 나타내는 것으로, 죄와 형벌은 항상 함께 간다는 것을 분명하게 보여 준다. 그러므로 이것들을 갈라놓는 교황주의자들의 교리는 거짓되고 잘못된 것인데, 그들은 어떤 죄를 죄의 삯인 사망의 형벌을 받지 않는 소죄(*venial sins*)로 만들기 때문이다.[698]

"우리를 용서하소서." 여기서 요청하는 용서는, 우리 편에서의 그 어떤 속죄도 없이 죄와 그 형벌로부터 자유롭고 온전히 해방되는 것을 의미한다.[699] 그리고 하나님께서는 그리스도가 그의 죽음과 수난에서 성취한 모든 충분한 속죄에 전적으로 그리고 넉넉히 만족하시어, 그리스도를 위해 우리에게 죄를 전가하지 않으시고, 죄를 짓지 않은 것으로 간주하시며, 그 죄에 대한 형벌이 우리에게 합당하지 않은 것으로 간주하여 용서하신다. 히스기야가 하나님께 "주께서 내 모든 죄를 주의 등 뒤에 던지셨나이다"[사 38:17]라고 말했을 때, 이 용서를 표현했고, 미가가 "주께서 우리의 죄악을 발로 밟으시고 우리의 모든 죄를 깊은 바다에 던지시리이다"[미 7:19][700]라고 말했을 때, 이 용서를 표현했다. 그래서 우리가 하나님께 드리는 요청은 이것이다.

---

698 여백에: Rhem. on 1 John 1, sect. 5.

699 여백에: 죄의 용서가 묘사되다.

700 역자주, 원문과 영문판은 미 7:29로 기재하고 있다.

우리의 죄가 우리를 형벌에 매이게 하기 때문에, 주님께서 그의 아들을 위해 값없이 우리의 모든 죄를 용서하시고, 결코 우리에게 전가하지 않기를 기뻐하시며, 그리스도의 고난에 온전히 만족하시어 우리 죄의 형벌을 결코 우리에게 부과하지 않으시기를 간구한다.

질문. 하지만 우리는 여기서 어떤 죄에 대해 용서를 구하는가? **대답.** 과거의 죄와 현재의 죄 모두인데, 왜냐하면 하나님의 자녀가 참된 회개로 과거의 죄를 하나님의 편에서 단번에 완전히 용서받았다 할지라도, 하나님께서 용서하시듯이 그렇게 용서받을 수 없고, 조금씩 조금씩 받아야 하고, 말하자면 한 방울씩 받아야 하기 때문이다. 우리는 이것을 선지자 나단이 죄 사함을 선포한 다윗에게서 볼 수 있는데, 다윗은 그 후에 시편 51편을 기록했는데, 거기서 그는 하나님께서 이미 용서하신 죄에 대해 매우 간절히 자비와 용서를 구하는 것을 볼 수 있는데, 이는 의심의 여지 없이 자신의 마음속에 하나님의 용서에 대한 더 온전하고 편안한 확신을 목표로 한 것이다. 이런 이유로 그는 늙어서도 젊은 시절의 죄를 용서해 달라고 기도한다(시 25:7). 다시 말하지만, 여기서 우리는 현재의 죄를 용서해 달라고 기도하며, 실제로 그 죄가 용서될 수 있도록, 또한 우리의 마음과 양심이 그 확신 속에서 안정될 수 있도록 기도한다.

적용

첫째, 이 간청을 통해 우리는 육신의 안일을 애통하도록 배운다.[701] 왜냐하면 우리는 본성적으로 매일 이 세상의 쾌락과 이익을 좇아 살아가고, 죽음이나 고통의 악한 날이 우리에게 다가올 때까지,

---

701 여백에: 애통해야 할 결핍. 안일의 죄.

우리의 죄로 인해 하나님께 진 빚을 전혀 생각하지 않기 때문이다. 법원 집행관이 그들의 등을 떠밀 때까지, 부채를 전혀 고려하지 않는 절망적인 파산자와 같다. 이것이 그리스도께서 말세에 왕 노릇 하리라고 예언하신 그 죄이며(마 24:39), 그것이 모든 상태와 조건에서 정말 그렇지 않은지 양심에 호소한다. 죄악이 넘쳐나지만, "내가 무엇을 행하였나이까?"(렘 8:6)라고 말하는 사람이 없기 때문이다. 진실로, 이것은 많은 신앙고백자들의 죄인데, 이는 사람의 본성이 하나님의 은총을 침해하는 경향이 있기 때문이다. 그러나 우리는 육신의 안일이 이 간청과 양립할 수 없다는 것을 알아야 한다. 여기서 우리는 우리의 죄를 기억하고, 날마다 죄 용서를 위해 기도하도록 가르침을 받기 때문이다.

둘째, 여기서 우리는 고난, 유혹, 죽음 자체와 같은 모든 상태에서, 우리가 의지하고 마음을 정착시켜야 할 곳을 알 수 있다. 즉 우리 죄 사함을 위한 그리스도의 피를 믿음으로 그리스도 안에 있는 하나님의 단순한 자비에 의지해야 한다.[702] 성경에 나오는 모든 하나님의 성도들의 기도를 살펴보면, 그들은 다음의 기도를 모든 고난 속에서 반석과 고정하는 닻으로 삼았다는 것을 알 수 있다. "오 주여, 들으시고 보소서. 우리 의를 위함이 아니요 주의 크고 인자하신 자비를 위함이니이다. 주님 자신을 위하여 미루지 마옵소서. 오 나의 하나님이여"(단 9:18-19). 우리는 로마 교회의 저주받을 교리에 맞서 우리를 무장하기 위해 이것을 관찰해야 한다. 왜냐하면 그들은 사람이 처음 회심할 때, 그리스도의 피에 있는 하나님의 자비에만 의존해야 하되, 하나님의 자녀가 된 후에는, 자신의 선한 공로를 의지할 수 있으므

---

702 여백에: 고난 가운데 우리의 안식. 역자주, 원문은 고난(distress) 대신에 불신(distrust)이라고 오기되어 있는데 영문판은 수정하지 않고 그대로 따르고 있다.

로, 겸손하고 절제해야 한다고 인정하기 때문이다.[703] 그러나 이것은 이 간청에 전적으로 반대되는 지옥으로 가는 정확한 길이다. 우리가 날마다 자비와 용서를 구해야 하는데, 어떻게 어떤 공로를 꿈꿀 수 있겠는가? 자비를 구하는 것과 공로를 호소하는 것은 상반되는 것이기 때문이다. 우리는 날마다 죄로 인해 빚에 빚을 더하기 때문에, 회심하고 거룩해진 후에도, 공로가 아니라 여전히 자비를 간구해야 하며, 교만한 회당의 노예적 속박에서 우리를 건져 주신 하나님을 항상 찬양해야 한다.

셋째, 여기서 우리는 우리가 매일 짓는 죄에 대해 어떻게 해야 하는지 알 수 있다.[704] 우리는 죄 가운데 머물지 말고, 진정한 겸손과 회개로 우리 상태를 새롭게 해야 한다. 또한 여러분이 이 세상의 일에 상처를 받았다면, 여기서 위로와 구원의 길을 배워야 한다. 왜냐하면 여러분이 날마다 빵을 구하듯이 여러분의 죄에 대해 용서를 구해야 하고, 죄가 용서되면 하나님의 모든 복을 누릴 권리와 자격을 갖기 때문이다. 이 매일의 겸손은 세 가지로 나타난다. 첫째, 죄로 인해 하나님께 빚진 우리 자신을 돌아보는 것이다. 둘째, 채권자 하나님께 우리의 빚을 고백하고, 우리 자신을 그의 손에 맡기는 것이다. 셋째, 그분께 자신을 낮추고, 생사에 대해 그리스도를 인하여 사죄와 용서를 간절히 갈망하는 것이다. 여기에서 하나님의 자녀들은 우리의 선례가 된다. 다윗이 큰 고난 중에 입을 다물고 있을 때는 자유함을 얻지 못했지만, 자신을 낮추고 "스스로 자백했을"(시 32:5-6) 때, 자비와 평안을 얻었다. 이를 바탕으로 그는 고난의 때에 모든 경건한 자에게 그들의 본이 될 것이라고 고백한다.

---

703 여백에: Bellarm. de justif. l. 5. c. 7.
704 여백에: 매일의 겸손.

넷째, 여기서 우리는 절망에 대한 주목할 만한 치료책을 갖는데, 마귀는 하나님의 많은 자녀들이 연약함으로 인해 심각한 죄에 빠지거나, 동일한 죄를 자주 범하여 양심에 큰 상처를 받을 때, 절망으로 공격한다.[705] 왜냐하면 여기서 그리스도는 우리의 매일의 죄가 무엇이든, 얼마나 자주 범하든, 용서를 구하라고 권고하고 계시기 때문이다. 그리고 의심의 여지 없이, 우리에게 죄지은 형제가 "하루에 일곱 번이라도 우리에게 용서를 구하면"[눅 17:4] 용서하라고 권고하신 그는 우리를 훨씬 더 많이 용서하실 것이다. 이것이 누구나 뻔뻔하게 죄를 짓도록 용기를 주어서는 안 된다. 연약함으로 넘어지는 사람이 있다면, 그는 절망으로부터 자신을 지켜야 하지만, 뻔뻔하게 죄를 짓는 사람을 향하여 주님께서는 "그 사람에게 자비를 베풀지 않을 것"(신 29:19)이라고 말씀하셨기 때문이다.

다섯째, 이로써 우리는 아무도 율법을 성취할 수 없음을 알 수 있는데, 이는 사도들 자신이 날마다 죄 사함을 구하라는 명령을 받았기 때문이다.[706] 이로써 그들은 결코 율법을 성취할 수 없었고, 따라서 다른 사람은 더더욱 할 수 없다는 것이 분명하다.

여섯째, 우리는 우리가 기도하는 것을 경건한 방법으로 추구해야 한다.[707] 그러므로 우리가 날마다 죄 사함을 위해 기도하듯이, 하나님께서 그의 자녀들에게 사죄의 확신을 주시는 수단을 매일 사용해야 한다. 우리는 말씀을 듣고, 성례를 받고, 하나님께 공적으로나 사적으로 기도하고, 모든 유혹에 저항하고, 새로운 순종으로 하나님께 영광을 돌리도록 노력해야 한다. 왜냐하면 죄의 용서를 구하면서, 여

---

705 여백에: 절망에 대한 구제책.
706 여백에: 아무도 율법을 성취할 수 없다.
707 여백에: 용서를 얻기 위해 노력하라.

전히 죄를 짓고 산다는 것은 심각한 위선이기 때문이다.

마지막으로, 여기서 우리는 우리 자신의 죄뿐만 아니라, 형제들의 죄도 용서해달라고 기도해야 한다는 것을 알 수 있다.[708] "우리를 용서하소서." 이로써 그리스도는 우리에게 우리 형제들과 이웃의 구원에 대해 관심을 가지라고 가르치신다. 그들의 영혼의 좋은 상태는 우리에게 소중하고 귀한 것이어야 하며, 만일 그렇다면 하나님의 교회는 행복할 것이다. 그러나 슬프게도 사람들은 그 이웃의 구원을 돌보는 일에서 너무 동떨어져, 같은 가족끼리도 서로의 영혼을 돌보지 않는다. 주인은 그들의 종에 대해, 부모는 그들의 자녀에 대해 관심을 갖지 않고, 참으로, 그들은 그들의 육신과 외적인 상태는 부양하지만, 그들의 영혼은 돌보지 않는다. 그들은 그들의 자녀와 하인보다 돼지와 들짐승에 더 많은 관심을 쏟음으로써, 자신들이 잔인하고 무자비하다는 것을 드러낸다. 왜냐하면 그들의 돼지들에게 필요한 모든 양식을 줄 때, 그들의 자녀들과 하인들의 영혼에게는 필요한 교육을 주지 못하기 때문이다.

"우리가 우리에게 죄 지은 자를 사하여 준 것 같이." 이 말씀은 이전 간청의 조건으로 여기에 제시되어 있으며, 여기에는 다음과 같은 내용이 포함되어 있다. "우리가 우리에게 죄 지은 모든 사람을 용서하오니 우리 죄도 사하여 주시옵고"(눅 11:4). 그리스도는 중대한 이유로 이 조건을 추가하시는데, 심지어 하나님께 용서를 구하면서도 형제들을 용서하지 않고, 스스로 죄의 관행을 버리지 않는 우리의 부패한 마음의 사기와 위선을 폭로하시기 위함이다. 그러나 이 조건은 우리가 하나님의 손에서 자비를 구한다면, 형제들에게 자비를 베풀

고, 그렇게 하여 우리 죄의 굴레를 끊어야 한다는 것을 의미한다. 이제 여기서 사용된 말은 비교를 나타내며, 하나님의 용서와 우리의 용서 사이의 가능성과 유사성을 나타낸다. 이것은 올바르게 이해되어야 하는데, 이는 우리의 용서가 자비의 부족으로 많은 부패와 섞여 있기 때문이다. 그러므로 우리는 그것을 단순히 용서의 척도나, 용서의 방식으로 이해해서는 안 되며, 용서하는 바로 그 행위로 이해해야 한다. 왜냐하면 마태복음 9장 29절의 "너희 믿음대로 되라"는 말씀처럼, 때때로 유사성은 자제되어야 하기 때문이다. 그래서 다음과 같은 논리로 주님께 간청할 수 있다. "만일 자비의 한 방울밖에 없는 우리가 다른 사람을 용서한다면, 자비의 샘인 주님께서도 우리를 용서해 주소서. 우리가 다른 사람을 용서하오니, 주님께서도 우리를 용서하소서."

다른 사람을 용서하는 것과 관련하여, 세 가지 질문을 살펴보아야 한다.[709] **질문 1.** 하나님만 죄를 용서하시는데, 어떻게 사람이 허물을 용서할 수 있는가? **대답.** 사람이 그 이웃에게 범하는 모든 범죄에는 두 가지가 있다. 사람이 신체, 재물, 또는 이름에 손해를 입는 손실과 피해, 그리고 하나님의 율법에 어긋나는 불의한 행위로 하나님께 죄를 범하는 행위이다. 이제 범죄는 사람에게 해를 끼치는 것이므로, 사람이 용서할 수 있지만, 도덕법을 범하는 것은 하나님께 죄를 짓는 것이므로, 하나님만 그것을 용서하신다. 사람이 물건을 도난당했을 때 입은 피해는 사람이 배상할 수 있지만, 제8계명을 위반한 것은 오직 하나님만이 용서하실 수 있다.

질문 2. 사람은 자신에게 잘못한 다른 사람을 어디까지 용서해야

---

709 여백에: 사람이 용서하는 방법.

하는가?[710] **대답**. 용서에는 **복수, 처벌, 심판에 대한 용서** 세 가지가 있다. **복수에 대한 용서**란 내면의 원한으로 인한 복수를 원하지 않고, 자신에게 잘못을 저지른 사람에게 똑같이 대가를 치르도록 하는 것을 참는 것이다. 이것이 여기서 주로 의미하는 것인데, 우리는 복수와 관련하여 "항상 우리 형제를 용서해야"[막 11:25] 하기 때문이다. "원수 갚는 것이 내게 있으니 내가 갚으리라고 주께서 말씀하시니라"(롬 12:19). **처벌에 대한 용서**란 다른 사람의 잘못이 정당하게 받아야 할 처벌을 면제해 주는 것이다. 이것이 항상 허용되는 것은 아니며, 특히 대중에게 상처를 줄 수 있는 범죄의 경우에는 더더욱 허용되지 않는다. 허용했다면, 위법 행위를 처벌하는 직무를 가진 행정관의 상태가 불법이 되기 때문이다. **심판에 대한 용서**란 악한 행위가 정당하게 받아야 할 비난을 면제해 주는 것이다. 또한 이것도 여기서 의미하는 것이 아닌데, 이는 우리가 악행을 자유롭게 비난할 수 있도록 합법적으로 부름을 받았기 때문이다.

질문 3. 우리에게 잘못을 저지른 사람들이 자신의 잘못을 고백하려 하지도 않고, 우리에게 용서를 구하려 하지도 않는 경우, 우리는 그들을 용서해야 하는가?[711] **대답**. 복수의 관점에서 우리는 그들을 너그러이 용서해야 한다. **반대**. 그러나 "회개하거든 용서하라"(눅 17:3)고 했으므로, 그가 회개하지 않는 한, 우리는 그를 용서할 필요가 없다. **대답**. 그 구절은 범죄를 저지른 당사자가 회개한 후에는, 그 견책을 더 이상 진행해서는 안 된다는 교회의 견책을 의미한다.

"빚진 자들." 여기서 말하는 빚진 자들이란, 민사상의 채무자, 즉

---

710 여백에: 우리가 용서할 수 있는 범위는 어디까지인가.
711 여백에: 우리가 어떻게 고집 센 사람을 용서하는가.

우리에게 돈, 곡식 등을 빚진 자를 의미하는 것이 아니라,[712] 우리에게 상처를 주거나 잘못을 저지른 사람을 의미한다. 하나님께서는 영예, 생명, 재물, 또는 좋은 이름 가운데 사람에게 어느 것 하나는 주신다. 그리고 이웃에 속한 이것들 중 하나라도 방해하는 사람은 하나님 앞에 빚진 자이므로, 그 당사자에게 배상하고, 하나님께 회개할 때까지 그대로 남아 있다. 참으로 더 나아가, 우리가 이러한 일로 우리 이웃에게 피해를 주는 것 외에도, 이웃의 생명, 영예, 재물, 그리고 좋은 이름을 보존하고 발전시키지 않는 것 자체가 우리를 하나님 앞에 빚진 자로 만든다는 것을 알아야 한다.

이런 식으로 이해된 이 말씀은 명분이나 모범에서 도출된 이유가 아니라, 하나님의 용서의 표징과 서약에서 도출된 이유로 생각되어야 한다. 왜냐하면 우리가 형제의 허물을 용서하면, 하나님께서 우리를 용서하시겠다고 약속했기 때문이다(막 11:25). 자비로운 사람들이 하나님으로부터 확신을 얻거나 용서를 받을 수 있는 것은 그들 자신의 마음속에서 자신에게 잘못을 저지른 다른 사람을 용서할 준비와 동정심의 성향을 발견할 수 있기 때문이다. 왜냐하면 그리스도는 그들에게 다음과 같이 추론하라고 가르치시기 때문이다. 만일 우리가 용서를 구할 때, 주님께서 용서를 약속하신 자들이라면, 주님은 우리를 용서하신다. 그러나 우리 마음이 자비에 기울어져 있기에 우리는 그러한 자들이다. 그러므로 주님은 우리를 용서하신다. 따라서 이러한 이유로 인해, 우리는 자신 있게 확신을 가지고 하나님께 용서를 구할 수 있다. 더 나아가, 그들은 삶의 개선으로 하나님께 대한 새로운 순종의 고백을 하는데, 이웃에 대한 자비라는 의무에는 회개의 실

---

712 여백에: 우리는 어떻게 이웃에게 빚을 지게 되는가.

천과 세례에서 맺은 우리의 서원을 이행하는 것이 포함되기 때문이다.

적용. 첫째, 여기서 하나님의 용서를 구하는 것과 회개의 증거가 함께 간다는 것을 주목하라.[713] 하나를 받는 사람은 다른 하나를 표현해야 하는데, 이는 하나님께서 용서하시는 곳에는 회개할 수 있는 은혜를 주시고, 자비는 오직 회개만을 조건으로 주어지기 때문이다. 베드로의 설교를 듣고 양심에 찔린 유대인들이 **자비를 얻으려면 어떻게 해야 하는지** 물었을 때, 베드로는 "너희 삶을 고쳐라"(행 2:37-38)고 말했다. 그러므로 그는 시몬 마구스에게 회개가 없음을 보았을 때, 이전에 그에게 세례를 주었음에도 불구하고[행 8:13], "너는 악독이 가득하며 불의에 매인 바 되었도다"[행 8:23]라고 말했다. 이로써 우리는 첫째, 우리 죄의 용서를 위해 기도할 때, 겸손하고 통회하는 마음으로, 그리고 고의로 기꺼이 죄를 짓지 아니하고, 하나님의 모든 계명에 순종하려는 참된 목적으로 하나님께 나아가야 한다는 것을 알 수 있다. 이것이 없기 때문에 많은 사람들은 기도 가운데 위로를 적게 받는다. 왜냐하면 회개의 조건이 이행되지 않는 곳에는 용서의 약속이 주어지지 않기 때문이다. 둘째, 이것은 죄 가운데 살면서 자신들의 마음에 "하나님은 자비로우며, 그리스도는 구주이다"고 노래하는 눈먼 세상의 끔찍하고 무서운 오류를 보여준다. 그러나 그들은 이런 식으로 하나님의 자비를 남용함으로써 스스로를 속이는데, 왜냐하면 그들은 실제로 아무것도 신뢰하지 않기 때문이다. 회개가 없는 곳에는 자비가 합당하지 않기 때문이다. 아니, 여호와는 "내 마음의 완고한 것을 따라 행할지라도 평안을 얻으리라고 마음속으로 축

---

713 여백에: 용서와 회개는 함께 간다.

복하는 자에게는 자비를 베풀지 않을 것"[신 29:19-20]이라고 말씀하셨기 때문이다. 그러므로 우리가 용서를 구할 때, 회개를 실천하고, 자신의 영혼에 대한 자비를 기다릴 때, 죄에 대항하는 우리 마음의 목적을 살피자. 우리는 하나님께서 결합하신 것들을 끊을 수 없지만, 우리가 얼마나 간절히 자비를 사모하는지 살펴보고, 회개하기 위한 은혜를 간절히 갈망해야 한다. 우리가 진정으로 두 가지를 추구한다면, 두 가지 모두를 얻게 될 것이다. 그러나 우리가 스스로 회개하지 않는다면, 주님의 자비에 이르지 못할 것이다.

둘째, 회개를 암시하는 이 조건과 간청의 결합, 그리고 그것이 전자에 의존한다는 사실은 우리가 매일 회개를 새롭게 하고, 죄로 인해 우리 자신을 낮추고, 새로운 은혜의 공급을 추구함으로써, 죄를 짓지 않으려는 우리의 목적이 우리 마음에서 점점 더 확고해지도록 가르치는데, 이것이 새로운 피조물의 틀림없는 표징이다.

셋째, 여기서 우리는 진정한 회개의 실천이 어디에 있는지 알 수 있다.[714] 그것은 자비, 사랑, 평화, 화해, 용서를 실천하는 데 있다. 왜냐하면 단지 용서만 언급된다 할지라도, 그 아래에는 회개의 다른 모든 열매가 포함되어 있기 때문이다. 참으로 말씀을 듣고, 성찬을 받고, 설교하고 기도하는 것은 훌륭한 일이지만, 사람의 마음은 두 번째 돌판의 의무에서보다 그것들을 가식적으로 꾸미는 것이 더 쉽다. 참된 은혜의 가장 확실한 표지는 우리 형제들에게 사랑과 자비를 베푸는 일에서 하나님의 사랑을 실천하는 것이다. "하나님 앞에서 정결하고 더러움이 없는 경건은 곧 고아와 과부를 그 환난 중에 돌보고 또 자기를 지켜 세속에 물들지 아니하는 그것이니라"(약 1:27). "위로

---

714 여백에: 진정한 회개의 실천.

부터 난 지혜는 첫째 성결하고 다음에 화평하고 관용하고 양순하며 긍휼과 선한 열매가 가득한 것이다"(약 3:17). 따라서 "사랑은 율법의 완성"(롬 13:10)이라고 불린다.

넷째, 우리가 형제를 용서하는 것과 하나님이 우리를 용서하시는 것을 함께 엮은 그리스도는 여기서 우리에게 죄 사함의 주목할 만한 표징을 제공하는데,[715] 즉 우리를 공격하는 형제를 기꺼이 용서할 준비가 되어 있는 마음을 보여준다. 우리가 잘못을 당했을 때, 복수하려는 마음을 억누르며 자비를 베풀려는 우리의 성향은 하나님의 손에서 자비를 발견할 것이라는 확신을 우리 양심에 부여한다. 이것으로 하나님의 자녀는 그리스도 안에 있는 그의 자비로 인하여 하나님 앞에서 자신의 신분을 알 수 있으며, 심지어 자기 마음속에서 자기에게 잘못한 사람들을 용서하는 자비의 애정을 발견하게 된다. 만일 그리스도 안에 있는 하나님의 자비가 우리에게 속한 것임을 알고자 한다면, 우리는 이것을 위해 수고해야 한다.

다섯째, 이로써 우리는 우리 본성에 뿌리내린 이 시대의 일반적인 죄, 즉 모든 경우에 복수와 앙심, 원한을 품는 욕망을 스스로 조심하라는 권고를 받는다.[716] 왜냐하면 우리가 그러한 악의적인 마음으로 하나님께 기도할 때, 사실상 우리는 주님께서 우리에게 진노를 쏟으시고, 그의 정의로 보복해 주시기를 바라는 것이기 때문이다. 많은 사람들이 자신의 기도에서 자신을 무섭게 저주하면서, 그의 형제들에게 잔인한 마음을 품는다. 그리고 하나님께서는 종종 그러한 저주에 대해 매우 합당하게 "아멘"이라고 말씀하시는데, 이는 사람들이 스스로를 저주할 정도로 자신의 영혼에 잔인하다는 것을 아시기 때

---

715 여백에: 죄 사함의 진정한 표시.
716 여백에: 복수에 대한 욕망을 피해야 한다.

문이다. 그러므로 우리가 하나님께 용서받고자 한다면, 사람들을 용서하도록 하나님께 기도할 때, 우리의 마음을 살펴볼 필요가 있다.

여섯째, 여기서 이 시대의 일반적인 총체적 남용을 주목하라.[717] 대부분의 사람들은 주님의 식탁에 나아올 때, 서로 의견이 다른 형제들과 화해하려고 노력할 것이다. 그러나 그 외의 모든 시간에는 형제들에 대한 악의와 적개심을 품고 있으면서도, 종교의 다른 모든 의무를 충분히 수행할 수 있다고 생각하면서 기쁨을 누린다. 그러나 여기서 우리는 하나님께 기도로 나아갈 때마다 형제들과 화목해야 한다는 것을 관찰할 수 있다. 그렇지 않고 만일 우리가 악의를 품고 형제를 시기하면, 우리 자신을 저주하고, 우리 자신의 영혼에 죄를 짓는 것이다. 기도할 때 우리는 마음의 제물과 입술의 열매를 하나님께 드리지만, 그것을 드리기 전에 앞서 들었던 것처럼, "형제들과 화목해야"[마 5:23-24] 한다.

일곱째, 여기서도 우리는 우리 본성의 총체적인 위선을 볼 수 있는데, 왜냐하면 우리가 이 간청을 할 때마다 우리는 새로운 순종으로 삶의 개혁을 고백하기 때문이다(여기서 고백된 형제 화해라는 가지는, 모든 죄로부터의 우리의 회심을 전제하는데, 왜냐하면 한 죄에 대한 진정한 회개는 다른 죄를 지으려는 목적과 양립할 수 없기 때문이).[718] 그러나 보라, 사람들은 이 기도를 자주 말할지라도, 그것이 마치 하나님과 아무 상관없는 일인 것처럼, 여전히 신성모독, 술취함, 음행, 억압, 거짓말, 사기 등 그들의 옛 죄에 계속 빠져 있다. 그러나 하나님께서는 조롱을 받지 않으시므로, 여러분의 악한 행실을 고치든지, 이 거룩한 고백을 그만두든지 해야 할 것이다.

---

717 여백에: 우리가 형제들과의 화해를 추구해야 할 때.

718 여백에: 우리의 위선을 보여주는 증거.

여덟째, 그리스도는 형제를 용서해야 하는 우리의 의무를 우리가 하나님께 용서받는 매우 중요한 조건과 연결시키셨는데, 이로써 그는 우리 본성의 끔찍한 잔인성과 복수하려는 성향을 우리에게 알려 주고자 하셨다.[719] 그러므로 우리는 그것을 주목하고, 우리 마음의 이러한 부패를 보고 애통하기를 힘써야 하고, 다른 한편으로 사랑, 자비, 관대함, 온유를 갈망하고, 이를 지속적으로 실천하기 위해 노력해야 한다.

마지막으로, 이 간청의 두 부분을 합하면, 그것은 우리에게 진정한 양심의 평화를 영원히 지킬 수 있는 길을 보여준다.[720] 첫째, 우리는 매일 하나님께 우리 죄를 용서해 달라고 간구해야 한다. 둘째, 우리는 범죄가 증가할 때, 용서와 화해의 실천으로 사람들과의 평화를 추구해야 한다. 왜냐하면 우리가 하나님과 사람과 하나가 될 때, 복된 평화를 누리며, 세상이 줄 수 없는 마음속의 평화가 뒤따를 것이기 때문이다. 우리가 이것을 간직하는 동안, 우리는 그 어떤 악도 두려워할 필요가 없으며, 죽음 자체도 두려워할 필요가 없다. 하나님께서 우리와 함께 하시면 누가 우리를 대적할 수 있겠는가?

우리를 시험에 들게 하지 마시옵고 다만 악에서 구하시옵소서

일관성. 이 말씀은 여섯 번째이자 마지막 간청을 담고 있는데, 이것은 어떤 사람들이 생각하는 것처럼 불필요한 것이 아니다. 사람이 원하는 모든 은혜의 열매를 맺었음에도 불구하고, 앞의 모든 간청들

---

719 여백에: 인간 본연의 잔인함.
720 여백에: 양심의 평화를 얻고 유지하는 방법.

뒤에 놓인 중대한 원인들, 즉 첫째, 시험으로 가장 괴로워하는 사람들이 누구인지 우리에게 가르치기 위함이다.[721] 그 사람들은 하나님의 영광을 구하고, 그의 나라를 발전시키고, 그의 뜻을 행하고, 그의 섭리를 의지하고, 자신들의 사죄함을 위해 그의 자비를 의지하는 하나님의 자녀들이다. 이들은 다른 모든 사람들 중에서도 가장 유혹에 노출되기 쉽다. 왜냐하면 마귀의 올무에서 벗어났을 때, 마귀는 스스로 분발하여 가능한 한 모든 수단을 동원해 그들을 다시 올무에 빠지게 하기 때문이다. 하나님의 말씀과 그리스도인의 경험이 충분히 증거하듯이, 하나님을 영화롭게 하려는 노력과 결합된 죄 사함에는 항상 극심한 시험이 수반된다. 이것을 주의 깊게 주목해야 하는데, 이는 죄와 사탄으로 인해 괴로움을 당하기 때문에, 하나님의 자녀임에도 자신이 하나님의 자녀가 아니라고 생각함으로써 사탄의 시험으로 인해 깊이 낮아진 사람들의 마음을 붙들어주기 위함이다. 영적인 시험을 경건한 근심으로 물리친다면, 영적인 시험은 오히려 하나님의 사랑의 증거라고 할 수 있다. 왜냐하면 마귀는 하나님께서 가장 사랑하는 이들을 가장 미워하고, 하나님께서 자비를 베푸는 자들에게 그의 악의를 행사하기 때문이다. 이것은 또한 하나님께서 분명히 그들을 사랑하시고, 그들이 시험에서 자유로워졌기 때문에, 하나님의 깊은 은총 속에 있다는 어리석은 생각으로 스스로를 위로하는 자들의 어리석음을 드러낸다. 참으로 그들은 오히려 자신들이 사탄의 권세 아래 있다고 의심해야 할 때이다. 왜냐하면 강한 자가 무장을 하고 자기 집을 지킬 때에는 그 소유가 안전하기 때문이다(눅 11:21). 이로써 사탄에게 사로잡힌 세상의 악인은 시험에 관하여 평안하다는

---

721 여백에: 가장 시험을 많이 받는 하나님의 자녀들.

것을 의미한다. 사탄이 이미 자기 명령을 받고 있는 사람들을 괴롭힐 필요가 어디 있겠는가? 그러나 그들이 회개하고 그들의 죄를 떠나기 위해 힘써 자비를 구하기 시작하면, 그들은 마귀의 악의(惡意) 없이는 하나님의 은총을 누릴 수 없다는 것을 곧 알게 될 것이다.

둘째, 이 간청은 우리가 이미 지나간 죄에 대해 자비와 용서를 구하는 데 관심을 가져야 하듯이, 다가올 죄를 예방하기 위해 깨어 있어야 한다는 것을 가르치기 위해 앞의 간청과 결합되어 있다.[722] "우리 죄를 사하여 주옵소서"라고 기도하는 사람은, 또한 "시험에 들지 말게 하옵소서"라고 기도해야 한다. 그러므로 우리가 옛 죄로 인해 우리 양심이 찔리지 않도록 주의해야 하듯이, 그 죄에 다시 빠지지 않도록 조심하고, 새로운 시험에 정복되지 않도록 주의해야 한다.

의미

그 말씀 자체는 두 부분으로 구성된 단 하나의 간청을 포함하고 있다. 첫 번째는 "우리를 시험에 들게 하지 마옵시고"라는 간청 그 자체이고, 두 번째는 그것의 설명인 "다만 악에서 구하옵소서"라는 간청이다. 사실상 그것은 다음과 같다. **시험에 들지 않도록 우리를 악에서 구하옵소서.**

1부

첫째, 우리가 그것을 바르게 이해하기 위해서는 시험이 무엇인지와 시험에 든다는 것이 무엇인지를 살펴보아야 한다.[723] **요점 1. 시험에는 선과 악의 두 종류가 있다. 하나님께서 어떤 사람을 시험하실**

---

722 여백에: 죄에 대한 경각심.
723 여백에: 시험은 이중적이다.

때, **선하고 거룩한 시험**이라 부를 수 있다. 이 시험은 사람을 입증하고 연단하여, 사람 자신과 다른 사람들에게 그의 마음속에 있는 것을 드러내기 위한 하나님의 행동인데, 이는 하나님께서 그를 시험하시기 전에 충분히 잘 알고 계시기 때문이다. 이런 식으로 그는 아들을 바치도록 아브라함을 시험했고(창 22:1-2), "이스라엘 백성들 가운데 거짓 선지자들을 보내어"(신 13:3) 그들을 시험했다. 그리고 이런 의미에서 **환난**은 **시험**이라 불리는데(약 1:2), 왜냐하면 하나님은 불로 금을 연단함같이 환난으로 사람을 연단하시기 때문이다. 그래서 이 모든 것은 시험의 창시자이신 하나님과 그의 종들의 유익인 목적의 관점에서 둘 다 선하다. "내가 가는 길을 그가 아시나니 그가 나를 단련하신 후에는 내가 순금같이 되어 나오리라"(욥 23:10). **악한 시험**이란 사람이 어떤 계명을 범하여 하나님께 죄를 짓도록 자극하는 악한 행동, 유혹 또는 권유이다. **예시.** 사람이 곤경에 처했을 때, 그는 하나님께 대한 조바심과 불신과 원망의 자극을 발견하고, 또한 스스로를 위해 불법적 수단을 사용하려는 도발을 할 수 있다. 그리고 번영할 때, 그는 어떤 악한 길에서 하나님의 자비를 추정하고, 말씀, 기도 등과 같은 은혜와 구원의 일반적인 수단을 소홀히 하려는 여러 가지 유혹을 발견하게 될 것이다. 이 모든 것과 그와 유사한 것들은 부분적으로는 우리 자신의 부패에서 비롯되고, 부분적으로는 마귀의 제안에서 비롯된 악한 움직임인데, 마귀는 자신과 그의 도구를 통해 사람들을 하나님께 대한 의무에서 멀어지게 하려고 한다. 그래서 우리는 이 간청에서 이러한 악한 시험을 물리쳐 달라고 기도한다.

　　요점 2. 시험에 든다는 것은 무엇인가?[724] **대답.** 시험이 사람을

724　여백에: 시험에 이끌리는 것.

사로잡을 때, 그는 시험에 들거나 끌려가게 되고, 시험이 그를 공격한 후에 붙들고 있는 것이다. 모든 시험에는 두 가지 행동이 있다는 것을 알아야 한다. 하나는 하나님의 공의로운 판단으로, 사람을 자기 자신이나 사탄의 악의에 맡기시는 하나님의 시험이다. 다른 하나는 하나님을 떠나 시험 한가운데로 들어가는, 말하자면 스스로 시험에 빠지는 인간 자신의 시험이다. 이것을 더 잘 이해하기 위해 우리는 시험이 차단되지 않는 한, 사람이 멸망에 이를 때까지 진행되는 네 단계가 있다는 것을 알아야 한다.[725] 네 단계는 **제안, 기쁨, 동의** 및 **완성**(약 1:14-15)이다. **제안**은 사탄이 심어주거나 자연적인 부패로 인해 마음이 악한 생각을 품을 때 발생한다. **기쁨**은 나쁜 생각이 잉태되어, 얼마 동안 생각 속에 머물러 있다가 마음으로 내려가 의지를 기쁘게 하고, 감정을 즐겁게 할 때 발생한다. **동의**는 의지가 악한 움직임에 굴복하고, 마음이 그것을 실행하기로 결심할 때 발생한다. **완성**은 종종 죄를 범하고, 습관에 의해 무르익게 되어, 멸망이 뒤따를 때 발생한다. 이 단계들 가운데 첫 번째와 두 번째 단계에서 사람은 단지 시험을 받는다고 말하는데, 이는 제안과 기쁨이 마음을 더럽히지 않기 때문이다. 그러나 의지가 동의하면, 시험이 그를 붙잡고 그를 사로잡는다. 그리고 자주 실행함으로써, 그는 그것에 빠지고, 얽히고, 올무에 걸리고, 그 아래 포로로 묶이게 된다. 이제 사람이 시험에 드는 것은 하나님을 떠나 그의 마음에 제안된 악한 움직임에 동의하고, 계속해서 그것을 행할 때 발생한다. 유다에게서 이것을 보라(요 13:2). 사탄은 그의 마음에 다음과 같은 악한 생각을 불어넣었다. "유다야, 너의 선생을 배반하라." 그는 이것에 대해 생각했고, 그로 인

해 얻고자 하는 이득을 기뻐했다. 그리고 여기서 하나님께서는 그의 위선과 다른 죄들로 인해 그를 내버려 두셨고, 사탄은 그의 마음에 들어가 의지의 동의를 얻고, 그래서 그가 이 반역을 행하도록 이끌었다. 이것에 대해 또한 사도는 "부하려 하는 자들은 시험과 올무에 빠지고"(딤전 6:9), 하나님께 버림 받아 탐욕으로 타락했다고 암시하는 것 같다.

그러나 어떤 사람들은 간음과 살인을 저지른 다윗(삼하 11장)과 그의 스승을 부인한 베드로처럼, 하나님의 자녀들이 시험에 이끌렸다고 말할 것이다(마 26:70, 74).[726] **대답**. 그들이 시험에 이끌린 것처럼 보일 수 있는데, 이는 악한 움직임을 기쁨으로 받아들였을 뿐만 아니라, 그것에 동의하고 실행에 옮겼기 때문이다. 진실로, 다윗은 거의 일 년 내내 죄 가운데 빠져 있었다. 그러나 우리는 그들이 입양과 중생으로 하나님의 자녀였으며, 그러므로 하나님이 아무리 그들을 시험받게 내버려 두셨을지라도, 전적으로 또는 최종적으로 버리지 않고 여전히 사랑했기에, 그들이 완전한 동의로 시험에 이끌리지 않았다는 것을 고려해야 한다. 그러나 하나님의 구원하는 은혜가 그들에게 남아 있었고, 하나님께서 그것을 일깨워 주셨을 때, 그들이 회개함으로 회복되었다. 실제로 그들은 자신들의 구원을 충분히 끊을 수 있을 만큼 멀리 갔지만, 그들의 구원은 그리스도 안에 있는 하나님께 맡겨져 있었다. 왜냐하면 "그의 견고한 터는 섰고"[딤후 2:19], "그가 사랑하는 자를 끝까지 사랑하며"[요 13:1], "그의 은사와 부르심에는 후회하심이 없기"[롬 11:29] 때문이다. 그러므로 시험에 든다는 것은, 하나님에게서 떠나 사탄의 악의와 인간 자신의 강력한 부패의 역

---

726 여백에: 하나님의 자녀가 시험에 빠지는지 여부.

사에 완전히 동의하여 시험에 끌려가는 것이다. 그래서 그리스도의 의미는 마치 우리에게 이렇게 말하라고 가르치신 것과 같다. "오 주여, 우리는 모든 면에서 시험에 처해 있으며, 우리의 죄로 인해 사탄의 악의와 우리 자신의 부패의 권세에 내버려져 마땅하지만, 어떤 시험에서도 우리를 버리지 마시고, 여전히 주님의 은혜로 우리를 붙들어주시어 복된 결과를 주시길 간청합니다."

질문. 하나님께서는 어떻게 사람을 시험에 들게 하시면서도, 죄의 주체가 되지 않을 수 있는가?[727] **대답.** 충분히 그렇게 하실 수 있다. 왜냐하면 시험이 죄에 대한 하나의 형벌인 것처럼, 하나님께서 이전의 어떤 범법에 대해 그 당사자를 그 자신과 사탄의 악의에 내버려두고 허락하여, 사람을 시험에 들게 하실 수 있기 때문이다. 다시 말하지만, 하나님께서는 마음에 그 어떤 악한 움직임도 결코 넣지 않으시지만, 그럼에도 불구하고 사탄이 그렇게 하는 것을 허용하신다. 그리고 마귀가 비록 매우 사악한 도구이지만, 하나님의 능력과 지혜는 죄 없이 선한 방법으로 선한 목적을 위해 그를 사용하실 수 있다.

적용

첫째, 이 간청은 하나님 앞에서 진정으로 의롭게 된 사람이 마침내 은혜에서 떨어져 정죄를 받을 수 있다고 가르치는 교황주의자들의 중대한 오류를 반박하는 데 도움이 된다.[728] 일부 개신교도들의 의견도 마찬가지이다. 그들은 하나님의 자녀가 최종적으로 타락하여 멸망할 수 있다고 말하지는 않지만, 한동안 전적으로 타락할 수 있으며, 그가 저지르는 모든 심각한 죄는, 그가 회개할 때까지 그를 완전

---

727 여백에: 하나님이 어떻게 시험으로 인도하시는가.
728 여백에: Bellarm. de justif. l. 3. c. 14.

히 끊어 버린다고 주장한다. 하나님의 자녀가 하나님의 뜻에 따라 기도로 구하는 것은 그에게 허락될 것이지만, 이 간청에서 그는 완전하고 최종적인 배교로부터의 보존을 구하며, 그리스도 자신이 가르친 "우리를 시험에 들게 하지 마옵시고"라는 기도는 하나님의 뜻에 따라 허락될 것이다.[729] 참으로 하나님의 자녀들이 때때로 시험 가운데 사탄에게 괴롭힘을 당하는 것은 하나님의 뜻과 그의 자녀들의 유익에 부합하는 일이다. 그러므로 우리는 여기서 모든 공격에서 벗어나게 해 달라고 기도하는 것이 아니라, 우리가 전적으로 우리 자신에게 남겨지지 않고, 또한 하나님께 버림받지 않고, 시험 가운데 삼켜지지 않도록, 그의 은혜로 보존되기를 기도한다. 하나님의 뜻대로 구한 이 간청은 믿음으로 구하는 자에게 주어질 것이다(요일 5:14). 그러므로 한 번 하나님의 자녀가 된 사람은 참으로 영원히 하나님의 자녀로 남아 있을 것이며, 마침내 또는 완전히 은혜에서 떨어질 수 없다. 다윗의 타락과 베드로의 타락은 크고 두려운 것이었지만, 그들이 한동안 그들 자신의 감정에 휩싸여 있었던 것 외에, 그 타락에서 하나님께 전적으로 버림받은 것은 아니었다.

반대. 그러나 다윗은 그의 두 가지 죄로 말미암아 하나님의 진노를 사게 되었고, 하나님의 자녀라는 특권을 상실하였다. **대답**. 우리가 그 죗값을 생각한다면, 그것이 의심의 여지 없이 그의 처지였어야 하되, 하나님의 선택과 거저 주는 입양의 은혜는 하나님께서 변하지 않으시는 분이심을 드러냈다. 또한 그의 마음속에 있는 하나님의 은혜의 내적 씨앗과 관련해서도 하나님의 은총의 표시가 분노와 미움의 표시로 바뀌었을지라도, 그는 여전히 하나님의 자녀로 남아있었

---

729 여백에: 하나님의 자녀는 전적으로 은혜에서 떨어질 수 없다.

다. **반대**. 그러나 그러한 죄로 인해 사람은 이전에 가졌던 은혜를 상실한다. **대답**. 사람 안에 있는 하나님의 은혜는 두 종류가 있다. 어떤 은혜들은 믿음, 소망, 사랑과 같이 구원에 필수적인 것인데, 이것이 없이는 사람이 구원받을 수 없다. 다른 은혜들은 매우 탁월하고 유익하지만, 전자처럼 꼭 필요한 것은 아니다. 이러한 은혜로는 하나님의 사랑과 은총, 양심의 평안, 성령 안에서의 기쁨, 기도의 민첩성, 하나님께 대한 용기와 담대함에 대한 감각과 느낌이 있다. 그리고 이 후자의 은혜는 잃어버릴 수 있지만, 필수적인 은혜는 아무리 많이 약해진다고 해도 상실될 수 없다. 다윗의 경우도 그러했는데, 그가 타락함으로 말미암아 하나님의 은총과 성령의 기쁨 등을 한동안 잃었으나, 믿음과 소망과 사랑은 꺼지지 않았고, 심히 약해져 잿더미 속의 불처럼 덮여 있었다.

둘째, **애통해야 할 결핍**. 여기서도 우리는 죄와 사탄의 모든 시험에 굴복하고, 저항하는 데 게으르고 소홀해지기 쉬운 우리 본성의 부패에 대해 애통하라는 교훈을 받는다. 우리는 우리가 마땅히 해야만 하는 대로 시험에 맞서 부지런히 깨어 기도하지 않으며, 죄의 기회를 피하지도 않는다. 아니, 우리는 우리 자신을 시험에 빠뜨리고, 사탄과 우리 자신의 부패가 우리를 자주 공격할 기회를 제공한다. 만일 우리가 우리 자신의 상태를 철저히 조사한다면, 우리는 이것이 사실임을 알게 될 것이다. 그러므로 우리 지체의 법이 우리 마음의 법을 거역하고, 우리를 죄의 포로로 이끄는 것을 느낄 때, 우리 마음은 슬퍼해야 한다.

셋째, **갈망해야 할 은혜**. 우리는 시험에 맞서 우리를 도울 수 있는 모든 은혜를 하나님께 구하는 법을 배워야 하는데, 그 은혜들은 다음과 같이 많다.[730] 첫째, 시험을 예방하고 그러한 기회를 피하기 위한 영적인 주의(注意)와 경계. 둘째, 시험의 때에 하나님께서 그 난폭한 힘을 줄이고 완화시켜 주시도록 기도할 은혜. 셋째, 시험을 받을 때 하나님께서 우리에게서 그의 은혜를 거두지 않으시고, 은혜에 은혜를 더하시며, 심지어 이전에 베푼 은혜에 새로운 은혜를 더하시도록 기도할 은혜. 넷째, 시험이 계속되어 우리에게 오래 머무를 때, 우리가 참아낼 수 있는 힘을 하나님께서 주시길 기도할 은혜. 다섯째, 시험의 성가심과 부담을 감당할 수 있는 인내심을 하나님께서 주시길 기도할 은혜. 여섯째, 결국 하나님께서 자신의 영광과 우리의 유익을 위해 편안한 결과를 주시도록 기도할 은혜.

넷째, 우리는 우리가 하나님의 자녀이고 참된 은혜를 받은 때에도, 우리의 연약함이 얼마나 큰지 알게 된다. 이는 "하나님이 우리를 시험에 들게 하지 않도록" 매일 기도해야 하기 때문이다. 이것으로 우리는 하나님께서 우리를 떠나신다면, 우리 자신을 마귀의 노예로 내어줄 정도로 우리 스스로 시험을 전혀 견딜 수 없다는 것을 표현한다. 그렇다면 여기서 여러분이 누구든지 간에, 스스로 돌아보아 여러분의 신분과 상태를 살펴보라. 하나님께서 여러분을 떠나시면, 어떤 시험도 견딜 수 없고, 사탄의 속박에 빠질 수밖에 없다. 진실로, 우리 자신의 연약함이 심히 커서 시험을 받을 때, 하나님의 자녀와 악인의 차이가 거의 보이지 않는다. 이는 둘 다 사탄의 시험을 받기 때문인데, 아니 하나님의 자녀가 일반적으로 악한 사람보다 더 많은 공격을 받기 때문이다. 악한 충동이 일어나거나 마음에 제안될 때, 악인은 그것을 받아들이고 그 가운데서 기뻐하는데, 다윗도 그랬고 우

730　여백에: 시험에 맞서도록 도와주는 은혜.

리 모두도 마찬가지이다. 악인이 의지로 동의하는데, 경건한 사람들도 하나님께서 그들을 내버려 두시면 그렇게 동의한다. 악인이 타락하여 죄를 짓는데, 경건한 사람들도 하나님께서 그들에게서 그의 은혜를 거두시면 그렇게 한다. 악인이 죄에 빠져 있는데, 경건한 자들도 주님께서 은혜로 그들을 세우실 때까지 그렇게 빠져 있다. 그렇다면 차이점은 어디에 있는가?[731] 시험에 있어서 사람들 자체가 확실히 다르다. 즉, 이는 악인은 난폭하게 죄에 빠지고, 시험 가운데 저항하지 않지만, 경건한 사람은 죄에 동의할 때, 그가 행하는 악을 하지 않으려는 약간의 저항이 자기 속에 있기 때문이다(롬 7:19). 그러나 주된 차이점은 하나님의 은혜와 자비인데, 이것은 하나님 자녀에게는 주어지되, 악인에게는 거부된다. 우리가 시험을 피한다면, 그것은 은혜와 자비에서 비롯된 것이다. 만일 우리가 시험을 받아 악한 제안에 굴복하지 않는다면, 또 우리가 의지로 동의하지 않거나 죄를 짓지 않는다면, 그것은 모두 은혜에서 비롯된 것이다. 그리고 만일 우리가 죄에 빠졌다가 참된 회개로 다시 일어난다면, 그것 또한 하나님의 특별한 은혜이며, 이것이 없다면, 의심의 여지 없이 우리는 악인과 함께 멸망으로 달려가야 할 것이다. 그러므로 여기서 우리는 우리 자신에 대한 모든 확신을 버리고, 예수 그리스도 안에 있는 하나님의 은혜와 자비에 전적으로 의지하여, 하나님 앞에서 모든 겸손으로 행하는 법을 배워야 한다. 우리는 그의 팔을 우리의 힘으로 삼고, 그의 은혜를 방패로 삼아, 시험에서 우리를 방어해야 한다. 이것은 모든 환난과 고통 속에서 하나님을 "그의 소망, 요새, 건지는 자"(시 91:2-3), "환난에서 그를 보호하고 구원의 노래로 그를 두르는 은신처"(시 32:7)

---

731 여백에: 시험에서 경건한 자와 악한 자의 차이.

라고 부르며 하나님을 의지했던 다윗의 관행이었으며, 그의 대적이 많아졌을 때, 주님은 "그의 방패, 그의 영광, 그의 머리를 들어 올리시는 자"(시 3:2-3)이셨다. 따라서 우리는 좋은 생각을 받을 때, 그것을 거의 유지할 수 없고, 악한 충동이 올 때, 스스로 저항할 수 없다는 점을 고려하여 하나님을 의지해야 한다.

다섯째, 따라서 우리는 또한 시험에서 사탄은 하나님께서 허락하시는 것 이상으로 나아갈 수 없다는 것을 배운다.[732] 사탄은 하나님께서 그에게 허락하실 때까지 욥의 재산, 그의 자녀, 그의 몸을 건들 수 없었고(욥 1:12, 26), 군대 귀신도 그리스도께서 그들에게 가라고 명령하실 때까지 돼지 떼에 들어갈 수 없었다[막 5:12-13]. 그러므로 우리는 시험 가운데 인내하며, 그것들을 하나님의 손에서 오는 것으로 여기고 견뎌내야 한다. 마귀가 난폭한 공격으로 우리 영혼을 짓누르더라도, 아니 마귀가 실제로 우리 몸을 괴롭히고 사로잡을지라도, 마귀가 하는 모든 일은 하나님의 허락에 의한 것이므로, 마귀를 지나치게 두려워해서는 안 된다. 오직 우리는 하나님을 기쁘시게 하고, 속히 "그의 모든 자녀의 발아래에서 사탄을 상하게 할" 그를 의지하는 데 주의해야 한다(롬 16:20).

여섯째, 우리가 기도로 하나님께 구하는 것은 삶 가운데 성실하게 노력해야 한다. 그러므로 우리가 시험에 빠지지 않도록 하나님께 기도하는 것처럼, 우리는 영적 원수들과 맞서 그들의 공격을 견딜 수 있도록 은혜로 무장하고 준비해야 한다. 이것이 사도의 권고이다. "마귀의 간계를 능히 대적하기 위하여 하나님의 전신 갑주를 입으라 등"(엡 6:11-13). 그런 다음, 사도는 하나님의 자녀가 은혜 안에서

732　여백에: 사탄은 시험하는 데 한계가 있다.

끝까지 인내하려면, 그가 반드시 취하여 그의 영혼을 무장해야 할 영적 갑옷으로서 그리스도인의 미덕들을 열거했다.[733] 이 갑옷의 첫 번째 부분은 **진리** 또는 **미덕**인데, 이로써 허리를 동여매야 한다. 이것은 사람이 참된 신앙을 고백하고, 신실하게 종교의 모든 의무를 실천하기 위해 스스로 노력하는 탁월한 은혜이다. 그의 말과 행동은 혀가 말하는 것이나 몸의 지체가 행하는 것이 정직한 마음에서 나온 적절한 것이다. 두 번째 부분은 **정의** 또는 **의로움**인데, 사람이 자신의 삶을 비난할 수 없을 정도로 바르게 생활하여, 사도 바울과 함께 "내가 자책할 아무것도 깨닫지 못한다"(고전 4:4)고 진정으로 말할 수 있는 때이다. 참으로 가장 훌륭한 그리스도인이라도 결점과 실수가 있지만, 그럼에도 불구하고 그리스도인이라면 드러난 죄 가운데 살아서는 안 되는데, 그러면 그는 "내가 자책할 아무것도 깨닫지 못한다"고 말할 수 없기 때문이다. 세 번째는 **평화의 복음의 준비**인데, 이것으로 신발을 신는 것이다. **평화의 복음**이란 복음에 계시된 그리스도에 의한 구원의 기쁜 소식을 의미하는데, 이 복음은 그리스도에 의한 죄 사함과 영원한 생명을 약속하고, 감사하는 마음으로 자기를 부인하고, 자기 십자가를 지고, 그리스도를 따르라고 명령한다(눅 9:23). 이제 환난을 겪는다 할지라도, 우리의 애정이 이와 같이 그리스도께 붙어 있는 것을 발견할 때, 이 영적 장비를 우리 발에 착용하게 된다. 네 번째는 **믿음의 방패**인데, 이로써 사람이 자신의 구원을 위해 그리스도 안에 있는 하나님의 자비를 붙잡고, 그 방패로 사탄의 불화살을 막는다. 다섯 번째는 **소망**인데, 이로써 우리가 믿음으로 붙잡은 구원을 기다리는 것이다. 여섯 번째는 **하나님의 말씀**인데, 우리는 이것을

---

733 여백에: 시험에 대항하는 그리스도인의 갑옷.

우리의 모든 생각과 말과 행동의 규칙과 규범으로 삼아, 우리 마음에서 일어나는 모든 상반된 움직임을 억제하기 위해 노력해야 한다. 마지막은 **기도**인데, 이로써 우리는 모든 상황에서 우리 자신을 하나님께 맡기고, 죄 사함을 위한 자비, 시험에 저항할 수 있는 은혜의 힘, 그리고 그 가운데서 행복한 구원을 갈망한다. 그래서 이러한 탁월한 미덕들을 스스로 취하고, 이 기독교의 완전한 갑옷을 입을 수 있는 사람은 어떤 시험에든 맞설 준비가 되어 있으며 시험 받기에 적합한 상태이다. 그가 아무리 공격을 받더라도 정복될 수 없으며, 지옥의 문도 그를 이기지 못하고, 그의 구원을 방해하지 못할 것이다.

2부

"다만 악에서 구하시옵소서." 이 말씀은 이 간청의 두 번째 부분을 포함하고 있으며, 전자에 대한 설명으로 추가되었다. 하나님께서 우리를 시험에서 건져내시고, 능히 견딜 수 있는 힘을 주시며, 시험으로부터 좋은 결과를 주실 때, 우리가 시험에 들지 않기 때문이다.

의미[734]

어떤 사람들은 여기서 "악"이란 사탄만을 의미한다고 생각하는데, 이는 그가 "악한 자"(마 13:19)[735]라고 불리기 때문이다. 그러나 우리는 그것을 더 확대하여 우리의 모든 영적 원수들로 이해해야 한다.[736] 왜냐하면 첫째, 이 "악"이라는 칭호는 사탄뿐만 아니라, 또한 **죄**에도 주어지기 때문이다. "악한 것을 미워하자"(롬 12:9), "악에서 떠

---

734 역자주, 영문판은 원문과 달리 의미(*The Meaning*)를 빠트리고 있다.

735 역자주, 원문과 영문판은 마 13:13로 기재하고 있다.

736 여백에: 악은 우리의 모든 영적 원수들을 포괄한다.

나라"(벧전 3:11). 그리고 이 칭호는 **세상**에도 주어진다. "온 세상은 악한 자 안에 처한 것이며"(요일 5:19), "그리스도께서 이 악한 세대에서 우리를 건지시려고 자기 몸을 주셨으니"(갈 1:4). 그리고 이 칭호는 **육체**에도, 즉 우리 본성의 부패에도 주어지는데, 이는 그것이 **악한 마음의 창고**이기 때문이다(마 12:35). 둘째, 마귀가 우리에 대해 갖는 유리한 점은 세상과 육체와 죄로 인한 것이므로, 그 악한 자와 더불어 마귀, 죄, 세상, 육체를 이해해야 한다. 참으로 마귀는 우리가 주로 대적하여 기도하는 주요하고 주된 악이며, 큰 시험하는 자이다. 그러나 우리는 또한 죄와 육체와 세상을 대적하여 기도하는데, 그것들은 우리를 시험하는 사탄의 대리자이자 도구이기 때문이다. 우리는 사탄의 현존에서 구출되기를 기도하지 않는데, 왜냐하면 하나님의 자녀를 대적하여 이득을 취하려고 매우 분주히 움직이는 수많은 악한 영들을 거느린 임금이 있는 눈물 골짜기에 살고 있는 동안, 그것은 불가능하기 때문이다. 또한 그의 현존이 눈에 보였을지라도, 그렇게 위험하지 않기 때문이다. 그러나 여기서 우리는 모든 사람, 특히 하나님의 자녀들을 파멸과 멸망으로 몰아넣는 사탄의 속임수와 계략을 반대하며 기도해야 하는 더 큰 문제를 안고 있다. 사탄의 계략은 참으로 많지만, 여기서 우리가 경계해야 할 매우 위험한 사탄의 계략 여섯 가지를 제시할 것이다.[737]

계략 1. 사람들이 절제, 정의 등과 같은 다른 도덕적 미덕 외에, 구원의 신비에 대한 지식과 같은 많은 선한 것을 가지고 있다면, 마귀는 그들이 자연적으로 기울어지는 죄에 대한 성향과 거짓말 등을 통해 여전히 그들의 마음을 지배하려고 노력한다. 가인은 아벨과 마

---

737 여백에: 하나님의 자녀를 대적하는 사탄의 정책.

찬가지로 하나님을 알고 섬기며 자랐는데, 이는 그가 (비록 아벨과 같은 참된 마음으로 하지 않았지만) 하나님께 제사를 드렸기 때문이다. 그러나 여기서 마귀는 미움과 악의라는 끔찍한 죄가 그의 마음을 사로잡아 동생을 죽이고 멸망에 이르게 했다. 마찬가지로 유다는 지혜와 절약의 탁월한 은사를 가졌으며, 따라서 모든 제자들 가운데서 말하자면 우리 구주 그리스도의 가족의 청지기처럼 되었다. 그는 의문의 여지 없이(question-less)[738] 많은 지식을 가지고 있었고, 그의 행동은 다른 제자들이 그가 배신자가 될 것이라는 것을 모를 정도였다. 그래서 우리 구주 그리스도께서 "너희 중 하나가 나를 배신할 것이다"(요 13:21)라고 말했을 때, 모두가 자신을 두려워했다. 그러나 이 모든 것에도 불구하고, 마귀는 그의 마음에 역사하여 탐심의 정욕이 그를 지배하여 그의 스승을 배신하게 하였고, 결국 그를 멸망에 이르게 하였다. 그리고 사탄은 하나님의 교회가 품 안에서 이런 방식을 오늘날까지 고수하고 있다. 그는 신앙을 고백하는 자들을 이런저런 죄에 가두기 위해 전력을 다해 힘쓴다. 그러므로 우리는 여기에서 배운 대로 항상 기도해야 하며, 이 본성적 정욕이 날마다 죽고 약해져, 우리 안에서 지배하는 죄의 어떤 가지에서도 싹이 나지 않도록 기도해야 한다.

계략 2. 사탄은 하나님의 자녀를 지배하기 위한 어떤 심각한 타락을 일으킬 수 없을 때, 그로 하여금 어떤 것을 위반하고 죄를 범하도록 노력하여, 하나님의 이름을 욕되게 하고, 그의 고백을 수치스럽게 하고, 양심에 상처를 입히고, 하나님의 자녀들에게 해를 끼치게 만든다. 이런 식으로 그는 다윗이 간음과 살인의 죄를 짓게 만들었고(삼하 11; 12:9), 베드로가 그의 스승을 부인하게 만들었다(마 26:74). 그러므

---

738 *Question-less*: 의문의 여지없이.

로 우리는 이 간청을 따라, 우리가 "온전히 거룩하게 되고 또 우리의 온 영과 혼과 몸이 우리 주 예수 그리스도께서 강림하실 때에 흠 없게 보전되고"[살전 5:23], "우리 마음이 모든 선한 일과 말에 굳건하게 되며"[살후 2:17], "하나님이 우리를 모든 악한 일에서 건져내고 그의 천국에 들어가도록 보존하기를"(딤후 4:18) 기도해야 한다.

계략 3. 하나님의 자녀가 어떤 죄에 빠졌을 때, 마귀는 그가 잠들어 양심의 가책도 없이 그 안에 머물러 결코 회개하지 못하게 하려고 애쓴다. 그는 다윗을 이런 식으로 다루어, 거의 일 년 내내 간음과 살인의 죄를 회개하지 않은 채 지내게 하였다. 그리고 그는 유대 민족을 이런 식으로 다루어, 그들의 눈을 멀게 하고, 그들의 마음을 강팍하게 하여, 그들이 십자가에 못 박은 메시야를 알지 못하게 하여 오늘날까지 이르렀다. 그리고 그는 하나님의 교회 안에 있는 많은 그리스도인들을 이런 식으로 다룬다. 이것과 관련하여 우리는 시험 가운데 다윗이 했던 것처럼, "그가 우리를 오래도록 버리지 않게 해 달라고"(시 119:8) 기도해야 하지만, 하나님께서는 공의로 우리를 잠시 내버려 두실지라도, 우리를 향한 그의 자비를 새롭게 하고, 그의 은혜로 우리를 회복하기를 기뻐하실 것이다.

계략 4. 주님께서 말씀과 성례, 그리고 죄에 대한 징계와 같은 구원의 수단을 사람들에게 주실 때, 사탄은 그것을 힘써 무효화하고 무력화시켜, 그들이 구원을 놓칠 뿐만 아니라, 그들에게 주어진 그 수단을 무시하고 멸시하여 더 깊은 정죄를 받게 만든다. 바울은 이것을 잘 알고 있었고, 따라서 그들의 믿음을 알기 위해 디모데를 데살로니가인들에게 보냈는데, 이는 혹 시험하는 자가 그들을 시험하여, 그들에 대한 바울 일행의 수고가 헛되지 않게 하기 위함이었다(살전 3:5). 이런 이유로 그는 "그들의 마음에서 말씀의 씨를 도적질하는 악한 자"(마 13:19), "씨 가운데 가라지를 뿌리는 시기하는 자"(마 13:28)라고 불린다. 그러므로 여기서 우리는 사탄의 이러한 관행에 대항해 기도해야 하는데, 주님께서 우리에게 은혜의 수단을 제공하시듯, 그 수단이 우리에게 유익하게 될 수 있도록 복을 주시길 기도해야 한다. 이것이 없으면, 그 수단은 우리에게 더 큰 심판으로 바뀔 것이다.

계략 5. 사탄은 자신이 원하는 대로 내적으로 그들의 영혼에 자신의 뜻을 행할 수 없을 때, 빙의, 마법, 이상한 질병으로 그들의 몸을 치거나, 두려운 소음과 허깨비로 그들의 거처를 학대하는 것과 같은 외적인 사탄의 작용으로 해를 끼치려고 시도한다. 이런 식으로 그가 욥의 영혼을 이길 수 없자, 그는 그의 재물과 그의 몸에 해를 끼쳤다. 그리고 그가 시험으로 그리스도를 이길 수 없자, 그를 이리저리로 옮겨 괴롭혔고(마 4:5, 8), 이런 식으로 그는 "아브라함의 딸을 열여덟 해 동안 결박했다"(눅 13:16). 그러므로 여기서 우리는 하나님의 섭리의 위로와 선한 천사들의 임재와 도움을 구하여, 비록 마음의 내적 시험으로부터는 아니지만, 마귀가 우리를 괴롭히고자 하는 신체적, 외적인 학대와 상해로부터 보존될 수 있도록 기도해야 한다. 왜냐하면 마귀가 하나님의 자녀들에 대해 갖는 악의와 잔인함이 그것을 통해 통상적으로 억제되고 제지되기 때문이다. 그러므로 하나님의 자녀가 모든 외적인 십자가와 고난이 악한 마귀, 그 악한 자에게서 나오는 한, 합법적으로 기도할 수 있다.[739] 왜냐하면 "화가 네게 미치지 못하며 재앙이 네 장막에 가까이 오지 못하리니"(시 91:10)라는 말씀처럼 그것이 악한 것인 한, 경건한 자에게 주신 하나님의 약속이 있기 때문이다. 그렇지 않은 경우, "의인에게 고난이 많다"[시 34:19]는 것

---

739 여백에: 십자가에 대해 우리는 어디까지 기도할 수 있는가.

은 매우 참되고 고난을 당하는 것이 그들을 유익하게 한다(시 119:71).

계략 6. 마지막으로, 사탄은 하나님의 자녀들을 두렵고 비참한 종말에 이르게 하려고 애쓰는데, 이는 육체적 죽음이라기보다는 내면의 양심의 공포와 두려움에 관한 것이다. 왜냐하면 그가 좀처럼 사람을 그냥 놔두지 않을지라도, 그의 힘과 악의의 극한을 사람이 마지막 숨을 헐떡이는 데까지 미뤄두기 때문이다. 실제로 그는 여러 번 제지되기에, 많은 하나님의 자녀들이 사탄에도 불구하고, 그 마지막에 "주여, 이제는 당신의 종을 평안히 놓아 주시는도다"[눅 2:29]라고 말할 수 있다. 그러나 그가 제지되지 않은 곳에서, 그는 사람들을 주제넘게 하거나, 절망에 빠뜨리기 위해 노력한다. 그러므로 여기서 우리는 주 안에서 선하고 편안한 죽음을 위해 하나님께 기도하기를 배우는데, 우리가 그 안에서 보존되고 은혜로 능력을 받아 우리의 종말이 우리 자신에게나 겉으로나 악하지 않도록 기도한다.[740] 또한, 우리 자신을 준비할 시간과 은혜를 가짐으로써, 우리의 죽음이 갑작스러운 것이라 할지라도, 준비되지 않은 죽음을 맞이하지 않도록 기도한다. 왜냐하면 비록 갑작스러운 죽음이 매우 불편할지라도, 주님을 맞을 준비가 된 사람에게는 결코 위험하지 않지만, 준비되지 않은 죽음은 재앙 중의 재앙이기 때문이다. 죽음 이후에는 사람이 자신의 영혼의 상태를 바꿀 시간이나 수단이 없기 때문이다(전 9:10).

적용

적용 1. 첫째, 우리는 우리가 여기서 기도하는 것을 실천하기 위해 노력해야 한다.[741] 그러므로 우리는 마귀를 대적하고, 죄에 대한 사탄

---

740 여백에: 편안한 죽음을 위해 기도하라.
741 여백에: 마귀를 대적하라.

의 공격이 우리 자신의 부패에서 오는 것이든, 이 악한 세상에서 오는 것이든, 우리 자신을 지키는 데 특별한 주의를 기울여야 한다. "하나님께로부터 난 자는 범죄하지 않으며, 그를 지키시매 악한 자가 그를 만지지도 못하느니라"(요일 5:18). 우리는 이것이 이루어지는 것을 알 수 있는데, 그것은 우리의 입양과 중생의 주목할 만한 표시이다.[742] 그것을 행하는 방법은 사도 바울에 의해 제시되었다. "선한 싸움을 싸우라"(딤전 1:18-19). 그는 뒤따르는 말씀으로 이것을 설명하는데, 두 가지 의무를 규정하고 있다. "믿음과 착한 양심을 가지라."

믿음을 갖는다는 것은 삶과 죽음에 있어서 참된 종교를 붙들고 유지하는 것이며, 유대교, 이슬람, 로마교, 또는 그 밖의 모든 이단을 배격하는 것이다. 누구든지 그렇게 하려는 사람은 고백 가운데 경건한 모습을 보이는 것으로 만족해서는 안 되며, 신앙의 힘이 그의 마음에 깊이 뿌리박혀 있어야 하며, 이를 행실로 드러내야 한다.[743] 이를 위해 다음 규칙들을 기억해야 한다.

첫째, 우리는 그리스도 안에 있는 하나님과 그의 교회와 참된 종교에 대한 진실한 사랑을 마음에 품어야 한다. 그리스도께서 우리 마음의 중심이 되어야 하고, 그리스도 안에 있는 하나님께 대한 우리의 사랑이 강하여, 다른 모든 애정을 압도해야 바울처럼 진정으로 말할 수 있다. "내가 그를 위하여 모든 것을 잃어버리고 배설물로 여김은 그리스도를 얻고자 함이다"[빌 3:8]. 우리의 사랑의 순서는 다음과 같아야 한다. 우리는 하나님과 그리스도를 그 자체로 사랑하고, 하나님의 교회와 참된 종교를 하나님을 위해 사랑해야 한다.

둘째, 우리는 그리스도께서 우리 죄를 위해 죽으시고, 우리를 의

742　여백에: 사탄을 대적하는 방법.
743　여백에: 믿음을 지키는 방법.

롭다 하기 위해 다시 살아나셨다는 사실을 알고 믿어야 할 뿐만 아니라, 우리 안에 있는 죄를 죽인 그의 죽음의 권세와 효능, 그리고 우리를 새 생명으로 일으킨 그의 부활의 능력을 느끼기 위해 노력해야 한다. 종교적인 모습만 보이는 사람도 그리스도의 죽음과 부활을 믿는다고 고백할 수 있지만, 그 능력은 우리가 죄의 죽음과 관련하여 그의 죽음을 본받게 되고, 새로운 순종 가운데 우리의 거룩한 노력으로 그의 부활의 능력을 알고, 그가 친히 우리에게 본을 남긴 모든 일에서 그의 모범을 본받을 때 나타난다.

셋째, 우리는 하나님께서 자비롭다는 것을 알고 고백하는 것으로 만족해서는 안 되며, 특히 우리를 향한 그의 사랑의 은혜를 관찰하고, 관찰에 또 관찰을 더하여 우리 마음이 하나님의 사랑에 뿌리를 내리고 터를 잡을 수 있도록 해야 한다. 어떤 사람이 단순히 그의 머릿속으로만 하나님의 은혜와 자비에 대한 일반적인 생각과 이해로 고백할 수 있지만, 참된 신앙의 힘과 핵심(pith)[744]은 여기에 있다. 즉, 사람이 자신을 관찰하고 경험함으로써, 자신을 향한 그리스도 안에 있는 하나님의 사랑을 알게 될 때이다. 이런 식으로 믿음과 참된 신앙이 견지되고 유지된다.

그리스도인의 싸움에서 두 번째 의무인 **착한 양심을 갖는다**는 것은 아무리 우리 안에 연약함이 있을지라도, 우리 양심이 우리를 변명하고 하나님께 고발하지 않도록 죄 가운데 살지 않고, 우리의 양심을 보존하고 지키는 것이다. 이를 위해 우리는 다음 규칙들을 준수해야 한다.[745]

첫째, 우리는 이중적 소명을 가져야 한다. 그것은 하나님을 섬기

---

744 *Pith*: 핵심.
745 여백에: 선한 양심을 지키는 방법.

는 그리스도인의 일반적 소명과 우리의 위치와 은사에 따라 사람들의 유익을 위해 행사해야 하는 특별한 소명이다. 이 두 가지가 단절되어 어느 한쪽이 결핍되어서는 안 되지만, 선한 양심을 지키려는 사람은 자신의 특별한 소명의 의무를 수행하는 가운데, 일반적인 소명을 실천해야 한다. 교회에서 기독교를 고백하는 것은 쉬운 일이고, 많은 사람이 그렇게 하여 가정에서의 사적인 소명에서 선한 양심을 지키지 못하지만, 선한 양심의 증거는 가정에서의 소명과 형제들 사이의 행실에서 자신이 그리스도인임을 드러내는 것이다.

둘째, 우리는 항상 우리의 일반적 소명이나 특별한 소명의 어떤 선한 의무를 행하거나, 그에 대한 칭찬할 만한 진보를 위해 수행해야 하는데, 왜냐하면 게으름은 사람들이 악을 꾸미거나 고안해 내거나 안일함 속에 잠들어 있는 악마의 베개이기 때문이다.[746] 그러므로 우리의 소명에 부지런히 임하는 것이 마귀로부터 하나님의 천사들의 보호를 약속받는 우리의 길이다(시 91:11). 반대로 우리가 소명에서 벗어나면, 우리는 원수에게 해를 입게 될 것이다. 베드로가 그의 일반적 소명이나 특별한 소명의 보증 없이 가야바의 뜰에서 몸을 따뜻하게 하고자 했을 때, 무슨 일이 벌어졌는가? 힘없는 하녀의 작은 공격에도, 그는 매우 두려운 방식으로 그리스도를 부인했다(요 18:25-26).

셋째, 삶의 모든 상태에서 우리는 하나님의 특별한 섭리를 보기 위해 노력해야 하며, 그것이 더 좋든 더 나쁘든, 거기에 만족해야 한다. 건강과 평화, 풍요로움 속에서 하나님의 자비를 보고 인정하며, 그것으로 만족하는 것은 쉬운 일이다. 그러나 우리 자신의 마음속에서 하나님을 향한 화평을 누리고자 한다면, 환난과 질병, 또는 삶과

---

746 여백에: 게으름은 사탄의 베개이다.

죽음의 다른 모든 고통의 날에 그의 다스리는 손길로 우리 자신을 진정시키기 위해 노력해야 한다.

넷째, 우리가 죽을 때 무엇을 하든, 우리는 지금부터 그것을 시작해서, 살아있는 동안 매일 계속해야 한다. 즉, 매일의 죄를 회개하여 그 죄를 떠나며, 그리스도 안에서 하나님과 화목하기를 간절히 원하며, 그의 모든 은혜로운 약속을 굳게 믿는 것이다. 이 은혜를 가진 자는 평안히 죽을 것이다. 그러므로 우리가 양심의 평화를 누리고 살려면, 매일 그 은혜를 위해 노력해야 한다.

다섯째, 사람들과의 모든 모임과 친교(conversings)에서, 우리는 그들에게 유익을 주거나, 그들에게서 유익을 받는 데 관심을 가져야 한다.[747] 왜냐하면 이 둘 중 어느 것도 없는 곳에는 사탄이 그의 존재를 드러내기 때문이다. 그러므로 우리는 음모를 꾸미거나 죄악을 행하는 그러한 무리를 피해야 하는데, 이는 악한 친교는 선한 행실을 더럽히기 때문이다.

여섯째, 우리는 우리 자신의 공상을 좇는 것이 아니라, 하나님의 말씀의 통치에 따라 삶을 살아야 한다. 우리는 눈으로 보는 것이 아니라 믿음으로 살아야 한다{고후 5:7}. 하나님의 은혜의 흔적이 보이지 않고, 오히려 하나님의 분노와 진노가 보일 때에도, 우리는 그를 신뢰하고 그의 자비를 의지해야 한다. 이것은 이성에 반하는 것이지만, "보이지 않는 것들의 증거인" 믿음의 행위이다(히 11:1).

적용 2. 만일 우리가 하나님께 우리를 악에서 구원해 달라고 기도한다면, 우리는 모든 고난을 초래하는 수단인 모든 사탄적 관행들을 조심해야 한다. 사탄의 악에 대항하여 기도하면서, 그러한 악행에 우

---

747 역자주, 여백에: 우리가 교제를 유지하는 방법.

리 자신을 바친다는 것은 엄청난 위선이며, 이로 인해 많은 사람들이 시험을 받는다. 왜냐하면 교황주의자들이 이 기도를 입으로는 말하지만, 그들의 종교는 많은 부분에서 마술과 주술의 총체적 관행이기 때문이다. 먼저, 미사에서 그들의 성체(host)를 봉헌하는 것은 명백한 주술(呪術)이다. 성스러운 소금, 빵, 물로 행하는 그들의 축귀(逐鬼), 특정한 단어, 십자가의 표시, 유물의 사용 등으로 귀신을 쫓아내는 것도 마찬가지이다. 아니, 우리 자신을 돌아보면, 그 어떤 이상한 고난이 우리에게 닥쳤을 때, 주문(呪文)과 주구(呪具)를 사용하고 마녀와 마법사를 찾는 것보다 더 흔한 일이 무엇인가?[748] 그리고 형상을 세우는 것은 커다란 마법은 아니지만, 그 안에는 마귀의 밀접하고 은밀한 작업이 있으며, 그의 손이 깊숙이 들어있다. 그래서 교회는 과거에 그것을 마술로 정죄했다. 왜냐하면 주문, 부적, 주구는 마귀를 움직이게 하는 암호와 성례일 뿐이기 때문이다. 비록 사용된 말은 선하지만, 그 속에는 "자신을 광명의 천사로 가장하는"[고후 11:14] 사탄의 더 깊은 계략이 있으며, 멋진 외양으로 더 큰 해악을 끼친다. 그러나 하나님께서 우리에게 그에게 나아갈 기회를 주실 때, 우리가 그를 떠나, 그의 공언된 원수들에게 도움을 구하러 달려가는 것은 얼마나 끔찍한 불경함인가?

적용 3. 간청의 이 부분은 다음과 같은 경우에 우리가 어떻게 해야 하는지 알려준다. 거주하는 집이나 다른 어떤 장소가 하나님의 허락에 의해 어떤 악한 영이 출몰하고 남용된다고 가정할 때, 어떤 사람이 그러한 장소에 합법적으로 자주 방문하거나 거주할 수 있는지 질문할 수 있다.[749] **대답.** 이 간청에 따르면, 그는 그렇게 하지 말아

---

748 역자주, 여백에: 주문(呪文)과 주구(呪具)는 마귀적이다.

749 여백에: 악령이 출몰하는 장소는 피해야 한다.

야 한다는 것이 분명한데, 왜냐하면 여기서 우리는 악에서 구해달라고 기도하기 때문이다. 그러므로 우리는 마귀가 출몰하는 곳에 자발적으로 뛰어들지 말아야 한다. 사자의 발의 범위 안에, 또는 미친개나 굶주린 곰이 묶인 사슬의 범위 안에 들어가고 싶은가? 그렇다면 우리는 왜 우는 사자처럼 삼킬 자를 끊임없이 찾는 마귀의 위험 속으로 성급히 뛰어들어야 하는가? 무지한 많은 사람들이 너무도 담대하여, 마귀를 욕하고 대적하며, 마귀에게 사라지라고 명령한다. 그러나 그렇게 하라는 부르심 없이는 우리가 그렇게 해서는 안 된다. 참으로, 하나님의 섭리에 따라 우리가 부득이하게 그런 곳에서 살도록 부르심을 받았다면, 우리가 할 수 있는 것은 마귀와 의논하지 말고, 겸손하고 간절한 기도로 우리 자신을 하나님께 맡기고, 사탄의 괴롭힘에 대해 슬퍼하며, 하나님을 우리 영혼과 육체의 피난처와 방어 수단으로 삼아야 한다. 그렇지 않고 우리가 하나님의 부르심 없이 주제넘게 그를 건들면, 그로부터 보호될 것이라는 주님의 약속이 없기 때문에(스게와의 아들들처럼[행 19:14, 16]), 그에게 방해를 받고 학대를 당할 수 있다.

나라와 권세와 영광이 아버지께 영원히 있사옵나이다 아멘

이 말씀에는 앞의 여섯 가지 간청들의 이유가 포함되어 있으며, 우리는 이 간청들에 관하여 일반적으로 두 가지 사항을 관찰해야 한다. 첫째, 그 간청들은 뜻이 변하지 않는 하나님을 움직이기 위한 이유가 아니라, 하나님의 자녀가 기도하도록 설득하여 하나님께서 그의 요청을 들어주시게 하기 위함이다. 둘째, 이 이유는 마지막 간청에만 국한된 것이 아니라, "이름이 거룩히 여김을 받으시오며, 이는 나라와 권세와 영광이 아버지께 있기 때문입니다"와 같이 일반적으로 모든 간청에 속하는 것이다.

의미

"**나라.**" 여기서 이것은 하나님 안에서 세 가지를 의미한다.[750] 첫째, 그는 모든 것을 행하기에 스스로 전능하신 분이며, 그의 주권적 의지 외에는 어떤 도움이나 도구도 필요치 않다. "나는 전능한 하나님이라"(창 17:1). 둘째, 그는 왕이 자신의 영토와 관할권에 속한 것들을 갖는 것처럼, 하늘과 땅의 모든 것에 대한 주권적 권리와 소유권을 갖고 계신다. 셋째, 그는 하늘과 땅의 만물에 대한 주권과 권세를 갖고 계시기에, 그가 기뻐하시는 대로 그것들을 다스리시고, 그것들로 하여금 절대 복종하게 하신다. 더 나아가, 하나님의 나라는 이중적이다.[751] 그의 나라는 하늘과 땅의 모든 것, 심지어 마귀와 그의 모든 천사들과 도구들까지 다스리고 통치하시는 **하나님의 섭리의 왕국**이다. 그리고 그가 그의 말씀과 성령으로 그의 교회를 다스리는 **은혜**

---

750 여백에: 하나님의 나라가 의미하는 것.
751 여백에: 하나님의 나라는 이중적이다.

의 **왕국**이다. 여기서 이 두 가지를 모두 이해해야 한다.

"당신의 것." 여기서 왕국은 두 가지 이유로 하나님의 것으로 불린다. 첫째, 하나님께서 스스로 자신의 왕국을 가지고 계시며, 그의 왕국이 자신에게서만 나온다는 것을 보여 주시기 위함이다. 그러므로 은혜의 왕국과 섭리의 왕국은 모두 그의 것이다. 둘째, 하나님을 지상의 왕들과 구별하기 위함이다. 왜냐하면 다니엘이 느부갓네살에게 말한 것처럼[단 4:22], 그들이 비록 왕국과 권세와 영광을 가지고 있지만, 이 모든 것이 하나님께로부터 온 것이지, 그들 자신에게서 온 것이 아니기 때문이다. 그러나 하나님께서는 그것들을 스스로 가진 것이며, 그것들이 다른 누구에게서 온 것이 아니다.

이제 우리의 본성은 하나님의 일에 눈이 멀었기 때문에, 여기서 나는 하나님께서 그러한 주권적인 왕국을 갖고 계신다는 것을 증명하고, 그 왕국의 탁월함을 보여 주는 몇 가지 이유들을 제시할 것이다.[752] 첫째, 이것은 하나님께서 창조를 통해 그의 모든 작품에 세우신 탁월한 질서에 의해 나타난다. 봄과 여름, 가을과 겨울처럼 시간과 계절이 서로 얼마나 적절하게 그 뒤를 잇는가? 하늘의 피조물인 해와 달과 별들은 이 땅의 피조물인 허브와 식물들에게 얼마나 아름답게 봉사하고 있는가? 이것들이 짐승과 새를 위해 어떻게 봉사하며, 그 모든 것들이 사람을 위해 어떻게 사용되는가? 이것은 무신론자에게 하나님이 존재하신다는 것을 증명하는 것처럼, 그의 왕국의 주권과 가장 지혜로운 통치를 보여 준다. 커다란 군대가 잘 배치되어 있고, 모두가 제자리를 지키며 끊임없이 서 있는 것을 본다면, 그 사람은 그 지도자의 지혜와 권세를 즉각적으로 칭찬하게 될 것이다. 그

---

752 여백에: 하나님의 주권적 나라의 증거.

렇다면 왜 우리는 피조물이 창조 때부터 지키는 그 아름다운 질서 속 그들의 변함없는 자리 가운데 있는 전능자의 권능과 주권을 인정하지 않아야 하겠는가?

둘째, 양심의 가책에 대한 공포와 비난은 하나님 나라의 절대적인 주권을 분명히 주장한다. 왜냐하면 사람이 자연법이나 기록된 하나님의 말씀에 어긋나는 중대한 죄를 지었을 때, 비록 그것이 너무 은밀해서 아무도 모른다고 할지라도, 그의 양심은 그를 비난하고 두렵게 할 것이기 때문이다. 그가 그 행위에 대해 만유의 주권자인 하나님께 대답할 필요가 없다면, 양심은 그렇게 하지 않을 것이다.

셋째, 사형수들, 즉 악명 높은 범죄를 저지른 사람들은 사형에 처해 마땅한데, 행정관의 무지나 태만으로 인해 그들이 도망칠 수 있지만, 대개 두려운 판결을 받고 어떤 식으로든 그들이 받아야 할 정당한 처벌을 받게 된다. 그것은 하나님의 주권적 섭리의 특별한 역사이다.

넷째, 전파된 복음은, 불이 물과 반대되는 것처럼 사람의 부패한 본성과 상반되지만, 모든 시대에 걸쳐 사람들이 복음을 위해 집과 땅과 아내와 자녀, 심지어 생명 자체를 버릴 수 있을 만큼 복음을 받아들이고 고백하며 사랑했다. 사람의 그 어떤 말로도 이것을 설명할 수 없으며, 따라서 그것은 어떤 초자연적인 능력이 그것과 함께 작용하여, 사람의 마음을 복음에로 이끈다고 분명하게 주장한다.

여기서 어떤 사람들은 마귀가 하나님의 나라와 반대되는 왕국을 가지고 통치하며, 따라서 하나님의 나라는 절대적인 것이 아니라고 말할 수 있다. **대답.** 우리가 사탄의 악의나 악인들의 관행을 고려하면, 그들이 하나님의 계시된 뜻을 끊임없이 거역하기 때문에, 하나님의 왕국이 절대적이어서는 안 되는 것처럼 보일 수 있다. 그러나 사탄과 그의 모든 도구를 다스리고, 그들의 모든 일을 가장 지혜롭게 처리하여, 자신의 영광과 교회의 유익과 그들의 파멸을 이루시는 하나님의 능력을 생각하면, 우리는 하나님께서 모든 것을 다스리신다는 것을 분명히 알 수 있다. 왜냐하면 마귀와 그의 천사들과 그의 다른 모든 도구들이 아무리 하나님의 말씀, 즉 그의 은혜의 왕국의 율법을 대적할지라도, 하나님께서는 그러한 모든 일을 기꺼이 허락하고, 그의 뜻대로 모든 것을 억제하여, 하나님의 계시된 뜻을 거슬러 발생한 일이 그의 절대적인 뜻에 어긋나지 않도록 하시기 때문이다.

"권세가 당신의 것입니다." "권세"란 하나님께서 원하시는 것은 무엇이든 하실 수 있는 능력, 그리고 그가 하시게 될 것보다 더 많은 것을 하실 수 있는 하나님의 능력을 의미한다.[753] 더 나은 이해를 위해 다음 두 가지 사항에 유의하라. 첫째, 하나님은 선하심과 지혜 등 그의 본성에 비추어 볼 때, 전능하실 뿐만 아니라, 심지어 권세 그 자체라고도 할 수 있다. 사람과 천사는 하나님으로부터 권세를 받기 때문에 권세자라고 불리지만, 하나님만이 권세 자체인데, 이는 그의 본성이 다른 모든 속성에서와 마찬가지로, 무한한 권세를 지니고 있기 때문이다. 둘째, 하나님의 능력과 뜻은 하나이며 동일하다. 우리가 그것들을 더 잘 이해하기 위해 그것들을 구별할 수는 있지만, 그 자체로는 다르지 않다. 어떤 사물에 대한 하나님의 뜻은 그것을 성취하고 행하는 것이기 때문이다. 우리는 그렇지 않은데, 이는 우리가 행할 수 없는 많은 것을 원하기 때문이다. 반면에 하나님께서 원하는 것은 무엇이든 그가 하실 수 있고, 그가 하실 수 없는 것은 무엇이든 그가 원할 수 없기 때문이다. 성경은 "하나님이 거짓말을 하거나 자

---

753 역자주, 여백에: 하나님의 권세.

신을 부인하거나 죽을 수 없다"[딛 1:2; 딤후 2:13]고 말한다. 이제 그가 이러한 일을 할 수 없는 것처럼, 그는 그것들을 원할 수도 없다. 왜냐하면 그것들은 권세의 일이 아니라, 연약함과 나약함에서 비롯된 일이기 때문이다. 그러므로 하나님은 그 동일한 것을 할 수도 없고, 원할 수도 없기 때문에, 전능한 분이시다.

"등등은 당신의 것입니다." 여기서도 우리는, 하나님의 권세가 그 자신의 것, 즉 다른 어떤 것으로부터도 받지 않고, 오직 그 자신에게만 있는 것이라고 말한다. 이는 나라와 영광에 대해서도 언급되듯이, 그 스스로 권세와 나라와 영광이 없고, 오직 이 모든 것을 가지신 하나님에게서만 받는 모든 피조물들로부터 참 하나님을 구별하기 위함이다.

"그리고 영광이." "영광"이란 탁월함과 위엄을 의미한다.[754] 그리고 이 속성은 전자의 두 가지 속성에서 정당하게 발생하는데, 왜냐하면 하나님은 만물에 대한 절대적인 주권과 그의 뜻대로 그것들을 처분하고 다스릴 권세를 갖고 계시므로, 모든 영광과 위엄과 탁월함이 당연히 그에게 속하기 때문이다. 참으로 모든 피조물의 영광이 그에게서 나오므로, 죄 많은 인간은 다니엘과 함께 "수치와 혼란은 우리에게 속하고"(단 9:7) "존귀와 영광과 권세와 다스림은 하나님께 영원히 있을지어다"라고 말해야 한다.

적용

첫째, 지금까지 다루었던 이유는 하나님께 대한 신뢰와 확신, 그리고 삶과 죽음의 모든 고통 속에서 하나님께 기도하는 주목할 만한

---

754 역자주. 여백에: 하나님의 영광.

근거를 포함하고 있다.[755] 왜냐하면 우리에게는 **나라**와 **권세**와 **영광**을 가진 아버지가 계시기 때문이다. 이제 그의 **권세**는 그가 우리를 도우실 수 있다는 확신을 준다. 그가 **우리의 왕**이고, 우리는 그의 **백성**인가? 그렇다면 그는 기꺼이 우리를 도와주실 것이다. **영광**이 그의 것인가? 그의 백성에게 자비를 베풀어 그들의 기도를 들으시고, 곤경에 처한 그들을 돕는 것보다 그의 영광을 위해 더 할 수 있는 것이 무엇이겠는가? "환난 날에 나를 부르라 내가 너를 건지리니 네가 나를 영화롭게 하리로다"(시 50:15).

둘째, 이 말씀은 하나님께 감사와 찬양을 드리는 주목할 만한 형태인데, 이는 하늘의 피조물들이 하나님께 감사를 드린다고 할 때, 그들은 다음과 같은 취지로 감사를 드렸기 때문이다. "오 주여, 주님은 영광과 존귀와 권능을 받으시는 것이 합당하시나이다"(계 4:9, 11). 다시 말하지만, "아무것도 염려하지 말고 다만 모든 일에 너희 구할 것을 감사함으로 하나님께 아뢰라"(빌 4:6). 여기서 우리는 기도와 감사가 함께 가야 한다는 것을 알 수 있다. 이제 이것은 완전한 형태의 기도로서, 간청과 함께 감사를 포함해야 한다. 그러므로 그리스도께서 여섯 가지 간청에서 우리가 필요한 모든 것을 하나님께 구하라고 가르치셨던 것처럼, 이런 이유로 그는 우리에게 감사하는 법을 가르치신다. 왜냐하면 **나라**, **권세**, 그리고 **영광**, 이 세 가지는 일반적으로 하나님께 드리는 모든 찬양과 감사를 포함하기 때문이다. 진실로, 그것은 모든 찬양 시편의 핵심이다. 따라서 다윗이 하나님을 찬송할 때, 그것은 다음과 같은 취지였다. "오 여호와여, 위대하심과 권능과 영광과 승리와 찬양이 다 주께 속하였사오니 천지에 있는 것이 다 주

---

755 여백에: 하나님을 신뢰하는 근거.

의 것이로소이다. 오 여호와여, 주권도 주께 속하였사오니 주는 높으사 만물의 머리이심이니이다. 부와 귀가 주께로 말미암고 또 주는 만물의 주재가 되사 손에 권세와 능력이 있사오니 모든 사람을 크게 하심과 강하게 하심이 주의 손에 있나이다"(대상 29:11-12).

잘 관찰된 이 요점은 우리에게 그리스도인의 두 가지 의무를 지시한다.[756] 첫째, 우리는 간절히, 그리고 자주 하나님께 찬양과 감사를 드려야 하는데, 이는 우리가 요구하는 첫 번째 간청이 하나님의 이름을 영화롭게 하는 은혜이며, 우리가 여기서 행하는 마지막 간구가 진실로 하나님께 영광을 돌리는 것이기 때문이다. 둘째, 여기서 우리는 어떤 방식으로 하나님께 감사해야 하는지, 즉 모든 복 가운데 "나라와 권세와 영광"을 하나님께 돌려야 한다는 것을 알 수 있다.[757] 먹고 마시는 일에서와 같이 첫째, 거기에서 하나님 나라를 보고, 그에 따라 그 나라를 하나님께 돌리도록 노력하라. 즉, 그 피조물에 대한 하나님의 주권을 인정하여, 그에 대한 권리와 이익이 하나님께 속하며, 여러분은 그것을 여러분 자신이 아니라, 그에게서 받는 것임을 인정하는 것이다. 둘째, 그 피조물 안에 있는 하나님의 능력과 섭리를 보고 인정하라. 여러분이 그것을 가지고 있다는 점에서 그의 섭리이며, 그것이 영양분과 상쾌함을 통해 여러분의 유익과 위안에 봉사한다는 점에서 그의 능력이다. 셋째, 여러분이 그것으로 위로를 받을 때, 하나님께 존귀와 영광을 돌리라. 그러면 여러분이 진정으로 감사하게 될 것이다. 따라서 우리는 하나님의 말씀과 우리가 누리는 다른 모든 복에 대해 하나님께 감사해야 한다. 진실로, 우리는 고난 가운데 이 행동 지침을 준수해야 한다. 우리는 하나님의 피조물로서 우리를 향

---

756 여백에: 우리는 하나님을 자주 찬양해야 한다.
757 여백에: 하나님을 찬양하는 방법.

한 하나님의 주권과 권능을 보고 인정하기 위해 노력해야 하며, 그는 그의 뜻대로 우리를 처분하실 권리가 있다. 그러므로 우리는 그의 손 아래서 자신을 낮추고 은혜를 사모하여, 그의 이름을 영화롭게 할 수 있도록 행동해야 한다. 이런 식으로 우리는 심지어 고난 속에서조차 하나님께 영광을 돌리게 될 것이다.

셋째, 여기서 우리는 하나님께 구하는 것을 얻을 수 있는 방법을 볼 수 있다.[758] 즉, 우리는 스스로 부끄러움과 혼란을 감수하여, 우리 자신의 무가치함을 고백하고, 모든 찬송과 존귀와 영광을 하나님께 돌려야 한다. 야곱은 이렇게 말했다. "나는 주께서 주의 종에게 베푸신 모든 은총과 모든 진실하심을 조금도 감당할 수 없습니다"(창 32:10). 마찬가지로 다니엘은 "오 주여, 공의는 주께로 돌아가고 수치는 우리 얼굴로 돌아옴이"(단 9:7) 마땅하다고 고백한다. 이와 같이 겸손한 마음으로 나아와, 우리 자신과 우리가 할 수 있는 모든 것을 버리고, 모든 영광을 하나님께 돌리려고 노력할 때, 우리는 우리의 모든 요청을 들어주신 주님의 자비를 발견하게 될 것이다.

넷째, 나라와 권세와 영광이 하나님의 것인가? 그렇다면 그는 모든 피조물보다 더 두려워해야 한다. 왜냐하면 아무리 사탄과 지상의 군주들이 통치와 권세를 가졌을지라도, 그것은 그들 자신에게서 난 것이 아니라, 하나님께로부터 났기 때문이다. 그들은 하나님의 능력과 허락 외에는 아무것도 할 수 없지만, 하나님께서는 친히 징벌하고 멸망시키실 수 있다.

마지막으로, 이로써 우리는 하나님을 사랑하고, 모든 선한 의무에서 그에게 순종하도록 감동을 받아야 한다. 이는 하나님께서 이런

---

758 여백에: 기도에서 우리의 요청을 얻는 방법.

자들에게 모든 좋은 것들에 대한 그의 주권과 능력을 나타내시어, 그들로 하여금 그것들을 주신 하나님께 모든 영광을 돌릴 수 있게 하기 위함이다.

아멘

우리는 이 기도의 서문과 간청을 들었다. 이제 우리는 세 번째 부분에 이르렀는데, 그것은 **아멘**[759]이라는 말씀으로 결론을 맺는 것이다. 아멘은 **진실로, 진심으로**라는 의미이다. 이곳에서는 일반적으로 소원의 단어로 간주되며, '그렇게 되기를', '나는 그렇게 되기를 바란다', 또는 이와 유사한 것을 의미한다. 그러나 우리는 여기서 그것이 더 많은 용도, 즉 우리가 구하는 것들에 대한 우리의 소망을 표현할 뿐만 아니라, 우리의 소망을 따라 그것들을 받을 것이라는 확신에 대한 우리의 믿음을 증거하는 데에도 사용된다는 것을 알아야 한다. 왜냐하면 그것은 어떤 것을 강력하고 확실하게 확인하거나 단언하는 데 사용된 신약성경에서 대개 그렇게 받아들여졌기 때문이다. 다시 말하지만, 기도에 대한 지침과 격려를 주신 우리 구주 그리스도는 이렇게 말씀하신다. "무엇이든지 기도하고 구하는 것은 받은 줄로 믿으라 그리하면 너희에게 그대로 되리라"(막 11:24). 여기서 그는 기도할 때 필요한 두 가지 주요 사항을 보여 주신다. 첫 번째는 우리가 구하는 은혜와 복에 대한 간절한 바람이다. 두 번째는 우리가 구하는 것을 하나님께서 들어주실 것을 믿는 믿음이다. 이제 우리의 바람은 기

---

759 여백에: 아멘이 여기서 무엇을 의미하는가.

도의 완벽한 플랫폼인 여섯 가지 간청으로 충분히 표현되었으며, 우리의 믿음에 대한 증거가 여기서 의심의 여지 없이 다음과 같은 취지로 제시된다. "오 주여, 우리가 주님의 손에서 이러한 것들을 갈망하는 것처럼, 주님의 좋은 때에 주님께서 그리스도를 위해 원하실 때, 그것들을 우리에게 허락해 주실 것을 믿습니다." 따라서 그것은 일반적으로 통용되듯이 교회에서 목회자에게 응답하는 사람들의 단순한 동의만으로 간주되어서는 안 되고, 공적으로든 사적으로든 믿음으로 기도하는 사람들과 목회자 모두에게 속한 기도의 일부로 간주되어야 한다. 그리고 그것은 우리의 믿음이 우리의 바람을 훨씬 능가한다는 점에서, 단순한 동의인 전자보다 훨씬 더 탁월하다. 진실로, 그것은 우리가 "주님의 이름이 거룩히 여김을 받으시오며"라고 말할 때, 우리 마음이 "아멘"이라고 말해야 하는 것처럼, 우리 자신에게 비준하고 확인하기 위해 모든 간청에 두어야 하는 우리 마음의 도장이다. 즉, 내가 주님의 이름을 영화롭게 하기 위해 은혜를 구하는 것처럼, 주님께서 나로 하여금 그렇게 할 수 있도록 힘을 주신다는 것을 믿으며, 나머지 간청에 대해서도 마찬가지이다.

적용. 첫째, 이 단어와 간청들의 결합으로부터, 우리는 하나님의 모든 자녀가 자신의 죄 사함을 특별히, 그리고 확실히 믿어야 하며, 아직 확신할 수 없다면, 은혜로 그것에 이르도록 노력해야 한다는 것을 배운다.[760] 교황주의자들은 이것을 부인하고, 사람은 단지 일반적으로 죄 사함이 하나님의 교회에 속한다고 믿고, 자신을 위해 좋게 소망해야 한다고 가르친다.[761] 그리고 그들은 사람이 특정한 확신을 갖는다는 주장을 주제넘은 일로 만든다. 그러나 그것은 주제넘음

---

760 여백에: 특별히 죄 사함을 믿어야 한다.
761 여백에: Concil. Trid. sess. 6. cap. 9. and can. 14.

이 아닌데, 이는 우리가 하나님의 뜻대로 구하는 것을 하나님께로부터 받는다는 것을 믿어야 하기 때문이다. 하나님께서는 우리에게 특정한 죄의 용서를 구하라고 명령하시고, 따라서 우리는 그것을 믿어야 하며, 그와 같이 믿음으로 그것을 확신할 수 있다. 그들의 일반적인 믿음은 마귀들의 믿음과 다르지 않은데, 마귀들도 하나님의 교회에 죄 사함이 있다고 믿기 때문이다. 그래서 우리가 믿음으로 확신하지 못하면서 좋게 소망한다고 말하는 것은 구원의 문제에 대한 무지와 태만을 드러내는 것이다. 믿음은 바라는 것들의 근거이기 때문에, 믿음 없는 소망은 맹목적인 가정임에 틀림없다. 그리고 더 나아가 그들이 그들의 의견에 따라 복음의 많은 부분을 폐지하고 있음을 주목해야 한다. 왜냐하면 복음은 그리스도 안에 있는 자비의 은혜로운 약속과 함께 믿고 참회하는 모든 사람에게 그 동일한 약속을 특별히 자신에게 적용하도록 명령하는데, 그들은 이 부분을 잘라버려, 하나님의 자녀에게서 모든 참된 위로를 박탈하기 때문이다.

둘째, 우리의 요청과 결합된 우리 믿음에 대한 이러한 증거는 모든 기도가 알 수 있는 언어로 이루어져야 한다는 것을 보여 준다. 그렇지 않으면 마음의 동의와 확신이 함께 주어질 수 없기 때문이다.[762] **반대.** 여기에 사용된 단어는 그리스 교회에는 알려지지 않은 히브리어 단어이다. 이제 기도에서 주로 사용되는 한 단어가 알려지지 않은 언어로 될 수 있다면, 왜 많은 기도와 전체 기도가 그렇게 될 수 없는가? **대답.** 이 "아멘"이라는 단어는 히브리어이지만, 이 단어를 사용함으로써 그리스 교회에서 친숙하고 잘 알려지게 되었고, 따라서 다른 교회들에서 자국 방언의 어떤 단어처럼 많은 라틴어 단어('먼저가 아

---

762 여백에: 알 수 있는 언어로 드리는 기도.

니라면'(*nisi prius*),[763] 그리고 다른 법률 용어들과 같은)가 일반적인 사용으로 우리 영어에 친숙하고 잘 알려지게 되었다.

주기도문의 용도

용도 1

기도의 주된 용도는 하나님의 교회와 그 모든 구성원이 어떤 상황에서든 하나님께 기도할 수 있는 본보기와 지침이 되는 것이다. 많은 사람들이 무지로 인해 이 점에서 실패하기 때문에, 주기도문이 어떻게 우리 기도의 본보기가 되어야 하는지 보여주려고 한다. 이를 위해 우리는 이 기도의 몇 가지 간청을 **아침**과 **저녁**과 같은 특별한 기도 시간에, 그리고 다음 세 가지 특별한 경우에 모두 적용해야 한다.[764] 첫째, 현재 우리가 당면한 **중요한 일**. 둘째, 우리가 처해 있거나 처할 위험에 있는 **고난**. 셋째, **죽음**과 관련된 경우.

이제 기도를 이들 각각에 대해 개별적으로 적용한다면 다음과 같다. 첫째, **아침에**.[765] 우리가 소명의 의무를 시작하기 전에 하는 기도는 다음과 같이 적절하게 구성될 수 있다. 첫째, 우리는 소명의 의무와 우리가 맡은 모든 일에서 주님의 영광의 진보를 구할 수 있는 은혜를 달라고 주님께 간구해야 한다. 둘째, 주님께서 그의 은혜로 우리 마음을 다스리시고, 그의 말씀으로 하루 종일 우리를 인도하시도

---

763 *Nisi prius*: 먼저가 아니라면.
764 여백에: 주기도문을 기도의 본보기로 삼는 방법.
765 여백에: 아침 기도.

록 기도해야 한다. 셋째, 그날에 우리는 우리의 뜻이 아니라, 그의 뜻을 기꺼이 기쁨으로 행할 수 있게 해달라고 기도해야 한다. 넷째, 우리는 이생에 필요한 모든 것에 대해, 그날 그의 섭리에 의지할 힘을 달라고 기도해야 한다. 다섯째, 그가 우리 죄를 인하여 우리 자신을 낮추시고, 그 죄를 회개케 하며, 그리스도 예수 안에서 용서하시고, 그래서 그 죄로 말미암아 심판을 받지 않게 하시며, 우리 마음이 우리 영혼을 위하여 하나님께 자비를 구하는 것처럼 형제들을 사랑하고 자비를 베풀도록 기도해야 한다. 여섯째, 하나님께서 우리로 하여금 시험에 맞서 강하게 하시어, 세상이나 육신이나 마귀가 우리를 이기지 못하도록 기도해야 한다. 그리고 이 모든 것에 대해 우리는 확신을 가져야 하는데, 왜냐하면 모든 주권과 권세와 영광이 하나님께 속하기 때문이다.

둘째, **저녁**에도 우리는 그날 밤 우리 자신을 편안하게 하나님께 의탁하기 위해 이 간청들을 적절하게 적용할 수 있다.[766] 첫째, 하나님께서 우리의 안식을 허락해 주시어, 이로써 우리가 하나님께 영광을 돌리기에 더욱 적합하게 되기를 기도한다. 둘째, 우리가 그의 진정한 백성으로서 그의 은혜로운 통치 아래 안전하게 쉬고 잠들 수 있게 해달라고 기도한다. 셋째, 우리가 일할 때와 마찬가지로 안식할 때에도, 낮에 사람들 앞에서처럼 밤에도 은밀하게 그의 뜻을 행할 수 있게 기도한다. 넷째, 그가 우리의 휴식과 잠을 강복하시어, 우리의 생명이 편안하게 보존될 수 있도록 기도한다. 다섯째, 지나간 그날의 죄를 용서하시어, 그날 밤에 우리가 그 죄로 인해 저주나 공포, 두려움을 만나지 않게 해달라고 기도한다. 여섯째, 그가 쉬고 있는 우리

---

766 여백에: 저녁 기도.

를 모든 죄악된 정욕으로부터 지켜주시고, 깨어 있을 때나 자고 있을 때나, 모든 악한 움직임과 제안들로부터 지켜주시길 기도한다.

셋째, **우리가 중대한 소명이나 사업을 할 때**, 우리는 능력과 그것의 멋진 성공을 위해 하나님께 기도로 이러한 간청들을 적절하게 적용할 수 있는데,[767] 왜냐하면 우리가 무엇을 하든지, 주님의 이름으로 해야 하기 때문이다. 첫째, 우리는 이 모든 사업에서 우리 마음이 진정으로 하나님의 영광의 진보를 추구하도록 기도해야 한다. 둘째, 우리가 어떤 일을 하든, 주님께서 인도하시고 다스려 달라고 기도해야 한다. 셋째, 우리가 그 일을 행할 때, 양심에 따라 하나님의 뜻을 행하고, 처음부터 끝까지 그에게 순종할 수 있도록 기도해야 한다. 넷째, 우리는 우리의 모든 노력의 결과와 효과에 대해, 믿음으로 하나님의 섭리를 의지할 수 있도록 기도해야 한다. 다섯째, 우리의 그 어떤 죄도 이 사업에서 저주가 임하지 않도록 기도해야 한다. 여섯째, 사탄이나 우리 영혼의 그 어떤 다른 원수도 시험으로 우리를 방해하지 못하며, 하나님께서 그 모든 것에서 우리를 구원하시도록 기도해야 한다.

넷째, **고난이 우리에게 닥칠 때**, 우리는 하나님께 거룩한 요청을 할 수 있다.[768] 첫째, 우리가 그 고난 가운데서 인내와 순종으로 하나님께 영광을 돌리고, 그를 욕되게 하지 않게 해달라고 간구한다. 둘째, 하나님께서 그 고난 가운데서 그의 은혜로운 통치의 능력을 우리에게 드러내시고, 사탄이나 우리 자신의 부패가 우리 안에서 다스리지 못하도록 간구한다. 셋째, 우리가 평안이나 안락한 다른 상태에서와 마찬가지로 그 가운데서도, 하나님께 순종할 수 있도록 간구한

---

767 여백에: 중대한 일에서 기도하는 방법.

768 여백에: 고난 가운데 기도하는 방법.

다. 넷째, 우리가 그 가운데서 그의 섭리를 보고 인내하며, 또한 우리를 구원하는 그 동일한 하나님의 손길에 의지하도록 간구한다. 다섯째, 우리의 죄가 그 고난을 저주로 바꾸지 않으며, 죄 사함을 받은 우리가 그것을 우리의 겸손과 개혁을 위해 잘 사용하도록 간구한다. 여섯째, 우리의 연약함으로 말미암아 힘에 지나도록 강한 사탄의 공격을 받지 않으며, 하나님께서 우리를 모든 시험에서 건지시기를 간구한다.

다섯째, **죽음의 시간에**, 우리는 이러한 간청에 따라 다음과 같이 기도함으로써 가장 편안하게 자신을 하나님께 맡길 수 있다.[769] 첫째, 우리가 삶과 건강에서만 아니라, 질병과 죽음 속에서도 하나님께 영광을 돌릴 수 있기를 기도한다. 둘째, 우리가 건강할 때 느꼈던 그 어떤 것보다, 이제 하나님께서 우리 마음속에 그의 말씀과 성령의 편안한 역사와 통치를 보여 주시기를 기도한다. 셋째, 우리가 살아 있을 때처럼 죽는 순간에도, 하나님께 기꺼이 그리고 기쁘게 순종할 수 있도록 기도한다. 넷째, 우리의 위로와 회복을 위해 우리가 사용하는 모든 수단에 하나님께서 복을 주시며, 심지어 죽음 그 자체에서도 우리가 그의 섭리에 만족할 수 있게 해달라고 기도한다. 다섯째, 우리가 우리의 죄에 대해 참으로 겸손해지고, 자비와 용서에 대해 편안한 확신을 가지고, 죽음의 순간에 기쁨으로 우리 영혼을 하나님의 손에 맡길 수 있도록 기도한다. 여섯째, 사탄이 우리의 가장 큰 약점에서 가장 분주하고, 악의를 품고 있는 것을 볼 때, 죄와 사탄의 모든 공격에 대항하여 우리 영혼을 강하게 하시는 주님의 자비를 크게 베풀어 주기를 기도한다.

---

769 여백에: 죽음의 시간에.

이런 식으로 우리는 삶과 죽음의 모든 상태에서 이러한 간청을 따라 하나님께 어떻게 달콤하고 편안하게 의지할 수 있는지 볼 수 있다. 그러므로 우리는 이 하늘의 기도를 알고 이해하기 위해 애써야 하며, 그래서 모든 경우에 하나님의 영광과 우리 영혼의 위로를 위해 이 기도를 사용해야 한다. 우리가 하늘 아버지 존전에 담대히 나아갈 수 있을 때, 기도의 은사를 진실하게 실천하는 것보다 입양의 은혜를 보다 더 분명하게 증거할 수는 없다. 그러므로 우리는 이 하늘의 본보기를 진지하게, 그리고 자주 모방하는 데 자신을 바쳐야 하며, 그 말씀들을 말하는 것으로 만족하지 말고, 모든 상태에서 이 기도의 의미에 따라 진심으로 우리의 영혼을 하나님 앞에 쏟아부어야 한다.

용도 2

이러한 간청은 우리의 삶 전체를 구성할 수 있는 주목할 만한 지침을 제시할 수 있는데,[770] 이는 우리가 기도로 하나님께 구하는 것을 삶에서 실천하기 위해 노력해야 하기 때문이다. 그러므로 이 간청에 따라, 우리는 다음 여섯 가지를 따르는 경건한 노력으로 우리의 시간을 사용해야 한다. 첫째, 우리의 주된 관심과 노력은 매일 하나님께 영광을 돌리는 것이어야 한다. 둘째, 날마다 우리의 영혼과 육체를 하나님께 내어드리고, 범사에 그의 경건한 통치에 복종해야 한다. 셋째, 우리는 날마다 범사에 그의 뜻을 행하기 위해 노력해야 하며, 우리가 그를 거역하는 모든 죄를 양심에 새겨야 한다. 넷째, 우리는 우리의 소명에 충실히 임하되, 우리가 맡은 모든 일에 복을 주시는 하나님의 섭리를 여전히 의존해야 한다. 다섯째, 우리는 날마

---

770 여백에: 경건한 삶의 본보기.

다 짓는 범죄에 대해 하나님 앞에서 매일 겸손해야 하며, 여전히 죄를 고백하고, 하나님의 손에서 용서를 갈망해야 한다. 여섯째, 우리는 죄와 사탄과의 영적 싸움에서 도움과 원조를 받기 위해 날마다 하나님께 나아가야 하며, 우리 자신의 부패한 본성과 세상과 마귀에 대항하여 용감하게 싸워야 한다.

용도 3

그리스도의 이 기도는 하나님의 모든 자녀에게 자신들의 입양을 확증함으로써 매우 큰 하늘의 위로를 제공하는데, 이는 그가 모든 간청으로부터 그것에 대한 특별한 특징을 모을 수 있기 때문이다.[771] 첫째, 범사에 하나님의 영광을 진전시키고자 하는 간절하고 충만한 열망. 둘째, 생각과 말과 행동에서 그의 말씀과 성령의 지배를 받기 위해 우리 자신을 하나님께 복종시키려는 관심과 준비. 셋째, 우리가 악하다고 알고 있는 모든 것을 지각함으로써, 범사에 기쁨으로 하나님의 뜻을 행하려는 진실한 노력. 이것은 하나님의 자녀가 갖는 틀림없는 특징이다. 넷째, 사람의 적법한 소명 안에서 정직하게 행하면서도, 여전히 믿음으로 하나님의 섭리를 의지하고, 그것이 무엇이든 하나님께서 보내신 것을 기뻐하는 것. 다섯째, 자신의 범죄에 대해 하나님 앞에서 날마다 자신을 낮추고, 그리스도 안에서 거짓 없이 그의 은총을 구하며, 매일 믿음과 회개를 새롭게 하는 것. 여섯째, 육체와 성령 사이의 끊임없는 싸움으로, 부패는 한쪽으로 끌어당기고, 은혜는 이에 저항하여 다른 쪽으로 끌어당긴다. 마음과 정신 가운데 이러한 분투와 저항이 있는 곳에 성령이 계시는데, 그렇지 않으면 모든

---

771   여백에: 주기도문으로부터의 입양의 특징.

것이 부패에 완전히 휘둘리게 될 것이기 때문이다. 그렇다면 이로써 여러분 안에서 하나님의 이러한 은혜를 찾아보고, 만일 그것들을 여러분 안에서 발견한다면, 양자됨의 확신으로 스스로를 위로하라. 비록 여러분이 그것들을 다 찾을 수는 없을지라도, 여러분이 이러한 요청을 하나님께 올릴 때, 그것들을 추구하는 참된 열망이 있다면, 스스로 위로하라. 왜냐하면 여러분은 하나님의 자녀이기 때문이며, 양자의 영인 기도의 영이 없으면, 우리는 하나님의 영광을 거짓 없이 사모하는 진실한 마음에서 "하나님을 아버지라 부를 수도 없고", "이름이 거룩히 여김을 받으시옵소서"라고 말할 수도 없기 때문이다.

용도 4

이러한 간청으로부터 우리는 육신적인 사람의 분명한 특징을 관찰할 수 있다.[772] 첫째, 그는 하나님의 영광을 소홀히 하고 자신의 칭찬과 영광을 구한다. 둘째, 그는 자신의 부패의 지배를 따르고, 그것들이 자신의 길잡이가 되게 하고, 하나님의 말씀에 대한 복종과 순종을 소홀히 한다. 셋째, 그는 죄에 대해 양심의 가책을 느끼지 않고, 자신의 기분에 맞고 자신의 뜻이 만족된다면, 하나님의 뜻을 행하는 데는 관심을 두지 않는다. 넷째, 그는 이생의 일에 대한 하나님의 섭리에 의존하지 않고, 전적으로 수단에 의존하는데, 그 수단이 실패하면, 그의 마음은 낙담하고, 그의 소망은 사라진다. 다섯째, 양심의 가책 없이 하나님께 자신을 낮추지 않고, 계속해서 죄를 짓는다. 이 뉘우침이 없는 것은 육신적인 사람의 명백한 표지이다. 여섯째, 두려움이나 느낌 없이 시험에 뛰어들어, 죄에서 구원해 달라고 기도할 기회

---

772 여백에: 육신적인 사람의 표지.

를 찾지 못한다. 이 여섯 가지 중 하나라도 자기 안에서 다스린다면, 그 사람은 육신적인 사람이다. 그러므로 스스로 시험해 보라. 만약 여러분에게서 그것들을 발견한다면, 참된 회개로써 하나님께로 돌이키라.

용도 5

그리고 앞의 간청의 본보기에 따라 기도에 대해 우리가 말한 것은, 다음의 말씀의 예를 따라 감사에 대해서도 말할 수 있다. "나라와 권세와 영광이 아버지께 영원히 있사옵나이다." 우리는 앞서 그것들의 용도를 보여 주었고, 따라서 우리가 감사해야 할 하나님의 모든 복과 그의 섭리의 역사에서, 우리는 먼저 그 가운데서 하나님의 주권과 권세를 알려고 노력하고, 그 다음에 모든 영광과 찬송과 감사로 그 주권과 권세를 하나님께 돌려야 한다. 그리고 동의할 뿐만 아니라, 우리가 하나님의 뜻에 따라 하나님께 구하는 모든 은혜와 복의 결실을 간절한 마음으로 기다려야 한다. 아멘.

다른 사람을 용서하는 것에 대하여

"너희가 사람의 잘못을 용서하면 너희 하늘 아버지께서도 너희 잘못을 용서하시려니와 너희가 사람의 잘못을 용서하지 아니하면 너희 아버지께서도 너희 잘못을 용서하지 아니하시리라"(마 6:14-15). 이 두 구절에는 우리의 죄를 용서해 달라는 다섯 번째 간청의 이유가 담겨 있는데, 여기에는 우리에게 죄지은 자들을 용서해 주어야 한다는 제한과 조건이 제시되어 있다. 그 이유는 다음과 같다. **우리가 우리 형**

제들에게 베푸는 것과 같은 척도를 하나님에게서 발견하기 때문이다.

그 말씀의 의미에 대해 세 가지 사항을 논의해야 한다.[773] 요점 1. 이 이유는 누구와 관련이 있는가? 그것은 사적인 범죄에 대한 사적인 사람들과 관련이 있다. 그것은 기능상 "악을 행하는 자들에게 복수하는 하나님의 사역자"[롬 13:4]인 행정관들과 공직자들에게 해당되지 않는다. 왜냐하면 주님은 그런 자들에게 "네 눈이 범죄자를 긍휼히 여기지 말라"[신 19:13, 19]고 말씀하시지만, 범죄의 죄질에 따라 그는 "악을 제거하기 위해" 범죄자들에게 심판을 집행해야 하기 때문이다. 그래서 부모와 주인은 그들의 가정에서, 목사는 말씀의 공적인 분배에서 그렇게 다루어야 하는데, 그렇지 않으면 범죄가 너무 넘쳐서 세상에서 하나님의 백성이 살 수 없기 때문이다.

요점 2. 우리가 사람을 용서하는 것과 하나님이 우리를 용서하는 것이 어떻게 상호 의존하는가? 대답. 우리는 우리가 사람들의 잘못을 용서하는 것이 하나님께서 우리를 용서하시는 이유라고 생각해서는 안 된다. 왜냐하면 우리는 본성상 죄로 죽었기 때문에, 하나님의 능력을 받기 전에는 스스로 그 어떤 선한 일도 할 수 없기 때문이다. 그러나 우리의 용서는 하나님께서 우리를 용서하셨다는 표징이며, 참으로 우리가 하나님과 화해한 결과이다. 왜냐하면 그것은 참된 회개의 표징이며, 그리스도 안에서 우리 죄를 용서해 주신 하나님의 자비를 붙잡는 믿음의 열매이다.

요점 3. 하나님께서 우리를 용서하시기 전에, 우리의 용서가 어떻게 선행되어야 하는가?[774] 왜냐하면 그 말씀은 "너희가 용서하면 하

---

773 역자주, 영문판은 '여백에: 우리가 용서해야 하는 사람'(who we must forgive)이라고 적고 있으나, 원문은 '여백에: 누가 용서해야 하는가'(who must forgive)라고 적고 있다. 본문에서 취급하는 내용상 원문이 정확하다.

774 여백에: 우리의 용서가 어떻게 하나님의 용서보다 앞서는가.

늘에 계신 너희 아버지도 너희를 용서할 것이다"라고 의미하는 것처럼 보이기 때문이다. **대답.** 하나님께서 주시는 죄 사함은 두 가지 방식으로 고려되어야 한다. 첫째, 하늘에서 하시는 용서. 둘째, 그 용서가 사람의 양심에 계시되고 확증됨. 이제 하늘에서의 죄 사함은 언제나 우리가 다른 사람을 용서하기 전에 이루어지지만, 하나님의 용서에 대한 우리의 확신은 우리가 사람을 용서한 후에 이루어진다. 왜냐하면 사람의 죄는 하나님께 용서받을 수 있지만, 자신의 양심 가운데 그 용서의 확신이 없는 상태로 오랫동안 남아 있을 수 있기 때문이다. 우리는 이것을 다윗에게서 볼 수 있는데, 나단이 "여호와께서 당신의 죄를 사하셨다"[삼하 12:13]고 말했을 때, 그것은 하늘에서 용서받았지만, 그 후에 그가 용서를 위해 **간절히 기도한 것**[시 51]은, 그가 나단의 말을 듣고 자신의 양심에서 용서에 대한 편안한 확신을 얻지 못했음을 분명히 보여 준다. 그래서 그리스도의 의미는 이것이다. 우리가 사람들의 허물을 용서하면, 하나님께서 그가 우리를 용서하셨다는 것을 우리 양심에 확신시켜 줄 것이다. 그렇지 않고 우리가 용서하지 않는다면, 하나님께서 우리에게 그 확신을 주지 않으신다는 것이다.

용도 1

이 요점의 용도는 일차적으로, 그리고 주로 다음과 같다. 우리는 크든 작든 우리에게 가해진 모든 사적인 잘못과 상처를 보복하려는 마음 없이 용서하고 잊는 법을 배워야 한다.[775] 우리가 이렇게 해야 할 이유는 다음과 같다. 첫째, 여기서 명시적으로 명령된 하나님의

---

775   여백에: 사적인 잘못은 용서되어야 한다.

계명 때문인데, 이는 양심을 순종에 구속하는 것이다. 둘째, 우리가 사람을 용서하지 않는다면, 하나님께서도 우리를 용서하지 않으실 것이다. 그리스도는 이 문장을 두 배로 늘려 이것을 강조하신다. 하나님의 용서 없이는 구원이 없으므로, 우리가 우리 자신의 구원을 귀하게 여기듯이, 용서할 준비가 되어 있어야 한다. 셋째, 우리 본성의 연약함은 우리 자신이 다른 사람에게 잘못을 저지르기 쉽다는 것이다. 이것은 "너희가 사람의 잘못을 용서하지 아니하면"이라는 문구에 암시되어 있으며, 따라서 모든 사람은 다른 사람에게 허물을 범하는 경향이 있다. 그러므로 우리가 잘못할 때 용서받기를 원하듯이, 우리는 사람들의 잘못도 용서해야 한다.

이제 여기서 우리의 의무를 더 잘 수행하기 위해 다음의 규칙들을 준수해야 한다.[776] **규칙 1.** 우리는 많은 사람들에게서 사람들의 법이 처벌하지 않는 많은 결핍과 나약함을 보게 될 것인데, 노인들의 경우에는 진취성, 다른 사람들의 경우 조급함, 또 다른 사람들의 경우 야심과 칭송에 대한 욕구 같은 것들이 있다. 우리는 그런 결핍들을 주목하지 말고, 사랑으로 이와 같은 사람들을 용서해야 한다. "허물을 용서하는 것이 사람의 영광이니라"(잠 19:11). **규칙 2.** 사람들이 우리의 무지, 미숙함, 천박함, 가난함 등으로 우리를 꾸짖는 것과 같은 가벼운 불쾌감을 준다면, 우리는 외적인 평판보다 평화의 유대를 선호하여 그것을 가볍게 넘어가야 한다. **규칙 3.** 어떤 사람이 우리에게 참으로 명백한 상해를 입히더라도, 그것이 하나님의 영광을 명백히 방해하지 않거나 우리의 명예, 재산 또는 생명을 손상시키되 너무 많이 손상시키지 않는다면, 우리는 공공의 평화를 위해 우리의 개인적인

---

776 여백에: 용서의 규칙들.

슬픔과 상처를 감수해야 한다. **규칙 4.** 만일 사람들이 하나님의 영광, 그리고 우리의 생명, 재물 또는 이름에 있어서, 좋은 신분을 명백하게 방해하는 큰 잘못을 저지른다면, 우리는 행정관의 도움을 받아 법률을 통한 합법적인 방법 내에서 방어해야 한다. 우리 자신을 정당화하기 위해 노력할 때, 우리는 모든 악의와 증오, 복수의 욕망을 버리고, 우리에게 잘못을 저지른 당사자의 개혁을 통해 하나님의 영광을 전심으로 드러낸다는 것을 항상 기억하라.

용도 2

용서를 설득하는 이러한 이유에서 우리는 하나님 앞에서의 죄의 용서와 삶의 개혁이 함께 간다는 것을 볼 수 있다.[777] 왜냐하면 여기서 형제간의 용서 안에 있는 개혁된 삶은 모두 같은 종류로 이해되기 때문이다. 그러나 삶의 개혁이 없는 곳에는 하나님 앞에서 죄의 용서도 없다. 그러므로 그리스도 안에서 여러분을 향한 하나님의 특별한 은총을 여러분의 양심 가운데 확신하기를 원하는가? 그렇다면 하나님의 모든 법에 따라 여러분의 삶을 개혁하라. 이렇게 하면, 여러분이 하나님의 확신을 얻게 될 것이다. 그러나 여러분의 삶이 개혁되지 않는다면, 용서에 대한 희망은 단지 여러분 자신의 머릿속 생각에 불과하다. 그러므로 만일 여러분이 개혁을 원한다면, 지금 시작하고, 이미 시작했다면, 보다 완전한 확신을 위해 개혁을 지속하고, 더욱더 많이 개혁하라.

---

[777] 여백에: 사죄와 개혁은 함께 간다.

금식에 대하여

"게다가 금식할 때에 너희는 외식하는 자들과 같이 슬픈 기색을 보이지 말라 그들은 금식하는 것을 사람에게 보이려고 얼굴을 흉하게 하느니라 내가 진실로 너희에게 이르노니 그들은 자기 상을 이미 받았느니라"(마 6:16). 구제와 기도의 남용을 바로잡으신 우리 구주 그리스도는 여기서 세 번째 그리스도인의 의무, 즉 금식에 대해 언급하시는데, 여기서 그는 전자와 마찬가지로 먼저 남용을 개혁하려고 노력하신 후에, 금식의 참된 방식을 규정하신다. 그러나 이러한 내용을 구체적으로 다루기 전에, 이 본문을 더 잘 이해하고, 이 의무를 실천하기 위해 금식에 대한 가르침을 일반적으로 살펴볼 것이다. 그리고 우리는 그리스도께서 여기서 민법상 행정관들이 그들의 영지에서 지정한 시민적 금식이 아니라, 하나님 예배에 관한 종교적 금식에 대해 말씀하신다는 것을 알아야 하는데, 이것은 그가 금식에 대한 가르침을 하나님의 거룩한 예배의 특별한 부분인 기도의 가르침과 결합한 데서 나타난다.

요점 1

이제 종교적 금식에 관한 여섯 가지 요점을 다룰 것이다. 첫째, **금식이란 어떤 종류의 일인가.**[778] 성경은 두 종류의 일을 이야기한다. 어떤 것은 하나님의 명령을 받은 것이고, 어떤 것은 중립적으로 남겨진 것이다. **명령받은 일은 선한 행위**이며, **하나님의 섬김의 일부**인데, 왜냐하면 하나님께서 기도, 감사, 구제 등과 같이 그 일을 명령하

---

778 여백에: 금식은 어떤 종류의 일인가.

시기 때문이다. **중립적인 일**은 그 자체로 선하지도 악하지도 않은데, 왜냐하면 그것들은 먹고 마시고, 사고 파는 것과 같이 하나님의 명령을 받은 것도 아니고, 금지된 것도 아니기 때문이다. 그리고 우리는 금식을 이런 종류의 일로 언급해야 하는데, 왜냐하면 금식은 단순히 하나님의 명령을 받은 것이 아니므로, 먹는 것 이상 그 자체로 그의 예배의 일부가 아니기 때문이다. 하지만 금식을 그 상황 가운데서 고려해야 한다. 즉, 회개에 대한 우리의 겸손과 기도에 대한 우리의 열심을 더욱 촉진하고 증거하는 수단으로서 금식은 선한 일이다. 왜냐하면 그 용도와 그 목적을 위해 하나님께서 그것을 명령하시고, 그것은 그의 예배의 일부이기 때문이다. 금식에 대한 계명이 신약성경에 없다고 말하는 사람들에 대해,[779] 앞서 말한 용도와 목적에 비추어 고려한다면, 계명이 존재한다고 대답할 수 있다. 기도와 겸손을 명령하는 그 동일한 계명이 금식을 명령하는데, 이는 금식이 이 두 가지를 더 진전시키는 수단이기 때문이다. 모든 계명은 주된 의무에 필요한 모든 조처를 포함하고 있기 때문이다. 우리는 신약성경에서 일반적인 금식의 예를 볼 수 있는데, 우리 구주 그리스도와 그의 사도들이 예외 없이 금식했던 경우가 기록되어 있다. 이제 신적 규칙은 성경에서 승인된 경건한 사람들의 일반적인 예시는 일반적인 교훈에 위배되지 않으며, 일반적인 규칙의 효력을 가지므로 따라야 한다는 것이다.[780]

요점 2

종교적 금식을 수행하는 방법. 종교적 금식에는 세 가지가 요구된

---

779 여백에: 금식이 신약성경에서 어떻게 표현되어 있는가.
780 여백에: 예시가 어떻게 하나의 규칙인가.

다. 첫째, 아침부터 정오까지 금식하는 것은 금식이 아니므로, 적어도 저녁까지 하루 동안은 음식과 음료를 금하는 것이다. 에스더가 유대인들에게 자신을 위해 금식을 요구했을 때, 그들이 "금식하는 동안 먹거나 마시는 것"[에 4:16]을 금지했다. 그리고 다윗이 간음으로 낳은 아이를 위해 금식하고 기도했을 때, 그는 "그 아이가 죽은 것을 알고 그의 겸비를 그칠 때까지 아무것도 먹지 않았다"[삼하 12:16-17, 20]. 이것은 모든 개신교 신자들이 허용한 것이다. 그리고 신구약성경에 사용된 금식이라는 바로 그 이름들은, 때때로 완전한 금욕을 의미하며, 이는 사람들이 원하면, 자주 마시고, 또한 고기가 아닌 이상 먹도록 허용하는 교황주의자들의 금식의 부조리를 드러내기 위해 관찰되어야 한다.[781] 그러나 금식할 때, 건강과 힘이 감당할 수 있는 한, 모든 음식과 음료를 금지해야 한다.

둘째, 겉사람이 기운을 얻고 원기를 회복할 수 있는 음악, 달콤한 냄새, 부드러운 옷, 오락 등과 같은 자연의 모든 즐거움을 삼가는 것이다. 다니엘은 이것을 세 이레 동안 지켰다. "나는 좋은 떡을 먹지 아니하며 고기와 포도주를 입에 대지 아니하며 또 기름을 바르지 아니하니라"[단 10:3]. 그리고 우리는 구약성경의 많은 예에서도 이와 같은 것을 볼 수 있다. 그들은 기름을 바르는 대신에, "먼지와 재를 머리에"[욥 2:12] 뿌렸고, 부드러운 옷 대신에 피부에 닿는 "굵은 베옷"[느 9:1]을 입었다. 그들은 자야 할 시간에 "깨어 있었고", 침대 대신에 "바닥에 누웠다"[삼하 12:16; 욜 1:13]. "신랑을 그 방에서 나오게 하며 신부도 그 신방에서 나오게 하였다"[욜 2:16]. 즐거움 대신에 애곡하였고, 노래하는 대신에 "울부짖음"[욜 1:11, 13]이 있었다.

---

781 여백에: Tollet. Instr. Sacerd. l. 6. c. 2.

셋째, 사람은 금식할 때, 자기 몸을 낮추고 괴롭게 하여야 하므로, 금식일 전에는 음식과 즐거움을 절제해야 한다. 왜냐하면 어떤 사람이 하루 종일 먹거나 마실 필요가 없을 정도로 실컷 먹고 배부르게 할 수 있는데, 하지만 그런 사람들은 금식하는 것이 아니기 때문이다. 우리의 금식의 때는 "겸비의 시간"[레 16:29]이 되어야 하고, 에스라가 말한 것처럼 사람들은 "그 안에서 스스로를 괴롭게"[스 8:21][782] 해야 한다. 그들은 바울이 했던 것처럼, "몸을 쳐서 복종하게"[고전 9:27] 해야 한다. 아합의 금식은 겉으로 드러난 것이었을 뿐이지만, 그는 이와 같이 주님 앞에서 자신을 낮추었다(왕상 21:27, 29). 그러므로 하나님의 자녀들은 종교적 금식을 할 때, 그들의 몸이 그들의 영혼과 함께 겸손해져야 한다. 여기서 참으로 주의해야 할 것은, 우리 몸을 낮춤으로써 자연을 망가뜨리거나 우리의 힘을 약화시켜, 나중에 우리의 부르심에서 하나님을 섬길 수 없게 되는 일이 생기지 않도록 해야 한다. 사도는 그러한 "육체의 괴롭힘"(골 2:23)을 허용하지 않는다.

요점 3

종교적 금식의 올바른 목적은 네 가지이다.[783] 첫째, 진정한 겸손과 회개를 위한 자극과 도전이 되기 위한 것이다. 니느웨 사람들은 "스스로 금식할 뿐만 아니라 그들의 짐승들에게도 음식과 물을 주지 않았는데"[욘 3:7], 이는 먹을 것을 달라는 짐승들의 울음과 신음소리를 들음으로써, 그들은 그들 자신의 죄에 대한 형벌을 생각하여 더

---

782 역자주, 원문과 영문판은 인용한 두 구절(레 16:29, 스 8:21)의 참조 성구를 서로 바꾸어 기재하고 있다.
783 여백에: 종교적 금식의 목적들.

깊이 겸손해지고, 더욱 거짓 없이 회개하려는 것이었다. 여기에는 그럴 만한 타당한 이유가 있는데, 사람이 자신의 몸을 낮추고 괴롭히는 것은 자신의 죄로 인해 하나님의 피조물이 주는 위로를 받을 자격이 없음을 보여 주기 때문이다. 그것은 그로 하여금 자신의 범죄로 인해 하나님의 진노의 형벌을 보게 하므로, 그의 마음은 자기 자신의 죄에 대한 양심의 가책으로 더욱 깊이 뉘우치며, 그 죄를 하나님께 더욱 담대히 자백하고, 그 후에는 더욱 조심스럽게 돌이키게 된다.

둘째, 종교적 금식은 우리의 겸손과 회개에 대한 외적인 간증과 고백을 위한 것이다. 자연의 즐거움과 피조물의 위로를 금함으로써, 우리는 그것들과 하나님의 모든 복을 받을 자격이 없음을 엄숙히 고백한다. 이를 위해 주님께서는 그의 백성들로 하여금 그들의 겸비를 증거하게 하시려고 "금식을 선포하라"[욜 1:14]고 명령하셨다.

셋째, 그것은 육체와 본성의 부패를 정복하는 역할을 한다. 이 목적이 필요한 이유는 영혼이 육체에 의해 작용하고, 애정의 성향은 육체적 체질에 의해 크게 좌우되므로, 영혼이 육체의 장애로 인해 많은 죄로 얼룩져 있기 때문이다. 그러나 이 목적은 앞의 두 가지 목적만큼 일반적이지는 않은데, 왜냐하면 하나님의 교회에는 두 부류의 사람들이 있기 때문이다. 어떤 사람들은 체질이 너무 약해서, 일상적인 금주와 절제된 식습관으로 육체의 반항을 충분히 제압할 수 있다. 이제 이런 사람들은 이 목적을 위해 금식할 필요가 없다. 다른 사람들은 일상적인 절제와 금주가 육체의 반항을 길들이는 데 도움이 되지 않는데, 이들은 일상적인 식단에서 절제하는 것 외에, 육체를 성령에게 복종시키기 위해 종교적 금식을 사용해야 하는 사람들이다.

넷째, 금식은 우리가 기도할 수 있도록 준비하고, 그 안에서 더 나아가도록 돕는 역할을 한다. 먼저, 그것은 깨어 있게 하고 졸음을 쫓아내어, 사람으로 하여금 기도에 더욱 활기차고 생기 있게 하기 때문이다. 그러므로 우리 구주께서는 이것들을 자주 함께 결합하신다. "깨어 기도하라"[막 13:33]. 또한, 그것은 우리의 궁핍과 비참함을 느끼게 하여, 우리의 죄에 대해 어느 정도 양심의 가책을 느끼게 하는데, 그로 인해 마음은 더욱 깊이 낮아지고 자비를 구하도록 더욱 뜨겁게 부채질된다. 이런 이유로 성경은 여러 번 기도와 금식을 함께 묶어서 언급한다.

요점 4

우리가 정당하게 금식하는 **종교적 금식의 원인이나 경우**는 일곱 가지이다.[784] 첫째, 우리 자신이 심각한 죄나 죄들에 빠져 양심이 우리를 고발하고, 그로 인해 우리에 대한 하나님의 진노를 불러일으킬 때, 우리 자신을 개혁하고 하나님의 진노를 피하려면, 기도와 금식에 힘써야 한다. "우상 숭배에 빠진 이스라엘 백성들은 그들의 이방 신들을 버리고 울며 금식하며 주께로 돌아왔다"(삼상 7:6). 그리고 그들이 메시야에 의한 용서의 예표인 속죄 절기를 지켰을 때, "그때에 그들은 스스로 겸비하여 여호와 앞에서 금식했다"(레 16:29).

둘째, 우리 중 어떤 사람들이 심각한 죄에 빠졌을 때, 비록 우리 자신은 그 죄가 없지만, 다른 사람들의 죄로 인해 하나님의 심판이 우리에게 정당하게 임할 수 있기 때문에, 우리는 금식해야 한다. 그러므로 바울이 고린도 교인들을 비난하는 것은 "그들이 그들 사이에서 저지른 근친상간의 죄로 인해 슬퍼하지 않았기 때문"[고전 5:2]이다. 이와 관련하여 모든 경건한 사람은 우리 가운데 만연한 무신론과

---

784 여백에: 종교적 금식의 원인들.

신성모독, 억압 등의 심각한 죄 때문에 자신을 낮추어야 한다.

셋째, 어떤 심판에서든 하나님의 손이 우리에게 임할 때이다. 이스라엘 백성들이 "베냐민 사람들 앞에서 전투에서 쓰러졌을 때"[삿 20:26], 그렇게 했다. 그래서 우리에게 오랫동안 내려진 하나님의 많은 심판에 대해 그렇게 해야 한다.

넷째, 우리 자신은 자유롭지만, 두려운 심판을 내리는 하나님의 손길이 우리와 함께 사는 다른 사람들에게 무겁게 임할 때이다. 다윗은 "간음으로 얻은 아이가 병들었을 때"(삼하 12:16) 뿐만 아니라, 그의 "원수들이 병들었을 때에도 금식"(시 35:13)하면서 자주 자신을 낮추었다.

다섯째, 하나님의 심판이 임박하여, 마치 우리 머리 위에 걸려 있는 것과 같은 때이다. 여호사밧은 그의 적들이 그의 나라를 공격해 왔을 때, 그렇게 했다[대하 20:2-3]. 그리고 이와 관련하여 우리는 자신을 낮추어야 하는데, 왜냐하면 하나님의 은혜의 대적이라고 자처하는 자들이 날마다 우리를 전복시키려는 음모를 꾸미고 있기 때문이다.

여섯째, 우리가 하나님의 어떤 필수적인 복, 특히 구원과 관련된 복이 필요한 상황에 처했을 때이다. 이런 식으로 고넬료는 메시야에 대한 참된 결단을 원할 때, 기도와 금식으로 주님께 간구했다[행 10:30]. 그러므로 죄 사함안에서 하나님과의 화해에 대한 확신을 얻기 위해 우리도 그렇게 해야 한다.

일곱째, 복음 사역에서 하나님의 복을 구하고 선한 성공을 위하여 금식할 때이다. 바울과 바나바를 보내어 전도할 때, 교회가 그들을 위해 그렇게 금식했다(행 13:3). 오늘날 우리도 그렇게 금식해야 한다. 이것들이 말씀에 언급된 금식의 정당한 경우이며, 우리는 여기에 나머지를 참조할 수 있다. 그리고 이런 일이 특정한 사람, 가족, 회중, 도시, 나라 또는 왕국에 닥칠 때, 그들은 주님 앞에서 금식하며, 자신을 낮추어야 한다.

요점 5

종교적 금식의 때. 지금은 양심에 따라 자유롭게 금식할 수 있다.[785] 실제로 구약성경에는 정해진 금식일이 있었는데, 즉 "일곱째 달 십 일"[레 16:29]이었다. 그러나 신약성경에는 양심을 구속하는 정해진 시간이 없다. 사람들은 오직 정당한 기회가 주어졌을 때, 금식해야 한다. 만일 여러 개혁파 교회들이 금식하는 시간을 정했다고 한다면, 그 금식이 질서를 위해 정한 것이지, 양심을 구속하기 위해 정한 것은 아니라고 대답할 수 있다. 그리고 그것은 종교적인 것이 아니라 시민적인 금식인데, 이는 교회가 마음대로 변경할 수 있기 때문이다. 종교적 금식의 시간은 애도하는 때인데, 이는 그 어떤 교회에도 불확실한 것이므로, 그 시간을 정할 수 없다. 이것은 반드시 주목해야 하는데, 이는 로마 교회가 사람들의 양심을 정해진 종교적 금식 시간에 묶는다[786]는 점에서 잘못하기 때문이다.[787]

요점 6

종교적 금식의 종류에는 사적인 금식과 공적인 금식 두 가지가 있다.[788] **사적인 금식**은 사적으로 행하는 것으로, 고넬료가 참 메시야

785　여백에: 종교적 금식의 때.
786　여백에: Tollet. Instr. Sacerd. l. 6. c. 3.
787　여백에: Bellarm. de bon. oper. in partic. l. 2. c. 7.
788　여백에: 종교적 금식의 종류.

를 알고자 했을 때(행 10:33) 행한 것처럼, 한 사람이 앞서 언급된 자신에게 특정한 경우들을 위해 혼자서 금식하거나, 또는 에스더가 하녀들과 함께 금식한 것처럼(에 4:16), 한 사적인 가정이 특별한 이유로 행하는 금식이다. 이 금식은 스가랴에 의해 예언된 것이었다. "온 땅 각 족속이 따로 애통하되 다윗의 족속이 따로 하고 그들의 아내들이 따로 하며 나단의 족속이 따로 하고 그들의 아내들이 따로 하며"[슥 12:12].

공적인 금식은 하나의 회중, 또는 여러 회중 가운데 모인 다양한 가족이 공적으로 수행하는 것이다. 그리고 이 공적인 금식은 부분적으로는 교회에 의해, 부분적으로는 행정관에 의해 지정된다. "교회는 그 시기와 때를 판단해야"[욜 1:14] 하고, 행정관은 "그것을 승인하고 선포해야 한다"[욘 3:7; 대하 20:3]. 다시 말하지만, 종교적 금식은 지속되는 시간과 절제의 방식에 따라 다른 방식으로 구별될 수 있는데, 종교적 금식은 때로는 하루에 한 끼만 금식하는 경우도 있고(삿 20:26), 때로는 여러 날 동안 한 끼만 금식하는 경우도 있기 때문이다. 그들은 사울과 요나단을 위해 함께 칠 일 동안 금식하며(삼상 31:13), 저녁 식사를 금하고 밤에는 약간의 재충전을 하였고, 다니엘은 "세 이레 동안", 즉 매일 아침부터 밤까지 금식했다(단 10:3). 그리고 때로는 여러 날 동안 모든 종류의 생계 수단을 끊었고, 그래서 "에스더와 그의 시녀들이 사흘 동안 금식했다"(에 4:16). 전자의 두 가지는 경우에 따라 우리가 할 수 있지만, 마지막의 경우는 매우 위험한데, 우리와 유대인은 차이가 있기 때문이다. 그들은 더운 나라에 살았고 위장이 차가웠기 때문에, 큰 불편 없이 삼 일을 금식할 수 있었지만, 우리는 더 추운 기후에 살고 위가 더 뜨겁기 때문에, 그들보다 더 자주, 더 많은 재충전을 필요로 한다. 따라서 우리는 생명이나 건강을 위태롭게 하지 않고는 그렇게 오래 금식할 수 없다. 그러므로 금식은 몸을 낮추고 괴롭히는 것이어야 하되, 몸을 망가뜨려서는 안 된다.

1부

이와 같이 금식에 대해 일반적으로 많이 다루었다. 이제 여기서 제시된 금식에 관한 그리스도의 가르침에 이르렀다. 첫째, 당시 유대인들 사이에서 사용되던 금식의 남용에 대해서 그가 개혁한 내용이다. "금식할 때에 너희는 외식하는 자들과 같이 슬픈 기색을 보이지 말라." **질문**. 이것은 하나님의 계명, 즉 슬픈 표정 없이는 할 수 없는, "금식 중에 슬피 울며 부르짖으라"(욜 1:13-14)고 명령한 것과 어떻게 일치하는가? 참으로 바르게 시행되는 참된 금식에서 마음의 슬픔은 어떤 적절한 몸의 표시와 몸짓으로 증명되어야 한다. **대답**. 여기서 그리스도는 슬픔의 정당한 계기인 금식에서 슬픈 표정을 단순히 정죄하지 않으신다. 왜냐하면 "느헤미야가 슬퍼 보였기"[느 2:2] 때문이다. 오히려 그는 금식할 때 슬픈 마음 없이 슬픈 표정을 짓는 바리새인들의 위선을 정죄하시는 것이다. 왜냐하면 무거워 보이는 표정과는 달리, 그들은 결코 상심하지 않았기 때문이다. 그러므로 그리스도는 "슬퍼하고 애통하는 마음이 없는데, 슬프고 무거운 표정을 짓지 말라. 마음과 양심에 비추어 겉으로 드러나는 표정에 신경 쓰지 말라"고 말씀하신다.

"그들은 금식하는 것을 사람에게 보이려고 얼굴을 흉하게 하느니라." 이것 역시 비난받을 만한 일이 아닌 것 같다. 왜냐하면 하나님의 자녀들은 금식할 때 다양한 방법으로 얼굴을 흉하게 하였고, 인정을 받았기 때문이다. 에스라는 "머리털과 수염을 뜯었으며"[스 9:3], "여호수아와 이스라엘 백성들이 얼굴을 땅에 대고 엎드려 머리에 티끌을 뒤집어썼는데"[수 7:6], 이것은 그들의 얼굴을 손상시킬 수밖에 없었다. **대답.** 바리새인들은 여러 가지 면에서 그들의 얼굴을 흉하게 한 것에 대해 비난을 받고 있는데, 그들이 비난을 받는 이유는 정당하다. 첫째, 이것이 그들이 금식할 때 가장 중요하고 유일한 것이었으며, 심지어 하나님께서 미워하시는 외적인 과시였기 때문이다. 다시 말하지만, "흉하게 하다"[789]로 번역된 이 단어는 고대 유대인들이 사용했던 것보다 훨씬 더 많은 그들의 호의와 얼굴을 없애는 것을 의미한다. 그들은 참으로 그들의 몸을 낮추고, 그들의 슬픔을 간증했으며, 하나님께서 이를 인정하셨다. 그러나 그들은 이 바리새인들이 그랬던 것처럼, 사람들이 그들의 많은 금식을 더 잘 알아볼 수 있도록 자연스러운 안색을 흉하게 하거나, 얼굴을 창백하게 만들려고 갈망하지는 않았다. 그리고 바울 시대에도 "자기 몸을 괴롭게 한 자들"(골 2:23)이 그런 자들이었다. 지금까지 의미에 대해 많이 다루어 보았다.

이와 같이 설명된 말씀에는 계명과 그에 대한 이유라는 두 가지 부분이 포함되어 있다. "외식하는 자들과 같이 보이지 말라"는 계명은 금식할 때 가식적인 애도를 금지한다. 마치 그는 다음과 같이 말씀하시는 것과 같다. "위선적인 서기관들과 바리새인들은 금식할 때에 겉으로 참회와 슬픔을 나타내지만, 실제로 그들의 마음은 조금도 겸손하지 않기에, 너희는 그렇게 하지 말아야 한다." 전자를 금지한 이유는 위선자들의 관행에서 비롯된 것으로, 그 목적과 열매로 설명될 수 있다. 그들의 관행은 "그들의 얼굴을 흉하게 하는 것"이며, 거기에 그들의 모든 슬픔을 드러낸다. 그들의 목적은 "사람들에게 금식하는 것을 보이게 하려는" 과시이다. 그리고 그 열매는 상응하는 것

---

789 여백에: ἀφανίζουσιν.

이다. "내가 진실로 너희에게 이르노니 그들은 자기 상을 이미 받았느니라", 즉 사람들의 평판과 칭찬이다. 그러므로 우리는 그리스도께서 종교적 금식이나 그 안에 있는 경건한 슬픔, 또는 경건한 슬픔의 겉으로 보이는 표징이 아니라, 겸손하고 통회하는 마음 없이 슬픈 표정을 짓는 위선적인 금식만을 정죄한다는 것을 알 수 있다.

적용 1. 여기서 그리스도 당시의 서기관들과 바리새인들의 관행을 관찰해 보라. 그들은 일주일에 두 번씩[눅 18:12] 자주 금식했을 뿐만 아니라, 종교적 금식과 관련된 모든 외적인 예식과 표징을 주의 깊게 준수했지만, 이전의 두 가지 의무인 구제와 기도에서와 마찬가지로 여기서도 가장 중요한 것, 즉 마음의 진실과 성실이 없었다. 왜냐하면 그들의 비통한 표정은 슬픈 마음에서 나온 것이 아니었기 때문이다. 그들은 온전하고 의롭다는 자만심에 빠져, 의사이신 그리스도 예수나 삶의 고침을 필요로 하지 않았다. 이제 그들에게서 우리는 종교 문제에 있어서 자연인의 속성에 대한 참된 본보기를 볼 수 있다.[790] 그들은 내적인 진리보다 외적인 일에 더 분주하다. 그들은 외적인 예식과 의식에 만족하며, 마음의 참된 예배는 거의 고려하지 않는다. 아합에게서 이것을 보라. 그는 형벌이 두려워서 겉으로는 크게 자신을 낮추었지만, 그것으로 만족했고, 죄를 슬퍼하는 진정한 마음의 겸손에 이르지 못했는데, 이는 그가 여전히 옛 죄 가운데 계속 머물렀기 때문이다[왕상 21:27]. 그리고 이스라엘 백성은 광야에서나 가나안 땅에서나 하나님께서 고난을 주실 때 자신을 낮추고 그의 은총을 구했지만, 변함없는 성실과 진실로 행하지는 않았다. 왜냐하면 다윗이 말한 것처럼, "그들이 입으로 그에게 아첨하였고 … 그들의

---

790 역자주, 여백에: 종교 문제에서의 사람의 본성적 행위.

마음이 그에게 정직하지 못하였기"[시 78:34, 36-37] 때문이다. 그들은 외적인 의식을 거행하여, "입술로는 하나님께 가까이 가되 마음은 그에게서 멀리 떠났다"[사 29:13].

따라서 그것은 일반적으로 자연인에게 적용된다. 교황주의자들의 종교 전체는 부분적으로는 유대적이고, 부분적으로는 이교적인 외형적 의식 행위에 있다. 그들은 그것들을 준수한 후에, 더 이상 기대하지 않는다. 그리고 이것은 참된 종교를 믿는다고 고백하는 우리 중 많은 사람들에게도 마찬가지이다.[791] 첫째, 어디에나 매우 많은 무지한 부류의 사람들은 교회에 와서 낭독된 말씀을 듣고, 때로는 설교를 듣고, 일 년에 한두 번 성찬을 받는 것과 같은 종교의 외적 행위에 만족하기 때문이다. 그리고 그 일이 비록 이해 없이 이루어졌지만, 모든 것이 잘되면, 그들은 하나님을 충분히 잘 섬겼다고 생각하기 때문이다. 둘째, 참으로 많은 사람들이 지식을 가지고 있으면서도, 종교의 외형적 행위에 안주하고 있다. 이는 어떤 사람들이 도덕적 순종의 양심적 노력을 단지 꼼꼼함(preciseness)으로 간주하기 때문이 아닌가? 그래서 그들은 어느 정도 종교적인 모습을 보이면서도, 다른 사람들 안에 있는 신앙의 능력을 비난한다. 셋째, 그리고 또 다른 부류의 사람들은 그들의 외적 신분의 이익, 그리고 부요와 명예와 기쁨의 평화로운 결실과 관련하여 신앙을 주장하고 고백하며, 그렇게 신앙과 경건의 방침을 세운다. 그러나 이 모든 사람들은 그들의 영혼에 주의를 기울여 늦기 전에 회개해야 하는데, 왜냐하면 이러한 행위는 그들을 종교적 위선자로 만들고, 그 마지막은 저주를 받게 될 것이기 때문이다. 그러므로 여러분의 마음을 하나님께로 가져와, 외적인 예배를 드

---

791 역자주, 여백에: 종교에 있어서 세 가지 종류의 부패.

리고, 경건한 모습을 보이는 것으로 만족하지 말고, 경건의 능력을 얻어 여러분의 행실에서 나타내라. 세상을 위한 신앙이 아니라, 신앙 자체를 위해 신앙을 받아들이라.

적용 2. 바리새인들이 외적인 일에 안주하고 사람들의 칭찬을 받기 위해 과시적으로 금식했기 때문에, 그들의 금식이 그리스도께 정죄를 받았는가? 그렇다면 교황주의자들의 금식은 의심의 여지 없이 가증스러운데, 이는 더 많은 남용으로 넘치기 때문이다.[792] **이유.** 첫째, 그들의 종교적 금식에서 육류가 아니라면 한 끼를 허용하고, 그 외에 모든 종류의 포도주나 음료수를 마시고, 감미료(electuaries)[793]와 강한 물, 보존 식품 등을 하루 중 언제든지[794] 섭취하기 때문이다. 그것은 가짜 금식일 뿐이다. 둘째, 금식이란 행정관들이 하듯이 시민적 목적을 위한 것도 아니고, 사적인 사람들이 하듯이 절제를 위한 것도 아니라 양심을 위한 것인데, 그들은 금식에 필요한 음식을 구별한다.[795] 이것은 사도가 말한 것처럼, "귀신의 가르침"[딤전 4:3]이기 때문이다. 셋째, 그들은 사람들의 양심을 여러 정해진 금식일에 구속하고, 그것을 행하지 않고 생략하는 것을 치명적인 죄로 만들기 때문이다.[796] 거기서 그들은 우리 그리스도인의 자유를 빼앗는다. 왜냐하면 우리 구주 그리스도는 육체를 죽이기 위한 모든 선한 수단을 지정하셨지만, 신약성경에서 정해진 금식을 규정하지는 않으셨기 때문이다. 넷째, 그들은 금식을 공로로 삼아 사람이 금식함으로써 하나님의

---

792 여백에: 교황주의자들의 금식은 가증스러운 것이다.

793 *Electuaries*: 시럽, 꿀, 잼과 같은 감미료.

794 여백에: Aquin. 2. 2. q. 147 art. 6. 8. Navar. c. 22. n. 13-15.

795 여백에: Bellar. de bon. oper. in partic. l. 2. c. 5 and 7.

796 여백에: Tollet. instr. Sacerd. l. 6. c. 3.

공의를 만족시킬 수 있다고 가르치는데,[797] 이로써 그들은 그리스도의 순종과 수난의 모든 충족성을 모독적으로 훼손하기 때문이다. 교황주의자들이 이런 식으로 종교적 금식을 훼손했으니, 우리는 그리스도의 명령에 따라 그들이 하는 식으로 금식하지 않아야 한다.

적용 3. 그리스도께서 제자들에게 "너희가 금식할 때에"라고 말씀하신 것은 제자들이 때때로 금식했던 것을 당연하게 여기고, 그렇게 해야 한다는 것을 의미한다.[798] 그리고 여기서 그는 단순히 금식 때문에 바리새인들을 비난하는 것이 아니라, 그 안에 있는 그들의 위선을 비난하신다. 이로써 우리는 그리스도께서 모든 경건한 사람들에게 정당한 기회가 주어진다면, 공적으로든 사적으로든 금식할 것을 요구하신다는 것을 알 수 있다. 그리고 그리스도께서 바리새인들이 금식하는 나쁜 태도를 비난하신다면, 정당한 기회가 주어졌음에도 불구하고 전혀 금식하지 않는 자들을 훨씬 더 책망하실 것이다. 왜냐하면 이런 경우에 금식은 중립적인 것이 아니라 필수적인 것이며, 우리가 보듯이 금식하지 않는 것에 대해 하나님은 여러 번 그의 심판을 새롭게 하시고 더 많게 하시기 때문이다(사 22:12-14). 그러므로 우리의 마음을 움직여 금식하도록 다음의 이유를 고려하자.[799] 첫째, 우리는 다윗, 다니엘, 에스라, 느헤미야, 우리 구주 그리스도, 그리고 그의 사도들, 특히 자주 금식했던 바울과 같이[고후 11:27] 기회가 주어졌을 때, 이 의무를 신중하게 수행한 지나간 시대의 가장 거룩한 사람들의 합당한 선례를 가지고 있기 때문이다. 그들의 모범은 우리에게 구름 같은 증인이 되며, 우리는 하나님의 많은 은혜와 순종에

---

797 여백에: Tollet. instr. Sacerd. l. 6. c. 2.
798 여백에: 그리스도는 정당한 경우에 금식을 요구하신다.
799 여백에: 금식에 대한 동기.

있어서 그들에게 훨씬 미치지 못하므로, 더욱더 우리 자신을 낮출 필요가 있다.

둘째, 우리는 공적으로든 사적으로든 계속해서 금식해야 할 다음의 기회들을 갖고 있다.[800] 첫째, 하나님의 현재적 심판인데, 기근이나 전염병 또는 계절에 맞지 않는 날씨 중 하나에서 우리가 자유로웠던 적이 언제 있었던가? 둘째, 하나님의 심판이 임박했고, 우리 머리 위에 걸려 있다. 왜냐하면 우리의 공언하는 원수들은 우리가 전복되기를 기다리고 있으며, 우리는 복음의 능력과 기도의 위로와 성례의 열매를 맺지 않기에, 천국을 빼앗길 위험에 처해 있기 때문이다. 셋째, 우리에게는 정복해야 할 우리 자신의 부패한 본성이 있고, 제거해야 할 특별한 심판과 함께 끊어야 할 죄가 많이 있다. 그러므로 누구든지 이것에 대해 자주 금식할 필요가 있기 때문이다. 넷째, 우리 자신에 대해서는 그럴 이유가 없었다 할지라도, 우리 땅에 만연한 끔찍한 죄는 우리가 무릎 꿇기에 충분한 이유이다. 바울은 "고린도에서 낮아지게 될까 두려워하고 범죄한 많은 사람에 대해 애통했다"[고후 12:21]. 이 시대의 흔한 무신론, 하나님의 말씀과 심판에 대한 멸시, 신성모독, 압제, 두려운 안일이 우리를 통곡하고 애통하게 하지 않는가? 다섯째, 우리는 하나님의 교회를 위해, 그리고 우리 가운데 그리고 우리 후손에게 복음이 신실하게 지속되도록 우리 자신을 종종 낮추어야 한다. 이로써 우리는 그리스도[요 2:17]와 다윗[시 69:9][801]에 대해 말한 것처럼, "우리를 삼켜야 할" "하나님의 집을 위한 열심"을 가장 잘 표현할 것이다. "하나님의 예루살렘은 우리의 가장 큰 기

---

800 여백에: 금식의 경우.

801 역자주. 원문과 영문판은 시 69:10으로 기재하고 있다. 시편의 경우 한글번역은 표제어를 구절로 삼지 않았기 때문에 이와 같은 차이가 발생한다.

쁨이 되어야 하며"[시 137:6], 우리는 "예루살렘의 평안을 위해 기도함"[시 122:6]으로써 그것을 증거해야 한다. 그리스도는 "그의 교회를 세우기 위해 그의 사도들을 택할 때 기도하고 금식하셨다"[눅 6:12-13]. 그러므로 우리는 교회의 지속을 위해 더욱더 그렇게 해야 한다.

적용 4. 여기서 그리스도는 바리새인들이 칭찬을 받으려는 노력뿐 아니라, 일종의 자기 자신을 갈망하여 그들의 얼굴을 흉하게 하는 것을 허락하지 않으시는데, 그렇게 함으로써 그는 진정한 금식은 육체를 괴롭히거나 약화시키는 데 있지 않다는 것을 우리에게 가르치고자 하셨다. 이제 오늘날 이런 식으로 위반하는 사람은 거의 없지만, 대부분은 육체를 너무 많이 애지중지하기 때문에, 여기서 사람들이 자신의 몸을 어떻게 관리해야 하는지 적절하게 보여 줄 수 있다.[802] 무엇보다도, 두 가지 돌봄을 피해야 한다. **먹고 마시는 것으로 몸을 애지중지하는 지나친 돌봄**을 피해야 하는데, 이는 마음을 무겁게 하고 머리를 졸리게 하여, 정욕이 불붙고 죄가 조장되는데, 이는 사도가 금지한 것이기 때문이다(롬 13:14). **몸을 너무 돌보지 않는 것도** 피해야 하는데, 이로써 몸이 쇠약해지고 지나치게 약해져 무너지는데, 이것도 책망받는 것 중 하나이다. 어느 한쪽으로 치우치지 않고 몸을 적당히 돌보는 보살핌이 필요한데, 이로써 몸은 먹고 마시는 것으로 유지되어, 항상 성령의 전이 되고, 영혼이 의의 일을 행하고 하나님께 예배하기에 적합한 도구가 된다. 이제 자신의 몸을 이렇게 정리하려는 사람은 두 가지를 수행해야 한다. 첫째, 그는 음식과 의복에 있어서 끊임없이 절제해야 하는데, 본성을 잘 만족시킬 수 있되

---

802 여백에: 몸을 돌보는 일에 대하여.

정욕을 충족시켜서는 안 된다. 둘째, 만일 이것이 육체를 복종시키는 데 도움이 되지 않고, 여전히 생명의 성령의 법을 거스른다면(어떤 사람들에게는 그렇지 않을 것이다), 거역하는 육체를 정복하기 위해 육체가 고통을 받고, 영혼이 겸손하게 되는 금식을 사용해야 한다. 그러나 여기서 우리는 우리의 건강, 힘 또는 체질을 망가뜨리지 않도록 조심해야 하한다. 이는 우리가 이런 식으로 우리의 생명을 소홀히 하는 살인죄를 범하고, 그 가운데서 (비록 소수이기는 하지만) 어떤 사람들은 그동안 다른 방법으로 역겹고(foul)[803] 중대한 죄를 짓고 살기 때문이다.

적용 5. 여기서 바리새인들이 외적 겸손에서 얼마나 낮아지는지 주목하라.[804] 그들은 자기 몸을 괴롭게 하고, 심지어 안색조차 흉하게 만들지만, 여전히 회개하지 않고 죄에서 떠나려 하지 않는다. 아니, 세례 요한과 그리스도께서 그들에게 회개하라고 전파할지라도, 그들은 죄에서 떠나려 하지 않는다. 이런 점에서 하나님을 섬기는 데 우리의 부패한 본성의 속성을 보라. 외적인 행동과 육체적 운동이 상황 전환에 도움이 된다면, 우리는 많은 비용을 지불하고, 큰 고통을 감수하고, 어떤 고난도 견디어 내지만, 여전히 죄 가운데 살기를 원한다. 이것은 교황주의에서 분명한데, 경계, 유랑, 채찍질, 금식 등에 있어서 누가 그들보다 더 엄격하겠는가? 그러나 그들 사이에 있는 것보다 더 가증스러운 더러움이 어디에 있겠는가? 그 종교를 그토록 포용하게 만드는 이유는 죄를 없애기 위한 이러한 육체적 행동을 수행하는 것이 우리의 부패한 본성에 아주 잘 들어맞기 때문이다. 그러므로 우리는 우리의 부패를 조심하고, 정당한 경우에 몸을 낮추기를 무시하지 말아야 하되, 죄를 죽이는 것과 마음의 순종을 주로

---

803 역자주, 원문의 'foule'을 영문판은 'soul'로 오기하고 있다.

804 여백에: 중대한 의무보다 외적인 활동이 더 받아들여진다.

주목해야 된다.

2부

"너는 금식할 때에 머리에 기름을 바르고 얼굴을 씻으라 이는 금식하는 자로 사람에게 보이지 않고 오직 은밀한 중에 계신 네 아버지께 보이게 하려 함이라 은밀한 중에 보시는 네 아버지께서 갚으시리라"(마 6:17-18). 교회의 참된 교사인 그리스도는 앞 구절에서 바리새인의 남용으로부터 금식 행위를 개혁하려고 노력하셨고, 이 두 구절에서는 올바른 금식으로 회복시키려 노력하신다. 즉, 우리에게 금식하라고 명령하기보다는 올바른 금식 방식을 따르도록 하려는 것이다.

해설. [805] "너는 금식할 때에 등." 여기서 그리스도는 특히 개인적인 금식에 대해 말씀하시는 것 같다. 왜냐하면 그는 "너", "너의" 등의 단수 단어들을 사용하는 것 외에도 공적인 금식에서는 할 수 없는, 다른 사람에게 금식을 숨기라고 명령하셨기 때문이다. 그러나 여기서 가장 중요한 명령은 하나님께 대한 마음의 승인인데, 이것은 모든 종교적 금식, 사적인 금식뿐만 아니라 공적인 금식에서도 준수되어야 한다.

"머리에 기름을 바르고 얼굴을 씻으라." 여기서 그리스도는 유쾌함을 나타내기 위해 향유를 머리에 바르고 얼굴을 씻곤 했던 유대인들의 관습을 암시하신다. 우리는 나오미가 룻에게 지시한 것에서[룻 3:3], 그리고 다윗이 그의 아이가 죽은 것을 알았을 때, 그 아이에 대해 애통하기를 그쳤다는 것을 증거한 그의 행동에서[삼하 12:20], 또

---

805 역자주. 영역본은 원문과 달리 해설(*The Exposition*)을 빠트리고 있다.

한 그리스도의 발에 향유를 부은 여인을 의롭다고 하신 그리스도의 말씀에서, 즉 "너는 내 머리에 감람유도 붓지 아니하였으되 그는 향유를 내 발에 부었느니라"[눅 7:46]에서 이것을 볼 수 있다. 왜냐하면 다윗이 말한 바와 같이 "하나님은 사람의 얼굴을 윤택하게 하는 기름을 주시기"(시 104:15) 때문이다. 그러나 이 말씀은 있는 그대로 받아들여서는 안 되며, 다음과 같은 이유에서 드러나듯이, 우리가 금식할 때 머리에 기름을 바르도록 구속하지도 않는다. 첫째, 그 말씀을 있는 그대로 받아들여야 한다면, 그리스도는 기름도 바르지 않고 씻지도 않고, 그 기간 동안 모든 육체적 기쁨을 멀리했던 구약성경의 거룩한 사람들의 모든 금식을 정죄하셔야 하기 때문이다. 둘째, 그리스도는 반대되는 것, 즉 사람들이 즐겁고 유쾌하게 하기 위해 사용하는 잔치에 더 적합한 것들을 금식할 때 사용하라고 명령하셔야 하기 때문이다. 셋째, 그는 그들의 권한에 속하지 않거나, 적어도 과도한 비용 없이는 사용할 수 없는, 즉 향유가 희귀하고 비용이 많이 드는 우리나라, 혹은 다른 추운 나라들과 같은 일부 국가에 그것을 명령하셔야 하기 때문이다. 그러므로 진정한 의미는 그 구절의 상황으로부터 취해져야 한다. 이제 여기서 그리스도의 의도는 앞서 자선 행위와 기도의 요점에서와 같이, **사람들이 금식할 때 과시를 피하고 사람들의 칭찬에 대한 갈망을 피함으로써, 그들의 마음이 하나님의 인정을 받도록 규정하는 것이다.** 그러므로 그는 다른 사람들에게 결코 금식을 알리지 않는 그러한 행위를 언급하시는데, 이로써 그는 우리가 사적인 금식을 사람들에게 숨겨야 한다는 것을 의미한다. 그는 마치 다음과 같이 말씀하시는 것과 같다. "네가 개인적으로 금식할 때, 금식하는 것이 사람들에게 보이지 않도록 행동하고, 너의 모든 금식에서 오직 너의 마음을 하나님께 인정받으려고 노력하라."

이런 식으로 설명된 말씀에는 **계명**과 그에 대한 **이유**라는 두 부분이 포함되어 있다. **계명**은 두 가지이다. 첫째, 우리는 "네 얼굴을 씻고 네 머리에 기름을 바르라"는 말씀에 따라, 우리의 금식을 사람들에게 숨겨야 한다. 둘째, "네가 금식하는 것이 사람에게 보이지 않고 오직 은밀한 중에 계신 네 아버지께 보이게 하려 함이라"는 말씀처럼, 우리가 종교적으로 금식할 때 다른 사람들로부터가 아니라, 하나님께 인정받으려고 노력해야 한다. 이 계명의 첫 번째 부분에서 우리는 하나님께 대한 사적인 예배는 하나님께 개인적으로 드려야 하고 사람에게는 숨겨야 한다는 것을 배울 수 있다.[806] 우리의 기도를 촉진하기 위한 수단인 사적인 금식에 대해 여기서 언급된 것은 기도 자체와 하나님께 대한 사적인 예배의 모든 부분에 해당되는데, 모두 동일한 이유가 있기 때문이다. 따라서 다음과 같이 나타날 수 있다. 첫째, 하나님을 예배하는 모든 행위에는 거룩한 품위와 예의가 지켜져야 하는데, 이는 적합하고 편리한 상황, 즉 공적인 예배 행위는 공적인 상황에서, 사적인 행위는 사적인 상황에서 수행될 때 이루어진다. 공적인 기도는 공적인 장소에서 공적인 사람이 잘 들리는 큰 목소리로 해야 하고, 사적인 기도는 사적인 장소에서 사적인 사람이 조용하고 낮은 목소리와 기타 적절한 개인적인 몸짓으로 해야 한다. 둘째, 공적인 상황에서 사적인 예배를 드리면, 야망과 교만과 위선에 빠질 때가 많지만, 개인적으로 예배를 드리면, 이런 일들이 방지되고 오직 하나님의 인정만을 구하는 마음이 더 자유로워진다.

이 가르침은 하나님을 예배하는 우리의 관행을 지도하는 역할을 한다.[807] 첫째, 우리는 공회에 올 때까지 하나님의 공적 예배에 대한

---

806 여백에: 사적인 예배는 반드시 숨겨야 한다.
807 역자주, 여백에: 하나님의 예배에서 우리를 위한 지시들.

사적 준비를 미루지 말고, 집에서 우리의 방이나 골방에서 개인적으로 준비해야 한다.[808] 왜냐하면 모든 곳에서 기도하는 것이 합법적이지만, 우리의 모든 예배 행위에서 편리한 상황을 준수해야 하므로, 공공장소에서의 사적인 기도는 그렇게 적합하지도 편리하지도 않아서 어울리지 않기 때문이다. **질문.** 사람이 시간이 부족하거나, 미리 준비하는 것을 잊어버렸다면 어떻게 해야 하는가? **대답.** 사소한 변명은 하나님의 예배에서 그 어떤 무질서도 정당화할 수 없지만, 만일 어떤 사람이 그곳에서 개인적인 준비를 수행해야 한다면, 그는 기도의 모든 외적 표시를 숨기고, 오직 하나님께만 마음을 들어올려야 한다. 이는 선한 의무가 불편한 상황으로 인해 걸림돌이 될 수 있기 때문이다. 둘째, 이것은 기독교 가정이 사적인 종교 활동을 어떻게 질서 있게 행해야 하는지 보여 준다.[809] 즉, 목소리와 몸짓이 너무도 은밀해서 참석한 가족 외에 다른 사람들에게 그것을 숨길 수 있다. 그래서 혼자 기도하는 특정한 사람들은 다른 사람들에게 자신의 기도를 숨길 수 있는 환경을 준수해야 하는데, 이는 과시할 수 있는 모든 경우를 피해야, 마음이 전적으로 주님께 향할 수 있기 때문이다.

"네가 금식하는 것이 사람에게 보이지 않고." 이것은 그리스도의 계명의 두 번째 부분인데, 여기서 우리는 종교적 금식에서 두 번째 의무를 배울 수 있다.[810] 즉, **그 안에서 우리는 오직 하나님께만 우리 자신과 우리의 행동을 인정받으려고 노력해야 한다.** 이 목적을 위해 우리는 세 가지 사항을 준수해야 한다. 첫째, 우리는 죄에서 하나님께로 돌이키는 회심을 금식과 결합해야 한다. "너희는 금식하고 마음

---

808 여백에: 하나님의 공적 예배에 대한 사적 준비에 대하여.

809 여백에: 개인 가정이 하나님을 예배하는 방법.

810 여백에: 금식할 때 하나님께 인정받는 마음과 그 방법.

을 다하여 내게로 돌아오라"(욜 2:12). 여기서 하나님께서 그것들을 하나로 묶어 주셨기에, 그것들이 끊어져서는 안 된다. 이제 금식할 때 우리의 마음이 하나님께로 향할 수 있도록, 우리는 공적이든 사적이든, **금식 전**과 **금식 중**, 그리고 **금식 후**에 우리의 행동에 특별한 주의를 기울여야 한다.[811] **금식 전**에 우리는 금식의 원인과 계기를 진지하게 고려함으로써, 거룩한 방식으로 준비해야 한다. 이에 대한 합당한 예는 여호사밧[대하 20:3]에게서 볼 수 있는데, 그는 적들이 다가옴에 따라 무서운 심판이 임박했다고 생각하고, 심히 두려워하여 여호와를 찾기로 결심하고 금식을 선포했다. **금식 중**에 우리는 평상시보다 더 부드러운 정서와 더 깊은 겸손을 갖기 위해 노력해야 한다. 이스라엘 백성들은 미스바에서 우상 숭배에 대해 금식하며, 자신을 낮추고 "물을 길어 주님 앞에 부었는데"(삼상 7:6), 이 말씀은 (어떤 사람들이 그 구절을 설명하는 것처럼) 많이 울었든지, 또는 그들이 주님 앞에 그들의 영혼을 쏟아부었다는 것을 의미하기 위해 실제로 물을 쏟아부었든지, 그들의 깊은 겸손을 의미한다. **금식 후**에 우리는 하나님과 사람에 대한 우리의 행동이 이전보다 모든 면에서 더 나아질 수 있도록 삶의 개혁과 개선을 위해 노력해야 한다. 이에 대한 주목할 만한 예로, 우리는 유대인들이 자신들을 낮추어 "하나님과 맺은 언약"(느 9:1)을 갱신하여, "그것을 기록하고"[느 9:38] "인봉했을"[느 10:1] 뿐만 아니라, "저주로 맹세하여 스스로를 결박한"[느 10:29] 것을 들 수 있다. 둘째, 금식할 때 우리 자신과 우리의 행동을 하나님께 인정받기 위해, 우리는 이전에 제시했던 종교적 금식의 올바른 목적을 가져야 한다. 만일 우리가 거기서 실패하고 다른 목적을 내세우면, 전체 행

---

811 여백에: 금식할 때 마음이 하나님께로 향하는 방법.

동을 타락시키는 것이다. 셋째, 우리는 금식을 두 번째 돌판의 의무인 정의와 자비와 형제 사랑의 일과 결합해야 하는데, 왜냐하면 이것들이 없다면, 하나님께 대한 우리의 사랑은 진실하지 않기 때문이다. 아니, 하나님께서는 우리가 전체적으로 볼 수 있듯이(사 58:3-4, 등), 자비와 연민의 실행과 단절된 육체적 겸비를 거부하시기 때문이다. 나는 이전에 우리 자신을 낮추어야 할 정당한 이유가 있음을 보여 주었으며, 우리가 그렇게 할 때, 우리 마음이 이런 식으로 하나님께 인정받도록 주의해야 한다.

이와 같이 계명에 대해 많이 다루어 보았다. 이제는 거룩한 방식으로 금식하는 자들에게 주는 하나님의 상급의 약속에서 나온 이유를 다룰 차례이다. "은밀한 중에 보시는 네 아버지께서 갚으시리라." 즉, **네가 금식할 때 오직 하나님께 네 마음과 행동을 인정받으려 하는 것을 보면, 하나님이 마지막 날에 너에게 공개적인 상급을 주실 것이다.**

교황주의자들은 금식에 관한 두 가지 이단적 결론을 입증하기 위해 특히 이 본문을 악용한다.[812] 첫째, **어떤 선한 목적을 위한 금식은 그 자체로 하나님 예배의 일부**인데, 그 이유는 그것이 앞서 기도와 구제에 주어진 것과 마찬가지로, 공개적인 상급, 곧 영생에 대한 약속이 있기 때문이며, 따라서 금식은 그것들과 동일한 성격을 가져야 한다. 중립적인 것들과 육체의 연단은 약간의 유익이 있으나, 약속이 있는 것은 경건의 일부이기 때문이다(딤전 4:8).[813] **대답.** 이 약속은 그일에 주어진 것이 아니라, 금식하는 사람에게 주어진 것이며, 단순히 금식을 하기 위한 것이 아니라, 금식과 함께 진행되고 그로 인해

---

812 여백에: 교황주의자들의 결론.

813 여백에: Bellar. de bon. oper. in part. l. 2. c. 6 and 12.

촉진되는 회개, 회심 및 기도를 위한 것이다. 그러나 그들은 "안나가 금식과 기도로 하나님을 섬겼다"[눅 2:37]고 주장한다. **대답**. 구약성경에서 금식은 하나님 예배의 일부였는데, 왜냐하면 금식은 "일곱째 달 열째 날"에 행하도록 명령되었기 때문이다. 그렇다면 서약하고 그 서약을 이행하는 것도 하나님의 명령을 받은 종교적 예배의 일부였다. 이제 안나는 아마도 하나님께 서약함으로써, 자신을 기도와 금식의 과정에 결속시켰던 것 같으며, 따라서 그 과정에서 하나님의 인정을 받았다. 그러나 이제 신약성경에는 정해진 금식이나 서약에 대한 계명이 없으므로, 사례가 동일하지 않고, 따라서 그녀의 예는 그들이 주장하는 것을 증명할 수 없다. 실제로 우리는 세례를 받을 때 도덕적 순종을 서약하지만, 하나님을 자신의 하나님으로 삼는 모든 사람은 서약하지 않더라도, 그것을 수행할 의무가 있다. 다시 말하지만, 사람은 안나처럼 기도와 금식으로 하나님을 섬긴다고 말할 수 있는데, 왜냐하면 기도는 하나님 예배의 참된 부분이며, 비록 금식이 그 자체로 하나님 예배는 아니지만, 기도와 결합하면 주목할 만한 진전을 이루기 때문이다. 그리고 정당한 경우에 그렇게 수행된 금식은 하나님께서 요구하시기 때문에 그의 예배의 일부이다.

따라서 교황주의자들이 수집한 두 번째 결론은 다음과 같다. 금식은 하나님의 공의를 만족시키고, 죄 사함과 영원한 생명을 얻을 공로가 있는데, 이는 공개적인 상급에 대한 약속이 금식에 주어졌기 때문이다.[814] **대답**. 우리는 그리스도에 근거한 죄 사함과 영생에 대한 하나님의 약속이 오직 거듭나고 그리스도를 믿는 자들에게만 주어진다는 것을 알아야 한다. 그러므로 그것들은 그의 행위 때문이 아니라,

---

814 여백에: Bellar. de bon. oper. in part. l. 2. c. 11.

그리스도 안에 있는 그의 믿음 때문에 그에게 주어졌고, 참으로 오직 그리스도 때문에 그에게 주어졌다. 하나님께서 값없는 은혜로 선한 일을 행하는 모든 믿는 자에게 자신이 빚을 갚아야 하는 것처럼 약속하셨다는 것을 우리는 그리스도 안에서 인정한다. 그러나 우리가 행한 일 때문에 그렇게 하시는 것이 아니라, 공로를 세우신 그리스도에게 빚진 것이며, 그리스도 안에서 우리에게 약속이 주어진 것이다. 그러나 행위에 따라 하나님의 약속이 주어지는 것처럼 행위와 약속이 종종 함께 언급되고, 특히 믿음이라는 행위와 함께 언급될 때가 많다. **대답.** 약속과 행위가 같이 언급되는 것은 사실이지만, 약속된 상급은 행위 때문에 주어진 것도 믿음 때문에 주어진 것도 아니라, 그리스도 때문에 주어졌다. 우리는 우리에게 전가된 그리스도의 공로를 믿음으로 받고, 행위로 그 믿음을 증거한다. 그러므로 우리의 믿음과 행위에 따라 하나님의 상을 받되, 그리스도께서 백부장에게 "네가 믿은 대로 네게 그대로 되리라"[마 8:13]고 말씀하신 것처럼, 행위 때문에 받는 것이 아니다. 그렇다면 우리는 금식에 대한 이 약속을 이런 식으로 생각해야 한다.[815] 비록 금식이 그 자체로는 육체적인 활동이지만, 그리스도를 믿는 자가 정당한 경우에 하나님께 순종하여 행한 금식, 그리고 기도와 하나님께 대한 회심과 결합된 금식은 믿음의 행위이며 상급을 받게 될 것이다.

이제 이런 거룩한 방식의 금식에 주어진 이 은혜로운 약속으로 말미암아, 우리는 감동되어 이런 금식을 행하기를 사랑하고, 정당한 기회가 주어지는 한, 자주 금식해야 한다. 그리고 우리 가운데 하나님의 심판이 계속 새로워지는 특별한 이유 중 하나는 우리가 하나님의

---

815 여백에: 금식은 어떻게 상급을 받는가?

능하신 손 아래서 기도와 금식으로 우리 자신을 낮추지 않기 때문이다. 그러므로 정당한 경우라면 공적 금식이 더 자주 공권력에 의해 명령되고, 사적인 금식이 모든 가정에서 더 양심적으로 사용되기를 바라는 것이다.

이와 같이, 구제, 기도 및 금식에서의 남용에 대한 개혁을 포함하는 그리스도의 설교의 네 번째 부분을 많이 다루었는데, 무엇보다도 우리는 그리스도께서 주로 의도하신 이 한 가지를 배워야 한다. 즉, **모든 거룩한 의무에서 위선을 피하고, 단순하고 진실한 마음으로 그 의무를 수행하기 위해 노력하며, 이로써 우리는 진정으로 사람이 아닌 하나님을 그 의무의 관찰자이자 승인자로 삼기 원한다.** 그리하여 우리의 행위는 그 자체로 선할 뿐만 아니라, 우리 안에서도 선하며 하나님께서 받으실만한 것이어야 한다. 그렇지 않고, 우리가 과시하거나 다른 불순한 측면에서 그것들을 행한다면, 마음의 위선이 우리의 선행을 더럽혀 하나님께 받아들여지지 않고, 우리 자신에게 무익하게 된다.

다섯 번째 내용: 마태복음 6:19-34

"너희를 위하여 보물을 땅에 쌓아 두지 말라 거기는 좀과 동록이 해하며 도둑이 구멍을 뚫고 도둑질하느니라 오직 너희를 위하여 보물을 하늘에 쌓아 두라 거기는 좀이나 동록이 해하지 못하며 도둑이 구멍을 뚫지도 못하고 도둑질도 못하느니라"(마 6:19-20). 여기에서 이 훌륭한 설교의 다섯 번째 부분이 시작되고, 이 장의 끝까지 계속된다. 여기서 우리 구주 그리스도는 **그의 말씀을 듣는 자들을 탐욕으로부터 개혁하시고,** 그들의 마음속에 세속적인 것들에 대한 온건한 관심과 욕망을 일으키려고 하신다. 이제 이 담화(discourse)의 순서는 다음과 같다. 먼저, 그는 자신이 설득하는 실체를 제시하고, 그런 다음 그것을 강화하고 더 자세히 진술한다. 그리스도의 설득의 근거와 실체는 두 가지 계명으로 이루어져 있다. 첫 번째는 보물과 관련하여 우리가 하지 말아야 할 일을 보여 주고(마 6:19), 두 번째는 우리가 해야 할 일을 보여 준다(마 6:20). 그는 두 가지 모두를 여러 가지 이유로 (동일한 구절에서), 또한 둘 다에 공통된 이유로 강화하신다(마 6:21).

계명

계명 1

첫 번째 계명은 "너희를 위하여 보물을 땅에 쌓아 두지 말라 등."

의미. 여기에서 "쌓다"[816]로 번역된 단어는 우리 영어가 표현하는 것보다 더 중요한데, 이는 그것이 원문에서 두 가지를 의미하기 때문이다. 첫 번째 의미는 **함께 모으는 것**이다. 두 번째는 다가올 때를 대비해 모은 것들을 **창고에 비축하거나 쌓아두는 것**을 의미하고, 따라서 "네가 네게 쌓는도다 등"(롬 2:5). "보물", 즉 은, 금, 진주 등과 같이 쌓아 둔 풍부한 세상의 재물, 귀중한 물건을 의미한다. "땅에." 여기서 그리스도는 장소가 아니라, 보물의 종류를 목표로 하시는데, 왜냐하면 우리가 지상에 있는 동안 하늘의 보물을 쌓아 둘 수 있기 때문이다. 그러므로 그는 지상의 보물을 쌓아 두는 것을 금지하신다. "너희를 위하여." 즉, 교회와 국가의 유익에 관한 모든 것은 제쳐두고, 너희의 사적인 이익과 유익에 관한 것이다. 따라서 그 말씀은 다음과 같은 의미를 지닌다. **너희 자신의 사적인 용도와 이익만을 위해 재물을 모아 여기 아래에 쌓아 두지 않도록 주의하고, 그 재물을 너희가 신뢰하고, 너희의 기쁨과 즐거움을 두는 보물로 삼지 않도록 주의하라.**

그러나 우리가 우리 구주 그리스도의 뜻을 오해하지 않도록, 세상 재물을 모으거나 보관하는 것 중 그리스도께서 금지하지 않으신 것과 그 다음에 그가 직접적으로 금지하신 것이 무엇인지 분명히 제시할 것이다. 세상에 관하여 그리스도께서 금하지 않은 세 가지가 있다.[817] 첫째, **사람의 소명에서 부지런히 노동하는 것**이다. 이로써 그

---

816 역자주, 여백에: ⬛⬛⬛⬛⬛⬛⬛⬛⬛⬛.
817 역자주, 여백에: 부요에 대해 허락된 세 가지.

는 자신과 자신에게 의존하는 사람들에게 필요한 것을 제공하신다. 그렇지 않으면, 그는 "사람이 얼굴에 땀을 흘려야 식물을 먹게 하며"(창 3:19), "일하기 싫어하는 사람은 먹지도 말라"(살후 3:10)고 명령하신 그 자신과 상반되기 때문이다. 둘째, **재화와 재물의 열매와 소유**이다. 이것들은 하나님의 선한 복으로, 아브라함, 욥, 솔로몬 등과 같은 하나님의 자녀들이 잘 사용하고 소유한 것이다. 셋째, 보물을 모으고 쌓아 두는 것은 단순히 금지된 것이 아닌데, 왜냐하면 하나님의 말씀은 어떤 면에서 이를 허용하기 때문이다. "아버지는 자녀를 위해 저축해야 한다"(고후 12:14). 그리고 제자들은 온 세상에 있을 아가보의 예언을 통해 일반적인 기근을 알고, "유대에 있는 형제들을 위하여 미리 양식을 모았다"[행 11:28-30]. 그리고 공동선을 위해 기근에 대비하여 애굽에서 곡식을 비축한 **요셉의 섭리적 지혜**는 성령의 칭찬을 받았다[창 41:48; 행 7:10]. 그리고 하나님의 지시에 따라 "하나님의 성전은 그 곳간을 가졌는데"[왕상 7:51], 이는 성전을 유지하고 보수하기 위한 곳이다.[818] 그래서 그리스도는 단순히 보물이나 부요를 모으거나 쌓아 두는 것을 금지하지 않으신다.

그렇다면 그리스도께서 여기서 금지하신 것은 무엇인가?[819] **대답**. 잡다한 탐욕의 행위들인데, 그 가운데 첫 번째는 사람들이 절제나 중용을 지키지 않고, **세속적 부요를 과도하게 추구하는 것**이다. 하나님이 충분히 주셨음에도 불구하고, 그들은 만족하지 못하고, 그들의 욕망은 끝이 없다. 그래서 우리가 이러한 관행의 위험을 알 수 있도록, 여기서 사람이 세상의 부를 얼마만큼 추구하고 쌓을 수 있는지 보여

---

818 역자주, 원문과 영문판은 왕상 7:5로 기재하고 있다.
819 여백에: 여기서 탐욕스러운 행위가 금지되어 있다.

줄 것이다.[820] 이것을 더 잘 이해하기 위해서 세상의 재화에 대한 다음과 같이 구분하여 근거로 제시한다. 그것은 **필수적이거나, 풍부하거나, 넘쳐서 남는 것**이다.[821] **필수적인 재화**에는 두 가지 종류가 있는데, 하나는 음식, 음료, 의복, 숙소 등과 같은 인간의 본성에 필요한 것들로, 만약 없다면 사람이 살 수 없고, 가족이 존립할 수도 없는 것들이다. 또 다른 하나는 학생에게는 책, 장사꾼에게는 도구 등과 같은 사람의 신분과 삶의 조건에 필요한 것으로, 그것이 없다면 하나님께서 주신 소명의 의무를 수행할 수 없는 것들이다. 여기서 질문이 제기될 수 있는데, 이러한 것 중 얼마나 많은 것이 필요한 것으로 간주되어 준비되고 비축될 수 있는가?[822] **대답.** 이 경우에 탐욕스러운 사람의 의견과 판단이 규칙이 되어서는 안 된다. 왜냐하면 그의 부패한 마음은 채울 수 없는 바다처럼, 그리고 "충분하다고 결코 말하지 않는 불처럼"[잠 30:16] 만족할 줄 모르기 때문이다. 이제 사람들의 신분이 다양하고 재산과 조건이 다르기 때문에, 어떤 규칙이 정해질 수 없는데, 이는 한 사람에게 충분한 것이 다른 사람에게는 충분하지 않을 것이기 때문이다. 그러므로 피조물을 하나님의 섭리의 복으로 사용할 줄 아는 경건한 지혜자들의 판단과 실천이 필요한 것을 판단하는 우리의 규칙이 되어야 한다. 말씀에 없는 다른 규칙도 있지만, 말씀에 따라 필요하다고 판단되는 것은 반드시 필요한 것으로 간주하고, 그에 따라 제공되어야 한다. 그러나 더 나아가 여기에 추가될 수 있는 것은 현재의 필요뿐 아니라, 앞으로 필요할 것에 대해서도 필요한 것으로 간주해야 한다는 것이다. **예시.** 장사꾼은 자신의 직업

---

820 여백에: 사람이 세상의 부를 얼마만큼 추구할 수 있는지.

821 역자주, 여백에: 세속적 재화의 세 등급.

822 여백에: 필요한 물건을 얼마만큼 쌓아둘 수 있는지.

외에 다른 생계 수단이 없는 경우, 기력이 지속되는 동안 필요한 것들을 마련하여, 노년기에 기력이나 시력이 쇠약해져 일할 수 없을 때를 대비할 수 있다. 따라서 자녀가 많은 사람은 합법적인 수단을 사용하여 자녀의 몫을 미리 마련하여, 그들의 나이가 요구할 때 자녀들의 어떤 좋은 삶을 위해 그것들을 처분할 수 있다. 두 번째 종류의 세상의 재화는 **풍요로움**으로, 이는 필요뿐만 아니라, 거룩한 즐거움과 기쁨을 위해 사용되는 풍요함과 비축을 의미한다. 세 번째 종류는 **넘쳐서 남는 것들**로서, 현재로서는 사용하지도 않고, 앞으로도 그럴 가능성이 전혀 없는 풍요로움을 의미한다.

따라서 이러한 근거를 전제로, 세속적 부요에 대하여 인간이 어떻게 준비할 수 있는지 다음과 같은 규칙을 제시한다.[823] **사람의 인격과 소명에 필요한 것들은 사람이 추구하고 쌓아 둘 수는 있지만, 풍요와 넘쳐서 남는 것을 위해 수고하거나 염려해서는 안 된다.** 이에 그리스도는 "너희를 위하여 보물을 쌓아 두지 말라"는 기준을 두셨다. 그리고 솔로몬[824]은 가난과 마찬가지로 넘쳐서 남는 것에 대해서도 직접적으로 기도한다. "나를 가난하게도 마옵시고 부하게도 마옵시고 오직 필요한 양식으로 나를 먹이시옵소서"(잠 30:8-9). 그는 이 이유를 풍요로움에 반대하여 설명한다. "내가 배불러서 하나님을 모른다 여호와가 누구냐? 라고 할까 두려워하기 때문이다." 그러므로 이렇게 추론할 수 있다. 우리가 하나님께 구할 수 있는 것만 추구하고, 그 이상은 추구하지 말아야 한다. 그러나 우리는 오직 필요한 것만 구할 수 있는데, 이는 풍요를 위해 기도하는 것은 보증이 없으므

로, 풍요가 아닌 필요한 것만 추구해야 한다. 이것은 사도의 규칙과 잘 일치한다. "우리가 먹을 것과 입을 것이 있은즉 족한 줄로 알 것이니라 이는 부하려 하는 자들은 시험과 올무에 떨어지기 때문이다"[딤전 6:8-9]. **질문.** 우리가 풍요를 위해 기도할 수 없는데, 하나님께서 풍요를 주신다면, 우리는 어떻게 해야 하는가? **대답.** 하나님께서 우리의 합법적인 소명에 대한 적당한 수고와 돌봄에 풍성한 복을 내리신다면, 우리는 감사함으로 받아 선한 청지기처럼 그것을 쌓아 두어, 하나님께서 섭리 가운데 우리에게 정당한 기회를 주시는 대로 가정이나 교회와 국가에 선한 용도로 사용해야 한다.

이제 우리가 오직 필요한 것만 구하고 그 이상을 구하지 말아야 한다는 것이 분명해졌으니, 우리 모두는 걱정하는 염려를 조심하고, 하나님께서 주실 때 필요한 것으로 만족하는 법을 배워야 한다. 그리고 우리가 만족하려면 다음의 이유들을 고려해야 한다.[825] 첫째, 필요한 것으로 만족하는 것이 하나님의 명령이므로(딤전 6:8), 우리는 자족하는 삶을 실천하는 데 있어 순종하는 마음을 가져야 한다. 둘째, 풍족한 것을 탐하는 자들은 나쁜 거래를 하려는 유혹이 많아서 선한 양심을 지키기 어렵다. "그들은 올무와 여러 가지 어리석고 해로운 욕심에 떨어지나니 곧 사람으로 파멸과 멸망에 빠지게 하는 것이라"[딤전 6:9]. 셋째, (종종 복음에 수반되는) 핍박의 때에 사람은 부자일수록 진리를 버릴 위험이 더 커지는데, 왜냐하면 사람의 마음은 자연적으로 세상에 붙어 있기 때문에, 하나님의 특별한 은혜 없이는 세상적인 부요보다 그리스도를 더 빨리 버릴 것이기 때문이다. 이것을 우리는 "이 세상을 사랑하여 바울을 버린"(딤후 4:10) 데마에게서 볼 수

---

825 여백에: 만족에 대한 동기.

있고, 이에 대해 그리스도는 "부자가 천국에 들어가기가 얼마나 어려운지"[막 10:23]라고 말씀하셨다. 이와 같이 탐심의 첫 번째 관행을 많이 다루었는데, 이는 세상의 재화를 추구하는 지나친 염려와 수고이다.

그리스도께서 여기서 금하는 탐심의 두 번째 관행은 **사람들이 오로지 혹은 주로 세상의 재화를 추구하는 것이며, 그에 관한 영적 은혜를 소홀히 하는 것이다.**[826] 이것은 다음 구절의 반대에 의해 나타난다. "너희를 위하여 보물을 땅에 쌓아 두지 말라 오직 너희를 위하여 보물을 하늘에 쌓아 두라." 이것이 "죽 한 그릇에 장자의 명분을 판"(히 12:16)에서의 행위였고, 돼지를 잃은 가다라 사람들의 죄는 "그리스도께서 그들의 해안 지경에서 떠나가기를 원했던"(눅 8:37) 것이다. 그리고 이것은 우리 시대의 죄악인데, 많은 것, 아니 거의 모든 것에서 이익이나 기쁨을 줄 수 있는 것을 말씀보다 더 중요하게 여기는 것이다. 사람의 생각과 즐거움이 세상적인 것에 사로잡혀 있지 않다면, 어떻게 설교가 그처럼 많지만, 그로 인한 유익이 그렇게 적을 수 있겠는가? 그러나 이것은 터무니없고 무질서한 염려인데, 모든 사람은 그리스도께서 명령한 대로 이것을 개혁하기 위해 힘써야 한다(마 6:31).

여기서 금지된 세 번째 탐심의 관행은 **쌓아 둔 세상적인 것을 소중히 여기고 신뢰하는 것이다.**[827] 이것은 **마음의 우상 숭배**로, 사람이 자기 마음을 거기에 두고, 자기 하나님으로 삼기 때문이다. 그러므로 탐심은 우상 숭배라고 일컬어진다(골 3:5). 그러므로 그리스도께서 "부자가 천국에 들어가는 것이 그렇게 어려운 일"(마 19:23-24)이라고

---

826 역자주. 여백에: 탐심의 두 번째 관행.
827 역자주. 여백에: 탐심의 세 번째 관행.

말씀한 것은 "그들이 자기의 재물을 의지하기"[막 10:24] 때문이다. 그리고 우리가 잘 살펴보면 부자들의 마음이 교만하고 안일하여 하나님의 심판이나 구원의 수단에 관심이 없다는 것이 일반적으로 사실임을 알게 될 것이다. 이는 "그들이 하나님을 자기 힘으로 삼지 아니하고 그들의 재물의 의지하기"[시 52:7] 때문이다. 그러므로 다윗의 조언을 따라야 한다. "재물이 늘어도 거기에 마음을 두지 말지어다"[시 62:10].

여기서 금지된 네 번째 관행은 **사람들이 교회나 국가, 또는 가난한 사람들을 구제하는 것을 고려하지 않고, 자신만을 위해 쌓아 두는 것이다.**[828] 이것은 마귀적 관행인데, 왜냐하면 모든 사람은 단지 자신이 가진 것의 청지기로서, 하나님의 영광을 위해 다른 사람의 유익을 목표로 그 가진 것을 나누어주어야 하기 때문이다. 가난한 사람은 하나님의 가난한 사람이며, 그의 가족 구성원이므로, 하나님께서는 그의 가족의 모든 청지기가 그들의 몫을 받도록 해야 한다고 요구하신다. 하나님께서는 부자들에게 책임을 물으실 것인데, 내가 내 재물을 내 자신을 위해 간직했다고 말하는 것은 좋은 처분으로 여겨지지 않을 것이다. 게으른 종이 "자기 달란트를 수건 속에 싸 두었다"고 말하는 것은, 더더욱 좋은 처분으로 여겨지지 않을 것이다[눅 19:20].[829] 그러므로 우리는 이런 악행의 나머지에 대해서도 양심에 따라 행동하는 법을 배우도록 하자.

"거기는 좀이나 동록이 해하지 못하며 도둑이 구멍을 뚫지도 못하고 도둑질도 못하느니라." 이 말씀에는 다음과 같은 목적을 위해 이

---

828 역자주, 여백에: 탐심의 네 번째 관행.
829 역자주, 원문에 없는 성경구절을 영문판이 이해를 위해 덧붙였으나, 막 19:20으로 잘못 기재한다.

전 계명에 대한 특별한 이유가 포함되어 있다. **재물, 의복 등과 같은 지상의 보물은 좀과 동록에 의해 부패되고 도둑에게 빼앗길 수 있으므로, 우리는 그것들을 지나치게 추구하거나, 그것들에 마음을 두거나, 우리 자신을 위해 쌓아 두지 말아야 한다.**

해설. "좀"[830]으로 번역된 단어는 가장 좋은 천을 먹고, 가장 좋은 옷을 갉아 먹는 벌레를 의미하지만, 여기서는 어떤 피조물이든 망가뜨리거나 갉아먹는 벌레를 가리키는 보다 넓은 의미로 받아들여야 한다. 그래서 "동록"[831]으로 번역된 단어는 대체로 녹이나 부식으로 인해 금속이나 다른 피조물을 갉아먹고 녹슬게 하는 모든 것을 가리키는 것으로 받아들여야 한다.

여기서 그리스도는 피조물의 이중적 허무, 즉 피조물의 본성과 남용에 대해 지적하신다.[832] 피조물의 본성에 관하여 금, 은, 진주 등과 같이 순수하고 값비싼 피조물이라 할지라도, 피조물은 녹, 좀, 동록에 의해 부패하기 마련인데, 이는 하늘 자체도 허무에 복종하기 때문이다. 그리고 남용에 관하여, 피조물들은 불경건한 사람들의 해를 입는다. 도둑이 그것들을 훔칠 수 있고, 탐욕스러운 사람들이 그것들을 쌓아 놓고 유용하게 쓰지 않을 수도 있다. 이제 지상의 모든 보물이 부패와 남용에 의해 허무하게 된다면, 우리는 그것들을 우리의 주요한 피조물로 삼지 말고, 적당하고 신중하게 추구하고 사용해야 한다. **질문.** 그러나 피조물에 대한 이러한 허무함은 어디에서 왔는가? **대답.** 사람의 죄로 말미암아 하나님께서 그것들을 허무함에 복종케 하셨다(롬 8:20).

---

830 여백에: σὴς.
831 여백에: βρῶσις.
832 여백에: 피조물의 허무.

적용. 첫째, 하나님께서 인간의 죄에 대한 진노의 도장을 모든 피조물에게 각인시켜 이 두 가지 허무에 처하게 하셨다는 점에서, 우리는 우리 죄의 심각성과 그에 따른 하나님의 큰 진노를 알아야 한다. 그러므로 우리가 옷에 좀이 생기거나, 금속에 녹이 슬고 썩는 것을 보거나, 다른 피조물이 그것들을 부패시키는 것을 볼 때, 우리는 세상적인 것을 쫓는 지나친 욕망과 기쁨에 마음이 끌리기보다 오히려 우리의 죄로 인해 겸손해져야 한다. 둘째, 죄를 짓지 않은 피조물도 인간의 죄로 인해 허무의 대상이 되는가? 그렇다면 자신의 범죄로 말미암아 피조물에게 허무함을 초래하는 사람은 얼마나 허무한 존재인가? 그러므로 그것들을 볼 때 우리 자신의 허무를 바라보고, 그것들을 불쌍히 여길 때 우리 자신의 죄악을 한탄하는 법을 배우자.

계명 2

"오직 너희를 위하여 보물을 하늘에 쌓아 두라 등."(마 6:20). 그리스도는 이 땅에서 보물과 관련하여 우리가 하지 말아야 할 일을 보여 주셨고, 사람이 자신의 보물로 무엇인가를 갖고 싶어 하는 경향이 있음을 아시고, 여기서 그의 계명의 **두 번째 가지**를 말씀하신다. 그것은 우리 자신을 위해 어떤 보물을 쌓아야 하는지를 보여 주시고, 특별한 이유로 우리가 그렇게 하도록 강하게 촉구하시는 것이다. 우리가 쌓아 두어야 할 보물은 "하늘에 있는 보물"이다. **질문.** 우리가 스스로 천국에 갈 수 없는데, 어떻게 하늘에 보물을 쌓아 둘 수 있는가? 아무도 자신을 구원할 수 없다. 우리 구원의 시작, 진행, 성취는 전적으로 그리스도 안에 있는 하나님으로부터 온 것이다. **대답.** 주요하고 효과적인 원인으로 말미암는 사역을 그 도구에 돌리는 것은 성경에서 하나님께 일반적이다. 따라서 오바댜의 마지막 구절에서 설교자들은 구원자들이라고 명시적으로 불린다.[833] "이것을 행함으로 네 자신과 네게 듣는 자를 구원하리라"(딤전 4:16). "내가 복음으로써 너희를 낳았음이라"(고전 4:15). 그러나 구원과 중생 둘 다 하나님만의 사역이며, 설교자는 단지 그 도구일 뿐이다. 따라서 이 구절에서 하늘의 보화로 우리를 부요하게 만드는 것은 오직 하나님의 사역인데, 이는 우리가 오히려 우리의 범법으로 "진노의 날에 임할 진노를 우리에게 쌓기"[롬 2:5] 때문이다. 하지만 우리는 이 보물을 얻기 위해 하나님의 은혜의 도구인 수단을 사용하기 때문에, 하나님은 그 일이 전적으로 우리의 것인 양, 이 계명을 우리에게 주시지만, 실은 그 자신이 행하시는 분이시다.

하지만 우리가 이 계명을 더 잘 이해하고 실천할 수 있도록 두 가지 사항을 고려해야 한다. **첫째**, 이 보물이 무엇인지와 **둘째**, 사람이 자신을 위해 그것을 쌓아 두는 방법이다. 이 두 가지 모두 우리의 구원과 연관된 실천에서 큰 비중을 차지하는 요점이기 때문에, 우리는 경외심을 갖고 주목해야 한다.

요점 1

첫째, 그 계명을 살펴볼 때, 우리는 먼저 그리스도께서 우리에게 쌓아 두기를 원했던 보물이라고 잘못 생각되는 것이 무엇인지 생각해 볼 것이다. 로마 교회는 그리스도의 공로의 과잉과 성도들과 순교자들의 공로의 과잉을 교회의 보물로 삼아 수백 년 동안 세상을 악용해 왔는데, 이것을 한데 모아 창고에 넣어 두고, 교황이 보관하고 있

---

833 역자주, 여백에: 옵 21. 한글 개역개정은 "구원 받은 자들"이라고 번역한 반면, 개역한글, 새번역, 현대인의성경은 "구원자들"로 번역한다.

다고 말한다.[834] 그리고 그만이 이 상자를 완전히 여닫을 수 있고, 이러한 공로를 배정하고 처리할 수 있으며, 그 덕분에 그가 원할 때 누구에게나 면죄부와 사면을 베푼다.[835] 이로써 그는 실제로 그의 왕국을 유지하고 지탱하는데, 왜냐하면 이로 말미암아 무한한 부와 수익이 오기 때문이다. **대답.** 그러나 이것은 진정한 보물이 될 수 없으며, 그것은 두 가지 이유로 부패하고 속이는 것이다. 첫째, 그들은 그리스도의 공로에 성인들의 공로를 더하여, 그리스도의 공로인 참된 보물의 가치를 떨어뜨린다. 왜냐하면 그리스도의 공로가 사람의 공로로 인해 증가한다면, 그것은 그 자체로 완전히 충분하지 않은 것이며, 보잘것없는 보물에 불과하기 때문이다. 둘째, 그들은 세상을 떠난 성인들의 공로를 교황의 적용에 의해 그들보다 오랜 시간 뒤에 사는 다른 사람들의 공로로 만드는데, 이는 불가능하고 터무니없는 일이다. 왜냐하면 아무도 스스로를 위해 공로를 쌓을 수 없기 때문이다. 그러나 그가 할 수 있다고 해도, 그의 공로는 자신만을 위한 것이지, 다른 사람을 위한 것이 될 수 없다. 왜냐하면 모든 사람은 다른 사람을 위해 공로를 세울 수 있는 자격과 능력이 없으며, 선행에 대한 상급은 자신에게만 돌아갈 수 있기 때문이다. 오직 하나님 자신에 의해 공적 인물이 된 하나님이자 사람인 우리 중보자 그리스도 예수만이 다른 사람들을 위해 공로를 세울 수 있다.

그렇다면 (다른 것은 차치하고서라도) 참된 보물은 한마디로 **참 하나님**인데, 그는 만물을 창조하셨고, 만물을 다스리시는 세 위격 안에 있는 유일하고 영원한 본질이시다.[836] 오로지 그분 안에서만 모든 선함

---

834 여백에: 교황주의자들이 진정한 보물로 만드는 것.

835 여백에: Aquin. suppl. ad 3. part. Summe. q. 25. Tollet. instr. Sacerd. l. 6. c. 21.

836 여백에: 진정한 보물.

과 행복을 찾을 수 있다. 하나님께서 아브라함에게 "나는 네 방패요 너의 지극히 큰 상급이니라"(창 15:1)라고 말씀하신다. 그리고 "여호와는 내 유업의 분깃이시니 나의 기업이 실로 아름답도다"(시 16:5-6)라는 시인의 고백은, 마치 **여호와는 나의 보물**이라고 말하는 것과 마찬가지이다. 이것을 더 길게 다루지는 않을 것인데, 이는 사람들이 본성의 빛으로 그와 같이 많이 보았고 말했기 때문이다. 오히려 하나님께서 어떻게 우리의 보물이 되시는지 생각해야 한다.[837] 그리고 이 목적을 위해 우리는 그리스도 안에서 우리에게 자신을 계시한 대로 하나님을 생각해야 한다. 왜냐하면 그리스도 밖에서 그는 우리의 하나님이 아니며, 따라서 우리의 보물이 아니기 때문이다. 그러나 성육신한 하나님께서 우리의 진정한 보물이시다. "그 안에", 즉 "그리스도 안에 지혜와 지식의 모든 보화가 감추어져 있느니라"(골 2:3). "우리의 생명이", 심지어 영생까지도 보물 창고에 있는 것처럼, "그리스도와 함께 하나님 안에 감추어져 있다"(골 3:3). "그리스도는 하나님으로부터 나와서 우리에게 지혜와 의로움과 거룩함과 구원함이 되셨으니"(고전 1:30). 그리고 "그의 충만한 데서", 가득한 보물창고로부터 받듯이, "우리가 다 은혜 위에 은혜를 받는다"(요 1:16). 이제 우리는 그의 성육신에 안주하지 말고, 우리를 위해 우리의 본성으로 십자가에 못 박혔고, 그의 말씀과 성례 가운데 우리에게 제시된 그를 더 깊이 생각해야 한다. 왜냐하면 그의 **순종**과 **죽음**과 **수난**은 약속의 말씀과 성례에서 계시되고 적용되는 **우리의 보물**이기 때문이다. 그리고 "이것은 하나님이 자기를 사랑하는 자들을 위하여 예비하신 것으로, 이것을 눈으로 보지 못하고 귀로 듣지 못하고 자연적인 사람의 마음으

---

837 여백에: 하나님이 어떻게 우리의 보물이신가.

로 생각하지도 못한 것이다"(고전 2:9). 그런데 왜 십자가에 못 박히신 그리스도를 우리의 보물이라고 불러야 하는가? **대답.** 그는 하나님으로부터 사람에게 전해지는 모든 참된 복의 원천이자 보고(寶庫)이기 때문이다. 여러분은 하나님께로부터 죄 사함을 받고 의롭다 함을 얻고 싶은가? "그리스도가 우리를 위하여 죄가 된 것은 우리로 하여금 그 안에서 하나님의 의가 되게 하려 하심이라"(고후 5:21). 여러분은 영생을 원하는가? "이 동일한 예수 그리스도는 참 하나님이며 영원한 생명이다"(요일 5:11). "아들이 있는 자에게는 생명이 있다"(요일 5:12). 여러분은 고난 중에 위로를 받고, 현세적 복 가운데 참된 기쁨을 누리길 원하는가? 그렇다면 그리스도 예수를 얻으라. 이는 그가 **죽음 가운데 있는 생명**이기에, 그가 없이는 이생의 좋은 것들이 우리에게 복이 될 수 없기 때문이다.

요점 2

이 보물이 무엇인지 살펴보았으니, 이제 모든 사람이 어떻게 그 보물을 스스로 쌓아 두어야 하는지 살펴보자.[838] 왜냐하면 그리스도께서 여기서 "너희를 위하여 쌓아 두라"고 명령하시기 때문이다. **십자가에 못 박힌 그리스도를 우리의 보물로 쌓아 두려면,** 우리는 감추인 보화가 있는 밭을 산 자의 비유에서 암시된 **다섯 가지 일**을 행하는 데 주의해야 한다. 첫째, 우리는 이 보물을 찾아야 한다. 둘째, 우리는 그것을 소중히 여겨야 한다. 셋째, 그것을 얻고 획득해야 한다. 넷째, 그것을 스스로 확신해야 한다. 다섯째, 그것을 보물로 사용해야 한다.

---

838 여백에: 우리의 보물을 위해 십자가에 못 박힌 그리스도를 쌓아두는 방법.

의무 1. 우리는 무엇보다 먼저 **이 보물을 찾아야** 한다.[839] 그렇지 않으면 우리는 그것을 소중히 여기거나 얻을 수 없으며, 그것을 스스로 확신할 수도 없고 사용할 수도 없다. 따라서 "감추인 보화"라고 불리는 이 비유에는 많은 것이 함축되어 있는데, 왜냐하면 우리가 그것을 찾기 전에 감추인 것을 가질 수 없기 때문이다. **이 보물을 찾는 다는 것**은 하나님께서 그것을 우리에게 계시하시는 것인데, 우리가 본성적으로 이 보물을 결핍하고 있음을 알게 하고, 그것이 없으면 우리가 가난하다는 것을 느끼게 함으로써, 그것이 절실히 필요하여 이 보물을 추구하기 시작하는 것이다. 이 보물에 대한 모든 계시가 그것을 찾는 것은 아닌데, 이는 하나님께서 사람의 마음을 두 가지 방법으로 비추시기 때문이다.[840] 첫째, 일반적으로 말씀을 읽는 사람은 그 말씀의 진정한 의미와 의미를 이해할 수 있다. 둘째, 더 특별하게는 일반적인 의미 외에, 하나님께서 말씀의 진리와 능력을 사람의 양심으로 느끼도록 만드시는 경우이다. 그래서 이 특별한 조명 속에 진정한 발견이 있다. 이것은 참으로 하나님의 큰 복이지만, 모든 사람에게 공통적으로 주어지는 것은 아니다. 왜냐하면 우리의 육안으로 그것을 분별할 수 없고, 우리가 세상의 보물, 화려함, 허영심에 현혹될수록 이 영적 보물에 대해 눈이 더 멀어지기 때문이다. 진실로, 이 보물은 하나님의 말씀을 설명할 수 있는 지혜롭다고 여겨지는 많은 사람들에게 숨겨져 있다. 그리스도께서 다음과 같이 말씀한다. "이것들이 지혜롭고 슬기 있는 자들에게는 숨겨져 있고 어린아이들에게는 드러난다"[마 11:25]. 주님께서 이 특별한 조명을 비춤으로써, 사람은 자신이 비참하다는 것과 그리스도의 의가 절실히 필요하다는 것

---

839 여백에: 진정한 보물을 찾는 방법.
840 여백에: 이중적 조명.

을 깨닫게 될 때까지 그리스도는 그에게 감추인 보물이기 때문이다. 이와 관련하여 우리는 우리 자신의 마음속으로 내려가, 거기서 우리 자신의 비참함을 느끼고, 그리스도를 갈망하고 굶주림으로써, 하나님께서 이 보물을 우리에게 계시해 주셨는지 알아보아야 한다. 우리 자신의 영혼 속에서 그리스도의 결핍을 진정으로 느끼지 않는 한, 우리는 유대인처럼 "우리가 본다"고 말하면서도, "여전히 맹인이 될 수 있다"[요 9:41]. 오, 그러므로 이 특별한 조명하심을 위해 수고하라. 왜냐하면 복음의 교리는 그 안에 감춰진 이 귀한 보화를 발견하기 전까지는 결코 우리에게 달콤하고 유쾌하지 않을 것이기 때문이다.

의무 2. 이 보물을 찾았다면, 우리는 그것을 우리가 가지고 있거나 얻을 수 있는 모든 것보다 **더 높이 평가하고 소중하게 여겨야** 하며, 아니 온 천하보다 더 귀하게 여겨야 한다.[841] 그래서 이 비유에 나오는 사람도 "밭에 감추인 보물을 자신의 모든 소유물보다 귀하게 여겼다"(마 13:44). 바울도 십자가에 못 박힌 그리스도를 매우 소중히 여겨, "그리스도를 아는 탁월한 지식으로 인해 모든 것을 해로 여기고 그리스도를 얻고자 모든 것을 배설물처럼 여겼다"[빌 3:8]. 우리가 그리스도를 우리의 보물로 쌓아 두고자 한다면, 그리스도에 대한 이러한 높은 존경심이 필요하다. 그런 다음 우리가 이 보물을 구매하는 데서 좋은 진전을 이루었다는 것은, 우리가 진실로 우리 마음속에 그리스도를 가치 있고 소중하게 여길 때이다. 그러므로 우리는 이를 위해 노력해야 하며, 우리의 모든 행실 가운데 말과 행동으로 우리가 그리스도를 얼마나 소중히 여기는지 증언할 수 있도록 노력해야 한다. 하나님의 말씀이 그리스도 예수를 우리에게 계시하므로 그것은

---

841 여백에: 진정한 보물을 소중히 여기는 방법.

"보배라 일컬어지고"[고후 4:7],[842] 또한 지상의 모든 것보다 더 귀하게 여겨져야 한다.[843] 다윗은 다음과 같이 고백했다. "주의 입의 법이 내게는 천천 금은보다 좋으니이다"(시 119:72). "내가 주의 계명들을 금 곧 순금보다 더 사랑하나이다"(시 119:127). 이에 대해 지혜는 "내 열매는 금이나 정금보다 나으며 내 소득은 순은보다 나으니라"[잠 8:19]라고 말한다. 우리가 하나님의 말씀을 그렇게 소중히 여긴다면, 그것은 우리에게 행복한 일이다. 많은 사람들은 오직 하나의 진리가 있다고 주장하며, 그래서 그것을 알기만 한다면, 그것을 하나님의 말씀에서든 사람의 글에서든 어디에서 배웠든지 상관없다고 주장한다. 그러나 그들은 크게 속고 있는데, 왜냐하면 하나님의 성경만이 "경건에 속한 진리이기"[딛 1:1] 때문이다. 그리고 성경만이 우리에게 이 하늘의 보화를 드러내므로, 우리 마음에서 으뜸이 되어야 하며, 인간의 모든 저작물보다 훨씬 더 높이 존경을 받아야 한다. 그렇게 하려면, 우리는 본성적으로 우리에게 부족한 말씀의 권능과 위로를 우리 마음에 느껴야 한다.

의무 3. 이 진정한 보물을 발견하고 올바르게 평가했다면, **우리는 우리 자신이 그것을 얻고 우리 것으로 만들기 위해 노력해야 한다.**[844] 이 비유에 나오는 사람이 밭에 감추인 보물을 발견했을 때, 그렇게 했다(마 13:44). 그래서 그리스도는 여기서 "너희를 위하여 보물을 쌓아 두라"고 명령하신다. 이제 이 보물을 우리 자신의 것으로 만들려면, 하나님께서 이 목적을 위해 지정하신 수단을 양심적으로 사용해야 한다. 즉, 첫째, 모든 경외심과 관심과 부지런함으로 전파된 하나

---

842 역자주. 원문과 영문판은 고후 4:6로 기재하고 있다.
843 여백에: 하나님의 말씀을 소중히 여기는 방법.
844 여백에: 우리 자신에게 진정한 보물을 얻는 방법.

님의 말씀을 듣고, 그 말씀을 우리 마음속 믿음과 결부시키려 애쓰는 것이다[히 4:2]. 둘째, 모든 경건과 합당한 준비로 성례를 받으라. 셋째, 우리의 죄 사함과 이 보화의 열매가 맺어지도록 믿음으로 하나님께 간절히 그리고 끊임없이 기도하라. 이에 대한 이유는 명백하다. 말씀과 성례는 마치 주님의 두 손과 같아서, 주님께서는 이 하늘의 보물과 모든 영적 복을 우리에게 손을 뻗어서 주시기 때문이다. 그리고 우리의 믿음은 그것들을 받아들이는 우리 영혼의 손이다. 이제 우리는 기도로 이 믿음을 증거하고, 앞의 두 가지 수단을 스스로 거룩하게 한다.

의무 4. 이 보물을 얻었으면, **우리는 그것을 우리 자신의 것으로 확실하게 하기 위해 노력해야 한다.**[845] 그리고 이 목적을 위해 우리는 부자들에 대한 바울의 조언과 권면을 따라야 한다. "네가 이 세대에서 부한 자들을 명하여 마음을 높이지 말고 정함이 없는 재물에 소망을 두지 말고 살아계신 하나님께 두며 선을 행하고 선한 사업을 많이 하고, 이것이 장래에 자기를 위하여 좋은 터를 쌓아 영원한 생명을 취하는 것이니라"(딤전 6:17-19). 여기서 우리는 **하나님을 신뢰함으로 그리고 관대함과 풍성함으로** "좋은 터를 쌓으라"는 권고를 받는다. 어떤 사람들은 우리가 구원받기 위해 구제와 선행과 같은 것을 해야 하는지 묻는다. **대답.** 그렇지 않다. 우리 구원의 "근거"[딤후 2:19]는 그리스도 안에 있는 하나님의 선택과 사랑이기 때문이다. 이는 그리스도께서 친히 우리를 위해 하늘에 쌓아 두신 것이다. 그러나 우리가 우리 자신을 위해 쌓아야 할 기초는, 하나님의 기초에 있는 우리의 확신을 위해 우리 자신의 양심에 있다. 그래서 우리는 믿음의 열매

---

845 여백에: 이 보물을 확실하게 우리 것으로 만드는 방법.

인 사랑, 자비, 공의라는 우리의 선행으로 이 기초를 쌓는다. 믿음으로 그리고 하나님의 영광을 위해 한결같은 마음으로 행한 것들은 참된 보배 예수 그리스도 안에 있는 우리의 분깃에 대한 확실한 증언이다. 왜냐하면 "우리가 형제를 사랑함으로 사망에서 옮겨 생명으로 들어간 줄을 알기"(요일 3:14) 때문이다.

의무 5. 이 보물을 우리 것으로 확실하게 얻었으니, **우리는 그것을 보물로 사용해야 한다.** 그러기 위해서는 세 가지 의무가 요구된다.[846] 첫째, 우리는 천국의 행실을 가져야 하는데, 왜냐하면 거기에 우리의 보물인 그리스도께서 계시기 때문이다. 그리고 우리의 보물이 있는 곳에 우리의 마음도 있을 것이다. 우리 마음의 갈망과 기쁨과 즐거움이 그리스도께 있다면, 우리의 몸은 비록 이 땅에 있을지라도, 우리의 삶은 거룩하고 하늘에 속한 삶이 될 수밖에 없다. 그러므로 우리는 아래에 있는 것들에 애정을 두지 않도록 조심하자. 그러면 그리스도는 우리의 보물이 전혀 아니기 때문이다. 둘째, 우리는 지상의 재물을 하늘의 보물로 바꿔야 한다. 우리는 재물을 자비를 베푸는 일에 사용함으로써 이 일을 한다. "가난한 자를 구제하는 자는 여호와께 꾸어 드리는 것이니"(잠 19:17). 자비로운 사람은 주님을 빚진 자로 삼고, 주님은 가난한 사람을 자신의 전달자로 부자에게 보내서, 가난한 사람이 부족한 것을 그에게서 빌리게 하시기 때문이다. 그리고 주님의 보답은 하늘의 복으로 돌아온다. 그러므로 그리스도는 친히 이 점을 설명하면서 다음과 같이 명령하신다. "너희 소유를 팔아 구제하여 낡아지지 아니하는 배낭을 만들라 곧 하늘에 둔 바 다함이 없는 보물이니 거기는 도둑도 가까이하는 일이 없고 좀도 먹는 일

---

846 여백에: 그리스도를 우리의 보물로 사용하는 방법.

이 없느니라"[눅 12:33]. 이것은 지상의 재물을 하늘의 보물로 바꾸는 이 행복한 교환에 대한 주님 자신의 지시인데, 이보다 더 나은 증가를 누가 바랄 수 있겠는가? 셋째, 우리는 그리스도 예수를 포기하기보다 오히려 우리가 가진 모든 것을 포기해야 한다. 친구, 재산, 국가, 자유, 아니 우리 자신의 생명과 가장 소중한 심장의 피까지 모두 이 보물을 위해 포기해야 한다. 그래서 좋은 구매자는 "이 보물이 있는 밭을 사기 위하여 자기의 모든 소유를 버린다"(마 13:44). 그러나 만일 우리가 우리의 소유를 버리는 것보다 오히려 그리스도를 버리고자 한다면, 우리는 그리스도를 참된 보물로 삼지 않는 것이다.

이와 같이 우리는 그리스도께서 어떻게 우리의 보물이 되는지 살펴보았다. 그러므로 우리가 살아있는 한, 이 다섯 가지 의무를 양심적으로 실천하도록 노력하자. 그리스도께서 우리의 보물이 될 때, 무엇이 뒤따를 것인지 주목하라. 우리는 번영이 우리를 너무 높이 들어올리거나 역경이 우리를 너무 낮게 끌어내리지 않을 만큼 달콤한 만족감을 우리 마음속에서 찾을 수 있을 것이다. 우리가 이 보물을 확실하게 가지고 있는 동안, 그 어떤 것도, 죽음도, 심판의 날도 우리를 두렵게 하지 못할 것이다.

이처럼 계명의 많은 부분을 다루었고, 이제 그 계명의 특별한 이유가 뒤따른다. "거기는 좀이나 동록이 해하지 못하며 도둑이 구멍을 뚫지도 못하고 도둑질도 못하느니라." 그 이유는 이 보물의 변하지 않는 확실성과 안전성에서 비롯된다. 지상의 보물은 부패하기 마련이고, 도둑에 의해 잃어버릴 수 있지만, 이 하늘의 보물은 그러한 모든 것에서 자유롭다. 왜냐하면 가장 높은 하늘은 부패하거나 도둑과 강도의 폭행을 당하지 않기 때문이다. 그러므로 우리의 보물은 반드시 그곳에 있어야 한다. **질문**. 왜 가장 높은 하늘은 인간의 죄로 인해 다른 모든 피조물이 속박되어 있는 그 허무에서 자유로워야 하는가?[847] **대답**. 우리가 바라보는 위에 있는 하늘과 그 아래 땅과 그 안에 있는 모든 피조물은 창조의 권리에 의해 인간에게 속하지만, 가장 높은 하늘은 하나님의 보좌이다. 그런데 사람이 타락했을 때, 그 자신만 형벌을 받은 것이 아니라, 그의 죄로 인해 허무에 굴복하게 된 그에게 속한 모든 피조물도 형벌을 받은 것이다. 그러나 가장 높은 하늘은 그 저주에서 자유로운데, 왜냐하면 그것은 창조의 권리로 사람에게 속한 것이 아니라, 오직 그리스도 예수 안에서 입양과 구속의 은혜로만 권리와 소유권을 갖는 초자연적인 선물이기 때문이다. 사람이 창조로 말미암아 그것에 대한 권리를 가지지 못했기 때문에, 사람의 죄가 그것을 허무나 부패에 굴복시키는 것은 합당하지 않다. 그러므로 하늘의 보물의 영속적인 안전성에 우리 마음이 끌리고 사랑하고 좋아한다면, 이 하늘의 보물을 위해 우리 자신을 준비하자.

이유들

일반적인 이유

"네 보물 있는 그곳에는 네 마음도 있느니라"(마 6:21). 이 구절에는 두 계명 모두에 공통된 이유가 포함되어 있으며, 우리를 설득하여 두 계명 모두에 순종하도록 하는 경향이 있다. 그 이유는 다음과 같다. **너희 보물 있는 곳에는 너희 마음도 거기 있을 것이다. 그러나 너희 마**

---

847 여백에: 가장 높은 하늘은 어떻게 허무에서 자유로운가.

음은 땅에 두지 말고, 하늘에 두어야 한다. 그러므로 보물을 땅에 쌓아 두지 말고, 하늘에 쌓아 두라.

해설. "보물"이란 (앞서 말했듯이) 다가올 시간을 위해 쌓아 둔 귀중하고 탁월한 것으로 이해되어야 하며, 그것을 우리가 신뢰하고 특별한 기쁨과 즐거움을 느낀다. "마음"이란 사랑, 기쁨, 관심, 욕망, 기쁨과 같이 마음에 자리 잡은 **애정**뿐만 아니라, **생각**과 **상상** 속에 있는 영혼의 보다 내적인 힘도 포함하고, 참으로 노동, 연구, 노력과 같은 행동에서 나타나는 **결과**도 고려해야 한다. 마치 그가 이렇게 말씀하시는 것과 같다. "너희 보물과 너희 마음은 함께 연결되어 있다. 너희가 신뢰하고 주된 기쁨을 취하고 너희 생각이 달려가는 곳이 어디에 있는지 살펴보라. 너희의 사랑, 두려움, 욕망, 관심은 그것에 끌리게 될 것이며, 너희의 주된 고통, 연구, 노력이 그것을 뒤따를 것이다."

적용. 마음과 보물이 함께 가는가? 그렇다면 여기서 첫째, 우리는 우리 자신의 마음 상태를 찾고 시험하는 법을 배울 수 있다. 왜냐하면 그것은 바닥없는 구렁과 같고 "만물보다 거짓된 것이어서 아무도 그것을 능히 알 수 없을지라도"[렘 17:9], 우리가 이 문장을 자신에게 바르게 적용한다면, 우리 마음의 상태를 참되게 판단할 수 있을 것이기 때문이다.[848] **땅의 보물과 땅의 마음, 하늘의 보물과 하늘의 마음,** 이것들은 끊어질 수 없으므로, 여러분이 여러분의 생각을 어디에 쓰는지, 여러분의 사랑과 관심과 기쁨을 어디에 두는지, 여러분의 지혜와 근면과 노동을 어디에 투자하는지 살펴보고, 이로써 여러분의 마음의 성향을 판단하라. 사물이 세속적이고 세상적인 것이라면, 여러

---

848 여백에: 우리 마음의 상태를 시험해보는 방법.

분의 마음은 세속적이고 육적인 것이다. 여러분이 말씀을 듣고, 성례를 받고, 자주 기도한다고 호소할 수 있지만, 이 모든 것이 그리스도 예수를 여러분의 보물로 삼는다는 것을 증명하지는 못할 것이다. 여러분의 마음이 세상에 맞춰져 있다면, 의심의 여지 없이 여러분의 보물이 거기에 있으며, 그것은 여러분의 마음이 세속적이고 육신적이라는 것을 증명하기 때문이다. 반대로, 여러분의 주된 생각과 사랑, 기쁨과 즐거움이 십자가에 못 박힌 그리스도께 있고, 여러분의 특별한 관심과 근면이 그의 공로와 의를 좇는다면, 그리스도는 여러분의 보물이며, 여러분의 마음은 하늘에 있는 것이다.

둘째, 이로써 우리는 하늘에서 우리에게 어떤 분깃이 있는지 알 수 있는데,[849] 이는 우리의 마음이 있는 곳에 우리의 몫이 있기 때문이다. 우리의 생각과 욕망과 근면이 땅의 것에 쏠려 있다면, 땅에 있는 것이 우리의 분깃이지만, 우리가 하늘의 것을 생각하고 그것을 기뻐하며, 그것을 좇아 수고하면, 하늘에 있는 것이 우리의 분깃이 될 것이다. 우리의 분깃이 어디에 있는지를 보여 주는 것은 때때로 종교적 행위를 수행하는 것이 아니라, 마음을 땅이나 하늘에 정착시키는 것이다.

셋째, 마음과 보물의 이러한 결합은 하늘과 영원한 생명의 관점에서 이 세상이나 현세적 삶을 고려하지 말라고 가르친다.[850] 아니, 이런 관점에서 우리는 세상과 현세적 삶을 멸시해야 하는데, 하나님께 배은망덕하지 않고, 그의 손이 행하신 일과 현세적 복을 미워하지 않고, 행할 수 있는 한도 내에서 해야 한다. 왜냐하면 지상의 피조물이 하나님의 작품인 것처럼, 현세적 삶은 영생을 위해 우리 자신을 준비

849 여백에: 하늘에 있는 우리의 권리에 대한 지식.
850 여백에: 하늘과 관련하여 세상을 평가하는 방법.

해야 하는 시간으로 우리에게 주어진 그의 선한 복이기 때문이다. 그러므로 우리는 그것을 마냥 경멸할 수 없으며, 오직 영생과 관련해서만 경멸할 수 있다. 이제 우리는 하늘에 대한 묵상과 영적인 욕망, 기쁨과 즐거움으로 이 세상과 현세적 삶보다 하늘과 영원한 생명에 대한 높은 경외심을 나타내야 한다. 왜냐하면 하늘이 우리의 보물이라면, 우리의 기쁨을 세상적인 것들에서 끌어내어 하늘에 두어야 하기 때문이다.

반대 1

"눈은 몸의 등불이니 그러므로 네 눈이 성하면 온몸이 밝을 것이요 눈이 나쁘면 온몸이 어두울 것이니 그러므로 네게 있는 빛이 어두우면 그 어둠이 얼마나 더하겠느냐"(마 6:22-23). 이 두 구절은 여러 가지 해설이 있는데, 우리가 그 목적과 일관성을 확인하기 전에, 여기서 그것들을 논의해야 한다. 여기서 그리스도의 올바른 목적을 놓치는 것 중 가장 개연성이 높은 한 가지만 다루고, 그 다음에 가장 좋다고 생각하는 것을 제시할 것이다. 어떤 사람들은 "성한 눈"을 **관대한 마음**으로, "나쁜 눈"을 **시기하고 탐욕스러운 마음**으로 이해한다. 따라서 그들은 그리스도께서 여기서 관대함과 탐욕에 대해 말씀하시는 것으로 만든다. 솔로몬이 관대하고 자비로운 사람에 대해 "선한 눈"으로, 탐욕스러운 사람에 대해 "악한 눈"으로 표현했기 때문에, 그 말이 이런 의미를 지닐 것이라는 것은 사실이다. "선한 눈을 가진 자는 복을 받으리니 이는 양식을 가난한 자에게 줌이니라"(잠 22:9). "악한 눈이 있는 자는 재물을 얻기에만 급하니라"(잠 28:22). 그러나 그 말이 이러한 해석을 담고 있을지라도, 여기서 "몸의 등불", "성한 눈", 그리고 "우리 안에 있는 빛"은 모두 하나이자 동일한 것을 표현한 것이기 때문에, 그것은 이곳에서 그리스도께서 의도하신 올바른 의미가 아니다. "우리 안에 있는 빛"은 마음의 이해와 판단이라고 할 수 있다. 다시 말하지만, 여기서 "눈"은 온몸의 등불이라고 불리지만, 관대한 마음이 모든 행위에 대해 온몸의 등불이 될 수 없고, 오직 자비와 너그러운 행위에 대해서만 온몸의 등불이 될 수 있다.

그러므로 여기에서 그리스도의 참된 의미라고 생각하는 것은 다음과 같다.[851] 그 말 자체에는 비유가 다양하게 포함되어 있다. 첫 번째 말씀에서 "몸의 등불은 눈이다"라는 말은 집 안의 촛불에서 가져온 비유이다. 집 안에 켜놓은 촛불이 집과 그 안에 있는 모든 것을 비추는 것처럼, "이 눈의 등불"(곧 이해력)은 온몸을 비추고 그의 모든 행동에서 전인을 인도하기 때문이다. 그 다음 말씀에서 "네 눈이 성하면"에서 23절 끝까지는 두 번째 비유로 그 의미는 다음과 같다. 육신의 눈이 선하고 맑으면, 자신을 바른길로 인도하여 발이 걸려 넘어지지 않게 할 수 있지만, 그의 눈이 희미하고 어두우면, 걸을 때 비틀거릴 수밖에 없다. 그가 한쪽 눈이 없거나 눈이 완전히 멀었다면, 그는 비틀거리거나 방황하지 않고 스스로 걸을 수 없다. 이와 마찬가지로 마음의 눈인 이해력이 건전하고 맑아서 선과 악을 판단할 수 있다면, 삶 전체가 잘 정돈된 것이다. 그러나 판단이 잘못되면 삶에 많은 혼란이 생기고, 판단력이 완전히 사라지면 잔인한 혼란 외에는 아무것도 남지 않는다.

이와 같이 이 말씀 안에 비유가 있다. 이제 그것들의 의미는 이것이다. "몸의 등불은 눈이다"라는 첫 번째 말씀은 분명하다. 즉, 집안의 등불이 집주인의 일을 비추듯이, 눈은 몸의 방향을 비추어 준다.

---

851 역자주, 여백에: 참된 의미.

"네 눈이 성하면, 등." "눈"이란 여기서 육체의 눈과 닮은 마음을 의미한다. 그리고 "성한 눈"은 선과 악, 해야 할 일과 하지 말아야 할 일을 판단할 수 있는 이해력 있는 마음이다. "온몸이 밝을 것이요." "몸"은 **생명**을 의미하고, "빛"은 **잘 정돈되고 지시된 것**을 의미하는데, 이는 눈이 몸의 정돈을 위해 몸에 있는 것과 같이, 마음은 삶을 인도하기 위해 생명에 있기 때문이다. "눈이 나쁘면, 등." "나쁜 눈"은 **부패한 마음**으로 이해력이 어두워지고 판단력이 타락하여, 선과 악, 해야 할 일과 하지 말아야 할 일을 바르게 분별할 수 없는 상태이다. "온몸이 어두울 것이니." 즉, 너희의 모든 행동에서 너희의 삶 전체는 죄와 무질서로 가득 차게 될 것이다. "그러므로 네게 있는 빛이 어두우면." 즉, 타락 후 사람에게 남은 이성과 판단의 본성적 빛이 상당히 소멸되었다면. "그 어둠이 얼마나 더하겠느냐?" 즉, 그의 타락과 무질서는 놀라울 것이다. 진실로, 혼란이 가득하여 그의 삶과 짐승의 삶 사이에 아무런 차이가 없을 것이다. 이것이 그리스도의 올바른 의미라고 생각한다.

일관성. 이 말씀은 사람의 마음이 그 두 계명에 대해 가질 수 있는 은밀한 반대에 대한 하나의 대답으로서, 다음과 같은 취지로 앞 구절에 의존한다. 하늘에 보물을 쌓아야 하고 땅에 보물을 쌓아 두는 것을 피할 필요가 있다면, 왜 우리 시대의 가장 지혜롭고 학식 있는 사람들이 그렇게 하지 않는가? 그들은 하늘의 보물보다 땅의 보물을 더 많이 추구한다. 이에 대해 그리스도는 다음과 같이 대답하시는데, 마치 그가 이렇게 말씀하셨던 것과 같다. "이것을 기이히 여기지 말아야 하는데, 이는 그들이 다른 것을 분별할 수 있는 성한 눈, 이해력 있는 마음이 없어서 참된 보화를 바르게 판단할 수 없고, 하늘의 것을 알지 못해 땅의 보화만을 추구하기 때문이다." 이제 우리는 그리스도의 말씀을 이렇게 인식할 수 있도록 그리스도께서 여기서 다음을 전제하신다는 것을 알아야 한다. 즉, 모든 사람의 눈은 성하거나 타락했거나 멀었고, 그래서 좋은 이해력인 "성한 눈"은 모든 사람, 모든 지혜롭고 학식 있는 사람이 아니라, 오직 하나님께서 자비로 그것을 주신 사람들에게만 해당된다. 그러나 **부패한 눈**은 모든 사람에게 자연스럽게 다가온다. 어떤 사람들은 죄로 인해 본성의 빛을 꺼버려서 영적인 일에 무감각해진다. 그러므로 모든 사람은 본래 성한 눈이 없고 부패한 눈을 가졌으며, 참으로 많은 사람이 눈이 멀어서 참된 보물을 분별하지 못하여 하늘의 것을 떠나 땅의 것에 매진한다.

이와 같이 우리는 마음의 눈이 멀어 진정한 영적 보물을 분별할 수 없는 탐심의 주요 원인으로 인도하는 그 의미와 그 일관성 모두를 볼 수 있다. 이제 이 말씀에서 다음 세 가지 요점을 다루어야 한다. 첫째, 성한 눈과 그 열매가 무엇인지, 둘째, 나쁜 눈과 그 열매가 무엇인지, 셋째, 어둡고 눈먼 눈과 그 열매가 무엇인지이다.

요점 1

성한 눈은 참된 하늘의 지혜가 어느 정도 부여된 사람의 마음이며, **그 열매**는 **몸에 빛을 비추는 것**이다. 이 성한 눈을 더 잘 알기 위해 우리는 진정한 지혜가 무엇인지 찾아야 한다.[852] 이 참된 하늘의 지혜는 누구나 고백하거나 가질 수 있는 일반적인 은사가 아니라, 그리스도 안에 있는 하나님의 특별한 은사이며, 그를 진정으로 믿는 사람들에게만 주어지는 특별한 은사이다. "그리스도는 하나님으로부터 나와서 우리에게 지혜가 되었다"(고전 1:30). 그가 우리의 지혜일 뿐만

---

[852] 여백에: 참된 하늘의 지혜란 무엇인가.

아니라, 우리가 오직 그리스도와 십자가에 못 박히신 그를 알 때 진정으로 지혜롭게 되며, 또한 그는 우리의 모든 지혜가 솟아나는 뿌리이기도 하기 때문이다. 왜냐하면 믿음으로 그리스도께 접붙임을 받은 우리는, 말하자면 "그의 살 중의 살이요 그 뼈 중의 뼈"[엡 5:30]가 되기 때문이다. 따라서 그의 순종의 전가로 말미암아 의롭게 될 뿐만 아니라, 또한 그에게서 선천적인 거룩함과 지혜를 받는다. 가지가 줄기에서 나오고, 열매가 뿌리에서 나오는 것처럼, 우리의 지혜와 거룩함은 그의 지혜와 거룩함에서 나온다. 이 지혜는 마귀와 그의 천사들이 많은 것을 알고 있음에도 불구하고, 그들에게는 전혀 해당되지 않고, 명목상의 모든 그리스도인에게 임하는 것이 아니라, 오직 믿음으로 그의 신비적 몸의 지체들에게만 임하는 것이다.

이 하늘의 지혜에는 두 가지 행동이 있다.[853] 첫째, 서로 다른 것들을 올바르게 분별하고, 한 가지를 다른 것과 영적으로 구별하는 것이다. 바울은 빌립보 교인들을 위해 "그들의 사랑이 지식과 모든 판단이나 감각[854]으로 점점 더 풍성해져서 서로 다른 것을 분별할 수 있기를"(빌 1:9) 기도했다. 즉, 선과 악, 하늘과 땅, 해야 할 일과 하지 말아야 할 일을 분별하는 것은 오랜 관습을 통해 이것을 획득한 종교적으로 성숙한 사람들의 특성이다(히 5:14). 따라서 하나님의 자녀는 첫째, 모든 거짓 선생의 음성에서 참 목자인 그리스도의 음성을 분별할 수 있다. 둘째, 이 분별의 은사로 그는 세례의 물과 다른 모든 물을 구별할 수 있고, 주님의 식탁에 있는 떡과 포도주와 일반 떡과 포도주를 구별할 수 있다. 셋째, 이로써 교회와 교회의 모든 참된 지체들은 죄에 대한 하나님의 재앙과 저주에서 아버지의 징계를 구별하

---

853 여백에: 참된 지혜의 행동들.
854 여백에: αἰσθήσει.

여 십자가들을 올바로 판단할 수 있다. 넷째, 이로써 그는 하나님의 일들, 심지어 자신의 선택, 소명, 양자됨, 칭의까지도 분별하여 이해할 수 있다. 다섯째, 한마디로 그는 세속적인 보물과 참된 보물을 분별할 수 있다. 이로써 그는 지상의 것들보다 천상의 것들이 탁월하다는 것을 알게 된다. 자연인은 이런 일들을 분별할 수 없지만, "영적인 사람은 모든 것을 분별한다"(고전 2:15). 그에게 무슨 일이 닥치든, 그는 그 안에서 자신의 유익을 위해 일하시는 하나님의 손길을 볼 수 있고, 그 안에서 하나님의 지혜와 권능과 섭리를 분별할 수 있다. 이 모든 것에서 우리는 이 하늘의 지혜가 가장 탁월하게 사용된다는 것을 이해할 수 있다.

이 하늘의 지혜의 두 번째 행동은 해야 할 일과 하지 말아야 할 일, 관행과 행동에서 선한 것과 악한 것을 판단하고 결정하고 선고하는 것이다.[855] 여기서 한 가지 기억해야 할 것은 이 지혜의 주된 요점은 인간의 전 생애가 지향해야 할 참된 행복을 결정하는 것이다. 이 **행복은 그리스도 안에 있는 하나님의 사랑과 은총**이다.[856] 여기서 다윗은 세상의 지혜와는 전혀 다른 하늘의 지혜를 보여 준다. "여러 사람의 말이 우리에게 선을 보일 자 누구뇨?"(시 4:6). 여기에 세속적인 사람의 행복이 있다. "그러나 여호와여 주의 얼굴을 들어 우리에게 비추소서." 여기에 진정한 행복이 있다. 그래서 바울은 이방인들 가운데 가장 지혜로운 사람 사이에서 나아와서 "그리스도와 십자가에 못 박히신 것 외에는 아무것도 알지 아니하기로 작정했다"(고전 2:2)고 고백한다. "그리스도를 아는 탁월한 지식으로 말미암아 그는 모든 것을 해로 여겼다"(빌 3:8). 그리고 그 동일한 것이 우리의 지혜여야 한

---

855   역자주, 여백에: 참된 지혜의 두 번째 행동.
856   여백에: 참된 행복을 분별하는 것이 참된 지혜이다.

다. 사람이 인간의 모든 학문과 책략을 가지고 있다 할지라도, 참된 행복을 올바르게 분별하지 못한다면, 그의 모든 지혜는 어리석은 것으로 입증될 것이다. "이 세상 지혜는 하나님께 어리석은 것이기"[고전 3:18-19] 때문이다. 그러므로 "누구든지 이 세상에서 지혜 있는 것 같으면 어리석은 자가 되어 지혜를 얻으라." 즉, 세상에 대해 어리석은 사람은 오직 십자가에 못 박힌 그리스도를 아는 지식을 참된 지혜로, 그리스도 안에 있는 하나님의 은총을 참된 행복으로 여김으로써, 하나님 보시기에 참으로 지혜로운 자가 될 것이다. 이 하늘의 지혜의 또 다른 주요한 부분은 영적이고 경건한 준비인데,[857] 이로써 우리는 반드시 진정한 행복을 찾아내고 획득할 수 있을지 예고한다. 여기에서 하늘의 지혜의 능력이 나타난다. 이것이 없으면 사람이 옳은 것을 분별할지라도, 그의 지식과 지혜는 불완전하고 무익하다. 따라서 우리는 이 하늘의 지혜의 행동들을 보고 하늘의 지혜를 다음과 같이 묘사할 수 있다.[858] **그것은 그리스도 안에 있는 자들에게 주어진 하나님의 성령의 은사이며, 이로써 그들은 서로 다른 것들을 분별할 수 있고, 인간의 삶이 지향해야 할 진정한 행복이 무엇인지 판단하고 결정할 수 있으며, 또한 어떤 좋은 수단으로 그것을 획득할 수 있는지 예고하고 준비할 수 있다.** 그리고 이것이 어느 정도 진정으로 부여된 사람의 마음은 **성한 눈**을 가지고 있다.

이제 이 성한 눈의 열매는 **온몸을 밝게 만드는 것**이다.[859] 즉, 삶 전체를 질서 있게 하여 의의 길로 인도하며 선한 일을 넘치게 하는 것이다. "내 열매는 정금보다 낫다. 나는 정의로운 길로 행하며 공의

---

857 여백에: 영적 준비.
858 여백에: 참된 지혜가 묘사되다.
859 여백에: 성한 눈의 열매.

로운 길 가운데로 다닌다"(잠 8:19-20). "지혜로운 자의 마음은 그의 입을 슬기롭게 하고 또 그의 입술에 지식을 더하느니라"(잠 16:23).

적용. 첫째, 이런 지혜가 부여된 마음이 이렇게 칭찬받는다는 것을 고려할 때, 이로써 우리는 특별한 방식으로 그것을 얻기 위해 노력해야 한다.[860] 우리에게 이런 의무를 촉구하는 우리 구주 그리스도의 지혜에 대한 칭찬 외에, 영혼과 육체에 영향을 미치는 독특한 것이 우리를 감동시켜 그 지혜에 영향을 받아야 한다. 이제 우리는 이 하늘의 지혜를 더 잘 획득하기 위해 다음 두 가지를 특별히 주의해야 한다.[861] 첫째, "우리 마음에 하나님을 경외하는 것이 하늘에 속한 지혜의 근본이다"(시 111:10). 이제 하나님께 대한 이 경외심은 하나님을 향한 경건한 두려움으로, 범사에 범죄하기를 두려워하고 하나님을 기쁘시게 하려고 조심한다. 우리가 하나님의 말씀을 경건하게 받아들이고, 그 말씀을 들을 때 우리 자신의 영혼에 적용하며, 그 말씀이 양심에 닿을 때 떨며, 히스기야가 선지자의 책망에 "여호와의 말씀이 좋소이다"[사 39:8]고 말한 것처럼, 분노하거나 불평하지 않고, 겸손하게 그 말씀에 복종한다면, 우리는 이것을 얻을 것이다. 둘째, 우리는 전적으로 마음의 눈을 감고, 기록된 하나님의 말씀이 범사에 우리를 다스리고 명령하도록 해야 한다. 이것이 다윗의 습관이었다. 그는 "하나님의 말씀을 쉬지 않고 묵상하며"[시 119:67], "그 말씀이 그의 발에 등불이 되고 그의 길에 빛이 되게"[시 119:105] 했다. 그리하여 그는 "원수보다 지혜롭고 모든 스승보다 더 많은 명철을 얻었다"[시 119:98-99].[862] 여러분은 참으로 지혜로운 사람이 되기를 원하는가?

---

860 여백에: 우리는 하늘의 지혜를 얻기 위해 노력해야 한다.
861 여백에: 그것을 얻는 방법.
862 역자주, 원문과 영문판은 시 119:98로 기재하고 있다.

그렇다면 세상에 대해 어리석은 자가 되고, 자신의 지혜를 의지하지 말며, 하나님의 말씀을 여러분의 모든 지침으로 삼으라.

둘째, 이로써 우리가 "모든 행실에서 지혜롭게 행하라"[골 4:5, 엡 5:15]는 교훈을 배움으로써, 우리는 이 성한 눈을 가진 것으로 드러날 수 있다. 이에 대해 바울은 종종 우리에게 권면한다. 그래서 모든 선한 행동에서 관찰되어야 하는 다음 네 가지 규칙에 따라 우리가 모든 삶에서 행동할 때, 지혜롭게 행할 수 있다.[863] 첫째, 우리가 하는 일은 정의로워야 한다. 둘째, 그 효과를 발휘하는 수단 또한 정의로워야 한다. 셋째, 우리는 소명의 범위와 한계 내에서 우리 자신을 지켜야 한다. 넷째, 우리는 정직하고 올바르며 한결같은 마음으로 그 일을 해야 한다. 그리고 우리가 이 네 가지 규칙에 따라 지혜롭게 일하기 위해서는 무엇이 정의로운지, 무슨 수단이 정의로운지, 우리의 소명의 영역이 무엇인지, 언제 우리가 올바르고 한결같은 마음으로 일하는지 알려주는 하나님의 말씀을 항상 가지고 있어야 한다. 그렇게 할 때, 우리의 일은 지혜롭게 될 것이며, 우리는 하나님의 승인과 칭찬을 받게 될 것이다.

셋째, 이 영적 지혜의 성한 눈이 우리 삶을 의로 빛나게 하는 것을 볼 때, 우리는 이 영적 지혜로 우리의 자연적 지혜를 통제하는 법을 배워야 한다.[864] 자연적 지혜는 하나님의 칭찬할 만한 선물이지만, 이 영적인 지혜가 없으면 하나님의 일에 어리석으며, 참으로 자연적인 행동이 매우 부패하게 된다. 따라서 우리는 그것을 통제하고 거룩하게 만드는 이 하늘의 지혜와 결합해야 한다. 그리하여 그것을 사용하는 것이 하나님의 영광에 도움이 되어야 한다. 자연적 지혜가 뛰어

---

863 여백에: 지혜롭게 행하는 방법.
864 여백에: 자연적 지혜를 통제하는 방법.

난 사람들이 영적 지혜로 그 지혜를 통제하기를 고려하지 않는 것은 이 시대의 불행이다. 이로 인해 매우 중요한 문제에서 많은 일탈이 발생하는데, 하나님의 공의는 하늘의 지혜를 멸시하고 전적으로 자신의 지혜에 의존하는 그들의 행위를 저주하는 것이기 때문이다.

넷째, 참된 행복을 어떻게 획득하는지 예고하는 영적 준비가 참된 하늘의 지혜임을 볼 때, 우리가 삶에서 주의 깊게 준비해야 참된 행복을 얻을 수 있다.[865] "부자의 밭에 소출이 많을 때에 그가 다가올 때를 위해 창고를 준비한 것은 얼마나 지혜로운가?"[눅 12:17-18]. 그러나 하나님은 그를 "어리석은 자"라고 불렀는데, 왜냐하면 그는 자신의 영혼의 상태에 대해 관심을 가지거나 준비하지 않았기 때문이다. 그러므로 "다섯 처녀"는 "어리석은 자"라고 불리는데, 그들은 등불이 켜진 것으로 만족하고, 자기 그릇에 기름을 준비하지 않았기 때문이다[마 25:3]. 그리고 오늘날 너무나 많은 사람들이 외적인 고백에 만족하고 구원의 은혜를 준비하지 않는다. 그러나 사람이 세상의 모든 지혜를 가지고 있고, 그의 지혜로 마음이 원하는 것을 이 땅에서 획득할 수 있다 할지라도, 진정한 행복을 준비하지 못한다면, 그의 모든 지혜는 미친 짓에 불과하다. 아히도벨에게서 이것을 보라. 세상적인 것에 대한 "아히도벨의 계략은 하나님께 물어서 받은 말씀과 같은 것이었지만"[삼하 16:23], 자신의 영혼의 참된 행복을 준비하는 영적 지혜가 없었기 때문에, 그의 마지막은 부끄럽고 두려운 것이었는데, 이는 불만을 품고 "그가 가서 목을 매었기"[삼하 17:23] 때문이다. 그러므로 참된 행복을 위해 이 지혜로운 준비를 실천하고, 이에 대한 확신을 얻기 전까지는 절대 안심하지 않아야, 우리가 진정

---

865 여백에: 영적 준비의 실천.

으로 지혜롭다는 것을 보여 줄 수 있다. 우리가 이것에 실패하면, 우리는 모든 것에서 실패한다. 그러므로 슬기로운 처녀들처럼 우리도 그릇에 기름을, 우리 마음에 하나님의 성령의 구원하는 은혜를 받아, 신랑 예수 그리스도께서 올 때, 그와 함께 영광에 들어가자. 이상와 같이 성한 눈과 그 열매에 대해 많이 다루었다.

요점 2

다루어야 할 두 번째 요점은 이 말씀 가운데 있는 **악한 눈과 그 열매**이다. "눈이 나쁘면 온몸이 어두울 것이니." "악한 눈"은 본성적으로 이해의 빛을 가지고 있지만, 아담의 타락으로 인한 죄의 부패로 인해 놀랍도록 눈이 멀고 어두워진 사람의 마음이다.[866] 그리고 여기서 더 나은 교훈을 얻기 위해, 우리는 아담의 타락으로 인해 사람의 마음은 두 가지 흠결을 갖게 되었다는 것을 알아야 한다. 첫째, 그것은 영적인 것들을 분별하고 판단하는 은사를 잃어버렸고, 악을 선으로, 땅의 것을 하늘의 것으로, 거절해야 할 것을 선택해야 할 것으로 착각한다. 이것은 하나님과 우리 자신을 아는 참된 지식에 있어서 우리의 소경됨과 무지로 인해 명백하다. 첫째, **하나님에 대하여** 우리는 참된 지식이 없다. 사람의 마음은 본성상 하나님께서 존재하신다는 것을 알지만, 본성적으로 **하나님의 임재**를 인정하려 하지 않는다.[867] 만약 그가 인정했다면, 그는 많은 사람 앞에서 행하기를 두려워하고 부끄러워하는 그러한 죄를 하나님 앞에서 양심의 가책이나 두려움 없이 범하지 않았을 것이다. 둘째, 마음은 본성상 **하나님의 특별한 섭리**를 인정하려 하지 않는다. 왜냐하면 수단이 실패하여 궁핍하

---

866 여백에: 아담의 타락으로 인한 마음의 부패.
867 여백에: 하나님에 관한 인간의 무지.

·

거나 고통을 당할 때, 그의 마음이 자기 안에서 죽어 있고, 하나님께 대한 희망보다 사람의 도움에 대한 약속이 그를 더 격려한다는 것은, 그가 자신의 창조주보다 피조물을 더 신뢰한다는 것을 분명하게 보여 주기 때문이다. 셋째, 사람의 마음은 본성상 **하나님의 공의**를 인정하지 않는데, 이는 사람이 비록 죄를 범할지라도, 형벌을 피할 수 있다고 본성적으로 생각하기 때문이다(신 6:16).[868] 넷째, 사람은 하나님께서 경배받으셔야 한다는 것을 알고 있지만, 마음은 본성적으로 **하나님의 올바른 경배**를 분별하지 못한다. 여기서 "미련한 마음은 어둠으로 가득 차서 하나님을 우상으로 바꾼다"(롬 1:21-23). 그리고 한 마디로, "육에 속한 사람은 하나님의 일을 깨닫지 못하고 알 수도 없나니 이는 영적으로 분별되기 때문이라"(고전 2:14)는 말씀은 그가 악한 눈을 가지고 있음을 분명하게 보여 준다.

둘째, **우리 자신에 대하여** 마음은 분별의 은사를 잃어버렸다.[869] 왜냐하면 첫째, 그 누구도 본성적으로 **자기 마음의 우둔함**을 아는 사람이 없고, 하나님의 일에 있어서 완전히 어리석은 자들인데도, **스스로 지혜롭다고 생각하기** 때문이다[롬 1:22]. 둘째, 사람은 **자신의 죄**를 올바로 분별할 수 없으며, 그의 양심이 그를 종종 비난할지라도, 본성적으로 그 죄의 사악함을 볼 수도 없는데, 이는 만약 그가 바르게 분별했다면, 지금처럼 죄를 짓지 않았을 것이기 때문이다. 셋째, 사람은 본성적으로 자신의 **연약함과 필멸성**을 잘못 판단하는데, 왜냐하면 그렇게 장수한 사람이 없음에도, 그는 더 오래 살 수 있다고 생각하기 때문이다. 모세가 "하나님께 그들의 날을 세도록 가르쳐서

---

868 역자주. 원문에서 퍼킨스는 신 26:16을 지적하고 있으나, 이 구절은 본문의 내용에 적합하지 않고, 맛사의 시험을 언급하는 신 6:26이 더 적합하다.

869 여백에: 자신을 아는 지식에 있어서 사람의 마음이 눈멀어 있음.

그들의 마음이 지혜를 얻도록 기도했을"[시 90:12] 때, 그는 이것을 알았다. 넷째, 본성적으로 사람들은 **그들의 삶의 목적과 목표를 바르게 분별할 수 없다.** 왜냐하면 우리가 하나님의 영광과 형제들의 유익을 목표로 삼고, 사람들의 유익을 위해 하나님을 섬겨야 하지만, 우리는 본성상 이것에 대해서는 거의 생각하지 않고, 전적으로 우리 자신의 유익과 칭찬을 구하기 때문이다. 다섯째, 우리는 **우리 자신의 참된 행복**을 본성적으로 분별할 수 없는데, 왜냐하면 우리는 외적인 것으로 참된 행복을 측정하고, 부유하고 명예로운 사람을 행복한 사람으로, 가난한 사람을 비참한 사람으로 여기기 때문이다. 이 모든 것을 통해 마음이 올바른 분별의 은사를 잃어버렸다는 것은 무엇보다 분명하다.

마음에 있는 부패의 두 번째 흠결은 마음이 지배하고 지시해야 할 것들에 대한 **노예적 복종**이다. 왜냐하면 그것은 본성적으로 다음 세 가지 부적절한 안내에 지배되기 때문이다. 첫째, 부패한 의지와 애정에 의해 부적절하게 지배받는다. 둘째, 마음속에 던져진 마귀의 사악한 시험, 참으로 시험이 있는 한, 시험을 받는 마음이 그러하다. 셋째, 세상과 그 안의 악한 본보기들에 의해 마음이 지배받는다. 왜냐하면 사람들은 본성적으로 시대에 따라 흔들리고 일반적인 길을 가장 안전한 길이라고 생각하기 때문이다. 이런 관점에서 그것은 악한 눈이라고 불린다.

이제 악한 눈의 열매는 "온몸을 어둡게 만드는 것"이다. 다시 말해, 사람의 전 생애가 무질서와 불의로 가득 차 있다. 선과 악을 분별하고 그에 따라 지도해야 할 것이 무력화되면, 어떻게 그렇지 않겠는가?

적용. 첫째, 우리는 본성상 악한 눈을 가지고 있음을 알기에, 자신 안에서 그것을 분별하도록 부지런히 노력하고, 본성상 하나님과 우리 자신을 올바로 판단할 수 없다는 것을 발견하도록 부지런히 애써야 한다.[870] 이것이 우리 자신의 선천적 소경됨을 분별하는 참된 지식에 이르는 첫 단계이다. 우리가 그것을 어느 정도 우리 자신 안에서 지각할 때까지, 우리는 마땅히 알아야 할 그 어떤 것도 알지 못하는 것이다. 또한 우리가 그것을 알 때, 우리의 삶 전체에 혼란을 일으킬 정도로 부패한 마음을 가지고 있다는 사실로 인해, 우리의 비참함에 대해 애통해야 한다. 진실로, 우리는 이 악한 눈에 대해 떨며 두려워해야 한다. 육체적 어둠은 두려움을 일으키지만, 이 영적 어둠은 훨씬 더 위험하다. 그 어둠으로 말미암아 영혼은 사탄의 권세 아래서 하나님의 시야로부터 가려지기 때문이다. 그러므로 우리는 스스로 이 악한 눈을 분별하고, "내게서 안약을 사서 네 눈이 보게 하라"(계 3:18)는 우리 구주 그리스도의 권고를 따라야 한다. 즉, 우리는 그의 말씀의 거룩한 사역에서 성령의 깨우침을 얻어야 하는데, 이것이 바로 "우리에게 모든 것을 가르치는 기름부음이며"(요일 2:27), 우리가 이 기름부음을 진정으로 받을 때, 우리의 악한 눈이 온전하게 되기 때문이다.

둘째, 이로써 우리는 그들의 마음 상태와 관련하여 세상 풍습이 책망받아 마땅하다는 것을 알 수 있는데, 이는 젊은이와 노인 모두가 어디서나 이 악한 눈으로 만족하기 때문이다.[871] 만일 하나님께서 존재하시며, 이 하나님께서 경배와 사랑과 경외를 받으셔야 하며, 우리가 이웃을 우리 몸과 같이 사랑해야 한다고 말할 수 있다면, 그들은 말하는 것 이상으로 더 나아가지 않는다. 그러나 사람이 만일 광야에

---

870 여백에: 악한 눈의 열매.
871 여백에: 사람들은 악한 눈으로 만족한다.

서 성장했다면, 그는 본성의 빛으로 이 모든 것을 알 수 있었을 것이다. 악한 눈은 이렇게 많은 것을 보지만, 보는 것으로 만족해서는 안 된다. 왜냐하면 더 이상 아무것도 없다면, 삶은 여전히 어둠으로 가득 차 있고, 영혼은 이 모든 것과 함께 완전한 어둠으로 들어갈 수도 있기 때문이다. 그러므로 우리는 온전한 눈을 가져야 한다는 것을 기억해야 하는데, 그렇지 않으면 우리는 그리스도의 학교의 학생이 아니다. 참으로, 어떤 사람들은 설교자들이 하나님을 사랑하고 네 이웃을 네 몸과 같이 사랑하라는 것 외에는 사실상 아무 말도 할 수 없다고 항변하지만, 이런 사람들은 자신들이 무엇을 말하는지 알지 못하며, 자신들의 무지로 스스로를 축복한다. 그들은 은혜가 자연에 부여되어, 그것을 거룩하게 해야 하며, 영적 지식이 자연적 지식과 결합되어야 한다. 그렇지 않으면, 우리는 악한 눈으로 남을 뿐이라는 것을 알아야 한다. 만일 우리가 도덕에 관한 일반적인 혼란스러운 지식 외에 아무것도 가진 것이 없다면, 그것은 우리를 구원으로 인도하는 것이 아니라, 오히려 마지막 날에 변명할 여지가 없게 만드는 것일 뿐이다. 다시 말하지만, 책망할 만한 또 다른 일반적인 잘못은 사람들이 자연적인 개혁으로 만족한다는 것이다. 그들은 하나님을 경배하고 사랑해야 하며, 우리가 정의롭게 행동하고, 이웃을 사랑해야 한다는 것을 인정하지만, 소경의 눈도 이와 같은 것들을 볼 수 있다. 단순히 예의 바른 사람은 여기까지 갈 수 있지만, 그의 삶은 어둠 가운데 있을 뿐이다. 이 모든 개혁은 다만 자연적인 것이다. 그러므로 우리는 하나님의 성령으로 새롭게 된 마음과 복음에 따라 개혁된 삶을 위해 노력해야 하는데, 왜냐하면 아무리 예의 바른 행실이 사람들에게 칭찬을 받을지라도, 주님의 날에 우리를 구원하지 못하기 때문이다.

셋째, 이 악한 눈이 본성상 모든 사람에게 있는가? 그렇다면 우리는 구원의 문제에 있어서 우리 스스로, 그리고 우리 자신에게서 지혜롭게 되지 않도록 조심하라.[872] 여기서 하나님의 말씀은 우리의 지혜가 되어야 한다. "너희는 각 사람이 자기 보기에 선한 대로 행하지 말고 오직 내가 너희에게 명하는 대로 행하라"(신 12:8, 11). 그러므로 우리가 어떻게 하나님을 경배할지, 또는 우리가 어떻게 구원을 받을지 스스로 정할 수 없다. 그럼에도 불구하고 우리의 맹목적인 추정은 우리가 이러한 일에 있어서 스스로 주인이 되리라는 것이다. 튀르키예 사람은 자신의 종교를, 유대인은 자신의 종교를, 교황주의자는 자신의 종교를 가지고 있으며, 모두 하나님의 진리에서 벗어나 있지만, 이들 모두는 그들의 종교에서 구원받기를 기대한다. 이들 각각은 하나님을 예배하는 방식이 다르며, 모두 참된 예배에서 벗어나 있다. 그러나 그들은 모두 하나님께서 그들의 섬김을 매우 기뻐하신다고 확신한다. 이와 같이 우리 가운데 있는 육에 속한 사람들도 마찬가지이다. 그들은 세상적인 일에는 충분히 현명할지라도, 자신들의 영혼 구원을 위해 스스로 자신의 길을 결정하고, 설교자는 그가 원하는 대로 말하게 내버려 둔다. 어떤 사람들은 마지막에 회개하고 그들의 영혼을 하나님께 맡기면, 그것으로 충분하다고 생각한다. 다른 사람들은 그들의 선행으로 구원받기를 기대하고, 또 다른 사람들은 그들의 믿음으로 구원받기를 기대하지만, 실상은 그들 자신의 선한 뜻과 잘 살려는 의도로 구원을 받으려 하는데, 하나님의 말씀과 약속을 알지 못하는 그들에게 무슨 믿음이 있겠는가? 이와 같이 사람들은 그들 자신의 지혜로 구원받고자 하고, 이로써 마귀는 많은 영혼을 멸망시

872　여백에: 구원의 문제에서 자만하지 말라.

킨다. 그러나 하나님을 지혜로운 분으로, 모든 사람을 어리석은 자들로 삼고, 하나님의 것들에 우리 자신을 복종시켜, 그의 기록된 말씀에 의해 전적으로 통치되고 인도를 받게 하자. 유대인처럼 그리고 교황주의자처럼 구원의 문제에서 우리 자신의 자만심을 확립하려다가 영혼을 멸망의 구덩이에 빠뜨리지 않도록 하자.

넷째, 마음의 눈이 본성적으로 부패한 것인가? 그렇다면 우리는 더 나은 눈을 위해 노력해야 한다.[873] 즉, 우리의 구원을 위한 하나님의 자비와 삶과 죽음에 필요한 모든 것을 그의 섭리에 의지하는 **믿음의 눈**이다. 이 눈은 자연적 지식에 부족한 것을 공급한다. 이로써 우리는 하나님과 우리 자신에 대해 올바르게 분별한다. 믿음은 우리가 멀리 볼 수 있게 해준다. 참으로, 이로써 우리는 보이지 않는 것들을 보는데, "왜냐하면 믿음은 보이지 않는 것들의 증거이기 때문이다"(히 11:1). 믿음으로 아브라함은 "그리스도의 때를 보고 기뻐했다"(요 8:56).[874] 그리고 모든 족장들은 "멀리서 하나님의 약속을 보았다"(히 11:13). 이것은 우리가 하늘 도성을 향한 그들의 발자취를 따라 걷도록 힘을 줄 것이다. 그러므로 우리가 이 믿음을 얻자. 그래서 약속의 자녀가 되어, 그 씨{자손}로 여김을 받을 수 있다. 이상과 같이 악한 눈에 대해 많이 다루어 보았다.

---

873 여백에: 믿음의 눈을 추구해야 한다.

874 역자주, 원문과 영문판은 요 8:58로 기재하고 있다.

세 번째 종류의 눈은 **소경의 눈**으로, 다음의 말씀 가운데 그 열매와 함께 제시되어 있다. "그러므로 네게 있는 빛이 어두우면 그 어둠이 얼마나 더하겠느냐?" 눈이 먼 이 사람의 상태를 더 잘 분별하려면, 우리는 "빛"과 "어둠"이 무엇을 의미하는지 알아야 한다. "빛"이란 본성상 마음속에 있는 하나님, 공의, 선과 악에 대한 지식을 의미한다. 이제 이것이 완전히 꺼질 수는 없지만(살아있는 가장 사악한 악인과 무신론자에게는 이 빛의 작용인 약간의 양심이 남아 있기 때문에), 너무 묻히고 덮여서 빛이 나타나지 않고 아무 소용도 없기에 "어둠"이라고 말한다. 이것은 하나님께서 존재하지 않는다거나 성경이 하나님의 말씀이라는 것을 부인할 때와 같이 배교적 의미로 버림받은 자들의 상태이다. 이 사람들에게는 본성적 빛이 어둠이 되었다. 그리고 그들 안에 있는 이러한 변화의 원인은 그들의 부패한 의지와 반항적 정서인데, 이것은 자연적 지식과 양심을 압도하여 사람들로 하여금 실제적인 죄에 빠지게 하여, 마침내 그들은 탐욕스럽게 그리고 양심의 가책 없이 죄를 범하게 된다. 진실로, 양심과 본성의 빛에 반하여, 이 두 가지 모두를 묻어버려 완전히 꺼진 것 이상으로 쓸모없게 만든다.

이제 본성의 빛이 이처럼 꺼진 곳에서 그 열매는 가장 눈에 띄는 어둠뿐이다.[875] "그 어둠이 얼마나 더하겠느냐?" 그 사람의 삶에는 교만, 탐욕, 시기, 신성모독, 그리고 부자연스럽고 불결한, 지옥 같은 행동으로 인한 잔인한 혼란 외에는 아무것도 없다(롬 1:27, 29).

적용. 자연의 빛이 이렇게 꺼질 수 있다는 것을 고려할 때, 우리는 첫째, 우리 자신의 사악함에 대해 진지하게 고려해야 한다.[876] 왜

---

875 여백에: 소경의 눈의 열매.

876 여백에: 우리의 본성적 사악함을 고려하는 동기.

냐하면 본성적으로 우리 안에는 (우리 중 가장 좋은 사람일지라도) 은혜로 억제되거나 새로워지지 않으면, 본성의 빛을 어둡게 하고 거의 꺼뜨리는 것과 같은 반역적인 정욕과 저주받은 욕망이 있기 때문이다. 이것은 우리를 사악하게 만들고, 그러한 타락을 키우고, 죄를 그렇게 존중하게 만들어, 아담의 타락에도 불구하고 아직 우리에게 남아 있는 그 빛마저 꺼뜨릴 것이다.

둘째, 이로써 우리는 우리의 타락한 욕망과 통제되지 않는 애정을 죽이기 위해 특별한 주의를 기울여야 하는데, 그렇지 않으면 그것이 우리 안에서 본성의 빛을 꺼뜨리기 때문이다.[877] 타락하기 전에는 마음이 의지와 애정을 지배하고 지시했지만, 이제는 이러한 열등한 권세들이 마음을 다스리거나 오히려 지배하고, 그 통치를 완전히 왜곡한다. 그것들은 마음의 눈에 안개와 휘장을 씌워, 의의 길에서 아무것도 볼 수 없게 만든다. 그러므로 우리 영혼의 구원을 위해 노력할 때, 우리는 우리 자신의 자연적인 의지와 타락한 욕망을 버리고, 그것들을 하나님의 말씀에 복종시키도록 분투해야 한다. 많은 사람들은 그들의 자연적인 욕망과 즐거움이 많은 반대를 받았다고 생각하지만, 하나님께서 그의 섭리로 사람들의 의지를 꺾으실 때, 그것은 영혼에게 행복한 일이다. 왜냐하면 정복되지 않은 의지는 전인(全人)을 모든 무질서 속으로 이끌기 때문이다. 지식과 학식 있는 사람들은 이것을 생각해야 하는데, 왜냐하면 의지와 감정이 말씀의 지배를 받지 않으면, 모든 지식은 무익하기 때문이다. 만약 마음이 경계되고 파수되며 하나님의 말씀의 지시를 받는다면, "마음으로부터 생명의 근원이 나온다"[잠 4:23]. 그렇지 않으면, 본성의 타락한 욕망을 따

라 애정의 고삐가 풀릴 때, 죽음의 결과가 온다. 그러므로 우리가 슬픔이나 기쁨을 존중하듯이, 우리의 의지와 욕망도 고려해야 한다.

셋째, 본성의 빛이 어둠으로 바뀔 수 있다면, 복음의 조명이 꺼지고 어둠으로 바뀔 수 있다.[878] 왜냐하면 복음에 대한 지식은 자연스러운 것이 아니므로, 복음에 대한 단순한 지식만으로는 이해력에 그다지 깊이 각인되지 않기 때문이다. 성령으로 시작하여 육체로 끝나는 모든 일시적인 자들에게서 이것이 사실임을 경험이 말해준다. 히브리서 저자는 "너희 중에 누가 믿지 아니하는 악한 마음을 품지 않도록 조심하라"(히 3:12)고 말하며, 복음의 조명이 어둠으로 바뀌는 배도의 다섯 단계를 보여 준다.[879] 여기서 첫 번째 단계는 죄에 동의하고 죄의 유혹에 속는 것이다. 두 번째는 많은 죄를 범한 마음의 강퍅함이다. 셋째, 강퍅해진 마음이 불신앙이 되어 복음의 진리에 의문을 제기한다. 넷째, 불신앙으로 인해 마음은 악하게 되어 복음을 천박하게 생각한다. 다섯째, 이 악한 마음은 사람을 배도에 이르게 하고 하나님으로부터 떨어지게 하는데, 이는 복음의 빛을 소멸시키는 것이다. 그러므로 우리는 이 두려운 상태를 막기 위해 복음을 받아들이고, 거기에 제시된 조언을 실천해야 한다. 각 사람이 자기의 마음과 삶을 주의 깊게 살피고, 서로 권고하고 권면함으로써(히 3:13), 이 배도의 첫 단계, 곧 "죄의 미혹"이 우리 안에 발생하지 않도록 해야 한다.

넷째, 본성의 빛이 꺼질 수 있다는 것을 보면, 참된 믿음과 다른 구원의 은혜가 완전히 상실될 수도 있지 않은가?[880] **대답.** 하나님의

---

878 여백에: 복음의 조명이 꺼질 수 있다.

879 여백에: 배도의 다섯 단계.

880 여백에: 구원하는 은혜는 잃어버릴 수 없다.

은혜가 없이 그 자체로 생각하면, 잃어버릴 수도 있다. 왜냐하면 그 것은 피조물이기 때문에 변할 수 있고, 창조주 외에는 그 자체로 변하지 않는 것이 없기 때문이다. 그러나 하나님은 그리스도 안에 있는 자에게 구원하는 은혜를 끝까지 보존하신다고 약속하신다. 그러므로 믿음, 소망, 사랑은 잃어버릴 수 없는데, 왜냐하면 "그리스도 안에서 하나님의 은사와 부르심에는 후회하심이 없기"[롬 11:29] 때문이다. 하나님께서는 참으로 아담에게 참되고 완전한 은혜를 주셨고, 아담이 원하면 죄를 짓지 않을 수 있었다. 그러나 하나님께서는 그리스도 안에 있는 그의 자비의 길을 만들기 위해 타락의 허용을 작정했기 때문에, 사람을 그 자신의 생각에 내버려 두어, 그가 자신의 창조된 온전함에서 타락했다. 그러나 이제 그리스도 안에서 하나님께서는 의지와 행함 모두를 작용해서, 참되게 믿는 자는 "흔들리지 아니하고 영원히 견고히 서 있는 시온산과 같다"[시 125:1]. 왜냐하면 그는 "반석 그리스도 예수" 위에 세워져 결코 넘어지지 않기 때문이다. "음부의 권세가 그것을[881] 이기지 못하리라"[마 16:18]. 하나님께서는 첫 번째 은혜에 두 번째 은혜를 주시고, 이로 인해 그것은 불변하게 되지만, 그 자체로는 잃어버릴 수도 있다. 다시 말하면, 본성의 빛이 완전히 꺼지지 않고 단지 묻혀서 사용되지 않아 꺼진 것처럼 보이듯이, 믿음의 은혜도 죄를 저지름으로써 가려지고 덮여져 한동안 나타나지 않을 수 있다는 것이다. 그러나, 그것이 일단 진정으로 만들어진 곳에서는 완전히 꺼질 수 없다. 이상과 같이 소경의 눈과 그 열매에 대해 다루어 보았다.

---

881 역자주, 퍼킨스는 "그를"(against him) 이기지 못한다고 적음으로써 참된 신자를 가리키고 있으나, 헬라어 성경 원문은 "그것을"(αὐτῆς), 즉 주님의 교회(ἐκκλεσία)를 이기지 못한다고 적고 있다.

이제 이 구절을 마무리하기 위해, 우리가 기억해야 할 것은 다음과 같다. 이 두 구절에서 그리스도의 목적은 사람의 본성상 악하고 소경된 눈은 다른 사물들을 올바로 분별할 수 없기에, 보물을 추구함에 있어서 하늘의 보물을 버리고 땅의 보물만을 추구하는 원인이라는 것을 보여 주는 것이다. 그렇기 때문에, 우리는 앞에서 본 바와 같이 말씀 안에 있는 성령의 조명으로 분별의 은사를 위해 수고함으로써, "눈이 성하여 온몸이 밝게" 되어야 한다. 그러면 우리는 평안과 위로로 생명의 길을 걸을 수 있다. 그렇지 않으면, 우리는 어둠 속을 걷다가 회복할 수 없을 정도로 위험에 빠질 때까지, 아무런 위험도 두려워하지 않는다.

반대 2

"한 사람이 두 주인을 섬기지 못할 것이니 혹 이를 미워하고 저를 사랑하거나 혹 이를 중히 여기고 저를 경히 여김이라 너희가 하나님과 재물을 겸하여 섬기지 못하느니라"(마 6:24). 여기서 그리스도는 사람의 육적인 마음이 이전 계명들(마 6:19-20)을 저항할 수 있는 두 번째 반론에 직면하신다. 왜냐하면 그리스도는 세상의 재물을 쌓아 두는 것을 금하고, 하늘의 보물을 추구하라고 명령하셨지만, 어떤 사람은 **두 가지를 다 추구하여, 자기를 위해 땅과 하늘에 두 가지 보물을 쌓아 둘 수 있다**는 확신으로 스스로 우쭐될 수 있기 때문이다. 이에 대해 그리스도는 그것이 불가능하다고 대답하시고, 다음과 같이 증명하신다. **한 사람이 두 주인을 섬길 수 없다. 하늘과 땅의 보물을 추구하는 것은 두 주인, 즉 하나님과 맘몬을 섬기는 것이다. 그러므로 아무도 둘을 겸하여 추구할 수 없다.** 이 이유의 첫 번째 부분은, 정반대의 애정과 행동 가운데 있는 그러한 섬김의 결과로 본문에서 충분히 제시되고 증명된다. "혹 이를 미워하고 저를 사랑하거나 혹 이를 중히 여기고 저를 경히 여김이라." 그 가정과 결론은 "너희가 하나님과 재물을 겸하여 섬기지 못하느니라"라는 마지막 말씀에 필연적으로 내포되어 있는데, 여기서 그리스도는 앞의 논증을 적용하신다.

해설. "한 사람이 두 주인을 섬기지 못할 것이니." 이것은 의심의 여지가 있을 수 있는데, 왜냐하면 경험상 한 중개인이 상호 동의에 따라 다양한 상인들을 섬길 수 있다고 하기 때문이다. 이에 대해 어떤 사람들은 다음과 같이 대답한다. 한 사람이 "와서 이것을 하라"고 말할 때, 다른 사람이 "그것을 하지 말라"고 말하면, 아무도 그들 두 사람을 섬길 수 없는 것처럼, 주인들은 다양하고 상반되는 자질을 지녀야 한다는 것을 암시하고, 따라서 그 말에는 거룩한 진리가 담겨 있다는 것이다. 그러나 아직 주인들의 모순을 암시하는 그 어떤 문구도 표현되지 않았기 때문에, 그 말을 그리스도께서 추론의 근거로 제시하신 유대인들 사이의 **일반적인 속담**으로 받아들여야 한다고 생각한다. 이제 하나의 속담이 항상 사실이어야 한다고 요구되지는 않지만, 대부분의 경우 그리고 일반적으로 "선지자가 자기 고향에서는 환영을 받는 자가 없느니라"(눅 4:24), 즉 통상적으로 그렇다는 것이다. "혹 이를 미워하고." 즉, 자신에게 명령하는 한 주인이 자신의 주인이 되는 것을 싫어하거나, 그의 계명에 불만을 품는 것이다. "저를 사랑하거나." 즉, 그가 다른 주인을 기뻐하고 그의 계명에 매우 만족하는 것이다. "혹 이를 중히 여기고 저를 경히 여김이라." 이 말씀은 앞 구절을 설명하는 것으로, 한 종이 한 주인을 미워하고, 다른 주인을 사랑하는 것이 어떻게 나타날 수 있는지 보여 준다. 즉, **그가 이를 중히 여기는 것**은 그에게 자신의 사랑을 선언하는 것, 즉 주인의 기쁨을 존중하고 주인의 계명을 행하기 위해 자신을 바치는 것이고,

그가 다른 사람을 경히 여기는 것은 그가 그의 명령을 존중하지 않을 때, 자신의 증오를 선언하는 것이다. "너희가 하나님과 맘몬(mammon)을 겸하여 섬기지 못하느니라." "맘몬"이란 재물, 이익, 이득을 의미한다. 그는 너희가 하나님을 섬기면서 재물을 가질 수 없다고 말씀하시지 않는데, 왜냐하면 아브라함, 야곱, 욥은 매우 부자였지만, 하나님을 진실하게 섬겼기 때문이다. 하지만 그는 너희가 하나님을 섬기면서 재물을 섬길 수 없다고 말씀하신다. 즉, 너희 자신이 재물을 구하고, 그것에 마음을 두며, 또한 하나님을 섬기는 것이 불가능하다는 것이다.

지침 1. 이렇게 설명된 말씀에서 우리는 여러 가지 지침을 관찰할 수 있다. 첫째, 여기서 그리스도는 **하나님을 섬긴다는 것이 무엇인지** 보여 주신다. [882] 이것은 많이 언급되지만, 거의 알려지지 않고 실행이 잘되지 않은 요점이다. 그러므로 **하나님을 섬긴다는 것은 하나님을 사랑하고 그에게 붙어 있는 것이다.** 모든 사람은 자신이 하나님을 사랑하고 지금까지 사랑했다고 말할 것이다. 그러나 여기서 영적인 속임수를 조심하라. 참된 사랑은 말과 혀에 있지 않고, 행함과 진실함에 있으며{요일 3:18}, 하나님은 자애로운 아버지일 뿐만 아니라, 주님이자 스승이며, 우리에게 섬기라고 명령하시는 분으로서 사랑받아야 하기 때문이다. 기록된 말씀은 우리에 관한 그의 뜻과 기쁨, 그리고 그가 우리에게 무엇을 요구하시는지 보여 준다. 우리가 참으로 그를 섬긴다면, 그가 우리에게 어떤 보상도 주지 않으신다 할지라도, 그의 명령의 권세 가운데 그를 사랑해야 한다. 다윗은 이것을 현저하게 보여 준다. "나는 주의 종이오니 나를 깨닫게 하사 주의 증거들을

---

882 여백에: 하나님을 섬긴다는 것이 무엇인가.

알게 하소서"(시 119:125).⁸⁸³ 다시 말하지만, 우리가 하나님을 섬기려면, 우리는 **그에게 달라붙어** 우리의 사랑을 증거해야 한다. **달라붙다**라는 말의 의미는 탕자의 비유에서 두드러지게 표현되어 있는데, 여기서 그가 자신의 분깃을 다 쓰고 난 뒤, "그 나라 백성 중 한 사람에게 붙여 살았다"(눅 15:15)고 한다. 즉, 그가 섬기기로 복종하여 자신을 바쳤다. 그러므로 **하나님께 달라붙어 있다는 것**은 하나님의 모든 계명에 순종하고, 그의 모든 약속을 받아들여 하나님을 섬기는 일에 자신을 내맡기는 것으로, 온 세상이 우리를 대적할지라도, 불신앙이나 불순종으로 하나님의 말씀의 어떤 부분에서도 떠나지 않는 것이다. 다윗도 자신에 대해 이렇게 고백했다. "오 여호와여, 내가 주의 증거들에 매달렸사오니 내가 주의 모든 계명에 주의할 때에는 부끄럽지 아니하리이다"[시 119:6, 31]. 반대로, 사람이 하나님의 계명에 대한 불순종과 불신앙으로 하나님으로부터 멀어질 때, 그는 하나님을 미워하고 경멸한다. 참으로 가장 사악한 악인이 입을 벌려 하나님을 미워하고 경멸한다고 공언하는 것은 부끄러워하지만, 삶의 나쁜 관행이 그 마음의 나쁜 정서를 드러낸다. "음탕하거나 패역하게 행하는 자는 여호와를 경멸하느니라"(잠 14:2). 그리고 "그의 계명을 어기고" 사는 자들은 "그를 미워한다"[출 20:5]. 그들이 원하는 대로 입술로 고백하게 내버려 두라.

적용. 이제 이것에 대한 고찰은 첫째, 우리가 세상의 총체적 소경됨과 미신적 무지를 발견하는 데 도움이 된다.⁸⁸⁴ 세상은 주기도문과 사도신경과 십계명을 암송하면, 하나님을 잘 섬기는 것이요, 살고 싶은 대로 살아도 된다고 생각한다. 그러나 여기서 그리스도는 우리

---

883   역자주, 원문과 영문판은 시 119:25로 기재하고 있다.
884   여백에: 세상의 무지.

에게 한 가지 더 가르치신다. 우리가 하나님의 종이 되려면, 마음의 애정과 삶에서 순종의 행동으로 하나님께 달라붙어야 한다. 아브라함이 그와 같이 했다. 하나님께서 그에게 "살인하지 말라"고 하셨을 때, 그는 살인하지 않았고, 그가 "아브라함아, 네 아들을 죽이라"[창 22:2]고 하셨을 때, 그 아들이 약속의 아들이었고 노년에 낳은 외아들이었음에도 불구하고, 그는 그렇게 하려고 했다. 둘째, 이것은 오늘날 모든 곳에서 **무신론**이 얼마나 만연해 있는지를 보여 주는데,[885] **이는 하나님을 미워하고 경멸하는 것은 명백한 무신론이기 때문이다.** 이제 하나님을 떠나 이 세상의 것들을 추구하고, 하나님의 거룩한 계명을 순종하지 않는 자들은 여기서 그리스도에 의해 **하나님을 멸시하고 미워하는 자들**로 간주된다. 그리고 그런 자들의 수효는 모든 곳에서 많다. 그런 사람들은 자신들이 **무신론자**고 불리는 것을 경멸한다. 하지만 그들이 세상에서 어떻게 존중받든지 아무런 차이가 없으며,[886] 이 악한 행위를 개혁하기 전에는 그리스도께서 보시기에 더 나을 것도 없다.

지침 2. 둘째, 여기서 **하나님**과 **맘몬**은 두 주인으로 대립되기 때문에, 우리는 맘몬, 즉 **재물**이 세상의 **위대한 주이자 주인**이라는 것을 배운다.[887] 그리스도는 여기서 이것을 당연한 것으로 여기시고, 따라서 그의 제자들에게 미리 경고하신다. 하지만 어떤 사람들은 어떻게 재물이 하나님이 될 수 있는지 묻는다. **대답.** 재물 자체는 하나님이 아닌데, 이는 그것이 하나님의 선한 피조물이기 때문이다. 그러나 문제는 사람이 자기의 사랑과 기쁨을 참된 행복에 두듯이 재물에

---

885 여백에: 무신론이 넘쳐난다.

886 *It skills not*: 아무런 차이가 없다.

887 역자주, 여백에: 맘몬이 그 주(Lord)이다.

두고, 참 하나님보다 그것을 더 신뢰함으로써 우상으로 삼는 인간의 부패한 마음에 있다. 이 때문에 **탐심**은 "우상 숭배"(골 3:5)로, **탐하는 자**는 "우상 숭배자"(엡 5:5)로 일컬어지는데, 이는 사람이 그의 마음을 두는 곳에는 그것이 마귀 자체라 할지라도, 그의 주인이요 그의 하나님이기 때문이다. 이와 같이 사람들이 그들의 마음에 재물을 우상처럼 세우고, 그래서 하나님께서 그들을 섬기도록 정하신 것의 종과 노예가 되었다는 것을 다음과 같이 분명히 보여 줄 것이다.[888] 첫째, 그들은 재물과 이득을 위해 하나님 예배와 섬김을 소홀히 하고, 하나님의 은혜의 참된 보화보다 세상 재물을 더 크게 기뻐함으로 더 많은 시간을 보내기 때문이다. 둘째, 사람이 원하는 대로 세상의 부요를 갖는다면, 그는 기쁨과 즐거움으로 가득 차고, 그의 재물은 그에게 진정한 만족을 주겠지만, 그가 그의 재산을 잃으면, 성경에 있는 하나님의 모든 약속이 그를 위로할 수 있는 것보다 괴로움과 슬픔이 그를 더 많이 억누르기 때문이다. 셋째, 사람은 하나님의 계명을 어김으로써 천국을 잃게 되기 때문이다. 그러나 누가 자신의 재물의 일부가 손해를 입는 것처럼, 이러한 손실을 초래한 자신의 범죄에 대해 그렇게 슬퍼하겠는가? 넷째, 사람들은 은혜의 수단인 기도와 하나님 예배의 다른 부분보다 이득을 얻는 수단에 훨씬 더 예리하고 열성적이기 때문이다. 이 모든 것들은 그들이 맘몬을 섬기고, 재물을 그들의 하나님으로 존중한다는 것을 명백히 주장한다. 그래서 아무리 하나님의 축복으로 외적인 우상 숭배가 우리 교회에서 추방되었다 하더라도, 우리나라에는 우상 숭배자가 많은데, 이는 모든 탐욕스러운 세상 사람들이 그의 마음에 부와 재물의 우상을 자신의 주로 삼기 때

---

888 역자주, 여백에: 증명.

문이다. 그리고 이러한 **맘몬주의자들**이 도처에 널려 있다는 것은 탐욕스러운 지주와 고리대금업자들이 가난한 사람들을 가혹하게 대하는 억압, 강탈, 잔인함이라는 일반적인 관행으로 나타난다. 또한 기근 때에 부자들의 관행에 의해서도 나타나는데, 왜냐하면 그들이 저장고에 쌓아 두고, 상품을 독점하고, 가격을 높여 사적인 재산을 늘리는 것은, 가난한 자들을 생각하시는 하나님의 진노를 크게 증가시키기 때문이다. 참으로 하나님께서는 오직 그분만을 그들의 하나님으로 삼는 그의 종들이 있지만, 마음을 세상에 두고, 맘몬을 그들의 하나님으로 삼는 사람들에 비하면 그 수가 적다.

적용. 그러므로 여기서 첫째, 탐욕스러운 마음의 노예 같은 천박함을 보라. 왜냐하면 사람은 맘몬과 재물의 주인이 되도록 지음 받았지만, 탐욕으로 말미암아 스스로 종노릇하며, 탐욕의 봉신(封臣)이 되기 때문이다. 둘째, 이로써 우리는 세상의 재물을 신실하게 처분하는 법을 배우고, (그리스도께서 말씀하신 것처럼) 자비의 일로 하나님의 영광을 위해 그것을 선하게 처분함으로써, "이 불의의 재물로 친구를 사귀는"[눅 16:9] 법을 배우자. 그리하여 우리는 하나님께서 우리를 섬기도록 만드신 피조물에 대한 우리의 창조권을 유지하게 될 것이다.

지침 3. 셋째, 하나님과 **맘몬**을 대립시킨 그리스도는 "아무도 이 둘을 겸하여 섬길 수 없느니라"고 말씀하심으로써, **부자가 되려고 마음을 거기에 두는 자는 하나님을 버리는 자**임을 분명히 말씀하신다.[889] 모든 부자가 하나님을 버리는 것은 아니다. 왜냐하면 하나님께서 사람의 합법적인 소명에서 그의 적절한 노동과 근면에 대해 풍요로움을 주실 때, 그는 그것을 합법적으로 소유하여 하나님의 영광

---

889 여백에: 재물에 그 마음을 두는 자는 하나님을 버린다.

을 위해 사용할 수 있기 때문이다. 그러나 **부자가 되려고 하는 것은 하나님을 부인하는 것**인데, 이는 그 마음이 주님의 종이 아니라, 맘몬의 종이기 때문이다. 이것은 재물에 대한 그들의 모든 행동에서 나타날 수 있는데, 우리가 그들이 재물을 획득하고, 유지하고, 사용하는 것을 고려할 때, 그들은 이 모든 것에서 하나님께 죄를 짓는다.[890] 첫째, **획득**에 있어서 죄를 짓는다. 하나님께서는 그가 원하는 자에게 재물을 주시되, 그 어떤 사람을 부요케 하겠다는 약속으로 자신을 묶지 않으셨기 때문이다. 그러므로 부자가 되겠다고 스스로 결심하는 사람은 거짓말, 사기, 불의, 안식일을 범하는 것과 같은 일을 행하는 것이 자기에게 이익이 될 때, 양심의 가책을 느끼지 못한다. 둘째, **유지**에 있어서 그들은 죄를 짓는다. 왜냐하면 부자가 되기로 결심하는 사람은 시련이 닥쳤을 때, 자신의 재물보다 진리를 버릴 것이기 때문이다. 그리고 그의 재산을 저축하거나 회복하기 위해 그는 축복사, 마법사, 주술사 등을 찾기를 멈추지 않을 것이기 때문이다. 셋째, **처분이나 사용**에 있어서 죄를 짓는다. 왜냐하면 그는 적어도 그 어떤 유쾌함으로도 자비의 일에 끌릴 수 없기 때문이다. 그래서 때때로 가난한 사람들이 부자의 집 문 앞에서 굶어 죽는 일이 생기는 것이다.

적용. 이것에 대한 고찰은 첫째, 탐욕스럽고 세속적인 마음을 가진 사람들에 대한 우리의 판단을 바로잡는 역할을 한다. 그들에 대한 우리의 비난은 너무 온건하고 부드럽다. 우리는 그들이 다소 엄격하고 인색한 것 말고는 정직한 사람들로 판단한다. 그러나 그들에 대한 그리스도의 선고를 주목하라. **세속적인 사람들은 하나님을 버리고, 맘몬을 그들의 주와 주인으로 삼는다.** 이것은 무신론의 관행이므

---

890 역자주. 여백에: 증명.

로, 사람들이 생각하는 것처럼 가볍게 지나쳐서는 안 된다. 둘째, 이로써 우리는 사람들이 자신이 얼마나 부자가 될 것인지, 그리고 수백 또는 수천 파운드의 재고(在庫), 많은 토지, 임대료 등을 보유하는 것에 대해 스스로 법을 제정하는 것이 위험하고 불법적 과정임을 알 수 있다. 이 결정에 무엇이 뒤따르는가? 확실히 그들은 그들의 목적을 달성하기 위해 자신을 바쳐야 하며, 그래서 불의, 거짓말, 사기 등의 관행으로 사탄의 다양한 올무에 빠지게 된다. 셋째, 이로써 우리는 하나님의 복이 함께 하면 조금만 있어도 충분하다는 것을 알고, 많든 적든 하나님께서 보내시는 재화의 분깃에 만족하도록 훈계를 받아야 한다. "탐심을 버리고 너희가 가진 것으로 만족하라 그가 말씀하시기를 내가 결코 너희를 버리지 아니하고 너희를 떠나지 아니하리라 하셨느니라"[히 13:5].

지침 4. 넷째, 그리스도께서 "너희가 하나님과 맘몬을 겸하여 섬길 수 없느니라"고 말씀하시기 때문에, 우리는 사람의 마음이 하나님과 세상, 즉 절반은 하나님께, 다른 절반은 세상에 나뉘어서는 안 된다는 것을 배운다.[891] 아니, 하나님께서는 모든 것을 갖거나 전혀 갖지 않으실 것이다. 여기서 그는 피조물과 지분을 나누지 않으실 것이다. "내 아들아, 네 마음을 내게 주라"(잠 23:26).

적용. 이것에 대한 고찰은 첫째, 자신이 이런저런 죄 가운데 살면서도, 여전히 하나님의 종이라고 생각하는 많은 사람들의 위선과 영적 간교함을 발견하는 데 도움이 된다. 이것은 술 취하는 자들과 간음하는 자들과 탐욕을 부리는 자들과 그와 같은 자들의 자만심인데, 이는 그들이 이런 죄 가운데 살면서도, 하나님의 예배와 말씀과 기도

---

891 여백에: 사람의 마음은 하나님에게서 나뉘어서는 안 된다.

에 자주 나아오고, 적어도 일 년에 한 번은 성례에 참석하려고 하기 때문이다. 하나님께서 자신들을 악한 유대인들처럼(렘 7:9-10) 취급한다고 생각했다면, 그들은 그렇게 하지 않았을 것이다. 그러나 그들은 스스로를 속이고 있는데, 이는 "아무도 두 주인을 섬길 수 없기" 때문이다. 사람이 마귀의 종으로 어떤 죄 가운데 살고 있는 한, 그는 결코 하나님의 종으로 용납될 수 없다.

둘째, 이것은 하나님의 종이 중생으로 말미암아 죄에서 구원받아, 그 어떤 죄도 그 안에서 왕노릇하지 않는다는 것을 보여 준다.[892] 이는 모든 통치하는 죄가 주님이자 주인이기에, 그는 그렇게 두 주인을 섬겨야 하기 때문이다. "너희 자신을 종으로 내주어 누구에게 순종하든지 그 순종함을 받는 자의 종이 되는 줄을 너희가 알지 못하느냐 혹은 죄의 종으로 사망에 이르고 혹은 순종의 종으로 의에 이르느니라"(롬 6:16). 그리고 "죄를 범하는 자마다 죄의 종이라"(요 8:34). 그러므로 이것은 중생한 사람이 그 어떤 죄 가운데서도 살지 않는다는 확실한 근거이다.

셋째, 이로써 모든 사람은 자신의 영혼과 몸을 모두 주님께 바치고, 모든 능력으로 그를 섬기도록 노력해야 한다는 가르침을 받는다. 왜냐하면 하나님은 우리의 유일한 주님이며 주인이시기 때문이다. 그러므로 우리 안에 있는 모든 것으로 그에게 무릎을 꿇자. "하나님의 종은 죄로부터 해방된 자가 되어 거룩함에 이르는 열매를 맺었으니 그 마지막은 영생이라"(롬 6:22). 스바 여왕은 솔로몬의 지혜를 듣기 위해 그 앞에 서 있던 솔로몬의 신하들을 행복하다고 선언했다. 그렇다면 풍요와 지혜에서 솔로몬을 무한히 능가하시는 하나님의 신

---

892 여백에: 그 어떤 죄도 하나님의 자녀들을 다스리지 못한다.

하된 자들은 얼마나 더 행복하겠는가? 여기서 어떤 사람들은, 나는 기꺼이 하나님만 섬기고 온 마음을 다해 그렇게 하길 원하지만, 내 본성이 부패하여 하나님의 계명을 거역하고, 내가 원하는 선은 행할 수 없고, 원하지 않는 악을 행하므로{롬 7:19}, 두 주인을 섬기는 것이 두렵다고 말할 것이다. [893] **대답.** 이것이 이생에서 하나님의 자녀들의 상태이지만, 그들은 다음과 같이 스스로를 지켜야 한다. 그들이 순종하지 않을 때, 그들은 자유로이, 그리고 기꺼이 그렇게 하는지, 아니면 그들의 의지에 반하여 그렇게 하는지를 고려해야 한다. 여러분이 죄를 짓지 않으려 했는데 본의 아니게 죄를 짓고, 그 죄로 인해 진정으로 슬퍼하고 스스로에게 불만을 갖는다고 여러분의 마음이 진정으로 말할 수 있다면, 용기를 가지라. 여러분은 두 주인을 섬기지 않는데, 왜냐하면 이 섬김은 자발적이어야 하기 때문이다. 이제 여러분 안에 육신과 성령이 있어, 하나는 여러분을 이쪽 길로, 다른 하나는 다른 길로 당기지만(haling), [894] 여러분이 육신을 대적하고, 전적으로 성령에게 복종하기를 원하고 애쓰는 동안, 비록 여러분이 자주 실족하더라도, 그리스도 안에서 여러분의 죄가 용서되고, 하나님께서는 여러분의 의지를 행위로 받아들이신다. 그러므로 하늘에 계신 여러분의 주인의 뜻을 점점 더 잘 알기 위해 힘쓰고, 범사에 그를 기쁘시게 하려고 노력하며, 성령으로 육체의 행실을 죽이기 위해 노력하라. 그리하면 여러분은 하나님께서 여러분의 유일한 주인이라는 것을 알게 될 것이며, 때가 되면 육체의 속박에서 벗어난 자유를 깨닫게 될 것이다.

---

893 여백에: 부패로 괴로워하는 자들에 대한 위로.

894 *Haling*: 당기거나 끌기.

결론

"그러므로 내가 너희에게 이르노니 목숨을 위하여 무엇을 먹을까 무엇을 마실까 몸을 위하여 무엇을 입을까 염려하지 말라 목숨이 음식보다 중하지 아니하며 몸이 의복보다 중하지 아니하냐"(마 6:25). 탐욕의 관행을 금하고, 인간의 부패한 마음이 그 안에서 스스로를 변명하기 위해 궁리해낸 그러한 반대를 예방하신 우리 구주 그리스도는, 여기서 탐욕의 근원을 공격하고 그 원인을 제거하고자 하신다. 즉, 먹고 마시고 입을 것과 같이 이생의 것들이 필요한 것일지라도, 그것들을 위해 **불신에 찬 지나친 염려**를 갖는 것이 그 원인이다. 그리고 이 논증으로 그는 이 장의 끝까지 진행하신다.

일관성. 이제 이 구절은, 그가 앞서 19절부터 탐욕에 관해 말씀하신 모든 것에서 추론된 결론으로서, 앞 구절에 의존한다. "하늘의 보물을 무시하고 땅의 보물을 구하는 자들은 참된 보물을 분별할 신령한 지혜의 온전한 눈이 없고, 또한 스스로 맘몬의 종이 되는데, 그러므로 내가 나의 제자들에게 이르노니 그 어떤 필요한 것들조차 지나치게 그리고 불신에 찬 방식으로 염려하지 말라." 그리고 여기서 다시 그는 맘몬 섬기기를 호소하는 탐욕스러운 마음의 또 다른 가식에 직면하신다. 즉, 그들이 추구하는 것들은 필수적인 것들로, 그것들 없이는 그들이 살아갈 수 없다는 것이다. 이에 대해 그리스도는 대답하신다. "참으로 내가 말하건대, 너희는 너희 삶에 필요한 것들을 지나치게 그리고 불신으로 추구해서는 안 된다."

해설. "내가 너희에게 이르노니." 즉, 나는 너희의 스승이며, 너희 영혼과 육체에 필요한 모든 것에서 하늘의 모든 가르침과 지시를 받기 위해 의지하는 너희의 스승이다. "내가 너희에게 이르노니." 이것으로 그는 그들이 뒤따르는 그의 계명에 주의를 기울이고 경건하게 지키도록 준비하고자 하셨는데, 이 계명은 하나님의 섭리에 의지하는 모든 순종의 삶이 달린 매우 중요한 문제이다. 이와 관련하여 우리도 모든 선한 양심으로 그것을 주목해야 한다.

"목숨을 위하여 무엇을 먹을까 무엇을 마실까 몸을 위하여 무엇을 입을까 염려하지 말라." 우리가 그리스도의 뜻을 오해하지 않기 위해 두 가지 종류의 염려가 있다는 것을 알아야 한다.[895] 경건하고 온건한 염려와 불신에 찬 마음 졸이는 염려가 있다. **온건하고 정직한 염려**는 하나님의 계명에 의해 우리에게 명령된 것이다. 지혜는 게으른 자를 보내어 작은 개미나 피스미어(*pismire*)[896]로부터 필요한 것들에 대한 근면과 준비를 배우게 한다(잠 6:6). 그리고 바울은 "부모가 그들의 자녀들을 위하여 저축하느니라"(고후 12:14), "누구든지 자기 친족, 특히 자기 가족을 돌보지 아니하면 불신자보다 더 악한 자니라"(딤전 5:8)라고 말한다. 그래서 심지어 이생의 것들에 대해서조차 합법적인 염려가 있다. 이제 그것을 실행하는 것은 두 가지로 이루어진다. 첫째, 사람의 합법적인 소명 안에서 부지런히 행하고, 모든 사람이 보는 앞에서 오직 정직하고 필요한 것들만 얻으려는 생각으로 모든 사람을 올바르고 공정하게 대하는 것이다. 둘째, 우리의 모든 수고와 노력의 성공과 결과를 하나님께 맡기는 것인데, 이는 그것이 그에게 속하기 때문이다. 우리는 수단을 신중하고 정직하게 사용해야 하며, 복은 하나님께 맡겨야 한다. 모세는 이스라엘 자손을 애굽에서 이끌어낼 때, 이 경건한 염려를 뚜렷하게 보여 주었는데, 이는 하나님께서 그에게 명령하신 것을 그가 행했기 때문이다. 그는 많은 십자가를 만났지만, 하나님께서 보내시는 길로 갔다. 그리고 그는 하나님께서

---

895 여백에: 두 가지 염려.

896 *Pismire*: 개미에 대한 고어(古語).

자신을 부르신 수단을 사용하고, 특히 홍해에서 볼 수 있듯이, 그들 앞에는 바다가 있고, 뒤에는 애굽인들이 있으며, 양쪽에는 숲과 산이 있는 놀라운 곤경에 처했을 때, 그 결과를 하나님께 맡겼다. 그러나 지팡이로 물을 치라는 하나님의 명령을 받았을 때, 그는 하나님의 섭리에 대해 주목할 만한 신뢰를 보여 주었다. "두려워하지 말고 가만히 서서 우리 하나님의 구원을 보라"[출 14:13]. 그리고 아브라함이 하나님의 명령에 따라 그의 아들을 제물로 바치러 갔을 때, 이삭이 "내 아버지여, 제물이 어디 있나이까?"라고 물었다. 아브라함은 "내 아들아, 하나님이 준비하실 것이다"[창 22:8]라는 믿음의 말로 대답했다. 이와 같이 다윗은 그의 부하들이 그를 낙담시켰지만, "하나님의 명령에 따라 블레셋 사람들과 싸우러 그일라로 갔다"[삼상 23:3-4]. 이로써 분명한 것은 그가 전쟁의 결과를 하나님께 의지했다는 것이다. 이제 이 경건하고 온건한 염려는 의무에 대한 순종과 관련하여 여기서 금지되지 않았고, 그 성공은 하나님의 섭리에 달려 있다.

불신에 찬 염려는 사람들이 자신들의 수고의 결과에 대해 스스로를 괴롭히는 것이다. 그래서 그들이 일을 끝냈을 때, 그것으로 쉼을 얻지 못하고, 복을 받기 위한 하나님의 섭리를 의존하지 않고 수단에만 의존하여, 그 결과에 대해 스스로를 괴롭히는 것이다. 불신에 찬 이러한 염려는 다음과 같은 결과를 갖는다.[897] 첫째, 그것은 마음을 억눌러 결핍에 대한 두려움으로, 마음이 매우 무겁고 침울하게 만든다. 이런 두려움이 있는 곳에는 불신에 찬 염려가 있는데, 왜냐하면 이것은 사람이 과감하게 하나님을 신뢰하지 못하고, 자신의 수고의 성공을 하나님의 손에서 빼앗아 자기 손에 두고자 한다는 것을 드

---

897 역자주, 여백에: 그 염려의 결과들.

러내기 때문이다. 둘째, 그것은 거짓말, 사기, 거짓 저울과 추 등의 불공정한 방법으로 세상의 것들을 얻기 위해 불법적 수단을 사용하도록 사람들을 유혹하고 끌어들인다. 셋째, 그것은 사람들로 하여금 하나님을 예배하는 것을 지치게 하고, 기도와 말씀을 듣는 일에 마음을 산만하게 만든다. 그리고 그것은 그리스도께서 말씀하듯이 "말씀을 질식시켜 열매를 맺지 못하게 한다"[눅 8:14]. 왜냐하면 마음이 전적으로 세상에 맞춰져 있으면, 하나님의 일에 관심이 없기 때문이다. 그리고 여기서 금지된 염려는 **불신에 찬 마음 졸이는 염려**인데, 이것은 그리스어 단어가 의미하는 바와 같이, 우리 노력의 결과와 성공에 대해 마음을 괴롭히고 혼란스럽게 하여, 마음을 분열시키고 산만하게 하는 것이다.

적용. 그리스도께서 여기서 그의 제자들에게 금지하신 것은 소수가 아닌 많은 사람들에게 있는 우리 시대의 일반적인 죄인데, 이는 불신에 찬 염려가 마음의 질병일지라도, 삶에서 행동으로 드러나기 때문이다.[898] 첫째, 도처에서 분별될 수 있는 전파된 말씀의 열매가 그렇게 적은 이유는 무엇인가? 이러한 세속적 염려가 이유 중 하나가 아닌가? 이것을 우리가 비유에서 볼 수 있는데, 이는 "기운을 막는 가시덤불 사이에서 떨어진 씨앗은 세상 염려에 사로잡힌 마음에 선포된 말씀"(눅 8:14)이기 때문이다. 이 사람들이 스스로를 살피면, 그들은 이러한 여러 가지 산만한 세속적인 생각에서 벗어나지 않고는 기도할 수도 없고, 말씀을 듣거나 묵상할 수도 없다는 것을 알게 될 것이다. 둘째, 어떤 직업에서는 다른 직업만큼 많이 나타나지는 않지만, 교활함과 속임수가 없는 직업이나 소명은 없다. 그로 인

---

898 여백에: 불신에 찬 염려는 이 시대의 죄악이다.

해 이득과 이익을 얻을 수 있을 때, 양심에 따라 행동하는 사람을 찾기가 어렵다. 이것은 사람들의 마음속에 있는 이러한 불신에 찬 염려에서 비롯되는데, 이로써 그들은 오직 합법적인 수단의 사용으로만 그들의 욕망에 응답할 수 있는 하나님의 복을 의심한다.

그러나 그리스도께서 우리에게 이 죄를 미리 경고하시기 때문에, 우리는 그것이 우리 마음속에 일어나지 않도록 조심해야 한다. 그것을 피하기 위해 우리는 성경에 있는 성령의 권고를 따라야 한다. "네 길을 여호와께 맡기라 그를 의지하면 그가 이루실 것이다"(시 37:5). 이것은 종종 우리에게 명령되는 것이다. "네 짐을 여호와께 맡기라 그가 너를 붙드실 것이다"(시 55:22). "너의 행사를 여호와께 맡기라"(잠 16:3). "너희 염려를 다 주께 맡기라 이는 그가 너희를 돌보심이라"(벧전 5:7). 이 모든 구절에서 우리는 다음과 같은 취지의 가장 합당한 가르침을 받는다. **사람들에게서 그들의 소명의 의무를 면제하는 것이 아니라, 그들이 부지런하고 근신하며, 정직하게 수단을 사용하여 노력한 후에는, 좋은 성공을 위해 그 사건과 결과를 하나님의 복에 맡겨야 한다고 가르치는 것이다.** 그러므로 매매로 생계를 유지하는 상인은 속임수나 거짓말 없이 신중하고 부지런히 장사해야 하며, 그렇게 함으로써 거래의 성공을 하나님의 복으로 돌려야 한다. 농부도 마찬가지로 밭을 갈고 씨를 뿌리고, 이삭패기와 수확을 하나님의 선한 섭리에 맡겨야 한다. "아무것도 염려하지 말고"(빌 4:6), 즉 불신하거나 산만하게 행동하지 말고, "모든 일에 기도와 감사함으로 너희 구할 것을 하나님께 아뢰라"는 사도의 조언이 바로 그것이다. 여기서 주목해야 하는 것은 **불신에 찬 염려**가 **기도**와 **감사**를 방해하는 것으로서 대립되어 있다는 것이다. 그러므로 우리의 염려는 어떤 복을 얻기 위해 오직 합법적인 수단만 적절하게 사용하고, 그 복이 올 때, 하나님께 감사할 수 있도록 전적으로 하나님께 의지하면서, 좋은 성공과 복을 위해 기도하는 것이다.

그러나 어떤 사람들은 혈과 육이 성공에 대해 염려하지 않는 것은 어렵다고 말할 것이다. 그렇다면 어떻게 우리가 하나님께 온전히 맡길 수 있겠는가?[899] **대답**. 우리는 하나님의 자비와 선하심을 의지하는 자들에게 주어진 하나님의 복된 약속을 마음에 새기고, 그 약속을 믿는 믿음으로 살기 위해 노력해야 한다. "사람이 일찍이 일어나고 늦게 누우며 수고의 떡을 먹음이 (그가 자신이나 수단을 신뢰한다는 의미이다) 헛되도다 그러므로 여호와께서 그의 사랑하시는 자에게는 잠을 주시는도다"(시 127:2). 이것은 수단을 사용하는 가운데 그를 섬기고 그를 신뢰하는 것이다. "사자들이 궁핍하여 주릴지라도", 비록 모든 가련한 들짐승이 그의 먹이가 되지만, "여호와를 찾는 자는 모든 좋은 것에 부족함이 없으리로다"(시 34:11). 성경에서 우리에게 더 이상의 약속이 없었다 할지라도, 이것들은 우리가 합법적 수단을 진지하게 사용하는 가운데 그의 섭리를 의지하도록 만들기에 충분한 것이었다. 다시 말하지만, 이생의 일에 대한 그의 섭리를 담대하게 신뢰하지 않는 유혹의 때와 죽음의 시간에, 우리는 우리 영혼의 구원을 위해 그의 자비를 어떻게 의지해야 하는지 고려해야 한다. **질문**. 그러나 모든 일이 사람의 뜻을 거슬러 가로막는다면, 어떤 사람들은 수단을 더 붙들어야 하는 것은 아닌지 묻는다. **대답**. 아니, 오히려 하나님께 더 많이 매달려야 한다. 왜냐하면 복이 수단 가운데 있다면, 사람들은 그렇게 자주 방해 받지 않을 것이기 때문이다. 하나님께서는 여러분에게 무엇이 좋은지 여러분 자신보다 더 잘 알고 계신다. 따라서 그

899　여백에: 성공을 하나님께 맡기는 방법.

가 외적 복에 대한 여러분의 기대를 무너뜨린다 할지라도, 이 섭리에 만족하라. 다윗이 발견한 것처럼, 하나님의 자녀들에게는 궁핍이 풍부보다 몇 배나 낫고, 고난이 평안과 번영보다 몇 배나 낫다(시 119:67, 71). 그러므로 하나님께서는 그것을 그들에게 두신다. 선한 요시야가 {애굽 왕} 바로 느고 앞에 쓰러지지 않았는가? 그는 그렇게 하지 말았어야 했지만, 하나님께서는 그를 징계하고자 하셨다. 왜냐하면 그는 그와 맞서 싸우지 말라고 설득하는 "하나님의 입에서 나온 바로 느고의 말을 듣지 않았고"[대하 35:22], 또한 "장차 다가올 악을 그가 보지 못하게 데려가려 했기"[대하 34:28] 때문이다. 그리고 히스기야가 "평안할 때에 마음이 교만하여", "진노가 그와 유다와 예루살렘에 내리지"[대하 32:25] 않았는가? 그러므로 합법적인 수단을 적절하게 사용하여 하나님의 섭리에 의존하는 법을 배우고, 그가 여러분에게 복을 주시든 빼앗으시든, 그의 이름을 송축하라. 이는 그렇게 하는 것이 여러분에게 좋기 때문이다. 이상과 같이 주요 계명에 대해 많이 다루어 보았다.

이제 더 나아가, 그 말씀에서 그리스도께서 어떻게 **생명**과 **몸**을 구별하고, **음식**과 **음료**를 생명에 적용하고, **의복**을 몸에 적용하시는지 주목하라. 하지만 우리는 의복이 또한 특히 추운 나라에서 생명을 보존하는 역할을 한다는 것을 알고 있다. 그러나 그리스도는 정당한 이유로 그것들을 구분하시는데, 왜냐하면 추운 나라에서는 의복이 고기와 음료와 마찬가지로 생명을 보존하는 역할을 하지만, 의복의 일차적이고 더 일반적인 용도는 다른 문제이기 때문이다. 즉, 아담의 죄가 가져온 벌거벗은 부끄러움을 감추기 위한 것인데(창 3:7, 21), 이는 타락하기 전에, "남자와 여자가 둘 다 벌거벗었으나 부끄러워하지 않았기"(창 2:25) 때문이다.

그렇다면 여기서 우리는 의복의 적절하고 주된 목적이, 죄가 우리에게 가져온 벌거벗음의 수치를 덮으려는 몸을 위한 것임을 배워야 한다.[900] 그 수치가 너무 커서, 필요하다면 손과 얼굴도 모두 가려야 한다. 이것에 대한 고찰은, 그들이 필요 이상으로 가슴이나 다른 신체 부위의 벌거벗음을 드러내는 것은 정숙하지 못하다는 것과 부끄러움이 없다는 것을 나타내는 것처럼, 그것은 우리가 옷차림을 결코 자랑하지 말고, 그것을 입거나 바라볼 때, 겸손하고 부끄러워하라고 가르친다. 왜냐하면 그것은 우리의 수치를 가리는 것이며, 따라서 우리 죄의 징표이기 때문이다. 우리가 의복에 대해 자랑하는 것처럼, 도둑은 그의 발꿈치에 있는 족쇄(*Bolts*)[901], 손에 찍힌 낙인, 귀에 뚫린 구멍[902]을 자랑할 충분한 이유가 있다. 왜냐하면 이것들이 범법행위의 징표인 것처럼, 의복도 우리 죄의 징표이기 때문이다. 다른 한편, 우리가 우리 몸을 위한 하나님의 이 규례에서 위로를 받으려면, 우리 마음속에 있는 겸손, 절주, 절제, 검소함 등과 같은 하나님의 은혜를 표현하기 위해 노력해야 한다.

이유 1

"목숨이 음식보다 중하지 아니하며 몸이 의복보다 중하지 아니하냐?" 우리 구주 그리스도는 자연적인 생명에 필요한 것들을 지나치게 염려하지 말라고 계명을 주셨으며, 그 계명이 효력 없이 사라지지 않도록 여기서 다양한 주장으로 그 계명을 강화하기 시작하신다.[903]

---

900 여백에: 의복의 적절한 목적.
901 *Bolts*: 쇠고랑과 족쇄.
902 *Brand...hole*: 뜨거운 인두로 낙인을 찍거나 신체 일부를 절단하는 것은 범죄자에 대한 형벌이었다.
903 역자주, 여백에: 지나친 염려에 반대하는 이유.

그 첫 번째는 창조에서 취한 이 말씀에 있는데, 하나님은 창조하실 때 음식과 의복보다 더 나은 생명과 몸을 주신다. 여기서 그리스도는 자신의 섭리를 다음과 같이 설명하신다. **목숨이 음식보다 더 낫고, 몸이 의복보다 더 낫지만, 하나님께서 창조로 목숨과 몸을 주셨으므로, 그것들을 보존하기 위해 음식과 의복을 훨씬 더 많이 주실 것이다.** 하나님께서 더 큰 것을 주시는 것을 볼 때, 그보다 더 작은 것도 주실 것이라는 것은 의심할 필요가 없다.

이런 이유에서 그리스도는 우리에게 피조물을 올바르게 사용하라고 가르치신다.[904] 즉, 그것을 숙고함으로써 우리의 자연적인 삶에 필요한 모든 것에 대한 하나님의 섭리를 배우는 것이다. "주의 손으로 나를 빚으셨으며 만드셨는데 이제 나를 멸하시나이까?"(욥 10:8). 여기서 욥은 하나님께서 그를 창조하셨기 때문에 보존을 확신한다. 그리고 "그러므로 하나님의 뜻대로 고난을 받는 자들은 또한 선을 행하는 가운데에 그 영혼을 미쁘신 창조주께 의탁할지어다"(벧전 4:19). 하나님은 신실한 창조주이시므로, 우리는 죽음에 이르러서도 그를 의지해야 한다. 모든 작가는 능력이 허락하는 한, 자신의 손으로 만든 작품을 보존하는 데 주의를 기울인다는 것을 경험을 통해 배운다. 그렇다면 왜 우리가 전능하신 우리 창조주에 대해 이것을 의심해야 하겠는가?

이유 2

"공중의 새를 보라 심지도 않고 거두지도 않고 창고에 모아들이지도 아니하되 너희 하늘 아버지께서 기르시나니 너희는 이것들보다

---

904 여백에: 우리의 창조는 우리에게 하나님의 섭리에 대한 신뢰를 가르쳐야 한다.

귀하지 아니하냐?"(마 6:26). 이 말씀에는 제자들이 필요한 것들에 대한 불신에 찬 염려를 하지 않도록 설득하시는 그리스도의 두 번째 이유를 담고 있는데,[905] 이는 그들보다 더 낮은 피조물의 필요를 공급하시는 그의 섭리를 숙고한 데서 도출된 것이다. 그 이유는 다음과 같다. **하나님께서 공중의 새를 먹이신다면, 그는 너희에게 훨씬 더 많은 것을 주실 것이다. 하나님께서 공중의 새를 먹이고 기르신다. 그러므로 그는 너희에게 훨씬 더 많은 것을 주실 것이다.**

이 이유의 첫 번째 부분은 여기에서 두 가지 방법으로 확인되었다. 첫째, 하나님의 자녀들은 공중의 새들이 없는 공급 수단을 가지고 있다. "그것들은 심지도 않고 거두지도 않고 등." 둘째, 하나님의 자녀들은 새보다 더 낮고, 따라서 하나님께서 그들보다 더 낮은 것들을 위해 공급하시기 때문에, 그들을 궁핍하게 하지 않으실 것이다. 이 두 가지 모두는 매우 합리적이고 친숙하기 때문에, 어떤 사람이라도 불신에 찬 염려 없이 하나님의 섭리를 의지하도록 유도할 수 있다.

그리스도는 이러한 이유를 제시하시면서, 우리에게 "피조물을 보라", 즉 피조물을 진지하게 바라보고, 그 단어가 의미하는 대로 현명하고 사려 깊게 바라보라고 권고하신다.[906] 이로써 우리는 하나님의 모든 자녀가 하나님의 일을 진지하게 생각하고(이는 우리가 공중의 새에 대해 해야 할 일을 하나님의 손이 하는 모든 일에도 해야 하기 때문이다), 그 안에서 하나님의 지혜와 공의와 선함과 사랑과 자비와 섭리를 바라보려고 애써야 함을 배울 수 있다. 솔로몬의 교훈은 이것이다. "하나님의 일을 살펴보라"(전 7:15). 그리고 "사람들이 바라보는 하나님의 일을 기억하

---

905 역자주, 여백에: 불신에 찬 염려에 반대하는 이유.
906 여백에: 하나님의 작품을 숙고해야 한다.

고 높이라"(욥 36:24). 왜 하나님께서는 피조물을 엿새 동안 차례로 구별되게 만드시고, 그것들을 만드신 후, 그것들 모두를 특별히 살펴보시고, 그것들의 선함을 승인하시며, 또한 거룩한 안식을 위해 자신의 모범과 명시적 계명으로 일곱째 날을 거룩하게 구별하셨는가? 그 이유 가운데 하나는 우리가 그의 손이 행한 모든 일을 뚜렷하게 숙고하고, 다른 거룩한 의무 가운데 안식일에 우리 창조주의 영광스러운 사역을 묵상하도록 가르치기 위한 것이었다. 다윗은 하늘을 사람이 하나님의 영광을 읽을 수 있는 위대한 책에 비유하기도 했고(시 19:1), 안식일을 위해 지은 시편에서 볼 수 있듯이, 안식일에도 이를 묵상하였다. "주의 손이 행하신 일로 말미암아 내가 높이 외치리이다. 오 여호와여, 주께서 행하신 일이 어찌 그리 영광스러운지요!"(시 92:4-5). 그리고 이 의무에 태만한 자들은 우리 구주 그리스도에 의해 주목하도록 부름을 받았다.

그러나 우리는 공중의 새들에게서 무엇을 보아야 하는가? "그들은 심지도 않고 거두지도 않고 곳간에 넣지도 않는 등", 즉 사람이 사용하는 공급 수단을 사용하지 않는다. 이것은 그들이 사람이 가진 염려가 없다는 것을 보여 준다.[907] 하나님께서 사람의 공급을 위해 합법적인 수단을 정하셨고, 사람은 이러한 수단을 사용하는 것에서 염려할 수 있는데, 공중의 새들은 어떤 수단도 없어서 염려하지 않아도 되기 때문이다. 그리고 수단에 대한 사람의 이러한 특권은 불신에 찬 염려를 버리라는 그리스도의 설득을 강력하게 강화하는데, 왜냐하면 그러한 수단을 갖지 않는 새들은 그 염려에서 자유롭기 때문이다. **질문.** 그렇다면 그들에게 어떻게 제공되는가? **대답.** 그들은 하나

---

907 여백에: 비이성적인 피조물은 하나님의 섭리에 의존한다.

님의 손에서 양식을 기대한다. "새들은 하나님을 향하여 부르짖으며 먹을 것이 없어서 허우적거린다"(욥 38:41).[908] "사자들은 그들의 먹이를 쫓아 부르짖으며 그들의 먹이를 하나님께 구한다"(시 104:21). "모든 눈이 주를 앙망하오니 주는 때를 따라 그들에게 먹을 것을 주신다"(시 145:15). "그는 들짐승과 우는 까마귀 새끼에게 먹을 것을 주시는도다"(시 147:9). 하지만 이성 없는 피조물이 어떻게 하나님께 부르짖을 수 있는가? **대답**. 그들은 사람처럼 기도하지 않지만, "하나님께 부르짖고 하나님을 기다린다"고 말하는데, 이는 창조에 의해 그들에게 주어진 자연적 본능에 따라 하나님께서 그들을 위해 정하신 양식을 구하고, 그것으로 만족하기 때문이다. 그래서 이 구절을 통해 하나님께서는 그들이 공급하시는 하나님의 섭리에 전적으로 의존하고, 그것으로 만족한다는 것을 우리에게 가르치고자 하셨다.

그렇다면 여기서 우리는 사람의 죄로 인해 허무함에 복종하게 된 이성 없는 피조물들이 그들의 첫 번째 상태에 더 가까이 다가가고, 피조된 그들이 사람보다 자연의 질서를 더 잘 지킨다는 것을 관찰해야 한다.[909] 이는 그들이 자신들을 위한 하나님의 공급을 추구하고, 그것을 받을 때 만족하기 때문이다. 그러나 사람은 현세적인 것들을 하나님의 섭리에 의존하는 것과 관련하여, 창조 상태로부터 깊이 타락했는데, 그는 비록 공중의 새들에게 없는 수단을 사용할 수 있지만, 그의 마음은 지상의 것들을 얻거나 유지하거나 사용할 때 불신에 찬 염려로 가득 차 있기 때문이다. 이것은 사람이 다른 피조물보다 더 부패하고, 이런 점에서 짐승보다 더 악하고 야만적이라는 것을 보여 준다. 우리 각 사람은 본성이 타락하여, 창조주의 율법에 대해 잔

---

908 역자주. 원문과 영문판은 욥 39:3으로 기재하고 있다.

909 여백에: 사람보다 더 순종적인 비이성적인 피조물.

인하고 분별없는 피조물보다 더 반역하고, 그의 섭리를 더 불신하게 만든 우리 죄를 심각하게 숙고함으로써 깊이 겸손해야 한다.

"너희 하늘 아버지께서 기르시나니." 이 말씀에는 그리스도께서 그의 제자들과 그들 안에 있는 모든 신자들이 불신에 찬 염려 없이 하나님의 섭리를 의지하도록 설득하셨던 강력한 이유가 담겨 있다. **하나님께서는 너희 아버지요, 참으로 너희 하늘 아버지이며, 너희는 그의 자녀이니, 그러므로 그를 의지하라.** 이는 **지상의 아버지**가 그 자녀에게 좋은 것을 제공하고 줄 것이라면, 너희 하늘 아버지는 훨씬 더 많은 것을 제공하고 주실 것이기 때문이다[마 7:11]. 이런 이유로 사람이 하나님의 섭리에 안식할 수 있는 수단과 방법도 마련되어 있다.[910] 하나님의 말씀에는 두 가지 종류의 약속이 있다. 어떤 것들은 그리스도에 의한 영생과 구원에 대한 약속이며, 다른 것들은 이생에 관한 열등한 은사와 복에 대한 약속이다. 이제 우리가 현세적인 복에 대해 하나님께 의지하려면, 먼저 하나님의 영적이고 영원한 약속을 믿음으로 붙잡기 위해 노력해야 한다. 여러분이 그리스도 안에서 입양되었다는 확신을 얻고, 그가 하늘에 계신 여러분의 아버지라는 사실을 알고 느끼기 위해 노력하면, 여러분은 현세적인 복에 대한 그의 섭리를 쉽게 의지하게 될 것이다. 그가 여러분의 영혼을 구원해 주신다는 것을 진정으로 확신한다면, 여러분의 육체를 위해 공급해 주시는 그분을 어떻게 불신할 수 있겠는가? 어떤 왕의 아들이 그의 아버지가 자기를 후계자로 삼을 것을 안다면, 그동안 아버지가 자기에게 음식과 의복을 줄 것을 의심하지 않을 것이다.

"그들을 기르시나니." 즉, 씨를 뿌리지도 않고, 거두지도 않고, 창

---

910 역자주, 여백에: 하나님의 섭리에 의존하는 방법.

고에 들이지도 않는 새들을 기르신다. 여기서 우리는 하나님의 특별하고 구체적인 섭리를 관찰할 수 있다.[911] 여름에 먹을 것을 마련하지 않는 피조물들은 겨울에 굶어 죽게 되는데, 이는 땅이 여름에 제공하는 것과 같은 먹을거리를 제공하지 않기 때문이다. 그러나 경험에 따르면, 피조물들은 대부분 여름보다 겨울에 더 뚱뚱하고 추위와 굶주림을 견디기에 더 적합하다. 이것은 공중의 어리석은 새들을 돌보시고, 죽음의 겨울에 기르시는 하나님의 특별한 섭리 외에 무엇을 논증하겠는가? 오, 그렇다면 하나님의 자녀가 어떻게 그의 섭리를 불신할 수 있겠는가? 그가 새들에게는 먹이를 주시고, 자신의 자녀들은 소홀히 하시겠는가? 그럴 리가 없다. 그러나 이것이 게으른 사람에게 그의 양식을 마련하기 위한 합법적이고 일상적인 수단을 소홀히 대하도록 게으름을 조장하거나 북돋아 주어서는 안 된다. 왜냐하면 하나님께서는 각 사람이 합법적인 부르심의 의무를 부지런히 수행하여, 양식을 받기에 합당하고, 자기 양식을 먹기를 원하셨기 때문이다. "일하기 싫은 자는 먹지도 말게 하라"[살후 3:10]. 그러나 우리는 모든 수단이 실패하더라도, 여전히 하나님의 섭리에 의존해야 한다는 것을 배울 수 있는데, 이는 그가 죽음의 겨울에도 새들을 먹이시고, 우리는 그들보다 더 낫기 때문이다.

마지막으로, 하나님께서 공중의 불쌍한 새들에게 그렇게 자비를 베풀어 그들을 먹이시는가? 그렇다면 하나님의 자녀라고 고백하는 우리는 하나님의 모든 피조물에게 자비를 베풀어 하늘에 계신 우리 아버지와 같은 모습을 보여 주어야 한다.[912] "하나님은 모든 사람 특히 믿는 자들의 구주시라"[딤전 4:10]. 그리고 우리는 사랑하는 자녀

---

911 역자주, 여백에: 구체적인 섭리가 입증되다.
912 여백에: 자비에 대한 동기.

로서 하나님을 따르는 사람들이 되어, 인류의 가난한 이들에게 자비를 베풀어야 하는데, 그들은 우리 자신의 살과 같기 때문이다. "모든 이에게 착한 일을 하되 특히 믿음의 가정들에게 할지니라"{갈 6:10}. 이것은 우리 영혼에 촉구될 필요가 있는데, 왜냐하면 기근의 때에 사람들은 모진 협상으로 가난한 사람들의 얼굴에 맷돌질하기{사 3:15} 때문이다. 부자들은 가난한 사람들의 궁핍을 이용하여, 가난한 자들의 피를 빨아 먹음으로써 살을 찌운다.

이유 3

"너희 중에 누가 염려함으로 그 키를 한 자라도 더할 수 있겠느냐"(마 6:27). 여기서 그리스도는 세상의 것들에 대한 불신에 찬 애태우는 염려를 반대하는 **세 번째 이유**를 제시하시는데, 사람이 갖는 염려의 **무익함과 허영심**에서 비롯된 것이다.[913] 이 이유의 말씀은 **질문의 방식**으로 제시되는데, 이런 종류의 문구는 말한 것을 더 격렬하게 **긍정**하거나 **부인**하는 것을 암시한다. 여기서 그것은 **더 격렬한 부정**의 힘을 갖고 있는데, 마치 그리스도께서 다음과 같이 말씀하셨던 것과 같다. "의심의 여지 없이 너희 가운데 아무도 염려함으로 그의 키에 한 자를 더할 수 없다." 한 **자**(*cubit*)는 사람의 신체 부위에서 측정한 단위로, 팔꿈치에서 가장 긴 손가락 끝까지의 팔의 길이이다. 이제 하나님께서 사람의 몸을 지으실 때, 어머니 뱃속의 몸 길이에서 한 자에 한 자를 더하여, 마침내 그가 정하고 지정하신 것을 따라, 키가 여러 자가 될 때까지 계속 자라게 하신다. 그리고 하나님께서 각 사람에게 그 키와 신장에 이르도록 정하신 길이가 몇 자인지

---

913 역자주, 여백에: 불신에 찬 염려에 반대하는 이유.

보라. 아무도 자신의 모든 지혜, 기술, 신중한 근면으로 그의 키에 한 자도 더할 수 없는데, 이는 그것이 창조주에게 합당한 일이기 때문이다. 몸을 주시는 그가 키를 정하시고, 그의 섭리로 그 길이까지 날마다 자라게 하신다. 그러므로 이제 그리스도는 다음과 같이 추론하신다. **그 누구도, 무슨 수를 쓸지라도, 염려함으로 그 키를 한 자도 늘릴 수 없는 것처럼,** 그는 이런 식으로 **가장 작은 일도 할 수 없다**[눅 12:26]. 더 이상 아무도 자신의 불신에 찬 염려로 이생에 필요한 것들에 대해 조금이라도 자신의 외적 상태를 더 낫게 만들 수 없다. 그러므로 이것으로 우리의 마음을 괴롭히는 것은 헛되고 무익하기에, 우리는 이 불신에 찬 염려를 조심해야 한다.

이러한 이유로부터 우리는 다양한 지침들을 관찰하고 수집할 수 있다. **지침 1.** 첫째, 하나님의 섭리의 복 없이는, 인간의 수고와 돌봄, 근면이 모두 헛되고 무익하다는 것이다.[914] "여호와께서 집을 세우지 아니하시면 세우는 자의 수고가 헛되며 여호와께서 성을 지키지 아니하시면 파수꾼의 깨어 있음이 헛되도다 너희가 일찍이 일어나고 늦게 누우며 수고의 떡을 먹음이 헛되도다"(시 127:1-2).[915] "그런즉 심는 이나 물 주는 이는 아무것도 아니로되 오직 자라게 하시는 이는 하나님뿐이니라"(고전 3:7). 주님께서는 학개를 통해 이 점을 특별히 표현하신다. "너희가 많이 뿌릴지라도 수확이 적으며, 일꾼이 삯을 받아도 그것을 구멍 뚫어진 전대에 넣음이 되느니라. 너희가 많은 것을 바랐으나 도리어 적었고 너희가 그것을 집으로 가져갔으나 내가 불어 버렸느니라"[학 1:6-8]. 이 점을 고려할 때, 우리가 하나님의 복을 구하는 기도로 우리의 합법적인 부름에 대한 모든 진지한

---

914 여백에: 하나님의 복 없이는 사람의 수고는 헛된 것이다.

915 역자주. 원문과 영문판은 시 123:1-2로 기재하고 있다.

돌봄과 수고를 하나님께 위탁해야 한다는 것을 배우는데, 이는 "부요하게 하는 것은 그의 복"(잠 10:22)이기 때문이다. 가장 합당한 두 사람인 바울과 아볼로가 스스로 아무것도 할 수 없다면, 우리는 어떻게 생각해야 하겠는가? 우리의 수고에 대한 하나님의 복을 발견할 때, 우리는 감사해야 한다.

지침 2. 둘째, 그러므로 우리는, 어떤 사람도 그의 모든 염려와 부지런함으로 세상에서 부요와 존엄을 위해 그의 외적인 상태를 하나님께서 그에게 정하신 것 이상으로 향상시킬 수 없다는 것을 배운다.[916] 왜냐하면 하나님께서 사람의 신체적 키를 정하셔서 아무도 염려함으로 더하거나 변경할 수 없는 것 같이, 그가 그의 작정 가운데 부요나 가난, 존귀나 수치에 대한 사람의 상태를 정하셔서 사람이나 어떤 피조물도 그것을 바꿀 수 없기 때문이다. 실제로 합법적인 수단을 부지런히 사용하는 것은 외적인 것들에 있어서 하나님의 복에 대한 논증이며, 따라서 그러한 복을 기다리는 사람들은 절제와 경건함을 따라 행해야 한다. 왜냐하면 일반적으로 하나님께서는 그러한 수단을 통해 자신의 복을 전달하시기 때문이다. 그러나 사람의 상태는 수단이 아니라, 하나님의 작정과 뜻에 달려 있다. "무릇 높이는 일이 동쪽에서나 서쪽에서 말미암지 아니하며 오직 재판장이신 하나님이 이를 낮추시고 저를 높이시느니라"(시 75:6-7). 그리고 "가난한 자와 부한 자가 함께 살거니와 그 모두를 지으신 이는 여호와시니라"(잠 22:2). 이것에 관해 우리는 합법적인 수단을 신중하게 사용하여 하나님을 의지하는 법을 배워야 하며, 그것이 크건 작건 하나님의 복에 만족하는 것을 배워야 하는데, 이는 그것이 무엇이든 간에, 하나님께

---

916 여백에: 사람의 외적 상태는 하나님이 정하신 것이다.

서 우리에게 할당하신 몫이기 때문이다.

지침 3. 셋째, 이로써 여러 가지 잘못된 의견들이 반박되고 전복된다. 첫째, 사람의 현세적 수명이 자연에서 하나님께서 정하신 기간보다 기술에 의해 연장될 수 있다고 생각하는 사람들의 의견이다.[917] 만일 그렇다면, 사람의 키의 정해진 성장이 기술에 의해 추가될 수 있는데, 왜냐하면 하나님의 뜻과 섭리가 그 둘 다 똑같이 지배하기 때문이다. 사람의 생명을 연장하는 것은 사람의 키를 늘리는 것 못지 않게 창조주의 활동이다. 실제로 기술은 자연에서 정해진 기간까지 생명을 보존하는 데 도움이 될 수 있지만, 그것을 연장하는 것은 인간의 기술과 능력을 초월하는 것이다. 왜냐하면 "사람은 바람을 주장하여 바람을 움직이는 주인이 아니기"(전 8:8) 때문이다. "하나님은 여기에서 그가 넘을 수 없는 그의 경계를 지정하셨기"(욥 14:5) 때문이다.

둘째, 일부 마술사와 마녀의 의견도 이것으로 반박되는데, 그들은 마법에 의해 자신의 몸을 고양이, 산토끼 등과 같은 다른 피조물의 몸으로 바꿀 수 있고, 또한 자신의 몸이 열쇠 구멍이나 그런 좁은 곳을 통과할 수 있다고 생각하고 주장한다.[918] 그러나 이것은 자연에 더하는 것(여기서 그리스도는 그것이 인간의 능력 안에 있음을 부인하신다) 이상으로 자연을 변화시키는 것이므로 그것은 불가능하다. 이러한 것들은 사탄의 환상이며, 이것으로 그는 그의 거짓 기적을 보는 사람들의 눈을 어둡게 한다. 느부갓네살에 대해 말하기를, 그가 짐승으로 변했는데, 이는 "그가 소처럼 풀을 먹었다"[단 4:32][919]라고 말하기 때문이

---

917 여백에: 현세적인 삶은 자연에서 정해진 기간 이상으로 연장될 수 없다.

918 여백에: 마법은 사람의 몸을 다른 피조물로 바꿀 수 없다.

919 역자주, 원문과 영문판은 단 4:30으로 기재하고 있다.

다. 그러나 우리가 알고 붙잡아야 할 것은 그의 영혼의 실체도, 그의 몸의 실체도, 그 몸의 모양도, 짐승의 형체와 실체로 변한 것이 아니라, 오직 하나님의 손이 그의 마음에 무겁게 임하여, 그가 잔인한 광기와 광란에 사로잡혀, 그의 행동이 잔인해져서 들짐승들 사이에서 살았다는 것이다.

셋째, 이로써 연금술사의 의견도 반박되는데, 그들은 황동이나 납을 금으로 바꿀 수 있는 것처럼, 저급한 금속을 더 나은 것으로 바꿀 수 있다고 가장한다.[920] 그러나 이것은 피조물의 양을 늘리는 것 이상으로 피조물의 본성을 변화시키는 것인데, 그리스도는 이것을 부정하시고, 사람의 키에 기교부리는 것을 불가능하게 만드셨다.

넷째, 이로써 행위 공로에 대한 교황주의자들의 의견도 반박된다.[921] 그들은 사람이 선행으로 하늘에서 더 큰 영광을 얻을 수 있다고 가르친다.[922] 그러나 만일 사람이 할 수 있는 모든 것으로 그의 육체적 키나 이 세상에서 그의 외적인 지위를 늘릴 수 없다면, 그의 영광의 지위에는 더더욱 추가할 수 없다. 자연의 증가가 하나님의 역사라면, 은혜의 선물과 영광의 증대는 더더욱 하나님의 역사이다. 그러므로 하나님께서 몸의 크기를 결정하시는 것처럼, 우리는 영광을 위한 영혼의 상태가 하나님께서 정하신 것이며, 사람이 거기에 더할 수 없다는 것을 확인할 수 있다. 참으로 우리가 이 땅에서 선을 행함으로 하나님께 영광을 돌릴수록, 하늘에서 더 큰 영광을 받을 것이라는 확신이 더 커지게 되지만, 그 공로는 오직 그리스도의 사역이며, 우리의 열매는 그의 기쁘신 뜻에 따른 하나님의 선물이다.

---

920 여백에: 연금술사들이 반박되다.
921 여백에: 사람의 능력을 초월하는 영광의 공로.
922 여백에: Concil. Trid. sess. 6. can. 32.

이유 4

"또 너희가 어찌 의복을 위하여 염려하느냐 들의 백합화가 어떻게 자라는가 생각하여 보라 수고도 아니하고 길쌈도 아니하느니라 그러나 내가 너희에게 말하노니 솔로몬의 모든 영광으로도 입은 것이 이 꽃 하나만 같지 못하였느니라 오늘 있다가 내일 아궁이에 던져지는 들풀도 하나님이 이렇게 입히시거든 하물며 너희일까 보냐 믿음이 작은 자들아?"(마 6:28-30). 이 세 구절에서 그리스도는 25절에 포함된 불신에 찬 염려에 대한 그의 이전 계명으로 되돌아가신다.[923] 그리고 그는 그 한 부분인 **의복에 대한 염려**에 대해서는 여기서 촉구하시고, 다른 부분은 31절에서 먹고 마시는 것에 대해 촉구하신다. 이제 그리스도께서 천상의 교리를 강력하고 구속력 있는 이유로 제시하고 촉구하실 뿐만 아니라, 다시 그것을 반복하고 조금씩 촉구하시는데, 이렇게 하시는 것은 무엇을 의미하는가? 확실히 이로써 그는 자신이 교회의 참된 교사(Doctor)라고 선언하시는 것이다. 이는 인간의 본성이 기꺼이 받아들이고 실천하기를 꺼려하는 중요한 교리를 현재 다루고 있기 때문이다. 게다가 그는 그것을 선포하고 확인하시는 것 외에도, 그것이 우리 마음속에서 더 잘 일어나고, 우리 삶에서 순종하는 데 보다 효과적일 수 있도록 그것을 조금씩 촉구하신다. 이 충실함은 하나님의 말씀을 가르치는 모든 사람이 보여야 한다. 이것은 특히 말씀을 가르치는 의무가 있는 목사들뿐만 아니라, 주인들과 부모들도, "너희가 그것들을 네 자녀에게 부지런히 가르치라"(신 6:7)는 말씀이 의미하듯이, 그 말씀이 마음에 더 깊이 들어갈 수 있도록 해야 한다.

---

923 여백에: 불신에 찬 염려가 금지되다.

이와 같이 이 논증의 진행 방식에 대해 많이 다루었다. 이제 우리는 이 말씀을 다루어 볼 것이다. "또 너희가 어찌 의복을 위하여 염려하느냐?" 이 질문은 금지의 효력을 갖고 있다. 그래서 이것은 "너희 몸을 위하여 무엇을 입을까 염려하지 말라"는 25절의 말씀에서도 마찬가지이다. 의복에 대한 모든 염려가 여기서 금지되지는 않는다. 왜냐하면 사람들은 그들의 부름에 합당하고, 그들의 몸의 건강과 편안함에 필요한 그러한 의복을 올바르고 진지한 태도로 구하고 노력하는 합법적인 경건한 염려를 갖기 때문이다. 여기서 금지된 염려는 의복에 대한 지나친 염려이며, 결핍에 대한 불신과 두려움, 또는 적절하고 필요한 의복에 대한 불만과 결부되어 있다.[924] 이것은 이 시대의 일반적인 죄악으로, 과도한 염려에서 비롯된 의복에 대한 남성과 여성의 잡다한 나쁜 관행이 다음과 같이 분명히 있다. 첫째, 의복의 과잉과 풍요의 영향, 그리고 이상하고 이질적인 패션이 유행하자마자 따라가는 것이다. 둘째, 하인이 주인처럼 고운 옷을 입고, 상인이 신사처럼, 신사가 귀족처럼 자신의 능력과 품위보다 지나치게 비싼 옷을 입는 것이다. 셋째, 더 나은 의무를 수행하는 데 쓸 수 있는 많은 시간을 호기심에 찬 몸단장과 옷차림에 소비하는 것이다. 이것은 마치 하나님께서 그들의 몸에 그가 하셔야 할 몫을 철저히 다하지 않으셨거나, 또는 그들이 호기심으로 그들 자신을 더 좋게 만들 수 있는 것처럼, 하나님의 솜씨를 싫어하는 데서 비롯된다.

이제 그리스도는 사람들의 마음에서 이 지나친 염려를 제거하시기 위해, 여기서 **들에 핀 백합화에 대한 그의 섭리**에서 취한 네 번째 이유로 그의 계명을 강화하신다. 그리고 그 대상은 보잘것없고 단순

---

924 여백에: 의복에 대한 지나친 염려.

하지만, 그 이유는 중대하다. 그것은 다음과 같이 표현할 수 있다. **하나님께서 들의 백합화를 입히신다면, 틀림없이 너희도 입히실 것이다. 그런데, 하나님께서 들의 백합화를 입히시므로 너희는 더더욱 입히실 것이다.**

이 이유는 이 세 구절에 충분히 제시되어 있지만, 그 부분들이 자세하게 설명되었기에 도치되었다. 첫째, 그리스도는 그의 추론이 도출된 **주제**를 우리가 고려할 수 있도록 제시하신다. **들의 백합화가 어떻게 자라는가 생각하여 보라.** 여기서 주목해야 할 것은, 그리스도께서 정원의 꽃처럼 사람의 도움을 받지 않는 들의 백합화에 대해 말씀하신다는 것이다. 그런 다음, 그는 백합화의 일상적인 의복의 수단을 제거함으로써, **하나님께서 그들에게 옷을 입히신다**는 자신의 가정에 대한 증거를 제시한다. "그것들은 수고도 아니하고 길쌈도 아니하느니라"(마 6:28). 그것들에 대한 하나님의 이 일을 비교하여 자세히 설명하심으로써, 그는 왕의 의복을 입은 솔로몬의 영광보다 그것들의 영광을 더 낮게 여기신다(마 6:29). 그런 다음, 그는 추론을 통해 가정을 생략하고, 그 이유를 제시하신다(마 6:30). 여기서 첫 번째 부분과 결론이 둘 다 제시되고 자세히 설명되는데, 그것들을 다룰 때 보게 될 것이다. 왜냐하면 그리스도께서 지키신 순서에 따라 살펴볼 것이기 때문이다.

"들의 백합화가 어떻게 자라는가 생각하여 보라." 여기서 그리스도는 들의 백합화와 채소를 자신의 제자들에게 초등교사로 삼으신다(이는 그가 그들에게 말씀하셨기 때문이다).[925] 첫째, 들판의 어리석은 피조물들이 사람보다 하나님께 더 순종하며, 사람은 그들보다 하나님께

---

925 역자주, 여백에: 지각없는 피조물이 우리의 교사이다.

더 반역적이라는 것을 그들과 우리에게 가르치기 위함이다. 그래서 이사야는 배은망덕한 유대인들에 대한 그의 책망에 귀를 기울이도록 **하늘**과 **땅**을 부른다[사 1:2]. 그리고 여로보암의 우상 숭배를 책망하는 선지자는 "제단아, 제단아, 여호와께서 이와 같이 말씀하시니라"[왕상 13:2]고 외친다. 예레미야는 여고냐를 꾸짖으며, "땅이여, 들으라"(렘 22:29)고 외치고, 에스겔은 "산들"(겔 6:3)에게 예언해야 했다. 이 모든 것을 통해 그들은 이 무감각한 피조물들이 사람처럼 이성을 가졌더라면, 사람보다 창조주의 뜻에 더 순종했을 것임을 보여 주었다. 둘째, 이로써 그리스도는 우리에게 피조물이 있고, 매일 그것을 보고 사용하되, 부분적으로는 무지로 눈멀고, 부분적으로는 태만으로 인해 피조물에게서 우리가 마땅히 해야 할 좋은 일을 분별하지도 못하고, 그것들로부터 배우지도 못한다는 사실을 제자들과 우리에게 가르치고자 하셨다. "하나님의 보이지 아니하는 것들 곧 그의 영원하신 능력과 신성이 그가 만드신 만물에 분명히 보여 알려졌나니"(롬 1:20). 이것은 하나님의 일에 대한 우리의 우둔함과 태만을 책망하는 것인데, 이는 이 열등한 문제에서 우리가 무감각한 피조물로부터 배울 수 있다면, 구원의 문제에서 무엇을 해야 하는지 배울 수 있기 때문이다.

하지만 우리는 백합화에게서 무엇을 배워야 하는가? "그것들이 어떻게 자라는가"를 배워야 한다. 이것은 주목해야 할 일인데, 겨울철에는 마치 없는 것처럼 땅에 숨어 있기 때문이다. 그것들은 서리와 눈으로 덮여 있다. 하지만 봄과 여름이 되면, 백합화는 솔로몬의 모든 영광으로도 입은 것을 뛰어넘는 화려한 줄기와 잎, 꽃을 피워낸다. 이것은 어디에서 오는가? 그들 자신에게서 저절로 생긴 것인가, 아니면 사람에게서 난 것인가? 확실한 것은 둘 다 아니라는 것이다. 왜냐하면 그것들은 들의 백합이기 때문이다. 이것은 오직 하나님께서 피조물을 만드실 때, "땅은 푸른 풀을 내라"[창 1:11]고 말씀하신 창조의 말씀에서 나온 것이다. 하나님께서 역사하고 작용하시는 말씀에서 비롯된 땅은, 영광스러운 백합과 다른 모든 풀을 산출할 수 있는 능력과 미덕을 가진다.[926] 이제 말씀으로 해마다 이 영광스러운 존재를 들에게 주시는 동일한 하나님께서 그의 종들에 관한 섭리의 말씀을 주셨는데, 그들이 적법한 수단을 적절하게 사용하고 그를 신뢰한다면, 의복을 포함한 이생에 필요한 모든 것을 충분히 가질 것이다. 그렇다면 여기서 평범한 수단을 성실하게 사용함으로 하나님을 신뢰하는 것 외에는 아무것도 부족할 것이 없는데, 왜냐하면 봄과 여름에 백합이 자라고 꽃을 피우는 것처럼, 하나님의 섭리로 옷을 입을 것이 확실할 것이기 때문이다. 더 이상 말하지 않더라도, 이것은 우리로 온건한 염려를 갖도록 하기에 충분했다.

그러나 그는 "그것들은 수고도 아니하고 길쌈도 아니하느니라"고 덧붙이신다. 그것들이 어떤 수단을 사용하지도 않고 하나님 홀로 영광스러운 색으로 그것들을 옷 입히신다는 것은, 우리도 또한 염려 없이 하나님의 섭리에 의지하여 만족(contentation)[927]해야 할 의무가 있음을 말한다. 우리는 하나님의 섭리에 있어서 들의 백합화보다 열등하지 않은 존재일 뿐 아니라, 그것들이 갖지 못한 수단인 우리의 의복을 위한 수단을 허락받았기 때문이다. 그러므로 하나님의 섭리에 의존하는 척하면서, 정당하고 필요한 것을 얻기 위한 일반적이고 합법적인 수단을 무시하고 게으르게 살아서는 안 된다. 그러나 그리스도는 그를 신뢰하고 섬기는 모든 사람에게 비록 모든 수단이 실패하더

---

926 여백에: 들의 백합으로부터 하나님의 섭리를 신뢰하는 법을 배운다.

927 *Contentation*: 만족.

라도(불이행으로 실패한 것이 아니라), 그들에게 유용한 것을 제공할 것이라는 확신을 주고자 하셨다.

"그러나 내가 너희에게 말하노니 솔로몬의 모든 영광으로도 입은 것이 이 꽃 하나만 같지 못하였느니라"(마 6:29). 이 말씀에는 그리스도의 추론의 두 번째 부분, 즉 하나님께서 백합화에게 옷을 입히실 뿐만 아니라, "솔로몬의 모든 영광으로 입은 것"보다도 **더 영광스러운 옷으로 입히신다**는 내용이 자세하게 설명되어 있다. 이 자세한 설명을 주목해야 하는 이유는 솔로몬의 영광이 하나님의 특별한 은사로 인해 그의 욕망이나 기대를 뛰어넘는 비범한 것이었기 때문이다 (왕상 3:13). 그러나 그리스도는 각각의 **들의 백합**이 솔로몬의 어떤 것보다 하나님의 섭리로 더 영광스럽게 옷을 입었다고 말씀하신다.

이 자세한 설명은 첫째, 옷차림을 자랑스럽게 여기고, 자신을 멋지게 꾸미는 것에 호기심을 갖는 그들의 어리석음을 책망하고 통제하는 역할을 한다.[928] 이것은 모든 종류의 복장이 그들의 능력과 정도를 초과하는 이 시대의 일반적인 죄악이다. 그러나 우리가 할 수 있는 것을 다해서 우리 자신을 그렇게 화려하게(gay)[929] 만들지라도, 영광스럽게 옷 입은 들판의 꽃에도 미치지 못하는데, 왜 우리는 우리가 입은 것을 자랑해야 하는가? 백합처럼 하얀 비단이 어디 있겠는가? 무엇이 제비꽃과 같이 아름다운 보라색을 갖고 있겠는가? 무엇이 그렇게 화려한 색상의 다양한 꽃에 필적하는 것이겠는가? 기술이 발전하여 많은 일을 할 수 있다 하더라도, 여기서는 자연에 굴복해야만 한다. 우리가 발로 밟고 아궁이에 던지는 풀과 꽃에도 가까이 갈 수 없다면, 어떻게 우리가 화려한 의복으로 우쭐대겠는가?

---

928 여백에: 옷차림의 자랑에 대한 책망.

929 *Gay*: 화려한.

둘째, 이것은 세상의 모든 화려함이 허영에 불과하다는 것을 우리에게 가르쳐 주는데,[930] 이는 영광과 아름다움에 있어서 들판의 꽃에 미치지 못하기 때문이다. 오늘 들에 있다가 내일 아궁이에 던져지는 꽃보다 더 연약하고 덧없는 것이 무엇이겠는가? 성령께서는 **사람의 영광**을 **풀의 꽃**에 비유하였고(벧전 1:24), "이 세상의 외형은 지나가는 것"(고전 7:31)이므로, "우리는 이 세상을 다 쓰지 못하는 것처럼 사용해야 한다"는 것을 아시고, 이것을 가르치고자 하셨다. 결국 솔로몬의 결론이 이 땅에 속한 모든 일에서 참되기 때문이다. "헛되고 헛되고 헛되니 모든 것이 헛되도다"(전 1:2). 그러나 그리스도께서 이런 식으로 솔로몬의 영광을 들판의 꽃 아래로 낮추셨지만, 그 영광은 특별한 은혜 가운데 있는 하나님의 선물이었기 때문에(왕상 3:13), 그리스도께서 솔로몬의 영광을 정죄하신다고 생각해서는 안 된다. 하나님의 말씀은 옷차림에 대한 교만과 호기심, 그리고 그 안에 있는 과잉을 정죄하지만, 높은 지위에 있는 군주들과 인물들에게는 화려하고 값비싼 의복의 사용을 허용한다. 그러므로 위엄을 갖추게 된 요셉은 "세마포 옷을 입고 손가락에 반지를 끼고 목에 금사슬을 찼다"(창 41:42). 그리고 누가가 아그립바와 버니게에 대해, "그들이 바울의 말을 듣기 위해 크게 위엄을 갖추고 왔다"(행 25:23)고 말한 것은 선한 부분으로 받아들여질 수 있다.

"오늘 있다가 내일 아궁이에 던져지는 들풀도 하나님이 이렇게 입히시거든 하물며 너희일까 보냐 믿음이 작은 자들아!"(마 6:30). 여기서 그리스도는 이 추론을 제자들과 청중들에게 제시하고 적용하신다. 그리고 이 적용에서 그는 들풀과 사람 사이에 명백한 차이를 두

---

930   여백에: 세상의 화려함은 모두 허영이다.

시고, 그것보다 사람을 훨씬 더 선호함으로써 그것을 강화하신다. 들의 꽃보다 우월한 사람의 탁월함은 다음과 같은 것들에 있다.[931] 첫째, 채소는 사람이 사용하도록 만들어진 것이지, 사람이 풀을 위해 만들어진 것이 아니며, 그리스도께서 여기서 지적하신 것처럼, 다른 용도 외에도 풀은 아궁이의 연료로 사용되기 때문이다. 둘째, 들의 풀은 오늘 있다가 내일 없어지는데, 이는 불에 타거나 소멸되면 전혀 존재하지 않기 때문이다. 그러나 사람의 경우는 그렇지 않은데, 이는 사람이 불에 타거나 소멸되더라도, 시작은 있으되 결코 끝이 없는 그의 불멸의 영혼 때문에, 그의 존재가 여전히 남아 있기 때문이다. 이 점에서 그는 그것들을 훨씬 능가하는데, 이는 풀과 나무가 잠시 살되, 그 생명은 그것들이 구성하는 물질에서 생겨나고, 그것과 함께 사라지지만, 사람의 영혼은 육체와는 다른 실체이며, 육체가 소멸해도 사라지지 않기 때문이다. 이 차이는 창조에서 분명하게 드러난다. 이는 "땅이 그 생명과 실체를 가진 풀과 나무를 내라"[창 1:11]고 하나님이 명령하셨기 때문이다. 그러나 하나님께서 사람을 창조하셨을 때, 비록 "땅의 흙으로 그의 몸"을 만들었지만, "그의 영혼은 하나님께로부터 왔는데", 이는 "그가 그의 얼굴에 생명의 숨을 불어 넣으셨기"[창 2:7] 때문이다. 그리고 사람은 들풀만 아니라, 모든 짐승과 새들보다 탁월하다. 왜냐하면 그것들은 생명 외에 영혼으로부터의 감각과 움직임을 가지고 있지만, 육체가 지탱하는 데서 발생한 영혼은 육체가 소멸하면, 필멸하고 아무것도 남지 않고 사라지기 때문이다. 그래서 불에 탄 짐승은 짐승이 아니지만, 죽은 사람은 비록 그의 몸이 불타 없어질지라도 그의 영혼이 영원히 살기 때문에 여전히 사람

---

931 여백에: 들판의 풀들보다 우월한 인간의 탁월함.

인 것이다. 참으로 그의 몸은 비록 짐승에게 먹히거나 불타 버렸을지라도, 하나님의 정하심으로 인해 언젠가는 다시 일어나 영혼과 결합할 것이다. 참으로 택함받은 자의 죽은 몸은 은혜 언약으로 말미암아 그들의 영혼과도 결합할 뿐만 아니라, 그리스도와 영적 연합을 갖는데, 이는 "그 안에서 잠자는 그들이"[살전 4:14] 언젠가는 그의 능력으로 영광에 이르도록 부활할 것이기 때문이다. 그리고 그리스도는 이 탁월함을 우리에게 가르치고자, 하나님을 오래전에 죽은 "아브라함의 하나님"[마 22:32][932]이라고 부르시되, "하나님은 죽은 자(즉, 전혀 존재하지 않는)의 하나님이 아니라, 살아 있는 자의 하나님"이라고 말씀하신다. 이제 피조물보다 사람을 귀히 여기시는 것은 사람에게 불신에 찬 염려 없이 하나님의 섭리에 의존해야 할 의무를 크게 강화한다. 왜냐하면 하나님께서 저급한 피조물에게 영광스러운 옷을 입히신다면, 다음의 결론처럼, 더 고귀한 피조물인 사람으로 결핍을 겪게 하지 않으실 것이 분명하기 때문이다.

"하물며 너희일까보냐 믿음이 작은 자들아!" 즉, 그가 더더욱 너희를 입히시지 않겠느냐? 그는 "믿음이 작은 자들아"라고 말씀하시면서, 그들에 대한 책망으로 이 결론을 자세하게 진술하신다. 이 책망에서 두 가지 사항을 주의해야 한다. 책망받은 사람과 책망의 원인이다. **요점 1.** 그 사람들은 그리스도께서 택한 제자들로서, 여기서 그는 단순히 믿음이 없어서 책망한 것이 아니라, 믿음이 약하고 작아서 책망하신 것인데, 이는 하나님의 섭리에 대한 그들의 의심과 불신이 그들의 믿음보다 더 컸기 때문이다.

그렇다면, 여기서 우리는 **믿음의 정도에 대한 차이**를 관찰할 수

---

932 역자주. 원문과 영문판은 마 22:23으로 기재하고 있다.

있다.[933] "믿음이 없어 아무것도 의심하지 않았다"(롬 4:20)고 한 아브라함이 가진 것과 같은 하나님의 약속에 대한 **완전한 확신**과 그 당시 그리스도의 제자들이 가진 것처럼 많은 의심이 섞인 **연약한 믿음**이 있다. 연약한 믿음 안에 있는 의심이 악한 것이며, 연약하다고 책망을 받을지라도, 믿음 그 자체는 참된 믿음이며, 사람을 양자됨과 구원의 상태에 이르게 한다. 왜냐하면 그리스도는 이 책망에 앞서 그의 제자들을 하나님의 자녀로 인정하고, 하나님을 "하늘에 계신 그들의 아버지"라고 부르셨기 때문이다. 누구든지 자신의 믿음보다 더 큰 불신이, 구원하는 믿음보다 정죄하는 힘이 더 강하기 때문에, 연약한 믿음이 사람을 구원할 수 없다고 말하거나 생각한다면, 다음과 같이 말할 수 있다. 사람이 믿음으로 구원을 얻는 것은 그의 믿음이 의심 없이 완전하기 때문이 아니라, 그가 믿음으로 그리스도 안에 있는 하나님의 자비를 붙잡기 때문이다. 연약한 믿음은 그렇게 완벽하지는 않지만, 강한 믿음이 하는 것과 같이 진정으로 하나님의 자비를 붙들 수 있다. 연약한 믿음 안에 존재하는 의심과 불신앙은 우리를 정죄할 수 없다. 왜냐하면 이 연약한 믿음으로 우리는 그리스도 안에 있고, 그 안에서 우리의 모든 부족과 죄가 용서받았기 때문이다. 하지만, 우리는 우리의 불신앙을 애통하고, 완전한 확신으로 나아가기 위해 부지런히 수단을 사용해야 한다. 이 요점을 주의 깊게 관찰하고 기억해야 하는데, 이는 이 연약한 믿음만을 가진 채, 불신과 의심으로 몹시 괴로워하는 자들의 영혼을 지탱하고 위로하기 위함이다.[934] 이것이 실상 많은 하나님의 자녀들의 상태인데, 이는 모든 사람이 아브라함의 **완전한 확신**에 도달할 수 없기 때문이다. 그러나 "오 믿음이 작

---

933 여백에: 믿음의 두 가지 등급.
934 여백에: 연약한 믿음을 가진 자들에 대한 위로.

은 자들아" 낙심하지 말라. 여러분의 의심과 불신이 여러분을 괴롭히고 슬프게 할 수 있다. [935] 오직 더 성장하기 위한 수단에 부지런히 힘쓰고, 여러분의 연약한 믿음으로 그리스도를 붙잡으려고 열망하면, 여러분의 모든 부족이 채워지고, 여러분의 죄가 용서될 것이다. 왜냐하면 이 일에 대한 하나님의 자비는 끝이 없기 때문이다. "그는 상한 갈대를 꺾지 아니하며 꺼져가는 등불을 끄지 아니한다"(사 42:3).

요점 2. 이처럼 그리스도께서 그들의 작은 믿음을 책망하시는 이유는 **그들이 의복에 대해 하나님을 불신하기** 때문이다. 마치 그가 다음과 같이 말씀하시는 것과 같다. "너희는 하늘에 계신 너희 아버지가 그의 더 낮은 피조물들을 영광스럽게 옷 입히시는 것을 보았음에도 불구하고, 너희를 위해 충분한 의복을 제공하리라는 것을 의심하기 때문에, 너희는 작은 믿음으로 인해 비난받아야 마땅하다."

그렇다면 여기서 우리는 구원하는 참된 믿음의 속성을 관찰해야 한다. [936] 그것은 그리스도 안에 있는 죄 사함과 영생에 대한 하나님의 자비뿐만 아니라, 이생에 관한 현세적 복에 대한 하나님의 약속도 붙들고 있다는 것이다. 이것은 누구에게도 이상한 일이 아니다. 그것을 분명히 하기 위해, 성경에 있는 하나님의 약속은 두 가지 종류, 즉 주요한 것과 열등한 것이 있다는 것을 생각해야 한다. [937] **주요한 약속**은 하나님이자 사람이신 우리 구속주 그리스도와 그로 인한 죄 사함과 영생에 관한 것이다. **열등한 약속**은 음식, 의복, 건강, 평화, 자유 등과 같은 현세적 복에 관한 것이며, 이것들이 우리의 유익을 위

---

935   역자주, 영문판은 원문(London: John Haviland, 1631)에 없는 한 문장을 삽입하고 있다. "그러나 너희가 그것을 애통하고 탄식한다면, 그것이 너희를 정죄하지 않을 것이다"(but if you bewail and lament it, it shall not condemn you).

936   여백에: 구원하는 믿음의 속성.

937   여백에: 하나님의 약속은 두 가지이다.

한 것인 한, 그리스도의 주된 약속에 달려 있다. 왜냐하면 "하나님의 모든 약속은 그리스도 안에서"[고후 1:20] 영생에 관한 것이든 현세의 삶에 관한 것이든 하나님의 자녀들에게 틀림없고 확실하기 때문이다. 그러므로 참된 믿음으로 그리스도 안에 있는 하나님의 주된 약속을 붙잡을 때, 그는 현세적 복에 대한 하나님의 약속도 함께 붙잡게 된다. **하나님께서 내 죄를 사하시고 내 영혼을 구원하실 것**이라고 믿는 마음은, 동일하게 **하나님께서 내게 양식과 의복과 이생에 넉넉한 모든 것을 주실 것**이라고 믿는다. 따라서 아브라함은 그가 의롭다 함을 받은 그 **동일한 믿음**으로 "노년에 아들을 낳으리라는 하나님의 약속을 믿었고"[롬 4:18], 노아는 그가 "의의 상속자"가 된 그 **동일한 믿음**으로 방주에서 자신을 보존하리라는 하나님의 약속을 믿었다[히 11:7]. 믿음이 약속을 붙잡는다는 점을 관찰하고, 그 순서를 기억해야 한다. 먼저, 그것은 그리스도 안에 있는 자비를 깨닫고, 그 다음에 이생을 위한 섭리를 이해한다. 따라서 우리가 사후에 믿음으로 구원받기를 바라는 것처럼, 이 세상에서도 믿음으로 살아야 한다는 것을 배운다. 우리가 우리 영혼을 위한 그의 자비에 의지한다면, 우리 몸을 위한 그의 섭리에도 의지해야 한다. 이것이 어떻게 이루어지는지는 나중에 보게 될 것이다. 만일 우리가 먹을 것과 입을 것에 대한 하나님의 섭리를 의지할 수 없다면, 어떻게 천국에 대한 하나님의 자비에 우리 자신을 맡길 수 있겠는가?

마지막으로, 이것으로 우리는 우리의 믿음이 참된 것인지 가짜인지, 약한 것인지 강한 것인지 시험해 볼 수 있다.[938] 이에 대해 그리스도는 우리가 세상적인 염려로 더 많이 산만해질수록, 하나님에 대

---

938 여백에: 우리의 믿음을 시험해 보는 방법.

한 믿음이 더 줄어든다고 말씀하시는데, 이는 불신에 찬 염려가 하나님의 섭리에 대한 불신에서 비롯되기 때문이다. 그리고 우리가 현세적인 것에 대해 하나님을 덜 신뢰할수록, 영원한 자비를 덜 믿게 되는데, 이는 동일한 믿음이 두 가지 모두를 붙들기 때문이다. 그러나 우리가 현세적인 복을 위해 합법적인 수단을 성실하게 사용하여 진정으로 하나님을 의지할 수 있다면, 우리 영혼의 구원을 위해 그의 자비에 의지하게 될 것이다. 이 시험은 형통할 때에 이루어지지는 않는데, 하나님께서 풍족하게 하실 때는 모든 사람이 그를 신뢰하기 때문이다. 하지만, 궁핍할 때 여러분의 믿음을 시험하신다. 그때 여러분이 하나님을 의지하면, 비록 수단이 실패할지라도, 여러분의 믿음은 강한 것이다. 그러나 여러분의 마음이 근심과 두려움으로 눌리고, 불법적 수단으로 여러분의 부족을 채우는 데 양심의 가책을 느끼지 않는다면, 여러분의 믿음이 약하거나 전혀 없는지 스스로 의심해야 한다. 이는 "의인은" 모든 상태에서 "그의 믿음으로 말미암아 살 것이기"[합 2:4] 때문이다.

"그러므로 염려하여 이르기를 무엇을 먹을까 무엇을 마실까 무엇을 입을까 하지 말라"(마 6:31). 여기서 그리스도는 25절에서 주어진 불신에 찬 염려에 대한 계명을 다시 반복하신다. 그가 반복하시는 [939] 이유는 다음과 같다. 첫째, 우리가 앞서 말한 것처럼, 그 계명을 북돋아 그들 마음속에 더 예리하고 깊이 들어가도록 하기 위한 것이다. 둘째, 그의 제자들이 믿음을 더욱 실천하도록 격려하기 위한 것이다. 왜냐하면 이렇게 자주 반복함으로써, 그는 그들에게 의무를 더 자주 묵상하고 생각할 기회를 주고, 이것으로 그들의 믿음이 많이 확

---

939 역자주, 영문판은 원문의 반복(repetition)대신 간청(petition)으로 오기한다.

인되어야 하기 때문이다. 우리는 마음에 참된 믿음을 얻고 강화하는 데 단순히 수동적인 존재가 아니다. 마치 선지자들이 꿈에서 환상을 보거나 밀랍에 도장을 찍는 것처럼, 하나님께로부터 우리에게 떨어지는 것이 아니라, 평범한 수단을 사용할 때 하나님께서 역사하시는 것이다. 그러므로 우리 안에 믿음이 생기거나 자라게 하려면, 우리가 본성상 할 수 있는 일을 해야 한다. 즉, 설교를 듣거나 말씀을 읽고, 그 말씀을 묵상하며, 하나님의 약속을 우리 마음에 새기기 위해 노력해야 한다. 참으로, 우리는 우리 마음속에 믿음의 열망을 불러일으키고, 의심과 불신에 맞서 싸우기 위해 우리가 할 수 있는 일을 해야 하며, 따라서 우리 마음속에 성령의 역사를 위해 탄식과 신음으로 하나님께 기도해야 한다.

우리는 25절에서 불신에 찬 염려를 금하는 이 계명을 다루어, 필요한 것들을 위해 우리가 무엇을 해야 하며, 어디에서 머물러야 하는지 보여 주었다. 우리는 필요한 것을 획득하기 위해 합법적이고 일상적인 수단을 부지런히 사용해야 하며, 그렇게 노력을 다 한 자리에 머물러 하나님의 섭리를 기다리는 믿음에 자리를 내어주어야 한다. 그리스도께서는 우리의 합법적인 수고를 방해하는 불신에 찬 염려를 금지하시며, 영혼을 감염시키는 악한 질병으로 보신다. 다음의 것들을 관찰함으로써, 염려를 쉽게 분별할 수 있다.[940] **밤에 종종 그들의 잠을 깨우는 것이 무엇인지, 잠에서 깨어났을 때 가장 먼저 떠오르는 생각이 무엇인지, 하루 종일 가장 많이 생각하는 것이 무엇인지, 그리고 그들이 가장 큰 기쁨과 가장 적은 피로로 감당할 수 있는 고통이 무엇인지 관찰하는 것이다.** 그것이 이 세상의 것들을 위한 것이라

---

940 여백에: 불신에 찬 염려를 식별할 수 있는 방법.

면, 불신에 찬 염려가 그들의 영혼을 감염시키므로, 이에 맞서 싸우고, 믿음으로 사는 법을 배워야 한다.

여기서 그리스도께서 불법적인 염려가 불신에 찬 사람들에게 미치는 영향을 어떻게 묘사하는지 관찰하라. "무엇을 먹을까? 무엇을 마실까? 무엇을 입을까?" 그들은 책임은 크지만 수단이 부족하거나, 큰 손해를 입었을 때, "우리는 어떻게 살 수 있는가? 우리는 어떻게 해야 하는가?"와 같은 불신의 말로 불평하곤 한다. 그리스도는 여기서 그런 것들을 정당하게 책망하신다. 왜냐하면 그들은 마치 하나님께서 그들을 돌보시지 않거나, 그들에게 필요한 것을 제공하시지 않을 것처럼, 그들을 향한 하나님의 처사에 대해 비난하기 때문이다. 그러므로 우리는 불신에 찬 생각에 대해 입을 다무는 법을 배워야 하며, 우리를 향한 그의 처사에 대해 원망하거나 불평하지 않도록 조심해야 한다. 아론의 두 아들 나답과 아비후가 다른 불을 드린 죄로 둘 다 죽임을 당했을 때, 모세는 아론에게 "이는 여호와께서 행하신 일이라 그는 자기에게 가까이 오는 모든 자에게서 영광을 받으실 것이라"[레 10:2-3]고 말했고, 그 다음에 본문은 "아론이 잠잠했다"라고 말한다. 그리고 다윗은 하나님의 섭리에 대해 만족한다는 것을 특별히 증거한다. "내가 잠잠하여 아무 말도 하지 않았다"(시 39:2). 참으로 "내가 잠잠하고 입을 열지 아니함은 주께서 이를 행하신 까닭이니이다"(시 39:9). "너희가 안식하고 조용히 있어야 구원을 얻을 것이요 잠잠하고 신뢰하여야 힘을 얻을 것이요"(사 30:15)라는 여호와의 말씀은 탁월하다. 이는 사람이 인내와 만족으로 하나님을 굳게 신뢰한다는 뜻이다. 그래서 비록 하나님의 처사가 그렇게 심하게 보일지라도, 우리는 조급한 말과 원망하는 생각을 경계하여 엘리처럼 "이는 여호와시니 그가 보시기에 선히 여기시는 대로 행할지어다"[삼상 3:18]라고 말하고, 욥처럼 "비록 하나님이 나를 죽이실지라도 나는 그를 신뢰할 것이다"[욥 13:15]라고 말하기를 힘써야 한다.

이유 5

"이는 다 이방인들이 구하는 것이라 너희 하늘 아버지께서 이 모든 것이 너희에게 있어야 할 줄을 아시느니라"(마 6:32). 이 구절에는 이 말씀을 듣는 청중들이 불신에 찬 염려를 하지 않도록 단념시키는 다섯 번째와 여섯 번째 이유가 담겨 있다. 다섯 번째는 이방인의 관행이기 때문이다.[941] **하나님을 알지 못하는 이방인들이 행하는 것을 너희는 행하지 말라**(그들은 잘못하고 있다). **이방인들은 이렇게 불신으로 필요한 것을 추구한다. 그러므로 너희는 그렇게 하지 말라.**

그리스도께서 이방인들의 행동을 말씀하신 원문에는 이방인들이 **스스로 구하거나 온 힘을 다해 구하기로 결심했다**는 것을 뜻한다.[942] 이는 단순히 필요한 것을 구하는 것이 문제가 아니라, 거기에 전적으로 헌신하기 때문에 죄인데, 그것은 하나님을 불신하는 데서 나오기 때문이다. **질문.** 왜 이방인들은 필요한 것을 구하기 위해 이렇게 전적으로 헌신했는가? **대답.** 그들은 참 하나님도, 그의 섭리도 알지 못했기 때문이다. 다윗이 말하는 것처럼, 그들은 그의 말씀을 알지 못했다. 이것이 그리스도께서 오기 전 모든 세상의 상태였는데, 유대인들과 그들의 조상들, 그리고 하나님의 백성과 교제함으로써 참된 종교로 개종한 소수의 개종자만이 예외였다.

적용. 잘 관찰하면 이 요점은 첫째, **보편적 은혜**에 대한 견해를 뒤집어엎는데, 그것은 사람의 두뇌가 단순히 고안해 낸 것일 뿐이

---

941 역자주, 여백에: 불신에 찬 염려에 반대하는 다섯 번째 이유.
942 여백에: ἐπιζητοῦσιν.

다.[943] 이방인들이 참 하나님을 알지 못했다면, 어떻게 그들이 생명의 길을 알 수 있었겠는가? 하나님께서 이생의 것들에 대한 그의 섭리를 의지할 수 있도록 그들에게 은혜를 주지 않으셨다면, 그들이 믿고 구원받을 수 있는 은혜는 더더욱 주지 않으셨을 것이다.

둘째, 이것은 세상에 마음을 두고, 땅의 것들을 구하기 위해 자신을 바치는 자들이, 이방인이요 이교도임을 보여 준다.[944] 그들은 믿음으로 하나님의 섭리를 의지하는 기독교의 원리에 아직 도달하지 못했다. 그들은 섭리를 보지 못하고, 수단에만 의존하여, 고통을 겪음과 부지런함으로 자신을 희생하고, 스스로를 자신의 신으로 삼는다. 이것은 그리스도인이라는 이름을 가지고 있지만, 행위와 관행에서는 튀르키예 사람들이나 이교도처럼 행하는 우리 가운데 있는 많은 사람들의 상태이다. 이 이유 하나만으로도, 그리스도인의 마음이 이 땅의 것들을 추구하는 데 지나친 염려를 하지 않도록 만들기에 충분하다.

셋째, 이 이유의 근거를 주목하라. 그리스도의 제자들은 이방인들에게는 없었던 참 하나님을 그들의 하나님으로 모셨기 때문에, 그들의 행위는 이방인들과 다를 수밖에 없다.[945] 이것은 하나님의 자녀들이 모든 일에 있어서 이교도와 달라야 함을 우리에게 가르쳐 주는데, 왜냐하면 **우리는 악한 일을 버리고, 모든 선한 일에 있어서 그들을 능가해야 하기** 때문이다. 군주의 아들은 어떤 일에도 거지처럼 행동하지 않을 것이다. 하나님의 자녀도 더 이상 세상을 본받지 말아야 한다. 오, 그렇다면 우리는 얼마나 어울리지 않게 우리의 소명을

---

943 여백에: 보편적 은혜가 반박되다.

944 여백에: 이교도 같은 세속적인 사람들.

945 여백에: 그리스도인은 범사에 이교도와 같지 않아야 한다.

행하는가? 부정함, 술취함, 중상모략, 압제와 같은 이방인의 죄가 우리 가운데 만연해 있기 때문이다. 아니, 우리 가운데 많은 사람들이 이교도보다 가난한 사람들을 더 무자비하게 대한다. 왜냐하면 그들은 그리스도께서 가난한 사람들을 구제하기 위해 왔다는 사실을 결코 알지 못했음에도, 그들 가운데 많은 사람들이 오늘날 그리스도인의 이름을 가진 사람들보다 더 자비로웠기 때문이다. 가난한 사람들이 때때로 구호품이 없어서 죽지 않는가? 우리 가운데 많은 사람들은 가난한 사람들이 가장 궁핍하고 필요로 할 때, 상품을 가장 비싼 값으로 팔아, 가난한 사람들에 대한 하나님의 심판을 이용하여 이득을 얻기 때문이 아닌가? 그런데, 우리가 하나님의 특별한 자녀라면, 악한 일에 대해서 이방인같이 되거나, 선한 일에 대해 그들을 능가하지 못하는 것을 부끄러워해야 한다.

이유 6

"너희 하늘 아버지께서 이 모든 것이 너희에게 있어야 할 줄을 아시느니라." 이 말씀에는 제자들에 대한 하나님의 특별한 섭리에서 비롯된 불신에 찬 염려를 반대하시는 그리스도의 여섯 번째 이유가 담겨 있다.[946] 또한 그리스도의 명령을 은밀하게 반대하는 것에 대한 대답도 담고 있다. 왜냐하면 우리가 필요한 것에 관심을 두지 않으면, 누가 그것을 제공하겠느냐고 누군가 반문할 수도 있기 때문이다. 그리스도께서는 이렇게 대답하신다. **"너희는 의심함으로 염려하지 말아야 하는데, 이는 너희의 필요가 무엇인지 알고 보살펴 주시는 하늘에 계신 아버지가 너희에게 있기 때문이다. 하나님께서 너희를 위**

---

946 역자주, 여백에: 불신에 찬 염려에 반대하는 여섯 번째 이유.

해 돌보시는 것을 보라. 너희는 합법적인 수단을 신중하게 사용하는 것 외에 스스로를 괴롭힐 필요가 없으며, 하늘에 계신 너희 하나님 아버지께서 너희 상태를 주목하시고 가장 좋은 것을 제공하실 것이다. 그러므로 너희는 그것에 대해 고민할 필요가 없다."

매우 합당한 이유이며, 그 이유만으로도 우리가 불신에서 벗어나기에 충분하다. 왜냐하면 이것은 우리에 대한 하나님의 특별하고 특정한 섭리를 우리에게 알려주고, 우리의 상태가 무엇이든 최선의 방법으로 처분하시기 때문이다. 그러므로 우리는 이생의 모든 상태에서, 건강할 때나 병들었을 때나, 환난 중에나 평안할 때나, 궁핍할 때나 풍족할 때나 자족하는 법을 배워야 한다.[947] 왜냐하면 우리의 상태가 무엇이든지, 믿음으로 그를 의지하면, 권능과 지혜가 무한하시고, 무엇이 최선인지 아시고, 모든 것을 우리의 유익으로 바꾸실 수 있는 하늘 아버지의 선한 뜻에 따라 평안을 경험하게 될 것이기 때문이다. 다윗은 이것을 잘 알고 있었기에, "그가 사망의 음침한 골짜기로 다닐지라도 두려워하지 않을 것이라"[시 23:4]고 말한다. 왜인가? "주께서 나와 함께 하심이라 주의 지팡이와 막대기", 즉 주의 성령, 주의 말씀, 주의 섭리가 "나를 안위하기" 때문이다. 우리의 마음이 안정되어 있다면, 환난 중에 조급해하거나, 궁핍 중에 풀이 죽어 있을 수 없다. 아니, 우리는 죽음의 시간에도 기뻐할 수 있다. 왜냐하면 우리는 이런 상태가 우리의 필요를 아시는 하늘 아버지의 뜻에 따라 오는 것이기 때문에, 평화나 부요 또는 생명 자체보다 우리에게 더 낫기 때문이다. 그러므로 하나님께서 우리의 아버지임을 알 수 있도록, 우리의 양자됨을 확신하기 위해 믿음으로 수고하자. 그러면 그

---

947   여백에: 주목할 만한 만족의 근거.

동일한 믿음으로 우리는 그가 우리에게 닥치는 모든 일을 우리의 유익으로 바꾸어 주실 것을 확신하게 될 것이다.

명령

"그런즉 너희는 먼저 그의 나라와 그의 의를 구하라 그리하면 이 모든 것을 너희에게 더하시리라"(마 6:33). 여섯 가지 논증을 통해 제자들에게 불신에 찬 염려를 버리도록 설득하신 우리 구주 그리스도는 그들에게 항상 그들의 마음을 사로잡아야 하는 관심이 무엇이어야 하는지 보여 주신다.[948] 그것은 **하나님의 나라와 그분의 의를 구하는 것**이다. 그는 "너희는 먼저 그의 나라와 그의 의를 구하라"고 말씀하시면서, 명시적인 명령으로 이 관심을 그들에게 부과하신다. 그런 다음 "이 모든 것이 너희에게 이루어질 것이다"라는 효과적인 이유를 들어 그것을 누리라고 촉구하신다.

해설. 여기에서 우리에게 추구하라고 명령하신 것은 두 가지이다. **하나님의 나라와 의**이다. 이 두 가지 모두에 대해 그리스도는 "먼저 구하라", 모든 것보다 먼저, 그리고 모든 세상적인 것들보다 먼저 구하라, 너희의 주된 관심과 노력으로 이것들을 얻도록 하라고 말씀하신다. 여기서 "하나님의 나라"는 **사람이 그리스도 안에서 하나님의 은총을 누리고 영생에 대한 권리를 갖는 이생에서의 상태와 조건을** 의미한다.[949] 이러한 상태는 성경에서 "하나님의 나라"와 "천국"으로 일컬어지는데, 그 이유는 이 상태에 있는 사람은 하늘에서 하나님의 영광에 대한 확실한 권리와 자격을 가지고 있고, 하나님께서는 여기서 왕이 자신의 왕국을 다스리듯, 그를 다스리시기 때문이다.

---

948 여백에: 그리스도인의 관심.
949 여백에: 여기서 하나님의 나라는 무엇인가?

하나님의 나라는 오직 하나뿐이지만, 두 단계가 있다.[950] 첫째는 은혜의 단계이고, 둘째는 영광의 단계이다. **은혜의 나라**는 하나님께서 이생에서 그의 말씀과 성령으로 사람이나 그의 교회에서 행사하시는 영적 통치이다. 그것은 하나님의 천국으로 들어가는 첫 걸음 또는 입구라고 할 수 있다. **영광의 나라**는 이생 후에 가장 높은 하늘에서 예수 그리스도를 통해 복되신 삼위일체와 직접적으로 교제하는 완전한 실현이다. 여기에서 이 두 단계 모두 하나님의 나라로 이해된다.

두 번째로 추구해야 할 것은 "그의 의", 하나님의 의이며, 어떤 사람들이 번역하듯이, 하나님 나라의 의가 아닌데, 이는 그 말이 그렇게 번역되지 않기 때문이다. 그리고 하나님의 의를 구하는 것은, 특별한 이유로 여기에 추가되었다. 그것은 우리가 하나님의 나라를 얻었을 때, 설명의 방식을 통해 알게 하려는 것이다. 왜냐하면 하나님의 나라는 **의**에 있고, 하나님께서 사람을 그의 의에 참여하게 하실 때, 사람 안에서 다스리기 때문이다. 우리는 **하나님의 의**를 중보자 그리스도께서 율법을 성취하시고, 그의 고난 가운데서 우리를 위해 행하신 순종으로 이해해야 한다.[951] 이것이 바로 인간 가운데 있는 하나님 나라의 토대이자 기초이다. 이에 관하여 바울은 자주 언급했다. "이로 말미암아", 즉 복음으로 말미암아 "하나님의 의가 나타나서 믿음으로 믿음에 이르게 한다"(롬 1:17). "이제는 율법 외에 하나님의 한 의가 나타났으니 율법과 선지자들에게 증거를 받은 것이라 곧 예수 그리스도를 믿음으로 말미암아 모든 믿는 자에게 미치는 하나님의 의니 차별이 없느니라"(롬 3:21-22). 그리고 "하나님이 죄를 알지도 못

---

950 여백에: 하나님의 나라는 두 단계로 나뉜다.
951 여백에: 하나님의 의는 그리스도의 순종이다.

하신 이를 우리를 대신하여 죄로 삼으신 것은 우리로 하여금 그 안에서 하나님의 의가 되게 하려 하심이라"(고후 5:21).

그것은 다양한 관점에서 그렇게 일컬어진다.[952] 첫째, 하나님 보시기에 우리가 의롭게 되는 것은 하나님께서 우리에게 거저 주시는 것이므로, 사람은 하나님의 선물이 없이는 은혜의 어떤 행위로도 스스로 의에 도달할 수 없기 때문이다. 둘째, 하나님께서는 심판 날에 그의 택한 자들을 위해 그리스도의 이러한 순종을, 사람의 의로는 할 수 없는, 하나님의 공의와 율법의 엄격함을 만족시키는 것으로 받아들이실 것이기 때문이다. 셋째, 그것은 하나님이신 그분의 의이기 때문이다. 이는 그리스도께서 하나님이자 사람이시며, 비록 그가 사람인 것처럼 율법에 순종하고 죽음을 당하셨지만, 그 순종은 또한 하나님이신 그분이 행한 것이기 때문이다. 창조에 의한 아담의 의는 그 자신 안에 있었지만, 그는 타락으로 그것을 잃어버렸다. 그러나 우리의 의는 우리 밖에 있는 그리스도 안에 있다. 그러므로 그는 "하나님으로부터 나와서 우리에게 의로움이 되었다"[고전 1:30]라고 말한다.

그러나 이 의가 그리스도 안에 있다면, 우리는 어떻게 이 의를 얻을 수 있는가? **대답.** 그것은 전가에 의해 우리 것이 되는데, 이는 우리가 진정으로 우리 죄를 회개하고 그리스도를 믿을 때, 하나님께서는 마치 우리가 그의 공의를 완벽하게 만족시키고, 우리 자신의 인격으로 그의 뜻을 행한 것처럼, 우리를 위한 그리스도의 순종을 받아들이시기 때문이다. 이제 우리는 이 전가된 의로움으로 우리 안에 있는 이 의로움의 열매를 이해하고 결합해야 하는데, 이 열매는 **성화** 또는 **갱신된 거룩**이다. 이를 통해 우리는 새로운 순종으로 하나님 앞에서

---

952 역자주, 여백에: 그것은 왜 그렇게 일컬어지는가.

걸을 수 있고, 의의 열매를 맺을 수 있다. 이 둘은 결코 끊어질 수 없는데, 하나님께서 그리스도의 의로 의롭다 하신 자들을 그의 성령으로 거룩하게 하시기 때문이다. 여기서 그리스도의 계명의 온전한 의미는 바로 이것이다.[953] "너희는 먼저… 구하라 등." 즉, "이 세상의 모든 것들보다 먼저 구하라. 너희의 주된 관심은 하나님의 나라, 즉 그리스도 안에서 하나님의 은총을 누리고, 그의 순종으로 의롭다 함을 받고, 그의 성령으로 거룩함을 받아 선행 가운데 행하는 은혜의 상태를 너희 자신에게 확보하는 것이다."

적용. 첫째, 하나님의 나라를 구하라는 그리스도의 명령으로 우리는 본성상 우리 모두가 하나님의 나라 밖에 있고, 하나님의 은혜와 은총이 없으며, 참으로 사탄의 권세 아래, 그의 어둠의 왕국 안에 있다는 사실을 알 수 있다.[954] 성령께서는 사탄을 "이 세상의 신"(고후 4:4)과 "이 세상의 임금"(요 12:31)이라고 부름으로써, 이것을 보여 주시는데, 이는 온 세상이 자연적으로 그에게 속국이 되어 죄의 행위에 굴복하기 때문이다. 그러므로 그는 "공중의 권세 잡은 자를 따랐으니 곧 지금 불순종의 아들들 가운데서 역사하는 자"[엡 2:2]로 불린다. 이 자연적인 비참이 우리에게 닥친 것은 정당한데, 우리가 하나님의 왕국에서 하나님께 복종하기를 거부했기 때문이다. 따라서 우리는 사탄의 권세에 맡겨져, 그의 노예와 노역자가 되는 것이 합당한 것이다. 사람들이 그리스도의 왕국 밖에서 본성적으로 산다는 것은 그들이 살아가는 삶을 통해서 드러난다. 왜냐하면 대부분의 사람들이 말씀을 듣고, 성례를 받는 외적인 고백으로 그리스도의 배지를 지닌 것에 만족할 수 있지만, 마음과 삶에서는 그리스도의 멍에에서 벗어나,

---

953 역자주, 여백에: 의미.

954 여백에: 모든 사람은 본성상 하나님의 나라 밖에 있다.

탐욕으로 죄의 일로 달려가, 마귀에게 경의를 표하기 때문이다. 그들은 도덕적 순종을 엄격히 추구하라고 정확하게 설명을 듣고, 부정한 이득과 헛된 쾌락을 멀리하라(dehorted)[955]고 권면을 받을 때, 듣지도 않고 동의하지도 않는다. 사실상 욥기에서 악한 사람들처럼 "우리를 떠나소서 우리가 주의 도리 알기를 바라지 아니하나이다"[욥 21:14], 그리고 악한 백성들처럼 "우리는 이 사람이 우리의 왕 됨을 원하지 아니하나이다"[눅 19:14]라고 하나님께 말하는 것과 같다.

둘째, 여기서 그리스도는 우리의 **주된 관심이 무엇보다도 하나님의 나라를 얻는 것이 되어야 한다**고 가르치기를 원하셨다.[956] 이것이 우리의 의무임을 굳이 증명할 필요는 없는데, 그것은 그리스도께서 여기서 우리에게 권하고자 의도하신 유일한 일이며, 명시적인 명령에 의한 것이기 때문이다. 그러나 어떤 사람들은 우리가 어떻게 하나님의 나라를 얻을 수 있는지 물을 것이다. **대답.** 우리는 그것을 얻기 위해 세 가지 일을 해야 한다.[957] 첫째, 우리는 이 나라가 발견되는 곳으로 가야 한다. 둘째, 그런 다음, 우리는 그 안으로 들어가야 한다. 셋째, 우리는 그것을 완전히 소유할 때까지 기다려야 한다.

첫째, 이 나라는 모든 곳에서 찾을 수 있는 것이 아니라, 하나님께서 사람의 아들들에게 그 나라를 나타내시고 계시하시는 곳에서만 찾을 수 있다.[958] 그것은 바로 화해의 공적 사역이 집행되는 **성도들의 모임**에서 이루어진다. 왜냐하면 하나님께서 그곳에서 그의 홀을 내미시고, 자신을 사람들에게 주님과 왕으로 주시기 때문이다. 그러

---

955 *Dehort*: 단념시키거나 낙심시키다.

956 여백에: 하나님의 나라를 얻는 것이 우리의 주된 관심(chief care)이 되어야 한다. 역자주, 영문판은 원문과 달리 주된 목표(chief aim)로 기재하고 있다.

957 역자주, 여백에: 수단.

958 역자주, 여백에: 그것이 있는 곳으로 오라.

므로 다윗은 이 말씀 사역을 "하나님의 능력의 규 또는 홀"(시 110:2)이라고 부르고, 씨뿌리는 자의 비유에서 전파된 복음은 "왕국의 말씀"(마 13:19)으로 일컬어진다. 왜냐하면 이것으로 하나님께서 "이 나라를 사람들에게 계시하고 그들을 그 나라로 옮기셨기"(골 1:13) 때문이다. 그리고 동일한 이유로 밭의 비유에서 복음 사역은 명시적으로 "하나님의 나라"(마 13:24)라고 불린다. 그러므로 교회가 그리스도께 어디에서 그를 찾을 것인가를 물을 때, 그는 교회에 "양 떼의 발자취를 따라 목자들의 장막으로"(아 1:7), 즉 성도들의 모임과 하나님의 사역자들의 설교로 나아가라고 명령하신다. 그러므로 우리가 이 왕국을 얻고자 한다면, 우리는 자주 부지런히 말씀 사역에 참여해야 하며, 그것으로 유익을 얻기 위해 노력해야 한다. 이것으로 하나님께서는 그의 왕국을 사람들에게 계시할 뿐만 아니라 전달하시기 때문이다.

둘째, 우리가 이 나라를 찾았을 때, 우리는 그 나라에 들어가기를 힘써야 하는데,[959] 왜냐하면 그것이 어딘가에 있다는 것이나, 우리 가운데 있다는 것만으로는 충분하지 않기 때문이다. 바로 그리스도 당시에 바리새인들이 그렇게 행했다(눅 11:20). 우리는 하나님의 성령의 특별한 역사 없이는 우리 스스로 그곳에 들어갈 수 없다. 그리고 우리 구주 그리스도는 "너희가 돌이켜 어린아이들과 같이 되지 아니하면 결단코 하나님의 나라에 들어가지 못하리라"(마 18:3)고 말씀하신다. 여기서 이 왕국에 들어가려는 사람에게 두 가지가 요구되는데, "어린아이와 같이 되는 것"과 "회심하는 것"이다. 우리는 겸손과 온유에서, 그리고 교만과 경멸에서 벗어난 자유에서 어린아이처럼 되

---

959 역자주. 여백에: 들어가라.

어야 한다. 우리는 우리 자신의 죄를 자각하여, 스스로 겸손하고, 우리 자신이 보기에 비천하게 낮아져 우리의 타고난 교만과 자기 사랑과 타인에 대한 경멸을 버려야 한다. 이는 교만과 자기 사랑으로 부풀어 오른 마음은 이 왕국의 좁은 문으로 들어갈 수 없기 때문이다. 또한, 우리는 하나님의 성령으로 **회심하고 거듭나야** 하는데, 왜냐하면 "사람이 물과 성령으로 거듭나지 아니하면 하나님 나라를 볼 수 없기"[요 3:3] 때문이다. 이 회심은 영혼이나 육체 또는 그 능력이나 부분의 실체가 바뀌는 것이 아니라, 단지 악한 자질과 행동의 변화를 말한다.[960] 회심으로 말미암아 죄와 부패로 썩어져 가는 사탄의 형상을 벗어버리고, 하나님의 형상을 새롭게 하여 지식과 의로움과 참된 거룩함으로 지음을 받아 마음과 삶이 변화된다. 이 거듭남의 역사가 우리 안에서 진정으로 시작될 때, 우리는 하나님의 나라에 들어가는데, 이생에서부터 들어가는 것이다. 이런 점에서 무지한 자들은 스스로를 속이는데, 그들은 우리가 죽기 전에는 들어가지 못한다고 생각하기 때문이다.

셋째, 우리는 **그것의 실현과 완전한 소유를 기다려야** 한다.[961] 이 것은 우리가 죽는 날 이전에는 얻을 수 없으므로, 우리는 회심한 후에도 믿음과 선한 양심을 지키기 위해 하나님 앞에서 의와 참된 거룩함 가운데 행하며, 우리 형제들에게 사랑과 정직과 자비를 실천하기 위해 평생 노력해야 한다. "누가 하나님의 장막에 거하며 그의 거룩한 산에 안식하리요?"(시 15:1).[962] 즉, 누가 하나님의 교회의 참된 지체로 영원히 남을 수 있는지 질문할 때, 2절과 같이 답할 수 있다. 바

---

960 여백에: 회심이란 무엇인가.
961 역자주, 여백에: 완전한 소유를 기다리라.
962 역자주, 원문과 영문판은 시 51:1로 기재하고 있다.

로 "정직하게 행하며 공의를 실천하는 자"이다. 이로써 우리는 이미 들어간 것을 증거하는데, 이는 하나님의 나라가 "의"(롬 14:17)에 있기 때문이다. 그리고 이 나라를 기다려온 하나님의 자녀들은 다음과 같이 행했다. "지혜로운 처녀들은 신랑이 올 때에 등불을 켜려고 그릇에 기름을 담았다"(마 25:4). 또한 하나님의 나라를 기다렸던 고귀한 공회 의원 아리마대 요셉은 "선하고 의로운 사람"(눅 23:50–51)이었다.

따라서 우리는 우리 자신을 위해 이 왕국을 얻는 방법을 알 수 있다. 이 왕국 밖에서는 하나님의 저주와 어둠의 왕국 사탄의 권세 아래서 참으로 비참한 불행 외에는 아무것도 없기 때문에, 우리는 모든 주의를 기울이고 부지런함으로 이 왕국을 얻기 위한 의무에 힘써야 한다. 그러나 진정한 행복은 이 왕국의 실현에 있다. 여기에는 "성령 안에 있는 의와 평강과 희락"[롬 14:17]이 있고, 참으로 "말할 수 없는 영광스러운 즐거움"[벧전 1:8]이 있는데, 이는 "하나님이 자기를 사랑하는 자들을 위하여 예비하신 모든 것은 눈으로 보지 못하고 귀로 듣지 못하고 사람의 마음으로 생각하지도 못하였기"[고전 2:9] 때문이다. 그 모든 것이 이 하나님의 나라에서 이루어질 것이다. 그러므로 우리가 마귀 왕국의 불행과 비참을 피하고, 하늘의 기쁨에 참여하기를 갈망하는 것처럼, "그 값진 진주를 얻기 위해"(마 13:46) 자신이 가진 모든 것을 포기한 "지혜로운 상인"과 같이 앞서 언급한 의무들을 힘써 행하자. 이러한 하나님의 나라는 교외 지역과 두 개의 성문이 있는 도시처럼 우리에게 펼쳐져 있다.[963] 이 도시의 교외 지역은 하나님의 말씀이 진정으로 전파되고 분배되는 모임들이다. 그리고 여기에는 택함받은 자들과 경건한 자들뿐 아니라, 위선자들과 버

---

963   여백에: 하나님의 나라는 교외 지역과 두 개의 성문이 있는 도시와 같다.

림받은 자들도 들어온다. 첫 번째 문은 **참된 은혜의 상태**로, 오직 하나님의 택함 받은 자만이 거듭남으로 들어가는 곳이다. 이 상태에서 그들은 이생에서 계속하여 은혜의 한 단계에서 더 큰 단계로 나아가고, 범사에 힘써 하나님과 사람에 대해 믿음과 선한 양심을 지키며, 그래서 그들에게 열려 있는 영광의 문에 들어가기를 기다리며, 죽음의 집에 들어간다. 그러므로 미련한 처녀들이 등불을 들고 행한 것처럼, 우리 자신의 영혼을 속이지 말고, 교회에 나오고 예의 바르게 사는 것으로 만족하지 말자. 비록 이것들이 좋은 일이라 할지라도, 위선자는 이 왕국의 교외에 있는 동안 그렇게까지 이 모든 것을 할 수 있다. 그러나 우리가 하늘의 영광을 바라본다면, 이생에서 거듭남으로 은혜의 상태에 들어가 새로운 피조물이 되어야 한다.

이유

이와 같이 계명에 대해 많이 다루었다. 그것을 강화하시는 **이유**는 은혜롭고 풍성한 약속이 있기 때문이다. "그리하면 이 모든 것을 너희에게 더하시리라." 그 말씀은 원문에서 매우 중요한 의미를 지니는데, 왜냐하면 그리스도께서 사용하신 문구는 흥정꾼들이 다음과 같은 취지로 차용한 것이기 때문이다. 옥수수나 다른 물건을 계량이나 무게로 파는 사람들이 구매자를 위해 약간의 덤을 더 주는 것처럼, 주님께서도 그의 나라와 의를 구하는 사람들에게 그것뿐 아니라, 음식과 의복, 그리고 이생에 필요한 모든 것을 그들에게 **더하시겠다**[964] 고 약속하신다. **질문.** 바울이 "자주 주리고 목마르고 굶고 춥고 헐벗었고"(고후 11:27), 세상이 감당하지 못하는 많은 사람들이 "양과 염소

---

964 여백에: προστεθήσεται.

의 가죽을 입고 유리하여 궁핍과 환난과 학대를 받았던"(히 11:37) 것처럼, 하나님의 자녀들이 필요한 것들에 여러 번 궁핍했다는 것을 읽어 보면, 그 약속이 사실인지 의심이 든다. **대답.** 이곳에서 말씀하신 그리스도의 약속과 현세적 복에 대한 모든 약속은, 십자가를 예외로 하고 이해해야 한다. 즉, 하나님께서 그들의 어떤 죄를 교정하시기 위해 그것들의 결핍을 허락하시거나, 인내의 시련으로 그들의 믿음을 훈련하시기 위한 목적 외에, 그들은 복을 받을 것이다.

적용. 그리스도의 이 약속으로 우리는 지혜 그 자체이신 그의 가장 탁월한 지시, 즉 이생에 필요한 모든 현세적 복을 구할 때, 어떻게 자신을 정돈해야 하는지 알게 된다.[965] 즉, 우리가 거기에 이르도록 의무를 수행할 때, "먼저 하나님의 나라와 그의 의를 구해야" 하며, 그런 다음 평범한 수단을 성실하게 사용할 때, 음식과 의복과 같이 이생에 "필요한 이 모든 것이 우리에게 더할 것이다." 그 이유는 명백한데, 왜냐하면 하나님의 나라는 인간의 주된 선과 행복이며, 모든 현세적 복은 거기에 부속되는 주된 것의 종속물(appurtenances)[966]로서, 그것에 의존하기 때문이다. 그러므로 이러한 종속물을 갖고자 하는 사람은 주된 하나님의 나라를 얻어야만 한다. "언약궤가 오벧에돔의 집에 있는 동안 하나님이 오벧에돔과 그의 온 집에 복을 주시니라"(삼하 6:11). 그렇다면 하물며 성령을 받아 은혜로 마음을 다스리는 자들에게 하나님께서 얼마나 더 큰 복을 주시겠는가? 다윗이 말했듯이, 경건한 사람은 시냇가에 심은 나무와 같을 것이며, 무엇을 하든지 형통할 것이기 때문이다[시 1:3].

하나님의 복으로 우리는 이 나라에서 오랜 세월 동안 하나님의 나

---

965   여백에: 현세적 복을 구하는 방법.

966   *Appurtenance*: 다른 것에 종속된 어떤 것.

라를 누려 왔으며, 하나님께서는 우리에게 평화와 보호, 그리고 현세적 복을 매우 풍성하게 주셨다. 참으로 하나님께서는 여러 가지 방법으로 우리를 교정하셨고, 전염병과 기근 등 여러 가지 심판으로 우리를 억누르셨으며, 종종 원수들의 손으로 우리를 향해 그의 채찍을 드셨는데, 이것들 모두는 우리가 그의 왕국의 말씀을 받아들이지 않고, 마땅히 그 말씀에 복종하지 않았기 때문이다. 진실로, 우리가 특별히 이 죄를 회개하고 고치지 않는 한, 그의 충만한 진노를 두려워해야 할지도 모른다. 그러나 우리가 이 왕국을 추구하고자 결심한다면, 우리는 그 어떤 필요한 복이 부족할 것을 두려워할 필요가 없다. 왜냐하면 그의 백성이 그의 계명, 곧 그의 나라의 율법과 규례에 순종하면, 하나님께서 그들에게 모든 것을 풍성하게 주겠다고 약속하셨기 때문이다(신 28:1-2; 등).

그렇다면 특히 우리의 지침을 위해 이 요점을 주목해야 한다. 여러분이 가난한 사람이며, 현세적 삶에 필요한 음식과 의복을 충분히 갖기를 원하는가?[967] 그렇다면 첫째, 하나님의 나라를 추구하고, 말씀을 따르며, 그 안에서 중생과 새로운 순종을 위해 수고하도록 마음을 정하라. 그리고 만일 여러분이 합법적인 부름 가운데 정직하고 부지런하다면, 이생에 풍족함을 발견하리라는 것을 의심하지 말라. **질문.** 이것이 풍족함을 얻는 방법이라면, 왜 집집마다 여기저기 돌아다니는 거지들이 그렇게 많은 것인가? **대답.** 그들은 (대부분) 저주받은 세대이며, 자신의 영혼이나 육신에 대한 하나님의 규례에 관심이 없다. 그들은 하나님의 나라를 얻기 위해 어떤 회중에도 가입하여 정착하지 않기에, 이 약속은 그들에게 속한 것이 아니다. 하나님께서는

그들이 이 복을 받지 못한 채, 일평생 게으르게 방황하여 자기 떡을 먹어야 하는 고통을 겪게 하신다.

여러분이 부자이고, 여러분 자신의 안위와 여러분에게 의존하는 사람들의 유익을 위해 그 상태를 계속 유지하기를 원하는가?[968] 그렇다면 특별한 관심을 가지고, 하나님의 나라를 구하고, 여러분의 가정이 신앙을 갖도록 마음을 정하라. 그리하면 여러분과 여러분의 집이 번창할 것이다. 여러분이 학생이며, 여러분의 상태와 부름에 충분한 모든 것과 함께 여러분의 수고에 대한 하나님의 복을 원하는가? 그렇다면 먼저 하나님의 나라와 의를 구하고, 의와 참된 거룩을 위해 수고하라. 그리하면 하나님께서 여러분에게 그의 복으로 가득 채워 주실 것이다. 한마디로, 여러분이 누구든지, 행정관, 목사, 상인, 무역상 등 남녀노소를 불문하고, 자신이나 자신에게 속한 모든 사람을 위해 하나님의 복을 원한다면, 이 의무의 실천을 기억하고, 하나님께서 여러분의 부름 가운데 여러분 앞에 두신 합법적인 수단을 사용하라. 그리하면 의심의 여지 없이 (모든 수단이 실패하더라도) 하나님께서는 충분히 복을 주실 것이다.

둘째, 신실하게 하나님의 나라를 구하면 현세적인 복을 주시겠다는 이 약속은 음식과 의복, 그리고 이생에 필요한 모든 것이 하나님 나라의 부속물이며 종속물이라는 것을 알게 해 준다.[969] 다시 말해, 그리스도의 의로 말미암아 주로 그의 사랑과 은총을 구하고, 그의 성령으로 말미암아 은혜와 성화를 위해 애쓰는 자들에게 하나님께서는 그의 나라 외에 그런 것들을 주실 것이다. 왜냐하면 "그가 자기 아들을 우리에게 내주었다면, 어찌 그 아들과 함께 모든 것을 우리에게

---

968 여백에: 부자가 그렇게 지속할 수 있는 방법.
969 여백에: 현세적인 복은 하나님 나라의 종속물이다.

주지 않겠느냐"(롬 8:32).

적용. 이것에 대한 고찰은 다음과 같은 특별한 용도로 사용된다. 첫째, 현세적인 복을 구하는 사람들이 취하는 터무니없는 행로를 우리에게 드러낸다.[970] 왜냐하면 대부분의 사람들은 일반적으로 주된 선, 즉 하나님의 나라를 소홀히 하고, 이생의 것을 추구하는 데 전적으로 중독되어 있기 때문이다. 그들은 그들의 영혼의 영원한 상태에 대해서는 전혀 생각하지 않고, 그들의 육체를 부양하는 데 지혜와 힘을 소비하는데, 이것은 그림자를 움켜쥐고 실체를 놓아 버리는 것 외에 아무것도 아니다. 여기서 우리는 어리석고 단순한 우리 자신을 드러내는데, 이는 우리가 풍부한 수익이나 큰 유산을 약속받는 것보다 호두나 사과를 선물로 받는 것을 더 좋아하는 어린아이와 같기 때문이다.

둘째, 이것은 우리가 어떤 마음으로 이생의 현세적 복을 구해야 하는지를 가르쳐 준다. 즉, 우리는 하나님의 나라를 추구하는 것과 동일한 정직한 마음으로 구해야 하는데, 이는 현세적 복이 그것의 부속물이며, 그것에 의존하기 때문이다. 그러므로 우리는 현세적 복을 얻기 위해 정직한 마음으로 오직 합법적인 수단만을 적절히 사용해야 한다. 그리고 우리가 그 복을 갖고 있을 때, 이것은 현세적 복을 사용해야 하는 올바른 목적으로 우리를 인도할 수 있다. 즉, 우리 자신과 다른 사람들이 하나님 나라를 향해 나아갈 수 있도록 돕는 것이다. 그래서 우리는 솔로몬이 우리에게 권고한 대로, "우리의 재물로 하나님을 공경한다"(잠 3:9).

셋째, 이것은 하나님 나라에 대한 권리도 없고, 그리스도의 의에

---

970 여백에: 세속적인 사람들의 터무니없는 행보.

참여하지도 않는 사람들이 음식, 의복 등과 같은 그 어떤 현세적 복에 대한 정당한 권리가 없다[971]는 것을 가르쳐 준다. 왜냐하면 그 복은 하나님 나라와 의의 의존물이기 때문이다. 그리스도께서 오시기 전의 이방인들과 튀르키예인들과 이교도들과 오늘날 교회 안에 사는 모든 불경한 사람들은, 전에도 그랬고, 지금도 현세적인 복을 매우 풍성하게 누리고 있다. 우리는 그들이 하나님의 허락하심으로 그것에 대한 시민적 권리를 가지고 있기에, 정당한 이유 없이 그들에게서 이를 박탈하는 것은 죄라는 것을 알아야 한다. 그러나 하나님 앞에서 참된 권리와 거룩한 사용에 있어서 그들은 찬탈자에 불과할 뿐이다. 왜냐하면 아담의 타락으로 우리는 피조물에 대한 우리의 권리와 주권을 잃었고, 그것은 오직 그리스도 안에서만 회복되고 새롭게 되었으므로, 그리스도 안에 참여하지 않은 사람들은 이 진정한 권리를 가질 수 없기 때문이다. 첫째, 우리는 자신을 본성상 비참한 상태에 대한 지식으로 더 잘 가르치기 위해 이것을 관찰해야 한다.[972] 하나님 앞에서 등에 걸친 옷이나 배에 넣은 음식에 대해 정당하게 주장하거나 권리를 주장할 수도 없는 우리는 얼마나 가련한 피조물인가? 아니, 우리 스스로는 콧구멍으로 들이마시는 숨에 대한 권리도 없다. 그리고 이것은 모든 자연인의 상태인데, 비록 세상에서 위대한 군주라 할지라도, 하나님 나라 밖에 있는 동안 그는 예수 그리스도에 의한 의와 중생이 없기 때문이다. 둘째, 이것을 통해 우리 각자는 앞의 교훈을 실천하고, 무엇보다도 우리 자신을 위해 하나님의 나라를 얻기 위해 노력해야 한다는 것도 배운다. 왜냐하면 우리가 하나님 나라에 참여하기 전까지, 우리는 현세적 삶에 필연적으로 도움이 되는 하

---

971   여백에: 악인은 하나님의 복의 찬탈자들이다.

972   역자주, 여백에: 인간의 본성적 비참의 가지(branch).

나님의 피조물을 사용하여 건전한 위로를 얻을 수 없기 때문이다. 더이상 다른 이유가 없다면, 이 이유만으로도 우리는 이 의무에 최선을 다해야 한다. 도둑과 찬탈자가 사람들이 보는 앞에서 하듯이, 하나님께서 보시는 앞에서 우리가 떡을 먹는다는 것은 얼마나 부끄럽고 슬픈 일인가? 그러므로 이 복된 상태에 대한 좋은 확신을 얻을 때까지 우리 영혼으로 쉬게 하지 말자. 우리가 기억해야 할 방법은 참된 회심과 중생에 의한 것으로, 우리는 우리 안에 있는 다음과 같은 성령의 열매들에 의해 우리 자신이 거듭난 것임을 분별하게 될 것이다.[973] 첫째, 우리의 원죄와 자범죄 모두에 대한 진정한 양심의 가책이 있어야 한다. 둘째, 우리의 범법으로 말미암아 하나님을 노엽게 하고 불쾌하게 만든 것에 대한 경건한 근심과 마음의 슬픔이 있어야 한다. 셋째, 하나님께서 은혜와 자비의 확신을 주시는 말씀, 기도, 성례의 수단을 우리가 지속적이고 부지런히 사용함으로써 그리스도와 그의 의에 대한 간절한 열망 또는 참된 영적 굶주림과 목마름을 증명해야 한다. 넷째, 새로운 순종으로 모든 죄에서 거짓 없이 하나님께로 돌이키고, 죄를 짓지 않겠다는 끊임없는 마음의 목적을 가지고, 범사에 하나님을 기쁘시게 하려는 경건한 삶의 노력이 있어야 한다. 이것들은 하나님의 나라에 대한 참된 권리를 가진 새 피조물의 표지들이다. 우리가 하나님의 피조물을 사용할 때 위로를 얻기 위해, 우리 자신 안에서 그것들을 찾으려고 노력해야 한다. 그리고 우리가 그것들을 우리 안에서 발견한다면, 우리의 이전 죄악으로 인해 우리 자신이 무가치함에도 불구하고, 그의 피조물뿐 아니라, 그의 왕국에 대한 우리의 권리는 충분한 것이다.

---

973 역자주, 여백에: 중생의 표지들.

넷째, 현세적 복이 하나님 나라의 종속물이라는 점에서, 우리는 친구, 재산, 땅, 자유, 명성 또는 생명 자체를 잃더라도, 근심과 슬픔에 압도되어서는 안 되며, 모든 현세적 손실에 대해 만족과 인내를 배워야 한다.[974] 왜냐하면 우리가 하나님의 자녀이며, 그의 은총을 간직한다면, 천국은 우리에게 확실히 머물러 있기 때문이다. 사람이 비록 일부 부속물을 빼앗기더라도, 그의 자산이 남아 있는 한, 그는 스스로 충분하다고 여긴다. 하나님의 나라에 대한 우리의 권리가 유효한 이상, 우리도 세상적인 모든 손실 가운데서 그렇게 여겨야 한다. 우리 구주 그리스도는 다음과 같은 말씀으로 그의 제자들을 위로하신다. "적은 무리여 무서워 말라 너희 아버지께서 그 나라를 너희에게 주시기를 기뻐하시느니라"[눅 12:32]. 이제 하나님께서 그리스도 안에서 그의 은총과 함께 그 나라를 우리에게 주신다면, 우리는 그가 모든 현세적인 복을 주실 것이라고 확신할 수 있다. 그 현세적 복이 우리에게 유익하다고 하나님께서 생각하신다면 말이다. "그가 그리스도를 우리에게 주셨다면 어찌 그 아들과 함께 모든 것을 우리에게 주시지 않겠는가?"[롬 8:32].

그의 나라를 구하는 자들에게 그 나라를 주실 것이며, 게다가 그들이 그의 나라를 주로 구한다면, **그들에게 모든 현세적인 복을 더하시겠다**는 그리스도의 이 약속은, 특히 우리에게 하나님의 넘치는 선하심을 칭송하게 한다. 왜냐하면 그가 자녀들이 요청하거나 구하는 것보다 더 많이 주시는 것을 볼 수 있기 때문이다.[975] 그리고 바울은 이 하나님의 풍성함을 우리가 하나님을 찬양하는 근거로 표현한다. "우리 가운데서 역사하시는 능력대로 우리가 구하거나 생각하는 모든

---

974 여백에: 손실에 대한 만족의 근거.
975 여백에: 하나님의 풍성함.

것에 더 넘치도록 능히 하실 이에게 교회 안에서와 그리스도 예수 안에서 영광이 대대로 영원무궁하기를 원하노라 아멘"(엡 3:20-21). 여기서 우리는 그가 하나님의 풍성한 능력에 대해 말하는 것에 주의해야 하는데, 하나님께서는 이 일에 있어서 능력이 있을 뿐만 아니라, 기꺼이 행하고자 하시기 때문이다. 우리는 하나님의 복을 누리는 가운데 이것을 매일 경험하는데, 이는 우리가 영적인 은혜를 구할 때, 하나님께서 우리에게 그 은혜를 주시고, 현세적인 복도 많이 주시기 때문이다. 다윗이 이것을 고백한다. "주는 관대한 복으로 나를 영접하셨다"(시 21:3). 그리고 솔로몬도 그것이 사실임을 알았는데, 오직 "지혜롭고 총명한 마음"만을 구하여 "지혜 외에 부귀와 영광"(왕상 3:13)도 받았기 때문이다. "먹을 떡과 입을 옷으로 오직 하나님의 보호를 구하며, 지팡이만 가지고 나갔으나 두 떼를 거느리고 돌아온"[창 28:20; 32:10] 야곱도 마찬가지였다.

적용. 이제 하나님의 이 은혜를 고려할 때, 우리는 다음과 같은 의무를 배운다.[976] 첫째, 우리에게 너무나 은혜롭고 너그러운 우리 하나님께 범법하고 불쾌하게 하는 **모든 죄를 조심해야 한다.** 만일 우리의 외적인 상태가 다른 사람들에게 의존한다면, 우리는 그들에게 불쾌감을 주거나 싫어하는 원인을 자발적으로 제공하지 않도록 조심해서 그들을 대할 것이다. 하물며 우리의 현세와 영원의 모든 상태가 하나님께 달려 있음을 볼 때, 우리가 모든 선한 행실로 우리를 향한 하나님의 은혜가 지속되기를 더더욱 구해야 하지 않겠는가?

둘째, 음식과 의복, 보호에 대해 합법적인 수단을 신중하게 사용하여, **우리의 생명, 건강, 육체, 그리고 우리가 가진 모든 것으로 하나**

---

976 여백에: 하나님의 풍성함에 따른 의무.

님을 신뢰해야 한다. 왜냐하면 그는 풍성한 하나님이시기 때문이다.

셋째, 모든 환난과 궁핍 속에서 **하나님께 도움과 구제를 구해야 한다**. 이는 하나님께서 풍성한 분이시기 때문이다. "그는 모든 사람에게 후히 주시고 아무도 꾸짖지 않으신다"(약 1:5). 그러므로 우리는 그를 부르고, 그에게 우리의 신음소리를 아뢸 준비를 갖추고 나아가야 한다.

넷째, **그토록 풍성한 하나님을 사랑**하고, 참으로 그를 향한 모든 사랑의 의무에 우리 마음을 다해야 한다. 솔로몬은 "모든 사람이 선물을 주는 자의 친구"(잠 19:6)라고 말하지만, 넘치는 풍성함에 있어서 하나님과 비교할 수 있는 사람은 아무도 없으므로, 그에 대한 우리의 사랑은 풍성해야 한다.

다섯째, 우리가 누리는 모든 좋은 것들에 대해 **하나님께 감사해야 한다**. 이는 우리가 가진 모든 것이 그의 풍성함에서 오는 것이기 때문이다. 그러므로 우리는 다윗처럼 말해야 한다. "내게 주신 모든 은혜를 내가 여호와께 무엇으로 보답할까"(시 116:12).[977] 한마디로, 우리는 "주께 합당하게 행하여 범사에 기쁘시게 하고 모든 선한 일에 열매를 맺기"(골 1:10) 위해 마음과 삶에서 끊임없이 수고해야 한다.

이유 7

"그러므로 내일 일을 위하여 염려하지 말라 내일 일은 내일이 염려할 것이요 한 날의 괴로움은 그날로 족하니라"(마 6:34). 여기서 그리스도는 25절에서 처음 제시된 불신에 찬 염려에 대한 자신의 계명을 세 번째로 반복하신다. 그는 종종 이러한 반복[978]을 통해 우리가

---

977 역자주. 원문과 영문판은 시 116:12-13으로 기재하고 있다.

978 역자주. 영문판은 원문의 반복(repetition) 대신 간청(petition)으로 오기한다.

그 계명을 배우고 실천하는 데 더 신중하고 부지런하기를 의도하신다. 여기에 그는 또한 우리의 순종을 강화해가도록, 우리의 삶에 날마다 수반되는 매일의 슬픔과 고난에서 비롯된 일곱 번째 이유를 추가하신다.

해설. "내일 일을 위하여 염려하지 말라." 즉, 다가올 때를 위해 염려하지 말라. 이것은 게으름과 태만을 지지하는 경향이 있는 이상한 계명처럼 보일 수 있지만, 우리는 다가올 때를 위한 두 가지 염려가 있다는 것을 알아야 한다.[979] 첫째, 경건하고 합법적인 염려와 둘째, 불신에 찬 지나친 염려이다. 경건한 염려는 사람이 앞으로 필요한 것들이지만, 그때 제공할 수 없는 것들을 현재에 마련하는 것이다.[980] 이 합법적인 염려는 우리 구주 그리스도에게서 관찰할 수 있는데, 왜냐하면 그는 자신과 그의 제자들을 위해 유다가 맡은 양식 주머니를 가지고 계셨고(요 13:29), 아가보가 전반적인 흉년을 예언했을 때, 유대에 사는 형제들에게 부조를 보내기 위해 "제자들이 미리 준비했기"(행 11:28-29) 때문이다. 따라서 상인은 그의 힘과 시력이 좋을 때, 자신의 소명을 따르지 못할 노년의 때를 대비하여 생계를 마련할 수 있다. 이와 같이 사람들은 적절한 시기에 음식과 의복을 준비한다. 그리고 우리는 내일이 제공할 수 없는 어떤 필요한 것을 오늘 마련할 수 있다.

내일에 대한 불신에 찬 지나친 염려는, 사람들이 다가올 때에 충분히 가질 수 있는 것들을 미리 마련하기 위해 그들의 마음을 괴롭히고 스스로를 혼란스럽게 하는 것이다.[981] 이것은 그 단어가 의미하는

---

979 여백에: 사람의 두 가지 준비.
980 역자주, 여백에: 경건한 준비.
981 역자주, 여백에: 지나친 준비.

것처럼, **마음을 쪼개고 찢는데**, 우리 구주 그리스도는 이것을 금지하신다. 그것은 참으로 세상의 일반적인 염려이며, 우리는 특히 세 가지 방식으로 그 관행을 관찰할 수 있다. 첫째, 사람들이 많은 가족이나 여러 세대가 사용할 수 있을 만큼 세상의 많은 재화를 자신들을 위해 마련하는 경우이다. 결코 죽지 않을 것처럼, 물건을 긁어모으는 그러한 자들이 많이 있으며, 그들은 부요의 끝을 거의 알지 못한다. 우리 구주 그리스도는 이런 관행을 금지하시는 것이다. 한 나라에서 넘치도록 추구할 수 있는 사람이 있다면, 그 사람은 풍성함이 항상 잘 어울리는 왕이다. 그러나 하나님께서는 "왕이 자기 백성에 대해 그의 말과 가구, 그의 은금을 지나치게 많이 두지 못하게"(신 17:16-17) 금지하셨다. 둘째, 사람들이 모든 손실과 피해를 막고자 할 때, 다른 사람들이 어떻게 되든 간에 결핍을 느끼지 않도록 스스로를 위해 계획하는 경우이다. 다른 사람들은 굶주리고 헐벗을지라도, 그들은 배부르고 잘 입는 것을 말한다. 셋째, 내일의 준비가 그날에 충분히, 안전하게, 그리고 곧 넉넉하게 이루어질 수 있는 것처럼, 사람들이 오늘과 내일을 위해 함께 미리 준비하는 경우이다. 그리스도는 주로 이것을 목표로 삼으시는데, 이는 우리가 그의 섭리에 의존해야 하는 믿음을 실천하는 것이다.

"내일 일은 내일이 염려할 것이요 한 날의 괴로움은 그날로 족하니라." 이 말씀에는 불신에 찬 염려에 대한 그리스도의 일곱 번째 이유가 담겨 있다.[982] 그 취지는 다음과 같다. 사람이 살아가는 모든 날은, 거기서 발생하고 그것에 속한 일로 충분한 걱정과 슬픔이 있다. 그러므로 우리는 거기에 다른 날의 염려와 슬픔을 더하지 말아야 하

---

982 역자주, 여백에: 불신에 찬 염려에 반대하는 일곱 번째 이유.

는데, 이는 그렇게 함으로써 우리가 필요 이상으로 많은 염려와 슬픔을 스스로 짊어지기 때문이다.

"내일이", 즉 다가올 때가 "염려할 것이요." 여기서 그리스도는 앞의 계명에서 제기될 수 있는 질문에 대답하신다. 내일에 대한 염려를 금지하셨기 때문에, 어떤 사람들은 내일과 다가올 시간에 우리가 어떻게 해야 하느냐고 물을 수 있다. 그리스도께서 대답하신다. 오늘의 염려는 오늘이어야 하고, 내일의 염려는 내일이어야 하며, 각각의 날은 그날의 염려를 가져야 한다. 현재 시간에 적합하고 필요한 염려는 지금 해야 하며, 지금 필요한 것들은 지금 추구해야 한다. 그러나 다가올 때에 취해야 할 적절한 조치는 적절한 시기로 미뤄야 한다. 그리고 그때 필요한 것들은 그 적절한 시기가 되면, 그때 추구해야 한다. 매시간과 매일은 그 적절한 염려 하나만 가져야 한다.

이런 이유로 우리는 삶의 질서를 잘 유지하기 위한 가장 주목할만한 규칙을 가지고 있다.[983] 즉, **모든 사람은 자신의 합법적인 소명의 의무와 그 의무를 이행함으로써 때때로 필요하고 편리한 것을 얻는 방법을 알고, 그에 따라 그 안에서 행해야 한다.** 즉, 현재 시간이 요구하는 의무만을 부지런히 행하여, 그때에 어울리고 필요한 것을 획득하고, 현재의 경우와 때와 시기에 적합한 준비와 수고로 하나님의 섭리에 의존하여 진행하되, 다가올 시간에 대해서는 하나님의 섭리에 기대어 하나님께서 요구할 때까지 그 염려를 미루어 두라. 사무엘은 사울에게 이것을 실천하라고 명령한다. "이 징조(왕국에 너를 세우는 징조)가 네게 임하거든 너는 기회를 따라 행하라"(삼상 10:7). 즉, 하나님께서 그것들을 당신의 손에 넘겨주실 때까지 다가올 일에 대한 두

---

983   여백에: 삶을 위한 규칙.

러움이나 염려로 자신을 고통스럽게 하거나 괴롭히지 말고, 당신 앞에 놓여 있는 왕의 현재 의무를 수행하라. 그리고 이것은 모든 사람이 자신의 소명을 실천하는 것이어야 한다. 따라서 그들의 현재의 부지런함이 그들의 순종을 증거하고, 그들의 주제넘음을 해소하며, 시간이 요구할 때까지 미래의 염려를 유보하는 것은, 하나님의 섭리에 대한 그들의 믿음을 말하는 것이다. 따라서 그들은 어리석게도 불확실한 희망에 기대거나, 때에 맞지 않는 염려로 불필요하게 자신을 괴롭히지 말아야 한다.

"한 날의 괴로움은 그날로 족하니라." 즉, 모든 날은 인간의 죄로 인해 충분한 괴로움과 슬픔이 있는데, 이는 하나님께서 그날에 우리에게 요구하는 공급을 위한 돌봄과 수고 때문이다. 그러므로 우리는 매일 그날의 염려로 만족해야 하며, 거기에 다른 날의 슬픔을 더하지 말아야 한다.

이 부분에서, 그리스도는 인간의 자연적 삶의 계속되는 비참함을 제시하신다.[984] 야곱이 바로에게 다음과 같이 말했다. "내 나그넷길의 세월이 얼마 못 되고 험악한 세월을 보내었나이다"(창 47:9). 그리고 욥은 "여인에게서 태어난 사람은 생애가 짧고 걱정이 가득하다"(욥 14:1)라고 말한다. 그러나 여기서 우리 구주 그리스도는 그 둘 다를 뛰어넘어 말씀하신다. "사람이 살아가는 모든 날은 그날의 충분한 슬픔을 갖는다."

적용. 이 점을 잘 고려하면, 우리는 다음과 같은 교훈을 얻을 수 있다.[985] 첫째, 세상적인 염려에 얽매이지 않고, 신중하게 소명 안에서 걷는 것이다. 우리의 소명의 의무를 매일 수행하는 것만으로도,

---

984　여백에: 인간의 삶에서 계속되는 비참함.
985　역자주, 여백에: 의무들.

우리에게 충분히 근심과 슬픔을 가져올 것이기 때문에, 우리는 우리의 애태우는 염려로 거기에 더할 필요가 없다. 우리가 더 많이 염려할수록, 우리의 삶은 더 비참해지기 때문이다.

둘째, 이 자연적인 삶을 살아갈 때, 기쁨과 애정을 멀리하도록 노력하는 것인데, 이는 삶이 슬픔으로 가득 차 있기 때문이다. 그러므로 우리는 모든 근심과 슬픔에서 자유로워질 천국의 더 나은 삶을 기다릴 수 있도록, 우리의 소명을 따라 행해야 한다. 선한 선지자 엘리야는 당시의 재난으로 말미암은 비참한 삶으로 인해, "자신의 삶에 지쳐" 주님께 "자신의 생명을 거두어 달라"(왕상 19:4)고 간청한다. 그리고 바울은 한 때, 자기 안에 있는 사망의 몸으로 말미암아 느낀 비참함에 대해 부르짖기도 하고(롬 7:24), 또 다른 때에는, 죽어 세상을 떠나 그리스도와 함께 있기를 갈망하는데(빌 1:23), 이는 단순히 원했던 것이 아니라, 모든 죄와 그로 인한 비참에서 벗어나는 자유가 있었기 때문이다.

셋째, 매일 밤낮으로 우리 자신의 영혼과 육신을, 그리고 우리가 가진 모든 것을 하나님의 복과 보호에 의탁하는 것이다. 왜냐하면 우리의 죄로 인해 밤낮으로 충분히 슬픔이 있으며, 하나님의 도움 없이는 우리 자신이 감당할 수 없기 때문이다. 우리 구주 그리스도는 십자가에서 죽으실 때, "자신의 영혼을 그의 아버지 손에 맡기셨다"(눅 23:46). 우리 가운데 그 누구도 우리가 계속 살 수 있다고 확신할 수 없으며, 우리가 아침에는 건강할지라도, 저녁에 죽을 수도 있으며, 또는 밤에는 살아 있다가 아침에 죽을 수도 있다. 그러므로 우리는 이 의무에 대한 실천을 잊지 말아야 한다. 다윗은 건강했을지라도 어려움에 처했을 때, 그렇게 하였다(시 31:5). 그리고 비록 우리가 죽음의 위험에서 자유롭다 할지라도, 우리의 일상적 괴로움이 우리를 하나님의 손에 맡기는 데로 인도해야 한다. 누가 수고와 고통 없이 좋은 것을 배울 수 있겠는가? 누가 방해나 반대 없이 선한 일을 할 수 있겠는가? 우리가 **회개**하려고 하면, 우리는 부패로 막혀 있거나 유혹에 압도되어 있다. 그리고 우리가 **새로운 순종으로 걸어가려고** 하면, 세상과 육체와 마귀 모두가 우리를 죄의 옛길로 되돌아가게 하려고 애를 쓴다. 따라서 우리가 악을 피하거나 선을 행하거나, 일상의 괴로움에서 약간의 위로를 받고자 한다면, 날마다 우리 자신과 우리의 모든 것을 하나님의 손에 맡겨야 한다. 지금까지 우리는 이러한 이유와 그리스도의 불신에 찬 염려를 단념시키는 것에 대해 많이 다루었다.

여섯 번째 내용: 마태복음 7:1-5

"비판을 받지 아니하려거든 비판하지 말라 너희가 비판하는 그 비판으로 너희가 비판을 받을 것이요 너희가 헤아리는 그 헤아림으로 너희가 헤아림을 받을 것이니라"(마 7:1-2). 5절 끝까지 이어지는 이 말씀에는 **판단**에 관한 우리 구주 그리스도의 설교의 여섯 번째 부분이 포함되어 있으며, 그것은 세 부분으로 구성되어 있다. 첫째, "비판하지 말라"는 **계명**이다. 그 다음에 5절까지 이어지는 말씀에서 볼 수 있는 그 계명의 특정한 **이유이다**. 그리고 셋째, 5절에서 악하고 성급한 판단에 대한 **치료책**이다.

계명

"비판하지 말라"는 계명에 관해서. **의미**. 이 계명은 모든 종류의 판단을 금지하는 것이 아니라, 불법적인 판단에 국한되어야 하는데,[986] 이는 네 가지 합법적 판단이 있기 때문이다. 그중 두 가지는 공적인 판단이고, 두 가지는 사적인 판단이다. 공적인 것 중에서 첫 번째는 행정관에게 속한 **민사 재판**으로, 그는 사람들의 품행을 조사하고, 국가의 선한 실정법에 따라 범죄자를 처벌하거나, 잘하는 사람에게 상을 주는 판결을 내린다. 두 번째 종류는 주로 목사가 하는 **교**

---

986 여백에: 네 가지 종류의 합법적 판단.

회적인 것으로, 그는 말씀을 공적으로 선포할 때, 사람들의 생각이나 말, 행동에서 그들의 죄를 책망하고 정죄함으로써 사람들의 품행을 판단한다. 이런 의미에서 **불신자**는 그의 생각과 행동이 말씀에 의해 제어될 때, **판단을 받는다**(고전 14:24)고 말하며, 이와 같이 노아는 "옛 세상을 판단하고 정죄했다"(히 11:7).

사적인 합법적 판단 가운데, 첫 번째는 **사적인 훈계**로, 한 사람이 기독교적이고 사랑스러운 방식으로 다른 사람의 죄를 책망함으로써, 그를 판단하는 것이다. 이것은 또한 하나님의 말씀에서 명령된 것이므로, 여기서 금지된 것이 아니다. 두 번째는 **정당한 비난**으로, 오직 다른 사람들이 경각심을 가질 수 있도록 악명 높은 사람들의 중대한 잘못을 책망하고 정죄하는 것이다. 따라서 그리스도는 그의 제자들 앞에서 바리새인들을 "말만 하고 행하지 않는 위선자"[마 23:1-3]라고 하고, 그들의 가르침을 "누룩"[마 16:6]이라고 부르며, 그들의 삶과 가르침 모두를 판단하되, 그의 제자들과 다른 사람들이 그들을 조심할 수 있도록 가장 공정하고 현명하게 바리새인들을 판단하셨다. 또한 그는 헤롯을 "여우"[눅 13:32]라고 일컬음으로써, 다른 사람들을 훈계하기 위해 헤롯의 간교함을 드러내셨다.

여기서 금지된 것은 한 사람이 다른 사람에 대해 부당하게 내리는 **경솔한 판단**이다. 우리가 이 구절을 그렇게 이해하는 이유는 3절에서 도출될 수 있는데, 여기서 금지된 판단의 실례는 다른 사람의 작은 잘못을 재빨리 주시하고(espial)[987] 예리하게 비난하되, 우리 자신의 훨씬 더 크고 중대한 잘못은 보지 못하는 것이다. 또한 "비판하지 말라"라는 이 동일한 금지를 제시한 누가는 "정죄하지 말라"[눅 6:37]

---

987 *Espial*: 지켜보거나 관찰하는 행위.

는 그 다음 말로 그것을 설명한다. 이것은 "남을 판단하는 것으로 네가 너를 정죄함이니"(롬 2:1)라는 사도 바울의 말에서 분명히 드러나듯이, 경솔한 비난으로 이해되어야 하는데, 이는 네 자신이 유죄인 것에 대해 경솔하게 그를 정죄하기 때문이다. 이제 우리가 금지된 것을 더 잘 알 수 있도록, 먼저 **경솔한 판단**이 무엇인지 보여 주고, 두 번째로 그에 대한 일반적 관행을 보여 줄 것이다.

요점 1

첫째, **경솔한 판단이란, 우리가 악한 마음에서 어떤 악한 목적을 위해 다른 사람을 잘못 판단하는 것이다.**[988] 이 묘사에서 첫째, 모든 경솔한 판단의 뿌리와 근거를 관찰하라. 그것은 우리가 우리 자신을 너무 사랑하면서, 이웃에 대해서는 사랑이 없는 **악한 마음**이다. 이것은 우리가 예리한 시력으로 타인의 삶과 행동을 엿보지만, 우리 자신에 대해서는 딱정벌레처럼 눈이 먼 것으로 증명된다. 또한 우리는 다른 사람의 말과 행동을 빈틈없이 비난하고, 그들의 잘못이 드러나는 것을 기쁨으로 듣는 데 몰두한다. 하지만 우리 자신의 행실에 대해서는 의문을 제기하거나 제어하려 하지 않는다.

둘째, 여기서 **다른 사람을 잘못 판단하는 경솔한 판단 방식**에 유의하라. 그들은 소명 없이, 또는 긴급한 필요 없이 다른 사람의 인격과 행동을 판단하는 자들이다. 둘째, 그것은 사람의 행위에 대한 선고를 내리되, 선한 양심과 하나님의 말씀에 입각하여 항상 다른 사람에 대해 최선의 것을 판단하고 말하도록 구속하는 사랑의 법에 따른 것이 아니다.

---

988 여백에: 경솔한 판단이 묘사되다.

셋째, 여기서 경솔한 판단의 **목적**을 주목하라. 그것은 잘못된 근거에 뿌리를 두고, 그 당사자의 개혁이나, 우리 자신과 다른 사람들의 죄에 대한 혐오를 목표로 하는 것이 아니라, 다음과 같은 잘못된 목적을 지향하고 있다. 첫째, 그 당사자에 대한 우리의 증오와 복수에 대한 열망을 증언하기 위함이다. 둘째, 다른 사람의 잘못으로 우리 자신을 기쁘게 하기 위함이다. 셋째, 우리 이웃의 명예를 훼손하고 욕되게 하여, 우리의 이름이 비교 불가한 찬사를 받기 위함이다. 그리고 마지막으로, 다른 사람의 죄를 많이 비난함으로써, 우리가 다른 사람보다 더 거룩하게 보일 수 있도록 하기 위함이다.

요점 2

경솔한 판단의 관행은 두 가지로 이루어진다.[989] 사람의 악한 마음이 첫째, 잘못된 판단의 문제를 준비하고, 둘째, 그에 따라 사람들의 말과 행동에 대해 선고하고, 마찬가지로 그들의 인격에 대해서도 선고한다. 첫째, 악한 마음은 성급한 판단의 문제를 다음과 같이 준비한다. 그것은 사람들의 삶과 행동을 면밀히 들여다보고 조사하며, 말이나 행동에서 책망할 만한 문제를 찾을 수 있는지 살펴본다. 참으로 한 사람이 다른 사람의 삶의 방식을 관찰하는 미덕이 있지만, 그것은 선한 목적을 향한 것이다. 다시 말해, 그의 필요에 따라 그를 교정하고 개혁하고, 그가 잘할 때 그를 더 발전시키기 위해 관찰하는 것이다. 그러나 명예 훼손과 비난의 문제를 찾아내기 위해 한 사람이 다른 사람을 살피는 것은, 우리 구주 그리스도께서 이곳에서 직접적으로 금지하신 잘못이다.

---

989 역자주, 여백에: 경솔한 판단의 관행.

둘째, 문제가 발견되면, 악한 마음은 그에 따라 비난한다. 이 비난은 첫째, 사람들의 인격에 대해, 그 다음에는 그들의 말과 행동에 대해 주어진다.[990] 사람의 인격에 대한 경솔한 비난은, 어떤 사람이 다른 사람의 인격에 대해 마땅히 해야 하는, 양심과 하나님의 말씀에 따르지 않고, 다르게 생각하는 것이다. 이에 대한 실례를 사탄에게서 볼 수 있는데, 주님께서 욥의 신실함을 칭찬하셨을 때, 사탄은 욥이 실제로 주님을 섬겼지만, 그것은 단지 욥 자신의 유익을 위한 것일 뿐이라고 주님께 말했다. 왜냐하면 "그에게서 주의 손을 거두소서. 그리하면 그가 주를 대면하여 욕하지 아니하는지 주가 볼 것"[욥 1:8-11]이라고 말하였기 때문이다. 이것은 마귀적 관행이며, 우리 모두가 이 관행을 멀리 해야 한다. 우리는 고대의 신학자가 인간의 판단과 비난에서 면제되는 세 가지가 있다고 가르친 것[991]을 기억해야 하는데, 그것은 **성경, 하나님의 경륜,** 그리고 **어떤 사람에 대한 정죄**이다.

사람의 말과 행동에 대한 경솔한 비난은 여러 가지 방식으로 주어진다. 첫째, 일이 잘 이루어졌을 때, 정당한 이유 없이 그것들을 불평하고 트집을 잡는 것이다.[992] 그러므로 오늘날 종교에 대한 고백은 많은 사람들에게 단지 위조된 거룩함으로 간주되고, 도덕법에 대한 합당한 순종은 정확성이라는 별명을 붙여 일컬어지고, 그 도덕법을 고백하는 자들은 청교도와 꼼꼼한 사람들(Precisians)로 일컬어지는데, 이는 오직 그들이 하나님의 법을 순종하여 행하는 것을 양심으로 삼는다는 이유 하나 때문이다.

---

990 여백에: 사람의 인격에 대한 경솔한 판단.
991 (1631년판에 추가된) 여백에: August. l. 10. confess. 23. 역자주, 영문판은 '(1611년판에 추가된) 여백에'라고 연도를 오기하고 있다.
992 여백에: 사람의 행동에 대한 성급한 판단.

둘째, 중립적인 행동이나 말을 최악의 것으로 취하는 경우이다. 다윗이 암몬 왕 하눈의 아버지가 죽은 후, 그를 위로하기 위해 그의 종들을 보냈을 때, 그는 다윗의 친절을 악하게 받아들였다[삼하 10:3-4]. 왜냐하면 그의 방백들이 그를 설득하기를, 다윗이 그의 아버지를 공경하여 조객을 보낸 것이 아니라(다윗은 정직하고 올바른 마음으로 보냈지만), 교활하게 그 성을 엿보고 탐지하여 함락시키고자 보냈다고 했기 때문이다. 이로 인해 다윗의 신하들이 악한 처우를 받고 수치스럽게 쫓겨났고, 그런 이유로 그들 사이에 전쟁이 일어났다.

셋째, 가벼운 사건이나 불확실한 보고를 듣고, 이웃에 대해 악을 의심하고 추측하는 경우이다. 의심은 참으로 선한 근거에서 잉태되고, 선한 목적을 위해 유지되고, 그 당사자와 그의 악을 조심할 때, 때때로 좋은 것이다. 그러나 그 의심이 경미한 원인과 어떤 불길한 관점에서 생각될 때, 이것은 경솔한 판단이다.

넷째, 우리가 우리 이웃의 말이나 행동에서 어떤 결핍을 발견할 때, 의도했던 것보다 더 나쁘게 만들거나, 실제보다 더 나쁘게 만드는 경우이다.

다섯째, 우리가 사람들의 명예를 훼손하려고 그들의 결점을 널리 퍼뜨리고 공표하여, 그들을 비방하는 경우인데, 그것은 숨기는 것이 더 나을 것이며, 양심상 사랑으로 마땅히 그렇게 해야 한다.

여섯째, 우리가 다른 사람에 대해 진실만을 말하되, 그로 인해 듣는 사람의 마음에 그 당사자의 어떤 악을 암시하는 경우이다. 이런 관행은 전사의 그 어떤 관행과 마찬가지로 치명적이고 위험하다. 이런 식으로 도엑은 사울에게, 아히멜렉이 다윗에게 어떻게 "식량과 골리앗의 칼을 주었는지" 아히멜렉의 행동에 대해 말했다. 이는 사실이었지만, 그것으로 다윗과 아히멜렉이 사울에 대한 음모를 꾸미고 있음을 암시하는 것이기도 했다. 그리고 그런 종류의 진실을 말함으로써, "세마포 에봇을 입은 팔십오 명"(삼상 21:7; 22:9, 18)의 목숨이 희생되었다.

일곱째, 회중 가운데 말씀이 선포되고 죄가 책망되는 것을 들을 때, 어떤 청중은 그것을 잘못 적용한다. 예를 들어, 목사가 욕설이나 술취함 또는 그러한 죄를 책망하면, 이에 대한 죄가 있는 사람은 추측할 뿐만 아니라, 다음과 같은 말을 한다. "이제 설교자가 나를 지목하고 있구나", "그가 나에 대해 이렇게 말하는구나", "그가 내 행동과 말을 비난하는구나." 이로 인해 목사의 인격에 대한 앙심과 악의가 뒤따르며, 또한 그의 사역에 대한 성급한 비난과 정죄가 뒤따른다. 죄에 대한 견책을 다른 사람에게 적용하는 자들 역시 이런 종류의 죄를 짓는다. 그들은 다음과 같이 말한다. "이제 그와 같은 사람이 감동을 받겠구나", "그런 사람이 배우기만 한다면 좋은 교훈이 되겠다." 진실로, 다른 사람들은 더 나아가, "이제 설교자는 그런 사람을 의미하여 말하는구나", "이제 그가 그런 사람을 책망하는구나"라고 말한다. 그러나 이것 또한 말씀을 듣는 데 있어서 경솔한 판단이다. 그들은 목사의 목적을 오해하는데, 왜냐하면 그의 태도는 그가 하나님의 자리에 서서 어떤 특정한 청중의 비밀과 삶을 파헤치는 데 있는 것이 아니라, 이런저런 죄에 관한 하나님의 뜻을 모든 사람에게 전하는 데 있기 때문이다. 여러분의 양심을 감동시키는 것은 설교자의 생각이 아니라, 말씀의 능력이다. 그러므로 모든 사람은 말씀을 자신의 마음에 적용하고, 다른 사람에게 전가하지 말아야 한다. 그렇지 않으면, 그 말씀을 자신의 수치를 위해 자신에 대해 말한 것으로 취해야 한다. 왜냐하면 그것은 말씀을 잘못 적용하고, 설교자를 잘못 판단하는 것이기 때문이다. 이것은 일반적인 죄이며, 이것이 많은 사람들에게 말씀이 전파되어도, 유익을 적게 거두는 이유가 된다.

여덟 번째 경솔한 판단의 관행은 마을과 도시에서 어떤 사람들이 부당한 평판을 받아 마녀로 간주되는 경우이다. 이것은 온 세상에서 앞의 그 어떤 죄만큼이나 흔한 죄이다. 어떤 사람은 그러한 평판에 양심이 설득되어, 그런 사람이 마녀라고 말할 것이다. 하지만 이런 설득의 근거는 단순히 그의 상상일 뿐이다. 또 다른 사람은 현명한 사람이 당사자에 대해 그렇게 이야기했기 때문에, 그런 사람을 마녀라고 말한다. 그러나 이 증언은 "거짓말쟁이요 그 아비"인 마귀의 증언일 뿐이다. 그가 진실이라고 하며 말을 해도, 그것은 속이려는 목적이 있는 것이다. 또 다른 경우는, 한 사람이 어떤 사람의 집에 무언가를 빌리러 갔는데 거절당할 때, 불쾌한 마음으로 "네가 나에게 빌려줬더라면 좋았을텐데" 또는 "내가 너를 대적할 것이다"라는 협박성 발언을 할 수 있다. 그런데 가족 중 누군가가 병에 걸리거나, 가축이 죽고, 다른 일들이 꼬이고 틀어지면 그가 한 저주 때문이라고 생각하여 그 사람을 마녀로 판단하는 것이다. 마녀가 우리 가운데 너무 만연해 있어서, 그들을 색출하여 엄벌해야 한다는 것은 의심할 여지가 없다. 그리고 마녀를 입증하는 합법적인 방법이 있다. 하지만 이러한 추측만으로 누군가를 마녀로 경솔한 판단을 내리는 것은 비기독교적 관행이다. 왜냐하면 가족 중 누군가에게 고통이 닥치거나 가축이 죽는 일은 하나님의 손이 임하여 생긴 일일 수도 있기 때문이다. 그러므로 먼저 법적으로 마녀라고 입증되고 난 다음, 마녀로 판단하여야 하며, 평판으로만 판단하면 안된다. 이것은 특히 사법관들이 주목해야 할 부분이다. 그렇지 않고 그들이 다른 평범한 사람들처럼 이런 추정으로 한 사람을 마녀로 단정해 버린다면, 그들은 무고한 피로 자신의 손을 쉽게 더럽힐 수 있다. 이와 같이 경솔한 판단의 죄와 이곳에서 정죄되고 금지된 관행에 대해 많이 다루어 보았다.

그것은 어디에서든지 너무나 흔히 짓는 죄여서, 대부분의 사람들은 그것을 죄로 간주하지 않는다. 왜냐하면 모든 모임에서 다른 사람에 관하여 흔히 이야기하며, 자기 사랑으로 인해 다른 사람의 잘못에 대해 듣기를 기뻐하기 때문이다. 진실로 이 죄는 다른 죄들이 떠날 때도 자리를 잡을 것이며, 이로 인해 그리스도는 이곳에서 그의 제자들에게 미리 경고하신 것이다. 그러므로 이런 악한 마음에서 정화되고, 경솔한 판단의 악한 관행으로부터 보존되기 위해 더욱 열심히 노력하고 분투하는 것이 우리의 의무이다. 이런 목적을 위해 다음과 같은 이유들을 우리 양심에 두자.[993] 첫째, 경솔한 판단의 관행은 그리스도인의 자비와 양립할 수 없는데, 이는 자비는 사람을 사랑으로 행하게 하고, "사랑은 악한 것을 생각하지 아니하며"[고전 13:5-7], 모든 것에 대해 항상 최선을 생각하며, 가능하면 좋게 생각하기 때문이다.

둘째, 어떤 사람이 악한 일을 말하거나 행하는 것을 보고, 여러분이 그를 가혹하게 생각하기 시작할 때, 여러분이 죄의 뿌리를 고려해야 한다. 그래서 그 죄와 다른 죄들이 어떻게 여러분 안에서 생겨나는지, 자신에 대해 잘 숙고하라. 그러므로 그의 행동에 대해 성급하게 정죄하지 말라. 왜냐하면 여러분 자신이 전에 그와 같은 일을 했기 때문이다. 그렇지 않으면, 장차 여러분이 지금 정죄하는 사람이 행한 것이나, 더 나쁜 짓을 할지도 모르기 때문이다.

셋째, 아버지 하나님께서 모든 심판을 그의 아들에게 맡기셨는데, 그 아들은 국가 행정관과 교회 목사에 맡겨 공적인 심판을 집행하시

---

993 여백에: 경솔한 판단을 반대하는 이유들.

고, 그 일에 부름받은 자들이 훈계와 정당한 책망을 하는 사적인 심판을 집행한다는 것을 고려하라. 그러므로 만일 여러분이 부름을 받지 않고 다른 사람을 판단한다면, 그리스도를 그의 직분에서 몰아내고, 그의 명예를 빼앗는 것이며, 이는 심각한 죄이므로 처벌되지 않을 수 없다.

넷째, 또한 여러분이 어떤 사람이든지 간에, 다른 사람의 행동에 대해 올바르게 판단할 수 없으며, 많은 상황에 대해 무지하다는 점을 고려하라. 왜냐하면 여러분은 그가 어떤 생각으로, 또는 어떤 목적으로 행동했는지 알 수 없기 때문이다. 그가 왜 그랬는지 그 이유도, 그의 상태도, 그가 시험받은 방식도 알지 못하기 때문이다. 그러므로 왜 그를 경솔하게 판단하는가?

다섯째, 다른 사람을 경솔하게 판단하는 자는 남의 재물을 훔치는 도둑보다 더 나쁜데, 이는 그가 "많은 재물보다 선택되어야 할"(잠 22:1) 그의 좋은 이름을 빼앗기 때문이다. 재물은 회복될 수 있지만, 흠집이 난 사람의 좋은 이름은 회복되기 어렵다. 도둑으로부터 자신을 지킬 수 있는 사람은 있어도, 다른 사람의 악한 마음이나 나쁜 혀를 피할 수 있는 사람은 아무도 없다. 아니, 험담하는 자는 살인자보다 더 나쁜데, 이는 그가 한 번에 세 사람을 죽이기 때문이다. 첫째, 그가 험담하는 죄를 범함으로 자신의 영혼을 죽인다. 둘째, 그가 이웃의 이름에 해를 끼침으로 그의 이웃을 죽인다. 그리고 셋째, 이 경솔하고 부당한 이야기를 듣는 청자를 죽인다. 이런 이유로 비방하는 자는 하나님의 나라를 유업으로 받지 못하며(시 15:3, 고전 6:10), 사도는 그리스도인들에게 비방하는 자를 출교당한 자처럼 여기라고 명령한다(고전 5:11).

여기서 어떤 사람들은 다른 사람에 대한 의견을 자유롭게 말할 수 없다면, 다른 사람에 대해 말해야 하는 기회가 있을 때, 어떻게 해야 하느냐고 물을 것이다. **대답.** 다른 사람을 대하는 여러분의 태도는 반드시 다음의 규칙들을 따라야 한다.[994] **의무 1.** 여러분이 말하는 당사자에 대해 좋은 점을 알고 있다면, 기회가 있을 때 그것을 생각하고 말하라. 만일 그의 악을 알고 있다면, 다른 사람에게 숨기라. 그리고 가능하다면, 그 당사자를 훈계하거나 그의 잘못을 바로잡을 권한이 있는 사람들에게 그것을 알려야 한다. 그리하여 여러분은 여러분의 형제를 얻을 것이다. 어떤 사람들은 자신이 형제의 잘못에 대해 때때로 그를 비난하지만, 그것은 단지 그의 죄를 혐오하는 것에서 나온 것일 뿐이라고 말할 것이다. 자신은 그 당사자를 사랑하기에 더 나빠지는 것을 결코 원하지 않아서, 입이 무거운 친구에게만 말한다는 것이다. **대답.** 그러나 이러한 변명과 그와 유사한 모든 것은 경솔한 것이다. 어떤 선한 의도도 경솔한 판단을 변명할 수 없다. 여러분이 그를 사랑한다면, 왜 그의 잘못을 다른 사람에게 알리는가? "왜냐하면 사랑은 허다한 죄를 덮기 때문이다"[벧전 4:8]. 여러분의 양심은 여러분이 그 당사자에 대한 악의가 있거나, 그보다 여러분 자신이 더 낮게 보이고 싶어 하는 이기심이 있음을 고발할 것이다. 그러므로 여러분이 누군가를 비난할 때, 악의가 그렇게 하도록 움직인 것은 아닌지, 여러분 마음을 살펴보라. 또한 끝까지 주의하라. 만일 그것이 나쁜 근거에서 일어나거나 잘못된 목적을 향한다면, 모든 행동이 헛수고가 되기 때문이다. **의무 2.** 우리는 가능한 한 모든 사람을 좋게 생각하되, 우리의 원수와 그의 행동에 대해서도 좋게 생각해야 한다. 왜냐하면 "사랑은 악한 것을 생각하지 아니하며"[고전 13:5-7], 원수

---

994 여백에: 다른 사람에 대해 말할 때 지켜야 할 의무들.

를 향한 사랑의 실천으로 우리가 하나님을 따르는 자가 되기 때문이다(마 5:44-45). **의무 3.** 여러분이 이웃의 삶과 행동을 살핀다면, 그를 죄에서 돌이키고, 선행을 위한 목적에서 그것을 행하라. **의무 4.** 여러분의 모든 모임과 다른 사람들과의 관계에서 선을 행하거나, 그들로부터 유익을 받기 위해 노력하라. 이렇게 함으로써 여러분은 경솔한 판단의 죄를 피해야 한다.

여기서 경솔한 판단에 관한 필연적인 두 가지 질문이 제기될 수 있다. 이는 매우 죄악된 경우에 추측이 일어나기 때문이다.

질문 1. 사람은 언제 다른 사람의 악을 의심하거나 혐의를 둘 수 있는가?[995] **대답.** 모든 의혹에 대해서는 정당하고 충분한 이유나 근거에 의존해야 한다. 충분한 이유란 현명한 사람의 판단에 따라 그 모든 상황을 잘 고려했을 때 충분하다고 판단되는 것을 말한다. 반면에 그것이 불충분하다는 것은 현명한 사람이 그 상황을 잘 고려하여 충분하지 않다고 판단하는 것을 말한다. 그래서 만일 의심의 이유가 지혜롭고 경건한 자들의 판단에 불충분하다고 생각된다면, 우리는 다음과 같이 의심을 유보해야 한다. 어떤 사람에 대해 도둑, 간음자 등과 같은 악행이 널리 소문이 퍼졌다고 가정할 때, 이 소문이 어떤 한 사람의 이야기에 불과하며, 사적인 원한에 대한 악한 마음에서 비롯된 것일 수 있으므로, 우리는 거기에 의존하여 그 당사자의 악행을 의심해서는 안 된다. 이런 이야기를 통해 우리는 그 사건을 더 자세히 조사하고, 그 사람으로 인해 우리가 상처받지 않도록 우리 자신을 돌아보게 할 수 있다. 그러나 현명하고 슬기로운 사람들의 판단에 그 이유가 충분하다고 생각되면, 우리는 범죄나 양심의 가책 없이 다

---

995 여백에: 다른 사람의 악을 의심하는 것에 대하여.

른 사람의 악을 의심하고 판단할 수 있다.

질문 2. 우리가 함께 살며 상대해야 하는 모든 사람들에 대해 어떻게 올바로 판단할 수 있는가?[996] **대답.** 이것은 전자의 경우와 마찬가지로 알려질 필요가 있는데, 이는 우리가 나쁘게 생각하는 경향이 있고, 또한 더 나아가 경솔하게 판단하기 때문이다. 그러므로 다른 사람을 판단할 때 요구되는 세 가지가 있다. 첫째, 우리가 판단하는 이유가 불충분하다면, 우리의 판단은 경솔하고 불법적인 것이기 때문에, 반드시 근거가 있어야 한다. 여호와께서 세상에 언어의 혼란을 가져오시기 전에, "그들의 행위를 보려고 그들 가운데 내려갔다"(창 11:5)[997]라고 말씀하신다. 그리고 그가 소돔과 고모라를 불과 유황으로 멸망시키시기 전에, "그들이 여호와께 상달된 부르짖음대로 행했는지 보려고 하늘에서 내려왔다"(창 18:21)라고 말씀하신다. 이로써 주님은 어떤 사람이나 어떤 백성을 심판하시기 전에, 먼저 그의 형벌을 초래하는 행위를 세심하게 고려한다는 것을 우리에게 가르치고자 하셨다.

둘째, 우리는 판단할 수 있는 소명을 가져야 하며, 사적인 판단일지라도 이에 상응하는 것을 가져야만 한다. 훈계하거나 정당하게 비난할 수 있지만, 소명 없이 해서는 안 된다. 판단하는 사람은 여호와께서 그렇게 하라고 자신을 부르셨다고 진정으로 말할 수 있어야 한다. 행정관, 목사, 주인, 그리고 모든 상급자는 그 밑에 있는 사람들을 판단할 권한이 있다. 그리고 사적인 판단을 할 때 비록 소명에 의한 권한이 없을지라도, 만일 그들이 기독교적 사랑의 애정을 가지고 있다면, 그래서 바울과 같이 "하나님의 사랑이 나를 강권하시는도

---

996 여백에: 다른 사람을 올바르게 판단하는 방법.

997 역자주, 원문과 영문판은 창 11:6으로 기재하고 있다.

다"[고후 5:14]라고 말할 수 있다면, 그들은 판단할 수 있다.

셋째, 판단을 할 때는 항상 좋은 목적이 있어야 하는데, 즉 우리 형제의 명예를 훼손하는 것이 아닌 그것을 통한 개혁과 수정이다. 그래서 다음의 네[998] 가지 경우는 거친 말을 하지만, 경솔하고 부당한 비난이 아니다. 세례 요한은 바리새인들과 사두개인들을 "독사의 자식들"(마 3:7)이라고 불렀고, 우리 구주 그리스도는 그들을 "위선자들과 회칠한 무덤"[마 23:27], 헤롯을 "여우"[눅 13:32]라고 부르셨다. 선지자 이사야는 유다와 이스라엘의 관원들과 백성을 "소돔의 관원들과 백성"[사 1:10]이라고 불렀고, 사도는 갈라디아 교인들을 "어리석은 자들"(갈 3:1)이라고 불렀으며, 그레데인들을 "거짓말쟁이며 악한 짐승이며, 배만 위하는 게으름뱅이"(딛 1:12-13)라고 불렀다. 이 모든 것은 거친 말이지만 비방은 아닌데, 왜냐하면 그들 모두가 그렇게 하도록 소명을 받았기 때문이다. 그리고 마찬가지로 좋은 근거에서 좋은 목적을 위해 이 일을 했기 때문이다.

---

998 역자주. 원문에서 퍼킨스는 '세 가지'(three) 예시로 적고 있으나, 네 가지(세례 요한, 그리스도, 선지자 이사야, 그리고 사도 바울)가 정확하다.

이유

이와 같이 계명에 대해 많이 다루었다. 이제 경솔한 판단을 자제해야 하는 두 가지 이유를 살피고자 한다.[999]

이유 1

첫 번째 이유는 다음과 같은 말씀에서 제시된다. "너희가 비판을 받지 아니하려거든." 그리고 그것은 다음과 같이 표현될 수 있다. **너희가 비판하면 경솔한 판단으로 다시 사람들에게 비판을 받을 것이다. 그러나 너희가 경솔하게 비판받는 것을 견딜 수 없다. 그러므로 비판하지 말라.** 두 번째 부분은 필연적으로 추론된 것이다. 결론은 계명 그 자체로 "비판하지 말라"는 것이다.

이 이유는 우리에게 두 가지 지침을 제공한다. **지침 1.** 그것은 우리 자신의 본성적 교만과 자기 사랑을 볼 수 있게 해준다.[1000] 왜냐하면 누군가가 욕설로 하나님을 욕되게 하거나, 비방으로 이웃의 이름을 욕되게 하는 말을 들을 때, 우리는 슬퍼하지 않을 뿐 아니라, 오히려 그런 욕을 듣게 하는 원인이 되기 때문이다. 또한 다른 사람의 잘못이 드러나 수치를 당하는 것을 들을 때, 그것을 크게 기뻐하지만, 우리 자신의 훌륭한 이름에 의문이 제기되는 것은 결코 용납할 수 없기 때문이다. 만일 우리 자신이 욕을 먹는다면, 우리는 즉각적으로 악의와 시기로 가득 차 보상을 받거나 복수할 때까지 안식할 수 없다. 아니, 비록 우리가 우리의 잘못에 대해 사랑과 우호적인 방식으로 훈계를 받더라도, 그리고 훈계하는 당사자가 우리 인격을 불명예

---

999 역자주, 여백에: 판단에 반대하는 두 가지 이유.
1000 여백에: 인간의 본성적 교만을 맛보다.

스럽게 할 목적 없이 오직 우리의 유익을 위해 그렇게 한다는 것을 우리에게 알릴지라도, 우리는 그것을 거의 용납할 수 없다.

지침 2. 여기서 우리 구주 그리스도는 우리 자신의 죄와 그 가증함을 알 수 있는 주목할 만한 방법을 우리에게 제공하신다.[1001] 우리가 우리 자신 안에 있는 죄를 볼 때, 우리는 그것을 죄라고 거의 판단하지 않는다. 그러므로 우리는 다른 사람의 입장에서 우리 자신의 죄를 바라보고, 다른 사람의 죄를 판단하듯이 우리 자신의 죄를 판단하는 법을 배워야 한다. 다른 사람이 우리 자신에 대해 경솔하게 판단하는 것을 보면, 우리는 그것을 사악하고 심각한 죄, 참으로 가증하고 참을 수 없는 죄로 여긴다. 우리는 다른 사람에 대한 우리 자신의 경솔한 판단에 대해서도 그런 식으로 생각해야 한다. 따라서 우리 안에 있는 다른 모든 죄에 대해서도, 우리를 대적하는 다른 사람의 인격 속에 있는 죄를 보듯이 판단해야 한다. 그렇지 않는다면, 우리에게 있는 큰 죄는 작은 죄로, 작은 죄는 전혀 죄가 아닌 것으로 만들어, 죄 가운데 있는 우리를 위로하게 될 것이다.

"너희가 비판하는 그 비판으로 너희가 비판을 받을 것이요 너희가 헤아리는 그 헤아림으로 너희가 헤아림을 받을 것이니라"(마 7:2). 이 구절은 앞의 이유에 대한 이중적 확증을 담고 있다. 첫 번째는 "너희가 비판하는 그 비판으로 너희가 비판을 받을 것이요"라는 말씀 속에 있다. 마치 그리스도께서 다음과 같이 말씀하셨던 것과 같다. "너희가 사람들을 경솔하게 비판하면, 하나님의 지혜와 섭리로 하나님의 정하심에 따라 사람들이 다시 너희를 경솔하게 비판할 것이다. 그러나 너희가 사람을 의롭게 판단하면, 하나님의 정하심과 섭리에 따

1001 여백에: 우리 자신의 죄를 알고 바르게 판단하는 방법.

라 사람들이 다시 너희를 좋게 판단할 것이다." 이 말은 하나님의 즉각적인 심판이 아니라, 하나님의 섭리 가운데 하나님의 정하심에 의한 사람들의 판단을 의미한다고 생각한다.

이 증명에서, 첫째, 우리는 흔히 볼 수 있는 인격적 명예훼손의 참된 주요 원인을 관찰할 수 있는데, 그것은 훼손을 당한 사람 자신에게서 찾을 수 있다.[1002] 그는 다른 사람들을 경솔하고 부당하게 비난했는데, 이에 대해 하나님께서는 섭리 가운데 정당하게 다른 사람들이 다시 그를 비방하게 만드신다. 그래서 사람들은 스스로 좋은 평판에 상처를 내고, 다른 사람들에 대한 나쁜 태도로 인해 부끄러움을 얻는다. 이로 인하여 우리는 첫째, 우리 입 앞에 파수꾼을 세우고 입술의 문을 지키며, 우리 혀를 하나님의 말씀으로 다스리는 것을 배워야 한다. 왜냐하면 우리가 다른 사람을 함부로 비난할 때, 스스로 심판을 자초하는 것이기 때문이다. 둘째, 다른 사람의 무분별한 비난과 비방에도 인내하기를 배워야 한다. 왜냐하면 우리가 다른 사람들에게 그같이 해를 끼쳤으므로, 하나님의 공의가 우리에게 동일하게 되갚아주는 것이기 때문이다. 솔로몬의 조언은 다음과 같다. "사람들이 하는 모든 말에 네 마음을 두지 말라 그리하면 네 종이 너를 저주하는 것을 듣지 아니하리라 너도 가끔 다른 사람들을 저주하였다는 것을 네 마음도 알고 있느니라"[전 7:21-22].[1003]

둘째, 이 증명에서 또한 우리가 좋은 이름을 얻고 유지하는 올바른 방법을 관찰할 수 있다.[1004] 즉, 다른 사람을 기독교적 판단으로 판단하고, 모든 사람에 대해 자비로운 의견을 갖고, 선한 양심으로 할

1002   여백에: 인격적 명예훼손의 주요 원인.

1003   역자주, 원문은 전 7:23-24로, 영문판은 전 7:13, 24로 기재하고 있다.

1004   여백에: 좋은 이름을 얻는 방법.

수 있는 한 모든 모임에서 그들에 대해 가장 좋은 점을 말하며, 참으로 합법적으로 부름을 받을 때까지는 어떤 사람도 함부로 판단하지 않으며, 판단해야 할 때는 선한 목적을 위해 판단해야 한다. "네가 생명을 사모하고 연수를 사랑한다면, 네 혀를 악에서 금하며 네 입술을 거짓말에서 금할지어다"[시 34:13]. 즉, 합법적으로 부름을 받기 전에는, 어떤 사람이 나쁘다는 것을 알더라도, 그에 대해 악한 말을 하지 말라.

셋째, 다른 사람의 명예를 훼손하는 자들이 다른 사람들에 의해 동일하게 되갚음을 받도록 명령하시고 처분하시는 하나님의 섭리를 고려할 때, 하나님께서 우리 마음의 모든 경솔한 생각과 다른 사람에 대한 모든 경솔한 비난을 알고 계신다고 결론지을 수 있다. 그렇지 않다면, 사람들이 그들의 생각을 숨길 수 있기 때문에, 경솔하게 비판하는 자들이 동일하게 되갚음을 받으리라는 것이 어떻게 사실일 수 있겠는가? 이를 위해 솔로몬은 "심중에라도 왕을 저주하지 말며 침실에서라도 부자를 저주하지 말라 공중의 새가 그 소리를 전하고 날짐승이 그 일을 전파할 것임이니라"[전 10:20]고 훈계한다. 그래서 우리는 참으로 우리 자신이 심판받을 때, 다른 사람들과 관련된 우리의 모든 말과 생각에 대해 양심적으로 판단하도록 배워야 한다. 다윗이 악한 시므이에게 모욕을 당했을 때, 그는 하나님께서 "그것을 아시고", "시므이로 하여금 다윗을 저주하게 하셨다"(삼하 16:10)라는 사실을 생각하며, 자신을 지켰다.

마지막으로, 여기서 하나님께서는 자신의 섭리 가운데 작정에 의해 그것을 일으키시기 때문에, 하나님께서 어떻게 경솔한 판단의 죄책에서 벗어날 수 있는지 의심할 수 있다. **대답**. 비록 하나님께서 그것을 정하셨지만, 그는 그것에 대한 허물이 없으시다. 왜냐하면 첫째, 그는 자신이 그것을 행한 원인이 아니라, 사람들 가운데 그것을 행하도록 허용하시고 작정하셨기 때문이다. 둘째, 그는 다른 사람들에 대한 경솔한 판단의 정당한 형벌로서 명령하기로 작정하셨기에, 이러한 범죄자들에 대해 정당하게 형벌을 내릴지라도, 그가 결코 경솔하게 판단하는 악의 원인이 아니시기 때문이다.

첫 번째 이유에 대한 두 번째 확증은 이 비유에 포함되어 있는데, 이것은 앞의 문장과 같은 목적을 가지고 있다. "너희가 헤아리는 그 헤아림으로 너희가 헤아림을 받을 것이니라." 즉, 주님께서는 사람들이 같은 것으로 되갚음을 받도록 정하셨다. 따라서 우리는 죄에 대해 형벌을 주시는 하나님의 공의의 규칙을 관찰할 수 있다. 그것은 사람들에게 같은 종류로 되갚아주고, 그들이 범한 것과 동일하게 그들을 벌하는 것이다.[1005] 다윗은 우리아의 아내 밧세바와 간음하여 죄를 지었기에, 하나님께서는 형벌로 그의 집에도 그와 같은 종류의 재앙을 일으키셨다 이는 그의 아들 압살롬이 온 이스라엘이 보는 앞에서 그의 아버지의 후궁들을 욕되게 한 것이다(삼하 12:9, 11; 16:22). 그리고 경험에 따르면, 피가 피를 부른다는 것을 알 수 있는데, 이는 살인자가 시민 재판관의 손을 피할지라도, 하나님의 공포와 복수가 그를 파멸시키기 때문이다. 이에 대한 주목할 만한 예는 신성 동맹이라고 하지만, 실제로는 하나님의 은혜와 진리의 적들이 참된 종교와 그 신앙을 고백하는 자들을 땅에서 뿌리 뽑기 위해 연합한 피의 동맹이다. 그러나 주님께서 그들에게 그와 같은 것으로 되갚아, 그들의 칼이 자기들을 향하여 서로 약탈하게 하셨다. 이사야의 예언에 따르면, "너 학대를 당하지 아니하고도 학대하며 속이고도 속임을 당하지 아니하

1005 여백에: 죄인을 그와 같은 것으로 벌하는 하나님의 공의.

는 자여 화 있을진저 네가 학대하기를 그치면 네가 학대를 당할 것이라"(사 33:1).

이 하나님의 보상하시는 공의는, 다른 사람에 대해 섣부른 판단을 내리는 모든 자들에게뿐만 아니라, 다른 사람을 자비 없이 가혹하게 대하는 모든 고리대금업자와 압제자에게 두려운 화가 있음을 드러내고 고발한다.[1006] 그들은 다시 그렇게 되갚음을 받을 것이다. 지금까지 하나님의 무거운 손이 이 땅을 수년 동안 기근과 궁핍 속에서 고통스럽게 했으며, 또한 강퍅한 부자들이 가난한 자들을 더욱 괴롭게 했다. 왜냐하면 악한 탐욕으로 "그들이 가난한 자의 얼굴에 맷돌질하고 그들의 가죽을 벗기며 그 뼈에서 살을 뜯어내기"(사 3:15, (미 3:2)) 때문이다. 참으로 그들의 잔인함으로 인해 많은 사람의 생명이 희생되었다. 높은 자리에 있는 어떤 이들은 공유지를 둘러싸 임대료를 올리고, 더 낮은 부류의 다른 사람들은 기근이 올 때까지 공동 자산으로부터 땅의 소산물을 독차지하여 내놓지 않고, 그런 때에 "그들이 에바를 작게 하고 세겔을 크게 하여"[암 8:5], 즉 계량을 줄이고 가격을 높여, 적은 것을 많은 값으로 판다. 참으로 그러한 기근의 때는 세속적인 사람들의 날이며, 그 가운데서 그들은 가난한 자들을 약탈하여 스스로를 부요케 한다. 그러나 그들은 두려운 재난이 임할 것을 알아야 하는데, 왜냐하면 그들이 행한 무자비한 헤아림으로 그들도 동일하게 헤아림을 받을 것이기 때문이다. 그들이 약탈하기를 그칠 때, 그들은 곧 약탈될 것인데, 이는 하나님의 손이 가난한 자들을 무겁게 누를 때, 의심의 여지 없이 심판을 가중시킨 강퍅한 부자들을 위한 동일한 복수가 준비되고 있기 때문이다.

1006 여백에: 모든 압제자에 대한 공포.

주님께서는 다음과 같이 금지하신다. "과부나 고아를 해롭게 하지 말라. 네가 만일 그들을 해롭게 하므로 그들이 내게 부르짖으면 내가 반드시 그 부르짖음을 들으리라. 나의 노가 맹렬하므로 내가 칼로 너희를 죽이리니 너희의 아내는 과부가 되고 너희 자녀는 고아가 되리라"(출 22:22-23). 이것은 하나님의 말씀이며, 반드시 지켜져야 한다. 주님께서는 친히 말세에 이르러 "불법이 성하므로 많은 사람의 사랑이 식어지리라"[마 24:12]고 예언하셨다. 지금이 바로 그리스도께서 말씀하신 때가 아니겠는가? 사람의 마음을 죄악에서 돌이키는 복음이 어떤 힘을 가지고 있는가? 그리고 지금보다 사랑이 적었던 적이 언제 있었는가? 자, 이것들은 더 큰 심판의 전조이다. 그러므로 우리가 하나님을 경외하는 마음으로 이 죄를 자각하고, 심지어 우리가 저지른 것과 동일하게 주님께서 우리에게 보응하실 것을 생각함으로, 다른 모든 죄에 대해 자각해야 한다.

이유 2

"어찌하여 형제의 눈 속에 있는 티는 보고 네 눈 속에 있는 들보는 깨닫지 못하느냐 보라 네 눈 속에 들보가 있는데 어찌하여 형제에게 말하기를 나로 네 눈 속에 있는 티를 빼게 하라 하겠느냐?"(마 7:3-4). 이 두 구절에는 경솔한 판단을 금하는 앞의 계명을 강화하는 두 번째 이유가 담겨 있다. 이 말씀의 의미는 다음과 같다. "어찌하여 네가 보느냐", 즉 어떤 근거에서, 어떤 이유로, 어떤 양심으로 "네가 보느냐"는 것이다. 그래서 4절에서 "네가 어떻게 말하느냐", 즉 어떤 얼굴로, 어떤 정직과 양심으로 "네가 말하느냐"라고 말씀한다. 이러한 질문들, "어떻게"와 "왜"는 이와 같이 많은 것을 의미한다.

"보다." 여기서 보는 것은 티끌을 간단히 보거나 갑자기 보는 것이 아니라, 주의 깊게 보는 것, 진지하고 사려 깊게 관찰하는 것이다. "티끌." 원문[1007]에 사용된 단어는 이전 시대에 그랬듯이 티끌로서, 지푸라기나 지푸라기 조각으로도 번역될 수 있다. 그러나 "들보"라는 단어는 오히려 티끌보다는 지푸라기를 가리키는 것 같다. 그러나 어떤 식으로 취하든 간에, 그것은 최고의 그리스도인들이 범하는 무지와 연약함의 죄와 같은 **작고 사소한 죄들**을 의미하며, 이생에서 자유로울 수 없다. 그것은 하나님 앞에서 실제로 죄가 아니지만, 경솔한 판단을 내리는 그의 견해 속에 있는 가정된 죄들을 의미한다.

"깨닫지 못한다." 이 깨닫는 것은, 보는 것 뒤에 따라오는 고려하고 생각하는 마음의 적절한 작용이다. 따라서 이 단어는 "들의 백합화를 생각하여 보라"(눅 12:27)는 말에서 사용되었다. 즉, 그것들을 바라보고 마음속으로 잘 생각해 보라. 그리고 "누구든지 말씀을 듣고 행하지 아니하면 그는 거울로 자기의 생긴 얼굴을 **보는** 사람과 같다"(약 1:23). 즉, 자신의 모습을 보고 생각하는 사람과 같다. 그래서 그리스도는 마치 다음과 같이 말씀하신 것과 같다. 너희가 너희 눈 속에 있는 들보를 볼 수 있으되, 왜 그 들보를 스스로 잘 저울질하고 고려하지 않느냐?

여기서 "들보"란 양심에 상처를 입히는 것과 같이, 사람의 마음에 있는 **크고 악명 높은 지배적인 죄**를 의미하며, 이는 눈에 들보와 같아서 흠이 될 뿐만 아니라, 시력을 현저히 떨어뜨리는 것이다. 여기서 어떤 사람들은 눈이 들보를 보지 못하는데, 무슨 의미로 이런 말을 하느냐고 물을지도 모른다. **대답.** 그것은 마치 경솔하게 비난하는 사람의 잘못은 **눈에 들보가 있는 것**과 같다고 가정하여 말하는 것이

1007 여백에: *κάρπος*.

다. 이런 종류의 말은 성경에서 흔히 볼 수 있다. "내가 천사의 말을 할지라도"(고전 13:1)라고 사도 바울이 말하는데, 즉 천사들이 유창하게 말한다면, 나도 그들만큼 유창하게 말할 수 있다고 가정해 보라는 것이다.

4절의 말씀은 본질적으로 모두 3절의 전자와 동일하다. 그것들 사이의 차이점은 이것뿐이다. 3절에서 그리스도는 **마음에 품은 경솔한 판단**에 대해서 말씀하지만, 4절에서는 "네가 네 형제에게 어떻게 말하느냐 등"과 같은 **말로 내뱉은 경솔한 판단**에 대해 말씀하신다. 따라서 두 구절에서 그 말씀은 다음과 같은 의미를 지닌 하나의 비유이다. 네 자신이 더 큰 잘못과 범죄로 더럽혀져 있는데, 어떤 얼굴, 정직함 또는 양심으로 생각이나 말에서 네 형제의 잘못을 찾을 수 있겠는가? 따라서 두 번째 이유는 다음과 같이 생각할 수 있다. 더 큰 잘못을 가진 사람은 더 작은 잘못을 가진 사람을 비난해서는 안 된다. 그러나 경솔하게 판단하는 사람은 그가 비난하는 사람보다 더 큰 잘못이 있다. 그러므로 아무도 판단해서는 안 된다. 명제는 생략되고, 가정은 3절과 4절에 명시적으로 제시된 후, 경솔한 판단에 반대하는 결론이 이어진다.

"네가 어떻게 보느냐? 너는 어찌하여 말하느냐?" 즉, 어떤 얼굴과 정직함으로, 어떤 근거로 말하는가? 이에 대해 우리는 다음의 지침을 배울 수 있다. 우리의 말과 생각은 좋은 근거에서 좋은 방식으로 구상되고 발화되어야 한다.[1008] "경영은 의논함으로 성취하나니 지략을 베풀고 전쟁할지니라"[잠 20:18]. 이것은 우리 생각의 근거와 방식, 그리고 우리의 모든 일에 대해 하나님의 말씀에서 지시를 받도록

1008 여백에: 우리의 말과 생각에는 좋은 근거가 있어야 한다.

가르친다. 우리 구주 그리스도는 우리에게 "우리가 하나님의 말씀을 어떻게 듣는지 주의하라"[눅 8:18]고 명령하신다. 그리고 솔로몬은 기도할 때에도, 우리가 이러한 주의와 관심을 기울이도록 이끌었다. "너는 하나님 앞에서 함부로 입을 열지 말며 급한 마음으로 말을 내지 말라"[전 5:2].[1009] 이제 그것들이 말하는 거룩한 연습은 이곳에서 우리 구주에 의해 우리 형제와 관련된 마음의 모든 생각과 입의 말로 확대되어 있다.

더 나아가, "네가 보느냐", 즉 관심을 갖고 숙고하여 본다는 말씀에서, 우리 구주 그리스도는 우리의 본성이 일반적으로 더럽혀지고 부패하여 저지르는 흔한 잘못을 우리에게 알려주신다.[1010] 즉, 우리는 **다른 사람들의 삶과 범죄에 대해 지나치게 예리한 시각을 가지고 있다**는 것이다. 이것은 사람들이 다른 사람의 작은 잘못을 쉽게 분별할 수 있지만, 그들 자신의 큰 허물을 볼 수 없을 때, 아니 그들이 정당한 잘못을 찾을 수 없고, 실제로는 전혀 없는 잘못을 만들어 내는 데서 나타난다. 이에 대한 예는 서기관들과 바리새인들이 우리 구세주와 그의 제자들을 비난하는 데서 볼 수 있다. 그들은 심각한 죄로 더럽혀진 위선자들로, 그리스도의 눈에서 티끌을 찾으려 엿보았는데, 이는 그리스도께서 기적을 행하고 병든 자를 고치고 모든 사람에게 선을 행하셨을 때, 비록 그가 그들의 유익을 위해 그들과 교제하셨을지라도, 그들은 그를 안식일을 범하는 자, 세리와 죄인의 친구라고 비난하였다. 그와 같이 그들은 그의 제자들이 손을 씻지 않고 먹고, 안식일에 배고픔을 채우기 위해 곡식 이삭을 따고, 거의 금식하지 않는 것에 대해 비난했다. 이 잘못은 고린도 사람들에게도 있었는

1009 역자주. 원문과 영문판은 전 5:1로 기재하고 있다.
1010 여백에: 다른 사람의 잘못을 파헤치는 부패.

데, 바울이 그의 사역에서 다른 교사들에게 있었던 말의 웅변과 탁월함이 부족한 것을 비난했다(고전 4). 그리고 로마인들 가운데 그리스도인 형제들은 날과 때를 지키고 하나님의 피조물을 사용할 때 서로 정죄했는데(롬 14장), 이는 경솔한 판단에 지나지 않는 것이었다. 그리고 이것은 우리 회중 가운데에도 존재하는 잘못이다. 왜냐하면 우리의 본성은 이 부패로 깊이 물들어 있고, 이 죄에 빠지기 쉽기 때문에, 참된 은혜를 받은 사람들조차도 경솔한 판단의 관행을 거의 삼갈 수 없기 때문이다.

교리 1. 이에 대한 고찰을 통해 우리는 다음의 의무들을 배워야 한다. 첫째, 우리 본성의 이런 부패와 우리 안에 있는 형제 사랑의 결핍에 대해서 아는 것이다. 우리가 다른 사람의 잘못을 그렇게 빨리 염탐하는 까닭은, 그 사람에 대한 사랑과 자비가 없기 때문이 아닌가? 우리는 이런 관행의 사악함을 맹금류의 닮은꼴로 생각할 수 있는데, 이것은 맹금류가 더럽고 썩은 고기만 좋아해 가장 비열하다고 여기기 때문이다. 성급하게 비난하는 자들이 그런 자들인데, 그들은 다른 사람의 잘못을 발견하는 것에 즐거움을 느끼며, 그 잘못을 감시하는 데 매우 예리한 눈을 가지고 있다.

둘째, 우리가 어떤 사람을 비난하려고 할 때, 우리가 부패한 존재이기 때문에 우리 자신과 우리의 말을 의심해야 하고, 우리가 말하려고 하는 것을 되돌아가 살피고 숙고해야 한다. 왜냐하면 우리는 종종 보지 말아야 할 것을 보고, 양심상 숨겨야 할 것을 말하기 때문이다. 의사들은 사소한 지푸라기로 트집 잡기 시작하는 미친 사람의 특징을 제시한다. 그러한 사람들은 자신의 마음을 들여다보지 않고, 다른 사람의 행동을 엿보며 정신적 광란에 부패되고 오염되어 있다. 그러므로 우리는 이 질병의 위험으로부터 우리 자신을 돌아보아야 한다.

셋째, 여기서 우리는 사람들이 죄를 짓고 이상한 행동을 하는 이유를 관찰할 수 있다. 말을 쉽게 하는 사람들은 자신이 좋아하고 인정하는 것을 다른 사람이 할 때는 비난하는 것을 쉽게 알아차릴 수 있기 때문이다. 그 원인은 마음에서부터 애정이 나오기 때문이다. 마음이 그러하듯 애정도 그러하다. 그리고 사람의 마음은 자연적으로 내면이 아닌 외부를 바라본다. 그것은 다른 사람들에게 있는 아주 작은 결점은 보지만, 자신 안에 있는 같은 결점이나 더 큰 결점을 보려고도 비난하려고도 하지 않는다. 아니, 오히려 그 마음으로 인해 다른 사람들에게 있는 죄들은 혐오하되, 자신 안에서는 그 죄들을 사랑한다. 그러므로 우리의 삶을 개선하기 위해서 우리는 우리 자신의 마음에서 시작하여, 마음의 눈을 내면으로 돌려 자신의 죄를 먼저 보아야 하고, 그 죄에 대한 슬픔으로 그것을 미워하고, 그 다음에는 다른 사람들 안에 있는 죄를 미워하도록 노력해야 한다. 외부에 있는 죄에 대한 증오와 혐오로 시작하는 것은 본성의 부패에서 비롯된 터무니없는 과정이다.

교리 2. 더 나아가, 여기서 이런 이유로 우리 구주 그리스도는 죄들을 구별하신다.[1011] 어떤 것은 티끌 같고, 어떤 것은 들보와 같다. 모든 죄는 참으로 죽음과 정죄를 가져오지만, 모든 죄가 동등하지 않고, 그 정도가 매우 다르다. 어떤 사람은 해협과 바다 한가운데에서, 어떤 사람은 해안가에서 익사하는 것처럼, 모든 사람이 한번 죽는 것은 동일하지만, 장소의 깊이와 위험은 다르다. 어떤 사람은 더 심한 저주를 받고, 어떤 사람은 더 작은 저주를 받지만, 둘 다 정죄를 받는다. 그러나 교황주의자들은 이 말을 남용하여, 하나님께서 허락하

1011 역자주, 여백에: 정도가 다른 죄들.

지 않으시는 죄를 구별하려고 한다.[1012] 즉, 어떤 죄는 죽지 않아도 되는 **소죄**(venial)이며, 여기서는 이를 "티끌"이라고 불린다. 또 어떤 죄는 죽어 마땅한 **대죄**(mortal)이며, 그것들은 "들보"라고 불린다. 그러나 **티끌과 들보** 둘 다 치명적인 죄이다. 티끌이나 지푸라기가 때때로 눈을 찌를 수도 있지만, 실제로는 들보가 더 강력하게 눈을 찌른다. 그래서 작은 죄는 양심에 상처를 입히고 영혼을 저주하지만, 그보다 큰 죄는 양심에 더 깊은 상처를 입히고 지옥에 빠뜨린다. 작은 죄와 큰 죄는 정도는 다르지만, 둘 다 영혼을 파괴한다. 티끌 자체가 치명적인 죄이지만, 본질적으로 들보가 더 치명적이다. 이런 구분은 그들이 이전 시대로부터 차용했지만, 그들이 그것을 차용했던 초대교회를 남용한 것이다. 왜냐하면 고대 교부들이 어떤 죄를 **소죄**라고 불렀는데,[1013] 이는 그 죄가 죽어 마땅하지 않기 때문이 아니라, 교회와 관련하여 용서받을 수 있고, 출교라는 비난을 초래하지 않았기 때문이다. 그리고 그들이 치명적인 죄 또는 형법상 죄라고 부르는 것들은 출교라는 비난이 내려진 것들이다. 교황주의자들은 이런 구별로 교부들과 성경 모두를 남용한다.

셋째, 얼굴이나 신체의 다른 부위가 아닌 바로 눈을 언급한 그리스도는 우리에게 경솔한 판단의 속성과 목적이 무엇인지 이해시키고자 하셨다.[1014] 즉, 비난받는 자의 마음의 의도를 훼손하는 것이다. 다윗이 암몬 왕 하눈의 아버지가 죽은 후, 그를 위로하기 위해 그의 신하들을 보냈을 때, 암몬의 방백들은 그들의 왕에게 다윗의 신하들은 "그의 성읍을 정탐하러 온 정탐꾼에 불과하다"[삼하 10:3]고 말했다.

1012 여백에: Bellar. de amiss. grat. and stat. pecc. l. 2. c. 9.
1013 여백에: 교부들은 어떤 죄를 어떻게 소죄라고 불렀는가.
1014 여백에: 경솔한 판단은 사람의 선한 의미를 왜곡한다.

따라서 그들은 다윗의 행동을 경솔하게 판단했고, 다윗의 선한 의도를 왜곡하여 그의 방문 의도와 목적을 왕에게 악하게 보고하였다. 그래서 경솔하게 비난하는 자는 그 형제의 선한 마음과 양심에 흠집을 내려고 한다. 따라서 우리는 하나님의 특별한 은혜가 없다면, 형제를 미워할 것이 명백하다. 그렇지 않으면, 그의 선한 뜻을 훼손할 정도로 의심스럽게 그의 태도를 엿보는 우리의 자연적 부패에 주목하라는 경고를 받을 수 있다. 그러므로 우리는 형제의 말과 행동에 만족하고, 그 의도를 오직 마음을 아시는 하나님께만 맡겨야 한다. 그리고 할 수만 있다면 그의 행동과 말에 대해 항상 좋은 방향으로 해석해야 한다. 우리가 어떤 사람의 행동을 변호할 수 없다면, 그의 의도라도 변명해야 한다. 우리가 그의 의도를 변명할 수 없다면, 그의 양심의 최선의 것을 생각해야 한다. 우리가 그의 양심을 변명할 수 없다면, 그것은 무지의 죄일 뿐이라고 판단해야 한다. 만일 우리가 그렇게 할 수 없다면, 우리는 심각한 유혹 가운데 그 일이 행해졌다고 생각해야 하며, 만일 우리가 그런 상황에 처했다면, 우리는 훨씬 더 나쁜 일을 할 수 있는 사람이라고 생각해야 한다. 우리는 하나님께서 언제 은혜를 베푸실지, 언제 내버려 두실지 모르기 때문에, 마음과 양심에 관하여 우리의 판단을 항상 억제해야(comprimit)[1015] 한다.

"깨닫지 못하느냐." 즉, 네가 그것을 볼 수 있음에도 불구하고, 그것에 대해 잘 생각하지 않는다. 여기서 우리 구주께서는 생각해야 할 인간 본성의 두 번째 주요 결함을 지적하신다.[1016] **육신적 안전**, 즉 사람들이 자신의 허물을 조금은 알지만, 당연히 해야 할 것처럼 진지하고 심각하게 생각하지 않는 육신의 안전이다. 사도 바울은 "잠자는

1015 *Comprimit*: 억압하거나 제지하다.
1016 여백에: 사람의 육신적 안전.

자여 깨어라"[엡 5:14]고 말한다. 우리는 본성상 죄 가운데 잠들어 있어서, 죄에 대해 어렴풋이 알 수는 있지만, 우리가 해야 하는 대로 죄를 철저히 바라보고 고려하지 않는다는 것을 의미한다. 여호와는 친히 자기 백성이 죄에 대해 안전하게 여기는 것을 불평하신다. "내가 행한 것이 무엇인고 말하는 자가 없도다"(렘 8:6). 이것이 옛 세상의 죄였다. "그들은 홍수가 나기까지 아무것도 깨닫지 못하였다"(마 24:39). 그들은 때때로 그것에 대해 약간 생각했을지는 모르지만, 그것에 대해 진지하게 생각하지는 않았다. 노아 시대와 마찬가지로 인자의 임하는 날도 죄에 대해 평안하게 생각할 것이다. 이것이 우리가 지금 살고 있는 시대인데, 왜냐하면 우리가 때때로 우리 죄를 생각할지라도, 우리 이웃의 잘못을 보는 것처럼 두 눈으로 똑똑히 보지 않기 때문이다. 여기서 우리는 이 죄를 조심하라는 경고를 받아야 하는데, 왜냐하면 우리의 죄를 보지 못하거나, 보더라도 진지하게 고려하지 않고 지나치는 것은 두려운 일이기 때문이다. 사도는 "사람들이 평안하다 할 그때에 멸망이 갑자기 그들에게 이른다"[살전 5:3]고 말한다. 이제 사람들은 자신의 죄를 보지 못하거나, 보더라도 마음에 잘 생각하지 않을 때, 매우 두렵게도 평안하다, 평안하다고 스스로에게 외친다. 그러므로 우리는 우리 죄를 분명히 볼 수 있도록 이 은혜를 위해 수고해야 하는데, 왜냐하면 이 은혜 없이는 하나님을 따라 슬퍼할 수도 없고, 우리가 마땅히 해야 할 대로 회개하여 생명에 이를 수도 없기 때문이다.

"어찌하여 형제의 눈 속에 있는 티는 보고… 어찌하여 형제에게 말하기를." 그리스도는 이 두 문구에서 다른 사람의 허물을 판단해야 할 모든 사람이 책망과 비난이 없는 사람이 되기를 원하셨다. 그렇지 않으면, 그들은 그들 아래 있는 사람들을 비난할 자격이 없는 사람이다.[1017] 그러므로 마을과 국가의 행정관, 교회의 목사, 가족의 주인, 그리고 높은 지위에 있는 모든 상급자는 비난받지 않도록 노력해야 한다. 왜냐하면 만일 그들이 중한 죄로 더럽혀져 있다면, 그들 아래 있는 자들을 결코 완전하게 깨끗이 할 수 없기 때문이다. "목사는 책망할 것이 없어야"(딤전 3:2) 하며, 하나님의 대리자인 행정관과 모든 총독도 마찬가지이다.

마지막으로, 두 구절 모두에서 경솔하게 판단한 사람들의 상태를 관찰하라. 그들은 모든 사람들 가운데 최악이다.[1018] 다른 사람들은 티끌이나 지푸라기밖에 없을 때, 그리스도는 그들의 눈에 들보를 갖고 다니게 하신다. 다른 사람을 비난하는 사람은 모든 사람 중에 가장 거룩해 보이지만, 사실은 그가 목사일지라도 그보다 더 나쁜 사람은 없는 것이다. 그리고 그가 비난하는 이 죄에 더 많이 빠질수록 더욱 나빠지는데, 이는 그가 자신의 죄를 더 보지 못하기 때문이다. 아니, 그는 사람 앞에서 흠 없이 살지라도, 교만과 자기 사랑으로 가득 차 있고, 형제에 대한 경멸로 가득 찬 마음을 가지고 있다. 그러므로 심지어 이 죄가 우리에게 스며들기 시작할 때조차 이 죄를 조심하자.

치료책

"외식하는 자여 먼저 네 눈 속에서 들보를 빼어라 그 후에야 밝히 보고 형제의 눈 속에서 티를 빼리라"(마 7:5). 이 구절에는 경솔한 판단

1017 여백에: 다른 사람들에 대한 재판관은 흠이 없어야 한다.
1018 여백에: 가혹하게 비난하는 자는 가장 사악한 사람이다.

에 대한 **치료책**이 들어 있다.[1019] 그것은 거기서 일어날 수 있는 은밀한 반론에 대한 대답으로서, 앞 구절들에 의존한다. 왜냐하면 그리스도께서 "비판하지 말라", "어찌하여 형제의 눈 속에 있는 티는 보고 등"이라고 말씀하셨기 때문에, 말로 책망하여 형제를 교정하고, 그의 잘못을 고치려 하는 것이 아마도 합당하지 않다고 말할 수 있기 때문이다. 이에 대해 그리스도는 형제간의 교정과 훈계를 금지하신 것이 아니라, 악하고 부패하며 비기독교적인 훈계와 교정 방식을 금한다고 대답하신다. 다시 말해, 자신을 먼저 돌아보는 것으로 시작하지 않고 형제를 먼저 보고 고치려 하는 교정 방식을 금하시는 것이다. 마치 우리 구주 그리스도께서 다음과 같이 말씀하신 것과 같다. "위선자여, 너는 네가 판단하는 사람보다 더 큰 잘못을 가지고 있다. 그러므로 네가 교정하는 올바른 길을 가고자 한다면, 너 자신부터 시작하여, 네 자신 안에 있는 큰 죄들을 개혁해라. 그러면 네가 네 형제를 더 잘 교정하고 개혁할 수 있을 것이다." 따라서 이 말씀에는 두 부분이 포함되어 있다. 첫째, 경솔한 판단의 치료책인 "외식하는 자여 먼저 네 눈 속에서 들보를 빼어라." 둘째, 그 열매인 참 **지혜**로, 이를 통해 우리 이웃의 잘못을 바르게 분별하고, 또한 그것이 어떻게 치료될 수 있는지 알 수 있다. "그 후에야 밝히 보고 형제의 눈 속에서 티를 빼리라." 이것들에 대해 차례대로 다룰 것이다.

요점 1

경솔한 판단에 대한 치료책은, 사람이 먼저 자기 자신부터 시작하여, 먼저 자신의 잘못을 바로잡는 것이다. 우리 구주 그리스도께서

1019 역자주. 여백에: 경솔한 판단의 치료책.

의도적으로 이 죄에 대한 특별한 치료책으로 여기에서 제시하셨기 때문에, 사람이 어떻게 자기 눈에서 들보를 뺄 수 있는지 보여 줄 것이다.[1020] 이를 위해서는 네 가지가 필요하다. **의무 1.** 사람은 자신의 마음과 삶의 주된 죄를 보고 알 수 있도록, 자신의 마음의 눈을 내면으로 돌려 자신의 삶과 양심을 생각해야 한다. 이 목적을 위해 도덕법은 우리의 주된 죄, 즉 여기서 의미하는 우리 눈의 **들보**를 볼 수 있는 거울과 같은 역할을 한다. 여기서 나는 모든 사람에게 자연적으로 존재하는 특별한 주된 죄를 지적할 것이다. 그리고 모든 사람은 자신의 눈에서 이 들보를 빼는 것에 대해 잘 숙고해야 한다.

모든 사람의 첫 번째 공통된 죄는, 아담의 첫 번째 범죄 안에 있는 **죄책**으로, 그의 죄는 전가에 의해 우리의 죄가 되었다.[1021] 왜냐하면 아담이 금지된 열매를 먹은 것은 특별한 죄나 개인적인 죄가 아니라, 인간 본성의 죄이며, 아담 안에서 일반적인 출산에 의해 그의 후손이 될 모든 사람이 죄를 지었기 때문이다. 비록 아담이 죄를 범할 때 우리가 태어나지 않았지만, 그의 죄로 인해 우리는 하나님 앞에서 영원한 죽음에 처해 있기 때문이다.

두 번째 공통된 죄는, 기회가 주어졌을 때 하나님의 율법에 어긋나는 **모든 악한 것을 향하는 타고난 성향과 경향**이다. 성령을 훼방하는 죄도 예외가 아닌데, 왜냐하면 이 죄를 범한 자들에게 있었던 것과 동일한 부패와 악한 경향이 모든 사람에게 본성적으로 있기 때문이다. 차이가 있다면, 모든 사람이 그것에 빠지지는 않는다는 것이다. 악에 대한 이러한 경향은 원죄의 두 번째 사항이다.

1020   여백에: 사람 자신의 눈에서 들보를 빼는 방법.

1021   역자주, 여백에: 모든 사람에게 공통된 주된 죄.

세 번째 공통된 죄는 **내적 우상 숭배**이다.[1022] 이것은 가장 극악무도한 죄이며, 다음과 같이 깨달을 수 있다. 모든 사람은 본성상 자신의 마음을 참된 하나님에게서 빼앗아 다른 것에게 바친다. 이제 사람이 자신의 마음을 어디에 바치는지, 그가 자기 하나님으로 삼는 것을 보라. 그리고 본성상 우리는 하나님보다 우리 자신과 우리의 죄와 세상을 더 사랑하고, 참 하나님보다 마귀에게 순종한다. 우리가 마귀와 세상과 죄악에 두는 모든 애정뿐 아니라, 우리의 두려움, 기쁨, 즐거움, 우리의 신뢰와 확신에 대해서도 동일하게 말할 수 있다. 진실로 영원히 찬송할 창조주를 버리고 피조물에게로 가는 것이다. 그리고 자신 안에서 이것을 보지 못하는 사람은 아직도 우상 숭배가 그의 마음을 지배하고 있는 것이다.

네 번째 죄는 **위선**이며,[1023] 이는 은혜가 그것을 추방할 때까지 자연적으로 모든 사람을 지배한다. 이 위선은 사람들이 선한 일을 할 때, 마음의 섬김보다 외적 행동으로 하나님을 기쁘시게 하려고 더 주의를 기울이는 데 있다. 다시 말하지만, 그들은 하나님보다 사람을 기쁘게 하려고 더 노력한다. 마지막으로, 그들은 오히려 두 번째 돌판보다 첫 번째 돌판의 외적 의무를 수행하려고 노력한다. 이것은 본성적으로 모든 사람의 눈에 있는 거대한 들보이며, 각 사람은 자신 안에 있는 이것도 보아야 한다.

다섯 번째 죄는 **교만**인데,[1024] 옷차림으로 드러나는 외적인 교만이 아니라, **영적인 내적 마음의 교만**인데, 이는 곧 사람이 그리스도 밖에서 스스로 자기 안에 타고난 선(善)이 있다고 생각하고, 이로써 하

1022 역자주, 여백에: 마음의 우상 숭배.
1023 역자주, 여백에: 위선.
1024 역자주, 여백에: 교만.

나님의 은총을 받고, 자기 안에 완전한 사랑과 완전한 믿음이 있는 줄로 여기는 것이다. 이 죄는 모든 사람이 정죄할 것이지만, 본성상 모든 사람에게 확고히 붙어 있다. 라오디게아 교회는 자신이 "부요하여 부족한 것이 없다"고 말했지만, 실제로는 "가난하고 눈멀고 벌거벗었다"(계 3:17).[1025] 이러한 내적 교만은 마음속에 있는 하나님의 은혜를 독살한다. 이것이 주된 죄이며, 성급한 판단의 흔한 원인이다.

여섯 번째 죄는 모든 사람이 가장 공격을 받는 **특정한 죄들**이다. 왜냐하면 본성의 부패가 모든 사람에게 영향을 미치지만, 연륜 있는 사람들은 부패가 부분적으로 제거되거나 억제되었기에, 어떤 특정한 죄로 인해 더 많은 고통을 겪게 될 것이기 때문이다. 그러므로 모든 사람은 자기 마음속으로 들어가, 자신을 대적하여 마음을 괴롭히고, 하나님을 욕되게 하는 특정한 죄들이 무엇인지 살피고 알아야 한다. 이것들은 하나님의 은혜를 그의 마음에서 떠나게 하는 그의 들보이며, 우리는 그것을 우리 자신 안에서 찾으려고 애써야 한다.

의무 2. 우리가 이러한 우리의 주된 죄를 어느 정도 본 후에는, 그 다음으로 **우리 자신 안에 있는 그것들을 들보로 보고**, 그 무게를 느끼기 위해 힘써야 한다.[1026] 왜냐하면 일반적으로 우리는 그것들을 우리 자신에게서 전혀 보지 못하거나, 조금 인지하더라도 그 양에 있어서 들보로 보지 않고, 오히려 티끌이나 지푸라기처럼 보기 때문이다. 이제 우리가 첫째, 우리 안에 있는 이러한 죄들을 아담의 첫 번째 죄와 비교하듯 다른 사람의 죄와 비교한다면, 그것들을 정당한 크기의 **들보**로 보게 될 것이다. 왜냐하면 우리 마음속에는 행위로 볼 때 아

1025 역자주, 원문과 영문판은 계 2:17로 기재하고 있다.
1026 여백에: 우리 죄의 중함을 깨닫는 방법. 역자주, 영문판은 '깨닫다'(perceive) 대신 '보존하다'(preserve)로 오기하고 있다.

담의 죄만큼 크거나, 더 큰 특별한 죄가 많이 있지만, 아담은 그 죄로 인해 자신뿐만 아니라, 그의 모든 후손에게 사망과 멸망, 첫 번째와 두 번째 죽음을 초래했기 때문이다.

우리가 우리 죄의 형벌을 생각한다면, 그 죄의 중함을 보게 될 것이다. 즉, 모든 화와 비참에 복종하고, 참으로 이생에서 죽음 자체에 복종하고, 또한 이생 이후에는 마귀와 그의 사자들과 함께 영원한 죽음에 복종하는 것이다. 이것은 모든 죄 자체에 대한 삯이다.

셋째, 여러분의 이러한 죄들이 **우리 구주 그리스도의 거룩한 인격에 지워진 것**을 생각하라. 그는 이를 위해 십자가에서 외적인 육체적 고통을 견디셨을 뿐만 아니라, 내적으로도 우리가 마땅히 받아야 할 하나님의 모든 진노를 영혼 가운데 다 받아 "땀을 핏방울처럼 흘렸고"[눅 22:44], "나의 하나님 나의 하나님 어찌하여 나를 버리셨나이까"[마 27:46]라고 부르짖으셨다. 이렇게 무게를 잘 달아보면, 우리의 죄가 티끌이 아니라, 하나님의 무거운 진노 아래 우리를 산산조각 낼 수 있는 거대하고 큰 들보라는 것을 알게 될 것이다.

마지막으로, 우리 이웃과 하나님을 대적하는 마음속의 바로 그 첫 번째 생각과 움직임을 금지하는 **마지막 계명**에 의지하라. 우리가 비록 그것에 결코 동의하지 않고, 아니 그 행동 자체를 혐오할지라도 말이다. 이는 우리가 이웃의 소나 나귀를 볼 때, 그것을 훔치는 것은 싫어하지만, '오 이것이 내 것이었으면' 하고 마음속으로 소원하는 것과 같다. 이제 이 첫 번째 움직임이 죄에 합당한 저주라면, 우리가 하나님께 반역하는 데 전적으로 동의한 우리 본성의 죄와 우리 삶의 범법은 얼마나 가증스러운 것이겠는가?

의무 3. 우리 자신의 눈에서 들보를 빼는 데 필요한 세 번째 것은 우리 구주 그리스도께서 여기서 의도하신 것이다.[1027] 즉, **다른 사람을 판단하기를 멈추고, 우리 자신의 죄에 대해 우리 자신을 판단하기 시작하는 것인데, 이는 우리가 우리 자신을 살폈으면, 판단을 받지 않을 것이기 때문이다**(고전 11:31). 이제 우리가 마음속으로 우리 자신의 죄와 관련하여, 우리 자신에 대해 선고하고 우리 자신을 정죄할 때, 우리 자신을 판단한다. 다윗은 이런 식으로 자신을 판단했다. "오 여호와여, 주의 많은 긍휼을 따라 내게 자비를 베푸소서"(시 51:1). 마치 그가 "여호와여, 한 가지 자비로는 도움이 되지 않을 것이며, 지금까지 나는 심각한 죄로 인해 지옥에 빠졌지만, 주의 많은 긍휼로 그것들을 모두 없애 주소서"라고 말하는 것과 같다. 그리고 "나의 죄악을 온전히 씻으소서"(시 51:2)라는 그 다음 말씀에서, 그는 자신이 죄의 더러움에 너무 깊이 물들었기 때문에, 조금 씻는 것은 소용이 없다고 고백한다. 그래서 여호와께서 욥으로 하여금 자신을 보고 알게 하셨을 때, 그는 "보소서 나는 비천하오니"(욥 40:4)[1028]라고 외치고, 또 다시 그가 말하고 행한 것들에 대해, "이제 내가 내 자신을 미워하며 티끌과 재 가운데에서 회개하나이다"(욥 42:6)라고 말했다. 탕자도 그런 식으로 자신을 심판하여, 그가 "하늘과 아버지께 죄를 지었사오니 아버지의 아들이라 일컬음을 감당하지 못하겠나이다"(눅 15:21)라고 외쳤다. 사도 바울도 마찬가지로 자신에 대해 자신이 "모든 죄인 중에 괴수"(딤전 1:15)라고 고백한다. 우리는 이와 같이 우리 자신을 정죄하고, 다니엘이 백성을 위해 기도할 때와 같이, "공개적인 수치와 당혹스러움은 우리 얼굴에 속해 있다"(단 9:7)고 말해야 한다.

의무 4. 우리가 이렇게 우리 자신을 판단한 후에는, 이전의 악한

1027　여백에: 우리 자신을 판단하는 방법.
1028　역자주, 원문과 영문판은 욥 39:37로 기재하고 있다.

행실을 끊고 고치려고 애써야 하며, 죄가 우리 안에서 점점 더 폐지되고 약해지도록 모든 수단을 다해 노력해야 한다.[1029] 그리고 이것은 참으로 "우리 눈에서 들보를 제거하는 것"이므로, 다른 사람을 책망하고 개혁하는 데 더 적합할 수 있다. 이 마지막 의무에 대해 사도는 이렇게 말한다. "우리가 더 이상 서로 비판하지 말고 도리어 아무도 형제 앞에 걸림돌을 두지 않도록 주의하라"(롬 14:13). 즉, 그가 범법하지 않고 사는 것이다.

이 네 가지 의무는 모든 사람이 실천해야 한다.[1030] 우리가 이렇게 행하기 위해, 첫째, 우리가 먼저 우리 자신을 개혁하는 것이 이 구절에서 하나님의 계명이라는 것을 숙고하자. 둘째, 이러한 개혁 없이는 우리의 상태와 상황은 두렵고 비참할 것이다. 사람이 그 손가락에 가시가 하나만 박혀 있어도, 그 가시를 뽑기 전까지는 온전할 수 없다. 그렇다면 온몸에서 가장 연약한 부분인 눈에 큰 들보가 있는 사람은 어떻겠는가? 그의 마음과 양심이 죄의 찌르는 것으로 찔렸는가? 그러므로 그것을 제거하는 것은 모든 사람의 관심사이다. 셋째, 우리가 이 의무를 실천하기 전에는 결코 우리 자신과 다른 사람들, 그리고 내세에 대해 올바르게 판단할 수 없을 것이다. 그러므로 하나님을 경외함으로 그것에 진지하게 임하자.

이와 같이 치료책에 대해 많이 다루었다. 이제 추가로 고려해야 할 두 가지 상황이 뒤따른다. 첫째, 치료책이 주어진 당사자, 즉 위선자[1031]이다. 둘째, 이 치료책이 이행되는 때이다. 첫째, "위선자"란 마음과 말에서 다른 사람의 말과 행동을 경솔하게 생각하고 판단하는

1029 여백에: 우리의 행실을 개혁하라.
1030 역자주, 여백에: 그 모든 의무에 대한 동기.
1031 역자주, 여백에: 위선자.

경향이 있는 사람으로 이해해야 한다. 그가 그렇게 불리는 데는 그럴 만한 이유가 있는데, 왜냐하면 이 사람은 그를 지배하는 위선의 죄가 있으며, 다른 사람들보다 더 거룩한 것처럼 보이고 싶어 다른 사람들을 비난하고, 다른 사람들을 비하함으로써 자신을 드높이기 때문이다. 위선적인 바리새인에게서 이것을 볼 수 있다. "하나님이여 나는 다른 사람들 곧 토색, 불의, 간음을 하는 자들과 같지 아니하고 이 세리와도 같지 아니함을 감사하나이다 나는 이레에 두 번씩 금식하고 또 소득의 십일조를 드리나이다"(눅 18:11–12).[1032] 그러나 그들은 다른 사람을 비난하는 이것이 공허한 마음에서 나오는 위선의 열매라는 것을 알아야 한다.

두 번째 상황은 이 의무가 이행되어야 하는 때이다. 즉, 일차적으로 "먼저 빼는 것 등"이다. 여기서 우리는 형제를 교정하는 방식과 순서에 대한 주목할 만한 지침을 알 수 있다. 그것은 사람 자신에게서 시작하여 이웃으로 끝나야 한다.[1033] 그리고 비례적으로 모든 사람이 우리에게 더 가까울수록, 그만큼 그는 더 빨리 교정되고 판단되어야 한다. 만약 여러분이 비난해야 할 사적인 사람이라면, 먼저 당신 자신부터 시작하고, 그 다음에 당신의 친족을 판단하고, 세 번째는 당신의 지인을 판단하고, 마지막으로 낯선 사람을 판단하라. 따라서 한 가정의 주인은 먼저 자신을 판단하고, 그 다음에 자기 가족을 판단해야 하고, 그가 친구와 이웃을 판단한 뒤에, 마지막으로 낯선 사람을 판단할 수 있다. 그리고 높은 지위에 있는 모든 상급자들의 관행도 마찬가지이다. 이제 형제간의 견책에서 이런 순서가 준수되어야 한다. 우리는 이 의무를 실천하는 데 있어서, 세상이 훨씬 넓다는

1032 역자주, 원문과 영문판은 눅 18:10–11로 기재하고 있다.
1033 여백에: 형제 교정을 위한 규칙.

것을 쉽게 알 수 있는데, 왜냐하면 우리는 모든 사람이 자기 자신, 그리고 또한 자기 친구와 지인을 좋게 생각하므로, 그들을 아끼고 그들을 비난하려 하지 않기 때문이다. 그러나 낯선 사람에 대해서는 비난하고 정죄하기를 멈추지 않을 것이다. 그러나 이것은 우리 구주 그리스도의 지침에서 멀리 벗어나는 터무니없는 처신이다.

"그 후에야 밝히 보고 형제의 눈 속에서 티를 빼리라." 이것은 이전 치료책의 결실이다. 자신을 치료함으로써 첫째, 사람은 이웃의 잘못이 무엇이며, 어떻게 치료되고 고쳐져야 하는지 분명히 알게 된다.[1034] 우리는 우리 자신을 고칠 때, 판단력과 지혜라는 영적 은사가 뒤따르며, 이로써 형제의 잘못을 바로잡는 방법을 바로 알게 된다는 사실을 알 수 있다. 그러므로 **올바른 지혜와 이해가 우리 자신의 마음과 삶의 개혁을 따른다**는 일반적인 가르침을 얻는다. "여호와를 경외함이 지혜의 근본이라"(시 111:10). 참된 지혜와 좋은 이해력은 하나님의 말씀과 계명과 관련하여 하나님께 대한 경건한 경외심에서 비롯된다. 그래서 "주의 법도들을 지키므로 나의 명철함이 노인보다 나으니이다"(시 119:100). 다윗은 먼저 자신을 개혁했고, 그 다음에 심히 지혜롭게 되었다. 이것은 므낫세에 대해 말한 바와 같은데, 그가 회개하고 겸비하였을 때, "그는 여호와가 하나님인 줄을 알았다"[대하 33:13]. 그리고 느부갓네살이 겸손해진 후, "그의 총명이 그에게 회복되었는데"(단 4:34),[1035] 이는 "하나님이 겸손한 자에게 그의 도를 가르치시기"(시 25:9) 때문이다. 교만한 사람은 기둥과 대들보로 자신의 죄를 쌓는 사람이며, 그런 사람은 주님께서 가르치지 않으실 것이다. 그러나 자신의 삶을 고쳐 이 기둥을 뽑는 사람은 주님께서 그가 걸어

1034 여백에: 우리 자신을 개혁하면 영적인 지혜가 생긴다.
1035 역자주, 원문과 영문판은 단 4:31로 기재하고 있다.

야 할 길을 가르치실 것이다. 그리스도는 그의 제자들에게 "너희가 내 계명을 지키면 나의 친구"이며, "아버지께 들은 바 필요한 모든 것을 그의 친구들에게 알게 할 것이라(요 15:14-15)고 말씀하셨는데, 이 모든 것을 통해 올바른 판단은 삶의 참된 개혁에 뒤따른다는 것이 분명해졌다.

적용. 이로써 우리는 읽거나 들은 거룩한 성경을 이해하는 방법을 알 수 있는데, 그것은 우리의 삶을 개혁하는 것이다.[1036] 첫째, 여러분 자신의 마음과 삶을 개혁하면, 하나님의 말씀을 읽거나 들을 때, 적어도 자신에게 필요한 만큼 이해할 수 있는 참된 판단력이 여러분에게 주어질 것이다. 그리고 대부분의 사람들이 성경을 많이 듣고 읽으면서도, 성경에서 그다지 유익을 얻지 못하는 이유는 그들이 말씀에 따라 그들 자신의 삶과 양심의 개혁을 바라보지 않기 때문이다. "너희는 나의 교정을 듣고 돌이키라 그리하면 내가 나의 마음을 너희에게 부어 주며 내 말을 깨닫게 하리라"(잠 1:23). 그러므로 하나님의 교회를 잘 세우기 위해 하나님 말씀에 대한 참된 이해를 얻기 위한 지침을 기억하고, 먼저 자신의 눈에서 들보를 빼기 위해 노력해야 한다. 그러면 그는 하나님의 백성의 유익을 위해 하나님의 말씀을 판단력 있게 읽고, 영생의 참된 길을 분별할 수 있게 될 것이다. 그러나 여러분이 죄에 빠지면, 말씀을 읽더라도 유익이 없다.

둘째, 여러분 자신이 하나님의 자녀라는 것을 알고 싶은가?[1037] 그렇다면 여러분의 마음과 삶에서 모든 죄를 씻어내야 한다는 것을 기억하라. 왜냐하면 거기서 참된 이해가 흘러나오고, 그로 인해 하나님께서 여러분을 선택하신 것과 화목케 하신 것을 양심에 확증해 주실

1036 여백에: 하나님의 말씀을 이해하는 방법.
1037 역자주, 여백에: 우리의 양자됨을 아는 방법.

것이기 때문이다. 그러나 여러분이 죄 가운데 그대로 머문다면, 이 증서를 오랫동안 기다려도 얻지 못할 것이다.

셋째, 세상에는 종교 문제에 대해 매우 다양하고 많은 의견이 있기에, 종교를 갖지 않으려는 사람들도 많이 있을 것이다.[1038] 그러므로 그들은 어떤 공의회가 종교의 진리를 결정할 때까지, 삶의 개혁없이 그대로 살아갈 것이다. 그러나 이 사람들은 잘못된 길을 가고 있으며, 그들이 종교의 진리를 알고자 한다면, 먼저 자신의 삶을 개혁해야 한다. 그들이 죄 가운데 사는 동안, 그들은 종교에서 무엇이 선이고 악인지, 무엇이 진리이고 거짓인지 결코 알 수 없다. "사람이 내 아버지의 뜻을 행하려 하면 이 교훈이 하나님께로부터 왔는지 내가 스스로 말함인지 알리라"(요 7:17). 여기서 그는 종교에 대한 참된 판단이 하나님께 대한 순종에서 나온다는 것을 우리에게 분명하게 알려주신다. 무신론자를 개혁하는 올바른 방법은 이것이다. 먼저 그를 순종하게 하는 것이다. 한마디로, 여러분이 누구든지, 여러분의 부름이 무엇이든지, 그 가운데서 하나님을 기쁘시게 하고, 다른 사람들에게 선을 행하고자 한다면, 먼저 자신의 마음과 삶에서 죄악을 제거하라. 그리하면 여러분은 어디에서 실패했는지, 잘못을 어떻게 고쳐야 하는지, 그리고 그 후에 다른 사람들에게 어떻게 선을 행해야 하는지 분명하게 알게 될 것이다.

요점 2

더 나아가, 이 치료책에서 우리 구주 그리스도는 **경솔한 판단에 형제의 교정**을 대립시키고, 형제의 교정을 하나님의 백성들 사이에

1038 역자주, 여백에: 참된 종교를 아는 방법.

서 실천해야 할 의무로 규정하신다.[1039] 이 점에 관하여 다음 네 가지 사항을 고려해야 한다. 첫째, 누가 교정해야 하는가? 둘째, 누가 교정되어야 하는가? 셋째, 교정되어야 할 것은 무엇인가? 넷째, 어떤 방식으로 교정되어야 하는가?[1040]

요점 1

첫째, 교정해야 할 당사자는 **형제**, 즉 하나님 교회의 모든 구성원이다.[1041] 그래서 "그 후에야 밝히 보고 형제의 눈 속에서 티를 빼리라"라고 말씀하신다. "너는 네 형제를 마음으로 미워하지 말고 네 이웃을 명백히 견책하여 그로 죄를 범치 않게 하라"(레 19:17). "네 형제가 네게 죄를 범하면"(마 18:15), 즉 네게 어떤 악을 저지르거나, 혹은 하나님께 죄를 범하여, 네가 그것을 알고 있다면 (그 죄는 그것을 알고 있는 사람에게 저지른 것이라고 말할 수 있는데, 비록 그에게 잘못한 것은 아닐지라도, 그가 불쾌감을 느꼈기 때문이다), "너와 그 사람과만 상대하여 그의 잘못을 말하라." 즉, 개인적으로 그를 바로잡고 훈계하라.

모든 사람은 양심에 따라 형제의 영혼을 구원해야 할 의무가 있으며, 이는 종종 형제의 교정을 통해 이루어질 수 있다. 형제의 교정이 없다면, 그 영혼은 여러 번 멸망할 수 있다. 그러므로 형제를 바로잡는 것은 모든 사람의 의무이다. 그러나 이 의무는 정당한 기회에, 즉 정당한 시간과 장소에서 준수되어야 한다. 왜냐하면 사람이 이 의무에는 특정한 예외가 있고, 모두에게 정당한 교정의 기회가 제공되지

1039 여백에: 형제의 교정이 명령되다.
1040 이 단락 나누기는 원문에는 없다.
1041 역자주, 여백에: 누가 교정해야 하는가.

는 않기 때문이다.[1042] 첫째, 형제가 저지른 잘못이 확실하지 않은 경우 교정하기 어렵다. 이는 모든 합법적인 교정이 확실하게 알려진 잘못에 대해 이루어지기 때문이다. 둘째, 가해 당사자가 회개하는 경우 교정의 예외가 될 수 있다. 이는 가해자를 교정하려는 교정의 목적을 이미 달성했기 때문이다. 셋째, 그의 교정에 대한 희망이 없는 경우 교정하기 어렵다. "거만한 자를 책망하지 말라"(잠 9:8). 즉, 당신의 수고를 조롱하는 자를 책망하지 말라. 넷째, 다른 사람이 더 나은 방식으로 더 나은 목적을 위해 수행할 수 있다면 교정할 필요가 없다. 그들은 지위와 능력에 있어 더 적절하게 수행할 수 있기 때문이다. 그러나 이러한 경우 외에 정당한 기회가 주어지면, 모든 사람은 형제를 바로잡아야 한다.

여기서 한 가지 특별한 지침에 주목해야 한다. 단지 하나님의 말씀 사역자만 우리의 목자가 아니라, 일반 평신도도 그의 형제들의 유익과 교정을 위해 형제들의 삶을 돌보아야 한다는 점에서 목자이다[히 10:14].[1043] 모든 사람이 형제의 생명과 상태에 대해 자신에게 책임이 없다고 생각하는 것은, 우리 시대의 죄이다. 이것이 동생 아벨에 대한 가인의 죄였다. 그는 자신이 "그의 형제를 지키는 자"[창 4:9]라는 것을 부인했다. 만일 어떤 사람이 죄를 지으면, 흔히 하는 말이 '그것이 내게 무슨 상관이 있느냐'라는 것이다. 그것과 관련된 사람들이 살펴보게 하라는 것이다. 그러나 그렇게 해서는 안 된다. 한 사람이 다른 사람을 살펴야 하고, 또한 확실하게 드러난 잘못을 개선하기 위해 형제 교정을 사용해야 한다. 이것은 우리 형제의 유익과 그 영혼의 구원을 돌보는 사랑과 자비의 의무이다. 우리는 양심상 위험에 처한

1042 역자주, 여백에: 교정의 예외적 경우들.
1043 여백에: 어떻게 모든 그리스도인이 목회자인가.

궁핍하고 불쌍한 형제들의 육체를 구제할 의무가 있다. 그렇다면 훈계가 없어서 멸망하지 않도록 그들의 영혼을 돌볼 의무는 훨씬 더 크다. 우리는 방황하는 원수의 소나 나귀를 돌려보내야 하며, 더더욱 우리 형제가 멸망에 빠지지 않도록 살필 수 있어야 한다.

요점 2

누가 교정되어야 하는가? 누구의 눈에서 티끌을 빼야 하는가?[1044] 바로 형제이다. "형제의 눈 속에서." 여기서 "형제"란 모든 이웃, 즉 모든 사람을 의미하는 것이 아니라, **우리가 회원으로 속해 있는 교회의 회원**이며, 우리가 고백하는 동일한 신앙을 고백하고, 우리가 입교한 동일한 세례의 성례로 교회에 입교한 모든 사람을 의미한다. 이것은 "네 형제가 네게 죄를 범하거든 너와 그 사람과만 상대하여 그의 잘못을 말하라"(마 18:15)는 그리스도의 권고에서 분명하게 드러난다.[1045] 그리고 (만약 그가 너의 말을 듣지 않는다면) 그가 교회의 견책을 받을 때까지 진행하는 것은, 당사자가 교회 회원이 아니었다면 헛된 일이었을 것이다. "만일 어떤 형제라 일컫는 자가 음행하거나 탐욕을 부리거나 우상 숭배를 하거나 모욕하거나 술취하거나 속여 빼앗거든 사귀지도 말고 그런 자와는 함께 먹지도 말라"(고전 5:11). 그리고 그는 "밖에 있는 사람들을 판단하는 것이야 내게 무슨 상관이 있으리요? 교회 안에 있는 사람들이야 너희가 판단하지 아니하랴?"라고 덧붙인다. 이제 여기서 언급한 순서를 준수해야 한다. 사람이 먼저 자신을 바로잡고, 둘째는 그의 가족과 친척을 바로잡고, 그 다음은 그와 함께 있는 동일한 회중의 형제를 바로잡아야 한다는 것이다. 그리고 선

1044 역자주. 여백에: 누가 교정되어야 하는가.
1045 역자주. 원문과 영문판은 마 18:17로 기재하고 있다.

한 질서가 지켜진다면, 그는 다른 특정 교회의 회원인 형제를 훈계할 수 있다. 그러나 우리는 선한 행실로 밖에 있는 자들을 하나님께로 인도하기 위해 바르게 처신한다 할지라도, 이것 이상으로 나아가서는 안 된다.

더 나아가 하나님의 교회에서는 어느 누구도 권위와 위엄으로 형제를 교정하는 것에서 면제되지 않는다는 것을 알아야 한다.[1046] 이에 근거하여 바울은 골로새 사람들에게 그들의 목회자 아킵보에게 이렇게 말하라고 권고한다. "네가 주께로부터 받은 직분을 삼가 이루라"(골 4:17). 따라서 우리는 이 의무를 배울 수 있다. 우리가 말이나 행동으로 잘못을 저질렀을 때, 우리는 기꺼이 형제의 교정에 복종해야 한다. 우리는 자기 형제와 다투던 이스라엘 사람 중 한 사람이 모세를 책망하며, "누가 너를 우리의 재판관과 다스리는 자로 세웠느냐?"[출 2:14]고 말했던 것처럼 말해서는 안 된다. 그러나 우리에게 바로잡아야 할 것이 있다면, 우리는 비록 형제보다 높은 지위에 있더라도, 형제의 교정에 복종해야 한다. "지혜로운 사람의 책망을 듣는 것이 우매한 자들의 노래를 듣는 것보다 나으니라"(전 7:5).[1047] 어리석은 자의 노래가 우리를 기쁘게 할 수도 있지만, 확실한 것은 지혜로운 자의 책망이 훨씬 더 유익하다는 것이다. 다윗은 "의인이 자신을 때리기를"[시 141:5] 원하며, 그것을 "결코 없어서는 안 될 그의 머리에 귀중한 향유"로 여김으로써 이것을 증언했다. 진실로, "면책은 숨은 사랑보다 나으니라"(잠 27:5)[1048]는 솔로몬의 말처럼, 친구의 칭찬보다 심지어 원수에게라도 책망을 받는 것이 낫다는 것을 본성 자체가

1046 여백에: 외적인 위엄은 아무도 교정(correction)에서 면제하지 않는다. 역자주, 영문판은 교정(correction) 대신 부패(corruption)로 잘못 기재하고 있다.
1047 역자주, 원문과 영문판은 전 7:7로 기재하고 있다.
1048 역자주, 원문과 영문판은 잠 27:6으로 기재하고 있다.

우리에게 가르친다.

요점 3

형제가 훈계나 교정을 받아야 할 것은 무엇인가?[1049] 큰 범죄뿐만 아니라, 더 작은 죄에 대해서도 교정을 받아야 한다. 우리는 그의 눈에서 들보뿐만 아니라, 지푸라기와 티끌도 빼내야 한다. 왜냐하면 여기서 더 작은 죄는 지푸라기와 티끌 같고, 더 큰 죄는 대들보와 기둥 같기 때문이다. 우리가 형제의 작은 허물을 바로잡아야 하는 이유는 모든 큰 죄가 작고 사소한 죄에서 시작하기 때문이다. 그러므로 죄가 완전히 자라기 전에 죄의 싹을 잘라내는 것은 그리스도인에게 있는 형제 교정의 의무이다. 여호와께서 이와 같이 가인을 다루셨다[창 4:6]. 여호와께서는 그가 동생을 죽이기 전에, 그의 슬픈 안색에 의해 입증된 동생에 대한 그의 분노와 악의를 책망하셨다. 그러나 주님의 책망에 굴복하지 않은 가인은 마침내 살인이라는 끔찍한 죄를 저질렀다.

이 세 번째 요점에서 우리는 그리스도께서 큰 악행뿐만 아니라, 더 작은 죄에 대한 개혁을 위해 그의 교회에 남겨 둔 하늘의 질서를 살펴볼 수 있다. 왜냐하면 거짓말, 어리석은 농담, 그리고 행동과 의복에서의 위법 행위와 같이, 행정관의 칼이나 교회의 공적인 견책으로도 고칠 수 없는 많은 죄가 저질러지고 있기 때문이다. 그러나 그리스도는 이런 죄들이 그의 교회에 있는 것을 허락하지 않으실 것이며, 따라서 그것들을 끊어 내기 위해 형제의 교정을 제공하셨다.

1049 역자주, 여백에: 책망 받아야 할 문제.

요점 4

　형제의 교정은 어떻게 수행되어야 하는가?[1050] 비록 형제를 교정하는 방식이 여기에 명시적으로 규정되어 있지 않지만, "그 후에야 밝히 보고 형제의 눈 속에서 티를 빼리라"라고 말한 곳에 암시되어 있다. 이 의무를 어떻게 수행해야 하는지 잠시 살펴볼 것이다. 형제의 교정에는 다음과 같은 것들이 요구된다. 첫째, 잘못을 명확하게 볼 수 있고, 또한 그 잘못을 어떻게 고쳐야 하는지에 대한 기독교적 지혜이다. 히브리서의 저자는 모든 그리스도인이 "그의 형제를 관찰하는"[히 10:24] 것을 의무로 삼고 있는데, 이는 흠 있는 형제를 꾸짖기 위한 목적이 아니라, 그 잘못을 바로 분별하고, 그를 바로잡는 방법을 알기 위한 것이다. 여기서 책망받아야 할 일반적인 잘못이 발생한다. 많은 사람들이 자기 형제를 교정하려고 앞다투어 서두르지만, 그것은 허황된 소문과 불확실한 근거에 기초하는 것이다. 그들은 그 잘못을 철저하고 확실하게 알 때까지 기다리지 않고, 그로 인해 책망하는 사람이 비난을 받는 일이 여러 번 발생한다. 책망을 받는 당사자는 그런 문제가 없다고 부인하므로, 상대방은 경솔하게 비난한 사람이 되고 만다.

　둘째, 기독교적 교정에서 시간과 장소와 같은 적절한 상황을 관찰해야 하는데, 그렇지 않으면 선한 훈계의 효과가 떨어질 수 있다. 우리는 하나님의 말씀에서 이렇게 행한 것을 볼 수 있을 것이다. 아비가일은 다윗의 종들에게 무례하게 대답한 남편을 책망하기 위한 적절한 때를 살폈고, 따라서 그의 양털 깎는 잔치가 끝나고, 포도주에서 깰 때까지 그에게 말하지 않았다[삼상 25:36-37].[1051]

1050　여백에: 책망하는 방식.
1051　역자주. 영문판은 원문과 달리 삼상 23:36-37로 기재하고 있다.

셋째, 우리 형제의 범죄가 인간의 연약함에서 비롯된 것이든 아니든, 그 방식을 고려해야 한다. 그의 잘못이 인간의 연약함에서 비롯된 것이라면, 바울의 교훈이 적용해야 한다. "신령한 너희는 온유한 심령으로 그러한 자를 바로잡으라"(갈 6:1). 이 문구는 외과의사에게서 빌려온 것으로, 그가 부러진 관절을 다룰 때, 매우 부드럽게 다룰 것이다. 따라서 그들은 인간의 연약함에서 비롯된 죄를 견책으로 다루어져야 한다. 우리는 온유하게 책망하는 실례를 나단에게서 볼 수 있는데, 그는 비유로 다윗을 책망하여, 다윗이 스스로를 정죄하게 만들었다[삼하 12:1-2]. 그리고 사도 바울은 고린도 교회에 보내는 첫 번째 서신의 시작 부분에서 고린도 교인들을 책망하는데, 자신과 아볼로를 그 동일한 책망에 포함시켜, 마치 그들이 동일한 범죄를 저지른 것처럼 보인다(고전 4:6). 또, 바울은 디모데에게 하나님의 교회에서 어떻게 처신해야 하는지 지침을 주면서, 비록 그가 꾸짖고 책망하는 것을 허용하지만, "늙은이를 권고하라"(딤전 5:1)[1052]고 명령하여, 훈계에 대한 좋은 지침을 준다. 당사자가 노인이라면, 책망하는 것이 불법은 아닐지라도, 권면만큼 적합하지는 않다. 인간의 연약함으로 죄를 짓는 모든 자들에게 이와 같은 온유함을 베풀어야 한다. 그러나 그 범죄가 고의와 완고함에서 나온 것이라면, 그들이 회개하도록 하나님의 심판이 그들에게 선포되어야 한다.

넷째, 다른 사람을 교정해야 하는 모든 사람은 자신과 자신의 상태를 고려해야 하며, 자신도 그와 같은 범죄에 빠질 수 있음을 알아야 한다. 그래서 바울은 타락한 자들의 회복을 추구해야 하는 자들에게, "그들 자신을 살펴보라"(갈 6:1)고 권고한다.

1052 역자주. 영문판은 원문의 "exhort an elder"에 부정어를 삽입하여 "exhort [not] an elder"로 만듦으로써 바로 뒤따르는 다음 문장과 어긋나게 된다.

다섯째, 형제의 교정은 가르침과 지침으로 전달되어야 한다. "내가 하나님 앞에서 엄히 명하노니 오래 참음과 가르침으로 경책하며 경계하며 권하라"(딤후 4:1-2). 훈계하고자 하는 사람은 당사자가 행한 그 일이 죄라는 것을 알아내야 하며, 그 후에 그것을 하나님의 말씀에 근거하여 당사자에게 죄로 제시하고, 자신의 이름이 아니라 하나님의 이름으로 책망해야 한다. 이로써 당사자는 자신이 범죄한 것을 알 수 있고, 또한 자신이 사람이 아닌 하나님으로부터 책망을 받는다고 말할 수 있게 된다. 이것은 모든 상급자가 하급자를 바로잡고 훈계할 때 실천해야 하는 것으로, 그들은 분노하지 말고 오래 참으며, 무례하게 하지 말고, 가르침으로 하여 범죄한 당사자가 자신의 잘못을 알 수 있도록 해야 한다. 이상와 같이 형제 교정의 의무에 대해 많이 다루었다.

일곱 번째 내용: 마태복음 7:6

"거룩한 것을 개에게 주지 말며 너희 진주를 돼지 앞에 던지지 말라 그들이 그것을 발로 밟고 돌이켜 너희를 찢어 상하게 할까 염려하라"(마 7:6). 지금까지 복음서 기자는 그리스도의 설교의 몇 가지 주제를 넓게 설정했지만, 이 구절부터 이 장 끝까지 나오는 요점들을 간략하게 다룬다. 이 구절은 앞 구절에 의존하지 않고, 우리 구주 그리스도는 그의 제자들과 그들 안에 있는 모든 사역자에게 하나님의 말씀을 전파할 때 그리스도인의 신중함에 대해 새로운 교훈의 요점으로 제시하신다. 그의 지도는 여기서 "거룩한 것을 개에게 주거나 진주를 돼지 앞에 던지는 것"에 대한 금지로 제시되어 있는데, 이는 "그들이 그것을 밟지 않도록, 등"의 이중적인 이유로 강화된다.

계명

이 말씀 자체가 이해하기 어렵고 힘들기 때문에, 먼저 이 말씀에 대해 살펴본 다음, 그 가르침에 대해 다루어볼 것이다. 이 말씀에서 네 가지를 살펴야 한다. 첫째, "거룩한 것"이란 무엇을 의미하는가? 둘째, "진주"란 무엇을 의미하는가? 셋째, "개"란 무엇을 의미하는가? 그리고 넷째, "돼지"란 무엇을 의미하는가?

요점 1

첫째, "거룩한 것"이란 일차적으로 **하나님의 말씀**으로 이해하는 것이 적절한데, 이는 신구약성경책에 기록된 것으로, 그 말씀을 읽고, 설교함으로써 올바르고 거룩하게 사용하는 것이다. 따라서 거룩한 것은 성례와 기독교적 훈계를 의미한다. 하나님의 말씀은 여러 가지 이유로 거룩한 것으로 불리지만, 주로 다음 두 가지 이유로 그렇게 일컬어진다. 첫째, 그것은 그 자체로 거룩하고, 둘째, 효과와 작용이 거룩하기 때문이다.

그것은 그 자체로 거룩한데, 왜냐하면 하나님께서 그의 교회에서 믿고 행해야 할 모든 것을 계시하고 규정짓기 위해, 그의 백성에게 자신이 생생하게 음성으로 말씀하시는 것 대신에, 기록된 말씀이 교회 안에 있도록 구별하셨기 때문이다. 구약성경에서 하나님께서는 친히 족장들에게 생생한 음성으로 말씀하셨고, 율법을 준 후에는 시은소에서 대제사장에게 응답하셨다. 우리에게 하나님의 생생한 목소리가 없을지라도, 우리가 그들보다 열등하지는 않은데, 이는 그 대신에 우리가 그에 상응하는 기록된 말씀을 가지고 있기 때문이다. 기록된 말씀이 말하는 것을 보면, 마치 하늘에서 온 주님께서 생생한 음성으로 말씀하시는 것과 같기 때문이다. 그래서 결과적으로 그것은 우리에게 하나님의 언약궤 대신 하나님의 임재의 보증이다. 이와 같이 그것은 그 자체로 거룩하다.

둘째, 하나님의 말씀은 그 작용에 있어서 거룩한데, 왜냐하면 그것은 하나님께서 그의 자녀들의 마음과 삶을 거룩하게 하고 개혁하는 수단이 되도록 친히 구별하신 성령의 도구이기 때문이다. 그리고 결과적으로 성례는 말씀이 가시화된 것이기 때문에, 거룩한 것이다. 그래서 하나님의 말씀에 근거를 둔 기독교의 훈계도 마찬가지이다.

이 가르침으로부터 여러 가지 의무를 배워야 한다. **의무 1.** 우리는 종종 하나님의 말씀에서 **하나님께 가까이 나아가고, 그를 찾고, 그를 경외하고, 그의 임재 가운데 그 앞에서 행하라**는 명령을 받는다. 하나님께서는 보이지 않고, 영광과 위엄 가운데 하늘에 계신데, 우리가 어떻게 이런 일을 할 수 있겠는가? 확실히 우리는 하나님의 말씀을 하나님께서 따로 구별하신 거룩한 것이며, 그의 생생한 음성을 대신하는 것으로 생각해야 한다. 그러므로 보이지 않는 그를 찾을 필요 없이 말씀에 의지해야 하며, 그 말씀이 우리 마음과 삶과 양심에 함께 있도록 힘써야 한다. 에녹은 보이지는 않지만, 어디에나 현존하시는 하나님의 무한한 위엄을 생각하며, 그가 어디에 있든지 하나님 앞에서 하나님의 말씀대로 행하였다. 우리는 그의 영광스러운 위엄에 경외심을 가질 때뿐만 아니라, 말씀으로 우리에게 명령하시는 하나님을 노엽게 할까 두려워할 때, 하나님을 경외하게 된다. 사도는 "성령이 우리 마음 안에 거하신다"[롬 8:11]고 말하는데, 이것은 성령의 무한한 실체를 의미하는 것으로 생각할 것이 아니라, 성령에 의해 효력을 발휘하는 말씀의 거하심을 의미하는 것으로 생각해야 한다. 왜냐하면 믿음은 항상 말씀과 관계가 있으며, 믿을 때 그 믿음이 마음에 거하며, 동일한 말씀으로 역사하시는 성령을 또한 현존하게 하기 때문이다. 이와 관련하여 바울은 "이제는 내가 사는 것이 아니요 오직 내 안에 그리스도께서 사시는 것이라"[갈 2:20]고 말하며, 그 뒤에 이것을 "이제 내가 사는 것은 하나님의 아들을 믿는 믿음 안에서 사는 것이라"고 설명하는데, 이는 그리스도의 말씀이 그와 함께 있었고, 그 말씀으로 사는 믿음의 은혜가 있었기 때문이다.

의무 2. 하나님의 말씀이 이처럼 거룩한 것이므로, 우리는 공적으로나 사적으로나 그 동일한 말씀을 모든 경건함으로 사용하며, 그 안에서 우리 자신을 주의하여 거룩하게 하는 법을 배워야 한다.[1053] 백성들이 시내산에서 율법을 받으러 왔을 때, 삼 일 전에 성결하게 하였듯이, 우리도 하나님의 말씀을 듣기 전에 실질적으로 동일한 준비를 해야 한다. 먼저 "우리는 무죄함으로 우리 손을 씻고, 그 다음에 여호와의 제단에 두루 행해야 한다"[시 26:6]. 말씀과 성례전은 그 자체로 거룩하지만, 그것들을 거룩하게 사용하지 않으면, 우리에게 거룩한 것이 아니다. 그러므로 우리가 그것들을 통해 유익을 얻고자 한다면, 그에 대한 우리의 마음을 준비해야 한다.

의무 3. 말씀이 우리에게 하나님의 음성이자 성화의 수단이기에, 우리는 하나님의 백성의 회중에서 일반적으로 하나님의 순수한 말씀만 들려져야 하고,[1054] 아무리 거룩하다 할지라도, 사람의 말이 섞이지 않아야 한다는 것을 배울 수 있다. 왜냐하면 사람의 말은 그 거룩한 것이라고 언급되지 않았기 때문이다. 오직 여호와께서 친히 "거룩한 기름"[출 30:32-33]의 제조를 지정하셨는데, 그것은 율법 아래서 왕들과 제사장들에게 기름을 부어야 했던 것이다. 아무리 순수하고 좋은 것이라 할지라도, 누구도 그것에 첨가할 수 없었고, 그와 같은 기름을 만들 수도 없었다. 그래서 백성을 모으기 위해 성막에서 사용한 나팔들[1055]도 마찬가지로, 오직 여호와께서 친히 지정하셨다. 가장 순수한 금으로 제조되었을지라도, 하나님께서 지정하신 것 외에 다른 것을 사용할 수 없었다. 여호와께서 율법 아래 그의 성소를 이처럼 돌보셔서, 자신이 직접 그러한 일들을 지정하셨는가? 그렇다면 지금 성도들의 회중 가운데 울리는 그의 거룩한 말씀의 나팔수가 사

1053 여백에: 말씀을 거룩하게 사용하라.
1054 여백에: 순수한 말씀만 가르쳐야 한다.
1055 역자주. 영문판은 원문의 나팔들(trumpets) 대신 나팔수들(trumpeters)로 오기하고 있다.

람의 말로 혼합될 수 있다고 생각할 수 있는가?

고대 교회는 이러한 혼합과는 거리가 멀었다. 따라서 사도들 이후로 출판된 사람들의 저술보다 훨씬 탁월한 책들인 "외경(外經, apocrypha)의 공적 낭독을 금지했다."[1056] 설교할 때, 교부들과 시인들의 말을 사용하는 것은 가장 위대한 학문의 요점이 아니다. 그리고 그것을 사용하지 않는 자들은 그것을 사용할 수 없어서 삼가는 것이 아니라, 우리의 믿음과 순종에 관한 모든 문제에서 하나님 자신의 영광스러운 음성에 봉사하고, 우리의 성화의 유일하고 충분한 도구로서 거룩한 하나님 말씀에 사람의 말을 감히 섞으려 하지 않기 때문이다. 그러므로 성도들의 회중 가운데 오직 하나님의 순수한 말씀만 하나님의 백성에게 들리고, 그들이 오직 이 썩지 않을 씨{벧전 1:23}로 태어난 것처럼, 오직 이 "순전한 젖"[벧전 2:2]만 먹는 것이 소원이었다.

요점 2

"진주"란 무엇을 의미하는가? **대답**. 하나님의 말씀의 건전한 **가르침**과 지침은 부분적으로는 계명에, 부분적으로는 달콤한 하늘의 약속에 담겨 있다.[1057] 그래서 전파된 복음은 "귀한 진주"(마 13:46)에 비유된다. 그리고 더 나아가, 우리는 이 건전한 지침이 "너희의 진주"라고 불린다는 사실에 주목해야 한다. 그것은 두 가지 측면에서 그렇게 불린다. 첫째, 사도들과 그들의 계승자인 사역자들과 관련하여 진주라고 불리는데, 이는 그들이 주님의 청지기로서 하나님의 백성에게 말씀과 그 가르침을 나누어야 하기 때문이다. 둘째, 하나님의

1056   여백에: Synod. Laod. cap. 59.
1057   여백에: 하나님의 말씀의 가르침은 진주이다.

말씀을 알고 순종하는 데 주의를 기울이는 모든 참된 신자들과 하나님의 종들과 관련하여 진주라고 불리는데, 이는 모든 신자가 다른 사람들보다 하나님의 말씀에 대한 특별한 권리를 가지고 있기 때문이다. 이 목적을 위해 여호와께서는 "너는 증거의 말씀을 싸매며 율법을 내 제자들 가운데에서 봉함하라"(사 8:16), 즉 내 말을 내 제자들에게 권하고 맡기라고 말씀하신다. 여기서 구원의 말씀에 대한 특별한 권리와 자격을 그들에게 주셨다. 그들은 그것을 마음속에 간직하고, 그들의 삶에서 말씀의 힘을 드러내기 때문이다. 그들은 이 세상의 모든 상태에서 그리고 천국에서의 영원한 구원에 이르기까지, 그것을 사용하여 유익을 누릴 수 있다.

하나님 말씀의 가르침이 우리의 진주라는 사실로부터 첫째, 우리는 하나님의 말씀이 우리의 보석이자 주요 보물이기 때문에, 우리의 모든 부요함을 하나님의 말씀에 두라고 교훈을 받는다.[1058] 이에 대해 솔로몬은 "지혜를 얻는 것이 은을 얻는 것보다 낫고 그 이익이 정금보다 나음이니라"[잠 3:14]고 말한다. 이 진주의 가치를 평가할 때, 다윗은 "하나님의 증거를 그의 유산과 그의 마음의 즐거움으로 삼고"(시 119:111), "금보다, 참으로 순금보다 더 귀하게 여겼다"(시 119:127)는 점에서 주목할 만하다.

둘째, 이로써 우리는 이생의 모든 사고와 재난 속에서, 이 하나님 말씀이라는 진주로 만족하는 법을 배워야 하는데,[1059] 왜냐하면 우리가 친구, 건강, 재산 또는 명예를 잃는다 할지라도, 좋은 가르침과 달콤한 약속의 이 진주는 잃지 않기 때문이다. 만일 외적인 재물의 상실과 함께 말씀을 빼앗긴다면, 슬퍼해야 할 것이다. 그러나 이

1058 여백에: 하나님의 말씀을 존중하는 방법.

1059 역자주, 여백에: 고난 중에 우리 자신을 위로하는 방법.

보배가 항상 우리와 함께 한다는 것을 알기에, 다윗이 하나님의 약속을 "고난 중에 그의 위로"(시 119:50)와 "그의 순례길에 그의 노래"(시 119:54)로 여겼던 것처럼, 우리 자신을 달래고 위로해야 한다.

셋째, 우리는 하나님 말씀의 가르침과 약속을 진주로서 사용하는 법을 배워야 한다. 우리는 그것들을 우리 마음속에 보관하고, 기억 속에 충실히 간직해야 한다. 이 땅에서 가치 있는 보석을 가진 사람은 매우 신중하게 그가 가진 가장 확실한 상자 안에 그것을 넣고 잠가둘 것이다. 하물며 하늘의 가르침이 담긴 이 참된 진주에 대해 우리는 얼마나 더 신중해야 하겠는가? 성령께서 집사들에 대해, 그들이 "깨끗한 양심에 믿음의 비밀을 지키는 자"[딤전 3:9]여야 한다고 말씀하신 것처럼, 우리 모두는 이 하늘의 진주를 신중하게 지키는 사람이 되어야 한다. 마리아는 "그리스도에 대한 이 모든 말을 마음에 두었고"(눅 2:51), 다윗은 "주께 범죄하지 아니하려 하여 하나님의 말씀을 그의 마음에 두었다"(시 119:11).

넷째, 하나님의 말씀에 있는 가르침과 약속은 사도들과 목사들의 진주이다.[1060] 그러므로, 그들은 모든 시대의 다른 사람들보다 하나님의 교회에서 교리의 순수성을 보존하기 위해 모든 선한 방법으로 특별한 주의를 기울여야 한다. 바울이 디모데에게 당부한 것은, "네게 맡겨진 것을 지키라"[딤전 6:20], 즉 네가 내게서 배운 건전한 교훈을 지키라는 것이다. 그리고 이것은 오늘날 목사들도 해야 하는 일인데, 그들은 교황주의의 찌꺼기에서 정화된 참된 교리를 그들의 후손에 전하기 위해 모든 부패의 오염으로부터 보존하고 지켜야 한다.

1060 여백에: 목회자는 교리의 순수성을 보존해야 한다.

세 번째와 네 번째로 고려해야 할 사항은 "개"와 "돼지"에 관한 것인데, 여기서 다음 세 가지 사항을 다루어야 한다. 첫째, 여기서 **개와 돼지**의 정확한 의미가 무엇인가. 둘째, 누가 사람을 "개"와 "돼지"라고 **판단해야 하는가.** 그리고 셋째, **어디서 그들이 발견되는가.**

요점 1

첫째, "개"와 "돼지"는 하나님 말씀의 원수라고 이해해야 하지만, 모든 원수는 아니다. 모든 죄인이 개와 돼지일 수 있지만, 하나님의 말씀과 가르침에 대한 적개심을 명확하게 드러내고, 그것을 고칠 가망이 없는 **악의적이고 완고한 원수들**에게만 해당되기 때문이다.[1061] 그리고 여기서 이런 원수들로 이해해야 하는 까닭은 다음과 같은 이유에서이다. **이유 1.** 첫째, 그들이 교훈의 말씀을 발로 밟고, 다시 돌이켜 그들 모두가 그 선생들을 찢는 것, 즉 모든 모욕적인 말과 잔인한 행동으로 상대를 핍박한다고 본문이 묘사하기 때문이다.

이유 2. 둘째, 우리는 하나님의 말씀에서 그리스도와 그의 사도들이 개들에게 (이는 모든 사람이 본성상 그와 같기 때문이다) 설교한 것을 보기 때문이다. 요한에게 세례받으러 나아온 서기관들과 바리새인들, 독사의 자식들은 비록 책망받지 않은 것은 아니었지만, 쫓겨나지 않았다(마 3:6-7). 그리고 그리스도 자신이 "가나안 여인에게 자녀의 떡을 개에게", 즉 이방인에게 "주는 것이 마땅하지 않다"[마 15:26]고 말씀하셨다. 그러나 그는 제자들을 보내어 모든 민족에게 전파하게 하였고, 그 여자 자신은 믿음으로 말미암아 긍휼히 여김을 받아 자녀

1061 역자주. 여백에: 개와 돼지는 완고한 원수들이다.

의 상에서 떨어지는 부스러기를 함께 나누는 자가 되었다. 다시 말하지만, 우리 구주 그리스도는 서기관들과 바리새인들에게 설교하셨으며, 심지어 그들이 회개하지 않아서 예루살렘을 위해 눈물을 흘렸을 때에도 설교하셨다. 진실로, 사람은 천성적으로 "개"와 "돼지"이므로, 그들이 완고하고 회개하지 않는 말씀의 원수가 아니라면, 회복의 가망이 있는 한, 그들을 정결케 하고 거룩케 하기 위해 하나님의 말씀이 그들에게 전파되어야 한다는 것은 진리이다.

이유 3. 셋째, 여기서 이 완고한 원수들은 율법 아래 있는 부정한 짐승을 암시하여 개와 돼지라고 일컬어졌는데, 그것들은 유대인들이 먹거나 하나님께 제물로 바치는 것이 금지된 짐승이다. 그러므로 그리스도는 여기서 그 의식에 대한 암시로 주님의 거룩한 것에서 배제되어 주님의 말씀이나 성례에 대한 권리나 자격이 없는 사람들을 의미하신다. 마음과 생활 모두에서 돼지와 개처럼 부정한 자들은 정결하게 되지 못할 것이다.

이유 4. 넷째, 바울은 디도에게 다음과 같이 명령한다. "이단에 속한 사람을 한두 번 훈계한 후에 멀리하라 이러한 사람은 네가 아는 바와 같이 부패하여 스스로 정죄한 자로서 죄를 짓느니라"[딛 3:10-11]. 즉, 그런 자는 고의적으로 완고하게 죄를 짓고, 그렇게 죄를 지음으로써 자신의 마음과 양심에 스스로를 정죄한다. 그리고 이곳에서 "개"와 "돼지"는 그런 자들을 의미한다.

이제 이 둘의 차이점은 다음과 같다.[1062] "개"는 말씀 사역, 하나님의 가르침 및 그 전달자를 악의적으로 비방하는 완고한 원수를 의미한다. 그러한 개는 구리 세공업자 알렉산더였으며(딤후 4:14), 그리스

1062 여백에: 개와 돼지의 차이점.

도의 승천 직후에 많은 유대인들이 그렇게 되어, 사도와 바나바를 비방하고, 그들이 가르친 교리를 모독하였다(행 13:45). 이런 종류의 사람들은 모두 완고한 이단으로 정죄되었다. "돼지"는 하나님의 말씀을 경멸[1063]하는 완고한 원수를 의미한다. 왜냐하면 그들은 아합과 헤롯처럼 말씀에 의한 삶의 개혁을 인정하지 않거나, 베드로가 말하는 "그리스도의 재림의 약속을 조롱하는 자들"[벧후 3:3-4]처럼, 하나님의 말씀을 멸시하고 조롱하기 때문이다.

요점 2

이 사람들에 관한 두 번째 요점은, **누가 어떤 사람을 개와 돼지로 판단해야 하는가** 하는 것이다.[1064] 다른 사람을 개나 돼지라고 판단하는 것은, 사적인 사람의 권한과 자유에 속한 것이 아니라, 교회의 목사와 운영자에게 속한 공적인 의무라는 것을 알아야 한다(마 18:17). 어떤 사람이 세리와 이교도로 알려지기 전에, 그의 행위에 대한 교회의 견책이 있어야 한다. 그리고 사적인 사람은 교회의 판단에 따라 다른 사람을 세리와 이교도로 간주해야 한다. 실제로 우리 구주 그리스도와 그의 사도들은 바울이 구리 세공업자 알렉산더에 대해 판단했던 것처럼, 사람들에 대해 특별히 단호하게 판단했다. 그러나 우리는 그리스도와 그의 사도들이 가졌던 권위와 정신이 무엇인지 이해해야 한다. 우리는 그렇지 않기 때문에, 사람들에게 그러한 판단을 내릴 수 없다.

더 나아가, 여기서 우리는 다른 사람에 대한 판단은 **확실성에 대한 판단**과 **인간 지혜의 판단**이라는 두 가지 측면이 있음을 알아야 한

1063 역자주. 영문판은 원문의 'contemne' 대신에 'condemn'으로 기재하고 있다.
1064 여백에: 누가 사람을 개와 돼지로 판단해야 하는가.

다. 어떤 사람의 신분에 관한 **확실성에 대한 판단**은 오직 하나님께만 속하며, 하나님께서 그 동일한 것을 계시해 주신 사람들에게만 속한다. **인간 지혜의 판단**은, 하나님의 교회가 하나님을 경외함으로 누가 개이고 누가 돼지인지 가능한 한 진실하게 그리고 최대한 가깝게 판단하는 것이다. 그리고 이것은 교회의 심판일 뿐이며, 또한 그들이 회개할 때까지 조건부인데, 왜냐하면 하나님께서 죄인들의 회심을 위해 정하신 때를 알지 못하기 때문이다. 그리고 이것으로 인해 우리는 어떤 사람이 교훈을 거부하는, 회개하지 않는 죄인이라 할지라도, 그의 최종적 상태에 관하여 우리의 판단을 제한하도록 배운다. 왜냐하면 극악무도한 죄인들도 회심할 수 있기 때문이다.

요점 3

세 번째 요점은 **어디서 이런 개와 돼지가 발견될 수 있는가**이다.[1065] 어떤 사람이 개인지 돼지인지 결정하는 것은 평범한 목사나 다른 사람의 권한에 있지 않다. 왜냐하면 우리는 누군가에 대해 최종적으로 불순종하고 고의적으로 완고하다고 확실하게 말할 수 없기 때문이다. 그러나 선한 양심을 가지고 말할 수 있는 것은, 우리가 사는 이 시대에 많은 사람들이 개와 돼지의 속성으로 두렵게 퇴보하고 있다는 것이다. 왜냐하면 많은 사람이 말씀을 듣고, 성례를 받고, 그리스도로 말미암아 구원받기를 바란다고 고백하면서도, 사역자들을 비방하고, 그들의 사역을 거슬러 말하기 때문이다. 진실로, 지금은 많은 사람들이 하나님의 교회에서 하나님의 자비를 베푸는 가장 훌륭한 도구였던 자들을 공개적으로 욕하고 정죄하기를 멈추지 않는

1065 여백에: 어디서 개와 돼지가 발견될 수 있는가.

시대이다. 그중 존 칼빈 선생을 언급할 수 있는데, 그 귀한 복음의 도구는 거짓되고 위험한 교리를 가르치는 그릇된 사람으로 정죄되어, 많은 학자들의 입에 오르내리고 있다. 진실로, 많은 사람들이 주님의 식탁에 나아오지만, 삶의 개혁을 용납하지 않으려 한다. 그들은 술취함과 무지와 간음과 탐욕에서 떠나지 않는다. 또한, 하나님의 말씀을 기회로 삼아 죄 가운데 살면서 악한 삶을 유지하는 사람들도 개와 돼지로 발견될 수 있다. 그들은 하나님의 영원한 예정 교리를 기회로 삼아, 성경은 하나님의 작정이 변하지 않는다고 가르치기 때문이다. 그러므로 어떤 사람들은 자신이 원하는 대로 살겠다고 말한다. 또 어떤 사람들은 말씀에 오직 믿음으로만 구원받는다고 했기 때문에, 선한 행실 행하기를 거부한다. 그리고 다른 사람들은 오직 하나님의 자비로만 구원받기를 바라기 때문에, 마땅히 해야 할 지식이나 믿음을 위해 수고하지 않으려 한다. 그리고 어떤 사람들은 우리 자신의 부인에 대한 가르침을 듣고서, 하나님의 말씀이 웃음과 즐거움 및 기타 오락을 금지하는 너무 엄격한 교리라고 말한다. 따라서 그들은 하나님의 말씀을 전혀 들으려 하지 않는다. 이제 우리는 이 사람들이 이후에 어떻게 될지 모르기 때문에, 그들을 **개**라고 부를 수는 없지만, 이 사람들이 개와 돼지의 본보기(practices)[1066]라고 말할 수 있다.

이런 식으로 우리는 "거룩한 것", "진주", "개"와 "돼지"가 의미하는 바를 알 수 있으며, 그로부터 그리스도의 의미는 다음과 같이 분명하게 드러날 수 있다. "거룩한 것을 개에게 주지 말며 너희 진주를 돼지 앞에 던지지 말라 등." 즉, **"너희가 말씀과 성례를 누구에게 어떻게 나누어주는지 고려하라. 그리고 어떤 사람이 너희 가르침에 대**

1066 *Practices*: 본보기.

해 완고한 적개심을 공개적으로 드러낸다면, 그에게 나의 말을 전하지 말라. 왜냐하면 그들은 비방하는 개이거나, 내 말을 무분별하게 경멸[1067]하고 멸시하는 돼지이기 때문이다."

적용. 첫째, 따라서 우리는 하나님의 거룩한 말씀을 전파하고 분배하는 일에서 하나님의 사역자들이 어떻게 처신해야 하는지 알 수 있다.[1068] 그들은 먼저 예외 없이 모든 사람에게 하나님의 말씀을 설교하고 전파해야 한다. 은혜는 좋은 사람이든 나쁜 사람이든 모두에게 제공되어야 한다. 그런 다음 둘째, 그들은 말씀이 그들에게 어떤 열매를 맺고 어떤 영향을 미치는지, 말씀이 그들 안에서 삶의 개혁을 일으키는지 그렇지 않은지 관찰해야 한다. 그러나 아직 사역자들이 그들 안에서 그 열매를 보지 못하더라도, 그들을 개로 정죄하지 말고, 도리어 사도 바울이 디모데에게 촉구한 것처럼, 어느 때라도 하나님께서 그들에게 회개함을 주실까 하여, 그들의 회심을 기다리고 기도해야 한다(딤후 2:25). 셋째, 그들의 회심을 기다리면서, 그는 그들의 마음과 삶으로 부인하는 진리를 그들의 양심에 확신시키기 위해 노력하여, 바울처럼 "만일 우리의 복음이 가리었으면 망하는 자들에게 가리어진 것이라"(고후 4:3)고 말할 수 있도록 해야 한다. 그러나 이 모든 것 후에, 그들이 말씀에 대한 악의와 완고한 적의의 명백한 징후를 보이고, 하나님의 가르침과 그 사역자들을 조롱하고 욕한다면, 그들은 교회에서 쫓겨나고 개로 간주되어야 하며, 회개할 때까지 생명의 말씀으로부터 금지되어야 할 것이다. 유대인들을 향한 그리스도 자신의 관행은 다음과 같았다. 처음에 그는 세례 요한과 제자들과 더불어 천국 복음을 그들에게 전파하셨는데, 그들 중 어떤 사

1067   역자주. 영문판은 원문의 'contemning' 대신에 'condemning'으로 기재하고 있다.
1068   여백에: 말씀이 어떻게 분배되어야 하는가.

람들이 악의적으로 완고한 것을 보았을 때, 그의 교훈을 그들에게 비유로 가르치셨다. 이는 그들이 죄 가운데 강퍅하게 되도록 하기 위함이었다. 그 후에, 그는 그의 교훈을 제자들에게 개인적으로 설명하셨다. 마찬가지로 그리스도의 승천 후, 제자들도 유대인에게 박해를 받았을 때조차 여전히 그들에게 전파했지만, 마침내 그들이 완고한 악의로 진리를 반대하는 것을 보고, "그들이 그것을 버리고 영생을 얻기에 합당하지 않은 자로 자처했기에 그들은 이방인에게로 향하였다"(행 13:46).

이제 지금까지 말한 내용에서 우리는 두 가지 사항을 주목할 수 있다. 첫째, 하나님의 오래 참으심과 크신 인내는 모든 수단을 통해 죄인이 회심할 때까지, 그리고 그가 희망이 없을 때까지 교회 안에 사는 죄인을 정죄하지 않을 것이다. 이와 같이 하나님께서는 옛 세상을 다루시어 백이십 년 동안 그들의 회개를 기대하면서, 노아의 설교로 그들을 부르셨다(창 6). 둘째, 여기서 우리는 악인들에 대한 우리의 판단을 절제하는 법을 배워야 한다. 어떤 사람이 말씀에 대해 완고한 악의와 고의적인 경멸의 명백한 징조를 보일 때까지, 그리고 그가 자신의 구원의 수단을 고의적으로 멸시함으로써 그런 사람으로 드러나기 전까지는, 개나 돼지로 정죄해서는 안 된다. 이것은 우리 교회를 교회가 아닌 것으로, 우리 백성을 하나님의 백성이 아닌 것으로 정죄하고, 아직 죄나 오류로 완고한 악의를 드러내지 않은 자들을 개와 돼지로 판단하는 그들의 경솔함과 무분별함을 보여 준다. 그들은 글로 그들을 훈계했다고 말할 것이다. 그러나 그들 자신의 책 속에는 그들이 훈계하는 사람보다 더 많은 오류가 있으며, 따라서 그들의 글은 충분한 설득력을 가질 수 없다.

둘째, 여기서 사람들이 자신을 정화하고 깨끗하게 만들어야 할 하나님의 거룩한 가르침을 고의로 배척함으로써 개와 돼지가 되는 것을 관찰하라. 속담처럼 개가 그 토하였던 것에 돌아가고, 돼지가 진창에 뒹구는 것은 자연적 속성이다[벧후 2:22]. 그들은 이 속성에서 결코 벗어날 수 없고, 모든 사람은 본성상 개와 돼지처럼 자기 죄의 토사물과 오물로 돌아간다. 그리고 자신의 옛 죄에서 결코 벗어나지 않으려는 사람들은 개와 돼지의 이런 속성을 가지고 있다. 그 짐승들이 율법 아래서 주님의 장막과 회중에서 배제된 것처럼, 이 사람들은 복음 아래서 말씀과 성례와 모든 거룩한 것에서 배제되었다. 그들은 여호와께 가증한 것이다(시 56:6; 50:16).

이와 관련하여 우리는 하나님의 말씀으로 정결케 되고 개혁되도록 훈계를 받아야 한다. "너희는 내가 일러준 말로 이미 깨끗하여졌으니"(요 15:3). 여기서 그는 하나님의 말씀을 우리를 정화하는 도구로 삼으신다. 그 효과에 대해 그는 아버지께 드리는 기도에서 이렇게 말씀하신다. "그들을 진리로 거룩하게 하옵소서 아버지의 말씀은 진리니이다"(요 17:17). 그리고 베드로는 "우리의 영혼이 성령으로 말미암아 진리를 순종함으로 정화된다"(벧전 1:22)고 말한다. 우리는 본성상 개와 돼지이며, 우리 자신의 죄의 더러움에 기울어져 탐욕으로 거기로 돌아가고, 우리 스스로도 이 속성에서 벗어날 수 없고, 기회가 주어지면, "돼지와 개가 그 더러움과 토한 것에 달려가듯이", 자연스럽게 우리의 옛 죄로 달려간다. 이 점을 고려하여 우리는 하나님의 말씀에 복종하여, 우리 자신의 더러움을 보고 느끼기 위해 애쓰고, 다윗과 같이 "나의 죄를 철저히 씻어 주소서"[시 51:2], 그리고 베드로와 같이 "내 발만 아니라 온 몸을 씻어 주소서"[요 13:9]라고 외쳐야 하며, 그래야 우리는 그리스도의 말씀으로 온전히 깨끗하다고 말할 수 있다. 우리 마음이나 삶에서 더러운 것이 보이면, 우리는 이 말씀으로 깨끗이 씻어내고, 다시는 이전 죄의 더러움으로 돌아가지 말아야 한다. 그의 음성을 듣고, 그의 음성에 순종하는 것이 그리스도의 양들의 속성이다. 이것으로 우리 자신이 그의 양이라는 것을 증거하여, 개와 돼지로부터 구별되게 하자.

여기서 우리는 개와 돼지 앞에서 우리의 믿음을 고백해야 하느냐는 질문을 받을 수 있다. **대답.** 그렇다. 우리가 그렇게 하도록 부름을 받았다면, 우리는 그렇게 해야 한다. "너희 속에 있는 소망에 관한 이유를 묻는 자에게는 대답할 것을 항상 준비하라"(벧전 3:15). 이곳에서 우리 구주 그리스도는 고백이 아니라, 말씀의 전파와 분배에 대해 말씀하신다. 사람들은 설교를 들을 때 말씀이 그들의 청중에게 속한다고 인정하지만, 고백할 때에는 말씀이 오직 자신에게만 속한다고 선언한다.

더 나아가, 여기서 우리는 **출교**에 관한 여러 가지 사항을 고려해야 한다. 첫째, 출교를 행할 수 있는 토대는 **하나님의 규례**이다.[1069] 왜냐하면 그리스도의 계명에 따라 모든 개와 돼지는 거룩한 것에서 멀리해야 하기 때문이다. 교회 안에 있는 많은 사람들이 그리스도의 이름을 공공연히 모독한다. 어떤 사람들은 이단이며, 이들도 마찬가지로 말씀과 성례에서 금지되어야 한다. 진실로, 교회에 속한 사람이 공공연한 적보다 실제적으로 더 나쁠 수 있다. 그와 같은 자들에 대하여, 사도는 "그들이 하나님을 시인하나 행위로는 부인한다"(딛 1:16)고 말한다. 그리고 그러한 사람이 이스마엘인데, 그는 약속의 아들 이삭을 조롱한 일로 인해 "아브라함의 가정에서, 즉 하나님의 교회에서 쫓겨났다"(창 21:10-11). 왜냐하면 당시 아브라함의 가정은 하나님

1069 여백에: 출교는 하나님의 규례이다.

의 가시적 교회였기 때문이다.

둘째, 여기서 **출교의 목적**을 관찰하라.[1070] 즉, 하나님의 거룩한 것을 더러움, 경멸, 모독으로부터 보호하고, 심지어 돼지가 진주를 짓밟듯이 고의적인 원수들이 짓밟으려 하는 말씀과 기도와 성례까지 보호하는 것이다. 여기서 우리는 이 규례가 정치적이고 시민적인 측면에서 사용될 때, 남용되는 것을 볼 수 있다. 특히 로마 교회에서 그것은 기독교 군주들을 부당하게 폐위시키고, 그 신민들을 마땅한 복종과 충성에서 면제시키는 도구로 사용되었다.[1071]

셋째, 여기서 우리 구주께서는 개나 돼지와 같은 고의적이고 완고한 원수들에 대해 교회의 견책을 집행할 주요 인물들을 지적하신다.[1072] 즉, 하나님의 거룩한 것을 처분하고 지키는 일을 맡은 사람들, 즉 말씀과 성례의 합당한 사역자들이다. 그들은 하나님께서 그들에게 맡기신 거룩한 것들을 순결하게 지켜야 하는데, 하나님께서 그의 교회에 주신 견책을 행사하지 않고는 그렇게 할 수 없기 때문이다.

넷째, 여기서 또한 우리는 교회의 이 견책이 완고하고 고의적인 원수들에게까지 확장되는 것을 알 수 있다.[1073] 즉, 그들이 말씀, 기도, 성례의 교회의 사역을 사용하지 못하도록 금지하는 것이다. 실제로 어떤 특정한 범죄로 출교당한 당사자가 고의적으로 완고하게 죄를 짓고 교회를 멸시하여, 자신을 개나 돼지로 나타내지 않기에 회개할 희망이 있다면, 비록 그가 성례와 기도에서 그들과의 친교에서 제외되더라도, 말씀을 듣는 것은 허용될 수 있다. 왜냐하면 그것이 그

1070 여백에: 출교의 목적.

1071 여백에: Pius 5. Pont. in Bulla contra Elizab.

1072 여백에: 누가 이 견책을 집행해야 하는가.

1073 여백에: 출교는 어디까지 확장되는가.

의 죄 때문에 그를 낮추고, 모든 교회적 견책의 목적인 회개에 이르게 하는 수단이기 때문이다. 지금까지 거룩한 것을 개나 돼지에게 던지지 말라는 금지에 대해 많이 살펴보았고, 이제 그 금지를 시행하는 이유들을 알아볼 것이다.

이유

"그들이 그것을 발로 밟고 돌이켜 너희를 찢어 상하게 할까 염려하라"(마 7:6). 여기서 그리스도는 자신이 금지하는 두 가지 이유를 제시하시는데, 이는 개와 돼지에게 거룩한 것을 전달함으로써 뒤따를 위험한 사건에서 도출된 것이다. 왜냐하면 첫째, "그들이 그것들을 발아래 밟을 것"이고, 둘째, "다시 돌이켜 너희를 상하게 할 것"이기 때문이다.

이유 1

첫째, "발아래 밟는다"는 것은 **모독**과 **남용**을 의미한다. 이제 하나님의 거룩한 것들은 모독되거나 남용되어서는 안 되기 때문에, 그것들은 하나님의 은혜를 고의적으로 대적하는 자들에게 전달되어서는 안 된다.

이러한 이유로 성경과 하나님의 다른 거룩한 것들을 모독하지 않도록 지키는 우리 구주 그리스도의 특별한 돌보심을 보라.[1074] 그는 또한 "성전에서 매매하는 자들을 채찍으로 내쫓았을" 때에도, 큰 열

1074 여백에: 하나님의 거룩한 것들이 멸시를 받지 않도록 지켜져야 한다.

심으로 돌보았는데, 이는 그들이 "아버지의 집", 그 거룩한 곳을 "장
사하는 집과 강도의 소굴"(마 21:12-13)로 만들었기 때문이다. 그리고
여기서 그는 우리 모두에게 본보기와 모범이 되시어, 하나님의 거룩
한 것이 모독을 당하지 않도록 열심히 돌볼 것을 가르쳐 주신다. 우
리는 세상이 우리의 거룩한 고백과 신앙에 대해 악담할 수 있는 어떤
일이나 말을 해서는 안 된다. 이것은 종들이 그 주인을 향해 "하나님
의 이름과 그의 교훈이 비방을 받지 않도록"(딤전 6:1) 처신하라는 바
울의 당부다. 이런 돌봄이 부족했기에, 하나님의 손이 다윗에게 무
겁게 내렸는데, 이는 "그가 간음과 살인의 추악한 행위로 여호와의
원수들로 훼방하게 하였으므로 그가 낳은 아이가 반드시 죽어야"(삼
하 12:14) 했기 때문이다.

　그러므로 우리는 "(사도가 우리에게 명한 대로) 하나님의 말씀이 영광
을 받도록 기도해야"[살후 3:1] 한다. 이것이 무엇보다 먼저 "하나님
의 이름이 거룩히 여김을 받으시고 영광을 받으시옵소서"[마 6:9]라
는 기도에서 그리스도께서 지시하신 것이다. 이제 하나님의 말씀은
그의 이름인데, 이는 그가 이로써 우리에게 알려졌기 때문이다. 진실
로 그의 이름은 그의 말씀으로 모든 것 위에 영광을 받는다(시 138:2).
"내가 두려워하는 비방을 내게서 떠나게 하소서 주의 판단은 선하심
이니이다"(시 119:39)라는 다윗의 기도는 훌륭했다. 즉, 주의 말씀이나
주의 행위에 책망이나 비난을 초래할 수 있는 일을 하지 않게 하소
서, 이는 그것들이 선하기 때문이다. 선한 왕 히스기야는 또한 "그의
신하들이 랍사게의 훼방하는 모독에 대답하는 것을 금했는데"[왕하
18:36], 이는 그를 자극하여 더 많이 모독하지 않도록 하기 위함이었
다. 또한 히스기야가 그 말을 듣고, 여호와 앞에서 크게 겸비하여 "그
옷을 찢고 굵은 베를 두르고 여호와 앞에 훼방하는 글을 펴고" 그 보

복을 하나님 자신에게 돌렸다(왕하 19:1, 14)는 점에서, 하나님의 영광을 돌보았다는 칭찬을 받았다.

이유 2

"돌이켜 너희를 찢어 상하게 할까 염려하라." 이 말씀에는 거룩한 것을 악의적이고 완고한 원수들에게 전달하는 것을 반대하는 두 번째 이유가 담겨 있는데, 이는 제자들과 사역자들이 겪을 수 있는 위험을 피하기 위함이다. 왜냐하면 이 개와 돼지는 거룩한 것들 자체를 남용하는 경향이 있을 뿐만 아니라, 그들에게 말씀을 전하는 자들을 욕하고 박해함으로써, 성가시게 하고 상처를 주기도 하기 때문이다.

이러한 이유로 그리스도는 하나님의 사역자들이 하나님의 영광과 선한 양심을 지키기 위해 모든 합법적인 수단을 동원하여, 완고한 원수들의 악의와 분노를 피하고 멀리하기 위해 노력하는 것이 합법적일 뿐만 아니라, 필수적이라는 것을 보여 주신다.[1075] 따라서 그는 그의 제자들에게 "뱀 같이 지혜롭고 비둘기 같이 순결하라"[마 10:16]고 명령하셨다. 뱀은 위험으로부터 자신을 보호하는 데 가장 교활하고 주의를 기울이기 때문이다.

반대. 그러나 "이리가 오는 것을 보면 양 떼에서 도망치는 것이 삯꾼"[요 10:12]의 속성이다. 그러므로 하나님의 사역자들은 박해의 때에 도망치지 말아야 한다.[1076] **대답.** 박해를 피해 도망친다는 것이 항상 양 떼를 버린다는 것은 아니다. 때로는 양 떼에게 더 큰 유익을 주는 경향도 있다. 예를 들어, 박해가 목사를 직접적으로 겨냥한 경우, 목사는 선한 양심에 따라 양 떼의 장래 유익을 위해 돌아올 것

1075 여백에: 목회자들은 박해자들을 피하기 위해 노력할 수 있다.

1076 역자주, 여백에: 핍박 중에 도망치는 것에 대하여.

을 기대하며, 그의 안전을 위해 도망칠 수 있다. 그렇지 않았다면, 그리스도는 제자들에게 "이 동네에서 너희를 박해하거든 저 동네로 피하라"[마 10:23]고 말씀하지 않으셨을 것이다. 따라서 목사는 자신의 안전을 추구해야 할 뿐만 아니라, 그의 백성들도 그를 보호하기 위해 그들이 할 수 있는 일을 해야 한다. 초대교회 신자들도 사도 바울을 위해 그렇게 했다. "다메섹에서 그를 죽이려고 했을 때, 제자들이 그를 광주리에 담아 창가에서 성벽에 달아 내렸고 그가 탈출하였다"(행 9:25). 그리고 에베소에서 아데미에 대한 큰 소동이 일어났을 때, 바울이 "백성 가운데로 들어가고자 하나 제자들은 그것이 그에게 위험하다고 보고 그를 막아 말렸다"(행 19:30).

여덟 번째 내용: 마태복음 7:7-11

"구하라 그리하면 너희에게 주실 것이요 찾으라 그리하면 찾아낼 것이요 문을 두드리라 그리하면 너희에게 열릴 것이니"(마 7:7). 이 구절과 11절까지 이어지는 이 장의 세 번째 부분은 **기도**에 관한 것으로, 기도하라는 **계명**과 **기도해야 하는 이유**로 구성되어 있다.

계명

계명은 세 가지 용어로 제시되어 있다. "구하라", "찾으라", "두드리라." 각각에는 그에 대한 약속이 첨부되어 있다. "너희에게 주실 것이다", "찾아낼 것이다", "너희에게 열릴 것이다." 이제 여기서 그리스도께서 의도하신 의미를 더 잘 이해하려면, 두 가지 규칙을 관찰해야 한다.

규칙 1

첫째, 여기서 그리스도는 기도에서 구하는 모든 것에 대해 말하는 것이 아니라, 오직 그가 명령하고 허용한 것에 대해서만 말씀하신다. 왜냐하면 우리가 구하고 받지 못할 수 있는데, 야고보가 말한 것처럼, 그것은 "우리가 잘못 구하기 때문이다"[약 4:3]. 그러나 이곳에서 그리스도의 지시에 따라 구하는 사람은 받을 것이다.

이제 하나님께 받아들여지는 모든 기도에는 네 가지 조건이 준수되어야 한다.[1077] 첫째, 우리는 **은혜와 자비의 때가 남아 있는 동안** 구해야 하는데, 왜냐하면 은혜의 날이 한번 지나가면, 우리가 구하고, 찾고, 두드려도 모두 헛된 일이기 때문이다. 이것은 "미련한 다섯 처녀가 기름을 구하고 찾았으나 얻지 못하고, 참으로 부르짖고 두드렸으나 열리지 아니했더라"(마 25:8-9, 12)는 말씀에서 잘 드러난다. 이제 하나님께서 그의 말씀으로 우리에게 자비를 베푸시는 지금이 바로 "은혜 받을 만한 때요 은혜의 날"(고후 6:2)이므로, 여기서 우리는 "구하고, 찾고, 두드려야" 한다.

둘째, 우리 자신에게 좋게 보이는 대로 구하는 것이 아니라, **하나님의 뜻대로** 그리고 **그의 말씀이 허락하는 대로** 구해야 한다. 세베대의 아들들은 "그들이 알지 못하는 것을 구했기"(마 20:22) 때문에, 그들의 요청이 거절당했다. 그러나 "그를 향하여 우리가 가진 바 담대함이 이것이니 그의 뜻대로 무엇을 구하면 들으심이라"(요일 5:14).

셋째, 우리는 **믿음으로** 구해야 한다. 즉, 우리가 하나님의 뜻에 따라 구하는 것을 하나님께서 허락해 주실 것을 믿어야 한다. "누구든지 지혜가 부족하거든 하나님께 구하라. 오직 믿음으로 구하고 조금도 의심하지 말라 의심하는 자는 하나님께 아무것도 얻지 못하리라"(약 1:5-6). 그러므로 그리스도는 "무엇이든지 기도하고 구하는 것은 받은 줄로 믿으라 그리하면 너희에게 그대로 되리라"(막 11:24)고 말씀하신다.

넷째, 우리는 하나님께서 우리의 요청을 성취하시는 **때와 방식**을 그의 선하신 기쁨에 의탁해야 한다. 이스라엘 백성이 그들의 공급을

1077 여백에: 열납되는 기도의 네 가지 조건.

위해 무엇을 가질 것인지, 언제 가질 것인지, 하나님께 규정함으로써 "이스라엘의 거룩한 이를 제한한"(시 78:41) 것은 이스라엘 백성의 죄였다. 그러므로 우리는 다윗이 그랬던 것처럼, 하나님을 기다려야 한다. "내가 여호와를 기다리고 기다렸더니 귀를 기울이사 나의 부르짖음을 들으셨도다"(시 40:1). 하나님께서는 그의 자녀들의 애정을 시험하고자 하기 때문에, 우리의 요청을 들어주는 것을 연기하신다. 교회가 "그리스도를 찾으나"(아 3:1), 그를 찾을 수 없다. 즉, 교회가 원하는 언제, 어디서나 그를 찾을 수 있는 것은 아니다. 실제로 우리가 응답을 받는 때와 방식을 하나님의 선한 기쁨에 의탁할 때, 믿음을 드러내는 것이다. 왜냐하면 "그것을 믿는 이는 다급하게 되지 아니하기"(시 28:16) 때문이다.

규칙 2

기도와 관련하여 여기서 기억해야 할 두 번째 규칙은, 이러한 약속이 기도하는 일에 직접적으로 주어진 것이 아니라, 기도하는 사람에게 주어진다는 것이다.[1078] 그러나 단순히 그가 기도의 선한 행동을 하기 때문이 아니라, 그가 그리스도 안에 있기 때문에, 그리스도의 공로로 말미암아 약속이 성취되는 것이다. 그러므로 그리스도는 여기서 그의 교회인 그의 신비로운 몸의 참된 지체라고 당연하게 여기는 자들에게 말씀하신다. 기도에 관한 하나님의 약속을 올바로 이해하려면, 이 규칙을 기억해야 한다. 왜냐하면 기도는 우리가 하나님께 받는 복의 원인이 아니라, 하나님께서 그의 자녀들에게 그의 복을 전달하는 방법과 도구에 불과하기 때문이다. 참된 기도는 그리스도

1078 여백에: 그리스도 안에 있는 사람의 말을 듣고 존중하겠다는 하나님의 약속.

를 믿는 우리 믿음의 열매이며, 오직 그 안에서만 "하나님의 모든 약속은 예와 아멘"[고후 1:20], 즉 우리에게 확실하고 틀림없기 때문이다.

이제 그리스도의 의미를 발견했으니, 우리가 이로부터 추론할 수 있는 가르침들을 살펴보자.[1079] 첫째, 그리스도는 기도하라는 이 계명을 간단하게 제시하지 않고, "구하라", "찾으라", "두드리라"라는 세 개의 뚜렷한 단어로, 일종의 점층법으로 동일한 것을 반복하시는데, 후자가 전자보다 더 격렬함을 암시하고 있다는 것을 관찰하라. 그리고 그는 우리의 기도가 느슨해지고 차가워지는 것을 멈추고, 공적이든 사적이든, 우리가 이 의무에 대해 뜨거운 열심과 부지런함을 갖도록 일깨우기를 원하신다. 그리고 우리가 이 의무를 경건한 열심과 부지런함으로 수행하기 위해 다음과 같은 이유를 생각하라.

이유 1. 그리스도 자신의 모범은 도덕적 의무에 있어서 완벽한 규칙이다. 그는 결코 죄를 짓지 않았기 때문에, 자신과 관련하여 기도할 필요가 거의 없었지만, 그가 얼마나 자주, 얼마나 오랫동안, 그리고 얼마나 열렬히 이 의무에 헌신하셨던가? "그는 밤이 새도록 기도했고"(눅 6:12), "동산에서 기도할 때 그는 핏방울 같은 땀을 흘렸다"[눅 22:44]. 우리는 또한 백성들이 죄를 지었을 때, "백성을 위하여 사십 일 밤낮을 기도하고 금식한"(신 9:18-19) 모세의 본보기도 가지고 있다. 만일 그가 그들의 죄를 위해 그렇게 열렬히 기도했다면, 자신의 죄를 위해서는 얼마나 간절히 기도했겠는가? 그리고 다니엘은 여러 날 동안 자신을 낮추고, 자기 백성을 위해 간절히 기도했다(단 9:3-4). 다윗은 "하루에 일곱 번씩 기도하고 밤중에 일어나 하나님

1079 여백에: 기도의 열정과 열심.

께 감사했다"(시 119:62, 164). 그리고 바울은 로마의 성도들이 "그와 함께 힘써 또는 씨름하여 하나님께 기도하기를"(롬 15:30) 원했다. 이 모든 것은 우리에게 합당한 본보기들이다. 그리고 우리 자신을 그들과 비교한다면, 우리는 그렇게 해야 할 이유가 훨씬 더 많다는 것을 알게 될 것이다. 왜냐하면 우리의 죄가 그들의 죄보다 더 많기 때문이다. 그러므로 우리는 우리의 죄가 요구하는 하나님의 심판을 막기 위해 기도할 필요가 있다. 또한 우리는 그들에 비해 은혜가 훨씬 부족하기 때문에, 필요한 때를 대비하여 은혜를 달라고 기도할 필요가 있다. 왜냐하면 우리의 평화의 날이 항상 지속되는 것은 아니기 때문이다. 우리는 평화를 오랫동안 누려왔지만, 시련의 날이 올 수 있음도 대비해야 하는데, 하나님의 교회의 상태는 바뀔 수 있기 때문이다.

이유 2. 우리 모두는 죽음의 날과 심판의 날에 하나님을 대면해야 한다. 두 경우 모두, 세상의 모든 도움과 위로는 우리를 버릴 것이며, 우리는 그 삶의 결산을 결코 회피할 수 없을 것이다. 그러므로 우리가 사는 동안, 우리 자신을 자주 주님 앞에 두어, 그날을 대비하여 주님과 친밀하고 친숙해지는 것이 우리에게 좋을 것이다. 그러나 지금 우리가 이 기도를 실천하는 데 더디어서 하나님과 멀어진다면, 마지막에 주님께서 우리에게 낯선 분임을 발견하고, 그가 "우리를 알지 못한다"[마 7:23]고 선언하실 것이며, 이는 우리에게 화가 될 것이다.

이유 3. 우리가 가지고 있거나 필요로 하는 모든 좋은 것은, 그리스도 안에 있는 하나님의 자비와 풍성함에서 비롯되며, 기도는 하나님의 복을 얻기 위한 일상적인 수단이다. 그러므로 우리는 이 의무를 충실히 수행하기 위해 헌신해야 한다. 참으로 은혜와 다른 복이 우리 자신의 것이거나 우리 자신에게서 나온 것이라면, 우리는 이런 수고를 덜 수 있을지도 모른다. "그러나 네가 가진 것 중에 받지 아니한 것이 무엇이냐?"[고전 4:7]. 그러므로 안일하거나 게으르지 말라. 하나님의 복은 우리가 팔꿈치를 괴고 코를 골 때 오는 것이 아니라, 수단을 사용할 때 오기 때문이다. 이런 수단을 사용할 수 있는 우리는 복된 자들인데, **구하면 받고, 찾으면 찾아내고, 두드리면 우리에게 열리기** 때문이다.

둘째, 우리 구주 그리스도는 기도하라는 이 계명을 세 배로 늘림으로써, 우리가 이 의무에 즉각적으로 임해야 할 중대한 이유가 있다는 것을 생각하게 하신다.[1080] 즉, 우리가 이생에서 겪어야 할 큰 불행과 다양한 위험에 관한 것이다. 왜냐하면 베드로가 말했듯이, "또 의인이 겨우 구원을 받는 것은"[벧전 4:18], 놀랄 일이 아니기 때문이다. **우리 바깥에는** 마귀와 그의 모든 사자들이 우리를 멸망시키려고 계획하고 있고, 세상은 마귀가 활동하는 위험한 원수이며, **우리 안에는** 우리 자신의 부패한 마음이 있어, 날마다 우리 영혼의 해악과 독인 죄의 습관으로 우리를 이끌기 때문이다. 이제 이런 경우 어떻게 해야 하는가? 분명 우리의 유일한 피난처는 그리스도께서 여기서 이 삼중적 명령으로 암시하신 것처럼, 하나님께 간절하고 끊임없이 기도하는 것이다. 왜냐하면 "우리는 모든 일에 우리의 구할 것을 하나님께 아뢰야 하기"(빌 4:6) 때문이다. 이것은 하나님의 책에서 볼 수 있듯이, 항상 모든 신실한 사람들의 관행이었다. 그러나 우리에게 아무 모범도 없더라도, 이 계명만으로도 우리가 이 의무를 행하도록 설득하기에 충분하다. 또한 여러분은 믿음, 회개, 지식, 열심, 인내, 시험을 이기는 힘, 또는 하나님의 은총에 대한 확신과 같은 하나님의 은

1080 여백에: 우리가 간절히 기도해야 하는 이유.

혜를 원하는가? "구하라 그리하면 너희에게 주실 것이요 찾으라 그리하면 찾아낼 것이요." 그리고 이것은 건강, 평화, 자유, 풍요 등과 같은 외적인 결핍 가운데서 현세적 복을 위한 우리의 처신이어야한다. 실제로 악한 세상 사람들은 불행을 당했을 때, 현명한 남자들과 현명한 여자들을 찾지만, 이것은 하나님을 버리고 마귀에게 가는것이다. "하나님의 백성은 반드시 그들의 하나님께로 가야 한다"(사 8:19).

셋째, 이 계명을 다양한 용어로 세 배로 늘린 것에서, 우리가 기도할 때, 하나님과 즉각적이고 긴급한 관계를 맺어야 한다는 교훈을 얻을 수 있다.[1081] 그리스도인의 마음이 하나님으로 쉬지 못하시게 할때, 이것은 거룩하고 수용할 만한 끈덕진 요청이다. 여호와께서는 그의 백성에게 "그들이 그에게 부르짖으며 그에게 와서 기도하면 그가그들의 기도를 들을 것이요 그들이 온 마음으로 그를 구하면 그를 찾을 것이요 그를 만나리라"(렘 29:12-13)고 약속하신다. 여호와로 기억하게 하는 자들은 잠잠하지 말고, 여호와로 쉬지 못하시게 하라는 명령을 받았다(사 62:7). 가나안 여인은 그녀의 딸이 고침받을 때까지,우리 구주 그리스도로부터 무응답도, 거절도 받아들이지 않았기에,칭찬을 받았다(마 15:22). 그리고 가난한 과부는 끈덕지게 간청하여 불의한 재판관을 이겼는데(눅 18:5), 이 비유는 그리스도께서 우리에게끊임없이 간절하게 기도하라는 교훈을 주기 위해 제시하신 것이다.그러므로 우리는 기도할 때, 우리의 타고난 냉담과 태만을 떨쳐버려야 하는데, 이는 이 의무와 관련된 세상의 일반적인 죄이다. 우리는우리 자신의 죄와 비참함, 그리고 하나님의 자비를 알기 위해 노력해

1081 여백에: 우리는 긴급히 기도해야 한다.

야 하는데, 그래야만 그리스도께서 여기서 요구하시는 바와 같이, 이해력을 갖고 열심히 간절하게 기도할 수 있다. 안타깝게도 많은 사람들이 전혀 기도하지 않으며, 다른 사람들은 주기도문이나 다른 정해진 기도문으로 기도하면서도, 자신들이 무엇을 구하는지 알지 못한다. 그리고 지식을 가진 대부분의 사람들은 헛된 상상으로 그들의 마음이 하나님을 떠나 방황한다. 이 모든 것은 그리스도께서 여기서 요구하시는 기도의 정서가 부족하기 때문에 오는 것이다.

이와 같이 계명에 대해 일반적으로 많이 다루었다. 이제 우리는 그 말씀에서 보다 더 구체적으로 두 가지 요점을 관찰할 수 있다. **요점 1.** 그리스도께서 우리에게 "구하라, 찾으라, 두드리라"고 명령한 곳에서, 특별히 일부에게만 말씀하신 것이 아니라, 일반적으로 그의 모든 종들에게 말씀하신 것이므로, 모두 사람이 기도해야 한다. 이것은 그의 가장 훌륭하고 소중한 종들이 이 땅에 사는 동안 어떤 은혜나 복이 부족하다는 것을 분명히 암시한다.[1082] 그리고 실제로 하나님께서 그의 자녀들에게 가장 훌륭한 선물과 복을 주시는 경우에도, 그들이 겸손히 기도하도록 눈에 띄는 결핍이나 시련 속에 내버려 두신다. 바울은 "낙원으로 이끌려 가서 이생에서 사람이 가히 이르지 못할 말을 들었다"[고후 12:4]. 이것은 큰 은혜와 특권이었지만, 그를 낮추어 "그가 너무 자만하지 않게 하려고 그의 육체에 가시 곧 사탄의 사자를 주어 그를 치게 하였다"[고후 12:7]. 이로 인해 그는 구원을 위해 매우 간절히 기도하게 되었지만, 그는 "하나님의 은혜로 만족해야 했다. 이는 하나님께서 그의 종들의 연약함을 통해 그의 능력을 온전케 하실 것이기 때문이다"(고후 12:8-9). 이 점은 많은 안일한

1082   여백에: 가장 훌륭한 자들이 이 땅에서 완벽한 것이 아니다.

사람들이 자신의 비참한 상태를 발견하기 위해 관찰해야 하는데, 그들은 자신에게 은혜가 부족하다고 느끼지 않고, 따라서 모든 것이 좋다고 생각한다. 그러나 그리스도나 그의 은혜가 필요하지 않다면, 여러분이 그리스도를 고백한다는 것이 무슨 의미가 있는가? 오, 여러분이 마음속으로 "너는 부요하고 부족한 것이 없다"고 말할 때, "너는 가난하고 눈이 멀고 가련하고 비참하다"[계 3:17]는 것을 알라. 그리고 진실로 여러분이 여러분 자신의 마음의 부패를 알았다면, 여러분은 자신의 필요에 대해 사도처럼 부르짖었을 것이다. "오호라 나는 곤고한 사람이로다 이 사망의 몸에서 누가 나를 건져내랴!"[롬 7:24].

요점 2. 그리스도께서 "구하라"고 말씀하실 뿐만 아니라, "찾으라", "두드리라"고 말씀하신 것은, 이로써 하나님께서 자신의 종들을 여러 번 다루신다는 것을 의미한다.[1083] 즉, 그가 한동안 그들을 버리시고, 어떤 식으로든 자신을 숨기시며, 말하자면 그들로부터 자신을 가두시는 것과 같다. 이제 그는 두 가지 이유로 이와 같이 하신다. 첫째, 이로써 그들의 죄를 징계하고, 바로 잡기 위함이다. "이는 죄악이 하나님과 그의 백성 사이를 갈라놓았고 그들의 죄가 그의 얼굴을 그들에게서 가리웠기 때문이다"(사 59:2). 둘째, 그의 자녀들 안에 있는 그의 은혜를 시험하고, 그들이 그의 사랑을 기뻐하는지 알아보고, 그들 자신의 연약함을 보여 주고, 그에게 더욱 가까이 매달리도록 하시기 위함이다. 이 모든 것을 통해, 우리는 하나님께서 우리의 죄로 인해 우리를 버리실 수도 있다는 것을 알기에, 간절히 그리고 지속적으로 기도하는 것은 우리 손에 달려 있다. 그리고 그는 우리가 그의 복음을 통해 얻은 유익을 정당하게 시험해 볼 기회를 가지실 수 있는

1083 여백에: 하나님께서는 때때로 그의 종에게서 물러나신다.

데, 이 복음은 우리가 풍성한 평화로 오랫동안 누려온 것이다.

이유

이런 식으로 간절한 기도에 대해 많이 다루었다. 이제 그리스도는 두 가지 이유,[1084] 첫째는 이 구절에서 계명과 함께 있고, 다음 구절에서 확증되는 **약속**에 의해, 둘째는 **비교**에 의해(마 7:9) 이를 강화하신다.

이유 1

첫째, 이 구절의 **약속**으로부터 발견할 수 있는 이유는 다음과 같다. **구하는 이마다 받을 것이라면, 찾는 이마다 찾아낼 것이라면, 문을 두드리는 이에게 열릴 것이라면, 너희는 구하라, 찾으라, 그리고 두드리라. 그러나 구하는 이마다 받을 것이요, 찾는 이마다 찾아낼 것이요, 문을 두드리는 이에게 열릴 것이니, 그러므로 너희는 구하라, 찾으라, 그리고 두드리라.**

이런 이유로 우리 구주 그리스도는 우리가 하나님께 기도할 때, 하나님의 뜻에 따라 우리가 구하는 특정한 것들이 우리에게 주어질 것을 확신하는 특별한 믿음을 가져야 한다고 가르치신다.[1085] 그래서 그리스도는 "무엇이든지 기도하고 구하는 것은 받을 줄로 믿으라 그리하면 너희에게 이루어지리라"(막 11:24)고 말씀하신다. 그리고 "그는 믿음으로 구해야"(약 1:6) 하는데, 이는 하나님의 약속을 의심하는 자

1084   역자주, 여백에: 기도하라는 계명에 대한 이유들.
1085   여백에: 기도에는 특별한 믿음이 필요하다.

는, 자신이 구한 것을 스스로 속아 빼앗기기 때문이다. 이제 우리가 이 특별한 믿음을 가져야 한다면, 우리는 필연적으로 우리가 구하는 것에 대한 하나님의 뜻과 약속에 대한 특별한 지식을 가져야 한다. 왜냐하면 믿음이 없이 우리가 바르게 기도할 수 없듯이, 지식이 없으면 믿음도 없기 때문이다. 그러므로 우리는 하나님의 뜻과 약속을 잘 알아서, 하나님의 계명으로 무엇을 구할지 알고, 믿음으로 확신 가운데 구할 수 있도록 주의해야 한다. 왜냐하면 우리가 이런 지식과 믿음 없이 기도한다면, 우리의 기도는 입술로만 하는 수고에 불과하고, 아무런 유익이 없기 때문이다.

둘째, 그러므로 우리는 이 특별한 믿음이 기도에 필요하지 않다고 가르치는 교황주의자들이 심각한 오류를 범하고 있음을 알게 된다.[1086] 이것은 마귀의 가르침인데, 왜냐하면 우리는 기도로 구하는 것에 관한 하나님의 약속을 우리 자신에게 적용하기 위해 기도할 때, 특별한 믿음을 가져야 하기 때문이다. 그러나 우리가 먼저 그리스도 안에서 하나님과 우리와의 화해를 믿는 구원하는 특별한 믿음을 갖지 않는 한, 우리는 결코 특별한 믿음을 가질 수 없다. 그러므로 우리는 하나님께서 우리의 특정한 요청을 들어주신다는 것을 믿는데, 이는 믿음으로 우리 자신이 그리스도 안에 있고, 그리스도 안에서 하나님께서 우리를 사랑하신다는 것을 알기 때문이다. 그는 사도가 말한 것처럼, 우리에게 약속한 것을 이루실 것이다. "**그**를 향하여 우리가 가진 바 담대함이 이것이니 그의 뜻대로 무엇을 구하면 들으심이라"[요일 5:14].

셋째, 따라서 우리는 모든 위험과 고난과 역경 속에서 어떻게 처

1086 여백에: Rhem. on James 1. sect. 6. Bellarm. de justif. l. 3. c. 13.

신해야 하는지 배운다. 즉, 우리는 "우리를 버리지 아니하고 환난 중에 우리와 함께 하며 우리를 건질 것이라"(시 91:15)[1087]고 말씀하신 하나님의 약속에 대한 믿음으로 마음을 정해야 한다. 이것은 필수 사항인데, 왜냐하면 큰 환난 가운데 믿음이 없으면, 우리 자신의 타고난 정열이 우리를 혼란스럽게 할 것이기 때문이다. 그러므로 하박국은 극심한 환난의 때에 대해 말하면서, "의인은 믿음으로 말미암아 살리라"[합 2:4]고 말한다. 그리고 다윗은 다음과 같이 증언한다. "나의 영혼이 잠잠히 하나님만 바람이여 나의 구원이 그에게서 나오는도다"(시 62:1). "내가 사망의 음침한 골짜기로 다닐지라도 해를 두려워하지 않을 것은 당신이 (주께서) 나와 함께 하심이라 주의 지팡이와 막대기가 나를 안위하시나이다"(시 23:4).[1088]

넷째, 이것을 통해 우리는 기도할 때, 더욱 부지런하도록 자극을 받는다.[1089] 우리는 하나님의 피조물이며, 우리 손에 이런 섬김을 요구하는 우리 하나님께서, 비록 우리에게 약속하지 않으셨을지라도, 우리는 그의 계명에 따라 기도해야 한다. 그러나 그가 우리의 요청을 듣고 허락한다는 은혜로운 약속을 하셨기 때문에, 우리는 자극을 받아 더욱 부지런히 깨어 기도해야 한다. 이것에 대한 다윗의 관행을 보라. 하나님의 약속에 따라 그는 자신을 격려하여 이렇게 기도한다. "오, 만군의 여호와여, 주께서 종을 위하여 집을 세우리라 주의 종에게 계시하셨나이다. 그러므로 이제 오, 여호와 하나님 (주는 하나님이시며, 주의 말씀이 참되시나이다. 주께서 이 좋은 것을 주의 종에게 말씀하셨사오니), 이제 청하건대 종의 집에 복을 주사 주 앞에 영원히 있게 하옵소서. 이

1087 역자주, 원문과 영문판은 시 92:15로 기재하고 있다.
1088 역자주, 원문과 영문판은 시 23:3로 기재하고 있다.
1089 여백에: 기도를 부지런히 해야 하는 동기.

는 오, 여호와 하나님께서 그것을 말씀하셨기 때문입니다"(삼하 7:27-29). 그래서 다니엘은 예레미야의 예언을 통해 "그 백성이 포로 생활에서 돌아오리라는 하나님의 약속"(단 9:2-3)을 깨닫고, 그 약속의 성취를 위해 하나님께 매우 간절히 기도한다. 그러므로 우리는 우리의 모든 필요 가운데, 먼저 그 필요를 채우시겠다는 하나님의 약속을 찾은 다음, 그리스도의 이름으로 담대하게, 부지런히 기도함으로 하나님께 나아가야 한다.

"구하는 이마다 받을 것이요 찾는 이는 찾아낼 것이요 두드리는 이에게는 열릴 것이니라"(마 7:8). 여기서 그리스도는 기도하라는 계명으로, 앞 구절에 포함되었던 이유를 확증하신다. 사실상 그것들은 모두 동일한 것이다. 오직 여기서만 그 이유가 그리스도의 청중에게 제한되지 않고, 보다 일반적으로 다음과 같이 제시된다. "구하는 이마다 받을 것이요 찾는 이는 찾아낼 것이요 두드리는 이에게는 열릴 것이니라." 즉, 하나님의 말씀이 요구하는 기도의 마땅한 조건을 지키는 것이다.

반대 1. 여기서 어떤 사람들은, "가난한 자들이 압제자들을 저주할 때 부르짖는 것"(출 22:23)처럼, 믿음 없이 기도하는 사람들의 소리를 하나님께서 종종 들어주신다고 말한다.[1090] 그래서 주님께서는 이스라엘 백성들이 "탐욕으로 메추라기를 구할 때", 그 말을 들어주셨다(시 78:18, 27). **대답.** 물론 하나님께서 때때로 믿음 없이 기도하는 사람들의 요청을 들어주시는 경우가 있지만, 그가 응답하시는 것은 자비가 아니라, 분노와 진노 가운데 이루어지며, 그들에게 그의 심판을 집행하는 수단이 된다. 이런 식으로 그는 "진노함으로 이스라엘 백성

[1090] 여백에: 하나님께서는 악인의 말을 어떻게 응답하시는가.

에게 왕을 주었고"(호 13:11), 그렇게 그들에게 메추라기를 주셨는데, 이는 "그 고기가 입에 있을 때에 하나님의 진노가 그들에게 임하였기"(시 78:30-31) 때문이다. 이런 식으로 귀신들은 "돼지 떼에 들어가게 해 달라"(마 8:31-32)는 그들의 요청을 허락받았고, 그렇게 하나님께서는 사탄이 욥을 괴롭히는 것을 허락하셨다(욥 1:12). 그러나 모든 것은 그 자신의 수치를 위한 것이었고, 하나님께 대한 그의 절대적 복종을 나타내기 위한 것이었는데, 그는 하나님의 뜻을 초월하여 하나님의 피조물 가운데 가장 비천한 것조차 해칠 수 없었다.

반대 2. 아합은 형벌이 두려워 단지 위선적으로 기도했지만, 그가 기도하고 자신을 낮추자 응답을 받았다(왕상 21:29). **대답.** 이것은 하나님께서 위선자들에게 종종 주시는 일시적 혜택에 불과했다. 그러나 이 본문에서 이해되는 그리스도 안에 있는 구원에 관한 영적인 복은 악인에게 주어지지 않는다.

반대 3. 아브라함은 하나님께서 멸망시키려고 의도하신 "소돔의 구원"[창 18장]을 위해 직접적으로 하나님의 뜻에 거슬러 기도했다. **대답.** 아브라함은 그 기도를 드리기 위한 특별한 동기를 가지고 있었고, 게다가 그들을 위해 기도하도록 하나님의 허락을 구했다. 그는 절대적으로 기도한 것이 아니라, 하나님의 뜻에 복종하여 기도했고, 그래서 비록 소원을 이루지 못했을지라도, 죄를 범하지는 않았다. 그렇지 않고 이러한 주의가 없었더라면, 그는 잘못을 저질렀을 것이다. 그리고 우리는 신실한 사람들의 비범한 행동을 우리가 본받기 위한 일반적 규칙으로 만들어서는 안 된다. 따라서 하나님의 약속은 여기서 확고하므로, 누구든지 하나님께서 주시겠다고 약속한 복을 하나님께서 인정하시는 방식으로 구하는 사람은 확실히 받게 될 것이다.

적용. 이러한 이유에서 우리는 하나님의 자녀들이 기도할 때, 하나님께서 매우 기꺼이 들으실 준비가 되어 있다는 것을 배운다.[1091] "나는 나를 찾지 아니하던 자에게 찾아냄이 되었으며, 내 이름을 부르지 아니하던 나라에 내가 여기 있노라 내가 여기 있노라 하였노라"(사 65:1), 그리고 "그들이 부르기 전에 내가 응답하겠고 그들이 말을 마치기 전에 내가 들을 것이다"(사 65:24).

그래서 이것은 첫째, 우리가 경배하는 주님께서 참 하나님이시라는 명백한 증거이다.[1092] 그는 그렇게 도우실 수 있고, 기꺼이 들으실 준비가 되어 있으며, 진리 안에서 그를 부르는 모든 사람에게 가까이 계시기 때문이다. 따라서 모세는 백성들에게 그들의 신은 오직 참 하나님뿐이라는 것을 증명하기 위해 다음과 같이 추론한다. "우리 하나님 여호와께서 우리가 그에게 기도할 때마다 우리에게 가까이 하심과 같이 그 신이 가까이 함을 얻은 큰 나라가 어디 있느냐"(신 4:7).

둘째, 이것은 특히 우리가 본질상 그의 원수라는 점을 고려할 때, 우리의 기도 요청을 기꺼이 들어주실 준비가 되어 있는 하나님을 거짓 없이 진심으로 사랑하도록 우리를 설득해야 한다.[1093] 세상에서 그것과 닮은 것을 보는 것은 드문 일이다. 그리고 실제로 사람들 사이에서 우리가 할 수 있는 모든 선을 원수에게 기꺼이 행하고자 할 때, 이러한 처신은 그에게서 사랑을 끌어낼 수 있다. 이것은 그의 머리에 숯불을 쌓아 그의 악의를 소멸하고, 그 안에 우리에 대한 사랑을 지피는 것이다. 오, 그렇다면 하나님의 풍성한 은혜와 들으실 준비는 우리 마음을 모든 사랑과 감사로 하나님께로 이끌어야 하지 않겠는가!

1091 여백에: 하나님은 들을 준비가 되어 있다.
1092 여백에: 우리 하나님은 유일하신 참 하나님이시다.
1093 여백에: 하나님을 사랑하는 동기.

셋째, 이것은 자신의 죄를 보고 무거운 짐으로 인해 영혼이 낙심한 모든 사람들에게 주목할 만한 지지와 위로가 된다.[1094] 왜냐하면 보라, 그들이 하나님의 손에 자비를 구하면, 그들이 받을 것이기 때문이다. 그들이 부를 수 있다면, 그는 들으실 것이다. 그리고 그들이 그의 자비의 문을 두드리기만 하면, 그는 그들에게 열어주실 준비가 되어 있다. 여기서 그들은 오랫동안 부르고 부르짖고 두드렸지만, 아무런 위로를 얻지 못했다고 호소하곤 한다. **대답.** 오, 하나님께서 자신의 자녀들을 다루시는 일반적인 방식을 생각해 보라. 우리가 다윗의 불평에서 볼 수 있듯이, 한동안 그는 얼굴을 숨기시고, 자비와 긍휼을 그들에게 닫으시는 것처럼 보일 것이다. "주께서 영원히 버리실까, 다시는 은혜를 베풀지 아니하실까, 그의 인자하심은 영원히 끝났는가, 그의 약속하심도 영구히 폐하였는가, 하나님께서 그가 베푸실 은혜를 잊으셨는가, 노하심으로 그가 베푸실 긍휼을 그치셨는가"(시 77:7-9). 그러나 여기서 그의 의도는, 그들을 더 깊이 낮추고, 더 간절히 두드리게 하여, 그들이 하나님의 자비를 발견했을 때, 더 감사하게 하고, 그 확신을 다시 잃지 않도록 죄로부터 자신을 지키기 위해 더 조심하게 하는 것이다. 참으로 양심이 하나님의 은총을 전혀 느끼지 못한 채, 하나님의 진노를 깨닫는다는 것은 사람에게 닥칠 수 있는 가장 무거운 십자가요 극심한 슬픔이다. 그러나 여기에 위로가 있다. 이 불쌍한 영혼은 다윗처럼 "그의 공포의 깊은 곳에서 하나님께 부르짖고"[시 18:6], 요나처럼 절망의 "고래 뱃속"[욘 2:2]에서 하나님께 부르짖어, 모든 감정을 거슬러 그리스도 안에 있는 자비의 약속을 붙잡기 위해 노력하는 것이다. 그래서 때가 되면, 그는 들으시고,

---

1094   여백에: 고통 받는 자들에 대한 위로.

위로를 보내실 준비가 되어 있는 주님을 발견할 것이며, 참으로 주님의 달콤한 사랑이 불쌍한 그의 영혼 속으로 매우 기쁘게 스며들 것이다.

이유 2

"너희 중에 누가 아들이 떡을 달라 하는데 돌을 주며 생선을 달라 하는데 뱀을 줄 사람이 있겠느냐 너희가 악한 자라도 좋은 것으로 자식에게 줄 줄 알거든 하물며 하늘에 계신 너희 아버지께서 구하는 자에게 좋은 것으로 주시지 않겠느냐"(마 7:9-11).

이 말씀에는 기도하라는 계명의 두 번째 이유와 또한 응답된다는 확신을 위해 거기에 덧붙여진 약속에 대한 확증이 포함되어 있으며, 다음과 같이 구성될 수 있다. **"지상의 부모가 악한 자라도, 그들의 자녀가 원하고 구할 때, 그들에게 좋은 선물을 줄 수 있다면, 하늘에 계신 너희 아버지께서 구하는 자에게 좋은 선물을 더 많이 주시지 않겠느냐. 그러나 지상의 부모는 악한 자라도, 그들의 자녀에게 좋은 선물을 줄 것이니, 그러므로 하늘에 계신 너희 아버지께서 구하는 자에게 좋은 것을 더 많이 주시지 않겠느냐."**

이 이유는 더 작은 것에서 더 큰 것으로 도출된 부등(不等)의 비교에 있다. 친부모가 자기 자녀를 돌보는 데서 일반적으로 볼 수 있는 보살핌으로부터, 의심의 여지 없이 하늘에 계신 우리 아버지의 가장 부드러운 보살핌을 증명한다. 그리고 이런 종류의 추론은 성경에서 하나님께 일반적인 것이다. "여인이 어찌 그 젖 먹는 자식을 잊겠으며 자기 태에서 난 아들을 긍휼히 여기지 않겠느냐 그들은 혹시 잊을지라도 나는 너를 잊지 아니할 것이라"(사 49:15). "아버지가 자식을 긍휼히 여김 같이 여호와께서는 자기를 경외하는 자를 긍휼히 여기시나니"(시 103:13). 그리고 "사람이 자기를 섬기는 아들을 아낌 같이 내가 그들을 아끼리니"(말 3:17).

이러한 이유의 틀에서 경건한 부모에게 보장된 하나님의 특별한 은총을 보라.[1095] 그들은 자기 자녀에 대한 천성적 보살핌과 부드러운 애정을 고려함으로써, 자신에 대한 하나님의 사랑과 보살핌을 맛볼 수 있다. 그리고 실제로 그들은 자기 자녀에 대한 그들 자신의 동일한 애정을 통해, 다른 사람들보다 더 쉽게 자신들에 대한 하나님의 사랑의 은총과 부드러운 보살핌을 이해하고, 그들 자신에게 적용할 수 있다. 하나님께서는 특별한 이유로 이 은총과 특권을 보장하신다. 첫째, 아직 하나님의 사랑을 맛보지 못한 부모들로 하여금, 하나님께서 그의 사랑을 나타내시는 그의 말씀과 약속을 받아들이도록 유도하고 자극하여, 그들을 향한 하나님의 사랑을 맛보게 하시는데, 그들은 자기 자녀들에 대한 애정에서 그것에 대한 주목할 만한 본보기를 갖고 있다. 둘째, 그들의 마음이 하나님의 사랑에 뿌리를 내리고 기반을 두기 위해 수고하도록 그들을 자극하신다. 셋째, 하나님의 사랑을 경험한 그들 자신이 그들의 자녀들과 후손들로 하여금 그 동일한 사랑과 자비의 열매를 맺도록 하신다.

이제 그 비교를 살펴보자. 그 첫 번째 부분은 **자녀에게 좋은 것을 주는 것이 모든 부모의 타고난 속성**이라는 것이다. 부모가 자녀를 돌보아야 한다는 것은 양심에 따른 원칙이다. "누구든지 자기 친족 특히 자기 가족을 돌보지 아니하면 불신자보다 더 악한 자니라"[딤전 5:8]. 왜냐하면 불신자들은 이 본성의 빛을 끄지 않고, 그들의 자녀를 부양하기 때문이다.

1095 여백에: 부모의 특권.

그렇다면 여기서 노름과 방탕에 자신의 재산을 낭비하고, 자녀와 가족을 가난하고 궁핍하게 만드는 부모는 비난을 받아야 한다.[1096] 이 사람들은 자녀에게 주어야 할 좋은 것을 자신의 정욕에 소비하므로, 스스로 부자연스러운 모습을 보인다. 그러나 공공의 아버지인 행정 관은 그들을 살펴보고, 그들의 그러한 무질서를 제지해야 한다.

둘째, 여기서 마찬가지로 음식과 의복은 자녀에게 충분히 제공하되, 그러는 동안 영혼에 참으로 유익한 "주의 교훈과 훈계"[엡 6:4]로 경건한 교육을 제공하지 않는 자들도 비난을 받아야 한다.[1097] 성경의 경건한 자들은 이에 대해 칭찬을 받았다. 아브라함은 그의 가족을(창 18:19), 로이스와 유니게는 디모데를 "거짓 없는 믿음으로"(딤후 1:5) 양육했다.

셋째, 이를 통해 우리는 자기 자녀를 죽이는 사람들의 상태를 알 수 있다(왜냐하면 어떤 부모가 자기 자녀를 먹었다는 것을 읽을 수 있기 때문이다).[1098] 즉, 그들은 하나님의 공의로운 심판 가운데 버림을 당해, 그들의 마음을 이런 부자연스럽고 야만적인 잔인함으로 채우는 마귀의 지배를 받아, 부자연스럽게 되었다. 이제 그리스도는 여기서 꺼지지 않는 본성의 빛에 대해 말씀하시고, 따라서 이것은 이교도들 사이에서도 사실이다.

"너희가 악한 자라도 좋은 것으로 자식에게 줄 줄 알거든, 등"(마 7:11). 여기에 그 비교의 적용이 있는데, 그 근거는 앞의 두 구절에서 제시되었다. 여기서 "악"이란 모든 죄인을 의미하는 것이 아니라, 악의와 시기와 자기 사랑으로 물들어, 자신의 유익만을 추구하는 사람

1096 여백에: 방탕한 부모는 책망 받아야 한다.
1097 여백에: 신앙 교육을 소홀히 하는 자들도 마찬가지이다.
1098 역자주, 여백에: 매우 부자연스러운 부모.

들을 의미한다. 이는 주인이 시기하는 일꾼에게 이렇게 말하기 때문이다. "내가 선하므로 네가 악하게 보느냐?"(마 20:15). 즉, 내가 너그러우므로 네가 시기하느냐?

이 말씀에서 그리스도는 악한 사람이 비록 예의 바르게 살지라도, 전적으로 자신의 유익을 구하는 것이 악한 사람의 특징이라고 우리에게 말씀하신다.[1099] 왜냐하면 이것은 악한 탐욕과 자기 사랑의 열매이기 때문이다. 경험은 이 죄의 심각성을 보여 준다. 거기로부터 세상에 존재하는 다양한 불의와 잔인함, 억압의 관행이 나오기 때문이다. 따라서 가난한 사람들에게는 기근의 때가 하나님의 손길이 보낸 다른 방법들보다 더 무겁게 다가온다. 왜냐하면 부자들은 그러한 때에 오직 자신의 유익과 재물을 구하기 때문에, 가난한 사람들을 약탈하기 위해 몰두하고, 속이고, 둘러싸기 때문이다. 그러므로 우리는 이 죄악된 관행을 조심해야 한다. 다른 한편, 다른 사람을 향해 선을 베풀고, 자기의 유익을 구하지 않고, 오직 너그러운 사랑의 실천에 헌신하여, 형제에 대한 선행으로, 하나님께 대한 우리의 사랑을 드러낼 수 있다. 이는 사도가 우리에게 명령한 대로, "사랑으로 서로 종노릇 하고"(갈 5:13), "각각 자기 일을 돌볼뿐더러 또한 각각 다른 사람들의 일을 돌보는"(빌 2:4) 것이다. 이것은 선한 왕 요시야의 관행이었으며, 그 때문에 많은 특별한 덕목 가운데 그의 모든 선한 일이 기록되었다(대하 35:26). 그리고 마찬가지로 사도 바울이 "모든 사람에게 여러 모습이 된 것은 아무쪼록 몇 사람이라도 구원하고자 함이니, 그가 모든 사람에게서 자유로우나 스스로 모든 사람에게 종이 된 것은 더 많은 사람을 얻고자 함이라"(고전 9:19-22).

1099 여백에: 자신을 추구하는 악인의 특징.

"너희가 악한 자라도 좋은 것으로 자식에게 줄 줄 알거든." 즉, 빵, 생선 등과 같은 것(눅 11:11-12). 여기서 분명한 것은 악한 사람에게도 어떤 종류의 미덕이 있어서, 그가 선한 일을 할 수 있다는 것이다.[1100] **질문.** 어떻게 이런 일이 있을 수 있는가? 이는 악한 사람은 믿음이 없고, 그래서 그가 행하는 모든 일이 죄이기 때문이다. **대답.** 우리는 성령의 은사에 두 종류가 있다는 것을 알아야 한다.[1101] 어떤 것은 **일반적인** 것으로, 인간 본성의 부패가 단지 억제되고 제한되는데, 이는 인간이 인간과 함께 질서와 평온 속에서 살 수 있는 시민 사회의 유지를 위한 것이다. 따라서 이교도들 가운데 어떤 이들은 의롭고, 어떤 이들은 온화하고, 어떤 이들은 너그러웠다. 이 모든 것이 성령에게서 났지만, 당사자들을 새롭게 하지는 않고, 다만 그들의 타고난 악을 억제할 뿐이었다. 이러한 종류의 은사 가운데는 자녀에 대한 부모의 사랑과 보살핌, 그리고 부모에 대한 자녀의 사랑이 있다. 그래서 악한 사람들이 이런 것들과 그와 같은 것들을 가질 수 있는데, 이는 그것들이 거룩하게 하는 미덕이 아니라, 오히려 그 그림자이기 때문이다. 두 번째 종류의 성령의 은사는 더 **특별한 은사와 은혜**인데, 이로써 인간 본성의 부패가 죽고, 어떤 부분에서는 폐지되며, 하나님 형상의 은혜가 인간 안에서 새롭게 되어, 그들이 사랑하고 온유하고 의롭고 절제하게 되는데, 이것들은 중생한 사람 안에 있는 참된 기독교적 미덕이며, 이를 실천하는 것은 참으로 선행을 행하는 것이다.

"하물며 하늘에 계신 너희 아버지께서 구하는 자에게 좋은 것으로 주시지 않겠느냐?" 이 말씀에는 비교의 두 번째 부분이 포함되어 있

1100 여백에: 악한 사람들도 선한 일을 할 수 있다.
1101 여백에: 성령의 은사는 이중적이다.

는데, 여기서 그리스도는 그의 자녀들에게 주는 선물로 하나님의 풍성함을 확대하고 설명하신다. 그리고 누가는 이러한 좋은 것들을 은혜, 그리고 작용과 관련하여 "성령의 은사"[눅 11:13]라고 명시한다.

그렇다면 여기서 세 가지 사항을 다루어야 한다. 첫째, 누가 이 좋은 것들을 주는가. 둘째, 무엇이 주어지는가. 그리고 셋째, 누구에게 주어지는가. **요점 1.** 이 좋은 것들을 주시는 분은 아버지이신데, 이는 모든 좋은 은사와 온전한 선물이 성부에게서 나오기 때문이다.[1102] **질문.** 그러나 이 은사는 성령이다. 이제 성령은 하나님이신데, 그렇다면 그가 어떻게 주어질 수 있는가? 이것은 삼위일체 안에 동등하지 않음을 암시하는 것처럼 보이는데, 왜냐하면 주는 자는 주어지는 자에 대한 능력과 권위를 가져야 하기 때문이다. **대답.** 우리는 첫째, 성령을 주시는 성부의 이러한 행동이 우월한 능력과 권위에 의한 것이 아니라, 동의에 의한 것임을 알아야 한다. 성령은 성부로부터 기꺼이 주어지기를 원하시는데, 왜냐하면 하나이고 동일한 하나님이신 세 위격 모두는, 모든 일에서 그러하듯이 이 은사에서도 하나의 동일한 뜻을 가지셔야 하기 때문이다. 둘째, 이 주시는 것은 본질이나 인격이 아니라, 하나님의 자녀들의 마음속에 있는 사랑, 기쁨, 평화 등과 같은 작용과 은혜에 관한 것이다.

요점 2. 주어진 이 좋은 것들은 무엇인가? **대답.** 성령. **질문.** 성부와 성령이 동등하신데, 왜 성부가 성령을 주시고, 성령은 성부를 주시지 않아야 하는가? **대답.** 그 이유는 삼위일체 안에 나타나는 신적 지혜의 질서 때문이다. 삼위가 그들 모두에게 있어서 하나이자 동일한 신성의 모든 속성에 있어서 동등하지만, 순서에 있어서는 구별되

1102   여백에: 아버지가 성령을 어떻게 주는가.

기 때문이다. 성부는 첫 번째 위격이며, 성자는 첫 번째가 아니라, 두 번째 위격이며, 성령은 첫 번째도 아니고, 두 번째도 아니고, 세 번째 위격이다. 그러므로 성부가 성자에게 성령을 주시고{요 3:34}, 성부와 성자가 성령을 주시되, 인격이 아니라, 은사와 작용과 관련하여 주시는 것이며, 우월이나 강요에 의해서가 아니라, 자유롭고 동등한 동의에 의한 것이다.

요점 3. 성부는 누구에게 성령의 은사를 주시는가? **대답.** "그를 구하는 자들에게." 따라서 어떤 사람들은 사람이 회심할 때, 본성상 자유 의지를 가지고 있다고 추론하는데, 이는 사람이 먼저 구해야, 그 다음에 성령의 은사가 오기 때문이다.[1103] **대답.** 우리는 여기서 성령이란 은혜의 시작이 아니라 은혜의 증가이며, 은사에 대한 보다 더 감각적인 느낌을 갖는 은사의 더 큰 분량을 의미한다는 것을 알아야 한다. 왜냐하면 이 약속은 구하는 하나님의 자녀들에게 주어진 것인데, 성령으로 말미암지 않고는 아무도 그렇게 구할 수 없기 때문이다. 이것을 제자들에게서 볼 수 있다. 그리스도는 이전에 참된 은혜를 받은 제자들에게 "성령을 받으라"(요 20:22)고 말씀하셨고, 또한 그후에 "성령이 불의 혀처럼 갈라지는 같은 모양으로 제자들 위에 임하였다"(행 2:3). 이제 이 나중에 준 것은, "그들이 성령의 충만함을 받았다"(행 2:4)고 말한 것처럼, 더 큰 분량에 관한 것이었다. 다시 말하지만, 구하는 자들이란 하나님께 요청하는 말을 하는 모든 사람을 의미하는 것이 아니라, 믿음으로 구하고, 은혜로 바르게 기도하는 자들을 의미한다. "그런즉 그들이 믿지 아니하는 이를 어찌 부르리요"(롬 10:14). 그리고 "우리는 마땅히 기도할 바를 알지 못하나 오직 성령이

1103 여백에: Pelagian. vide August. l. 4. in Julian. cap. 8.

우리의 연약함을 도우시며 하나님의 뜻대로 성도를 위하여 간구하심이니라"(롬 8:26–27).

적용. 첫째, 그러므로 우리는 은혜가 게으른 자들에게 주어지는 것이 아니라, 은혜를 얻기 위해 말씀을 듣고 읽고 묵상하는 거룩한 실천과 겸손하고 간절한 기도와 같은 하나님께서 정하신 선한 수단을 사용하는 자들에게 주어진다는 것을 배운다.[1104] 그러므로 우리가 은혜를 받으려면, 이러한 수단 가운데 부지런히 훈련해야 한다. 왜냐하면 "믿음은 들음에서 나기"(롬 10:17) 때문이다. 그리고 모든 시대의 하나님의 자녀들은 은혜를 받기 위해 수단을 사용했다. "여호와여, 우리를 주께로 돌이키소서 그리하시면 우리가 주께로 돌아가겠나이다"(애 5:21). 그리고 다윗은 수단이 풍족하여 은혜가 풍성했다. "여호와여 주의 율례들의 도를 내게 가르치소서"(시 119:33). "내가 주의 증거들을 늘 읊조리므로 나의 명철함이 나의 모든 스승보다 나으며"(시 119:99). 이와 같이 그리스도의 제자들은 그의 설교를 들었을 뿐만 아니라, 자신들이 알지 못하는 것들에 대해 가르침 받기를 원했다. "이 비유의 의미를 우리에게 설명하여 주소서"(마 13:36). 또한 그들은 "그들의 믿음을 더하게 해 달라고 그에게 기도했다"(눅 17:5). 그러면 여기서 우리는 세상에 넘쳐나는 은혜에 대한 무지와 결핍의 원인, 즉 은혜를 얻기 위해 하나님께서 정하신 수단에 대한 경멸이나 태만을 볼 수 있는데, 왜냐하면 태만한 자의 마음은 곡식이 없는 "가시덤불과 가시가 무성한 게으른 자의 밭"[잠 24:30–31]과 같기 때문이다.

둘째, 이것은 아직 작고 미약한 은혜의 시작에 불과한 사람들을 위로하는 역할을 한다.[1105] 그들은 낙담해서는 안 되는데, 왜냐하면

1104 역자주, 여백에: 은혜를 얻는 방법.
1105 여백에: 은혜가 미약한 자들에 대한 위로.

하나님께서 많은 은혜를 예비해 두셨기 때문이다. 만일 그들이 단지 은혜의 부족을 발견하고 느끼며, 그것에 대해 하나님께 애통하고, 공급받기 위해 말씀과 기도의 수단을 사용할 수만 있다면, 여기에 모든 은혜의 보고이자 원천인 성령의 약속이 있다.

셋째, 이것은 다양한 오류를 논박하는 좋은 근거가 될 수 있다.[1106] 첫째, 보편적 은혜에 대한 견해인데, 어떤 사람들은, 모든 사람이 원하기만 하면 구원받을 수 있다고 주장한다. 하지만 성령의 약속(이것 없이는 아무도 구원받을 수 없다)은 보편적인 것이 아니라, 여기서 하나님의 뜻에 따라 구하는 자들에게 제한되는데, 성령 없이는 아무도 하나님의 뜻에 따라 구할 수 없다. 이를 통해 우리는 믿음으로 기도하기를 배우는데, 믿음 없이는 우리가 하나님께로부터 아무것도 받지 못한다(약 1:7). 둘째, 이것은 말씀과 기도의 실천이 아니라, 계시를 통해 성령을 찾는 재세례파나 패밀리스트(Familists)[1107]의 어리석은 생각을 무너뜨린다. 그러나 우리는 하나님께서 성령을 주시는 수단을 주목해야 하며, 그 수단 밖에서 우리는 성령의 역사에 복종하기보다 사탄의 미혹에 더 쉽게 빠진다. 셋째, 이것은 또한 사람이 본성의 은사를 잘 사용함으로써 성령의 은사를 얻을 수 있다고 가르치는 로마 교회의 오류[1108]를 반박한다. 그러나 성경 전체에 걸쳐 이것보다 더 큰 약속은 없으며, 성경에서 성령의 은사는 믿음으로 기도의 은사를 활용하는 데 약속되어 있는데, 이것은 우리가 본성으로는 할 수 없고, 은혜로만 할 수 있다. 게다가 우리가 은혜로 말미암아 믿음으로 구할 때, 이것은 우리가 받는 성령의 은사 때문이 아니라, 하나님께서 정

1106 여백에: 보편적(Universal) 은혜가 논박되다.

1107 역자주, 여백에: 재세례파와 패밀리스트. 패밀리스트는 16세기 개신교 분파인 '사랑의 가족'(Family of Love, *Familia Caritatis*)의 추종자들로서 재세례파와 유사한 특성을 공유한다.

1108 여백에: Aquin. 1. 2. q. 112. art. 3.

하신 수단을 행사하여 우리의 의무를 이행하는 것일 뿐이다. 이로 말미암아 은혜의 증가가 뒤따르지만, 이것은 우리의 공로가 아니라, 하나님의 값없는 자비와 그의 풍성함에서 비롯된 것이다.

아홉 번째 내용: 마태복음 7:12

"그러므로 무엇이든지 남에게 대접을 받고자 하는 대로 너희도 남을 대접하라 이것이 율법이요 선지자니라"(마 7:12). 이 구절은 **공평**과 **정의**에 관한 이 장의 네 번째 부분을 포함하고 있다. 그리고 그것은 계명, "무엇이든지 남에게 대접을 받고자 하는 대로 등"과 이유, "이것이 율법이요 선지자니라"로 구성되어 있다.

계명

첫째, **의미**. 이 계명은 앞에 있는 것을 언급하는 형태로 제시된다. "그러므로 무엇이든지 등." 그러나 이것이 **기도**의 가르침이나, 말씀 **분배**의 가르침, 또는 **경솔한 판단**의 가르침에 의존해야 한다는 것은 매우 어렵게 보인다. 그렇다면 그것은 왜 "그러므로"라고 언급되는가? 어떤 사람들은 그것이 5장에서 전달된 정의(justice)의 가르침을 언급하는 것이라고 생각하지만, 그 사이에 너무 많은 다른 교리들이 다루어지고 있기 때문에, 그럴 가능성은 희박하다. 다른 사람들은 이것이 이전에 있었던 어떤 것에 의존하는 것이 나이라, 단지 그 단어("그러므로")가 많이 사용된다고 생각하는데, 이 설명이 더 가능성이 높다. 왜냐하면 그러한 접속사가 때때로 많이 사용되기 때문이다. "그(세례 요한)가 부인하여 이르되, 나는 그리스도가 아니기 **때문이**

다"(요 1:20). 여기서 "때문에"라는 단어는 많이 사용된다.[1109] 이제 "그러므로"라는 단어가 비록 많이 사용되기는 하지만, 여기에서 아무 용도 없이 사용된 것은 아니다. 이는 여기서 전달된 가르침이, 전체 설교에서 앞서 전달된 정의의 다양한 구체적 의무들에 대해 추론된 하나의 특별한 교리이며, 하나의 주요 결론임을 암시하기 때문이다.

"무엇이든지." 많은 사람들이 자기 마음대로 고집을 부리고, 부모에게 복종하지 않거나, 좋은 교육을 받지 않으려 하는 자녀들처럼, 그들 자신에게 나쁜 것을 원하고 바라기 때문에, 자신이 원하는 대로 되어서는 안 된다고 생각할 수 있다. 그래서 게으른 사람들은 자신들에게 손해가 되기를 바라는데, 이는 그들이 일하려고 하지 않기 때문이다. 그러므로 이것은 악한 소원으로 이해되어서는 안 되며, 은혜와 기록된 말씀에 따라, 또는 적어도 본성적 지식과 양심의 빛에 따라 잘 정돈된 의지와 욕망으로 이해되어야 한다. 따라서 그리스도는 마치 다음과 같이 말씀하시는 것 같다. **"본성과 양심의 빛에 의해, 또는 하나님의 말씀의 지시에 따라, 무엇이든지 사람들이 너희에게 행하기를 바라는 것은, 너희도 그들에게 행하라."**

이렇게 설명된 계명은 두 가지 내용을 포함한다. 첫째, **다른 사람들에 대한 우리의 행동**이 명령되고 있다. 둘째, 다른 사람들에 대한 우리의 모든 말과 행동을 지시하는 **규칙 자체**이다. 즉, 모든 사람이 본성상 모든 일에서 다른 사람들이 자신에게 보여 주기를 바라는 정의와 공평에 대한 욕구이다.

이 계명에서 우리 구주 그리스도는 우리로 하여금 우리의 부패한 본성의 주목할 만한 특징을 보여 주려고 하셨다.[1110] 즉, 우리는 다른

1109 여백에: ὅτι ἐγώ οὐκ εἰμι.

1110 여백에: 우리의 부패한 본성의 특징.

사람들이 우리에게 베푸는 정의와 공평을 요구하는 데는 적극적이고 부지런하지만, 다른 사람들에게 다시 그 동일한 것을 제공하는 데는 느슨하고 소극적이다. 다른 사람이 우리 자신을 대할 때, 우리는 그들이 해야 할 일을 가르칠 수 있는 스승이지만, 우리 자신이 다른 사람을 대할 때, 우리는 우리[1111]의 의무를 배우기에는 부족한 학생이다. 우리는 스스로 존경과 칭찬을 받으려 하지만, 다른 사람들에게는 존경과 칭찬을 주지 않는다.

둘째, 여기서 우리는 거짓말, 비방, 고리대금, 억압 등으로 우리 이웃의 몸이나 재물 또는 좋은 이름을 해칠 수 있는 모든 행위를 피하라고 배운다.[1112] 다른 사람이 여러분을 비방하거나, 상처를 주거나, 억압하는 것을 원하지 않기 때문에, 본성적 이성이 이것을 가르치지 않는가? 그렇다면 그들에게 이렇게 하지 말라. 왜냐하면 사람들이 여러분에게 하는 것처럼 하라는 것이 아니라, "다른 사람에게 대접을 받고자 하는 대로 너희도 다른 사람에게 대접하라"는 것이 규칙이기 때문이다. 그리고 사람들이 다른 사람의 손실과 비하를 통해 자신의 이익과 특혜를 추구하도록 만드는 것은 본성의 부패이다.

셋째, 여기서 우리는 다른 사람에게 부당한 일을 당한 일반적 상해에 대해 동일하게 되갚아서는 안 되고, 악에 대해 선을 행해야 한다는 것을 배운다. 우리는 그들이 우리에게 하는 것을 바라보지 말고, 우리가 그들에게 해야 할 것을 보아야 한다.

넷째, 따라서 우리는 세상에서 거래하는 재화의 문제에서 우리 자신만 바라볼 것이 아니라, 이웃의 유익도 구해야 한다는 것을 배운

1111 역자주, 주어진 문장에서 자연스러운 의미는 '우리의 의무'인데, 퍼킨스는 실수로 '그들의 의무'(their duty)라고 기록하고 있다.

1112 여백에: 우리는 이웃에게 해를 끼치지 말아야 한다.

다.[1113] 사람들이 자기 일에서 자기 자신만 추구하는 것이 그들의 방식이며, '모든 사람은 자기 자신을 위해, 하나님은 우리 모두를 위해'라는 속담에 따라 각 사람은 가능한 한 비싸게 팔려고 한다. 그러나 그 말이나 행위 둘 다 하나님께로부터 온 것이 아니다. 그는 우리로 하여금 본성의 법칙에 따라 공동선(共同善)을 추구하고, 남에게 대접받고자 하는 대로 행하기를 원하셨다.

다섯째, 이 공평의 규칙은 세상에서 나쁜 행실을 매끈하게 꾸미는 모든 변명을 차단하는데,[1114] 이는 악의적인 사람들이 이런저런 말로 자신의 행동을 위장하기 때문이다. 탐욕스러운 판매자는 '그 물건이 내 것인데, 내 것 가지고 내가 할 수 있는 것을 하면 안 되는가?'라고 말한다. 사기꾼은 자신의 물건을 아무에게도 강요하지 않는다고 말한다. 고리대금업자는 아무에게도 자기 돈을 빌리라고 애원하지 않지만, 다른 사람들이 그에게 간청하고 감사한다고 말한다. 하지만 그것은 다 허울뿐인 변명이다. 이 사람들은 비뚤어진 길을 걸어간다. 그들은 다른 사람들이 자신에게 그렇게 대하기를 바라는지, 자기 마음속을 살펴보아야 한다. 고리대금업자는 가난한 자를 기쁘게 하는 척할지 모르지만, 그의 도움은 뜨거운 열병에 걸린 대상에게 냉수 한 모금 주는 것만도 못하며, 이것이 처음에는 유쾌해 보이지만, 나중에는 큰 짜증으로 바뀐다.

여섯째, 모든 사람이 우리에게 그들의 사랑을 나타내기를 원하는가? 그렇다면 우리는 모든 선한 의무를 실천함으로써, 다른 사람에게 우리의 사랑을 나타내도록 주의해야 한다.[1115] 이것은 우리의 본성

1113   여백에: 흥정하는 방법.

1114   여백에: 나쁜 행실에 대한 변명이 차단되다.

1115   여백에: 사랑을 얻는 방법.

에 어긋나지만, 그리스도의 계명이기 때문에, 우리는 그 계명에 순종하기 위해 노력해야 한다.

마지막으로, 여기서 우리는 세상 모든 사람들을 대할 때, 선한 양심을 지키는 방법에 대한 지침을 받는다.[1116] 말씀에 표현된 것들에 대해서는, 그 말씀의 지시를 따라야 하지만, 특정한 계명이 없는 경우에는, 다음과 같은 일반적 규칙에 따라 행동해야 한다. 여러분의 양심에 들어가, 거기서 다른 사람들이 여러분을 어떻게 대하기를 바라는지 살펴보고, 여러분이 그들을 대할 때, 그것을 따르라. 그래서 여러분은 자신의 선한 양심을 지켜야 한다. 그렇게 하지 않기 때문에, 세상에는 수많은 무질서가 존재하는 것이다. 그러므로 사람들이 자기에게 행해지기를 바라는 대로 행하고자 한다면, 우리는 행복할 것이다. 이와 같이 계명에 대해 많이 다루어 보았고, 이제 그 이유를 살펴보도록 하자.

이유

"이것이 율법이요 선지자니라." **의미**. "율법"이란 기록된 첫 번째 성경인 **모세오경**으로 이해해야 한다. 그래서 "그들은 모세와 선지자들을 갖고 있다"(눅 16:31). "선지자"란 **모세오경 외에 구약성경의 나머지 모든 책**, 즉 "선지자로 하신 말씀에 그가 나사렛 사람이라 칭하리라"(마 2:23)와 같이, **선지자들의 책**으로 분류되는 선지서들로 이해해야 한다. 이 증언은 이사야서[1117]에서 취한 것이며, 그것은 이사야서

1116 여백에: 선한 양심을 지키는 방법.
1117 역자주. 원문과 영문판은 사사기(the book of Judges)로 기록되어 있으나, 이사야 11장 1절에

가 선지자들의 책들 사이에 포함되어야 함을 보여 준다. 그리고 그것들은 어떤 선지자에 의해 기록되었기 때문에, 선지서라고 불린다. 그리고 여기서 정의에 관한 이 계명을 "율법과 선지자"라고 부르는데, 이는 그것이 율법과 선지서의 요약이기 때문이다. 그러나 어떤 사람들은 이 계명은 실천할 것들에 관한 것이고, 율법과 선지서는 도덕적 의무 외에 믿어야 할 믿음의 문제를 포함하고 있으므로, 어떻게 그 계명이 율법과 선지서의 요약이 되는지 질문할 수 있다. 그에 대한 답은 다음과 같다. 이 계명은 율법과 선지서의 요약이지만, 모든 것에 대한 것은 아니고, 정의와 공평의 요점과 그 실행에 관하여, 그것들이 규정한 것으로 이해되어야 한다. "남에게 대접을 받고자 하는 대로 행하는 것"은 모든 인간 행동의 공평에 관한 율법과 선지서에 명시된 것의 성취이다. 의미가 이와 같이 밝혀졌는데, 신적 증언에서 도출된 이유는 다음과 같다. **공평에 관한 율법과 선지서의 요약이 행해져야 하고 남에게 대접을 받고자 하는 대로 행하는 것이 율법과 선지서의 요약이다. 그러므로 우리는 반드시 그렇게 해야 한다.**

요점 1

이런 이유로부터 우리는 구약성경과 관련하여, 무엇이 성경이고 무엇이 성경이 아닌지를 판단하는 규칙을 얻을 수 있다.[1118] 구약성경의 모든 책은 **율법**이나 **선지서**, 즉 **모세**나 **어떤 선지자들**에 의해 기록된 것으로, 그들은 특별한 감동을 받아 기록할 수 있었다. 그러므로 창세기부터 말라기까지의 모든 책은 어떤 선지자들이 기록했기

"이새의 줄기에서 한 싹이 나며 그 뿌리에서 한 가지가 나서 결실할 것이요"라는 구절에서, 싹과 가지라는 히브리 단어가 네체르(נצר)인데, 이 네체르가 나사렛의 어근이다.

1118 여백에: 구약성경 책을 아는 방법.

때문에 정경(正經)이다. 베드로는 이런 목적으로 "우리에게는 선지자들의 가장 확실한 말씀이 있다"(벧후 1:19)고 말한다. 그러나 외경(外經, apocrypha)의 경우, 그것들은 모세나 그 어떤 선지자가 기록한 것이 아니기 때문에, 정경이 아니며,[1119] 이것은 다음과 같은 명백한 이유가 있다. 외경들 모두는 처음에 라틴어나 그리스어로 기록되었고, 원래 히브리어로 쓰인 것은 하나도 없었다. 이는 하나님께서 보내신 모든 구약 선지자들이, 다니엘, 에스라, 느헤미야의 일부가 포로 생활에서 백성들이 배운 언어인 갈대아 사람의 언어로 된 것만 제외하고, 그들이 보냄을 받은 민족의 언어인 히브리어로 그들의 책을 기록했기 때문이다.

둘째, 선지자들은 성령의 즉각적인 도움으로 인해, "성령과 우리는 그것을 옳게 여겼다"(행 15:28)고 한 것처럼, 판단이나 기억이나 이해에 있어서 잘못을 범할 수 없었다. 그리고 베드로는 그들의 말을 "매우 확실하다"[벧후 1:19]고 부른다. 그러나 외경의 저자들은 그 모든 것에서 볼 수 있듯이, 오류를 범했다. 물고기의 간(肝) 냄새로 악마를 쫓아내라는 라파엘(Raphael)의 조언은 단순한 허구에 불과하다(토비트 6). 왜냐하면 마귀는 본질적으로 영이기 때문에, 그런 것들에 영향을 받을 수 없기 때문이다. 유디트(Judith)의 이야기는 허구적인데,[1120] 백성들이 포로에서 돌아왔을 때, 느부갓네살은 앗수르의 왕이었고, 요아킴(Joachim)[1121]은 대제사장이었다. 에스더서의 추가된 부분에서(에 16:10), 하만은 마게도냐(Macedonia) 사람으로 알려져 있지만, 실제로 성경은 "그가 아각 사람으로 아각 출신"(에 3:1)이라고 말한다.

1119 여백에: 외경은 정경이 아니다.
1120 *Fabulous*: 허구의, 지어낸.
1121 역자주, 영문판은 원문(Joachim)과 달리 Jehoachim으로 기록한다.

집회서(Ecclesiasticus)의 저자는 그러한 것들을 기록하는 데 자신의 무능을 고백하지만[집 2:6], 참 선지자들은 모두 이 일을 하기에 충분했고, 성령의 즉각적인 도움으로 오류가 없었다. 그리고 집회서의 저자는 사무엘이 죽은 후에도 예언하여, 사울에게 그의 죽음을 경고했다고 기록한다(집 46:20).[1122] 그러나 정경은 실제 이야기를 들려준다. "하나님이 사울을 버렸으므로 꿈으로도, 우림으로도, 선지자로도 그에게 대답하지 않으셨다"(삼상 28:6). 마카비서(The book of Maccabees)는 가장 잔인하고 위험한 살인인 자살을 칭찬한다. 그리고 그 저자는 또한 그것을 기록하는 데 있어서 자신의 부족함을 변명하는데, 이것은 하나님의 영의 인도를 받는 사람이 아닌 것처럼 보인다. '세 청년의 노래'(the Song of the Three Children)에서 "불꽃이 용광로 위로 마흔아홉 규빗이나 올라갔다"[단 3:47]라고 말하는데,[1123] 이는 믿을 수 없는 것으로 보인다. 특히 그들이 여전히 연료를 주입하거나, 가까이 접근해서 사람을 그 안에 넣을 수 있다는 것은 믿을 수 없을 것 같다. 마찬가지로 수산나(Susanna)의 이야기에서 다니엘이 젊은 청년이었을 때, 두 거짓 증인을 재판하였는데(단 13:45),[1124] 이는 아스티아게스(Astiages) 통치 말기, 곧 고레스 통치 직전이었으며, 다니엘은 이로 인해 유명해진다(단 13:64)고 한다. 이것은 그의 나이나 그의 명성과 평판으로 볼 때, 다니엘의 실제 이야기와 일치할 수 없다. 나머지 책들에 대해서도 이와 같이 말할 수 있다. 이로써 분명한 것은, 이 책들은 정경이 될 수 없다는 것이다. 그럼에도 불구하고 그것들이 거부되어서는 안 되며, 합

1122 역자주, 원문과 영문판은 집회서 46:13로 기재하고 있다.

1123 역자주, 원문과 영문판은 단 3:24로 기재하고 있다. '세 청년의 노래'는 다니엘 3장의 외경 부분으로 24-90절까지 이어지고, 개역개정의 24-30절은 91-100절로 되어 있다.

1124 역자주, 외경의 수산나 이야기는 단 13장에 기록되어 있고, 벨과 뱀 이야기는 단 14장에 기록되어 있다.

당한 사람들의 책으로서 경건하게 존중되어야 한다.

여기서 어떤 사람들은 모세와 선지자들이 신적 증거가 있는 모든 성경을 포함한다면, 신약의 책들은 선지자들이 기록한 것이 아니기 때문에, 성경이 되어서는 안 된다고 말한다.[1125] **대답.** 그것들은 사도들이나 다른 사도적 인물들에 의해 기록되고, 사도들에 의해 허용된 것들이다. 누가복음과 사도행전은 의사였던 누가가 썼고, 마가복음을 기록한 마가는 사도가 아니었다. 그러나 그 책들은 마치 사도들이 쓴 것처럼, 모두 하나인 사도적 권위에 의해 승인되었다. 그리고 사도들은 선지자들과 마찬가지로 성령의 무오한 도움을 받아 말하고, 글을 쓰는 데 있어서, 선지자와 동등한 권위를 가졌다. 왜냐하면 그들은 "성령과 우리는 그것을 옳게 여겼다"(행 15:28)고 말하며, 교회는 "선지자들과 사도들의 터 위에 세워졌다"(엡 2:20)고 언급되기 때문이다. 여기서 사도들은 선지자들과 동등하게 되었다.

요점 2

이러한 이유로 우리는 또한 기록된 첫 번째 성경, 즉 모세오경이 무엇인지 이해할 수 있으며,[1126] 그 이전에는 2,400년 동안 하나님의 말씀이 기록되지 않았다. 그렇다면 민수기 21장 14절에 언급된 "여호와의 전쟁기"와 여호수아가 말한 "의인의 책"(수 10:13)[1127]이 무엇이었는지 질문할 수 있다. **대답.** 이것들은 우리의 역대기와 같은 인간의 글, 인간의 이야기였다. 그러나 "아담의 칠대손 에녹이 예언하였다"(유 14)고 말한다. **대답.** 이 예언은 글로 쓰인 것이 아니라, 입에서

1125 여백에: 신약성경은 신적(divine) 성경이다.

1126 역자주, 여백에: 모세의 책들은 첫 번째 성경이다.

1127 역자주, 수 10:13, 삼하 1:18의 두 곳에는 '야살의 책'이라 하고, 민 21:14에는 '여호와의 전쟁기'라 기록한다.

입으로 전해졌다. 그리고 만일 그것이 기록되었다면, 그것은 에녹 자신이 한 것이 아니라, 모세 이후 오랜 후에 그의 이름으로 어떤 유대인에 의해 기록된 것이다. 왜냐하면 에녹이 성경의 어떤 부분을 기록했다는 것을 증명할 수 없기 때문이다.

어떤 사람들은 율법이 기록되기 전 2,400년 동안 하나님의 백성들이 하나님의 뜻을 알기 위해 어떤 지침을 가지고, 어떻게 살았냐고 물을 것이다. **대답.** 우리가 아브라함, 이삭, 야곱과 같은 족장들에서 볼 수 있듯이, 그들은 하나님의 말씀을 하나님 자신으로부터 구술(口述)로 즉시 가르침을 받았다. 그리고 그것을 전달받은 사람들도 전통에 따라 사람에게 동일한 내용을 전달했다. 그리고 어떻게 종교가 기록 없이 그렇게 오랫동안 순수하게 보존될 수 있었는지 이상하게 보일 수 있기 때문에, 우리는 율법이 기록되기 전에 하나님의 교회는 처음부터 아담, 에녹, 노아, 아브라함 등의 경우처럼 대부분 한 가족에만 있었고, 이로써 그들 사이에서 하나님의 말씀을 보존하는 것이 더 쉬웠다는 것을 알아야 한다. 다시 말하지만, 기록 없이 하나님의 말씀을 처음 받은 사람들은 거의 천 년 동안 오래 살았고, 이로써 그들은 기록 없이 전통에 의해 말씀이 보존되고 지속되는 것을 더 잘 볼 수 있었다. 게다가 종교가 타락했을 때, 하나님께서는 아브라함과 나머지 족장들에게 하셨던 것처럼, 그의 종들에게 자신의 뜻을 다시 계시하고, 자신의 언약을 새롭게 함으로써, 친히 그 순수성을 회복하셨다.

그렇다면 여기서 세상의 초기에 가장들이 어떻게 하나님의 말씀과 참된 종교를 보존했는지 보라. 즉, 그것을 그들의 후손들에게 가르침으로써 보존했다. 그리고 오늘날 우리는 그들로부터 가정의 모든 지도자의 의무가 무엇인지, 그리고 실천해야 하는 것이 무엇인지 배울 수 있다. 그들은 자신들이 의무에서 면제되었다고 생각해서는 안 되는데, 왜냐하면 기록된 말씀이 교회에 있고, 모든 사람이 그것을 읽고 들을 수 있지만, 그들의 자녀와 나머지 가족에게 그것을 가르쳐서, 그들 가운데서 보존되도록 해야 하기 때문이다. 그래서 하나님께서는 그의 백성에게 "자녀에게 유월절 예식을 가르치며"(출 12:26-27), "율법의 말씀을 자녀에게 북돋우라"(신 6:7)고 명령하신다.

요점 3

이런 이유로 우리 구주께서는 모세와 선지자들의 글이 **무오한 확실성**을 지닌다고 당연하게 여기신다.[1128] 왜냐하면 그것은 마치 그가 말했던 것처럼 모두 하나이기 때문이다. "남에게 대접을 받고자 하는 대로 행하는 것"이 모든 사람의 의무여야 하는데, 왜냐하면 "이것이 율법과 선지자이기" 때문이다. 그리고 그것들에 상응하여, 성경의 다른 모든 책은 무오한 진리와 확실성에 대한 가르침을 포함하기 때문이다. 여기서 어떤 사람들은 우리의 양심으로 이것을 어떻게 확신할 수 있는지 물을 수 있다.[1129] **대답**. 성경 자체에서 도출된 다음과 같은 모든 주장에 의해 확신할 수 있다(모든 과학과 기술이 그 근거와 원리를 갖고 있듯이, 성경 자체인 거룩한 성경도 그러하기 때문이다). 첫째, 그 **원인들**로부터. 둘째, 그 **효과들**로부터. 셋째, 그 **속성들**로부터. 넷째, 그 **표적들**로부터. 다섯째, 그 **대조들**로부터. 여섯째, 이것에 대해 주어진 **증언**으로부터.

1128 여백에: 성경의 확실성.

1129 역자주, 여백에: 그것이 어떻게 알려질 수 있는가.

주장 1

그 **원인들** 중에서,[1130] 첫 번째이자 주된 것은 성경의 **저자**, 즉 하나님 자신이며, 성경 자체가 그를 언급하고, 또한 하나님께서 어떻게 그 저자이신지 보여 준다. 성경에서 우리는 하나님께서 아담, 에녹, 노아, 아브라함과 나머지 사람들에게 말씀하셨다는 것을 읽는다. 그리고 그리스도에 대해서는, 신약성경이 그가 그 저자와 주제임을 매우 생생하게 증언하고 있다. 지금은 아무것도 거짓으로 하나님께 돌려지지 않지만, 때가 되면, 하나님께서 그 모든 것을 무효로 만드실 것이다. 그러므로 성경이 하나님의 말씀이 아니었다면, 오래전에 사라졌을 것이다.

다시 말하지만, **보존하는** 원인을 고려해야 한다. 마귀는 악한 사람들과 이단자들을 통해 사람들의 마음과 손에서 하나님의 말씀을 빼앗기 위해 노력해 왔다. 그러나 그 노력에도 하나님의 말씀은 여전히 교회에서 보존되고 있는데, 이것은 그것이 모든 사람과 모든 천사보다 더 큰 힘, 즉 하나님의 능력에 의해 보존되기 때문이다.

셋째, 도구적 원인인 **성경 기자들**은 하나님의 거룩한 사람들, 선지자들과 사도들이었으며, 그들은 덕과 경건함에 있어서 다른 작가들을 훨씬 능가했다. 그리고 그들이 단순한 정치가였다면, 그들의 글은 정치가의 특성을 보여 주었을 것이다. 왜냐하면 성경의 기자들은 그 어떤 정치가도 하지 않았을 자신들의 잘못을 그 안에 충실하게 기록했기 때문이다.

가르침과 문체에 있어서 성경의 **내용**을 고려하라. 성경의 가르침은 율법과 복음이다. 이제 **율법**은 매우 탁월한 순수성으로 제시되고,

---

그 안에 있는 어떤 것도 올바른 이성이나, 일반적인 공평에 어긋나지 않는다. 인간의 법에는 이성과 공평에 어긋나는 많은 것들이 있다. 그 법은 일반적인 이성이 정죄할 만한 것들을 명령하고, 이성과 공평이 명령할 만한 것들을 많이 생략한다. 그리고 **복음**의 경우에는, 그리스도의 성육신과 그의 죽음으로 말미암은 인간의 구속에 관한 가르침이 인간의 이성을 전적으로 초월하여 제시되어 있다. 그리고 이러한 것들이 본성을 초월한다 할지라도, 우리는 양심의 경험을 통해 그것들이 참되고 건전하며 선하다는 것을 알게 되며, 이는 또한 그것들이 하나님의 말씀임을 증명한다. 인간이 본성을 뛰어넘는 것들을 고안할 수 있지만, 그것들이 양심에 결코 온전할 수는 없다.

더 나아가, 성경의 **문체**에 있어서, 그 문구는 평이하고 친숙하지만, 인간의 모든 글보다 더 위엄이 있다.

마지막으로, 성경의 **목적**은 성경이 하나님의 말씀임을 증명한다. 왜냐하면 성경은 하나님의 예배와 인간의 구원을 세우면서도, 인간이나 천사에게 아무것도 주지 않고, 모든 것을 하나님의 영광에 돌리기 때문이다. 그러나 인간의 저술들은 직접적으로나 암시적으로 그 저자들에게 무엇인가를 돌린다.

주장 2

그 **효과들**로부터.[1131] 성경의 효과는 다음과 같다. 그것은 우리의 부패한 본성에 반대하여, 그 본성을 십자가에 못 박고 정죄하지만, 인간으로 하여금 성경을 사랑하고, 성경에 순종하도록 이끄는데, 이는 그것이 하나님의 진리가 아니라면, 그렇게 할 수 없는 것이다. 왜

1131 역자주. 여백에: 효과들로부터.

냐하면 우리는 우리의 본성에 어긋나는 사람들의 말을 혐오하고 싫어하기 때문이다. 두 번째 효과는 이것이다. 하나님의 말씀은 특히 모든 고통 속에서, 심지어 죽음의 고통 속에서도 사람을 위로한다. 그 누구의 말도 그에게 조금도 유익을 줄 수 없을 때, 오직 우리 영혼의 주님이시며 우리 생명의 하나님이신 그의 말씀만이 유익을 준다.

주장 3

성경의 **속성들**로부터.[1132] **첫 번째 속성은 고대성**(古代性)이다. 모든 저술들 가운데 성경이 가장 오래되었고, 진리도 가장 오래되었다. 느헤미야와 에스라 시대 이전에 기록된 사람의 글은 어떤 확실성도 갖지 못한다. 하지만 성경은 처음부터 이루어진 일들을 기록한다. **두 번째 속성은 상호 일치**이다. 비록 성경의 책들이 여러 시대에 걸쳐 다양한 사람들에 의해 기록되었지만, 그 안에서 모두 일치하기 때문이다. 성경에는 어떤 모순도 없는 반면, 사람의 글에는 이러한 일치가 없으며, 심지어 같은 저자 안에서도 일치가 없다.

주장 4

성경의 **표적들**과 **기적들**로부터.[1133] 성경의 교리는 참된 기적을 가르치고 기록하는데, 바다가 갈라지고, 해와 달이 멈추며, 메마른 땅이 사라지는 것이다. 그러나 모든 기적 중의 기적은 **하나님의 아들이 성육신하신 것**이다. 하나님의 능력으로 이루어진 이 모든 것은 그것을 기록한 성경이 하나님의 무오한 진리임을 보여 준다.

1132   역자주, 여백에: 성경의 속성들로부터.

1133   역자주, 여백에: 기적들로부터.

주장 5

그 **대조들**로부터.[1134] 하나님의 말씀과 대조되는 것은 마귀의 뜻과 인간의 타락한 본성이다. 마귀는 성경을 미워하고, 인간의 죄악된 본성은 성경에 의해 억제되고 통제될 때, 그것을 싫어한다. 이제 이 두 가지에 반대되는 것은 가장 거룩하고 참된 것이어야 하는데, 그것이 바로 하나님의 말씀이다.

주장 6

증언으로부터. 성경에 관한 증언에는 두 종류가 있다. 하나는 거룩한 **순교자들**의 증언인데,[1135] 그들은 모든 시대에 걸쳐 자신의 목숨보다 하나님의 말씀을 우선시하여, 그 진리를 자신들의 피로 인봉했다. 이단자들은 거짓을 위해 죽었다고 말할 수 있다. **대답.** 순교자와 이단자의 죽음에는 큰 차이가 있다. 순교자들은 고통 속에서도 성령 안에서 말할 수 없는 기쁨을 누리지만, 이단자들에겐 그런 기쁨이 없고, 다만 이런 고문을 견디는 자연적 무감각과 완고함만 있을 뿐이다. 두 번째 증언은 매우 중요한 것으로, 하나님의 **성령**의 증언이다.[1136] 사람들이 하나님의 말씀을 배우고 순종하기 시작할 때, 하나님의 영은 "진리의 영의 인침"이라고 일컬어지는 성경의 진리에 대한 확신으로 그들의 양심을 안정시키시는데, 이는 그것이 사람의 양심에 하나님과의 화해를 확신시키기 때문이다. 이 확신은 그 근거가 되는 성경의 확실성에 대해 먼저 확신을 갖기 전에는 아무도 가질 수 없다.

1134 역자주, 여백에: 대조들로부터.
1135 역자주, 여백에: 순교자들의 증언.
1136 역자주, 여백에: 성령의 증언.

질문. 사람이 어떻게 자기 안에서 이 인(印, seal)을 발견할 수 있는 가? **대답.** 그가 인(印)의 표식이 밀랍에 있는 것처럼, 성경이 그의 마음에 각인되는 것을 발견할 때, 그리고 밀랍이 인을 닮은 것처럼, 그의 마음이 성경으로 변화될 때, 성령께서 거룩한 성경으로부터 성경의 진리에 대한 확신을 그의 영혼에 인을 치신다. 사람이 쓴 어떤 글도 사람의 마음에 그와 같은 효과를 가져오지 않는다. 그리고 이러한 근거들로부터, 특히 이 마지막 근거로부터 우리는 성경이 가장 무오한 확실성을 가지고 있다고 스스로 해결할 수 있다.

그러나 추가적으로 제기되는 문제를 해결하기 위해 다음을 살펴보려고 한다.[1137] **반대 1.** 성경은 모든 이성을 거스른다고 한다. **대답.** 이것은 사실이 아니다. 왜냐하면 율법은 완전한 이성이고, 복음은 이성을 거스르지 않으며, 이성을 초월하기 때문이다. 아니, 하나님께서 전능하시다는 이 본성의 원리를 붙잡기에, 심지어 복음 자체도 이성과 양립할 수 있기 때문이다. 하나님의 아들이 성육신해야 하고, 그의 죽음으로 우리가 생명을 얻어야 한다는 것, 이것이 복음의 요약이다.

반대 2. 성경에는 거짓이 있는데, 왜냐하면 홍해를 건넌 것은 기적이 아니라, 다른 나라에서 종종 물 가운데 길이 나는 것처럼, 바다의 썰물 때 일어날 수 있는 일이기 때문이다. **대답.** 성경은 물이 통로 양쪽에 벽처럼 서 있었다고 말하는데, 이는 썰물일 수 없다. 다시 말하지만, 이성은 그것이 자연적인 흐름일 수 없다는 것을 보여 주는데, 왜냐하면 그들이 통과한 것은 모든 바다가 매우 가득 차서, 다른 때처럼 밀물과 썰물이 일어나지 않는 보름달에 지나갔기 때문이다.

1137 여백에: 성경에 대한 이의 제기가 답변되다.

반대 3. 튀르키예 사람들과 이교도들, 그리고 유대인들이 신약성경에 관심을 갖지 않는 것처럼, 세상 사람들 대부분은 성경을 거부한다. **대답.** 우리는 하나님께서 어떤 사람들에게 그리스도 안에 있는 그의 자비를 보류하시는 하나님의 역사를 존중해야 하는데, 그는 그의 거룩한 말씀의 수단을 그들에게 주시지 않는다. 따라서 하나님께서 그의 은밀하고도 매우 공의로운 판단으로 이 복을 그들에게서 보류하시기 때문에, 어떤 사람들이 성경을 거부하는 일이 생겨난다. 그러므로 비록 무신론자들이 어떻게 떠들지라도, 진실은 성경이 하나님의 말씀이라는 것이다.

적용. 첫째, 기록된 말씀이 하나님의 확실한 진리임을 볼 때, 우리는 성경에 내적인 성경과 외적인 성경 두 종류가 있다고 말하는 교황주의 교사들[1138]에게 미혹되지 않도록 주의해야 한다. 내적인 성경은 성령께서 모든 가톨릭 신자의 마음에 기록하신 교리에 대한 동의이며, 이것이 그들이 말하는 올바른 성경이다.[1139] 외적인 성경은 종이와 양피지에 기록되어 있는데, 이것은 확실한 의미가 없지만, 현재 교회가 그 의미를 결정한다고 한다. 그러나 이것은 하나님의 참된 말씀인 기록된 성경을 폐지하고, 자기 마음의 의견을 세워, 성경을 자기 마음대로 만드는 마귀적인 교리이다. 그러므로 우리는 기록된 말씀을 올바른 성경으로, 그리고 마음속에 있는 것의 근거로 삼아야 한다. 왜냐하면 기록된 말씀은 본문과 해석 둘 다 매우 확실한 의미를 갖지만, 그들의 내적인 성경은 기록된 말씀에 근거하지 않는 한, 사람들이 다양하듯이 다양하기 때문이다.

둘째, 성경의 확실성을 통해 우리는 하나님의 말씀을 믿고, 그 말

1138 여백에: 교황주의의 이중적 성경.

1139 여백에: Andrad. orthod. explic. l. 2.

씀에 의지하는 것을 두려워하지 않도록 배워야 한다. 성경의 저자는 이 땅의 모든 사람들처럼 자신의 섭리로 자신의 말씀을 보존하시는데, 이는 물질이 그 말씀을 부패시킬 수 없기 때문이다. 그러므로 그것이 말하는 것은 무엇이든, 우리가 의심할 필요가 없는 하나님의 뜻이다.

요점 4

이런 이유로부터 우리는 또한 **정경의 권위**를 얻을 수 있다.[1140] 왜냐하면 "우리는 남에게 대접을 받고자 하는 대로 행해야" 하는데, 이는 "율법과 선지자가 그렇게 말하기" 때문이다. 따라서 율법과 선지자는 높고 주권적이며, 절대적인 권위를 갖는다. 성경의 이 권위는 두 가지 측면에서 나타나는데, 첫째, 판단을 내릴 능력이 있다. 둘째, 그 자체로 모든 충족성을 갖는다. 이 두 가지 모두가 우리 구주 그리스도께서 여기서 언급하신 이유이다.

첫째, 판단을 내리는 능력은 성경이 믿음과 행위에 관하여 구원에 필요한 모든 것을 완전하고 절대적으로 결정하는 능력이다.[1141] 이런 이유로 하나님의 율법은 성경에서 종종 판단으로 일컬어진다. 성경에는 여러 종류의 사람들에게 주어진 다양한 판단이 있다. 첫째, 성경은 모든 사적인 사람에게 판단을 준다. "신령한 사람은 모든 것을 분별하고 판단한다"[고전 2:15]. 그리고 사도 요한은 교회에 있는 신자들에게 "영들을 분별하라"[요일 4:1], 즉 전달된 가르침을 시험하라고 명령한다.

둘째, 성경은 공적인 사람, 곧 목사와 사역자와 교회 치리자에게

1140 여백에: 성경의 권위.
1141 여백에: 판단을 내리는 성경의 능력.

판단을 주고 있다. "예언하는 자는 둘이나 셋이나 말하고 다른 이들은 분별할 것이요"(고전 14:29), "예언하는 자들의 영은 예언하는 자들에게 제재를 받는다"(고전 14:32).

셋째, 판단은 성경에서 선지자들과 사도들에게 주어진다. "성령과 우리는 그것을 옳게 여겼다"(행 15:28). 그래서 이것은 어떤 사적인 사람, 평범한 사역자, 또는 일반 공의회에 일반적으로 주어진 것이 아니라, 성경의 기자였던 비범한 선지자들에게 특이하게 주어진 높은 판단이다.

그리고 이 세 가지 종류의 판단은 반드시 구별되어야 한다. 처음 두 가지 종류의 판단은 더 높고 더 주권적인 판단에 의존하는 열등하고 사역적인 종류의 판단이다. 왜냐하면 사적인 사람들과 평범한 사역자들과 공회가 판단을 내리되, 그들 자신이 판단하는 것이 아니라, 그들의 규칙, 즉 하나님의 말씀을 따라 판단하기 때문이다. 이 판단은 다름 아닌 그의 말씀에 계시된 하나님의 뜻의 의미를 선포하고 선언하는 사역이다. 그러나 이 외에도 선지자들과 사도들에게 보장된 주권적인 종류의 판단은 믿음과 양심의 문제에서 해야 할 일과 하지 말아야 할 일을 절대적으로 결정한다. 이것은 하나님 자신의 판단인데, 사도들은 이에 대해 "성령과 우리는 그것을 옳게 여겼다"(행 15:28)고 말할 수 있었다. 그리고 그들의 이런 판단이 절대적이라는 것은 다음과 같이 성경에 나타난다. "너희 말을 듣는 자는 곧 내 말을 듣는 것이요 너희를 거역하는 자는 나를 거역하는 것이라"(눅 10:16). 그리고 바울은 갈라디아 교인들에게 그리스도의 복음을 전하면서, "그들에게 다른 교훈을 가르치는 자를 저주받은 자로 여기라"(갈 1:8)[1142]고

1142 역자주, 원문과 영문판은 갈 1:7로 기재하고 있다.

명령한다. 그리고 "진리의 성령을 보내겠다"(요 16:13)는 약속은 사도들에게 직접 의도된 것이며, 오직 그들 안에서만 완전히 성취되었다.

이에 대해서 더 잘 이해하기 위해, 국가 공동체에서 이러한 주권적 판단과 유사한 것을 갖고 있는 것을 살펴보고자 한다. 의회의 고등 법원은 법률에 대한 판단을 내리고, 일반 법원의 변호사와 판사도 그와 마찬가지이지만, 이 둘 사이에는 큰 차이가 있다. 의회의 법원은 법을 만들고, 민사 문제에서 해야 할 일과 하지 말아야 할 일을 간섭 없이 절대적으로 결정한다. 그러나 변호사들은 법을 만드는 것이 아니라, 법의 의미를 사람들에게 선포한다. 이제 성경, 선지자들과 사도들은 판결을 내리는 의회의 법원과 같다. 사적인 사람과 평범한 목사는 변호사와 같은 판단을 내리는데, 이는 절대적인 것이 아니라, 더 높은 판단에 의존하는 사역적인 것이다.

적용. 첫째, 선지자들과 사도들이 신앙과 행실의 문제에 대해 절대적 판단을 내릴 수 있는 주권을 가지고 있다면, 우리는 여기서 올바른 재판관을 선택하는 법을 배워야 한다.[1143] 왜냐하면 우리는 신앙과 양심의 문제에서 반드시 한 사람에게 호소해야 하기 때문이다. 그리고 이 올바른 재판관은 하나님의 말씀이다. 우리는 이 말씀에 충실해야 하며, 이것 외에 다른 어떤 것도 따를 수 없다. 계명은 양심과 관련된 어려운 문제에 대해 명백하다. "율법과 증거의 말씀을 따를지니"(사 8:20). 우리 구주 그리스도는 구원에 관한 모든 문제에 대해 우리에게 성경을 언급하신다. "성경을 연구하라"(요 5:39). 종교에서 무엇이 참이고 무엇이 그릇된 것인지, 양심의 문제에 있어서 무엇이 공평한지 알고 싶다면, 우리는 성경에 의지해야 한다. 성경은 부적합한

1143　여백에: 우리는 어떤 재판관을 선택해야 하는가.

재판관이며, 말을 할 수 없다고 말하는 사람들이 있을 수 있다. 그러나 나는 성경이 신앙과 양심의 모든 문제를 결정하기에 충분하다고 대답할 것이다. 우리는 친구의 의심스러운 문제를 말로 하는 것처럼 편지로도 해결할 수 있음을 통상적인 경험으로 알 수 있는데, 그렇다면 하늘에서 그의 교회로 보내진 하나님의 말씀이 신앙과 행실에 대한 모든 의심스러운 문제에서 사람들의 양심을 해결하지 못할 이유가 무엇인가? 참으로 누구든지 겸손한 마음으로 성경을 진지하게 탐구하면, 양심에 관한 그 어떤 문제라도 그 안에서 해결책을 찾게 될 것이다.

둘째, 이 성경의 권위로 주권적 판단을 내릴 때, 우리는 사람들이 수백 년 동안 신앙과 양심의 문제에서 의지하기 위해 마음에 두었던 무능한 재판관을 조심하도록 가르침을 받는다.[1144]

그것은 주권적 판단을 위해 교회를 말씀의 자리에 두는 것이다. 로마 교회는 교회가 성경을 판단해야 하며,[1145] 참으로, 성경 없이도 양심의 문제에 대해 주권적 결정을 내릴 수 있다고 가르치는데,[1146] 이는 교회가 성경보다 더 많은 권위를 가지고, 성경에 권위를 부여하기 때문이다. 그러나 이것은 무신론과 이단의 기초요, 교황제도로 가는 길이다. 하나님의 참된 교회는 그리스도의 배우자의 영예를 가져야 하지만, 주권적 판단의 권위는 교회에게 주어져서는 안 되며, 오직 하나님 자신의 말씀에만 주어져야 한다.

성경의 권위에 대한 두 번째 부분은 정경의 모든 부분이 **신빙성**

1144 여백에: 교회는 무능한 재판관이다.

1145 여백에: Conc. Tri. sess. 4.

1146 여백에: Eckius Enchir. loc. com. tit. 1. de Eccles. and ejus author.

을 갖는다는 것이다.[1147] 즉, 다른 증언에 의해 확인되지는 않았을지라도, 그 자체로 충분한 권위를 가지고 있다. 왜냐하면 성경은 하나님의 말씀이며, 성경의 증거는 하나님 자신의 증거이므로, 이보다 더 큰 증거가 있을 수 없기 때문이다. 사도 요한은 "만일 우리가 사람들의 증언을 받을진대 하나님의 증거는 더욱 크도다"(요일 5:9)라고 말한다. 이 점을 더 잘 이해하기 위해, 현재나 과거에 있었던 모든 책을 함께 비교하면, 성경이 그 자체로 신빙성을 갖는 것으로 나타날 것이다. 세 가지 종류의 책이 있다. 신적, 교회적, 인간적인 책들이 그것이다.[1148]

신적인 책들은 선지자들과 사도들에 의해 기록된 하나님의 책으로, 모두 하나님의 말씀이다. 왜냐하면 우리가 그 내용을 고려하든, 그 계시의 방식을 고려하든, 그것들은 모두 하나님께로부터 온 것이기 때문이다. 선지자들과 사도들은 그것들을 기록하는 하나님의 손과 도구에 불과했다. 성령께서는 그 내용, 그 질서, 그리고 바로 그 말씀을 주셨다. 이로부터 반드시 뒤따르는 사실은 그것들이 그 자체로 충분한 권위를 가진다는 것이다.

교회적 책들은 교회의 학식 있는 사람들이 신적 문제에 관해 쓴 책으로, 일반적이거나 특정한 것이다. 사도신경, 니케아 신조, 아타나시우스 신조, 그리고 네 차례의 초대 공의회와 같이, 전체 교회가 만들었거나 확정한 것을 일반적인 교회적 책으로 부른다. 그리고 이것들은 보편적으로 허용되지만, 절대적인 권위가 아니라, 성경에 의존한다. 또한, 특정한 교회, 또는 그 교회의 특정한 교인이 작성한 교리문답서와 신앙고백서를 특정한 교회적 책이라고 부른다. 이것은

1147 역자주, 여백에: 성경은 권위를 갖는다.
1148 역자주, 여백에: 세 가지 종류의 책들.

그들 자신의 권위를 갖는 것이 아니라, 성경이나 일반적인 동의에서 나온 권위를 갖는다. 이제 이 두 종류의 책은 성경과 일치하는 한, **하나님의 말씀**이라고 불릴 수 있지만, 사람이 썼고, 사람의 질서와 스타일을 모두 가지고 있기 때문에, 사람의 말이기도 하다. 그것들이 부분적으로 사람의 작품이라는 점에서, 그 자체로 신빙성을 갖는 것이 아니며, 성경의 권위에 의존한다.

인간적인 책들은 교회 안팎의 사람들이 사람의 일에 관하여 쓴 책으로, 자연 철학, 정책 및 기타 예술에 관한 책이다. 그리고 이것들은 하나님의 책이 아니라, 사람에게서 나온 내용과 문체를 가진 오직 인간의 책일 뿐이다. 많은 책들이 그 종류에 따라 훌륭한 진리를 담고 있지만, 경험과 일반적인 이성에서 수집된 것일 뿐, 그 안에 양심을 세우고 묶는 "경건에 따른 진리"[딛 1:1]가 없는데, 무신론자들과 에피쿠로스들의 입을 막고, 그들의 양심을 설득하는 하나의 경우가 아니라면, 그 책들에는 진리가 없다. 따라서 모든 책을 비교함으로써, 우리는 성경만이 그 자체로 신빙성을 가지며, 그 외에 어떤 책도 신빙성이 없다는 것을 알 수 있다.

적용. 첫째, 이것은 하나님의 말씀을 전하는 사역자들이 오직 성경의 증거만으로 만족해야 한다는 것을 우리에게 가르친다.[1149] 왜냐하면 사역의 목적은 믿음을 일으키고 확증하며, 종교의 진리와 구원에 관한 문제에서 양심을 정착시키고 세우는 것이기 때문이다. 이 일은 그 자체로 충분한 권위를 지니고, 양심이 항소할 수 없는 성경에 있는 하나님의 말씀 외에는 다른 어떤 말씀도 할 수 없다. 이런 이유로 교회의 참 선지자인 우리 구주 그리스도는 오직 율법과 선지자의

1149 여백에: 오직 하나님의 증언만 설교해야 한다.

증언으로 만족하셨다. 그의 뒤를 이은 그의 사도들도 그렇게 했다. 그리고 이것은 바울에 의해 두드러지게 확증되었는데, 그는 유대인들에게 설교할 때, 자신이 "선지자들과 모세가 반드시 되리라고 말한 것밖에 없다"[행 26:22]고 고백했다. 다른 글들은 때와 장소에 따라 유용하게 쓰이지만, 공적 사역에서는 그렇지 않다. 왜냐하면 성경의 권위와 증언은 신빙성을 갖기 때문이다. 성경이 이렇게 말하므로, 그것은 그렇다. 하지만 공의회와 교부들의 권위는 궤변이다. '어거스틴이 그렇게 말하므로, 그것은 그렇다'라고 하는 것은 좋은 이유가 아닌데, 왜냐하면 어거스틴이 말한 모든 것이 참이라는 것을 암시하기 때문이다. 이것은 실제로 거짓인데, 그는 모든 사람들처럼 오류를 범할 수 있기 때문이다.

둘째, 이것은 또한 기록되지 않은 전통이 사도적이라고 불릴지라도, 우리가 믿을 수 없다는 것을 보여 준다.[1150] 로마 교회는 믿어야 할 것들의 절반이 성경에 기록된 것이 아니라, 전통에 의해 수용된 것이라고 우리를 속이려 한다.[1151] 그러나 우리는 이러한 전통을 일반적인 인간적 믿음으로 믿을 수 있다 할지라도, 신적 믿음으로는 믿을 수 없다. 왜냐하면 그것들은 공의회와 교부들의 책에 포함되어 있으며, 교부들이 존귀한 사람들이지만, 오류를 범할 수 있었기 때문이다.

셋째, 이것은 또한 우리가 하나님의 말씀에 두렵고 떨림으로 복종해야 한다는 것을 보여 준다. 왜냐하면 하나님의 말씀은 우리를 심판하고, 구원에 관한 믿음과 행실의 모든 문제에 있어서 우리 양심을 확신시키는 절대적 권위를 갖고 있기 때문이다.

1150 역자주, 여백에: 기록되지 않은 전통은 신빙성이 없다.

1151 여백에: Andrad. orthod. explic. l. 2. p. 63.

요점 5

그리스도께서 자신의 사역을 확증하기 위해 모세와 선지자들을 인용하시기 때문에, 그리스도와 선지자들 사이의 권위에 대한 어떤 차이가 있는지 물을 수 있는데, 왜냐하면 다른 사람의 권위를 인용하는 사람은 그보다 열등한 것처럼 보이기 때문이다.[1152] 우리가 그리스도와 선지자들을 비교한다면, 그들의 가르침과 그들의 인격을 구별해야 한다고 대답할 수 있다. 모세와 선지자들의 가르침은 두 가지점에서 그리스도의 가르침과 동등하다. 첫째, 진리의 확실성에서, 이는 마치 그리스도 자신이 그렇게 가르치신 것처럼, 의심의 여지 없이 참되기 때문이다. 둘째, 양심을 구속하는 힘에 대한 효력과 권위에 있어서, 이는 선지자들의 가르침이 마치 그리스도 자신이 말씀하신 것처럼, 완전하고 진실하게 양심을 구속하기 때문이다. 그러나 그리스도의 인격은 모세와 모든 선지자의 인격보다 높은데, 이는 그가 하나님의 아들이시며, 하나님이자 사람이셨고, 그들은 사람이었기 때문이다. 그는 진리의 저자이시며, 그들은 단지 그 진리의 도구와 기록자일 뿐이다. 따라서 그리스도의 가르침에 우리는 선지자들의 가르침보다 더 많이 순종하는데, 왜냐하면 그것을 전하는 인격이 더 권위 있고 탁월하기 때문이다. 그리고 그리스도께서 모세와 선지자들을 인용하시는 이유는, 그의 말씀이 그들의 말씀보다 열등하기 때문이 아니라, 우리의 순종과 관련하여 모세와 선지자들의 권위를 높이기 위함인데, 이는 그의 인격의 존엄성과 관련하여 그리스도의 말씀에 더 큰 순종이 요구되기 때문이다. 그리고 이것은 우리가 이제 율법 아래 있던 사람들보다 복음 아래서 더 순종해야 한다는 것을 보여

1152 여백에: 그리스도와 선지자의 권위가 동등한가.

준다. 왜냐하면 우리는 그의 인격에 관하여 모세와 선지자보다 더 권위가 있는 그리스도의 가르침을 갖고 있기 때문이다. 히브리서 저자는 이것을 명백하게 제시하였다. 그는 "하나님이 옛적에는 선지자들을 통해 그의 교회에게 말씀하셨으나 이 모든 날 마지막에는 그의 아들을 통하여 우리에게 말씀하셨느니라"(히 1:1)고 말하고, 이제 그리스도께서 우리의 스승이라는 사실을 적용한다. 즉, 우리의 불순종이 이제 더 엄중한 형벌을 받게 될 것을 보여 줌으로써, "우리는 들은 것에 더욱 유념함으로 우리가 흘러 떠내려가지 않도록 함이 마땅하니라"(히 2:1).

요점 6

무지한 사람들은 이 본문을 악용하여 설교가 필요 없다고 확신하는데,[1153] 왜냐하면 어떤 사람도 다음의 말씀보다 더 많이 말할 수 없기 때문이다. "남에게 대접을 받고자 하는 대로 행하라. 이것이 율법과 선지자의 요약이기 때문이다." 그러나 우리는 이것이 선지자들이 말하는 모든 것의 요약이 아니라, 단지 정의와 공평의 문제에 관한 것임을 알아야 한다. 그리고 실제로 우리가 구원에 이르려면, 더 많은 것이 필요하다. 왜냐하면 우리는 하나님의 말씀을 일반적으로 알아야 할 뿐만 아니라, 구체적으로도 알아야 하는데, 이는 우리가 일반적으로 알고 있는 것의 세부적인 부분에서 실패할 수 있음을 알기 때문이다. 다시 말하지만, 설교는 무지를 제거하고 지식을 증가시킬 뿐만 아니라, 믿음, 회개, 하나님과 사람에 대한 사랑, 순종을 증가시켜, 선한 양심과 정직한 삶을 세우고 건설하는 역할을 한다. 그리고

1153 역자주. 여백에: 무지한 사람들이 이 규칙을 악용한다.

이제까지 있었던 가장 학식 있고 경건한 사람도, 비록 지식과 경건에 있어서 그보다 훨씬 열등한 사람이 설교하더라도, 이런 목적을 위해 그 공적 사역을 활용할 수 있다.

요점 7

마지막으로, 우리가 더 나아가 율법에 구속되어 하나님께 대한 사랑과 순종의 의무를 수행해야 하는 것을 볼 때, "남에게 대접을 받고자 하는 대로 사람들을 대접하라"는 것이 어떻게 율법과 선지자들의 요약이 될 수 있는지 질문할 수 있다. **대답.** 이 규칙은 모든 것의 요약인데, 이는 하나님께 대한 우리의 사랑은 인간에 대한 사랑, 정의, 자비의 의무를 실천하는 것으로 나타나야 하기 때문이다. 하나님은 보이지 않기에, 우리 눈에 보이는 이웃에게 자신을 나타내기를 기뻐하시며, 사람을 향한 자비와 공의와 선행 가운데 자신에 대한 우리의 사랑을 나타내기를 요구하신다. 사람들이 우쭐거리며 하나님을 사랑한다고 말할 수 있지만, 그것이 이웃 사랑으로 나타나지 않으면, 그들은 스스로를 속이는 것이며, 그들 안에 하나님에 대한 사랑이 없다. 그러므로 교회에 와서 성례를 받을 때, 만사가 형통하다고 생각하는 사람들은 속고 있는데, 왜냐하면 종교란 두 번째 돌판에서 명령하는 정의와 사랑과 자비의 의무로 나타내지 않는 한, 하나님을 섬기는 외적 봉사에 있지 않기 때문이다. "하나님 앞에서 정결하고 더러움이 없는 경건은 곧 고아와 과부를 그 환난 중에 돌보고 또 자기를 지켜 세속에 물들지 아니하는 그것이니라"(약 1:27).

열 번째 내용: 마태복음 7:13-14

"좁은 문으로 들어가라 멸망으로 인도하는 문은 크고 그 길이 넓어 그리로 들어가는 자가 많고 생명으로 인도하는 문은 좁고 길이 협착하여 찾는 자가 적음이라"(마 7:13-14). 이 장의 다섯 번째 부분인 이 두 구절은 우리 구주 그리스도의 설교에서 가르침의 열 번째 요점을 포함하고 있다. 여기서 그는 그의 청중과 우리 모두에게 영생을 구하는 일에 진지한 관심을 기울일 것을 효과적으로 권고하신다. 또한 구원의 문제에서 무리를 따르지 말라고 권고하시는데, 왜냐하면 대부분의 사람들이 멸망에 이르는 넓은 길을 가기 때문이다.

이 말씀은 두 부분으로 구성되어 있다. "좁은 문으로 들어가라"는 계명과 "그것은 문이 크기 때문이다"라는 이유이다. 그러나 더 깊고 풍성한 교훈을 위해 우리 구주 그리스도께서 여기에 제시하신 다섯 가지 요점을 숙고하고 다룰 것이다. 첫째, 상반되는 두 개의 도성 또는 왕국이 있는데, 모든 사람은 이생이 끝난 이후에 그중 하나에서 영원히 거주해야 한다. 더 나아가, 이것들은 인간에게 상반되는 상태, 곧 하나는 생명이고, 다른 하나는 죽음과 멸망을 제공한다. 둘째, 이 두 도성 또는 왕국에 이르는 두 가지 뚜렷한 길이 있다. 하나는 멸망으로 이끄는 길이고, 다른 하나는 생명으로 이끄는 길이다. 셋째, 이 두 가지 길의 조건과 속성은 다음과 같다. 생명의 길은 좁고 협착하며, 멸망의 길은 넓고 큰데, 처음부터 끝까지 그러하다. 넷째, 어떤 사람들이 이 길로 행하는가. 즉, 많은 사람이 넓은 길로 걷고, 좁고 협착한 길을 찾는 사람이 적다. 다섯째, 이 길에 관하여 사람이 마땅히 무엇을 해야 하는가, 즉 넓은 길을 지나쳐 좁은 길로 들어가 걷는 것이다. 이것이 바로 이곳에서 그리스도께서 권면하고 교훈하신 목적이다. 이것들에 대해 순서대로 다룰 것이다.

요점 1

첫째, 이 두 도성은 이생이 끝난 후에 모든 인류의 최종적이고 영원한 거처를 위해 하나님께서 정하신 두 개의 구별된 장소이다.[1154] 이 것들은 성경에서 다양한 용어로 표현한다. 다음 장에서 하나는 "천국", 다른 것은 "완전한 어둠"(마 8:11-12)이라고 언급하고, 하나는 "아브라함의 품", 다른 것은 "지옥불"(눅 16:23)이라고 표현한다. 그리고 요한계시록 21-22장에서 그것들은 눈에 띄게 묘사된다. 하나는 "하나님의 도성"으로, 다른 하나는 "불타는 못"으로 부른다. 그리고 보통 한 곳은 "천국", 다른 한 곳은 "지옥"이라고 부른다. 이것들은 별개의 장소이므로, 사람들에게 두 가지 별개의 상태를 제공한다. "협착한 길은 생명에 이르고", "넓은 길은 멸망에 이른다"는 말씀처럼, 하나는 "생명", 다른 하나는 "멸망"이다.[1155]

여기서 "생명"이란 하나님과 교제하며, 그의 마음이 말할 수 없는 하나님의 사랑과 선하심, 그리고 하나님의 즉각적인 임재로 인한 끝없는 기쁨으로 충만한 인간의 복된 상태를 의미한다. 이것이 참으로 유일한 참된 삶이다. 우리의 자연적인 삶은 그것의 그림자에 불과하다. "파멸" 또는 "멸망"이란 인간의 저주받은 상태로 이해해야 하는데, 하나님의 호의와 자비, 사랑과 관련하여 하나님과의 교제가 전혀

1154 여백에: 사람들의 최종적 거처를 위한 두 개의 구별된 장소.
1155 여백에: 천국과 지옥에서 사람들의 다른 상태.

없고, 육체와 영혼, 양심은 하나님의 진노와 분노의 쓰라림을 영원토록 느끼며, 오직 마귀와 그의 천사들, 저주받은 영혼들과 교제하는 것 외에는 아무런 교제가 없는 상태이다. 영혼과 육체가 영원히 함께 살지만, 이것은 생명이 아니라, 영원한 죽음이다.

적용. 첫째, 그리스도께서 여기서 모든 사람이 죽은 후 돌아가야 할 장소로서 단지 두 개의 도성 또는 장소만을 언급하셨다는 점에서, 우리는 생명과 멸망 사이에 중간 장소나 조건이 없다는 것을 알 수 있다.[1156] 세 번째 장소나 상태는 성경이 알지 못하며, 따라서 교황주의자들이 연옥이라고 부르는 이생 후에 인간의 영혼을 정화하는 장소는 없다. 만일 있었다면, 하나님의 말씀이 그것을 계시했을 것이다. 그러나 교황주의자들은 연옥이 저주받은 자의 지옥에 가까운 지옥의 윗부분이라고 말한다.[1157] 만일 연옥이 그렇다고 한다면, 연옥에 있는 그들을 위한 구원은 없다고 말할 수 있다. 왜냐하면 "그들 사이에 큰 구렁텅이"(눅 16:26)로 인해, 지옥에서 천국으로 돌아갈 수 없으며, 지옥의 어느 곳에 있든, 그들은 단지 저주받은 사람들일 뿐이기 때문이다.

둘째, 만일 두 장소만 있고, 그 안에 사람들이 이 땅에서 행한 선과 악에 따라 두 개의 상태만 있다면,[1158] 우리는 하나에서 벗어나 다른 하나에 도달하도록, 즉 멸망에서 해방되고 구원을 얻도록, 모든 관심과 양심으로 모든 선한 수단을 사용하도록 훈계를 받아야 한다. 대학살과 도시 약탈로 인해 어떤 사람들은 살해되고, 어떤 사람들은 살아서 탈출하는 상황에서, 모든 사람은 자신의 현세적 생명을 구하

1156 여백에: 연옥은 없다.

1157 여백에: Bellarm. de purgat. l. 2. c. 6.

1158 여백에: 지옥에서 벗어나 천국에 가도록 노력하라.

기 위해 피하는 데 주의를 기울인다. 그렇다면 온 세상이 약탈당하는 마지막 날에 모든 사람이 구원받거나 멸망 받아야 하는 것을 볼 때, 우리는 영생을 위해 훨씬 더 많은 것을 준비해야 한다. 만일 우리가 마땅히 받을 것을 받는다면, 매 순간 혼란스러울 것이지만, 하나님께서는 우리가 하나님의 나라와 영원한 생명을 구할 수 있도록 자비 가운데 우리에게 삶의 긴 날을 허락하신다. 그러므로 우리가 언제 부름을 받든, 오히려 그리스도께서 언제 우리를 부르실지 모르기 때문에, 항상 준비될 수 있도록 하는 것이 우리의 주된 관심사와 공부가 되어야 한다. "그러므로 너희도 준비하고 있으라. 왜냐하면 너희가 생각하지 않은 때에 인자가 올 것이기 때문이다"(눅 12:40).

요점 2

두 개의 다른 장소에 두 가지 상태가 있는 것처럼, 그곳으로 가는 **두 가지 구별된 길**이 있다.[1159] 하나는 "생명의 길"(마 7:14)이고, 다른 하나는 "멸망에 이르는 길"(마 7:13)이다.

생명의 길

첫째, **생명의 길**에 대해 먼저 언급할 것인데, 그로 인해 우리는 **멸망의 길**이 무엇인지 보게 될 것이다. 그러므로 우리 모두는 생명의 길이 무엇인지 알아야 한다. 하박국 선지자보다 그것을 우리에게 더 잘 알려준 사람은 없다. "그러나 의인은 믿음으로 말미암아 살리라"(합 2:4). 여기서 그는 갈대아 사람들에 의한 유대인들의 고난을 예언하는데, 이에 대해 유대인들이 "그렇다면 우리는 무엇으로 우리

1159 역자주, 여백에: 두 가지 길.

자신을 지탱할 것인가?"라고 묻는다. 그는 "믿음으로"라고 대답한다. "의인은 산다", 즉 "믿음으로" 그의 삶을 인도한다. 어떤 사람들은 **의인은 믿음으로 영생을 얻을 것이라**는 의미를 선지자에게 부여하지만, 사도는 다르게 설명한다(갈 3:11).[1160] 그러므로 "생명의 길을 걷는 것"은 그리스도를 믿는 믿음으로 우리의 삶을 인도하는 것이다(히 10:39).

여기서 두 가지 사항을 고려해야 한다. 첫째, 사람이 이 세상에서 살아야 하는 믿음은 어떤 믿음인가? 그것은 **의롭게 하는 참된 믿음**, 여호와의 날에 그들이 구원 받게 될 바로 그 믿음이다. "나는 나를 사랑하사 나를 위하여 자기 자신을 버리신 하나님의 아들을 믿는 믿음 안에서 사는 것이라"(갈 2:20). 여기서 그는 이 본문을 특별히 설명하면서, 우리의 구속주 그리스도를 믿는 믿음이야말로, 우리가 이 세상에서 살아가야 하는 믿음임을 보여 준다. 왜냐하면 믿음으로 구원을 받게 될 자들은 먼저 믿음으로 살아야 하기 때문이다. 잘 믿는 사람은 잘 산다. 그리고 삶을 안내하지 못하고 지도할 수 없는 믿음은, 영혼을 결코 구원하지 못할 것이다. 많은 사람들이 생명의 약속을 믿는 것으로 구원에 충분하다고 생각하지만, 믿음은 구원받은 자들 안에서 또 다른 역사를 갖고 있다. 그것은 그들로 하여금 믿음으로 살게 하는 것이다.

이제 사람은 하나님을 의지하고 전적으로 하나님의 기록된 말씀의 인도와 안내를 받을 때, 믿음으로 살아간다. 이에 대한 예를 아브라함에게서 볼 수 있는데, "그는 믿음으로 자기 고향을 버리고 하나님의 명령을 좇아 갈 바를 알지 못하고 갔다"(히 11:8). 보다 구체적으

1160   역자주. 영문판은 원문과 달리 갈 3:1로 기재하고 있다.

로 그리스도인의 삶은 이중적이다.[1161] 영적인 삶과 현세적 삶이 그것이다. 그는 이 세상에서 이 두 가지 삶을 살아야 하는데, 이는 우리가 죽기 전에 천국의 삶이 시작되기 때문이다. 그리고 이 두 가지 삶은 모두 믿음으로 보존되어야 한다. 그리스도인의 영적인 삶은 하나님과 참된 교제를 나누는 삶이다. 이것은 이생에서 시작되며, 하나님과의 화해를 통해 영생의 권리를 인정받는다. 이 화해는 생명이며, 믿음으로 유지된다. 오직 하나님의 말씀과 그리스도 안에 있는 약속을 믿는 믿음만이 우리로 하여금 이 화해를 붙잡고, 받아들이고, 지키게 한다. 우리는 죄 사함과 그리스도 안에 있는 영생에 대한 그의 약속을 믿는 이 영광을 하나님께 돌려야 한다. 그리고 하나님께서는 우리의 믿음에 대해 우리에게 죄 사함과 영생을 주신다. 여기서 어떤 사람들은 우리가 믿는 모든 것, 즉 재물이나 명예나 그와 같은 것이 우리의 소유가 되었는지 질문할 수 있다. **대답.** 아니다. 오직 하나님께서 영생의 복음 언약 안에서 약속한 것만이 믿음으로 우리의 소유가 된다. 여기에서 또한 어떤 사람들은, 이것이 전부라면, 자신은 하나님의 약속을 믿기 때문에 괜찮다고 말할 것이다. 그러나 많은 사람들이 그 약속을 잘못 믿어 스스로를 속이고 있다. 참된 믿음은 다음과 같다. 사람들은 자신의 죄 사함을 구해야 하며, 구하는 가운데 그것을 믿어야 한다. 그러나 수단을 사용하지 않고 믿는 자들은 스스로를 속이는데, 이는 하나님께서 수단에 그의 약속을 결합시키셨기 때문이다. 우리는 날마다 하나님께 죄를 범하는데, 그러므로 날마다 회개를 새롭게 하고, 믿음으로 매일의 죄 사함을 믿어야 한다.

더 나아가, 이런 영적 삶에는 그 열매가 있다.[1162] 그것은 죽은 생

1161 여백에: 그리스도인의 삶은 이중적이다.
1162 여백에: 영적 삶의 열매.

명이 아니다. 왜냐하면 죄 사함을 받은 자는 그리스도 안에 살고, 이 생명은 자비, 사랑, 선함과 같은 선행의 열매로 나타나기 때문이다. 그리고 우리는 믿음으로 모든 선행 가운데 살아야 하는데, 이는 모든 선행을 하는 데는 이중적 믿음이 요구되기 때문이다. 첫째, 그 일이 하나님께서 허락하시고 요구하시는 것이라고 우리가 확신하는 **일반적인 믿음**이 요구된다. 둘째, 우리가 행한 특정한 일이 하나님께 받아들여진다고 확신하는 **특별한 믿음**이 요구된다. 그 일을 받아들일 때, 하나님께서는 먼저 그리스도 안에서 그 사람을 받아들이고, 그 다음에 그 사람 안에서 그리고 그 사람을 위해 그 일을 받아들이신다. 진실로, 우리는 믿음으로 말미암아 모든 선행을 하게 되는데, 이는 믿음은 우리에 대한 하나님의 사랑과 자비와 선하심을 생각나게 하고, 또한 우리로 하여금 형제들을 향한 사랑과 자비의 동일한 의무를 수행하도록 만들기 때문이다.

셋째, 영적인 삶은 유혹에 저항하고 견디는 것으로 드러난다.[1163] 왜냐하면 하나님의 모든 자녀는 의인이 겨우 구원을 받는 것처럼, 심각한 공격을 많이 받기 때문이다. 그리고 이 모든 공격 가운데서 우리는 믿음으로 살아야 하며, 우리 자신이 아니라, 그리스도를 의지해야 한다. 이에 대한 예로서, 우리는 십자가에 달리신 그리스도를 볼 수 있다. 그는 자신에 대한 하나님의 진노와 분노를 느꼈을 때에도, 여전히 하나님께 "나의 하나님, 나의 하나님"[마 27:46]이라고 부르짖으셨다. 욥은 극심한 시험과 환난 중에 주께 말하되, "보라, 그가 나를 죽이실지라도 나는 그를 의지할 것이다"(욥 13:15)라고 고백했다. 그와 같이 우리가 스스로 위안을 느끼지 못할 때에도, 하나님의 자비

1163   여백에: 영적인 삶은 시험에서 나타난다.

를 붙잡아야 한다. 다윗도 위로를 받지 못했지만, 묵상 가운데 하나님을 붙들었다(시 77:7-8, 10-11). 학문의 논쟁에서 항상 결론만 고수하는 것은 잘못이지만, 사탄과의 싸움에서는 잘못이 아니며, 참된 믿음을 실천하는 좋은 관행이다.

현세적 삶은 어떤 특별한 소명을 실천하는 것인데,[1164] 어떤 사람들은 하나의 부름을 받고, 어떤 사람들은 다른 부름을 받는다. 그리고 모든 사람은 자신의 현세적 삶을 영위하기 위해 어떤 합법적 직업을 가져야 한다. 이제 사람의 구체적인 직업의 행위는 믿음으로 수행해야 하며, 심지어 가장 비천한 직업, 즉 목자의 의무까지 믿음으로 수행해야 한다. 그리고 사람이 믿음으로 직업의 의무를 행하려면, 먼저 자신의 일이 하나님께서 허락하신 것이라는 굳건한 양심을 가져야 하며, 그에 따라 자신의 일을 수행해야 한다. 다시 말하지만, 모든 사람은 자신의 직업에 따라 자신의 생명과 자신에게 속한 사람들을 돌보고, 그들에게 필요한 음식, 음료, 의복을 공급해야 한다. 그리고 이 돌봄은 믿음에 의해 다스려져야 한다. 사람은 이러한 것들을 얻기 위해 합법적 수단을 사용해야 하지만, 그 결과와 사건은 하나님의 복에 맡겨야 한다. 우리는 생필품을 공급할 수 있지만, 더 이상 나아가서는 안 되며, 합법적인 일상적 수단을 사용하고, 기도로 그것들을 거룩하게 하고, 복은 하나님께 맡겨야 한다. "너의 행사를 하나님께 맡기라"(잠 16:3)고 솔로몬이 말하고, 베드로는 우리에게 "우리의 염려를 하나님께 맡기라"(벧전 5:7)고 권고한다.

마지막으로, 모든 부름에는 그 십자가가 있다. 괴로움이 전혀 없는 그런 고요한 삶은 없다. 어떤 사람이 자신의 부름 가운데 십자가

1164　여백에: 현세적 삶을 믿음으로 사는 방법.

가 닥치면, 그는 그것을 믿음으로 짊어져야 한다. 그는 하나님의 말씀을 의지하고, 하나님의 선한 뜻과 기쁨으로 자신의 마음을 안정시켜야 한다. "믿는 이는 다급하게 되지 아니하리로다"(사 28:16). 그는 악에서 벗어나거나, 어떤 복을 누리기 위해 자신의 쾌락과 식욕을 채우려는 욕망에 사로잡히지 않고, 하나님의 선한 기쁨으로 만족해야 한다. 이와 같이 우리는 영생에 이르는 올바른 길인 믿음으로 산다는 것이 무엇인지 알아 보았다.

적용. 첫째, 이것은 사람들 사이에서 정직하게 살면 모든 것이 잘 될 것으로 생각하는 상당히 많은 사람들이 꽤나 광범위하다는 것을 보여 준다.[1165] 이 정직한 삶은 사람들 사이에서 매우 칭찬할 만하지만, 구원에 이르지는 못한다. 그것은 본성의 작용일 뿐인데, 이는 많은 사람들이 이교도들 사이에서 행했던 것처럼, 사람은 자연적 이성에 따라 정직한 삶을 살 수 있기 때문이다. 그러나 사람을 천국으로 인도하는 삶은 반드시 믿음에 의해 인도되어야 한다. 그러므로 생명에 이르는 길을 걷고자 하는 자들은 단지 이성으로만 아니라, 믿음으로 걸어야 한다.

둘째, 이것은 또한 하나님의 사랑과 미움을 외적인 복과 십자가로 측정하며, 감각으로 사는 자들이 미혹 당하고 있다는 것을 보여 준다.[1166] 그러므로 하나님께서 수단을 거두어 가시면, 그들은 더 이상 그를 신뢰하지 않을 것이다. 그러나 우리는 정직한 친구를 담보물 없이 신뢰하지 않는 것은 부정직한 일이라고 간주한다. 그렇다면 우리가 하나님의 은총에 대한 외적 보증 없이 그를 의지하지 않는 것은 하나님께 훨씬 더 불명예이다. 그러므로 우리는 모든 수단이 실패

1165 여백에: 예의바른 정직한 삶만으로는 구원에 이르지 못한다.
1166 여백에: 우리는 감각으로 살지 말아야 한다.

할 때, 하나님을 의지해야 하는데, 왜냐하면 "자기 앞에 있는 모든 사람에게 사랑을 받을는지 미움을 받을는지 아무도 알지 못하기"(전 9:1) 때문이다.

셋째, 신앙을 고백하는 많은 사람들이 속고 있으며, 자신의 마음속 느낌으로 자신들의 종교적 은혜와 선함을 측정한다.[1167] 그러나 우리는 그것에 의존해서는 안 되는데, 이는 참된 믿음은 내적 감각 없이도 마음에 있을 수 있기 때문이다. 다시 말하지만, 마귀는 사람의 마음에 거짓된 위로를 여러 번 심어줄 수 있어서, 악한 사람은 기쁨으로 말씀을 받아들인다(눅 8:13). 그리스도의 말씀으로 여러분의 믿음을 바라보고, 이로써 자신을 판단하고, 여러분의 내적인 느낌에 안주하지 말라.

넷째, 이것은 우리가 성경에 있는 하나님의 모든 계명, 그리고 죄사함과 영생에 관한 모든 약속을 숙지하도록 가르친다.[1168] 왜냐하면 이 지식 없이는 믿음이 있을 수 없기 때문이다. 그러므로 우리는 이런 것들에 대한 모든 무지를 버리고, 하나님의 말씀으로 우리 자신과 우리에게 속한 사람들을 가르쳐서, 그들과 우리가 믿음으로 살도록 해야 한다.

다섯째, 우리가 지금 살고 있는 이 시대는 평화롭고 많은 현세적 복을 누리는 행복한 시대이지만, 항상 이 평화 속에서 살 수는 없다.[1169] 하나님께서는 우리 가운데 그의 심판을 시작하셨고, 우리가 회개하지 않으면, 하나님의 말씀을 잃어버리고, 우리 자신과 친구, 자녀에게 칼이 임하는 것과 같은 더욱 심하고 엄중한 심판을 받게 될

1167 여백에: 감각으로 은혜를 측정하지 말라.
1168 여백에: 하나님의 뜻 알기를 배우라.
1169 여백에: 고난 가운데 사는 법.

것이다. 이런 날들이 온다면, 어떻게 될 것인가? 그렇다면 우리는 어떻게 살아야 하는가? 즉, 하나님의 말씀과 약속을 믿는 믿음으로 살아야 한다. 이것을 붙잡고, 비록 여러분이 친구, 재물, 그리고 현세적 목숨을 잃더라도, 영적 생명은 굳게 붙잡으라. 믿음으로 그리스도께 붙어 있으면, 죽음의 칼과 무기들 한가운데서 여러분은 영생에 이르는 길을 걷게 될 것이다. 지금까지 생명의 길에 대해 다루어 보았다.

멸망에 이르는 길

두 번째 길은 **멸망에 이르는 길**인데, 이것은 "죄인의 길"과 "악인의 길"(시 1:1, 6)로 일컬어진다. 이 길에는 많은 경로가 있으며, 모두 한쪽 끝으로 향하고, 같은 기간에 만나는 경향이 있다. 그리고 그 경로들은 모두 다음 세 가지 항목으로 축소될 수 있다. 첫째, 본성의 길, 둘째, 거짓된 믿음의 길, 셋째, 믿음과 본성이 결합된 믿음과 본성의 길이다.

본성의 길은 사람이 오직 본성의 빛으로만 사는 것이다.[1170] 이것에 대해 사도 바울은 "하나님이 모든 민족으로 자기들의 길들을 가게 방임하였다"(행 14:16)라고 말하는데, 거기서 그들은 그리스도 안에 있는 하나님을 소유하지 못해 자비를 얻지 못했다.

거짓된 믿음의 길은 본성의 길 이상의 어떤 것이다.[1171] 그러나 그것은 멸망에 이르게 되는데, 이는 그들의 믿음이 거짓되고, 고백이 헛된 것이기 때문이다. 그리고 이것은 거짓 종교의 길인데, 오늘날에는 다음 세 가지 주요하고 주된 거짓 종교가 있다. 튀르키예인들의 종교, 유대인들의 종교, 그리고 교황주의자들의 종교이다. 튀르키

1170   역자주, 여백에: 본성의 길.
1171   역자주, 여백에: 거짓 믿음의 길.

예인들은 그들의 종교에서 그리스도를 위대한 선지자로 인정하지만, 하나님으로 인정하지 않는다. 또한 그들은 그리스도로 말미암은 구원을 기대하지도 않는다. 유대인들은 그들의 종교에서 오직 한 분 하나님만을 인정하되, 그리스도 밖에서 인정한다. 그들은 지나간 그리스도의 성육신을 인정하지 않고, 장차 올 것을 기대한다. 그들은 지상의 왕국을 기다린다. 그들은 구약성경만 붙잡고, 신약성경을 부정한다. 이제 그리스도를 거부하는 이 두 종교에서 구원을 얻을 수 없다. 교황주의자들은 형식적으로는 많은 진리를 인정하지만, 다시 그것을 뒤집는데, 이는 마귀들이 가질 수 있는 일반적 믿음을 갖고 있기 때문이다. 그들은 사람이 자신의 구원, 죄 사함, 그리스도 안에 있는 하나님과의 화해를 믿어야 하는 의롭게 하는 특별한 믿음을 부인한다.[1172] 다시 말하지만, 교황주의자들의 그리스도는 참 그리스도가 아닌데, 왜냐하면 그들은 그를 반쪽짜리 구주로 만들거나, 심지어는 사람들을 그들 자신의 구원자로 만드는 하나의 도구에 불과한 존재로 만들기 때문이다. 왜냐하면 그들은 그리스도의 은혜로 말미암아 영생 얻기에 충분히 합당한 제대로 된 공로를 행하기 때문이다.[1173] 그들은 또한 미사가 행해지는 곳마다, 그 몸이 양적으로 어디에나 존재한다고 말함으로써, 그리스도에게서 그의 인성을 빼앗는데, 이는 그들이 십자가에 못 박힌 그 동일한 몸을 갖기 때문이다.[1174] 또한 그들은 그의 직분을 부인한다. 첫째, 그의 왕적 직분을 부인하는데, 왜냐하면 그들은 하나님의 율법이 구속하듯, 양심을 구속하는 법을 만들 권한이 교황에게 있다고 말하면서, 그리스도와 몫을 나누고, 그것을

1172 여백에: Concil. Trid. sess. 6. cap. 9. and can. 11.

1173 여백에: Rhem. on 2 Tim. 4. sect. 4.

1174 여백에: Rhem. on Matt. 26. sect. 4.

교황에게 넘겨주기 때문이다.[1175] 둘째, 그의 제사장직을 부인하는데, 이는 모든 미사 사제가 그리스도를 새롭게 제사하고,[1176] 성인들,[1177] 특히 동정녀 마리아를 중보자로 만들기 때문이다. 셋째, 그의 선지자적 직분을 부인하는데, 성경은 전통이 없으면 불완전하고,[1178] 교회의 뜻과 의미 없이는 불확실하며,[1179] 원본이 훼손되었고,[1180] 교회는 권위에 있어서 성경 위에 있다고 말한다.[1181]

세 번째 길은 믿음과 본성이 함께하는 길이다. 이것은 대부분의 개신교도가 걸어가는 일반적인 길인데, 왜냐하면 우리는 말씀에 대한 올바른 믿음을 가지고 있고, 우리의 고백과 판단이 올바르지만, 우리의 삶이 본성을 따라 살아가기 때문이다. 그리고 이 세 가지 경로는 모두 멸망으로 가는 넓은 길이다. 그러므로 우리가 참된 교리와 말씀에 대한 바른 믿음을 가지고 있으므로, 그에 따라 우리의 삶을 살아가고, 우리의 행위로 그것을 증거하도록 하자. 특히 하나님께서 가난한 자들에게 그의 손을 얹으시고, 이로써 부자들의 마음을 시험하는 기근의 때에 그렇게 하자.

요점 3

이러한 길들의 속성. 생명에 이르는 길은 좁고 협착하다. 반면에, 멸망으로 가는 길은 크고 넓다. 첫째, "생명의 길"은 첫 입구부터 마지막 통로까지 "좁고 협착하다." 왜 그런가? 첫째, 생명의 길은 오직

1175 여백에: Bellar. de Rom. Pont. l. 4. cap. 15–16.

1176 여백에: Rhem. on Heb. 9. sect. 10.

1177 여백에: Missale Rom. a pio 5. in leitan. p. 304.

1178 여백에: Censur. Colon. f. 220.

1179 여백에: Censur. Colon. f. 117.

1180 여백에: Canus l. 2. c. 13.

1181 여백에: Pig. l. 1. de hier. eccles. c. 2.

하나의 길이지만, 죽음의 길은 여러 갈래의 길로 이루어져 있기 때문이다. 둘째, 생명의 길로 행하는 자들은 하나님의 말씀의 언약과 경계 안에 자신을 두는데, 이는 "지혜자들의 말씀은 우리를 지키는 {잘 박힌} 못과 울타리와 같기"(전 12:11) 때문이다. 셋째, 생명에 이르는 길에는 "우리가 하나님의 나라에 들어가려면 많은 환난을 겪어야 할 것이라"(행 14:22)는 말씀처럼, 많은 환난과 장애물이 있다. 그리고 "내가 가시로 네 길을 막으리라"(호 2:6)는 것은 하나님께서 매서운 고난으로 그들을 순종의 길로 인도하실 것이라는 의미이다. 그러나 어떤 사람들은, 그렇다면 왜 그리스도는 "그의 멍에가 가볍다"(마 11:30)고 말씀하시고, 사도 요한은 "그의 계명들은 무거운 것이 아니다"(요 5:3)라고 말하며, 다윗은 "내가 크게 또는 자유롭게 걸어갈 것이라"(시 119:45)고 말하는지 물을 수 있다. 나는 그 길이 우리의 본성으로 볼 때 좁고 협착하지만, 그의 돕는 은혜와 도움으로 말미암아 넓고 쉬워진다고 대답한다. 그렇다면 여기서 우리는 그리스도께 나아가고자 한다면, 어떤 길을 택해야 하는지 알 수 있다. 즉, 우리는 이 좁은 길을 걸어야 하며, 고난 중에 그와 같이 되어야 하는데, 왜냐하면 그가 여기 이 땅에서 이 길로 행하여 그의 영광에 들어가셨기 때문이다.

죽음의 길의 속성은 넓음이다. 죽음의 길은 넓다. 첫째, 진리는 단 하나이지만, 오류는 여럿이듯이, 죄를 짓는 길이 다양하기 때문이다. 둘째, 이 길로 행하는 자들은 하나님의 말씀의 범위를 벗어나, 그 안에 자신을 두지 않기 때문이다. 셋째, 여기서 그들은 십자가와 장애물을 거의 만나지 않기 때문이다. 이것은 다윗이 "그들은 다른 사람들처럼 곤경에 처하지 않으며, 항상 형통하고 재물은 더욱 불어난다"(시 73:5-12)고 말한 것과 같다. 그 이유는 복음서의 어리석은 자가 "영혼아, 영혼아 편히 쉬어라, 평안히 살아라"(눅 12:19)라고 말한 것처림, 옳고 그름을 막론하고, 자기 마음의 욕망을 채우기 위해 수단과 방법을 가리지 않기 때문이다.

어떤 사람들이 이러한 길로 행하는가. 즉, 대부분의 사람이 넓은 길로 행하며, 좁은 길로 행하는 사람은 거의 없다. 따라서 우리는 다양한 지침을 배운다. 첫째, 우리는 대부분의 사람들이 거짓 종교나 명백한 불경건 가운데 사는 것을 볼 때, 불쾌하게 생각하거나 낙담해서는 안 된다. 이는 대부분의 사람들이 넓은 길로 행하기 때문이다. 둘째, 우리는 종교 문제에 있어서 많은 무리를 따르지 말고, 그리스도와 족장들, 선지자와 사도들을 따르는 사람들을 따라야 하는데, 이는 대다수는 넓은 길을 가고, 아주 적은 수가 생명의 바른길을 고수하기 때문이다. 셋째, 보편성은 참된 교회의 표식이 아닌데, 왜냐하면 참된 교회는 좁은 길에 있고, 가장 적은 수의 사람들이 그 길을 걷기 때문이다. 넷째, 보편적 은혜(*universal grace*)는 사람이 고안한 것이며, 이는 생명의 길을 찾는 사람이 거의 없기 때문이다. 따라서 그 길은 숨겨져 있고 알려지지 않았다. 모든 사람이 원하기만 하면, 찾을 수 있다고 생각할 수 있지만, 그렇게 할 수 없다. 왜냐하면 **찾기**(*finding*)라는 단어는 추구하는 것을 전제로 하기 때문이다. 마치 그리스도께서 많은 사람이 생명의 길을 추구할지라도, 찾는 사람은 적다고 말씀하셨던 것과 같다. 비슷한 문구가 있는데, "노아 시대에 그들은 먹고 마셨다"(마 24:38). 즉, 그들은 먹고 마시는 데만 몰두했다. 다시 금 누가는 이렇게 말한다. "그것을 찾지 못할 것이다"{눅 13:24}. 그렇다면 왜 대부분의 사람들이 생명의 길을 찾지 못하는가? 그들이 그것을 추구하지 않기 때문인가? 진실로 그렇지 않다. 누가는 그것을 부인한다. 그렇다면 왜 그 길은 대다수에게 숨겨지고, 소수에게만 계시되는가? 그리스도는 "그것이 하나님의 기쁘신 뜻"(마 11:25-26)이라고 우리에게 가르치신다.

요점 5

이 두 가지 길과 관련하여, 우리는 무엇을 해야 하는가?[1182] 우리는 반드시 들어가야 한다. 참으로 "넓은 길을 지나쳐 좁은 길로 들어가기를 힘써야"[눅 13:24] 한다. 이것이 우리 구주 그리스도의 계명인데, 이 계명은 우리에게 세 가지를 명령한다. 첫째, 우리는 이 좁은 길로 들어가야 하고, 넓은 길을 피해야 한다. 둘째, 우리는 그 길이 좁기 때문에, 낙심해서는 안 된다. 그리고 셋째, 그 안으로 들어가기 위해 힘써야 한다.

명령 1

첫 번째는 이 시대의 필수적인 의무이다. 왜냐하면 우리는 많은 쾌적한 나라들과 웅장한 건물들을 지나며, 멀리서 바라보기만 하고, 그 안에 들어가거나, 거기에 상륙하지 않는 선원과 같기 때문이다. 그러므로 우리는 생명의 길에 대해 말하기만 하는 것을 그치고, 그 길로 걷기 시작해야 한다.[1183] 만일 누가 어떻게 이 길을 걸을 수 있느냐고 묻는다면, 예레미야 6장 16절을 읽고, 거기서 주목할 만한 교훈을 보라고 대답할 수 있다. 첫째, 우리는 "어느 것이 옛적 길인지 물어야 하는데, 이는 옛적 길이 올바른 길이기 때문이다." 그러나 우리는 어디서 옛적 길을 배워야 하는가? **대답.** 거룩한 성경에서 배워야

1182 여백에: 이 두 가지 길에 관한 우리의 의무.
1183 여백에: 생명의 길을 걷는 법.

한다. 거기서 우리는 족장들과 선지자들과 사도들이 갔던 길을 보게 될 것이다. 둘째, 올바른 길을 찾았다면, 우리는 그 길의 모든 갈림 길을 알기 위해 노력해야 한다. 우리는 "깨끗한 양심에 믿음의 비밀을 가지고"(딤전 3:9), 무엇을 믿고 행해야 하는지 알아야 한다. 셋째, 우리는 이 길로 행해야 하는데(렘 6:16), 이는 하나님의 뜻을 알고 신앙을 고백을 하는 것만으로는 충분하지 않고, 우리가 아는 것을 실천해야 하기 때문이다. 마지막으로, 우리는 올바른 길을 유지하기 위해 신중해야 한다. "너희는 너희의 행위를 살필지니라"(학 1:5). "내가 내 행위를 생각하고 주의 증거들을 향하여 내 발길을 돌이켰사오며"(시 119:59).

명령 2

이 계명의 두 번째 명령은 우리가 생명의 길로 걸어갈 때, 그 길이 좁기 때문에, 그 길로 나아가는 데 낙심해서는 안 된다는 것이다. 이것이 바로 우리 구주 그리스도께서 계명에서 의도하신 주요 요점이며, 심지어 우리를 낙담시키고 기죽게 만드는 환난과 십자가, 그리고 시험에 대항하여 용기와 인내로 우리를 무장시키시려는 것이다. 그리고 이 명령에서 우리는 그리스도의 참된 신앙을 고백하는 데 실천해야 할 여러 가지 중대한 의무를 배운다.[1184] **의무 1.** 우리는 우리 모두 안에 있는 본성이 원하는 마음의 자유를 스스로에게 주지 말고, 그것에 대해 우리 자신을 절제하고, 우리의 마음, 생각, 애정, 의지, 말, 행동을 하나님 말씀의 협소한 곳으로 가져와야 한다. 우리의 타고난 욕망을 억제하는 것은 이중적인데, 율법에 의한 억제와 복음에

1184 여백에: 이 좁은 길에 맞서 용기를 얻는 방법.

의한 억제가 있다. 율법에서 모든 계명은 그 순서에서 볼 수 있듯이, 특별한 제한을 행사한다.

제1계명은 **참 하나님을 우리 하나님으로 모시는 것**에 관한 것이다.[1185] 첫째, 본성상 우리는 하나님을 우리 마음대로 생각하는 자유를 취한다. 왜냐하면 사람들은 흔히 삼위일체 밖에서 하나님을 생각하고, 그 위격들을 예배하되, 다른 위격 밖에서 한 위격을 예배하기 때문이다. 유대인, 튀르키예인 및 모든 이교도는 이 자유에 대해 제한받지 않으려 하지만, 하나님의 말씀에 복종하는 그의 백성은 이 율법에 의해 이 자연적 욕망이 제한되고, 참 하나님을 그들의 하나님으로 선택하고 소유하며, 이 하나님을 올바로 생각하도록 가르침을 받았다. 즉, 그는 본질에 있어 하나이고, 위격에 있어 셋이며, 그 위격들은 신성의 단일성 안에서 경배되어야 한다. 왜냐하면 그 위격들이 본성에 있어 하나이므로, 우리가 그 위격들을 하나이자 동일한 예배로 결합해야 하기 때문이다.

둘째, 우리는 본성상 참 하나님을 잊어버리고, 우리 자신의 마음속에 거짓 하나님을 세우는 자유를 취한다. 어떤 사람들은 재물을, 어떤 사람들은 명예를, 어떤 사람들은 쾌락을 그들의 하나님으로 삼는다. 사람이 자신의 마음, 그리고 자신의 사랑, 두려움, 확신과 같은 자신의 애정을 어디에 바쳐서 자신의 하나님으로 삼는지 보라. 그러므로 어떤 사람들은 판단에 있어서는 참 하나님을 붙들고 있지만, 그들의 마음속에는 거짓 하나님을 섬기는 일이 생겨난다. 그러나 제1계명은 또한 우리에게 이러한 자유를 제한한다. 그리고 그 계명은 우리의 온 마음과 모든 애정을 참 하나님께 바치고, 무엇보다도 그를

1185 여백에: 제 1계명에서 율법이 어떻게 우리의 타고난 욕망을 억제하는가. 역자주, 영문판은 '억제하다'(restrains)는 단어 대신 '재훈련하다'(retrains)로 기록하고 있다.

사랑하고, 두려워하며, 신뢰하라고 명령한다.

셋째, 우리의 본성은 우리 자신을 높이고, 우리 안에 있는 선한 것을 우리 자신의 것으로 여겨, 마치 그것이 우리의 것이었던 것처럼, 무언가를 우리 자신에게 돌린다. 이로써 우리는 하나님께 합당한 것을 우리 자신이 취하여, 아버지에게서 자기 몫을 떼어 자기 것으로 취했던 탕자와 같이 된다. 다윗은 이러한 타고난 교만으로 인해 백성을 계수할 때 우쭐해졌다. 그러나 제1계명은 이것에 대해서도 우리를 제한하여, 우리가 수행하는 내적 경배의 의무를 규정하고 있다. 첫째, 우리가 우리 자신을 티끌과 재로 여기며, 우리 안에 있는 모든 선(善)이 그에게서 온 것으로 그에게 돌림으로써, 우리가 할 수 있는 모든 영광을 그분께 드리는 경우이다. 둘째, 우리가 우리의 창조주께 하듯이, 그에게 전적으로 복종하고, 그의 거룩한 말씀에 우리의 마음과 의지와 양심을 복종시키는 경우이다. 그리고 이것이 바로 이 계명이 우리에게 규정하는 좁은 길이다.

제2계명은 하나님의 **외적 예배**에 관한 것이다. 그것은 우리를 많이 억제한다. 첫째, 우리의 본성은 하나님을 어떤 형태로 생각하고, 어떤 형상으로 표현하고 싶어 하지만, 주님은 영이시므로, 이 계명은 하나님을 생각하고 표현하려는 우리의 본능적 욕구를 억제함으로써, 우리에게 "영과 진리로"[요 4:24] 그를 예배하고, 그의 사역과 속성들로 그를 생각하라고 명령한다.

둘째, 하나님께 외적 예배를 드리는 것은 우리의 본성에 부합하는 일이므로 오직 그것만을 행하고, 그 외의 일에서 우리는 자유롭게 행하려고 한다. 우리는 교회에 와서 말씀을 듣고, 외적으로 기도하고, 성례를 받는 것과 같은 외적이고 육체적 예배만 주님께 드리려고 하지만, 주님께서는 이 계명에서 마음의 내적 예배를 주님께 드리라고 명령하신다. 왜냐하면 하나님께서는 전인(全人)으로 섬김을 받으셔야 하기 때문이다. 하나님께 대한 우리의 사랑과 두려움과 신뢰는 우리의 외적 예배와 일치해야 하기 때문이다.

더 나아가, 거의 모든 사람이 신앙을 고백하고, 자기 나라의 법률이 하나님을 섬기는 데 요구하는 만큼만 행하는 것으로 만족할 수 있으며, 자신의 직업 가운데 원하는 대로 살아갈 자유를 취하고자 한다. 하지만 하나님의 계명은 이 욕망도 억제한다. 우리는 교회에서만 신앙을 갖는 것이 아니라, 우리의 삶과 행실에서도 신앙을 보여 주어야 한다. 그러므로 첫 번째 돌판과 결합된 두 번째 돌판은, 우리가 사람을 섬기는 일로 하나님께 대한 의무를 수행해야 한다는 것을 우리에게 가르친다.

제3계명은 **하나님의 거룩한 것**, 특히 그의 말씀과 성례의 **거룩한 사용**에 관한 것이다. 우리는 말씀을 듣고 성례를 받는 외적인 일을 행하는 것으로 만족한다. 우리는 하나님께서 우리가 행한 일에 만족하게 생각하시기를 바란다. 그러나 이 계명은 우리로 하여금 그의 거룩한 것을 사용할 뿐만 아니라, 거룩한 방식으로, 즉 회개하고 믿는 마음으로 사용하도록 명령함으로써, 우리의 이러한 욕망을 억제한다. 왜냐하면 우리가 믿음과 회개로 그것들을 사용하지 않으면, 그것들은 우리에게 거룩하지 않기 때문이다. 다시 말하지만, 우리는 맹세할 때, 특히 주님의 식탁에 나아올 때, 세례를 갱신하는 것과 같은 서약에서 하나님의 이름을 자유롭게 사용한다. 그러나 여기서 우리는 일반적으로 그의 거룩한 이름을 남용하여, 우리가 서약한 것처럼, 우리의 서약을 잘 지키려는 관심을 갖지 않는다.

제4계명은 **하나님을 예배하는 시간**에 관한 것이다. 우리 자신은 모든 시간을 우리 자신의 처분대로 하려고 하기에, 어떤 시간이 제한되는 것을 어렵게 생각한다. 그러나 이 계명은 우리의 이러한 욕망을 억제하여, 칠 일 중 하루를 하나님의 영광을 위해, 그의 공적이고 엄숙한 예배에 바치도록 우리의 양심을 구속한다.

제5계명은 **윗사람을 존경하고 공경하는 것**에 관한 것이다. 그것은 우리 자신만을 추구하고 명예를 얻고자 하는 우리의 본능적 욕망을 억제한다. 왜냐하면 이것은 우리가 서로에게, 특히 권위나 재능이나 나이에 있어서 모든 윗사람들에게 하듯이, 존경할 자들을 존경하라고 명령하기 때문이다. 바울은 "존경할 자를 존경하는 것"(롬 13:7)이 너희의 명예가 되게 하라고 말한다.

제6계명은 **살인**에 관한 것이다. 그것은 사소한 경우에 형제에 대해 악의와 원한을 품는 우리의 본능적 욕구를 억제하고, 이웃의 생명과 인격을 손상시키거나 파괴하는 경향이 있는 모든 생각, 말, 행동 및 몸짓을 금지한다.

제7계명은 **순결**에 관한 것이다. 그것은 마음과 삶 모두에서 부정과 음행의 자유를 누리려는 인간의 본성을 억제한다. 그리고 그것은 우리 자신이나 이웃의 순결을 방해하는 경향이 있는 모든 말, 행동 또는 몸짓을 삼가도록 우리를 구속한다. 왜냐하면 하나님께서는 거룩하고 순수하시므로, 그의 복된 성령의 전(殿)인 우리의 몸과 마음도 그러해야 하기 때문이다.

제8계명은 우리 **이웃의 재물**에 관한 것이다. 그것은 우리 자신을 풍요롭게 하기 위해 수단과 방법을 가리지 않고, 자유를 얻고자 바라는 우리의 부패한 본성을 억제한다. 그리고 우리로 말과 뜻, 그리고 거래에서도 모두 공동선과 함께 사는 사람들의 유익을 추구하도록 명령한다. 이것은 또한 풍요에 대한 우리의 본능적 욕구를 억제하여, 음식과 의복과 같은 필수품만을 추구하도록 명령한다. 우리가 부요하게 되려고 애써서는 안 되지만, 하나님께서 우리 부름의 수고 가운데 필요한 것 이상을 주신다면, 우리는 그것들로 인해 하나님께 찬송하고, 그의 영광을 위해 사용해야 하기 때문이다. 이것이 세상 사람에게는 좁은 길이지만, 우리가 생명으로 들어가려면, 반드시 그 길에 서야 하고, 그 길을 걸어야 한다.

제9계명은 이웃의 **좋은 이름**에 관한 것이다. 그것은 우리 이웃에 대한 악한 소문을 다른 사람에게서 듣는 것과 마찬가지로, 다른 사람들에 대해 악하게 생각하고 말하려는 우리의 본능적 욕망을 억제한다. 반대로, 그것은 우리 이웃의 좋은 이름과 신용을 보존하기 위해 모든 선한 수단을 동원하여 노력할 것을 촉구한다.

제10계명은 **정욕**에 관한 것이다. 우리가 말이나 행동으로 아무도 해치지 않는다면, 우리는 우리 마음대로 생각할 수 있다고 당연하게 여긴다. 그럴 때, 그 어떤 법도 우리의 생각을 억제하지 않고, 우리는 그것이 자유롭다고 주장한다. 그러나 이 계명은 우리 형제의 생명, 순결, 재물, 또는 좋은 이름을 해치는 경향이 있는 우리 마음의 바로 그 첫 번째 움직임을 억제한다. 비록 그것이 결코 실천에 옮겨지지 않더라도, 참으로 우리가 결코 거기에 의지로 동의하지 않더라도 억제한다. 그리고 이것들은 우리가 생명에 들어가기 위해 순응해야 하는 율법의 규제들이다.

이제 죄 사함과 구원에 관한 하나님의 말씀의 일부인 복음의 규제가 뒤따른다.[1186] 본성상 우리는 우리 안에 있는 어떤 선한 것으로 하나님 앞에 정직하고 의롭게 서기를 원한다. 복음서에 나오는 부자처럼, 그리스도께 "내가 무슨 선한 일을 하여야 영생을 얻으리이

1186 여백에: 복음에 의한 인간 욕망의 억제.

까?"[마 19:16]라고 묻는다. 다시 말하지만, 우리 자신이 아닌 어떤 것으로도 구원받지 않으려는 것이 우리의 본성이다. 다른 것이 없다면, 우리의 선한 뜻과 선한 소망이 우리를 구원해야 한다. 그러나 복음은 우리의 이러한 욕망을 억제하고, 구원의 문제에서 우리 자신과 우리 안에 있는 모든 것을 포기하고, 우리 자신 바깥에 있는 그리스도의 인격 안에 있는 의, 즉 그리스도의 순종과 고난에 의지할 것을 명령한다. 다시 말하지만, 우리는 본성적으로 감각과 느낌으로 하나님의 자비를 누리길 원하지만, 복음은 감각과 느낌에서 오는 이런 종류의 확신을 억제하고, 우리가 그에 대한 전혀 감각이 없을지라도, 사나 죽으나 믿음으로만, 하나님의 자비를 붙잡고 지킬 것을 명령한다.

더 나아가, 복음은 사랑의 방식에 대해 율법을 갱신하는데, 왜냐하면 도덕법은 우리가 우리 자신을 사랑하듯이, 다른 사람을 사랑해야 한다고 요구하지만, 복음은 그리스도께서 우리를 사랑하신 것처럼, 우리가 서로 사랑할 것을 요구하기 때문이다. 이것은 율법이 요구하는 것보다 더 큰 사랑의 척도이기 때문이다. 그리스도는 자신보다 우리를 더 사랑하셨는데, 이는 그가 우리를 위하여 자신을 주셨기 때문이다. 그러므로 우리도 원수까지 사랑해야 한다. 따라서 우리는 복음이 어떻게 본성적 욕망을 따르는 것을 억제하고, 우리가 생명에 이르는 좁은 길로 걷도록 명령하는지 알 수 있다. **의무 1.** 우리는 율법의 억제와 마찬가지로, 복음의 억제와 명령에 우리 자신과 우리의 생각, 말과 행동을 적용해야 한다. 그렇게 함으로써 우리는 생명으로 인도하는 좁은 길을 걷는다. 그러나 우리가 타고난 욕망에 따라 이러한 규제들 가운데 어느 것에서 어떤 식으로든 자신을 제외시킨다면, 우리는 멸망으로 이끄는 넓은 길을 걷는 것이다.

의무 2. 우리가 좁은 길에 만족해야 한다는 것을 볼 때, 우리는 하나님께서 우리에게 어떤 십자가나 고난을 주실 때, 불평하거나 원한을 품지 말고, 인내로 견디며,[1187] 하나님께서 우리 자신의 의지를 꺾으시도록 허용하고, 오직 하나님의 뜻으로만 만족해야 한다는 것을 배운다. 왜냐하면 이것이 은혜요, 우리가 생명에 이르는 좁은 길을 걷는 확실한 증거이기 때문이다.

의무 3. 우리가 참된 신앙을 고백하고 공언하도록 부름받은 경우, 우리는 재물, 친구 등을 즐김으로써 이 생명에 이르는 좁은 길에서 쫓겨나기보다는, 오히려 그것들과 목숨 자체를 포기하는 것에 만족해야 한다.[1188] "나의 달려갈 길을 기쁨으로 마치려 함에는 나의 생명을 조금도 귀한 것으로 여기지 아니하노라"(행 20:24).

의무 4. 마지막으로, 자기 마음의 교만으로 우쭐대는 사람은 너무도 당당해서 생명의 길로 인도하는 좁은 문 아래로 허리를 굽힐 수 없다. 그러므로 이 좁은 길을 걷고자 하는 사람은 마음의 모든 교만을 버리고, 자신의 죄로 인해 자신을 낮추어, 자신을 아무것도 아닌 것으로 만들어야 한다. "너희가 돌이켜 어린아이들(교만하고 거만하지 않은 사람)과 같이 되지 아니하면, 결단코 천국에 들어가지 못하리라. 그러므로 누구든지 이 어린아이와 같이 자기를 낮추는 사람이 천국에서 큰 자니라"(마 18:3-4).

명령 3

우리 구주 그리스도께서 우리에게 주신 세 번째 명령은 생명의 좁은 길에 관한 것으로, 누가는 다음과 같이 기록한다. "우리는 좁은 문

1187 여백에: 인내로 고난을 견디라.
1188 여백에: 진리를 고백하는 우리의 의무.

으로 들어가기를 힘써야 한다"[눅 13:24]. 이것으로부터 우리는 우리의 주된 관심이 무엇보다도 영생의 길에 들어가는 것이어야 한다는 것을 배우는데, "힘쓰다"라는 단어가 그 만큼 많은 것을 의미한다. {세례} 요한이 처음 설교했을 때, "천국은 침노를 당하나니 침노하는 자는 빼앗는다"[마 11:12]라고 말한다. 즉, 요한의 설교를 들은 사람들은 천국을 얻으려는 진취성과 열정으로 천국에 들어가기를 매우 간절히 힘썼다. 다윗은 "여호와께 맹세하며 야곱의 전능자에게 서원하기를 그가 그의 장막 집에 들어가지 아니하며 그의 침상에 오르지 아니하고 그의 눈으로 잠들게 하지 아니하기를 하나님의 궤를 위한 처소를 발견하기까지 하리라 하였다"[시 132:2-5]. 그곳에서 그는 그의 나머지 백성들과 함께 와서 주님께 기도하고, 그에게 다시 응답을 받을 수 있었다. 이제 요한의 말을 들은 자들의 열심이 어떠했는지 보라. 또, 하나님께 예배하는 외적 장소를 위해 다윗이 어떤 관심을 가졌는지 보라. 화해와 영생을 얻기 위해 우리 각 사람에게도 이와 같은 열심이 있어야 한다.

적용 1. 첫째, 이로 말미암아 하나님의 교회 안에 있는 많은 사람이 정당하게 책망을 받을 것인데, 이는 많은 사람들이 말씀과 성례에 참여할지라도, 자신들의 구원에 매우 태만하여, 하나님과 화목하고 영생에 이르는 수단을 사용하지 않기 때문이다.[1189] 그리고 그들은 그것을 얻기 위해 어떤 수단도 사용하지 않고, 전적으로 하나님의 자비에 의존하여 모든 것을 하나님께 맡길 것이라고 공언하기 때문이다. 그러나 이 사람들은 매우 심각한 죄를 짓고 있으며, 그들이 자신의 치명적인 원수들이다. 왜냐하면 그들은 그들의 안일을 정죄하고, 모

1189 역자주. 여백에: 안일이 정죄되다.

든 사람이 좁은 길로 들어가, 그 길로 행하기를 힘쓰라고 엄하게 명령하는 이 계명을 고려해야 하기 때문이다.

그리고 이 의무가 너무나 필요하기 때문에, 몇 가지 이유를 들어 그들이 이것을 행하도록 설득하려고 한다.[1190] 첫째, 다음을 고려하라.[1191] 블레셋 사람들이 모여 삼손을 그들 가운데 두고 조롱했을 때, 만일 삼손이 그들이 앉은 집 기둥에 기대어 있을 때 무엇을 하려는지 알았더라면, 그들의 육체적 생명에 임박한 위험으로 인해, 문과 창문으로 몰려가 거기서 빠져나가려고 힘썼을 것이다[삿 16:29-30]. 그렇다면 신앙고백이 차갑게 식어버리고, 신앙에 무관심한 모든 사람들의 머리 위에는 하나님의 진노가 걸려 있으며, 그들이 넓은 길에서 이렇게 방탕하게 행하는 동안 그들의 정죄는 잠들지 않고 매우 급하게 달려온다. 만일 그들이 이 부주의한 길로 계속 나아간다면, 블레셋 사람들이 삼손의 손에 의해 멸망한 것처럼, 하나님의 진노로 멸망할 것이 확실하다. 그러므로 그들이 저주를 피하고자 한다면, 이 저주받을 안일을 벗어 버리도록 주의해야 한다.

둘째, 만일 천사가 하늘에서 와서, 하나님으로부터 영생이 우리에게 속해 있다고 확신시켜 준다면, 오, 우리는 그것을 복된 메시지로 여길 것이다. 그래서 우리가 넓은 길에서 돌이켜 생명의 좁은 길을 걸을 때, 마치 하늘에서 온 천사가 우리에게 그것을 증명하는 것처럼, 우리는 구원의 확실한 보증을 갖게 된다.[1192] 왜냐하면 참된 회개는 천국에 속한 하나님의 자녀의 틀림없는 표지이기 때문이다. 이러한 생각으로 일깨움을 받은 모든 부주의한 사람들은, 그들의 악한

1190 여백에: 힘써야 할 동기들.
1191 역자주, 여백에: 안일의 위험.
1192 여백에: 참회자의 확신.

길에서 돌이켜 이 좁은 길로 들어가 그 길을 끝까지 걸어가도록 힘써야 한다.

더 나아가 그들이 이 의무를 수행하도록 이끌기 위해, 그들이 스스로에게 하는 변명을 제거해야 한다.[1193] 첫째, 그들은 하나님께서 자비로운 분이시므로, 그를 의지하고, 그들의 영혼에 대해서는 더 이상 염려하지 않을 것이라고 말한다. **대답.** 하나님께서는 참으로 자비로운 분이시지만, 그의 자비는 오직 좁은 문으로 들어가려고 애쓰는 자들에게만 나타난다. 그것은 넓은 길로 걷는 자들에게 속하지 않는다. "또 의인이 겨우 구원을 받으면 경건하지 아니한 자는 어디에 서리요?"(벧전 4:18).

둘째, 그들은 영생을 얻는 것이 세상에서 가장 쉬운 일이라고, 적어도 마음속으로는 그렇게 말한다. 그들이 죽어갈 때 하나님을 부를 수 있다면, 모든 것이 괜찮다고 생각할 것이다. 그러므로 그들은 듣기 위해 외적인 귀를 기울이려 하지 않고, 본성상 할 수 있는 것을 생각하고, 배우기 위해 마음을 적용하려 하지도 않는다. 만일 그들이 교회에 나오더라도, 그것은 관습 때문이거나 형벌이 두려워서 그런 것이지, 양심 때문이 아니다. 하지만 이 사람들은 스스로를 속이고 있다. 그들은 베드로가 말한 "의인이 겨우 구원을 받는다"는 말을 생각하지 않는다. 그리고 누가는 그리스도의 이 권고에 "많은 사람이 생명의 문으로 들어가기를 구하나 능히 들어가지 못하리라"는 말씀을 덧붙이는데, 이는 그들이 은혜의 때를 소홀히 하고, 때를 따라 선한 방편을 사용하지 않았기 때문이다.

셋째, 그들은 자신이 선택받은 자이거나 버림받은 자라는 통상적

1193 여백에: 안일한 사람들의 변명이 제거되다.

인 이의를 제기한다.[1194] 그들이 택함받았으면, 그들이 원하는 대로 살아도 그들은 구원을 받을 것이다. 그러나 하나님께서 그들을 영원히 버리셨다면, 아무리 그들이 종교적으로 살았다 할지라도, 그들은 정죄를 받을 것이다. 많은 사람들이 이런 이유로 스스로를 속인다. 그러나 그들은 하나님의 작정을 잘못 판단하고 있으며, 이런 악한 이유가 그렇게 스스로를 속이는 것으로 나타날 수 있음을 알아야 한다. 하나님께서는 각 사람의 죽음 이후의 미래 상태만 아니라, 이 세상에서의 특정한 기간의 삶을 정하셨다. 이런 근거에서 누구라도 다음과 같이 추론할 수 있다. 하나님께서 내가 더 오래 살 것이라고 작정하셨다면, 나는 반드시 살 것이다. 하나님께서 내가 더 이상 살지 못할 것이라고 작정하셨다면, 나는 반드시 죽을 것이다. 왜냐하면 하나님의 작정은 반드시 지켜져야 하기 때문이다. 그러므로 나는 먹지도 않고, 마시지도 않고, 자지도 않고, 내 생명을 보존하는 수단을 쓰지도 않을 것이다. 만일 누구든지 이런 근거로 그와 같이 행하면, 모든 사람이 하나님을 자신을 죽인 자로 판단하지 않겠는가? 그리고 확실히 하나님의 예정에 따라 자기 마음대로 살 자유를 갖는 자는, 다름 아닌 자기 영혼을 죽이는 살인자인데, 이는 하나님의 목적에 대한 작정은 그 목적에 도달하는 일반적인 수단을 포함하기 때문이다.

다시 말하지만, 그들은 하나님의 이중적인 뜻이 있다는 것을 알아야 한다. 그의 계시된 뜻은 그의 말씀으로 알려졌다. 그리고 하나님께서는 자신의 은밀하거나 계시되지 않은 뜻으로 모든 사람의 영원한 상태가 무엇인지 스스로 결정하셨는데, 이는 일반적으로 우리에게 알려지지 않고, 사건에 의해 알려졌다. 계시된 하나님의 뜻이 우

1194 역자주, 여백에: 하나님의 예정에서 취한 변명.

리의 순종의 법칙이 되어야 하며, 우리는 그 뜻에 따라 우리 삶을 형성하고 균형을 맞추어야 한다. 그러나 우리는 그의 은밀한 뜻을 존중하고 경외해야 하되, 그것으로부터 우리 삶을 형성하는 어떤 규칙을 만들지 않아야 한다. 이제 이 사람들은 기록된 말씀을 떠나, 그의 계시되지 않은 뜻을 취하여, 그것으로부터 그들이 어떻게 살 것인지 규칙을 만들 것이다. 그러나 그들은 자신들의 삶을 정돈하고 인도해야 할 그의 말씀을 떠나, 스스로에게 새로운 규칙을 만들어 큰 죄를 짓는다.

셋째, 이 이유에는 명백한 거짓이 포함되어 있다고 답할 수 있다. 왜냐하면 생명으로 예정된 사람들은 "그 아들의 형상을 본받게 하기 위하여"(롬 8:29) 믿음과 회개와 순종으로 경건한 삶을 살도록 선택되었기 때문이다. 그리고 참으로 평생 악하게 살다가 죽는 사람이 구원받아야 하고, 또한 끝까지 경건한 삶을 사는 사람이 정죄되어야 한다는 것은 불가능하다. 왜냐하면 하나님께서는 목적뿐만 아니라, 수단도 정하셨기 때문이다.

적용 2. "좁은 문으로 들어가기를 힘쓰라"는 그리스도의 명령은 더 나은 부류에 속한 둘째 부류의 사람들도 교정한다.[1195] 왜냐하면 일반적으로 가장 선한 사람들이 이 힘쓰라는 의무에 너무도 부주의하기 때문이다. 그리스도께서 라오디게아 교회에 대해 말씀하신 것처럼, 우리에 대해서도 "너희는 뜨겁지도 아니하고 차지도 아니하도다"(계 3:15)라고 말씀하실 수 있다. 우리는 거룩한 의무에 있어서 다른 사람보다 앞서가려고 힘쓰지 않는다. 세상의 염려와 쾌락은 이 힘써야 할 의무에서 우리를 무디게 하고, 힘없게 만든다. 그러나 우리

1195 여백에: 더 나은 부류의 사람들은 노력에 있어 게으르다.

는 영생에 이르기 위해 안일하지 않고, 이 계명에 다시 순종하여, 이 것을 우리의 주된 관심사로 삼아야 하고, 모든 세속적인 염려는 이 계명 아래 있어야 한다. 이 의무를 게을리하는 자들에게 닥칠 무서운 심판을 생각하라. 그것은 멸망이요, 불경한 사람들에게도 멸망이다. "네가 뜨겁지도 아니하고 차지도 아니하니 내 입에서 너를 토하여 버리리라"[계 3:16]. 하나님께서 그의 복음을 우리에게 계속하여 주시므로, 우리는 그에 상응하여 지식과 믿음과 모든 순종에 있어서 성장해야 한다. 다윗은 "주의 규례들을 항상 사모함으로 내 마음이 상하나이다"(시 119:20)라고 고백한다. 우리는 일반적으로 재물과 쾌락의 세상사에 우리의 지혜와 힘을 쓰지만, 다윗의 관행은 우리에게 본보기가 되어야 한다. 왜냐하면 우리의 주된 투쟁은 영생을 얻는 것이어야 하기 때문이다.

열한 번째 내용: 마태복음 7:15-20

"거짓 선지자들을 삼가라 양의 옷을 입고 너희에게 나아오나 속에는 노략질하는 이리라"(마 7:15). 이 구절부터 20절까지는 거짓 선지자를 분별하고 피하는 것에 관한 이 장의 여섯 번째 부분과 그리스도의 설교의 열한 번째 부분이 포함되어 있다. 그것은 이전의 권면에 탁월하게 의존하고 있다. 좁은 길로 행하라는 계명을 주셨기에, 이제 그는 주의 깊은 안내자처럼, 이 길에서 우리를 방해하는 도둑 같은 거짓 선지자와 미혹자인 이 길의 주요 장애물을 미리 경고하신다. 그들에 관하여 그리스도는 여기서 세 가지를 규정하신다. 첫째, "그들을 주의하라"는 **계명**이다. 둘째, 그들에게서 오는 **위험**이다. "그들은 양의 옷을 입고 오지만 속에는 노략질하는 이리라." 그리고 셋째, 그들을 판단하고 분별할 수 있는 **수단**이다(마 7:16-20).

계명

"거짓 선지자들을 삼가라." 즉, 거짓 교사들을 조심하라는 계명이다. 거짓 교사에게는 두 가지 특징이 있다.[1196] 첫째, 그는 참된 믿음과 종교를 뒤엎는 어떤 오류를 주장한다. 왜냐하면 사람이 주장하는 모든 잘못된 의견이 그를 거짓 선지자로 만드는 것이 아니라, 오직

1196 여백에: 무엇이 거짓 선지자를 만드는가.

근본적인 오류만 그렇게 만들기 때문이다. 둘째, 거짓 선지자는 그 자신의 마음속에 저주받을 만한 오류를 품고 있는 것 외에도, 미혹하는 자이다. 그는 사람들을 참된 종교와 참된 믿음에서 떠나게 하고, 사적으로나 공적으로나 자신의 오류를 받아들이도록 설득하여, 분파 만들기를 애쓴다. 그리고 이 두 가지 모두가 거짓 선지자의 특징이라는 것은 성경에 분명하게 나와 있다. "너희 중에 거짓 선생들이 있으리니 그들은 저주받을 이단들을 은밀히 끌어들이리라"(벧후 2:1). 또, 거짓 선지자는 미혹하는 자라고 그리스도께서 친히 우리에게 가르치신다. "거짓 그리스도들과 거짓 선지자들이 일어나 큰 표적과 기사를 보여 할 수만 있으면 택하신 자들도 미혹하리라"(마 24:24). 그리고 이 두 가지 속성을 결합하여 사도 바울은 다음과 같이 말한다. "형제들아 내가 너희를 권하노니 너희가 배운 교훈을 거슬러 분쟁을 일으키거나 거치게 하는 자들을 살피고 그들에게서 떠나라. 이 같은 자들은 우리 주 그리스도를 섬기지 아니하고 다만 자기들의 배만 섬기나니 교활한 말과 아첨하는 말로 순진한 자들의 마음을 미혹하느니라"(롬 16:17-18).[1197] 그렇다면 이 계명에서 그리스도의 의미는 다음과 같다. "너희는 많은 거짓 선지자들로 인해 괴로움을 당할 것인데, 그들은 너희 가운데 저주받을 교훈을 가져와 너희를 진리에서 미혹하려고 애쓸 것이므로, 너희는 그들을 조심하라."

그래서 우리는 거짓 교사의 이 두 가지 표지를 주목해서, 그를 분열주의자와 위선자로부터 구별해야 한다.[1198] 왜냐하면 모든 거짓 선생이 분열주의자이지만, 모든 분열주의자가 거짓 선생은 아니기 때문이다. 거짓 교사의 본보기를 알고 싶다면, 예수회와 로마교 사제들

1197 역자주, 원문과 영문판은 롬 16:17로 기재하고 있다.
1198 여백에: 거짓 선지자는 분열주의자와는 다르다.

을 보라.[1199] 왜냐하면 그들은 우리 백성을 속이고 미혹할 의도로 우리 가운데 와서 거짓 교리를 전하기 때문이다. "사랑의 가족"도 그와 마찬가지이며, 그리스도의 신성을 부인한 과거의 아리우스파도 마찬가지였다. 사적인 잘못을 저지르되 기초를 허물지 않으며, 다른 사람들을 미혹하려 하지 않는 다른 사람들은 위선자, 분열주의자, 그리고 나쁜 그리스도인일지 모르지만, 거짓 선지자는 아니다. 계명의 의미는 이렇게 요약할 수 있다.

적용 1. 첫째, 이 경고를 통해 그리스도는 마귀가 세상의 이 마지막 때에 하나님의 교회와 사람들에 대해 지극히 큰 악의를 드러내고 있다고 우리에게 가르쳐 주고자 하셨다.[1200] 마귀는 거짓 교사들을 부추겨 저주받을 교리를 가져오고, 그들을 설득하여 사람들을 참된 종교에서 미혹하게 만든다. 그리스도는 이것을 분명히 예고하셨고(마 24:24), 사도 바울은 에베소 장로들에게 다음과 같이 권고했다. "자기를 위하여 또는 온 양 떼를 위하여 삼가라. 왜냐하면 내가 떠난 후에 사나운 이리가 여러분에게 들어와서 그 양 떼를 아끼지 아니하며, 또한 여러분 중에서도 제자들을 끌어 자기를 따르게 하려고 어그러진 말을 하는 사람들이 일어날 줄 내가 아노라"[행 20:28-30]. 그리고 베드로는 우리가 전에 들었던 것처럼(벧후 2:1), 그와 같은 것을 예고한다. 이것에 대한 사실은 경험으로 입증된다.[1201] 왜냐하면 그리스도 이후 처음 사백 년 동안, 즉 교회의 전성기와 주요한 시기에 팔십팔 종류의 거짓 선지자들이 일어나, 사람들을 믿음과 참 종교에서 미혹하여 크게 유행했기 때문이다. 그리고 세상 끝에는 사탄이 과거에

1199 역자주, 여백에: 예수회와 사제들은 거짓 교사들이다.
1200 여백에: 교회에 대한 사탄의 악의.
1201 여백에: 초대교회에 이단이 많았다.

그랬던 것처럼, 교회에 대한 그의 악의를 크게 드러낼 것이다. 그러므로 그리스도는 "그들을 조심하라"고 권고하신다. 이런 까닭에 우리는 종교를 공언하는 사람들이 이단에 빠져 타락하여, 다른 사람들을 미혹하려고 하는 것을 볼 때, 크게 놀라거나 낙심하지 말아야 한다. 오히려 더욱 주의하여 깨어 있어야 하는데, 이는 마귀가 날마다 거짓 선지자들을 충동하여 하나님의 교회를 미혹하게 하려고 하기 때문이다.

적용 2. 둘째, 이 계명을 통해 우리는 또한 우리가 나약하고 믿음이 심히 연약하여, 작은 일에도 쉽게 믿음과 참된 종교를 버릴 수 있다는 것을 알 수 있다.[1202] 그렇지 않다면, 왜 이런 권면이 우리에게 필요하겠는가? 누가 베드로보다 더 용감하고 진취적으로 고백했는가? 그럼에도 불구하고 어리석은 소녀의 목소리로 인해, 그는 자신의 스승을 부인하고, 자신의 믿음과 종교를 저버렸다. 갈라디아 교인들은 처음에 바울에게서 복음을 매우 기쁘게 받아들였기에, 바울은 "그들이 자기 눈이라도 빼어 그에게 선을 행하려 했을 것이라"(갈 4:15)고 고백한다. 그러나 그가 그들에게 편지를 썼을 때, 그들이 행위로 의롭다 함을 얻는다는 교리를 받아들여, "그렇게 빨리 다른 복음에 빠진 것을 이상히 여겼다"[갈 1:6]. 진실로, 이것은 가려운 귀를 가진 우리가 한동안은 건전한 교리를 선뜻 기꺼이 받아들이지만, 곧 새로운 교리를 다시 원하게 된다는 것을 보여 준다.[1203] 이는 "요한의 사역의 빛을 잠시 기뻐했던"(요 5:35) 유대인들처럼, 그리고 처음에는 만나를 좋아하다가 얼마 후에는 싫증이 나서, 영혼이 말라 버렸다고 불평하며, 다시 애굽의 고기 가마를 탐했던 옛 이스라엘 백성들과 같

1202 여백에: 믿음에 있어서 우리의 연약함.
1203 여백에: 종교 문제에 대한 우리의 가려운 기분[즉, 성향].

다. 이와 같이 우리도 처음에는 기꺼이 그리스도의 복음을 받았으나, 이제는 많은 사람들이 이에 싫증이 나서, 로마교 교리를 좋아하기 시작하고, 우리에게 참된 종교를 회복시켜 준 사람들보다 그들의 부패한 저술가들을 더 낫게 여기는 것이다.

적용 3. 셋째, 우리는 믿음과 선한 양심을 유지하기 위해 노력해야 하며, 거기서 벗어나지 않도록 해야 한다.[1204] 하나님의 자비로 우리는 오랫동안 진리의 복음을 누려왔고, 지금도 그 복음을 누리고 있다. 이로 인해 우리는 하나님의 이름을 찬양할 큰 이유가 있고, 이런 점에서 우리는 그것을 끊임없이 붙들고, 참으로 그것과 함께 생사를 위해 노력해야 한다. 이것이 그리스도께서 여기서 목표로 하는 주요 요점이며, 그러므로 우리는 그것을 주의 깊게 배워야 한다. 이 목적을 위해 다음과 같은 구체적인 지침들을 기억하자.[1205] 첫째, 우리에게 참된 종교를 회복시켜 주신 하나님께서는, 우리가 그것을 이 왕국이 누렸던 최고의 보물처럼 사랑해야 한다고 요구하신다. 악한 아합은 하나님의 참된 선지자인 엘리야[왕상 21:20]와 미가야[왕상 22:8]를 용인할 수 없어서 미워했다. 이 때문에 하나님께서는 그를 혼자 내버려 두시고, 바알의 거짓 선지자 사백 명에게 미혹되어 멸망에 이르게 하셨다. 그리고 사도는 적그리스도의 왕국에 대해 말하면서, "하나님이 사람을 강한 미혹에 내버려 두사 거짓 것을 믿게 하심은 저희가 진리를 사랑하지 아니함이요"(살후 2:10-11)라고 말한다. 이제 우리는 하나님께 대한 경건의 의무와 형제들에 대한 정의와 자비의 행사 가운데 순종함으로써, 이 사랑을 보여 주어야 하며, 그렇지 않으면, 하나님께서는 우리에게서 다른 민족에게로 그의 복음을 옮겨

1204   여백에: 우리는 믿음에 변함이 없어야 한다.
1205   여백에: 진리를 유지하기 위한 지침들.

그 열매를 맺게 하실 것이다.

참 종교를 유지하기 위해 지켜야 할 두 번째 규칙은 다음과 같다.[1206] 특히 목회자들과 그 소명을 뜻하는 사람들은, 하나님의 자비로 우리에게 순수한 종교를 회복시킨 수단이 된 사람들과 그들의 글을 높이 평가하고 경건하게 고려해야 한다. 비록 그들이 실수하기 쉬운 사람들이었고, 어떤 일에서는 실수할 수도 있었지만, 그들은 우리 가운데 그의 복음을 심기 위한 하나의 자비의 합당한 도구였다. 그 복음은 그들의 시대 이후로 영국, 독일 및 기타 지역에서 많은 순교자들의 피로 인봉되었다. 이런 점에서 우리는 진리를 위해 하나님의 순수한 말씀에만 의존해야 하지만, 우리는 하나의 진리 안에서 그들이 건전하게 동의하는 신앙의 본질에 대해 그들에게 많은 빚을 졌으며, 그들을 따르는 자들이 되어야 한다. 이것을 주목하는 까닭은 그들이 많은 사람들에게 수치를 당하고 있으며, 부패한 교황주의 저술가들이 그들보다 훨씬 더 낮게 여겨지고 있기 때문이다.

세 번째 규칙으로, 만일 우리 중에 누구든지 신앙에 대해 무엇인가 의심하는 사람이 있다면, 그것을 해결하기 위해 진리를 알기 위한 일반적 수단인 다음 두 가지 일을 행하라.[1207] 첫째, 성경을 부지런히 상고하되, 사적인 공부만 하는 것이 아니라, 경건한 사람들과의 대화를 통해 연구해야 한다. 둘째, 참으로 겸손한 마음으로 하나님의 성령의 조명을 구하여, 마음으로 진리를 바르게 이해하고, 믿음으로 그 진리를 마음속에 받아들이며, 삶 가운데 순종하여 그 진리를 영화롭게 하도록 하나님께 기도해야 한다. 이렇게 꾸준하고 성실하게 행함으로써, 그는 작고 근본적인 오류로부터 확실히 보존될 것이며, 때

1206 여백에: 종교의 회복자들이 고려되어야 한다.
1207 여백에: 종교에서 진리를 아는 방법.

가 되면 진리를 알게 될 것이다. 왜냐하면 "구하라 그리하면 너희에게 주실 것이요 찾으라 그리하면 찾아낼 것이요 문을 두드리라 그리하면 너희에게 열릴 것이니"[마 7:7][1208]라는 약속이 있으며, 야고보는 "누구든지" 그의 구원에 필요한 "지혜가 부족하거든 하나님께 구하고"[약 1:5],[1209] 그것을 얻기 위해 다른 합법적인 수단을 사용하여 구하면, 그에게 주실 것이라고 말하기 때문이다. 여기에 이런 의심의 경우에 만족할 수 있는 다음과 같은 좋은 도움이 덧붙여질 수 있다. 즉, 『신앙고백의 하모니』(The Harmony of Confessions)라는 저명한 책에서 볼 수 있는 개혁교회의 일반적인 신앙고백에 의존하는 것이다.[1210] 왜냐하면 비록 사람들이 잘못을 범할 수 있지만, 개혁교회의 일반적인 신앙고백은 진리에 대한 좋은 지침이 될 수 있고, 그 안에서 진리를 지켜나가는 데 좋은 설득이 될 수 있기 때문이다.

네 번째 규칙으로 우리가 종교의 진리와 순수성을 보존하려면, 선한 양심을 지켜야 한다. 믿음과 선한 양심은 항상 함께 가기 때문에, 사도 바울은 디모데에게 이 의무를 행하도록 설득하면서 다음과 같이 권고한다. "믿음과 착한 양심을 가지라 어떤 이들은 이 양심을 버렸고 그 믿음에 관하여는 파선하였느니라"(딤전 1:19). 여기서 선한 양심은 이 세상의 바다를 항해하는 배에 비유할 수 있으며, 그 배는 믿음, 즉 참된 종교와 구원에 필요한 다른 영적 은혜를 가득 싣고 있다. 이제 우리의 양심이라는 배가 미쳤고 건전하지 않다면, 우리의 믿음

1208 역자주, 원문과 영문판은 마 7:12로 기재하고 있다.

1209 역자주, 원문과 영문판은 약 2:5로 기재하고 있다.

1210 라틴어(1581년)와 영어(1586년, 1693년)로 출판된 다양한 주제에 대한 루터교회 및 개혁교회 신앙고백서 모음집. 역자주, 이 책의 전체 영역본 제목은 다음과 같다. 『기독교회와 개혁교회의 신앙고백의 하모니』(An Harmony of the Confessions of the Faith of the Christian and Reformed Churches, Cambridge, 1586).

과 구원은 큰 위험에 처한 것이다. 그러므로 우리는 범사에 하나님과 사람에 대하여 깨끗한 양심을 가지도록 노력해야 한다.

적용 4. 넷째, "거짓 선지자들을 삼가라"는 우리 구주 그리스도의 계명은 하나님의 교회와 그 모든 구성원이 거짓 선지자로 유죄 판결을 받은 자들과 교제하는 것을 금지한다.[1211] 뱀 안에 있는 마귀와의 대화를 용인한 것은 하와의 잘못이었고, 오늘날 우리 모두는 그 고통을 느끼고 있다. 바울은 로마의 교인들에게 "그들이 배운 교훈을 거슬러 그들 가운데 분열을 일으키거나 거치게 하는 자들을 부지런히 살피고 그들에게서 떠나라"[롬 16:17]고 권면했다. 그리고 사도 요한은 그들과 함께하는 이 교제를 명백히 금지한다. "그를 네 집에 들이지도 말고 인사도 하지 말라"(요이 10). 그는 진리의 교훈을 가지지 않고 너희를 가르치러 나아오는 자이다. 진실로, "우리나 혹은 하늘로부터 온 천사라도 우리가 너희에게 전한 복음 외에 다른 복음을 전하면 저주를 받을지어다"(갈 1:8). 교회 역사에 따르면, 사도 요한은 이단자 케린투스(Cerinthus)가 몸을 씻고 있었던 같은 목욕탕에서 몸을 씻지 않았고, 같은 지붕 아래에 머물지도 않고 뛰어나갔으며, 다른 사람들에게도 그렇게 하도록 설득했다고 기록되어 있다.[1212] 그리고 실제로 하와의 예를 통해, 우리는 거짓 선지자들과의 대화의 위험을 알 수 있는데, 이는 동일한 악한 영이 그들 안에서 말하기 때문이다.

이제 이것은 첫째, 우리에게 참된 종교를 회복시킨 저작에보다 더 많은 학식과 판단력을 로마교회 주석들과 설교집에 돌림으로써, 그것들을 기뻐하는 많은 학자들의 관행이 위험하며, 이 계명에 어긋난

1211 여백에: 거짓 선지자들과 교제하는 것은 불법이다.
1212 여백에: Euseb. Eccles. hist. l. 3. c. 25.

다는 것을 보여 준다.[1213] 그러므로 그들은 성경 자체나 다른 건전한 저작들보다, 그 로마교 저술들 안에서 수고를 더 많이 하는 것이다. 그러나 오늘날 거짓 선지자가 있다면, 그것은 교황주의자이며, 그들의 글은 진리에 든든하게 기초하지 않은 사람들이 읽기에 위험하다. 왜냐하면 독서를 통해 우리는 어느 정도 그것들과 친숙해지며, 실제로 많은 사람들이 교리와 신앙의 중요한 점에서 자신도 모르게 그것들로부터 많은 독을 빨아들이기 때문이다. 우리는 에베소 신자들이 그들의 마술책에 대해 했던 것처럼 그것들을 취급해야 한다. 즉, 그들이 그것들을 기뻐하기보다는 "그것들을 가지고 와서 불태웠던"[행 19:19] 것처럼 해야 한다. 하지만 건전한 판단력과 경건한 사람들이 그것들을 연구하는 것은 진리를 수호하는 데 합법적이며, 필요한 일인 것도 반드시 인정되어야 한다.

둘째, 따라서 이단 서적을 사려는 사람에게 진리와 거짓을 분별할 수 있는 은사가 있는지 여부를 충분히 고려하지 않고, 그 사람에게 이단 서적이 공개적으로 판매될 수 있다는 것은, 참된 신앙에 큰 장애가 될 수밖에 없는 것으로 나타난다.[1214] 교황주의 교회에서 그들은 더더욱 조심하는데, 어떤 사람이 이단자의 책(그들이 우리를 개신교도라고 부르듯이)을 무단으로 읽는 것을 허용하지 않으며, 그것을 위반한 자들에게는 가혹하게 큰 형벌을 내린다.

적용 5. 다섯째, 이 계명은 또한 종교 문제에 있어서 어떤 사람이나 어떤 민족에게 그들 자신의 양심의 자유를 부여하여, 그들이 원하는 어떤 종교를 고백하도록 허용하는 것이 합법적이지 않다는 것을

1213 여백에: 교황주의 저자들을 기뻐하는 것은 불법이다.
1214 여백에: 이단 서적의 자유로운 판매는 위험하다.

보여 준다.[1215] 모든 사람이 자신이 원하는 종교를 자유롭게 고백할 수 있다면, 어떻게 거짓 선지자를 피할 수 있겠는가? 그러므로 모든 통치자는 선한 왕 요시야의 관행을 따라야 한다. "그가 온 유다를 모아 그의 모든 백성으로 여호와의 말씀을 듣게 하며 하나님의 책이 그들에게 알려준 그 종교에 서게 하였다"(대하 34:32).

적용 6. 우리는 이 계명에서 우리가 로마 교회와 분리되어 있다는 이유로, 우리를 분열과 배교로 비난하는 로마 교회의 거짓 혐의에 대한 해답을 얻는다.[1216] 그러나 분열과 배교의 원인은 우리에게 있지 않고 떠나는 원인이 있는 곳에 있는데, 우리는 그리스도의 이 계명에 순종하는 것 외에는 아무것도 하지 않기 때문이다. 그 원인은 우리가 피해야 할 거짓 선지자가 된 그들에게 있다.

그러나 여기서 두 가지 질문이 제기될 수 있다. 질문 1. 그리스도는 그들을 조심하라고만 명령하시는데, 거짓 선지자가 죽임을 당해야 하는가?[1217] 대답. 여기서 그리스도는 그의 사도들에게, 그리고 더이상 의무가 없는 사적인 다른 청중들에게 말씀하고 계신다. 그러나 사실은 거짓 선지자가 법적으로 유죄 판결을 받으면, 사형에 처해져야 한다.[1218] 다른 곳에서 하나님의 말씀은 분명한데, "모든 신성모독자는 반드시 죽어야 한다"(레 24:14)는 계명과 관행이 모두 있다. 신성모독을 가장하여 나봇을 죽게 한 사악한 이세벨은 이것을 잘 알고 있었다. 그리고 유대인들은 신성모독으로 그리스도를 죽이려고 했다. 진실로 이방 왕 느부갓네살은 이스라엘의 하나님이 참 하나님이시라

1215 역자주, 여백에: 거짓 종교를 관용하는 것은 불법이다.
1216 여백에: 로마교로부터의 분리는 분열이 아니다.
1217 여백에: 거짓 선지자가 죽임을 당해야 하는지 여부.
1218 16세기에는 민간 정부가 거짓 교사들을 처벌해야 한다고 일반적으로 믿었다.

는 것을 맛만 보았는데, "누구든지 이스라엘의 하나님을 모독하는 자는 죽임을 당하리라"[단 3:29]는 법을 만들었다. 그리고 그것은 공평한 일인데, 왜냐하면 자신의 합법적 군주를 욕하는 사람은 반드시 죽어야 하고, 그것이 정당하기 때문이다. 그렇다면 하물며 만왕의 왕이신 살아 계신 하나님을 훼방하는 자가 죽어야 마땅하지 않겠는가? 이제 모든 거짓 선지자는 신성모독자인데, 이는 그의 의견이 하나님의 진리에 대한 신성모독이기 때문이다. 그러므로 그는 죽어 마땅하다. 하나님의 분명한 뜻은 다음의 말씀에 나타나 있다. "선지자가 와서 기적을 행하고 일어날 표적을 보여 주지만, 그로 인해 백성을 우상 숭배로 꾀어내면, 그는 반드시 죽임을 당해야 한다"(신 13:1, 5). 그리고 이것은 민간 행정관이 백성들로 하여금 거짓 선지자를 피하도록 돕는 하나의 방법이다.

질문 2. 그렇다면 왜 하나님께서는 사람들을 미혹하는 그런 자들이 교회 안에 살도록 용납하시는가?[1219] **대답.** 두 가지 이유 때문이다. 첫째, 신실하게 진리를 붙잡는 사람들이 알려질 수 있도록 하기 위함이다(고전 11:19). 둘째, 진리를 사랑하지 않는 악하고 경건하지 않은 자들을 벌하기 위함이다. "강력한 환상으로 그들을 미혹하여 거짓 것을 믿게 하기 위해"[살후 2:11−12].

위험

두 번째 요점은 **거짓 선지자의 위험**이다. "그들은 양의 옷을 입고

1219 여백에: 하나님께서 거짓 선지자들을 그냥 놔두시는 이유.

오지만 속에는 노략질하는 이리라." 이 말씀에서 그리스도는 참 선지자들의 옷차림을 가장한 옛 거짓 선지자들의 행태를 암시하시는데, 이는 고대 선지자들이 대개 거칠고 굵은[1220] 옷을 입었기 때문이다. 엘리야는 그의 의복과 관련하여 "털이 많은 사람"(왕하 1:8)이라고 불렸고, 세례 요한은 "낙타털 옷을 입었다"(마 3:4)고 한다. 그리고 거짓 선지자들은 다음의 목적을 위해 참 선지자들의 옷차림으로 가장했다. 주님께서 거짓 선지자들에 대해 "그들이 사람을 속이려고 거친 옷을 입을 것이다"(슥 13:4)라고 말한 데서 매우 분명히 나타난 것처럼, 그들이 사람들을 더 쉽게 속이려고 했던 것이다. 그들이 참 선지자들이 주로 입는 양가죽이나 양털로 만든 그런 굵은 의복을 입었을 때, 그들은 이로써 자신들이 참 선지자들의 마음을 가지고 있다고 사람들을 설득하려고 노력했지만, 실제로는 저주받을 오류로 가득 차 있었다.

이제 이 암시에서 그리스도의 의미는 거짓 선지자들이 그들의 저주받을 교리에 대해 그럴듯한 구실을 가지고 있으며, 따라서 그들이 더 위험하다는 것을 보여 주기 위한 것이다. 그러나 우리가 거짓 선지자들의 위험을 더 잘 인식할 수 있도록, 나는 그들의 옷, 즉 그들의 속임수를 조금 설명할 것이다. 그것은 일곱 개 항목으로 줄어들 수 있다.[1221] 첫 번째는 **성경의 인용**으로,[1222] 그들은 참 선지자처럼 성경을 종종 사용한다. 이로써 그들은 많은 사람의 눈을 멀게 한다. 그러나 사실은 그들이 성경을 인용할 때, 그들은 그 의미를 타락시키고 변경하며, 그 말씀에 더하거나 빼고, 그리스도께 성경을 인용하되(마

1220 역자주. 원문과 영문판은 '굵은'(coarse) 대신 오타인 '과정, 경로'(course)로 기재하고 있다.

1221 역자주. 여백에: 거짓 선지자들의 일곱 가지 가식.

1222 역자주. 여백에: 성경의 인용.

4:6), 약속이 맺어진 주요 요점, 즉 "네 길에서" 걷는 것을 빠뜨린 그들의 주인 사탄을 그대로 따르는 것이다. 오늘날 교황주의자들이 이런 식으로 다룬다. 때때로 그들은 본문을 엉망으로 만들어 의미를 바꾸고, 때로는 성경을 떠나 전통, 공의회, 교부들에게로 간다. 이것은 또한 성경의 자연스러운 의미를 신화적 알레고리로 바꾸는 '사랑의 가족'과 재세례파의 관행이기도 하다.

두 번째 속임수는 **그들의 깊은 학식**이다.[1223] 니골라당의 이단은 그들 스스로 심오한 학식이라고 말하지만, 성령은 "사탄의 깊은 것"(계 2:24)이라고 불렀다. 오늘날 교황주의자들이 그들의 종교에 대해 그와 같이 행동한다.[1224] 그들은 사도 시대의 교회가 지식이 미약하고 믿음이 연약했기 때문에, 사도들이 특히 미사에 관한 여러 가지 심오한 점들을 생략했지만, 그것을 전통으로 받아들인 교회는 이제 그것들을 분명하고 완전하게 가르치고 있다고 주장한다.[1225] 그러나 그들이 이러한 교회의 교리들을 성경과 일치시킨다 할지라도, 우리는 고민할 필요 없이 선지자들과 사도들의 글에서 구원에 필요한 교리가 아닌 것을 확인하고 그것을 받아들여서는 안 된다. 그러므로 부자와 나사로 비유에서 아브라함은 죽은 자의 환상과 계시보다 모세와 선지자들을 더 선호한다(눅 16:3).

세 번째 속임수는 **매우 합당한 사람의 인격과 칭호를 스스로 취하는 것**이다.[1226] 바울은 그리스도의 사도들의 이름을 자기에게 취하여 "자기를 광명의 천사로 가장할 수 있는"(고후 11:13-14)[1227] 그들의 주인

1223 역자주, 여백에: 깊은 학식.
1224 여백에: Rhem. on Heb. 5. sect. 8.
1225 여백에: Conc. Trid. sess. 4. decr. 1.
1226 역자주, 여백에: 훌륭한 칭호.
1227 역자주, 원문과 영문판은 고후 11:13로 기재하고 있다.

인 사탄을 좇는 그런 속이는 자들에 대해 말한다. 교황주의자들, 특히 그리스도의 대리자, 베드로의 후계자, 그리고 종들의 종이 되고자 하는 교황에게서 이것을 보라. 그 교사들은 스스로를 스랍같은 교사, 천사같은 교사라고 부르고, 로마 교회는 참된 교회임에 틀림없다고 말한다. 그러나 이 모든 것은 위조된 속임수에 불과한데, 이는 베드로와 그리스도 자신으로부터만 계승되는 자리는 진리에 대한 확실한 표지가 아니기 때문이다. 서기관들과 바리새인들은 하나님에 의해 임명된 아론으로부터 계승되었지만, 그리스도는 그의 제자들에게 "그들의 교훈의 누룩을 주의하라"(마 16:12)고 명령하시고, 그들을 "맹인이 되어 맹인을 인도하는 자"{마 15:14}라고 부르셨다. 그렇다면 참된 교리를 계승하는 것이야말로 참된 종교의 유일하고 확실한 표지이다.

네 번째 속임수는 **위조되고 꾸며낸 겸손**이다.[1228] 바울은 골로새 교인들 사이에 있는 거짓 사도들에 대해 다음과 같이 언급한다[골 2:18, 23]. 첫째, 그들은 하나님을 직접 경배하지 않고, 천사들로, 그리고 천사들에 의해 경배하려 했다. 둘째, 그들은 자신의 몸을 괴롭혀, 많은 육체적 활동을 보이려 했다. 셋째, 그들의 예배는 스스로 고안한 자의적 숭배였다. 이에 대한 생생한 예로 로마교 사제들을 들 수 있다. 그들은 성인들의 중재로 하나님께 나아간다. 그들의 종교 전체는 주로 육체적 활동으로 드러나게 되며, 그들의 많은 규례는 채찍질과 같은 쓸데없는 것으로 유명하고, 하나님께 대한 그들의 예배는 사람들이 고안한 자의적 숭배이다.

다섯 번째 가식은 **기적을 행하는 것**이다.[1229] 그들은 기적으로 자

1228 역자주, 여백에: 위조된 겸손.
1229 역자주, 여백에: 기적을 행하는 것.

신들의 교리를 확증하기 위해 노력한다. 적그리스도, 즉 죄의 사람이 오는 것은 사탄의 역사를 통해 표적과 거짓 기적과 함께 오는데(살후 2:9), 하나님께서는 그의 백성에게 기적 때문에 우상 숭배에 끌려가지 말라고 미리 경고하신다(신 13장). 왜냐하면 그것들이 거짓 기적과 거짓 이적이거나, 또는 참된 기적일지라도(이는 하나님께서 감사할 줄 모르는 세상의 재앙과 형벌을 위해 거짓 선지자들이 그런 기적을 행하도록 허락하실 수 있기 때문이다), 그들의 목적은 사람들을 속이고, 진리에서 벗어나 오류에 빠지게 하는 것이기 때문이다. 우리는 주술로 마귀를 쫓아내고, 이상한 질병을 치료하여 순진한 자들을 속이는 로마교 사제들에 대한 경험이 있다. 하지만 이것이 우리를 진리에서 멀어지게 해서는 안 된다. 기적이 실제로 일어났다는 것만으로 종교의 교리에 대한 충분한 보증이 되지 못한다. 왜냐하면 참되고 건전한 교리가 이러한 확증을 갖지 못할 수도 있고(요 10:41), 거짓 교리가 그것을 가질 수도 있기 때문이다(신 13:1-2).

여섯 번째 가식은 그들이 다가가는 사람들의 선과 구원을 가장하는 **그럴듯한 말과 축복**이다.[1230] "교활한 말과 아첨하는 말로 순진한 자들의 마음을 미혹하느니라"(롬 16:18). 사탄이 하와를 그렇게 취급했다. 사탄은 그녀에게 좋은 것을 알려주겠다고 하며, 그로 인해 그들의 상태가 더 좋아질 수 있다고 하였으나, 그것은 그들과 우리의 파멸로 바뀌었다. 바알의 거짓 선지자 사백 명도 참 선지자 미가야와 달리, 아합이 아람과의 전쟁에서 승리할 것이라고 예언했지만[왕상 22:6],[1231] 아합은 그들의 말을 듣고 목숨을 잃었다. 그리고 유대인들이 바벨론 왕의 군대에 포위되었을 때, 하나냐는 예레미야의 충고와

1230   역자주, 여백에: 그럴 듯한 말.
1231   역자주, 원문은 여백에 왕상 22:6로 기재하나, 영문판은 이를 누락하고 있다.

반대로 예언했다. 그는 평화와 안전을 예언했지만, 그것은 그 자신과 그들 모두의 멸망으로 바뀌었다(렘 28:1-2).

일곱 번째 가식은 **그들의 의견을 위해 담대하고 변함없이 고통을 받는 것**이다.[1232] 하나님의 자녀가 진리를 위해 행하는 것처럼, 완고한 사람은 오류를 위해 살고 죽을 수 있기 때문이다. 불변하는 견해를 갖고 있다는 것이 참된 선지자를 판단하는 확실한 표지가 아닌데, 이는 많은 이단자들이 그들의 저주받을 이단을 유지하기 위해 죽음을 감수할 정도로 확신을 가졌기 때문이다.

이와 같이 우리는 거짓 선지자들의 가식을 볼 수 있다. 이제 여기에 두 번째 요점을 추가해야 한다. 그것은 이 모든 것에도 불구하고, 그들이 이리에 불과하다는 것이다. 왜냐하면 그들은 저주받을 교리로 순진한 사람들의 영혼을 독살하고 타락시키려고 하기 때문이다. 만약 그들이 그런 의도가 없고, 그들 스스로가 그것을 진리라고 생각한다고 말한다면, 일부에게는 그럴 수 있지만, 그렇다고 해서 그들이 이리라는 사실이 부정되는 것은 아니라고 답할 수 있다. 왜냐하면 그들을 미혹한 마귀, 곧 그들의 주인인 마귀가 그들을 통해 순진한 자들을 위험하게 미혹하고 속이기 때문이다.

적용. 첫째, 거짓 선지자들의 이러한 위험을 고려할 때, 우리는 "비둘기 같이 순결하라"(마 10:16)는 그리스도의 교훈을 실천해야 한다. 즉, 생각이나 말, 행동에서 아무도 악하게 생각하지 않고, 누구에게도 악을 의도하거나 범하지 않는, 결백하고 무해한 사람이 되어야 한다. 그러나 우리는 위험으로부터 자기 머리를 구하고 방어하는 데 매우 교활한 "뱀 같이 지혜로워야" 한다.[1233] 이와 같이 구원받기를 바

1232 역자주, 여백에: 고통 중에 담대함.
1233 여백에: 뱀 같이 지혜로우라.

라는 모든 사람은 거짓 선지자들의 해로움에서 자신을 보호할 수 있는 많은 지혜를 얻기 위해 노력해야 한다. 이 지혜의 시작은 그의 말씀 안에서 하나님을 경외하며, 그의 약속을 믿고, 그의 계명에 순종하는 것이다. 하나님께 대한 참된 경외는 지식이 없는 것이 아니다. 그러므로 모든 사람은 종교의 원리를 배우기 위해 노력해야 하는데, 이는 지식이 없으면, 하나님을 경외할 수 없고, 따라서 거짓 선지자를 피하는 참된 지혜를 얻지 못할 것이기 때문이다.

둘째, 거짓 선생이 그토록 그럴듯한 과시를 통해 거짓 교리로 끌어들이려 하기 때문에, 건전한 교리와 참된 종교의 순수성을 보존하기 위해 모든 사람이 자기 자리에서 노력해야 할 의무가 있다.[1234] 이 의무는 필요한데, 왜냐하면 원수가 거짓을 위해 노력하는 것처럼, 우리도 진리를 위해 전진해야 하며, 그들이 마귀를 위해 노력하는 만큼, 우리도 하나님을 위해 많은 일을 해야 하기 때문이다. 다시 말하지만, 거짓 교리가 영혼에 미치는 영향보다 신체에 더 치명적인 독은 없다. 그러므로 하나님께서 오랫동안 우리에게 그의 진리로 복을 베푸신 것을 볼 때, 우리는 그 진리를 모든 외적인 복보다 더 소중히 여기고, 그 순수성을 보존하려고 노력함으로써, 그것에 대해 하나님께 감사하자.

1234 여백에: 우리는 진리의 순수성을 보존해야 한다.

분별의 수단

"그들의 열매로 그들을 알지니 가시나무에서 포도를, 또는 엉겅퀴에서 무화과를 따겠느냐?"(마 7:16). 이 구절과 20절까지 이어지는 구절에는 그리스도께서 거짓 선지자들에 관해 말씀하신 세 번째 요점, 즉 우리가 그들을 분별하고 판단할 수 있는 수단이 담겨 있다. 그리고 여기서 그는 다음의 순서를 따르신다. 첫째, 그는 거짓 선지자들을 판단할 때, 우리를 인도하는 주목할 만한 규칙을 제시하신다. "그들의 열매로 그들을 알리라." 둘째, 그는 나무에서 이끌어 내신 하나의 비유로 그 규칙을 설명하신다. "가시나무에서 포도를, 또는 엉겅퀴에서 무화과를 따겠느냐?"

요점 1

이 규칙을 더 잘 이해하려면, 우리는 거짓 선지자의 열매가 무엇을 의미하는지 살펴보아야 한다. 거짓 선지자는 두 가지 측면에서 고려해야 한다. 첫째, 그는 그리스도의 이름과 고백을 자신에게 취하는 사람으로 고려해야 하는데, 이는 거짓 선지자들이 그렇게 하기 때문이다. 둘째, 그가 거짓 선지자라고 고려해야 한다. 이 두 가지 측면에서 그는 열매를 맺는다. 그는 그리스도의 종교를 고백하는 사람이기 때문에, 도덕률에 대한 외적 순종의 많은 외적 의무를 수행할 수 있다. 그러나 이러한 열매는 여기서 의미하는 것이 아니다. 왜냐하면 거짓 선지자는 많은 것을 가식적으로 꾸밀 수 있고, 종교의 외적 의무에서 멀리까지 나아갈 수 있어서, 그의 일반적 고백이나 일상적 행실로 분별할 수 없기 때문이다. 그는 거짓 선지자이기 때문에, 그에게서 나오는 다른 열매들이 있으며, 그것으로 그를 분별해야 하고,

이러한 열매들을 고려해야 한다. 이제 우리는 하나님의 백성을 가르치도록 임명된 하나님의 사람인 참 선지자의 열매를 살펴봄으로써, 그들을 더 잘 알게 될 것이다.

참 선지자의 열매는 주로 세 가지이다.[1235] 첫째, 그는 하나님의 소명으로 말미암아 하나님의 이름으로 가르치고 전파하며, 그렇지 않으면, 감히 가르친다고 주장하지 않는다. "보내심을 받지 아니하였으면 어찌 전파하리요"(롬 10:14). 히브리서 저자는 이렇게 말한다. "그리스도는 교회의 대제사장과 선지자의 영광을 스스로 취하지 아니하셨고, 그의 아버지에 의해 그 일로 부르심을 받았다"(히 5:5). 여기에는 그럴 만한 이유가 있는데, 왜냐하면 모든 참된 선지자와 교사는 하나님의 자리에 서서 그의 뜻을 그의 백성에게 전달하는 하나님의 대사이며, 이 일은 하나님께서 그 목적을 위해 부르고 보내신 자 외에는 아무도 할 수 없는 일이기 때문이다.

그러나 하나님에 의한 선지자와 교사의 부름은 다양하다.[1236] 어떤 사람들은 아브라함, 모세, 사무엘과 같이 하나님의 음성으로 즉시 부름을 받았다. 그리고 신약성경의 모든 사도들은 그리스도의 즉각적인 음성으로 부름을 받았는데, 바울도 하늘로부터 그리스도의 음성으로 부름을 받았다(행 9:4-6). 둘째, 다른 사람들은 어떤 천사나 어떤 사람들의 특별한 메시지에 의해 하나님으로부터 부름을 받았다. 이런 식으로 아론은 모세에 의해, 엘리사는 엘리야에 의해, 그리고 빌립은 천사에 의해 내시에게 설교하도록 부름을 받았다(행 8:26). 셋째, 다른 사람들은 하나님의 성령의 본능과 움직임에 의해 부름을 받는다. 그래서 빌립은 평범한 부름으로 집사였지만, 비상한 본능으로 하

1235 여백에: 참 선지자의 열매.
1236 여백에: 하나님께서는 선지자를 다양하게 부르신다.

나님의 교회를 세우는 전도자이자 복음 설교자가 되었다(행 8). 이러한 세 가지 목회 사역에로의 부름은 비범한 일이었으며, 이제는 그쳤고, 더 이상 기대해서는 안 된다. 또한 오늘날 그렇게 부름을 받았다고 말하는 자들도 고려될 수 없다. 하나님께서 이제 선지자들과 교사들을 그의 교회로 부르시는 네 번째 방법은, 그의 교회에 의한 것이다. 왜냐하면 하나님께서는 특정한 교회에 특정한 사역의 권한과 봉사를 주셨고, 이로써 그 교회는 그 교사에게 자리를 지정하고, 또한 하나님께서 그를 부르셨다는 것을 나타낼 수 있기 때문이다. 이제 이 권위는 하나님께서 부르신 사람을 지정하고 드러내는 사역적인 것에 불과한데, 이는 주된 부름이 하나님께로부터 온 것이기 때문이다. 에베소 교회의 장로들은 "성령으로 말미암아 감독자가 되었다"(행 20:28)고 언급되는데, 이는 사람들에 의해 그렇게 하도록 지정되었기 때문이다. 이 네 가지 방법 중 하나를 통해 모든 참된 선지자와 교사가 부름을 받는다.

여기서 어떤 사람들은 이 시대에 우리에게 참된 종교를 회복시킨 첫 번째 사람들이 어떤 종류의 소명을 가지고 있었는지 물을 수 있는데, 왜냐하면 그들의 소명이 교황주의 사제이거나 학교 교사였기 때문이다.[1237] 그들의 부름은 부분적으로 평범하고, 부분적으로 비범했다. 선지자의 사역에는 선지자의 직분과 그 직분의 행사라는 두 가지가 있다. 우리에게 진리를 회복시킨 첫 번째 사역자들은 학교에서 낭독하거나 공적 설교자로서, 평범한 직분을 가졌을 뿐이었다. 그들은 또한 로마 교회로부터 외적인 소명을 받았기 때문에, 그 교회에 선한 소명의 일부가 있다면, 그들의 소명은 선한 것이었다. 이것은 마치

1237 여백에: 교황주의로부터 종교를 회복시킨 자들이 어떻게 부름을 받았는가?

우리 사역자들에게 소명이 없었던 것처럼 우리 교회를 비방하는 모든 교황주의자들의 입을 막는 데 도움이 될 수 있다. 그러나 그들의 직분 사용에 대해, 그들은 그들 당대에 교회 사역이 일반적으로 타락한 여러 가지 남용과 관련하여 그들이 했던 일을 하도록 특별하게 양육되고 자극을 받았다. 하나님께서 그들에게 분별하고, 가르치고, 사역을 바르게 그리고 참되게 유지할 수 있는 은혜와 지식을 주셨기 때문이다. 그들이 이와 같이 하나님의 특별한 감동을 받았다는 것은 그들에게 주어진 특별한 은사와 은혜로 나타날 수 있다. 항상 자신의 교회를 돌보는 하나님께서 적그리스도에 의해 교회가 심히 부패한 것을 보았을 때, 이 사람들을 감동하여 교회를 개혁하게 하셨기 때문이다. 그리고 지식과 지혜라는 특별한 은사 외에도, 그는 그들에게 참된 경건이라는 특별한 은혜를 주셔서, 이것으로 그들이 고백하고 가르치는 교리의 진리를 자신의 피로 인봉하고 확증할 수 있었는데, 이는 그들이 하나님의 부름을 받았다는 분명한 증거였다.

이제 이것과 반대로, 우리는 거짓 선지자의 첫 번째 특징을 주목해야 한다.[1238] 즉, 자기 마음대로 와서 보냄 받지 않은 것을 전파하는 것이다. 그래서 다음의 표식으로 거짓 선지자들이 지적된다. "나는 그들을 보내지 아니하였고 그들에게 명령하지 아니하였거늘 그들이 내 이름으로 예언하는도다"(렘 14:14). 그리스도께서 여기서 "그들이 너희에게 나아온다"라고 말씀하실 때, 그리스도의 이 말씀이 의미하는 바가 적지 않다. 즉, 비록 그들이 외적 꾸밈 가운데 하나인 소명을 가장할지라도, 하나님의 부름 없이 그들 스스로 오는 것이다. 그러므로 유다는 그들이 "교회에 가만히 들어온 자들"(유 4)이라고 말한

[1238] 역자주, 여백에: 1. 거짓 선지자의 특징.

다. 또한 사나운 이리가 하나님이나 교회의 부름 없이 너희 가운데로 들어올 것이라고 말한다(행 20:29).

여기서 어떤 사람들은 우리가 그러한 사람들을 어떻게 판단하고, 그들에게 부름이 없다는 것을 어떻게 알 수 있는지 물을 수 있다. **대답.** 이를 위해 참 선지자에 대한 가장 주요한 두 번째 특징을 들자면, 그것은 하나님의 성경을 올바르고 건전하게 다루는 데 있다.[1239] 이 것이 참 선지자의 합당한 열매이다. "예언하는 자는 사람에게 말하여 덕을 세우며 권면하며 위로하는 것이요"(고전 14:3). 그리고 "너는 하나님의 말씀을 옳게 분별하여 좋은 일꾼으로 자신을 나타내라"(딤후 2:15). 또한, "교훈과 책망과 바르게 함과 의로 교육하기에 사용되는 성경은 사람으로 하여금 선지자의 모든 선한 일을 행하기에 온전하게 하는 역할을 한다"(딤후 3:16-17). 말씀을 이렇게 건전하게 다루는 것은 두 가지에 달려 있다. 성경의 참된 의미를 바르게 해석하고 여기는 것, 그리고 건전한 판단과 그리스도인의 삶에서 교회의 덕을 세우기 위해 성경에서 온전한 교리를 적절하고 건전하게 추론하는 것이다.

반대로 거짓 선지자의 두 번째 열매는 성경의 건전한 교리에 반하는 부패한 교리를 전달하고 유지하는 것이다.[1240] 이것으로 그는 스스로 침입하는 거짓 선지자로 알려지게 된다. 이 특징을 더 잘 이해하기 위해, 우리는 선지자와 사도들의 가르침에서 그 목적과 그 가르침의 부분들을 고려해야 한다. 그들의 모든 가르침의 목적은 교회의 유일하고 완전한 구세주이고 하나님이자 사람이신 그리스도 예수를 주장하는 것이다. 그리고 실제로 그리스도의 본성이나 직분에 관해 그

1239   역자주, 여백에: 2. 참 선지자의 특징.
1240   역자주, 여백에: 2. 거짓 선지자의 특징.

리스도를 전복하려는 그 어떤 교리를 가르치는 사람은 모두 거짓 선지자이다. "예수가 육체로 오신 것을 시인하지 아니하는 영마다 하나님께 속한 것이 아니다"(요일 4:3). 선지자적 및 사도적 가르침의 부분들은 율법의 계명과 복음의 약속이며, 율법의 계명이나 신앙 조항을 직접적으로 뒤엎는 자는 반드시 거짓 선지자여야 한다. 따라서 거짓 선지자는 사도신경의 조항과 선지자와 사도들의 모든 교리의 요약을 담고 있는 십계명에 포함된 신앙의 유비로 시험을 받아야 한다. 그리고 그것들을 거스르는 자는 거짓 선지자이다.

참 선지자의 세 번째 열매는 우리 구주 그리스도의 "하나님의 영광을 구하는"(요 7:18) 사역에서 찾을 수 있다. 거기서 또한 그는 가르치고 설교할 때, 하나님의 영광이 아니라, 자신의 영광을 구하는 거짓 선지자를 지적한다.[1241] 바울은 하나님의 일이 아니라, 그들 자신의 명예와 부와 영광을 구하는 자들을 "땅의 일을 생각하는 자"(빌 3:19)라고 부르며, 그 동일한 특징을 제시한다. 그리고 "그들은 주를 섬기지 아니하고 다만 그들 자신의 배만 섬긴다"(롬 16:18).

이런 식으로 우리는 거짓 선지자의 특징들을 보게 되는데, 그중 두 번째는 그가 시험을 받아야 할 주요 사항이다. "거짓 선지자가 와서 참된 표적을 행할지라도, 그의 거짓 가르침으로 하나님의 백성을 참 하나님에게서 물러나게 하려고 애쓴다면", 그는 반드시 죽어야 한다. 그래서 유대인들이 그리스도께 무슨 권위로 그런 일을 했는지, 즉 그가 어떤 근거와 소명을 가지고 그렇게 했어야만 했는지 물었을 때, 그는 요한의 사역에 관한 또 다른 질문으로 그들에게 대답하신다(눅 20:2-3). 그렇게 함으로써 그는 자신이 행한 일이 요한의 증언에

1241 역자주. 여백에: 3. 참 선지자의 특징과 거짓 선지자의 특징.

그리스도의 산상수훈에 대한 경건하고 박학다식한 강해 **1293**

의해 보증되었고, 요한의 소명이 하나님께로부터 왔기 때문에, 그의 증언이 참되다는 것을 보여주셨다. 그리고 그는 자신의 소명을 정당화하는데, 이는 (그의 세례에 의해 상징된) 그의 교훈이 하나님께로부터 왔기 때문이다. 그래서 "저희가 사도들로부터 선지자들에게서 배운 것과 다르게 가르치는 자"는 비록 그가 "하늘로부터 온 천사"라 할지라도, "저주를 받을 것이다"(갈 1:8). 이와 같이 이 규칙의 의미에 대해 많이 다루었다.

적용. 첫째, 이 규칙으로부터 우리는 자신의 종교를 다음과 같이 변호하고 호소하는 교황주의자들과 모든 로마교 사람들에게 대답해야 한다. "만일 우리의 종교가 거짓이라면, 언제 부패했는지, 누가 부패시켰는지, 그리고 어떻게 부패했는지 보여주시오. 우리는 일단 순수한 종교를 가졌기 때문입니다."[1242] 그들은 마치 바다에 가라앉은 배에 대해 침몰하지 않았다고 말하는 사람들과 같은데, 그들은 언제, 어디서, 어떻게 배에 물이 찼는지 아무도 알 수 없기 때문이라고 말한다. 그러나 더 나아가, 우리는 여기서 그들의 종교가 언제, 그리고 누구에 의해 부패되었는지 알 수 없지만, 그들 가운데 반기독교적 선지자와 백성의 필연적 열매를 가지고 있음을 보고, 우리는 그들이 부패했다는 것을 확신할 수 있다. 그리고 우리가 비록 태양의 그림자가 움직이는 것을 볼 수 없지만, 움직인다는 것은 인지할 수 있다.

이제 그들의 열매로 보아 그들이 부패한 것이 분명하다. 이는 그들이 율법의 계명과 신앙의 조항 모두에서 선지자들과 사도들의 가르침을 뒤집기 때문이다. 첫째, 그들은 참 하나님 외에 다른 신들을 스스로 만들어 제1계명을 무효로 만드는데, 이는 그들이 성인들에게

1242 여백에: Darei Confut. resp. Whitak. ad 10. rat Cap. p. 70.

기도하고,[1243] 그들의 신적 속성을 인정하며, 또한 오직 하나님에게만 합당한 영예를 그들에게 주어, 창조주의 자리에 피조물을 세우기 때문이다. 두 번째로 그들은 하나님 자신과 죽은 사람들을 형상으로 숭배하고, 그리스도 자신을 십자가 형상으로[1244] 숭배함으로써 뒤집는다. 진실로, 그들은 이교도들 사이에서 가장 큰 우상 숭배와 일치하는 빵 한 조각으로[1245] 그리스도 자신을 숭배함으로써 뒤집는다. 그리고 그들 가운데 가장 학식 있는 사람들은 그리스도 자신을 경배하는 것과 똑같은 경배로 십자가를 경배해야 한다고 가르친다.[1246] 살인에 관한 제6계명에서 그들은 서로 죽이는 것을 정죄하지만, 만일 교황의 보냄을 받은 사제가 개신교 군주, 즉 여호와의 기름 부음 받은 왕이나 왕비를 죽인다면, 그것은 죄가 아닐 뿐만 아니라, 매우 주목할 만하고, 보기 드문, 기억에 남는 일이 될 것이라고 한다.[1247] 제7계명에 반하여 그들은 그들의 종교적 규례에 필요한 독신 생활 서약을 주장한다.[1248] 그로 인해 매춘을 비롯해 모든 더러움과 가증한 일이 그들 가운데 넘쳐나게 한다. 그리고 제10계명에 대해서, 그들은 세례를 받은 후의 색욕은 정확하게 죄가 아니라고 말한다.[1249] 신앙의 조항에서 그들은 그리스도를 구주가 아니라고 하고, 자신을 스스로를 구원하는 신적 도구로 삼아 그리스도에 관한 것들을 뒤엎는다. 왜냐하면 그들은 첫 번째 칭의 이후에 하나님의 은혜로 행해진 인간의 선행을 영생 얻기에 참되고 적절한 공로가 있고, 온전히 합당한 것으로 만들

1243 여백에: Miss. Rom. a Pio 5. in Litan. p. 304.

1244 여백에: Rhem. on Heb. 11. sect. 9.

1245 여백에: Rhem. on Matt. 2. sect. 3.

1246 여백에: Aquin. 3. Summ. q. 25. artic. 3-4.

1247 여백에: Xixti 5. Pont. orat. de morte Hent. 3. habita an. 1589.

1248 여백에: Bellar. de cler. l. 1. c. 19.

1249 여백에: Rhem. on Rom. 6. sect. 6.

기 때문이다.[1250] 그리고 그들은 그리스도에게서 그의 직분을 분리시킨다. 그의 왕적 그리고 선지자적 직분을 그와 교황 사이에 두고, 우리가 앞서 보여 준 것처럼, 그의 제사장직을 그와 모든 로마교 사제들 사이의 둔다. 그래서 우리는 이 열매로 그들의 배교를 분명히 알 수 있다. 비록 그것이 언제, 누구에 의해 왔는지 알지 못하지만, 그들의 배교는 충분하다.

둘째, 여기서 또한 우리는 우리들 가운데서 우리 교회를 그리스도의 참된 교회가 아니라고 부인하는 자들에게 대답해야 한다.[1251] 왜냐하면 그들은 우리에게 참된 사역자가 부족하고, 그래서 우리 가운데 올바른 사역이 없다고 말하기 때문이다. 그러나 우리는 우리에게 참된 하나님의 교회가 있고, 우리의 사역자들이 하나님의 참된 사역자들이라고 대답한다. 이에 대한 증거로 우리 사역자들은 영국 국교회의 외적인 소명을 가지고 있기 때문이다. 참으로 그들은 국교회가 사역으로 부를 수 있는 하나님의 권세가 없기 때문에, 우리의 소명이 헛되다고 말한다. 그러나 현재로선 그 질문은 생략하고, 목사로서 우리 사역자들의 삶의 열매에서 사역에 대한 충분한 승인을 얻을 수 있다. 그들의 삶의 열매가 그들을 판단하기에 불충분한 수단이라고 한다면, 우리의 사역자들은 하나님의 강복을 통해 선지자들과 사도들의 참되고 건전한 교리를 가르치고, 교회의 통치자들에 의해 이 사역으로 지명되어 부름 받고, 그들의 백성에 의해 받아들여지고, 믿음에 대한 그들의 순종은 그들의 사역을 인치는 것이다. 그리고 이것은 우리 사역자들의 소명을 확증하기에 충분하다. 그렇지 않았다면, 그리스도는 "너희가 그들의 열매로 그들을 알리라"고 말씀하지 않으셨을

1250 여백에: Rhem. on 2 Tim. 4. sect. 4. chap. 5. 19. p. 51.
1251 여백에: 우리 교회는 브라운주의자들을 대항하여 방어했다.

것이다.

셋째, 그리스도께서 그의 모든 청중에게 "너희가 그들을 알리라"고 말씀하시기 때문에, 그는 모든 신자가 거짓 선지자들을 판단할 수 있다는 것을 당연하게 여기신다.[1252] 그러므로 하나님의 교회 안에 있는 모든 사람은 거짓 선지자를 알 수 있도록 교사의 열매와 가르침으로 많은 지식을 얻기 위해 수고해야 한다. 이것은 모든 사람이 신앙의 조항과 율법의 계명으로 구성된 참된 종교의 의미를 올바르고 유익한 용도를 위해 알아야 한다는 것을 보여준다. 이것을 주목하는 까닭은, 많은 사람들이 책으로 배운 지식이 없기 때문에, 하나님께서 그들의 지식의 부족을 용서해 주리라고 생각하면서, 스스로를 속이기 때문이다. 그러나 모든 사람이 우리 몸에 좋은 음식과 그렇지 않은 음식을 판단할 수 있도록 이런 관심을 갖는다는 것을 생각해 보자. 그렇다면 우리는 우리 영혼의 독이 되거나, 구원이 되는 종교의 교리를 분별할 수 있도록, 우리 영혼에 훨씬 더 많은 관심을 가져야 하지 않겠는가?

넷째, 성경에서 나온 건전한 교리가 참 선지자의 특징이기에, 삶과 행실이 악하고 역겨운 사람일지라도, 전하는 교리가 건전하고 선하다면, 우리는 그들의 사역을 합법적으로 사용할 수 있다고 가르친다.[1253] 우리 구주 그리스도의 제자들은 서기관들과 바리새인들의 행위를 따라 행하지 말아야 하되, "모세의 자리에 앉은 그들의 말을 들어야"[마 23:2-3], 즉 그들이 모세의 교리를 가르칠 때, 반드시 들어야 한다. 그리고 바울은 "비록 진정한 애정이 아니라 시기심에서 나온 것이라 할지라도, 그리스도께서 참으로 전파될 때"[빌 1:18] 기뻐

1252 여백에: 사람들은 교사를 판단할 수 있어야 한다.
1253 여백에: 우리는 악한 삶을 사는 자들의 사역을 사용할 수 있다.

한다. 제자들은 어떤 사람이 자신들처럼 그리스도를 따르고, 그리스도의 이름으로 귀신을 쫓아내는 것을 보았을 때, 그가 특별한 부름을 받지 않았다면, 참을 수 없는 일이라 생각하여 그를 금지시켰다. 그러나 그리스도는 "그를 금하지 말라 우리를 반대하지 않는 자는 우리와 함께 하는 자니라"[눅 9:50][1254]고 말씀하셨다. 비록 그들의 삶이 여전히 역겹다 할지라도, 건전한 교리를 전파하는 자들에 대해서도 그와 같은 말을 할 수 있다. 이는 교리에 있어서 그들이 그리스도와 함께 하고, 그런 범위까지 승인되어야 하기 때문이다. 다시 말하지만, 사람이 전하고 집행하는 말씀과 성례의 미덕과 효능은 목사에게서 오는 것이 아니라, 하나님으로부터 온다는 것을 고려하라. 편지가 부정직하거나 불성실한 집배원에 의해 배달되었다고 해서 그 편지가 더 나쁜 것은 아니다. 또한 목사의 악한 양심이 정직하게 듣고 합당하게 받는 사람의 선한 양심을 더럽히지 않는다. 이것을 기억해야 하는 까닭은 많은 사람들이 목사의 삶에 걸림이 되어, 그의 행실이 불미스러울 경우, 그의 가르침을 들으려 하지 않기 때문이다.

다섯째, 선지자는 그의 열매로 알려져야 하며, 참된 선지자의 주된 열매는 그의 청중의 덕과 구원을 위해 하나님의 말씀을 잘 다루는 데 있으므로,[1255] 선지자의 자녀들과 말씀 사역을 위해 구별된 자들은 참 선지자의 열매를 맺을 수 있는 유능한 자가 되는 것을 그들의 모든 공부의 주요하고 주된 목적으로 삼아야 한다는 가르침을 받는다. 즉, 하나님의 말씀을 바르게 해석하고, 그로부터 하나님 백성의 유익을 위해 건전한 교리와 용도를 수집하는 것이다. 이 의무를 강화하기 위해 먼저, 그렇게 하는 것이 하나님의 계명이라는 것을 생각해야 한

1254   역자주. 원문과 영문판은 눅 9:49로 기재하고 있다.
1255   여백에: 신학생들의 주된 의무.

다. "신령한 은사들을 구하되, 특별히 예언을 하려고 하라"(고전 14:1). 다시 말하지만, 선지자의 가장 큰 기술은 성경을 참되게 해설하고, 바르게 분별하여, 사람의 영혼에 양식이 될 수 있도록 하는 데 있다. "너는 진리의 말씀을 옳게 분별하며 부끄러울 것이 없는 일꾼으로 나타내라"(딤후 2:15). 마지막으로, 목회자의 이 참된 열매는 그리스도의 왕국을 세우고, 죄의 왕국을 무너뜨리며, 영생의 양식으로 사람의 영혼을 양육하는 역할을 한다. 이 과정이 일반인들 사이에서는 좋은 일이지만, 선지자들의 학교에서 말씀을 다루는 데 필요한 배움은 아니라고 말하는 사람도 있다. 이에 대해 이렇게 하나님의 말씀을 바르게 나눌 수 있다는 것은, 목회자에게 있을 수 있는 가장 큰 배움이라고 답할 수 있다. 그것은 방언과 기적의 은사 그 이상이다(고전 14:1-2). 나는 성경의 한 본문을 취하여 그것에 대해 학문적 담화를 하는 것이 학식 있는 자들이 사용하는 배움의 일부라는 것을 부인하지 않는다. 그러나 선지자의 일은 오히려 성경을 성경으로 해설하고, 그것을 바르게 나누어, 듣는 하나님의 백성의 유익을 위해 건전한 교리를 제시하는 데 있다. 성경 연구가 소홀했던 옛날에는 사람들이 사람의 글을 해설하는 데 몰두했기에 예언이 사라지고, 하나님의 진리에 대한 모든 건전한 지식이 사라졌다. 따라서 다양한 의견과 수많은 어리석은 질문이 제기되었다. 예언이 실패하면, 우리도 그렇게 될 것이다. 왜냐하면 성경을 올바르게 다루지 않는 것은 종교에 모든 오류와 야만성을 초래하는 길이기 때문이다.

여섯째, 이로써 모든 복음 사역자는 자신의 부름에 응답하고, 그에 합당하게 행해야 한다는 것을 배운다.[1256] 왜냐하면 선한 사역자는

1256 여백에: 무엇이 목사를 칭찬하는가.

그의 선한 열매로 알려지기 때문에, 그의 부름이 요구하는 모든 의무를 충실히 수행해야 하기 때문이다. 목사의 칭호와 소명은 높고 탁월하지만, 목사의 직무를 충실히 수행하여 목사의 열매를 맺지 않는 한, 그 어떤 사람도 선한 칭찬을 받지 못할 것이다.

마지막으로, 그러므로 우리는 목사가 삶과 행실에서 실패하더라도, 참으로 교리 문제에 관한 사역에서 논쟁이 있을지라도, 범죄하지 않는 법을 배워야 한다. 이런 논쟁들은 하나님의 규례인 사역의 열매가 아니라, 이 거룩한 소명에서 자신의 불완전함을 드러내는 죄 많은 사람들의 열매이기 때문이다.

요점 2

이런 식으로 규칙에 대해 많이 다루었다. 이제 다음의 말씀 속에 있는 자연에서 도출된 비교를 통해 그 증거와 설명이 뒤따른다. "가시나무에서 포도를, 또는 엉겅퀴에서 무화과를 따겠느냐 이와 같이 좋은 나무마다 아름다운 열매를 맺고 못된 나무가 나쁜 열매를 맺나니 좋은 나무가 나쁜 열매를 맺을 수 없고 못된 나무가 아름다운 열매를 맺을 수 없느니라"(마 7:16-18). 그 비교는 다음과 같다. **나무가 그 열매로 드러나듯이 선지자도 그의 가르침으로 드러난다.** 더 구체적으로, 좋은 나무가 아름다운 열매를 맺고 나쁜 열매를 맺을 수 없듯이, 그리고 못된 나무가 나쁜 열매를 맺고 아름다운 열매를 맺을 수 없듯이, 마찬가지로 참 선지자는 건전한 교리를 가르치고 거짓 교리를 가르칠 수 없으며, 거짓 선지자는 거짓 교리를 가르치고 참 교리를 가르칠 수 없다.

이 비유를 살펴보면, 첫째, 일반적으로 이 비교의 근거에서 우리 구주 그리스도께서 여기서 두 종류의 나무, 즉 좋은 나무와 못된 나무를 구별하신다는 것을 관찰하라. 못된 나무란 찔레나무, 가시덤불, 엉겅퀴와 같이 어떤 열매든 썩은 나무와 같다는 의미이다. 그것들이 살아서 자랄지라도, 좋은 열매가 없으므로 못된 나무라고 불린다. 이제 여기서 나무의 이러한 차이가 어디에서 오는지 질문할 수 있는데,[1257] 이는 창조 당시에는 모든 것이 좋았기 때문이다. "하나님이 지으신 그 모든 것을 보시니 보시기에 심히 좋았더라"(창 1:31). **대답**. 가시덤불이나 엉겅퀴가 하나님에 의해 창조되었는지 여부에 대해서는 논박하지 않을 것이다. 그것들이 그랬는지 확실하지 않다. 그러나 지금은 식물들 사이에 어떤 것은 좋고, 어떤 것은 나쁘다는 차이가 남아 있다는 것은 분명하다. "땅은 너로 말미암아 저주를 받고, 땅이 네게 가시덤불과 엉겅퀴를 낼 것이라"(창 3:17-18)는 말씀에서 볼 수 있듯이, 어떤 것들에게 있는 선함은 하나님의 복에서 비롯된 것이지만, 다른 것들의 악함과 메마름은 우리 첫 조상의 죄로 인해 땅과 모든 피조물에게 내려진 하나님의 저주에서 비롯된 것이다. 그리고 이것으로 우리는 우리의 모죄(母罪, mother-sin)의 중함을 볼 수 있다. 그것은 땅을 불모지로 만들어 저주를 받았고, 많은 좋은 식물이 열매를 맺지 못하고 무익하게 되었다. 그러므로 우리가 세상에서 이런 일들을 볼 때, 우리는 이것을 기회로 삼아, 우리 자신의 죄를 생각하고, 피조물이 우리 때문에 저주를 받았기 때문에, 피조물을 비난할 것이 아니라, 우리 자신을 비난해야 한다.

이제 더 구체적으로, 이 비교는 선지자들에게 특별히 적용된다. 그러나 이 구절을 누가복음 6장 44-45절과 비교해 보면, 거기서 성령께서는 이 말씀을 선지자들에게만 제한하지 않고 다른 사람들에게

1257 역자주, 여백에: 어떻게 어떤 나무들이 나쁜 나무가 되는가?

도 확대하여 "선한 사람은 마음에 쌓은 선에서 선을 내고 악한 자는 그 쌓은 악에서 악을 내나니"라고 말씀하시는 것을 보게 된다. 이것들을 함께 비교함으로써, 우리는 이 비교가 선지자들뿐만 아니라, 다른 모든 사람들에게 적용된다는 것을 알 수 있으며, 이로부터 우리는 다음과 같은 지침들을 얻을 수 있다.

첫째, 우리가 거듭나지 않은 사람에 대해 이해하고 생각해야 할 것이 무엇인지 배울 수 있다.[1258] 우리는 모두 본래 돌감람나무 가지이므로, 가시나무가 포도를 맺을 수 없고 엉겅퀴가 무화과를 맺을 수 없듯이, 거듭나지 않은 사람은 선행을 행할 수 없다. 그리고 이것은 우리가 인간의 행위들을 조금만 생각해 보면, 더 분명하게 이해할 수 있다. 그 행위들은 모두 세 개의 항목으로 축소될 수 있다. 어떤 것들은 하나님께서 금지하신 악한 일들이다. 어떤 것들은 금지되지도 명령되지도 않는 중립적인 일들이고, 어떤 것들은 도덕법의 외적인 의무인 선한 일들이다. 악한 행위는 그 어떤 사람에게도 선할 수 없다. 먹고, 마시고, 사고, 파는 것과 같이 중립적인 행위는 그 자체가 죄가 아니라, 그리스도 밖에서 그것을 사용하는 자에게 죄가 된다. 그리고 시민적 정의, 관대함 등과 같은 도덕법의 외적인 의무는 하나님께서 요구하시기 때문에, 그 자체로 선한 일이지만, 중생하지 않은 사람에게는 죄이다. "깨끗한 자들에게는 모든 것이 깨끗하나 더럽고 믿지 아니하는 자들에게는 아무것도 깨끗한 것이 없고"(딛 1:15), "믿음이 없이는 하나님을 기쁘시게 하지 못하나니"(히 11:6). 관대함, 순결 등은 하나님의 좋은 선물이라고 말할 수 있지 않은가? **대답**. 그것은 사실이며, 하나님께서 주시고 명령하셨기에, 그것들은 선한 일들이다.

1258 여백에: 거듭나지 않은 자의 상태.

그러나 육에 속한 사람이 그것을 받고 사용할 때, 그것은 죄이다. 왜냐하면 그는 그 행동의 시작과 목적 모두에서 올바르게 행할 수 없기 때문이다. 이는 그 행동의 시작[이는 그것이 그의 청결한 마음과 선한 양심과 거짓이 없는 믿음에서 나오지 않기 때문이다(딤전 1:5)]과 그가 단순히 하나님의 영광을 위해서가 아니라, 자기 자신의 칭찬과 명성, 또는 그러한 기만적 존경을 목표로 삼아 행하기 때문이다.

적용. 이 교리의 용도는 다음과 같다.

첫째, 그것은 우리에게 원죄의 중대함을 고려하고 인정하도록 가르친다.[1259] 우리의 본성적 부패는 가장 심각하고 두려운 것이다. 그것은 우리가 무슨 일을 하든 그 자체로 중립적인 것이나 선한 행위라 할지라도, 우리로 하여금 죄를 짓게 만든다.

둘째, 이것은 교황주의 작가들의 생각을 전복시키는데,[1260] 그들은 하나님께서 모든 사람에게 그들이 원하기만 하면 구원받을 수 있는 보편적인 일반 은총이나 충분한 도움을 주신다고 가르친다.[1261] 그리고 하나님의 말씀의 수단이 없는 자들이 자연의 일반 은총을 잘 활용하면, 하나님께서 그들에게 더 많은 은혜를 주셔서 구원에 이르게 하실 것이라고 말한다. 그러나 여기서 우리는 하나님의 좋은 은사를 가진 자연인이 스스로 그것을 잘 사용할 수 없다는 것을 알 수 있다. 그가 행하는 최선의 일이 그 자체로는 선할지라도 그에게는 죄가 된다.

셋째, 여기서 우리는 또한 거듭나지 않은 채로 남아 있는 동안, 우리가 얼마나 비참한 처지에 놓여 있는지 알 수 있는데, 왜냐하면

1259　여백에: 원죄의 중대함.
1260　여백에: 구원하는 은혜는 보편적이 아니다.
1261　여백에: Bellarm. de grat. and lib. arb. l. 2. c. 5. Gab. Biel. l. 2. dist. 27. dub. 4.

우리는 죄 외에는 아무것도 할 수 없기 때문이다.[1262] 우리는 열매를 맺지 못하거나, 나쁜 열매를 맺는 가시덤불과 엉겅퀴와 같다. 그러므로 우리는 믿음으로 그리스도에게 접붙여지고, 중생으로 새 피조물이 되어, 믿는 마음과 선한 양심을 가지고, 그리스도의 과수원에 있는 새로운 나무가 되기 위해 수고함으로써, 하나님께 찬송과 영광이 되도록 선한 열매를 맺어야 한다.

넷째, 따라서 우리는 의인에 관한 일반적인 규칙을 배울 수 있다.[1263] 즉, 어떤 사람이 선한 일을 할 수 있기 전에, 그는 먼저 진정으로 의롭다 함을 받고 성화되어야 한다. 첫째로, 나무는 반드시 좋은 나무의 수액과 본성을 가져야 좋은 열매를 맺을 수 있고, 그전에는 그렇지 않다. 그리고 이것은 사람이 그의 선행으로 의롭다 함을 받고 구원을 받을 수 있다는 자연 종교와 교황주의 종교의 요점을 뒤엎는다.[1264] 뒤따르는 것이 앞선 것의 원인이 될 수는 없다. 열매가 나무를 좋게 할 수 없고, 오직 그것이 좋다고 선언하고 나타낼 뿐이다. 좋은 나무에서 좋은 열매가 나오므로, 선행은 칭의에서 나온다. 그들은 칭의가 이중적이라고 말하는데, 하나는 칭의로 악한 사람이 선한 사람이 되는 것이고, 두 번째는 칭의로 선한 사람이 더 나은 사람이 되는 것이다. 그들은 첫 번째 칭의는 행위에 의한 것이지만, 두 번째 칭의는 은혜에 의한 것이라고 말한다.[1265] **대답.** 그러나 이것은 거짓이다. 왜냐하면 열매가 나무를 더 좋은 나무로 만드는 것이 아니라, 나무의 선함이 증가한다면, 그것은 그 열매가 아니라 다른 원인에서 비롯된

1262 여백에: 중생하지 못한 자의 비참함.
1263 여백에: 선행은 칭의를 따른다.
1264 여백에: Concil. Trid. sess. 6. cap. 7. and can. 32.
1265 여백에: Bellarm. de justif. l. 4. c. 14.

것이기 때문이다.

요점 3

"아름다운 열매를 맺지 아니하는 나무마다 찍혀 불에 던져지느니라 이러므로 그들의 열매로 그들을 알리라"(마 7:19-20). 이 말씀에는 전자의 비유에서 수집된 **결론**이 포함되어 있는데, 이는 여기서도 계속된다.[1266] 여기에는 모든 거짓 선지자들이 마땅히 받아야 할 형벌인 영원한 저주에 대한 끔찍한 위협이 내려져 있다. 마치 그리스도께서 다음과 같이 말씀하신 것과 같다. "보라, 과수원에서 아름다운 열매를 맺지 않는 나무마다 찍혀 불에 던져 살라지듯이, 하나님의 교회에서도 거짓 선지자가 항상 참 선지자로 평판을 얻는 것이 아니라, 결국에는 발각되어 교회에서 끊어지고 정죄를 받을 것이다." 이에 상응하는 것은 우리 구주 그리스도께서 말씀하신 것이다. "내게 붙어 있어 열매 맺지 아니하는 가지는 다 찍혀 밖에 버려져 마르나니 사람들이 그것을 모아다가 불에 던져 사르느니라"[요 15:2, 6]. 그리고 베드로가 "그들의 멸망은 잠들지 아니하느니라"(벧후 2:3)고 말한다.

적용. 첫째, 이것은 거짓 선지자들과 관련하여 하나님의 자녀들을 위로하는 데 도움이 된다.[1267] 왜냐하면 하나님의 교회가 한동안 그들로 인해 괴로움을 당할지라도, 항상 그렇게 되지는 않을 것이며, 그들이 쫓겨나 마땅히 합당한 멸망을 받아야 할 때가 올 것이기 때문이다. 이것을 특별히 기억해야 하는데, 이는 무엇보다도 우리를 박해하고 괴롭게 하는 교황주의 종교와 관련하여, 우리의 마음을 지탱하고 위로하기 위함이다. 하나, 교황주의 종교는 자연스럽고 쉽게 수용되

1266 여백에: 거짓 선지자에 대한 형벌.
1267 여백에: 거짓 선지자에 대항하는 위로.

기 때문이다. 둘, 우리 가운데 많은 사람들이 그것에 많은 영향을 받고 있기 때문이다. 셋, 그것은 강력한 군주에 의해 유지되기 때문이다. 그러나 이 모든 것에도 불구하고, 그것은 하나님께서 결코 세우거나 심지 않은 식물이기 때문에, 반드시 쓰러지게 된다(마 15:13). 그리고 그것을 옹호하는 주된 자들은 멸망할 것이다.

둘째, 이것은 우리에게 거짓 교사를 회피하고 멀리하라고 가르친다. 그러므로 그리스도는 이 권고를 덧붙이신다. "그냥 두라 그들은 맹인이 되어 맹인을 인도하는 자로다"(마 15:14). 그리고 "내 백성아, 그 여자(즉, 영적 바벨론, 로마)에게서 나오라 이는 너희가 그의 죄에 참여하면 그가 받을 형벌을 받을 것이기 때문이다"(계 18:4).

셋째, 이 경고의 말씀은 모든 사람에게 적용되며, 우리가 중대한 죄를 짓지 않고, 남에게 해를 끼치지 않는 것만으로는 충분하지 않으며, 악을 피하는 것 외에도 선을 행해야 한다는 것을 가르쳐 준다. 마지막 심판에서 악인들에게 정죄의 선고가 내려질 것인데, 이는 그들이 가난한 자를 약탈한 것 때문이 아니라, "구제하지 아니한 것"과 "돌보지 아니하고 옷 입히지 아니한 것"[마 25:42, 45] 때문이다. 특히 이것은 무죄하고 무해한 삶을 살면, 하나님께서 그들을 용서하고 구원해 주실 것이라고 생각하는 많은 무지한 사람들의 헛된 견해를 반박한다. 좋은 열매를 맺지 않는 나무는 반드시 불살라질 것이다.

"이러므로 그들의 열매로 그들을 알리라"(마 7:20). 여기서 그리스도는 16절에서 전달한 규칙을 다시 반복하신다. 이것은 우리 모두가 지켜야 할 특별한 규칙임을 보여주는데, 왜냐하면 성경에는 쓸모없는 말이나 헛된 반복이 없기 때문이다. 우리는 그것의 의미를 들었고, 거짓 선지자를 발견할 수 있는 수단과 더불어 그 적용을 들었다. 그 가운데 우리는 하나님의 교회의 모든 참된 신자가 거짓 선지자를 발견할 수 있다는 것을 보여주었고, 여기에 다음 세 가지 경고가 추가되어야 한다.[1268] 하나, 거짓 선지자를 발견하려는 당사자는 하나님 앞에서 자신을 낮추고, 모든 교만과 자기 사랑을 어느 정도 비운 마음을 가져야 한다. 왜냐하면 "여호와는 온유한 자에게 그의 도를 가르치시며"(시 25:9), 참으로 "그는 겸손하고 온유한 자를 높이시며"(눅 1:52), 모든 일에서 겸손한 마음은 주님과 함께 보존되기 때문이다. 둘, 겸손한 당사자는 하나님의 뜻에 순종하는 데 굴복해야 한다. "사람이 하나님의 뜻을 행하려 하면 그는 나의 교훈이 하나님께로부터 왔는지 알리라"(요 7:17). 그리고 다윗은 "그가 그의 스승보다 더 지혜롭고, 노인보다 더 총명하니 이는 그가 하나님의 법도들을 지켰음이라"(시 119:99-100)고 스스로 고백한다. 셋, 그는 주님께 기도하고 믿음과 겸손으로 지혜를 구해야 한다. 그러면 주님께서는 그것을 그에게 주실 것이다. "누구든지 지혜가 부족하거든 모든 사람에게 후히 주시는 하나님께 구하라"(약 1:5). 그러나 어떤 사람들은 거짓 선지자를 분별하는 것이 어려운 일이라고 말할 것이다. 나는 우리가 우리 조상들의 마지막 유언을 읽거나 들을 때, 그 의미를 이해하고 판단할 수 있는 능력을 일반적으로 가지고 있다고 대답한다.

우리 주 예수는 구원에 필요한 도덕적 의무와 믿음의 문제에 관하여, 가장 단순한 사람도 이해할 수 있을 정도로 분명한 그의 뜻과 유언을 거룩한 성경에 남겨 두셨다. 그렇지 않았다면, 그리스도는 메시야에 대한 확실한 지식을 얻기 위해 유대인들로 하여금 성경을 살피라고 하지 않으셨을 것이다. 이것은 특히 로마교 교사들의 기만적 취급을 드러내는데, 그들은 종교적 논쟁의 문제에서 해결을 위해 우리

1268 여백에: 거짓 선지자를 발견하려는 자의 의무.

를 교회로 보내며, 교회를 교리에 대한 모든 의심 가운데 우리가 의지해야 할 버팀목과 기둥이라고 부른다.[1269] 내가 인정하는 교회가 존경받아야 하지만, 그렇다고 해서 우리는 인간의 교리 위에 우리의 믿음을 세워서는 안 된다. 우리 구주 그리스도는 유대인들을 성경으로 보내셨고, 베뢰아 사람들은 성경으로 바울의 가르침을 시험하여 칭찬을 받았다[행 17:11]. 그리고 실제로 사람들이 많이 배웠다 할지라도, 겸손하게 성경을 연구하고, 하나님께 순종하여 지식을 구한다면, 그들은 하나님의 말씀으로 거짓 선생을 분별할 수 있다.

1269 여백에: Rhem. on 1 Tim. 3. sect. 9.

열두 번째 내용: 마태복음 7:21-23[1270]

"나더러 주여 주여 하는 자마다 다 천국에 들어갈 것이 아니요 다만 하늘에 계신 내 아버지의 뜻대로 행하는 자라야 들어가리라"(마 7:21). 이 구절부터 23절까지는 이 장의 일곱 번째 부분인 그리스도의 설교의 또 다른 부분이 나온다. 여기서 그는 여기 이 땅의 그의 교회에서 그의 거룩한 이름을 공언하는 자들의 상태에 대해 다루신다. 그의 주요 목적과 계획은 사람들이 겉으로 종교를 공언하는 것으로 만족해서는 안 되며, 그 고백에 참된 경건과 진실한 순종을 결합해야 한다는 것을 보여주는 것이다. 이 요점은 사람의 구원의 주요 요점과 관련하여 앞의 어떤 요점만큼이나 중대하고 매우 중요하며, 이 구절의 주요 결론, 그리고 그중 한 부분에 대한 증거와 설명(마 7:22-23)을 포함하고 있다.[1271]

결론

결론 자체는 두 부분으로 구성되어 있다. 첫째, **그리스도의 이름을 공언하는 어떤 사람들이 구원을 받지 못할 것**인데, 이 부분은 나중에 설명되고 확증된다. 두 번째 부분은 **종교를 공언하는 어떤 사람들이 구원을 받을 것**이 제시되며, 그 당사자들도 분명하게 묘사되

1270 역자주, 영문판은 마 7:21-24로 기재하고 있으나, 내용은 23절까지 이어진다.
1271 이 단락 나누기는 원본에는 없다.

어 있다.

1부

첫 번째 부분은 교회 안에 사는 많은 사람들에 대한 매우 두려운 선고로서, 그들이 그리스도의 이름을 고백함에도 불구하고, 결코 구원받지 못할 것이라는 것이다. 그리고 이것은 생명과 사망의 권세를 갖고, 또한 거짓말을 하실 수 없는 진리의 하나님께서, "나더러 주여, 주여 하는 자", 곧 하나님을 자신의 하나님이라 고백하는 자마다 "천국에 다 들어갈 것이 아니요"라고 말씀하신 매우 참된 말씀이다. 하나님의 교회에는 결코 구원받지 못할 두 종류의 고백자가 있다.[1272] 첫 번째는 입으로는 그리스도를 고백하지만, 마음과 생활로는 그를 부인하는 **명백한 위선자들**이다. 이런 종류의 사람들 가운데는 먼저, 단지 행정관의 법이 두려워서 종교를 고백하는 일반적인 무신론자가 있다. 다음으로는, 에피쿠로스, 즉 유행을 위해 그리스도의 이름을 지니지만, 자신의 배와 쾌락이 자신의 하나님인 그런 사람이다. 마지막으로, 몸과 마음의 힘, 그리고 세상에서 그가 가진 모든 것을 이 땅의 것들을 위해 소비하는 세속적인 사람이다. 이제 그들이 이렇게 살다가 죽으면, 이 모든 사람들 가운데 구원받을 수 있는 사람은 아무도 없다.

두 번째 종류는 보다 더 은밀한 위선자들로, 그들은 어떤 진리에서 그리스도의 이름을 고백하고, 하나님의 선한 은사를 갖고 있으며, 그 때문에 사람들 앞에서와 자신의 생각에서 교회의 지체로 평판을 받는다. 그러나 이 모든 것에도 불구하고, 그들은 참으로 결코 구원

1272 여백에: 어떤 공언자들이 구원받지 못할 것인가?

받지 못할 위선자들일 뿐이다.

우리가 그들을 어느 정도 분별할 수 있도록, 그들이 가질 수 있고, 그리스도를 참으로 고백하게 될 수 있는 은사들을 언급하고자 한다. 그 은사들은 다섯 가지 항목으로 축소될 수 있다.[1273] 첫 번째는 **"무서워하는 종의 영"**(롬 8:15)이다. 이것은 사람이 죄와 그 형벌에 관한 율법의 올바른 의미와 법적 용도를 스스로 분별하는 하나님의 특정한 은사이다(이는 사람이 본성상 율법의 어떤 것을 알지라도, 모든 것을 알지 못하며, 그 올바른 사용법을 알지 못하기 때문이다). 이제 그는 이 지식으로 인해 자신이 속박된 것을 보고, 그로 인해 두려워한다. 거기서부터 죄에 대한 슬픔, 죄에 대한 고백과 낮아짐, 용서를 구하는 기도와 같은 많은 선한 것들이 나올 수 있다. 따라서 사악한 바로는 "하나님의 의"를 고백하고, "그와 그의 백성이 죄를 지었다"(출 9:27)라고 고백했다. 엘리야가 전하는 견디기 힘든 하나님의 메시지에 아합도 그렇게 했다. "그가 그의 옷을 찢고 굵은 베로 몸을 동이고 금식하고 굵은 베에 누웠다"(왕상 21:27). 그래서 유다는 그리스도께서 정죄된 것을 보았을 때, 자신의 행위를 회개하고, 그 일로 인해 슬퍼하며, 그 누구의 얼굴을 보기도 부끄러워하며, 또한 하나님과 사람 앞에서 그것을 고백했다(마 27:3-4).

은밀한 위선자가 가질 수 있는 두 번째 은사는 시몬 마구스가 가졌던 것과 같은 믿음인데, "이는 그가 믿고 세례를 받았기 때문이다"(행 8:13). 그것이 거짓되고 가식적인 믿음은 전혀 아니었으되, 어떤 면에서는 참된 믿음이지만, 구원하는 믿음은 아니었다. 왜냐하면 그는 믿었지만, 악독이 가득했기 때문이다. 그래서 "어떤 사람들

1273 여백에: 은밀한 위선자가 어떤 은사를 가질 수 있는가?

이 그리스도를 믿었지만, 그는 그들에게 자신을 의탁하지 아니하셨다"(요 2:23-24)[1274]고 말한다. 그리고 우리가 여기서 속지 않으려면, 이 위선자의 믿음에는 다음 세 가지를 포함하고 있음을 알아야 한다. 진리에 대한 **지식**, 그 지식에 대한 동의를 통한 **승인**, 그리고 그리스도께서 자신의 구속주라는 **일종의 확신**이다. 이 믿음의 두 번째 단계에 대해, 우리는 "그릇되게 행하는 사람들에게서 겨우 피한" 어떤 사람들이 "육체의 정욕으로 말미암아 음란에 미혹되어"(벧후 2:18) 우상 숭배에 빠진 것을 예로 들 수 있다. 그리고 세 번째 단계에 대해, 우리는 같은 장에서 어떤 거짓 선지자들이 "자기들을 사신 그리스도를 부인한다"(벧후 2:1)라고 말하는 예를 볼 수 있는데, 이는 그들이 한동안 스스로 구속되었다고 고백하고, 또한 그리스도께서 자기들을 사셨다는 일반적인 종류의 확신을 가졌기 때문이다. 그러나 그들은 그리스도의 공로를 진정으로 이해하지 못하고, 그것을 자신에게 효과적으로 적용하지 못하여 실패했다.

은밀한 위선자의 세 번째 은사는 **하나님의 은총을 맛보는 것**이다. 완전히 타락한 어떤 사람들은 "하나님의 성령으로 비침을 받고 하나님의 선한 말씀과 내세의 능력을 맛보았지만"(히 6:6), 전혀 먹지 못했고, 그것으로 채워지지도 못했다고 언급된다.

네 번째 은사는 **선한 애정들**이다. 그들에게 선한 것이 아니라, 우리가 판단할 때 선하다고 말하는 것이다. 하나, 그들은 하나님의 선한 일에 기쁨을 누린다. 돌 위에 있는 자들은 말씀을 들었을 때, 기쁨으로 그 말씀을 받아들이는 자들이다(눅 8:13). 둘, 그들은 예후(왕하 10:16)가 그랬던 것처럼, 하나님의 영광을 위한 열심이 있으나, 예

후는 그의 조상들의 죄에서 떠나지 않았다(왕하 10:31). 셋, 그들은 헤롯이 세례 요한에게 그랬던 것처럼, 하나님의 사역자들을 공경한다. "헤롯이 요한을 의롭고 거룩한 사람으로 알고 두려워하여 공경하였다"(막 6:20).

다섯 번째 은사는 **외적인 삶의 개혁**이다. 돌밭은 기쁨으로 씨를 받고 어떤 열매를 맺으나, 오래가지 못한다. 그와 같은 것에 대해, "그들이 하나님의 아들을 짓밟고", 그들의 고백과 확신에 따라 "자기를 거룩하게 한 언약의 피를 부정한 것으로 여겼다"(히 10:29)라고 말한다. 따라서 우리는 위선자가 어떤 종류의 은사를 가지고 있지만, 결코 구원받을 수 없다는 것을 알 수 있다.

적용. 첫째, 우리는 이것을 고려함으로써 우리 안에 이것들보다 더 좋은 것이 있는지, 우리 자신을 돌아보아야 한다. 왜냐하면 여기서 우리는 그리스도를 입으로 고백하면서도, 멸망으로 갈 수 있음을 보기 때문이다. 오히려 우리가 이것을 고려해야 하는 까닭은 지식에 있어서 마술사 시몬보다, 겸손에 있어서 사울과 아합과 유다보다 못한 많은 사람들이 구원을 받으려 기대하기 때문이다. 참으로, 믿음에 대해 "믿고 떤다"[약 2:19]라고 말하는 마귀 자신에게 훨씬 미치지 못하기 때문이다. 그러나 은혜에 관해서 지금 정죄 받은 사람들에게 미치지 못하는 여러분이 어떻게 구원받기를 기대할 수 있겠는가?

둘째, 그러므로 우리는 우리 자신을 의심하는 법을 배워야 하고, 우리의 믿음과 순종에 대해 스스로 판단해야 하며, 이에 대해 자만해서는 안 된다. 왜냐하면 앞서 말한 것들이 우리를 구원하지 못하기 때문이다. 우리가 본 바와 같이, 많은 사람들이 어느 정도 진리에 대한 믿음과 선한 애정과 다른 은사를 가졌지만, 이 모든 것에도 불구하고 그들은 정죄를 받았다.

셋째, 교회 안에 정죄함을 받게 될 두 부류의 사람들이 있는데, 그중 하나가 합당한 은사를 많이 받은 자이다. 이러한 사실을 생각할 때, 우리는 이런 은사들에 안주하지 말고, 우리 마음이 그리스도 안에 있는 하나님의 사랑에 뿌리를 내리고 터를 두어, 의와 참된 거룩함으로 새로운 피조물이 되기를 힘쓰고 애써야 한다. 그러면 우리는 마음의 그릇에 은혜의 기름을 가진 슬기로운 처녀처럼 될 것이며, 이 것은 우리가 우리의 신랑 그리스도 예수와 함께 신혼방에 들어갈 때까지 결코 꺼지지 않을 것이다[마 25:1-13].

2부

우리 구주 그리스도께서 내리신 결론의 두 번째 부분은 이것이다. 하나님의 교회에서 그리스도의 이름을 고백하는 어떤 사람들이 구원을 받을 것이다.[1275] 이 사람들의 행동은 여기서 "아버지의 뜻을 행하는 것"으로 우리에게 묘사되어 있다. 이것은 구원받을 자의 분명한 특징이기 때문에, "아버지의 뜻을 행하는 것"이 무엇인지 간단히 살펴보고자 한다. 성경은 이를 가장 잘 설명한다. "나를 보내신 이의 뜻은 아들을 보고 믿는 자마다 영생을 얻는 이것이다"(요 6:40). "하나님의 뜻은 이것이니 너희의 거룩함이라 곧 음란을 버리고 각각 거룩함과 존귀함으로 자기의 아내 대할 줄을 알고… 누구도 형제를 억압하거나 속이지 말라는 것이다"(살전 4:3-4). 이 두 성경 구절을 함께 보면, 아버지의 뜻을 행하는 것은 **믿음, 회개, 새로운 순종**이라는 세 가지 요소에 있다는 것을 알 수 있다.[1276] 믿음은 요한복음에 직접적으로 표현된다. 그리고 믿음의 열매인 회개, 또한 그 둘의 열매인 새로

1275 여백에: 어떤 고백자들이 구원을 받을 것인가?

1276 여백에: 하나님의 뜻을 행하는 것은 무엇인가?

운 순종은 사도 바울의 말에 표현되는데, 왜냐하면 성화란 회개와 그에 따른 의무에 의한 새로운 순종을 의미하기 때문이다.

일(*Work*) 1

첫째, 참되고 구원하는 믿음에는 **지식**, **동의**, **적용**, 이 세 가지가 필요하다.[1277] **지식**이란 참된 종교의 필수 교리, 특히 우리 구주 그리스도에 관한 교리를 올바르게 이해하는 것을 의미한다. **동의**는 이 교리를 알고 있는 사람이 더 나아가 그 교리가 우리를 구원으로 바르게 인도하는 건전한 교리와 하나님의 진리로 승인하는 것이다. **적용**은 우리를 향한 하나님의 자비, 특히 우리의 모든 죄에 대한 값없는 용서와 우리 영혼의 구원에 대한 참된 확신을 마음에 품을 때이다. 이 특별한 적용의 예를 우리는 다음과 같이 고백하는 사도 바울에게서 볼 수 있다. "이제는 내가 사는 것이 아니요 오직 내 안에 그리스도께서 사시는 것이라 이제 내가 사는 것은 하나님의 아들을 믿는 믿음 안에서 사는 것이라"(갈 2:20). 그는 그 뒤에 "나를 사랑하사 나를 위하여 자기 자신을 버리신 이"라고 말함으로써, 그가 누구인지 보여준다. 이러한 특별한 적용 없이는 지식도 동의도 우리를 구원할 수 없다. 요한복음 6장에서 그리스도는 자신을 "생명의 떡"과 "생명의 물"로 우리에게 제시하신다. 이제 우리는 음식을 받아들이지 않는 한, 음식이 몸에 영양을 공급하지 못한다는 것을 알고 있다. 마찬가지로 우리가 믿음의 손으로 특별히 그리스도를 받아들이고, 자신에게 적용하지 않는 한, 우리의 모든 지식과 동의는 먹지 않고, 소화되지 않은 음식과 같을 것이다.

1277 여백에: 구원하는 믿음은 세 가지를 포함한다.

위선자들도 하나님의 은총에 대한 지식과 동의와 확신을 갖고 있으므로, 이것이 아버지의 뜻을 행하는 것에 대한 확실한 특징이 아니라고 말할 수 있다. 시몬 마구스와 같은 위선자가 하나님의 말씀에 대한 참된 지식을 갖고, 그것에 동의할 수 있으며, 이 두 가지에 대해 어느 정도 참된 믿음을 가질 수 있다. 진실로, 그는 비록 거짓되고 불충분한 근거에서 잘못 추측할지라도, 자신의 죄를 용서하시는 하나님의 자비를 확신할 수 있다. 이제 사람은 자기 믿음의 참됨과 하나님의 자비에 대한 확신을 위선으로부터 분별할 수 있다.[1278] 그는 거기서 믿음의 **시작**과 그 **열매**, 그리고 믿음의 **지속성**, 이 세 가지를 관찰해야 한다. 참된 믿음의 **시작**은 전파된 하나님의 말씀, 특히 복음을 듣는 것이다. 율법은 사람이 자신의 죄와 그로 인한 비참함을 깨닫고, 그 죄사함 가운데 하나님과 화해하기를 갈망하는 계기 또는 준비하는 수단이 된다. 그리고 자비의 약속을 듣고, 그가 그 약속을 받아들일 수 있는 믿음을 사모하여, 불신앙에 맞서 애쓴다. 이것이 비록 생생한 믿음은 아닐지라도, 참된 믿음의 시작이며, 그 어떤 위선자도 자기 속에 온전히 이루어진 참된 믿음을 갖지 못한다. 둘째, 참된 믿음의 **열매**는 마음과 생활에서 전인(全人)의 변화이다. 이는 마음을 거슬러 마음의 자연적 애착과 정욕을 절제하여 참된 순종의 범위 안에 두고, 이사야가 "믿는 자는 다급하게 서두르지 아니하리라"[사 28:16]고 말한 것처럼, 사람으로 하여금 모든 상태에서 하나님의 뜻에 만족하게 하는 것이다. 셋째, 참된 믿음 안에 있는 **지속성**은 이것으로 알 수 있다. 사람이 하나님의 자비를 전혀 느끼지 못하고, 하나님의 노여움의 모든 징표를 가지고 있을 때조차, 전적으로 하나님을

1278 여백에: 우리의 믿음이 참되다는 것을 아는 방법.

의지하는 것이다. 모든 사람은 하나님의 사랑의 은총에 대한 현재적 표시와 약속이 있을 때 믿을 수 있다. 그러나, 참된 믿음은 "바라는 것들의 증거"[히 11:1]로서, 사람으로 하여금 아브라함이 한 것처럼 [롬 4:18] 희망을 초월하여 믿게 할 것이며, "보이지 않는 것들의 실상"으로서, 하나님의 자비의 표징을 보지 못하더라도 믿게 할 것이다. 그리고 참으로 고난 중에 하나님의 자비의 손길을 놓아 버리는 자는 그가 참된 믿음을 갖지 않았다는 것을 드러내는 것이다. 왜냐하면 의인들은 모든 상태에서 믿음으로 살 것이고, 욥처럼 하나님이 그들을 죽이실지라도 그를 신뢰할 것이기 때문이다[욥 13:15].

일(Work) 2

아버지의 뜻을 행하는 두 번째 일은 **우리 죄를 회개하는 것이**다.[1279] 이것은 믿음의 열매이기도 하다. 참된 회개는 그 시작과 본질에서 참된 특징을 갖는다. 참된 회개의 시작은 사람이 그리스도 안에서 그토록 사랑스러운 아버지인 하나님께 죄를 범했기 때문에, 하나님의 뜻대로 하는 근심과 슬픔이다. 이것은 후회할 것이 없는 구원에 이르게 하는 회개를 일으킨다(고후 7:10). 이 회개는 형벌에 대한 두려움에서 비롯된 것이 아니라, 하나님의 자비를 고려한 데서 비롯된 것으로, 그리스도 안에서 은혜와 풍성함을 베푸신 그토록 사랑스러운 하나님께 죄를 범한 것에 대해 자신을 싫어하는 것이다. 회개의 본질은 마음의 변화에 있는데,[1280] 어떤 사람이 죄를 지으려는 목적을 버리고, 하나님의 복과 은혜로 다시는 죄를 짓지 않겠다는 새로운 목적을 갖게 될 때이다. 이것이 올바르게 회개하는 것이며, 이것이 진실

1279 여백에: 회개의 근거.
1280 여백에: 회개의 본질.

하다면, 의지와 애정과 삶에서의 모든 행동의 변화가 뒤따를 것이다.

위선자는 유다가 한 것처럼 회개하며(마 27:3), 그러므로 이것은 하나님의 뜻을 행하는 것이라고 말할 수 없다. **대답.** 유다는 회개한 것처럼 보였다. 그는 자신의 행위에 대해 참으로 슬퍼했고, 그런 일을 결코 하지 말았어야 한다고 온 마음을 다해 바랐지만, 이것은 회개가 아니었다. 그의 슬픔은 사도 바울이 부르는 것처럼, "사망을 초래하는 세상적인 것"(고후 7:10)이었으며, 하나님의 자비를 고려한 데서 비롯된 것이 아니라, 형벌에 대한 공포와 두려움에서 비롯된 것이었다. 그것은 저지른 죄에 대한 진정한 증오도, 자비에 대한 소망도, 새로운 순종으로 하나님을 영화롭게 하려는 목적도 없었으며, 따라서 참된 회개가 아니었다.

일(Work) 3

하나님의 뜻을 행하는 세 번째 일은 **새로운 순종**이다.[1281] 이것은 앞선 둘의 열매인데, 믿음을 갖고 회개한 사람이 받은 은혜의 분량에 따라 영혼과 육체의 모든 능력과 부분에서 하나님의 모든 계명에 순종하기 위해 스스로 노력하는 것이다. 이것을 새롭다고 말하는 까닭은 사람이 타락으로 말미암아 완전하게 순종할 수 없었던 것이 갱신되었기 때문이다. 그러나 여기서 결코 구원받지 못할 많은 사람들이 삶을 개혁했다고 말할 수 있겠지만, 이것은 구원받을 사람에 대한 참되고 충분한 특징이 아니다.

대답. 진실로 많은 위선자들이 삶을 개혁하지만, 그들은 두 가지 면에서 실패한다. 첫째, 그들의 개혁은 단지 외적인 것이지 내적

1281 역자주. 여백에: 새로운 순종.

인 것이 아니며, 그들의 생각과 의지와 애정은 여전히 사악하고 부패한 채로 남아 있다. 둘째, 그들의 순종은 부분적이어서, 단지 하나님의 계명 중 일부만 순종하고, 모든 계명을 순종하는 것이 아니다. 헤롯이 그랬다. 그는 요한의 말을 기쁘게 듣고 많은 일을 행했지만, 여전히 형의 아내를 떠나지 않았다. 그러나 참된 믿음에서 나오는 참된 순종에는 다음과 같은 항목들과 가지들이 있다.[1282] 첫째, 그 당사자는 "하나님의 선한 뜻이 무엇인지 분별해야"(롬 12:2) 한다. 둘째, 그는 하나님을 욕되게 하고, 교회를 추문에 이르게 하는 외적 범죄로부터 자신의 삶을 절제해야 한다(살전 5:22; 벧전 2:11-12). 셋째, 그는 자신의 마음의 내적 부패를 죽여야 한다. 넷째, 그는 하나님의 뜻에 합당한 새로운 움직임을 구상하기 위해 노력해야 하며, 그로부터 선한 의무를 수행하고 실행하여, 하나님께 대한 외적이고 내적인 순종을 모두 수행해야 한다. 이것들로 말미암아 사람은 그의 순종의 참됨을 분별할 수 있으며, 따라서 우리는 구원받게 될 자들이 어떤 고백자들인지 알 수 있다.

적용 1. 이제 하나님의 뜻을 행하는 자에게 구원이 약속되어 있음을 생각할 때, 이로 인해 우리가 믿음과 회개와 새로운 순종으로 하나님의 뜻을 행하는 데 더욱 기쁘게 행하도록 권면을 받아야 한다. 그리고 이 의무를 더 잘 수행하려면, 다음의 도움들을 사용해야 한다.[1283] 첫째, 우리는 우리의 죄를 용서하시고, 우리 영혼을 구원하시는 하나님의 자비를 진정으로 확신하기 위해 노력해야 한다. 이러한 참된 생각은 사람으로 하여금 참된 순종을 촉구할 것이며, 그렇게 함으로써 그는 그토록 큰 자비를 베푸신 하나님께 감사를 표할 수 있을

1282   여백에: 새로운 순종의 가지들.
1283   여백에: 하나님의 뜻을 기쁘게 행하는 사람이 되는 법.

것이다. 둘째, 우리는 우리가 성령의 성전이라는 것을 고려해야 하는데, 이것은 죄 많은 사람에게 놀라운 위엄이다. 이와 관련하여 우리는 우리 자신을 일깨워 생활함으로써, 우리 안에 거하시는 하나님의 성령을 근심하게 하지 않도록 해야 한다. 셋째, 우리는 우리의 영혼과 육체에 베푸신 하나님의 복을 하나씩 생각해야 한다. 이로 인해 우리는 하나님을 사랑할 것이며, 우리가 그의 계명을 지킴으로 그 사랑을 나타낼 것이다. 이는 "우리가 그의 계명들을 지키는 것이 하나님을 사랑하는 것이기"(요일 5:3) 때문이다. 넷째, 죄에 대한 하나님의 위협과 죄 가운데 사는 자들에 대한 하나님의 심판을 생각하자. 왜냐하면 모든 곳에 하나님의 심판이 가득하기 때문이다. 그리고 이것들은 우리의 부패가 행동으로 드러나지 않도록 억제하는 데 도움이 될 것이다. 다섯째, 우리는 하나님의 말씀을 묵상하고, 그의 은혜를 얻기 위해 하나님께 열렬하게 기도해야 한다. 이는 우리가 시편 119편에서 전반적으로 볼 수 있듯이, 다윗은 이러한 방법으로 특히 자신을 일깨워, 믿음과 회개, 그리고 새로운 순종으로 나아갔기 때문이다.

적용 2. 많은 사람들이 믿음과 회개와 어느 정도 외적인 삶의 개혁을 가지고 있어도 결코 구원을 얻지 못한다는 점에서, 우리는 이러한 은혜들에 있어서 모든 위선자들을 넘어서기 위해 노력해야 한다.[1284] 믿음에 있어서, 우리는 하나님의 자비에 대한 일반적 확신으로 만족해서는 안 되며, 우리의 죄 사함과 영혼의 구원에 관하여 참되고 건전한 믿음을 품기 위해 노력해야 한다. 우리는 그 시작이 건전하고, 좋은 열매를 맺고, 꾸준히 지속되는지 살펴봐야 한다. 그리고 회개에 대해, 우리는 우리의 슬픔이 우리가 위반한 하나님의 선하

1284 여백에: 우리는 은혜에서 위선자를 넘어서야 한다.

심을 생각하는 데서 나온 것임을 보기 위해 애써야 한다. 그리고 그 것은 죄를 짓지 않으려는 우리 마음의 변화를 일으키고, 거기에 의지와 정서와 전인격이 순응해야 한다. 그리고 새로운 순종에 대해, 우리는 삶의 외적인 행동에서와 마찬가지로, 마음과 의지, 정서에서도 하나님의 모든 계명 가운데 있는 그의 뜻을 행하기 위해 주의를 기울여야 한다.

적용 3. 많은 사람들이 공개적으로나 고의로 다른 사람에게 잘못을 범하지 않고, 정직한 삶을 살기 때문에, 자신의 상황이 괜찮다고 생각할 수 있다. 이는 참으로 칭찬할 만하지만, 구원에 필요한 것에는 훨씬 미치지 못한다. 그러므로 비록 그것들이 그 종류에 있어서는 선한 것일지라도, 그들은 외적이고 일반적인 정직이라는 부러진 지팡이를 신뢰해서는 안 된다. 왜냐하면 이것들보다 훨씬 더 많은 것을 가지고 있던 많은 사람들이, 하늘에 결코 들어가지 못할 것이기 때문이다. 그러므로 이 사람들이 누구든지 간에, 그들은 마음에서 참된 은혜의 몫을 발견할 때까지 쉬지 말아야 하며, 구원에 관한 일에서 자신들이 모든 위선자를 넘어선 것을 분명히 볼 수 있어야 한다.

증거

"그 날에 많은 사람이 나더러 이르되 주여, 주여, 우리가 주의 이름으로 선지자 노릇 하며, 주의 이름으로 귀신을 쫓아내며, 주의 이름으로 많은 권능을 행하지 아니하였나이까 하리니 그 때에 내가 그들에게 밝히 말하되 내가 너희를 도무지 알지 못하니 불법을 행하는 자들아 내게서 떠나가라 하리라"(마 7:22-23). 이 두 구절에서 그리스도는 구원받지 못할 공언자들에 관한 이전 구절의 첫 번째 결론으로 돌아와 설명하고 확증하신다. 이 말씀은 그 사람들의 행위에 대한 묘사(마 7:22)와 그들에 대한 정죄 선언(마 7:23)이라는 두 부분으로 구성된다.

1부

첫째, 이 공언자들은 세 가지 논증으로 묘사된다. 첫째, 그들의 수효는 "많다." 둘째, 그들이 이처럼 스스로 변호하고, 그리스도를 섬겼다고 공언한 "그 날"은 마지막 심판의 크고 두려운 날이다. 셋째, 그들이 받은 은사와 자질에 의해 묘사된다. "우리가 주의 이름으로 선지자 노릇 하며, 주의 이름으로 귀신을 쫓아내며, 주의 이름으로 많은 권능을 행하지 아니하였나이까?"

논증 1

구원받지 못할 공언자들의 수가 대단히 많다.[1285] "많은 사람이 나더러 이르되." 실제로 우리는 구원받지 못할 사람이 얼마나 많은지

1285 여백에: 정죄 받을 자들의 수효에 대하여.

말할 수 없다. 왜냐하면 그것은 하나님께 합당한 일이기 때문이다. 그러나 성경은 정죄 받을 자들의 수가 구원 받을 자들의 수보다 많다고 우리에게 가르친다. 왜냐하면 과거에 세상 대부분이 그리스도에 대해 들어 본 적이 없었던 것 외에도, 그리스도의 이름을 공언하는 자들 가운데 많은 사람들이 정죄를 받을 것이 분명하고, "멸망에 이르는 넓은 길로 행하는 자가 많고 좁은 길로 행하는 자가 적기"(마 7:13) 때문이다.

이로써 우리는 첫째, 무리의 본을 따라 살아서는 안 되고, 다수가 정죄를 받을 것이기 때문에, 다수가 하는 것처럼 살거나 행동하지 말아야 하며, 좁은 문으로 들어가고 천국이 약속된 적은 무리에 속하기 위해 힘써야 한다는 가르침을 받는다.

둘째, 그러므로 우리는 그리스도의 이름을 공언하는 대부분의 사람들처럼 사는 것으로 만족하지 말고, 우리의 믿음과 회개의 참됨과 관련하여 무리를 넘어서기 위해 노력해야 한다는 것을 배운다. 지혜로운 처녀들은 처녀라는 이름을 지니고, 등불을 켜서 신랑을 맞이하러 나가는 것으로 충분하지 않았다. 이는 미련한 처녀들도 이 모든 일을 했기 때문이다. 그러나 지혜로운 처녀들은 한 가지를 더 가지고 있었는데, 그것은 은혜의 기름이었고, 이로 말미암아 그들은 신랑과 함께 그의 방으로 들어가도록 비침을 받았다. 이것이 없었던 미련한 처녀들은 문이 닫혀 들어오지 못하였다(마 25).

논증 2

이 버림받은 공언자들이 묘사된 두 번째 논증은, 그들이 하나님의 심판의 법정에서 심문을 받게 될 마지막 날에 그들이 왜 정죄 받지 않아야 하는지, 그들 자신을 위해 변론해야 할 때의 상황이다. 이것은 모든 사람이 관찰할 가치가 있는 매우 중요한 순간이다. 이생과 죽음에서뿐만 아니라, 마지막 날에도 사람들은 이렇게 스스로를 위해 변론해야 할 것이다.

그러므로 우리는 그리스도를 섬긴다고 공언하는 많은 사람들이, 자신들이 하나님의 참된 종이요 자녀라는 확신을 마음속에 품을 것이라는 것을 배운다.[1286] 그들은 이러한 확신 속에서 살다가 죽을 것이다. 그러나 마지막 심판에서 그들은 이 모든 것에 대해 정죄의 선고를 받게 될 것이다. 이것은 모든 사람이 깊이 고민해야 할 일이다. 이것을 고려함으로써 우리 모두는 사람들이 자신의 상태를 우쭐대고 속이고, 자신이 가진 좋은 것들을 과대평가하고, 실제로는 받지 못한 하나님의 복을 받았다고 잘못 생각하는 영적 교만과 자기 사랑에 주의해야 한다는 것을 배운다. 이것을 통해 우리는 이러한 교만을 제거하기 위해 노력할 뿐만 아니라, 불신앙과 공허한 마음과 관련하여 우리 자신을 엄격하게 판단하는 법을 배워야 한다. 왜냐하면 이것은 우리로 하여금 마지막 날에 정죄의 심판을 피하도록 만드는 수단이 될 것인데, 그리스도께서 자신을 그의 종이라고 생각하는 많은 사람들에게 이 심판을 선언하실 것이기 때문이다.

더 나아가, 그리스도께서 "그 날에"라고 말씀하신 부분을 관찰하라. 그는 심판의 날을 가장 두려운 날로 꼽았다. 그는 "그들이 내게 말할 것이요"라고 말씀하시고, 그 날에 자신을 온 세상의 심판자로 삼으신다. 그리고 더 나아가, 그들 자신을 위한 특별한 간청을 지적하면서, 그는 자신이 세상의 처음부터 끝까지, 과거에 있었고, 현재에 있고, 앞으로 있을 모든 사람들의 말과 행동뿐만 아니라, 매우 은

1286 여백에: 사람의 좋은 상태에 대한 위험한 자만심.

밀한 생각과 상상도 오래 전부터 알고 있는 바로 그 하나님이라는 것을 우리로 하여금 깨닫게 하신다.

이러한 것들을 함께 고려할 때, 우리는 사도가 배웠던 특별한 의무, "주의 두려우심을 아는 것"(고후 5:11)을 우리 마음속에 불러일으켜야 한다. 즉, 단지 생각하는 판단에서만 아니라, 또한 마음과 정서에서도 마지막 심판의 끔찍한 두려움을 확신해야 한다. 그리고 이와 관련하여 지식의 은사와 외적 공언으로 만족하지 말고, 마음과 삶에서 건전하고 진실한 믿음과 회개, 새로운 순종을 위해 노력해야 한다. 이 심판 앞에 서는 것과 관련하여 바울의 관행은 다음과 같았다. "그는 하나님과 사람에 대하여 항상 양심에 거리낌이 없기를 힘썼다"(행 24:16). 이 의무가 우리에게도 매우 필요한데, 왜냐하면 우리는 이 마지막 날의 두려움을 거의 생각하지 않고, 그것이 오지 않을 것이라고 생각하거나, 또는 그것이 오더라도 충분히 잘 피할 것이라고 생각하는 무지와 불신 가운데 있기 때문이다.

논증 3

여기서 사용된 세 번째 논증은 자신들을 위해 이러한 간청을 하는 사람들의 은사와 자질에서 도출된다. 그들은 "그리스도의 이름으로 선지자 노릇 하며, 그의 이름으로 귀신을 쫓아내며, 그의 이름으로 많은 권능을 행한" 자들이다. 여기서 "예언한다"는 것은 하나님의 백성의 덕을 위해 성경을 해설하고, 양심에 적용함으로써, 그들을 가르치는 것을 의미한다.[1287] 그리고 이것은 목사의 직분을 은혜롭게 하고 칭찬하기 위하여 예언이라고 일컬어지는데, 이는 하나님의 백성

1287 여백에: 예언한다는 것은 무엇인가?

을 교훈하고 교화하기 위해 이와 같이 하나님의 말씀을 다루는 것이 선지자들 자신의 주된 의무이기도 하며, 어느 때는 하나님의 백성에게 장래 일을 예고하기도 했기 때문이다. 그러므로 이 직분을 가지고 선한 양심으로 그 직무를 수행하는 사람은 고대의 거룩한 선지자들이 행한 것 못지않게 영예로운 일을 하는 것이다.

"주의 이름으로." 그리스도의 이름은 여기서 두 가지를 의미한다.[1288] 첫째, 그리스도의 임명과 그리스도의 명령을 의미한다. 하나님의 말씀을 전파하는 사람들은 그에 합당하게 부름을 받아 그리스도의 이름으로 가르치고 전파한다. 왜냐하면 교회가 합법적으로 부르는 사람들을 그리스도께서 친히 부르시고, 그들은 그의 이름을 힘입어 전파하기 때문이다. 둘째, 그것은 그리스도를 대신하는 자리에서 설교하는 것, 그리스도께서 설교하려는 것을 설교하는 것, 또한 그리스도께서 사용하려는 방식으로 설교하는 것을 의미한다. "우리가 그리스도를 대신하여 사신이 되어 하나님이 우리를 통하여 너희를 권면하시는 것 같이 그리스도를 대신하여 간청하노니 너희는 하나님과 화목하라"(고후 5:20). 그리고 여기서 우리는 하나님께서 인간에게 요구하시는 가르침의 종류 사이에 차이가 있음을 알 수 있다. 주인은 종을 가르치고, 부모는 자녀를 가르치며, 이웃과 친구는 서로를 가르친다. 그러나 이 모든 것은 목사의 가르침과 다른데, 왜냐하면 그는 그리스도의 부름을 받아 그리스도 대신에 가르치기 때문이다. 그러나 스승은 그와 같은 미덕으로 가르치지 않고, 오직 스승의 권리로 가르친다. 아버지는 부성애를 힘입어 가르치고, 한 친구는 형제 사랑을 힘입어 서로를 가르친다. 그래서 이것은 목사라는 소명의

1288 여백에: 그리스도의 이름으로 예언한다는 것은 무엇인가?

존엄성과 그의 직분의 중대함을 보여 주는데, 스승도, 아버지도, 평범한 공언자도 그런 것을 갖지 않는다.

"귀신을 쫓아내며, 많은 권능을 행하였다." 이것을 더 잘 이해하려면, 우리는 기적의 역사에 대해 무언가를 다루어야 한다.[1289]

첫째, 우리는 기적이 무엇인지 알아야 한다. 기적은 기이한 일이 행해지는 것일 뿐만 아니라, 모든 피조물의 힘보다 뛰어나고, 창조된 자연의 모든 능력을 초월하는 그런 일이다. 왜냐하면 그것은 모든 피조물의 힘보다 뛰어난 하나님 자신의 능력으로 즉시 행해지기 때문이다. 그러한 일은 "태양이 머무는 것"(수 10:13)과 "해시계의 그림자가 뒤로 물러가는 것"(왕하 20:11)이었다.

둘째, 하늘과 땅을 창조한 주 하나님만이 기적을 일으키시는 분이다.[1290] 이는 다윗이 "무릇 주는 위대하사 기이한 일들을 행하시오니 주만이 하나님이시니이다"(시 86:10)라고 말한 것과 같다. 천사도, 하늘과 땅의 다른 피조물도, 모든 피조물보다 높이 들린 그리스도의 인성도 기적을 행할 수 없다. 그렇다면 어떤 사람들은 이 사람들이 어떻게 기적을 행한 것인지 물을 것이다.[1291] **대답.** 그들은 기적을 만든 바로 그 당사자가 아니라, 주님께서 그 일을 하시는 데 사용한 도구와 사역자로서 기적을 행했다. 왜냐하면 사람들은 다음과 같이 믿음으로 기적을 행하기 때문이다. 첫째, 그들이 특별한 본능과 내면의 움직임을 받아 하나님께 기도하고, 그 일이 이루어지도록 명령하면, 하나님께서는 그들을 기적을 일으키는 도구로 사용하실 것이다. 이 본능에 따라 그들이 하나님께 기도하고, 그의 이름으로 명령하면, 그

1289   여백에: 기적이란 무엇인가?
1290   여백에: 오직 하나님만 기적을 일으킨다.
1291   여백에: 사람들이 어떻게 기적을 일으키는가?

것이 이루어질 것이라고 믿는다. 그리고 마지막으로, 그들이 이 본능에 따라 기도하고 명령하므로, 그들이 믿었던 일이 이루어졌다. 그러므로 "우리가 귀신을 쫓아내지 아니하였는가"라는 말은 이렇게 이해되어야 한다. 즉, 주님께서는 우리 마음에 비범한 본능을 심어 주셔서, 우리가 주님께 기도하고, 주님의 이름으로 귀신들에게 떠나가라고 명령하면, 그대로 되어야 한다는 것이다. 우리가 이것을 믿고, 그에 따라 실천하여, 주의 이름으로 귀신을 쫓아내고 많은 큰 이적을 행하였다.

이 기적의 은사는 이제 하나님의 교회에 임하지 않는다.[1292] 교회가 지금 가지고 있는 모든 것은 (내가 보기에) 금식과 결합된 기도의 은사뿐이며, 이는 또한 하나님의 영광, 하나님의 교회 및 고난을 겪는 자들의 유익에 의존하는 조건부여야 한다. 그들은 귀신을 쫓아내는 이런 일이나, 그와 같은 기적의 행사를 위해 절대적으로 기도할 수 없으며, 더더욱 지금 그런 기적들이 존재하도록 독단적인 명령을 내릴 수도 없다. 만일 하나님의 교회가 예전과 마찬가지로, 지금도 필요한 모든 은사를 가지고 있다고 주장한다면, 나는 교회가 그들의 구원에 필요한 모든 은사를 가지고 있으며, 따라서 교회에서의 기도는 이제 곤경에 처한 당사자를 구원하거나, 구원과 같은 좋은 복, 즉 인내와 회개를 얻는 데 도움이 된다고 대답할 것이다. 그러므로 우리는 마지막 날에 "주여, 주여"라고 말하고, 스스로를 위해 변명하고도, 저주를 받을 자들이 어떤 사람인지 알게 된다. 즉, 어떤 사람들은 말씀의 훌륭한 설교자였고, 어떤 이들은 귀신을 쫓아내는 비범한 능력을 가졌으며, 마지막으로 다른 사람들은 그리스도의 이름을 믿는 믿

1292 역자주, 여백에: 기적은 이제 그쳤다.

음으로 많은 기이한 치료와 기적을 행한 사람들이었다.

그러므로 이제 우리는 첫째, 그들이 하나님의 뜻을 행하는 참된 믿음과 진실한 회개와 새로운 순종을 갖지 않는 한, 아무리 탁월한 은사라 할지라도, 어떤 남자나 여자의 구원에 소용이 없을 것이라는 것을 배운다.[1293] 하나님의 말씀을 가르치고 전파할 수 있다는 것은 얼마나 탁월한 은사인가? 그리스도께서 친히 설교하는 것을 듣고, 그에게 즐거움을 드렸다는 것은 얼마나 드문 일인가? 하지만 이 둘 중 어느 것도 사람을 구원할 수 없다. 그리스도는 여기서 설교했다는 변명이 사람들에게 아무런 유익이 없을 것이며, 그리스도와 함께 먹고 마시는 특권과 그들의 거리에서 그의 가르침을 듣는 특권이 아무 소용이 없을 것이라고 말씀하신다. 그리스도는 "내가 너희를 도무지 알지 못하노라"(마 7:23); 눅 13:26-27)라고 말씀하실 것이다. 마찬가지로 그리스도와 동맹을 맺는 것은 지상에서 누릴 수 있는 탁월한 특권이다. 그러나 그리스도는 그보다 훨씬 앞서 믿음과 순종에 의한 영적 친족을 선호하시며, 그에게 그의 어머니와 그의 형제들이 밖에 서서 그와 이야기하기를 원한다고 말한 사람에게 말씀하셨다. "누가 내 어머니이며 내 동생들이냐? 그리고 그의 제자들을 가리켜 이르시되 나의 어머니와 나의 동생들을 보라 누구든지 내 아버지의 뜻대로 하는 자가 내 형제요 자매요 어머니이니라"[마 12:47-50]. 동정녀 마리아가 그리스도 예수의 어머니가 된 것은 그녀에게 놀라운 특권이었지만, 그녀가 그녀의 몸으로 한 것처럼 믿음으로 그녀의 마음에 그리스도를 잘 품지 않았다면, 그녀도 결코 구원을 받지 못했을 것이다.[1294]

1293 여백에: 믿음 없이는 탁월한 은사가 우리를 구원하지 못한다.

1294 여백에: (1631년판): August. lib. de virginit. 역자주, 영문판은 (1611년판)으로 기재하고 있다.

그러므로 바울은 "비록 우리가 그리스도도 육신을 따라 알았으나 이제부터는 그같이 알지 아니하노라 그런즉 누구든지 그리스도 안에 있으면 새로운 피조물이라"(고후 5:16-17),[1295] 그리고 "그리스도 예수 안에서는 할례나 무할례나 효력이 없으되 사랑으로써 역사하는 믿음뿐이니라"(갈 5:6)고 말한다.

이것을 고려함으로써 우리 모두는 새로운 피조물이 되기 위해, 그리고 거듭난 하나님의 자녀의 은혜, 심지어 참된 믿음, 참된 회개, 그리고 새로운 순종까지 추구해야 하며, 비록 다른 은사들이 매우 탁월하다 할지라도, 그것들을 의지하지 말아야 한다.

다시 말하지만, 많은 양의 지식과 기억력, 언어 등과 같은 다른 뛰어난 부분을 가진 학생들은 그것으로 교만해지지 않기를 배워야 하며("왜냐하면 지식은 교만하게 하기 때문이다", 고전 8:1), 그것으로 앞서 언급된 구원하는 은혜를 얻기 위해 배워야 하는데, 이는 회개하고 믿는 마음이 없이는 그들이 가진 모든 은사가 결코 그들을 구원하지 못할 것이기 때문이다. 아니, 오히려 그로 인해 그들은 낮아져야 하는데, 이는 참된 구원하는 믿음이 없이는, 다른 모든 은사는 단지 그들을 멸망의 구덩이로 더 깊이 밀어 넣는 수많은 맷돌과 같기 때문이다.

둘째, 여기서 다른 사람들의 회심을 위해 하나님의 말씀을 건전하게 다루었던 많은 박식한 설교자들이 노아의 방주를 만들었으나 홍수에 빠져 죽은 목수들처럼 스스로 정죄를 받을 것이라는 사실에 주목하라. 이것을 고려함으로써 모든 목사는 사도의 권고에 따라 먼저 "자기 자신"에게, 그 다음에 "양 떼"에게 "주의를 기울일"(행 20:28) 것을 배워야 한다. 그래서 바울은 디모데에게 권고한다. "네가 네 자신

1295 역자주, 원문과 영문판은 고후 5:16로 기재하고 있다.

과 가르침을 살펴 이 일을 계속하라 이것을 행함으로 네 자신과 네게 듣는 자를 구원하리라"(딤전 4:16).[1296] 그리고 고행의 실천에 있어서 "다른 사람들에게 전파한 후에 자신이 도리어 버림을 당할까 두려워 자기 몸을 쳐 복종시킨"(고전 9:27) 바울을 본받는 자가 되라.

셋째, 하나님의 백성은 여기서 또한 그들의 의무를 배운다. 왜냐하면 이 무서운 심판이 어떤 말씀 사역자들에게 닥칠 것을 보고, 그들의 설교에도 불구하고, 그들이 정죄 받을 것이기 때문이다. 그러므로 하나님의 백성은 목회자들의 삶의 모범에 안주해서는 안 되며, 그 목회자들이 하나님의 말씀에서 철저하게 직접 수집한 건전한 교리를 굳게 붙잡아야 한다. 목사의 삶과 실천은 하나님의 말씀과 일치하는 것 이상으로 따라야 할 확실한 규칙이 아니다. 그러므로 바울은 "내가 그리스도를 본받는 자가 된 것 같이 너희는 나를 본받는 자가 되라"(고전 11:1)고 말한다. 오직 말씀만이 참된 규칙과 규범이며, 이 규례를 따라 행하는 많은 자들에게 "평강과 긍휼이 있을 것이다"(갈 6:16).

넷째, 어떤 기적의 일꾼들이 또한 정죄되어야 하는 것을 볼 때, 이것은 우리에게 기적으로 확증된 교리를 전하는 자들을 믿지 말 것을 가르친다. 왜냐하면 기적을 행하는 자들은 그들 자신의 구원에 관한 문제에서 스스로를 속일 수 있고, 따라서 그들은 이런저런 특정한 교리에서 우리를 훨씬 더 속일 수 있기 때문이다.[1297] 그러므로 연옥, 성지순례, 성인호칭기도 등과 같은 교황주의의 다양한 점들이 (의심의 여지 없이 위조와 거짓 이적에 불과한) 기적에 의해 확증되었다고 주장하기 때문에, 그것들이 참된 기적이라고 하더라도, 우리가 그것들을 믿

1296 역자주, 영문판은 원문과 달리 딤후 4:16로 기재하고 있다.
1297 여백에: 기적으로 확인되었을지라도 새로운 교리를 받아들이지 말라.

어야 한다는 것을 입증하지는 않는다. 이는 하나님의 말씀이 그 동일한 것을 확증하지 않기 때문이다. 왜냐하면 성경에 계시되고 기록된 것 외에는, 아무리 기적적으로 확증된 교리라 할지라도, 우리는 종교의 어떤 교리도 받아들여서는 안 되기 때문이다.

2부

"그 때에 내가 그들에게 밝히 말하되 내가 너희를 도무지 알지 못하니 불법을 행하는 자들아 내게서 떠나가라 하리라"(마 7:23). 여기서 그리스도는 심판 날에 스스로 변명하고 자신들의 정죄를 이상하게 여기는 사람들에 대해 정당한 정죄를 제시하시고, 게다가 그들이 자신들을 위해 간청하게 될 것에 대해 그들에게 대답하신다. 이 말씀은 세 부분으로 구성되어 있다. 첫째, 그리스도께서 사람들에게 밝힌 드러낸 말씀인 "그가 그들을 도무지 알지 못하였다." 둘째, 그들에게 말씀하신 그리스도의 명령인 "내게서 떠나가라." 그리고 셋째, 명령의 이유인, "불법을 행하는 자들."

요점 1

그리스도께서 밝힌 드러낸 말씀에 대해. "그 때에", 즉 심판 날에 사람들이 자신들의 정죄를 이상하게 여길 때, 그들이 하나님께 봉사한 것을 변명할 것이다. 심지어 "그 때에", 그리스도는 "내가 밝히 말하되 등"이라고 말씀하신다. 이 구절에서 그리스도는 이 위선자들의 행위를 암시하시는데, 왜냐하면 그들이 그리스도의 이름을 공언하고, 그에게 행한 봉사를 주장했기 때문이다. 마치 그가 다음과 같이 말씀하시는 것과 같다. "그 날에 세상에서 내 이름을 공언한 많은 사람들이 내게 행한 봉사를 주장할 것이지만, 나는 그들에게 또 다른 말로 밝히 드러낼 것이다. 즉, 내가 그들을 도무지 알지 못했고, 그들이 나에 대해 공언한 것이 헛된 것임을 온 세상에 분명히 드러낼 것이다."

그리스도께서 밝히 드러낸 말씀은 매우 중대하고 중요하며, 그 의미와 관련하여 반드시 연구해야 할 어려움을 포함하고 있다. 하나님께서 그의 피조물을 아는 지식은 두 가지인데, 일반적인 지식과 특별한 지식이다.[1298] 하나님의 일반적인 지식은 과거와 현재와 미래의 모든 것을 이해하고 보는 것이다. 이와 관련하여 "우리의 결산을 받으실 이의 눈앞에 만물이 벌거벗은 것 같이 드러나느니라"(히 4:13)고 말한다. 이로 인해 그리스도는 여기서 마지막 날에 어떤 악한 사람들이 어떻게 변명할지 예고하신다. 그리고 이 일반적인 지식과 관련하여 하나님께서는 모든 사람과 악한 자들의 가장 은밀한 행동을 알고 계신다. "그는 인류의 모든 길을 주목하시며 그의 길과 그의 행위의 열매대로 보응하시나이다"(렘 32:19).[1299]

하나님의 특별한 지식은 그가 자신의 피조물을 자신의 것으로 인정하고, 승인하고, 받아들이며, 자신의 특별한 은총을 보증하는 것이다. 이것은 모든 사람에게 확대되지는 않는다. 하나님께서 자신의 은총을 나타낼 사람들에 대해서는 "여호와께서 의인들의 길을 인정하시고"(시 1:6), 자신의 자비를 나타내지 않을 다른 사람들에 대해서는 "악인들의 길은 망할 것"이라고 말하기 때문이다. 이러한 대립은 경건한 사람에 대한 하나님의 지식이 무엇을 의미하는지 보여 준다. "여호와께서 그 미리 아신", 즉 그가 승인하고 사랑한 "자기 백성을 멸하실 것인가?"(롬 11:2). 그는 "결코 아니다"라고 말씀하신다. 마치

1298 여백에: 자신의 피조물에 대한 하나님의 지식.

1299 역자주. 영문판은 원문과 달리 렘 32:18로 기재하고 있다.

그가 다음과 같이 말씀하시는 것과 같다. "나는 지금도, 그 어느 때에도 너희를 내 소유로 승인하거나 수용하지 않았다. 참으로 너희가 나를 공언하고, 설교하고, 내 이름으로 기적을 일으켰던 그 당시에도, 나는 너희를 받아들이거나 승인하지 않았다." 이러한 형태의 고백으로부터 우리는 여러 가지 교리를 배워야 한다.

교리 1. 이로써 그리스도께서 예외 없이 모든 사람을 위해 피를 흘리셨으며, 아벨만 아니라 가인도, 베드로만 아니라 유다도, 구원받을 자만 아니라 정죄 받을 자도 위해 죽으셨다고 주장하는 일부 개신교도들의 의견은 명백히 반박되고 전복된다.[1300] 그러나 여기서 그리스도께서 정죄 받을 자들에게 말씀하시는 것을 주목하라. "나는 너희를 도무지 알지 못했고 너희를 내 소유로 인정한 적도 없다." 그러나 그리스도께서 예외 없이 세상의 모든 사람을 위해 효과적으로 죽으셨다면, 그는 예외 없이 모든 사람을 자신의 핏값으로 사셨다. 그렇다면 모든 사람은 예외 없이 그리스도의 소유이다. 그리스도는 진실로 그의 소유인 사람들을 의심의 여지 없이 자신의 것으로 인정하실 것이다. 그러나 여기서 우리는 그리스도께서 모든 사람을 자신의 것으로 인정하지 않으실 것이며, 따라서 그가 모든 사람을 예외 없이 자신의 것이 되도록 자신의 핏값으로 사지 않으셨다는 것을 알 수 있다. 나는 그리스도께서 성경적 의미에서 모든 사람을 위해 죽으셨다는 것을 부인하지 않지만, 하나님의 말씀은 하나님 편에서 그리고 그의 뜻의 목적과 관련하여, 그리스도께서 예외 없이 모든 사람을 위해 죽으셨다고 결코 말하지 않는다.[1301]

그리고 하나님께서 어떤 특정한 사람들에게 그리스도로 말미암

1300 여백에: 보편적 구속이 반박되다.
1301 여백에: 하나님은 어떤 사람들의 구속을 거부하는 데 심하게 [즉, 가혹하게] 다루지 않는다.

은 은혜와 구속을 박탈하실 것이라고 말하는 것은 가혹한 말이라고 생각되기 때문에, 이성적으로 생각해도 이상하게 보이지 않을 것이다. 하나님께서는 자신의 형상대로 의와 참된 거룩함으로 사람을 창조하셨고, 그에게 지상 낙원의 복된 지위를 주셨는데, 그것은 자신뿐만 아니라, 그의 모든 후손을 위한 것이었다. 그가 창조를 통해 받은 것은 무엇이든, 그 자신뿐만 아니라 그의 후손을 위해서도 받았으며, 그때 그는 공적인 사람으로서, 무죄한 상태와 타락한 상태 모두에서 온 인류의 인격을 지니고 있었다. 그로 인해 아담이 그 행복한 지위에서 타락할 때, 그 안에 있던 모든 인류가 그와 함께 타락하여, 하나님의 형상과 아담 안에서 창조를 통해 누렸던 그 좋은 지위를 잃어버렸다. 이제 이 점을 잘 생각해 보라. 만일 하나님께서 인간에게 은혜를 베풀지 않았고, 행복을 얻을 수 있는 수단도 주지 않았으며, 모든 은혜와 행복의 수단을 배제하셨다면, 이것은 참으로 가혹해 보일 수도 있다. 그러나 창조를 통해 그가 인간에게 행복을 주셨고, 마찬가지로 그가 원한다면 그 행복 가운데 인내할 수 있는 능력도 주셨다는 점을 고려할 때, 모든 사람이 스스로 자신의 행복을 져버린 것이고, 그렇기에 어떤 사람들이 그것을 영원히 박탈당해야 한다는 것이 놀라운 일인가? 아니, 오히려 아담에게서 난 모든 사람이 정죄 받지 않은 것이 놀라운 일인데, 왜냐하면 하나님께서는 그의 공의로 말미암아 모든 사람을 정죄하셨을 수도 있기 때문이다. 그가 어떤 사람들에게 그리스도를 구세주로 주시고, 누구든지 예수 그리스도로 말미암아 이 구원의 참여자가 되었다는 것은 참으로 그의 무한한 자비이다.

교리 2. 여기서 그리스도는 어떤 사람들에 대해 "내가 너희를 도무지 알지 못하노라"고 말씀하지만, 다른 사람들에 대해서는 "내가 내 양을 안다"(요 10:14)라고 말씀하시고, 또다시 "나는 내가 택한 자들이 누구인지 안다"(요 13:18)라고 말씀하신다. 그리고 바울은 "주께서 자기 백성을 아신다"(딤후 2:19)라고 말한다. 이제 이 구절들로부터 우리는 사람들 사이, 천사들 사이에 구별을 두어, 어떤 사람들은 자신의 것으로 인정하고, 다른 사람들은 부인하는 하나님의 영원한 역사가 있음을 알 수 있다.[1302] 하나님께서 친히 그의 말씀으로 이것을 보증하지 않으셨다면, 아무도 그것을 가르칠 수 없었을 것이지만, 여기에 분명하게 설명되어 있으므로, 그것은 경외심을 가지고 인정하고 받아들여야 한다. 그리고 더 잘 이해할 수 있도록 여기서 다루어야 할 두 가지 사항이 있다. 첫째, 어떤 근거와 이유로 하나님께서는 어떤 사람들은 자신의 것으로 알고, 다른 사람들은 자신의 것으로 알지도, 인정하지도 않으시는가? 둘째, 사람 안에 있는 하나님의 이 지식의 열매는 무엇인가?

요점 1. 첫째, 하나님께서 어떤 사람은 자신의 것으로 알고, 다른 사람은 그렇게 알지 않으시는 이유는, 오직 하나님의 선한 기쁨 외에 다른 어떤 이유도 제시할 수 없다.[1303] 그리스도는 "그의 아버지께서 천국의 비밀을 어떤 사람들에게는 숨기시고 다른 사람들에게는 나타내셨다"(마 11:25)라고 말씀하면서, 사람과 사람 사이에 이러한 구별을 두신다. 그 원인이 무엇인가? "그렇습니다, 오 아버지여 그것이 아버지를 기쁘시게 하기 때문이니이다"{마 11:26}. 바울은 야곱과 에서에게서 이러한 인류의 구별을 보여 준다. "내가 야곱은 사랑하고 에서는 미워하였다"(롬 9:13)라고 주님께서 말씀하신다. 이 차이는 그들의 선행이나 악행에서 나온 것이 아니다. 왜냐하면 "그들이 선이나 악을 행하기" 전에, 하나님께서 그들 사이에 이 차이를 두셨기 때문이다.

1302   여백에: 하나님의 선택과 유기가 입증되다.
1303   여백에: 하나님의 예정의 근거.

그것은 "하고자 하시는 자를 긍휼히 여기시고 하고자 하시는 자를 완악하게 하시는"(롬 9:18) 하나님의 뜻에 전적으로 달려 있다. 이것이 우리에게 이상하게 보이지 않아야 한다. 우리는 사람들이 자신의 일에 자신의 재량권을 행사하도록 허용하는데, 다른 사람의 입을 막기에 충분한 이유는 이것이다. "그것은 내 것인데, 내가 내 것으로 내가 원하는 것을 할 수 없는가?" 다시 말하지만, 군주의 선언문에서 우리는 이 문구(그것은 우리의 기쁨이다)에 복종한다. 마찬가지로 양 떼를 가진 사람이 그중 일부는 도축을 위해 살찌우고, 다른 일부는 번식을 위해 키울 수 있다. 이것은 하나님께서 사람에게 허용하신 것으로, 사람들 사이에서 잔인한 것으로 여겨지지 않는다. 이제 우리가 피조물을 다스리는 이 자유를 사람에게 준다면, 하물며 사람을 다스리는 자유를 창조주께 드려야 하지 않겠는가? 가장 천하고 지극히 작은 피조물을 사람이 다스릴 수 있다면, 하나님께서는 사람에 대하여 더 큰 권한을 가지시기 때문이다. 비록 이러한 신비가 이성으로 이해될 수 없다 할지라도, 심지어 이성에서도 우리는 그 신비의 진리와 공평함의 어떤 유사점을 볼 수 있다. 그러므로 우리는 그 안에서 하나님의 주권적 뜻과 기쁨에 우리 자신을 경건하게 복종시켜야 한다.

사람과 사람 사이의 차이와 구별이라는 이러한 근거에서, 우리는 사람의 지위에 관한 하나님의 뜻을 다음과 같이 정의하는 어떤 신학자들의 오류를 조심해야 한다. 그들은 세상 모든 사람이 원하기만 하면 구원받아야 하는 것이 하나님의 첫 번째 뜻이기에, 하나님께서 그들에게 자연과 은혜의 모든 도움을 베풀어, 그들이 원하면 회개하고 믿을 수 있도록 일하신다고 말한다.[1304] 그리고 이러한 그의 첫 번째

1304 여백에: 예견된 행위는 하나님의 작정의 근거가 아니다.

뜻을 정하신 후, 하나님께서는 (그들이 말하기를) 어떤 사람들이 믿지도 않고 믿음을 지속하지 않을 것을 예견하시고, 따라서 (그들의 생각에) 그는 어떤 사람들을 자기 백성으로 삼지 않으실 것이다. 다시 말해서, 다른 사람들이 믿고 믿음을 굳건히 지킬 것을 예견하시기에, 그는 그들을 자기 백성으로 알고 인정하신다. 여기서 하나님께서는 많은 아들들을 둔 좋은 아버지처럼 그들을 대하시는데, 그는 그들 모두가 잘 되고, 각각 좋은 몫을 갖게 되기를 원하지만, 어떤 아들들이 검소하지 않고 순종하지 않을 것을 보고, 마음을 바꾸어 그들에게 상속하지 않으시는 것이다. 또는 그는 선한 군주처럼 신하들을 대하시는데, 그는 모든 신하가 잘 되기를 바라지만, 일부 신하가 반역자임을 안 후, 다른 마음을 품어 그들의 죽음을 원하시는 것이다. **대답**. 그러나 이 의견은 인간의 두뇌로 만들어 낸 단순한 고안품에 지나지 않는다. 왜냐하면 그들은 하나님께서 사람들의 믿음과 불신앙을 예견하셔서, 그의 두 번째 뜻으로 어떤 사람들은 그의 백성으로 인정하되, 다른 사람들은 인정하지 않으신다고 말하는데, 그의 첫 번째 뜻으로는 모든 사람이 구원받기를 원하셨던 것이고, 그렇다면 그 뜻이 서로 충돌하기 때문이다. 그러므로 처음부터 하나님의 뜻은 어떤 사람들은 알고, 다른 사람들은 알지 못하는 것이었다. 그러한 차이의 근거는 오직 그의 선한 기쁨뿐이다. 그러므로 그가 아벨만 아니라 가인도, 베드로만 아니라 유다도, 모든 사람이 똑같이 구원받기를 원해야 하는 것은 있을 수 없다.

다시 말하지만, 그들의 의견은 스스로 모순되는데, 왜냐하면 하나님께서는 사람들의 믿음과 불신앙을 예견하시기 때문이다. 이는 하나님께서 그들의 믿음과 불신앙을 작정하셨고, 그의 작정은 오직 그의 뜻에 달려 있기 때문이다. 그러므로 우리가 동일한 관점에서 원인과 결과를 같게 만들지 않는 한, 예견된 행위를 사람과 사람 사이의 차이의 근거로 만들 수 없다. 그렇다면 그들의 비교는 적합하지 않다. 아버지는 그의 모든 자녀가 잘 되고 자신의 몫을 누리기를 원할 것이다. 맞는 말이며, 사실 그 이상이다. 그가 자신의 모든 자녀가 잘 되는 것이 자신의 힘에 달려 있다면, 그렇게 만들기를 원할 것이다. 또한 그가 그들을 유익하게 만드는 것이 자신의 힘에 달려 있다면, 누구에게나 주려고 할 것이다. 그가 자기 아들에게 상속하지 않겠다고 그 뜻을 바꾸는 것은 그가 원했던 것을 할 수 없는 그의 무능한 의지에서 비롯되는 것이다. 그리고 신하들을 향한 군주들의 의지에 대해서도 마찬가지이다. 하나님께서 모든 사람을 구원하시고자 하는 뜻이 있었다면, 의심의 여지 없이 모든 사람이 구원받아야 한다. "누가 그의 뜻을 대적하겠는가?"[롬 9:19]. 아니, 여호와께서 뜻하시는 것은 무엇이든, 그가 하늘과 땅과 모든 곳에서 그것을 행하신다(단 4:32).

요점 2. 사람들을 구별할 때 고려해야 할 두 번째 요점은, 하나님께서 어떤 사람은 자신의 것으로 알고, 다른 사람은 자신의 것으로 인정하시지 않는 하나님의 이러한 지식의 열매이다.[1305] 그것은 하나님을 향한 사람의 마음과 상호 작용하고, 그 마음에 영향을 미치는 효과적이고 강력한 지식이다. 왜냐하면 하나님께서 어떤 사람들을 자신의 것으로 아는 것으로부터 사람의 마음에 또 다른 지식이 뒤따르는데, 이로써 그는 하나님을 자신의 하나님으로 알기 때문이다. 그래서 그리스도는 "나는 내 양을 알고 양도 나를 안다"(요 10:14)라고 말씀하신다. 보라, 태양이 우리에게 그 광선을 비추고, 그로 인해 우리

1305 여백에: 하나님이 어떤 사람을 자신의 것으로 아시는 결과.

가 다시 태양을 보는 것처럼, 마찬가지로 하나님께서 우리를 그의 것으로 아는 하나님의 지식이, 우리 마음에 하나님을 아는 지식을 일으켜, 그로 인해 우리가 그를 우리 하나님으로 안다. 그래서 갈라디아서 4장 9절은 "너희가 하나님을 알 뿐 아니라 더욱이 하나님이 너희를 아신 바 되었다"라고 말한다. 그래서 하나님께서 우리를 그의 것으로 아는 지식이 우리가 그를 우리의 하나님으로 아는 지식의 근거이다. 하나님께서 그의 택한 자들을 아는 이 지식에는 그들을 향한 하나님의 사랑이 들어 있는데, 이는 그가 사람을 알고 받아들이며, 따라서 그를 사랑하시기 때문이다. 이것은 사람들로 하여금 다시 하나님을 사랑하게 만든다. "우리가 하나님을 사랑함은 그가 먼저 우리를 사랑하셨음이라"(요일 4:19). 그래서 마찬가지로 하나님께서는 그의 지식으로 우리를 그의 특별한 백성으로 선택하시고, 따라서 우리는 하나님을 우리의 하나님으로 선택하게 된다. 왜냐하면 도장이 밀랍에 그것과 같은 인을 찍는 것처럼, 하나님께서 자신의 지식으로 우리를 향해 맺고 나타내시는 것과 같이, 하나님의 지식은 우리 안에서 하나님을 향해 그런 열매를 맺기 때문이다.

다른 한편, 하나님께서 도무지 알지 못하는 사람들이 있는데, 그들에게 이 열매는 공의의 열매이다. 하나님께서 그들을 모르기에, 그들도 하나님을 알지 못한다. 그래서 그들은 사랑과 그들의 마음을 하나님께 드리는 것과 같은 지식의 열매가 없다. 참으로 사람들이 범하는 죄는 하나님께서 그들을 알지 못한 데서 난 것이 아니라, 사람의 부패한 의지에서 난 것이다. 그럼에도 불구하고, 하나님에 대한 지식, 사랑, 믿음의 결핍은 그것 자체가 형벌이기 때문에, 하나님께서 사람들을 그의 것으로 알지 못하고 인정하시지도 않는다는 사실에서 비롯된다.

이제 이 하나님의 지식이 그의 택한 자들에게 강력하여, 그들로부터 다시금 하나님에 대한 참된 지식과 신뢰(*Affiance*)[1306]와 사랑을 산출하기에,[1307] 우리는 우리에 대한 하나님의 지식의 감명과 열매인 이 은혜를 우리 마음에서 느끼기 위해 노력하도록 권면을 받고, 그 은혜로 말미암아 우리는 하나님을 나의 하나님으로, 그리스도를 나의 구속자로 안다고 말할 수 있다. 그러므로 하나님을 바르게 알고, 참된 사랑으로 그리스도와 그의 지체들 안에 있는 하나님을 사랑하도록 노력하고, 참 하나님을 우리의 하나님으로 택하여, 우리의 마음과 애정을 그에게 드리기 위해 노력하자. 이러한 은혜로 말미암아 우리는 하나님께서 우리를 알고 사랑하시며, 그리스도 안에서 우리를 그의 아들과 딸로 선택하시는 것을 확실히 알게 될 것이다. 왜냐하면 우리 안에 있는 이러한 은혜는 우리를 향한 하나님의 지식과 사랑의 합당한 열매이기 때문이다. 우리가 도장 자체를 결코 보지 못할지라도, 밀랍에 찍힌 그 형태로 군주의 넓은 인장을 알 수 있는 것과 마찬가지이다. 그리고 반대로, 우리는 사람들이 하나님에 대한 지식과 사랑과 신뢰 없이 계속 살아가는 하나님의 엄중한 심판을 주의해야 한다. 왜냐하면 이것들은 그가 도무지 알지 못하는 사람들에게 닥치는 그의 진노의 두려운 표징이기 때문이다.

적용. 첫째, 하나님께서 어떤 사람들을 자신의 것으로 알고, 다른 사람들을 인정하시지 않는 것이 오직 그의 뜻과 기쁨에 따른 것이므로, 우리는 여기서 놀랍고 헤아릴 수 없는 신비를 볼 수 있다. 이로 인해 우리는 무엇보다도 먼저 하나님께 항변하는 것이 아니라, 거룩한 경외심으로 피조물에 대한 그의 형언할 수 없는 능력과 주권을

1306 *Affiance*: 신뢰, 의존.
1307 여백에: 하나님을 알고 사랑하는 동기.

경탄하고 감탄해야 한다. "하나님이 모든 사람을 순종하지 아니하는 가운데 가두어 두심은 모든 사람에게 긍휼을 베풀려 하심이로다"(롬 11:32)라고 사도가 말한다. 이제 그는 그 형편을 더 이상 추론하지 않고, 그 자리에 멈추어 하나님의 기이한 능력과 지혜에 감탄하며 외친다. "오 깊도다 하나님의 지혜와 지식의 풍성함이여, 그의 판단은 헤아리지 못할 것이며 그의 길은 찾지 못할 것이로다!"(롬 11:33). 둘째, 이것은 그의 심판과 관련하여 하나님을 향한 두려움과 떨림으로 우리의 마음을 사로잡아야 한다. 사도 바울은 하나님의 옛 백성에 대해 이방인들에게 말한다. "유대인들은 믿지 아니하므로 꺾이고 너는 믿으므로 섰느니라." 따라서 그는 이방인들에게 "높은 마음을 품지 말고 도리어 두려워하라"(롬 11:20)고 권면한다. 셋째, 그러므로 우리는 참된 은혜를 통한 어떤 근거도 없이 그리스도의 죽음에 대한 자비의 소망으로 우리 자신을 위로하지 말고, 도리어 두려움과 떨림으로 구원의 수단, 곧 하나님의 말씀과 기도와 성례에 힘써 그리스도의 참된 지체가 되라는 가르침을 받는다. 이는 우리가 헛된 공언으로 우리 자신을 속일 수 있기 때문이다. 하나님의 자비는 그 자체로 끝이 없으나, 우리에게는 제한되고, 모든 사람에게 다 베풀어지지 않을 것이며, 아니 살아 있는 동안 헛된 확신 가운데 그것을 충분히 설명했던 많은 사람들에게도 베풀어지지 않을 것이기 때문이다.

요점 3. 여기서 관찰해야 할 세 번째 요점이 있다. 여기 이 땅에서 그리스도의 이름을 공언했지만, 나중에 정죄를 받게 될 사람들은 결코 참된 믿음도, 참된 회개도, 건전한 사랑도, 소망도 없었다는 사실이다.[1308] 그들이 어떤 종류의 믿음과 다른 많은 훌륭한 은사를 가졌

1308 여백에: 유기된 자는 결코 참된 믿음을 가진 적이 없다.

을 수 있지만, 무엇보다 참된 믿음을 가졌었더라면, 하나님을 기쁘시게 하고, 그리스도의 인정을 받았을 것이며, 그래서 언젠가는 하나님의 백성으로 받아들여지고 하나님께 인정을 받았을 것이다. 이를 위해 우리는 참된 믿음, 사랑, 소망이 진정으로 이루어지는 곳에는, 적어도 그 뿌리에는 그것들이 영원히 남아 있다는 사실을 하나님의 진리로 배우고 붙잡아야 한다. 그것들이 잠시 사라진 것처럼 보이지만, 결코 완전히 소멸될 수는 없다. "왜냐하면 하나님의 은사와 부르심에는 후회하심이 없기 때문이다"(롬 11:29).

요점 4. 넷째, 여기서 그리스도께서 구원하지 않을 사람들은 그가 도무지 알지 못했다는 것이 분명하다. 따라서 그가 자신의 것으로 아는 사람들은 그가 영원히 자신의 것으로 알게 될 것이라는 사실이 뒤따른다. 이 점은 인간의 영혼 구원의 참된 기초이자 근거이기 때문에, 반드시 기억해야 한다. 우리는 믿음과 하나님의 말씀으로 구원을 받는다고 말하지만, 그것은 원인이 아니라 수단일 뿐이다. 우리 구원의 유일한 원인, 그리고 우리를 구원에 이르게 하는 수단은 바로 우리를 자신의 소유로 받아들이고 승인하시는 하나님의 이 지식이다.

그러므로 우리는 구원에 이르도록 택함을 받은 자들은 결코 멸망하지 않을 것이라고 결론지을 수 있다.[1309] 왜냐하면 하나님께서 한 번 자신의 소유로 아는 자들은 그가 영원히 자신의 소유로 알기 때문이다. 그러므로 "택하신 자들이 멸망하는 것은 불가능한 일"(마 24:24)이고, 사도는 "하나님의 선택은 변치 아니하며"(롬 9:11), 하나님의 목적에 따라 영원히 변함없이 남아 있다는 것을 당연하게 여긴다. 하나님의 이 지식은 "확실하게 남아 있는 기초"(딤후 2:19)이다. 모든 것의

1309 여백에: 택함 받은 자는 결코 떨어져 나가지 않는다.

첫 번째 은혜는 그의 순전한 선의로 어떤 사람들을 선택하시는 하나님의 은총이다. 그리고 누구에게든지 부여된 이 첫 번째 은혜는 영원히 남아 있으며, 변화나 변경이나 중단을 허용하지 않는다. 이 교리는 우리 믿음의 버팀목으로, 그리고 어떤 환난 중에도 건전한 위로의 확실한 기초로 기억되어야 한다. 고난 중에 있는 참된 신자들은, 그들 자신에게서 많은 불신앙을 발견하고, 하나님으로부터 떨어져 나가기 쉽다. 그러나 여기에 그들이 의지할 만한 확실한 버팀목이 있는데, 그들은 자신을 떠나, 하나님의 선택에 대한 믿음을 굳게 붙잡아야 한다. 이는 그들이 비록 연약하고 스스로 떨어져 나갈 수 있지만, 그들의 구원은 하나님의 지식과 선택에 근거하여 견고하게 유지된다는 것을 알기 때문이다. 그래서 사도는 "의롭다 하신 이는 하나님이시니 누가 정죄하리요?"(롬 8:33-34),[1310] 그리고 "누가 우리를 그리스도 안에 있는 하나님의 사랑에서 끊으리요?"(롬 8:35)라고 말하며, 자신과 경건한 자들을 위로한다. 참으로 사람이 일생에 단 한 번이지만, 하나님의 은총에 대한 참된 확신을 받았다면, 이 한 가지 표징으로 그가 이후에 시험 가운데 산다고 해도, 하나님의 사랑은 변치 않는다는 근거에서 자신의 구원을 확신할 수 있다. "왜냐하면 하나님이 사랑하는 자들을 끝까지 사랑하시기 때문이다"(요 13:1).

요점 2

"내게서 떠나가라." 이것은 비록 그들이 그리스도의 이름을 공언하지만, 그리스도께서 도무지 알지 못하는 자들에게 주는 그리스도의 명령이다. 그것은 매우 두려운 명령으로, "저주를 받은 자들아 영

1310 역자주, 원문과 영문판은 롬 8:32-33으로 기재하고 있다.

원한 불에 들어가라"(마 25:41)는 것과 마찬가지이다.

그러므로 이제 우리는 둘째 사망이 성부와 성자와 성령의 평안한 교제에서 분리되고, 게다가 그 분리에서 하나님의 진노의 감각과 느낌을 갖는 것이 합당하다고 결론지을 수 있다.[1311] 또한, 반대로 영생은 성부와 성자와 성령과의 교제 안에 있기 때문이다. 이제 여기서 그리스도의 고난에 관한 질문이 제기될 수 있는데, 왜냐하면 우리는 그가 둘째 사망을 겪었다고 가르치기 때문이다. 그렇다면 그가 고난 중에 하나님께로부터 단절되셨는가?[1312] **대답.** 십자가에 달린 우리 구주 그리스도는 우리 자리에 대신 서서 그의 택한 자들의 죄를 짊어지고, 실질적으로 그로 인한 모든 형벌, 즉 첫째 사망과 둘째 사망 모두를 담당하셨다. 그러나 둘째 사망을 겪은 것에 관해서는 약간의 어려움이 남아 있다. 그러므로 그것에 관하여 우리는 우리 구주 그리스도께서 그의 두 본성의 연합과 그의 인격의 거룩함과 존엄성과 양립하는 한, 둘째 사망을 겪으셨다는 이 근거를 붙잡아야 한다. 여기서 다음의 경고들을 주목해야 한다.

경고 1. 그는 그의 인성에서 신성과 성부로부터 매우 참된 분리를 겪으셨지만, 실체와 존재에 관한 것이 아니라, 감각과 느낌에 관한 것이었다. 그러므로 그는 "나의 하나님, 나의 하나님, 어찌하여 나를 버리셨나이까?"라고 부르짖으셨다. 한동안 하나님의 은총을 느끼지 못하고, 오직 그의 진노와 미움만 느끼셨다.

경고 2. 그는 그의 수난에서 둘째 사망의 슬픔을 견디셨다. 그는 둘째 사망으로 죽지 않으셨는데, 왜냐하면 그렇다면 그는 실체와 존재에 있어서 정복되고, 아버지로부터 완전히 분리되었어야 했기 때

1311 여백에: 둘째 사망은 무엇인가?

1312 여백에: 그리스도께서 어떻게 둘째 사망을 겪었는가?

문이다. 그러나 그는 둘째 사망을 겪었고, 그 고난 가운데 그 사망을 이기셨다. 마치 사람이 죽을 지경에 이르러, 첫째 사망의 고통을 느끼면서도, 회복할 수 있는 것과 같다.

경고 3. 그리스도는 저주받은 자들의 고통을 겪으셨지만, 저주받은 자들이 겪는 방식으로 겪으셨던 것은 아니다. 그는 십자가에서 그 고통을 겪으셨지만, 그들은 저주받은 자들의 자리에서 겪었다. 그리스도는 잠시 고통을 당하셨으나, 그들은 영원히 고통을 당할 것이다. 그리스도는 둘째 사망을 겪으셨으나, 그것이 그를 이기지 못했지만, 저주받은 자들은 그것에 압도되고, 정복되어, 하나님을 모독한다. 이제 그들의 신성모독은 그들의 죄를 증가시키고, 그들의 죄는 그들의 고통을 영원히 배가시킨다. 이 교리는 하나님의 말씀과 이성에 적합하다. 왜냐하면 인간의 이성으로 볼 때, 육체의 죽음은 육체와 영혼의 이중 사망을 선고받은 사람들에게 구제책이 될 수 없기 때문이다.

적용. 첫째, 둘째 사망이 사람을 하나님으로부터 영원히 분리시키는 것이므로, 우리는 이생에서 성부, 성자, 성령 하나님과 참된 교제를 갖기 위해 노력해야 한다.[1313] 일단 이 교제를 가지면, 우리는 그것을 영원히 누릴 수 있다. 우리는 말씀과 성례와 기도를 올바로 사용함으로써, 이 교제에 이르게 될 것이다. 말씀과 성례에서 하나님께서는 우리에게 말씀하시고, 친밀하게 다루기 위해 자신을 낮추시며, 우리는 기도로 하나님과 대화하기 때문이다.

둘째, 또한 "내게서 떠나가라"는 이 명령을 누구에게 하는지, 즉 입술로는 하나님께 가까이 나아가되, 마음은 그에게서 멀리하는 자들에게 하는 것임을 주목하라. 이것을 고려하여 우리가 겉으로 그리

1313 여백에: 하나님과 교제하려는 동기.

스도의 이름을 공언하는 것으로 만족하지 말고, 우리의 모든 애정과 사랑과 기쁨과 두려움과 확신을 가지고, 하나님께 가까이 나아가, 그의 계명에 순종해야 한다. 그리하여 우리는 그에게서 최종적으로 떠나라는 이 두려운 명령을 피하게 될 것이다.

요점 3

"너희 불법을 행하는 자들아." 이것이 그 명령의 이유이다. 이것을 더 잘 이해하기 위해 다음 질문을 다루어야 한다. 그러한 공언을 하는 이 사람들이 어떻게 불법을 행하는 자들이라고 불릴 수 있는지 살펴보아야 한다. 이는 그들 중 많은 사람들이 의심의 여지 없이 외적으로 예의 바르고, 나무랄 데 없는 삶을 살았으며, 그 어떤 끔찍한 죽을 죄로 기소될 수 없었기 때문이다.[1314] **대답.** 사람들이 불법을 행하는 자들이라고 불릴 수 있는 큰 죄가 많이 있는데, 그들이 비록 외적인 삶으로는 나무랄 데 없지만, 하나님 보시기에는 살인자나 간음하는 자처럼 사악한 자들이다. 첫째, 위선은 종교를 고백하는 자들에게 많은데, 그들이 겉으로는 종교를 주장하는 것으로 만족하면서, 자신들의 마음과 삶을 그 외적인 고백과 일치시키지 않는 것이다. 둘째, 하나님께 사랑을 고백하고 예배를 드리되, 사람들에게 사랑과 자비의 의무를 행하지 아니하는 것인데, 이는 우리가 형제 사랑의 일로 하나님을 사랑하고 섬겨야 하기 때문이다. 셋째, 세상에 대해 은밀한 죄이든 공개적인 죄이든 상관없이, 마음이 이러저러한 죄에 사로잡히는 것인데, 이는 마음이 어떤 죄에 안주하여 기뻐할 때, 하나님 보시기에 불법을 행하는 자가 되기 때문이다. 그리고 그들이 그렇게 위

1314 여백에: 신앙고백자들이 어떻게 불법을 행하는 자들이 될 수 있는가?

선자로 불리는 까닭은, 그들의 죄악이 항상 겉으로 드러나지 않고, 세상에 보이지 않기 때문이다. 마지막으로, 첫 번째 돌판의 모든 죄, 특히 하나님을 알지 못하고, 하나님을 사랑하지 않고, 무엇보다도 그를 신뢰하지 않고, 마음과 삶으로 그를 경배하지 않는 것과 같은 처음 두 가지 계명을 범하는 죄이다. 이것들은 모두 그 성격상 두 번째 돌판에 있는 죄보다 더 큰 불법의 행위들이며, 이것들과 관련하여 공언자들 또한 불법을 행하는 자들이라고 불린다.

적용. 첫째, 그리스도는 자신들의 공언으로 사람들의 눈에 보이지 않게 죄를 은폐하는 그런 공언자들을 불법을 행하는 자들로 부르신다.[1315] 그러므로 우리는 그리스도께서 사람들의 길, 심지어 세상에 드러나지 않는 가장 은밀한 죄까지도 매우 엄격하게 관찰하신다는 사실을 주목할 수 있다. 사람들은 이 세상에서 비록 공언자들에 의해 속을 수 있으나, 그리스도는 기만당할 수 없고, 심판의 마지막 날에 그들이 어떠한 자들인지 드러내실 것이다. 많은 사람들이 그리스도는 구세주이므로, 자비를 베푸신다는 확신으로 스스로를 속이고, 죄 가운데서 계속 살아가려고 생각한다. 그러나 그들은 그리스도께서 또한 사람들의 죄를 엄중히 살피시고, 회개하는 자들을 용서하실 뿐만 아니라, 불법을 행하는 자들을 정죄하시게 될 준엄한 재판관임을 알아야 한다. 그러므로 우리는 그가 구세주이기 때문에, 죄 가운데 살기 위해 자신을 속이면 안 되며, 오히려 그가 모든 불법에 대한 준엄한 재판관이시기 때문에, 죄 짓는 것을 두려워해야 한다.

둘째, 이것은 그리스도께서 매우 값진 은사들보다 정직하고 경건한 삶을 선호하고,[1316] 심지어 예언과 기적의 은사들보다 선호하신다

1315 여백에: 그리스도는 가장 은밀한 죄를 주목하신다.
1316 여백에: 그리스도는 경건한 삶을 어떻게 여기시는가?

는 것을 보여 준다. 그러므로 우리의 주된 관심은 우리의 마음과 삶을 그의 모든 계명 안에서 우리 하나님께 참되게 순종하는 데 두어야 한다.

셋째, 이것은 우리를 일깨워 참되고 거짓 없는 회개로 이끌어야 한다.[1317] 우리가 아직 회개하지 않았다면, 우리가 회개하기 시작해야 한다. 만일 우리가 회개했다면, 우리는 더 많이 회개해야 한다. 이는 많은 공언자들이 그의 이름으로 예언하고, 귀신을 쫓아내며, 많은 권능을 행하였음에도 불구하고, 그들이 죄 가운데 살기 때문이다. 이로 인해 그리스도께서 그들에게 무서운 정죄의 선고를 내리실 것이며, 마지막 날에 그들에게 "내게서 떠나 저주를 받아 영원한 불에 들어가라"고 말씀하실 것이다. 그리스도께서 오래 전에 우리에게 알려 주신 그 공포로 인해, 우리는 우리 자신을 낮추고, 하나님께로 돌이키며, 심지어 우리 마음의 목적에서조차 죄의 길을 끊어야 한다. 만일 우리가 지금 떨며 돌이키지 않으면, 두려운 명령을 듣고 복종해야 하며, 거기서 돌이킬 수 없는 날이 올 것이다. 그러나 만일 우리가 지금 참된 회개와 새로운 순종으로 하나님께로 돌이키게 된다면, 그 날에 우리는 다른 사람들에게 두려운 정죄의 선고가 내려질 때, 우리 자신에게는 복된 사죄의 음성을 듣게 될 것이다.

넷째, 많은 사람들이 마음으로 어떤 공개적인 죄나 은밀한 죄에 중독되었기 때문에, 정죄를 받게 될 것이다. 그러므로 우리는 하나님을 경외함으로 죄 가운데 살려는 목적으로 중독되지 않도록, 모든 죄에서 우리 마음을 깨끗이 하기 위해 노력해야 한다.[1318] 참으로 우리는 모든 악한 길에서, 즉 생각과 애정과 행실과 행위의 죄에서 우리

자신을 돌이키기 위해 힘써야 한다. 우리 마음의 목적은 그 어떤 하나의 죄 가운데서도 살지 않는 것이어야 하므로, 만일 우리가 넘어진다면, 그것은 우리의 목적과 의도에 어긋난 것이었다고 진정으로 말할 수 있어야 한다. 그러므로 우리는 우리 마음의 영, 심지어 영혼의 가장 은밀한 부분까지 새롭게 되기 위해 노력해야 한다. 죄가 약해서 또는 기회가 없어서 그 죄를 떠나는 것으로는 충분하지 않다. 젊은 시절 내내 음란과 정욕 가운데 살았던 많은 노인들이 노년기의 허약함 때문에 마침내 그러한 죄를 실제로 떠나는 것으로 충분하지 않은 것과 같다. 그들의 마음은 여전히 젊은 시절의 죄에 중독되어 있어서, 심지어 그가 지팡이 없이는 갈 수 없을 때조차, 그는 젊은 시절의 못된 장난을 연습하고 기억하는 데에서 큰 기쁨을 느낄 것이다. 이 사람은 회개하지 않은 것인데, 이는 그가 과거의 죄를 기억하는 데서 기뻐하는 것은 마치 하나님 앞에서 그가 여전히 그 죄를 행하는 것과 같기 때문이다. 그러므로 우리는 다윗과 함께 주님께서 "우리 마음을 그의 증거들에게 향하게 하시고 탐욕으로", 또는 그 어떤 다른 죄로 "향하지 말게 하소서"(시 119:36)라고 주님께 끊임없이 기도해야 한다.

3부: 결론

"그러므로 누구든지 나의 이 말을 듣고 행하는 자는 그 집을 반석 위에 지은 지혜로운 사람 같으리니 비가 내리고 창수가 나고 바람이 불어 그 집에 부딪치되 무너지지 아니하나니 이는 주추를 반석 위에 놓은 까닭이요"(마 7:24-25). 우리 구주 그리스도는 이 설교에서 주목할 만한 많은 교훈을 전달함으로써, 자신이 그의 교회의 참 선지자요 교사임을 충분히 보여 주셨으며, 이 구절과 27절까지 이어지는 구절에서 이 훌륭한 설교의 결론을 내리며, 그의 청중들에게 주목할 만한 의무를 일깨워 주신다. 즉, 그들은 그의 가르침을 가볍게 여겨, 겨우 듣고, 읽고, 배우는 것으로 만족하지 말고, 더 나아가 삶과 행실에서 그 가르침을 실천해야 한다.

그리고 그런 결과를 얻기 위해, 그는 말씀에 대한 참된 순종의 열매를 여기서 전체적으로 제시하신다. 이 결론에는 다음과 같은 요점들이 포함되어 있다. 첫째, 그의 모든 청중이 해야 할 주된 의무는 **그리스도의 말씀을 듣고 행하는 것**이다. "누구든지 나의 이 말을 듣고 행하는 자는." 둘째, 이 의무의 속성, 즉 **위대한 지혜의 특징**이다. "나는 그를 반석 위에 집을 지은 지혜로운 사람에 비유할 것이다." 셋째, 이 의무의 열매는 **몸과 영혼의 모든 위험에 대한 안전과 평안**(마 7:25)이다. 이 모든 것은 우리가 보게 될 것처럼, 26절과 27절의 그 반대에 의해 증폭된다.

선한 청중

요점 1

첫 번째 요점은 모든 선한 청중의 주요 의무, 즉 그리스도의 말씀에 대한 지식에 실천을 결합하는 것이다.[1319] 이 의무는 종종 성령이 우리에게 촉구하는 것이다. "율법을 듣는 자가 아니라 행하는 자가 하나님 앞에서 의롭다 하심을 받으리라"(롬 2:13).[1320] 그리고 야고보는 이 의무에 대해 길게 설명한다. "너희는 말씀을 행하는 자가 되고 듣기만 하여 자기 영혼을 속이는 자가 되지 말라"(약 1:22). 그 다음에 그는 행함이 없는 들음의 허망함과 순종하는 들음에 수반하는 복으로 이 가르침을 강화한다(약 1:23-25). 그리고 한 여인이 그리스도의 가르침에 찬사를 보내며, "그를 밴 여자가 복이 있다"라고 선언했을 때, 그리스도는 "아니 오히려 하나님의 말씀을 듣고 지키는 자가 복이 있느니라"(눅 11:27-28)고 대답하셨다. 또한, 씨 뿌리는 자의 비유(마 13장)에서 네 종류의 청중이 있는데, 세 종류는 악하고, 오직 한 종류만 선한 청중으로, 그들은 하나님의 말씀을 듣고, 알고, 받아들이고, 품에 안아 풍성한 열매를 맺는다. 자연적인 이성은 이 의무가 중대하다는 것을 우리에게 확신시키는데, 이는 사람들이 인간사에 대해 갖는 최고의 학식이 실천 없이는 너무도 적거나 아무 소용이 없기 때문이다. 따라서, 신적 가르침이 순종과 결합되지 않고서는 더더욱 유익을 줄 수 없음이 명백하다.

적용. 이것을 고려할 때, 우리는 그리스도의 이름으로 하나님 아버지께 기도해야 하며, 그가 우리에게 성령을 주셔서, 우리의 마음이

1319 역자주. 여백에: 모든 선한 청중의 의무.

1320 역자주. 영문판은 원문과 달리 롬 2:12로 기재하고 있다.

그의 거룩한 말씀 가운데 전달된 하나님의 교훈에 대한 거짓 없는 사랑과 순종으로 기울어지고, 성향이 형성되고, 굽어지게 해달라고 간구해야 한다. 왜냐하면 듣는 것을 실천하며 사는 것이 우리의 의무이기 때문이다. 진실로, 우리는 우리의 삶에서 순종하기 위해 기도함으로써, 우리의 양심이 우리를 고발하지 않을 뿐만 아니라, 또한 순종하려는 우리의 진정한 노력과 열망에 관해 하나님 앞에서 변명할 수 있도록 기도해야 한다. 이 의무를 실천하면 고난의 때에, 참으로 두려운 죽음 그 자체의 순간에 우리에게 참된 위로를 줄 것이다. 선한 왕 히스기야는 자신의 죽음에 대해 "그가 여호와 앞에서 정직하고 온전한 마음으로 행했다"(사 38:3)라고 스스로를 위로했다. 그리고 이러한 위로를 위한 하나님의 말씀은 분명하다. "만일 우리 마음이 우리를 책망할 것이 없으면, 우리는 하나님 앞에서 담대함을 얻는다"(요일 3:21). 우리가 하나님께 대한 우리의 의무를 잘 알고 있다는 조건 아래 항상 그러한데, 이는 무지한 양심이 거짓으로 변명할 것이기 때문이다.

요점 2

이 의무의 속성.[1321] 그것은 위대한 지혜의 일부인데, 이는 듣고 순종하는 사람만이 지혜로운 사람이기 때문이다. "나는 그를 지혜로운 사람에 비유할 것이다." 마찬가지로 주의 깊게 기억해야 할 점은 하나님의 말씀을 듣고 행하는 것이 참된 지혜의 특별한 부분이라는 것이다. 이것은 "다윗의 배움"이라는 제목의 시편 32편에서 특히 확인할 수 있으며, 실제로 이 시편은 다윗이 그의 회개와 새로운 순종이

1321 여백에: 순종적 경청이 진정한 지혜이다.

라는 두 가지 항목으로 가져온 모든 종교의 총체를 포함하는 주목할 만한 배움의 시(詩)이다. 그래서 모세는 백성들이 하나님의 계명에 순종한 것을 그들의 지혜로 여기고, 이 때문에 그는 거기서 "그들이 하늘 아래서 가장 지혜로운 백성으로 여김을 받으리라"(신 4:6)고 말한다. 이는 그들이 참 하나님을 섬기고 순종했기 때문이다. 이 목적을 위해 "여호와를 경외함이 지혜의 근본이라 그의 계명을 지키는 자는 다 훌륭한 지각을 가진 자"(시 111:10)라고 말한다.

따라서 우리는 다음의 지침들을 배운다. 첫째, 모든 상급자, 행정관, 스승, 부모는 권위에 있어 하급자보다 위에 있으므로, 지혜에 있어서 하급자보다 앞서야 한다.[1322] 그러므로 순종이 참된 지혜라는 것을 고려할 때, 모든 윗사람은 하나님의 계명에 순종함에 있어 아랫사람보다 앞서야 한다. 왜냐하면 이것만이 참된 지혜이며, 이것이 없이는, 다른 모든 지혜는 어리석음과 광기에 지나지 않기 때문이다.

둘째, 그러므로 지혜와 배움을 구한다고 공언하는 모든 학생들은 특별히 하나님의 뜻과 계명을 배우고 순종해야 한다고 가르침을 받는데,[1323] 이것이 하나님과 사람 모두 앞에서 참된 지혜이기 때문이다. 그리고 지식 있는 사람이 방탕하고 방종한 생활을 하는 것은 큰 흠이요 수치이다. 이것은 바로 참된 지혜의 근간이 되는 하나님을 경외하는 마음이 그들에게 부족하다는 것을 반증한다.

셋째, 이것은 무지한 사람들에게 좋은 경고를 준다. 그들은 배우지 않았기 때문에, 무지 가운데 계속 있을 수 있다고 스스로 속이고 있다. 그러나, 순종이 참된 지혜이기 때문에, 그들은 이 지혜에 도달할 수 있는 많은 지식을 얻기 위해 노력해야 한다.

1322 역자주, 여백에: 윗사람의 의무.
1323 역자주, 여백에: 학생의 의무.

이제 이 진정한 지혜에 더 가까이 다가가기 위해, 우리는 그 지혜가 어디에 있는지 찾아야 한다.[1324] 이것은 이 말씀 가운데 표현되어 있다. "그 집을 반석 위에 지은 지혜로운 사람." 누가는 "그가 깊이 파고 주추를 반석 위에 놓았다"(눅 6:48)라고 말하면서, 더 확대해서 제시한다. 이 말씀에는 이 지혜의 세 가지 부분이 제시되어 있다. 첫째, **깊게 파는 것**, 둘째, **기초를 위한 반석을 선택하는 것**, 그리고 셋째, **그 위에 짓는 것**이다.

건축자는 그리스도의 이름을 고백하는 사람이며, 적합한 기초를 찾기 위해 이렇게 깊게 파는 것은 다음과 같은 의미가 있다. 자기의 구원을 확실하게 하고자 하는 자는 자신의 부패한 마음을 깊이 살피고 조사하여 그 죄악을 알고, 또한 자기 자신과 자신의 쾌락을 포기하고, 이 건축에서 자기를 방해하는 것은 무엇이든지 버려야 한다는 뜻이다. 왜냐하면 이렇게 마음을 깊이 탐색하고 샅샅이 뒤지지 않고는 확실한 기초를 놓을 수 없고, 구원의 확신을 얻을 수도 없기 때문이다.

이 지혜의 두 번째 요점은 우리의 구원을 놓을 기초를 선택하는 것이다. 그것은 반석이신 오직 하나님과 사람인 그리스도 예수 자신뿐이다. 그는 건물 전체를 연결하는 모퉁잇돌이시다(엡 2:20-21). "다른 이로써는 구원을 받을 수 없나니 천하 사람 중에", 오직 그리스도 예수 외에 "구원을 받을 만한 다른 이름을 우리에게 주신 일이 없음이라"(행 4:12). 그리고 "이 닦아 둔 것 외에 능히 다른 터를 닦아 둘 자가 없으니 이 터는 곧 예수 그리스도라"(고전 3:11). 그리스도는 반석이요 모퉁잇돌이시며, 참 그리스도인들은 "그 위에 세워진 산 돌"(벧전

2:5)이다. 어리석은 건축자와 같이 모래 위에 짓는 자들이 아닌 한, 우리의 행위는 열매일 뿐, 이 기초의 일부가 아니다.

셋째, 좋은 토대를 찾았다면, 그 위에 건축해야 한다.[1325] 우리의 영혼과 우리의 구원은 그리스도 위에 세워져야 한다. 이것은 그리스도에 대한 우리의 믿음으로 이루어지는데, 이는 상호간의 사랑이 한 사람을 다른 사람에게 결합시키는 것처럼, 참된 믿음은 우리를 그리스도와 하나가 되게 하기 때문이다. 성령께서는 "믿음으로 말미암아 그리스도께서 우리 마음에 계시고"(엡 3:17), "여호와를 의지하는 자는 흔들리지 않는 시온 산과 같다"(시 125:1)라고 말씀하신다. 하지만 다음 두 가지 경고는 반드시 기억해야 한다.

경고 1. 첫째, 그리스도는 반석이지만, 사람이 자기 마음대로 생각한 방식이 아니라, 오직 은혜 언약의 말씀인 복음의 약속 안에서 자신을 내어준 방식으로 반석이시다. 이런 이유로 우리는 하나님의 은혜의 말씀이 믿음으로 말미암아 우리 마음에 뿌리를 내리고 터를 잡도록 힘써야 한다. 왜냐하면 그리스도를 믿는 것과 우리에게 그리스도를 계시하는 말씀을 믿는 것이 모두 하나이기 때문이다. 그래서 우리 구주께서는 "나를 저버리고 내 말을 받지 아니하는 자를 심판할 이가 있고"(요 12:48), "너희가 내 안에 거하고 내 말이 너희 안에 거하면"(요 15:7)이라고 말씀하신다. 그러므로 우리는 좋은 땅과 같아야 하는데, 이는 좋은 땅이 좋은 씨를 받아 간직하듯이, 좋은 마음은 은혜의 말씀을 받아 간직하기 때문이다. 은혜의 말씀은 우리 마음에 뿌리를 내리고, 우리를 그리스도와 연합하게 하므로, "심어진 말씀"(약 1:21)이라고 일컬어진다. 우리 마음속에서 믿음과 결부된 말씀은 유

1325 여백에: 우리가 어떻게 그리스도 위에 건축되는가?

익한데(히 4:2), 이는 그것이 우리를 그리스도께 단단히 묶고, 그 안에서 온전함에 이르기까지 자라게 하기 때문이다.

경고 2. 둘째, 우리는 우리 마음의 모든 주요한 애정을 그리스도께 두어야 하고, 이로써 우리의 믿음을 나타내야 한다. 우리는 그리스도에 관하여 사도와 같이 "모든 것을 잃어버리고 배설물로 여길"(빌 3:8) 만큼, 그리스도를 존중하고 사랑해야 한다. 진실로, 우리는 그리스도를 기뻐하여 그를 전적으로 사모하고, 오직 그리스도 외에는 아무것도 우리 마음에 받아들이지 않아야 한다. 도마는 단지 "그의 손가락을 그 옆구리에 넣는 것"[요 20:25]만 원했지만, 우리는 더 나아가 거기서 흘러나오는 피로 우리 영혼이 씻고, 그리스도께서 자신의 교회에 주시는 그의 성령으로 우리 마음이 사로잡히기를 사모해야 한다.

적용. 그리스도 예수가 우리 구원의 반석이므로, 우리의 의무는 그리스도께 뿌리를 내리고 기초를 두는 것이다. 돌밭과 같은 사람들은 말씀을 듣고 받아들이며, 말씀이 그들 안에 뿌리를 내려 약간의 열매를 맺는다. 그러나 뿌리가 깊지 아니하여, 열매가 익지 않고, 따라서 더위가 오면 시들게 된다. 그것은 공언자들에게도 마찬가지이다. 어떤 사람이 들은 말씀의 어떤 열매를 맺을 수 있지만, 구원의 문제에 있어서는 미혹될 수 있는데, 이는 그가 그리스도 안에 뿌리를 내리지 않고 기초를 두고 있지 않기 때문이다. 이것은 바울이 그의 여러 서신에서 많이 강조하는 요점인데[엡 2:20-21; 3:17; 골 2:7], 겉보기의 은혜는 상황 전환에 도움이 되지 않기 때문이다. 참으로 행복하고 평화로운 시대에는 어떤 은혜가 사람을 그리스도인으로 보이게 하지만, 핍박의 뜨거운 열기가 닥칠 때, 우리가 그리스도 안에 철저히 뿌리를 내리지 않는다면, 결코 끝까지 지속하지 못하고, 인내로 열매를 맺지 못할 것이다.

요점 3

첫째, 사람들이 믿음으로 그리스도 예수 위에 자신을 건축하는 이 참된 순종의 열매는 마귀와 육체, 세상의 모든 유혹으로부터 안전과 평안을 누리는 것이다.[1326] "비가 내리고 창수가 나고 바람이 불어도 반석 위에 지은 집이 견고하게 서 있다"(마 7:25)는 것은 이것을 의미한다. 가장 주목할 만한 열매는 참된 순종 외에 다른 어떤 것도 우리에게 줄 수 없다. 재물은 이 편안한 안전을 제공할 수 없으며, 오히려 재물이 많을수록 더 많은 문제를 일으키며, 부요는 많은 사람들에게 두려운 몰락의 원인이 된다. 사람의 힘이나 어떤 군주의 권세도 이 안전을 확보할 수 없으되, 그리스도는 그의 말씀을 듣고 지키는 자들에게 이 안전을 제공하신다.

이 점을 고려할 때, 우리는 우리가 읽고 듣는 하나님의 거룩한 말씀에 매우 기꺼이 순종할 준비가 되어 있어야 하는데,[1327] 이는 세상의 어떤 피조물도 제공할 수 없는 유익이 순종에 의해 오기 때문이다. 우리는 우리 자신을 순종에 익숙하도록 길들여야 하는데, 이는 우리의 죄가 이 행복한 평화의 시대를 끝내기에 합당하고, 박해라는 흑암의 날을 기대하는 것이 마땅하기 때문이다. 우리가 이 평화의 시대에 말씀을 듣고 행하지 않으면, 박해라는 흑암의 날은 확실히 우리의 파멸이 될 것이다.

둘째, 이 참된 순종의 열매로부터 우리는 그리스도에 대한 참된 믿음이 일단 그 마음에 뿌리내린 사람은, 전적으로 또는 최종적으로

1326 여백에: 참된 순종의 열매.

1327 역자주, 여백에: 순종에 대한 동기.

결코 그 믿음을 잃지 않을 것이며, 끝까지 지속하여 그 믿음의 열매를 영원히 누리게 된다는 것을 알 수 있다.[1328] 왜냐하면 어떤 사람이 믿음으로 매우 확실한 기초인 그리스도 위에 진실로 세워졌기에, 시험이나 박해가 그를 몰아낼 수 없기 때문이다. 그것들이 그를 공격하고 흔들어 댄다 해도, 결코 그를 넘어뜨릴 수 없다. 그러나 이 본문은, 만일 어떤 사람이 그의 믿음을 완전히 잃을 수 있다면, 그리스도 위에 세워진 그가 두들겨 맞아 넘어질 수 있다는 것을 부인한다.

마지막으로, 이것은 믿음으로 그리스도 위에 세워진 사람은 무서운 시련과 시험을 반드시 기대해야 한다는 교훈을 준다.[1329] 왜냐하면 그는 바람과 비와 파도가 거세게 몰아치는 바닷가에 지어진 집과 같기 때문이다. 하나님의 종들은 편안하게 천국에 갈 것을 기대해서는 안 되며, 바람과 비, 풍랑과 파도가 함께 오듯이, 시련과 시험이 함께 올 것을 예상해야 한다. 그러므로 우리는 그것들이 우리를 공격할지라도, 우리를 넘어뜨릴 수 없도록, 그리스도 위에 확실한 기초를 두기 위해 더욱 주의하고 열심히 힘써야 한다.

1328 여백에: 참된 믿음은 상실될 수 없다.

1329 여백에: 참된 신자들에게는 반드시 시련이 따른다.

악한 청중

"나의 이 말을 듣고 행하지 아니하는 자는 그 집을 모래 위에 지은 어리석은 사람 같으리니 비가 내리고 창수가 나고 바람이 불어 그 집에 부딪치매 무너져 그 무너짐이 심하니라"(마 7:26-27). 이 구절들에서 우리 구주 그리스도는 악한 청중에게 속한 네 가지 요점을 제시하신다. 첫째는 **그리스도의 말씀을 듣고도 그대로 행하지 않는** 악한 청중의 잘못된 나쁜 습관이다. 둘째, 이 악의 속성은 **극단적인 어리석음**이다. 셋째, 이 어리석음의 실행은 **모래 위에 건물을 짓는 것**이다. 그리고 넷째, 이 건물의 결실이자 결과는 **무서운 파멸과 파괴**이다. 이것들에 대해 순서대로 다룰 것이다.

요점 1

그리스도께서 이 구절에서 모든 사람을 두렵게 하셨던 나쁜 청중의 관행은 듣기만 하고 행하지 않는 것이다.[1330] 이것은 작은 잘못이 아니다. 씨와 비를 그 분량과 계절에 따라 받으면서도, 나쁜 열매를 맺거나 전혀 산출하지 않는 땅은 모든 사람에게 나쁜 땅으로 정죄를 받는다. 사도는 그것이 "저주함에 가까워 그 마지막은 불사름이 되리라"(히 6:8)고 말한다. 성전의 문지방 아래에서 흘러나오는 물(겔 47:1)[1331] 은 하나님의 말씀을 의미하며, 그 물이 어떤 땅에 들어올 때, 그 땅으로 열매를 맺게 하지 못하면, "불모지로 변하게"(겔 47:11)하는 성질을 갖는다. 군주의 뜻을 알고도 행하지 않는 신하는 참으로 반역자보다 나을 것이 없다. 그렇다면 그리스도의 구원의 말씀과 가르침을 듣고

1330 역자주, 여백에: 나쁜 청자의 관행.
1331 역자주, 영문판은 원문과 달리 겔 41:1로 기재하고 있다.

도, 그것을 행할 양심의 가책을 느끼지 않는 사람은 더 악하고 메마른 땅으로 심판받아야 마땅하지 않겠는가? 참으로 하나님 자신을 대적하는 반역자로 심판받아야 마땅하지 않겠는가?

사무엘은 사울에게 "거역하는 것은 주술의 죄요 범법은 사악함과 우상 숭배"(삼상 15:23)라고 이야기한다. 그 이유는 분명한데, 하나님의 말씀 청취에 복종하는 사람은 여러 가지 이유로 순종해야 하기 때문이다.[1332] 첫째, 그들은 하나님의 피조물이므로, 창조의 율법에 의해 순종해야 한다. 둘째, 그들은 그리스도의 가장 보배로운 피로 산 그리스도의 종들이므로, 구속의 율법에 의해 순종해야 한다. 셋째, 그들이 양자되었으므로, 또는 적어도 그들이 스스로를 그리스도 안에서 그의 자녀라고 주장하므로 순종해야 한다. 그리고 넷째, 우리가 매일 경험하는 그의 자비로운 섭리로 인하여 순종해야 한다. 이 모든 것과 관련하여 우리는 감사함으로 그의 말씀에 순종하는 모습을 보여야 한다.

그러므로 하나님의 말씀을 듣고도 그대로 행하지 않는 자는 하나님께 크게 죄를 범하는 것인데, 이는 그 성격상 하나님께서 주술의 죄와 같이 미워하시는 것이다. 이 불순종의 죄는 널리 퍼진 죄이다. 우리는 모두 듣는 자들이지만, 그에 상응하여 행동으로 옮기는 사람이 어디에 있는가? 사람들은 자신이 행한 일로 하나님을 잘 섬긴다고 생각하는 교황주의자들처럼 단지 듣는 것으로 만족한다. 그러나 우리는 중요한 것을 생략하는데, 그것은 하나님의 말씀을 우리 마음에 소중히 간직하여 때가 되면 그 말씀을 실천하는 것이다. 참으로 더 한탄스러운 것은 사람들이 말씀에 대한 양심적인 순종과는 거리

1332 역자주, 여백에: 모든 청중들이 왜 순종해야 하는가?

가 멀기 때문에, 그렇게 하려는 노력은 일반적으로 불필요한 꼼꼼함과 특이한 정확성으로 판단된다는 것이다. 그러나 듣고도 행하지 않는 이 죄는 참된 회개로 끊지 않는 한 우리에게 두렵고도 많은 심판을 초래할 것이다.

요점 2

이 나쁜 관행의 속성. 그것은 큰 어리석음이다.[1333] "듣고도 행하지 아니하는 자는 어리석은 사람 같으리니." 이것은 모든 지혜의 창시자인 그리스도께서 친히 보증하신 것이다. 그리고 성령께서는 야고보를 통해 어리석음에 대해 특히 잘 묘사하고 있다. "듣기만 하고 행하지 아니하는 자는" 어떤 점을 살피거나 자신의 얼굴을 분별하기 위해 "거울로 자기의 본래 얼굴을 보는 사람과 같이 자기를 속인다. 그러나 그가 자기 자신을 돌이켜 보고 가서 그 모습이 어떠했는지 곧 잊어버린다"[약 1:22-24].[1334]

이 어리석음은 여기서 더 나타날 것이다. 만일 어떤 사람이 그의 몸에 관한 여러 가지 일들에서 지혜를 나타내고도 모든 것의 핵심에서 실패한다면, 모든 사람은 그의 지혜를 미련한 것으로 여길 것이다. 하나님의 말씀을 듣고도 행하지 않는 자들은 모두 그와 같다. 그들은 들으러 오고, 이해하려고 노력하는 데 있어서 지혜를 보여 주지만, 그들이 실천하지 않는다면 참으로 일차적으로 추구해야 할 구원의 핵심에서 실패한 것이다.

첫째, 이를 통해 우리는 세상 사람들에 대해 갖는 우리의 어리석

1333 역자주, 여백에: 공언자들의 어리석음.
1334 역자주, 원문과 영문판은 약 1:22-23으로 기재하고 있다.

은 생각을 바로잡고 개혁하는 방법을 알 수 있다.[1335] 우리는 세상의 지혜를 가진 사람들이 이생의 더 큰 일에서 다른 사람들을 능가하고, 그들이 교회와 국가 모두에서 최고의 통치를 할 자격이 있는 유일한 사람들이라고 생각한다. 그러나 우리는 이 사람들이 비록 이생의 일에 대해 아무리 좋은 머리를 가지고 있다 할지라도, 하나님께 대한 의무의 지식이나 실천에 실패한다면, 우리 구주 그리스도는 이로 인해 어리석은 자들로 낙인찍으셨다는 것을 알아야 한다. 복음서에 나오는 부자는 그의 재물이 늘어가는 것에 대해 사전에 주목할 만한 숙고를 했다. 그는 재산이 많아지자 그 곳간을 헐고 더 크게 만들 수 있을 것이라고 생각했지만, 정작 구원의 핵심을 놓쳤기 때문에, 그는 "어리석은 부자"(눅 12:20)로 기록되었다. 그러므로 모든 사람들 가운데서 가장 지혜로운 사람은 하나님의 뜻을 알고 그에 합당하게 순종하는 은혜를 가진 사람이다.

둘째, 이를 통해 우리는 자극을 받아 하나님의 모든 계명에서 하나님께 대한 참된 순종에 신중한 노력을 기울여야 한다.[1336] 우리 모두는 사람들 사이에서 어리석다는 비난을 받지 않기를 원하며, 어리석은 자로 여겨지는 것을 큰 수치로 받아들인다. 우리가 참으로 이 치욕을 피하려면, 생각과 말과 행동 모두에서 그리스도의 말씀을 기꺼이 듣고 주의하여 순종하자. 그렇지 않으면, 사람들이 우리가 원하는 대로 판단하더라도, 하나님께서는 우리를 어리석은 자로 간주하실 것이다.

1335 여백에: 사람들을 지혜롭다고 판단하는 우리의 일반적인 오류.
1336 역자주, 여백에: 순종에 대한 동기.

요점 3

이 어리석음의 실행은 "그가 모래 위에 집을 짓는 것"에 있다. 이 것은 우리 영혼의 구원을 불충분한 기초 위에 세우는 것을 의미한다. 즉, 이것은 하나님의 말씀을 듣고 순종하려는 생각을 갖지 않는 모든 사람에게 해당된다. 왜냐하면 고백은 집을 짓거나 건축하는 것과 같으며, 순종하지 않는 것은 이 집을 모래 위에 세우는 것과 같기 때문이다. 이와 같이 모래 위에 집을 짓는 사람들은 세 종류가 있다.[1337] 첫째, 교황주의자는 그리스도로 말미암아 의롭다 함을 받고 구원을 받게 될 것이지만, 그는 거기에 자신의 칭의의 증가와 구원의 성취를 위한 은혜의 행위를 더하려고 한다.[1338] 구원의 문제에서 그리스도께 행위를 결합하는 것은 모래 위에 세우는 것이다. 왜냐하면 그리스도는 그 자체로 확실한 반석이신데 우리가 행위로 그를 뒷받침한다면, 우리는 이 반석에서 떨어져 멸망에 빠지고, 우리의 기초는 모래보다 나을 것이 없기 때문이다. "보라 나 바울은 너희에게 말하노니 너희가 만일 할례를 받으면 그리스도께서 너희에게 아무 유익이 없으리라"(갈 5:2). 그리고 "율법 안에서 의롭다 함을 얻으려 하는 너희는 그리스도에게서 떨어진 자로다"(갈 5:4). 이 구절들에서 사도는 갈라디아 교인들이 거짓 사도들에게서 배운 견해를 무너뜨리려고 하는데, 그것은 칭의에 있어서 그리스도께 행위를 결합하려는 것이었다. "그리스도께서 유대인들에게 거치는 반석이 되셨으니 이는 그들이 율법의 행위로 말미암아 구원을 얻으려 함이라"(롬 9:32).

모래 위에 세워진 두 번째 종류는 일반적인 개신교도이다.[1339] 그

1337 역자주, 여백에: 누가 모래 위에 세우는가?
1338 여백에: Concil. Trid. sess. 6. cap. 7, 10, 16.
1339 역자주, 여백에: 일반적인 개신교도.

들은 그리스도인이라는 이름을 갖되, 자신들의 정직한 생활에 만족하고 흡족해하며, 외적인 악과 중대한 죄를 멀리하고 사람에게 잘못을 저지르지 않기 때문에, 하나님께서 그들을 용서하실 것이라고 생각하는 사람들을 의미한다. 그래서 그들이 종교를 공언하는 것은 하나님께 대한 양심을 위한 것보다 사람의 법에 순종하기 위한 것이다. 그러나 이것은 상황 전환에 도움이 되지 않는다. 이 사람들이 겉으로는 그리스도를 시인하지만 행위로는 부인하는데, 이는 그들이 자신들의 행위로 (그들이 그렇게 생각하지 않을 수도 있지만) 구세주가 되려고 하기 때문이다. 이것은 그들이 자신의 시민 생활 위에 자신을 세우려할 때 하는 일이다. 서기관들과 바리새인들은 외적인 행동에서 매우 경건했고, 그들 가운데 많은 자들이 흠 없이 살았지만, 그리스도는 제자들에게 "너희 의가 서기관과 바리새인보다 더 낫지 못하면 결코 천국에 들어가지 못하리라"(마 5:20)고 말씀하신다. "내가 자책할 아무 것도 깨닫지 못하나 이로 말미암아 의롭다 함을 얻지 못하노라"(고전 4:4). 어떤 사람이 자신의 소명 가운데 매우 정직하게 행하여, 자신의 양심이 하나님이나 사람에 대해 그 어떤 범죄로도 고발할 수 없다는 것은 주목할 만한 일이다. 그러나 이것은 칭의의 문제에서 아무것도 아닌데,[1340] 모든 사람은 그 칭의의 문제에서 하나님께 응답해야 하기

1340 이 지점부터 문단의 끝까지 1631년판[역자주, 영문판은 1611년판으로 적고 있다]은 다음과 같이 적고 있다. "온 율법의 의가 성취되어야 하는데, 이것은 이생에서 완전하지 않은 성화의 순종으로는 할 수 없는 일이다. 그러므로 바울은 율법에서 난 의 가운데서 하나님께 발견되지 않기를 원하며(빌 3:9), 외적 행동으로만 이루어진 시민적 의로는 더더욱 발견되기를 원하지 않는다. 이 시민적 의는 사도 바울이 이방인에 대해 '그들 중 어떤 사람들이 본성으로 율법에 포함된 일을 행한다'[롬 2:14], 즉 외적으로 행한다고 증언한 것처럼, 그들의 영혼을 새롭게 하는 성령의 은혜가 없는 사람들 안에 있을 수 있다. 그러나 성령이 없으면, 그들은 그리스도의 사람이 아니며, '하나님의 영이 없는 자는 그의 사람이 아니기 때문이다'(롬 8:9). 또한 하나님의 나라에 들어갈 수도 없는데, 이는 '사람이 물과 성령으로 다시 나지 아니하면'[요 3:5], 즉 성령으로 거듭나지 않으면, '그는 하나님의 나라에 들어갈 수 없기' 때문이다."

때문이다.

모래 위에 집을 짓는 세 번째 유형은 종교에 있어서 전자보다 더 진취적인 개신교도이다.[1341] 이 사람들은 말씀을 듣고 기쁨으로 받아들이며, 그로부터 어떤 좋은 열매를 맺는 그런 부류를 의미한다. 고백하건대, 예수 그리스도께서 그런 사람들을 어리석은 건축자로 계시하지 않았더라면, 그들을 그렇게 부르는 것은 어려운 일이었을 것이다.[1342] 그러나 사람들이 모래 위에 집을 짓는다는 것은 돌밭에 떨어진 씨의 비유(눅 8:13)에서 분명하게 드러나는데, 이는 하나님의 말씀을 듣고 기쁨으로 받아들여 어떤 열매를 맺지만, 시험이 오면 떨어져 나가는 그런 사람들과 비슷하다. 왜냐하면 그들이 그리스도를 고백했지만, 그 위에 기초를 두지 않았으며, 건전한 겸손과 참된 믿음이 없었고, 평안할 때 이러한 결핍을 살필 수 없었기 때문이다.

적용. 첫째, 하나님의 말씀을 듣고 기쁨으로 받아들이는 사람들이 모래 기초 위에 세울 수 있다는 것을 볼 때, 우리는 이 한 가지 복을 위해 하나님께 기도해야 한다. 즉, 하나님께서 시내산에서 율법을 돌판에 쓰신 것처럼, 그의 말씀을 성령의 손가락으로 우리 마음에

1341 역자주, 여백에: 보다 더 진취적인 개신교도.

1342 이 지점부터 문단의 끝까지 1631년판(역자주, 영문판은 1611년판으로 적고 있다)은 다음과 같이 적고 있다. "말씀으로부터의 정당한 보증 없이. 그러나 예수 그리스도는 그들을 모래 위에 집을 짓는 자들이라고 계시하셨다. 왜냐하면 씨 뿌리는 자의 비유에서, '바위 위에 있다는 것은 말씀을 들을 때에 기쁨으로 받으나 뿌리가 없어 잠시 동안 믿으며'(눅 8:13), 약간의 열매가 있으나, '시련을 당할 때에 배반하는 자'이기 때문이다. 그런 자들에 대해 사도 요한은 말한다. '그때부터 그의 제자 중에서 많은 사람이 떠나가고 다시 그와 함께 다니지 아니하더라'(요 6:66). 그들은 그의 추종자들이었고, 그의 말씀을 기쁘게 들었다. 그렇지 않았다면, 그들은 결코 그의 제자라고 불리지 않았을 것이다. 그러나 그들이 떠나가는 것은 그들의 기초가 모래였음을 분명히 드러낸다. 그런 자들에 대해 그는 또한 그의 서신에서 '그들이 우리에게서 나갔으나 우리에게 속하지 아니하였나니'[요일 2:19]라고 말한다. 한동안 그들은 그리스도를 고백하고 신자들 가운데 있었지만, 말씀 때문에 환난과 박해가 닥치자 그리스도 위에 마땅히 세워졌어야 하는 참된 겸손과 건전한 믿음이 없어 떠나갔는데, 그들은 평화의 시대에 이런 결핍을 살필 수 없었다."

기록해 주시기를 기도해야 한다. 왜냐하면 우리 마음은 거짓되고[렘 17:9], 시험의 때가 오기까지 은혜를 가장할 것이기 때문이다. 이제 하나님께서 신약성경에서 그의 율법을 우리 마음에 새기어, 우리로 그것을 행하는 자가 되게 하겠다는 복을 그의 교회에 약속하셨다.[1343]

둘째, 이것을 통해 우리는 우리 마음의 거짓된 것을 바라보아야 하는데,[1344] 이는 허울 좋은 겉치레가 시련의 때에 도움이 되지 않으며, 우리 마음은 만물보다 거짓된 것이기 때문이다. 사람이 기쁨으로 말씀을 받고 약간의 열매를 맺을 때, 자신이 괜찮다고 생각할 수 있을 것이다. 그러나 시련의 때에 이것은 그를 실망시키고 그를 속일 것이다. 그러므로 우리는 우리의 고백에서 하나님과 우리 자신을 향해 진실한 마음을 지니고 있는지 살펴보아야 한다. 그리고 이런 이유로 우리는 우리 죄로 인해 우리 자신을 완전히 낮추고, 하나님과 그를 경외하는 것이 우리의 주된 보물이 되도록 해야 한다. 그런 까닭에 우리는 우리 자신의 것이 아니라, 하나님의 것임을 기억해야 하며, 따라서 우리 자신이 처리하지 말고, 모든 일에서 전적으로 그의

1343 이 지점부터 문단의 끝까지 1631년판(역자주, 영문판은 1611년판으로 적고 있다)은 다음과 같이 적고 있다. "'그 날 후에 내가 나의 법을 그들의 속에 두며 그들의 마음에 기록할 것이라 여호와의 말씀이니라'(렘 31:33). 그리고 '내가 나를 경외함을 그들의 마음에 두어 나를 떠나지 않게 하고'(렘 32:40). 그러므로 우리가 듣는 말씀이, 우리로 하여금 평안할 때 순종하게 하고, 시련의 날에 시험에 들지 않도록, 우리를 무장하고 강하게 하여, 우리의 구원에 이르는 하나님의 능력이 되게 해달라고 기도해야 한다."

1344 이 지점부터 "그러므로"가 시작하는 문장까지 1631년판(역자주, 영문판은 1611년판으로 적고 있다)은 다음과 같이 적고 있다. "우리 영혼의 영원한 상태에 관한 문제는 중대하지만, 교활한 영적 기만을 통해 우리 자신을 쉽게 속일 수 있다. 말씀을 기쁨으로 받고 어떤 열매를 맺을 때, 누가 자신이 잘 되었다고 생각하지 않겠는가? 이것은 참으로 은혜를 향한 좋은 발걸음이지만, 우리가 더 이상 나아가지 않는다면, 우리 자신을 속이는 것이다. 이것은 시련의 때에 우리에게 도움이 되지 않을 것이다. 우리는 아직 돌밭에 떨어진 씨를 받은 자들일 뿐이다. 우리가 과시하는 은혜는 집 꼭대기의 풀과 같아서, 싹이 나기도 전에 잎이 시들어 버릴 것이다."

뜻에 복종해야 한다.[1345] 이런 식으로 우리가 그를 우리의 보물로 삼는다면, 우리는 또한 그를 확실히 우리의 반석으로 삼을 것이다.[1346]

셋째,[1347] 우리는 그리스도를 우리의 구세주로 알고, 신앙을 고백하는 것으로 만족할 것이 아니라, 우리 안에 있는 죄를 죽이는 그리스도의 죽음의 권능을 느끼고, 우리를 다시 새 생명으로 일으켜 세우는 그의 부활의 미덕을 느끼기 위해 더욱 노력해야 한다.[1348]

요점 4

나쁜 청취의 결과와 열매,[1349] 즉 두려운 파멸과 파괴는 모래 위에 건물을 짓는 결과와 비슷하다. "비가 내리고 창수가 나고 바람이 불어 그 집에 부딪치매 무너져 그 무너짐이 심하니라"(마 7:27). 여기서 두 가지 사항을 주목해야 한다. 첫째, 이 두려운 파멸의 **원인**, "비가 내리고 홍수와 바람이 치는 것." 둘째, 이 파멸의 **특성**, 그것은 크고 두려운 것으로, "그 집이 무너져 그 무너짐이 심하니라."

1345 이 지점에서 1631년판(역자주, 영문판은 1611년판으로 적고 있다)은 다음을 삽입하고 있다. "그리고 그는 그의 거룩한 말씀에 그의 뜻을 계시하셨고, 우리로 하여금 그 뜻에 따라 우리의 삶을 구성하기를 원하셨기 때문에, 우리는 무엇이 하나님의 선하고 기뻐하는 뜻인지 증명하고 시험하기 위해 노력해야 하며, 우리의 삶의 순종으로 하나님께 대한 우리의 믿음과 그의 말씀에 대한 경외심을 표현해야 한다."

1346 역자주, 이 마지막 문장은 1631년판에서 다음과 같이 약간 다르게 표현되어 있다. "이런 식으로 우리가 평화의 날에 그리스도 안에서 하나님을 우리의 기쁨과 두려움으로 삼는다면, 우리는 시련의 날에 확실히 그가 우리의 구원의 반석임을 발견하게 될 것이다."

1347 역자주, 이 지점에서 1631년판은 "우리는 그리스도를… 더욱 노력해야 한다"라는 문장 앞에 다음 문장을 삽입하고 있다. "사람들이 말씀을 기쁨으로 받고 약간의 열매를 맺을 수 있으나, 모래 위에 세울 수 있다는 것을 볼 때,"

1348 이 지점에서 1631년판(역자주, 영문판은 1611년판으로 적고 있다)은 다음을 삽입하고 있다. "왜냐하면 머릿속의 지식은 영혼을 구원하지 못하기 때문이다. 종교에서 구원하는 지식은 경험적인 것이며, 진정으로 그리스도 위에 기초를 둔 사람은 그의 죽음과 부활의 능력과 효과를 느끼며, 새로운 순종에 의해 나타나는 죄의 죽음과 은혜의 생명을 효과적으로 일으킨다."

1349 역자주, 여백에: 나쁜 듣기의 열매.

요점 1

첫째, "홍수", "바람", "비"는 여기서 그리스도의 이름을 고백하는 자들에게 닥칠 것이라고 말하는 시련과 유혹을 의미하는데, 이로부터 우리는 하나님의 말씀을 듣고 참된 신앙을 고백하는 모든 사람은 반드시 유혹과 시련의 날을 대비해야 한다는 것을 배운다.[1350] 그의 이름을 고백하는 사람은 누구나 시험을 받아, 자신이 누구인지 증명해야 한다는 것이 하나님의 뜻이다. 따라서 그는 아담이 창조된 직후에 유혹과 시련을 받도록 허용하셨으며, 우리 모두가 그 고통을 오늘날까지 느끼고 있다. 그리고 하나님께서는 아브라함에게 명령하여 "그의 독자"(창 22:1-2)를 죽이라고 시험하셨다. 마찬가지로 그는 히스기야를 내버려 두어, "그의 심중에 있는 것을 다 알고자 하여 시험하셨다"(대하 32:31). 세례 요한은 그리스도에 대해 "그가 손에 키를 들고"(마 3:12) 쭉정이에서 알곡을 가려내어 시험하신다고 말한다. "마귀가 제자들을 밀 까부르듯 하려고 요구했다"(눅 22:31).[1351] 그리고 베드로는 하나님의 종들의 믿음이 금을 불로 연단함같이 고난으로 시험받아야 하는 것을 필수적인 것으로 삼았다(벧전 1:7).

적용. 우리는 이제 하나님의 자비로 우리 가운데 참된 종교를 가지고 있으며, 튀르키예인, 유대인, 교황주의자들의 속박에서 해방되었다. 그러므로 우리는 우리의 고백에 굳건히 서야 하며, 참된 종교를 박탈당하는 일이 없도록 해야 한다.[1352] 이는 우리가 시험을 받아

1350 역자주, 여백에: 모든 고백은 시험을 받아야 한다.

1351 이 지점에서 1631년판(역자주, 영문판은 1611년판으로 적고 있다)은 다음을 삽입하고 있다. "그리고 그의 믿음과 인내를 시험하기 위해 하나님께서는 '욥의 생명 외에 욥과 그의 모든 소유를 사탄의 손에 넘겨주셨다'(욥 1:12, 2:6). 그리고 그리스도는 서머나 교회에게 '마귀가 장차 너희 가운데에서 몇 사람을 옥에 던져 시험을 받게 하리니 너희가 십 일 동안 환난을 받으리라'(계 2:10)고 말씀하신다." 역자주, 원문과 영문판은 계 1:10로 기재하고 있다.

1352 여백에: 시련에 관한 우리의 의무.

야 할 때가 올 것이기 때문이다.[1353] 그러므로 우리에게 은혜와 자비의 날인 이 평화와 진리의 행복한 때에 좋은 금이 고난의 시련을 견딜 수 있는 것처럼, 우리는 믿음, 소망, 사랑의 지속적 은혜로 우리의 마음을 가득 채우도록 진지하게 노력해야 한다.[1354] 그렇지 않으면 우리는 견디지 못할 것이다. 왜냐하면 시련의 때에 채색된 은혜의 모든 겉치레는 그의 면전에서 찌꺼기와 지푸라기같이 없어질 것이기 때문이다.

요점 2

이 결과의 두 번째 요점은 이 파멸과 몰락의 **특성**이다. 그것은 크고 두려운 것이다. "그 집이 무너져 그 무너짐이 심하니라." 이것은 매우 두려운 일인데, 즉 평화의 시대에 고백만 하고 실천하지 않는 종교의 고백자들이 시련의 때에 떨어져서 가장 두려운 멸망에 이르게 되리라는 것이다. 그리스도께서 여기서 목표로 삼는 주요 요점은

1353 이 지점에서 1631년판(역자주, 영문판은 1611년판으로 적고 있다)은 다음을 삽입하고 있다. "시련과 유혹의 홍수와 바람과 비가 우리 고백의 집을 덮칠 것이다. 하나님께서 그의 가장 사랑하는 종들을 그렇게 다루셨기 때문에, 우리는 자유로워지기를 기대할 수 없을 것이다. 이제 좋은 기초가 없으면, 우리는 우리의 지위를 지키지 못할 것이다."

1354 이 지점부터 문단의 끝까지 1631년판(역자주, 영문판은 1611년판으로 적고 있다)은 다음과 같이 적고 있다. "이것은 바울이 골로새 교인들에게 주는 권고이다. '너희가 그리스도 예수를 주로 받았으니 그 안에서 행하라'(골 2:6-7). 즉, 동일한 고백으로 앞으로 나아가라는 것이다. 그러나 어떻게 그렇게 하는가? '그 안에 뿌리를 박으며 세움을 받아 교훈을 받은 대로 믿음에 굳게 서서 감사함을 넘치게 하라.' 그리고 그가 에베소 교인들에게 '그들이 씨름해야 할 강력한 영적 원수들'[엡 6:10]에 대해 말했을 때, 믿음과 선한 양심을 지키기 위해, 그는 그들에게 '하나님의 전신 갑주를 취하여 입으라 이는 악한 날에', 즉 시련의 날에 '너희가 능히 대적하고 서기 위함이라'고 권고한다. 지상 왕국에서 모든 신중하고 잘 다스리는 국가는 적을 방어하기 위해 탄약을 비축하고, 사람들을 준비시킬 것이다. 그래서 분명코 하나님의 왕국에서는 진리를 고백하는 모든 사람이 건전한 은혜를 갖추도록 노력하여, 믿음을 유지하기 위해 싸울 수 있어야 할 것이다. 만일 집주인이 자기에게 도둑이 들이닥칠 것을 안다면, 그는 무방비로 당하지 않을 것이다. 자, 우리는 시련이 올 것이라고 배웠으니, 그러므로 우리는 무방비 상태로 있지 말자."

이로써 사람들을 두렵게 하여 가식적인 고백에서 떠나게 하시는 것이다. 그래서 우리는 마음속에서 그것을 효과적으로 숙고해야 한다. 왜냐하면 우리가 하나님의 자비와 복으로, 이전에 이 땅에서 누린 적이 없었던 복음의 빛을 여러 해 동안 누려왔기 때문이다.[1355] 그러나 우리는 모두 들었는데, 우리의 순종은 어디로 갔는가?[1356] 아아, 우리 가운데 어떤 사람들은 하나님과 그리스도 예수를 부인하는 단호하고 완고한 무신론자가 되어간다. 대부분의 사람들은 종교라는 이름 아래 그들의 마음을 세상에, 이익에, 쾌락에 뿌리를 두어, 이들 중 누구도 종교를 거의 생각하지 않는다. 다른 사람들은 종교를 공언하면서도, 욕설, 술취함, 부정 등과 같은 중대한 범죄 가운데 살고, 자신들의 삶 속에 있는 심각한 불경건에 대해 양심의 가책도 느끼지 않는다. 우리 백성의 전반적인 상태를 들여다보면, 종교는 고백하지만 순종하지 않는다. 아니, 순종은 정확성으로 간주되어 오히려 비난받는다는 것을 알게 될 것이다. 그러나 우리는 이러한 종교에 대한 모독이 결국에는 하나님의 모든 복, 즉 현세적, 영적 복을 우리 육체와 영혼에 대한 두려운 저주로 바꿀 것임을 알아야 한다. 밝히 드러난 하나님의 말씀을 멸시함으로 인해 우리에게 파멸을 초래할 것이다. 그러므로 우리는 하나님을 경외하는 마음으로 단지 하나님의 말씀을 알고 듣기 위해서만이 아니라, 모든 죄, 특히 하나님의 말씀에 대한 이 불순종의 죄와 관련하여 하나님께로 돌이키기 위해 노력하자.

마지막으로, 그리스도는 위선의 큰 위험을 우리에게 보여 주기 위

[1355] 역자주, 1631년판은 이 지점에서 다음 두 문장을 삽입하고 있다. "수단에 관하여 그리스도께서 가버나움에 대해 "가버나움아 네가 하늘에까지 높아지겠느냐"(마 11:23)라고 말씀하셨던 것처럼, 우리에 대해 말할 수 있을 것이다. 참된 빛이 지금 비치고, 그런 점에서 우리 눈은 보기 때문에 복되며, 우리 귀는 듣기 때문에 복되도다."

[1356] 역자주, 1631년판은 이 지점에서 다음 문장을 삽입하고 있다. "실제로 우리는 외적 고백의 타오르는 등불은 갖고 있으나, 은혜의 기름은 어디 있는가?"

해 이 타락의 특성이 지나치게 크다고 지적하신다.[1357] 왜냐하면 다음 세 종류의 사람들 사이에는 큰 차이가 있기 때문이다. 신앙을 고백하지 않는 죄인, 고백으로 경건을 크게 과시하는 위선자, 그리고 삶과 행실로 자신의 고백에 응답하는 참된 신자. 참된 고백자는 베드로와 다윗이 그랬던 것처럼, 매우 두려운 죄에 빠질 수 있으나, 다시 회복할 수 있다. 또한 므낫세처럼 매우 악명 높은 죄인도 돌이켜 회개할 수 있다. 그러나 종교의 위선자인 공언자는 시험을 받을 때, 그리스도에게서 완전히 타락하여 자신의 고백을 저버린다. 그리고 이 점에서 그의 타락은 **크다**고 일컬어진다. 그러므로 신앙을 고백하는 사람들이 이처럼 무섭게 타락하는 것을 볼 때, 하나님을 경외하는 가운데 진실된 마음으로 우리가 듣는 말씀에 순종하도록 노력하자.

반응

"예수께서 이 말씀을 마치시매 무리들이 그의 가르치심에 놀라니 이는 그 가르치시는 것이 권위 있는 자와 같고 그들의 서기관들과 같지 아니함일러라"(마 7:28-29).

이 두 구절에는 우리 구주 그리스도께서 그의 청중들에게 행한 이 설교의 결과와 사건이 담겨 있다. 그리고 이 구절들에서 우리는 두 가지 점을 관찰할 수 있다. 이 설교에서 나온 좋은 결실(마 7:28)과 그 원인 및 이유(마 7:29)이다.

1357 여백에: 위선의 위험.

요점 1

그 결실은 사람들의 놀람이었는데, 마태는 이것을 세 가지 상황으로 설명한다. 첫째, 그것이 나타난 시간은 **설교가 끝난 후**였다. 둘째, 그 결실이 드러난 사람들은 **백성**, 즉 무리들이었다. 셋째, 그들은 **그리스도의 가르침**에 놀랐다.

무리들의 이 놀람에 관하여, 그 안에서 많은 것이 관찰될 수 있다.[1358] 첫째, 우리 구주 그리스도의 인격은 낮고 비천했지만, 설교에 있어서 그의 가르침은 듣는 사람들의 마음에 그와 같은 힘을 가지고 있었기에, 그들은 경이로움과 놀라움을 금치 못했다. 이로 인해 그를 데려가기 위해 파견된 관리들이 그를 데려오지 못한 이유를 설명할 때, 그의 가르침의 위엄을 다음과 같이 주장했다. "이 사람이 말하는 것처럼 말한 사람은 이때까지 없었나이다"(요 7:46). 그리고 다스리는 자들이 일단의 무리와 함께 그를 체포하러 왔을 때, 그가 그들에게 단지 "내가 그리스도라"(요 18:6)고 말씀하시자마자 그들은 뒤로 물러가 땅에 엎드러졌다.

이것은 마지막 심판의 날에 주어질 그리스도의 음성과 선고가 매우 두렵고 끔찍할 것임을 우리에게 보여 준다. 만일 그의 말씀이 겸손한 그의 비하의 상태에서도 이처럼 강력했다면, 그가 수천의 천사들과 함께 구름을 타고 영광과 위엄으로 오실 때는 그 광경이 너무도 끔찍하여 사람들이 할 수만 있으면 산들을 대하여 그들 위에 무너지라고 하며(눅 23:30), 바위를 대하여 그들을 산산조각 내라고 말할 것이다. 그때, 그 말씀은 어떤 힘을 갖겠는가? 자, 이 점을 고려하여 우리가 그의 말씀 사역 가운데 있는 그의 음성에 순종하자. 그렇지 않

1358 여백에: 그리스도의 사역의 위엄.

으면, 싫든 좋든 상관없이 우리는 언젠가는 그 두려운 정죄의 음성에 복종하게 될 것이다. "너희 저주를 받은 자들아 영원한 불에 들어가라."

사람들의 이러한 놀라움은 그들 안에 그리스도를 향한 어떤 두려움과 경외심이 있음을 입증하는데, 이것은 그들에 대한 칭찬이다.[1359] 그러나 그것이 그들의 믿음과 회심의 참됨과 건전함을 증명하는 것은 아닌데(그의 가르침을 들은 많은 사람들이 이로써 회심했지만), 이는 사람이 그리스도의 가르침에 놀랄 수 있지만, 그로 말미암아 회심하지 않을 수도 있기 때문이다. 가버나움 사람들은 우리 구주 그리스도의 가르침에 놀랍게 영향을 받아 "그것에 감탄했지만", 그를 믿지 않고 예외로 삼았는데, "이는 그가 목수 요셉의 아들이었기 때문이다"(눅 4:22). 바로와 사울과 아합은 모세와 사무엘과 엘리야에게 책망을 받았을 때, 자주 크게 놀라고 당황하였다. 그러나 그들은 그들의 죄에서 진정으로 돌이키지 않았다. 그리고 이곳에 사람들의 이런 놀라움이 기록된 것은 사람들의 믿음과 회심을 주목하기 위해서라기보다는, 오히려 그리스도의 사역을 칭찬하기 위해서라고 생각해야 한다.

우리는 특별한 이유로 이것을 관찰해야 한다. 왜냐하면 우리 청중의 대부분이 선포된 내용에 어느 정도 주의하고, 가르침을 승인하고, 목사에 대해 좋게 말하는 것은 일반적인 방식인데, 이것은 그 성격상 좋은 일이지만, 이것만으로는 충분하지 않기 때문이다. 우리는 믿음으로 말씀을 받아들이고, 우리 죄를 회개하고, 우리 마음과 삶을 말씀에 일치시키기 위해 더욱 노력해야 한다. 한 여인이 그리스도의 가르침에 감탄하여, "그를 밴 태와 그를 먹인 젖이 복이 있나이다"라

1359 여백에: 말씀에 대한 놀람이 회심의 확실한 표징은 아니다.

고 선언했을 때, 그리스도는 그 기회를 통해 그녀와 나머지 청중들에게 다음과 같은 교훈을 주셨다. "아니, 오히려 하나님의 말씀을 듣고 지키는 자가 복이 있느니라"(눅 11:28). 성령이 주어진 후, 베드로의 첫 번째 설교에서 사람들은 그의 가르침에 크게 놀랐고, "양심에 찔려 형제들아 우리가 어찌할꼬 라며 부르짖었다"(행 2:37). 이제 베드로는 그들이 이 놀라움에 가만히 머물지 않고, 더 나아가 참된 믿음과 회개에 이르게 하고, 세례로 그것을 그들에게 확증하려고 노력하며, "너희 삶을 고치고 세례를 받으라"(행 2:38)고 말했다. 그리고 바울은 감옥 문이 열린 갑작스러운 광경에 자결하려 했던 간수를 그렇게 대했는데, 이는 그가 진정으로 겸손해진 후에, 그로 하여금 믿도록 했기 때문이다[행 16:27, 31].

사도들이 하나의 설교로 수천 명을 회심시키고[행 2:41], 그 후에 이방인 전체를 믿음으로 인도했던 반면, 우리 구주 그리스도는 왜 이 설교에서 그의 대부분의 청중을 단지 놀라게만 했을 뿐, 더 이상 행하지 않으셨는지 그 이유를 여기서 질문할 수 있다.[1360] **대답**. 분명히 그는 그들 모두를 회심시킬 수 있었다. 비록 기록되지 않았고, 실제로 대부분의 사람들이 놀랐을 뿐이지만, 우리는 여기서 많은 사람들이 회심했다는 것을 확신할 수 있다. 그러나 이렇게 된 것은 그의 제자들에게 한 약속, 즉 "그들이 그리스도께서 행한 것보다 더 큰 일을 할 것이라"(요 14:12)는 약속이 확증되기 위함이었다. 그중 하나는 그들의 사역으로 그리스도께서 행한 것보다 더 많은 사람들을 회심시키는 것이었다. 그리고 이것의 원인은 두 가지였다. 첫째, 우리 구주 그리스도는 자신이 태어나 승천할 때까지 계속되는 비천한 종의 상

1360 역자주, 여백에: 그리스도는 왜 그렇게 소수를 회심시키셨는가?

태를 기꺼이 겪으시는 것을 보여 주시기 위해서였다. 그러므로 그는 자신이 영광으로 높임을 받기까지, 자신의 사역에서조차 신성의 권능을 억제하는 데 만족하셨다. 둘째, 그는 승천하여 그의 아버지 우편에 앉으셨을 뿐만 아니라, 즉 왕으로서 그의 왕적 직분으로 만물을 다스리셨을 뿐만 아니라, 참으로 그의 말씀과 성령으로 교회를 다스리셨다는 사실을 사도들의 시대에 드러내기 위함이었다. 그리고 그리스도는 그의 제자들이 자신이 했던 것보다 더 큰 일을 해야 한다는 것을 증명하기 위해, "그가 아버지께로 가서"(요 14:12) 거기서 그의 교회를 다스리고 통치한다는 이유를 덧붙이신다.

더 나아가, 그가 참된 신적 존재이기에 능력이 있었다는 것을 고려할 때, 그리스도는 왜 그들 모두를 회심시키지 않으셨는지 질문할 수 있다.

대답. 이미 말한 바와 같이, 많은 사람들이 이곳에서 회심했지만 전부는 아니었다. 왜냐하면 그리스도는 지금 "할례의 사역자"(롬 15:8), 즉 그의 인격에 관해서는 보편 교회 전체의 선지자이셨지만, 이때 이 행동에서 그는 오직 유대인들의 교회를 향한 설교자이셨기 때문이다. 이런 점에서 그는 오직 사람으로서만 이 의무를 수행했고, 따라서 그의 아버지의 뜻을 그들에게 전달하고 기꺼이 회심시키려는 자신을 보여 주는 것 외에는 더 이상 하실 수 없었다. 그리고 그는 다음과 같이 예루살렘에게 말씀하신다. "오 예루살렘아 예루살렘아…암탉이 그 새끼를 모음 같이 내가 네 자녀를 모으려 한 일이 몇 번이더냐 그러나 너희가 원하지 아니하였도다"(마 23:37). 즉, "내가 친히 할례의 사역자로서, 그리고 내 선지자들의 사역 가운데 하나님으로서 네 자녀를 모으려 한 일이 몇 번이더냐." 이와 같이 놀라움 자체에 대해 많이 다루었다. 이제 그것이 확대되어 제시되는 상황들이 뒤따르는데, 그것은 세 가지이다.

첫 번째 상황은 그들이 놀랐던 **때**, 즉 **설교가 끝났을 때**이다. 그들은 그가 전달하실 때 놀랐지만, 설교가 끝날 때까지 내내 침묵하고 그 어떤 감정도 드러내지 않았다.[1361] 그리고 이 선한 질서는 말씀의 공적인 봉사에 있어서 하나님의 모든 백성이 지켜야 한다. 물리적 성전을 건축할 때, 망치 소리와 같은 소음이나 두드리는 소리가 들리지 않았는데{왕상 6:7}, 이는 하나님의 영적 성전이 건축되고 있는 성도의 모임에서도 이와 같은 천상의 질서가 지켜져야 한다는 것을 의미했다. 사람들은 잠잠하고 조용하게 듣고, 나중에 그들의 감정을 표현해야 한다. 둘째, 우리는 여기서 가르침이 전달되는 동안 듣는 행위에서 영향을 받을 뿐만 아니라, 이 무리들이 그랬던 것처럼, 나중에 그 영향을 받도록 그 가르침을 우리 마음에 간직하기를 힘쓰라는 가르침을 받는다.

여기에 언급된 두 번째 상황은 이렇게 놀란 **사람들**, 즉 **백성** 또는 **무리들**이다. 그들은 설교가 끝난 후, 무리를 지어 모여서 그리스도의 가르침에 대한 마음의 정서를 서로에게 알렸다. 그러므로 우리는 우리 구주 그리스도께서 그의 가르침을 가장 비천한 사람의 양심과 가장 단순한 사람의 능력에 맞게 분명하게 전달했다는 것을 알 수 있다. 그렇지 않았다면, 그들은 놀라지 않았을 것이다.[1362] 그리고 이것은 말씀을 전하는 모든 사역자들이 따라야 할 선례이다. 그래서 바울이 그렇게 명료하게 하나님의 말씀을 전하였기에, 그는 "만일 우리의 복음이 가리었으면 망하는 자들에게 가리어진 것이라"(고후 4:2-3)고 말했다.

1361   여백에: 교회의 거룩한 집회에서의 침묵.

1362   역자주, 여백에: 그리스도께서 평이하게 설교하시다.

세 번째 상황은 그들이 놀란 **대상**, 즉 그의 **가르침**이다. "그들이 그의 가르치심에 놀라니." 이것은 가르침 자체가 청중에게 영향을 미칠 수 있도록, 하나님의 말씀이 전달되어야 함을 우리에게 가르친다. 사람이 자신의 재치, 기억, 웅변, 훌륭한 독서에 대한 숙고가 청중들에게 영향을 미칠 수 있도록 설교하는 것은 육적인 일이다.[1363] 우리 구주 그리스도 안에는 존경받을 만한 합당한 부분이 많았지만, 그는 자신의 말씀을 전할 때, 오직 그의 가르침으로만 그의 청중에게 영향을 미치기 위해 수고하셨다. 그리스도를 따르는 자들이 되고자 하는 모든 사람들도 그렇게 해야 한다.

요점 2

이와 같이 그리스도의 설교의 열매에 대해 많이 다루었다. 이제는 그 원인, 즉 가르침에 있어서 **그리스도의 권위**가 뒤따른다.[1364] "이는 그 가르치시는 것이 권위 있는 자와 같고 그들의 서기관들과 같지 아니함일러라"(마 7:29). 그리스도의 사역에서 이러한 권위는 다음 세 가지 이유에서 비롯되었다. 첫째, 그의 설교의 내용에서 권위가 있었다. 둘째, 그의 전달 방식에서 권위가 있었다. 그리고 셋째, 그의 가르침에 수반되는 것들에서 권위가 있었다.

첫째, 그의 설교의 내용은 비할 데 없이 탁월한 하늘의 가르침이었다.[1365] 그를 시험하러 온 그의 대적 서기관들도 다음과 같이 고백했다. "선생님이여, 당신은 참되시고 진실로 하나님의 도를 가르치심이니이다"(막 12:14). 그리고 이것은 "하나님께서 자신의 말씀을 그의

1363 역자주, 여백에: 육적인 설교.
1364 여백에: 그리스도의 사역의 권위.
1365 역자주, 여백에: 내용.

입에 두실 것"(신 18:18)이라는 그리스도에 대한 약속을 백성에게 전했던 모세에 의해 오래전에 확인되었다. 그리스도는 "그의 교훈은 그의 것이 아니요, 그를 보내신 그의 아버지의 것"(요 7:16)이라고 고백하셨다.

둘째, 그의 가르침의 방식은 하늘에 속한 것이었고, 이것은 여러 가지 일에서 나타났다.[1366] 하나, 그리스도는 선지자들처럼 그 가르침의 전달자나 해석자로서 가르치신 것이 아니라, 가르침의 주님으로서 자신의 이름으로 가르치셨다. 둘, 그의 연설과 전달은 특별한 은혜로 이루어졌다. "사람들이 그 입으로 나오는 바 은혜로운 말에 놀랐다"(눅 4:22). 여기서 그는 그의 말씀을 통해 성령의 모든 은사가 한량없이 부여된 것을 분명히 보여 줌으로써, 겸손과 온유와 사랑과 자비와 긍휼을 드러내셨다. 이와 관련하여 하나님께서 그(즉, 그리스도)에게 때를 따라 곤고한 양심을 위로하고 달래는 말을 할 수 있도록 학자들의 혀를 주셨다(사 50:4)고 말씀하셨다. 이는 그리스도 외에는 아무도 할 수 없는 것이다. 셋, 그는 말씀을 외적인 귀에 음성으로 전달하셨던 것처럼, 그의 신성의 능력으로 청중들이 그가 가르친 것을 주의 깊게 듣고, 받아들이고, 믿게 하실 수 있었다. 그리고 마지막으로, 그의 사역의 주요 목적이었던 아버지의 영광을 위한 그의 열심과 사람들의 영혼을 구원에 이르게 하려는 그의 간절한 소망은 또한 그의 사역에 은혜와 권위를 더했다.

셋째, 그의 가르침에 수반한 것들은 또한 그의 사역에 권위를 가져다주었는데,[1367] 이것들은 두 가지였다. 하나, 병자를 고치고 귀신을 쫓아내는 것과 같은 **기적**은 그의 청중들에게 그의 가르침을 크게

1366 역자주, 여백에: 그리스도의 가르침의 방식.
1367 여백에: 그의 사역에 수반하는 것들.

확증했다. 그가 귀먹고 말 더듬는 사람을 고치셨을 때, "사람들이 심히 놀랐다"(막 7:37). 둘, **흠잡을 데 없는 그의 삶**이다. 이는 그가 예수 그리스도, 즉 의인이셨고, 율법이 요구하는 모든 것을 수행하여, 고난 가운데서 하나님의 뜻을 성취하고, 순종으로 고난을 받으셨기 때문이다.

더 나아가, 문구에 유의하라. 원문에는 "그가 가르치고 있었다"라고 되어 있다. 즉, 권위를 가지고 이와 같이 설교하는 것이 그의 평소 방식과 습관이었다. 여기서 그리스도는 여러 가지 의무에 대해 우리에게 주목할 만한 선례이다.

첫째, 이로써 하나님의 말씀의 모든 사역자는 그의 사역의 신용을 유지하고, 멸시로부터 그 신용을 보존하도록 가르침을 받는데,[1368] 특히 자신의 위치와 자신의 인격에서 보존해야 한다. 비록 그리스도께서 여기서 낮고[1369] 천한 상태로 계셨지만, 자신의 소명이 비난받는 것을 용납지 않으셨고, 그 소명에 대해 은혜를 받으셨다. 그리고 바울은 디모데에게 "누구든지 네 연소함을 업신여기지 못하게 하라"(딤전 4:12)고 당부하고, 디도에게 "너는 이것을 말하고 권면하며 모든 권위로 책망하여 누구에게서든지 업신여김을 받지 말라"(딛 2:15)고 동일하게 명령한다. 이제 우리는 그리스도의 모범을 통해 이것이 어떻게 이루어졌는지 보아야 한다. 외적인 화려함과 상태, 또는 세속적인 수단이 아니라, 진리와 건전한 가르침, 하나님의 영광과 사람들의 영혼의 유익을 위한 열심, 그리고 흠 없는 삶으로 이루어진다.

둘째, 그러므로 하나님의 모든 사역자들은 (그들이 그리스도를 따르고자 한다면) 건전하고 하늘에 속한 교리를 가르치는 것뿐만 아니라, 거기

1368 여백에: 목회자들은 그들의 사역의 신용을 유지해야 한다.

1369 *Mean*: 낮은.

서 가르침의 신성하고 영적인 방식을 준수하는 것도 배워야 한다.[1370] 바울은 "그의 설교가 사람의 지혜에 있는 것이 아니라, 신령한 것을 신령한 것과 비교하는 성령의 분명한 증거에 있다"(고전 2:4, 13)라고 말하는데, 이것은 사람들이 교사 안에 있는 하나님의 은혜를 인정할 때 이루어진다. 그리고 예언의 은사를 가진 설교자들에게 책망을 받은 무지한 사람에 대해, "그가 엎드리어 밝히 말하되 참으로 하나님이 너희 가운데 계신다"(고전 14:25)라고 말한다. 인간의 재치로 할 수 있는 철학에서의 담론과 신성(divinity)에서의 설교 사이에는 큰 차이가 있다. 철학에서 유창한 언변의 사람이 언변에 의지해 즉각적으로 하나님의 말씀을 올바로 설교하고 전할 수 없는데, 왜냐하면 설교란 타고난 은사만으로는 수행할 수 없는 영적 의무이기 때문이다. 선지자 이사야는 "하나님의 말씀을 그 백성에게 말하고 전할 수 있기 전에 하나님의 제단의 숯불에 닿은 혀"[사 6:6-7]를 가져야 했다. 그리고 사도들 가운데 가장 유명한 바울은 그의 모든 서신에서 "그의 입이 열리도록 기도해 달라"[엡 6:19]고 말한다. 이로써 그는 하나님의 영광과 그의 백성의 유익을 위해 영적인 방식으로 건전한 교리를 전하는 것이 위대한 일이며, 타고난 재능으로는 이룰 수 없다는 것을 의미한다. 참으로 이것이 영혼을 구원하고, 하나님께 속한 자의 마음에 감동을 주는 가르침인데, 이것이 바로 하나님의 말씀을 전하는 모든 사역자가 수고해야 할 일이다.

셋째, 그리스도께서 그의 설교에서 그의 사역의 권위를 유지하시는 것을 볼 때, 모든 사람은 자기 자리에서 자기 고백의 존엄성을 유지하고 보존하도록 가르침을 받는다.[1371] 우리 모두는 그리스도인으로

1370   여백에: 설교의 올바른 방식.
1371   여백에: 우리는 우리 고백의 존엄성을 유지해야 한다.

고백하며, 세례를 받아 하나님의 아들과 딸이 되었다. 이제 우리의 의무는 우리의 부름에 합당하게 행하고, 이 부름이 멸시받지 않도록 주의하는 것이다. 어떤 사람이 하나님의 이름과 종교를 중상 모략하는 것은 매우 극악무도한 죄악이지만, 우리 시대에 이보다 더 빈번한 것은 없다. 왜냐하면 사람들은 고백에 있어 그리스도인이 될 필요가 있고, 따라서 모든 고백에서 가장 높은 돛인 성례를 받고자 하지만, 그들의 삶은 불경스럽고, 그들이 원하는 대로 살기 때문이다. 참으로 다른 사람들이 그들의 악에 동참하지 않으려 한다면, 그들은 그들에게 욕을 퍼부어 대고 경멸할 것이다. 그러나 그들은 이렇게 함으로써 자신들의 고백을 불명예스럽게 하는 무서운 죄를 짓는다. 그리고 그들이 어떤 진리에서 자신들의 고백에 상응하기 위해 노력하는 다른 사람들을 위선으로 고발할지라도, 그들은 그리스도인이라고 고백하고, 거룩한 규례 가운데 주님과 교통하기를 원하면서도, 죄에 대해 양심의 가책을 느끼지 않고, 그와 같이 행하는 자들을 경멸한다. 그렇게 행할 때, 그들 자신이 가장 심한 위선을 행하는 것이다. 바울은 에베소 교인들을 위해 기도했는데, "그들이 부르심을 받은 일에 합당하게 행하도록"(엡 4:1) 기도했다. 그리고 그는 디도에게 "범사에 부패하지 않은 교훈과 단정함과 성실함으로 그 자신이 선한 일의 본을 보이도록"(딛 2:7) 권고했다. 참으로 그는 종들에게 "하나님의 교훈을 빛나게 하기 위하여 그들의 봉사에 충성됨을 나타내라"(딛 2:10)고 요구한다.

"서기관들과 같지 아니함일러라." 첫째, 그들은 내용에서 실패했다. 그들은 하나님의 교훈이 아니라, 씻음과 십일조에 관한 사람의 전통을 전달했다. 둘째, 그들은 방식에서 실패했다. 그들은 열정 없이 차갑게 가르쳤다. 셋째, 그들은 목적에서 실패했다. 그들은 하나님의 영광이 아니라, 자신을 추구하는 교만과 야망으로 가르쳤다. 그러나 그리스도는 우리가 본 바와 같이 훨씬 다르게 가르치셨다. 비록 그가 그 내용과 방식과 목적 모두에서 그들의 설교를 싫어했지만, 그들의 말을 들으셨다. 그렇지 않고 어떻게 그들에게 이런 일들을 책망할 수 있었겠는가? 이것은 그리스도께서 싫어하는 가르침을 전달하는 모임으로부터 자신을 분리하지 않을 것임을 보여 주신다. 그러므로 그 누구도 영국 국교회 안에 있는 어떤 결핍 때문에, 영국 국교회에서 자신을 분리해서는 안 된다.[1372] 우리는 하나님의 복으로 우리 가운데 전파된 그리스도에 대한 참된 교리를 갖고 있다. 비록 우리 가운데 생활양식이 부패하고, 참으로 우리 교리에서 정당한 흠을 찾을 수 있을지라도, 우리가 그리스도를 붙잡고 있는 한, 아무도 우리 교회에서 자신을 분리해서는 안 된다. 지금까지 이 설교문에 대해 많이 다루었다.

하나님께 영광이($T\grave{\omega}$ $\theta\epsilon\grave{\omega}$ $\delta o\xi\grave{\alpha}$)[1373]

1372 여백에: 우리 교회에서 분리하는 것은 불법이다.

1373 하나님께 영광이.

색인

주제색인
성경색인

996, 1000, 1001, 1007, 1038, 1049, 1121, 1131, 1148, 1154, 1156, 1157, 1158, 1163, 1168, 1176, 1178, 1179, 1181, 1277, 1291, 1313, 1318, 1320, 1363

거룩한 것들 657, 1183, 1184, 1186

거룩한 날 103, 104, 359

거룩한 도시 예루살렘 304

거룩한 연민 428, 429

거룩한 절망 70

거지들 399, 724, 725, 727, 728, 774, 783, 1104

거짓 교리 740, 743, 1273, 1285, 1287, 1300

거짓 교사들 384, 1271, 1273, 1280

거짓된 믿음 1251

거짓말 240, 279, 337, 341, 342, 348, 406, 419, 459, 516, 619, 654, 658, 909, 925, 940, 954, 1052, 1053, 1059, 1060, 1125, 1131, 1135, 1163, 1216, 1310

거짓 사도들 476, 479, 1284, 1364

거짓 선지자들 182, 476, 479, 697, 929, 1271, 1272, 1273, 1274, 1278, 1281, 1282, 1285, 1286, 1287, 1288, 1291, 1297, 1305, 1312

거짓 선지자들의 가식 1286

거짓 신들 686

거짓 종교 1251, 1255, 1280

건강 260, 276, 291, 293, 294, 295, 450, 474, 714, 807, 866, 896, 899, 908, 947, 965, 976, 982, 991, 1076, 1085, 1093, 1111, 1116, 1172, 1194

건장한 거지들 724, 725, 774

게으름 399, 482, 588, 902, 947, 1069, 1112, 1131

게헨나 550, 551

결혼 40, 57, 122, 123, 124, 128, 129, 130, 132, 134, 148, 150, 153, 161, 164, 344, 529, 581, 582, 590, 636, 637, 638, 639, 640, 641, 643, 644, 645, 646, 647, 648, 650, 661, 682, 720

겸손 216, 217, 249, 300, 360, 384, 385, 400, 412, 414, 415, 451, 452, 504, 662, 676, 679, 680, 681, 711, 714, 740, 777, 778, 779, 787, 789, 794, 804, 805, 811, 813, 828, 842, 848, 854, 857, 872, 875, 882, 892, 916, 922, 936, 950, 958, 965, 967, 975, 977, 978, 984, 985, 991, 996, 1010, 1031, 1063, 1068, 1099, 1100, 1156, 1195, 1211, 1234, 1276, 1284, 1307, 1308, 1313, 1366, 1373, 1375, 1379

경건한 묵상 593

경멸 89, 224, 405, 482, 548, 554, 555, 603, 617, 630, 706, 785, 795, 861, 875, 1024, 1048, 1049, 1100, 1147, 1176, 1179, 1180, 1183, 1211, 1382

경솔한 판단 368, 384, 1119, 1120, 1121, 1122, 1123, 1124, 1125, 1126, 1128, 1129, 1132, 1133, 1135, 1136, 1138, 1139, 1140, 1142, 1144, 1147, 1148, 1158, 1214

경외 239, 350, 351, 360, 381, 496, 508, 524, 529, 599, 615, 662, 666, 680, 687, 745, 752, 753, 764, 801, 808, 842, 848, 849, 850, 852, 853, 855,

1053, 1056

맹세 78, 100, 158, 237, 238, 286, 526,
567, 649, 650, 651, 652, 653, 654,
655, 656, 657, 658, 659, 660, 661,
662, 663, 664, 665, 666, 667, 668,
669, 670, 671, 673, 677, 681, 684,
685, 686, 688, 689, 690, 753, 802,
825, 858, 880, 996, 1260, 1265

맹세에 대하여 658

머리카락 310, 684, 685, 686, 687

메대 116, 117, 185, 186, 187

메시야 99, 118, 178, 184, 197, 220, 279,
315, 324, 338, 536, 696, 822, 825,
841, 942, 979, 980, 981, 1307

멸망의 길 1241, 1244

명백한 위선자들 1310

모든 것을 보시는 하나님의 속성 813

모세오경 1218, 1222

모욕하는 말 222, 348

목사라는 소명의 존엄성 1326

몸 17, 70, 73, 121, 131, 134, 153, 229,
230, 241, 260, 261, 264, 265, 266,
268, 269, 271, 272, 285, 286, 290,
298, 299, 300, 304, 312, 326, 329,
330, 333, 338, 346, 351, 352, 353,
354, 355, 356, 357, 360, 362, 370,
392, 399, 403, 407, 429, 430, 433,
443, 450, 456, 459, 466, 474, 481,
503, 537, 548, 551, 552, 554, 555,
558, 559, 563, 570, 571, 576, 578,
582, 583, 584, 588, 589, 591, 592,
594, 595, 596, 604, 605, 607, 619,
625, 633, 638, 647, 652, 654, 676,
678, 681, 702, 703, 714, 724, 726,
735, 754, 792, 794, 797, 798, 804,

812, 823, 832, 842, 845, 848, 850,
853, 857, 865, 869, 880, 884, 894,
899, 937, 938, 940, 942, 943, 947,
977, 978, 983, 984, 990, 991, 994,
995, 1019, 1024, 1025, 1026, 1027,
1028, 1030, 1034, 1036, 1037,
1038, 1045, 1054, 1056, 1057,
1062, 1063, 1064, 1070, 1071,
1073, 1074, 1076, 1082, 1083,
1086, 1116, 1154, 1181, 1190,
1196, 1216, 1252, 1261, 1278,
1284, 1297, 1310, 1311, 1315,
1329, 1331, 1351, 1362

못된 나무 494, 1300, 1301

무분별한 분노 547, 549, 551, 552, 553,
559

무신론 404, 469, 614, 631, 644, 728,
782, 800, 802, 860, 870, 952, 979,
989, 1041, 1049, 1052, 1158, 1230,
1234, 1236, 1310, 1371

무오한 확실성 62, 63, 85, 1224, 1229

무자비한 행실 557

무지 8, 56, 113, 124, 139, 213, 217, 256,
275, 277, 285, 286, 311, 321, 424,
429, 441, 456, 476, 483, 484, 485,
488, 529, 552, 565, 607, 608, 610,
649, 658, 659, 660, 672, 673, 741,
773, 777, 783, 788, 811, 812, 818,
823, 832, 870, 950, 953, 961, 962,
972, 986, 1034, 1038, 1048, 1078,
1100, 1127, 1139, 1145, 1178,
1211, 1239, 1250, 1306, 1322,
1325, 1329, 1332, 1333, 1334,
1335, 1340, 1341, 1343, 1344,
1353, 1354, 1381

무지에 대한 헛된 자만심 277

완전 45, 57, 63, 69, 73, 77, 115, 158, 216, 232, 254, 261, 266, 279, 298, 334, 336, 367, 381, 383, 384, 387, 393, 402, 403, 404, 407, 417, 421, 428, 434, 439, 440, 444, 445, 447, 449, 455, 457, 462, 481, 495, 500, 501, 502, 508, 510, 512, 513, 516, 519, 522, 523, 524, 525, 535, 537, 538, 548, 564, 573, 575, 579, 583, 607, 628, 632, 638, 642, 652, 654, 659, 660, 680, 719, 728, 733, 747, 765, 766, 767, 768, 769, 773, 777, 806, 815, 817, 832, 835, 839, 844, 867, 868, 869, 881, 911, 912, 914, 931, 932, 933, 939, 956, 968, 973, 976, 1012, 1025, 1030, 1035, 1038, 1041, 1042, 1043, 1044, 1084, 1095, 1098, 1100, 1147, 1151, 1163, 1229, 1231, 1233, 1238, 1242, 1253, 1283, 1292, 1300, 1312, 1318, 1343, 1345, 1359, 1365, 1367, 1372

외경 515, 1171, 1220, 1221

외적 거룩 438, 441

외적 물 237

외적 복수 699

외적 성경 350

외적 순종 537, 1288

외적 예배 563, 569, 798, 1259, 1260

외적 평화 714

요점의 반복 100, 101, 110

욕설 24, 395, 414, 459, 537, 548, 549, 550, 551, 552, 556, 557, 558, 563, 602, 1124, 1132, 1371

욥 98, 131, 132, 203, 213, 215, 221, 225, 226, 229, 230, 243, 257, 293, 294, 295, 299, 300, 312, 318, 333, 339, 369, 394, 443, 579, 584, 587, 601, 618, 619, 758, 759, 766, 875, 886, 887, 929, 937, 943, 976, 1003, 1047, 1064, 1066, 1067, 1073, 1090, 1098, 1115, 1122, 1153, 1201, 1247, 1317, 1369

우리의 보물 1013, 1014, 1016, 1019, 1020, 1024, 1368

우상 숭배 148, 152, 165, 166, 174, 179, 182, 234, 245, 253, 255, 336, 342, 345, 348, 356, 409, 454, 469, 476, 479, 481, 537, 550, 582, 644, 692, 696, 764, 811, 820, 858, 860, 891, 979, 996, 1007, 1050, 1078, 1150, 1161, 1281, 1285, 1295, 1312, 1361

우연적 죽임 561, 562

우연한 발생 561

우정 156, 157, 158, 161, 381, 763, 810

원망 137, 141, 143, 414, 555, 562, 563, 571, 929, 1089

원수들에 대한 사랑 748, 789

원수를 미워하는 것 743

원죄 60, 494, 692, 766, 1108, 1149, 1303

원한 32, 56, 118, 142, 143, 231, 243, 310, 328, 346, 366, 384, 399, 418, 423, 446, 455, 456, 457, 467, 488, 539, 543, 557, 561, 577, 578, 592, 593, 619, 622, 630, 641, 653, 658, 699, 700, 701, 713, 731, 750, 762, 849, 851, 854, 866, 877, 897, 907, 909, 912, 920, 924, 938, 973, 991, 998, 1000, 1012, 1014, 1018, 1023,

1137, 1142, 1153, 1160, 1177, 1178, 1189, 1192, 1194, 1200, 1203, 1205, 1213, 1230, 1240, 1242, 1244, 1247, 1251, 1263, 1265, 1267, 1275, 1276, 1315, 1316, 1317, 1318, 1319, 1320, 1333, 1335, 1342, 1347, 1348, 1361, 1369, 1370, 1371, 1379

자비의 일 435, 717, 729, 788, 789, 1051, 1052

자선 432, 436, 495, 537, 538, 569, 716, 717, 718, 719, 720, 721, 722, 724, 725, 726, 727, 728, 729, 730, 731, 735, 771, 772, 773, 774, 775, 776, 777, 778, 779, 781, 782, 784, 785, 786, 788, 816, 887, 993

자연법 494, 641, 738, 953

자연적 부패 474, 1145

자연적 은사 68, 69, 78

자연적 지혜 1032

자연적 하루 102, 103

자연 철학 1236

자원하는 제물 491, 492

자유 의지 1210

자의적 숭배 491, 1284

잔인함 212, 419, 437, 469, 566, 578, 621, 802, 870, 902, 907, 926, 943, 1051, 1137, 1206, 1207

잠언 165

장로교주의 55

재물 131, 132, 292, 293, 309, 346, 399, 401, 521, 634, 676, 678, 702, 711, 717, 719, 724, 726, 733, 735, 861, 888, 906, 919, 921, 943, 973, 1002,

1003, 1008, 1009, 1018, 1019, 1020, 1024, 1045, 1046, 1047, 1049, 1050, 1051, 1052, 1106, 1127, 1172, 1207, 1216, 1246, 1251, 1254, 1258, 1261, 1262, 1264, 1270, 1358, 1363

재세례파 350, 659, 835, 1212, 1283

저주 56, 70, 95, 131, 144, 146, 162, 170, 199, 275, 280, 285, 303, 307, 311, 326, 345, 366, 368, 395, 401, 409, 425, 430, 441, 442, 454, 456, 463, 465, 472, 475, 476, 480, 481, 482, 484, 499, 510, 513, 519, 521, 528, 538, 539, 550, 552, 557, 558, 559, 566, 571, 577, 594, 597, 614, 654, 656, 658, 659, 663, 689, 690, 699, 701, 712, 713, 716, 732, 733, 743, 744, 747, 749, 757, 764, 778, 780, 803, 821, 858, 861, 886, 892, 897, 904, 915, 924, 925, 963, 964, 965, 986, 996, 1021, 1028, 1033, 1042, 1101, 1104, 1125, 1134, 1135, 1143, 1144, 1152, 1200, 1232, 1242, 1243, 1266, 1272, 1273, 1278, 1282, 1286, 1294, 1301, 1305, 1328, 1344, 1346, 1349, 1360, 1371, 1374

저주하기 528

적대감 72, 90, 338, 343, 462, 567, 568, 644, 750

적용 8, 14, 16, 21, 25, 26, 27, 29, 30, 52, 53, 61, 67, 71, 79, 89, 215, 237, 242, 247, 248, 251, 254, 257, 261, 263, 267, 269, 272, 276, 279, 282, 283, 284, 289, 290, 298, 300, 306, 308, 312, 316, 318, 319, 326, 327,

340, 343, 355, 356, 367, 372, 383,
391, 394, 397, 399, 404, 407, 408,
410, 414, 418, 423, 425, 430, 436,
440, 446, 451, 456, 458, 460, 462,
466, 471, 472, 476, 477, 483, 484,
490, 495, 496, 509, 514, 532, 540,
541, 542, 559, 576, 583, 596, 606,
610, 641, 645, 660, 674, 683, 689,
691, 693, 695, 698, 700, 702, 707,
714, 717, 736, 742, 748, 751, 757,
759, 781, 786, 788, 792, 798, 801,
810, 814, 828, 835, 843, 844, 848,
855, 868, 878, 881, 884, 885, 889,
896, 899, 901, 903, 910, 914, 922,
932, 944, 948, 949, 955, 960, 961,
962, 963, 964, 985, 986, 987, 988,
990, 991, 1010, 1012, 1013, 1022,
1031, 1036, 1041, 1046, 1048,
1051, 1052, 1053, 1059, 1062,
1081, 1090, 1097, 1103, 1106,
1110, 1115, 1124, 1157, 1165,
1179, 1198, 1201, 1205, 1206,
1211, 1230, 1233, 1236, 1239,
1243, 1249, 1263, 1265, 1267,
1269, 1273, 1274, 1275, 1278,
1279, 1280, 1286, 1294, 1301,
1302, 1303, 1305, 1306, 1312,
1313, 1315, 1319, 1320, 1321,
1325, 1341, 1346, 1348, 1352,
1357, 1366, 1369

전쟁 101, 113, 141, 152, 155, 156, 157,
159, 160, 161, 165, 166, 179, 198,
211, 216, 221, 296, 450, 454, 455,
560, 609, 655, 698, 703, 705, 1058,
1123, 1140, 1222, 1285

절대적 섬김 354, 355

절망 70, 122, 201, 214, 220, 254, 264,

294, 308, 330, 334, 367, 368, 398,
405, 406, 407, 408, 423, 425, 450,
608, 622, 915, 917, 944, 1203

절제 91, 259, 276, 291, 294, 399, 414,
593, 646, 711, 790, 854, 896, 899,
916, 940, 977, 978, 982, 987, 990,
1003, 1063, 1072, 1180, 1208,
1257, 1316, 1319

정경 182, 319, 515, 520, 1220, 1221,
1231, 1234

정당한 대여 738

정당한 방어 450, 705, 707

정당한 비난 1119

정욕 144, 247, 268, 455, 456, 568, 586,
588, 589, 590, 591, 592, 593, 594,
605, 606, 609, 673, 755, 769, 828,
870, 884, 885, 941, 964, 990, 991,
1042, 1206, 1262, 1312, 1316,
1350

정의 22, 48, 71, 72, 76, 97, 140, 157,
179, 249, 305, 321, 348, 355, 360,
384, 478, 551, 584, 602, 605, 622,
648, 654, 655, 665, 675, 698, 703,
718, 764, 772, 773, 774, 790, 820,
838, 874, 924, 938, 940, 978, 997,
1030, 1032, 1038, 1043, 1070,
1155, 1159, 1160, 1163, 1166,
1214, 1215, 1216, 1219, 1221,
1223, 1239, 1240, 1275, 1302,
1336, 1337

정해진 기도문 831, 832, 833, 834, 1195

정화 55, 140, 193, 225, 422, 423, 562,
581, 740, 1126, 1173, 1180, 1181,
1243, 1349

제1계명 355, 568, 582, 700, 1258, 1259,

화합 동맹 451

확신　7, 16, 30, 37, 40, 50, 52, 60, 64,
　　66, 68, 69, 70, 71, 74, 75, 76, 77,
　　78, 80, 81, 85, 86, 89, 91, 260, 274,
　　275, 276, 277, 280, 289, 306, 307,
　　310, 317, 324, 325, 353, 376, 383,
　　385, 401, 406, 423, 427, 445, 447,
　　453, 457, 461, 485, 495, 521, 537,
　　541, 542, 543, 566, 587, 605, 606,
　　608, 609, 610, 620, 635, 650, 654,
　　679, 680, 681, 685, 752, 760, 783,
　　799, 800, 811, 829, 841, 844, 850,
　　855, 871, 884, 907, 909, 910, 911,
　　914, 917, 921, 924, 936, 955, 956,
　　959, 960, 961, 963, 965, 968, 971,
　　973, 980, 1014, 1015, 1018, 1033,
　　1039, 1045, 1064, 1068, 1074,
　　1080, 1084, 1094, 1108, 1109,
　　1116, 1150, 1179, 1193, 1197,
　　1198, 1203, 1204, 1224, 1228,
　　1229, 1237, 1239, 1247, 1258,
　　1263, 1266, 1286, 1294, 1312,
　　1313, 1315, 1316, 1319, 1320,
　　1324, 1325, 1342, 1344, 1347,
　　1348, 1352, 1355, 1375

황금 사슬　56, 57, 76, 80, 231

회복의 말씀　907

회심　21, 24, 59, 174, 195, 201, 202, 203,
　　204, 205, 215, 259, 308, 342, 386,
　　393, 440, 448, 480, 506, 507, 607,
　　625, 684, 703, 745, 746, 759, 799,
　　807, 872, 873, 874, 880, 910, 915,
　　916, 925, 995, 998, 999, 1099,
　　1100, 1108, 1177, 1179, 1180,
　　1210, 1330, 1374, 1375, 1376

후크마　66

흠 없는 삶　1380

희년　106, 112, 140, 230

희생제사　122, 124, 126, 131, 138, 139,
　　140, 144, 156, 165, 187, 360, 437,
　　449, 515, 531, 563, 566, 570, 618,
　　627, 682, 798, 808, 816

히스베르투스 푸치우스　26, 59

히스테로시스　97, 100

출 4:11-12 248
출 9:31-32 106
출 12:2 111, 318, 1224
출 12:6 112
출 12:23 318
출 12:40 111
출 14:11 224
출 14:15 814
출 15:1 226
출 16:20 904
출 17:3 222
출 17:7 323
출 18:14 103
출 20:7 662
출 21:24 694
출 22:14 739
출 22:25 737
출 23:16 106
출 32:10-11 453
출 32:19 413
출 32:27 413, 655
출 32:27-28 655
출 33:11 443
출 33:23 446
출 34:28 138, 259, 908
출 35:30-31 248

레 7:16 491
레 10:1-2 482, 860
레 10:3 412
레 16:29 977, 979, 981
레 19:9 727
레 23:5 103
레 23:16 112
레 23:32 103
레 24:14 348, 1280
레 25:11 112

레 25:35 724, 735
레 26:19 757, 758
레 26:23 455
레 26:26 290

민 6:23-26 831
민 11:4 904
민 11:29 315
민 11:31, 33 897
민 12:3 413
민 14:22 325
민 14:34 107
민 16:47-48 453
민 20:12 860
민 21:6 216
민 35:31 561
민 35:33 561

신 4:37 555
신 6:5 387
신 6:7 1075, 1224
신 6:13 351, 668
신 6:14 352
신 6:16 295, 319, 321, 1035
신 7:2 748
신 7:7-8 825
신 8:3 283
신 9:18-19 802, 1191
신 10:20 659, 666
신 11:4 756
신 12:32 491
신 13:1 330, 331, 629, 1281, 1285
신 13:1-2 629, 1285
신 13:6 349
신 13:6, 9 349
신 13:14 330

신 15:9 433
신 16:2 112
신 17:16-17 1113
신 17:18-19 524
신 19:13, 19 970
신 19:18-19, 21 695
신 21:15 637
신 22:22-24 582
신 23:20 637
신 24:1 637, 646, 738
신 24:1-3 646
신 24:4 639
신 24:10-13 738
신 25:7-9 555
신 27:26 519
신 29:19 684, 917, 923
신 29:23 584
신 30:1-2 476
신 32:6 836
신 32:15 223

여호수아

수 6:18 602

사사기

삿 6:17 324
삿 7:17 217
삿 9:45 475
삿 16:29-30 1266
삿 18:20 101
삿 20:26 259, 980, 982

룻기

룻 1:20 224

사무엘상

삼상 1:8 229
삼상 2:25 571

삼상 2:34 482
삼상 3:18 1089
삼상 6:19 597
삼상 7:6 259, 979, 996
삼상 10:9 246
삼상 13:1 113
삼상 15:2 216, 1361
삼상 15:9 429
삼상 15:35 517
삼상 17:15 248
삼상 17:37 226
삼상 17:49 216
삼상 18:7 222
삼상 18:9 239
삼상 24:7; 26:9-10 745
삼상 25:22 652, 663
삼상 25:36-37 1164
삼상 26:7 285
삼상 28:14 331
삼상 30:6 228, 294
삼상 31:13 259, 982

사무엘하

삼하 3:9 663
삼하 6:11 1103
삼하 6:14, 16 466
삼하 7:14 363, 409
삼하 11:2 334, 586
삼하 11:2-3 586
삼하 11:4 222
삼하 12:10 584
삼하 12:13 971
삼하 12:16-17 976
삼하 13:28 214
삼하 14:24 764
삼하 15:26 886
삼하 16:10-11 886
삼하 17 340, 1033

삼하 21:17 488
삼하 23:16 327
삼하 24:1 226, 453, 479
삼하 24:17 226, 453

열왕기상

왕상 1:39 340
왕상 6:1 111
왕상 8:27 838
왕상 10:1 222
왕상 10:8 446, 586
왕상 15:1 108
왕상 15:5 478
왕상 15:34 505
왕상 17:14 294
왕상 18:40 492, 704
왕상 19:4 1116
왕상 19:8 259, 908
왕상 19:10 487, 870
왕상 20:42 429
왕상 21:2 347, 821, 977, 985, 1201, 1275,
    1311
왕상 21:2, 10 347
왕상 21:27 821, 977, 985, 1311
왕상 22:22 240, 342
왕상 22:31 240

열왕기하

왕하 3:14 601, 764
왕하 6:15 224
왕하 6:16 224
왕하 6:17 341
왕하 10:16 791, 1312
왕하 19:1 347, 662, 1186
왕하 20:8 101, 324
왕하 23:25 889

역대상

대상 10:12 259
대상 29:11-12 957

역대하

대하 16:12 768
대하 18:31; 20:12 829
대하 19:2 451, 601
대하 24:22 413
대하 33:11-13 409, 684
대하 34:32 1280
대하 36:22 113

에스라

스 4:5 117
스 4:6 117
스 4:8 535
스 6:14 117
스 7:1, 5-6 535

느헤미야

느 1:3-4; 2:5 433
느 8:1-2 535
느 8:8 319
느 8:10 722

에스더

에 4:16 259, 260, 976, 982

욥기

욥 1:7 213, 339
욥 1:12 243, 312, 937, 1201, 1369
욥 1:12, 26 937
욥 1:15-17 339
욥 1:16, 19 758
욥 1:18 221
욥 1:19 299

잠 8:19-20 1031
잠 10:7 385
잠 10:19 317
잠 11:4 521
잠 11:26 431, 557
잠 12:18 555
잠 13:10 452
잠 13:20 245
잠 15:16 897
잠 16:3 295, 1060, 1248
잠 16:4 851
잠 16:23 1031
잠 19:11 576, 972
잠 19:27 349
잠 22:24 246
잠 23:26 570, 1053
잠 25:21 745
잠 28:22 1024
잠 30:5 381
잠 30:8 894, 899, 1005
잠 30:8-9 1005
잠 30:16 1004

전 1:2 226, 287, 612, 846, 1081, 1171, 1181
전 3:20 223
전 3:21-22 417
전 4:10 250, 1069
전 5:2 820, 848, 888, 942, 979, 1141, 1319
전 5:18 898
전 7:21-22 1134
전 9:1 579, 636, 888, 900, 944, 1207, 1250
전 9:2 300, 506, 660, 703, 977, 1331
전 9:10 579, 900, 944
전 10:20 344, 1135

사 1:11-12 437, 566
사 1:14-15 360
사 1:15 360, 566, 845
사 1:16 442
사 3:1 291, 736, 902, 1070, 1137
사 6:6-7 1381
사 6:8 487
사 6:9-10 533
사 7:11-12 324
사 8:13 442
사 8:16 1172
사 8:18 837
사 8:20 1233
사 11:4 416
사 11:6-7 432, 703
사 11:6-8 263
사 11:9 703
사 13:17 117
사 22:12-13 859
사 22:12-14 988
사 28:15 609
사 28:16 909, 1190, 1249, 1316
사 29:13 986
사 30:15 1089
사 30:21 309
사 32:17 455
사 33:1 1137
사 36:4 749
사 37:36 341
사 38:5 622
사 38:10 226
사 38:17 913
사 38:22 100
사 42:3 1085
사 49:4 533
사 50:1 638

사 52:11 861
사 54:14 455
사 55:1 421
사 56:10 476
사 57:2 229
사 57:15 400
사 58:5-6 432, 566
사 58:6-7 432
사 59:16 454
사 59:16; 63:5 454
사 59:21 473
사 62:1 628
사 66:1-2 400
사 66:2 398
사 66:3 360
사 66:5 447

예레미야

렘 5:28 437
렘 7:9-10 567, 769, 1054
렘 7:31 550
렘 8:6 610, 859, 915, 1146
렘 12:1 634
렘 13:4 297
렘 13:18 477
렘 13:23 442
렘 15:7; 12:11 454
렘 15:16 316
렘 15:19 697
렘 16:5 455
렘 16:12 455
렘 17:9 37, 1022, 1367
렘 23:12, 17 601
렘 23:16-17 477
렘 28:1-2 1286
렘 32:17-19 752
렘 51:11 117

예레미야애가

애 3:27-29 414

에스겔

겔 8:3 297
겔 9:4-6 318
겔 9:9-10 437
겔 12:27 609
겔 13:10, 22 477
겔 18:27 313
겔 22:30-31 454
겔 33:11 880
겔 40:2 329
겔 44:12-13 481
겔 46:10 564

다니엘

단 3:17 226
단 4:22 952
단 4:32 341, 864, 1073, 1339
단 6:1 117, 224, 804, 847
단 6:10 804, 847
단 6:16 224
단 9:1 116, 915
단 9:7 955, 958, 1153
단 9:18-19 915
단 9:24 104, 118
단 10:2-3 259
단 10:3] 976
단 11:2 117
단 12:1 211
단 13:45 1221

호세아

호 1:9 450
호 4:2 285
호 4:6 481

마 26:60-61 576
마 26:70, 74 931
마 26:74 941
마 27:5 264
마 27:20 600
마 27:27 221
마 27:39 221, 554
마 27:46 778, 1152, 1247
마 27:63 108
마 28:1 103, 221, 471, 506, 840
마 28:15 221
마 28:19 471, 506, 840

마가복음

막 1:12 236, 241, 258
막 1:13 258, 262
막 1:15 366
막 1:17 246
막 1:24-25 282
막 3:5 553, 870
막 4:24 580
막 4:38 225
막 5:5 250
막 5:9 373
막 6:20 527, 692, 1313
막 6:34 433
막 6:41 376
막 6:52 376
막 7:3-4 537
막 9:50 478
막 11:24 809, 843, 959, 1189, 1197
막 11:25 563, 920, 921
막 12:42 575
막 13:33 979
막 14:12 108, 112, 119
막 14:12-14 108
막 15:32 310
막 15:42 108

누가복음

누가복음 6장 7절 90
누가복음 6장 48절 64
누가복음 11장 4절 911
누가복음 12장 58절 574
누가복음 13장 4절 911
눅 1:53 400
눅 2:37 998
눅 2:46 392
눅 2:51 725, 1173
눅 2:52 248
눅 3:11 723, 726
눅 3:38 547
눅 4:1 241, 247, 367, 369, 392, 400
눅 4:2 258, 263, 1046, 1374, 1379
눅 4:2-3 263
눅 4:3 282
눅 4:5 335
눅 4:6 341
눅 4:9 297
눅 4:13 367, 369
눅 4:16, 20 392
눅 4:18 400
눅 4:24 1046
눅 6:1 90, 106, 112, 382, 391, 461, 802,
         990, 1191
눅 6:7 386
눅 6:11-16 90
눅 6:12 382, 802, 990, 1191
눅 6:13 461
눅 6:19 391
눅 6:20 388, 398, 402
눅 6:20, 24 398, 402
눅 6:21 406, 420
눅 6:22 459, 460, 464
눅 6:23 468
눅 6:29 709

요 8:44 213, 268
요 8:48 459
요 9:31 807
요 9:34 633
요 11:9 102, 104
요 11:9-10 104
요 12:27 220, 851
요 12:27-28 851
요 12:31 215, 1097
요 12:35 485
요 12:43 415, 614
요 12:43-44 614
요 13:1 119, 931, 1336, 1344
요 13:2 214, 253, 930, 941, 1112
요 13:29 253, 1112
요 14:12 1375, 1376
요 14:15-16 382
요 14:21 583
요 14:30 213, 364
요 15:2 220, 439, 787, 1305
요 15:16 462
요 15:19 463
요 15:20 220
요 16:22 276
요 16:23 809, 850
요 16:33 223
요 18:28 220
요 19:14 102, 108
요 19:30 570
요 20:19, 26 120
요 20:25 1357
요 20:28 843
요 20:30-31 382

사도행전

행 1:7 101
행 2:2 226
행 2:13 459

행 2:37 472, 922, 1375
행 2:37-38 922
행 2:41 625, 1375
행 2:42 617
행 2:47 630
행 3:22 390, 394
행 3:22-23 394
행 4:13 246
행 4:32 448, 732
행 5:5, 10 619, 704
행 5:24-25 241
행 5:41 466
행 6:3 727
행 6:14 514
행 7:4 110
행 7:51 468, 682
행 7:60 413, 701, 746
행 8:21 328
행 8:39-4 241
행 9:4 221, 1289
행 9:4-6 1289
행 9:9 260
행 9:15 861
행 9:21 703
행 10:1-2 629
행 11:2 742, 1003, 1112
행 11:28-30 1003
행 12:7 224
행 13:8 215
행 13:10 258, 269, 704
행 13:19 112
행 13:46 682, 1180
행 14:16 1251
행 14:22 220, 225, 522, 1254
행 15:9 439, 442, 608
행 15:10 326
행 16:14 625
행 16:17-18 282

롬 15:8 390, 780, 1376
롬 15:30 490, 1192
롬 16:17 1272, 1278
롬 16:18 1285, 1293
롬 16:20 209, 216, 377, 937

고후 5:20　453, 472, 910, 1326
고후 5:21　539, 1014, 1096
고후 6:10　417
고후 7:1　442, 592, 1317, 1318
고후 7:10　1317, 1318
고후 8:1-2　436
고후 8:3　723
고후 8:12　887
고후 8:13　726
고후 9:9　773
고후 10:4-5　362
고후 10:5　884
고후 11:14　212, 949
고후 12:7　777, 828, 1195
고후 12:7-9　828
고후 12:14　1003, 1057
고후 12:21　882, 989
고후 13:13　840

갈라디아서

갈 1:6　1274
갈 2:16　361
갈 2:20　844, 1169, 1245, 1315
갈 3:10　510
갈 3:11　1245
갈 3:17　111
갈 4:4　513, 837
갈 4:29　462, 464, 554, 824
갈 4:29-30　464
갈 5:6　609, 788, 1330
갈 5:14　496
갈 5:24　606, 885
갈 5:25　339
갈 6:7　731

에베소서

엡 1:9　287
엡 1:20　216

엡 2:2　214, 257, 758, 1097, 1222, 1355,
　　1357
엡 2:3　214, 692
엡 2:10　504
엡 2:12　818, 821, 824
엡 4:1　215, 307, 504, 1382
엡 4:1-2　504
엡 4:3　451, 542, 554, 555
엡 4:15　215
엡 4:26　553, 568
엡 4:27　282
엡 4:30　542
엡 4:31　554, 555
엡 4:31-32　554
엡 5:1-2　503
엡 5:8　484
엡 6:10　216, 1370
엡 6:11　238, 937
엡 6:11-13　937
엡 6:12　212
엡 6:17　284
엡 6:19　393, 490, 1381

빌립보서

빌 1:11　494
빌 1:15　633
빌 1:18　633, 1297
빌 1:29　225
빌 2:13　789
빌 2:14　555
빌 2:15　488
빌 3:6　537
빌 3:8　277, 525, 542, 945, 1016, 1029,
　　1357
빌 3:8-9　525, 542
빌 3:10　226
빌 3:20-21　230
빌 4:4　618

빌 4:5 576
빌 4:6 800, 956, 1060, 1193
빌 4:11 419
빌 4:12 897

히 2:14 215, 216
히 2:16 215, 891
히 2:18 377
히 3:12 1043
히 4:15 248
히 5:14 1028
히 6:6 1312
히 6:7-8 442
히 6:13 668
히 6:16 659, 668
히 9:19-20 515
히 9:23-24 515
히 10:22 234
히 11:5 447, 680
히 11:6 268, 495, 787, 1302
히 11:8-9 110
히 11:13-14 873
히 11:25-26 599, 762
히 11:26 630
히 11:37 416, 1103
히 11:37-38 416
히 12:2 297
히 12:6 635
히 12:7 224, 620
히 12:14 438, 592
히 13:4 529, 584
히 13:5 1053
히 13:16 432, 730

야고보서

약 1:2 244, 375, 432, 466, 620, 697, 731,
923, 929, 1139, 1240, 1352, 1356,
1362
약 1:2-3 620
약 1:10 401
약 1:12 225
약 1:13 253
약 1:14-15 930

약 1:17 674, 839
약 1:22-24 1362
약 1:27 432, 731, 923, 1240
약 2:10 527, 767, 785
약 2:13 437
약 2:21 503, 626
약 3:14-15 257
약 3:17 453, 924
약 4:7 268, 282, 364
약 4:7-8 234, 268
약 5:11 223
약 5:18 801

베드로전서

벧전 1:3-4 849
벧전 1:5 215, 225
벧전 1:6 225, 226
벧전 1:6-7 226
벧전 1:7 1369
벧전 1:12 890
벧전 1:15 503
벧전 1:25 287
벧전 2:9 247, 504
벧전 2:19 415
벧전 2:20-21 713
벧전 2:21 220, 701
벧전 2:23 412, 749
벧전 3:13 415
벧전 3:15 853, 1182
벧전 4:8 750, 1128
벧전 4:13 464
벧전 4:17 317
벧전 4:18 1193, 1267
벧전 5:5 777
벧전 5:7 295, 894, 1060, 1248
벧전 5:8 213, 214, 220, 257, 268, 376,
692
벧전 5:9 234